Problemas Sociais
Uma análise sociológica da atualidade

Dados Internacionais de Catalogação na Publicação (CIP)

```
M818p   Mooney, Linda A.
           Problemas sociais : uma análise sociológica da
        atualidade / Linda A. Mooney, David Knox, Caroline
        Schacht. - São Paulo, SP : Cengage Learning, 2016.
           670 p. ; 25 cm.

           Inclui bibliografia, apêndice e glossário.
           Tradução de: Understanding social problems (9. ed.).
           ISBN 978-85-221-2199-1

           1. Sociologia. 2. Problemas sociais - Estados
        Unidos. 3. Estados Unidos - Condições sociais. 4.
        Globalização. I. Knox, David. II. Schacht, Caroline.
        III. Título.
                                         CDU 316.42(73)
                                         CDD 361.1
```

Índice para catálogo sistemático:

1. Problemas sociais : Estados Unidos   316.42(73)
(Bibliotecária responsável: Sabrina Leal Araujo - CRB 10/1507)

Problemas Sociais
Uma análise sociológica da atualidade

Linda A. Mooney
East Carolina University

David Knox
East Carolina University

Caroline Schacht
East Carolina University

Tradução
Pólen Produção Editorial Ltda

Revisão técnica
Wagner de Melo Romão
Doutor em Sociologia pela Universidade de São Paulo – USP.
Professor do Departamento de Ciência Política da Universidade Estadual de Campinas - Unicamp.

Austrália • Brasil • Japão • Coreia • México • Cingapura • Espanha • Reino Unido • Estados Unidos

Problemas Sociais: uma análise sociológica da atualidade – Tradução da 9ª edição norte-americana

1ª edição brasileira

Linda A. Mooney, David Knox e Caroline Schacht

Gerente Editorial: Noelma Brocanelli

Editora de Desenvolvimento: Regina H. Madureira Plascak

Supervisora de Produção Gráfica: Fabiana Alencar Albuquerque

Editora de Aquisições: Guacira Simonelli

Especialista em Direitos Autorais: Jenis Oh

Assistente Editorial: Joelma Andrade

Título original: Understanding Social Problems

ISBN 13: 978-1-285-74650-0

ISBN 10: 1-285-74650-3

Tradução: Pólen Produção Editorial Ltda

Revisão Técnica: Wagner de Melo Romão

Copidesque: Bel Ribeiro

Revisão: Maria Alice Costa, Norma Gusukuma, Rosangela Ramos da Silva

Projeto gráfico e diagramação: Triall Composição Editorial Ltda

Pesquisa iconográfica: ABMM Iconografia

Capa: BuonoDisegno

Imagem de capa: Donatas Dabravolskas/Shutterstock

© 2016 Cengage Learning Edições Ltda.

Todos os direitos reservados. Nenhuma parte deste livro poderá ser reproduzida, sejam quais forem os meios empregados, sem a permissão, por escrito, da Editora. Aos infratores aplicam-se as sanções previstas nos artigos 102, 104, 106, 107 da Lei nº 9.610, de 19 de fevereiro de 1998.

Esta editora empenhou-se em contatar os responsáveis pelos direitos autorais de todas as imagens e de outros materiais utilizados neste livro. Se porventura for constatada a omissão involuntária na identificação de algum deles, dispomo-nos a efetuar, futuramente, os possíveis acertos.

A editora não se responsabiliza pelo funcionamento dos links contidos neste livro que podem estar suspensos.

Para informações sobre nossos produtos, entre em contato pelo telefone **0800 11 19 39**

Para permissão de uso de material desta obra, envie seu pedido para
direitosautorais@cengage.com

© 2016 Cengage Learning. Todos os direitos reservados.

ISBN: 13: 978-85-221-2199-1

ISBN: 10: 85-221-2199-0

Cengage Learning
Condomínio E-Business Park
Rua Werner Siemens, 111 – Prédio 11 – Torre A – Conjunto 12
Lapa de Baixo – CEP 05069-900 – São Paulo – SP
Tel.: (11) 3665-9900 Fax: 3665-9901
SAC: 0800 11 19 39

Para suas soluções de curso e aprendizado, visite
www.cengage.com.br

Impresso no Brasil
Printed in Brazil
1 2 3 4 5   19 18 17 16

Sempre parece impossível até que seja feito.

Nelson Mandela, 18 de julho de 1918 –
5 de dezembro de 2013. Ativista dos direitos
civis, Prêmio Nobel da Paz, primeiro presidente
negro da África do Sul

Prefácio

A obra *Problemas sociais: uma análise sociológica da atualidade* é voltado para cursos de sociologia de nível universitário. Reconhecemos que muitos estudantes de graduação que frequentam disciplinas de sociologia não são estudantes de sociologia. Portanto, criamos nosso texto com o objetivo de inspirar os alunos – independente de qual seja seu curso de graduação ou seu objetivo para vida futura – a prestar atenção aos problemas sociais que afetam as pessoas em todo o mundo. Além de oferecer uma base teórica sólida e uma base de pesquisa para graduandos em sociologia, *Problemas sociais* também fala com alunos que se encaminham para carreiras nas áreas de negócios, psicologia, assistência à saúde, assistência social, justiça criminal e ao terceiro setor, assim como fala com graduandos em educação, artes plásticas e humanidades em geral ou com aqueles ainda "indecisos". Problemas sociais, afinal, afetam todos nós, direta ou indiretamente. E todo mundo – quer seja um líder empresarial ou político, um pai ou mãe que não trabalha fora ou um estudante – pode tomar consciência de como suas ações (ou inações) perpetuam ou aliviam os problemas sociais. Esperamos que este livro não só informe como inspire, plantando sementes de consciência social que crescerão independente de qual caminho de vida acadêmico ou profissional o estudante escolher.

Nesta edição

Esta edição de *Problemas sociais* apresenta um foco maior em riqueza e desigualdade econômica. Aspectos pedagógicos que alunos e professores acham úteis estão presentes, inclusive um glossário contínuo, lista de termos-chave, revisão do capítulo e a seção *Avalie seu conhecimento*. As seções *O que você acha?* foram criadas para provocar o pensamento crítico nos alunos. Muitas das seções (*O lado humano*, *Um olhar sobre a pesquisa dos problemas sociais* e *Você e a sociedade*) estão atualizadas com conteúdos novos.

Também inclui um ensaio fotográfico sobre "globesidade", e um novo ensaio em *Animais e a sociedade* sobre o papel dos animais de companhia na vida de indivíduos sem teto.

Finalmente, esta edição tem sua pesquisa, dados, tabelas, números e fotos atualizados em todos os capítulos, assim como material revisado e detalhado a seguir.

O **Capítulo 1** ("Refletindo sobre os problemas sociais") examina o uso de telefones celulares e a direção distraída como um problema social recente. Esse capítulo apresenta um item chamado *Você e a sociedade*, que ajudará os leitores a avaliar seus valores pessoais, e uma seção sobre pesquisas baseadas em internet. O ensaio fotográfico sobre "Estudantes fazendo a diferença" inclui material sobre protestos estudantis contra os estupros na Índia. Uma seção *O que você acha?* pede aos alunos que considerem a nova exigência de muitas universidades de que façam cursos sobre os problemas globais.

O **Capítulo 2** ("Saúde física e mental e o sistema de saúde") começa com uma imagem de abertura, que comunica a dificuldade emocional e financeira de pagar por assistência médica. Esse capítulo amplia o foco sobre os problemas de excesso de peso e obesidade e inclui um ensaio fotográfico sobre "globesidade". A seção "Os norte-americanos são a população mais saudável do mundo?" discute o relatório da National Research Council and Institute of Medicine dos Estados Unidos, que descobriu que, apesar de o fato de os Estados Unidos gastarem mais em assistência à saúde por pessoa do que qualquer outro país industrializado, os norte-americanos morrem mais cedo e têm índices mais altos de doenças ou lesões. Essa seção explora os fatores sociais e econômicos que contribuem para a saúde ruim dos norte-americanos. Acrescentamos uma seção sobre "Doença mental entre universitários", além de uma tabela sobre "Principais razões para divulgação ou não do diagnóstico de saúde mental entre os estudantes". A seção que aborda formas de melhorar a assistência à saúde mental inclui as diretrizes da agência de notícias Associated Press sobre como editores e repórteres escrevem sobre doenças mentais e iniciativas do *Affordable Care Act* criadas para melhorar o acesso à assistência à saúde mental. Esse capítulo também apresenta uma seção sobre "Medicina alternativa e complementar", incluindo uma tabela sobre "Estados que legalizaram a maconha" e uma seção *O lado humano*, "Testemunho de pacientes que fazem uso da maconha medicinal". Há, ainda, uma discussão sobre o crescimento da indústria do turismo médico; as resistentes "superbactérias"; uma ampla discussão sobre "*Status* socioeconômico e saúde"; uma seção sobre "Expectativa de vida e mortalidade em países de baixa, média e alta renda"; uma seção ampliada e atualizada sobre "O alto custo da assistência médica"; e seções sobre "Regulação do marketing de alimentos para jovens", "Políticas locais e estaduais contra a obesidade" e "Programas de bem-estar no ambiente de trabalho". Uma pesquisa sobre saúde das populações hispânicas nos Estados Unidos foi inserida. A seção *Um olhar sobre a pesquisa dos problemas sociais* descreve a pesquisa sobre "Mensagens de texto sobre estilo de vida saudável". Finalmente, apesar de o desenvolvimento do *Affordable Care Act* ainda estar em andamento quando este texto foi publicado, atualizamos as informações a seu respeito.

O **Capítulo 3** ("Álcool e outras drogas") apresenta uma seção sobre "Drogas sintéticas", assim como seções sobre "Gênero e a guerra contra as drogas", "Raça, etnia e a guerra contra as drogas", o "Custo da guerra contra as drogas" e o impacto da guerra contra as drogas nos países latino-americanos. Os tópicos discutidos incluem o impacto dos sites de mídia social sobre o uso de álcool e drogas entre adolescentes, a venda de cigarros eletrônicos com níveis reduzidos de nicotina, mais baratos e com sabor para evitar as regulamentações federais, a epidemia de prescrição de drogas entre jovens e as atitudes dos pais em relação às drogas psicoterapêuticas. Nesse capítulo, também incluímos o impacto das drogas sobre os alunos nas escolas e no ambiente de aprendizado e as mudanças no uso de drogas ao longo do tempo.

Em relação à prevenção do abuso de drogas, esta edição compara o custo do tratamento de drogas *versus* a prisão de viciados em drogas, discute variáveis que predizem os sucessos nos juizados de narcóticos e revê o uso de incentivos financeiros em programas para parar de fumar. Há, também, informações atualizadas sobre decisões judiciais recentes sobre litígios envolvendo álcool e drogas e sobre as políticas de drogas dos Estados Unidos. As perguntas nas seções *O que você acha?* foram criadas para dar início a uma palestra e ensinar os alunos a pensar criticamente: (1) os cigarros eletrônicos devem ou não estar sob o controle do *Food and Drug Administration?*; (2) os funcionários que usam maconha, mesmo depois do trabalho e em um estado onde é legal, podem ser demitidos porque esse uso continua ilegal para as leis federais?; (3) por que o excesso de bebida está aumentando entre mulheres e meninas?; e (4) mulheres grávidas deveriam ser presas por colocar uma criança em risco químico, mesmo que a criança nasça com saúde?

Há, ainda, estatísticas, tabelas e números do *National Survey on Drug Use and Health*, Organização Mundial de Saúde, *World Drug Report*, *European Monitoring Centre for Drugs and Drug Addiction*, *Monitoring the Future*, *Center for Disease Control and Prevention*, Alcoólicos Anônimos, *National Institute on Drug Abuse*, *Office of National Drug Control Policy*, entre outras fontes. Finalmente, há uma seção *O lado humano*, intitulado "Histórias reais, pessoas reais", que informa os alunos sobre as consequências do abuso de drogas para usuários, família e amigos.

No **Capítulo 4** ("Crime e controle social"), a novidade são as mais recentes estatísticas, tabelas e números do *Federal Bureau of Investigation*, *U.S. Department of Justice*, *National Crime Victimization Survey*, *Bureau of Justice Statistics*, *National Gang Center*, *National Center for Victims of Crime*, *Internet Crime Complaint Center*, *Innocence Project*, *National Security*

Council (NSC) e do *United Nations Office on Drugs and Crime* (UNODC). Há uma ênfase maior em crimes transnacionais, incluindo tráfico humano, pornografia infantil e crime organizado. Esse capítulo baseia-se na teoria e discute pesquisas sobre os efeitos da legalização da prostituição para o tráfico sexual, causas do aumento da violência contra mulheres e meninas, a prevalência da exposição de crianças à violência e como as reportagens da mídia sobre crime e violência impactam o medo do crime. Entre outros tópicos relacionados ao crime estão os assassinatos na Sandy Hook Elementary School, os debates renovados sobre controle de armas e a pressão resultante da *National Rifle Association* para limitar as regulamentações contra as armas. Há seções ampliadas sobre crimes de colarinho-branco, cibernético e organizado e discussões sobre por que as pessoas deixam de registrar a vitimização violenta, queixas contra empresas de tecnologia, vazamento de dados, demografia das gangues juvenis, teorias de o comportamento criminoso cair com a idade, poluição corporativa e índices de mortalidade, índices de punição, problemas associados à injeção letal e posse global de armas e assassinatos por armas de fogo. Combinando os tópicos mais recentes com questões sociologicamente significativas, este capítulo também inclui muitas seções *O que você acha?*. Os alunos são solicitados a pensar sobre se leis norte-americanas "*stand your ground*" são necessárias para proteger pessoas inocentes e se armas de brinquedo que parecem realistas devem ou não ser banidas; os problemas associados à privatização de prisões; por que o número dos assassinatos em série aumentou tão dramaticamente nos últimos 50 anos; se Edward Snowden é um traidor ou herói; os problemas associados à vitimização violenta, e finalmente, em que idade os pais devem ter a permissão de dar uma arma a seus filhos.

O **Capítulo 5** ("Problemas familiares") foi organizado de modo que o tópico sobre divórcio precede o do abuso. Esse capítulo possui dados sobre a mudança de padrões e tendências nas famílias norte-americanas, incluindo uma seção sobre domicílios de três gerações nos Estados Unidos. Uma seção "Casamentos arranjados *versus* escolhidos" também foi feita. Esse capítulo também inclui informações atualizadas sobre o *status* legal de casais do mesmo sexo, uma seção atualizada sobre "Alienação parental", pesquisa e dados sobre violência íntima conjugal e abuso infantil, uma discussão atualizada quanto às diferenças de gênero na perpetuação de violência íntima conjugal e pesquisa sobre "turbulência" no relacionamento (o padrão de se separar e se reconciliar) e sua ligação com o abuso físico e verbal. A seção *O que você acha?* pergunta por que o *bullying* entre irmãos – talvez a forma mais comum de abuso em famílias – é aceito como um comportamento normal e esperado.

O **Capítulo 6** amplia o foco sobre riqueza e desigualdade econômica com o nome "Desigualdade econômica, riqueza e pobreza". Uma imagem de abertura ilustra como a desigualdade econômica leva a resultados diferentes na vida. Esse capítulo inclui dados sobre desigualdade na distribuição global de riqueza nos domicílios, desigualdade nos Estados Unidos e dados atualizados do censo sobre pobreza e limites de pobreza. A seção olha para "O '1%': Riqueza nos Estados Unidos". Há também uma discussão sobre desigualdade política e alienação política entre os pobres e seções sobre "Desigualdade legal", "Região e pobreza" e "Reduzindo a desigualdade econômica dos Estados Unidos". Esse capítulo amplia a discussão do movimento Occupy Wall Street, traz material sobre "Desastres naturais, desigualdade econômica e pobreza" (por exemplo, terremotos no Haiti e no Chile e Furacão Sandy) e inclui abordagem quanto à meritocracia e impostos progressivos. Contém ainda uma seção *Animais e a sociedade*, que apresenta uma pesquisa sobre o papel de animais de companhia nas vidas de indivíduos sem-teto, e a seção *Um olhar sobre a pesquisa dos problemas sociais*: "Patchwork: histórias de mulheres pobres que recosturam sua rede de proteção rompida". A seção *O que você acha?* pergunta aos leitores como seus padrões alimentares mudariam se dependessem dos benefícios do programa norte-americano *Supplemental Nutritional Assistance Program* (SNAP), que era de US$ 4,50 em média por beneficiário por dia em 2012. Finalmente, esse capítulo apresenta material atualizado sobre bem-estar corporativo, esforços internacionais para redução de pobreza e mitos sobre bem-estar.

O **Capítulo 7** ("Trabalho e desemprego") inclui uma discussão sobre socialismo e capitalismo, material sobre *Citizens United versus Federal Election Commission*, e uma seção sobre "Cooperativas de trabalhadores: Uma alternativa ao capitalismo". Outros tópicos nessa edição incluem impressão 3D como exemplo de automação do trabalho, o local de trabalho tóxico e empreendedorismo. Esse capítulo também inclui uma tabela atualizada sobre "Benefícios e políticas de trabalho vida centradas nos empregadores nos Estados Unidos". A seção *O que você acha?* pergunta aos leitores se os norte-americanos que examinam criticamente o capitalismo são "não norte-americanos" ou desleais aos Estados Unidos. A seção *O lado humano* descreve condições de trabalho na indústria de processamento de aves. Os estudantes terão interesse especial na discussão atualizada sobre preocupações com emprego de recém-graduados.

O **Capítulo 8** ("Problemas na educação") traz uma seção *Você e a sociedade* sobre a ética dos estudantes e *O lado humano* sobre "A morte de Dylan Hockley", uma das 26 vítimas da Sandy Hook Elementary School. Há estatísticas, tabelas e números do *National Center for Educational Statistics, Organization for Economic Cooperation and Development* (OECD), *Programme for International Student Assessment* (Pisa), *Children's Defense Fund, Unesco Naep, Assessment of Educational Progress* (Naep), *Trends in International Mathematics and Science Study* (TIMSS), *World Literacy Foundation*, AFE e a *American Federation of Teachers*. A seção Ensino Superior foi organizada para incluir seções sobre seu custo, ensino superior e raça e etnia e faculdades comunitárias. Esse capítulo também traz seções sobre integração socioeconômica, efetividade dos professores, falta de apoio financeiro para escolas, política educacional nos estados, padrões fundamentais comuns, avaliações e responsabilidade e defesa e movimentos sociais em educação. Há uma gama de tópicos e discussões sobre índices de analfabetismo, a tendência em relação ao aumento da segregação escolar, prêmio de aprendizagem *(earning premiums)*, os custos sociais do abandono da faculdade, as consequências do corte orçamentário das escolas, as consequências não propositais do General Educational Development (GED), a relação entre políticas escolares de tolerância zero e o fluxo escola-prisão, o Tuition Equality Act e o Student Loan Certainty Act. Entre os termos, apesar de não só esses, estão "a corrida de bebês" e "parent trigger laws".

O **Capítulo 9** ("Raça, etnia e imigração") abre com uma imagem sobre o caso Travyon Martin/George Zimmerman. Esse capítulo apresenta um item *Você e a sociedade*: "Como você explica a vantagem racial dos brancos?". Dados sobre índices de casamentos inter-raciais nos Estados Unidos e percepções de raça e relações étnicas foram descritos. Inclui, também, uma discussão revisada da história da imigração nos Estados Unidos, acrescentando o Hart-Celler Act de 1965 e uma discussão sobre as políticas estaduais e federais de imigração. O capítulo apresenta regras jornalísticas que proíbem o uso dos termos imigrante ilegal e estrangeiro ilegal. Acrescentamos uma discussão sobre como a legislação de direitos civis dos Estados Unidos representou, em parte, uma reação à Guerra Fria. Uma provocativa seção *O que você acha?* examina o uso da "palavra com N" (*nigger*). Outros tópicos incluem racismo institucional, racismo daltônico e "gramática racial". Finalmente, esse capítulo contém informações atualizadas sobre ação afirmativa, uma discussão quanto às mudanças no Voting Rights Act e dados sobre a incidência de crimes de ódio e crimes de ódio no *campus*.

O **Capítulo 10** ("A desigualdade de gênero") começa com uma intrigante imagem de abertura, *Um olhar sobre a pesquisa dos problemas sociais* sobre "Exagerando o gênero" e a seção *O lado humano* sobre discriminação sexual no local de trabalho. Há estatísticas, tabelas e números do Fórum Econômico Mundial, Organização Mundial de Saúde, *U.S. Census Bureau, Center for American Women and Politics, Anistia Internacional, American Association of University Women, Equal Employment Opportunity Commission*, Organização Internacional do Trabalho, Organização das Nações Unidas, *Institute for Women's Policy Research* e Organização das Nações Unidas para a Educação, Ciência e Cultura. Tópicos diversificados para começar a discussão e perguntas incluem: alunos transgêneros de graduação devem poder competir em esportes? A socialização do papel de gênero explica a representação excessiva dos homens na política? As garotas escaladas para o time deveriam poder jogar futebol norte-americano com meninos do ensino fundamental? Em um local sagrado de oração deve valer a tradição ou a igualdade de gênero? E, finalmente, há uma "guerra contra as mulheres"? As seções nessa edição incluem (1) a persistência da segregação profissional por sexo, (2) por que ainda existe uma diferença salarial entre gêneros, (3) políticas e programas de gênero na escola e (4) o culto à magreza. Os tópicos de discussão incluem o livro de Ridgeway, *Enquadrados pelo gênero*, políticas trabalhistas que desencorajam as mulheres a trabalhar em período integral, desvio de gênero, desempenho acadêmico dos alunos em escolas unissex ou mistas, representação de gênero em filmes familiares de maior bilheteria, anúncios de serviços públicos da "Jane", ordenação de bispas na Igreja Anglicana, países "leves" *versus* "pesados" e normas de gênero masculinas, imagem corporal e feminilidade e masculinidade, bordéis da Segunda Guerra, ameaças à identidade de gênero e a tese da supercompensação masculina.

O **Capítulo 11** ("Orientação sexual e luta por igualdade") começa com uma imagem de abertura sobre a rejeição ao Defense of Marriage Act (Doma). Há também a seção *Um olhar sobre a pesquisa dos problemas sociais* sobre suicídio e juventude lésbica, gay e bissexual e a seção *O lado humano* intitulado "Uma carta aberta para a igreja da minha geração". As questões *O que você acha?* incluem: (1) O que deve prevalecer quando os direitos humanos afrontam parte das crenças religiosas de um povo? (2) O comentário do Papa Francisco de que não devemos julgar pessoas gays e lésbicas terá impacto sobre as atitudes das pessoas em relação a quem tem atração por pessoas do mesmo sexo? (3) Associação dos escoteiros dos Estados Unidos devem banir líderes gays? (4) Se a negação da igualdade de casamento para lésbicas, gays e bissexuais se baseia na ideologia religiosa, isto é uma violação da Segunda Emenda? (5) Boicotes a empresas e organizações com posturas antigays têm algum impacto na luta mais ampla pela igualdade de LGBT?, finalmente, (6) repelir leis antigays ataca a liberdade religiosa de quem se opõe moralmente a relações de mesmo sexo? Há também tabelas, números e estatísticas atuais do *Human Rights Campaign, National College Health Association, Palm Center, Exodus International, Williams Institute, Gallup Poll, Gay, Lesbian and Straight Education Network, International Gay and Lesbian Human Rights Commission, International Lesbian, Gay, Bisexual, Trans, and Intersex Association, Pew Research Center e National Coalition of Anti-Violence Programs*.

O **Capítulo 12** ("Crescimento populacional e envelhecimento") apresenta as mais recentes estatísticas populacionais disponíveis pela Organização das Nações Unidas e inclui números atualizados sobre distribuição, crescimento e envelhecimento populacionais. O capítulo inclui uma discussão sobre a geração "sanduíche", que consiste de adultos que estão tomando conta de três gerações (filhos, pais e avós ou netos, filhos e pais). A discussão sobre seguridade social e aposentadoria está atualizada, e as questões *O que você acha?* dizem respeito a se a aposentadoria obrigatória se justifica em algum caso, ou se é discriminação de idade. A seção *Animais e a sociedade* sobre "Superpopulação de animais de estimação nos Estados Unidos" inclui uma discussão sobre o movimento de não matar em abrigos de animais.

O **Capítulo 13** ("Problemas ambientais") apresenta alguns termos-chave: Dia do Excesso da Terra; obsolescência percebida; biomassa; e a máquina da negação do clima. Outro novo termo-chave é *pinkwashing*, que é a prática de usar a cor rosa ou fitas cor-de-rosa e outras estratégias de marketing que sugerem que uma empresa está ajudando a combater o câncer de mama, enquanto pode estar fabricando ou vendendo produtos químicos ligados ao câncer.

Além das informações atualizadas sobre aquecimento global e mudança climática, há outros tópicos interessantes: os efeitos da mudança climática sobre o lazer e o problema crescente dos plásticos que contaminam os oceanos e comprometem a vida marinha. O capítulo inclui uma discussão atualizada sobre como as indústrias usam seu poder e riqueza para influenciar as políticas ambientais e de energia, assim como as crenças da população quanto a questões ambientais. Esse capítulo também inclui uma discussão sobre o *Environmental Literacy Improvement Act* – uma lei proposta pelo *American Legislative Exchange Council* (ALEC) que visa enfraquecer a capacidade dos professores de lecionar a ciência da mudança climática para alunos do jardim da infância ao 9º ano. Novas descobertas de pesquisa sobre os efeitos do *fracking* são apresentadas. Inclui, ainda, estatísticas atualizadas e informações de várias fontes, incluindo a *Global Footprint Network, o United Nations Development Programme, United Nations Environment Program e a Environment Protection Agency*. Também há uma menção à contribuição de Rachel Carson ao ativismo ambiental.

O **Capítulo 14** ("Ciência e tecnologia") começa com uma imagem de abertura e as duas seções *Você e a sociedade* e *O lado humano*. Os números, tabelas e estatísticas vêm da *National Science Foundation*, Fórum Econômico Mundial, Nações Unidas, *Open Net Initiative, Digest of Education Statistics, U.S. Citizenship and Immigration Services, Entertainment Software Association, Federal Trade Commission, Information Technology and Innovation Founda-*

tion, International Federation of Robotics, National Institute of Health, President's Council of Advisors on Science and Technology, entre outras fontes. Os tópicos de pesquisa e discussão incluem protestos contra a Monsanto e organismos geneticamente modificados; leis que propõem que os fetos sejam considerados pessoas; restrições em nível estadual ao aborto; sistemas de recomendação da internet; o programa de computador X Keyscore; o impacto da tecnologia sobre os empregos nos setores industrial e de serviço; a relação entre tecnologia, queda da renda e maior desigualdade econômica; manutenção de grandes bancos de dados genéticos de cidadãos; a demografia dos usuários de computadores, internet e *smartphones*; tecnologia e o custo da atenção à saúde; o *Marketplace Fairness Act*; o livro *The Shallows: What the Internet Is Doing to Our Brains*; racismo em *role-playing games*; sexismo nas propagandas de videogame; gestão indireta; games baseados na supremacia branca; o índice de prontidão da rede; o *E-government Development Index; Stem Cell Research Advancement Act*; e o programa de vigilância da *National Security Administration* (NSA). Além desses tópicos, as seções *O que você acha?* pedem aos alunos que reflitam sobre por que os índices de aborto são mais altos em países em que esse ato é ilegal, se a tecnologia leva ou não à solidão e ao isolamento e as consequências do testes genéticos diretos.

O **Capítulo 15** ("Guerra, conflito e terrorismo") contém estatísticas do Departamento de Defesa, *U.S. State Department, Stockholm International Peace Research Institute, Pew Research Center, National Counterterrorism Center, Nações Unidas, National Center for Veterans Analysis and Statistics, Office of Weapons Removal and Abatement, White House, Institute for Economics & Peace, U.S. Central Command, the Congressional Research Service, Defense Manpower Data Center, International Campaign to Ban Landmines e do Office of Management and Budget*. Há várias seções *O que você acha?*, incluindo (1) O uso de drones evita a violência ao matar líderes terroristas ou a incita ao inspirar outros a realizar ataques terroristas? (2) Sob que condições você acha que os Estados Unidos deveriam enviar armas para apoiar combatentes em outros países? (3) De que maneiras você acha que a desigualdade contribui para a "cultura do estupro", tanto na sociedade militar quanto na civil? (4) As ações de Manning e Snowden foram traidoras ou heroicas? Sob que condições você acha que os Estados Unidos deveriam retirar a ajuda estrangeira de países aos quais apoiou por décadas? (6) Pré-condições locais tornam mais ou menos provável que os Estados Unidos mudem sua política em relação ao Irã? Há também a seção *Um olhar sobre a pesquisa dos problemas sociais* sobre "Combate, doença mental e suicídios de militares". Tópicos atualizados incluem a Primavera Árabe, a Guerra Civil Síria, o golpe no Egito, o uso de armas químicas, os ataques em um shopping center de luxo em Nairóbi, as bombas na Maratona de Boston, as controvérsias de Bradley Manning e Edward Snowden, a teoria da paz democrática, a política militar relativa ao casamento e aos benefícios a gays, mulheres na guerra, a crise do assédio sexual militar, preocupações de segurança e éticas em relação a ataques de drones, as baixas no Iraque e Afeganistão, os custos das guerras do Iraque e do Afeganistão, contratantes militares e o MPRI, relações entre Estados Unidos e China, negociações nucleares do Irã, testes de mísseis na Coreia do Norte e o *Ground Combat Exclusion Policy*.

Seções e recursos pedagógicos

Incluímos uma grande quantidade de elementos e recursos pedagógicos no texto para ajudar os alunos a aprender a pensar sobre problemas sociais de uma perspectiva sociológica. Nossa missão é ajudá-los a pensar criticamente sobre problemas sociais e suas implicações e aumentar sua consciência sobre como esses problemas se relacionam às vidas pessoais.

Seções

Animais e a sociedade. Vários capítulos contêm uma seção *Animais e a sociedade*, que examina questões, problemas, políticas e/ou programas em relação a animais no contexto do problema social discutido no capítulo. Por exemplo, o Capítulo 5 ("Problemas familiares") inclui a seção *Animais e a sociedade* que examina "Animais de estimação e violência doméstica", e no Capítulo 14 ("Ciência e tecnologia"), a seção discute "O uso de animais na pesquisa científica".

Você e a sociedade. Cada capítulo inclui uma pesquisa social criada para ajudar os alunos a avaliar suas próprias atitudes, crenças, conhecimento ou comportamentos em relação a algum aspecto do problema social em discussão. No Capítulo 5 ("Problemas familiares"), por exemplo, "Levantamento de comportamentos abusivos" convida os alunos a avaliar a frequência de vários comportamentos abusivos em suas próprias relações. A seção *Você e a sociedade* no Capítulo 3 ("Álcool e outras drogas") permite aos estudantes medir as consequências de seu próprio comportamento quanto ao álcool e compará-lo aos respondentes de uma pesquisa nacional, e os alunos podem avaliar seu conhecimento sobre armas nucleares no Capítulo 15 ("Guerra, conflito e terrorismo").

O lado humano. Cada capítulo inclui uma seção que coloca em destaque os problemas sociais em discussão ao descrever experiências pessoais de indivíduos que foram afetados por eles. A seção *O lado humano* do Capítulo 4 ("Crime e controle social"), por exemplo, descreve as consequências terríveis de ser vítima de estupro, e a do Capítulo 9 ("Raça, etnia e imigração") descreve as experiências de um dia de trabalho de um imigrante que foi vítima de violento crime de ódio. Mais adiante, no Capítulo 11 ("Orientação sexual e luta por igualdade"), a seção *O lado humano* apresenta em detalhes a postagem no blog de Dannkia Nash inspirada no hino de Macklemore sobre igualdade matrimonial "Same Love".

Um olhar sobre a pesquisa dos problemas sociais. Esta seção, encontrada em todos os capítulos, apresenta exemplos de pesquisa de ciências sociais, resumindo as amostragens e métodos envolvidos em cada coleta de dados e apresentando os achados e conclusões. Essas seções incluem temas como: *bullying*, perda do emprego na meia-idade, hackeamento de computadores, a mudança da natureza nos Estados Unidos e as duas faces do racismo.

Ensaio fotográfico. No Capítulo 1 ("Refletindo sobre os problemas sociais"), esta seção apresenta "Estudantes fazendo a diferença". O Capítulo 2 ("Saúde física e mental e o sistema de saúde") inclui um novo ensaio fotográfico intitulado "Globesidade". "Programas prisionais que funcionam" está no Capítulo 4 ("Crime e controle social"). O Capítulo 6 ("Desigualdade econômica, riqueza e pobreza") cobre o tópico "Falta de água limpa e saneamento entre os pobres". O Capítulo 7 ("Trabalho e desemprego") inclui um ensaio fotográfico sobre "Trabalho infantil na agricultura norte-americana") e no Capítulo 10 ("A desigualdade de gênero"), recebe o título "O *continuum* de gênero". Finalmente, o Capítulo 13 ("Problemas ambientais") retrata os horrores da "Explosão na plataforma de petróleo em águas profundas da British Petroleum" e o "Desastre na usina nuclear de Fukushima".

Recursos de aprendizagem no texto

Imagens. Cada capítulo começa com uma imagem criada para envolver os alunos e atraí-los para o tema ao ilustrar a relevância atual do tópico em discussão. Por exemplo, o Capítulo 2 ("Saúde física e mental e e o sistema de saúde") começa com um relato de uma mulher que se viu arruinada pelas altas contas médicas do seu marido. O Capítulo 9 ("Raça, etnia e imigração") começa com a história de Trayvon Martin e George Zimmerman, e o Capítulo 15 ("Guerra, conflito e terrorismo") abre com o retrato de uma cadela pastora alemã veterana portadora de transtorno do estresse pós-traumático.

Termos-chave. Termos e conceitos importantes são destacados no texto em sua primeira ocorrência. Para enfatizar a importância desses termos, eles estão listados no fim de cada capítulo e incluídos no glossário no fim do livro.

Glossário contínuo. Esta edição dá continuidade ao glossário que destaca os termos-chave em cada capítulo ao colocá-los, e suas definições, nas margens do texto.

Seções *O que você acha?*. Cada capítulo contém várias destas seções. Elas convidam os alunos a usar suas habilidades de pensamento crítico para responder a perguntas sobre questões relacionadas ao conteúdo do capítulo. Por exemplo, uma das seções *O que você acha?* no

Capítulo 3 ("Álcool e outras drogas") pergunta aos alunos se funcionários podem ser demitidos se usarem maconha depois do expediente, mesmo que seja prescrito por um médico e não prejudique o trabalho. O tribunal tomou a decisão correta?" Já uma dessas seções, no Capítulo 11 ("Orientação sexual e luta por igualdade"), pergunta se a rejeição a leis antigay ataca a liberdade religiosa e nega a liberdade de expressão àqueles moralmente opostos à homossexualidade. No Capítulo 12 ("Crescimento populacional e envelhecimento"), uma dessas seções pergunta aos leitores se cartões de aniversário e piadas que ridicularizam a idade são um tipo de ageísmo.

Glossário. Todos os termos-chave são definidos nas margens das páginas, assim como no glossário no fim do texto.

Seções *Entendendo [Problemas sociais específicos]*. Com muita frequência, os alunos, diante de teorias e resultados de pesquisas contraditórios, saem de cursos sobre problemas sociais sem uma compreensão real de suas causas e consequências. Para resolver esse problema, estas seções limitam o conteúdo de cada capítulo pouco antes da Revisão do Capítulo. Em cada capítulo, diferente da revisão, essas seções sintetizam o tema apresentado, resumindo o estado atual do conhecimento e da teoria sobre cada tópico do capítulo.

Agradecimentos

Este texto reflete o trabalho de muitas pessoas. Gostaríamos de agradecer por suas contribuições para o desenvolvimento deste texto: Seth Dobrin, Gerente de Produto; Nicole Bridge, Desenvolvedora de Conteúdo; John Chell, Desenvolvedor de Mídia; Cheri Palmer, Gerente de Projeto de Conteúdo Sênior; Jill Traut, Gerente de Produto da MPS Limited; Caryl Gorska, Diretor de Arte Sênior; Sachin Das, Gerente de Projetos Associado – Autorizações de Texto; e Don Schlotman, Editor de Aquisições de Direitos. Gostaríamos também de agradecer o apoio e a assistência de Carol L. Jenkins, Emily Schacht, Molly Clever, Marieke Van Willigen, James e Mabelle Miller, Don e Jean Fowler e Megan Allen. Para cada um, nosso agradecimento sincero. Agradecimentos especiais também a George Glann, cujas contribuições valiosas colaboraram para chegar ao alto padrão de qualidade de edição para edição.

Além disso, somos gratos àqueles que leem o manuscrito em seus vários rascunhos e oferecem *insigths* valiosos, muitos dos quais foram incorporados ao manuscrito final:

Aimee Burgdorf, Southwest Tennessee Community College
Dra. Rebecca Fahrlander, Metropolitan Community College
Sharon Hardesty, Eastern Kentucky University
Robert Hollenbaugh, Irvine Valley College
Monica Johnson, Northwest Mississippi Community College
Judith Kirwan Kelley, Curry College
Steve McGlamery, Radford University
Nancy Sonleitner, University of Tennessee, em Martin
Warren Waren, University of Central Florida
Steve Willis, National Park Community College Hot Springs

Também agradecemos aos revisores: Maria D. Cuevas, Yakima Valley Community College; Kim Gilbert, Iowa Lakes Community College; Heather S. Kindell, Morehead State University; John J. Leiker, Utah State University; Sharon A. Nazarchuk, Lackawanna College; Jewrell Rivers, Abraham Baldwin Agricultural College; Michelle Willms, Itawamba Community College; Sally Vyain, Ivy Tech Community College of Indiana; David Allen, University of New Orleans; Patricia Atchison, Colorado State University; Wendy Beck, Eastern Washington University; Walter Carroll, Bridgewater State College; Deanna Chang, Indiana University of Pennsylvania; Roland Chilton, University of Massachusetts; Verghese Chirayath, John Carroll University; Margaret Choka, Pellissippi State Technical Community College; Kimberly Clark, DeKalb College-Central Campus; Anna M. Cognetto, Dutchess Community College; Robert R. Cordell, West Virginia University, Parkersburg; Barbara Costello, Mississippi State University; William Cross, Illinois College; Kim Davies, Blinn College; Jane Ely, State University of New York-Stony Brook; William Feigelman, Nassau Community College; Joan Ferrante,

Northern Kentucky University; Robert Gliner, San Jose State University; Roberta Goldberg, Trinity Washington University; Roger Guy, Texas Lutheran University; Julia Hall, Drexel University; Millie Harmon, Chemeketa Community College; Madonna Harrington-Meyer, University of Illinois; Sylvia Jones, Jefferson Community College; Nancy Kleniewski, University of Massachusetts, Lowell; Daniel Klenow, North Dakota State University; Sandra Krell-Andre, Southeastern Community College; Pui-Yan Lam, Eastern Washington University; Mary Ann Lamanna, University of Nebraska; Phyllis Langton, George Washington University; Cooper Lansing, Erie Community College; Linda KayeLarrabee, Texas Tech University; Tunga Lergo, Santa Fe Community College, Main Campus; Dale Lund, University of Utah; Lionel Maldonado, California State University, San Marcos; J. Meredith Martin, University of New Mexico; Judith Mayo, Arizona State University; Peter Meiksins, Cleveland State University; JoAnn Miller, Purdue University; Clifford Mottaz, University of Wisconsin-River Falls; Lynda D. Nyce, Bluffton University; Frank J. Page, University of Utah; James Peacock, University of North Carolina; Barbara Perry, Northern Arizona University; Ed Ponczek, William Rainey Harper College; Donna Provenza, California State University, Sacramento; Cynthia Reynaud, Louisiana State University; Carl Marie Rider, Longwood University; Jeffery W. Riemer, Tennessee Technological University; Cherylon Robinson, University of Texas, San Antonio; Rita Sakitt, Suffolk County Community College; Mareleyn Schneider, Yeshiva University; Paula Snyder, Columbus State Community College; Lawrence Stern, Collin County Community College; John Stratton, University of Iowa; D. Paul Sullins, The Catholic University of America; Vickie Holland Taylor, Danville Community College; Joseph Trumino, St. Vincent's College of St. John's University; Robert Turley, Crafton Hills College; Alice Van Ommeren, San Joaquin Delta College; Joseph Vielbig, Arizona Western University; Harry L. Vogel, Kansas State University; Jay Watterworth, University of Colorado, Boulder; Robert Weaver, Youngstown State University; Jason Wenzel, Valencia Community College; Rose Weitz, Arizona State University; Bob Weyer, County Collegeof Morris; Oscar Williams, Diablo Valley College; Mark Winton, University of Central Florida; Diane Zablotsky, University of North Carolina; Joan Brehm, Illinois State University; Doug Degher, Northern Arizona University; Heather Griffiths, Fayetteville State University; Amy Holzgang, Cerritos College; Janet Hund, Long Beach City College; Kathrin Parks, University of New Mexico; Craig Robertson, University of North Alabama; Matthew Sanderson, University of Utah; Jacqueline Steingold, Wayne State University; e William J. Tinney, Jr., Black Hills State University.

Finalmente, estamos interessados em formas para melhorar o texto e convidamos você a dar sua opinião e sugestões de novas ideias e materiais a serem incluídos em edições futuras. Você pode nos contatar em mooneyl@ecu.edu, knoxd@ecu.edu ou cschacht@suddenlink.net.

Sumário

Parte 1   A sociologia e o estudo dos problemas sociais

1   Refletindo sobre os problemas sociais 1
O que é um problema social? 2
Elementos da estrutura social e da cultura 4
A imaginação sociológica 7
Perspectivas teóricas 8
Pesquisa sobre problemas sociais 15
Dez bons motivos para ler este livro 19
Entendendo os problemas sociais 21

Parte 2   Os problemas do bem-estar

2   Saúde física e mental e o sistema de saúde 27
Contexto global: saúde e doença ao redor do mundo 28
Doença mental: a epidemia escondida 36
Teorias sociológicas sobre doença e assistência médica 40
Fatores sociais e hábitos associados à saúde e à doença 43
Problemas no sistema de saúde dos Estados Unidos 46
Estratégias para ação: melhorar a saúde e o sistema de saúde 53
Entendendo os problemas de saúde e assistência médica 62

3   Álcool e outras drogas 67
Contexto global: uso e abuso de drogas 68
Teorias sociológicas sobre uso e abuso de drogas 71
Uso frequente de drogas legais 75
Uso frequente de drogas ilegais 79
Consequências sociais do uso e abuso de drogas 87
Alternativas de tratamento 92

xvii

Estratégias para ação: os Estados Unidos reagem 94
Entendendo o uso de álcool e outras drogas 100

4 Crime e controle social 103

Contexto global: crime internacional e controle social 104
Fontes de estatísticas criminais 106
Teorias sociológicas sobre a criminalidade 109
Tipos de crime 113
Padrões demográficos da criminalidade 121
Custos sociais do crime e do controle social 128
Estratégias para ação: crime e controle social 132
Entendendo o crime e o controle social 143

5 Problemas familiares 147

Contexto global: formas e normas familiares pelo mundo 148
A mudança de padrões e tendências nas famílias norte-americanas 151
Teorias sociológicas sobre os problemas familiares 156
Problemas associados ao divórcio 158
Estratégias para ação: fortalecimento do casamento e minimização dos problemas relacionados ao divórcio 164
Violência e abuso nas relações íntimas e familiares 167
Estratégias para ação: prevenir e reagir à violência e ao abuso domésticos 175
Entendendo os problemas familiares 177

Parte 3 Problemas de desigualdade

6 Desigualdade econômica, riqueza e pobreza 181

Contexto global: desigualdade econômica, riqueza e pobreza ao redor do mundo 182
Teorias sociológicas sobre desigualdade econômica, riqueza e pobreza 186
Desigualdade econômica, riqueza e pobreza nos Estados Unidos 189
Consequências da desigualdade econômica e da pobreza 193
Estratégias para ação: redução da pobreza e da desigualdade econômica 202
Entendendo a desigualdade econômica, a riqueza e a pobreza 215

7 Trabalho e desemprego 219

Contexto global: a nova economia global 220
Teorias sociológicas sobre o trabalho e a economia 225
Problemas do trabalho e do desemprego 228
Estratégias para ação: lidando com os problemas de trabalho e desemprego 243
Entendendo o trabalho e o desemprego 250

8 Problemas na educação 255

Contexto global: variações interculturais na educação 256
Teorias sociológicas sobre educação 258
Quem é bem-sucedido? A desigualdade do sucesso escolar 262
Problemas no sistema educacional norte-americano 269

Estratégias para ação: tendências e inovações na educação norte-americana 280
Entendendo os problemas na educação 286

9 Raça, etnia e imigração 291

Contexto global: diversidade ao redor do mundo 292
Diversidade racial e étnica nos Estados Unidos 296
Imigrantes nos Estados Unidos 300
Teorias sociológicas sobre as relações raciais e étnicas 305
Racismo e preconceito 309
Discriminação contra as minorias raciais e étnicas 312
Estratégias de ação: reação ao preconceito, ao racismo e à discriminação 320
Entendendo raça, etnia e imigração 325

10 A desigualdade de gênero 329

Contexto global: o *status* das mulheres e dos homens 331
Teorias sociológicas da desigualdade de gênero 335
Estratificação de gênero: sexismo estrutural 339
A construção social dos papéis de gênero: sexismo cultural 349
Problemas sociais e a socialização tradicional dos papéis de gênero 356
Estratégias de ação: sobre a igualdade de gênero 361
Entendendo a desigualdade de gênero 365

11 Orientação sexual e luta por igualdade 369

Contexto global: uma visão geral sobre o *status* da homossexualidade 371
Homossexualidade e bissexualidade nos Estados Unidos: um panorama demográfico 372
As origens da orientação sexual 374
Teorias sociológicas sobre a desigualdade da orientação sexual 376
Preconceito contra lésbicas, gays e bissexuais 379
Discriminação contra lésbicas, gays e bissexuais 383
Estratégias de ação: pela igualdade entre todos 391
Entendendo a orientação sexual e a luta por igualdade 398

Parte 4 Problemas de globalização

12 Crescimento populacional e envelhecimento 403

Contexto global: uma visão mundial do crescimento populacional e envelhecimento 404
Teorias sociológicas sobre crescimento populacional e envelhecimento 408
Problemas sociais relacionados ao crescimento populacional e envelhecimento 410
Estratégias de ação: respondendo aos problemas do crescimento populacional e do envelhecimento 420
Entendendo os problemas de crescimento populacional e envelhecimento 427

13 Problemas ambientais 431

Contexto global: a globalização e o ambiente 432
Teorias sociológicas sobre os problemas ambientais 433
Problemas ambientais: um panorama 437
Causas sociais dos problemas ambientais 452
Estratégias de ação: respondendo aos problemas ambientais 453
Entendendo os problemas ambientais 464

14 Ciência e tecnologia 469

Contexto global: a revolução tecnológica 471
Teorias sociológicas sobre a ciência e a tecnologia 474
Tecnologia e transformação da sociedade 478
Consequências sociais da ciência e da tecnologia 492
Estratégias de ação: controlando a ciência e a tecnologia 499
Entendendo a ciência e a tecnologia 503

15 Guerra, conflito e terrorismo 507

Contexto global: conflito em um mundo em mudança 508
Teorias sociológicas da guerra 513
As causas da guerra 519
Terrorismo 523
Problemas sociais relacionados a conflito, guerra e terrorismo 532
Estratégias de ação: em busca da paz mundial 540
Entendendo conflito, guerra e terrorismo 546

Apêndice: Métodos de análise de dados 551

Descrição, correlação, causa, segurança e validade e diretrizes éticas na pesquisa sobre problemas sociais 551

Glossário 555

Referências 565

Índice remissivo 605

Refletindo sobre os problemas sociais

"A menos que alguém como você se importe de verdade, nada vai melhorar. Não vai."

—Dr. Seuss, O Lorax

O que é um problema social?
Elementos da estrutura social e da cultura
Você e a sociedade: **O que é importante para você? Uma avaliação dos valores pessoais**
A imaginação sociológica
Perspectivas teóricas
Um olhar sobre a pesquisa dos problemas sociais:
   O empreendimento sociológico
Pesquisa sobre problemas sociais
Dez bons motivos para ler este livro
O lado humano: **O "lado humano" do sociólogo**
Entendendo os problemas sociais
Ensaio fotográfico: **Estudantes fazendo a diferença**
Revisão do capítulo

Depois da reviravolta econômica de 2008, o Congresso dos Estados Unidos aprovou e o presidente Obama assinou e tornou lei o *American Recovery and Reinvestment Act,* de 2009, pacote de estímulo criado para ajudar setores em declínio, criar empregos, estimular os gastos dos consumidores, resgatar o mercado imobiliário falido e encorajar investimentos relativos à energia. Até agora, a distribuição de fundos de estímulo soma mais de US$ 793 bilhões (Recovery.gov, 2013).

Em uma Pesquisa Gallup de abril de 2013, perguntou-se a uma amostra aleatória de norte-americanos: "Qual é o problema mais importante enfrentado hoje pelo país?". Os principais problemas apontados incluíam questões econômicas (ou seja, salários, corrupção empresarial, distância entre ricos e pobres etc.) — que totalizaram a grande maioria das respostas — e não econômicas, como falta de confiança no governo, assistência à saúde, imigração, controle de armas, educação e pobreza (Gallup, 2013a). Além disso, outra pesquisa nesse mesmo ano indicou que apenas 30% dos norte-americanos estavam satisfeitos com "a forma como as coisas estavam caminhando nos Estados Unidos" naquele momento. Apesar de esse número ter aumentado nos últimos anos (na mesma época de 2012, por exemplo, eram 21%), é significativamente mais baixo do que na década anterior, quando 60% estavam satisfeitos com os rumos do país (Gallup, 2013b).

O presidente Obama tem total consciência dos desafios que a nação enfrenta e da longa jornada que tem pela frente. Em seu segundo discurso de posse, ele afirmou:

> [...]nossa jornada não está completa até que nossas esposas, nossas mães e filhas possam receber um salário condizente com seus esforços[...] até que nossos irmãos e irmãs gays sejam tratados como qualquer outra pessoa aos olhos da lei[...] até que nenhum cidadão seja forçado a esperar por horas para exercitar o direito ao voto[...] até que encontremos uma maneira melhor de acolher os imigrantes empenhados e esperançosos, que ainda veem a América como uma terra de oportunidades[...] até que nossos filhos, das ruas de Detroit aos Montes Apalaches e às ruas desertas de Newtown, saibam que são cuidados e queridos e estão sempre seguros contra os males. Esta é a tarefa da nossa geração: tornar verdadeiras essas palavras, esses direitos, esses valores de vida e liberdade e a busca da felicidade para todo americano. (Obama, 2013)

Problemas relacionados a pobreza, educação inadequada, crime e violência, opressão das minorias, destruição do meio ambiente, guerra e terrorismo, assim como outras questões sociais, são preocupações tanto nacionais quanto internacionais. Tais problemas representam uma ameaça e um desafio para nossa sociedade nacional e global. A primeira meta deste livro é facilitar a compreensão e a reflexão sobre a problemática condição social dos Estados Unidos e dos outros países.

Embora os tópicos aqui abordados sejam bastante diversos, os capítulos têm os mesmos objetivos: explicar como os problemas sociais são criados e mantidos; indicar como afetam indivíduos, grupos sociais e sociedades como um todo; e examinar programas e políticas focados na mudança desses quadros. Vamos começar observando a natureza dos problemas sociais.

O que é um problema social?

Não há uma definição universal, permanente e absoluta do que seja um problema social. Ao contrário, os problemas sociais são definidos por uma combinação de critérios objetivos e subjetivos que variam em cada sociedade, entre indivíduos e grupos dentro de uma sociedade e ao longo dos períodos históricos.

Elementos objetivos e subjetivos dos problemas sociais

elemento objetivo de um problema social Consciência das condições sociais por meio da vivência pessoal e de informações da mídia.

Apesar de esses problemas englobarem várias áreas, há dois elementos importantes: uma condição social objetiva e sua interpretação subjetiva. O **elemento objetivo de um**

problema social está relacionado à existência de uma condição social. Tornamo-nos conscientes das condições sociais por conta da nossa experiência de vida, da mídia e da educação. Vemos os sem-teto, ouvimos tiroteios nas ruas e vemos mulheres agredidas nos prontos-socorros. Lemos sobre pessoas perdendo seus empregos, os negócios se retraindo e fábricas fechando. Nas reportagens de TV, vemos rostos angustiados de pais que tiveram seus filhos assassinados por jovens violentos.

O que você acha? Para uma condição ser definida como um problema social é preciso haver uma conscientização do público. Como você acha que o amplo uso das tecnologias de comunicação — como *smartphones*, Facebook, Twitter e YouTube — afeta a conscientização sobre essas questões? Você consegue pensar em problemas sociais que ficou conhecendo por conta de alguma dessas tecnologias e que não teriam se difundido se elas não fossem acessíveis?

O **elemento subjetivo de um problema social** está relacionado à crença de que uma condição social específica é prejudicial à sociedade ou a um segmento dela e que, portanto, precisa ser mudada. Sabemos que crime, vício em drogas, pobreza, racismo, violência e poluição existem. Essas condições sociais não são consideradas problemas sociais. No entanto, ao menos um segmento da sociedade acredita que elas reduzem a qualidade da vida humana.

Combinando esses elementos objetivos e subjetivos, chegamos à seguinte definição: **problema social** é uma condição social considerada alarmante por alguns segmentos da sociedade e, portanto, deve ser mudada para não prejudicar a sociedade como um todo.

Variações na definição de problemas sociais

Indivíduos e grupos com frequência discordam sobre o que constitui um problema social. Por exemplo, alguns norte-americanos defendem que o controle de armas é necessário para reduzir a violência, enquanto outros acreditam que esse controle atenta contra os direitos e as liberdades individuais. Da mesma maneira, parte dos norte-americanos considera que a legalidade do aborto é um problema social, enquanto outros encaram sua restrição como um problema social.

As definições sobre problemas sociais variam tanto entre as sociedades quanto entre os períodos históricos. Por exemplo, antes do século XIX, era direito do marido, e imposição matrimonial, disciplinar e controlar sua esposa por meio da força física. Hoje, o uso da força física se tornou um problema social, em vez de um direito conjugal.

Os problemas sociais não mudam apenas pelo *estabelecimento* de condições de mudança, como no exemplo do uso da agressão física no casamento, mas também devido à própria *transformação* do cotidiano. Usar o celular enquanto dirige não era considerado um problema nos anos 1990, quando essa tecnologia ainda não tinha se popularizado. Hoje, com a maioria dos adultos norte-americanos usando celulares, a questão da "distração ao volante" se tornou um problema nacional. De acordo com a National Highway Traffic Safety Administration (2013), em 2011, 21 mil acidentes de trânsito envolveram o uso de celular. Praticamente metade dos motoristas disse que atende a chamadas telefônicas enquanto dirige, e cerca de um quarto deles considera normal fazer ligações no trânsito. Catorze por cento dos motoristas, em 2012, afirmaram enviar mensagens de texto enquanto estão ao volante (National Highway Traffic Safety Administration, 2013).

> [...]alguns norte-americanos defendem que o controle de armas é necessário para reduzir a violência; outros acreditam que esse controle atenta contra os direitos e as liberdades individuais.

elemento subjetivo de um problema social A crença de que uma condição social específica é prejudicial à sociedade, ou a um segmento dela e que, portanto, precisar ser mudada.

problema social Condição social que um segmento da sociedade entende ser prejudicial para todos os membros da sociedade, e que, portanto, precisa de uma solução.

O que você acha? Muitos motoristas acham que usar celulares ao volante só é um risco quando outros motoristas os usam, mas acreditam que quando eles mesmos usam é seguro. Qual é a sua opinião a respeito?

O massacre na escola primária Sandy Hook, em Newtown, Connecticut (em 14 de dezembro de 2012), cujo desfecho resultou vinte crianças e seis funcionários mortos, provocou um debate nacional sobre o controle de armas. A partir de então, o controle de armas e tudo o que isso implica (por exemplo, verificação de antecedentes, proibição de armas automáticas) são um dos problemas sociais mais debatidos e causador de divergências nos Estados Unidos.

Como os problemas sociais tendem a ser muito complexos, pode ser útil colocá-los em um grande quadro, que a sociologia pode nos oferecer. Usar uma perspectiva sociológica para examiná-los exige o conhecimento de alguns conceitos básicos e de algumas ferramentas dessa ciência. No restante deste capítulo, discutiremos alguns desses conceitos e ferramentas: estrutura social, cultura, "imaginação sociológica", as principais correntes teóricas e diversos métodos de pesquisa.

Elementos da estrutura social e da cultura

Embora a sociedade nos cerque e permeie nossa vida, é difícil "vê-la". Mas, ao pensar a sociedade em termos de uma pintura ou imagem, no entanto, é possível visualizá-la e, por consequência, entendê-la melhor. Imagine que a sociedade seja uma moeda com dois lados: um é a sua estrutura, o outro, sua cultura. Mesmo com as diferenças, ambos são inseparáveis do conjunto. Olhando para os elementos da estrutura social e da cultura, podemos entender melhor a raiz e as causas dos problemas sociais.

Elementos da estrutura social

estrutura Forma como a sociedade é organizada, abrangendo instituições, grupos sociais, status e papéis.

instituição Padrão estabelecido e duradouro de relações sociais.

grupo social Duas ou mais pessoas que têm uma identidade comum, interagem e formam um relacionamento social.

grupos primários Em geral, um pequeno número de indivíduos caracterizados por interação íntima e informal.

grupos secundários Compostos por poucos ou muitos indivíduos, são agrupamentos orientados a tarefas e caracterizados por interação impessoal e formal.

status Posição que uma pessoa ocupa em um grupo social.

status atribuído Posição que a sociedade atribui a um indivíduo com base em fatores sobre os quais ele não tem controle.

Estrutura refere-se à maneira como a sociedade é organizada. A sociedade é organizada em diferentes partes: instituições, grupos sociais, *status* social e papéis.

Instituições. Instituição é um padrão estabelecido e duradouro para as relações sociais. São cinco as instituições tradicionais: família, religião, política, economia e educação, embora alguns sociólogos argumentem que outras instituições sociais, como ciência e tecnologia, meios de comunicação, medicina, esportes e exército, desempenhem papéis importantes na sociedade. Muitos problemas sociais são gerados por inadequações em várias instituições. Por exemplo, o desemprego pode estar relacionado a uma falha das instituições educacionais em preparar os indivíduos para o mercado de trabalho e por alterações na estrutura da instituição econômica.

Grupos sociais. Instituições são constituídas por grupos sociais. **Grupo social** é definido como duas ou mais pessoas que têm uma identidade comum, interagem e constituem uma relação social. Por exemplo, sua família é um grupo social que faz parte da instituição família. A crença religiosa que você escolheu é um grupo social que pertence à instituição religião.

Grupos sociais podem ser caracterizados como primário e secundário. **Grupos primários** costumam envolver um número menor de indivíduos e são caracterizados por uma interação mais íntima e informal. **Grupos secundários** em geral envolvem maior número de indivíduos e são orientados e caracterizados por uma interação mais formal e impessoal. São exemplos de grupos secundários empregadores, empregados e seus clientes.

Status. Assim como as instituições são constituídas por grupos sociais, estes são compostos por diversos *status*. ***Status*** é a posição que uma pessoa ocupa no grupo social; é o que define nossa identidade social. Na família, *status* são mãe, pai, madrasta, padrasto, esposa, marido, parceiro, filho etc. *Status* pode ser atribuído ou adquirido. ***Status*** **atribuído** é aquele que a sociedade atribui a um indivíduo com base em fatores sobre os quais ele não exerce nenhum

PROBLEMAS SOCIAIS

controle. Por exemplo, não temos controle sobre o sexo, o gênero, a origem étnica e o *status* socioeconômico que teremos ao nascer. Da mesma forma, o *status* de criança, adolescente, adulto ou idoso de acordo com a nossa idade nos é atribuído, o que foge ao nosso controle.

***Status* adquirido** relaciona-se a características ou comportamentos sobre os quais os indivíduos têm algum controle. Quando conquistamos o *status* de graduado, esposa, pai, presidente de banco ou presidiário, isso depende em grande parte dos nossos próprios esforços, comportamentos e escolhas. No entanto, um *status* atribuído pode aumentar a probabilidade de adquirir outro *status*. Por exemplo, se você nasceu com uma situação socioeconômica pobre, pode encontrar mais dificuldades para alcançar o *status* de graduado na faculdade em razão do custo alto da educação.

Todo indivíduo tem inúmeros *status* simultaneamente. Você pode ser estudante, mãe, tutora, voluntária, mulher e hispânica. O *status principal* de uma pessoa é aquele considerado o mais importante para sua identidade social. Nos Estados Unidos, a profissão é, tradicionalmente, considerada o principal *status* das pessoas. Se você é um estudante em tempo integral, seu *status* principal é estudante.

Papéis. Todo *status* está associado a diversos **papéis**, ou a um conjunto de direitos, obrigações e expectativas a ele associadas. Os papéis sociais orientam nosso comportamento e nos permitem prever o comportamento das outras pessoas. Como estudante, é esperado que você frequente as aulas, preste atenção e faça anotações, estude para as provas e faça as tarefas. Como você conhece o papel do professor, pode prever que ele ministrará aulas, aplicará provas e determinará as notas com base no seu desempenho nos testes.

Um único *status* envolve mais de um papel. Por exemplo, o de presidiário inclui a interação com os guardas e com os outros prisioneiros. Da mesma maneira, o *status* de enfermeira engloba diferentes papéis de interação com médicos e pacientes.

status **adquirido** Posição que a sociedade atribui a um indivíduo com base em fatores sobre os quais ele tem algum nível de controle.

papéis O conjunto de direitos, obrigações e expectativas associados a um *status*.

Elementos da cultura

Enquanto a estrutura social se refere à organização da sociedade, **cultura** diz respeito aos significados e modos de vida que são característicos da sociedade. Os elementos constituintes da cultura incluem crenças, valores, normas, sanções e símbolos.

> Enquanto a estrutura social se refere à organização da sociedade, cultura diz respeito aos significados e modos de vida que são característicos da sociedade.

Crenças. **Crenças** relacionam-se às definições e explicações que são aceitas como verdadeiras. As crenças de um indivíduo ou de um grupo influenciam o que aquele ou este entende como condição social particular ou um problema social. Fumantes prejudicam os não fumantes? As usinas nucleares são seguras? A violência nos filmes e na televisão estimula a agressividade nas crianças? Nossas crenças a respeito desses temas determinam o que vemos como problemas sociais. Elas influenciam como uma condição social é interpretada, mas também determinam a existência da própria condição.

Valores. **Valores** são acordos sociais sobre o que é considerado bom ou mau, certo ou errado, desejável ou indesejável. Com frequência, as condições sociais são vistas como problemas sociais quando incompatíveis ou contradizem valores arraigados. Por exemplo, a pobreza e a falta de moradia violam o valor do bem-estar humano; o crime contradiz os valores da honestidade, da propriedade privada e da não violência; racismo, sexismo e heterossexismo violam os valores de igualdade e equidade.

Os valores desempenham importante papel na interpretação de uma condição como problema social e para o desenvolvimento da própria condição social. Por exemplo, a maioria dos norte-americanos via o capitalismo – caracterizado como economia livre e acumulação privada de riqueza – de maneira positiva (Newport, 2012). Contudo, o sistema capitalista é, em parte, responsável pela desigualdade na sociedade norte-americana, em que as pessoas competem por recursos limitados. A seção *Você e a sociedade* permite que você identifique os valores que lhe são importantes e a comparação com uma mostra de valores dos estudantes do primeiro ano do ensino superior.

cultura Os significados e formas de vida que caracterizam uma sociedade, incluindo crenças, valores, normas, sanções e símbolos.

crenças Definições e explicações sobre o que se considera verdade.

valores Acordos sociais sobre o que é considerado bom ou mau, certo ou errado, desejável ou indesejável.

Você e a sociedade
O que é importante para você?
Uma avaliação dos valores pessoais

Quais dos itens a seguir você considera "essenciais" ou "muito importantes" na sua vida? (Assinale na linha depois de cada item.)

1. Constituir família _____
2. Tornar-me uma autoridade na minha área _____
3. Influenciar valores sociais _____
4. Ficar muito bem financeiramente _____
5. Ajudar pessoas em dificuldades _____
6. Ser bem-sucedido no meu próprio negócio _____
7. Adotar práticas "verdes" para proteger o meio ambiente _____
8. Ajudar a promover a compreensão entre as raças _____
9. Melhorar o entendimento entre outros países e culturas _____
10. Desenvolver uma filosofia positiva de vida _____
11. Estar atualizado em relação a questões políticas _____

Porcentagem de alunos do primeiro ano do ensino superior que identificam vários valores pessoais como "essenciais" ou "muito importantes"*

1. Constituir família	74%
2. Tornar-me uma autoridade na minha área	60%
3. Influenciar valores sociais	42%
4. Ficar muito bem financeiramente	81%
5. Ajudar pessoas em dificuldades	72%
6. Ser bem-sucedido no meu próprio negócio	41%
7. Adotar práticas "verdes" para proteger o meio ambiente	40%
8. Ajudar a promover a compreensão entre as raças	35%
9. Melhorar o entendimento entre outros países e culturas	51%
10. Desenvolver uma filosofia positiva de vida	46%
11. Estar atualizado em relação a questões políticas	35%

* As porcentagens foram arredondadas.

Fonte: Pryor et al., 2012.

---

normas Regras de comportamento definidas socialmente, incluindo costumes, leis e moral.

Normas e sanções. Normas são regras de comportamento definidas socialmente. Elas servem de guia para nosso comportamento e nossas expectativas em relação ao comportamento das outras pessoas.

Existem três tipos de normas: costumes, leis e moral. *Costumes* referem-se aos hábitos e modos de viver da sociedade – estilos de vida que caracterizam um grupo ou sociedade. Em muitos segmentos da nossa sociedade, é comum apertar as mãos ao ser apresentado a novas pessoas, dizer "saúde" quando alguém espirra e dar presentes para familiares e amigos nos aniversários. Embora nenhuma lei nos obrigue a ter essas atitudes, espera-se que as façamos, pois fazem parte da tradição cultural, ou costumes, da sociedade em que vivemos.

Leis são normas formalizadas e apoiadas pelas autoridades políticas. É obrigatório para uma mulher muçulmana usar véu. No entanto, nos Estados Unidos, a impossibilidade de se retirar o véu para a foto da carteira de motorista é motivo para sua revogação. Na Flórida, uma mulher entrou com uma ação contra o Estado, alegando que seus direitos religiosos estavam sendo violados no momento em que foi obrigada a tirar o véu para a foto (Canedy, 2002). Ela interpôs um recurso na Corte de Apelação do Distrito da Flórida e perdeu. Entretanto, a Corte reconheceu "a tensão criada como resultado da escolha entre seguir os ditames da religião ou os mandatos de uma lei secular" (Associated Press, 2006).

Moral envolve normas com base moral, ou seja, normas baseadas nos preceitos socialmente estabelecidos pela sociedade ou grupo social. Tanto jogar lixo no chão quanto abuso sexual infantil são considerados violações da lei, mas abuso sexual infantil é também uma violação moral, porque o consideramos um comportamento imoral. Trata-se das normas fundamentais para o convívio social.

Todas as normas estão associadas a **sanções**, ou seja, consequências sociais relacionadas à violação das normas. Quando obedecemos às normas sociais, somos recompensados com uma sanção positiva. Essa recompensa pode ser desde um sorriso de aprovação até uma cerimônia pública em nossa homenagem. Mas, se as violamos, somos punidos com uma sanção negativa, que pode ser desde um olhar de desaprovação até a pena de morte ou uma vida na prisão. Muitas sanções são expressões espontâneas de aprovação ou desaprovação de grupos ou indivíduos — estas se referem a sanções informais. Já as impostas de acordo com procedimentos formais estabelecidos são chamadas sanções formais. Portanto, os tipos de sanção incluem positiva informal, negativa informal, positiva formal e negativa formal (veja a Tabela 1.1).

TABELA 1.1 Tipos e exemplos de sanções

	Positiva	Negativa
Informal	Ser elogiado pelo vizinho por organizar um programa de reciclagem na vizinhança	Ser criticado pelo vizinho por se recusar a participar do programa de reciclagem da vizinhança
Formal	Receber um prêmio de cidadania por organizar um programa de reciclagem na vizinhança	Ser multado pela cidade por não dispor o lixo adequadamente

© Cengage Learning

Símbolos. **Símbolo** é aquilo que representa algo. Sem símbolos, não somos capazes de nos comunicar com os outros nem viver como seres sociais.

Os símbolos de uma cultura incluem linguagens, gestos e objetos cujos significados seus membros normalmente conhecem. Na nossa sociedade, uma fita vermelha amarrada à antena do carro simboliza Mães Contra Motoristas Alcoolizados; o sinal da paz simboliza o valor da não violência, e um robe branco com capuz simboliza a Ku Klux Klan. Algumas vezes, as pessoas atribuem significados diferentes a um mesmo símbolo. A bandeira da Confederação é um símbolo do orgulho sulista para alguns e de intolerância racial para outros.

Os elementos da estrutura social e a cultura discutem o papel central da criação, manutenção e responsabilidade social de vários problemas sociais. Uma das metas de fazer um curso sobre problemas sociais é desenvolver a consciência sobre como os elementos da estrutura social e da cultura contribuem para suas ocorrências. Os sociólogos se referem a essa consciência como "imaginação sociológica".

A imaginação sociológica

Imaginação sociológica, termo criado por C. Wright Mills (1959), refere-se à habilidade de enxergar as conexões entre nossa vida pessoal e o mundo social em que vivemos. Quando usamos a imaginação sociológica, somos capazes de distinguir os "problemas privados" das "questões públicas" e fazer a conexão entre eventos e condições da nossa vida e o contexto histórico e social em que estamos inseridos.

Por exemplo, uma pessoa desempregada é considerada um problema privado. Mas milhares de pessoas sem emprego nos Estados Unidos é uma questão pública. Uma vez que entendemos que outros segmentos da sociedade compartilham problemas privados, como abuso doméstico, vício em drogas, vitimização criminal e pobreza, conseguimos olhar para os elementos da estrutura social e da cultura que contribuem para essas questões públicas e problemas privados. Se vários elementos da estrutura social e da cultura contribuem para os problemas privados e questões públicas, significa que a estrutura social e a cultura devem mudar para reverter esses cenários.

Em vez de ver o problema particular da obesidade como uma preocupação médica e resultado de um problema de caráter, falta de autodisciplina ou escolhas ruins em termos de comida e exercícios, podemos entender a epidemia de obesidade como uma questão pública resultante de várias forças sociais e culturais, incluindo políticas governamentais que tornam os

sanções Consequências sociais para quem obedece ou viola as normas.

símbolo é aquilo que representa algo.

Imaginação sociológica Capacidade de ver as conexões entre nossa vida pessoal e o mundo social no qual vivemos.

> Quando usamos a imaginação sociológica, somos capazes de distinguir os "problemas privados" das "questões públicas" e fazer a conexão entre eventos e condições da nossa vida e o contexto histórico e social em que estamos inseridos.

alimentos de alto teor calórico mais acessíveis do que os de baixa caloria, os produtos frescos; poderosos *lobbies* da indústria alimentícia contra as propostas de restrição dos comerciais de alimentos para crianças; e o avanço tecnológico que eliminou vários trabalhos manuais, substituindo-os por trabalhos "sedentários de escritório" (veja o Capítulo 2).

Perspectivas teóricas

As teorias em sociologia nos abastecem com diferentes perspectivas para interpretar nosso mundo social. Perspectiva é simplesmente uma maneira de olhar o mundo. **Teoria** é um conjunto de proposições inter-relacionadas ou princípios criados para responder a uma questão ou explicar um fenômeno específico; é ela que nos dá perspectivas. As teorias sociais nos ajudam a explicar e prever o mundo social em que vivemos.

A sociologia abrange três teorias principais: perspectiva estrutural-funcionalista, perspectiva do conflito e perspectiva – interacionista simbólica. Cada uma delas oferece uma variedade de explicações sobre as causas e as possíveis soluções dos problemas sociais.

Perspectiva estrutural-funcionalista

Esta é amplamente baseada nos trabalhos de Herbert Spencer, Emile Durkheim, Talcott Parsons e Robert Merton. De acordo com o estrutural-funcionalismo, a sociedade é um sistema composto por partes interconectadas que trabalham juntas, em harmonia, para manter o estado de equilíbrio e o equilíbrio social. Por exemplo, cada uma das instituições sociais contribui com importantes funções para a sociedade: a família cria um contexto para reprodução, carinho e socialização das crianças; a educação oferece uma maneira de transmitir as habilidades sociais, conhecimentos e cultura aos jovens; a política proporciona os meios de governar os membros da sociedade; a economia desenvolve os meios de produção, distribuição e consumo de mercadorias e serviços; e a religião cria um guia moral e uma forma de adoração de uma força maior.

> A perspectiva estrutural-funcionalista enfatiza a interconexão da sociedade, focando em como cada parte influencia ou é influenciada pelas outras.

A perspectiva estrutural-funcionalista enfatiza a interconexão da sociedade, focando em como cada parte influencia ou é influenciada pelas outras. Por exemplo, o crescimento das famílias monoparentais, em que ambos os cônjuges trabalham, contribuiu para o aumento do número de crianças que vão mal na escola porque os pais não supervisionam suas lições de casa. Como resultado das mudanças tecnológicas, as faculdades estão oferecendo mais programas técnicos, e muitos adultos voltam à escola buscando desenvolver novas habilidades requisitadas no mundo do trabalho. O aumento do número de mulheres no mercado de trabalho contribuiu para a formulação de políticas contra o assédio sexual e a discriminação.

Os estruturais-funcionalistas usam os termos *funcional* e *disfuncional* para descrever os efeitos dos elementos sociais na sociedade. Esses elementos são funcionais se contribuem para a estabilidade social, e disfuncionais quando rompem a estabilidade social. Alguns aspectos da sociedade podem ser funcionais e disfuncionais. Por exemplo, o crime é disfuncional quando associado à violência física, perda de bens e medo. Porém, de acordo com Durkheim e outros funcionalistas, o crime também é funcional para a sociedade porque leva à maior consciência das obrigações morais e a um aumento da coesão social.

Os sociólogos identificaram dois tipos de funções: manifestas e latentes (Merton, 1968). **Funções manifestas** são consequências propositais e comumente reconhecidas. **Funções latentes** são consequências não propositais e, em geral, estão escondidas. Por exemplo, a função manifesta da educação é transmitir conhecimento e habilidades aos jovens. Mas as escolas de educação infantil públicas também servem de berçário para pais que trabalham, e as faculdades oferecem um lugar para jovens adultos descobrir potencialidades. O berçário e a função de descobrir potencialidades não são reconhecidas como funções da educação; por isso, podemos dizer que são latentes.

teoria Conjunto de proposições ou princípios inter-relacionados criados para responder a uma questão ou explicar um fenômeno em particular.

funções manifestas Consequências propositais e comumente reconhecidas.

funções latentes Consequências que não são propositais e, em geral, estão escondidas.

 **O que você acha?** Ao encarar a sociedade como um conjunto de partes inter-relacionadas, os estruturais-funcionalistas argumentam que soluções propostas para problemas sociais podem levar a outros problemas sociais. Por exemplo, projetos de renovação urbana desalojam moradores e rompem a coesão da comunidade. O desequilíbrio racial nas escolas levou à integração forçada, que por sua vez gerou violência e aumento da hostilidade entre as raças. Quais são outras "soluções" que levaram a problemas sociais? Todas as soluções têm seu preço? Você consegue pensar em uma solução para um problema social que não tenha consequências negativas?

Teorias estruturais-funcionalistas dos problemas sociais

Duas teorias dominantes sobre problemas sociais se consolidaram na perspectiva do estrutural-funcionalismo: patologia social e desorganização social.

Patologia social. De acordo com esse modelo, os problemas sociais são resultado de uma "doença" da sociedade. Assim como o corpo humano fica "enfermo" quando nossos sistemas, órgãos e células não funcionam normalmente, a sociedade torna-se doente quando suas partes (ou seja, elementos da estrutura e cultura) não funcionam adequadamente. Por exemplo, problemas como crime, violência, pobreza e delinquência juvenil costumam ser atribuídos ao colapso da instituição familiar, ao declínio da instituição religiosa e a inadequações nas instituições econômicas, educacionais e políticas.

"Doenças" sociais também se manifestam quando os membros da sociedade não estão suficientemente socializados para adotar suas normas e valores. Pessoas não possuidoras do valor honestidade, por exemplo, estão mais inclinadas a cometer desonestidades de todos os tipos. Os primeiros teóricos atribuíram a falha na socialização às pessoas "doentes", que não conseguem ser socializadas. Mais tarde, os teóricos reconheceram que a falha no processo de socialização está enraizada nas condições sociais, não nas pessoas "doentes". Para evitar ou resolver os problemas sociais, os membros da sociedade precisam receber educação moral e regras de socialização apropriadas, o que pode ser aprendido por meio da família, escolas, igrejas, ambiente de trabalho ou da mídia.

Desorganização social. De acordo com essa visão em relação aos problemas sociais, a rapidez das mudanças sociais (por exemplo, a revolução cultural dos anos 1960) rompeu as normas da sociedade. Quando as normas enfraquecem ou são conflitantes, a sociedade fica em um estado de **anomia**, *ausência de normas*. Em consequência, as pessoas podem roubar, agredir suas esposas e crianças, usar drogas, cometer estupro ou adotar algum outro comportamento desviante, já que as normas que condenam esses comportamentos estão fracas ou em conflito. De acordo com essa visão, a solução para os problemas sociais está em promover as mudanças lentamente e reforçar as normas sociais. Por exemplo, apesar de o consumo de álcool por adolescentes continuar sendo considerado uma violação das normas sociais na nossa sociedade, essa norma é fraca. A mídia continua mostrando jovens consumindo álcool, os adolescentes ensinam uns aos outros a beber e fazer identidades falsas (RGs) para comprar bebidas alcoólicas e o modelo de comportamento dos pais é beber depois do trabalho e em eventos. A solução para o problema do consumo de álcool por adolescentes pode envolver normas mais rígidas, por meio da educação, restrição das imagens de jovens bebendo na mídia, imposição de fortes sanções contra o uso de identidade falsa e a educação dos pais, a fim de que adotem um modelo moderado e responsável de consumo de álcool.

Perspectiva do conflito

Ao contrário da visão estrutural-funcionalista, a perspectiva do conflito vê a sociedade como um composto de diferentes grupos e interesses competindo por poder e recursos. Essa perspectiva explica vários aspectos do nosso mundo social, analisando qual grupo detém o poder

anomia Estado de falta de normas no qual regras e valores são fracos ou duvidosos.

e que benefícios são obtidos em determinado arranjo social. Por exemplo, a teoria feminista defende que vivemos em uma sociedade patriarcal – um sistema hierarquizado de organização controlado pelos homens. Apesar de haver muitas variedades da teoria feminista, a maioria delas defende que o feminismo "exige que a economia, a política e as estruturas sociais existentes precisam mudar" (Weir e Faulkner, 2004, p. xii).

A origem da perspectiva do conflito pode ser rastreada desde os clássicos trabalhos de Karl Marx, que sugeriu que todas as sociedades passam pelos mesmos estágios de desenvolvimento econômico. As sociedades evoluem da agricultura para a indústria, a preocupação com a satisfação das necessidades de sobrevivência cede lugar à preocupação com o lucro, marca do sistema capitalista. A industrialização acabou desenvolvendo duas classes de pessoas: a burguesia, ou os donos dos meios de produção (por exemplo, fábricas, fazendas, empresas), e o proletariado, os trabalhadores que recebem salário.

A divisão da sociedade em duas grandes classes de pessoas – as que "têm" e as que "não têm" – é benéfica para os donos dos meios de produção. Os trabalhadores, que ganham salários apenas para a subsistência, têm o acesso negado a muitos recursos disponíveis aos ricos proprietários. Segundo Marx, a burguesia usa seu poder para controlar as instituições em seu próprio proveito. Por exemplo, ele sugere que a religião serve como "ópio do povo", na medida em que alivia a angústia e o sofrimento associados ao estilo de vida das classes trabalhadoras, concentrando a atenção dos trabalhadores no lado espiritual, em Deus e na vida após a morte, em vez de nas preocupações mundanas, como as condições de vida. Na essência, a religião distrai os trabalhadores, fazendo-os se concentrar nas recompensas da vida após a morte, em vez de se preocupar com a exploração que sofrem.

Teorias do conflito para os problemas sociais

Há duas correntes principais nessas teorias: marxistas e não marxistas. As teorias marxistas defendem que o conflito social é resultado da desigualdade econômica; as não marxistas acreditam que o conflito social é resultado de uma competição de valores e interesses entre os grupos sociais.

Teorias marxistas de conflito. De acordo com as teorias marxistas contemporâneas, os problemas sociais são resultado da desigualdade de classes inerente ao sistema capitalista. Um sistema dividido em quem "tem" e quem "não tem" pode beneficiar àqueles que têm, mas com frequência gera pobreza entre os que não têm. Como exploraremos nos próximos capítulos, muitos problemas sociais, incluindo doenças físicas e mentais, baixo nível educacional e crime, estão relacionados com a pobreza.

Além de criar uma classe de pessoas empobrecidas, o capitalismo também encoraja a "violência corporativa". *Violência corporativa* pode ser definida como o dano e/ou risco real infligido aos consumidores, trabalhadores e ao público em geral devido às decisões tomadas pelos gerentes e executivos das empresas. E também é uma consequência da negligência corporativa; da busca pelo lucro a qualquer preço; e de violações intencionais à saúde, segurança e leis ambientais (Reiman e Leighton, 2013). Nossa economia, motivada pelo lucro, encoraja indivíduos bons, gentis e respeitosos das leis a participar da fabricação e da comercialização de produtos imperfeitos, como freios nos jatos norte-americanos, tanques de combustível nos automóveis e manteiga de amendoim contaminada com salmonela.

Em 2010, houve uma explosão em uma plataforma de petróleo da British Petroleum (BP) localizada na costa da Louisiana, matando 11 pessoas e espalhando milhões de litros de óleo no Golfo do México (veja o Capítulo 13). As evidências sugeriram que a BP sabia, oficialmente, da instabilidade da vedação de cimento nas plataformas muito antes de acontecer o pior desastre marítimo da história norte-americana (Pope, 2011). Até 2013, essa empresa tinha gasto mais de US$ 1,87 bilhão em indenizações (Finn, 2013).

As teorias marxistas do conflito também focam o problema da **alienação,** ou a vida impotente e sem sentido das pessoas. Nas sociedades industrializadas, os trabalhadores também têm pouco poder e controle sobre seu trabalho, condição que gera uma sensação da impotência em sua vida. A natureza especializada do trabalho exige dos funcionários o cumprimento de tarefas limitadas e repetitivas; como resultado, eles podem sentir que sua vida não tem significado.

alienação Sensação de impotência e de falta de sentido na vida das pessoas.

A alienação é produzida não somente pelo mercado de trabalho, mas também dentro das salas de aula. Os estudantes têm pouco poder sobre sua educação e, com frequência, sentem que o currículo não acrescenta nada em sua vida. Como a pobreza, a alienação tem ligação com outros problemas sociais, como baixo nível educacional, violência e suicídio.

As explicações marxistas para os problemas sociais implicam que a eliminação da desigualdade entre as classes está na criação de uma sociedade sem classes. A natureza do trabalho também precisa mudar, evitando a alienação. Por fim, devem ser aplicados controles mais rígidos nas corporações para garantir que as decisões e práticas corporativas se baseiem na segurança, e não no lucro.

O aluno da pré-escola Jacob Hurley, que ficou seriamente doente depois de comer manteiga de amendoim fabricada pela Peanut Corporation of America, é mostrado sentado com seu pai, Peter Hurley, que está testemunhando no Comitê de Energia e Comércio da Câmara de Capitol Hill, em Washington, DC, em janeiro de 2009. Nove mortes e mais de 700 doentes foram o resultado da contaminação dos amendoins por salmonela. Em 2013, os ex-funcionários da companhia foram indiciados em mais de 76 acusações criminais (Schoenberg e Mattingly, 2013).

Teorias não marxistas de conflito. Essas teorias, como as de Ralf Dahrendorf, estão centradas nos conflitos que surgem quando grupos têm diferentes valores e interesses. Por exemplo, os ativistas antiaborto defendem a vida de embriões não nascidos e fetos; os pró-aborto defendem o direito de as mulheres legislarem sobre o próprio corpo e tomar decisões sobre a reprodução. Essas posições diferentes refletem interpretações diferentes e subjetivas, originando um problema social. Para os antiaborto, a existência desse procedimento é o problema social; para seus defensores, é a restrição ao aborto. Algumas vezes, o problema social não é exatamente o conflito, mas sim a forma como ele se expressa. Até as pessoas mais defensoras da vida concordam que matar os médicos que praticam aborto e explodir as clínicas são uma violência desnecessária e uma falta de respeito à vida. O conflito de valores pode ocorrer entre diversas categorias de pessoas, incluindo negros *versus* brancos, heterossexuais *versus* homossexuais, jovens *versus* idosos, democratas *versus* republicanos, ambientalistas *versus* industriais.

Resolver os problemas gerados pela competição de valores envolve assegurar que os grupos em conflito entendam o ponto de vista uns dos outros, resolvendo as diferenças por meio de negociação ou mediação, ou concordando em discordar. Idealmente, as soluções seriam do tipo ganha-ganha, com ambos os grupos satisfeitos com o resultado. No entanto, esses conflitos de valores são frequentemente motivados pelo poder; o grupo com mais poder usa sua posição para influenciar o resultado da disputa de valores. Por exemplo, quando o Congresso percebeu que não conseguiria fazer todos os estados aderir voluntariamente à lei que permitia o consumo de álcool somente a partir dos 21 anos, resolveu ameaçá-los com cortes no fundo federal destinado às estradas caso não o fizessem.

Perspectiva interacionista-simbólica

Tanto a perspectiva estrutural-funcionalista quanto a do conflito estão centradas em como alguns aspectos da sociedade, por exemplo, instituições e grandes grupos sociais influenciam o mundo social. Esse nível da análise sociológica é chamado *macrossociologia,* que olha para a sociedade como um todo e aponta como os problemas sociais são afetados no nível institucional.

A *microssociologia,* outro nível da análise social, está preocupada com a dinâmica social e psicológica na interação dos indivíduos em pequenos grupos. O interacionismo simbólico – que enfatiza que o comportamento humano é influenciado pelas definições e significados criados e mantidos por meio da

> Desenvolvemos nosso conceito sobre nós mesmos observando como os outros interagem conosco e nos rotulam. Observando como os outros nos enxergam, vemos um reflexo de nós mesmos, que Cooley chama de eu refletido, ou "*looking-glass self*".

interação simbólica de uns com os outros – reflete a perspectiva microssociológica e é amplamente influenciado pelo trabalho de sociólogos e filósofos, como Max Weber, Georg Simmel, Charles Horton Cooley, G. H. Mead, W. I. Thomas, Erving Goffman e Howard Becker.

O sociólogo W. I. Thomas (1931/1966) enfatiza a importância das definições e significados no comportamento social e suas consequências. Ele sugere que os seres humanos reagem à sua definição de situação, e não à situação em si, observando que situações que definimos como verdadeiras se tornam reais em suas consequências.

O interacionismo simbólico também sugere que a interação social forma nossa identidade, ou o senso de "eu". Desenvolvemos nosso autoconceito observando como os outros interagem conosco e nos rotulam. Observando como os outros nos enxergam, vemos nosso reflexo, que Cooley chama de eu refletido, ou "*looking-glass-self*".

Por fim, essa perspectiva tem importantes implicações sobre como os cientistas sociais conduzem as pesquisas. O sociólogo alemão Max Weber defende que, para entender os comportamentos individual e social, os cientistas sociais precisam enxergar o mundo do ponto de vista de um indivíduo ou grupo social. Weber chamou essa abordagem de *verstehen*, "compreender", que implica que, para conduzir uma pesquisa, os cientistas sociais precisam tentar entender outras realidades, incluindo os aspectos subjetivos das experiências, os símbolos, os valores, as atitudes e as crenças.

Teorias da perspectiva interacionista-simbólica para os problemas sociais

A premissa básica das teorias do interacionismo simbólico para os problemas sociais é que uma condição deve ser *definida* ou *reconhecida* como tal para que seja considerada um problema social. Três teorias do interacionismo simbólico para os problemas sociais são baseadas nessa premissa geral.

Os estágios de Blumer para um problema social. Herbert Blumer (1971) sugere que problemas sociais se desenvolvem em estágios. Primeiro, eles passam pelo estágio do *reconhecimento social* — processo pelo qual "nasce" um problema social, como beber e dirigir. O ato de beber e dirigir não era ilegal até 1939, quando Indiana foi o primeiro estado a regulamentar o consumo de álcool e a direção (Indiana State Government, 2013). O segundo estágio, *legitimação social*, se dá quando o problema social alcança reconhecimento pela maior parte da sociedade, incluindo imprensa, escolas e igrejas. Conforme a visibilidade das mortes no trânsito em decorrência do consumo de álcool aumentou, o mesmo aconteceu com a legitimação da questão de beber e dirigir como um problema social. O estágio seguinte envolve a *mobilização para a ação*, que ocorre quando indivíduos e grupos, como as Mães Contra Motoristas Alcoolizados, ficam preocupados sobre como reagir a uma condição social. Essa mobilização conduz ao *desenvolvimento e implementação de um plano oficial* para lidar com o problema, envolvendo, por exemplo, comandos nas estradas, níveis de álcool no sangue legalmente aceitos ao volante e sanções mais duras para os motoristas alcoolizados.

A visão dos estágios de Blumer ajuda a traçar o desenvolvimento dos problemas sociais. Por exemplo, apesar de o assédio sexual e o estupro terem ocorrido ao longo do século XX, essas questões não eram consideradas problemas sociais até os anos 1970. Sua legitimação social aconteceu quando as escolas de ensino médio, faculdades, igrejas, empregadores e a imprensa reconheceram sua existência. Os grupos sociais se organizaram para desenvolver e implementar planos para lidar com esses problemas. Grupos fizeram *lobbies* bem-sucedidos para a criação de leis contra o assédio sexual e a aplicação de sanções contra quem as violasse e, também, se mobilizaram para ministrar seminários educativos sobre estupro em encontros com alunos dos ensinos médio e superior e para oferecer apoio às vítimas.

Alguns discordam da visão do interacionismo simbólico de que os problemas sociais só existem se forem reconhecidos. Segundo essa visão, as pessoas que foram vítimas de estupro ocorridos em encontros marcados (*date rape*) nos anos 1960 podem ser considerados vítimas de um problema, mesmo que esse tipo de estupro não fosse reconhecido como problema social naquela época.

Teoria da rotulação. Essa, uma importante teoria do interacionismo simbólico para os problemas sociais, sugere que uma condição social ou de grupo é vista como problemática se receber tal rótulo. Segundo essa teoria, resolver problemas sociais às vezes envolve mudar significados e definições que são atribuídos a pessoas e situações. Por exemplo, enquanto os adolescentes definirem as bebidas alcoólicas como "descoladas" e "divertidas", vão continuar a abusar do álcool. Enquanto nossa sociedade definir que oferecer educação sexual e contraceptivos aos adolescentes é inadequado ou imoral, o índice de gravidez na adolescência nos Estados Unidos vai continuar sendo mais alto do que o de outros países industrializados. Os indivíduos que rotulam seu uso do telefone celular ao volante como seguro, vão continuar a usá-los enquanto dirigem, colocando em perigo própria vida e as de outros.

Construtivismo social. Essa é outra teoria do interacionismo simbólico para os problemas sociais. Semelhante aos teóricos da rotulação e do interacionismo simbólico em geral, os construtivistas sociais afirmam que indivíduos que interpretam o mundo social à sua volta constroem socialmente a realidade. A sociedade, além disso, é uma criação social, e não algo objetivo e dado. Sendo assim, os construtivistas sociais com frequência questionam a origem e a evolução dos problemas sociais. Por exemplo, essa teoria tem sido usada para "[...] analisar a história dos movimentos de temperança e proibição[,][...] o crescimento do alcoolismo como uma doença na era posterior à proibição[,][...] e a cruzada contra beber e dirigir nos anos 1980 nos Estados Unidos[...] Esses estudos [cada um] analisaram as mudanças nos significados sociais atribuídos ao uso de bebida alcoólica e os problematizaram no contexto da mudança no cenário das relações sociais, econômicas e políticas na sociedade norte-americana" (Herd, 2011).

No centro dessa ideia de construção social dos problemas sociais estão a mídia, universidades, institutos de pesquisa e agências governamentais, que, com frequência, são responsáveis pela "abordagem" pública inicial do problema em discussão.

A Tabela 1.2 resume e compara as principais perspectivas teóricas, as objeções a elas e recomendações de política social conforme se relacionam com os problemas sociais. Não

TABELA 1.2 Comparação de perspectivas teóricas

	Estrutural-funcionalismo	Teoria do conflito	Interacionismo simbólico
Teóricos representativos	Emile Durkheim, Talcott Parsons, Robert Merton	Karl Marx, Ralf Dahrendorf	George H. Mead, Charles Cooley, Erving Goffman
Sociedade	É um conjunto de partes inter-relacionadas; o consenso cultural existe e leva à ordem social; estado natural da sociedade — equilíbrio e harmonia.	É marcada por lutas pelo poder sobre recursos escassos; as desigualdades resultam em conflito; a mudança social é inevitável; estado natural da sociedade – desequilíbrio.	É uma rede de papéis sociais interligados; a ordem social é construída por meio da interação entre indivíduos, de sentidos compartilhados, compreensão de seu mundo social.
Indivíduos	São socializados pelas instituições sociais; a socialização é o processo pelo qual o controle social é exercido; as pessoas precisam da sociedade e de suas instituições.	As pessoas são inerentemente boas, mas corrompidas pela sociedade e sua estrutura econômica; as instituições são controladas por grupos detentores de poder; "ordem" é parte da ilusão.	Os seres humanos são interpretativos e interativos; estão constantemente mudando conforme seus "seres sociais" emergem e são moldados por circunstâncias em mutação.
Causas dos problemas sociais?	Mudança social rápida; desorganização social que quebra a harmonia e o equilíbrio; socialização inadequada e/ou instituições fracas.	Desigualdade; a dominância de grupos de pessoas sobre outros; opressão e exploração; competição entre grupos.	Diferentes interpretações de papéis; rotulação dos indivíduos, grupos ou comportamentos como desviantes; definição de uma condição objetiva como problema social.
Política social/soluções	Reformar instituições fracas; garantir uma socialização adequada; cultivar uma noção coletiva forte de certo e errado.	Reduzir a competição; criar um sistema equitativo para a distribuição de recursos.	Reduzir o impacto da rotulação e da estigmatização associada a ela; alterar as definições do que seja considerado como problema social.
Críticas	É chamada de "sociologia solar"; apoia a manutenção do *status quo*; é preciso perguntar "funcional para quem?"; não lida com questões de poder e conflito; assume incorretamente a existência de um consenso.	Modelo utópico; estados marxistas fracassaram; nega a existência da cooperação e da troca equitativa; não consegue explicar a coesão e a harmonia.	Concentra-se apenas em questões micro; não é capaz de ligá-las aos problemas de nível macro; abordagem muito psicológica; assume que o rótulo amplifica o problema.

Um olhar sobre a pesquisa dos problemas sociais — O empreendimento sociológico

Cada capítulo deste livro apresenta o quadro *Um olhar sobre a pesquisa dos problemas sociais*, que descreve uma pesquisa que examina algum aspecto de um problema social apresentado em um relatório, livro ou revista científica. Sociólogos acadêmicos, aqueles que ensinam em faculdades comunitárias, faculdades ou universidades, assim como outros cientistas sociais, confiam, em primeiro lugar, em artigos de revistas científicas como um meio de trocar ideias e informações. Alguns exemplos das revistas mais prestigiosas de sociologia incluem *American Sociological Review*, *American Journal of Sociology* e *Social Forces*. A maioria dos artigos dessas publicações começa com *introdução e revisão de literatura*. Aqui, o pesquisador examina pesquisas anteriores sobre o tema, identifica áreas específicas de pesquisa e, assim, "prepara o terreno" para o leitor. Em geral, nesta seção, hipóteses de pesquisa são apresentadas, quando aplicável. Um pesquisador, por exemplo, poderia propor a hipótese de que o comportamento sexual de adolescentes mudou ao longo dos anos como consequência do medo crescente das doenças sexualmente transmissíveis e que essas mudanças variam conforme o sexo.

A grande seção seguinte de um artigo é *amostra e métodos*. Nela, o pesquisador descreve como a amostra de pesquisa foi selecionada, as características dessa amostra, os detalhes de como a pesquisa foi conduzida e como os dados foram analisados (veja apêndice). Usando a pergunta de pesquisa da amostra, um sociólogo pode obter dados da Youth Risk Behavior Surveillance Survey coletadas pelos Centers for Disease Control and Prevention.*

O questionário preenchido pelo próprio respondente é distribuído a cada dois anos para mais de 10 mil estudantes do ensino médio em todo os Estados Unidos.

A seção final do artigo científico inclui os *achados e conclusões*. Os achados de uma pesquisa descrevem os resultados, ou seja, o que o pesquisador descobriu como resultado da pesquisa. Estes são, então, discutidos dentro do contexto da hipótese e das conclusões que podem ser tiradas. Com frequência, os resultados da pesquisa são apresentados de forma tabular. Ler tabelas cuidadosamente é importante para tirar conclusões precisas sobre a hipótese da pesquisa. Ao lê-las, você deve seguir os passos listados aqui (veja a tabela neste quadro):

1. *Ler o título da tabela e se certificar de ter entendido o que ela contém.* O título da tabela indica a unidade de análise (alunos do ensino médio), a variável dependente (comportamentos sexuais de risco), as variáveis independentes (sexo e ano) e o que os números representam (porcentagens).
2. *Leia a informação contida na parte de baixo da tabela, incluindo a fonte e quaisquer informações explicativas.* Por exemplo, a informação na parte de baixo da tabela indica que os dados provêm dos Centers for Disease Controland Prevention; "sexualmente ativo" foi definido como ter relações sexuais nos últimos três meses; e os dados sobre uso de preservativo eram apenas daqueles estudantes que foram definidos como atualmente sexualmente ativos.
3. *Examine os títulos das linhas e das colunas.* Essa tabela avalia a porcentagem de homens e mulheres, ao longo de quatro anos, que afirmaram ter tido relações sexuais; ter tido quatro ou mais parceiros na vida; ser atualmente sexualmente ativos e ter usado preservativos durante a última relação sexual.
4. *Examine completa e totalmente os dados da tabela, procurando padrões entre as variáveis.* Como indicado na tabela, a porcentagem de homens envolvidos em comportamento sexual "arriscado" aumentou entre 2005 e 2011 para duas das quatro categorias, e são os mais altos, ou quase, registrados ao longo do período em (1) nunca ter tido relação sexual e (2) ter quatro ou mais parceiros durante a vida. A porcentagem de homens que usa proteção durante o sexo diminuiu ao longo dos anos, e, em 2011, era a menor registrada, com apenas 67% dos homens no ensino médio afirmando usar preservativo. As mulheres, assim como os homens, informam um aumento no item quatro ou mais parceiros sexuais na vida e um decréscimo no uso de preservativo. Porém, entre 2005 e 2011, há muito pouca diferença no percentual de mulheres que afirmam ter tido relação sexual, e o percentual que afirma atualmente ser sexualmente ativa caiu ao longo do tempo. A diferença entre comportamentos sexuais de risco entre homens e mulheres também deve ser notada. Ao contrário das crenças do "senso comum", em 2011 os homens tinham menos probabilidade de ser sexualmente ativos e maior de ter usado um preservativo durante a última relação.

* Youth Risk Behavior Survey (YRBS) é uma pesquisa norte-americana sobre a saúde dos adolescentes, riscos e comportamentos de proteção, tais como fumar, beber, uso de drogas, dieta e atividade física, realizada pelos Centros de Controle e Prevenção de Doenças. Agências federais norte-americanas utilizam essas informações para o controle do uso de drogas, comportamento sexual e outros comportamentos de risco.

obstante, o estudo dos problemas sociais baseia-se tanto na pesquisa quanto na teoria. Na verdade, a pesquisa e a teoria estão intimamente relacionadas. Conforme Wilson (1983) afirmou:

> A maioria de nós acha que a teorização está bem distante do negócio de coletar fatos. Parece exigir uma abstração de pensamento distante da atividade prática da pesquisa empírica. Mas a construção teórica não é uma atividade separada da sociologia. Sem teoria, o pesquisador empírico acharia impossível decidir o que observar, como observar ou o que fazer com as observações.

5. *Use a informação que você reuniu no Item 4 para analisar a hipótese.* Claramente, as práticas sexuais, como proposto na hipótese, mudaram ao longo do tempo. Por exemplo, ao contrário das expectativas, tanto homens quanto mulheres, quando se comparam os dados de 2005 a 2011, afirmam uma queda geral no uso de preservativo durante a relação sexual. Mais ainda, o percentual de homens e mulheres que afirmam ter quatro ou mais parceiros também aumentou durante o mesmo período. Observe a tabela e veja que padrões você detecta, e como esses padrões se relacionam com a hipótese.
6. *Tire conclusões compatíveis com a informação apresentada.* Da tabela, podemos concluir que as práticas sexuais mudaram com o tempo? A resposta é provavelmente sim, apesar de as limitações do levantamento, da amostra e das técnicas de mensuração usadas sempre deverem ser consideradas. Podemos concluir que as mudanças observadas são consequências do medo de doenças sexualmente transmissíveis? A resposta é *não*, e não só por causa dos resultados. Como não há medição do medo das doenças sexualmente transmissíveis ao longo do período estudado, não somos capazes de chegar a esta conclusão. Mais informações, de várias fontes, são necessárias. O uso de múltiplos métodos e abordagens no estudo de um fenômeno social é chamado de *triangulação*.

Percentuais de alunos do ensino médio que afirmam ter comportamento sexual de risco, por sexo e ano da pesquisa

Ano da pesquisa	Nunca teve relações sexuais	Quatro ou mais parceiros durante a vida	Sexualmente ativo no momento*	Uso de preservativo durante a última relação†
Homens				
2005	47,9	16,5	33,3	70,0
2007	49,8	17,9	34,3	68,5
2009	46,1	16,2	32,6	70,4
2011	49,2	17,8	34,2	67,0
Mulheres				
2005	45,7	12,0	34,6	55,9
2007	45,9	11,8	35,6	54,9
2009	45,7	11,2	35,7	57,0
2011	45,6	12,6	34,2	53,6

* Relações sexuais durante os três meses anteriores à pesquisa
† Entre estudantes atualmente sexualmente ativos
Fonte: Centers for Disease Control and Prevention, 2008, 2010, 2012

Pesquisa sobre problemas sociais

A maioria dos estudantes que fazem um curso sobre problemas sociais não vai se tornar pesquisador ou realizar pesquisas sobre este tema. Apesar disso, todos somos consumidores das pesquisas divulgadas na mídia. Políticos, grupos de ativismo social e organizações tentam justificar suas decisões, ações e posições citando resultados de pesquisas. Como seus consumidores, precisamos entender que nossas experiências e observações casuais são menos confiáveis do que generalizações baseadas em pesquisa sistemática. Um ponto forte da pesquisa científica é que está sujeita a exame crítico por outros pesquisadores (veja o quadro *Um olhar sobre a pesquisa dos problemas sociais*). Quanto mais você entender como a pesquisa é feita, mais capaz será de examiná-la criticamente e questioná-la, em vez de consumir seus achados passivamente. No restante desta seção discutimos os estágios de condução e os vários métodos de pesquisa que os sociólogos usam.

> Quanto mais você entender como a pesquisa é feita, mais capaz será de examiná-la criticamente e questioná-la, em vez de consumir seus achados passivamente.

Estágios da condução de uma pesquisa

Sociólogos avançam por vários estágios na condução da pesquisa sobre um problema social. Nesta seção, descrevemos os primeiros quatro estágios: (1) formulação da pergunta da pesquisa, (2) revisão de literatura, (3) definição de variáveis e (4) formulação de uma hipótese.

Formulação da pergunta da pesquisa. Em geral, a pesquisa começa com uma pergunta. De onde surgem as questões de pesquisa? Como um pesquisador em particular chega a uma pergunta de pesquisa específica? Em alguns casos, os pesquisadores têm interesse pessoal no tópico específico, em razão de sua própria experiência de vida. Por exemplo, uma pesquisadora que vivenciou abuso conjugal pode querer fazer a pesquisa sobre questões como: "Quais os fatores associados à violência doméstica?" e "Quão úteis são os abrigos para mulheres agredidas em ajudá-las a quebrar o ciclo de abuso em sua vida?". Outros pesquisadores podem fazer uma pergunta de pesquisa específica em razão de seus valores pessoais – preocupam-se com a humanidade e desejam melhorar a vida humana. Os pesquisadores podem também querer testar uma teoria sociológica específica, ou algum aspecto dela, para estabelecer sua validade, ou conduzir estudos para avaliar o efeito de uma política ou programa social. As perguntas de pesquisa também podem ser formuladas pela preocupação de grupos comunitários e organizações de ativismo social em colaboração com pesquisadores acadêmicos. O governo e a indústria também contratam pesquisadores para obter respostas a pesquisas como "Quantos acidentes automobilísticos são causados por 'direção distraída' envolvendo o uso de telefones celulares?" e "Que tipos de tecnologias de telefonia celular podem evitar o uso de celulares ao volante?".

Revisão de literatura. Depois que uma pergunta de pesquisa é formulada, os pesquisadores releem o material publicado sobre o tópico para descobrir o que já se conhece a respeito. Essa revisão também lhes fornece ideias sobre como conduzir sua pesquisa e os ajuda a formular novas perguntas de pesquisa. Uma revisão de literatura serve como ferramenta de avaliação, permitindo uma comparação de achados de pesquisa e outras fontes de informação, como opiniões de especialistas, reivindicações políticas e matérias jornalísticas.

O que você acha? Em uma sociedade livre, deve haver liberdade de informação. É por isso que a Constituição dos Estados Unidos, mais especificamente a Primeira Emenda, protege as fontes jornalísticas. Se os jornalistas são compelidos a revelar suas fontes, estas podem não querer compartilhar a informação, o que colocaria em risco o direito de o público saber. Um jornalista não pode revelar informações dadas em confiança sem a permissão da fonte ou ordem judicial. Você acha que os sociólogos deveriam ter essa mesma proteção? Se um repórter do jornal da sua escola revela um escândalo acontecido internamente, ele deveria ser protegido pela Primeira Emenda?

Definição de variáveis. Variável é qualquer evento, característica ou propriedade mensurável que sofre alteração ou é sujeito a mudanças. Os pesquisadores devem definir operacionalmente as variáveis que estudam. Uma *definição operacional* especifica como uma variável deve ser mensurada. Por exemplo, uma definição operacional da variável "religiosidade" poderia ser o número de vezes que o respondente afirma ir à igreja ou à sinagoga; ou a resposta do entrevistado sobre a pergunta "Quão importante é a religião em sua vida?" (por exemplo, 1. não é importante; 2. tem alguma importância; 3. é muito importante).

Definições operacionais são especialmente importantes para definir variáveis que não podem ser observadas diretamente. Por exemplo, os pesquisadores não podem observar diretamente conceitos como "doença mental", "abuso sexual", "negligência contra crianças", "satisfação profissional" e "abuso de drogas", e tampouco percepções, valores e atitudes.

Formulação de uma hipótese. Depois de definir as variáveis de pesquisa, os pesquisadores podem formular uma **hipótese**, que é uma predição ou palpite embasado sobre como uma variável se relaciona à outra. A **variável dependente** é aquela que os pesquisadores querem explicar; ou seja, a de interesse. **Variável independente** é aquela que se espera explique a mudança na variável dependente. Ao formular uma hipótese, os pesquisadores predizem como a variável independente afeta a dependente. Por exemplo, Kmec (2003) investigou o impacto de ambientes de trabalho segregados sobre os salários das minorias, concluindo que "a concentração de minorias em diferentes profissões, ocupações e

---

variável Qualquer evento mensurável, característico, ou propriedade que varia ou é sujeita a mudanças.

hipótese Predição ou suposição acadêmica sobre como uma variável está relacionada a outra.

variável dependente Aquela que o pesquisador quer explicar; a variável de interesse.

variável independente Aquela que se espera explique a mudança na variável dependente.

estabelecimentos é um problema social considerável porque perpetua a desigualdade salarial racial" (p. 55). Neste exemplo, a variável independente é a segregação no local de trabalho, e a dependente são os salários.

Métodos de coleta de dados

Depois de identificar um tópico de pesquisa, revisar a literatura, definir as variáveis e desenvolver as hipóteses, os pesquisadores decidem que método de coleta de dados usar. Entre as alternativas, estão experiências, pesquisa de levantamento, de campo e de dados secundários.

Do filme *Obedience*, copyright 1968 de Stanley Milgram; copyright renovado 1993 de Alexandra Milgram, distribuído por Alexander Street Press

Em uma das mais famosas experiências das ciências sociais, Stanley Milgram descobriu que 65% de uma amostra de cidadãos comuns estava disposta a usar choques elétricos prejudiciais – acima de 450 volts – em um homem idoso com problema de coração simplesmente porque o pesquisador os instruiu a fazer isso. Mais tarde, revelou-se que o homem não estava realmente recebendo o choque e que fazia parte da manipulação experimental. A experiência, apesar de fornecer informações valiosas, levantou muitas questões sobre ética na pesquisa científica.

Experiências. Experiências envolvem manipular a variável independente para determinar como isto afeta a variável dependente. As experiências exigem um ou mais grupos experimentais que são expostos ao(s) tratamento(s) experimental(is) e um grupo de controle que não é exposto. Depois que o pesquisador designa aleatoriamente os participantes para um grupo experimental ou de controle, ele mede a variável dependente novamente. Se os participantes foram designados aleatoriamente para grupos diferentes, o pesquisador pode concluir que qualquer diferença na variável dependente entre os grupos se deve ao efeito da variável independente.

Exemplo de experiência de "problemas sociais" sobre pobreza seria oferecer pagamento de benefícios a um grupo de mães solteiras desempregadas (grupo experimental) e não oferecê-los a outro grupo de mães solteiras desempregadas (grupo de controle). A variável independente seria os pagamentos de benefícios; a dependente, o emprego. A hipótese do pesquisador seria a de que mães no grupo experimental teriam menos probabilidade de conseguir um trabalho depois de 12 meses do que as do grupo de controle.

O principal ponto forte do método experimental é que ele fornece evidências para relacionamentos causais, ou seja, como uma variável afeta outra. Um ponto fraco inicial é que as experiências, em geral, são conduzidas em pequenas amostras, muitas vezes em ambientes laboratoriais artificiais; assim, os achados podem não ser generalizados para outras pessoas em ambientes naturais.

Pesquisa de levantamento (*survey*). A **pesquisa de levantamento**, ou *survey*, envolve obter informações de respondentes por meio de perguntas. Uma parte importante da pesquisa quantitativa é selecionar uma amostra de quem será questionado. **Amostra** é uma porção da população selecionada para ser representativa de modo que a informação de cada amostra possa ser generalizada para uma população maior. Por exemplo, em vez de perguntar para todas as crianças do ensino fundamental sobre suas atividades ilegais, o pesquisador poderia perguntar para uma amostra representativa delas e assumir que quem não foi questionado daria respostas similares. Depois de selecionar uma amostra representativa, os pesquisadores entrevistam as pessoas, pedem a elas que completem os questionários escritos ou obtêm respostas para perguntas de pesquisa em levantamentos feitos pela internet.

Entrevistas. Em uma pesquisa de levantamento, entrevistadores treinados perguntam aos respondentes uma série de questões e tomam nota por escrito ou gravam as respostas. As entrevistas podem ser conduzidas pelo telefone ou pessoalmente.

Uma vantagem da pesquisa por entrevista é que os pesquisadores são capazes de esclarecer dúvidas dos respondentes e complementar respostas a questões específicas. Com frequência, os pesquisadores realizam entrevistas pessoalmente com grupos de indivíduos que de outra forma poderiam ser inacessíveis. Por exemplo, algumas tentativas de pesquisa relacionadas à Aids para avaliar o nível de envolvimento dos indivíduos em comportamentos que os colocam em risco de transmitir ou contrair HIV. Jovens moradores de rua ou usuários de drogas intravenosas, ambos grupos de risco para a infecção com HIV, podem não ter telefone ou endereço devido a seu estilo de vida transitório. Esses grupos podem ser acessíveis, porém, se o pesquisador localizar seus pontos de encontro e realizar entrevistas pessoalmente.

As desvantagens mais sérias da pesquisa com entrevistas são o custo e a falta de privacidade e anonimato. Os respondentes podem se sentir constrangidos ou ameaçados com

experiências Métodos de pesquisa que envolvem a manipulação da variável independente para determinar como isso afeta a variável dependente.

pesquisa de levantamento (*survey*) Método de pesquisa que envolve extrair informações dos respondentes por meio de perguntas.

amostra Parcela da população selecionada para ser representativa, de modo que a informação da amostra possa ser generalizada em uma população maior.

perguntas relacionadas a questões pessoais, como uso de drogas, violência doméstica e comportamento sexual. Como resultado, alguns deles podem escolher não participar desse tipo de pesquisa sobre tópicos delicados. Aqueles que realmente participam podem ocultar ou alterar informações, ou dar respostas socialmente desejáveis para as questões do entrevistador (por exemplo, "Não, não uso drogas" ou "Não, não digito mensagens de texto enquanto estou dirigindo").

Questionários. Em vez de realizar entrevistas pessoais ou pelo telefone, os pesquisadores podem desenvolver questionários que são enviados pelo correio, por e-mail ou entregues a uma amostra de respondentes. A pesquisa com questionário oferece como vantagem ser menos cara e menos demorada do que pessoalmente ou por telefone. E, ainda, garante a privacidade e o anonimato dos participantes, aumentando assim a probabilidade de que eles forneçam respostas confiáveis.

A principal desvantagem dos questionários por correio ou e-mail é que é difícil obter a quantidade correta de respostas. Muitas pessoas não querem dedicar seu tempo ou despender esforço para preencher um questionário. Outras podem ser incapazes de ler e compreendê-lo.

Pesquisas baseadas na web. Em anos recentes, o conhecimento tecnológico e a expansão da internet facilitaram o uso de levantamentos on-line. Pesquisas baseadas na web, embora ainda menos comum que entrevistas e questionários, estão crescendo em popularidade, e alguns acreditam que reduzem muitos dos problemas associados à pesquisa de levantamento tradicional (Farrell e Petersen, 2010). Por exemplo, o índice de resposta das pesquisas por telefone têm sofrido queda no número de respondentes por conta de identificadores de chamada, números de telefone errados, secretárias eletrônicas ou pela falta de telefone fixo residencial (Farrell e Petersen, 2010). Por outro lado, o uso e o acesso à internet continua a crescer. Em 2011, o número de norte-americanos com acesso à internet foi o maior em relação aos anos anteriores (File, 2013).

Pesquisa de campo. Esse tipo envolve observar e estudar o comportamento social em ambientes nos quais ele ocorre naturalmente. Os dois tipos de pesquisa de campo são: observação participante e não participante.

Na pesquisa de observação participante, os pesquisadores participam do fenômeno em estudo, de modo que obtêm uma perspectiva interna sobre as pessoas e/ou o comportamento que está sendo observado. Palacios e Fenwick (2003), dois criminologistas, frequentaram dezenas de *raves* ao longo de um período de 15 meses para investigar a cultura das drogas do sul da Flórida. Na pesquisa de observação não participante, os pesquisadores observam o fenômeno em estudo sem participar ativamente do grupo ou da atividade. Por exemplo, Simi e Futrell (2009) estudaram ativistas nacionalistas brancos observando e conversando com membros da organização, mas não participaram das atividades organizadas.

Às vezes, os sociólogos realizam análises detalhadas e profundas ou estudos de caso de um indivíduo, grupo ou evento. Por exemplo, Fleming (2003) realizou um estudo de caso com jovens ladrões de carro na Colúmbia Britânica. Ele descobriu que, diferentemente dos ladrões profissionais, o comportamento dos adolescentes era motivado em primeiro lugar pela busca de emoções — dirigir rápido, o "barato" de uma possível perseguição policial e a perspectiva de ser pego.

A principal vantagem da pesquisa de campo sobre problemas sociais é que ela provê informações detalhadas sobre valores, rituais, normas, comportamentos, símbolos, crenças e emoções de quem está sendo estudado. Um problema potencial desse tipo de pesquisa é que as observações do pesquisador podem ser influenciadas (por exemplo, por tornar-se envolvido demais com o grupo para ser objetivo). Além disso, como a pesquisa de campo geralmente é baseada em pequenas amostras, os achados podem não ser generalizáveis.

Pesquisa de dados secundários. Por vezes, os pesquisadores analisam dados secundários, que são informações que outros pesquisadores ou agências governamentais já coletaram ou que existem na forma de documentos históricos, relatórios policiais, registros escolares ou registros oficiais de casamentos, nascimentos e mortes. A principal vantagem de usá-los ao estudar problemas sociais é que os dados estão prontamente acessíveis, e, portanto, os pesquisadores economizam tempo e a despesa de nova coleta. Dados secundários,

pesquisa de campo Pesquisa que envolve observar e estudar o comportamento social em ambientes nos quais ele ocorre naturalmente.

em geral, também se baseiam em grandes amostras representativas. Sua desvantagem é que os pesquisadores se limitam ao que já foi coletado.

Dez bons motivos para ler este livro

A maioria dos estudantes que está lendo este livro não está cursando graduação em sociologia nem planeja segui-la como profissão. Então, por que eles fazem um curso sobre problemas sociais? Que benefícios a leitura deste livro pode trazer para você?

1. *Compreender que o mundo social é complexo demais para ser explicado apenas por uma teoria vai ampliar seu pensamento sobre como o mundo funciona.* Por exemplo, a delinquência juvenil não tem apenas uma causa, mas está ligada a (1) um número cada vez maior de jovens vivendo em bairros centrais das cidades com pouca ou nenhuma supervisão dos pais (teoria da desorganização social); (2) pessoas jovens não têm meios legítimos para adquirir riqueza material (teoria da anomia); (3) os jovens ficam zangados e frustrados com a desigualdade e o racismo em nossa sociedade (teoria do conflito); (4) os professores consideram que os jovens "não são bons" e assim os tratam (teoria da rotulação).
2. *Desenvolver uma imaginação sociológica vai ajudá-lo a ver a ligação entre sua vida pessoal e o mundo social no qual vive.* Em uma sociedade que valoriza a responsabilidade pessoal, há uma tendência de definir fracasso e sucesso como consequência do livre-arbítrio individual. A *imaginação sociológica* nos permite entender como as forças sociais influenciam nossos infortúnios e fracassos pessoais e contribui para o sucesso e as realizações pessoais.
3. *Entender a globalização pode ajudá-lo a se tornar um cidadão seguro, bem-sucedido e produtivo no mundo.* Os problemas sociais atravessam fronteiras nacionais. Distúrbios como obesidade, guerra, mudança climática, tráfico humano e superpopulação são globais. Problemas que surgem em uma parte do mundo podem afetar outras partes e ser causados por políticas sociais em outras nações. Assim, compreender os problemas sociais exige considerar a interconectividade global do mundo. E resolvê-los, hoje, exige ação coletiva entre cidadãos mundo afora. Visando preparar melhor os alunos para um mundo globalizado, muitas faculdades e universidades fizeram mudanças curriculares, como acrescentar uma nova educação geral ou cursos curriculares centrais sobre preocupações e perspectivas globais, tornando mais eficientes os cursos existentes para aumentar a ênfase em questões globais e oferecer um "certificado global" que os estudantes podem receber ao completar certo número de aulas com foco internacional (Wilhelm, 2012).

O que você acha? Algumas faculdades e universidades instituíram políticas que exigem que os estudantes frequentem um ou mais cursos globais – aulas com foco global ou internacional – a fim de se graduar. Você acha que as faculdades e universidades deveriam exigir um número mínimo de cursos globais para graduandos? Por quê?

4. *Entender a dificuldade envolvida em "consertar" os problemas sociais vai ajudá-lo a tomar decisões sobre suas próprias ações; por exemplo, em quem você vota ou para que instituição de caridade doa dinheiro.* É importante reconhecer que "consertar" problemas sociais é tarefa muito difícil e complexa. Uma fonte dessa dificuldade é que nem todos concordamos sobre quais são os problemas, nem sobre quais são suas causas profundas. O problema da violência com armas nos Estados Unidos é causado pela disponibilidade de armas? Violência na mídia? Um sistema de saúde mental quebrado? Normas de gênero masculinas? Se socializássemos os meninos a fim de que sejam mais cuidadores e gentis, em vez de agressivos e competitivos, poderíamos reduzir a violência armada, mas potencialmente também talvez criássemos uma geração de meninos que não se alistaria no exército, e nossas forças armadas não teriam recrutas

O lado humano — O "lado humano" do sociólogo

Alguns de nós sabemos, ainda cedo na vida, exatamente o que queremos ser, ou pelo menos o que pensamos querer ser quando "crescer". A partir do ensino médio e ainda na faculdade, os alunos em geral ficam loucos em relação ao que "fazer". Vejo isso o tempo todo como conselheiro de alunos de sociologia. "Eu realmente adoro sociologia, mas o que vou fazer com um diploma nessa área?" Na verdade, não acho essa questão especialmente surpreendente. Poucos de nós crescemos ouvindo falar de sociologia ou sabendo o que seja. Eu mesmo não escolhi conscientemente ser um sociólogo como alguém que escolhe uma carreira em direito ou enfermagem, ou, cada vez mais, em negócios ou ciência da computação.

Há uma teoria chamada "da deriva" que argumenta que a delinquência é "uma tradição oral relativamente desarticulada" (Matza, 1990, p. 52), na qual os jovens derivam para trás e para a frente entre um comportamento de conformidade e de não conformidade.

Apesar de acreditar fortemente e esperar fervorosamente que a sociologia seja mais do que "uma tradição oral relativamente desarticulada", acredito que esse conceito de deriva se aplica a mim. Eu não tinha visão, não ouvi um chamado, não tinha uma grande missão para ser sociólogo. Nem me lembro, apesar de ter sido há muitos anos, da primeira vez que tive consciência do fato de que essas criaturas existiam.

Mas, quando tinha 13 anos, deixei a segurança e a proteção do meu bairro para embarcar num trem para o centro de Cleveland, Ohio, até uma região chamada Houghe, a fim de pesquisar por que algumas pessoas que eram muito, muito diferentes de mim, estavam queimando uma cidade. Isto fez parte, como vocês devem saber, das manifestações urbanas e dos protestos pelos direitos civis dos anos 1960. Imagino, olhando para trás, que essa foi minha primeira pesquisa de campo.

Ao longo do ensino médio, conscientemente derivei para lá e para cá entre várias tribos, fascinado por cada uma delas, e também na Kent State University, onde fiz meu trabalho de graduação. Eu estava diante da realidade das manifestações antiguerra do Vietnã, similares às muitas passeatas dos estudantes de hoje (como na Occupy Wall Street).* Havia uma diferença, porém. Na Kent State, quatro alunos foram mortos e nove ficaram feridos pela Guarda Nacional de Ohio, chamada para acalmar os protestos.

Acredito que esses eventos, como vários outros que você pode identificar em sua própria vida, foram fundamentais e me moldaram como pessoa e, no fim, como sociólogo. Apesar de, como disse, não ter um desejo incontrolável de ser um sociólogo quando adolescente, hoje sou dominado por um "...tipo muito especial de paixão..." (Berger, 1963, p. 12), conduzido por um demônio, talvez o mesmo que me levou a Hough há tantos anos.

Sinto-me privilegiado e honrado em ser sociólogo e de ser capaz de fazer o que quero fazer – e de ganhar por isso.

A beleza da sociologia, entre outras coisas, é que ela dá uma base, uma lente se preferir, para a solução de problemas em diversas áreas – departamentos de serviço social; empresas de consultoria; hospitais; agências governamentais federais, estaduais ou municipais; centros de saúde e reabilitação; escritórios de advocacia; e por aí vai. Ou, como fiz, você pode querer se tornar um sociólogo acadêmico.

Você não só vai encontrar sociólogos trabalhando em quase todo local imaginável, como a lista do que fazem é infinita. Como você deve saber, há cursos de sociologia sobre raça, classe e gênero; movimentos sociais; família; criminologia; sexualidade; meios de comunicação de massa; religião; meio ambiente; saúde; psicologia social; envelhecimento; imigração... e, sim, problemas sociais. Temos tanta diversidade de tópicos porque fazemos toda essa variedade de trabalhos. Você gostaria de ser um diplomata e trabalhar para o Ministério das Relações Exteriores? Entre outras graduações listadas para o cargo inicial está o diploma de sociologia (U.S. Department of State, 2013).

Mas, então, há aquele outro problema incômodo — e o salário? Sei que você é inteligente o suficiente para saber que a renda em si não é sinônimo de satisfação profissional. Você pode ganhar US$ 249.999 por ano, um bom dinheiro para mim, e para você, mas se nunca vir seu cônjuge, se ficar com úlcera em decorrência do estresse e tiver pouca estabilidade profissional, espero que a maioria de vocês fuja correndo para o outro lado. Então, vamos pensar em uma abordagem mais equilibrada.

Como discutido no *Wall Street Journal* (2013) e na *Forbes* (Smith, 2013), uma lista anual das 200 "Melhores e Piores Profissões" indica que os sociólogos estão perto do topo, na posição 19. Imagine que você é o número de 19 entre 200 estudantes que se formam em sua classe do ensino médio. Nada mau. E a melhor parte é que esses cálculos foram baseados em dados oficiais, por exemplo, do *U.S. Department of Labor* (Departamento do Trabalho dos Estados Unidos) em *cinco áreas* – 1. Fatores ambientais (por exemplo, a resistência necessária, competitividade); 2. Renda; 3. Perspectiva (por exemplo, evolução esperada no emprego); 4. Exigências físicas (por exemplo, requer sentar e levantar); 5. Estresse (por exemplo, prazos, viagens) (Career Cast, 2013).

Admito que seria bom ser o número um, mas, nesse momento, eu não poderia estar mais feliz com o número 19.

Fonte: Mooney 2015.

---

*Movimento criado em 17 de setembro de 2011, em Nova York, chamado OWS – Occupy Wall Street, em sua maioria composto por jovens que buscam, entre outras coisas, pôr um fim à ganância corporativa. No site oficial, eles se autodenominam um movimento sem líderes, composto por negros, sexo e ideologias políticas variadas. A única coisa em comum que possuem é que se consideram que a maioria da população que não tolera mais corrupção, ganância e riqueza acumulada pela minoria do restante do mundo.

---

suficientes. Assim, resolver um problema social (violência com armas) pode criar outro (muito poucos soldados). Também deve-se observar que, apesar de alguns verem o baixo recrutamento militar como um problema, outros veriam isso como um passo positivo no sentido de uma sociedade menos militarizada.

5. *Apesar de este ser um livro sobre problemas sociais, pode realmente fazer que você fique mais, e não menos, otimista.* Sim, todos os problemas discutidos no livro são reais e podem parecer intransponíveis, mas não são. Você vai ler sobre mudança social positiva (por exemplo, o número de pessoas que fuma nos Estados Unidos caiu dramaticamente, assim como os índices de homofobia, racismo e sexismo). A expectativa de vida aumentou, e mais pessoas vão à faculdade do que nunca. Mudança para melhor pode e realmente acontece.

6. *O conhecimento é empoderador.* Problemas sociais podem ser assustadores, em parte porque a maioria das pessoas sabe muito pouco sobre eles além do que ouvem no noticiário ou de seus amigos. A má informação pode fazer que os problemas pareçam piores do que são. Quanto mais precisa a informação que você tem, mais você se dá conta de que nós, como sociedade, temos o poder de resolver os problemas, e menos alienado você se sentirá.
7. Você e a sociedade. *Os exercícios aumentam a consciência sobre si mesmo e lhe permitem posicionar-se dentro do ambiente social.* Por exemplo, no início deste capítulo, você teve a oportunidade de avaliar seus valores pessoais e comparar suas respostas a uma amostra nacional de alunos do primeiro ano da faculdade.
8. O lado humano *torna você um ser humano mais empático e compassivo ao personalizar o tema em questão.* O estudo dos problemas sociais sempre diz respeito à qualidade de vida dos indivíduos. Ao mostrar a dor particular e os triunfos pessoais associados aos problemas sociais, esperamos produzir um nível de compreensão que pode não ser conquistado apenas por meio do estudo acadêmico dos problemas sociais. O lado humano deste capítulo destaca o caminho de um dos autores para se tornar sociólogo.
9. Um olhar sobre a pesquisa de problemas sociais *ensina a você o básico da pesquisa científica, tornando-o um consumidor mais preparado e mais "atual" da sociologia, psicologia, antropologia e áreas afins.* Esses quadros demonstram o empreendimento científico, da teoria e da coleta de dados até os achados e conclusões. Exemplos de tópicos de pesquisa apresentados em capítulos adiante deste livro incluem *bullying* nas escolas, delinquência juvenil, como o casamento nos Estados Unidos está mudando, *greenwashing*,[1] reações à masculinidade, ameaças e suicídios de militares.
10. *Aprender sobre problemas sociais e suas origens estruturais e culturais ajuda você – individual e coletivamente – a fazer a diferença no mundo.* Indivíduos podem fazer a diferença na sociedade por meio das escolhas que fazem. Você pode escolher votar em um candidato em vez de outro, exigir o direito à escolha reprodutiva ou protestar contra as políticas do governo que permitem essa escolha, dirigir bêbado ou impedir que um amigo dirija bêbado, repetir uma piada racista ou homofóbica ou punir uma pessoa que a conta e praticar sexo seguro ou arriscar-se à transmissão de doenças sexualmente transmissíveis.

Ações sociais coletivas são outra forma, em geral a mais poderosa, de fazer a diferença. Você pode escolher criar a mudança participando de um **movimento social** — um grupo organizado de indivíduos com objetivo comum de promover ou resistir à mudança social por meio da ação coletiva. Algumas pessoas acreditam que, para promover a mudança social, a pessoa deve estar em uma posição de poder político e/ou ter muitos recursos financeiros. Porém, o pré-requisito mais importante para se tornar ativamente envolvido em melhorar os níveis de bem-estar social pode ser a preocupação genuína e a dedicação à "causa" social. O ensaio fotográfico deste capítulo retrata visualmente estudantes agindo coletivamente para mudar o mundo.

Entendendo os problemas sociais

No fim de cada capítulo, oferecemos uma seção com um título que começa com "Entendendo...", no qual enfatizamos novamente a origem social do problema em discussão, as consequências e as soluções sociais alternativas. Nossa esperança é de que os leitores terminem cada capítulo com uma visão da "imaginação sociológica" do problema e com uma ideia de como, enquanto sociedade, podemos abordar a solução.

Os sociólogos vêm estudando os problemas sociais desde a Revolução Industrial. A industrialização despertou mudanças sociais de peso: a influência da religião diminuiu e as famílias se tornaram menores e saíram das tradicionais comunidades rurais para ambientes urbanos. Essas e outras mudanças têm sido associadas ao aumento da criminalidade, poluição, divórcio e delinquência juvenil. Porque esses problemas se tornaram cada vez mais difundidos, a necessidade de compreender suas origens e possíveis soluções se tornou mais urgente. O campo da sociologia se desenvolveu como reação a essa urgência. Os problemas

movimento social Grupo organizado de indivíduos com um propósito comum de promover ou resistir à mudança social por meio de ação coletiva.

---
[1] N.R.T.: Propaganda ambientalista enganosa.

sociais forneceram o ímpeto inicial para o desenvolvimento do campo da sociologia e continuam a ser um dos principais focos dessa área.

Não há uma única definição pactuada do que constitui um problema social. A maioria dos sociólogos concorda, porém, que todos os problemas sociais compartilham dois elementos importantes: uma condição social objetiva e sua interpretação subjetiva. Cada uma das três perspectivas teóricas mais importantes da sociologia – estrutural-funcionalista, do conflito e do interacionismo simbólico – tem sua própria noção das causas, consequências e soluções dos problemas sociais.

Ensaio fotográfico
Estudantes fazendo a diferença

O ativismo estudantil não é novo nem existe apenas nos Estados Unidos. Nos anos 1930, o American Youth Congress (AYC) protestou contra a injustiça racial, desigualdade educacional e o envolvimento na Segunda Guerra Mundial que pairava sobre os Estados Unidos. Chamado de "cérebro estudantil do *New Deal*" por alguns, o poder político do AYC não seria sentido novamente até as passeatas estudantis dos anos 1960 (The Eleanor Roosevelt Papers, 2008). Hoje, porém, há um novo ativismo, já que estudantes de todo o mundo protestam contra as injustiças percebidas (Rifkind, 2009). Com o auxílio das novas tecnologias, as redes sociais, como Facebook e Twitter, permitem o "ativismo virtual" enquanto centenas de milhares de estudantes se unem às causas on-line. O ensaio fotográfico deste capítulo destaca alguns dos exemplos mais proeminentes de ativismo estudantil, do passado e do presente. Apesar de o rosto ter mudado com o tempo, a paixão e a dedicação com que os estudantes verbalizam suas preocupações não mudaram.

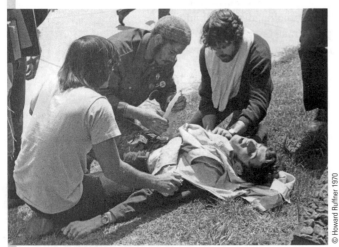

▶ Durante a era da Guerra do Vietnã, estudantes dos Estados Unidos eram eloquentes quanto à sua oposição ao envolvimento da América na guerra. Nos anos 1970, na Kent State University, a Guarda Nacional de Ohio abriu fogo contra estudantes desarmados que protestavam, o que resultou em quatro mortes e nove feridos e levou o cantor e compositor Neil Young a compor *Ohio* ("Soldados de chumbo e Nixon vindo, afinal estamos por nossa conta. Este verão ouço os tambores, quatro mortos em Ohio..."). O "Massacre da Kent State" detonou protestos universitários pelo país afora e a única greve estudantil nacional da história dos Estados Unidos. Um relatório do governo sobre manifestações antiguerra concluiu que os tiros disparados contra os alunos pela Guarda Nacional de Ohio eram injustificados (The Scranton Report, 1971). Nenhum processo criminal foi aberto. Nesta foto, um aluno ferido jaz no chão enquanto as pessoas observam incrédulas.

▲ Em 1989, milhares de estudantes universitários de toda a China sentaram-se pacificamente na Praça Tiananmen protestando por reformas democráticas e justiça social. Em 3 de junho, tanques entraram na praça e abriram fogo contra estudantes desarmados, matando e ferindo centenas, talvez milhares. Não há uma contagem oficial das mortes devido à subsequente censura do governo chinês à mídia e à divulgação de qualquer atividade dissidente, uma política que persiste até hoje. Nesta foto, um homem desconhecido coloca-se na frente do Exército de Libertação Popular que avançava para dispersar as manifestações pacíficas dos estudantes.

◄ Estupro é um crime universal, apesar da dramática variação nas formas de aplicação das leis e no grau de proteção às mulheres. Recentemente, houve protestos nacionais na Índia, estimulados pelo brutal estupro coletivo de uma jovem universitária, que morreu, e o estupro e abuso sexual recorrentes de uma menina de 5 anos que foi encontrada semiconsciente três dias depois de ser sequestrada (Park, 2013). Muitos dos protestos foram encabeçados por estudantes da Nehru University e da University of Delhi (Gottipati; Trivedi; Rai, 2013). Os protestos refletiram não só o mais recente surto de crimes contra mulheres, mas também o fracasso do sistema judicial indiano em processar casos como esses de maneira rápida e eficaz, se é que tomaram alguma atitude. Como um ativista afirmou, "Estamos gritando até ficar roucos para exigir mais proteção para mulheres e meninas. Mas o governo, a polícia e outros responsáveis pela segurança pública ignoram a violência cotidiana que as mulheres enfrentam" (George, 2012, p. 1).

◄ O termo *igualdade matrimonial* é bastante novo, mas se tornou o brado de guerra de muitos alunos universitários e do ensino médio. Eliza Byard, diretora executiva da Gay, Lesbian and Straight Education Network (GLSEN), recentemente comentou que os verdadeiros heróis desse movimento são os estudantes. Citando a pesquisa do *Washington Post* e da rede *ABC News*, Byard (2013) observou que 81% dos jovens de 18 a 29 anos defendem a igualdade matrimonial. Grupos de estudantes defensores da igualdade matrimonial, ao lado do GLSEN, incluem a Gay-Straight Alliance Network, a American Medical Student Association, a National Youth Advocacy Coalition, as centenas de centros LGBT em faculdades nos Estados Unidos, a Campus Pride, que — entre outras iniciativas — desenvolveu o *Campus Pride Index*, índice que classifica faculdades em relação à sua cordialidade LGBT.

▶ Em 1º de fevereiro de 1960, quatro estudantes afro-americanos entraram na lanchonete da loja da Woolworth de Greensboro depois de comprar material escolar (Sykes, 1960; Schlosser, 2000). Se seu dinheiro era bom o suficiente para comprar o material, por que não para tomar uma xícara de café, pensaram eles. Às 16h30, sentaram-se no balcão da lanchonete "só para brancos" tentando fazer um pedido. Os quatro jovens ficaram ali até fechar, mas não foram atendidos. No dia seguinte, mais estudantes se sentaram, mas também nunca foram servidos. Conforme as notícias do "sit-in" ("sentaço") se espalharam, estudantes voltaram à Woolworth de Greensboro e a outros balcões de lanchonete em todo o sul. Alunos norte-americanos brancos e negros de Nova York a São Francisco começaram a fazer piquetes na Woolworth em apoio aos "Quatro de Greensboro". Esse único ato de quatro estudantes foi um passo fundamental para levar adiante o que se tornou conhecido como movimento pelos direitos civis nos Estados Unidos (Schlosser, 2000).

CAPÍTULO 1 REFLETINDO SOBRE OS PROBLEMAS SOCIAIS

REVISÃO DO CAPÍTULO

- **O que é um problema social?**
  Problemas sociais são definidos por uma combinação de critérios objetivos e subjetivos. O elemento objetivo refere-se à existência de uma condição social; o subjetivo, à crença de que uma condição social específica é nociva à sociedade ou a um segmento da sociedade e pode e deve ser mudada. Ao combinar esses elementos objetivos e subjetivos, chegamos à seguinte definição: problema social é uma condição social que um segmento vê como nocivo para os membros da sociedade e sobre o qual exige solução.

- **O que significa estrutura da sociedade?**
  Estrutura de uma sociedade refere-se à forma como a sociedade é organizada.

- **Quais são os componentes da estrutura da sociedade?**
  Instituições, grupos sociais, *status* e papéis. As instituições são um padrão estabelecido e duradouro de relações sociais e incluem família, religião, política, economia e educação. Grupos sociais são definidos como duas ou mais pessoas que têm uma identidade comum, interagem e formam uma relação social. *Status* é a posição que a pessoa ocupa dentro de um grupo social e que pode ser conquistada ou atribuída. Todo *status* está associado a muitos papéis ou a um conjunto de direitos, obrigações e expectativas a ele associados.

- **O que significa a cultura da sociedade?**
  Enquanto estrutura social se refere à organização da sociedade, cultura diz respeito aos significados e modos de viver que caracterizam uma sociedade.

- **Quais são os componentes da cultura da sociedade?**
  Crenças, valores, normas e símbolos. Crenças referem-se a definições e explicações quanto ao que se assume ser verdade. Valores são acordos sociais sobre o que é considerado bom e ruim, certo e errado, desejável e indesejável. Normas são regras de comportamento socialmente definidas que servem como diretrizes para nosso comportamento e nossas expectativas quanto ao comportamento dos outros. Por fim, símbolo é aquilo que representa algo.

- **O que é imaginação sociológica e por que é importante?**
  Imaginação sociológica, termo criado por C. Wright Mills (1959), refere-se à capacidade de ver as conexões entre nossa vida pessoal e o mundo social no qual vivemos. É importante, porque, quando usamos nossa imaginação sociológica, somos capazes de distinguir entre "problemas privados" e "questões públicas" e ver conexões entre os eventos e condições de nossa vida e o contexto social e histórico no qual vivemos.

- **Quais são as diferenças entre as três perspectivas sociológicas?**
  Segundo o estrutural-funcionalismo, sociedade é um sistema de partes interconectadas que funcionam juntas em harmonia para manter um estado de equilíbrio e estabilidade social para o todo. A perspectiva do conflito vê a sociedade formada por grupos diferentes e interesses que competem pelo poder e os recursos. O interacionismo simbólico reflete a perspectiva microssociológica e enfatiza que o comportamento humano é influenciado por definições e significados que são criados e mantidos por meio desse interacionismo com os outros.

- **Quais são os primeiros quatro estágios de uma pesquisa?**
  Formular uma pergunta de pesquisa; revisar a literatura; definir variáveis; e formular uma hipótese.

- **Como os vários métodos de pesquisa diferem um do outro?**
  A pesquisa experimental envolve manipular a variável independente para determinar como isso afeta a variável dependente. A pesquisa quantitativa envolve extrair informações de respondentes por meio de questões. A pesquisa de campo envolve observar e estudar o comportamento social em ambientes nos quais isso ocorre naturalmente. Dados secundários são informações que outros pesquisadores ou agências governamentais já coletaram ou que existem na forma de documentos históricos, relatórios policiais, registros escolares e registos oficiais de casamentos, nascimentos e mortes.

- **O que é um movimento social?**
  Movimentos sociais são um meio pelo qual a mudança social é realizada. Um movimento social é um grupo organizado de indivíduos com um propósito comum tanto para promover quanto para resistir à mudança social por meio da ação coletiva.

AVALIE SEU CONHECIMENTO

1. Definições de problemas sociais são claras e inequívocas.
   a. Verdadeiro
   b. Falso
2. A estrutura social da sociedade contém
   a. *status* e papéis
   b. instituições e normas
   c. sanções e grupos sociais
   d. valores e crenças
3. Cultura da sociedade refere-se a seu significado e às formas de vida de seus membros.
   a. Verdadeiro
   b. Falso
4. Alienação
   a. refere-se à noção de anomia
   b. é o foco dos interacionistas simbólicos

c. pode ser definida como a falta de poder e de significado na vida das pessoas
   d. é uma função manifesta da sociedade
5. Os estágios de Blumer dos problemas sociais começam com
   a. mobilização para a ação
   b. reconhecimento social
   c. legitimação social
   d. desenvolvimento e implementação de um plano
6. A variável independente vem em primeiro lugar; ou seja, precede a variável dependente.
   a. Verdadeiro
   b. Falso
7. O terceiro estágio na definição de um estudo investigativo é
   a. formular uma hipótese
   b. revisar a literatura
   c. definir as variáveis
   d. formular uma pergunta de pesquisa
8. Amostra é um subgrupo da população – grupo para o qual você realmente dá o questionário.
   a. Verdadeiro
   b. Falso
9. Estudar o comportamento da polícia estando ao lado de patrulheiros seria um exemplo de
   a. observação participativa
   b. observação não participativa
   c. pesquisa de campo
   d. tanto *a* como *c*
10. Os estudantes se beneficiam da leitura deste livro porque ele
    a. oferece uma cobertura global dos problemas sociais
    b. destaca a pesquisa dos problemas sociais
    c. encoraja os estudantes a tomar atitudes em favor do social
    d. todas as acima

Respostas: 1. B; 2. A; 3. A; 4. C; 5. B; 6. A; 7. C; 8. A; 9. D; 10. D.

TERMOS-CHAVE

alienação 10
amostra 17
anomia 9
crenças 5
cultura 5
elemento objetivo de um problema social 2-3
elemento subjetivo de um problema social 3
estrutura 4
experiências 17
funções latentes 8
funções manifestas 8
grupo social 4
grupos primários 4
grupos secundários 4
hipótese 16
imaginação sociológica 7
instituição 4
movimento social 21
normas 6
papéis 5
pesquisa de campo 18
pesquisa de levantamento 17
problema social 3
sanções 7
símbolo 7
status 4
status adquirido 5
status atribuído 4
teoria 8
valores 5
variável 16
variável dependente 16
variável independente 16

Saúde física e mental e o sistema de saúde

"O sistema de saúde da América não é saudável, protetivo, sequer é um sistema."

—Walter Cronkite

Contexto global: saúde e doença ao redor do mundo
Ensaio fotográfico: **Globesidade**
Doença mental: a epidemia escondida
Você e a sociedade: **Sinais de alerta para doenças mentais**
Teorias sociológicas sobre doença e assistência médica
Fatores sociais e hábitos associados à saúde e à doença
Problemas no sistema de saúde dos Estados Unidos
O lado humano: **Depoimentos de pacientes que fazem uso da maconha medicinal**
Estratégias para ação: melhorar a saúde e o sistema de saúde
Um olhar sobre a pesquisa dos problemas sociais: **Enviando mensagens de texto sobre um estilo de vida saudável para adolescentes**
Animais e a sociedade: **Melhorando a saúde mental com a terapia assistida por animais**
Entendendo os problemas de saúde e assistência médica
Revisão do capítulo

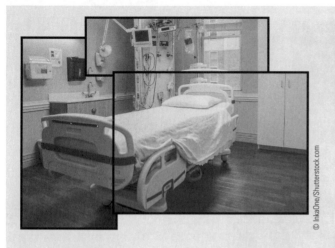

Na conta do hospital de Steven D., o preço da diária em um quarto de tratamento intensivo, como o da figura acima, era de US$ 13.225.

Em uma reportagem especial de 2013, da *Time Magazine*, intitulada "Remédio amargo: por que as despesas médicas estão nos matando", o jornalista Steven Brill investigou o alto custo do sistema de saúde dos Estados Unidos. Sua reportagem incluía a história de um paciente que chamou Steven D.

"Logo após ser diagnosticado com câncer de pulmão (...) Steven D. e sua esposa Alice sabiam que estavam apenas ganhando tempo. A dúvida era: quanto realmente vale o tempo?". Alice, que ganhava cerca de US$ 40 mil por ano administrando uma creche, explicou: "[Steven] dizia que queria viver cada minuto que conseguisse, não importava como. Mas eu pensava nos gastos e na dívida que isto traria a mim e à minha filha". Menos de um ano depois do diagnóstico, Steven D. morreu em sua casa, no norte da Califórnia, deixando para sua esposa as despesas médicas, que totalizavam mais de US$ 900 mil. Embora o casal tivesse seguro-saúde, excederam o limite de US$ 50 mil de sua apólice. Após receber a primeira conta do hospital, no valor de US$ 348 mil, Alice contratou um advogado, que negociou com o hospital um desconto nas despesas médicas de Steven. Um ano depois da sua morte, após conseguir ajuda do Medicaid e de negociar com o hospital e com uma série de médicos, clínicas e outros fornecedores, Alice havia pagado US$ 30 mil de seu próprio bolso das despesas médicas de Steven, e ainda restavam US$ 142 mil. "Penso nesses US$ 142 mil o tempo todo. Estão sempre em minha mente", disse Alice, acrescentando que todo aquele calvário lhe ensinara uma lição: "Nunca me casarei de novo. Não posso me arriscar a ter de assumir esta responsabilidade" (citado em Brill, 2013, p. 38).

> Pode-se dizer que o estudo dos problemas sociais é, essencialmente, o estudo dos problemas de saúde, já que cada problema social afeta o bem-estar físico, mental e social dos seres humanos e dos grupos sociais aos quais pertencem.

saúde De acordo com a Organização Mundial da Saúde, "estado de bem-estar físico, mental e social completo".

países desenvolvidos Países que têm renda *per capita* nacional relativamente alta, também conhecidos como de alta renda.

países em desenvolvimento Países que têm renda *per capita* nacional relativamente baixa, também conhecidos como menos desenvolvidos ou de renda média.

países subdesenvolvidos Os países mais pobres do mundo.

Neste capítulo, abordamos problemas no sistema de saúde, focando questões relacionadas ao seu acesso, custo e qualidade. Usando uma abordagem sociológica para as questões de saúde, examinamos por que alguns grupos sociais enfrentam mais problemas de saúde do que outros e como forças sociais afetam e são afetadas pela saúde e por doenças.

A Organização Mundial da Saúde (1946) definiu **saúde** como "um estado de bem-estar físico, mental e social completo" (p. 3). Pode-se dizer que o estudo dos problemas sociais é, essencialmente, o estudo dos problemas de saúde, já que cada problema social afeta o bem-estar físico, mental e social dos seres humanos e dos grupos sociais aos quais pertencem.

Contexto global: saúde e doença ao redor do mundo

A maioria das pessoas preocupa-se com sua saúde e com a das pessoas que lhes são próximas. Sociólogos preocupam-se não apenas com sua própria saúde, mas também com a de diferentes populações dentro e entre nações. Ao fazer comparações internacionais, é comum os cientistas sociais classificar países de acordo com seu nível de desenvolvimento econômico. (1) **Países desenvolvidos**, também conhecidos como de *alta renda*, têm renda *per capita* nacional relativamente alta; (2) **países menos desenvolvidos** ou **em desenvolvimento**, também conhecidos como de *renda média*, têm renda *per capita* nacional relativamente baixa; e (3) **países subdesenvolvidos** (conhecidos como de *baixa renda*) são os mais pobres do mundo. Como discutiremos na próxima sessão, quanto as pessoas vivem e o que causa sua morte varia ao redor do mundo.

Expectativa de vida e mortalidade em países de baixa, média e alta renda

A **expectativa de vida** – número médio de anos que se espera que indivíduos nascidos em determinado ano vivam – é significativamente maior em países de alta renda do que nos de baixa renda (veja a Tabela 2.1). A Organização Mundial da Saúde (OMS) registra que, em alguns dos países mais pobres do mundo (especialmente na África), a expectativa de vida é de menos de 50 anos, em comparação à média de 80 anos em países de alta renda.

As principais causas de morte, ou **mortalidade**, também variam ao redor do mundo (veja a Tabela 2.2). Mortes causadas por doenças parasitárias ou infecciosas, como HIV/Aids, tuberculose, doenças diarreicas e malária, são muito mais comuns em países menos desenvolvidos se comparadas aos mais desenvolvidos. Doenças parasitárias e infecciosas espalham-se mais facilmente em habitações de condições precárias ou superlotadas e em áreas com escassez de água limpa e saneamento (veja também o Capítulo 6).

Em todo o mundo, quase dois terços das mortes se devem a doenças não transmissíveis, principalmente cardíacas, derrame, câncer e doenças respiratórias. Essas doenças não infecciosas nem transmissíveis também são as principais causas de morte em países ricos, como os Estados Unidos, causadas, em larga medida, por fatores de risco comportamentais, incluindo o uso do tabaco, sedentarismo, má alimentação e abuso de álcool (Organização Mundial da Saúde, 2013). Nas últimas décadas, doenças não transmissíveis – particularmente as cardíacas – também se tornaram causas importantes de morte em países de baixa e média rendas. O aumento da renda e das classes médias emergentes em países como a China e a Índia levou ao aumento (1) do uso de tabaco (relacionado a câncer e doenças respiratórias); (2) do acesso a automóveis, televisões e outras tecnologias que contribuem para um estilo de vida sedentário e (3) do consumo de alimentos industrializados com alto nível de açúcar e gordura (ligado à obesidade).

expectativa de vida Número médio de anos que se espera que indivíduos nascidos em determinado ano vivam.

mortalidade morte.

TABELA 2.1 Expectativa de vida de acordo com o nível de renda do país, 2011

Nível de renda do país	Expectativa de vida
Alta	80
Média alta	74
Média baixa	66
Baixa	60
MUNDO	70

Fonte: Organização Mundial da Saúde, 2013.

TABELA 2.2 Principais causas de morte de acordo com o nível de renda do país

Baixa renda	Média renda	Alta renda
1. Infecções respiratórias	Doenças cardíacas	Doenças cardíacas
2. Doenças diarreicas	Derrame e outras doenças cerebrovasculares	Derrame e outras doenças cerebrovasculares
3. HIV/Aids	Doença pulmonar obstrutiva crônica	Câncer de traqueia, brônquios e pulmão
4. Doenças cardíacas	Infecções respiratórias	Alzheimer e outras demências
5. Malária	Doenças diarreicas	Infecções respiratórias
6. Derrame e outras doenças cerebrovasculares	HIV/Aids	Doença pulmonar obstrutiva crônica
7. Tuberculose	Acidentes em estradas	Câncer de cólon e reto
8. Prematuridade/baixo peso ao nascer	Tuberculose	Diabetes

Fonte: Organização Mundial da Saúde, 2012b.

O que você acha? Dados sobre mortes causadas por terrorismo internacional e relacionadas ao tabaco em 37 países desenvolvidos do leste da Europa revelaram que estas últimas superaram em número as primeiras em cerca de 5.700 vezes (Thomson e Wilson, 2005). O número de mortes por tabaco foi equivalente ao impacto de um ataque terrorista como o de 11 de setembro de 2001 a cada 14 horas! Já que as mortes relacionadas ao tabaco superaram tanto as causadas por terrorismo, por que o governo dos Estados Unidos não trava uma "guerra contra o tabaco" em escala similar à sua "guerra contra o terrorismo"?

Mortalidade entre bebês e crianças. As taxas de **mortalidade infantil** (morte de crianças nascidas vivas com menos de 1 ano) e de **mortalidade abaixo de 5 anos** (morte de crianças com menos de 5 anos) fornecem indicadores poderosos da saúde de uma população. A *taxa de mortalidade infantil,* número de mortes de crianças nascidas vivas com menos de 1 ano por 1.000 nascidos vivos (em qualquer ano), varia de uma média de 5 em nações de alta renda para 63 naquelas de baixa renda (Organização Mundial da Saúde, 2013). A *taxa de mortalidade abaixo de 5 anos,* ou morte de crianças com menos de 5 anos, também é muito mais baixa em países de alta renda (6, em 2011) do que nos de baixa renda (95, em 2011). Quase 8 milhões de crianças morreram em 2010 antes de completar 5 anos, principalmente de diarreia, pneumonia, complicações no parto e desnutrição (Unicef, 2012a). A diarreia, que pode levar à desidratação fatal, em geral resulta do consumo de água contaminada e falta de saneamento, ou indisponibilidade de banheiros e outros meios de higiene para eliminação de resíduos humanos. Mais de um terço da população mundial – 2,6 bilhões de pessoas – não têm acesso a instalações sanitárias adequadas, e mais de uma em cada dez pessoas do planeta não têm acesso à água potável (Organização Mundial da Saúde, 2013) (veja também o Capítulo 6).

Quando as mães da Tanzânia entram em trabalho de parto, muitas vezes dizem aos outros filhos: "Eu estou indo para buscar o novo bebê; é um caminho perigoso, e posso não voltar".

Mortalidade materna. Nos Estados Unidos e em outros países desenvolvidos, em geral as mulheres não encaram gravidez e parto como fatais. Mas, para aquelas entre 15 e 49 anos em países em desenvolvimento, a **mortalidade materna** – morte resultante de complicações associadas à gravidez e ao parto – é a principal causa de morte e incapacidade. Quando mães da Tanzânia entram em trabalho de parto, muitas vezes dizem aos outros filhos: "Eu estou indo buscar o novo bebê; é um caminho perigoso, e posso não voltar"(Grossman, 2009). As principais causas de mortalidade materna são hemorragia (perda de sangue), infecção, pressão alta durante a gravidez e aborto inseguro. Mais de meio milhão de mulheres morrem todo ano por causas relacionadas ao parto e à gravidez. E, para cada morte materna, cerca de 20 mulheres sofrem de incapacidades ou problemas médicos relacionados à gravidez ou parto (Biset, 2003).

Taxas de mortalidade materna mostram maior disparidade entre países ricos e pobres do que quaisquer outras medidas sociais de saúde. Quase todas (99%) as mortes maternas ocorrem em países de baixa renda (Organização Mundial da Saúde, 2013). Altas taxas de mortalidade materna em países menos desenvolvidos estão relacionadas a um sistema de saúde de baixa qualidade e inacessível; a maioria das mulheres dá à luz sem assistência de pessoal treinado (veja a Tabela 2.3). Essas altas taxas também estão ligadas à desnutrição e à falta de saneamento, à gravidez e à maternidade em idade precoce. Em muitos países, as mulheres também não têm acesso a serviços de planejamento familiar e/ou o apoio de seus parceiros para usar métodos contraceptivos, como camisinhas. Em consequência, muitas recorrem ao aborto para limitar sua capacidade de ter filhos, mesmo em países onde o aborto é ilegal e perigoso.

mortalidade infantil Mortes de crianças nascidas vivas abaixo de 1 ano.

mortalidade abaixo de 5 anos Mortes de crianças com menos de 5 anos.

mortalidade materna Mortes resultantes de complicações associadas à gravidez, ao parto e a abortos inseguros.

TABELA 2.3 Assistência de qualidade ao parto e risco de mortalidade materna por nível de desenvolvimento

	Porcentagem de nascimentos assistidos por pessoal qualificado	Risco de mortalidade materna
Subdesenvolvido	46%	1 em 37
Em desenvolvimento	66%	1 em 120
Industrializado	Não há informações disponíveis*	1 em 4.300

*Presumimos que seja 100%, já que práticas de parto-padrão em países industrializados envolvem assistência qualificada.

Fonte: Unicef, 2012a.

O que você acha? Suponha que você ou sua parceira tivesse 1 em 37 chances de morrer de uma causa relacionada à gravidez ou ao parto – o mesmo risco de mortalidade materna que mulheres nos países subdesenvolvidos enfrentam. Esse conhecimento afetaria sua opinião sobre ter filhos e/ou usar contraceptivos?

Globalização, saúde e assistência médica

A **globalização**, geralmente definida como a crescente interconexão econômica, política e social entre sociedades ao redor do mundo, tem tido efeitos tanto positivos quanto negativos sobre a saúde e a assistência médica.

Efeitos da globalização sobre a saúde. Acordos de comércio global expandiram a gama de bens disponíveis aos consumidores, mas a um custo para a saúde global. O comércio internacional de tabaco, álcool, bebidas adoçadas, alimentos industriais altamente calóricos e a expansão de redes de *fast-food* ao redor do globo estão associados ao aumento mundial de câncer, doenças cardíacas, derrames, obesidade e diabetes (Hawkes, 2006; Organização Mundial da Saúde, 2013). A globalização resultou em rendas crescentes para o mundo em desenvolvimento e, embora tenha melhorado a qualidade de vida de muitas pessoas, também aumentou o acesso a comidas e bebidas insalubres e diminuiu os níveis de atividade física. Conforme as populações mais pobres ascendem à classe média, podem comprar televisões, computadores, automóveis e alimentos industrializados – produtos que aumentam a ingestão calórica e reduzem a atividade física, levando a maiores taxas de obesidade em todo o mundo. De fato, uma nova palavra surgiu para fazer referência à alta prevalência da obesidade ao redor do mundo: **globesidade** (veja o Ensaio fotográfico deste capítulo, "Globesidade").

O que você acha? Em geral, conforme os países aumentam sua renda, as taxas de obesidade também aumentam. Mas, em países de baixa renda, a população mais rica tem mais chances de ficar acima do peso, já as taxas de obesidade em países de alta renda são mais altas entre os pobres (Harvard School of Public Health, 2013). Por que você acha que isto acontece?

Outro aspecto da globalização que afeta a saúde é o setor de viagens e transporte, que (1) contribui para a poluição nociva causada pela queima de combustíveis fósseis e (2) pode acelerar a disseminação de doenças infecciosas. Logo nos dois primeiros meses da pandemia da gripe suína em 2009, a doença se espalhou e infectou 600 mil pessoas em mais de 70 países.

Vendo pelo lado positivo, a tecnologia de comunicações globalizada é útil para monitorar e registrar surtos de doenças, disseminar diretrizes para controle e tratamento de doenças e compartilhar conhecimento médico e resultados de pesquisas (Lee, 2003).

globalização A crescente interconexão econômica, política e social entre sociedades ao redor do mundo.

globesidade A alta prevalência de obesidade em todo o mundo.

turismo médico Indústria global que envolve viagens, principalmente internacionais, visando à obtenção de cuidados médicos.

Turismo médico. A globalização dos cuidados médicos envolve o aumento do comércio internacional de produtos de saúde e serviços. O **turismo médico** – indústria global multibilionária em crescimento – envolve viagens, principalmente internacionais, visando à obtenção de cuidados médicos. Consumidores de assistência médica viajam para outros países em busca de cuidados médicos por três principais razões: (1) obter tratamento médico que não está disponível em seu país de origem; (2) evitar períodos de espera por tratamento; e/ou (3) economizar nos gastos com tratamento médico. Steve Jobs teria viajado para a Suíça em busca de um tratamento especial para o câncer, e o *quarterback* da National Football League, Peyton Manning, voou para a Europa em busca do procedimento com células-tronco para tratar seu pescoço lesionado (Turner e Hodges, 2012). Destinos populares para esse tipo de turismo que atraem consumidores de assistência médica buscando tratamentos a preços competitivos incluem México, Cingapura, Tailândia e Índia, entre outros países. Companhias de turismo médico oferecem pacotes que incluem transportes aéreo e terrestre, acomodação em hotéis e passeios guiados, além de promover tratamentos como transplantes de órgãos, tratamento dentário, terapias com células-tronco, cirurgia estética, assistência reprodutiva, cirurgia para perda de peso, cirurgia cardíaca, e muitos outros tratamentos e serviços médicos.

Embora o turismo médico beneficie alguns pacientes ao fornecer assistência médica oportuna, de baixo custo e de qualidade, há uma série de riscos e problemas envolvidos. Diferentemente da indústria de saúde altamente regulamentada dos Estados Unidos, serviços médicos, produtos e instalações em outros países podem não ser regulamentados, o que torna o controle de qualidade preocupante. Viagens visando esses serviços podem contribuir para a disseminação de doenças infecciosas, e a indústria do turismo médico pode encorajar o mercado ilegal de órgãos humanos, já que os mais pobres ficam vulneráveis à coação para venda de um de seus rins para transplante. Embora esse turismo possa beneficiar as economias local e nacional, também tira o dinheiro de outros fornecedores de assistência médica. Por fim, aumenta as preocupações éticas sobre a equidade na saúde, já que os serviços de saúde nos respectivos destinos populares não têm como objetivo a população local, mas os estrangeiros.

Pacientes Além das Fronteiras

Sua fonte completa de assistência médica no exterior

O guia de todos para um turismo médico acessível e reconhecido internacionalmente

- *Checklist* pessoal: o turismo médico é adequado para você?
- As melhores e mais seguras clínicas do mundo
- Como planejar e financiar sua viagem médica
- As dez principais perguntas para o médico do seu país

"A pesquisa está toda aqui. Uma leitura informativa e acessível."
—Dr. Jan Halle

JOSEF WOODMAN

• UMA PUBLICAÇÃO SOBRE TURISMO MÉDICO •

Turismo médico.

Os norte-americanos são a população mais saudável do mundo?

Muitos norte-americanos veem os Estados Unidos como o melhor país do mundo – com o melhor sistema de democracia, a maior liberdade, o melhor padrão de vida... e a melhor saúde. Porque este capítulo lida com questões de saúde, abordaremos aqui apenas a última afirmação: os norte-americanos têm a melhor saúde do mundo. Isto é verdade? Em uma palavra, a resposta é "não". Os Estados Unidos são um dos países mais ricos do mundo, mas não o mais saudável.

> Os Estados Unidos são um dos países mais ricos do mundo, mas não o mais saudável.

Ensaio fotográfico
Globesidade

Nas últimas décadas, a globalização levou ao aumento do consumo de salgadinhos, bebidas adoçadas, porções gigantes, alimentos industrializados e *fast-food* (em geral, com alto teor de gordura e calorias). Ao mesmo tempo, as pessoas apresentam um comportamento cada vez mais sedentário, como trabalhar sentadas, assistir televisão, navegar na internet e usar carros ou motos em vez de caminhar ou pedalar. Cerca de um terço da população mundial não atinge as recomendações mínimas de atividade física (Hallal et al., 2012). Esses fatores contribuíram para o aumento mundial de sobrepeso e obesidade. Entre 1980 e 2008, a prevalência mundial de obesidade quase duplicou: em 2008, 10% dos homens e 14% das mulheres eram obesos,[1] em comparação a 5% e 8%, respectivamente, em 1980 (Organização Mundial da Saúde, 2013).

▲ Muitos países de baixa e média rendas enfrentam uma carga dupla: obesidade e desnutrição.

▲ Diabetes tipo 2, uma condição médica ligada ao sobrepeso e à obesidade, pode causar danos nos nervos e resultar em amputação.

---

[1] Excesso de peso é definido pelo índice de massa corporal (IMC) de 25 ou mais; e obesidade, pelo IMC de 30 ou mais. O IMC é calculado pela divisão do peso da pessoa (em quilogramas) por sua altura ao quadrado (em metros).

▲ Até recentemente, a obesidade era um problema de saúde pública apenas em países industrializados ocidentais. Porém, nas últimas duas décadas, tornou-se um problema global, afetando países de todos os níveis de renda e desenvolvimento. A Organização Mundial da Saúde usou o termo *globesidade* para se referir à alta prevalência dessa doença ao redor do mundo e aos problemas de saúde associados a ela, especificamente diabetes, problemas de coração e determinados cânceres. De fato, pela primeira vez na história humana, o mundo tem mais pessoas acima do que abaixo do peso (Harvard School of Public Health, 2013).

▲ A globesidade está relacionada, em parte, ao aumento global do acesso a bebidas adoçadas e comidas industrializadas e altamente calóricas.

▲ O México tem o maior consumo *per capita* de bebidas adoçadas – ligadas à obesidade – do mundo.

Um artigo do U.S. National Research Council e Instituto de Medicina (2013) comparou dados sobre a saúde nos Estados Unidos com os de 16 outros países industrializados de alta renda: Áustria, Austrália, Canadá, Dinamarca, Finlândia, França, Alemanha, Itália, Japão, Noruega, Portugal, Espanha, Suécia, Suíça, Holanda e Reino Unido. Como os Estados Unidos se saíram em comparação a seus colegas no quesito saúde? Vamos começar pelas boas notícias. Em comparação às pessoas de outros países industrializados os norte-americanos são menos propensos a fumar e consumir bebidas altamente alcóolicas e têm melhor controle sobre seus níveis de colesterol. Os Estados Unidos também têm altas taxas de detecção de câncer e sobrevivência e maior longevidade após os 75 anos.

Mas a maior descoberta do artigo foi que, apesar de os Estados Unidos gastarem mais em assistência médica por pessoa do que qualquer outro país industrializado, os norte-americanos morrem mais cedo e têm níveis mais altos de doenças e lesões. A expectativa de vida dos norte-americanos é menor do que em qualquer um dos outros 16 países, e apenas um destes (Dinamarca) tem uma expectativa de vida menor para mulheres do que a das norte-americanas. Os Estados Unidos ficaram em último ou entre os últimos em nove das principais áreas da saúde: mortalidade infantil e peso insuficiente ao nascer; lesões e homicídio; gravidez na adolescência e infecções sexualmente transmissíveis; prevalência de HIV/Aids; mortes relacionadas a drogas; obesidade e diabetes; doenças cardíacas; doenças pulmonares e incapacidades. Essa "desvantagem" na saúde dos Estados Unidos tem piorado há três décadas, especialmente entre as mulheres. E, embora, em geral, dados sobre a saúde sejam piores entre membros da população em desvantagem social, mesmo os norte-americanos em vantagem – aqueles que cursaram faculdade, têm renda superior ou seguro-saúde – têm uma saúde pior do que indivíduos semelhantes em outros países industrializados.

Os itens a seguir resumem as múltiplas explicações para a situação da saúde nos Estados Unidos:

- **Sistemas de saúde.** Norte-americanos têm mais chances de considerar a assistência médica inacessível ou fora de suas possibilidades – problemas que discutiremos adiante, neste capítulo. Diferentemente de outros países industrializados, os Estados Unidos têm uma população relativamente grande desprovida de seguro e cujo acesso à assistência médica é mais limitado.
- **Comportamentos insalubres.** Em comparação com outras populações industrializadas, os norte-americanos têm níveis mais altos de prescrição e abuso de drogas ilegais, são mais propensos a usar armas de fogo em situações violentas, menos propensos a usar cinto de segurança e mais chances de sofrer acidentes de trânsito que envolvam consumo de álcool. E, ainda, consomem mais calorias por pessoa e têm as maiores taxas de obesidade.
- **Condições sociais e econômicas.** Embora a renda dos norte-americanos seja em média mais alta do que a de outros países, os Estados Unidos têm taxas mais altas de pobreza (especialmente pobreza infantil), maior desigualdade de renda e menor mobilidade social (veja também o Capítulo 6). E, ainda, ficam atrás de outros países na educação do jovem, o que também afeta negativamente a saúde. Em comparação a outros países industrializados, os norte-americanos se beneficiam menos de programas de segurança social que ajudam a reduzir os efeitos adversos da saúde advindos da pobreza e baixa escolaridade.
- **Ambiente físico e social.** O ambiente físico, na maioria das comunidades dos Estados Unidos, desencoraja atividades físicas, já que é projetado para automóveis, e não para pedestres. De fato, adultos norte-americanos andam menos do que os de qualquer outra nação industrializada, beirando um pouco mais de 5 mil passos por dia, em comparação aos adultos da Austrália e Suíça, que dão quase 10 mil passos por dia (America's Trust for Health, 2012). E na ausência de outras opções de transporte, a maior dependência de automóveis nos Estados Unidos contribui para o aumento de fatalidades no trânsito (U. S. National Research Council and Institute of Medicine, 2013). O ambiente social afeta negativamente a saúde dos norte-americanos de várias maneiras: (1) os padrões de consumo de comida não saudável são moldados pelas indústrias agrícola e alimentícia, ofertas de supermercados e restaurantes e pelo marketing; (2) a mais elevada taxa de morte relacionada a armas de fogo nos Estados Unidos se dá, pelo menos em parte, pelo

fato de as armas de fogo estarem nesse país mais disponíveis do que em outros; (3) as taxas mais altas de abuso de substâncias, os problemas físicos e a violência doméstica podem estar relacionados ao estilo de vida mais estressante do país. Por exemplo, os norte-americanos tendem a trabalhar mais horas e ter menos férias em comparação a trabalhadores em outros países industrializados (veja também o Capítulo 7).

TABELA 2.4 Doenças mentais classificadas pela Associação Norte-americana de Psiquiatria

Classificação	Descrição
Transtornos de ansiedade	Perturbações caracterizadas como ansiedade que se manifesta em fobias, ataques de pânico ou distúrbios obsessivo-compulsivos
Transtornos dissociativos	Problemas envolvendo uma separação, ou dissociação, da consciência normal, como amnésia e múltipla personalidade
Transtornos com primeira aparição na infância ou adolescência	Perturbações que incluem retardo mental, déficit de atenção/hiperatividade e gagueira
Transtornos de alimentação ou sono	Transtornos que incluem anorexia, bulimia e insônia
Transtornos de controle impulsivo	Problemas envolvendo a inabilidade de controlar impulsos indesejáveis, como cleptomania, piromania e jogos patológicos
Oscilações de humor	Transtornos emocionais, como depressão e distúrbio bipolar (maníaco-depressivo)
Doenças mentais orgânicas	Distúrbios psicológicos ou comportamentais associados a disfunções do cérebro causadas pelo envelhecimento, doenças ou lesões cerebrais (como Alzheimer)
Transtornos de personalidade	Traços de personalidade inadaptada que em geral resistem ao tratamento, como paranoia, ou traços de personalidade antissocial
Esquizofrenia e outros transtornos psicóticos	Perturbações com sintomas do tipo delírios e alucinações
Transtornos somatoformes	Problemas psicológicos que apresentam em si sintomas de doenças psicológicas, como hipocondria
Transtornos relacionados a substâncias	Perturbações que resultam de abuso de álcool e/ou drogas, como barbitúricos, cocaína e anfetaminas

© Cengage Learning

Em resumo, a situação da saúde dos Estados Unidos tem múltiplas causas, que envolvem assistência médica inadequada, comportamentos insalubres, condições econômicas e sociais adversas, fatores ambientais físicos e sociais e os valores culturais e políticas públicas que os moldam. A menos que essas condições mudem, os norte-americanos continuarão a ter vida mais curta e saúde pior do que pessoas em outros países industrializados.

O que você acha? Você acha que a maioria dos norte-americanos se surpreenderia ao saber que suas chances de viver uma vida longa e saudável não são tão boas quanto as das pessoas que vivem em outros países de alta renda? Como maior consciência pública sobre a desvantagem na saúde nos Estados Unidos pode afetar o diálogo nacional sobre assistência médica nesse país?

saúde mental O desempenho bem-sucedido da função mental, resultando em atividades produtivas, relações satisfatórias com outras pessoas e a capacidade de se adaptar a mudanças para lidar com a adversidade.

doença mental Refere-se coletivamente a todas as doenças mentais que são caracterizadas por padrões sustentáveis de pensamento, humor (emoções) ou comportamentos anormais acompanhados de sofrimento significativo e/ou prejuízo no funcionamento diário.

Doença mental: a epidemia escondida

O significado de "mentalmente saudável" varia entre as culturas. Nos Estados Unidos, **saúde mental** é definida como o desempenho bem-sucedido da função mental, resultando em atividades produtivas, relações satisfatórias com outras pessoas e a capacidade de se adaptar a mudanças para lidar com a adversidade (U.S. Department of Health and Human Services, 2001). **Doença mental** refere-se coletivamente a todas as doenças mentais que são caracterizadas por padrões sustentáveis de pensamento, humor (emoções) ou comportamentos anormais que são acompanhados de sofrimento significativo e/ou prejuízo no funcionamento diário (veja a Tabela 2.4).

É importante reconhecer que saúde mental e física estão interligadas e que uma afeta a outra. Por exemplo, pessoas com diabetes tipo 2 têm duas vezes mais propensão a sofrer de depressão do que a população geral, e as com diabetes que sofrem com depressão têm mais dificuldade de se cuidar. Metade dos pacientes com câncer tem doenças mentais, principalmente ansiedade e depressão; algumas evidências sugerem que tratar depressão em pacientes com câncer pode melhorar o tempo de sobrevivência. Pessoas com doenças mentais têm duas vezes mais chances de consumir cigarros do que outras pessoas. A depressão também aumenta o risco de ataque cardíaco, mas tratar os sintomas de depressão em pessoas que tiveram ataque cardíaco melhora sua sobrevivência (Kolappa, Henderson e Kishore, 2013).

Doença mental é uma "epidemia escondida" porque a vergonha e o constrangimento, associados aos problemas mentais, desencorajam as pessoas a reconhecer e falar sobre eles. Ser rotulado como "mentalmente doente" está associado com um **estigma** – rótulo difamador que pode afetar negativamente o conceito que o indivíduo tem de si e desqualificá-lo à total aceitação social. (Originalmente, a palavra "estigma" referia-se a um sinal inflamante aplicado na pele de um criminoso ou escravo.) Estereótipos negativos de pessoas com doenças mentais contribuem para esse estigma.

Um dos estereótipos mais comuns atribuído às pessoas com doenças mentais é que são perigosas e violentas. Nos últimos anos, houve uma série de acidentes envolvendo pessoas com doenças mentais que usaram armas em tiroteios em massa. Em 2007, em Blacksburg, Virgínia, um estudante com sérios problemas de ansiedade atirou e matou 32 pessoas e feriu outras 25 no *campus* da Virginia Tech. Em 2011, um rapaz, posteriormente diagnosticado com esquizofrenia, atirou na deputada norte-americana Gabrielle Giffords e em outras 18 pessoas em Tucson, Arizona, matando seis. Em 2012, um ex-aluno de pós-graduação, com histórico de problemas mentais, matou 12 pessoas e feriu outras 58 em um cinema em Aurora, Colorado, e, no mesmo ano, um jovem (com suspeita de ter doenças mentais) provocou um tiroteio na Escola Sandy Hook em Newtown, Connecticut, matando 20 crianças e seis adultos. Embora doenças mentais não tratadas possam resultar em comportamento violento, a vasta maioria das pessoas com doenças mentais graves não é violenta e participa de apenas 4% dos crimes que envolvem violência. Pessoas com doenças mentais, porém, são 11 vezes (ou mais) mais suscetíveis a ser vítimas de violência do que a população geral (Goode e Healy, 2013).

> Embora doenças mentais não tratadas possam resultar em comportamento violento, a vasta maioria das pessoas com doenças mentais graves não é violenta e participa de apenas 4% dos crimes que envolvem violência.

Extensão e impacto da doença mental

Dos 17 países incluídos na Pesquisa Mundial de Saúde Mental, os Estados Unidos têm a mais alta taxa de doenças mentais (Shern e Lindstrom, 2013). Em 2011, entre a população civil não institucionalizada, um em cada cinco adultos norte-americanos apresentou alguma doença mental, comportamental ou emocional diagnosticável (excluindo distúrbios de desenvolvimento e de abuso de substâncias) naquele momento ou no ano anterior. Um em cada 20 adultos norte-americanos apresentou doença mental grave que resultou em danos sérios às atividades diárias (Substance Abuse and Mental Health Services Administration, 2012). Entre crianças de 4 a 17 anos, cerca de 5% enfrentam dificuldades emocionais ou comportamentais sérias, e pouco mais de 8% dos adolescentes (de 12 a 17 anos) enfrentam depressão acentuada. Cerca de metade dos norte-americanos enfrenta algum tipo de doença mental durante a vida, cujos primeiros sintomas aparecem durante a infância ou adolescência (Shally-Jensen, 2013).

Doenças mentais não tratadas podem levar a baixo rendimento educacional, perda de produtividade, relações malsucedidas, sofrimento significativo, violência e abuso, prisão, desemprego, indigência e pobreza. Anualmente, cerca de 35 mil norte-americanos tiram a própria vida, tornando o suicídio a décima principal causa de morte nos Estados Unidos. Para cada pessoa que comete suicídio, dez tentam, mas não conseguem. A maioria dos que cometem suicídio sofre de alguma doença mental – mais comumente depressão ou abuso

estigma Rótulo difamador que pode afetar negativamente o conceito que o indivíduo tem de si e desqualificá-lo à total aceitação social.

de substâncias – no momento da sua morte (Shally-Jensen, 2013). Uma população com alto risco de suicídio é a dos veteranos de guerra. Nos últimos anos, de 18 a 22 veteranos se suicidaram por dia (Smith-McDowell, 2013).

 O que você acha? A faixa etária com o mais alto nível de pensamentos suicidas está entre os 18 e os 25 anos (Substance Abuse and Mental Health Services Administration, 2012). Por que você acha que isto acontece?

Causas da doença mental

O estigma que ronda a doença mental surge, em parte, devido a ideias erradas sobre suas causas; por exemplo, de que uma doença mental é causada por fraqueza pessoal ou resulta de comportamento imoral. Em algumas culturas, pessoas com doenças mentais são vistas como possuídas por espíritos do mal ou forças sobrenaturais.

Já explicações biomédicas concentram-se em condições genéticas e neurológicas e em fatores hormonais que podem causar esses distúrbios. Influências sociais e ambientais passíveis de provocar doenças mentais incluem abuso físico, emocional e sexual; pobreza e mendicância; desemprego; divórcio; morte de um ente querido; destruição causada por um desastre natural, como enchente ou terremoto; o aparecimento de uma doença ou deficiência; e trauma de uma guerra. De forma geral, "a saúde mental é afetada negativamente quando direitos civis, culturais, econômicos, políticos e sociais são infringidos" (Organização Mundial da Saúde, 2010, p. xxvi).

Doenças mentais entre universitários

Problemas de saúde mental não são incomuns entre universitários (veja a Tabela 2.5). Mais de um em cada quatro estudantes foi diagnosticado ou tratado por um profissional devido a problema mental em 2011 – 12% foram diagnosticados ou tratados de ansiedade; 11% de depressão; 2% de distúrbio bipolar; e 6% de ataques de pânico (American College Health Association, 2012).

A National Alliance on Mental Illness – Nami (2012) analisou 765 indivíduos com algum problema de saúde mental matriculados na faculdade no ano da análise ou durante os cinco anos anteriores e descobriu que apenas metade havia comunicado seu diagnóstico à faculdade, ainda que essa comunicação seja exigida legalmente para que o estudante possa ser adaptado na universidade. A Tabela 2.6 lista as cinco principais razões para os estudantes comunicarem ou não seu diagnóstico.

Mais da metade dos entrevistados na pesquisa da Nami não acessou o Centro para Pessoas com Deficiência de sua universidade para solicitar adaptações, como dispensa para tratamento, abono de faltas e ajustes nos dias e horários das provas. A principal razão?

> Mais de um em cada quatro estudantes foi diagnosticado ou tratado por um profissional devido a problema mental em 2011.

TABELA 2.5 Porcentagem de estudantes selecionados que enfrentaram problemas de saúde mental alguma vez nos últimos 12 meses

Problema de saúde mental	Porcentagem
Ficou tão depressivo que não conseguiu fazer coisas do dia a dia	31
Sentiu muita ansiedade	51
Sentiu-se muito solitário	57
Sentiu-se sem esperanças	45
Considerou seriamente cometer suicídio	7

Adaptado de: American College Health Association. 2012. *American College Health Association National College Health Assessment II:* Reference Groups Executive Summary. Primavera 2012. Hanover, MD: American College Health Association.
Observação: As porcentagens são arredondadas.

TABELA 2.6 Principais razões para divulgação ou não do diagnóstico de saúde mental entre os estudantes

Cinco principais razões para os estudantes comunicarem seu diagnóstico:
Receber adaptações
Receber serviços clínicos e suporte no *campus*
Ser um exemplo e reduzir o estigma
Educar os estudantes, a equipe e a faculdade sobre saúde mental
Evitar ação disciplinar e/ou perder auxílio financeiro
Cinco principais razões para os estudante não comunicarem seu diagnóstico:
Medo ou preocupação com o impacto que a comunicação teria sobre como os estudantes, professores e funcionários da universidade os perceberiam, especialmente nos cursos de graduação em saúde mental
Falta de oportunidade para comunicar
O diagnóstico não causa impacto no desempenho acadêmico
Não saber que a comunicação ajuda a garantir adaptações
Desconfiança de que as informações médicas permanecerão confidenciais

Fonte: Baseada em National Alliance on Mental Illness, 2012. *College Students Speak:* A Survey Report on Mental Health. Disponível em: www.nami.org

Os estudantes não sabiam que tinham direito de receber tais adaptações. Eles também citaram temer o estigma como motivo para não fazer essa solicitação. Essa pesquisa descobriu que 40% dos estudantes (tanto os matriculados naquele ano quanto os que já frequentavam a universidade desde anos anteriores) com problemas de saúde mental não buscavam serviços de saúde no *campus*; e a principal razão disso é a preocupação com o estigma associado à doença mental. Os estudantes também citaram o horário sobrecarregado como uma barreira para procurar os serviços. Estudantes com problemas de saúde mental podem, ainda, não buscar ajuda por não perceberem que sofrem de uma doença mental (veja o quadro *Você e a sociedade* deste capítulo).

Você e a sociedade

Sinais de alerta para doenças mentais

Você ou alguém que você conhece, colega, amigo ou familiar, tem doença mental e não sabe? Leia cada um dos alertas para doenças mentais seguintes e assinale aqueles que se aplicam a você ou a alguém com quem você se preocupa. De acordo com o National Institute of Mental Health, "uma pessoa que demonstra qualquer um desses sinais deve buscar ajuda de um profissional de saúde qualificado" (BSCS, 2005, p. 33).

Sinal de alerta	Você	Pessoa com quem você se preocupa
1. Mudança visível de personalidade	—	—
2. Incapacidade de lidar com problemas e atividades diárias	—	—
3. Ideias estranhas ou grandiosas	—	—
4. Ansiedade excessiva	—	—
5. Depressão prolongada e apatia	—	—
6. Mudanças visíveis no padrão de alimentação	—	—
7. Mudanças visíveis no padrão de sono	—	—
8. Pensamentos ou comentários sobre suicídio ou autoflagelação	—	—
9. Oscilações extremas de humor (altas ou baixas)	—	—
10. Abuso de álcool ou drogas	—	—
11. Raiva excessiva, hostilidade ou comportamento violento	—	—

Fonte: Adaptado de *The Science of Mental Illness.* 2005. Colorado Springs: BSCS.

Teorias sociológicas sobre doença e assistência médica

As três principais teorias sociológicas – estrutural-funcionalista, do conflito e do interacionismo simbólico – contribuem para nosso entendimento sobre doença e assistência médica.

Perspectiva estrutural-funcionalista

De acordo com essa perspectiva, assistência médica é uma instituição social que funciona para manter o bem-estar de membros da sociedade e, por consequência, do sistema social como um todo. Assim, ela destaca como falhas no sistema da assistência médica afetam não apenas o bem-estar dos indivíduos, mas também a saúde de outras instituições sociais, como a economia e a família.

A perspectiva estrutural-funcionalista examina como mudanças na sociedade afetam a saúde. Conforme as sociedades se desenvolvem e oferecem melhores condições de vida, a expectativa de vida aumenta e a taxa de natalidade diminui (Weitz, 2013). Ao mesmo tempo, as principais causas de morte e deficiência se deslocam de doenças infecciosas e mortalidade infantil e materna para doenças crônicas e não infecciosas, como câncer, problemas de coração, Alzheimer e artrite.

Assim como mudanças sociais afetam a saúde, preocupações com a saúde podem levar a mudanças sociais. O surgimento do HIV e da Aids entre a população gay masculina dos Estados Unidos ajudou a unir e mobilizar ativistas pelos direitos dessa população. Preocupações sobre os efeitos da exposição à fumaça do tabaco – a maior causa de doenças e morte nos Estados Unidos e em outros países desenvolvidos – fizeram que a legislação banisse o fumo em locais públicos.

A maioria dos antibióticos vendidos nos Estados Unidos é usada na produção bovina e avícola. O consumo humano de produtos animais que contêm antibióticos contribuiu para o aumento das "superbactérias": infecções resistentes ao tratamento por antibióticos.

Por fim, essa perspectiva chama a atenção para disfunções latentes, ou consequências negativas não intencionais e muitas vezes não reconhecidas de padrões sociais ou comportamento. Por exemplo, o uso de antibióticos – em prescrições médicas, sabonetes, lenços de mão, agentes de limpeza e rações animais industrializadas – produziu uma consequência grave e não intencional: o surgimento de bactérias resistentes a antibióticos, ou "superbactérias", que tornam o tratamento de infecções mais difícil e caro. Em 2011, 13,56 milhões de quilos de antibióticos foram vendidos nos Estados Unidos para a produção bovina e avícola – quase quatro vezes a quantidade vendida para tratar doentes nos Estados Unidos (Pew Health Initiatives, 2013).

O Centro para Controle e Prevenção de Doenças (2013a) registrou um aumento acentuado no número de casos de um tipo raro, mas mortal, de infecção resistente a antibióticos, conhecido como CRE (do inglês carbapenem-resistant *Enterobacteriaceae*) – *Enterobacteriaceae* resistente a carbapenêmicos. Infecções CRE, altamente contagiosas, que podem se espalhar como fogo, levavam à morte em quase metade de todos os casos.

Outro exemplo de função latente é uma lei de Nova York, aprovada algumas semanas depois do tiroteio de Sandy Hook em Newtown, Connecticut (veja o Capítulo 1), exigindo que profissionais da saúde mental informem às autoridades sobre pacientes potencialmente perigosos, visando permitir que oficiais de justiça confisquem quaisquer armas de fogo em sua posse. Essa lei também permite que as armas sejam tomadas de pessoas que se comprometem voluntariamente a se internar em hospitais para tratamento da saúde mental. Seus críticos argumentam que essa lei terá consequências não intencionais – dissuadirá as pessoas a buscar tratamento e impedirá os que estão em tratamento de falar sobre violência (Goode e Healy, 2013).

Perspectiva do conflito

Essa perspectiva se concentra em quanto a motivação pela riqueza, *status*, poder e riqueza influencia as doenças e a assistência médica. No mundo todo, os pobres enfrentam mais problemas de saúde e têm menos acesso à assistência médica de qualidade. A perspectiva do conflito evidencia as formas como grupos poderosos e corporações milionárias influenciam políticas e leis relacionadas à saúde por meio de *lobbies* e contribuições financeiras a políticos e candidatos. Empresas de seguro-saúde, em particular, têm muito a perder se os Estados Unidos adotarem um programa nacional de seguro-saúde público ou mesmo uma opção pública de seguro e gastaram milhões de dólares em oposição a tais propostas (Mayer, 2009). O "complexo industrial da saúde", que abrange indústrias farmacêuticas e de produtos de assistência médica, e organizações que representam médicos, hospitais, casas de repouso e outras indústrias de serviços de saúde gastam três vezes mais que o complexo militar industrial em *lobbies* em Washington (Brill, 2013). Corporações também contratam empresas de relações públicas (RP) para influenciar a opinião pública sobre questões de assistência médica. Em seu livro *Deadly Spin* (2010), o informante da indústria de seguros, Wendell Potter, descreve como essa indústria contratou uma empresa de RP para manipular a opinião pública sobre a reforma na assistência médica em parte difamando o documentário *Sicko*[2] (2007), de Michael Moore.

A perspectiva do conflito critica a indústria farmacêutica e de assistência médica por colocar os lucros acima das pessoas. "Farmacêuticos, fabricantes de equipamentos e seguradoras decidem quais produtos desenvolver baseando-se não no que os pacientes precisam, mas no que seus profissionais de marketing dizem que vai vender e produzir o maior lucro" (Mahar, 2006, p. xviii). Por exemplo, não há remédios suficientes sendo desenvolvidos para combater a crescente ameaça à saúde pública de infecções resistentes a antibióticos, em parte porque empresas farmacêuticas não têm incentivo financeiro.

Antibióticos (...) dão baixo retorno em investimentos porque são tomados durante pouco tempo e curam sua doença-alvo. Em contrapartida, remédios que tratam doenças crônicas, como pressão alta, são tomados diariamente pelo resto da vida do paciente. (Braine, 2011)

Muitas indústrias colocam o lucro acima das considerações de trabalhadores e consumidores sobre saúde. O Capítulo 7, "Trabalho e desemprego", discute como empregadores com frequência cortam gastos ao negligenciarem o fornecimento de medidas de segurança adequadas a seus funcionários. O Capítulo 13, "Problemas ambientais", observa como as corporações muitas vezes ignoram leis e políticas ambientais, expondo o público à poluição. A indústria alimentícia está mais preocupada com lucros do que com a saúde pública. Por exemplo, a maioria dos produtores de carne e leite rotineiramente alimenta seus animais com antibióticos, que os humanos consomem. Antibióticos em rações animais contribuíram para o desenvolvimento de cepas de bactérias resistentes a antibióticos em humanos. Tentativas de limitar o uso de antibióticos em rações animais foram bloqueadas pelos *lobbies* da indústria farmacêutica e pecuária, cujos lucros seriam ameaçados se esse uso fosse limitado (Katel, 2010).

---

2 Documentário dirigido e produzido pelo cineasta Michael Moore, cujo principal objetivo é mostrar como funciona o sistema de saúde norte-americano. Nos Estados Unidos, não existe sistema de saúde universal e gratuito. A população só tem acesso à saúde se conveniada a um plano de saúde e é obrigada a pagar valores altíssimos para manter um plano de saúde. Segundo o documentário, o sistema de saúde norte-americano faz da saúde da população um comércio lucrativo para os Planos de Saúde e para o próprio governo. Moore apresenta o modelo de saúde norte-americano e compara com o de outros países: Canadá, Reino Unido, França e Cuba, contrapondo pontos negativos e positivos.

Com base em: http://www.redehumanizasus.net/79527-resumo-do-filme-sicko-sos-saude. Acesso em: 20 fev. 2015.

Perspectiva interacionalista-simbólica

Interacionistas simbólicos concentram-se em (1) como significados, definições e rótulos influenciam a saúde, a doença e a assistência médica; e (2) como tais significados são aprendidos por meio da interação com outros e de mensagens da mídia e representações. De acordo com a perspectiva interacionalista-simbólica de doenças: "Não há doenças ou transtornos na natureza. Há apenas condições que a sociedade, ou grupos nela inseridos, definiram como doenças ou transtornos" (Goldstein, 1999, p. 31). O psiquiatra Thomas Szasz (1961/1970) argumentou que o que chamamos de "doença mental" é nada mais do que um rótulo conferido a indivíduos que são "diferentes", isto é, que não se adaptam às definições da sociedade sobre comportamento apropriado.

Definir ou rotular comportamentos e condições como problemas médicos é parte de uma tendência conhecida como **medicalização**. Comportamentos e condições que foram a ela submetidos incluem estresse pós-traumático, tensão pré-menstrual, menopausa, parto, déficit de atenção/hiperatividade e até mesmo o processo natural de morte. Teóricos do conflito veem a medicalização como resultante da dominação e busca de lucros da classe médica. A perspectiva interacionalista-simbólica sugere que a medicalização resulta dos esforços dos doentes em "traduzir suas experiências individuais de desespero em experiências compartilhadas de doença" (Barker, 2002, p. 295).

De acordo com o interacionismo simbólico, conceitos de saúde e de doença são socialmente construídos. O que acontece, então, é que essas definições variam com o passar do tempo e de sociedade para sociedade. Em alguns países, ser gordo é sinal de saúde e bem-estar; em outros, uma indicação de doença mental ou falta de autocontrole. Entre alguns grupos culturais, ter visões e ouvir vozes de figuras religiosas são considerados uma experiência religiosa normal, enquanto tais "alucinações" indicariam doenças mentais em outras culturas. Nos Estados Unidos dos séculos XVIII e XIX, a masturbação era considerada um ato insalubre que causava uma série de problemas físicos e mentais (Allen, 2000). Hoje em dia, a maioria dos profissionais da saúde concorda que a masturbação é um aspecto normal e saudável da expressão sexual.

O interacionismo simbólico chama a atenção para os efeitos que significados e rótulos têm sobre a saúde e os comportamentos que oferecem riscos à saúde. Por exemplo, entre os norte-americanos brancos, ser "bronzeado" é culturalmente definido como juvenil e atraente, e muitos tomam sol e fazem bronzeamento artificial – hábitos que aumentam o risco de desenvolvimento do câncer de pele. Significados e rótulos também afetam políticas de saúde. Depois que a International Agency for Research on Cancer publicou um artigo, em 2009, rotulando camas de bronzeamento artificial como "cancerígenas para humanos", muitos estados propuseram e/ou aplicaram leis para restringir esse tipo de produto entre menores, por exemplo, exigindo a permissão dos pais (National Conference of State Legislators, 2010; Reinberg, 2009).

O que você acha? O risco de desenvolver melanoma (câncer de pele) aumenta 75% quando indivíduos usam camas de bronzeamento artificial antes dos 30 anos (Reinberg, 2009). Alguns defensores da saúde estão pedindo a proibição total do uso dessas camas por menores. Você apoiaria tal proibição? Por que sim, ou por que não?

Interacionistas simbólicos também se concentram nos estigmas associados a certas condições de saúde. Indivíduos com doenças mentais, dependência química, deformidades físicas e deficiências, falta de dentes ou dentes cariados, obesidade e infecção por HIV/Aids são, muitas vezes, estigmatizados e, por consequência, discriminados. Por exemplo, o estigma relacionado ao HIV/Aids, que se origina de opiniões sociais de que pessoas com esse vírus são imorais e vergonhosas, resulta em discriminação no emprego, habitação, relações sociais e cuidados médicos. O estigma associado a problemas de saúde implica que indivíduos – e não a sociedade – sejam responsáveis por sua saúde. Na cultura norte-americana, a doença parece ser cada vez mais interpretada como erro pessoal – uma falta de virtude ética,

---

medicalização Definir ou rotular comportamentos e condições como problemas médicos.

incapacidade de cuidar de si mesmo "adequadamente", comendo os alimentos "certos" ou fazendo atividades físicas "suficientes", de fazer o exame papanicolau, de controlar a promiscuidade sexual, incapacidade genética, falta de vontade, falta de comprometimento – em vez de um erro da sociedade em não fornecer os serviços básicos a todos os cidadãos (Sered e Fernandopulle, 2005, p. 16).

Fatores sociais e hábitos associados à saúde e à doença

Problemas de saúde estão ligados a alguns hábitos, como consumo excessivo de álcool e cigarros (veja o Capítulo 3), prática de relações sexuais sem proteção, falta de atividade física e alimentação não saudável. Por exemplo, em uma pesquisa nacional, apenas 5% dos universitários afirmaram comer diariamente cinco ou mais porções de frutas e legumes recomendadas; menos da metade seguia as orientações quanto às atividades físicas estabelecidas pela American College of Sports Medicine and American Heart Association. Esses hábitos ajudam a explicar por que um terço dos estudantes está acima do peso ou é obeso (American College Health Association, 2012). Obesidade e outros problemas de saúde também variam de acordo com o *status* socioeconômico, raça/etnia e gênero. A seguir, discutiremos como esses fatores sociais estão associados à saúde e às doenças.

Status socioeconômico e saúde

***Status* socioeconômico** refere-se à posição de uma pessoa na sociedade com base no seu nível educacional, ocupação e renda (veja também o Capítulo 6). Esses três fatores tendem a estar relacionados: a renda tende a aumentar conforme o nível de educação aumenta, em parte porque altos níveis de educação permitem que os indivíduos ocupem postos com melhores salários. (Como discutido no capítulo anterior, uma renda familiar maior também permite que as crianças e jovens adultos atinjam níveis mais altos de educação).

O *status* socioeconômico de alguém – seu nível de renda, educação e ocupação – influencia positivamente sua saúde. Pessoas vivendo na pobreza têm mais chance de sofrer de desnutrição; condições ambientais, habitacionais e trabalhistas perigosas; falta de água potável e saneamento; e falta de acesso a atendimento médico (veja também os Capítulos 6 e 13). Em países de baixa renda, por exemplo, pessoas com câncer não têm acesso a tratamento médico e, portanto, têm índices mais baixos de sobrevivência se comparadas a pacientes com câncer em países de alta renda (Farmer et al., 2010). A maioria dos analgésicos (cerca de 80%) é usada por pessoas que vivem em países desenvolvidos; poucas, nos menos desenvolvidos, podem pagar ou ter acesso a eles quando necessário. Por ano, cerca de 4,8 milhões de pessoas com severas dores oncológicas ficam sem tratamento (Bafana, 2013).

Nos Estados Unidos, um *status* socioeconômico baixo é associado à alta incidência e prevalência de problemas de saúde e baixa expectativa de vida. Um estudo sobre taxas de mortalidade em 3.140 condados dos Estados Unidos descobriu que os fatores mais fortemente associados à alta mortalidade eram pobreza e falta de formação superior (Kindig e Cheng, 2013). Nesse país, taxas de sobrepeso e obesidade são mais altas entre pessoas que vivem na pobreza. Isto se dá, em parte, porque alimentos industrializados altamente calóricos tendem a ser mais acessíveis financeiramente do que vegetais frescos, frutas e carnes magras ou peixes. E porque, muitas vezes, residentes de áreas de baixa renda vivem em regiões onde não há grandes supermercados que vendam comidas variadas. Em vez disso, eles dependem de lojas de conveniência e redes de *fast-food*, que vendem, principalmente, alimentos industrializados altamente calóricos.

Além disso, membros de classes mais inferiores estão sujeitos a maior estresse e têm menos recursos para lidar com isso (Cockerham, 2007). Adultos norte-americanos vivendo abaixo da linha de pobreza têm quase oito vezes mais chance de afirmar ter enfrentado angústia psicológica séria do que aqueles de famílias com renda pelo menos quatro vezes acima da linha de pobreza (National Center for Health Statistics, 2012). O estresse tem sido relacionado a uma variedade de de problemas de saúde física e mental, incluindo pressão alta, câncer, fadiga crônica e abuso de

***status* socioeconômico** A posição de uma pessoa, ou do seu núcleo familiar, na sociedade com base no seu nível educacional, ocupação e renda.

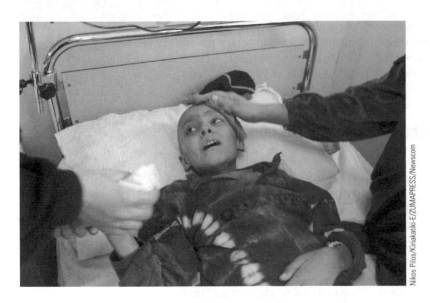

Em países menos desenvolvidos, poucas pessoas podem pagar ou ter acesso a medicamentos para dor.

substâncias. Adultos pobres de 45 a 64 anos nos Estados Unidos têm cinco vezes mais chance de enfrentar depressão (24%) do que adultos cuja renda familiar é 400% ou acima da linha de pobreza (National Center for Health Statistics, 2012).

Adultos norte-americanos que completaram a faculdade vivem em média dez anos a mais do que os que não terminaram o ensino médio (Hummer e Hernandez, 2013). E, embora a expectativa de vida tenha aumentado relativamente nos Estados Unidos entre 1990 e 2008, entre norte-americanos adultos e brancos essa expectativa *caiu* cinco anos para mulheres e três para homens sem o ensino médio completo (Tavernise, 2012).

Por que o maior nível de escolaridade está ligado a melhores condições de saúde? Primeiro, melhor educação pode levar a empregos com melhores salários, que fornecem renda para conseguir melhor atendimento médico, habitações mais seguras, recreação fisicamente ativa e uma alimentação rica em alimentos mais frescos (e saudáveis). Segundo, níveis mais altos de educação podem levar ao maior conhecimento sobre questões de saúde e encorajar o desenvolvimento de habilidades cognitivas que permitem aos indivíduos fazer escolhas mais saudáveis, como praticar exercícios físicos, evitar cigarro e álcool, usar métodos contraceptivos e camisinhas para evitar infecções sexualmente transmissíveis, buscar atenção pré-natal e seguir recomendações médicas para controlar problemas de saúde.

Assim como o *status* socioeconômico afeta a saúde, esta também o afeta. Problemas de saúde física e mental podem limitar a habilidade de o indivíduo buscar educação ou treinamento vocacional e encontrar ou manter um emprego. O alto custo da assistência médica não só aumenta a pobreza das pessoas que mal conseguem sobreviver, mas também pode devastar financeiramente famílias da classe média. Com base em informações de 89 países, anualmente, cerca de 100 milhões de pessoas chegam à linha de pobreza devido a gastos com serviços de saúde necessários (Organização Mundial da Saúde, 2012a). Ainda neste capítulo, observaremos mais atentamente o alto custo da assistência médica e suas consequências para indivíduos e famílias.

Gênero e saúde

Em muitas sociedades, mulheres e meninas são vistas e tratadas como socialmente inferiores, sendo-lhes negado o acesso igualitário à nutrição e à assistência médica. As responsabilidades familiares tradicionais também afetam a saúde das mulheres. São elas que preparam a comida e, em muitas regiões do mundo onde combustíveis sólidos são usados para cozinhar dentro de casa, ficam mais propensas a sofrer de problemas respiratórios do que os homens em razão da exposição à poluição do ar. A desigualdade de gênero também expõe as mulheres à exploração doméstica e sexual, assim aumentando seu risco de lesão corporal e de contrair HIV e outras doenças sexualmente transmissíveis. No mundo todo, 30% das mulheres de 15 anos ou mais enfrentaram violência física e/ou sexual cometida por um parceiro íntimo (Devries et al., 2013).

Embora nem funcionários da assistência médica nem o público em geral pensem em violência como um problema de saúde, é uma grande causa de lesões, deficiência e morte entre as mulheres norte-americanas, bem como entre as de todo o mundo (Weitz, 2013, p. 66).

Nos Estados Unidos, antes do século 20, a expectativa de vida das mulheres era menor do que a dos homens devido à alta taxa de mortalidade materna que resultava de complicações na gravidez e no parto. Mas, hoje, este quadro se inverteu, e as mulheres vivem mais (80,9 anos) do que os homens (76 anos) (National Center for Health Statistics, 2012). A baixa expectativa de vida para homens norte-americanos se dá por uma série de fatores. Homens tendem a ter empregos mais perigosos do que as mulheres, como na agricultura, em construções e no exército. Além disso, crenças sobre a masculinidade e a virilidade que estão profundamente arraigadas na cultura (...) exercem um papel na moldagem dos padrões de comportamento dos homens, o que resulta em consequências para sua saúde (Williams, 2003, p. 726).

Os homens são socializados para ser fortes, independentes, competitivos e agressivos e para evitar expressões de emoção ou vulnerabilidade que poderiam ser interpretadas como fraqueza. Essas expectativas do gênero masculino podem levá-los a tomar atitudes que causam lesões ou a se abster de cultivar hábitos que favoreçam a saúde. Por exemplo, a socialização para ser agressivo e competitivo leva a comportamentos arriscados (como praticar esportes perigosos, dirigir em alta velocidade e ser violento), que contribuem para maior risco de lesões e acidentes. Homens são mais propensos a fumar e a abusar do álcool e das drogas do que as mulheres, mas são menos propensos que elas a ir a médicos e seguir orientações médicas (Williams, 2003).

No que diz respeito à saúde mental, as norte-americanas têm mais chances de ser acometidas por doenças mentais do que os homens (23% *versus* 16% em 2011) (Substance Abuse and Mental Health Services Administration, 2012). Diferenças biológicas podem explicar algumas diferenças de gênero na saúde mental. Por exemplo, mudanças hormonais após o parto podem resultar em depressão pós-parto para algumas mulheres – um estudo constatou que uma em cada sete mulheres enfrentou depressão pós-parto (Wisner et al., 2013). Diferenças de gênero na saúde mental também podem ser atribuídas às funções de cada gênero. Por exemplo, o *status* desigual das mulheres e o esforço para realizar a maioria das tarefas domésticas e cuidar dos filhos pode predispô-las a grande tensão psicológica.

Raça, etnia e saúde

Muitas minorias raciais e étnicas ficam doentes quando jovens e morrem mais cedo do que brancos não hispânicos. Mulheres e homens norte-americanos negros têm menor expectativa de vida em comparação a suas contrapartes brancas. Homens negros são significativamente mais propensos a morrer de homicídio (veja o Capítulo 4), e homens e mulheres negras são muito mais propensos do que brancos a morrer de problemas cardíacos e acidente vascular cerebral (AVC) do que os de outros grupos raciais e étnicos. Mulheres negras têm o índice mais alto de mortalidade infantil nos Estados Unidos, seguidas de indo-americanas/nativas do Alasca, com mulheres asiáticas e oriundas das ilhas do Pacífico tendo a menor taxa. Esses são só alguns exemplos das disparidades de saúde entre grupos raciais e étnicos dos Estados Unidos.

Como mostra a Tabela 2.7, mulheres e homens hispânicos vivem mais do que brancos e negros, e os hispânicos têm índices de sobrevivência mais altos em relação a doenças como câncer, problemas cardíacos, HIV/Aids, doenças renais e AVC (Ruiz, Steffen e Smith, 2013).

A vantagem dos hispânicos em termos de saúde – conhecida como "paradoxo hispânico" – é confusa, porque estes compartilham alguns dos mesmos fatores de risco que contribuem para uma saúde pior entre os negros – índices mais altos de pobreza e obesidade, e nível de escolaridade mais baixo em comparação a brancos não hispânicos (Kindig e Cheng, 2013). Uma teoria para esse paradoxo é que os hispânicos que migraram para os Estados Unidos estão entre os mais saudáveis de seus países. Outra razão para essa longevidade é que seus valores culturais promovem relações próximas e favoráveis com a família e a comunidade e constroem um apoio social forte, que é associado a melhor saúde.

Disparidades em termos de saúde ocorrem em grande parte devido a diferenças raciais/étnicas substanciais no que diz respeito a renda, educação, moradia e acesso à assistência médica. Minorias raciais e étnicas têm menos probabilidade de contar com seguro-saúde do que brancos e também menos chances de receber atenção preventiva (como rastreio de câncer de cólon), tratamento médico para condições crônicas e cuidados pré-natal. Minorias também têm mais chances do que brancos de viver em ambientes que as expõe a perigos como substâncias tóxicas e outros riscos ambientais (veja também o Capítulo 13). No entanto, embora negros e brancos com alta renda vivam mais do

TABELA 2.7 Expectativa de vida ao nascer por raça/origem hispânica e sexo, Estados Unidos, 2010

	Branco	Negro	Hispânico
Mulheres	81,3	78	83,8
Homens	76,5	71,8	78,5

Fonte: Centers for Disease Control and Prevention, 2013b. Deaths: Final Data for 2010. *National Vital Statistics Report*, v. 61, n. 4: Tabela 7.

que seus correspondentes de baixa renda, brancos de qualquer nível de renda vivem pelo menos três anos a mais do que os negros. O índice de mortalidade infantil para mulheres afro-americanas com formação universitária é mais do que 2,5 vezes superior em relação às brancas e hispânicas com essa mesma formação. Na verdade, negras graduadas têm índice de mortalidade infantil mais alto do que hispânicas e brancas que não completaram o ensino médio (Williams, 2012). Uma explicação para o efeito da raça na saúde, independentemente do *status* socioeconômico, é que a saúde é afetada não apenas por esse *status* atual, mas também por circunstâncias sociais e econômicas enfrentadas durante a vida. Minorias têm mais probabilidade, em relação aos brancos, de enfrentar adversidades sociais e econômicas na infância, que podem afetar sua saúde na vida adulta (Williams, 2012).

Disparidades na saúde são, por vezes, explicadas por diferenças de hábito. Em comparação com brancos norte-americanos, indígenas/nativos do Alasca têm índice de mortalidade mais alto por acidentes com veículos automotores em consequência de seus índices mais altos de álcool e direção, somados à falta de hábito de usar o cinto de segurança (Centers for Disease Control and Prevention, 2011). Negros norte-americanos têm o índice mais alto de obesidade, em parte devido a diferenças raciais quanto a hábitos alimentares. Mas hábitos são, com frequência, influenciados por fatores sociais. Negros, em média, têm renda menor do que os brancos, e por isso mais chances de escolher alimentos mais acessíveis; *junk foods* e *fast-foods* tendem a ser mais baratos do que frutas, vegetais e fontes magras de proteína. No entanto, disparidades raciais na obesidade persistem mesmo após o controle da renda familiar (Centers for Disease Control and Prevention, 2011).

Outros fatores que contribuem para disparidades de saúde raciais/étnicas são o preconceito e a discriminação. O estresse associado ao preconceito e à discriminação pode aumentar a pressão arterial, o que pode ajudar a explicar por que afro-americanos têm pressão arterial mais alta do que os brancos (Fischman, 2010). Preconceito e discriminação podem afetar negativamente a saúde ao reduzir o acesso da minoria a empregos e moradia segura (veja também o Capítulo 9)(Williams, 2012).

No que diz respeito à saúde mental, pesquisas não encontram diferença significativa entre raças em suas taxas globais de doenças mentais (Cockerham, 2007). As diferenças existentes são, em geral, associadas mais à classe social do que à raça ou à etnia. No entanto, alguns estudos sugerem que as minorias têm maior risco para doenças mentais, como ansiedade e depressão, em parte por causa do racismo e da discriminação, que afetam negativamente a saúde física e mental. Minorias também têm menos acesso ou menos propensão a receber serviços de saúde mental necessários e muitas vezes recebem assistência médica mental de baixa qualidade e são sub-representadas nas pesquisas sobre saúde mental (U.S. Department of Health and Human Services, 2001).

Problemas no sistema de saúde dos Estados Unidos

Em uma análise dos sistemas de saúde mundiais, a Organização Mundial da Saúde (2000) descobriu que, embora os Estados Unidos gastem uma fração maior de seu Produto Interno Bruto (PIB) em assistência médica do que qualquer outro país, ficou em 37º entre 191 países segundo seu desempenho. A análise concluiu que a França oferece a melhor assistência médica geral dentre os principais países, seguida por Itália, Espanha, Omã, Áustria e Japão. Em outro estudo envolvendo seis países – Austrália, Canadá, Alemanha, Nova Zelândia, Reino Unido e Estados Unidos –, os Estados Unidos ficaram em último lugar em termos de acesso, segurança do paciente, eficiência e igualdade (Davis et al., 2007).

Uma comparação mais recente sobre assistência médica em 13 países industrializados descobriu que os Estados Unidos gastam muito mais em assistência médica do que qualquer outro, mas, "apesar de ser mais cara, a qualidade da assistência médica dos Estados Unidos não parece ser notavelmente superior a de outros países industrializados" (Squires, 2012, p. 10). Por exemplo, os Estados Unidos ficam no último quartil em expectativa de vida entre países da Organização para a Cooperação e Desenvolvimento Econômico (OECD) (Squires, 2010). Após apresentar um breve panorama da assistência médica norte-americana, abordamos alguns dos maiores problemas da assistência médica nos Estados Unidos relacionados a acesso, custo e qualidade da assistência médica.

Assistência médica nos Estados Unidos – Um panorama

Nos Estados Unidos, não há um sistema de assistência médica único; essa assistência é oferecida por vários meios públicos e privados (veja a Figura 2.1).

Nos planos tradicionais de seguro-saúde, o segurado escolhe seus fornecedores de assistência médica, cujos custos são reembolsados pela companhia seguradora. Em geral, indivíduos com seguro pagam uma "franquia" extra (que pode variar de algumas centenas a mil dólares ou mais por ano/pessoa), assim como uma porcentagem das despesas médicas (por exemplo, 20%), até que um máximo de desembolso extra seja atingido (depois do qual o seguro cobrirá 100% dos custos médicos). A maioria das empresas seguradoras controla os custos por meio do ***managed care***, responsável por monitorar e controlar as decisões dos fornecedores de assistência médica. A empresa seguradora pode, por exemplo, exigir que os médicos recebam aprovação antes de hospitalizar um paciente, realizar uma cirurgia ou pedir um exame diagnóstico caro.

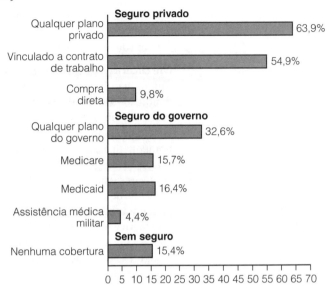

Figura 2.1 Cobertura por tipo de seguro-saúde, 2012.
Fonte: DeNavas-Walt et al., 2013.

Medicare, Medicaid e assistência médica militar. O **Medicare** é financiado pelo governo federal e reembolsa a assistência médica de idosos e pessoas com determinadas deficiências. Indivíduos contribuem com descontos na folha de pagamento durante sua vida produtiva e, em geral, tornam-se elegíveis quando chegam aos 65 anos, independentemente de sua renda ou estado de saúde. O Medicare consiste em quatro programas separados. A parte A é um seguro hospitalar para cuidados domiciliares, que é grátis, mas os inscritos podem pagar uma franquia e fazer um pagamento adicional. A parte B é um programa de assistência médica suplementar, que ajuda a pagar pelo médico, pelo ambulatório e por outros serviços, é voluntária e não é grátis; os inscritos devem pagar uma quantia mensal, bem como fazer um pagamento extra pelos serviços. Esse programa não cobre cuidados de longo prazo em casas de repouso, assistência odontológica, óculos e outros tipos de serviço, o que explica por que muitos indivíduos que o recebem também estão inscritos na parte C, que permite aos beneficiários adquirir um seguro particular suplementar que recebe pagamentos do Medicare. A parte D é um benefício ambulatorial para medicamentos, também voluntária, mas exige que os inscritos paguem um valor mensal, atinjam uma franquia anual e paguem um seguro adicional por suas receitas médicas.

O **Medicaid**, que fornece cobertura médica aos pobres, é financiado conjuntamente pelos governos federal e estadual. Regras de qualificação e benefícios variam de estado para estado e, em muitos estados, esse programa fornece assistência médica apenas àqueles que estão bem abaixo da linha de pobreza federal. O **State Children's Health Insurance Program (Schip)** fornece cobertura médica a crianças sem seguro-saúde, muitas das quais vêm de famílias com rendas muito altas para se qualificar ao Medicaid, mas muito baixas para conseguir pagar um seguro-saúde privado. Sob o Schip, os estados recebem fundos federais compatíveis para fornecer seguro-saúde a crianças que não o possuem.

A assistência médica militar abrange os programas: Champus – Civilian Health and Medical Program of the Uniformed Services (Saúde Civil e Programa Médico para os Serviços Uniformizados); Champva – Civilian Health and Medical Program of the Department of Veterans Affairs (Programa Civil de Saúde e Medicina do Departamento de Assuntos de Veteranos); e cuidados fornecidos pelos Departamentos de Defesa e de Assuntos de Veteranos.

Indenizações aos trabalhadores. Indenizações aos trabalhadores é um programa de seguros que cobre despesas médicas e de vida para pessoas com lesões ou doenças relacionadas ao trabalho. Os empregadores pagam certa quantia para o fundo estadual de seguro, e os trabalhadores lesionados no ambiente de trabalho podem solicitar a esse fundo a cobertura de suas despesas médicas e indenização pelos dias de trabalho perdidos. Em troca desses benefícios, os

---

managed care Qualquer plano de saúde responsável por monitorar e controlar as decisões dos fornecedores de assistência médica.

Medicare Programa financiado pelo governo federal, reembolsa a assistência médica de idosos e pessoas com deficiências e com doença renal avançada.

Medicaid Programa de seguro-saúde público, financiado conjuntamente pelos governos federal e estadual, oferece cobertura de assistência médica para os pobres que atendam aos critérios de habilitação.

State Children's Health Insurance Program (Schip) Programa público de seguro-saúde financiado conjuntamente pelos governos federal e estadual, oferece cobertura de seguro-saúde a crianças cujas famílias atingem os padrões de renda elegíveis.

indenizações aos trabalhadores Programa de seguros que oferece serviços médicos e indenização aos trabalhadores e pagamento de despesas vitalícias a pessoas com lesões relacionadas ao trabalho ou doenças.

trabalhadores não podem processar seus empregadores pelos danos. Porém, nem todos os empregadores adquirem seguro indenizatório para seus funcionários, mesmo em estados nos quais isto é exigido legalmente. Mais ainda, muitos funcionários com doenças ou lesões relacionadas ao trabalho não solicitam os benefícios indenizatórios porque (1) temem ser demitidos se fizerem o pedido, (2) não têm consciência de que estão cobertos por esse seguro e/ou (3) o empregador oferece incentivos (ou seja, bônus) aos funcionários quando nenhum pedido de indenização é feito em determinado período (Sered e Fernandopulle, 2005).

Medicina alternativa e complementar. Em países ocidentais, como os Estados Unidos, a prática convencional, ou comum, da medicina é conhecida como **alopática**, ou ocidental. **Medicina alternativa e complementar** refere-se a ampla variedade de abordagens, práticas e produtos de assistência médica que não são considerados parte da medicina convencional. Tipos de medicina alternativa e complementar incluem remédios fitoterápicos e homeopáticos, suplementos dietéticos, meditação, pilates, yoga, tai chi, acupuntura, quiropraxia, massagens terapêuticas, reiki e outros trabalhos com energia, inclusive a atuação de curadores tradicionais. Algumas pessoas consideram a reza como forma tradicional de cura.

Mais de um terço dos adultos norte-americanos recorrem à medicina alternativa e complementar para melhorar sua saúde e bem-estar (National Center for Complementary and Alternative Medicine, 2012) Os norte-americanos gastam US$ 9 bilhões anualmente em medicina alternativa e complementar (M. Davis et al., 2013). O custo desse tipo de medicina é pago exclusivamente pelo consumidor, embora alguns serviços, como quiropraxia, sejam cobertos pela maioria dos seguros-saúde.

Uma forma controversa da medicina alternativa e complementar é o uso médico da *cannabis*, ou maconha, que foi usada pela primeira vez para fins medicinais em 2737 a.C. Em 1851, a erva foi classificada como um composto médico legítimo nos Estados Unidos, mas criminalizada em 1937, contrariamente à recomendação da American Medical Association. Em 1996, a Califórnia se tornou o primeiro estado a legalizar o uso médico da maconha, e até setembro de 2013, 20 estados e o Distrito de Columbia tinham legalizado seu uso médico (veja a Tabela 2. 8), e muitos estados tinham leis em tramitação para legalizar esse uso.

A maconha medicinal pode ser fumada em cigarros e ser distribuída em vários tipos de preparações que não envolvem fumo, incluindo adesivos, supositórios, vaporizadores, tinturas, *sprays* nasais e preparações comestíveis. A maconha medicinal é usada com mais frequência para aliviar dores e espasmos musculares, mas também tem sido eficaz contra uma série de outras condições, incluindo náusea e vômito (efeito colateral comum da quimioterapia), anorexia e perda de peso de pacientes com Aids e outras condições que reduzem o apetite. Efeitos colaterais adversos da maconha medicinal não são graves; os mais comuns são tontura, ansiedade e paranoia em alguns usuários (Borgelt et al., 2013). Preocupações com segurança no que diz respeito à maconha medicinal incluem comprometimento da memória e cognição e, entre adolescentes que fazem uso frequente, há um risco maior de desenvolver esquizofrenia. Outra preocupação é o consumo acidental de alimentos que contêm maconha (biscoitos e bolos, por exemplo) por crianças. Diferentemente de muitos medicamentos tradicionais, não há registro de mortes por overdose de maconha. O quadro *O lado humano* deste capítulo apresenta declarações de pessoas com problemas crônicos de saúde que encontraram grande alívio com o uso da maconha medicinal.

medicina alopática A prática convencional e mais difundida de medicina; também conhecida como medicina ocidental.

medicina alternativa e complementar Refere-se a ampla gama de abordagens, práticas e produtos de cuidados com a saúde que não são considerados parte da medicina convencional.

TABELA 2.8 Estados que legalizaram a maconha (até setembro de 2013)

Estado	Ano da legalização	Estado	Ano da legalização	Estado	Ano da legalização
Alasca	1998	Havaí	2000	New Hampshire	2013
Arizona	2010	Illinois	2013	New Jersey	2010
Califórnia	1996	Maine	1999	Novo México	2007
Colorado	2000	Massachusetts	2012	Oregon	1998
Connecticut	2012	Michigan	2008	Rhode Island	2006
Distrito de Colúmbia	2010	Montana	2004	Vermont	2004
Delaware	2011	Nevada	2000	Washington	1998

Fonte: Disponível em: <www.procon.org>. Acesso em: 21 fev. 2015.

O lado humano — Depoimentos de pacientes que fazem uso da maconha medicinal

Bill Delany sofre com a doença de Crohn, uma enfermidade inflamatória intestinal que causa dores abdominais, diarreia crônica e desnutrição, e que pode resultar em morte (Delany, 2012).

> Minha doença de Crohn chegou a um ponto em que ia ao banheiro cerca de 30 vezes por dia/noite, por cerca de um ano. [...] Eu tinha perdido algo entre 22 e 27 quilos em questão de semanas. [...] Tive de solicitar o Social Security Disability em 2008 – depois de lidar com um caso severo de Crohn (quatro cirurgias) desde 1999 –, e fui rapidamente atendido. [...] Morei (e sofri) no Colorado por três anos e meio antes de ouvir falar da lei da maconha medicinal. [...] Estava desesperado. Liguei para um médico, que se dispôs a assinar um cartão de maconha medicinal para mim. Na época, a única fonte que conhecia para o remédio era um cara obscuro de Durango, literalmente em um apartamento numa ruela. Coloquei minha fralda descartável e fui de carro até lá. [...] A maconha medicinal deveria ser legal, mas certamente não era o que parecia para mim na época, antes que os dispensários do Colorado se tornassem lojas de verdade em vez de becos. Fui para casa e me mediquei. Os vapores imediatamente começaram a abrir alguns dos bloqueios do meu trato intestinal, e soube que havia alguma esperança, pela primeira vez em 11 anos. Alguns meses antes disso, um médico da Veteran Affairs (VA) recomendara remover meu cólon e reto, deixando no lugar uma bolsa. Eu certamente fiquei satisfeito de não ter permitido. Depois de três meses, consegui deixar de depender dos remédios prescritos e soube que me recuperaria dessa doença. Meus médicos da VA inicialmente ficaram céticos quanto à minha nova terapia, mas não tinham sugestões melhores. Agora, estão satisfeitos por eu não estar mais tendo uma morte lenta à custa do contribuinte. (Delany, 2012)

Sherry Smith sofre de esclerose múltipla, uma doença autoimune progressiva que afeta o sistema nervoso central e produz sintomas como entorpecimento, descoordenação muscular e da fala, visão turva e fadiga severa.

> Fiquei incapacitada devido à EM por tanto tempo, que cheguei ao ponto em que não sabia o que era pior, as dúzias de medicamentos prescritos por meus médicos ou a doença em si (...) Meus remédios estavam me tornando depressiva e doente (...) Agora, tomo cápsulas de óleo de cânhamo três vezes ao dia, o que controla totalmente meus espasmos musculares e a dor, e, então, suplemento, quando necessário, com a erva em fumo. (Citado em Mannix, 2009)

Vicki Burk, uma avó e membro das Idaho Moms for Marijuana e da Southern Idaho Cannabis Coalition, descreve como a maconha garantiu o alívio de seus problemas de estômago e dor crônica (Testemonials, 2013).

> Minha história começou em 1997, 1998. Eu estava tendo dores de estômago horríveis depois de comer. Não importava o quê. Passei por uma bateria de exames e nunca descobriram a causa. Em 2005, as enzimas do meu fígado estavam aumentadas. Disseram que meu fígado tinha problemas. Em 2006, fui diagnosticada com CBP (cirrose biliar primária). Estava tão doente, que vomitava tudo. Meu namorado na época me disse que se desse alguns tragos, acalmaria meu estômago, e assim eu poderia comer e beber. Dessa forma, eu não ficaria desidratada. Fiz como ele sugeriu, e foi como a noite e o dia. Que alívio! Agora uso para aliviar minha dor crônica da artrite e da fibromialgia também. Funciona melhor do que os comprimidos de morfina, como Kadian que tomo. Também tomo oxicodona. A maconha funciona melhor que os dois juntos.
>
> Sempre fui defensora da maconha. Achava que era ótima para pacientes com câncer e glaucoma. Agora percebo que funciona para muito mais que isso. Um amigo me esclareceu, por meio da minha filha, e então me envolvi com a Idaho Moms for Marijuana e a Southern Idaho Cannabis Coalition. Também me encontrei com o deputado Tom Trail para discutir a emenda legislativa para legalização da Maconha Medicinal em Idaho. Espero que mais pessoas se informem sobre os muitos usos da *cannabis*/maconha para fins medicinais.

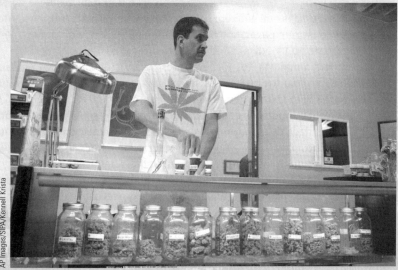

Um dispensário de maconha medicinal.

Cobertura de seguro-saúde inadequada

Muitos outros países, incluindo 31 europeus e o Canadá, têm sistemas de seguro-saúde nacionais que fornecem **assistência médica universal** a todos os cidadãos. O seguro-saúde nacional, em geral, é administrado e pago pelo governo e financiado por impostos e contribuições à Seguridade Social. Embora haja diferenças em como esse seguro funciona nesses países, normalmente o governo (1) controla diretamente o financiamento e a organização de serviços de saúde, (2) paga diretamente os fornecedores, (3) detém a maioria das instalações médicas (o Canadá é exceção), (4) garante acesso universal ao atendimento médico, (5) permite assistência privada para indivíduos que estão dispostos a pagar por suas despesas médicas e (6) permite que os indivíduos complementem sua assistência médica nacional com seguro privado, como um salto para um nível mais alto e maior variedade de serviços (Cockerham, 2007; Quadagno, 2004). Toda distribuição da assistência médica em países com seguro-saúde nacional é feita com base em necessidades médicas, não na capacidade de pagar.

Antes de o Affordable Care Act (discutido adiante, neste capítulo) ser posto em prática em 2014, 15,4% dos norte-americanos (48 milhões de pessoas) não tinham cobertura de seguro-saúde – segundo dados de 2012 (DeNavas-Walt et al., 2013). Há uma probabilidade maior de brancos não hispânicos terem seguro-saúde do que minorias raciais e étnicas. Hispânicos são menos propensos a ter seguro; em 2012, mais de um em cada quatro hispânicos não tinham seguro-saúde (DeNavas-Walt et al., 2013). De todas as faixas etárias, jovens adultos de 19 a 34 anos são os que têm menos probabilidade de ter seguro-saúde. Em 2012, mais de um em cada quatro adultos nessa faixa etária não tinha seguro (DeNavas-Walt et al., 2013).

Indivíduos empregados e aqueles com rendas mais altas têm mais chance de ter seguro-saúde. No entanto, emprego não é garantia de cobertura de assistência médica; em 2012, 15,5% de trabalhadores em tempo integral não a tinham (DeNavas-Walt et al., 2013). Algumas empresas não oferecem benefícios de saúde a seus funcionários; alguns funcionários não são elegíveis a esses benefícios em razão de períodos de carência ou porque trabalham regimes de meio período, e outros, elegíveis, podem não se inscrever no seguro-saúde fornecido pelo empregador por não conseguir pagar sua parte da bonificação.

> Estima-se que 45 mil mortes por ano nos Estados Unidos sejam atribuídas à falta de seguro-saúde

Consequências do seguro-saúde inadequado. Estima-se que 45 mil mortes por ano nos Estados Unidos sejam atribuídas à falta de seguro-saúde (Park, 2009). Indivíduos sem seguro-saúde são menos propensos a receber cuidado preventivo, mais suscetíveis de ser hospitalizados por problemas de saúde evitáveis e têm mais chances de diagnósticos de doenças tardios. Pessoas que não têm seguro são três vezes mais propensas do que as que têm seguro a não conseguir pagar por necessidades básicas devido a suas despesas médicas (Kaiser Commission on Medicaid and the Uninsured, 2010).

Como a maioria dos fornecedores de assistência médica não aceita pacientes que não têm seguro, muitos indivíduos sem seguro recorrem ao uso de pronto-socorros locais (Scal e Town, 2007). O Emergency Medical Treatment and Active Labor Act local exige que os hospitais avaliem todos os pacientes que chegam aos seus pronto-socorros para determinar se há necessidade de atendimento de emergência e, em caso positivo, que os estabilize antes de transferi-los para outro ambiente. Pacientes hospitalizados sem seguro quase sempre arcam com custos muito mais altos do que os valores negociados pelas seguradoras.

Indivíduos que não têm seguro odontológico geralmente têm dentes e outros problemas correlatos não tratados, o que pode levar à exacerbação de outros problemas de saúde:

> Por afetarem a capacidade de mastigar, problemas odontológicos não tratados tendem a exacerbar doenças como diabetes ou problemas de coração. (...) A perda de dentes ou dentes cariados tornam dolorosa – se não impossível – a mastigação de frutas, comidas integrais, saladas e muitos outros alimentos ricos em fibras recomendados por médicos e profissionais de nutrição. (Sered e Fernandopulle, 2005, p. 166–67)

assistência médica universal Sistema de saúde pública tipicamente financiado pelo governo, que garante cobertura de assistência médica para todos os cidadãos.

Em seu livro *Uninsured in America*, Sered e Fernandopulle (2005) descrevem um entrevistado que "cobriu a boca com a mão durante toda a entrevista porque tinha vergonha de seus dentes cariados" e outro que "usou seu alicate para arrancar dentes cariados e doloridos" (p. 166). Os autores observam que "quase sempre que perguntamos aos entrevistados qual seria sua prioridade se o presidente determinasse uma cobertura de saúde amanhã, a resposta imediata é 'meus dentes'" (p. 166).

O alto custo da assistência médica

O custo da assistência médica nos Estados Unidos é bem maior do que em outros países industrializados. Mesmo assim, quase todos os outros países ricos têm melhores resultados no setor de saúde, medidos pela expectativa de vida e pela mortalidade infantil.

Acredita-se, em grande parte, que os custos de saúde nos Estados Unidos subiram devido ao envelhecimento da população; hoje as pessoas vivem mais do que as gerações anteriores, e os idosos precisam de mais cuidados médicos. No entanto, esse país tem uma população relativamente jovem, se comparada à de muitos outros países de alta renda que gastam muito menos em saúde do que os Estados Unidos (Squires, 2012). Um estudo descobriu que a alta taxa de obesidade nos Estados Unidos – cerca de um terço da população adulta – representa aproximadamente 10% dos gastos médicos (reportado por Squire, 2012). Em comparação a outros países da OCDE, as internações nos Estados Unidos são menos frequentes e mais curtas. Ainda assim, o gasto por alta hospitalar (mais de US$ 18 mil) é quase três vezes maior do que a média da OCDE – US$ 6.222 (Squires, 2012). Os Estados Unidos têm altos índices de exames e procedimentos médicos que envolvem tecnologia médica avançada, como diagnóstico por imagem, procedimentos coronários (angioplastia, colocação de *stents* e cateterismos cardíacos), próteses de joelho e diálise; e o custo desses exames e procedimentos médicos são bem mais altos do que em outros países. Pense nos avanços no tratamento de bebês prematuros, pelos quais pouco se podia fazer nos anos 1950. Em 1990, ventiladores especiais e terapia intensiva neonatal tornaram-se tratamento padrão para esses bebês nos Estados Unidos (Kaiser Family Foundation, 2007).

Os preços dos medicamentos prescritos nos Estados Unidos são 50% mais altos do que os de drogas semelhantes vendidas em outros países desenvolvidos (Brill, 2013). Os preços dos medicamentos são regulados pelo governo norte-americano, mas o são em outros países. A indústria farmacêutica, que está entre as mais rentáveis dos Estados Unidos, afirma que esses preços são altos em razão do alto custo de pesquisa e desenvolvimento (P&D) de novas drogas. Mas uma análise crítica revela que a indústria superestima propositalmente os custos de P&D para justificar os altos preços de seus remédios (Light e Warburton, 2011). Além disso, a maioria das grandes companhias farmacêuticas paga substancialmente mais por marketing, propaganda e gestão do que por pesquisa e desenvolvimento (Families USA, 2007).

O seguro-saúde nos Estados Unidos é outro custo da assistência médica. Em 2012, a média das indenizações anuais para cobertura dos financiados pelo empregador era de US$ 5.615 para uma pessoa (a cota do trabalhador era de US$ 951) e US$ 15.745 para uma família (a cota do trabalhador era US$ 4.316). De 2002 a 2012, as indenizações médias pela cobertura familiar aumentaram 97%, ultrapassando o aumento tanto do salário dos trabalhadores quanto da inflação (Kaiser Family Foundation/HRET, 2012). O seguro-saúde norte-americano é caro especialmente devido às altas despesas administrativas que, por indivíduo, são seis vezes mais altas do que em nações europeias ocidentais (National Coalition on Health Care, 2009). Harrison (2008) explica o porquê:

> Os Estados Unidos têm o sistema de saúde mais burocrático do mundo, com 1.500 companhias diferentes, cada uma oferecendo planos múltiplos e tendo seu próprio programa de marketing e procedimentos de inscrição, sua própria papelada e política, os salários de seus CEOs, comissões de vendas e outros gastos não clínicos – e, é claro, se for uma companhia com fins lucrativos, seus lucros.

Consequências do alto custo da assistência médica para indivíduos e famílias. Um estudo descobriu que as despesas médicas, bem como a renda gasta em

> Ter seguro-saúde não garante que alguém esteja protegido contra uma devastação financeira resultante de doença ou acidente, porque mesmo pessoas seguradas geralmente precisam pagar extras, franquias e faltas de coberturas

doenças, contribuíram para dois terços de todas as falências em 2007 (Himmelstein et al., 2009). A maioria dos devedores era de chefes de família escolarizados e com empregos de classe média, e três quartos tinham seguro-saúde. Ter seguro-saúde não garante que alguém esteja protegido contra uma devastação financeira resultante de doença ou acidente, porque mesmo pessoas seguradas geralmente precisam pagar extras, franquias e faltas de coberturas. Em 2011, um terço das famílias norte-americanas teve problemas para pagar despesas médicas (Cohen, Gindi e Kirzinger, 2012).

Muitos indivíduos privam-se dos remédios necessários e/ou cuidados médicos quando não podem pagar por eles (veja a Tabela 2.9). Privar-se de remédios ou de cuidados médicos, em geral, agrava uma condição médica, levando a despesas médicas ainda mais altas, ou, tragicamente, à morte.

Atenção inadequada à saúde mental

Nos anos 1960, o modelo norte-americano de cuidados psiquiátricos mudou de internações em instituições de longo prazo para terapia com medicamentos e centros de saúde mental comunitários. Essa transição, conhecida como **desinstitucionalização**, resultou em uma redução significativa do número de instituições para saúde mental com tratamento 24 horas ou residencial e no número de leitos para tratamento psiquiátrico disponíveis. Essa desinstitucionalização removeu pacientes de instalações onde por vezes eram tratados de maneira negligente ou desumana e restaurou a liberdade de escolha aos pacientes, incluindo o direito de recusar tratamento. Durante a era da desinstitucionalização, uma série de leis foi aprovada, tornando ilegal a internação de pacientes psiquiátricos contra sua vontade, a menos que representassem ameaça imediata para si mesmo ou para outros. No entanto, programas comunitários de saúde mental não supriram adequadamente a necessidade de cuidados, e milhões de norte-americanos com problemas mentais estão sem esse cuidado, ou dependem dos cuidados da emergência do hospital quando sua condição deteriora a ponto de um colapso.

Dentre os 11,5 milhões de norte-americanos adultos com sérios problemas mentais em 2011, apenas 60% receberam serviços de saúde mental, o que significa que 40% não receberam nenhum cuidado (Substance Abuse and Mental Health Services Administration, 2012). A fonte mais usada para esses problemas tornou-se os cuidados primários, médicos gerais e enfermeiras. Outros profissionais "sem especialidade" incluem centros comunitários de saúde, escolas, casas de repouso, instituições penitenciárias e prontos-socorros. Esse sistema fragmentado de assistência à saúde mental faz que muitas pessoas com problemas de saúde mental caiam no esquecimento.

desinstitucionalização No modelo norte-americano de cuidado psiquiátrico, a mudança do tratamento de pacientes internados em longo prazo em instituições para terapias medicamentosas e centros de saúde mental comunitários.

TABELA 2.9 Cortes na assistência médica devido ao custo

Nos últimos 12 meses, por causa do custo, você ou outro membro da sua família que mora na sua casa...

	Porcentagem dos que disseram "sim"
Usou remédios caseiros ou medicamentos de venda livre em vez de ir ao médico?	37%
Não foi ao dentista ou fez *checkup*?	35%
Desistiu ou adiou a obtenção de cuidados médicos de que precisava?	31%
Não compareceu a exames ou tratamentos médicos recomendados?	27%
Não adquiriu uma prescrição de medicamentos	26%
Dividiu comprimidos ao meio ou pulou doses de remédio?	19%
Teve problemas para obter assistência à saúde mental?	8%
Fez qualquer uma das coisas acima?	55%

Fonte: Adaptado de Kaiser Family Foundation, 2009.

Serviços de saúde mental são muitas vezes inacessíveis, especialmente em áreas rurais. Na maioria dos estados, os serviços ficam disponíveis das "9h às 17h"; o sistema "fecha" à noite e nos fins de semana, que é quando muitas pessoas com doenças psiquiátricas mais precisam. Em todo o país, pessoas com doenças mentais graves acabam em prisões, abrigos para mendigos e pronto-socorros de hospitais. Muitas crianças com doenças mentais não tratadas deixam de estudar ou acabam em lares de adoção no Sistema de Justiça Juvenil. Em função do aumento crescente das minorias, outro déficit no sistema de saúde mental é o número inadequado de clínicos especializados que falem a língua do paciente e conheçam as normas e valores culturais das minorias (U.S. Department of Health and Human Services, 2001).

Estratégias para ação: melhorar a saúde e o sistema de saúde

Duas amplas abordagens para melhorar a saúde das populações são atenção à saúde primária seletiva e abrangente (Sanders e Chopra, 2003). A **atenção à saúde primária seletiva** concentra-se em intervenções que focam problemas de saúde específicos, como promover o uso de camisinhas para prevenir infecções de HIV, fornecer imunizações contra doenças da infância para promover a sobrevivência infantil e encorajar os indivíduos a ser mais ativos fisicamente e comer alimentos mais saudáveis. A **atenção à saúde primária abrangente** concentra-se nos determinantes sociais mais amplos da saúde, como pobreza e desigualdade econômica, desigualdade de gênero, discriminação étnica/racial e poluição ambiental. Muitas estratégias para aliviar problemas sociais, destacados nos próximos capítulos deste livro, também são elementos importantes para uma abordagem abrangente de cuidados da saúde primária.

Melhorando a saúde em países de baixa e média rendas

Tentativas de melhorar a saúde em países de baixa e média rendas incluem melhorar o acesso a nutrição adequada, água limpa e saneamento e cuidados médicos. Intervenções mais direcionadas visam ao aumento de imunizações para doenças, por exemplo, sarampo, distribuição de redes antimosquito para prevenir malária e promover o uso de camisinhas para prevenir a disseminação do vírus HIV/Aids.

Esforços para reduzir a mortalidade materna – uma das principais causas de morte entre mulheres dos países mais pobres – têm se concentrado muito em fornecer acesso a cuidados e produtos de qualidade e serviços de planejamento familiar. No mundo todo, cerca de uma em cada dez mulheres de 15 a 49 anos, casadas ou que têm um parceiro, querem adiar ou evitar a gravidez, mas não usam métodos contraceptivos (Organização Mundial da Saúde, 2013). Alguns advogados especializados em saúde das mulheres lutam para que a legislação que visa prevenir o "matrimônio infantil" seja aprovada, já que grávidas de 15 a 19 anos têm duas vezes mais chances de morrer durante a gravidez do que mulheres com 20 anos, e grávidas entre 10 e 14 anos têm cinco vezes mais chances de morrer durante a gravidez ou parto do que mulheres aos 20 (Biset, 2013). Quase metade das mulheres de 20 a 24 anos em países subdesenvolvidos casaram-se antes dos 18 anos (Unicef, 2012b).

Outra estratégia para melhorar a saúde de mulheres e crianças em países de baixa renda é fornecer educação e oportunidades de geração de renda às mulheres. Promover a educação das mulheres aumenta seu *status* e poder para controlar sua vida reprodutiva, apresenta informações sobre questões de saúde e também retarda o casamento e a gravidez. Em muitos países desenvolvidos, a falta de poder e *status* significa que as mulheres têm pouco controle sobre decisões relacionadas à saúde. São os homens que tomam as decisões a respeito das relações sexuais de suas esposas (ou parceiras), do uso de métodos contraceptivos ou dos serviços de saúde.

Essas e outras tentativas já obtiveram algum sucesso. Entre 1990 e 2010, a taxa de mortalidade de crianças com menos de 5 anos caiu para 30%, e as mortes maternas foram reduzidas em quase 50% (Organização Mundial da Saúde, 2012a). No entanto, uma série de países com as taxas de mortalidade materna mais altas tiveram pouco ou nenhum progresso.

atenção à saúde primária seletiva Abordagem da atenção à saúde que se concentra em usar intervenções específicas para enfrentar problemas específicos de saúde.

atenção à saúde primária abrangente Abordagem da atenção à saúde que se concentra nos determinantes sociais mais amplos da saúde, como pobreza e desigualdade econômica, desigualdade de gênero, meio ambiente e desenvolvimento.

Gravidez prematura envolve maiores riscos de saúde para mulheres e crianças.

Serviços de saúde essenciais em países de baixa renda – focados em HIV, tuberculose, malária, saúde materna e infantil e prevenção de doenças não transmissíveis – custam aproximadamente US$ 44 por pessoa/ano. Mas, em 2009, 29 países gastaram menos do que isso *per capita*. Países menos desenvolvidos precisam de assistência financeira para melhorar a saúde de suas populações. No entanto, "níveis mais altos de financiamento podem não significar melhor cobertura de serviços ou melhora nos resultados de saúde se os recursos não são usados de forma eficaz ou igualitária" (Organização Mundial da Saúde, 2012a, p. 40).

Combatendo o problema crescente da obesidade

Estratégias sociológicas para reduzir e prevenir a obesidade envolvem instituir programas e políticas que encorajam pessoas a (1) ter uma dieta com porções razoáveis, rica em frutas e vegetais e com o mínimo de açúcar e gordura e (2) praticar atividades físicas regularmente.

Nutrição escolar e programas de atividade física. Tentativas das escolas de reduzir a obesidade e o sobrepeso infantis têm focado em melhorar a qualidade dos alimentos servidos e vendidos internamente, limitando a disponibilidade de comidas e bebidas menos nutritivas e melhorando a educação física e de saúde. Em 2012, a lei federal Healthy Hunger-Free Kids Act estabeleceu novos padrões para os programas National School Lunchand School Breakfast (Programa Nacional de Merenda Escolar), que exigem mais frutas, vegetais e alimentos integrais; leite com pouca ou nenhuma gordura; e gorduras menos saturadas, trans e sódio.

Embora todos os estados tenham alguma exigência de educação física para estudantes, essa disciplina, muitas vezes, é limitada ou não é reforçada (Trust for America's Health, 2012). Alguns estados têm leis promulgadas que exigem que as escolas dediquem alguns minutos para atividades físicas.

Regulação do marketing de alimentos para jovens. O marketing de alimentos influencia as preferências das crianças, e "as crianças (...) têm um papel importante sobre que produtos seus pais compram e que restaurantes frequentam" (Federal Trade Commission, 2012 p. ES-9). Reconhecendo o poder da propaganda em influenciar as escolhas de comida e bebida dos jovens, o governo federal propôs orientações sobre o marketing de alimentos para crianças. Mas a poderosa indústria alimentícia foi contra os regulamentos do governo sobre propaganda e, em vez de aceitá-los, autorregula seu marketing segundo as orientações estabelecidas pela Children's Food and Beverage Advertising Initiative (CFBAI). Mas os críticos do programa afirmam que a autorregulação levou a melhora mínima e que "a esmagadora maioria dos alimentos anunciados para crianças ainda apresenta qualidade nutricional baixa. Sob os padrões nutricionais da Children's Food and Beverage Advertising Initiative, cereal de chocolate, picolés, espaguete e *fruit roll-ups* são considerados alimentos nutritivos" (Wootan, 2012).

Em 2012, a Walt Disney anunciou que todas as comidas e bebidas mostradas em seus canais de TV, estações de rádio e websites direcionados às crianças deveriam cumprir um rígido conjunto de padrões nutricionais. Sob essas novas regras, cereais e bebidas açucarados e *fast-food* não serão mais anunciados em programações direcionadas a crianças com menos de 12 anos. A Disney também apresentou o programa "Mickey Check", no qual produtos licenciados das marcas da Disney que atendam ao critério de limitação de gordura, sódio, açúcar e calorias podem exibir um logotipo na embalagem: orelhas do Mickey Mouse e um marcador (√) (Barnes, 2012).

Políticas locais e estaduais contra a obesidade. Para encorajar a prática de atividades físicas, bem como transportes ecológicos, muitos governos estaduais e locais estão adotando políticas de "Rua Completa". Ruas Completas são aquelas projetadas com calçadas, ciclovias e outras funcionalidades que encorajam caminhadas, pedaladas e uso do transporte público.

Em Nova York, a taxa de obesidade adulta aumentou de 18% em 2002 para 24% em 2013, custando aos programas de saúde financiados por impostos cerca de US$ 2,8 bilhões por ano apenas por doenças relacionadas à obesidade (*Huffington Post*, 2013). Preocupado com a crescente epidemia de obesidade em Nova York, o prefeito Michael Bloomberg aprovou uma lei, em 2012, proibindo restaurantes, cinemas, estádios e outros estabelecimentos de venda de alimentos (com exceção de supermercados) de vender refrigerantes com açúcar e outras bebidas adoçadas em copos ou garrafas maiores do que 473 ml. Em 2013, uma Corte Estadual Suprema de Nova York derrubou a lei um dia antes de ser posta em prática.

Em 2012, a Walt Disney instituiu o logotipo "Mickey Check" nos rótulos dos produtos licenciados das marcas da Disney que atendem a padrões nutricionais específicos.

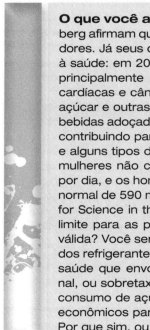

O que você acha? Os opositores do limite de refrigerantes de Bloomberg afirmam que o projeto infringiria a liberdade de escolha dos consumidores. Já seus defensores destacaram os efeitos nocivos de tais bebidas à saúde: em 2010, 184 mil mortes de adultos em todo o mundo – devido principalmente a diabetes, mas também a outras doenças, incluindo cardíacas e câncer – estavam ligadas ao consumo de refrigerantes com açúcar e outras bebidas adoçadas (Kaiser, 2013). Refrigerantes e outras bebidas adoçadas são *a maior fonte de calorias* da dieta norte-americana, contribuindo para a obesidade, diabetes, doenças cardíacas, gota, cárie e alguns tipos de câncer. A American Heart Association recomenda que mulheres não consumam mais do que seis colheres de chá de açúcar por dia, e os homens, mais do que nove colheres de chá; um refrigerante normal de 590 ml contém cerca de 15 colheres de chá de açúcar (Center for Science in the Public Interest, 2012). Você acha que estabelecer um limite para as porções das bebidas adoçadas é uma política de saúde válida? Você seria a favor de uma política que exigisse alertas nos rótulos dos refrigerantes com açúcar informando os consumidores dos riscos de saúde que envolvem seu consumo? Você apoiaria um imposto adicional, ou sobretaxa, sobre os refrigerantes como estratégia para reduzir o consumo de açúcar e fornecer receitas como compensação dos gastos econômicos para tratar problemas de saúde relacionados à obesidade? Por que sim, ou por que não?

Programas de bem-estar no ambiente de trabalho. Algumas empresas oferecem programas de bem-estar a seus funcionários para encorajá-los a se exercitar, comer bem e adquirir outros hábitos saudáveis, por exemplo, parar de fumar. Alguns locais de trabalho têm academias, reembolsam funcionários que frequentam academia ou organizam caminhadas ou corridas no horário de almoço. Algumas empresas criam competições, prêmios para funcionários que perdem mais peso ou se exercitam mais. Pesquisas sugerem que para cada dólar gasto em programas de bem-estar, a empresa economiza US$ 3,27 em despesas médicas e US$ 2,75 referentes ao absenteísmo (Trust for America's Health, 2012).

Um olhar sobre a pesquisa dos problemas sociais

Enviando mensagens de texto sobre um estilo de vida saudável para adolescentes

Com o sobrepeso e a obesidade sendo os maiores problemas da saúde pública, há uma crescente preocupação com as escolhas no estilo de vida dos adolescentes no que diz respeito a seus hábitos alimentares e níveis de atividade física. Em uma pesquisa nacional, menos de 10% dos adolescentes norte-americanos afirmaram comer o número recomendado de porções diárias de frutas e vegetais. Muitos consomem alimentos com açúcar e gorduras em excesso, além de bebidas adoçadas e comidas altamente calóricas. Ao mesmo tempo, muitos adolescentes têm níveis baixos de atividade física e altos níveis de comportamento sedentário, como assistir televisão, ficar no Facebook ou navegar na internet.

Outro comportamento sedentário que os adolescentes têm é o de mandar mensagens de texto: 75% dos jovens de 12 a 17 anos têm celular, e metade deles manda 50 ou mais mensagens por dia. Na verdade, a maioria dos adolescentes norte-americanos usa mensagens de texto, também conhecidas como *short message service*, SMS, como método primário de comunicação. Em função da alta prevalência das mensagens de texto enviadas por adolescentes, a pesquisadora Melanie Hingle, da Universidade do Arizona, investigou se essas mensagens poderiam ser ferramentas úteis para influenciar no conhecimento, atitude e comportamento dos adolescentes no que diz respeito à nutrição e à atividade física (Hingle et al., 2013).

Amostra e métodos

Participantes da pesquisa incluíam um total de 177 adolescentes de 12 a 18 anos inscritos em um dos 11 programas para jovens (como grupos jovens da ACM, um grupo de líderes de alunos do ensino médio e um grupo de ciclismo para jovens). Esses adolescentes se dividiram em um número quase igual de meninas e meninos, representando diversos cenários socioeconômicos e raciais/étnicos, e incluíam uma grande proporção de jovens hispânicos e jovens de famílias de baixa renda.

Cinquenta e nove adolescentes desse estudo participaram de grupos de reflexão; 86 de discussões em sala de aula; e 32 de um estudo piloto de oito semanas. A Fase 1 desse estudo envolveu dois objetivos: (1) identificar tópicos relacionados a atividades físicas e nutrição que são de interesse dos adolescentes e (2) construir exemplos de mensagens sobre esses tópicos de interesse. Muitas estratégias foram usadas para identificar tópicos potenciais, incluindo uma pesquisa na literatura realizada pela equipe pesquisadora para identificar comportamentos associados à obesidade e ao sobrepeso dos adolescentes e outra com cem calouros da universidade que apresentaram suas três principais perguntas sobre nutrição e atividade física. Mais de 300 mensagens foram desenvolvidas sobre tópicos como aumento da ingestão de calorias, aumento do consumo de bebidas adoçadas, baixa ingestão de frutas e vegetais, grandes porções, consumo frequente de *fast-food* e de alimentos fora de casa, atividade física e consumo esporádico de café da manhã. As mensagens foram construídas usando-se vários formatos e estilos para testar o que os adolescentes prefeririam. Tipos de mensagem incluíam "factoides" curtos, enquetes, cenários, testes e receitas.

Na Fase II, pediu-se que grupos de reflexão de 6 a 10 adolescentes dessem sua opinião sobre as várias mensagens relacionadas à saúde que foram desenvolvidas na Fase I. Foi solicitado que os adolescentes contassem o que tinham achado de usar mensagens de texto como veículo para melhorar a saúde, e qual conteúdo e estilo de mensagem acharam mais atraente e relevante. Quatro discussões em sala de aula foram realizadas para avaliar se os adolescentes conseguiam ler e compreender o conteúdo da mensagem e qual estilo de mensagem ou "voz" achavam mais atraente. Os estudantes receberam 25 mensagens e foram solicitados a classificar cada mensagem em uma das três categorias: 1 = "Legal, quero saber mais!"; 2 = "Ok, mas..." (indicando que gostaram da mensagem, mas que precisaria ser ajustada para se adequar ao público jovem); ou 3 = "Próxima!" (indicando que não gostaram da mensagem). Nas discussões em sala de aula, um entrevistador pediu que os estudantes explicassem suas classificações e dessem sugestões para a revisão das mensagens.

Com base nas descobertas da Fase II, os pesquisadores desenvolveram um protocolo de envio de mensagem a ser testado na Fase III. Adolescentes que participaram da Fase III receberam um celular e mensagens de saúde relacionadas à nutrição e atividades físicas por SMS durante oito semanas. Estes foram entrevistados no final do período de testes (oito semanas) para avaliar suas experiências em receber mensagens sobre questões de saúde e explorar quanto leram, gostaram/não gostaram, puseram em prática, ou enviaram as mensagens de texto a outras pessoas.

Educação pública e sensibilização. Em 2010, a primeira-dama Michelle Obama lançou a iniciativa *Let's Move*! visando enfatizar hábitos alimentares saudáveis e aumento de atividades físicas na escola, em casa e na comunidade. Também em 2010, o governo federal aprovou a lei do cardápio rotulado (como parte do Affordable Care Act), que exige que redes de restaurantes, varejistas de alimentos e proprietários de máquinas automáticas de venda publiquem informações sobre calorias nos cardápios, placas ou máquinas e declarem que outras informações nutricionais (como sódio, colesterol, açúcar, gordura saturada etc.) estariam disponíveis em caso de solicitação.

Pesquisadores estão explorando maneiras de usar a mídia social e a tecnologia de comunicação para transmitir mensagens educacionais sobre nutrição e atividades físicas. O quadro *Um olhar sobre a pesquisa dos problemas sociais: Enviando mensagens de texto sobre um estilo de vida saudável para adolescentes* deste capítulo fala sobre o uso das mensagens de texto para abordar o estilo de vida saudável dos adolescentes.

Descobertas selecionadas e discussão

Os adolescentes participantes desse estudo demonstraram entusiasmo com a ideia de receber mensagens de texto sobre nutrição e atividade física. Os dois formatos de mensagem favoritos entre os adolescentes foram o "factoide" curto e os testes. Exemplo de mensagem "factoide" é: "Uma lata de refrigerante têm 10 colheres de chá de açúcar"; de teste: "O guaraná é um ingrediente de muitas bebidas energéticas populares. O que ele é?". Os participantes tendiam a gostar de mensagens que tinham relação especificamente à sua faixa etária (por exemplo: "Garotas norte-americanas de 12 a 19 anos bebem cerca de 650 latas de refrigerante por ano!", ou "2 em cada 5 adolescentes não tomam café da manhã!"). Eles também preferiram mensagens que usaram pronomes pessoais (por exemplo: "Comer alimentos ricos em proteína ajuda você a se sentir satisfeito. Quer ver exemplos de comidas que contêm proteína?"), que entenderam como "falando diretamente com a gente". Os adolescentes também queriam que algumas mensagens contivessem informações que chamaram "aleatórias" (por exemplo: "Cenouras eram originalmente roxas"; "Espigas de milho têm um número par de fileiras de grãos"). Eles viram essas informações "aleatórias" como únicas e divertidas de ler e dividir com os outros. E também gostaram de mensagens "traduzíveis" para comportamentos relacionados a atividade física, nutrição ou peso corporal (por exemplo: "Caminhar pode queimar de 80 a 100 calorias a cada 1,5 km"). Muitos jovens disseram que mensagens simples os deixaram curiosos para saber mais sobre determinado exercício e tópicos de nutrição e sugeriram que os pesquisadores desenvolvessem mensagens "provocadoras" para futuros participantes (por exemplo.: "Poucas horas de sono podem levar a ganho de peso. Clique AQUI para saber mais").

Os adolescentes também comentaram sobre o estilo da mensagem ou "voz". "[Eles] explicaram que não queriam que lhes dessem ordens sobre o que fazer e não gostaram de tons de mensagens que consideraram autoritários" (Hingle et al., 2013, p. 15). Por exemplo, eles sugeriram que a mensagem "Adolescentes deveriam ter nove horas de sono por dia" fosse revisada para "Nove horas de sono por noite é o que se recomenda para os adolescentes". Embora os participantes registrassem ter gostado de receber mensagens de texto sobre nutrição e atividade física, disseram preferir não receber mais do que duas mensagens relacionadas à saúde por dia e gostariam que as mensagens fossem enviadas de uma fonte confiável, como um nutricionista. Eles gostaram de poder responder às mensagens com perguntas para os pesquisadores e receber respostas. Por exemplo, após receber a mensagem: "Uma típica adolescente norte-americana bebe 650 latas de refrigerante por dia!", uma participante respondeu, perguntando: "Você sabe se adolescentes de outros países bebem menos ou mais refrigerante do que nos Estados Unidos? Por exemplo, quantas latas de refrigerante uma garota mexicana bebe por dia?".

Esse estudo sugere que as mensagens de texto podem ser um meio eficaz de transmitir mensagens relacionadas à saúde para os adolescentes e que envolver os jovens no desenvolvimento de mensagens sobre nutrição e atividade física é um meio eficaz de garantir que as mensagens sejam atraentes, relevantes e significativas para sua faixa etária. E também revela que influenciar adolescentes a mudar seus hábitos alimentares e de atividade física é mais fácil quando se evita frases como "você deveria" e "você precisa", porque, como os jovens desse estudo disseram, "adolescentes não gostam de receber ordens" (p. 18). No geral, o estudo sugere que enviar mensagens de texto – o que já é uma das atividades favoritas entre muitos adolescentes – oferece uma oportunidade de atingir adolescentes com informações que poderiam ajudá-los a fazer escolhas de vida mais saudáveis. Hingle notou que promover boa nutrição e atividade física durante a adolescência é fundamental, já que o risco de desenvolver obesidade aumenta durante a adolescência. "Eles agora estão em uma idade em que começam a tomar decisões por si mesmos a respeito de comida e atividade física (...) Até o ensino médio, os pais estão muito mais envolvidos em tomar essas decisões, então, do ponto de vista do desenvolvimento, é uma boa hora para intervir" (citado em "Promoting Health and Physical Activity Via Carefully Worded Text Messages to Teenagers", 2013).

Fontes: HINGLE, Melanie; MIMI NICHTER, Melanie Medeiros; GRACE, Samantha. Texting for Health: The Use of Participatory Methods to Develop Healthy Lifestyle Messages for Teens. *Journal of Nutrition Education and Behavior*, v. 45, n. 1, p. 12-19, 2013.

Promoting Health and Physical Activity Via Carefully Worded Text Messages to Teenagers. *Medical News Today*, 22 jan. 2013. Disponível em: <www.medicalnewstoday.com>.

Estratégias para melhorar os cuidados com a saúde mental

Logo após o trágico massacre de 2012 na Escola Sandy HookemNewtown, Connecticut (veja o Capítulo 1), o presidente Obama convocou um diálogo nacional sobre doenças mentais. Suas propostas incluíam (1) treinar professores para identificar sinais de doenças mentais e fornecer assistência; (2) melhorar a saúde mental e o tratamento de abuso de substâncias para adolescentes e jovens adultos; (3) treinar mais profissionais de saúde mental para atender alunos e jovens adultos; e (4) melhorar a compreensão sobre doenças mentais e a importância do tratamento da saúde mental. A seguir, discutiremos outras estratégias para melhorar os cuidados com a saúde mental nos Estados Unidos, incluindo a eliminação do estigma associado às doenças mentais, a melhoria do acesso a serviços de saúde mental e o apoio às necessidades de saúde mental dos estudantes.

Eliminando o estigma das doenças mentais. Eliminar esse estigma é importante, porque o rótulo negativo de "doença mental" e a rejeição social e estigmatização associadas desencorajam os indivíduos a procurar tratamento para a saúde mental. A National Alliance on Mental Illness (Nami) luta contra representações negativas de doenças mentais nos filmes e na televisão e contra a estigmatização e a linguagem imprecisa da mídia. Uma grande vitória da luta contra o estigma da doença mental ocorreu em 2013, quando a Associated Press – agência global de notícias, vista ou ouvida por mais da metade da população mundial – adotou novas regras sobre como editores e repórteres falam sobre doença mental. As novas regras incluem:

- Doença mental é uma condição geral. Distúrbios específicos ou tipos de doenças mentais devem ser usados sempre que possível.
- Não usar termos depreciativos, como "insano", "louco/histérico", "maluco" ou "transtornado", a não ser que façam parte de uma afirmação essencial para a notícia.
- Sempre que possível, recorrer a pessoas com doenças mentais para falar sobre seu próprio diagnóstico.
- Evitar usar termos de saúde mental para descrever questões que não estão ligadas à saúde. Por exemplo, não dizer que uma premiação foi "esquizofrênica".
- Não presumir que uma doença mental seja um fator de um crime violento e verificar declarações a esse respeito. Pesquisas demonstraram que a grande maioria das pessoas com doenças mentais não é violenta e que a maioria das pessoas violentas não sofre de problemas mentais (Carolla, 2013).

O Departamento de Defesa lançou uma campanha antiestigma chamada "Real Warriors, Real Battles, Real Strength" ("Guerreiros de verdade, batalhas de verdade, força de verdade"), criada para garantir que militares que procuram tratamento para saúde mental não terão sua carreira prejudicada e para divulgar histórias de militares que foram bem-sucedidos no tratamento de problemas de saúde mental (Dingfelder, 2009). Campanhas antiestigma eficazes não apenas focam em erradicar estereótipos negativos de pessoas com doenças mentais, mas também enfatizam as realizações positivas e as contribuições de pessoas com doenças mentais.

("É como se você fosse puxado para este grande ralo e não conseguisse sair." Tradução livre)
Este folheto de educação pública sobre homens e depressão é disponibilizado pelo National Institute of Mental Health (NIMH). Acessível em <www.nimh.nih.gov>.

O que você acha? O Pentágono estabeleceu que a medalha do Coração Púrpura (*Purple Heart medal*) dada a soldados feridos ou mortos em combate não pode ser dada a veteranos de guerra com transtorno de estresse pós-traumático por não se tratar de uma lesão física (Alvarez e Eckholm, 2009). Você acha que os veteranos com esse transtorno deveriam poder receber a medalha do Coração Púrpura? Por que sim, ou por que não?

Melhorando o acesso aos cuidados de saúde mental. Cerca de um terço dos adultos norte-americanos com depressão grave não recebeu tratamento de saúde mental no ano passado. Entre os que receberam, a maioria (61%) foi tratada por um médico da família ou um clínico geral, e não por um especialista em saúde mental (Substance Abuse and Mental Health Services Administration, 2012). Médicos de cuidados primários que tentam encaminhar seus pacientes a serviços de saúde mental ambulatoriais com frequência são malsucedidos devido à falta de profissionais de saúde mental (por exemplo, psiquiatras, psicólogos, enfermeiros especializados em psiquiatria, trabalhadores sociais) e à falta de seguro-saúde adequado. Assim, melhorar o acesso a serviços de saúde mental envolve (1) recrutar mais profissionais de saúde mental, especialmente aqueles dispostos a servir em comunidades rurais e carentes e que tenham competência cultural para trabalhar com pacientes de diversas origens culturais, e (2) melhorar a cobertura do seguro-saúde para problemas de saúde mental.

O Affordable Care Act de 2010 incluiu um novo programa, "Mental and Behavioral Health Education and Training Grant", que fornece fundos para instituições de educação superior recrutar e treinar estudantes para que obtenham diplomas de pós-graduação em saúde clínica mental e comportamental. E em resposta a uma ordem executiva assinada pelo presidente Obama em 2012, o Department of Veterans Affairs (VA) anunciou, no início de 2013, que havia contratado mais de mil profissionais de saúde mental e estava trabalhando no contrato e treinamento de especialistas de saúde mental de mesmo nível e no aumento da capacidade de linhas telefônicas para veteranos em crise. O Affordable Care Act (ACA) melhorou os cuidados com a saúde mental ampliando muito a cobertura de seguro para saúde mental e distúrbio por uso de substâncias. Sob o ACA, todos os novos planos de seguro pequenos e individuais do mercado são obrigados a cobrir dez categorias do Essential Health Benefit, incluindo serviços de saúde mental e distúrbio por uso de substâncias e devem cobri-los com os mesmos benefícios, como assistência médica e cirúrgica – um conceito conhecido como **paridade**. O Affordable Care Act ampliou a cobertura de seguro para saúde mental e uso de substâncias e proteções de paridade federal para 62 milhões de norte-americanos (Beronio et al., 2013).

Outra estratégia para melhorar o acesso a cuidados de saúde mental envolve tornar a triagem de saúde mental uma prática padrão ressarcida pelo seguro, como acontece com mamografias e outros exames de triagem. E embora a maioria das escolas alerte crianças e adolescentes por problemas de audição e visão, algumas também o fazem em relação a problemas de saúde mental, tais como depressão.

O que você acha? A Cruz Vermelha norte-americana ministra cursos de primeiros socorros para milhões de pessoas todo ano. Neles, os participantes aprendem a atender a emergências de primeiros socorros, incluindo fraturas ósseas, cortes, queimaduras e outras lesões, bem como emergências cardíacas e respiratórias; por exemplo, como fazer ressuscitação cardiopulmonar (RCP) e usar desfibriladores externos automáticos (DEA). Esses cursos não incluem emergências de saúde mental. Para ajudar o público a reconhecer, compreender e responder a sinais de doença mental, o Mental Health First Aid USA – um treinamento de 12 horas surgido na Austrália em 2001 – ensina os participantes a atender emergências de saúde mental, como um estranho tendo um ataque de pânico, uma pessoa que enfrenta alucinações visuais ou auditivas ou um amigo que expressa falta de esperança ou desespero, ou que ameaça cometer suicídio. Você acha que os cursos de primeiros socorros da Cruz Vermelha norte-americana também deveriam incluir emergências de saúde mental? Por que sim, ou por que não?

Apoio à saúde mental para universitários. A maioria das faculdades e universidades oferece serviços de saúde mental a estudantes e fornece adaptações para alunos com problemas de saúde mental documentados (como ajustes em horários de provas e abonos de faltas para tratamento). As faculdades podem melhorar esses serviços de muitas maneiras, como certificar-se de que os alunos saibam da sua existência, contratar mais profissionais de saúde mental e oferecer horários estendidos e flexíveis desses serviços. Em uma pesquisa com universitários diagnosticados com problemas de saúde mental, foi-lhes perguntado quanto tinham de esperar em média por uma consulta para ter acesso aos serviços de saúde mental do *campus*; quase 4 em cada 10 esperavam mais de cinco dias por uma consulta (NationalAlliance on Mental Illness, 2012).

Como já discutido neste capítulo, muitos alunos com problemas de saúde mental não divulgam sua condição ou não buscam adaptações ou serviços em grande parte devido ao estigma envolvido em ser identificado como pessoa com um problema mental. Para reduzir esse estigma no *campus*, é fundamental divulgar informações à comunidade sobre as condições comuns de saúde mental e enfatizar a importância de obter ajuda.

Em mais de 25 *campus* em todos os Estados Unidos, alunos estão se envolvendo em clubes que oferecem ajuda e proteção a alunos com doenças mentais. Clubes Nami on Campus, afiliados à National Alliance on Mental Illness, são agremiações organizadas por alunos que visam à sensibilização sobre questões de saúde mental, educar a comunidade do *campus* e

paridade Na área da saúde, conceito que exige igualdade entre cobertura de seguro de saúde mental e outros tipos de cobertura.

apoiar os estudantes. Aaron Chen, aluno da Universidade de Illinois, em Urbana-Champaign, explicou que escolheu começar o Nami on Campus porque ele mesmo havia enfrentado e testemunhado as dificuldades associadas a problemas mentais e porque "é extremamente difícil para os afetados por doença mental falar sobre suas dificuldades, especialmente em um *campus* de faculdade"; Megan Rogers, presidente do Nami on Campus da Carolina do Norte, disse que se envolveu com um clube Nami on Campus "para me conectar aos iguais a mim em um ambiente de apoio" e para "contribuir para acabar com o estigma e o isolamento associados a ter uma doença mental" (citado em Crudo, 2013).

O estresse pode exacerbar problemas de saúde mental e até desencadear seu aparecimento. Para ajudar os alunos a lidar com o estresse da semana de provas, algumas faculdades e universidades lhes dão acesso a "cães terapeutas" para aliviar o estresse. A Universidade de Connecticut dispõe de cães terapeutas na biblioteca durante a semana de provas em um programa chamado "Paws to Relax" (patas para relaxar). Na Harvard Medical School e Yale Law School, os alunos podem ter cães terapeutas por empréstimo com seu cartão da biblioteca, da mesma forma como fazem para pegar livros emprestados. O quadro *Animais e sociedade* deste capítulo descreve como cães e outros animais podem ser úteis à terapia e ao aconselhamento de saúde mental.

Reforma federal da assistência médica dos Estados Unidos: o Affordable Care Act de 2010

Desde 1912, quando Theodore Roosevelt propôs pela primeira vez um plano de seguro-saúde nacional, os governos de Truman, Nixon, Carter, Clinton e Obama defenderam a ideia de assistência médica para todos os norte-americanos. Após um debate muito acalorado em 2010, o Patient Protection and Affordable Care Act, também chamado comumente **Affordable Care Act (ACA)**, ou "Obamacare", foi aprovado pelo Congresso e sancionado pelo presidente Obama, com o objetivo global de aumentar a cobertura de seguro-saúde para os norte-americanos. Algumas das muitas disposições do ACA incluem:

- Estabelecer uma "ordem individual" exigindo que cidadãos e residentes legais dos Estados Unidos tenham seguro-saúde ou paguem uma multa (isenções serão concedidas quando de dificuldades financeiras).
- Criar intercâmbios de seguro-saúde: mercados on-line nos quais consumidores possam comprar, comparar e se inscrever em planos de saúde.
- Conceder créditos fiscais para empresas que oferecem seguro a seus funcionários.
- Exigir planos de seguro-saúde que forneçam cobertura a dependentes de até 26 anos.
- Proibir os planos de seguro-saúde de estabelecer limites de vida sobre o valor em dólar da cobertura; restringir limites anuais de cobertura; proibir as seguradoras de cancelar a cobertura, exceto em casos de fraude; e proibir a negação de seguro devido a condições preexistentes.
- Exigir que companhias de seguro usem certa porcentagem dos prêmios que arrecadam com a atenção médica, em contraposição a despesas administrativas e lucros.
- Expandir o Medicaid a fim de cobrir mais indivíduos/famílias de baixa renda.
- Oferecer descontos em medicamentos de marca prescritos, serviços preventivos gratuitos e exames anuais de bem-estar para os inscritos no Medicare e elevar os prêmios para idosos de alta renda inscritos nesse programa.

Os desafios sobre a constitucionalidade do ACA finalmente chegaram à Suprema Corte, que, em uma votação de 5 a 4, determinou em 2012 que a ordem individual é um exercício constitucional do poder do Congresso para a cobrança de impostos (Musumeci, 2012). Mas a justiça barrou o governo federal de reter fundos do Medicaid dos estados que se recusaram a participar da expansão oferecida pelo ACA, permitindo assim que desistissem das subvenções federais da expansão do Medicaid sem perder o financiamento existente do Medicaid (Clemmitt, 2012).

Affordable Care Act (ACA) Reforma na legislação do sistema de saúde que o presidente norte-americano Barack Obama assinou e tornou lei em 2010, com o objetivo global de ampliar a cobertura de seguro-saúde para os norte-americanos; também conhecida como Patient Protection and Affordable Care Act, ou "Obamacare".

Animais e a sociedade

Melhorando a saúde mental com a terapia assistida por animais

Uma tendência crescente nos serviços de saúde mental envolve o uso de animais para terapia, especialmente cães, gatos e cavalos, cujo objetivo é melhorar a funcionalidade de indivíduos com vários problemas de saúde mental, incluindo ansiedade, depressão, questões familiares, autismo, transtornos alimentares, estresse pós-traumático, déficit de atenção e muitos outros. (Fine, 2010; Peters, 2011). A Terapia Assistida por Animais (TAA) é usada em um grande número de instituições de atenção à saúde mental, como consultórios particulares, clínicas de saúde mental, hospitais e instalações residenciais e para cuidados de longo prazo. Alguns sistemas escolares usam a TAA para auxiliar crianças com problemas comportamentais (por exemplo: déficit de atenção/transtorno de hiperatividade, transtorno do espectro autista). Nos Estados Unidos, a TAA foi aplicada pela primeira vez em 1919, quando cães foram usados com pacientes psiquiátricos no Hospital St. Elizabeth, em Washington, DC. O uso de animais no tratamento de saúde mental ganhou atenção crescente com a publicação do *Pet-Oriented Child Psychotherapy*, do Dr. Boris Levinson, em 1969, que descobriu o valor terapêutico dos animais quase por acidente, quando um jovem paciente chegou mais cedo para sua sessão de terapia e encontrou e abraçou seu cão, Jingles, que estava no consultório naquele dia. Levinson observou o impacto poderoso que o cão tinha sobre o garoto e como o animal o ajudou a criar um vínculo com seu paciente (Urichuk e Anderson, 2003).

Os animais podem contribuir para a terapia de várias maneiras, como (1) reduzindo a ansiedade, (2) ajudando no processo de construção de confiança e vínculo entre o paciente e o terapeuta, (3) aumentando a motivação para comparecer e participar da terapia por causa do desejo de passar um tempo com o animal e (4) estimulando conversas sobre tópicos difíceis. Um terapeuta registrou a experiência de seu trabalho com uma criança traumatizada por abuso sexual:

> Eu disse à criança que Buster (um cão) havia tido um pesadelo. Então lhe perguntei: "Sobre o que você acha que foi o pesadelo dele?". A criança respondeu: "O pesadelo era sobre ter medo de alguém mau machucá-lo novamente". (Citado em Kruger e Serpell, 2010, p. 39)

A TAA também é aplicada a indivíduos com doenças mentais graves. Marsha, uma mulher de 23 anos, foi diagnosticada com esquizofrenia catatônica e era tratada com medicação e terapia de eletrochoque, mas sem sucesso. Havia se tornado introvertida, fria e quase muda. Um cão terapeuta foi introduzido em seu tratamento:

> No início não houve melhoras no comportamento de Marsha. [...] Ela continuava muito introvertida, e os únicos sinais de comunicação apareciam quando estava com o cão. Quando ele era retirado da sala, ela se levantava da cadeira e ia atrás dele. Marsha, aos poucos, começou a passear com o cachorro e [...] recebeu uma programação por escrito dos momentos em que o cão a visitaria; ela começou a ansiar pelas visitas e a falar sobre o cão com outros pacientes. Seis dias depois da introdução do cão, Marsha, de repente, demonstrou melhora significativa, e pouco tempo depois teve alta. (Citado em Urichuk e Anderson, 2003, p. 107–108)

O uso mais comum da TAA em serviços de saúde mental envolve o trabalho de terapeutas em parceria com seu próprio animal de estimação, previamente avaliado e certificado como apropriado para terapia (Chandler, 2005). Cães que atuam como animal terapeuta devem atender a exigências rigorosas de organizações, como Therapy Dogs Inc., Delta Society®, e Therapy Dogs International. Para os cães, isso inclui um teste de temperamento, treinamento de obediência e de TAA adicional, no qual os cães aprendem, por exemplo, a não reagir a ruídos muito altos, andar em elevador e se sentir confortável perto de pacientes que usam cadeiras de roda ou andadores.

Além disso, os cães devem ter boa saúde, e suas vacinas devem estar em dia. Nem toda TAA envolve o uso de animais especialmente treinados ou certificados. Alguns indivíduos alcançam melhora na saúde mental e no bem-estar como resultado da interação e do cuidado com animais de fazenda (Arehart-Treichel, 2008). Um estudo de caso descreve como Mark, um jovem adolescente com autismo, se beneficiou de interações com burros:

> De início, Mark não conseguia chegar perto dos burros. Naturalmente atentos às pessoas, eles fugiam quando Mark ia atrás deles. [...] Mas Mark estava motivado e, com orientação e paciência, aprendeu a se aproximar dos burros lenta e gentilmente. Tomou consciência dos sentimentos dos animais e de como suas ações os impactavam; assim, construiu um relacionamento com os burros baseado em confiança mútua e respeito. Agora, ele é recompensado toda semana por Ceilidh, que corre atrás dele para receber carinho. Esta é uma experiência nova para Mark,

Cães terapeutas são usados em uma série de instituições, incluindo clínicas, consultórios médicos particulares, lares de idosos, escolas e hospitais.

> e estamos trabalhando para que ele a transfira às relações humanas. (Citado em Urichuk e Anderson, 2003, p. 80).

Animais pequenos, como coelhos, porquinhos-da-índia e pássaros, também podem ser usados como animais de terapia:

> Marta, uma menina de 8 anos diagnosticada como uma criança emocionalmente transtornada, era criada por uma mãe rígida e abusiva. Marta era agressiva e hiperativa, sexualmente precoce e tinha chiliques. Durante seus primeiros meses no colégio interno, ninguém conseguia fazê-la falar sobre sua relação com sua mãe. Na primeira sessão com um pequeno coelhinho peludo, ela o segurou no colo e o acariciou, dizendo ao terapeuta que as orelhas do coelho tinham sido mastigadas por sua mãe-coelha. (As orelhas do coelho eram normais.) O terapeuta perguntou a ela por quê. Marta respondeu: "A mãe-coelha mastigou as orelhas do bebê-coelho inteiras. Ela queria que o bebê fosse embora de casa". O terapeuta então perguntou: "Como o bebê-coelho se sentiu?". Em resposta, Marta disse: "Triste. O bebê-coelho ama sua mãe-coelha, mas a mãe-coelha não ama mais o bebê". Esse diálogo sobre o coelho foi a porta de entrada para Marta falar sobre seus sentimentos em relação à mãe que tanto a maltratava. (Citado em Urichuk e Anderson, 2003, p. 64–65)

É importante perceber que a TAA não é apropriada para indivíduos com medo ou alergia a animais. Mesmo com uma seleção e treinamento cuidadosos, há riscos de o animal terapeuta machucar o paciente, e vice-versa. Mas, com supervisão de perto e gestão cuidadosa, a terapia assistida por animais oferece oportunidades de melhorar o bem-estar e a funcionalidade de crianças e adultos com uma série de doenças mentais.

Em 2013, três anos depois que o ACA se tornou lei, o público continuava dividido em relação ao ACA, com 37% tendo uma opinião favorável, 40% desfavorável e 23% sem se posicionar (Kaiser Family Foundation, 2013). Quando perguntados sobre seus motivos, a resposta mais comum entre os que apoiam o ACA envolve a ampliação do acesso à assistência médica e à seguridade, enquanto os não favoráveis expressam preocupação quanto ao custo e são contrários à ordem individual e ao envolvimento do governo na saúde.

Alguns norte-americanos que criticam o ACA, por não ir longe o suficiente a ponto de garantir o acesso à assistência médica, pedem uma reforma mais profunda, que crie um **sistema de saúde de pagador único**, no qual um programa público de seguridade financiado por um único imposto substitua as empresas privadas de seguridade. Os defensores do financiamento de um sistema de pagador único argumentam que os custos administrativos da seguridade privada consomem quase um terço da verba para a saúde. Esses custos incluem despesas da empresa seguradora com departamentos de contratação, cobrança, vendas e marketing, salários exorbitantes para os executivos e lucros. Além disso, hospitais e médicos devem pagar equipes administrativas para lidar com as diferentes políticas de cobrança e os diferentes procedimentos das seguradoras. Argumentam, ainda, que o sistema de pagador único economizaria mais de US$ 400 bilhões por ano – o suficiente para fornecer cobertura de saúde a qualquer um sem custo adicional.

O United States National Health Care Act, também conhecido como Expanded and Improved Medicare for All Act, introduzido pelo deputado John Conyers (Michigan), expandiria o Medicare para todos os residentes nos Estados Unidos. Em 2011, Vermont se tornou o primeiro estado a aprovar uma legislação que estabelece um sistema de pagador único da saúde estadual.

Os oponentes argumentam que um programa nacional de seguridade de pagador único representaria uma "estatização" da atenção à saúde e resultaria em custos mais altos, menos opções, racionamento e burocracia – as mesmas consequências resultantes da medicina corporativa (Nader, 2009). A ascensão do movimento político populista Tea Party estimulou a oposição ao "*big government*", vendo o "controle" do governo sobre a saúde como uma intromissão nas liberdades individuais.

A Dra. Marcia Angell (2003), professora na Harvard Medical School e ex-editora do *New England Journal of Medicine,* faz o seguinte apelo por um programa de saúde nacional:

> Vivemos em um país que tolera enormes disparidades de renda, posses e privilégios sociais. Esta pode ser uma consequência inevitável de uma economia de livre mercado. Mas essas disparidades não devem se estender à negação de certos serviços essenciais para nossos cidadãos em razão de sua renda ou *status* social. Um desses serviços é a assistência médica. Outros são educação, água e ar limpos, justiça igualitária e proteção contra o crime, todos já reconhecidos como responsabilidades públicas. Precisamos assim reconhecer também para a assistência médica.

Há um apoio considerável ao sistema de saúde de pagador único entre médicos, enfermeiros e o público em geral. A indústria de seguros se opõe à adoção de tal sistema, porque a de seguro-saúde privada seria praticamente eliminada, e por isso gasta muito dinheiro em *lobbies*, contribuições políticas e relações públicas para influenciar o debate sobre a reforma na saúde.

Entendendo os problemas de saúde e assistência médica

Embora a saúde humana provavelmente tenha melhorado mais durante os últimos 50 anos em comparação aos últimos três milênios, a distância entre ricos e pobres permanece grande nesse segmento. Países pobres precisam de assistência econômica e material para aliviar problemas como HIV/Aids, altas taxas de mortalidade materna e infantil e malária. O câncer, antes visto como uma doença que afeta principalmente países ricos, se tornou prevalente nos de baixa renda, onde o tratamento não está disponível ou não é financeiramente acessível (Farmer et al., 2010). Obesidade e os problemas de saúde a ela associados também se

sistema de saúde de pagador único Sistema de assistência médica no qual um programa público de seguridade financiado por um único imposto substitui empresas privadas de seguridade.

disseminaram ao redor do mundo, somados à carga de doenças infecciosas que já atormentavam países de baixa renda.

Embora a pobreza talvez seja o fator social mais poderoso que afeta a saúde, outros incluem globalização, aumento da longevidade, estrutura familiar, gênero, educação, raça ou etnia. Embora indivíduos façam escolhas que afetam sua saúde – como fumar, exercitar-se, comer alimentos saudáveis, praticar atividade sexual sem proteção, usar cinto de segurança etc. –, essas escolhas também são influenciadas por forças sociais, econômicas e políticas, que, portanto, devem ser abordadas se o objetivo é melhorar a saúde não apenas de indivíduos, mas de toda a população. Ao focar comportamentos individuais que afetam a saúde e provocam doenças, com frequência negligenciamos as causas sociais de problemas de saúde (Link e Phelan, 2001). Uma visão sociológica sobre doenças e assistência médica observa não apenas as causas sociais, mas também as *consequências* sociais de problemas de saúde – consequências estas que potencialmente afetam todos nós. Em *Uninsured in America* (2005), Serede e Fernandopulle explicam:

> Se milhões de crianças norte-americanas não têm assistência médica confiável, básica, todas as crianças que frequentam escolas norte-americanas correm riscos de exposições diárias a doenças não tratadas. Se milhões de restaurantes e trabalhadores em indústrias alimentícias não têm seguro-saúde, pessoas que preparam as comidas e atendem às mesas estão compartilhando seus problemas de saúde com seus clientes. (...) Se 10 milhões de norte-americanos ficam sem cuidado básico e preventivo, sobra para todos nós quando seus problemas de saúde se transformam em emergências médicas complexas que necessitam de tratamento caro (p. 20).

A abordagem sociológica das doenças e assistência médica também busca soluções sociais, como políticas de governo federal, estadual e local, e leis criadas para melhorar a saúde pública local. Em uma pesquisa com adultos norte-americanos, mais de 75% deles afirmaram que apoiariam políticas governamentais que (1) exijam que fabricantes de alimentos e redes de restaurantes reduzam significativamente o sódio em seus alimentos; (2) exijam que alunos de escolas públicas façam pelo menos 45 minutos de atividades físicas diariamente; (3) aumentem o acesso a frutas e vegetais; (4) exijam a exibição de contagem de calorias nas embalagens de produtos; e (5) impeçam o uso de vales-alimentação para refrigerantes e outras bebidas adoçadas (Morain e Mello, 2013).

Melhorar a saúde pública é um trabalho complexo. Uma abordagem abrangente sobre a saúde é pautada pelo fato de que não há uma única bala de prata para a melhora da saúde da população. Os investimentos em todos os determinantes de saúde – incluindo assistência médica, saúde pública, hábitos saudáveis e ambientes sociais e físicos das pessoas – serão exigidos (Kindig e Cheng, 2013, p. 456). Uma abordagem abrangente para melhorar a saúde de uma sociedade exige discussão sobre diversas questões, como pobreza e desigualdade econômica, desigualdade de gênero, crescimento populacional, questões ambientais, educação, moradia, energia, água e saneamento, agricultura e segurança no trabalho. Apesar da importância de tentativas recentes de reforma na assistência médica no sentido de melhorar a cobertura do seguro-saúde dos norte-americanos, o acesso a essa assistência é apenas uma peça do quebra-cabeça: "Saúde e longevidade são profundamente influenciadas por onde e como os norte-americanos vivem, aprendem, trabalham e se divertem" (Williams et al., 2010, p. 1.481).

Melhorar a saúde do mundo também significa buscar soluções não militares para conflitos internacionais. Além das mortes, lesões e doenças resultantes do combate, a guerra desvia recursos econômicos de programas de saúde, leva à fome e doenças causadas pela destruição da infraestrutura, causa trauma psicológico e contribui para a poluição ambiental (Sidel e Levy, 2002). Assim, "a prevenção da guerra (...) é certamente uma das etapas mais fundamentais que a humanidade pode realizar para proteger a saúde pública" (White, 2003, p. 228).

As mortes trágicas e sem sentido do tiroteio na Sandy Hook Elementary School em 2012 (veja o Capítulo 1) renovaram a preocupação pública em relação à assistência médica acessível – outro aspecto fundamental, mas com frequência negligenciado da saúde pública. A tragédia da Sandy Hook também despertou debates sobre o controle de armas nos Estados Unidos (veja também o Capítulo 4), levantando a questão de se a disponibilidade generalizada de armas é um problema de saúde pública. A taxa de mortes ligadas a armas de fogo nos Estados Unidos é quase 20 vezes mais alta do que a de outras nações desenvolvidas (Shern e Lindstrom, 2013). Em outros países desenvolvidos e civilizados que concedem a seus cidadãos o direito à assistência médica universal, possuir uma arma é um privilégio, não um direito. Nos Estados Unidos, os norte-americanos têm o direito constitucional de possuir uma arma, mas não têm direito semelhante à assistência médica. Até que os Estados Unidos se unam ao restante do mundo desenvolvido, bem como às Nações Unidas, e declarem acesso à assistência médica como direito humano básico, pode ser mais fácil para muitos norte-americanos ter acesso a armas do que à assistência médica.

REVISÃO DO CAPÍTULO

- **Como a Organização Mundial da Saúde define saúde?**
Saúde, de acordo com a Organização Mundial da Saúde, é um "estado de bem-estar físico, mental e social completo". Com base nessa definição, sugerimos que o estudo dos problemas sociais seja, em essência, o estudo dos problemas de saúde, porque cada problema social afeta o bem-estar físico, mental e social dos seres humanos e dos grupos sociais dos quais fazem parte.

- **Quais são algumas das principais diferenças na saúde das populações que vivem em países de alta renda em comparação às das que vivem em países de baixa renda?**
A expectativa de vida é significativamente maior em países de alta renda se comparada aos de baixa renda. Embora a maioria das mortes no mundo todo seja causada por doenças não transmissíveis, como doenças cardíacas, derrame, câncer e doenças respiratórias, os países de baixa renda têm um índice comparativamente mais alto de infecções e doenças causadas por parasitas, morte de bebês e crianças e mortalidade materna.

- **Como a globalização afetou a saúde no mundo?**
A globalização está ligada ao aumento da obesidade no mundo por conta do aumento do acesso a comidas e bebidas não saudáveis, televisões, computadores e veículos automotores, que estão associados a um comportamento sedentário. Esses fatores contribuíram para a *globesidade* – o aumento global do sobrepeso e da obesidade, e dos problemas de saúde que os acompanham. O aumento do transporte e das viagens globais contribui para níveis insalubres da poluição do ar devidos à queima de combustíveis fósseis e para a aceleração da disseminação de doenças infecciosas. Vendo pelo lado positivo, a tecnologia de comunicação globalizada é útil para monitorar e registrar surtos de doenças, disseminando orientações para controlá-las e tratá-las e para dividir conhecimento médico e descobertas de pesquisas. Outro aspecto da globalização *versus* saúde é o crescimento do turismo médico – uma indústria global multibilionária que envolve viagens, principalmente entre fronteiras internacionais, com o propósito de obtenção de cuidados médicos.

- **Os norte-americanos são a população mais saudável do mundo?**
Os Estados Unidos são um dos países mais ricos do mundo, mas não dos mais saudáveis. Comparando resultados de saúde nos Estados Unidos com os de 16 outros países de alta renda industrializados, os norte-americanos são menos propensos a fumar e consumir bebidas altamente alcoólicas, além de terem melhor controle sobre seus níveis de colesterol. Os Estados Unidos também têm taxas mais altas de detecção e sobrevivência de câncer e maior nível de sobrevivência após os 75 anos. Mas, apesar do fato de os Estados Unidos gastarem mais em assistência médica por pessoa do que qualquer outro país industrializado, os norte-americanos morrem mais cedo e têm altas taxas de doença ou lesão. Os Estados Unidos ficaram em último lugar, ou entre os últimos, em áreas-chave de saúde: mortalidade infantil, baixo peso ao nascer, lesões e homicídio, gravidez na adolescência e infecções transmitidas sexualmente; prevalência de HIV/Aids; mortes relacionadas a drogas; obesidade e diabetes; doenças cardíacas; doenças pulmonares; e incapacidades.

- **Por que a doença mental é referida como "epidemia escondida"?**
Doença mental é assim referida porque a vergonha e o constrangimento associados a problemas mentais desencorajam as pessoas de reconhecer e falar sobre ela. O estigma de ser rotulado como "mentalmente doente" pode afetar negativamente o conceito que um indivíduo tem de si mesmo e desqualificá-lo à total aceitação social. Estereótipos negativos de pessoas com problemas mentais contribuem para esse estigma. Um dos estereótipos mais comuns de pessoas com doenças mentais é que são perigosas e violentas. Embora doenças mentais não tratadas possam resultar em comportamento violento, a grande maioria das pessoas com doenças mentais severas não é violenta e está envolvida em apenas cerca de 4% dos crimes violentos. Na verdade, pessoas com doenças mentais são muito mais propensas a ser vítimas de violência do que os indivíduos da população geral.

- **Quão comum é a doença mental nos Estados Unidos?**
Em 2011, entre a população civil não institucionalizada, um em cada cinco adultos norte-americanos apresentou alguma doença mental, comportamental ou emocional diagnosticável (com exceção de distúrbios de desenvolvimento e por abuso de substâncias), naquele momento ou no ano anterior. Um de cada 20 norte-americanos adultos tinha uma doença mental séria – resultante de uma deficiência séria no funcionamento diário. Cerca de metade dos norte-americanos enfrentará alguma forma de doença mental ao longo da vida. Mais de um

a cada quatro universitários foi diagnosticado ou tratado por um profissional devido a problemas de saúde mental em 2011.

- **Qual perspectiva teórica critica a indústria farmacêutica e de assistência médica por colocar os lucros acima das pessoas?**

   A perspectiva de conflito critica a indústria farmacêutica e de assistência médica por colocar os lucros acima das pessoas. Por exemplo, orçamentos de P&D de empresas farmacêuticas são gastos não de acordo com as necessidades da saúde pública, mas com cálculos para maximizar os lucros. Já que a maioria das pessoas em países em desenvolvimento não têm recursos para pagar altos preços por medicação, as companhias farmacêuticas não veem o desenvolvimento de drogas para doenças de países pobres como um investimento lucrativo.

- **Quais são os principais fatores sociais associados à saúde e às doenças?**

   Os três principais fatores sociais são: *status* socioeconômico, raça/etnia e gênero.

- **Como é a assistência médica nos Estados Unidos em comparação a muitos outros países de alta renda?**

   Muitos outros países avançados têm sistemas de seguro-saúde nacionais – em geral administrados e pagos pelo governo – que fornecem assistência médica universal (a todos os cidadãos). Os Estados Unidos não têm um sistema de assistência médica propriamente dito, mas uma colcha de retalhos que inclui tanto o seguro privado (pago individualmente ou por meio de empregadores ou outros grupos) quanto planos de seguro públicos, como Medicare e Medicaid.

- **Qual a diferença entre assistência à saúde primária seletiva e assistência à saúde primária abrangente?**

   A assistência à saúde primária seletiva concentra-se no uso de intervenções específicas para atingir problemas de saúde específicos, como promover o uso de camisinhas para prevenir infecções HIV e fornecer imunizações contra doenças da infância para promover a sobrevivência infantil. Em contrapartida, a assistência à saúde primária abrangente concentra-se nos determinantes sociais mais amplos da saúde, como pobreza e desigualdade econômica, desigualdade de gênero, meio ambiente e desenvolvimento comunitário.

- **Qual o principal objetivo do Patient Protection and Affordable Care Act, comumente chamado Affordable Care Act (ACA), ou "Obamacare"?**

   Seu principal objetivo é aumentar a cobertura do seguro-saúde para os norte-americanos.

AVALIE SEU CONHECIMENTO

1. No mundo inteiro, a principal causa de morte é
   a. HIV/Aids
   b. acidentes de trânsito
   c. doenças cardíacas
   d. câncer

2. Nos Estados Unidos, _____ dos adultos está acima do peso ou é obeso.
   a. cerca de 10%
   b. quase um quarto
   c. quase metade
   d. mais de dois terços

3. Os norte-americanos são a população mais saudável do mundo.
   a. Verdadeiro
   b. Falso

4. Qual faixa etária tem a taxa mais alta de pensamentos suicidas?
   a. 12 a 16
   b. 18 a 25
   c. 45 a 55
   d. mais de 65

5. Um estudo sobre taxas de mortalidade em 3.140 condados-americanos descobriu que os fatores mais fortemente associados à mortalidade mais alta eram pobreza e
   a. gênero
   b. raça
   c. divórcio
   d. falta de escolaridade

6. Os Estados Unidos gastam muito mais por pessoa em assistência médica do que qualquer outra nação industrializada.
   a. Verdadeiro
   b. Falso

7. Em 2012, o custo médio anual com seguro-saúde para uma família norte-americana era
   a. mais de US$ 15.000
   b. quase US$ 5.000
   c. cerca de US$ 500,00
   d. US$ 150,00

8. Nos Estados Unidos, a fonte mais frequentemente usada de assistência para problemas de saúde mental é
   a. psicólogos
   b. psiquiatras
   c. médicos de cuidados primários
   d. trabalhadores sociais

9. Um estudo descobriu que as despesas médicas, bem como a perda de renda devido a doenças, contribuíram para dois terços de todas as falências em 2007. Em sua maioria, os devedores
   a. eram chefes de família escolarizados com empregos de classe média
   b. tinham seguro-saúde
   c. tanto **a** quanto **b** estão corretas
   d. tanto **a** quanto **b** estão incorretas

10. Um sistema de saúde no qual um único programa de seguro financiado por impostos substitui companhias de seguro privado é chamado

a. Constitutional care
b. Managed care
c. Obamacare
d. Sistema de saúde de pagador único

Respostas: 1. C; 2. D; 3. B; 4. B; 5. D; 6. A; 7. A; 8. C; 9. C; 10. D.

TERMOS-CHAVE

Affordable Care Act (ACA) 60
assistência médica universal 50
atenção à saúde primária abrangente 53
atenção à saúde primária seletiva 53
desinstitucionalização 52
doença mental 36
estigma 37
expectativa de vida 29
globalização 31
globesidade 31
indenização aos trabalhadores 47

managed care 47
Medicaid 47
medicalização 42
Medicare 47
medicina alopática 48
medicina alternativa e complementar 48
mortalidade 29
mortalidade abaixo de 5 anos 30
mortalidade infantil 30
mortalidade materna 30
países desenvolvidos 28

países em desenvolvimento 28
países subdesenvolvidos 28
paridade 59
saúde 28
saúde mental 36
sistema de saúde de pagador único 62
State Children's Health Insurance Program (Schip) 47
status socioeconômico 43
turismo médico 32

3

Álcool e outras drogas

"O abuso das substâncias, o número de problemas de saúde evitáveis na nação, colocam um enorme fardo sobre a sociedade norte-americana, prejudicando a saúde, a vida familiar, a economia e a saúde pública, além de ameaçar outros aspectos da vida."

— Fundação Robert Wood Johnson, Institute for Health Policy, Universidade Brandeis

Contexto global: uso e abuso de drogas
Teorias sociológicas sobre uso e abuso de drogas
Uso frequente de drogas legais
Você e a sociedade: **As consequências do consumo de álcool**
Uso frequente de drogas ilegais
Consequências sociais do uso e abuso de drogas
Um olhar sobre a pesquisa dos problemas sociais: **Beber em casa, um problema de família**
O lado humano: **Histórias reais, pessoas reais**
Alternativas de tratamento
Estratégias para ação: os Estados Unidos reagem
Entendendo o uso de álcool e outras drogas
Revisão do capítulo

TUDO O QUE MARCOU a morte da bailarina de 20 anos, Elena Shapiro, foi um ursinho de pelúcia, uma vela iluminando suavemente, pétalas de flores e uma sapatilha de balé. Esse foi o cruzamento em que tudo aconteceu, onde Raymond Cook, proeminente cirurgião plástico, bateu seu Mercedes preto no Elantra de Elena Shapiro, a 128 km/h. O carro foi amassado como uma folha de papel, e Elena, presa no seu interior, foi atingida com tanta força, que fios do seu longo cabelo loiro foram encontrados na parte de trás do banco. O porta-malas foi empurrado para dentro da cabine; um chinelo permaneceu no console, a chave pendia na ignição, e manchas de sangue cobriam o estofamento cinza.

Raymond Cook voluntariamente entregou sua licença médica e começou a frequentar uma clínica de reabilitação para dependentes alcoólicos. Ele foi acusado de homicídio culposo. O júri nunca soube que aquela não era a primeira vez que dirigia embriagado ou se aquele tinha sido ou não seu primeiro acidente que causava. Raymond também tinha um histórico de excesso de velocidade; naquela terrível noite, um detector de radares tinha sido encontrado em seu carro.

Durante o julgamento, ele permaneceu impassível, enquanto testemunhas após testemunhas afirmavam haver tentado impedi-lo de beber e dirigir, pois estava visivelmente bêbado no clube naquela tarde e, mais tarde, à noite, no bar e no restaurante.

Ao final, ele foi condenado por homicídio doloso e culposo, por direção de veículo automotor e em estado de embriaguez, e condenado a quatro anos, sentença máxima permitida por lei. Menos de três anos cumprindo pena, Raymond Cook foi autorizado a trabalhar como farmacêutico em uma empresa e a fazer visitas à família nos fins de semana.

Elena Shapiro foi uma das muitas pessoas mortas nas ruas por culpa de motoristas embriagados no ano de 2009. E, apesar de a sentença ter sido relativamente branda, pelo menos Raymond Cook foi preso e processado. Em média, um motorista bêbado comete cerca de 80 infrações antes de ser preso pela primeira vez.

Mortes relacionadas ao consumo de drogas são apenas uma das consequências negativas do abuso de álcool e outras drogas. Esse abuso torna-se um problema social quando interfere no bem-estar dos indivíduos e/ou da sociedade em que vivem – quando a saúde, a segurança, o trabalho e o sucesso escolar da família e dos amigos são colocados em risco. Mas administrar o problema das drogas é difícil. Ao lidar com esse problema, a sociedade precisa contrapor os direitos individuais e as liberdades civis com os prejuízos sociais e pessoais que as drogas promovem: síndrome do alcoolismo fetal, suicídio, motoristas embriagados, acidentes de trabalho, doenças mentais, desemprego e adolescentes viciados. Quando, o que e quem pode regulamentar são questões complexas. Nossa discussão começa observando como as drogas são usadas e como seu uso é regulado em outras sociedades.

Contexto global: uso e abuso de drogas

droga Qualquer substância que não seja um alimento e que altere a estrutura ou o funcionamento de um organismo vivo quando entra em sua corrente sanguínea.

Para a farmacologia, **droga** é qualquer substância que não seja um alimento e que altere a estrutura ou o funcionamento de um organismo vivo quando entra em sua corrente sanguínea. A partir dessa definição, tudo, desde vitaminas a aspirinas, é droga. Em sociologia, o termo *droga* refere-se a qualquer substância que (1) tem efeito direto sobre o funcionamento físico, psicológico e/ou intelectual dos usuários; (2) tem potencial de conduzir ao vício; e (3) tem consequências adversas para os indivíduos e/ou sociedade. As sociedades variam na forma como definem e agem em relação ao uso de drogas. Assim, o uso de drogas é influenciado pelo contexto social de cada sociedade.

Uso e abuso de drogas pelo mundo

Globalmente, entre 3,6% e 6,9% da população mundial entre 15 e 64 anos – por volta de 167 a 315 milhões de pessoas – reportou o uso de pelo menos uma droga ilícita no último ano (WDR, 2013). De acordo com pesquisa recente, a *cannabis* (isto é, maconha e haxixe) continua a ser, de longe, a droga ilegal mais usada, seguida pelas anfetaminas estimulantes (ATS, do inglês *amphetaminetype stimulants*), cocaína e drogas à base de ópio.

Em todo o mundo, 55% dos adultos já consumiram álcool alguma vez na vida, e, todo ano, 2,3 milhões de pessoas morrem de causas relacionadas ao álcool (Who, 2011a; Who, 2013). O consumo de álcool é mais alto na Groenlândia, Federação Russa e Europa Ocidental e mais baixo no norte da África, Oriente Médio e Ásia (Pereltsvaig, 2013). Para entender as variações regionais nas taxas de consumo de álcool, precisamos examinar uma série de variáveis sociais. Por exemplo, o alto consumo russo, embora venha decaindo, é um reflexo do fácil acesso e do baixo custo, além da alta taxa de desemprego e do consequente desânimo, além da pressão dos pares (Jargin, 2012). Da mesma maneira, o consumo é baixo no Oriente Médio e na Ásia, regiões nas quais os ditames religiosos desencorajam o uso do álcool, seu acesso é difícil e a punição, severa.

Globalmente, cerca de 20% da população adulta consome cigarros (Eriksen; Mackay; Ross, 2012), e, destes, 80% são de países de média e baixa renda (Who, 2013). A fabricação de cigarros corresponde a 96% das vendas de tabaco em todo o mundo, embora haja outros importantes produtos associados ao tabaco, especialmente nos Estados Unidos, como charutos, tabaco para mascar ou cheirar e cachimbos. Os cinco países que mais consomem cigarros são: China, Federação Russa, Estados Unidos, Indonésia e Japão (Eriksen; Mackay; Ross, 2012).

O uso de drogas ilícitas também varia conforme o local. Por exemplo, 85 milhões de adultos europeus afirmam usar drogas ilícitas – o que corresponde a cerca de 25% da população. No entanto, existe "... uma variação considerável no padrão de uso de drogas da Europa, indo de um terço de adultos na Dinamarca, França e Reino Unido a menos de um em cada dez na Bulgária, Grécia, Hungria, Romênia e Turquia" (EMCDDA, 2013, p. 29). Além disso, o uso de qualquer droga que não a maconha por jovens de 15 e 16 anos é o mais alto nos Estados Unidos (16%) quando comparado aos 36 países europeus, que atingiram a marca de 6% (Wadley, 2012).

> Globalmente, cerca de 20% da população adulta consome cigarros (...), 80% destes são de países de média e baixa rendas.

Por fim, o uso de drogas também varia ao longo do tempo. A Figura 3.1 indica como o consumo de álcool e tabaco vem diminuindo nos três grupos etários mostrados nas últimas duas décadas. O uso de drogas ilícitas, embora varie muito no mesmo período, teve seu nível mais alto em 2012. Deve-se observar ainda que essa mesma figura compara o uso de drogas de alunos dos ensinos médio e fundamental com os tipos consumidos. Em todos os casos, o uso aumentou com a idade.

Alguns argumentam que as diferenças no uso das drogas podem ser atribuídas às variações nas políticas antidrogas. Na Holanda, por exemplo, há uma política oficial do governo de tratar as drogas "leves", como maconha e haxixe, como questão de saúde pública, em vez de justiça criminal, desde meados dos anos 1970. O tratamento para o usuário de drogas e a prevenção para o futuro usuário são prioridades, e não uma reação punitiva, como acontece em muitos outros países.

Na primeira década dessa política, o uso das drogas não aparentou crescimento. No entanto, o aumento do uso da maconha foi reportado no começo dos anos 1990, com o surgimento dos "*cannabis* cafés". Mais recentemente, embora esses cafés vendam maconha para uso pessoal, pesquisas indicaram que o uso da *cannabis* na Holanda não difere significativamente dos outros países (MacCoun, 2011). No entanto, as preocupações a respeito da política de "tolerância" e os milhares de turistas usuários de drogas que visitam a Holanda anualmente levaram a uma nova lei, que exige que os clientes dessas cafeterias se restrinjam aos residentes holandeses (Haasnoot, 2013).

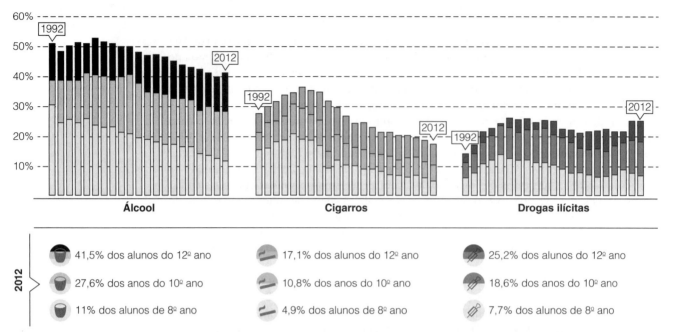

Figura 3.1 Uso de álcool, cigarro e drogas ilícitas na última década por alunos do 8º, 10º e 12º anos de graduação, 2012

Fonte: NIDA, 2012a.

Historicamente, a Grã-Bretanha também adotou um "modelo médico", particularmente no que diz respeito à heroína e à cocaína. Nos anos 1960, os médicos ingleses prescreviam opiáceo e cocaína para os pacientes viciados em drogas que não conseguiam se livrar do vício por conta própria e, portanto, precisavam de tratamento dos sintomas da abstinência. Na década de 1970, contudo, as leis britânicas ficaram mais restritivas, dificultando para médicos e pacientes conseguirem as drogas legalmente. A nova ênfase na proibição das drogas, criminalização e encarceramento continuou por décadas, o que, nos Estados Unidos, ficou conhecido como "guerra às drogas". Hoje, as autoridades britânicas estão pesando os méritos em relação a regressar a um modelo médico que abraça a toxicodependência como uma doença (BMA, 2013; Feilding, 2013). Da mesma forma, a União Europeia, uma organização de 27 países, adotou, entre 2013 e 2020, uma política sobre as drogas que, pela primeira vez, inclui o objetivo de "reduzir (...) os riscos sociais e de saúde e os efeitos nocivos causados pelas drogas..." (EMCDDA, 2013, p. 2).

O que você acha? Em 2012, iniciativas no Colorado e em Washington legalizaram o uso recreativo da maconha em pequenas quantidades para maiores de 21 anos. Além disso, o uso da maconha medicinal é legalizado em 18 estados. No entanto, até esta data, a droga continua ilegal sob lei federal. Como resultado das inconsistências entre as leis federais e estaduais, o Tribunal de Justiça de Colorado determinou que os funcionários podem ser demitidos se usarem maconha depois do expediente, mesmo que seja prescrito por um médico e não prejudique o trabalho (Ingold, 2013). O tribunal tomou a decisão certa? Por que sim, ou por que não?

Em contraste com essas políticas mais voltadas à saúde, alguns países optaram por executar os usuários e vendedores de drogas, ou submetê-los a punição corporal, que pode incluir chicotadas, apedrejamento, espancamento e tortura. Somente no Irã, 450 pessoas foram executadas em 2011, cinco vezes mais do que o número de ocorrências de 2008; e o número de sentenças de morte no Paquistão triplicou no mesmo período (Gallahue et al., 2012). Trinta e três países ou territórios têm pena de morte para infrações envolvendo drogas, incluindo Arábia Saudita, onde os infratores são decapitados.

Uso e abuso de drogas nos Estados Unidos

Nos Estados Unidos, as definições culturais sobre uso de drogas são contraditórias – de um lado, condenando (por exemplo, a heroína), do outro, encorajando e tolerando (por exemplo, o álcool). Em vários momentos da história norte-americana, muitas drogas que eram ilegais se tornaram legais e facilmente disponíveis. Nos anos 1800 e começo dos 1900, o ópio era rotineiramente usado na medicina como analgésico, e a morfina para tratamento da disenteria e da fadiga. Inaladores à base de anfetamina foram legalmente liberados desde 1949, e cocaína era um ingrediente da Coca-Cola até 1906, quando foi substituída por outra droga – a cafeína (Abadinsky, 2013; Witters et al., 1992). Não é de surpreender que as preocupações norte-americanas tenham variado ao longo dos anos. De acordo com uma pesquisa nacional realizada com adultos norte-americanos, o número de pessoas que consideravam as drogas um "grande problema" caiu de 58% em 2001 para 35% em 2013, o nível mais baixo em mais de uma década. Também não surpreende que, durante esse mesmo período, atitudes favoráveis à legalização da maconha aumentaram de 34% para 48% (Gallup Poll, 2013).

O uso de drogas ilícitas nos Estados Unidos é um fenômeno razoavelmente comum. De acordo com a mais recente Pesquisa Nacional sobre o Uso de Drogas e Saúde (NSDUH, 2013), realizada em 2012, mais de 24 milhões de norte-americanos maiores de 12 anos havia usado alguma droga ilícita no mês anterior à pesquisa, representando 9,2% da população nessa faixa etária. Para efeitos de estudo, as drogas ilícitas incluíam maconha/haxixe, cocaína (incluindo crack), heroína, alucinógenos, inalantes ou remédios psicoterapêuticos prescritos (analgésicos, tranquilizantes, estimulantes e sedativos) usados de maneira não médica (NSDUH, 2013). Além disso, 52% dos norte-americanos acima de 12 anos relataram consumo de álcool no mês anterior, e 26,7%, uso de tabaco no mês anterior (NSDUH, 2013).

Teorias sociológicas sobre uso e abuso de drogas

O **abuso de drogas** ocorre quando os padrões sociais aceitáveis para seu uso são violados, resultando em consequências fisiológicas, psicológicas e/ou sociais adversas. Quando o uso individual leva a hospitalização, prisão ou divórcio, em geral ele é considerado abusivo. Entretanto, o abuso de drogas não necessariamente se configura vício. O vício das drogas, ou **dependência química**, está ligado a uma condição na qual o uso é compulsivo – os usuários são incapazes de parar porque se tornaram dependentes. A dependência pode ser psicológica (o indivíduo precisa da droga para ter uma sensação de bem-estar) e/ou física (os sintomas aparecem quando o indivíduo para de usar a droga). Por exemplo, parar de usar maconha causa inquietação, alterações de humor, depressão, raiva e perda de apetite (Allsop et al., 2012; Zickler, 2003).

Em 2012, mais de 2,2 milhões de norte-americanos – 8,5% da população a partir dos 12 anos – foram considerados dependentes ou abusadores do álcool e/ou de outras drogas. Desse número, 14,9 milhões são dependentes ou abusam somente de álcool; 4,5 milhões são dependentes ou abusam de drogas ilícitas, mas não álcool; e 2,8 milhões são dependentes ou abusam de drogas ilícitas e álcool. A droga mais comum entre os dependentes é a maconha, seguida pelos analgésicos, cocaína, tranquilizantes, estimulantes, heroína e alucinógenos. Os indivíduos abusadores ou dependentes de drogas ilícitas e/ou álcool são, na maioria, homens, indígenas norte-americanos ou nativos do Alasca, desempregados e pessoas na faixa dos 18 aos 25 anos. Entre os adultos de 18 anos ou mais, os entrevistados com curso superior tinham níveis mais baixos de dependência, enquanto quem tinha apenas o diploma do ensino fundamental, os mais altos (NSDUH, 2013).

Várias teorias oferecem explicações sobre por que algumas pessoas usam e abusam das drogas. Este uso não é simplesmente uma questão de escolha individual, mas, como explicam, forças estruturais e culturais, assim como fatores biológicos e psicológicos, influenciam o uso de drogas e a forma como a sociedade reage a ele.

Perspectiva estrutural-funcionalista

Os estruturais-funcionalistas defendem que o abuso de drogas é uma resposta ao enfraquecimento das normas sociais. Conforme a sociedade se torna mais complexa e as mudanças

abuso de drogas Violação dos padrões sociais aceitáveis para seu uso, resultando em consequências adversas fisiológicas, psicológicas e/ou sociais.

dependência química Condição na qual o uso de drogas é compulsivo e os usuários são incapazes de parar devido a dependência física e/ou psicológica.

sociais ocorrem com mais rapidez, as normas e valores se tornam obscuros e ambíguos, resultando em anomia – um estado sem normas –, que pode existir ao nível da sociedade, resultando em tensões sociais e inconsistências que podem levar ao uso de drogas. Por exemplo, uma pesquisa indicou que o crescimento do consumo de álcool nos anos 1830 e 1960 aconteceu devido às rápidas mudanças sociais que tiveram como resultado o estresse (Rorabaugh, 1979). A anomia produz inconsistências nas normas culturais em relação ao uso das drogas. Por exemplo, enquanto as autoridades de saúde pública e os profissionais da saúde alertam para os perigos do uso do álcool e do tabaco, as propagandas os glorificam, e o governo dos Estados Unidos subsidia a indústria de álcool e tabaco. Além disso, tradições culturais, como dar um charuto para celebrar o nascimento de uma criança e brindar os noivos com champanhe, ainda persistem.

> A anomia produz inconsistências nas normas culturais em relação ao uso das drogas... Autoridades de saúde pública e profissionais da saúde alertam para os perigos do uso do álcool e do tabaco, as propagandas glorificam o uso do álcool e do tabaco, e o governo dos Estados Unidos subsidia a indústria de álcool e tabaco.

A anomia também existe no nível individual, quando uma pessoa tem sentimentos de distanciamento, isolamento e desordem por ter um comportamento apropriado ou inapropriado. Um adolescente cujos pais se divorciaram, que é separado do convívio dos amigos e familiares por conta de uma mudança ou que carece de supervisão dos pais pode ficar mais vulnerável ao uso de drogas. Assim, para a perspectiva estrutural-funcionalista, o uso de drogas é uma resposta à ausência da percepção de uma ligação entre o indivíduo e a sociedade e o enfraquecimento de um consenso sobre o que é considerado aceitável.

Em consonância com essa perspectiva, um recente estudo sobre atitudes e uso de drogas concluiu que o dramático crescimento do uso de drogas prescritas entre os adolescentes, em parte, se deve às "...crenças dos pais e negligência dos cuidadores... Os pais não comunicam efetivamente os perigos do uso indevido dos medicamentos prescritos, não os guardam com segurança em casa nem os descartam corretamente quando não precisam mais usar" (Pats, 2013, p. 1). A importância da família para dissuadir o uso de drogas foi destaque nos meios de comunicação dirigidos aos jovens por meio da campanha "Parents. The Anti-Drug" (ONDCP, 2009).

Perspectiva do conflito

Essa perspectiva enfatiza a importância dos diferenciais de poder no sentido de influenciar o comportamento de consumo de drogas e os valores da sociedade a respeito desse uso. Para a perspectiva do conflito, o uso de drogas é uma resposta à desigualdade perpetuada pelo sistema capitalista. Os membros da sociedade, alienados do trabalho, dos amigos e da família, assim como da sociedade e de suas instituições, recorrem às drogas como uma maneira de escapar da opressão e da frustração causadas pela desigualdade que experimentam. Além disso, os teóricos do conflito enfatizam que os membros mais poderosos da sociedade influenciam as definições de quais drogas são ilegais e as penalidades associadas a sua produção, venda e uso.

Por exemplo, o álcool é legal porque costuma ser consumido por aqueles que têm poder e influência para definir sua aceitabilidade – os homens brancos (NSDUH, 2013). Esse grupo também alcança lucros exorbitantes com a venda e a distribuição de bebidas alcoólicas, podendo pagar os grupos lobistas em Washington, DC, a fim de salvaguardar os interesses da indústria. Como nesse grupo também é comum o uso do tabaco e da cafeína, as definições sociais sobre essas substâncias são relativamente aceitas. Por outro lado, grupos minoritários usam crack, em vez de cocaína (Mauer, 2009). Embora as propriedades farmacológicas dos dois medicamentos sejam as mesmas, a posse de 5 g de crack acarretava a mesma pena federal da posse de 500 g de cocaína – a conhecida relação "100-1" (Taifia, 2006). Em 2010, o Congresso votou a mudança da lei de 1986, que estabelecia essa relação, eliminando ainda o mínimo obrigatório de cinco anos para a primeira posse de crack. As desigualdades nas leis estaduais fazem a sentença continuar, mas isto está se modificando com muita lentidão (Crisp, 2012).

O uso do ópio pelos imigrantes chineses nos anos 1800 representa um exemplo histórico. Os chineses, que foram levados aos Estados Unidos para trabalhar nas estradas de ferro, fumavam ópio regularmente, como parte da sua tradição cultural. Como o desemprego entre os trabalhadores brancos cresceu, surgiu um ressentimento em relação a esses trabalhadores. Atacar o uso do ópio virou uma forma conveniente de atacar os chineses, e, em 1877, Nevada se tornou o primeiro dos muitos estados a proibir o uso do ópio. Como Morgan (1978) observou:

> As primeiras leis do ópio na Califórnia não foram resultado de uma cruzada moral contra a própria droga. Em vez disso, representou uma ação coercitiva direcionada à verdadeira ameaça – os chineses –, e não a qualquer chinês, mas sim aos trabalhadores chineses que ameaçavam a segurança econômica da classe trabalhadora branca. (p. 59)

A criminalização das outras drogas, incluindo cocaína, heroína e maconha, segue padrões similares de controle social sobre os sem poder, oponentes políticos e/ou minorias. Em 1940, a maconha era usada principalmente pelas minorias, e, com frequência, os usuários enfrentavam penalidades criminais. Entretanto, depois de os estudantes universitários brancos e de classe média começarem a usar maconha nos anos 1970, o governo reduziu as penalidades associadas ao uso dessa droga. Embora sua natureza e propriedades farmacológicas não tenham mudado, a população de usuários estava agora ligada ao poder e à influência. Assim sendo, os teóricos do conflito consideram que a regulamentação de certas drogas, assim como o próprio uso, é reflexo de diferenças na política, na economia e no poder social de vários grupos de interesse.

A propaganda de produtos de tabaco tem uma longa história de investimento nas minorias. Aqui, um artigo de revista do começo dos anos 1900 apela para as tradicionais preocupações femininas sobre feminilidade, beleza e imagem do corpo.

Perspectiva interacionista simbólica

O interacionismo simbólico, que enfatiza a importância das definições e da rotulagem, concentra-se nos significados sociais associados ao uso das drogas. Se a experiência inicial é definida como prazerosa, é provável que volte a acontecer, e o indivíduo pode ganhar o título de "usuário de drogas" depois de um tempo. Se essa identidade de usuário de drogas for internalizada, o comportamento do indivíduo pode continuar, e até piorar. Por outro lado, Copes et al. (2008) observaram que os respondentes que se autoidentificaram como "traficantes", em vez de "drogados", têm menos probabilidade de sofrer os efeitos debilitantes da droga, porque "(...) transformam um vício incontrolável e antitético na identidade de traficante (...)" (p. 256).

> **O que você acha?** O significado atribuído ao álcool e às outras drogas é aprendido não somente nas interações em grupos pequenos, mas pelos meios de comunicação. Uma importante fonte de mensagens midiáticas a respeito do tabaco são os filmes. Apesar de as políticas dos estúdios de cinema terem restringido o aparecimento dos cigarros nos filmes, a incidência de imagens envolvendo tabaco aumentou entre 2010 e 2012 (CDC, 2013a). Que outros meios, muitas vezes sem que tenhamos consciência, definem nossas atitudes e crenças em relação às drogas?

O uso de drogas também é aprendido por meio da interação nos pequenos grupos. Em um estudo com mais de 7 mil adolescentes em 231 escolas diferentes na Austrália, os pesquisadores descobriram que o consumo de álcool é determinado, independentemente do grau de escolaridade ou idade, pelo número de pares que também consomem (Kelly et al., 2012). Além disso, em uma pesquisa recente com jovens entre 12 e 17 anos, 75% reportaram que "viram fotos nas redes sociais, como Facebook e MySpace, de crianças se divertindo com álcool e maconha, encorajando outros adolescentes a se divertirem assim também" (Casa, 2012, p. 8). Também há evidências de que, ao observar os pares, quem está usando drogas pela primeira vez aprende não apenas as motivações para o uso, mas também as técnicas e como desfrutar da experiência. Becker (1966) explicou como os usuários de maconha aprendem a ingerir a droga. Um novato instruído por um usuário regular narrou a experiência:

> Eu estava fumando como se fosse um cigarro comum. Ele disse: "Não, não faça assim. Trague, você sabe, prenda e mantenha no pulmão... por um tempo". Eu disse: "Tem algum limite de tempo para segurar?". Ele respondeu: "Não, apenas até você sentir que quer deixar sair; então, deixe". E eu fiz três ou quatro vezes. (p .47)

Os usuários de maconha não apenas aprendem como ingerir a fumaça, mas também como ter uma experiência positiva. Quando os pares definem certas drogas, comportamentos e experiências não apenas aceitáveis, mas prazerosas, o uso de drogas se mantém.

Os interacionistas enfatizam que os símbolos podem ser manipulados e usados por interesses políticos e econômicos. O popular programa Dare (Drug Abuse Resistance Education), com sua ênfase antidrogas promovida pela escola e a polícia local, carrega um poderoso valor simbólico com os quais os políticos esperam que o público se identifique. Assim, os programas imbuídos dessas qualidades simbólicas potentes (como as ligações do Dare com as escolas e a polícia) praticamente garantem ampla aceitação pública (independentemente da eficácia real), que, por sua vez, se liga aos interesses dos líderes políticos que se beneficiam por estarem associados a esses programas simbólicos, com muita visibilidade e populares (Wysong et al., 1994, p. 461).

Ironicamente, uma metanálise do programa levou West e O'Neal (2004) a concluir que o programa Dare, como inicialmente concebido, não impediu significativamente o uso de drogas entre as crianças na idade escolar. O currículo desse programa foi modificado como resultado de sua relativa falta de eficácia; no entanto, as avaliações recentes não são claras sobre sua eficácia (Earhart et al., 2011).

Teorias biológicas e psicológicas

O uso de drogas e a dependência são, provavelmente, produto de uma interação complexa entre forças sociais, psicológicas e biológicas. Por exemplo, algumas pesquisas sugerem que o uso de drogas e a toxicodependência são causados por uma "desordem biocomportamental", que combina fatores biológicos e psicológicos (Margolis e Zweben, 2011). A pesquisa biológica tem se concentrado principalmente no papel da genética na predisposição individual para o uso das drogas, indicando que o alcoolismo grave, de início precoce, pode acontecer por uma predisposição genética, com alguns homens tendo dez vezes mais chances de desenvolver o vício do que aqueles sem a predisposição. Curiosamente, problemas como depressão, ansiedade crônica e déficit de atenção também podem levar a um possível vício. No entanto, os pesquisadores alertam: "Ninguém está predestinado a ser alcoólatra" (Firshein, 2003).

As explicações psicológicas focam na tendência que determinadas personalidades têm de ser mais suscetíveis ao uso de drogas. Indivíduos com mais propensão à ansiedade também são mais propensos a usar drogas como forma de "automedicação". Pesquisas apontam que o abuso infantil ou a negligência, particularmente entre as mulheres, contribui para o abuso de drogas e de álcool, que se estende até a fase adulta (Gilbert et al., 2009), indicando, ainda, que eventos estressantes (por exemplo, a morte de um ente querido) também impactam no início do uso de drogas ilícitas.

As teorias psicológicas também enfatizam que o uso de drogas pode ser mantido por um reforço positivo ou negativo. O uso de cocaína, por exemplo, pode ser mantido como o resultado de uma recompensa "alta" – um reforço positivo. Já o consumo de heroína, muitas vezes associado a sintomas severos de abstinência, pode continuar tendo um reforço negativo, isto é, o sofrimento do usuário quando confrontado com a retirada da droga. Os reforços positivos e negativos podem vir de inúmeras fontes, incluindo família, pares, música, filmes, internet e televisão.

Uso frequente de drogas legais

As definições sociais sobre quais drogas são legais e quais ilegais variam conforme a época, as circunstâncias e as forças sociais. Nos Estados Unidos, duas das drogas mais perigosas e amplamente utilizadas, álcool e tabaco, são legais. Compare, por exemplo, o número de pessoas que alegaram ter usado várias drogas ilícitas no último mês (isto é, uso frequente) com os 69,5 milhões que usam tabaco e os 1,335 bilhão que consomem álcool com frequência (NSDUH, 2013).

Álcool: a droga da escolha

As atitudes norte-americanas em relação ao álcool têm uma história longa e variada. Embora o álcool fosse uma bebida comum nos primórdios da América, em 1920 o governo federal proibiu a fabricação, a venda e a distribuição das bebidas alcoólicas por meio da 18ª Emenda da Constituição. Muitos argumentaram que a Lei Seca, assim como a regulação do ópio nos anos 1800, era uma "cruzada moral" (Gusfield, 1963) contra os imigrantes, grupo que mais consumia álcool. A emenda teve pouco apoio popular e foi revogada em 1933. Hoje, a população norte-americana está experimentando um ressurgimento das preocupações a respeito do álcool. O que vem sendo chamado de "nova temperança" se manifestou no âmbito federal, por meio da lei que autoriza a bebida a partir dos 21 anos, dos rótulos com advertências nas garrafas, da crescente preocupação com a síndrome alcóolica fetal e com os menores consumindo as bebidas, além de uma aplicação mais rígida da lei envolvendo bebidas e direção (por exemplo, comandos policiais nas estradas) e políticas de tolerância zero. Tais práticas podem ter tido efeito nas normas que envolvem o consumo de álcool, particularmente entre os jovens. Entre 2002 e 2012, o consumo de álcool entre jovens de 12 a 20 anos diminuiu de forma constante (NSDUH, 2013).

Apesar dessas políticas restritivas, o álcool permanece como a droga mais consumida e abusada nos Estados Unidos. De acordo com uma pesquisa recente, 66% dos adultos norte-americanos bebe pelo menos quatro doses por semana (Saad, 2012). Embora a maioria dos que bebem álcool o faça com moderação e experimente poucos efeitos negativos (veja *Você e a sociedade*), pessoas com alcoolismo são psicológica e fisicamente dependentes e sofrem vários danos físicos, econômicos, psicológicos e pessoais.

A Pesquisa Nacional sobre o Uso de Drogas e Saúde, conduzida pelo Department of Health and Human Services dos Estados Unidos, reportou que, em 2011, cerca de metade dos norte-americanos com 12 anos ou mais consumiram álcool pelo menos uma vez no mês anterior à pesquisa; ou seja, eram usuários habituais (NSDUH, 2013). Desse número, 6,5% relataram **vício do álcool**, e 22,6% – 59,7 milhões de pessoas –, **compulsão alcoólica**.

Ainda mais preocupante é que quase 10 milhões dos consumidores habituais de álcool com idade entre 12 e 20 anos – menores de idade – conseguem álcool de graça por intermédio dos adultos, muitas vezes dos próprios pais. Quase 15,3% têm compulsão alcoólica, e 4,3% são viciados em álcool (NSDUH, 2013). Homens brancos da região nordeste dos Estados Unidos são os mais propensos a beber ainda menores de idade, e 80,1% dos consumidores frequentes de álcool nessa faixa etária alegaram estar acompanhados de duas ou mais pessoas quando bebem (NSDUH, 2013).

Embora o consumo de álcool por adolescentes venha caindo nos últimos anos, em parte devido à redução da disponibilidade (MTF, 2013), o consumo compulsivo nas universidades continua a atrair a atenção do público. A chance de um estudante universitário ser um consumidor compulsivo está relacionada a variações ambientais, incluindo o local de residência (por exemplo, dentro ou fora do *campus*); custo e disponibilidade do álcool; *campus* local e políticas estaduais sobre o álcool; idade, gênero e composição étnica e racial da população de estudantes; estratégias de prevenção e a cultura de bebida na universidade (Wechsler e Nelson, 2008). Além disso, a pesquisa indicou que os universitários que participam de fraternidades bebem mais do que os que não participam (Chauvin, 2012).

vício do álcool, ou alcoolismo Segundo definição do Department of Health and Human Services dos Estados Unidos, cinco ou mais doses na mesma ocasião em cada um dos cinco ou mais dias seguidos nos últimos 30 dias antes da Pesquisa Nacional sobre o Uso de Drogas e Saúde.

compulsão alcoólica Segundo definição do U.S. Department of Health and Human Services, beber cinco ou mais doses de bebida alcoólica, na mesma ocasião, em pelo menos um dia nos últimos 30 dias anteriores à Pesquisa Nacional sobre o Uso de Drogas e Saúde.

Você e a sociedade — As consequências do consumo de álcool

Indique se você experimentou ou não algumas dessas situações nos últimos 12 meses em decorrência do consumo de álcool. Quando terminar, compare suas respostas com a amostra nacional de estudantes universitários.

Consequência	Sim	Não
1. Fez algo e se arrependeu depois	—	—
2. Esqueceu de onde estava ou o que fez	—	—
3. Teve problemas com a polícia	—	—
4. Fez sexo com alguém sem dar consentimento	—	—
5. Fez sexo com alguém sem ter consentimento	—	—
6. Fez sexo sem proteção	—	—
7. Feriu-se fisicamente	—	—
8. Feriu fisicamente outra pessoa	—	—
9. Considerou seriamente o suicídio	—	—
10. Assinalou uma ou mais das sentenças acima	—	—

Os itens da pesquisa são da American College Health Association's (Acha). National College Health Assessment II (2013). Os dados a seguir são de 2012. Todos os estudantes estavam há dois ou quatro anos nas universidades públicas e privadas. A idade média dos entrevistados é de 21 anos, 71% da amostra era de brancos, 65,6% eram mulheres, 40% vivem em residências nos *campi* e 88,2% eram solteiros na época da pesquisa (Acha, 2013).

DADOS EM PORCENTAGEM

Consequência	Mulheres	Homens	Total
1. Fez algo e se arrependeu depois	33,8	34,9	34,1
2. Esqueceu de onde estava ou o que fez	28,4	32,3	29,6
3. Teve problemas com a polícia	2,3	4,3	3,0
4. Fez sexo com alguém sem dar consentimento	2,0	1,1	1,8
5. Fez sexo com alguém sem ter consentimento	0,5	0,6	0,6
6. Fez sexo sem proteção	17,5	20,6	18,6
7. Feriu-se fisicamente	13,7	15,7	14,4
8. Feriu fisicamente outra pessoa	1,3	2,9	1,9
9. Considerou seriamente o suicídio	2,0	2,1	2,1
10. Assinalou uma ou mais das sentenças acima	49,5	53,3	50,7

Fonte: American College Health Association, 2013. *American College Health Association National College Health Assessment II*. Reference Group Executive Summary, outono 2012. Hanover, MD: American College Health Association.

O que você acha? Há muitos jogos diferentes envolvendo o álcool, mas, até recentemente, muitos eram desconhecidos. Por meio de uma pesquisa realizada na internet com mais de 3.400 estudantes universitários que bebem pelo menos uma dose por semana, LaBrie et al. (2013) identificaram cem jogos com bebidas e os classificaram em cinco categorias: jogos comuns, de azar, de habilidades orientadas, de competição e de consumo extremos, sendo este último o mais perigoso, porque encoraja o consumo compulsivo. Se não houvesse jogos envolvendo álcool, você acha que os universitários beberiam tanto, ou os jogos simplesmente criam a oportunidade?

> A pesquisa indicou que quanto mais cedo se começa a beber, mais alta a probabilidade de um indivíduo desenvolver alguma desordem alcoólica em algum momento da vida.

Muitos bebedores compulsivos começaram a beber na escola, e um terço experimentou pela primeira vez antes dos 13 anos. Pesquisas indicaram que, quanto mais cedo se começa a beber, mais alta a probabilidade de um indivíduo desenvolver alguma desordem alcoólica em algum momento da vida (Behrendt et al., 2009; Hingson et al., 2006; NSDUH, 2013). Por exemplo, a chance de um indivíduo se tornar dependente do álcool é de 40% se começou a beber antes dos 13 anos. Outros resultados da Pesquisa Nacional sobre o Uso de Drogas e Saúde (2012) incluem:

- Os maiores níveis de consumo de álcool, alcoolismo e compulsão acontecem entre os jovens de 21 a 25 anos; jovens entre os 12 e 17 anos e idosos acima de 65 anos registraram os menores níveis de consumo compulsivo.

- As taxas de consumo de álcool são maiores entre os adultos empregados em tempo integral do que entre os desempregados; no entanto, as taxas de consumo compulsivo são similares entre quem tem emprego e quem não tem.
- O uso frequente, o alcoolismo e o consumo compulsivo atingem níveis mais altos entre os universitários matriculados em tempo integral do que entre os que em tempo parcial.
- Os asiáticos são os que menos apresentaram consumo compulsivo de álcool, enquanto os indígenas norte-americanos ou nativos do Alasca apresentaram maior propensão (veja a Figura 3.2).
- Os consumidores frequentes de álcool menores de idade, entre 12 e 20 anos, concentram-se, em primeiro lugar, no nordeste, seguido pelo centro-oeste, oeste e sul.
- Mais homens do que mulheres entre 12 e 20 anos apresentam consumo compulsivo, alcoolismo e uso frequente do álcool.

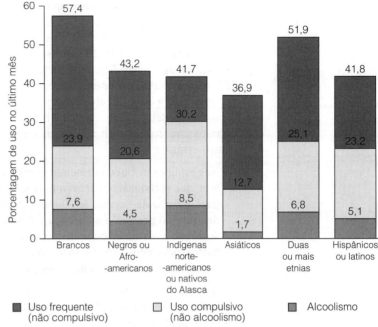

Figura 3.2 Uso frequente, compulsivo ou alcoolismo entre pessoas com 12 anos ou mais, por raça/etnia: 2012
Fonte: NSDUH, 2013.

Há muito as pesquisas questionam a relação entre gênero e o comportamento com a bebida, incluindo o consumo compulsivo. Depois de administrar duas medidas de identidade de gênero para uma amostra de universitários, Peralta et al. (2010) concluíram que homens devem ser sociáveis para ser masculinos, por isso podem acabar se tornando viciados em álcool, coincidindo com outros padrões de comportamento associados ao masculino (por exemplo, esportistas, gostar de correr riscos). Mulheres sociáveis, para ser femininas, por outro lado, podem não exercer comportamentos de consumidoras compulsivas de álcool, porque isso não é, tradicionalmente, um ritual feminino (p. 377).

O que você acha? Está claro que as normas a respeito do álcool variam entre homens e mulheres, mas há algumas evidências de que isto pode estar mudando. Um relatório do Centers for Disease Control and Prevention indicou que uma em cinco garotas do ensino médio apresentam consumo compulsivo de álcool, e uma em cada oito mulheres adultas apresentam consumo compulsivo, estas últimas com média de três momentos de embriaguez por mês e seis doses a cada vez (CDC, 2013b). Por que você acha que o consumo compulsivo está aumentando entre as adolescentes e as adultas?

A crise do tabaco

Primeiro, os norte-americanos nativos cultivaram o tabaco, depois, o apresentaram aos colonos europeus nos anos 1500. Estes acreditaram que o tabaco tinha propriedades medicinais, e seu uso se espalhou por toda a Europa, assegurando o sucesso econômico das colônias do Novo Mundo. Inicialmente, o tabaco era consumido mastigado e inalado, mas o fumo se tornou popular com o tempo, apesar de evidências científicas relacionando o ato de fumar e o câncer de pulmão existirem desde 1859 (Feagin e Feagin, 1994). No entanto, a U.S. Surgeon

General não conseguiu concluir que os produtos de tabaco eram viciantes e que a nicotina causava dependência até 1989.

Globalmente, mais de 80% dos quase 1 bilhão de fumantes vivem em países de baixa ou média rendas (WHO, 2013). Usando a chamada **metanálise**, pesquisadores examinaram 125 artigos científicos que incluíram 31.146.096 entrevistados no mundo todo (Who, 2011a). Os resultados foram inesperados. Apesar do óbvio custo de vida adicional ao consumir produtos à base de tabaco, os analistas encontraram uma relação inversa entre a renda e o fumo, ou seja, quanto menor a renda, maior o consumo – uma relação ainda mais forte entre os jovens do que entre os mais velhos. Os autores sugerem um modelo explicativo em quatro estágios:

> Nos estágios iniciais, a disseminação do fumo acontece entre os grupos de renda mais alta, que estão mais abertos à inovação. Nos intermediários, o tabagismo difunde-se para o resto da população. Depois, declina entre os estratos mais altos da sociedade, quando passam a se preocupar com a saúde, forma física e os danos do tabaco. Somente após uma longa história de consumo de cigarros, quando todos os *status* socioeconômicos tiverem sido expostos de forma semelhante ao fumo, vai haver inversão nas classes consumidoras. (p. 27)

O tabaco é uma das drogas mais usadas nos Estados Unidos. De acordo com uma pesquisa do Department of Health and Human Services dos Estados Unidos, em 2012, 69,5 milhões de norte-americanos – 26,7% destes com 12 anos ou mais – eram usuários frequentes de tabaco (NSDUH, 2013). O uso frequente dos produtos derivados de tabaco, incluindo para mascar e inalar (9 milhões de usuários), charuto (13,4 milhões de usuários), cachimbo (1 milhão de usuários) e cigarro (57,5 milhões), é mais alto entre os formados no ensino médio do que entre universitários já graduados; entre os desempregados mais do que os empregados; e entre homens, indígenas norte-americanos e nativos do Alasca. Em geral, com exceção dos que fumam cachimbo, mastigam ou inalam, o uso do tabaco vem decrescendo de forma constante em cada categoria desde 2002 (NSDUH, 2013).

Em 2012, 8,6% da população entre 12 e 17 anos reportaram o uso de produtos de tabaco no mês anterior à pesquisa (NSDUH, 2013). As evidências da pesquisa sugerem que os jovens desenvolvem atitudes e crenças em relação ao tabaco bem precocemente (Freeman et al., 2005). As propagandas sobre os produtos de tabaco continuam influenciando os jovens, apesar de a Family Smoking Prevention and Tobacco Control Act, de 2009, ter, entre outras disposições, proibido a produção de cigarros com sabores bastante consumidos entre os adolescentes (veja a seção "Regulação do governo" em *Estratégias para a ação*). Os executivos das companhias de tabaco, no entanto, argumentaram que essa lei abrangia somente "cigarros, fumos para cachimbo, cigarros enrolados manualmente e tabaco para mascar e inalar", e que charutos estavam excluídos do controle do Food and Drug Administration (Myers, 2011, p. 1). Diversas companhias de tabaco, agora, estão vendendo cigarros pequenos e baratos com sabores, e, entre 2000 e 2012, o uso do charuto mais do que dobrou (Campaign for Tobacco Free Kids, 2013). O sucesso da indústria do tabaco no marketing dos "cigarrinhos" ou "*charros*" para crianças e jovens adultos era evidente. Os alunos do ensino médio são agora duas vezes mais propensos a fumar charutos que os adultos (Campaign for Tobacco Free Kids, 2013).

Também há evidências consideráveis mostrando que as propagandas de tabaco estão voltadas para as minorias. Primack et al. (2007) descobriram que essas propagandas em comunidades afro-americanas eram 2,6 vezes mais frequentes por pessoa do que em comunidades brancas. Além disso, a presença de cartazes relacionados ao tabaco era 70% maior entre os afro-americanos do que nas comunidades brancas. O Food and Drug Administration's Tobacco Products Scientific Advisory Committee registrou uma distribuição desproporcional de cigarros mentolados para adolescentes, e que é "desproporcionalmente distribuído *per capita* entre os afro-americanos" (FDA, 2011, p. 40-41). Por fim, a indústria do tabaco tem uma longa história de tentativas de atingir as mulheres. Pesquisadores da Universidade de Stanford coletaram mais de 1,5 mil propagandas de revistas e jornais contemporâneos e históricos e concluíram que o marketing de cigarro para as mulheres, e, hoje, para garotas, sempre está ligado à imagem corporal e à revolução do papel

metanálise Relaciona os resultados de vários estudos que abordam uma questão de pesquisa, ou seja, é a análise da análise.

feminino. Por exemplo, durante a segunda onda do feminismo nos anos 1960, a campanha da Philip Morris "*Você percorreu um longo caminho, baby*", foi desenvolvida por Virginia Slims. Um pesquisador notou que, mesmo hoje, "...as mulheres-alvo das campanhas de cigarro são quase universalmente promovidas como esbeltas, magras, elegantes, curvilíneas e radiantes. Algumas marcas vão mais longe, a ponto de recomendar 'dietas de cigarros'" (citado em *Marine-Street*, 2012, p. 1). Nos países em desenvolvimento as mulheres também são alvo:

> Como a maioria das mulheres não costumava fazer uso frequente do tabaco, a indústria investiu agressivamente no marketing para atingir esse novo público potencial. Propagandas, promoções e patrocínio, incluindo doações de caridade para causas femininas, enfraqueceram a oposição cultural das mulheres ao tabaco. O *design* e o marketing do produto, incluindo o uso por modelos atraentes nas propagandas e marcas comercializadas apenas para mulheres, foram explicitamente criados para incentivar as mulheres a fumar. (Who, 2008, p. 16–17)

Cigarrilhas não são reguladas pela Food and Drug Administration e seu marketing sempre foca os jovens. Em 2013, uma legislação foi apresentada à Câmara dos Deputados dos Estados Unidos que, se aprovada, também excluiria os tradicionais charutos grandes e *premium* da supervisão da FDA, com sabor ou não.

Uso frequente de drogas ilegais

Mais de 23,9 milhões de pessoas nos Estados Unidos são usuários frequentes de drogas ilícitas (veja a Figura 3.3), representando 9,2% da população com 12 anos ou mais. Os usuários também variam em relação ao tipo da droga usada; a maioria é homem, jovem e faz parte de um grupo minoritário (NSDUH, 2013).

De acordo com a mais recente pesquisa Monitoring the Future (MTF, 2013), entre 2001 e 2007, o uso de qualquer droga ilícita, em relação ao ano anterior, diminuiu entre os alunos do 8º, 10º e 12º anos de graduação, mas aumentou de maneira geral no período.

A loucura da maconha

Maconha é a droga ilícita mais comumente usada e traficada no mundo (veja, na Tabela 3.1, uma lista das drogas de uso mais comum, seus nomes comerciais e populares, o que provoca e os efeitos sobre a saúde). Globalmente, há mais de 180 milhões de usuários, representando perto de 4% da população mundial entre 15 e 64 anos. Regionalmente, a maconha é a droga ilícita dominante, e seu consumo é particularmente alto no oeste e na região central da África, Austrália, Nova Zelândia e na América do Norte. Os maiores produtores são: Marrocos, Afeganistão, Índia, Líbano e Paquistão (WDR, 2013).

O ingrediente ativo da maconha é o THC (Δ^9-tetra-hidrocanabinol) que, em quantidades variadas, pode atuar tanto como sedativo quanto como alucinógeno. Quando só é vendida a parte aérea da

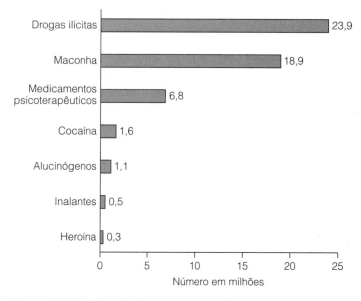

Figura 3.3 Uso ilícito de drogas no mês anterior à pesquisa entre pessoas com 12 anos ou mais, 2012
Fonte: NSDUH, 2013.

planta, chama-se haxixe, é muito mais potente do que a maconha, porque vem da planta inteira. O uso da maconha remonta a 2737 a.C. na China, tendo uma longa tradição na Índia, no Oriente Médio e na Europa. Na América do Norte, o cânhamo, como era então chamada, era usado para fazer cordas e também para o tratamento de várias doenças. No entanto, em 1937, o Congresso aprovou o imposto sobre a maconha, restringindo seu uso; a lei foi aprovada como resultado de uma campanha da mídia que retratou os usuários de maconha como "viciados". Na única audiência no Congresso sobre o ato, o comissário de Narcóticos declarou:

> Existem 100 mil usuários de maconha nos Estados Unidos, e a maioria são negros, hispânicos, filipinos e artistas. Os estilos musicais satânico, jazz e *swing* resultaram do uso da maconha. A maconha levou mulheres brancas a buscar relações sexuais com homens negros, artistas e muitos outros. A primeira razão para banir a maconha é seu efeito na degeneração das raças. A maconha é uma droga viciante, que produz insanidade, criminalidade e morte nos usuários. Você fuma um baseado e pode acabar matando seu irmão. A maconha é a droga que mais causa violência na história da humanidade. (citado em Rabinowitz e Lurigio, 2009)

Mais de 18,9 milhões dos usuários frequentes de maconha estão nos Estados Unidos, representando 7,3% da população norte-americana com 12 anos ou mais (NSDUH, 2013). De acordo com a mais recente pesquisa Monitoring the Future (MTF), entre 2010 e 2012, o *uso diário de maconha* caiu da 8ª para a 10ª posição e manteve-se o mesmo entre os alunos do final do ensino fundamental II e início do ensino médio (MTF, 2013). A percepção do risco do uso da maconha decresceu nos três níveis de ensino. No entanto, quando se perguntou aos adolescentes sobre o uso regular da maconha, 71% disseram que pode "estragar sua vida" (Pats, 2013).

No atual debate sobre a legalização da maconha, muitos expressam medo de que ela se torne uma **droga de entrada**, cujo uso pode causar a progressão para outras drogas.

A hipótese da droga de entrada sustenta que o consumo de drogas avança de maneira ordenada por várias fases distintas. A sequência inteira, exibida apenas em uma minoria de usuários de drogas, começa com cerveja ou vinho e avança progressivamente pelas bebidas destiladas ou tabaco, maconha e, finalmente, drogas pesadas. (Tarter et al., 2006, p. 2134).

Muitas pesquisas sugerem, no entanto, que quem experimenta uma droga torna-se mais propenso a experimentar outras. Na verdade, muitos usuários usam diversas drogas ao mesmo tempo. Como Lee e Abdel-Ghany (2004) observaram, há uma forte "relação contemporânea entre fumar cigarros, consumir bebida alcoólica, fumar maconha e usar cocaína" (p. 454). Com isso em mente, em 2012, o uso de drogas ilícitas foi preditivo do consumo de cigarros e álcool (MTF, 2013).

Cocaína: da Coca-Cola ao crack

A cocaína é classificada como estimulante e, portanto, produz sensações de excitação, estado de alerta e euforia. Embora a prescrição de estimulantes, como metanfetamina e dextroanfetamina, seja extremamente comum, a preocupação da sociedade a respeito do abuso de drogas está focada na cocaína nos últimos 20 anos. O aumento do seu uso, suas propriedades viciantes, efeitos fisiológicos e a distribuição pelo mundo alimentaram tais preocupações. Mais do que qualquer outra substância única, a cocaína levou às fases iniciais da guerra contra as drogas.

A cocaína, feita a partir da planta de coca, tem sido usada há milhares de anos. As folhas de coca eram usadas na fórmula original da Coca-Cola, mas, no começo dos anos 1900, emergiu um sentimento anticocaína como reação ao alto consumo de cocaína por negros urbanos, brancos pobres e criminosos (Friedman-Rudovsky, 2009; Thio, 2007; Witters et al., 1992). A cocaína foi banida em 1914, por intermédio da Harrison Narcotics Tax Act, mas seu uso e seus efeitos continuaram a ser mal interpretados. Por exemplo, um artigo da revista *Scientific American* de 1982 sugeria que a cocaína era apenas uma questão de hábito, como comer batata frita (Van Dyck e Byck, 1982). Como a demanda e a oferta aumentaram, os preços caíram de US$ 100 para US$ 10 a dose, e "de 1978 a 1987, os Estados Unidos experimentaram a maior epidemia de cocaína da história" (Witters et al., 1992, p. 256).

droga de entrada Uma droga (por exemplo, a maconha) que se acredita leve ao uso de outras (por exemplo, cocaína).

TABELA 3.1 Drogas comumente utilizadas

Substâncias: categoria e nome	Exemplos de nomes *comerciais* e populares	Categorias do DEA*/ Como é usada**	*Efeitos agudos*/riscos para a saúde
Tabaco			
Nicotina	Encontrada em cigarros, charutos, bidis e tabaco sem fumaça (rapé, tabaco para mastigar e cuspir)	Não catalogada/fumada, cheirada, mastigada	*Aumento da pressão arterial e frequência cardíaca/* doença pulmonar crônica; doenças cardiovasculares; AVC; tumores na boca, na faringe, na laringe, no esôfago, no estômago, no pâncreas, no colo do útero, no rim, na bexiga e leucemia mieloide aguda; problemas na gravidez e vício
Álcool			
Álcool (etílico)	Encontrado em destilados, cervejas e vinhos	Não catalogada/ ingerido	*Em baixas doses, euforia, excitação moderada, relaxamento, desinibição; em doses mais altas, sonolência, fala arrastada, náuseas, volatilidade emocional, perda de coordenação, distorções visuais, perda de memória, disfunção sexual, perda da consciência/aumento do risco de lesões, violência,* dano fetal (em mulheres grávidas); depressão; deficiência neurológica; hipertensão; doenças cardíacas e do fígado; vício; overdose fatal
Canabinoides			
Maconha	Maconha, baseado, erva, fumo, capim, ganja, *skunk*, *beck*, bagana	I/Fumada, ingerida	*Euforia; relaxamento; tempo lento de reação; percepção distorcida; equilíbrio e coordenação prejudicados; aumento da frequência cardíaca e do apetite; aprendizagem prejudicada; ansiedade; ataque de pânico; psicose/* tosse; infecções respiratórias frequentes; possível declínio da saúde mental; vício
Haxixe	Haxixe, *hash*, cânhamo	Fumado, ingerido	
Opioides			
Heroína	*Diacetilmorfina*: *smack*, cavalo branco, *brown sugar*	I/Injetada, fumada, inalada	*Euforia; sonolência; coordenação prejudicada; tonturas; confusão; náuseas; sedação; sensação de peso no corpo; respiração lenta e arrastada/constipação;* endocardite; hepatite; HIV; vício; overdose fatal
Ópio	*Láudano, paregórico*	I, III, V/Ingerido, fumado	
Estimulantes			
Cocaína	*Cloridrato de cocaína*: branca, brilho, *bright*, pó, açúcar, neve, papel	II/Inalada, fumada, injetada	*Aumento da frequência cardíaca, da pressão arterial, da temperatura corporal, do metabolismo; sensação de excitação, aumento da energia e da agilidade mental; tremores, redução do apetite; irritabilidade; ansiedade; pânico; paranoia; comportamento violento; psicose/* perda de peso, insônia; complicações cardíacas e cardiovasculares; AVC; convulsões; vício
Anfetamina	*Bifetamina, dexedrina, speed*	II/Ingerida, inalada, fumada, injetada	**Também valem para a cocaína,** problemas nas vias respiratórias, como o ronco
Metanfetamina	*Desoxina: meth, speed, ice,* cristal	II/Ingerida, inalada, fumada, injetada	**Também valem para metanfetamina,** sérios problemas dentários
Drogas de balada			
MDMA (metilenodioximetanfetamina)	Ecstasy, a droga do amor, bala, pastilha	I/Ingerida, inalada, injetada	**MDMA** – *efeitos alucinógenos leves; aumento da sensibilidade tátil; sentimentos de empatia; inibição reduzida; ansiedade; calafrios; suor; dentes cerrados; distúrbios musculares, cólicas/do sono;* depressão; memória prejudicada; hipertermia; vício
Flunitrazepam***	*Rohypnol*: boa noite cinderela	IV/Ingerida, inalada,	**Flunitrazepam** — *sedação; relaxamento muscular; confusão; perda de memória; tontura; coordenação prejudicada/*vício
GHB***	*Ácido gama-hidroxibutírico:* Gina, G (pronúncia em inglês: dgi)	I/Ingerida	**GHB** — *sonolência; náuseas; dor de cabeça; desorientação; perda de coordenação; perda de memória/inconsciência;* convulsões; coma

(Continua)

TABELA 3.1 Drogas comumente utilizadas (Continuação)

Substâncias: categoria e nome	Exemplos de nomes *comerciais* e populares	Categorias do DEA*/ Como é usada**	*Efeitos agudos*/riscos para a saúde
Drogas dissociativas			
Ketamina	*Ketalar* SV: special K, vitamina K	III/Injetada, inalada, fumada	Sentimento de estar separado do corpo e do ambiente; perda de coordenação/ansiedade; tremores; dormência; perda de memória; náusea
PCP e análogos	*Fenciclidina*: pó de anjo	I, II/Ingerida, fumada, injetada	**Também servem para a ketamina** — analgesia; perda de memória; delírio; depressão e parada respiratória; morte
Salvia divinorum	Sálvia	Não catalogada/mastigada, engolida, fumada	**Também servem para PCP e análogos** — analgesia; psicose; agressão; violência; fala arrastada; perda de coordenação; alucinações
Dextrometorfano (DXM)	Encontrada em alguns medicamentos para tosse e gripe	Não catalogada/ingerida	**Também servem para DXM** — euforia; fala arrastada; confusão; tontura; percepção visual distorcida
Alucinógenos			
LSD	*Dietilamida do ácido lisérgico*: ácido, doce	I/Ingerido, absorvido pelo tecido da boca	Estados alterados de percepção e sentimento; alucinações; náuseas
Mescalina	Mescal, peiote, cacto	I/Ingerida, fumada	**Também servem para LSD** – aumento da temperatura corporal, da frequência cardíaca e da pressão arterial; perda de apetite; suor; insônia; dormência, tonturas, fraqueza, tremores; comportamento impulsivo; mudanças rápidas na emoção
Psilocibina	Cogumelos mágicos	I/Ingerido	**Também servem para LSD** – flashbacks, transtorno persistente de percepção alucinógena **Também servem para Psilocibina** – nervosismo; paranoia; pânico
Outros compostos			
Esteroides anabolizantes	*Anadrol, oxandrolona, deca durabolin, deposteron, equipoise*	III/Injetado, ingerido, aplicado na pele	**Esteroides** – sem efeitos de intoxicação/hipertensão; coagulação sanguínea e mudanças no colesterol; cistos no fígado; hostilidade e agressão; acne; em adolescentes – paralisação de crescimento prematura; em homens – câncer de próstata; produção reduzida de esperma, testículos reduzidos, em mulheres – aumento das mamas; irregularidade menstrual, desenvolvimento de barba e outras características masculinas
Inalantes	Solventes (diluentes de tintas, gasolina, colas); gases (butano, propano, propulsores de aerossóis, óxido nitroso); nitritos (isoamilo, isobutilo, ciclo-hexilo): gás hilariante	Não catalogado/inalado pelo nariz ou pela boca	**Inalantes** (varia conforme o produto químico) – estimulação; perda da inibição; dor de cabeça; náuseas ou vômito; fala lenta; perda da coordenação motora; chiado/cãibras; fraqueza muscular; depressão; comprometimento da memória; danos cardiovasculares e no sistema nervoso; inconsciência; morte súbita
Medicamentos prescritos Antidepressivos Estimulantes Analgésicos opioides	Para mais informações sobre medicamentos prescritos, visite: http://www.nida.nih.gov/DrugPages/PrescripDrugsChart.html.		

* As catalogações de drogas I e II têm um grande potencial de abuso. Elas exigem mais segurança de armazenamento e têm determinada a cota de produção, entre outras restrições. Drogas de Classe I estão disponíveis somente para pesquisa e não têm uso médico aprovado. Drogas de Classe II estão disponíveis somente sob prescrição (receita controlada), sendo necessário um formulário para compra. Nas Catalogações III e IV, as drogas estão disponíveis sob prescrição, é possível usar a mesma receita por seis meses e podem ser adquiridas para ingestão via oral. Algumas drogas Classe V estão disponíveis no balcão das farmácias.

** Alguns dos riscos à saúde estão diretamente relacionados à via de administração do medicamento. Por exemplo, o uso de drogas injetáveis pode aumentar o risco de infecção pela contaminação da agulha com estafilococos, HIV, hepatite e outros organismos.

*** Associado a agressões sexuais.

Fonte: Nida, 2012a.

De acordo com a National Survey on Drug Use and Health, 1,6 milhão de norte-americanos de 12 anos ou mais são usuários habituais de cocaína (incluindo crack), representando 0,6% da população (NSDUH, 2013). O **crack** é um produto cristalizado feito a partir da fervura do bicarbonato de sódio com água e cocaína. Ao longo da última década, o uso da cocaína caiu entre os estudantes do 8º, 10º e 12º anos de graduação, assim como o risco e a disponibilidade percebidos (MTF, 2013). O percentual de alunos do 12º ano indica que a percepção quanto à obtenção de cocaína é "relativamente fácil" ou "muito fácil", mais ou menos metade do que era em 1988, situando-se em 30%. Mais de 90% dos idosos desaprovam o uso de cocaína "uma vez ou duas", e 45% acreditam que esse uso os coloca em "grande risco" (MTF, 2013).

Metanfetamina: a epidemia

Metanfetamina é um estimulante do sistema nervoso central com alto poder viciante. Embora a droga só tenha se tornado popular há pouco tempo, ela não é nova:

> Durante a Segunda Guerra Mundial, os soldados de ambos os lados a usavam para reduzir a fadiga e aumentar o desempenho. Muitos acreditam que Hitler tenha sido um usuário de metanfetamina. Mais tarde, nos anos 1960, o presidente John Kennedy também usava a droga, que logo pegou os chamados "loucos por velocidade". Mas, por ser extremamente cara e difícil de obter, a metanfetamina nunca foi tão usada quanto a cocaína. (Thio, 2007, p. 276)

crack Droga ilegal cristalizada produzida ao aquecer uma mistura de bicarbonato de sódio, água e cocaína.

O uso de metanfetamina tem diminuído de forma constante na última década, apresentando um pico em 1981. Hoje, o uso é bastante restrito, com cerca de 1% entre alunos do 8º, 10º e 12º anos relatando seu uso durante a vida (MTF, 2013). O uso do cristal de metanfetamina, em vez da sua forma em pó, também é bastante pequeno, assim como sua disponibilidade. A crença dos adolescentes de que o cristal de metanfetamina representa um "grande risco" se usado uma ou duas vezes cresceu na última década (MTF, 2013). O predomínio do uso mensal de metanfetamina nos Estados Unidos manteve-se estável entre 2007 e 2012, permanecendo em 0,2% entre a população de 12 anos ou mais (NSDUH, 2013).

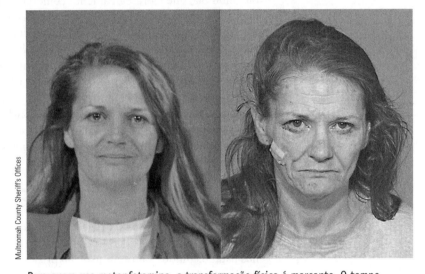

Para quem usa metanfetamina, a transformação física é marcante. O tempo passado entre as fotos de antes (à esquerda) e depois (à direita) para essa usuária de metanfetamina foi de três anos e cinco meses.

Como a metanfetamina pode ser feita a partir de remédios para gripe, como o Sudafed (pseudoefedrina), o Congresso dos Estados Unidos aprovou a Lei do Controle da Metanfetamina em 1996, dificultando a obtenção dos produtos químicos para produzir a droga (ONDCP, 2006; Thio, 2007). Em 2006, entrou em vigor a Lei do Combate à Epidemia de Metanfetamina, estabelecendo normas para a venda dos remédios sem receita usados na sua produção. Desde essa época, vários estados aprovaram leis que exigem receita médica para obter efedrina e pseudoefedrina, principais ingredientes da metanfetamina, obtendo algum sucesso. O número de laboratórios de metanfetamina diminuiu nesses estados (GAO, 2013).

Globalmente, apreensões de cristais de metanfetamina chegaram aos seus níveis mais elevados desde 2007, provocando temor quanto ao aumento do uso da droga, em especial no Leste e no Sudeste Asiático. Por exemplo, mais de uma tonelada de cristais de

> Vários estados aprovaram leis que exigem receita médica para obter efedrina e pseudoefedrina, principais ingredientes da metanfetamina, obtendo algum sucesso. O número de laboratórios de metanfetamina diminuiu nesses estados.

metanfetamina foi apreendida na Malásia, Indonésia e Tailândia em 2012. Além disso, embora o uso da metanfetamina nas regiões oeste e central da Europa seja predominante na República Tcheca e na Eslováquia, há relatos do aumento do seu uso para fumar e do cristal se espalhando pelos Países Bálticos (por exemplo, Albânia) e pelo norte da Europa (WDR, 2013).

Heroína: o cavalo branco

Heroína é um analgésico e a droga mais comumente usada do tipo conhecido como opiáceo. Altamente viciante, pode ser injetada, cheirada ou fumada; quando usada em conjunto com a cocaína, é chamada de "*speedball*". O uso de "cavalo branco" – como costuma ser chamada – é maior no Afeganistão, o maior produtor de ópio do mundo, e no Irã. O ópio é traficado do Afeganistão, passando pelos Países Bálticos e pela Europa até a costa africana. O uso da heroína na Europa Ocidental está caindo, em grande parte por conta do envelhecimento da população, do número de pessoas em tratamento e da diminuição da disponibilidade (WDR, 2013).

Nos Estados Unidos, é usada por aproximadamente 0,1% da população de 12 anos ou mais, apresentando aumento desde 2009 (NSDUH, 2013). Entretanto, desde 2005, o uso da heroína entre alunos do 8º, 10º e 12º anos de graduação declinou, assim como a percepção quanto à disponibilidade. Todavia, seu uso nos subúrbios aumentou dramaticamente (Murray, 2012), e não por acaso. Pelo contrário. Este é o plano dos barões do tráfico do México e da Colômbia, que estrategicamente comercializam a droga para os Estados Unidos usando novas e sofisticas técnicas. Os pacotes de heroína agora são carimbados com nomes de marcas famosas, como Chevrolet ou Prada, ou comercializados com nome de filmes que fazem sucesso entre os jovens, como a série *Crepúsculo*. Os traficantes até começam distribuindo a droga gratuitamente nos subúrbios. Assim que as crianças ficam dependentes, passam a lhes vender por um preço muito baixo. Na verdade, as crianças podem comprar um pequeno saco de heroína por algo em torno de US$ 5, mais barato do que um ingresso de cinema ou um pacote de seis cervejas (Alfonsi e Siegel, 2010, p. 1). Além disso, recentes entrevistas com adolescentes viciados em heroína sugerem a emergência de um novo padrão de vício. Eles se tornam viciados em drogas prescritas e, quando não conseguem mais pagar os remédios, passam para uma opção mais barata: a heroína (Murray, 2012).

Drogas sob prescrição médica

No mundo inteiro, o uso de drogas psicoterapêuticas está se tornando um crescente problema de saúde (WDR, 2013). Entretanto, o uso de **drogas psicoterapêuticas**, ao longo da vida, nos Estados Unidos – ou seja, uso não prescrito de analgésico, estimulante, sedativo ou tranquilizante de uso controlado com prescrição médica – tem se mantido estável desde 2002 (NSDUH, 2013). Aproximadamente, 6,8 milhões de pessoas, 2,6% da população dos Estados Unidos de 12 anos ou mais, reportou uso frequente de drogas psicoterapêuticas em 2012. Desses usuários, 4,9 milhões usam analgésicos; 2,1 milhões, tranquilizantes; 1,2 milhão, estimulantes; e 270 mil usam sedativos. Uma pesquisa realizada pela Fundação MetLife, em conjunto com a Partnership at Drug-Free focou o uso não medicinal de drogas prescritas entre os adolescentes e as atitudes dos pais diante dessas drogas (Pats, 2013). A amostra incluiu 3.884 adolescentes entre o 9º e o 12º anos de graduação e 817 pais. O resultado indicou que as drogas sem prescrição médica são um problema real e cada vez mais preocupante entre os jovens. Em 2012:

- Cerca de um quarto dos adolescentes da amostra relataram o uso não prescrito de uma droga controlada – um aumento de 33% desde 2008.
- Dos que relataram uso não prescrito de um medicamento, 20% relataram seu uso antes dos 14 anos.
- Um entre oito adolescentes relatou uso não prescrito de Ritalina ou Adderall.
- 25% dos adolescentes, e 29% dos pais, acreditam que algumas drogas prescritas podem ajudar os estudantes na escola.

drogas psicoterapêuticas Uso não prescrito de qualquer remédio para dor, estimulante, sedativo ou tranquilizante.

- Tanto pais quanto adolescentes acreditam que o uso não prescrito das drogas vendidas sob prescrição médica é mais seguro do que usar "drogas de rua".
- Quando se pergunta aos adolescentes por que usam drogas prescritas, a maioria diz que é para relaxar, divertir-se e porque os faz se sentir bem.
- 10% dos adolescentes reportaram uso não prescrito de analgésicos, incluindo Vicodin e OxyContin, no último ano.

Como mostra a Figura 3.4, mais da metade da população com 12 anos ou mais que reportou o abuso de analgésicos, categoria de droga prescrita mais abusada, também alegou o recebimento da droga de amigos ou parentes de graça (NSDUH, 2013). Entre aqueles que recebem gratuitamente a droga de um amigo ou parente, 82,2% desses amigos ou parentes afirmam que obtiveram as pílulas dos médicos. Outras fontes menores incluem tomá-las ou recebê-las gratuitamente de um amigo ou parente, de vários médicos, comprá-las na internet ou comprá-las de um estranho/traficante de drogas.

Muitas pessoas descartam seus remédios não utilizados ou já vencidos no vaso sanitário, onde podem contaminar a rede fluvial, ou no lixo, onde podem ser encontrados. Para evitar estes e outros problemas de descarte inadequado de medicamentos prescritos, muitas cidades têm organizado "dias de coleta".

O que você acha? Os inalantes estão presentes em todas as casas. Eles são adesivos (por exemplo, cola de sapateiro), produtos alimentícios (por exemplo, óleo de cozinha em *spray*), aerossóis (por exemplo, *spray* para cabelo e desodorantes), anestésicos (éter), gases (por exemplo, butano) e produtos de limpeza (por exemplo, removedor de manchas) – mais de 1.000 produtos para a casa no total. "Cheirar" é um sério problema, que pode levar à síndrome da morte súbita por inalante (SMS), mas, apesar disso, a disponibilidade dos inalantes não é legalmente controlada. O que você faria para combater essa prática potencialmente mortal?

Drogas sintéticas

A preocupação quanto às **drogas sintéticas**, ou seja, "criadas" em laboratórios, em vez das que ocorrem naturalmente a partir das plantas, está crescendo, o que fez que o presidente Obama promulgasse o Synthetic Drug Abuse Prevention Act, em 2012. Embora haja muitos tipos de drogas sintéticas, algumas das mais populares são maconha sintética ("K2" ou "Spice"), estimulantes sintéticos ("sais de banho") e alucinógenos sintéticos (LSD, ecstasy/MDMA).

Maconha sintética. Globalmente, seu uso é maior nos Estados Unidos do que em outras partes do mundo. Em uma pesquisa nacional feita na Espanha, com 25 mil pessoas entre 14 e 18 anos, em 2013, o uso da maconha sintética foi pouco menor que 1% (EMCDDA, 2013). A taxa de comparação com estudantes norte-americanos do 9º ao 12º ano de graduação foi de 12%, dos quais 3% não usaram maconha orgânica durante o mesmo período (Pats, 2013). Assim como o uso da maconha em geral, os adolescentes hispânicos são mais suscetíveis a usar a sintética do que os adolescentes não hispânicos.

"Sais de banho." Sempre vendidos sob nomes inócuos, como Zoom, Cloud Nine, Blue Silk e Hurricane Charlie, sais de banho são estimulantes sintéticos altamente viciantes (Bellum, 2013). Em 2013, seu uso entre os alunos do 9º ao 12º anos de graduação, 3%, foi menor do que o de maconha sintética (Pats, 2013) no ano anterior. O uso de sais de banho está associado aos sentimentos de euforia, mas também resultam em paranoia, taquicardia e

drogas sintéticas Categoria de drogas "criadas" em laboratórios, em vez das que ocorrem naturalmente a partir das plantas.

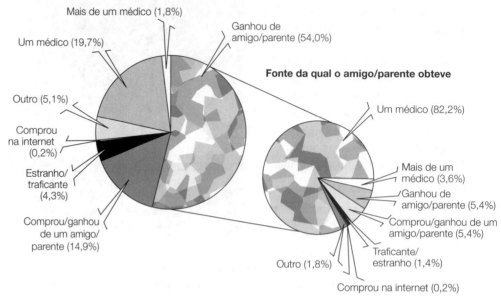

Figura 3.4 Como analgésicos foram obtidos, mais recentemente, para usos não prescritos entre usuários, com 12 anos ou mais, no ano anterior, 2012

Fonte: NSDUH 2013.

Em grande parte dos países em desenvolvimento, crianças sem-teto "cheiram" cola para escapar da fome e dos horrores da vida na rua. Globalmente, a Unicef estima que existam mais de 200 milhões de crianças sem-teto, o equivalente a dois terços da população dos Estados Unidos.

dores no peito, alucinações e pensamento suicida (McMillen, 2011). As ligações para os centros de controle de envenenamento relativas a sais de banho aumentaram drasticamente entre 2010 e 2011, mas vêm declinando, apesar de se manterem maiores do que em 2010. Depois de a Drug Enforcement Administration (DEA) ter banido alguns dos produtos químicos usados na produção desses sais, as ligações para os centros de controle de envenenamento caíram (McLaughlin, 2012). Sais de banho são vendidos por um valor entre US$ 25 e US$ 50 por pacotes de 50 mg (Goodnough e Zezima, 2011).

Alucinógenos. O uso de alucinógenos entre os adultos tem se mantido relativamente constante ao longo da última década (NSDUH, 2013). LSD é um alucinógeno sintético, embora muitos outros sejam produzidos naturalmente (por exemplo, sálvia). Tornou-se popular nos anos 1960 e 1970, como parte da revolução da contracultura. Seu uso declinou significativamente desde aquela época, com o uso entre alunos do 8º, 10º e 12º anos de graduação somando 2,5%, menos da metade dos que usam ecstasy (MTF, 2013). Investigações recentes revelaram que, entre 1955 e 1975, autoridades militares dos Estados Unidos testaram drogas experimentais como o LSD em voluntários das forças armadas, dizendo-lhe que "estariam testando novas jaquetas, roupas, armas e coisas dessa natureza... sem nenhuma menção a drogas ou produtos químicos" (citado em Martin, 2012).

Globalmente, mais de 10,5 milhões de pessoas entre 15 e 64 anos usam ecstasy, nome mais comum para o MDMA, pelo menos uma vez por ano. Embora esteja declinando pelo mundo, o mais recente World Drug Report (2013) mostrou que o uso de ecstasy está crescendo na Europa. Em 2012, 3,8% dos estudantes do ensino médio dos Estados Unidos reportaram o uso de ecstasy no ano anterior, alucinógeno de uso mais comum (MTF, 2013). Uma droga relativamente nova, "Molly", abreviação de molécula em inglês, foi pensada para ser uma forma mais pura do MDMA do que o ecstasy, embora sua composição química não seja clara e não haja levantamentos nacionais para avaliar os índices de consumo. Há algumas evidências de que os usuários são jovens, a maioria entre 16 e 24 anos (Csomor, 2012).

Consequências sociais do uso e abuso de drogas

Drogas são um problema social, não só devido a seus efeitos adversos sobre os indivíduos, mas também devido às consequências negativas do seu uso para a sociedade como um todo. Todos somos vítimas do abuso de drogas. Elas contribuem para os problemas familiares (apesar de as famílias também ser capazes de reduzir a probabilidade do uso abusivo de drogas – veja *Um olhar sobre a pesquisa dos problemas sociais* deste capítulo) e para o aumento dos índices de criminalidade, são terrivelmente caras e resultam em alto impacto sobre o meio ambiente. O abuso de drogas também tem sérias consequências para a saúde, tanto no nível individual quanto social.

O custo para crianças e famílias

O custo do abuso de drogas para as famílias é incalculável. Estima-se que, nos Estados Unidos, uma em cada dez crianças com menos de 18 anos viva com pelo menos um dos pais com necessidade de tratamento para dependência de drogas ou álcool (Samhsa, 2009). Crianças criadas em lares assim têm mais probabilidade de (1) viver em um ambiente marcado pelo conflito, (2) ser vítimas de enfermidades físicas, incluindo lesões ou morte em acidente automobilístico, e (3) ser vítimas de abuso infantil e negligência (Samhsa, 2007; 2009). Filhos de alcoólatras, a grande maioria das crianças que vive em lares com um ou os dois pais dependentes de droga(s) correm o risco de sofrer de distúrbios de ansiedade, depressão e problemas com as habilidades cognitivas e verbais (Samhsa, 2012). Filhos de alcoólatras, especialmente filhas, sofrem de "consequências de saúde mental significativas (...) que persistem até a vida adulta" (Balsa et al., 2009, p. 55).

Os pais que relatam abuso de álcool no ano anterior também têm mais probabilidade de relatar o uso de cigarro e drogas ilícitas do que aqueles que não relatam abuso de álcool no mesmo período. E também têm mais probabilidade de relatar "turbulências domésticas", incluindo gritos, discussões sérias e violência (NSDUH, 2004). Além disso, abuso de álcool é a única variável mais comum associada a agressões à esposa (Flanzer, 2005). Por exemplo, um estudo com 634 casais avaliados no momento do casamento e novamente nos seus primeiro, segundo e quarto aniversários de casamento, indica que tanto maridos quanto mulheres foram impactados pelo alcoolismo de seu parceiro (Kearns-Bodkin e Leonard, 2008):

> Para os maridos, o alcoolismo da mãe era associado à menor satisfação conjugal. Para as mulheres, o alcoolismo do pai estava relacionado à menor intimidade conjugal. A agressão física do marido era influenciada pelo alcoolismo de sua mãe e pai; altos níveis de agressão física estavam presentes entre homens com mães alcoólatras e pais não alcoólatras. É interessante que esposas que sofrem agressão por parte do marido também estão entre as mulheres com mães alcoólatras e pais não alcoólatras.

A família, porém, não é o único ambiente no qual o uso de drogas é danoso às crianças. Uma pesquisa com mais de 1.000 adolescentes entre 12 e 17 anos indica que 32% das crianças do ensino fundamental e 60% do médio vão a escolas "contaminadas pelas drogas", e ir a essas escolas era associado a um uso de drogas autorrelatado mais alto. Altos níveis de estresse, a fonte mais comum de pressão acadêmica, também estavam associados a níveis mais altos de uso de drogas. Não é surpresa que, quando perguntados, os adolescentes tenham respondido que o problema mais grave que enfrentam hoje na escola é o uso de álcool, tabaco e drogas ilícitas (Casa, 2012).

Criminalidade e drogas

Uma análise do uso de drogas entre criminosos em liberdade condicional indica uso e índices de dependência muito mais altos do que em populações não criminosas. Em 2011, mais de um quarto dos criminosos que estavam em liberdade condicional (ou sob outro tipo de supervisão) eram usuários habituais de drogas (NSDUH, 2013). Além disso, a delinquência juvenil é associada ao uso de drogas. Em um estudo interdisciplinar com 1.354 criminosos juvenis graves, homens e mulheres entre 14 e 18 anos, sete anos depois da condenação, Mulvey (2011) concluiu que, apesar de o abuso de substâncias ser um forte indicador tanto de comportamento delinquente autorrelatado como de número de prisões, o tratamento do abuso de substâncias reduz a incidência de crimes relacionados ou não ao uso de drogas.

A relação entre crime e uso de drogas, porém, é complexa. Sociólogos discordam se as drogas realmente "causam" o crime ou se, ao contrário, a atividade criminosa é que leva ao

---

Um olhar sobre a pesquisa dos problemas sociais — Beber em casa, um problema de família

Há certa discussão quanto à relação entre começar a beber, padrões de consumo de álcool dos pais e o contexto no qual se bebe pela primeira vez. Por exemplo, algumas pesquisas sugerem que quanto mais álcool é consumido em casa, mais alta a probabilidade de que as crianças cresçam e se envolvam em um comportamento de excesso de bebida. Outra linha de pesquisas sugere que quando as crianças consomem álcool em casa, têm menos probabilidade de abusar dele no futuro. A etnografia a seguir analisa a relação entre início do consumo de bebida, comportamento dos pais quanto à bebida, tipo de bebida consumida e o contexto social no qual o consumo acontece.

Amostra e métodos

Os pesquisadores usaram "entrevistas etnográficas antropológicas" para "entender o mundo do ponto de vista do respondente dentro do contexto da sua vida cotidiana" (Strunin et al., 2010, p. 346). A amostra foi composta por 160 jovens e jovens adultos italianos – metade homens e metade mulheres – divididos em duas faixas etárias, de 16 a 18 e de 25 a 30 anos, com índices variáveis de consumo por parte dos indivíduos em cada faixa etária.

Para identificar sujeitos possíveis, um teste de rastreamento de álcool foi ministrado em duas escolas de ensino médio para estudantes atuais e formados. Mais além, para garantir uma coleção de dados comparáveis, um guia de entrevista foi desenvolvido para ter certeza de que todos os tópicos tinham sido cobertos e que as questões tinham sido respondidas na ordem específica. Um índice de quantidade-frequência foi usado para medir o comportamento alcoólico autoinformado. Por fim, perguntou-se aos estudantes sobre seus históricos familiares, membros da família estendida, assim como questões sobre suas crenças, normas e comportamentos relacionados ao uso de álcool. As entrevistas foram gravadas, transcritas e traduzidas para o inglês.

Achados e conclusões

Jovens que descreveram a bebida como parte de sua herança italiana também a declaram como "normativo culturalmente". Por exemplo, uma jovem adulta descreveu a atitude de seus pais em relação ao álcool da seguinte forma: "...uma atitude simples. O álcool é um prazer, e tem de ser vivido como uma coisa positiva, este é o tipo de valores que temos em casa. Temos a cultura do vinho, de tomá-lo nas refeições por prazer, sem abuso, porque isto pode causar problemas de saúde" (p. 349).

Essa pesquisa destaca a importância do contexto social no qual o consumo acontece. Por exemplo, apesar de ser possível que pais que permitam a seus filhos beber nas refeições sejam vistos como permissivos, também mostraram mais probabilidade de conversar com seus filhos sobre os perigos do álcool, incluindo questões de saúde, como "vício, doenças do fígado e do coração... e os perigos de beber e dirigir" (p. 352). Além disso, jovens que tiveram permissão para beber às refeições, em suas casas, tiveram mais probabilidade de tomar sua primeira bebida em um ambiente familiar e menos probabilidade de misturar tipos de bebida. Ao contrário, as primeiras experiências com a bebida daqueles que não tinham permissão para beber em casa incluíram grandes quantidades de mais de um tipo de bebida e embriaguez.

Há também diferenças na probabilidade de beber em excesso – definido como beber cinco ou mais drinques na mesma ocasião – e idade para ficar bêbado pela primeira vez. Aqueles que consumiram álcool às refeições em casa retardaram a bebida em excesso e a embriaguez quando comparados a respondentes que não podiam beber em casa. Além disso, apenas aqueles que não bebiam álcool em casa ficaram bêbados da primeira vez que beberam.

Os autores concluem que "a apresentação do álcool, tipicamente vinho, em um ambiente familiar pode proteger contra o consumo danoso, incluindo beber em excesso e embriaguez" (Strunin et al., 2010, p. 354). Também sugerem que muitos de seus achados podem ser generalizados a outras populações. Por exemplo, os Estados Unidos não têm uma tradição de permitir que seus filhos consumam álcool às refeições e, talvez por isso, têm um dos índices mais altos de consumo alcoólico adolescente do mundo. Beber moderadamente em casa dentro do contexto do ambiente familiar pode reduzir os excessos nos Estados Unidos e ensinar padrões de consumo mais saudáveis.

Fonte: STRUNIN, Lee; LINDEMAN Kirstin; TEMPESTA, Enrico; ASCANI Pierluigi; AVAN Simona; PARISI, Luca, 2010. Familial Drinking in Italy: Harmful or Protective Factors?. *Addiction Research and Theory*, v. 18, n. 3, p. 344-358.

envolvimento com drogas. Ou se o envolvimento criminoso e o uso de drogas pode acontecer ao mesmo tempo, ou seja, alguém pode usar drogas e cometer crimes movido pelo desejo de se envolver em comportamentos que envolvem risco. Mais ainda, como tanto o crime quanto o uso de drogas estão associados a um *status* de baixo nível socioeconômico, pobreza pode realmente ser a variável explicativa mais poderosa.

Além da relação hipotética entre uso de drogas e crime, alguns crimes têm sua definição ligada ao uso de drogas: posse, cultivo, produção e venda de substâncias controladas; estado de embriaguez em público; promover desordem ou dirigir sob o efeito de álcool ou drogas; este último um dos crimes mais comuns relacionados às drogas. Em 2012, cerca de 11,2% da população de 12 anos ou mais, acima de 29,1 milhões de pessoas, dirigiu sob efeito do álcool pelo menos uma vez no ano anterior (NSDUH, 2013). Em 2010, mais de 10 mil pessoas morreram em acidentes relacionados ao álcool – um terço de todas as mortes no trânsito. Mas o álcool não é a única droga que prejudica a direção; nesse mesmo ano, 18% das mortes em acidentes com veículos automotivos foram relacionadas a drogas que não o álcool (CDC, 2013c), e a direção sob influência de maconha ultrapassou a direção sob embriaguez entre os alunos do 8º ao 12º anos de graduação (Liberty Mutual e Sadd, 2012).

O alto preço do consumo de álcool e outras drogas

Os gastos do governo relacionados ao fumo custam aos contribuintes norte-americanos mais de US$ 70 bilhões por ano – US$ 616 por domicílio (Campaign for Tobacco Free Kids, 2013). O custo do abuso de álcool para a sociedade ultrapassou US$ 224 bilhões em 2006, dos quais 75% deveram-se ao excesso de bebida (CDC, 2011a). Além disso, um relatório abrangente do National Center on Addiction and Substance Abuse da Columbia University (Casa, 2009) estabeleceu o custo anual total do vício e abuso de substâncias nos Estados Unidos em US$ 467,7 bilhões. Mais importante, o relatório argumenta que, para cada dólar gasto em abuso de drogas pelos governos federal e estadual

> (...) 95,6 centavos destinaram-se a remediar o problema, e apenas 1,9 para prevenção e tratamento; 0,4 centavo em pesquisa, 1,4 em impostos ou regulamentação e 0,7 em interdição. Sob quaisquer circunstâncias, gastar mais de 95% dos dólares do contribuinte nas consequências do tabaco, álcool e outros vícios e abusos de drogas, e menos de 2% para aliviar os indivíduos e os contribuintes deste fardo pode ser considerado uma alocação descuidada dos fundos públicos. Em tempos de restrições econômicas, esta política pública invertida é inconsciente (Casa, 2009, p. i).

No nível federal, os gastos para "remediar o problema" incluem custos de (1) atendimento médico devido ao vício e abuso de substâncias (a maior proporção dos gastos nesse segmento), (2) criminalidade adulta e juvenil (por exemplo, punições), (3) programas de assistência infantil e familiar (por exemplo, bem-estar), (4) educação (por exemplo, Safe School Initiatives), (5) segurança pública (por exemplo, policiamento de drogas), (6) saúde mental e problemas de desenvolvimento (por exemplo, tratamento do vício) e (7) funcionários públicos federais (por exemplo, perda de produtividade). O relatório conclui que os programas de prevenção devem se tornar uma prioridade a fim de reduzir os custos econômicos do abuso de drogas.

O que você acha? Apesar de a lei originalmente ter sido criada para proteger as crianças dos perigos dos laboratórios de metanfetamina, em 2013 a Suprema Corte do Alabama decidiu que mulheres que consomem drogas durante a gravidez podem ser presas por pôr a criança em "risco químico" (Weiss, 2013). Os tribunais da maioria dos outros estados evitaram legislações semelhantes. Você acha que mulheres que usam drogas durante a gravidez, mesmo se derem à luz a crianças saudáveis, deveriam ser processadas criminalmente?

Saúde física e saúde mental

O uso de tabaco é a principal causa evitável de doença e de morte no mundo. Metade de todos os usuários de tabaco – 6 milhões de pessoas – vão morrer devido a seu uso; a Organização Mundial da Saúde (2013) adverte que, se alguma coisa não mudar logo, esse número pode aumentar para 8 milhões em 2030 (Who, 2013). Os norte-americanos que fumam cigarros têm duas vezes mais probabilidade de desenvolver doenças coronárias e/ou ter um derrame, e tanto homens como mulheres têm riscos maiores de desenvolver câncer de pulmão, com, respectivamente, 23 e 13 vezes mais chances (CDC, 2012a). Deve-se observar que o impacto do fumo na saúde vai além do consumo e dos efeitos do fumo passivo. Por exemplo, crianças que trabalham em plantações de tabaco estão sujeitas à "doença do tabaco verde", causada pela absorção da nicotina pela pele na lida com as folhas molhadas do tabaco (OMS, 2011b).

> O uso do tabaco é a principal causa evitável de doença e morte no mundo. Metade dos usuários de tabaco – 6 milhões de pessoas – vão morrer por seu uso (...) [e] se algo não mudar logo, esse número pode aumentar para 8 milhões em 2030.

Anualmente, o abuso de álcool é responsável por mais de 2,5 milhões de mortes, 4% do total no mundo (Nebehay, 2011). O álcool, responsável por 80 mil mortes por ano nos Estados Unidos, mata mais do que a Aids, a tuberculose ou a violência (Who, 2011c). Seu uso excessivo é associado a uma variedade de doenças, incluindo cirrose hepática, câncer, hipertensão e distúrbios psicológicos (CDC, 2012b).

O uso de álcool pelas mulheres na fase de pré-natal é associado ao espectro de desordens fetais alcoólicas (FASD, do inglês *fetal alcohol spectrum disorders*) em crianças, termo amplo usado para vários defeitos congênitos e dificuldades de desenvolvimento evitáveis. A **síndrome alcoólica fetal** é a mais séria das FASDs; caracteriza-se por sérias deficiências mentais e físicas, incluindo deformações faciais, problemas de crescimento, dificuldade de comunicação, curtos intervalos de atenção e problemas de audição e visão (CDC, 2011b).

O uso de álcool durante a gravidez causa mais danos do que a maioria das drogas ilícitas. Um estudo com 119 crianças urbanas de 11 anos de baixa renda que haviam sido expostas ao tabaco, álcool, cocaína e maconha ainda no útero indicou que, das quatro drogas, só o álcool era associado ao menor rendimento escolar (Rose-Jacobs et al, 2012). Isso não quer dizer que a ingestão de drogas ilegais ou medicamentos durante a gravidez não seja prejudicial. A **síndrome da abstinência neonatal** (SAN) é resultado de o feto ter tido contato com essas drogas durante a gravidez pela corrente sanguínea compartilhada com a mãe, o que cria a dependência de drogas antes mesmo de a criança nascer. Quando nasce, na falta da droga, a criança passa por uma crise de abstinência.

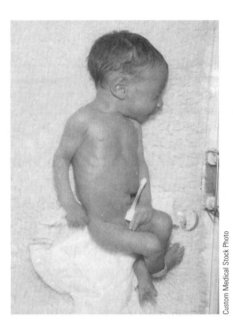

A síndrome alcoólica fetal inclui vários defeitos de nascença: retardo mental de leve a grave, baixo peso ao nascer, disfunção do sistema nervoso central e malformações do crânio e da face. Essa síndrome é resultado do consumo de grandes quantidades de álcool pela mãe durante a gravidez. Uma em cada oito mulheres grávidas continua a consumir álcool.

síndrome alcoólica fetal Síndrome caracterizada por sérias deficiências físicas e mentais em consequência da ingestão de bebidas alcoólicas pela mãe durante a gravidez.

síndrome da abstinência neonatal (SAN) Condição na qual uma criança, ao nascer, passa por uma privação em consequência do uso de drogas pela mãe.

Em todo o mundo, o uso de drogas ilícitas está associado a 211 mil mortes estimadas em 2011. Da população mundial de 15 a 64 anos, o uso de drogas representa 1 em cada 20 mortes na América do Norte e Oceania; 1 em 100 na Ásia; 1 em 110 na Europa; 1 em 150 na África; e 1 em 200 na América do Sul (WDR, 2012). As mortes devidas ao uso de drogas ilícitas são desproporcionalmente de pessoas relativamente jovens; 90% das mortes por overdose na Europa são de pessoas de menos de 25 anos (EMCDDA, 2013). O uso de drogas ilícitas também está associado a uma variedade de doenças. Por exemplo, usuários de drogas injetáveis têm maior risco de contrair hepatite B e C e HIV (WDR, 2013).

O custo do uso de drogas para o meio ambiente

Apesar de não ser algo comumente considerado, a produção de drogas ilegais tem um impacto tremendo sobre o meio ambiente. A de metanfetamina é um exemplo. Segundo a Drug Enforcement Administration (DEA),

(...) para cada quilo de metanfetamina produzida, 5 ou 6 quilos de lixo tóxico são produzidos. Entre as práticas comuns dos operadores de laboratórios de metanfetamina estão descartar o lixo em banheiras, pias ou vasos sanitários, ou no chão do lado de fora, na sarjeta ou em córregos. Alguns podem colocar no lixo de casa ou de um ponto comercial, ou estocá-lo na propriedade. Além do lixo assim descartado, vapores tóxicos dos químicos usados e o processo de produção da droga podem impregnar paredes e tetos de casas e prédios ou o interior de um veículo, expondo potencialmente os ocupantes desavisados. (GAO, 2013, p. 19)

O cultivo de maconha, cocaína e ópio tem um impacto ambiental adicional. Por exemplo, o governo colombiano estima que, durante as décadas de 1988 a 2008, cerca de 5,4 milhões de acres de floresta tropical (uma área do tamanho de New Jersey) foram destruídos devido à produção ilegal de drogas. Além disso, estudos demonstraram que um total de 25% do

O lado humano — Histórias reais, pessoas reais

Para a maioria de nós, é difícil entender como as pessoas começam a usar drogas, por que não conseguem parar ou os efeitos das drogas em sua vida. A seguir, "histórias da vida real" de pessoas que abusam do álcool e de outras drogas e das pessoas que se preocupam com elas. Apesar de não ser uma amostra aleatória de usuários, suas histórias não são diferentes das de outros que você pode ter ouvido.

"Eu não achava que tinha um 'problema com drogas', apenas comprava comprimidos na farmácia. Não afetava meu trabalho. Eu me sentia um pouco cansado pela manhã, mas nada além disso. A constatação de que eu tinha um problema surgiu quando tomei uma overdose de cerca de 40 comprimidos e me vi no hospital. Passei 12 semanas na clínica lutando contra meu vício." Alex

"Meu amigo usava drogas há quatro anos, destes, três usando drogas pesadas, como cocaína, LSD, morfina, muitos antidepressivos e remédios para dor. Na verdade, ele consumia qualquer coisa que aparecesse na sua frente. Ele reclamava o tempo todo de dores terríveis no corpo e foi piorando, até que finalmente decidiu procurar um médico. (...), que, então, lhe disse que não havia mais nada a fazer e que, em razão da deterioração do seu corpo, ele não viveria muito mais. Em poucos dias ele estava morto." Wayne, amigo

"Meu objetivo na vida não era viver... era ficar louco. Eu estava mergulhando em uma espiral rumo a um caminho sem volta. Ao longo dos anos, recorri a cocaína, maconha e álcool sob a falsa crença de que isso me permitiria escapar dos meus problemas. As coisas só pioraram. Eu tinha tudo, um bom trabalho, dinheiro, uma família que me amava e mesmo assim me sentia vazio por dentro. Era como se não tivesse nada. Durante os 20 anos de uso, dizia a mim mesmo que ia parar para sempre depois que usasse pela última vez. Nunca aconteceu. Houve até momentos em que pensei em desistir da vida." John

"Vivi com um viciado em crack por cerca de um ano. Eu amava aquele viciado, meu namorado, de todo coração, mas não consegui ficar mais com ele. [...] Meu 'ex' roubava o tempo todo e não conseguia ficar longe do cachimbo. Acho que crack é pior do que heroína; um cachimbo pode ser tudo o que é necessário para você se tornar um monstro imoral". Audrey, namorada

"Ganhei meu primeiro baseado no *playground* da escola. Agora, sou um viciado em heroína e acabei de terminar o oitavo tratamento contra meu vício em drogas." Christian

"Fiquei louca com o ecstasy. Um dia, mordi um copo, como se estivesse mordendo uma maçã. Precisei ficar com a boca cheia de pedaços de vidro para me dar conta do que estava acontecendo comigo. Outra vez, rasguei pedaços de tecido com os dentes por uma hora." Ann

"Quando tinha 13 anos, meus amigos tiravam sarro de mim se eu não bebesse. Simplesmente cedi, porque era mais fácil fazer parte da turma. (...) Eu estava realmente infeliz e bebia só para fugir da minha vida. Fui me apagando cada vez mais; então, comecei a perder os amigos. Quanto mais sozinha ficava, mais bebia. Eu era violenta, perdia o controle. Nunca soube o que estava fazendo. Estava destruindo minha família. (...) Fui posta para fora de casa aos 16 anos, e, na rua, comecei a pedir esmola para comprar bebida. Depois de anos de abuso, os médicos me disseram que os danos à minha saúde eram irreparáveis. (...) Tinha apenas 16 anos, mas meu fígado estava terrivelmente prejudicado e estava perto de me matar de tanto beber." Samantha

"Comecei a urinar sangue. Sentia-me doente. (...) Meu corpo estava fraco. (...) Desisti de tudo porque estava obcecado em ficar 'alto'. (...) Achava que podia usar Coricidin por diversão, que não tinha importância. (...) Nunca consegui recuperar aquele tempo. Nunca imaginei ficar viciado. (...) Nunca vou recuperar o tempo perdido. Se pudesse apagar tudo isso e seguir adiante, eu faria." Charlie

"Jason tinha ido à casa de um amigo, e cheirou cola ou fluido de isqueiro, talvez ambos. Voltando da escola, desmaiou várias vezes. Finalmente, ele caiu e nunca mais se levantou. Quando conseguimos levá-lo ao hospital, era tarde demais." Cathy, mãe

Fonte: Foundation for a Drug Free World, 2013.

desmatamento que ocorre no Peru está "associado ao corte e queima para o plantio do arbusto de coca" (DEA, 2001, p. 1).

Nos Estados Unidos e México, o cultivo ao ar livre de *cannabis* leva à contaminação da água, corte da vegetação natural, descarte de material não biodegradável e desvio de cursos d'água naturais em geral poluídos com químicos tóxicos, o que ameaça peixes e outros animais selvagens (U.S. Department of Justice, 2010). Peixes e animais selvagens não são os únicos que deveriam se preocupar com a qualidade da água. Um estudo sobre a qualidade da água em um parque nacional espanhol descobriu traços de oito drogas ilegais nos seus cursos d'água, incluindo ecstasy, cocaína e metanfetaminas (Sohn, 2010).

Alternativas de tratamento

Em 2012, quase 4 milhões de norte-americanos com 12 anos ou mais foram tratados em razão de algum tipo de problema associado ao uso de álcool ou drogas ilícitas (veja *O lado humano* deste capítulo). No mesmo ano, estima-se que 20,6 milhões de pessoas de 12 anos ou mais necessitassem de tratamento para abuso de substâncias, mas não o receberam (NSDUH, 2013). Demonstrou-se que o tratamento

(...) reduz os custos sociais e de saúde associados bem mais do que o do tratamento em si. O tratamento também é muito menos caro do que suas alternativas, como a prisão de pessoas viciadas. Por exemplo, o custo médio por um ano inteiro de tratamento de manutenção com metadona é de cerca de US$ 4,7 mil por paciente, enquanto um ano inteiro de prisão custa cerca de US$ 24 mil por pessoa. (...) Segundo várias estimativas conservadoras, cada dólar investido em programas de tratamento contra o vício produz um retorno entre US$ 4 e US$ 7 na redução dos crimes relacionados às drogas, como roubo, e nos custos da justiça criminal. (Nida, 2012b)

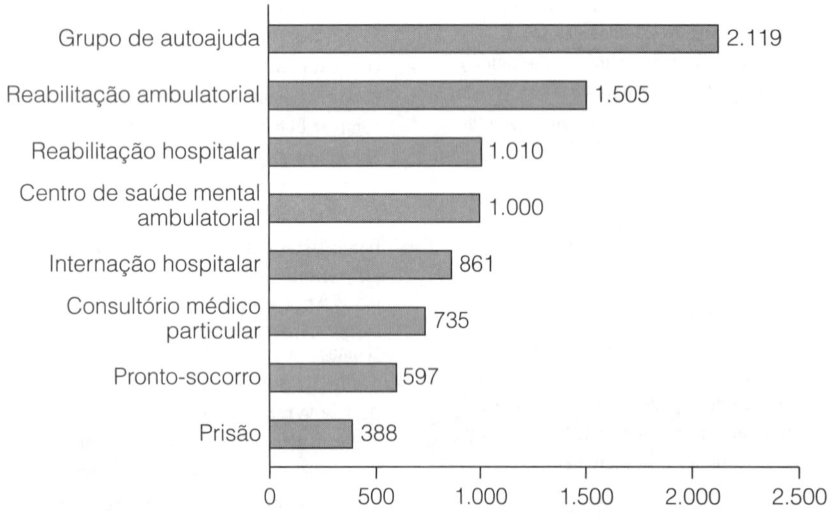

Local	Valor
Grupo de autoajuda	2.119
Reabilitação ambulatorial	1.505
Reabilitação hospitalar	1.010
Centro de saúde mental ambulatorial	1.000
Internação hospitalar	861
Consultório médico particular	735
Pronto-socorro	597
Prisão	388

Figura 3.5 Locais que ofereciam tratamento para o uso de substâncias a pessoas com 12 anos ou mais em 2012.
Fonte: NSDUH, 2013.

Indivíduos interessados em superar o problema do uso de drogas têm várias alternativas de tratamento à sua escolha (veja a Figura 3.5). Entre as opções, estão terapia familiar, aconselhamento, internação em instituições de tratamento privadas e públicas, programas de cuidados comunitários, farmacoterapia (ou seja, uso de medicações para tratamento), modificação do comportamento, programas de recuperação para ex-dependentes químicos e de assistência ao empregado. Três técnicas comumente usadas são: tratamento hospitalar ou ambulatorial e grupos de apoio.

Tratamento hospitalar e ambulatorial

Tratamento hospitalar refere-se aos cuidados em relação à dependência de drogas em um hospital e, mais importante, inclui supervisão médica para desintoxicação. A maioria dos programas hospitalares dura entre 30 e 90 dias e visa indivíduos cujos sintomas de abstinência exigem monitoramento de perto (por exemplo, alcoólatras, viciados em cocaína). Alguns pacientes dependentes de drogas, porém, podem ser tratados, com segurança, como pacientes ambulatoriais. O tratamento ambulatorial permite aos indivíduos permanecer em seus ambientes doméstico e profissional e, em geral, é menos custoso, cujos pacientes estão sob os cuidados de um médico que avalia seu progresso regularmente, prescreve a medicação necessária e observa se há sinais de recaída.

A medida do sucesso do tratamento depende de uma série de variáveis. Um estudo sobre a efetividade do tratamento hospitalar e ambulatorial com cerca de 400 violadores de condicional, que optaram por um programa de tratamento para abuso de substâncias de um ano em vez de voltar para a prisão, descobriu que cinco variáveis já indicavam o fracasso na conclusão do programa: os participantes (1) tinham uma história de problemas significativos com suas mães, (2) haviam tido problemas com seus parceiros sexuais nos 30 dias anteriores à admissão ao programa, (3) haviam tido períodos mais longos de prisão, (4) tinham usado heroína nos 30 dias anteriores à admissão ao programa e (5) eram mais jovens em idade do que aqueles que completaram o programa com sucesso. Infelizmente, menos de 33% dos participantes completaram o programa de 12 meses (Nida, 2006).

Além disso, Saloner e LeCook (2013) relatam que a raça também é um indicador significativo da conclusão do tratamento. Usando dados nacionais, eles descobriram que negros e hispânicos têm menos probabilidade de concluir tratamentos para álcool e drogas, e que indígenas norte-americanos têm menos probabilidade de completar tratamentos para álcool. Apenas asiáticos têm mais probabilidade de concluir os dois tratamentos do que brancos. Como o fracasso de negros e hispânicos para concluir o tratamento se deveu amplamente a variáveis socioeconômicas, os autores sugerem que o Affordable Care Act pode remediar as diferenças nos índices de conclusão (veja Capítulo 2).

Grupos de apoio

Programas de 12 passos. Tanto Alcoólicos Anônimos (AA) quanto Narcóticos Anônimos (NA) são associações voluntárias cuja única exigência para se tornar membro é o desejo de parar de beber ou de usar drogas. São grupos de autoajuda organizados, nos quais pessoas não profissionais organizam, oferecem "patrocinadores" para cada novo membro e acompanham um roteiro de 12 passos até a recuperação. Os membros imediatamente veem-se em uma irmandade de indivíduos cuidadosos com os quais se encontram diária ou semanalmente para reafirmar seu compromisso. Alguns argumentam que os membros do AA e do NA trocam seu vício em drogas por sentimentos de conexão interpessoal ao criar laços com outros membros do grupo. Em uma pesquisa com viciados em recuperação, mais de 50% afirmaram participar de um programa de autoajuda, como o AA, em sua recuperação (Willing, 2002). O AA oferece mais de 114 mil grupos, nos quais mais de 2,1 milhões de membros estão espalhados por 170 países (Alcoholics Anonymous, 2013).

Interacionistas simbólicos enfatizam que o AA e o NA oferecem contextos sociais nos quais as pessoas desenvolvem novos significados. Enquanto outros, que oferecem rótulos positivos, encorajamento e apoio social para a sobriedade, isolam os abusadores. Os membros dizem aos recém-chegados que podem ser bem-sucedidos no controle de álcool e/ou drogas "um dia por vez" e oferecem reforço interpessoal regular para quem se dispõe a isto. Algumas pesquisas indicam que os programas de apoio mútuo funcionam. Por exemplo, Kelly e Hoeppner (2013) descobriram que o AA tem algum impacto sobre o número de dias que um respondente estava abstêmio e o número de doses nos dias em que bebeu. Esses autores concluem, porém, que "(...) os benefícios da recuperação resultante do AA diferem em natureza e magnitude entre homens e mulheres, e podem refletir necessidades diferentes baseadas em desafios de recuperação relacionados a papéis sociais baseados em gênero e contextos de alcoolismo" (p. 1).

Comunidades terapêuticas Nas **comunidades terapêuticas**, que abrigam entre 35 e 500 pessoas por mais de 15 meses, os participantes se abstêm de drogas, recebem capacitação profissional e terapia. O Synanon, criado em 1958, foi a primeira comunidade terapêutica para pessoas alcoólatras, que mais tarde se expandiu para incluir usuários de outras drogas. Hoje, existem mais de 400 centros residenciais de tratamento, incluindo Daytop Village e Phoenix House, as maiores comunidades terapêuticas do país. As Phoenix Houses atendem a mais de 6 mil homens, mulheres e adolescentes anualmente em mais de 120 locais em 11 estados (Phoenix House, 2013). Quanto mais tempo uma pessoa fica nesses locais, maior a chance de superar a dependência. Viver com um parceiro antes de aderir ao programa e ter um autoconceito forte são também preditivos de sucesso (Dekel et al., 2004). Os interacionistas simbólicos afirmam que mudanças comportamentais parecem ser consequência de uma revisão na autodefinição e nas expectativas positivas dos outros. Uma avaliação de 33 instalações de comunidades

comunidades terapêuticas Organizações nas quais cerca de 35 a 500 indivíduos residem por até 15 meses para se abster de drogas, desenvolver capacitação profissional e receber aconselhamento.

terapêuticas no Peru indicou que as comunidades terapêuticas tiveram um impacto positivo significativo em mais de 500 ex-participantes entrevistados seis meses depois de sua alta (Johnson et al., 2008).

Juizados de drogas

Preocupações com o tratamento punitivo de infratores da legislação antidrogas e o fracasso do sistema judiciário criminal para reduzir os índices de recaída levaram ao desenvolvimento de **juizados de drogas**. Um relatório recente do Sentencing Project (King e Pasquarella, 2009), intitulado *Drug Courts: A Review of the Evidence* (Juizados de Drogas: Uma revisão das evidências), identifica dois diferentes tipos de juizados de drogas: programas de acusação diferida e programas pós-julgamento.

Na acusação diferida ou quando configurado desvio, os réus que atendem a certos critérios de qualificação são encaminhados para o juizado de drogas antes de apelar para uma condenação. Não se exige que eles admitam a culpa, e aqueles que concluem o programa proposto pelo juizado de drogas não são processados posteriormente. Deixar de concluir o programa, porém, resulta em acusação. Alternativamente, no programa pós-julgamento, os acusados devem se declarar culpados das acusações a eles imputadas, mas suas sentenças são adiadas ou suspensas enquanto participam do programa do juizado de drogas. A conclusão bem-sucedida do programa resulta na suspensão da sentença e, às vezes, na eliminação do delito. Porém, em casos nos quais os indivíduos não cumprem a determinação do juizado de drogas (por exemplo, uma recaída, por vezes habitual, no uso de drogas), eles voltam ao tribunal criminal para receber a sentença após a admissão da culpa.

Um estudo do National Institute of Justice (2013) sobre os juizados de drogas descobriu que participantes bem-sucedidos, em comparação a seus pares malsucedidos, se envolvem menos em atividades criminais, têm índices mais baixos de novas detenções e menos probabilidade de usar drogas. Apesar de o investimento inicial dos juizados de drogas ser mais alto do que a detenção, como os participantes dos programas têm menos probabilidade de reincidência, a economia média por participante estava entre US$ 5.680 e US$ 6.208. Os juizados de drogas, porém, atendem muito poucos criminosos devido a suas exigências rígidas de qualificação, capacidade limitada e temores potenciais das consequências jurídicas da falha de potenciais participantes completarem o tratamento (Sevigny et al., 2013).

Estratégias para ação: os Estados Unidos reagem

juizados de drogas Juizados especiais que direcionam os infratores da legislação antidrogas a programas de tratamento, em vez de liberdade condicional ou prisão.

O uso de drogas é uma questão social complexa, que é exacerbada por forças estruturais e culturais da sociedade que contribuem para sua existência. Apesar de a estrutura da sociedade perpetuar um sistema de desigualdade, criando em alguns a necessidade de fugir, a cultura da sociedade, por meio da mídia e das contradições normativas, envia mensagens confusas sobre a aceitação ou não do uso de drogas. Assim, tentar acabar com o uso de drogas desenvolvendo programas, leis ou iniciativas pode ser pouco realista. Apesar disso, numerosas políticas sociais foram implementadas ou propostas para ajudar a controlar esse uso e suas consequências negativas com vários níveis de sucesso.

> O uso de drogas é uma questão social complexa, que é exacerbada por forças estruturais e culturais da sociedade (...) A estrutura perpetua um sistema de desigualdade, criando em alguns a necessidade de fugir, [e] a cultura da sociedade, por meio da mídia e das contradições normativas, envia mensagens confusas sobre a aceitação ou não do uso de drogas.

Álcool e tabaco

Apesar de haver alguma sobreposição (por exemplo, educação), as estratégias para lidar com o abuso de álcool e fumo costumam ser diferentes das utilizadas em relação às drogas ilegais. A proibição, maior política social no sentido de controlar o uso de drogas nos Estados Unidos, foi um fracasso, e a criminalização do fumo provavelmente seria igualmente malsucedida. Porém, pesquisas identificaram várias estratégias promissoras na redução do uso de álcool e de tabaco, incluindo incentivos econômicos, regulamentações governamentais, sanções legais, educação e tratamento.

Incentivos econômicos. Um método para reduzir o uso de álcool e tabaco é aumentar o custo do produto. Depois de examinar o custo dos cigarros por estado, Dinno e Glantz (2009) concluíram que preços mais altos dos cigarros estão associados a menos pessoas fumando, e, quando se fuma, menos cigarros são consumidos.

Outros incentivos incluem cobrir o custo do tratamento e recompensar o sucesso. Por exemplo, em um estudo sobre parar de fumar, 828 funcionários de uma grande corporação foram aleatoriamente designados a um de dois grupos. Ambos os grupos receberam informações sobre programas para parar de fumar, mas um deles também recebeu incentivos financeiros, incluindo "...US$ 100 para concluir o programa; US$ 250 para parar de fumar seis meses depois da inscrição no estudo, sujeito à confirmação por teste bioquímico; e US$ 400 pela abstinência por seis meses adicionais depois da parada inicial confirmada" (Volpp et al., 2009, p. 1). Os resultados indicaram que incentivos financeiros reduziram os índices de tabagismo dos funcionários mais do que as simples informações. Da mesma forma, Williams et al. (2005) observam que "o aumento do preço do álcool, que pode ser obtido com a eliminação de preços especiais e promoções, ou pelo aumento dos impostos, levaria à redução no consumo de bebidas tanto moderado quanto alto de estudantes universitários" (p. 88). Outros exemplos de incentivos econômicos incluem prêmios de seguros-saúde reduzidos para não fumantes, de seguros de veículos reduzidos para quem não bebe e descontos na taxa de matrícula em academias de ginástica.

Regulamentação governamental. Regulamentações governamentais federal, estaduais e locais individualmente tiveram algum sucesso na redução do uso de tabaco e álcool, e nos problemas associados a eles. Em 1984, os Estados aumentaram a idade legal para consumir álcool para 21 anos, sob a ameaça de perder o financiamento federal dos transportes. Segundo as Mothers Against Drunk Driving (MADD), a idade mínima legal para beber evitou mais de 25 mil mortes em acidentes automobilísticos e reduziu os acidentes de carro por motoristas alcoolizados em 16% (MADD 2011). Mais ainda, uma análise de bebida e direção de alunos do ensino médio de 16 anos ou mais, entre 1991 e 2001, indica que o índice de alunos dirigindo embriagados caiu mais de 50%. Os pesquisadores sugerem que a ampliação do período de testes para obter a carteira de habilitação, restrições à direção noturna e leis mais duras quanto a dirigir alcoolizado podem explicar a queda (CDC, 2012c). Da mesma forma, leis visando um ar mais limpo restringem o fumo em ambientes de trabalho, bares, restaurantes e afins e reduzem os índices de consumo, assim como a exposição ao fumo passivo.

Uma das legislações mais importantes dos anos recentes foi o Family Smoking Prevention and Tobacco Control Act, de 2009 (veja a seção "A crise do tabaco"). A lei dá autoridade à Food and Drug Administration para regulamentar a produção (por exemplo, empresas de cigarros agora devem revelar os ingredientes em seus produtos), o marketing (por exemplo, marcas e logos de cigarros não podem mais ser usados para patrocinar eventos esportivos e de entretenimento) e a venda de produtos de tabaco (por exemplo, termos como *light*, *mild* e *baixo teor de alcatrão* não podem mais ser usados). Como consequência das regulamentações da FDA, a indústria de cigarro voltou sua atenção a produtos que não são cobertos pelo ato de 2009 (por exemplo, charutos, cachimbos e cigarros eletrônicos) e aos mercados internacionais (Sifferlin, 2013). Estima-se que as empresas de cigarro gastem US$ 24 milhões por dia em publicidade e marketing de produtos de tabaco (Schmidt, 2013).

O que você acha? A popularidade e o uso de cigarros eletrônicos estão crescendo por motivos óbvios – níveis reduzidos de nicotina, preços menores e uma variedade de sabores para escolher (Alderman, 2013). Mas a segurança do "vaporizador", como são chamados, levou a Food and Drug Administration a solicitar o direito de regulamentá-los, e os oficiais da União Europeia estão considerando restrições às vendas da "nicotina líquida". Você acha que os cigarros eletrônicos devem ser regulamentados pelo governo? Por que sim, ou por que não?

Ação legal. Governos federais e estaduais, assim como fumantes, ex-fumantes e famílias de vítimas do tabaco tomaram medidas legais contra as empresas de cigarro. Os anos 1990 trouxeram julgamentos de bilhões de dólares contra a indústria do cigarro por parte dos estados, que pediram ressarcimento dos custos da atenção à saúde relacionada ao fumo, e famílias buscando indenizações punitivas pela morte de seus entes queridos (Timeline, 2001). Em 1998, fabricantes de cigarro chegaram a um acordo com 46 estados, concordando em pagar bilhões de dólares de ressarcimento pelos custos de atenção à saúde relacionada ao cigarro. O acordo também restringiu o marketing, a promoção e a publicidade de produtos de tabaco dirigidos a menores (Wilson, 1999).

Depois de anos de litígio, a Corte de Apelações do Distrito de Colúmbia, Estados Unidos, decidiu que a indústria de tabaco se engajou e continua se engajando em uma campanha maciça, de décadas, para enganar o público norte-americano (...) incluindo falsamente negar que a nicotina é viciante, falsamente afirmar que cigarros "light" ou de "baixos teores de alcatrão" apresentam menos riscos à saúde, falsamente negar que vendem para crianças e falsamente negar que fumo passivo causa doenças (Myers, 2009, p. 1).

Em 2012, as empresas de tabaco foram condenadas a admitir publicamente o engodo. Entre outras afirmações que devem ser colocadas em anúncios, algumas tiveram de registrar que "Um Tribunal Federal determinou que as empresas de tabaco acusadas enganaram deliberadamente o público norte-americano sobre aumentar o nível de nicotina nos cigarros e determinou que essas empresas façam esta afirmação: Eis aqui a verdade: o fumo mata, em média, 1.200 norte-americanos. Por dia" (Mears, 2012).

Ações contra varejistas, distribuidores e fabricantes de bebidas alcoólicas são mais recentes e em geral têm como base os litígios contra o cigarro. Essas ações, no início, referiam-se a acusações quanto ao mercado ilegal, vendas a menores de idade e falta de advertência quanto aos riscos do álcool. Em 2012, cinco presidiários entraram com um processo de US$ 1 bilhão contra oito fabricantes de bebidas alcoólicas, incluindo Anheuser-Busch, Coors, Miller Brewing, American Brands e os proprietários do uísque Jim Beam. A ação alegava que seu vício em álcool foi o responsável por seus crimes e que os fabricantes de bebida deveriam colocar um aviso nos rótulos de seus produtos (Jennings, 2013).

Prevenção. Então, o que pode ser feito em relação à causa número um de mortes evitáveis no país? Em grande medida, as recomendações dos especialistas refletem o relatório federal de 2010 intitulado *Ending the Tobacco Epidemic* (Acabando com a Epidemia de Cigarro). Depois de estudar intervenções bem-sucedidas baseadas em evidências contra o cigarro, o relatório recomendou: (1) implantação de campanhas de contramarketing dirigidas à juventude, (2) adoção de leis abrangentes para ambientes livres do cigarro, (3) desenvolvimento de programas para parar de fumar acessíveis e a preços econômicos, (4) aumento no preço de varejo dos produtos de tabaco e (5) restrição da publicidade e do marketing de cigarro (U.S. Department of Health and Human Services, 2010).

Há também uma vertente de pesquisa que sugere que intervenções concentradas nas escolas podem reduzir o uso de álcool e/ou tabaco. Por exemplo, Champion et al. (2013), em uma revisão de programas de prevenção baseados em computador e internet realizados em escolas, demonstraram que dos sete estudos revisados, seis "(...) conseguiram uma redução no uso de álcool e drogas após a intervenção e/ou acompanhamento; dois eram associados à redução da intenção de fumar no futuro e dois programas significativamente aumentaram o conhecimento sobre álcool e drogas" (p. 120). Os autores prontamente observaram que intervenções baseadas em tecnologia evitam uma série de problemas relacionados à tradicional transmissão de informações na escolas (por exemplo, custo, tempo limitado dos professores), enquanto garantem alto nível de consistência ao longo do tempo, localização e população estudantil.

Por fim, campanhas de mídia demonstraram sucesso na prevenção no uso de drogas. A campanha juvenil antidrogas do Office of National Drug Policy, "Above the influence" (Acima da influência), apresenta um índice de reconhecimento de 88% entre os adolescentes e teve 1,7 milhão de "curtidas" em sua página do Facebook (ONDCP, 2013). Mais ainda, usando dados da Nielsen Media Research e uma pesquisa de múltipla escolha autorrespondida sobre o uso de drogas na adolescência (ou seja, Monitoring the Future), Terry-McElrath et al. (2010)

examinaram a relação entre mensagens antidrogas na televisão e seu uso. Em geral, a exposição na mídia de mensagens antidrogas seis meses antes da pesquisa de múltipla escolha foi efetiva e na direção desejada. O efeito, é claro, variou conforme o tempo, idade e tipo de droga usado.

Drogas ilegais

Apesar de os maiores custos para os indivíduos e a sociedade virem do uso e abuso de drogas legais, não resta dúvida de que o uso e o abuso das ilícitas também cobram um tremendo custo humano e financeiro. Nesta seção, destacamos a guerra contra as drogas, a desregulamentação e a legalização e outras iniciativas estaduais e federais a fim de controlar substâncias ilegais.

Guerra contra as drogas. Nos anos 1980, o governo federal declarou "guerra contra as drogas" com base na crença de que controlar a disponibilidade das drogas limitaria seu uso e, em consequência, os problemas a elas relacionados.

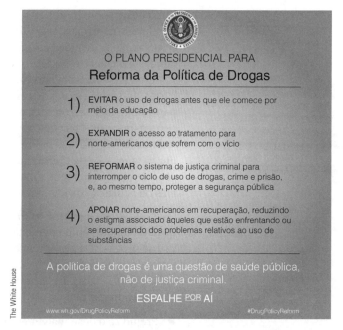

Em contraste com a posição de **redução de danos**, que foca a minimização dos custos do uso de drogas tanto para o usuário quanto para a sociedade (por exemplo, distribuição de seringas limpas para reduzir o risco de infecção por HIV), essa abordagem de "tolerância zero" defendia políticas de aplicação da lei severas e foi responsável pelo aumento dramático da população carcerária. Em 1980, havia cerca de 41 mil condenados por drogas em delegacias e prisões; em 2011, quase meio milhão.

Raça, etnia e a guerra contra as drogas. As penas mais duras representaram parte das sentenças de prisão exigidas pela "guerra contra as drogas" para quase todos os condenados – primários ou reincidentes – e limitaram o critério judicial ao decidir o que melhor servia ao interesse público. As "Leis Rockefeller das drogas", como eram chamadas, resultaram em um número desproporcional de hispânicos e afro-americanos que receberam "sentenças de prisão excessivamente longas e desnecessárias", mesmo pelos menores crimes possíveis (Human Rights Watch, 2007, p. 1). Em resposta aos protestos do público e a acusações de racismo institucional (veja o Capítulo 9), tiveram início as reformas dessas leis (Peters, 2009). Mesmo assim, práticas discriminatórias continuam. Por exemplo, adolescentes afro-americanos têm dez vezes mais probabilidade de ser presos por crimes relativos a drogas do que brancos (Sanchez-Moreno, 2012), apesar de a pesquisa indicar que eles são menos propensos a usar drogas e a ter problemas com drogas do que seus correspondentes brancos (Wu et al., 2011).

Desde 2009, o governo gastou mais de US$ 30 bilhões para controlar as drogas, incluindo US$ 10,7 bilhões para o tratamento e a prevenção em financiamentos em 2013. Nos últimos três anos, a porcentagem de dinheiro federal do controle de drogas gasta em "redução de dados" comparada à de "redução da oferta" aumentou.

O que você acha? Para recrutar membros e intimidar inimigos, os líderes dos cartéis de drogas mexicanos postaram vídeos no YouTube (Hastings, 2013; Jervis, 2009). Muitos são tão brutais, que são precedidos de um aviso de que o conteúdo pode ser inadequado para espectadores menores de 18 anos. Membros de gangues também postam crimes para divulgar seus crimes às gangues rivais (Cattan, 2010). Apesar de os responsáveis pelo YouTube terem alertado as agências da lei sobre esses vídeos, pode-se argumentar que permitir que sejam exibidos é "ser cúmplice" do inimigo na guerra contra as drogas. Você acha que os líderes de cartéis de drogas deveriam poder postar esses vídeos no YouTube? Por que sim, ou por que não?

Gênero e a guerra contra as drogas. Segundo a Drug Policy Alliance, em 2010 quase um quarto das mulheres em prisões estaduais e mais da metade em prisões federais foram presas por contravenções relativas a drogas; mais da metade era de mães (DPA, 2013). Assim

redução de danos Posição oficial da saúde pública que defende a redução de consequências prejudiciais do uso das drogas para o usuário, assim como para a sociedade como um todo.

como ocorre com minorias raciais e étnicas em geral, as mulheres condenadas à prisão por problemas de drogas eram desproporcionalmente negras e hispânicas. Por consequência, crianças filhas de mães encarceradas por motivos de drogas têm mais probabilidade de ser minorias raciais e étnicas.

Com base na teoria do conflito, Merolla (2008) afirma que o aumento do índice de mulheres presas é, em parte, resultado da guerra contra as drogas, e não de mudanças comportamentais delas, ou seja, o aumento do uso de drogas entre elas. Usando dados de fontes governamentais, Merolla conclui que a guerra contra as drogas, intrinsecamente, aumentou os índices de prisão de mulheres de duas formas. Primeira, a guerra contra as drogas redefiniu, pela mídia e de muitas outras formas, quem é criminoso ou não de forma dissociada do gênero (ou seja, homens e mulheres). Segunda, como consequência dessa redefinição, as formas de aplicação da lei mudaram e agora visam mais agressivamente às usuárias de drogas.

Custo da guerra contra as drogas. Apesar de o foco aqui ser a guerra contra as drogas nos Estados Unidos, ainda persiste uma iniciativa global para controlar a produção, o tráfico e o uso de drogas. Um projeto colaborativo, *Count the Costs*, dedica-se a mudar a abordagem punitiva da política de controle de drogas e com isso reduzir os custos associados segundo essa ênfase (CTC, 2013). Esse projeto identificou sete categorias de custos associados à guerra contra as drogas global:

- Prejudica o desenvolvimento e cria conflito (por exemplo, uso do exército para lutar contra os cartéis de drogas)
- Ameaça a saúde pública (por exemplo, recursos escassos são direcionados para a aplicação da lei, em vez de para tratamento)
- Viola os direitos humanos (por exemplo, execução de usuários de drogas em alguns países)
- Promove o estigma e a discriminação (por exemplo, alguns usos de drogas culturalmente inseridos)
- Perpetua o crime e os criminosos (por exemplo, proibir as drogas ilegais pode reduzir o fornecimento, mas, com a demanda constante, os preços aumentam)
- Desmata e polui (por exemplo, pulverização de aéreas de lavouras de drogas)
- Desperdiça bilhões de dólares (por exemplo, em aplicação da lei)

O governo dos Estados Unidos gastou entre US$ 20 e US$ 25 bilhões por ano na guerra contra as drogas na última década (Porter, 2012).

Perdendo a guerra: a reforma da política de drogas. Há pouca discussão sobre "...que a proibição global de certas drogas e a guerra contra as drogas de uma forma geral deixaram de atingir as metas estabelecidas" (Chouvy, 2013, p. 216). Na verdade, um artigo da CNN chamou essa guerra de "o fracasso de 1 trilhão de dólares" (Branson, 2012), e 82% dos norte-americanos concordam com essa avaliação (Rasmussen, 2012). Em consequência, a partir de 2010, o governo federal começou a reformular a política nacional de drogas. A política dos Estados Unidos no combate às drogas tem duas vertentes. A primeira é a **redução da demanda**, o que envolve reduzir a demanda por drogas por meio de tratamento e prevenção (veja a Figura 3.6). A segunda estratégia é a **redução da oferta**. Muito mais punitiva, essa estratégia baseia-se em esforços internacionais, interdição e aplicação de leis domésticas para reduzir a oferta de drogas ilegais.

A National Drug Control Strategy, de 2014 (veja o financiamento, Figura 3.6) descreve a atual "...visão da Administração para uma política de drogas do século XXI que seja baseada em ciência e evidências, abrangendo prevenção, intervenção precoce, tratamento, recuperação, reforma da justiça criminal, aplicação efetiva da lei e cooperação internacional" (ONDCP, 2013, p. 2). A alocação de recursos para cada uma dessas estratégias mudou ao longo do tempo, à medida que uma abordagem mais equilibrada e menos punitiva foi adotada. Por exemplo, a alocação orçamentária para esforços preventivos aumentou 5% entre 2012 e 2014. Apesar de, aparentemente, a diferença de alocação de recursos ser bem pequena, uma mudança de cinco pontos percentuais, nesse caso, resulta em um aumento de quase US$ 70 milhões em esforços de prevenção (ONDCP, 2013).

redução da demanda Uma das duas estratégias da guerra dos Estados Unidos contra as drogas (a outra é redução da oferta), esta foca na redução da procura por drogas por meio de tratamento, prevenção e pesquisa.

redução da oferta Uma das duas estratégias da guerra dos Estados Unidos contra as drogas (a outra é a redução de demanda), esta concentra-se na redução do fornecimento de drogas disponíveis nas ruas por meio de esforços internacionais, proibição e aplicação das leis domésticas.

A reforma da política de drogas dos Estados Unidos, em parte, é reflexo do fracasso da guerra contra as drogas, mas é também uma resposta ao aumento da pressão internacional. Em 2013, uma organização colaborativa entre países das Américas do Norte e do Sul lançou o "relatório da virada do jogo" (Doward, 2013). O relatório (OAS, 2013) descreve o impacto negativo das políticas de drogas em países latino-americanos, incluindo o aumento da criminalidade e da violência, crises econômicas e corrupção institucional. Há pouca evidência do contrário. Dos (...) oito países com mais assassinatos do mundo, sete estão na rota do tráfico de cocaína dos Andes para os Estados Unidos e a Europa. Apenas zonas de guerra são mais violentas do que Honduras. Mais de 7 mil dos seus 8 [milhões] de cidadãos são assassinados todo ano. Na União Europeia, com uma população de 500 [milhões], o número está abaixo de 6 mil. (*The Economist*, 2013).

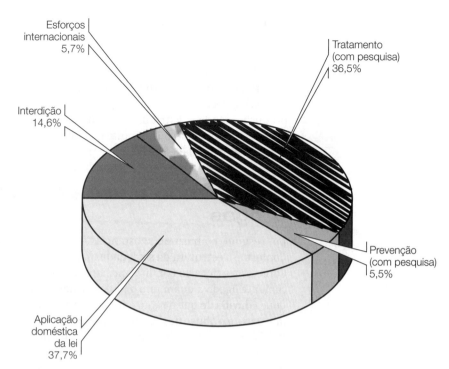

Figura 3.6 Gastos federais no controle de drogas por função, ano fiscal de 2014
Fonte: ONDCP, 2013

Desregulamentação ou legalização. Em razão dos resultados questionáveis da guerra contra as drogas, não é surpresa que muitos defendam medidas alternativas à ênfase bastante punitiva das últimas décadas. **Desregulamentação** é a redução do controle do governo sobre certas drogas. Por exemplo, apesar de os indivíduos precisarem ter mais de 21 anos para comprar álcool e 18 para comprar cigarros, ambas as substâncias são legais e podem ser compradas livremente. Em alguns estados, a posse de maconha em pequenas quantidades é uma contravenção, não crime, e a maconha é usada legalmente para finalidades médicas em 18 estados (veja o Capítulo 2). A desregulamentação é popular em outros países também. Por exemplo, a posse pessoal de qualquer droga, mesmo as consideradas mais perigosas, é legal na Espanha, na Itália, nos Países Bálticos e na República Tcheca (*The Economist*, 2009).

Os defensores da **legalização** das drogas insistem no direito dos adultos de fazer escolhas bem informadas. Também argumentam que as altíssimas receitas obtidas de impostos das drogas poderiam ser usadas para beneficiar todos os cidadãos, controles de pureza e segurança poderiam ser implantados e que a legalização aumentaria o número de distribuidores, ampliando assim a concorrência e reduzindo os preços. Dessa forma, as drogas seriam mais seguras, os crimes a elas relacionados cairiam e a produção e distribuição de substâncias antes controladas seriam tiradas das mãos do submundo.

Quem é a favor da legalização também sugere que uma disponibilidade maior de drogas não aumentaria a demanda, usando como exemplo países nos quais algumas drogas já foram descriminalizadas. A **descriminalização**, que envolve eliminar as penas oficiais para certas drogas, promove uma abordagem médica, em vez de criminal, para o uso de drogas, o que encoraja os usuários a buscar tratamento e adotar práticas preventivas. Como já mencionado, em 2012, Colorado e Washington descriminalizaram o uso recreativo da maconha. Portugal "se tornou o primeiro país europeu a oficialmente abolir todas as penas criminais por posse pessoal de drogas, incluindo maconha, cocaína, heroína e metanfetamina" (Szalavitz, 2009, p. 1). Apesar dos medos das consequências negativas, um relatório do Cato Institute concluiu que a descriminalização da posse pessoal de drogas foi responsável por reduzir novos casos de infecções por HIV e o uso de drogas entre os adolescentes portugueses e dobrar o número de pessoas que buscam tratamento para vício em drogas (Greenwald, 2009).

desregulamentação Redução do controle governamental sobre, por exemplo, certas drogas.

legalização Tornar legais comportamentos proibidos; por exemplo, legalizar o uso de drogas ou da prostituição.

descriminalização Implica a despenalização de certas drogas e a promoção de uma abordagem médica, em vez de criminal, do uso de drogas que encoraje os usuários a buscar tratamento e adotar práticas preventivas.

Os opositores à legalização argumentam que isto seria interpretado como aprovação do governo ao uso de drogas e, por consequência, as pessoas experimentariam e abusariam mais das drogas. Além disso, apesar de a legalização das drogas poder resultar em receitas substanciais para o governo, o tráfico de drogas e o mercado negro ainda assim se desenvolveriam, porque nem todas as drogas seriam descriminalizadas (por exemplo, metanfetamina). A legalização também exigiria ampla e custosa burocracia para regulamentar a produção, venda e distribuição das drogas. Finalmente, a posição de que o uso de drogas é um direito individual não garante que outros não serão prejudicados. É ilógico assumir que maior disponibilidade de drogas se traduziria em uma sociedade mais segura.

Entendendo o uso de álcool e outras drogas

Em resumo, o abuso de substâncias – ou seja, drogas e seu uso – é socialmente definido. Conforme a estrutura da sociedade muda, a aceitação de uma droga ou outra também muda. Como os teóricos do conflito afirmam, o *status* de uma droga como legal ou ilegal é intrinsecamente ligado a quem tem o poder de definir o uso aceitável ou não de drogas. Há também pouca dúvida de que a rápida mudança social, a anomia, a alienação e a desigualdade fomentam o uso e o abuso de drogas. O interacionismo simbólico também desempenha papel significativo no processo: se as pessoas são rotuladas como "usuários de drogas" e espera-se que assim se comportem, então, provavelmente o uso deve continuar. Se as pessoas vivenciam um reforço positivo desses comportamentos e/ou têm uma predisposição biológica para o uso de drogas, a probabilidade de seu envolvimento é ainda maior. Assim, as teorias do uso de drogas se complementam, em vez de se contradizerem.

Há duas questões que precisam ser abordadas para entender o uso de drogas. A primeira está no nível micro – por que determinado indivíduo usa álcool ou outras drogas? Muitos indivíduos com alto risco para o uso de drogas foram abandonados pela sociedade – estão vivendo na pobreza, desempregados, são vítimas de abuso, dependentes de pais viciados ou negligentes e afins. Apesar das origens sociais do uso de drogas, muitas alternativas de tratamento, que emanam de um modelo clínico apropriado, partem do princípio de que a origem do problema é individual, em vez de estar relacionada à estrutura e à cultura da sociedade. Apesar de o problema poder estar reconhecidamente no indivíduo, quando o tratamento acontece, as políticas que abordam as causas sociais do uso de drogas devem ser uma prioridade ao lidar com esse problema nos Estados Unidos.

> Uma (...) pesquisa da Organização Mundial da Saúde em 17 países concluiu que não há ligação entre a rigidez das políticas de drogas e os índices de consumo dos cidadãos.

A segunda questão, relacionada à primeira, é: por que o uso de drogas varia tão dramaticamente entre as sociedades, em geral independente das políticas de drogas de um país? Os Estados Unidos aplicam algumas das mais severas penas do mundo para infrações relacionadas a drogas, mas tem um dos índices mais altos de uso de maconha e cocaína. Ao mesmo tempo, como já mencionado, Portugal descriminalizou a posse pessoal de todas as drogas, e o uso entre os jovens está caindo (Szalavitz, 2009). Mais impressionante, uma pesquisa da Organização Mundial da Saúde, de 2008, em 17 países concluiu que não há ligação entre a rigidez das políticas de drogas e os índices de consumo entre os cidadãos (Degenhardt et al., 2008).

Dito isto, o que é necessário é uma abordagem mais equilibrada – que reconheça que nem todas as drogas têm o mesmo impacto sobre a sociedade ou sobre os indivíduos que as usam. A administração atual parece estar se inclinando nesse sentido. Por exemplo, em uma ruptura em relação à administração anterior, o presidente Obama apoiou programas de troca de agulhas financiados pelo governo federal – uma amostra da defesa da redução de danos – e afirmou que é "totalmente apropriado" usar maconha pelos mesmos propósitos e sob o mesmo controle de outras drogas prescritas por um médico (Dinan e Conery, 2009; Heinrich, 2009). Além disso, a distribuição de financiamento proposta para a redução de danos *versus* a redução da oferta é a mais equilibrada da história dos Estados Unidos. Só o tempo dirá se essa nova abordagem ao controle de drogas, que reflete tanto a posição da saúde pública quanto da justiça criminal, será mais bem-sucedida do que as políticas de administrações anteriores.

REVISÃO DO CAPÍTULO

- **O que é droga e o que significa abuso de drogas?**
  Sociologicamente, o termo droga refere-se a qualquer substância química que (1) tem efeito direto sobre a atuação física, psicológica e/ou intelectual; (2) pode ser usada em excesso; e (3) tem consequências adversas para o indivíduo e/ou a sociedade. O abuso de drogas acontece quando padrões aceitáveis para seu uso são violados, resultando consequências adversas fisiológicas, psicológicas e/ou sociais.

- **Como as três teorias sociológicas da sociedade explicam o uso de drogas?**
  Os funcionalistas argumentam que o abuso de drogas é uma resposta ao enfraquecimento das normas da sociedade, levando a uma condição conhecida como anomia, ou falta de normas. Da perspectiva do conflito, este uso acontece como uma resposta à desigualdade perpetuada pelo sistema capitalista, já que os membros da sociedade reagem à alienação de seu trabalho, família e amigos. O interacionismo simbólico concentra-se nos significados sociais associados ao uso de drogas. Se a experiência inicial desse uso é definida como prazerosa, é provável que se repita, e, ao longo do tempo, o indivíduo pode ganhar o rótulo de "usuário de drogas".

- **Quais são as drogas legais e ilegais usadas com mais frequência?**
  O álcool é a droga legal mais comumente usada e abusada nos Estados Unidos, com 66% da população adulta reportando uso atual do álcool. Apesar de o uso de tabaco nos Estados Unidos estar declinando, o uso de seus produtos derivados é globalmente muito alto, com 80% dos mais de um bilhão de fumantes vivendo em países de baixa ou média renda.

- **Quais são as consequências do uso de drogas?**
  São cinco essas consequências. A primeira é o custo para a família e os filhos, em geral manifestando-se em índices mais altos de divórcio, abuso do cônjuge, abuso infantil e negligência infantil. A segunda é a relação entre drogas e criminalidade. Os encarcerados têm índices desproporcionalmente mais altos de uso de drogas. Apesar de os usuários de drogas cometerem mais crimes, os sociólogos discordam quanto a se as drogas realmente "causam" o crime ou se, em vez disso, a atividade criminosa leva ao envolvimento com drogas. Em terceiro estão os custos econômicos (por exemplo, perda de produtividade), que chega a bilhões. Então, há os custos de saúde do abuso de drogas, incluindo redução da expectativa de vida; maior morbidade (por exemplo, cirrose hepática e câncer de fígado; exposição à infecção por HIV, hepatite e outras doenças por meio de agulhas compartilhadas; sistema imunológico enfraquecido; defeitos congênitos, como síndrome alcoólica fetal; crianças viciadas em drogas; e índices mais altos de mortalidade. Finalmente, a produção ilegal de drogas cobra seu pedágio do meio ambiente, o que impacta todos os norte-americanos.

- **Que alternativas de tratamento estão disponíveis para usuários de drogas?**
  Apesar de haver muitas formas de tratar o abuso de drogas, dois métodos se destacam: o modelo hospitalar-ambulatorial, que implica supervisão médica de desintoxicação e pode ou não incluir hospitalização. Programas de 12 passos, como o Alcoólicos Anônimos (AA) e o Narcóticos Anônimos (NA), são especialmente populares, assim como comunidades terapêuticas, que são instalações residenciais nas quais usuários de drogas aprendem a redefinir a si mesmos e seu comportamento como resposta às expectativas de outros e à sua autodefinição. Finalmente, os juizados de drogas são usados como alternativa aos métodos punitivos tradicionais de liberdade condicional e encarceramento.

- **O que pode ser feito em relação ao problema de drogas?**
  Primeiro, há regulamentações governamentais que limitam o uso (por exemplo, a lei que determina a idade limite de 21 anos para beber) e a distribuição (por exemplo, proibições quanto à importação de drogas) de drogas legais e ilegais. O governo também impõe sanções sobre quem viola regulamentações antidrogas e oferece instalações para o tratamento de outros acusados. Também se descobriu que incentivos econômicos (por exemplo, custo) e programas de prevenção impactam os índices de consumo. Finalmente, ações legais que responsabilizam as empresas pelas consequências de seu produto – por exemplo, ações coletivas contra produtores de tabaco – têm sido bastante bem-sucedidas.

AVALIE SEU CONHECIMENTO

1. "Cannabis cafés" são comuns em toda a Inglaterra.
   a. Verdadeiro
   b. Falso
2. A droga ilícita mais usada do mundo é
   a. heroína
   b. maconha
   c. cocaína
   d. metanfetamina
3. Que teoria argumenta que manter o álcool na legalidade é uma consequência da ganância corporativa?
   a. Estrutural-funcionalista
   b. Interacionismo simbólico

c. Teoria do reforço
   d. Teoria do conflito
4. Fumar cigarro é
   a. a terceira causa mais importante da morte evitável nos Estados Unidos
   b. não viciante
   c. o uso mais comum de produtos de tabaco
   d. vem aumentando nos Estados Unidos
5. Nos Estados Unidos, beber é mais comum entre homens jovens não brancos.
   a. Verdadeiro
   b. Falso
6. Que país europeu descriminalizou a posse pessoal de todas as drogas, incluindo maconha, cocaína, heroína e metanfetamina?
   a. Espanha
   b. França
   c. Portugal
   d. Holanda
7. O princípio ativo da maconha, THC, pode agir como sedativo ou alucinógeno.
   a. Verdadeiro
   b. Falso
8. Segundo o orçamento proposto em 2014, a maior parte da verba federal para o controle de drogas é alocada para
   a. esforços internacionais
   b. aplicação doméstica da lei
   c. prevenção e pesquisa
   d. tratamento e pesquisa
9. Descriminalização refere-se à remoção das penas para certas drogas.
   a. Verdadeiro
   b. Falso
10. A estratégia de controle de duas vertentes do governo dos Estados Unidos implica redução da oferta e redução de danos.
    a. Verdadeiro
    b. Falso

Respostas: 1. B; 2. B; 3. D; 4. C; 5. B; 6. C; 7. A; 8. B; 9. A; 10. B.

TERMOS-CHAVE

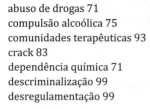

abuso de drogas 71
compulsão alcoólica 75
comunidades terapêuticas 93
crack 83
dependência química 71
descriminalização 99
desregulamentação 99

droga de entrada 80
drogas 68
drogas psicoterapêuticas 84
drogas sintéticas 85
juizados de drogas 94
legalização 99
metanálise 78

redução da demanda 98
redução da oferta 98
redução de danos 97
síndrome alcoólica fetal 90
síndrome da abstinência neonatal (SAN) 90
vício do álcool, ou alcoolismo 75

Crime e controle social

"Arranjos sociais injustos são por si só um tipo de extorsão, até mesmo de violência."

John Rawls, *Uma teoria da justiça*

Contexto global: crime internacional e controle social

Fontes de estatísticas criminais

Você e a sociedade: **Pesquisa de atividades criminais**

Teorias sociológicas sobre a criminalidade

Tipos de crime

O lado humano: **As consequências ocultas do estupro**

Padrões demográficos da criminalidade

Um olhar sobre a pesquisa dos problemas sociais: **Violência e jovens de minorias**

Custos sociais do crime e do controle social

Estratégias para ação: crime e controle social

Ensaio fotográfico: **Programas de prisão que funcionam**

Entendendo o crime e o controle social

Revisão do capítulo

Shaniya Davis tinha apenas 5 anos e já havia sofrido mais do que a maioria das pessoas em sua curta vida. Sua mãe fora acusada de homicídio doloso e de "(...) liberdades indecentes com uma criança, abuso infantil, escravidão sexual, estupro de criança, abuso sexual de criança por um agressor adulto, [e] tráfico humano (...)" (CBS, 2013, p. 1). E também fora acusada de contravenção por fazer uma denúncia falsa dizendo à polícia que sua filha estava "desaparecida". Davis, 27, vendeu a filha a Mario McNeill, para quitar uma dívida de drogas, que a atacou sexualmente, a sufocou e depois jogou seu corpo num campo. Em julho de 2013, McNeill foi condenado por assassinato e sentenciado à morte. Annette Davis, mãe de Shaniya, aguarda julgamento.

Super Bowl XLVII — futebol norte-americano, diversão, o show no intervalo, comerciais de televisão e tráfico humano? Na verdade, "Estima-se que o Super Bowl seja um dos maiores eventos de tráfico humano do mundo (...) porque, sempre que há aumento na procura, haverá aumento na oferta", de acordo com um especialista (citado em Murphy, 2013, p. 1). Para lidar com tais preocupações, o Immigration and Customs Enforcement, a Louisiana State Police, o New Orleans Police Department e o Federal Bureau of Investigation (FBI) formaram uma força-tarefa para aumentar a aplicação de leis durante o Super Bowl de 2013. Como resultado, muitas mulheres mantidas em cativeiro por uma quadrilha de tráfico sexual foram resgatadas (Murphy, 2013).

Quatro órgãos de manutenção da ordem pública trabalhando juntos no mesmo estado para resolver um problema em um evento. Esta é a burocracia do sistema de justiça penal, que inclui não apenas órgãos federais e estatais de manutenção da ordem pública, mas também tribunais e prisões. Neste capítulo, examinamos o sistema de justiça penal, bem como teorias, tipos e padrões demográficos de comportamento criminal. Custos econômicos, sociais e psicológicos do crime também são analisados. O capítulo termina com uma discussão sobre controle social, incluindo políticas e programas de prevenção criados para reduzir crimes nos Estados Unidos.

Contexto global: crime internacional e controle social

Muitos fatos sobre crimes são reais em todo o mundo. Primeiro, o crime é onipresente – não há um país em que não exista. Segundo, a maioria dos países tem os mesmos elementos em seus sistemas de justiça penal: polícia, tribunais e prisões. Terceiro, homens adultos são a maior categoria de suspeitos de crimes no mundo. Quarto, em todos os países o roubo é o crime mais cometido, enquanto os violentos são eventos relativamente raros.

Apesar dessas similaridades, diferenças dramáticas existem nos índices internacionais de criminalidade, embora comparações sejam difíceis devido às suas variações de medida e definição. Apesar disso, analisando-se as estatísticas globais como um todo, algumas afirmações podem ser feitas com segurança.

Primeiro, os índices de crimes violentos variam significativamente conforme a região e o país. Examinar os índices de homicídio é um bom exemplo. Como estes estão relacionados a outros crimes violentos – por exemplo, quando os índices de roubo aumentam também crescem os de homicídio – então, em termos globais, dizem muito sobre a criminalidade no mundo. Em 2010, no mundo todo, aconteceram mais de 450 mil homicídios, ou seja, a morte intencional do outro, de acordo com as mais recentes pesquisas globais disponíveis (UNODC, 2012). Estima-se que cerca de um terço do *número* de homicídios ocorrereu na África, um terço nas Américas e um terço na Ásia, Europa e Oceania.

No entanto, *índices* de criminalidade, em geral expressos por 100 mil habitantes, levam em consideração diferenças no tamanho da população e permitem comparações mais precisas. Recentemente, os índices de homicídio têm caído na Ásia, América do Norte e Europa, enquanto aumentam na América Central e nos países caribenhos. Países com índices de homicídio relativamente altos tendem a ser aqueles com maiores níveis de desigualdade de renda e mais baixos de desenvolvimento, por exemplo, Venezuela, Jamaica e Suazilândia (taxa >40), enquanto países mais igualitários e com níveis mais altos de desenvolvimento, como Suíça, Alemanha e Estados Unidos (taxa <5), têm taxas de homicídio menores (UNODC, 2012).

TABELA 4.1 Tipos de crime transnacional

Oferta de bens ilícitos	Oferta de serviços ilícitos	Infiltração em empresa ou governo
Tráfico de drogas	Tráfico humano	Extorsão e chantagem
Bens roubados	Crime cibernético e fraude	Lavagem de dinheiro
Falsificação	Vícios comerciais (por exemplo: sexo ilegal e jogos de azar)	Corrupção

Fonte: Albanese, 2012.

No mundo todo, crimes contra a propriedade, com mais frequência envolvendo algum tipo de roubo, têm uma distribuição diferente em relação à dos crimes violentos. Uma comparação entre países desenvolvidos – os 36 países que pertencem à Organização para a Cooperação e o Desenvolvimento Econômico (OCDE) – indica que onde crimes que envolvem violência medidos pelos índices de homicídio são altos, crimes contra a propriedade tendem a ser baixos (Civitas, 2012). Por exemplo, Nova Zelândia, Suécia e Dinamarca têm índices de homicídio relativamente baixos, mas ocupam as dez primeiras colocações nos de furto e roubo de carros. Crimes que envolvem violência e contra a propriedade representam apenas dois tipos de crime no mundo todo. Embora nos preocupemos com esses tipos e a possibilidade de vitimização, a globalização e o avanço tecnológico permitiram o surgimento de novas categorias de crimes (por exemplo, tráfico humano) e expandiram a prevalência de outros (por exemplo, fraude, crime cibernético).

Como definido pela administração atual, **crime transnacional** refere-se a uma atividade criminosa organizada que atravessa uma ou mais fronteiras nacionais com o "(...) propósito de obter poder, influência, ganhos monetários e/ou comerciais (...) a partir de um modelo de corrupção e/ou violência" (U.S. Department of Justice, 2012). A importância do crime transnacional não deve ser minimizada. Shelley (2007) afirma que:

> Os crimes transnacionais serão uma questão determinante do século XXI para os políticos – tão determinante quanto foi a Guerra Fria para o século XX e o colonialismo para o século XIX. Terroristas e grupos criminosos transnacionais proliferarão porque esses grupos são os principais beneficiários da globalização. Eles tiram vantagem do aumento de viagens, comércio, movimentos rápidos de dinheiro, telecomunicações e redes de computadores e estão bem posicionados para crescer. (p. 1)

Como indica a Tabela 4.1, esse tipo de crime funciona essencialmente para fornecer bens ilícitos e serviços e se infiltrar em instituições empresariais ou governamentais (Albanese, 2012). A pornografia infantil na internet é um exemplo de crime transnacional. Prichard et al. (2013) observam que a pornografia infantil na internet está aumentando e que códigos como *Pthc* (*preteen hard core*), *Lolita, teen* e *12yo* são frequentemente encontrados entre os 1.000 primeiros termos usados em mecanismos de busca internacionais.

Tráfico humano é outro exemplo de crime transnacional. De acordo com uma lei federal, esse crime inclui recrutamento, abrigo, transporte, provisão e obtenção de uma pessoa por

> Embora o tráfico humano seja visto muitas vezes como algo que existe fora dos Estados Unidos, estima-se que mais de 100 mil crianças sejam exploradas sexualmente todo ano, e outros milhões de crianças sejam forçadas à servidão doméstica e trabalho involuntário neste país.

- tráfico sexual no qual um ato sexual comercial é induzido por força, fraude ou coerção, ou no qual a pessoa induzida a se sujeitar a tal ato ainda não atingiu os 18 anos; ou
- mão de obra ou serviços, por meio do uso da força, fraude ou coerção para o propósito de sujeição à servidão involuntária, escravidão por dívida, prisão por dívida ou escravidão. (U.S. Department of Health and Human Services, 2012, p. 1)

Estima-se que cerca de 27 milhões de homens, mulheres e crianças de todas as idades sejam vítimas de tráfico humano (U.S. Department of State, 2013). Embora esse tipo de

crime transnacional Atividade criminosa que ocorre entre uma ou mais fronteiras nacionais.

Um garoto, vítima de tráfico humano, é forçado a trabalhar em uma fábrica de balões nos arredores de Daca, Bangladesh. Estima-se que o tráfico humano seja um negócio multibilionário, cujo valor se aproxima ao do tráfico internacional de drogas e armas (Interpol, 2011).

crime seja visto muitas vezes como algo que existe fora dos Estados Unidos, estima-se que mais de 100 mil crianças sejam dessa forma exploradas todo ano, e outros milhões de crianças sejam forçadas à servidão doméstica e ao trabalho involuntário nesse país (Polaris Project. 2013). Estima-se ainda que cerca de 80% das vítimas do tráfico humano sejam mulheres ou meninas e que 50% sejam menores de idade (U.S. Department of State, 2013).

O que você acha? Segundo o International Maritime Bureau (IMB), 297 navios foram atacados em alto-mar em 2012 – 174 foram ocupados por piratas, 28 bombardeados e 28 sequestrados (ICC, 2013). Em 2013, três piratas somalis foram condenados por matar quatro norte-americanos depois de sequestrar seu iate e sentenciados à prisão perpétua (Daugherty, 2013). Pela lei federal, morte resultante de pirataria ou tentativa de sequestro de embarcações resulta em pena de morte. Você acha que mortes resultantes de sequestro marítimo deveriam levar à pena de morte? E se a morte não for de um refém, mas de um dos sequestradores?

Fontes de estatísticas criminais

O governo norte-americano gasta milhões de dólares anualmente para compilar e analisar estatísticas criminais. **Crime** é a transgressão de uma lei federal, estadual ou local. Para que a transgressão se configure crime, no entanto, o transgressor deve agir voluntária e intencionalmente e não ter desculpa legal aceitável (por exemplo, insanidade) ou justificativa (por exemplo, autodefesa) para seu comportamento. Os três principais tipos de estatísticas usadas para medir o crime são: estatísticas oficiais, pesquisas respondidas pelas vítimas e respondidas pelo transgressor.

crime Ato ou omissão de um ato que é uma transgressão de lei criminal federal, estadual ou local para a qual se pode aplicar sanções.

Estatísticas oficiais

Delegacias e departamentos de polícia em todos os Estados Unidos coletam informações sobre o número de crimes registrados e prisões e as reportam voluntariamente ao FBI. Este, então, compila essas estatísticas anualmente e as publica, de forma resumida, no Uniform Crime Reports (UCR). O UCR lista os **índices de criminalidade** ou o número de crimes cometidos por grupo de 100 mil habitantes, o verdadeiro número de crimes, a porcentagem de mudanças ao longo do tempo e taxas de esclarecimento. Essas **taxas de esclarecimento** medem a porcentagem de casos nos quais uma detenção e uma acusação oficial foram feitas e o caso levado aos tribunais.

Essas estatísticas têm muitas falhas. Por exemplo, muitos crimes não são registrados. Entre 2006 e 2010, mais da metade dos crimes que envolviam violência do país – 3,4 milhões no total — não foram denunciados à polícia (U.S. Department of Justice, 2012). Mesmo quando um crime é registrado, a polícia pode não documentá-lo. Em contrapartida, alguns índices podem ser exagerados. Motivações para tais distorções podem vir do público (por exemplo, exigindo que algo seja feito), de oficiais da polícia (por exemplo, eleição de um xerife) e/ou de pressões organizacionais (por exemplo, pedidos de orçamento). Por exemplo, um departamento de polícia pode se tornar mais rígido em relação a crimes relacionados a drogas em anos eleitorais. O resultado é um aumento no número declarado desses delitos naquele ano. Tal aumento reflete a mudança de comportamento do pessoal responsável pela aplicação das leis, não no número de contravenções relativas a drogas. Assim, as estatísticas criminais oficiais podem ser melhor indicador sobre o que faz a polícia do que sobre o que fazem os criminosos.

Nos anos 1970, os envolvidos na aplicação das leis foram convocados para uma avaliação completa do Programa UCR a fim de recomendar um sistema melhor e mais abrangente de coleta de dados para atender às necessidades da aplicação das leis no século XXI. (FBI, 2009, p. 1)

O resultado foi o National Incident-Based Reporting System (NIBRS), que exige que órgãos de manutenção da ordem pública forneçam informações abrangentes sobre cada incidente criminal e prisão para 22 delitos (Grupo A) e sobre as prisões por 11 delitos menores (Grupo B). Para tanto, o FBI certificou 31 estados para participarem do NIBRS. A esperança é de que, uma vez implementado nacionalmente, o NIBRS forneça dados sobre criminalidade mais confiáveis e abrangentes.

Pesquisas respondidas pelas vítimas

Reconhecendo "as cifras obscuras (*dark figure*) do crime", isto é, a tendência de tantos crimes não denunciados, e, por conta disso, continuaram passando despercebidos pelo UCR, o U.S. Department of Justice conduz a National Crime Victimization Survey (NCVS). Iniciada em 1973 e realizada anualmente, a NCVS entrevista mais de 135 mil pessoas com 12 anos ou mais sobre suas experiências como vítimas de crime. Os entrevistadores coletam uma série de informações, incluindo o histórico das vítimas (por exemplo, idade, raça e etnia, sexo, *status* matrimonial, educação e área de residência), sua relação com os transgressores (se são conhecidos ou não) e até que ponto a vítima foi machucada (U.S. Census Bureau, 2013).

> Em 2011, último ano para o qual as informações sobre vitimização estão disponíveis, havia 5,8 milhões de crimes envolvendo violência e 147,1 milhões contra a propriedade, um aumento de 17% e 11%, respectivamente, em relação ao ano anterior.

Em 2011, último ano para o qual as informações sobre vitimização estão disponíveis, havia 5,8 milhões de crimes envolvendo violência e 147,1 milhões contra a propriedade, um aumento de 17% e 11%, respectivamente, em relação ao ano anterior (Planty e Truman, 2012). A maioria dos aumentos de crimes que envolvem violência foi devida à maior vitimização de brancos, hispânicos, jovens e pessoas do sexo masculino e ao aumento no número de assaltos registrados.

Apesar de adicionar uma dimensão importante para o estudo do crime, a NCVS não está livre de problemas. Em 2008, um júri de especialistas ofereceu recomendações "(...) para

índice de criminalidade Número de crimes cometidos por grupo de 100 mil habitantes.

taxas de esclarecimento Porcentagem de crimes nos quais uma prisão e a pena oficial foram cumpridas e o caso liberado pela justiça.

Você e a sociedade: Pesquisa de atividades criminais

Leia cada uma das questões a seguir. Desde os 16 anos, se você já apresentou algum dos comportamentos descritos, coloque "1" no espaço destacado. Se não, coloque "0". Após completar a pesquisa, leia a seção "interpretação" para ver o que as suas respostas significam.

Questões

1. Você já possuiu objetos relacionados a drogas? ___
2. Você já mentiu sobre sua idade ou qualquer outra coisa quando preencheu um formulário para alugar um automóvel? ___
3. Você já mostrou identidade falsa para entrar em um bar ou evento? ___
4. Você já adulterou máquinas operadas por moedas ou parquímetros? ___
5. Você já compartilhou, deu ou mostrou material pornográfico a alguém menor de 18 anos? ___
6. Você já iniciou e/ou participou de uma aposta de basquete, beisebol ou futebol? ___
7. Você já usou linguagem "suja, obscena, irritante ou ofensiva" ao telefone? ___
8. Você já deu ou vendeu cerveja a alguém menor de 21 anos? ___
9. Você já entrou na propriedade de alguém (terra, casa, barco, estrutura etc.) sem sua permissão? ___
10. Você já enviou uma mensagem na forma de corrente com intenção de lucrar com isto? ___
11. Você já teve acesso impropriamente ao e-mail ou outra conta de computador de alguém? ___
12. Você já emitiu um cheque de mais de US$ 150 sabendo que não tinha fundos? ___

Interpretação

Cada uma das atividades descritas nessas questões representa um comportamento criminoso que foi submetido a multas, encarceramento, ou a ambos, sob as leis da Flórida, em 2008. Para cada atividade, a tabela seguinte lista a sentença máxima de prisão e/ou multa para um criminoso sem antecedentes. Para calcular seu "tempo de prisão" e/ou multa, some os números que correspondem a cada atividade de que você participou.

Crime	Sentença máxima de prisão	Multa máxima
Posse de objetos relacionados a drogas	1 ano	US$ 1.000
Fraude	5 anos	US$ 5.000
Posse de identidade ou carteira de motorista falsas	5 anos	US$ 5.000
Roubo	2 meses	US$ 500
Proteção de menores à obscenidade	5 anos	US$ 5.000
Jogos ilegais	2 meses	US$ 500
Assédio/telecomunicações obscenas	2 meses	US$ 500
Distribuição ilegal de álcool	2 meses	US$ 500
Invasão	1 ano	US$ 1.000
Jogos ilegais	1 ano	US$ 1.000
Apropriação ilegal de cybercomunicação	5 anos	US$ 5.000
Cheques sem fundos	5 anos	US$ 5.000

Fonte: Florida Criminal Code, 2009.

---

aperfeiçoar sua metodologia, assegurar sua sustentabilidade, aumentar seu valor para interessados nacionais e locais e melhor enfrentar os desafios de metrificar a extensão, características e consequências da vitimização criminal" (BJS, 2013a, p. 1). O Bureau of Justice Statistics, em resposta às recomendações, atualmente está avaliando as várias metodologias usadas para coletar informações relatadas pelas próprias vítimas.

Pesquisas autorrespondidas pelos transgressores

Pesquisas de autorrespostas perguntam aos transgressores sobre seu comportamento criminal. A amostragem pode consistir em uma população com registros conhecidos da polícia, como a população carcerária, ou incluir entrevistados da população geral, como universitários.

Informações de autorresposta mostram muitos dos problemas associados a estatísticas oficiais, mas ainda estão sujeitas a exageros e ocultação. A Pesquisa de Atividades Criminais no quadro *Você e a sociedade* deste capítulo pede que você indique se participou de uma série de atividades ilegais.

Pesquisas de autorresposta revelam que praticamente todo adulto já participou de algum tipo de atividade criminosa. Então, por que apenas uma fração da população é considerada criminosa? Como um funil, largo numa extremidade e estreito na outra, apenas uma pequena proporção da população total de violadores das leis é condenada por seus crimes. Para que os indivíduos sejam oficialmente rotulados de criminosos, (1) seus comportamentos devem se tornar conhecidos; (2) o comportamento deve chamar a atenção da polícia, que registra a queixa, conduz uma investigação e prende o indivíduo; e, por fim (3) o capturado deve passar por audição preliminar, acusação e julgamento e pode ou não ser condenado. Em todos os estágios do processo, os transgressores podem passar por esse "funil".

Teorias sociológicas sobre a criminalidade

Algumas explicações da criminalidade concentram-se em aspectos psicológicos dos transgressores, como personalidades psicopatas, relacionamentos traumáticos com os pais e doença mental.

Outras teorias focam no papel de variáveis biológicas, como mau funcionamento do sistema nervoso, hormônios do estresse, falta de vitaminas ou minerais, anormalidades cromossômicas e predisposição genética à agressão. Teorias sociológicas sobre crime e violência enfatizam o papel de fatores sociais em comportamentos criminais e respostas sociais a isto.

Perspectiva estrutural-funcionalista

De acordo com Durkheim e outros estrutural-funcionalistas, o crime é funcional para a sociedade. Uma das funções do crime e de outros comportamentos anormais é fortalecer a coesão do grupo: o indivíduo desviante viola regras de conduta que o restante da comunidade respeita muito; e quando essas pessoas se unem para expressar seu ultraje em relação ao delito (...) desenvolvem um vínculo mais forte de solidariedade do que existia antes (Erikson, 1966, p. 4).

O crime também pode levar a mudanças sociais. Por exemplo, um episódio de violência local pode "trazer melhorias mais amplas em serviços da cidade (...) ser um catalisador para tornar órgãos públicos mais eficazes e receptivos, fortalecer famílias e instituições sociais e criar parcerias entre o poder público e a sociedade" (National Research Council, 1994, p. 9-10).

Embora o estrutural-funcionalismo como perspectiva teórica lide diretamente com alguns aspectos do crime, não é uma teoria do crime propriamente dita. No entanto, três principais teorias se desenvolveram a partir dele. A primeira, chamada teoria da tensão, foi desenvolvida por Robert Merton (1957) e usa o conceito de Durkheim de *anomia*, ou falta de normas. Merton argumentou que, quando a estrutura da sociedade limita meios legítimos (por exemplo, um emprego) para aquisição de objetivos culturalmente definidos (por exemplo, dinheiro), o esforço resultante pode levar ao crime. Por exemplo, uma mudança econômica social rápida na Rússia e taxas de desemprego especificamente altas levaram ao aumento nos índices de homicídio (Pridemore e Kim, 2007).

Os indivíduos, então, devem se adaptar à inconsistência entre meios e objetivos de uma sociedade, que socializa a todos no sentido de quererem o mesmo, mas fornece oportunidades apenas a alguns (veja a Tabela 4.2). A *conformidade* ocorre quando os indivíduos aceitam os objetivos culturalmente definidos e os meios socialmente legítimos para atingi-los. Merton sugeriu que a maioria dos indivíduos, mesmo aqueles que não têm fácil acesso aos meios e objetivos, permanece conformista. *Inovação* ocorre quando um indivíduo aceita os objetivos da sociedade, mas rejeita ou não apresenta os meios socialmente legítimos para atingi-los. A inovação, modo de adaptação mais associado ao comportamento criminoso, explica a alta taxa de crimes cometidos por indivíduos pobres e sem escolaridade que não têm acesso aos meios legítimos para atingir os objetivos sociais de riqueza e poder.

Outra adaptação é o *ritualismo,* no qual, por exemplo, os indivíduos aceitam um estilo de vida de trabalho árduo, mas rejeitam o objetivo cultural de recompensas monetárias. Ritualistas analisam propostas para receber educação e trabalho árduo, mas, ainda assim, não têm o objetivo de acumular riqueza ou poder.

TABELA 4.2 Teoria da tensão de Merton

Modo de adaptação	Objetivos culturalmente definidos	Meios estruturalmente definidos
1. Conformidade	+	+
2. Inovação	+	−
3. Ritualismo	−	+
4. Retraimento	−	−
5. Rebelião	±	±

+ = aceitação de/acesso a; − = rejeição de/falta de acesso a; ± = rejeição de objetivos culturalmente definidos e de meios estruturalmente definidos e substituição por novos objetivos e meios

Fonte: MERTON, Robert K. *Social theory and social structure* (1957). Adaptado com permissão de The Free Press, de Simon & Schuster Adult Publishing Group. Copyright © 1957 The Free Press; copyright renovado 1985 por Robert K. Merton. Todos os direitos reservados.

Retraimento envolve rejeitar tanto o objetivo cultural de sucesso como os meios socialmente legítimos para alcançá-lo. Os retraídos abandonam ou se afastam da sociedade e podem se tornar alcoólatras, viciados em drogas ou nômades. Por fim, a *rebelião* ocorre quando indivíduos rejeitam tanto objetivos quanto metas culturalmente definidos e os substituem por novos objetivos e metas. Por exemplo, os rebeldes podem usar o ativismo social ou político para substituir o objetivo de riqueza pessoal pelo de justiça social e igualdade.

Enquanto a teoria da tensão explica o comportamento criminoso como resultado de oportunidades bloqueadas, teorias subculturais argumentam que certos grupos ou subculturas da sociedade têm valores e atitudes que são favoráveis ao crime e à violência. Membros desses grupos e subculturas, bem como outros indivíduos que interagem com eles, podem cultuar atitudes e valores do grupo que promovem o crime. Por exemplo, Kubrin e Weitzer (2003) descobriram que o homicídio retaliatório é uma resposta às normas subculturais de violência que existem em alguns bairros.

No entanto, se oportunidades bloqueadas e valores subculturais são responsáveis pelo crime, por que nem todos os membros dos grupos afetados se tornam criminosos? A teoria do controle pode responder a essa pergunta. Favorável à ênfase de Durkheim sobre a solidariedade social, Hirschi (1969) sugere que um forte laço social entre indivíduos e a ordem social obriga alguns a violar normas sociais, identificando quatro elementos do laço social: apego a pessoas importantes, compromisso com objetivos convencionais, envolvimento em atividades convencionais e crença nos padrões morais da sociedade. Muitos testes empíricos da teoria de Hirschi apoiam a noção de que, quanto mais forte a ligação, o comprometimento, o envolvimento e a crença, maior o laço social e menor a probabilidade de comportamento criminoso. Ford (2005), usando informações da National Youth Survey, conclui que um forte laço familiar diminui a probabilidade de delinquência e uso de substâncias e delinquência por adolescentes, e Bell (2009) informa que uma ligação mais fraca com os pais é associada à maior probabilidade de adesão a gangues, tanto para homens quanto para mulheres. De forma semelhante, Gault-Sherman (2012), após analisar as respostas de uma amostra nacional de mais de 12.500 adolescentes, registra uma associação negativa entre a ligação de um jovem com seus pais e delinquência autorrelatada – quanto mais forte a ligação, menor a prevalência de delinquência.

Perspectiva do conflito

Teorias do conflito sobre o crime sugerem que o desvio é inevitável sempre que dois grupos têm graus de poder divergentes; além disso, quanto maior a desigualdade presente numa sociedade, maior o índice de criminalidade. A desigualdade social leva os indivíduos a cometer crimes, por exemplo, furto e roubo, como meio de sobrevivência econômica. Outros, com raiva e frustrados por sua baixa posição na hierarquia socioeconômica, expressam sua raiva e frustração por meio de crimes como uso de drogas, assalto e homicídio. Na Argentina, por exemplo, a crescente taxa de crimes envolvendo violência é deduzida como "um produto do enorme desequilíbrio na distribuição de renda (...) entre ricos e pobres" (Pertossi, 2000). Além disso, uma análise dos índices de homicídio em 165 países indica que, quanto maior a desigualdade de renda, maior o índice de homicídio (Ouimet, 2012).

De acordo com essa perspectiva, quem está no poder define o que é e o que não é crime, e essas definições refletem o interesse da classe dominante. Leis contra vadiagem, por exemplo, penalizam indivíduos que não contribuem com o sistema capitalista de trabalho e consumo. Além disso, D'Alessio e Stolzenberg (2002, p. 178) descobriram que "em cidades com alto desemprego, acusados desempregados têm probabilidade substancialmente alta de prisões preventivas" do que os acusados empregados. Em vez de enxergar a lei como um mecanismo que protege todos os membros da sociedade, teóricos do conflito concentram-se em como as leis são criadas pelos que têm poder para proteger a classe dominante. Corporações ricas dão dinheiro a campanhas para influenciar políticos a promulgar leis fiscais que servem aos interesses corporativos (Reiman e Leighton, 2012).

Além disso, esses teóricos argumentam que a aplicação de leis é feita de maneira diferente, penalizando quem não tem poder e beneficiando quem o detém. Por exemplo, um artigo de 2009 do National Council on Crime and Delinquency descobriu que "(...) em prisões,

A partir do plano chamado *Coalition Project 2012*, as prostitutas ficaram proibidas de se anunciar de pé ou sentadas em janelas ou fachadas residenciais e, assim, usam objetos artísticos como representações simbólicas. Agentes do governo na Holanda, que legalizou a prostituição em 2000, estão limitando o número de prostitutas e de *cannabis cafés* na esperança de reduzir os crimes.

processos e sentenças judiciais, novas admissões e as populações existentes em prisões e celas, liberdade condicional, pena de morte e reincidência (...) negros, particularmente afro-americanos, estão mais propensos a receber resultados menos favoráveis do que seus equivalentes brancos (Hartney e Vuong, 2009, p. 2).

Prostitutas têm mais chance de ser presas do que os homens que procuram seus serviços e, diferentemente dos criminosos de rua, criminosos corporativos são com mais frequência punidos com multas do que com prisões prolongadas.

Crenças sociais também refletem diferenciais de poder. Por exemplo, "mitos sobre o estupro" são perpetuados pela cultura dominada pelos homens para promover a crença de que as mulheres são culpadas de sua própria vitimização, isentando assim, na mente de muitos, os delinquentes. Tais crenças têm consequências bem reais. Homens que acreditam que "as mulheres secretamente querem ser estupradas", que o "estupro não é nocivo" e que "algumas mulheres merecem ser estupradas" têm mais chances de cometer estupro do que homens que não aprovam tais crenças (Mouilso e Calhoun, 2013).

Perspectiva interacionista simbólica

Duas importantes teorias sobre o crime emanam dessa perspectiva. A primeira, teoria da rotulação, concentra-se em duas questões: como um crime ou desvio passaram a ser rotulados dessa forma e quais os efeitos de ser rotulado criminoso ou desviante? Segundo Howard Becker (1963):

> Grupos sociais criam desvios ao criar regras cujas infrações constituem desvio e ao aplicar essas regras a determinadas pessoas e rotulá-las como excluídas. Desse ponto de vista, o desvio não é uma qualidade do ato que a pessoa comete, mas uma consequência da aplicação de regras e sanções por parte de outros para um "delinquente". O desviante é aquele para o qual o rótulo foi aplicado com sucesso; o comportamento desviante é o comportamento assim rotulado pelas pessoas. (p. 238)

Teóricos da rotulação distinguem **desvio primário**, o comportamento desviante cometido antes de uma pessoa ser pega e rotulada como criminoso, e **desvio secundário**, resul-

desvio primário Comportamento desviante cometido antes de uma pessoa ser pega e classificada como criminosa.

desvio secundário Comportamento desviante que resulta de ser preso e classificado como criminoso.

> Indivíduos expostos a mais definições favoráveis à transgressão de leis (por exemplo, "o crime compensa") do que desfavoráveis (por exemplo, "cometa o crime e você pagará por ele") têm mais chances de se envolver em comportamento criminoso.

tante de ser pego e rotulado. Depois que uma pessoa viola a lei e é presa, é estigmatizada como criminosa. Esse rótulo desviante com frequência domina a identidade social da pessoa à qual foi aplicado e se torna seu "*status* principal", isto é, a base primária na qual a pessoa é definida por outras.

Em geral, ser rotulado como desviante leva a novos comportamentos desviantes, porque (1) à pessoa assim rotulada são muitas vezes negadas oportunidades de se engajar em comportamentos não desviantes, e (2) essa pessoa internaliza tal rótulo, adota um autoconceito desviante e age de acordo com ele. Por exemplo, um adolescente que é pego vendendo drogas na escola pode ser expulso e, assim, lhe são negadas oportunidades de participar de atividades não desviantes da escola (por exemplo, esportes e clubes) e se associar a colegas não desviantes.

O adolescente rotulado e estigmatizado pode também adotar o autoconceito de "drogado" ou "traficante" e continuar buscando atividades relacionadas a drogas e adesão a essa cultura. Uma revisão da literatura sobre rotulagem e delinquência juvenil dá apoio a essa teoria. Seu pesquisador conclui que "Em vez de desencorajar a participação em atividades convencionais ao rotular e isolar os delinquentes, a política do crime juvenil deveria ser terapêutica e promover a reintegração (...)" (Ascani, 2012, p. 83).

A atribuição de significados e definições aprendidos com os outros também é fundamental para a segunda teoria interacionista simbólica do crime, a associação diferencial. Edwin Sutherland (1939) propôs que, por meio da interação com os outros, os indivíduos aprendem valores e atitudes associados ao crime, bem como técnicas e motivações para o comportamento criminoso. Indivíduos expostos a mais definições favoráveis à transgressão de leis (por exemplo, "o crime compensa") do que desfavoráveis (por exemplo "cometa o crime e você pagará por ele") têm mais chances de se envolver em comportamento criminoso. Assim, crianças que veem seus pais se beneficiarem do crime ou que vivem em bairros muito violentos onde o sucesso está associado ao comportamento ilegal têm mais chances de se envolver em comportamento criminoso.

Definições desfavoráveis vêm de uma variedade de fontes. Uma preocupação específica nos últimos anos tem sido o papel dos videogames em promover comportamento criminoso ou violento, como o gratuitamente violento *Postal 2*, no qual os jogadores podem incendiar transeuntes inofensivos. Em resposta a esse e outros videogames violentos, muitos estados agora exigem um sistema de classificação que estabelece uma diferenciação entre violência de *cartoons*, violência fantástica, violência intensa e violência sexual. Em 2010, a Suprema Corte dos Estados Unidos ouviu argumentos relativos à constitucionalidade de uma lei da Califórnia que proíbe a venda de videogames violentos para menores de idade, concluindo que, como os livros, filmes e outras artes "(...) os videogames são uma forma criativa, intelectual e emocional de expressão e engajamento, tão fundamentalmente humana quanto qualquer outra" (Schiesel, 2011, p. 1).

O que você acha? Armas de brinquedo que parecem reais são ilegais para venda em Nova York (Marsh, 2013). Em 2011, o dono de uma loja de suvenires que vendeu isqueiros em formato de arma que cabiam na palma da mão e, possivelmente, pareciam uma arma de verdade recebeu uma multa de US$ 5 mil para cada um dos doze isqueiros de sua loja. Ele entrou com um recurso na Justiça para reverter a multa de US$ 60 mil, afirmando que não poderia pagar por ela. Você seria a favor do dono da loja ou da Suprema Corte de Manhattan? Por que sim ou por que não?

Tipos de crime

O FBI identifica um índice com oito crimes como os delitos mais sérios nos Estados Unidos. Os **crimes indexados (*index offenses*)**, ou de rua como frequentemente são chamados, podem ser contra uma pessoa (chamados crimes violentos ou pessoais) ou contra a propriedade (veja a Tabela 4.3). Outros tipos de crime incluem de vício (como uso de drogas, jogos de azar e prostituição), organizado, de colarinho-branco, cibernético e delinquência juvenil. Os crimes de ódio são discutidos no Capítulo 9.

Crime de rua: crimes violentos

A informação mais recente disponível do Uniform Crime Report do FBI indica que, em 2012, o índice de crimes envolvendo violência aumentou em comparação com 2013 (FBI, 2013). É bom lembrar, porém, que estatísticas de crime representam apenas os crimes *informados* à polícia: 1,2 milhão de crimes violentos em 2012 (FBI, 2013). As razões pelas quais as pessoas não informam ter sido vítimas da violência variam (veja a Figura 4.1).

Crimes violentos incluem homicídio, assalto, estupro e roubo. Entre 2011 e 2012, desses quatro, apenas o número de roubos informados caiu (FBI, 2013). *Assassinato* refere-se ao homicídio intencional ou não negligente de um indivíduo por outro ou grupo de indivíduos. Embora o assassinato seja o mais sério dos crimes violentos, é também o menos comum, representando 1,2% de todos os crimes violentos em 2012 (FBI, 2013). Um cenário típico de homicídio inclui um homem matando outro com uma arma depois de uma discussão acalorada. A vítima e o criminoso são desproporcionalmente jovens e de *status* social minoritário. Quando uma mulher é assassinada e a relação vítima–criminoso é conhecida, ela tem mais chance de ter sido assassinada por seu marido ou namorado (FBI, 2013).

Assassinos em massa atingem mais de uma vítima em um evento de homicídio. Em 2013, Adam Lanza, depois de matar sua mãe, entrou na Escola Sandy Hook em Newtown, Connecticut, e matou 20 alunos do primeiro ano e seis membros da equipe. Os homicídios da

TABELA 4.3 Taxas de crimes indexados, mudança de porcentagem e taxa de esclarecimento, 2012

	Índice por 100.000 (2012)	Mudança de porcentagem no índice (2003-2012)	Taxa de esclarecimento (2012)
Crime violento			
Assassinato	4,7	−16,9	62,5
Estupro	26,9	−16,7	40,1
Roubo	112,9	−20,7	28,1
Assalto com agressão	242,3	−18	55,8
Total	386,9	−18,7	46,8
Crime contra a propriedade			
Invasão a domicílio seguida de roubo	670,2	−9,6	12,7
Furto/roubo	1.959,3	−18,9	22
Roubo de veículo	229,7	−47	11,9
Incêndio proposital	N/D*	N/D	20,4
Total†	2.859,2	−20,4	19

Fonte: FBI, 2013.
*Taxas de incêndio proposital por 100.000 são calculadas de forma independe porque a cobertura da população para incêndio é menor do que para crimes indexados.
† Totais de crimes contra a propriedade não incluem incêndio proposital.

crimes indexados Crimes identificados pelo FBI como os mais sérios, incluindo crimes pessoais ou violentos (homicídio, agressão, estupro e assalto) e contra a propriedade (roubo, roubo de veículos, furto e incêndio proposital).

Figura 4.1 Razões pelas quais vitimizações violentas não foram denunciadas à polícia, 2006–2010
Fonte: Langston et al., 2012.

CAPÍTULO 4 CRIME E CONTROLE SOCIAL

Sandy Hook, junto com o assassinato de 12 pessoas que iam ao teatro em Aurora, Colorado, em 2012, e o assassinato de seis pessoas presentes em uma reunião eleitoral liderada pela então deputada do Arizona, "Gabby" Giffords, levaram a um debate nacional sobre o controle de armas e especificamente sobre a disponibilidade e uso de pentes de munição de alta capacidade e armas de assalto (veja a seção "Controle de armas").

Diferentemente do assassinato em massa, o em série é o "homicídio ilegal de duas ou mais vítimas pelo(s) mesmo(s) criminoso(s) em eventos separados" (U.S. Department of Justice, 2008, p. 1). Os mais famosos assassinos em série, responsáveis por alguns dos episódios mais horríveis de homicídio, são Ted Bundy, Kenneth Bianchi e Jeffrey Dahmer. Um dos assassinos em série mais prolíficos é Gary Ridgeway, também conhecido como "Assassino do Rio Verde", que foi condenado por matar 49 mulheres em 2003. Em 2012, vítimas de Ridgeway ainda estavam sendo identificadas a partir de evidências de DNA dos restos de pessoas não identificadas (Myers, 2012).

O que você acha? O número de assassinos em série varia ao longo do tempo. De acordo com um criminologista, mortes em série eram poucas nos anos 1960 e antes, aumentaram nos anos 1970 e novamente nos anos 1980, mas depois começaram a cair nos anos 1990 e se mantiveram relativamente baixas a partir de então (Fox e Levin, 2011). O que você acha que explica as diferenças nos assassinatos em série durante os últimos 50 anos?

Nesta imagem do videogame *Postal 2*, um homem segurando uma pá acaba de matar transeuntes inocentes, predominantemente mulheres. Este foi um dos videogames analisados como parte da decisão da Suprema Corte dos Estados Unidos quanto a se seu conteúdo está ou não sob proteção do direito à liberdade de expressão da Primeira Emenda. Em 2011, a Corte ordenou que os videogames, bem como livros e peças de teatro, são "arte" e, por isso, estão protegidos pela Primeira Emenda.

estupro cometido por conhecido Estupro cometido por alguém do relacionamento da vítima.

estupro cometido por desconhecido Estupro cometido por um estranho, com o uso de arma, resultando em sérios danos corporais à vítima.

Outra forma de crime violento, *assalto à mão armada*, envolve atacar uma pessoa com intenção de lhe causar séria lesão corporal. Como o homicídio, este ocorre com mais frequência entre membros da mesma raça e, como em crimes violentos em geral, tem mais chance de acontecer nos meses mais quentes. Em 2012, o índice desse tipo de crime era 50 vezes maior do que o de assassinatos, somando cerca de 62,6% de todos os crimes violentos (FBI, 2013).

Estima-se que praticamente 80% de todos os **estupros** sejam **cometidos por conhecidos** – por um familiar, parceiro íntimo, amigo ou conhecido (BJS, 2013b). Embora estes tenham mais chance de acontecer, têm menos chance de ser denunciados, e o processo é mais difícil. A não ser que o estupro seja o que Williams (1984) chama **estupro cometido por desconhecido** – isto é, o estuprador era um estranho que usou uma arma e o ataque resultou em séria lesão corporal –, as mulheres hesitam em informar o crime por medo de não ser levadas a sério. O aumento do uso de "drogas de estupro", como Rohypnol, pode diminuir os níveis de registro ainda mais. A seção *O lado humano* deste capítulo descreve o impacto do estupro na vida de uma mulher.

Roubo, diferentemente do furto, também envolve força ou ameaça do uso da força ou coação da vítima, e, por isso, é considerado um crime violento. Oficialmente, em 2012, mais de 350 mil roubos aconteceram nos Estados Unidos. Roubos acontecem com mais frequência pelo uso de agressões físicas e ocorrem desproporcionalmente nos estados do Sul (FBI, 2013). Esse tipo varia dramaticamente em tipo, de roubos oportunistas cujas vítimas são facilmente acessíveis e rendem uma pequena quantia de dinheiro, até os profissionais a estabelecimentos comerciais, como bancos, joalherias e lojas de conveniência. De acordo com o FBI, em 2012, o valor médio em dólar perdido por roubo era de US$ 1.167, com roubos a bancos representando a perda média mais alta por ocorrência – US$ 3.810 (FBI, 2013). Em 2013, oito assaltantes vestidos como policiais, carregando metralhadoras, roubaram mais de 100 pacotes de diamantes, no valor de US$ 467 milhões, da pista do aeroporto internacional de Bruxelas (Bartunek, 2013).

O lado humano: As consequências ocultas do estupro

Em muitas jurisdições, as vítimas podem fazer declarações à corte descrevendo o impacto da situação à qual foram submetidas em sua vida e na vida de amigos e familiares. Aqui, Jessica, de 23 anos, descreve de maneira comovente as consequências geralmente desconhecidas do crime violento, nesse caso, o impacto de um estupro brutal.

Meu nome é Jessica. Um dia, eu soube o que isto significava. Agora, tudo o que posso lhe dizer é que ainda sou a Jessica, mas isso não significa mais nada para mim. Perdi minha identidade da maneira mais cruel.

Eu era mãe solteira de 23 anos, irmã, filha, namorada, parceira, amiga e confidente de muitas pessoas. Era forte, independente e disposta a me esforçar sempre. Tentava manter um segundo emprego para dar uma vida melhor a minha filha e me tornar uma pessoa melhor. Eu fui destruída.

Fui estuprada. Não uma, nem duas vezes, mas tantas, e de tantos modos, que tudo se torna um borrão. Essas imagens assombram meus dias, minhas noites, meus sonhos e a realidade. Não sou mais a pessoa que era antes. Um dia fui alguém em quem as pessoas podiam confiar. Agora sou uma concha do meu antigo eu, uma mancha da pessoa corajosa que a Jessica era. Tive meu estilo de vida, minha autoestima, meu respeito e minha dignidade arrancados de mim na mais terrível das situações.

Minha confiança nas pessoas foi completamente destruída. Tenho dificuldade até em apreciar uma bebida com meu parceiro, minha família ou meus amigos sem que me sinta ansiosa e cautelosa. Constantemente olho por sobre meu ombro, temendo haver alguém ali que queira me machucar. E esse é só o começo. Flutuo da insônia extrema para a fadiga extrema. Minha motivação acabou. Minha alegria em ser mãe está sumindo. Minha capacidade de amar e de cuidar dos outros está desaparecendo. Minha confiança no sistema de justiça não existe mais. Sinto como se tivesse tentado demais e sido massacrada. Sinto-me fraca e vulnerável.

Sofri um trauma físico em meus ombros, joelhos e pés ao ser arrastada à força pelo tapete. Sofri cortes e lesões em meus genitais pelos estupros contínuos. Fiquei com marcas em meus tornozelos e pulsos por ter sido amarrada, e perdi tufos de cabelo por ter sido amordaçada com fitas ao redor da cabeça. Pensei que fosse morrer. Tomo remédio para dormir, para relaxar e para ficar relativamente sã. Vivo como um cadáver sem futuro visível para almejar. Cortei-me várias vezes para tentar tirar a dor do meu coração. Não tenho forças para pôr fim à minha própria vida. O que enfrentei foi como olhar dentro dos olhos do próprio Satã. Não sou religiosa, mas sei que vi as profundezas do inferno.

Gostaria que as pessoas que me são queridas não soubessem o que aconteceu comigo. Ver o horror em seus olhos e sentir a dor no coração delas é insuportável. Minha linda filha não sabe o que sofri, mas sofre também. Ela se sente abandonada pela mãe e precisa de acompanhamento.

O trauma aconteceu com meu parceiro. Percebo pelo modo como me olha. Nossa comunicação, amor, sexo e amizade vão levar um bom tempo para ser reparados. Ele foi afetado profundamente pela minha experiência, mas não posso ajudá-lo, e ele não pode me ajudar. Ninguém pode.

Fui atacada no trabalho, no terceiro dia do meu segundo emprego. Fui amarrada e amordaçada. Fui sequestrada. Mentiram para mim. Estava confusa. Estava com frio e sozinha. FUI ESTUPRADA. Esse homem, que não merece um nome, me machucou das maneiras mais inimagináveis. Sim, sobrevivi. Sim, estou viva, apenas não vivo. Existo. Estou sozinha (...)

Sou uma pessoa real que passou por tortura. Não sou uma estatística ou um rosto sem nome na rua. Sou sua mãe, sua irmã, sua filha e sua amiga. O que aconteceu comigo foi real. Ao menos me dê a satisfação de ver esse homem na cadeia pelo prazo máximo de 25 anos. Afinal, se não posso ser considerada uma vítima do crime mais violento, sério e hediondo, então, quem pode?

Meu nome é Jessica.

Fonte: *The Herald Sun*, 2008.

Crimes de rua: crimes contra a propriedade

Crimes contra a propriedade são aqueles nos quais a propriedade de alguém é danificada, destruída ou roubada; incluem furto, roubo de veículo, invasão a domicílio e roubo e incêndio proposital. O número de crimes contra a propriedade caiu desde 1998, com uma redução de quase 1% entre 2011 e 2012 (FBI, 2013). **Furto** representa mais de dois terços de todos os crimes contra a propriedade (FBI, 2013) e é o crime indexado mais comum. Em 2012, o valor médio em dólar perdido por incidente de furto foi de US$ 987. Os tipos de furtos são vários: bolsas, bicicletas, carteiras, máquina operada por moedas e em lojas. Em 2012, cerca de 6,1 milhões de furtos foram registrados nos Estados Unidos (FBI, 2013). Furtos envolvendo automóveis e seus acessórios são os mais conhecidos. No entanto, devido ao custo envolvido, *furto de veículos* é catalogado à parte. Totalizando mais de 700 mil em 2012, o índice de furto de veículos diminuiu 47% desde 2003 (FBI, 2013). Devido a exigências de seguro, esse tipo de furto é o crime indexado mais denunciado e, por consequência, estimativas do Uniform Crime Reports do FBI e da National Crime Victimization Survey são razoavelmente compatíveis. Menos de 12% dos furtos de veículos

furto Não envolve força ou o uso da força para invadir e entrar.

automotores são esclarecidos. Das dez cidades com maior índice desse tipo de furto em 2012, oito ficavam na Califórnia e duas no estado de Washington.

Invasão a domicílio seguida de roubo, que é o segundo maior crime indexado depois do furto, implica entrar em alguma instalação, geralmente uma casa, com a intenção de cometer um crime no seu interior. O índice desse tipo de crime diminuiu em 4,4% entre 2011 e 2012 (FBI, 2013). Estatísticas oficiais indicam que, em 2012, ocorreram mais de 2 milhões de furtos (FBI, 2013). A maioria deles é residencial, não comercial, e acontece durante o dia, quando as casas estão vazias. Entre 2005 e 2010, um período de seis anos, cerca de 1,4 milhão de armas foram roubadas durante invasões e outros crimes contra a propriedade (Langton, 2012).

Incêndio proposital envolve a queima mal-intencionada da propriedade de alguém. Estimar a frequência e a natureza do incêndio proposital é difícil devido à exigência legal de "dolo". Dos casos de incêndio proposital registrados, quase a metade envolvia uma instalação, a maioria residencial, e cerca de um quarto envolvia propriedade móvel (por exemplo, barco ou carro), com o restante sendo relativo a propriedades diversas (por exemplo, safras ou madeira). Em 2012, a quantidade média de dólares por danos resultantes de incêndio proposital foi de US$ 12.796.

Crimes contra os costumes (*vice crimes*)

Crimes contra os costumes (ou contra a moral) são atividades ilegais em que não há alguém que preste queixa, em geral chamados **crimes sem vítima**. Exemplos de crimes contra os costumes incluem usar drogas ilegais, envolver-se ou fazer uso da prostituição, participar de jogos ilegais e pornografia.

A maioria dos norte-americanos vê o uso ilícito de drogas, com exceção da maconha, como socialmente perturbador (veja o Capítulo 3). Há menos consenso, porém, nacional ou internacionalmente, de que jogos de azar e prostituição sejam problemáticos. Por exemplo, a Holanda legalizou completamente a prostituição em 2000, esperando cortar os laços entre o comércio sexual e o crime organizado – uma ligação que permanece. A Alemanha legalizou a prostituição em 2002, e estima-se que hoje haja mais de 400 mil profissionais do sexo, dois terços das quais vêm do exterior. Dito isto, um dos argumentos comumente manifestados contra a prostituição é que ela torna mais fácil para mulheres e meninas ser forçadas a se prostituir por ordem dos traficantes. Em um estudo envolvendo 116 países, Cho, Dreher e Neumayer (2013) concluíram que aqueles onde a prostituição é legal têm índices mais altos de tráfico humano do que naqueles nos quais não é legal.

Nos Estados Unidos, com exceção de vários condados de Nevada, a prostituição é ilegal. Apesar do *status* ilegal, é uma indústria multimilionária, com mais de 55 mil pessoas presas por prostituição e rufianismo em 2012 (FBI, 2013). O tráfico humano para fins de prostituição ocorre tanto *entre* outros países e os Estados Unidos quanto *dentro* desse país. Crianças são particularmente vulneráveis.

> Cafetões e traficantes exploram sexualmente crianças na prostituição de rua, em clubes de *striptease* adultos, bordéis, festas de sexo, quartos de motel, de hotel e outros locais pelos Estados Unidos. Muitas vítimas norte-americanas recuperadas são de fugitivos ou jovens abandonados que com frequência vêm de uma história de abuso físico, sexual e questões de abandono familiar. Essa população é vista como alvo fácil pelos cafetões, porque as crianças são muitas vezes vulneráveis, sem guardiões confiáveis e sofrem de baixa autoestima. (USDOJ, 2012)

Em 2003, o FBI estabeleceu a Innocence Lost National Initiative para abordar o tráfico sexual doméstico de crianças. Tentativas federais, estaduais e locais de aplicação de leis resultaram na recuperação de 2.300 vítimas infantis. Estima-se que há "dezenas de milhares" de vítimas infantis do tráfico sexual nos Estados Unidos (Mertz, 2013).

Jogos de azar são legais em muitos estados norte-americanos, incluindo cassinos em Nevada, New Jersey, Connecticut, Carolina do Norte e outros, bem como loterias estaduais, salões de bingo, corrida de cavalos e cachorros e jai alai.[1] Em 2013, um projeto de lei foi apre-

crimes sem vítima Atividades ilegais em que não há queixa dos envolvidos, em geral considerados crimes contra a moral, como prostituição.

---

[1] N.T.: Também conhecido como Pelota Basca ou Frontão, é jogado com uma bola que é batida com a mão, uma raquete, um bastão de madeira ou uma cesta, contra uma parede (o frontão) ou, mais tradicionalmente, entre duas equipas frente a frente separadas por uma linha no chão ou por uma rede.

sentado ao Congresso para esclarecer a relação do governo federal com os jogos na internet, mesmo com três estados – Delaware, Nevada e New Jersey – e muitos outros autorizando os jogos de azar on-line (NCSL, 2013). Alguns afirmam que há poucas diferenças entre esses jogos e outros investimentos de risco, como aplicação na bolsa de valores, além das definições sociais sobre o que são comportamentos aceitáveis ou inaceitáveis. Os teóricos do conflito são rápidos ao notar que a diferença está em quem faz a aposta.

A pornografia, em particular a veiculada na internet, é um problema internacional crescente. A regulamentação se torna mais difícil pelo medo de censura governamental e pela discussão legal sobre o que constitui "obscenidade". Para muitos, a preocupação com a pornografia não é seu consumo em si, mas os possíveis efeitos de ver ou ler pornografia – aumento da agressão sexual. Embora a literatura sobre esse tópico seja confusa, Conklin (2007, p. 221) conclui que não há "evidência consistente de que a pornografia não violenta cause crimes sexuais". Apoiando essa alegação, Diamond, Jozifkova e Weiss (2011) afirmam que não havia diferenças significativas no número de estupros e outros crimes sexuais antes e depois da legalização da pornografia na República Tcheca.

TABELA 4.4 Evolução do crime organizado

Atividade original	Versão moderna
Números e jogos de loteria locais	Jogos na internet, em sites internacionais, fora da legislação nacional
Rastreamento de heroína e cocaína	Drogas sintéticas (menos vulneráveis a problemas de oferta)
Prostituição de rua	Prostituição na internet e tráfico de seres humanos
Extorsão de empresas locais em troca de proteção	Extorsão de corporações, sequestros e pirataria
Agiotagem (empréstimo de dinheiro a taxas de juros acima da permitida por lei)	Lavagem de dinheiro, pedras preciosas e *commodities*
Roubo e venda de mercadorias roubadas	Roubo de propriedade intelectual, esquemas de internet e rastreamento de bens disponíveis no mundo todo(por exemplo: armas, recursos naturais)

Fonte: Albanese, 2012.

Crime organizado

Tradicionalmente, **crime organizado** refere-se a atividades criminais conduzidas por membros de uma estrutura hierarquicamente organizada, dedicada primordialmente a ganhar dinheiro por meios ilegais.

Para muitas pessoas, crime organizado é sinônimo de máfia, um grupo nacional de famílias italianas interligadas, ou da "Irish mob" (máfia irlandesa), famosa pelos filmes *Estrada para Perdição* e *Gangues de Nova York*. A *Irish mob* é um dos grupos de crime organizado mais antigos dos Estados Unidos. Sob o estereótipo de gângster está James (Whitey) Bulger, que, em 2013, foi acusado de 19 assassinatos, tráfico de drogas, extorsão, suborno, jogos de apostas e especulação financeira, citando apenas alguns dos listados na acusação de 32 itens. Ele foi condenado por 31 deles e sentenciado a duas prisões perpétuas consecutivas (Seelye, 2013; Murphy e Valencia, 2013).

O crime organizado também ocorre em outros países. Com cerca de 80 mil membros, a Yakuza japonesa é uma rede de 22 gangues divididas em facções, cada uma competindo por poder, riqueza e influência (McCurry, 2012). Embora a adesão ao grupo continue sendo legal, uma lei de 2011 proíbe pagamentos à Yakuza, o que sinalizou o fim da aceitação do grupo no Japão. Como consequência dessa lei e de outras legislações, membros do crime organizado estão tendo de repensar suas fontes tradicionais de renda.

Embora grupos tradicionais do crime organizado ainda existam, Jay Albanese, um célebre criminologista, afirma que a globalização e a tecnologia facilitaram uma mudança dos "antigos" grupos de crime organizado para os grupos de crime organizado *transnacionais* (COT) (veja a Tabela 4.4). Esses grupos continuam a manter muitos dos mesmos produtos e serviços (por exemplo, prostituição, drogas, jogos de azar) e a assumir muitos dos mesmos comportamentos (por exemplo, extorsão, lavagem de dinheiro, roubo) que seus predecessores (Albanese, 2012). Organizações criminosas transnacionais são uma ameaça crescente aos Estados Unidos e à segurança global. De acordo com o National Security Council:

O crime organizado transnacional (COT) representa uma ameaça significativa e crescente para a segurança nacional e internacional, com implicações terríveis para a

crime organizado Atividade criminosa conduzida por membros de uma estrutura hierarquicamente organizada a fim de, principalmente, ganhar dinheiro por meios ilegais.

segurança e a saúde públicas, instituições democráticas e a estabilidade econômica ao redor do mundo. Não apenas as redes criminosas estão se expandindo, mas também diversificando suas atividades, o que resulta na convergência de ameaças que antes eram específicas e hoje têm efeitos explosivos e desestabilizadores. (2011, p. 5).

Crime de colarinho-branco

Crime de colarinho-branco inclui *crimes ocupacionais,* nos quais os indivíduos os cometem no curso de seus empregos, e *crimes corporativos,* nos quais corporações violam a lei visando maximizar os lucros. O crime ocupacional é motivado pelo lucro individual. Roubo, ou furto, de mercadorias por funcionários é um dos tipos mais comuns desse tipo de crime. Outros exemplos incluem desvio, falsificação e imitação e fraude de seguro. Fixação de preço, violações antitruste e fraude de segurança são exemplos de crimes corporativos, isto é, que beneficiam a corporação (veja a Figura 4.5).

Nos últimos anos, vários executivos de grandes corporações, incluindo Enron, WorldCom, Adelphia e ImClone, foram acusados de fraude de segurança, evasão fiscal e **transações ilícitas**. Em 2011, uma investigação federal descobriu que a Goldman Sachs, empresa de investimentos bancários, fraudou seus clientes e enganou o Congresso. Os resultados da investigação levaram um promotor de Nova York a intimar o banco e confiscar registros da empresa de investimento (Hilzenrath, 2011). Autoridades federais, no entanto, encerraram a investigação em 2012 porque simplesmente não havia "(...) uma base viável para dar segmento ao processo criminal" (Protess e Ahmed, 2012, p. 1). Em 2013, a U.S. Securities and Exchange Commission e o Departamento de Justiça intensificaram sua investigação sobre a Microsoft, alegando que executivos da empresa haviam subornado oficiais do governo na China, Itália e Romênia na esperança de fechar contratos. (Blackden, 2013).

Sem dúvida motivada por investigações de fraude hipotecária depois da crise ocasionada pelas hipotecas de alto risco (*subprime*) e de uma série de outros escândalos financeiros, a administração Obama aumentou sua atenção sobre crimes de colarinho-branco. No discurso do Estado da União de 2012, o presidente "(...) jurou (...) estabelecer uma nova unidade de crimes financeiros dedicada a investigar e processar fraudes financeiras em 'larga escala'" (citado em Carter e Berlin, 2012). Apesar disso, desde 2008, nenhum executivo associado aos seis principais bancos ligados ao colapso econômico foi processado criminalmente (Carter e Berlin, 2012).

> A violência corporativa é resultado de negligência, busca por lucro a qualquer custo e violações intencionais de saúde, segurança e regulamentações ambientais.

Muitos criminosos de colarinho-branco se livram das punições por uma série de razões. Primeiro, muitas companhias, desejando evitar a má publicidade em torno do escândalo, simplesmente demitem as partes envolvidas, em vez de prestar queixas. Segundo, muitos crimes de colarinho-branco, bem como os tradicionais, não são identificados. Em uma pesquisa com uma amostra representativa de 2.503 chefes de família norte-americanos, o National White Collar Crime Center (NWCCC) descobriu que aproximadamente um em cada quatro chefes de família (24%) teria sido vítima de algum tipo de crime de colarinho-branco no ano anterior. No entanto, apenas 11,7% deles eram de conhecimento de um órgão ligado à manutenção da ordem pública (NWCCC, 2010). A percepção dos norte-americanos de que um crime de colarinho-branco não é um "crime de verdade", e, por isso, menos sério (Holtfreter et al., 2008), provavelmente contribuiu para essa falta de denúncias.

Terceiro, processos federais de criminosos de colarinho-branco têm diminuído recentemente de forma geral. Alguns acreditam que a redução é resultado de uma prevalência menor desses crimes. Duas forças parecem estar em ação. Primeira, crimes de colarinho-branco estão se tornando cada vez mais complexos, o que faz que o processo consuma tempo e recursos. Segunda, a redução dos processos contra esses crimes representa uma mudança nas prioridades (Marks, 2006). Depois dos eventos de 11 de setembro, cerca de um terço dos agentes de FBI foi afastado de programas criminais e alocados em tarefas de terrorismo e inteligência, deixando "a agência seriamente exposta em áreas investigativas, como o crime de colarinho-branco (...)" (Lichtblau et al., 2008, p. 1).

---

crime de colarinho--branco Inclui tanto crimes profissionais, nos quais os indivíduos cometem crimes no curso de seus trabalhos, quanto crimes corporativos, nos quais as corporações violam a lei a fim de maximizar seus lucros.

transações ilícitas Uso de informações privilegiadas (ou seja, não públicas) por um funcionário de uma organização, o que lhe dá vantagem na compra, venda e comercialização de ações e outros papéis.

Violência corporativa, uma forma de crime corporativo, refere-se à fabricação de produtos inseguros e à falha das empresas em oferecer um ambiente de trabalho seguro para seus funcionários. É resultado de negligência, busca por lucro a qualquer custo e violações intencionais de saúde, segurança e regulamentações ambientais. Dois incidentes, ambos de repercussão internacional, servem de exemplo.

O primeiro envolve a acusação de problemas de aceleração repentina em veículos da Toyota e o segundo, ao derramamento de óleo no Golfo do México. Embora registros recentes sugiram que havia pouca evidência científica ligando acidentes de carro a questões de aceleração repentina nos veículos da Toyota, vieram à tona documentos que realmente detalham a demora da Toyota Motor Corporation em fazer o *recall* de milhões de veículos considerados defeituosos (Frank, 2011; Maynard, 2010). Em 2013, a Toyota chamou 1,3 milhão de proprietários por preocupação com o funcionamento de seus *air bags* (Rankin, 2013).

Segundo, o derramamento de óleo da British Petroleum (BP) na costa da Louisiana resume, talvez mais do que qualquer outro caso na história, o aumento da preocupação da opinião pública com a violência corporativa e a necessidade de responsabilização corporativa. Onze trabalhadores morreram e mais de 4 milhões de barris de óleo foram derramados no Golfo do México. Logo após o derramamento, uma pesquisa Gallup indicou que a maioria dos norte-americanos acredita que a BP deveria "(...) pagar por todas as perdas financeiras resultantes do derramamento de óleo na costa do Golfo, incluindo salários de trabalhadores demitidos, mesmo que esses pagamentos acabem levado a companhia à falência" (Newport, 2010).

Uma declaração do National Research Council descobriu que os esforços do governo para avaliar os custos do desastre "Deepwater Horizon" fracassaram e, por consequência, será difícil chegar a um acordo quanto às reivindicações ambientais (Goldenberg, 2013).

TABELA 4.5 Tipos de crimes de colarinho-branco

Crimes contra o consumidor	Crimes contra funcionários
Propaganda enganosa	Violações de saúde e segurança
Violações à lei antitruste	Violações de salário e tempo de serviço
Produção de produtos perigosos	Práticas discriminatórias de contratação
Suborno feito pelas indústrias	Práticas ilegais de trabalho
Fraude de seguro médico	Práticas ilegais de vigilância
Crimes contra o público	**Crimes contra empregadores**
Eliminação de resíduos tóxicos	Desvio
Violações das leis antipoluição	Roubo
Fraude fiscal	Apropriação indébita de fundos do governo
Violações de segurança	Produção de bens falsificados
Brutalidade policial	Fraude de crédito empresarial

Fonte: © Cengage Learning, 2013.

Crime cibernético

Crime cibernético refere-se a qualquer transgressão da lei na qual um computador é o alvo ou meio da atividade criminosa. Este é um dos tipos de crime de crescimento mais rápido nos Estados Unidos. Hackeamento, ou invasão não autorizada de computadores, é um tipo de crime cibernético. Em 2013, *hackers* em mais de 24 países entraram em acordo e conseguiram roubar US$ 45 milhões de milhares de caixas eletrônicos (Santora, 2013).

A Consumer Sentinel Network registrou mais de 2 milhões de reclamações de consumidores em 2013, sendo o roubo de identidade a categoria de reclamação mais comum (FTC, 2013). **Roubo de identidade** é o uso que se faz da identificação de alguém (por exemplo, número do seguro social ou da certidão de nascimento) para obter crédito ou outras recompensas econômicas. Embora o roubo de correspondências tenha sido o meio tradicional de obter as informações necessárias (por exemplo, vasculhar o lixo), novas tecnologias têm contribuído para o aumento do índice de roubos de identidade. Segundo a National Crime Victimization Survey, em 2010, 7% dos chefes de família registraram pelo menos um

violência corporativa Produção de produtos inseguros e o fracasso das empresas em oferecer um ambiente de trabalho seguro a seus funcionários.

crime cibernético Qualquer transgressão da lei na qual um computador é alvo ou meio para atividade criminosa.

roubo de identidade Uso da identificação de outra pessoa (por exemplo, RG, certidão de nascimento) para obter crédito ou outras recompensas econômicas.

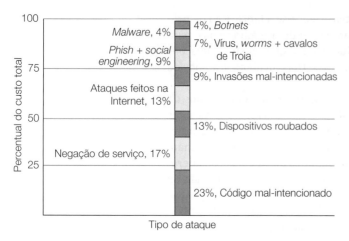

Figura 4.2 Distribuição do custo anual dos crimes cibernéticos por tipo de ataque, 2011*

Fonte: NCVC, 2013.
*Amostragem de 50 grandes organizações.

incidente de roubo de identidade, e, desse número, aproximadamente dois terços enfrentaram uso indevido ou tentativa de uso indevido de cartão de crédito (BJS, 2012a).

Roubo de identidade é apenas uma categoria de crime cibernético. Outra é a fraude na internet. De acordo com o Internet Crime Complaint Center (ICCC, 2013), tipos comuns de fraude na internet incluem a não entrega de mercadoria ou não pagamento, fraude imobiliária, personificação de um agente do FBI e autofraude (por exemplo, vender um carro que não é seu). Outras categorias de fraude na internet incluem fraude de cheque, quebra de confiança, fraude da "carta nigeriana" (por exemplo, uma carta que oferece ao destinatário a "oportunidade" de compartilhar milhões de dólares sendo ilegalmente transferidos aos Estados Unidos – apenas envie-nos os números das suas contas bancárias!), fraude cibernética e de cartões de crédito e de débito.

Outro tipo de crime cibernético é a exploração sexual infantil on-line. Em dezembro de 2012, o National Center for Missing and Exploited Children registrou 1,7 milhão de casos de suspeita de exploração sexual de crianças em órgãos de manutenção da ordem pública e analisou mais de 80 milhões de imagens de pornografia infantil (NCMEC, 2013). Um dos órgãos responsável pela aplicação dessas leis é a Internet Crimes Against Children (Icac) Task Force, que inclui mais de 3 mil oficiais e instituições acusatórias trabalhando juntos em 61 redes coordenadas. Em 2011, as investigações da Icac levaram a aproximadamente 6 mil prisões (OJJDP, 2012).

Edward Snowden, atualmente buscando exílio permanente, foi um analista de computação que, em 2013, deixou escapar documentos classificados, revelando programas de vigilância de telefones e internet dos Estados Unidos ao público. Ele foi acusado de espionagem.

Por fim, deve-se notar que as pessoas não são as únicas vítimas do crime cibernético. Ciberataques corporativos também são muito comuns, sendo mais frequentes as invasões feitas com códigos maliciosos (NCVC, 2013) (veja a Figura 4.2). O *Data Breach Investigations Report* (2013) da Verizon, que analisou 621 vazamentos de dados e mais de 47 mil incidentes de segurança de 27 países, detalha ataques contra organizações – governos, corporações, bancos e afins. Os resultados indicam que:

- Caixas eletrônicos, seguidos por *desktops*, servidores de arquivo e *laptops* são as fontes mais vulneráveis de dados pessoais;
- Um terço dos vazamentos de dados usou "táticas sociais" (por exemplo, e-mail, ligações telefônicas) para obter informações;
- 75% dos dados tiraram vantagem de senhas fracas ou roubadas;
- A maioria dos ataques é oportunista e financeiramente motivada;
- A maioria dos ataques não envolve funcionários ou "outras fontes internas";
- A maioria dos ataques exige pouca habilidade além dos métodos básicos e não exige recursos; e
- Aproximadamente um em cada cinco ataques estava ligado a funcionários do governo (por exemplo, eram espionagens).

 **O que você acha?** Em 2013, Edward Snowden, ex-funcionário de uma empresa prestadora de serviço para o governo federal, liberou documentos protegidos que revelavam programas secretos do governo para coletar informações telefônicas e de internet dos cidadãos norte-americanos. Uma pesquisa de opinião pública dos eleitores dos Estados Unidos registrados no mesmo ano descobriu que a maioria dos norte-americanos, 55%, via Snowden como delator, em vez de um traidor, isto é, um criminoso (Salant, 2013). O que você acha? Snowden é traidor, como o governo afirma, ou herói por expor o que ele afirma serem violações da liberdade civil?

Delinquência juvenil e gangues

Em geral, jovens com menos de 18 anos são levados a cortes juvenis como criminosos de *status* ou como delinquentes. *Crime de status* é uma transgressão que pode ser cometida apenas por um jovem, como fugir de casa, evasão escolar e consumo de álcool. *Delinquência* é um crime que assim seria considerado mesmo se cometido por um adulto, como os oito crimes indexados já apresentados. Os crimes de *status* mais comuns levados à corte juvenil são consumo de álcool por menores, evasão escolar e fuga. Em 2012, 10,8% de todas as prisões (com exceção de tráfico de drogas) eram de criminosos com menos de 18 anos (FBI, 2013).

Como é o caso dos adultos, jovens cometem mais crimes contra a propriedade do que crimes violentos. O número de jovens *presos* por crimes violentos caiu 11,1% entre 2011 e 2012 (FBI, 2013). Apesar disso, o National Gang Intelligence Center (NGIC) estima que haja um aumento de 40% em associação a gangues desde 2009 (NGIC, 2012). O crescimento das gangues é, em parte, resultado de duas forças inter-relacionadas: aumento da disponibilidade de armas nos anos 1980 e o lucrativo e crescente comércio de drogas. Recentemente, porém, as gangues se expandiram para outras atividades, como contrabando, prostituição e tráfico humano (NGIC, 2012).

Em 2011, havia mais de 33 mil gangues de presídios, de motocicletas e de rua, que empregavam uso de violência, com mais de 1,4 milhão de membros nos Estados Unidos (NGIC, 2012). Calculados conforme a jurisdição, membros de gangues eram responsáveis por quase a metade de todos os crimes violentos, e tornando-se cada vez mais violentos, "(...) adquirindo armas de estilo militar altamente poderosas e equipamentos que representam grande ameaça pelo potencial de permitir confrontos letais com oficiais da lei e civis" (NGIC, 2012, p. 1).

O National Gang Center pesquisa uma amostra representativa de mais de 2.500 órgãos de manutenção da ordem pública sobre as características de jovens gangues em suas jurisdições (NGC, 2012). Os resultados indicam que (1) houve um aumento no número de membros adultos em gangues nos últimos anos, (2) a porcentagem de mulheres em gangues permaneceu estável ao longo do tempo e (3) membros de gangue são desproporcionalmente hispânicos/latinos e afro-americanos em todas as jurisdições representadas. A Figura 4.3 indica que quando questionados sobre fatores que influenciam a violência de gangues juvenis, "fatores relacionados a drogas" não apenas receberam a maior classificação em cada um dos três anos de pesquisa, como a proporção de entrevistados que apontam as drogas como causa da violência de gangues aumentou ao longo do tempo.

Padrões demográficos da criminalidade

Embora praticamente todo mundo transgrida alguma lei em algum momento, indivíduos com certas características demográficas têm representação desproporcionalmente maior em estatísticas de criminalidade. As vítimas, por exemplo, são, na maciça maioria, jovens, de classe baixa, minorias masculinas de áreas urbanas. De forma semelhante, a probabilidade de ser um criminoso varia em gênero, idade, raça, classe social e região. Esta seção termina com uma discussão sobre crime e suas vítimas.

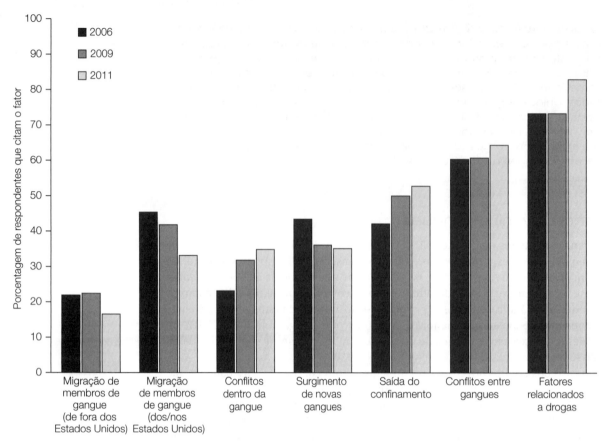

Figura 4.3 Fatores que influenciam a violência local das gangues
Fonte: National Gang Center, 2012.

Gênero e crime

É uma verdade universal que mulheres do mundo todo são menos propensas a cometer crimes do que os homens. Nos Estados Unidos, tanto estatísticas oficiais quanto informações de autodepoimentos indicam essa tendência. Em 2011, os homens representavam 73,8% de todas as prisões, 80,1% das prisões por crimes violentos e 62,6% das prisões por crimes contra a propriedade (FBI, 2013). As mulheres não apenas são menos propensas do que os homens a cometer crimes graves, mas também o valor financeiro do seu envolvimento em roubos, danos à propriedade e drogas ilegais costuma ser bem menor do que nos cometidos por homens.

Apesar disso, os índices de criminalidade feminina aumentaram dramaticamente na última década. Entre 2003 e 2012, aumentou o índice de mulheres presas por roubos e furtos, contribuindo para o aumento de 24,7% no índice de mulheres presas por crimes contra a propriedade (FBI, 2013). Durante o mesmo período, as prisões de mulheres aumentaram dramaticamente, em mais de 20%, para roubo, direção sob a influência de álcool e embriaguez pública. Heimer et al. (2005) deduziram que esse aumento está ligado à *marginalização econômica* das mulheres em relação aos homens, isto é, a criminalidade feminina aumenta quando as circunstâncias econômicas delas em relação às deles caem.

O aumento recente de crimes cometidos por mulheres levou ao crescimento da criminologia feminista. **Criminologia feminista** concentra-se em como a posição de subordinação das mulheres na sociedade afeta seu comportamento criminoso e vitimização. Por exemplo, Chesney-Lind e Shelden (2004) registraram que os índices de prisão de jovens fugitivas são maiores do que os de homens, não apenas porque as meninas tendem a fugir de casa com mais frequência em consequência do abuso sexual em casa, mas também porque a polícia tem atitudes paternalistas, o que faz que tenha mais chance de prender mulheres fugitivas do que homens. Essa perspectiva, concentrada na desigualdade de gêneros na sociedade, acrescenta então ideias para entender o crime e a violência que são frequentemente negligenciados por

criminologia feminista Abordagem que foca em como a posição subalterna das mulheres na sociedade afeta seu comportamento criminal e vitimização.

teorias tradicionais do crime, tendo impacto também nas políticas públicas. Prisão obrigatória por violência doméstica, criação de leis de proteção contra o estupro, apoio público para abrigos de mulheres agredidas, leis contra assédio sexual e revogação da exceção conjugal em casos de estupro são todos, de acordo com Winslow e Zhang (2008), resultados da criminologia feminista.

> A criação de leis de proteção contra o estupro, apoio público para abrigos de mulheres agredidas, leis contra assédio sexual e revogação da exceção conjugal em casos de estupro são todos[...] resultados da criminologia.

Idade e crime

Em geral, atividades criminosas são mais frequentes entre jovens do que entre idosos. Em 2012, 39,5% de todas as prisões nos Estados Unidos eram de pessoas abaixo dos 25 anos (FBI, 2013). Embora os menores de 25 anos representassem mais da metade das prisões nos Estados Unidos para crimes como roubo, vandalismo, incêndio proposital, eles são significativamente menos propensos a ser presos por crimes de colarinho-branco, como desvio, fraude, falsificação e imitação. Pessoas acima dos 65 anos representavam menos de 1% de todas as prisões no mesmo ano.

Por que a atividade criminal é mais presente entre indivíduos no final da adolescência e por volta dos 20 anos e cai tão rapidamente depois? Uma razão é que os jovens são protegidos de muitas das penas legais por comportamento criminoso. Indivíduos mais jovens também tendem a ficar desempregados ou empregados em trabalhos de baixa remuneração. Assim, como os teóricos da tensão defendem, eles têm menos acesso aos meios legítimos para adquirir bens materiais. A redução dos crimes associados à idade, porém, pode estar relacionada à transição para papéis convencionais – funcionário, cônjuge e pai.

Outras razões hipotéticas para a relação entre crime e idade também estão ligadas a teorias específicas de comportamentos criminosos. Por exemplo, teóricos do conflito argumentam que adolescentes e jovens adultos têm menos poder na sociedade do que seus colegas de meia-idade e idosos. Uma manifestação dessa falta de poder é que a polícia, usando um mapa mental de quem são os "típicos criminosos", em geral suspeita mais de adolescentes e jovens adultos. Com o aumento da vigilância sobre estes vem o aumento das descobertas de envolvimento criminoso – uma profecia autorrealizável.

Na esperança de resolver o debate teórico sobre a relação entre idade e crime, Sweeten, Piquero e Steinberg (2013) examinaram mais de 40 variáveis independentes e sua associação com a delinquência autorrelatada. Usando uma amostra de 1.300 criminosos importantes, esses pesquisadores entrevistaram jovens de 16 anos a cada seis meses subsequentes, por um período de sete anos. Embora houvesse certo nível de apoio para cada uma das teorias testadas, a explicação teórica mais forte sobre a relação entre crime e idade foi a teoria do aprendizado social de Sutherland – teoria da associação diferencial –, confirmando a associação positiva entre criminalidade e pessoas antissociais.

O que você acha? Centenas de milhares de pessoas assistiram ao julgamento de George Zimmerman, já que canais de notícias em todo o país transmitiram o evento ao vivo ou resumiram o acontecimento com especiais noturnos e atualizações de "notícias de última hora". Depois de o veredicto determinar que George Zimmerman matou Trayvon Martin em autodefesa, discussões a respeito da questão da raça e, especificamente, definição de perfil racial, abundaram nos Estados Unidos. Você acha que o resultado seria diferente se George Zimmerman fosse negro e Trayvon Martin branco?

Raça, classe social e crime

Raça é um fator que leva à prisão. Minorias são desproporcionalmente representadas nas estatísticas oficiais. Por exemplo, afro-americanos representam cerca de 13% da população, mas somam 38,5% de todas as prisões por crimes indexados e 29,3% de todas as prisões por crimes indexados contra a propriedade (FBI, 2013). Eles têm 3,7 vezes da taxa de prisão por posse de maconha, seis vezes mais probabilidade de ser admitidos em prisões e, se admitidos por crime violento, recebem penas maiores do que seus equivalentes brancos (Aclu, 2013; Hartney e Vuong, 2009).

Entretanto, é impreciso concluir que raça e crime estejam propositalmente relacionados. Primeiro, estatísticas oficiais refletem os comportamentos e políticas de atores da justiça penal. Assim, o alto índice de prisões, condenações e encarceramento dessas pessoas pode ser consequência de preconceitos individuais e institucionais contra as minorias. Por exemplo, a **definição de perfil racial** – prática de rotular suspeitos com base em sua raça – pode ser responsável pelos altos índices de prisão. Defensores dessa prática argumentam que a raça, assim como o gênero, é um indicador significativo de quem comete um crime, a prática deve ser permitida. Os opositores acreditam que a definição de perfil social é um tipo de discriminação, em geral baseada em estereótipos, e por isso deveria ser abolida. Uma pesquisa com residentes de Seattle corrobora essa disputa (Drakulich, 2013). Os resultados indicam, entre os respondentes brancos, que "(...) estereótipos de crime sobre minorias raciais e étnicas estão associados à baixa percepção de segurança do bairro e maior ansiedade sobre vitimização (...)" (p. 322). Atualmente, mais de 25 estados têm leis que proíbem a definição de perfil racial e/ou exigem que jurisdições estatais coletem informações sobre ações e buscas policiais (Resource Center, 2013).

Em uma declaração de 2013, o presidente Obama reconheceu que ele, assim como muitos outros homens afro-americanos, foi vítima de perfil racial (veja também o Capítulo 9). Referindo-se ao tiro em Trayvon Martin, o presidente prosseguiu dizendo: "(...) a comunidade afro-americana sabe que há uma história de disparidades raciais na aplicação de nossas leis criminais, da pena de morte até a aplicação das leis contra as drogas", e que a história causa impacto nas percepções das pessoas sobre o caso (Obama, 2013, p.1). Após o veredicto, centenas de protestos ocorreram em todo o país, com pessoas carregando cartazes em que se lia "Justiça para Trayvon" e "Serei eu o próximo?".

Segundo, raça e classe social estão intimamente ligadas, porque os não brancos estão super-representados nas classes mais baixas. Por não terem meios legítimos de

definição de perfil racial Prática de aplicação da lei que define os suspeitos com base na raça.

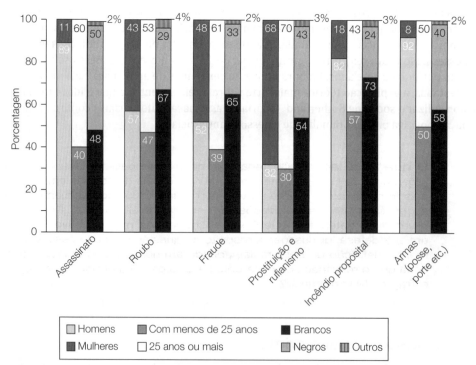

Figura 4.4 Porcentagem de prisões por crimes específicos por sexo, idade e raça, 2012
Fonte: FBI, 2013.

adquirir bens materiais, membros de classes mais baixas recorrem a crimes instrumentais ou economicamente motivados. Além disso, embora "quem tem" em geral conquiste respeito social devido a seu *status* socioeconômico, alcance educacional e função ocupacional, "quem não tem" normalmente vive em comunidades nas quais o respeito é baseado na força física e na violência, conforme argumentam teóricos subculturais. Por exemplo, Kubrin (2005) examinou o "código das ruas" de bairros negros no centro da cidade analisando letras de rap. Seus resultados indicam que "as letras ensinam aos ouvintes que resistência e desejo de usar a violência são fundamentais para estabelecer uma identidade masculina viável, ganhando respeito e construindo uma reputação" (p. 375). A seção *Um olhar sobre a pesquisa dos problemas sociais* deste capítulo examina a violência e a resistência usando a minoria jovem como exemplo.

A descoberta de George Zimmerman como inocente pela morte de Trayvon Martin provocou manifestações pelos Estados Unidos afora. Muitas celebridades, incluindo Jay-Z, Madonna, Stevie Wonder, Usher, Alicia Keys e Justin Timberlake, reagiram ao veredicto dizendo que não se apresentariam na Flórida até que a "lei da autodefesa" fosse alterada.

Uma terceira hipótese é a de que o contato com o sistema de justiça penal, que é mais alto para não brancos, pode, na verdade, agir como variável independente; isto é, pode levar a uma posição mais baixa no sistema de estratificação. Kerley e seus colegas (2004) descobriram que "o contato com o sistema de justiça penal, especialmente quando ocorre no início da vida, é um grande evento que tem efeito prejudicial sobre o nível de renda subsequente dos indivíduos" (p. 549).

Algumas pesquisas indicam, no entanto, que mesmo quando antecedentes de classe social de negros e brancos são comparáveis, os primeiros apresentam taxas mais altas de criminalidade. Usando informações de aproximadamente 3 mil entrevistados de 18 a 25 anos, Sampson et al. (2005) descobriram que a probabilidade de violência autorrelatada por negros era 85% maior do que por brancos. Curiosamente, a probabilidade de violência relatada por latinos era 10% menor do que a reportada por brancos.

Região e crime

Em geral, índices de criminalidade e, em particular, de crimes violentos, aumentam conforme a população aumenta. Por exemplo, em 2012, o índice de crimes violentos em *metropolitan statistical areas* (MSA, ou regiões estatísticas metropolitanas) era de 409,4 por 100 mil habitantes; em cidades fora das regiões metropolitanas, de 380,4 por 100 mil habitantes; e, por fim, em condados não metropolitanos, de 177 por 100 mil habitantes (FBI, 2013).

[afro-americanos] Eles têm 3,7 vezes a taxa de prisão por posse de maconha, seis vezes mais probabilidade de ser admitidos em prisões e, se admitidos por crime violento, recebem penas maiores do que seus equivalentes brancos.

Além disso, a National Crime Victimization Survey indica que as pessoas que vivem "(...) nas áreas urbanas continuaram a enfrentar o índice mais alto de violência total e grave" (Truman e Planty, 2012).

Índices de criminalidade mais altos em áreas urbanas resultam de vários fatores. Primeiro, o controle social está ligado a pequenos grupos íntimos que se socializam com seus membros para que tenham um comportamento cumpridor das leis, expressando aprovação quando isso acontece e desaprovando a não conformidade. Em grandes áreas urbanas, as pessoas têm menos probabilidade de se conhecer, e, portanto, não são influenciadas pela aprovação e desaprovação de estranhos. Fatores demográficos também explicam por que índices de criminalidade são mais altos em regiões urbanas: grandes cidades têm maiores concentrações de indivíduos pobres, desempregados e minoritários. Algumas cidades,

Um olhar sobre a pesquisa dos problemas sociais — Violência e jovens de minorias

Um grande corpo de pesquisa documenta que conflitos entre adolescentes são eventos bem comuns, embora as frequências variem significativamente de acordo com raça, idade e sexo. Por exemplo, jovens negros têm mais chances de admitir envolvimento em pelo menos uma briga física no ano anterior em comparação a seus equivalentes brancos (CDCP, 2008). Assim, este estudo é importante porque examina a relação entre a seleção de variáveis explicativas (tanto riscos quanto recursos) e a probabilidade de briga em uma amostra de jovens integrantes de minorias em risco (Wright e Fitzpatrick, 2006).

Amostra e métodos

Todos os entrevistados estavam entre o 5º e o 12º anos,* matriculados em um sistema escolar central do Alabama (Wright e Fitzpatrick, 2006). O distrito escolar mandou para a casa dos alunos uma carta detalhando a proposta do estudo, pedindo que os pais dessem permissão para a inclusão de seus filhos no estudo, chamado questionário de amostra, que estava em arquivo e disponível para revisão. A amostra final consistiu em 1.642 jovens afro-americanos (51% mulheres) com uma média de idade de 14 anos. A participação na pesquisa era voluntária, e a taxa de resposta foi de 65%.

A variável dependente era o conflito e foi medida perguntando-se aos entrevistados a frequência de seus conflitos nos 30 dias anteriores. Variáveis sociodemográficas incluem sexo, idade, nível educacional e *status* ocupacional dos pais. Fatores de risco, isto é, fatores associados a um aumento na probabilidade de conflitos, incluem desempenho acadêmico (notas baixas),

* N.T.: No sistema brasileiro, equivale ao 6º ano do ensino fundamental e ao 3º ano do ensino médio.

integridade familiar (um ou nenhum pai na casa), violência parental (agressão física do pai ou da mãe ou outro adulto responsável) e uma medida composta por afiliação a gangues (ser um membro, receber um convite para sê-lo ou ter amigos que são membros).

As variáveis significativas, aquelas que previsivelmente reduzem episódios de conflitos, foram divididas em três categorias. A primeira é a autoestima, medida pela noção do respondente quanto a satisfação, orgulho, valor e respeito. O envolvimento dos pais foi medido por (1) pais monitorando para onde seu filho vai com os amigos, (2) frequência de conversa com os pais sobre problemas e (3) frequência de jantar com a família. O envolvimento da escola inclui atenção da professora, envolvimento do pesquisado em atividades escolares e clubes e felicidade na escola, informada pelo próprio pesquisado.

Resultados e conclusões

A frequência das brigas era maior entre os estudantes do ensino fundamental 1 e 2 do que entre os do ensino médio, com a maior frequência de brigas ocorrendo no ensino fundamental 2. Conforme o tipo de escola, 15% ou mais dos estudantes relataram a mais alta categoria de respostas sobre brigas: seis ou mais vezes nos 30 dias anteriores.

A análise dos dados também indicou que as brigas estão negativamente associadas a coesão e autoestima familiares, com lares com pai e mãe e alta autoestima liderando as probabilidades mais baixas de briga. Ao contrário, violência parental e afiliação a gangues estão associadas com maiores probabilidades de briga. Conversar com os pais sobre problemas e ter pais que monitoram atividades com os amigos são significativamente associadas à queda dos índices de briga.

As variáveis significativas adicionais associadas a níveis menores de briga incluem ser feliz na escola, atenção dos professores e envolvimento com clubes escolares. Como observam os autores, foi interessante que o maior envolvimento com esportes estivesse associado com maiores índices de briga.

Quando variáveis múltiplas foram analisadas ao mesmo tempo, três de quatro fatores de risco eram significativamente associados a maiores índices de brigas: níveis escolares mais baixos, exposição à violência na família e afiliação a gangues. Das variáveis significativas, uma falta de monitoramento dos pais e ser infeliz na escola foram indicativos de aumento do comportamento de brigas. Observe que baixa autoestima, quando na presença de outras variáveis, não está associada a brigas entre os jovens.

Os autores concluíram que o modelo de "risco e recursos" que apresentam tem implicações práticas em termos de organizar técnicas de intervenção. Fatores de risco precisam ser "suprimidos ou eliminados", e os significativos ser "encorajados ou facilitados" (Wright e Fitzpatrick, 2006, p. 260).

Por exemplo, resultados desse estudo mostram que "o monitoramento dos pais e ser feliz na escola estão associados com menor frequência de brigas, sugerindo a importância do apoio continuado e envolvimento dos pais, e esforços maiores para reduzir ou eliminar os fatores comunitários que promovem a proliferação de gangues" (Wright e Fitzpatrick, 2006, p. 251).

Fonte: Wright e Fitzpatrick, 2006.

---

incluindo as dez mais perigosas dos Estados Unidos, têm índices de criminalidade cinco vezes maiores do que a média nacional.

Os índices de criminalidade também variam segundo a região do país. Em 2012, tanto crimes violentos quanto de propriedade foram mais altos nos estados do Sul, com 43,6% de todos os assassinatos, 37,6% de todos os estupros e 42,9% de todos os ataques com agravantes registrados no Sul (FBI, 2013). O alto índice de violência fatal no Sul estava ligado a altos índices de pobreza e populações minoritárias, uma "subcultura de violência" sulista, índices mais altos de posse de armas e um clima mais quente, que facilita a violência ao aumentar a frequência da interação social.

Crime e vitimização

Em contraste com o Uniform Crime Report, a National Crime Victimization Survey (NCVS) indica um aumento de 17% nos crimes violentos e de 11% em crimes contra a propriedade entre 2010 e 2011 (Truman e Planty, 2012). Homens têm índice mais alto de comportamento violento do que mulheres; minorias raciais e étnicas têm índice mais alto de comportamento violento do que brancos não hispânicos e pessoas com idade entre 18 e 24 anos têm índice mais alto de comportamento violento em comparação a outras faixas etárias.

Como as minorias são desproporcionalmente criminosas e o comportamento violento com frequência se volta contra membros da família, amigos e conhecidos, não é surpreendente que afro-americanos, hispânicos, indo-americanos e nativos do Alasca desproporcionalmente sejam mais vítimas. A familiaridade também explica os altos índices de vitimização de homens e jovens adultos entre 18 e 24 anos.

De acordo com a National Criminal Victimization Survey, crimes violentos tinham mais chance de ser denunciados do que os contra a propriedade. Estupro e agressão sexual eram os crimes violentos com menos probabilidade de ser denunciados (27%), seguidos por agressão agravada (40%).

Roubo era o crime contra a propriedade menos propenso a ser denunciado (30%). Entre 2002 e 2011, o número de estupros e agressões sexuais reportado às forças da lei caiu 51%, o maior declínio durante o período.

Embora homens estejam mais propensos do que mulheres a ser vítimas de crimes violentos, as mulheres são particularmente vulneráveis a certos tipos de crimes, mais notavelmente aqueles que implicam violência sexual. Em 2013, Ariel Castro foi indiciado "(...) com 512 acusações de sequestro, 446 casos de estupro, 7 acusações de imposição sexual brusca, 6 acusações de agressão dolosa, 3 acusações de risco para crianças e uma acusação por posse de ferramentas criminosas" (Welsh-Huggins, 2013). Castro, que sequestrou três jovens mulheres de 14, 16 e 20 anos, após cada uma delas aceitar sua carona, aprisionou-as por quase dez anos, tendo supostamente causado vários abortos devido à agressão e inanição das mulheres grávidas.

A violência sexual contra mulheres não diz respeito apenas aos Estados Unidos. Em 2013, uma série de estupros brutais na Índia, incluindo o estupro coletivo de uma universitária de 23 anos, que morreu devido à agressão, desencadeando indignação pública no mundo todo. O que está em questão não é apenas a falha no sistema judicial penal indiano em abordar com seriedade esse tipo de ataque, mas o modo como a desigualdade de gênero promove a violência contra mulheres (veja o Capítulo 10).

As crianças também são especialmente vulneráveis, tanto direta quanto indiretamente. Em 2010, 10% das crianças, isto é, pessoas com menos de 18 anos, foram vítimas de homicídio e, desse número, aproximadamente um terço tinha de 13 a 16 anos, e cerca de 15% menos de um ano (NCVC, 2013). O comportamento violento contra crianças era maior por parte de chefes de família solteiros, chefes de família com renda anual informada de menos de US$ 15 mil e chefes de família em áreas urbanas (Truman e Smith, 2012).

Uma forma menos óbvia de vitimização é a exposição de crianças à violência em casa, nas escolas e comunidades. Em uma pesquisa abrangente sobre a exposição das crianças à violência, informações de mais de 4.500 crianças e adolescentes de 17 anos ou menos foram coletadas em uma amostra nacional. Jovens entre 10 e 17 anos foram entrevistados por telefone, e informações sobre crianças de 9 anos ou menos em entrevistas com adultos cuidadores. Os resultados indicam que 61% da amostra foram expostos à violência no ano anterior, como vítimas diretas (por exemplo, abusadas) ou indiretas (por exemplo, ameaçadas de agressão) ou como testemunhas (por exemplo, presenciaram o assédio) da violência (Finkelhor et al., 2011; veja a Figura 4.5). O consumo de violência na mídia não foi incluído no estudo. Os autores concluem que a exposição de crianças à violência está associada ao aumento de depressão, ansiedade e problemas comportamentais, incluindo delinquência juvenil.

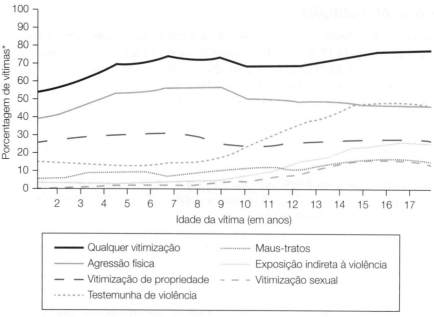

Figura 4.5 Vitimização no ano anterior por tipo e idade da vítima
Fonte: Finkelhor et al., 2011.

Custos sociais do crime e do controle social

Como este capítulo está demonstrando, há uma variedade de tipos de crime e de criminosos. Apesar disso, geralmente com base em estereótipos da mídia, muitas pessoas pensam apenas em crimes de rua e criminosos como predominantemente "(...) rapazes negros que vivem em bairros urbanos pobres cometendo crimes violentos e relacionados a drogas" (Leverentz, 2012, p. 348). Os custos do crime, e muitos são incalculáveis, vão muito além dos cometidos pelo que se considera um "criminoso típico". Por exemplo, o crime organizado transnacional, talvez a mais insidiosa de todas as categorias de crime, "(...) ameaça a paz e a segurança humana, faz que os direitos humanos sejam violados e prejudica o desenvolvimento econômico, social, cultural, político e civil de sociedades ao redor do mundo" (UNODC, 2012).

Embora esses custos sejam impossíveis de quantificar, a próxima seção discute outros custos associados a crimes e criminosos, incluindo lesões físicas e perda da vida, perdas econômicas e custos sociais e psicológicos.

Lesão física e perda da vida

Com frequência o crime resulta em lesões físicas e na perda da vida. Por exemplo, homicídio é a segunda causa de morte mais comum entre pessoas de 15 a 25 anos, ultrapassado apenas por morte acidental (U.S. Census Bureau, 2012). Em 2012, 14.827 pessoas foram vítimas de homicídios conhecidos nos Estados Unidos (FBI, 2013). Esse número é atenuado, porém, pelas mortes que acontecem como consequência de crimes de colarinho-branco. O criminologista Steven Barkan (2006), que coletou informações de várias fontes, registra que há anualmente (1) 56.425 mortes relacionadas ao local de trabalho por doença ou lesão; (2) 9.600 por produtos não seguros; (3) 35 mil por poluição ambiental; e (4) 12 mil por cirurgias desnecessárias. Juntando tudo isso, 113.025 pessoas morrem por ano por crimes corporativos e profissionais e má conduta (p. 388).

"Criminologistas verdes" estudam um exemplo do impacto sobre crimes de colarinho-branco e, especificamente, violência corporativa. Em uma revisão da literatura, Katz (2012) identifica várias descobertas importantes da pesquisa existente sobre poluição corporativa e saúde e, especificamente, mortalidade por câncer:

> Primeiro, uma variedade de pesquisas ilustra a culpabilidade corporativa multinacional pela proliferação da poluição ambiental tanto nos Estados Unidos quanto no mundo. Segundo, isto resultou no aumento das taxas de mortalidade por câncer ao redor do mundo em comunidades minoritárias, bem como estados não ocidentais em desenvolvimento do país (...) Terceiro, a poluição corporativa ambiental foi facilitada pela proliferação de acordos internacionais de livre comércio e empréstimos financeiros internacionais de instituições financeiras. (...)

Pela perspectiva da teoria do conflito, com sua ênfase nos problemas criados pelo capitalismo, Katz (2012) examina índices de mortalidade por câncer e a localização das corporações transnacionais mais ricas do mundo. Ela registra que 10 dos 152 países estudados têm índices de mortalidade por câncer significativamente mais altos do que os demais e, deste número, 6 são os locais das sedes das maiores corporações transnacionais do mundo. Em um exame mais profundo, a pesquisadora argumenta, as informações revelam que a maioria das indústrias nos dez países onde o índice de mortalidade por câncer é mais alto é formada por indústrias químicas, de energia, de água e de óleo. Além disso, a Dow Chemical Company, uma corporação sediada nos Estados Unidos que Katz (2012) chama de "o principal poluidor global", opera em 9 dos 10 países.

Por fim, o U.S. Public Health Service agora define violência como uma das principais preocupações com a saúde enfrentada pelos norte-americanos. Iniciativas de saúde relacionadas ao crime incluem reduzir o uso de drogas e álcool e as mortes e doenças associadas, diminuir os índices de violência doméstica, prevenir o abuso e a negligência infantil e reduzir a violência por meio de intervenções públicas de saúde. Também deve-se notar que crimes têm consequências mentais e físicas (veja a seção intitulada "Custos sociais e psicológicos").

O alto preço do crime

Conklin (2007, p. 50) sugere que os custos financeiros do crime podem ser classificados em pelo menos seis categorias. Em primeiro lugar estão as *perdas diretas* do crime, como a destruição de prédios por incêndios propositais, de propriedade privada, pelo vandalismo, e do ambiente, por poluentes. Em 2011, a perda média em dólar de propriedades destruídas ou afetadas por incêndio foi de US$ 12.796 (FBI, 2013). Crimes de colarinho-branco também têm custos diretos para as vítimas. De acordo com o Internet Crime Complaint Center, o custo médio dos crimes cometidos na internet (por exemplo, fraude, não entrega de bens) foi de US$ 1.813 (ICCC, 2013).

Em segundo lugar estão os custos associados à *transferência de propriedade*. Assaltantes de banco, ladrões de carro e estelionatários tomam a propriedade de seu legítimo dono causando enormes prejuízos para as vítimas e a sociedade. O custo total dos bens roubados em 2012 foi estimado em US$ 15,5 bilhões. Do custo total de bens roubados, a maior categoria pode ser atribuída ao roubo de veículos, o que inclui, por exemplo, o roubo de "(...) veículos utilitários desportivos, automóveis, caminhões, ônibus, motocicletas, *scooters*, veículos de terra e de neve". A perda média em dólar por veículo foi de US$ 6.019 (FBI, 2013).

O terceiro maior custo do crime está associado à *violência criminal*, incluindo o custo médico para tratamento das vítimas. O National Crime Prevention Council (NCPC, 2005) estima que o custo médio para *cada* crime de estupro ou agressão sexual seja de US$ 7.700, incluindo despesas relacionadas à assistência médica e mental, aplicação de lei e serviços sociais e de atenção à vítima. Recentemente, Anderson (2012) estimou que mortes relacionadas a crimes e lesões custaram à sociedade, direta e indiretamente, mais de US$ 750 bilhões por ano.

Em quarto lugar estão os gastos associados à produção e venda de bens e serviços ilegais, isto é, *despesas ilegais*. O gasto de dinheiro em drogas, jogos de azar e prostituição desvia fundos da economia e dos negócios legítimos e diminui os valores das propriedades em bairros com níveis altos de criminalidade. Em quinto lugar está o custo de *prevenção e proteção* – os bilhões de dólares gastos em fechaduras e cofres, câmeras de vigilância, produtos de autodefesa, cães de guarda, seguros, programas de terapia e reabilitação, entre outros.

Por exemplo, mais especificamente, estima-se que os norte-americanos gastem US$ 16,2 bilhões por ano apenas em sistemas de segurança (U.S. Department of Commerce, 2011).

Por fim, há o custo do *controle do crime* – que é de bilhões de dólares e vem aumentando. A Figura 4.6 indica, no entanto, que as despesas da justiça penal variam conforme a função, com os gastos em aplicação da lei aumentando ao longo dos anos e gastos com assistência à justiça penal (isto é, atenção à vítima) diminuindo (Austin, 2013). Se tivesse sido aprovada, uma lei recente de Vermont – semelhante à lei Missouri – exigiria que os juízes fossem informados dos custos da sentença imposta por eles (Eisen, 2013). O "(...) custo de encarcerar membros de uma gangue na verdade ultrapassa as despesas anuais das melhores universidades privadas, que somam US$ 60 mil por aluno para mensalidades, acomodações e equipe profissional" (NCPC, 2012).

Embora os custos dos "crimes de rua" sejam descomunais, os dos "crimes a portas fechadas", como evasão fiscal, fraude, desvio, falsa propaganda e violações antitruste, são mais altos do que todos os custos dos crimes indexados pela classificação do FBI juntos (Reiman e Leighton, 2012). Além disso, a partir de uma estimativa do FBI, Barkan (2006) registrou que o custo total dos crimes contra a propriedade e roubo é de US$ 17,1 bilhões por ano. Isto é menos do que o valor de US$ 44 bilhões relativos apenas ao roubo cometido por funcionários de empresas.

Custos sociais e psicológicos

O crime implica custos sociais e psicológicos, bem como econômicos. Um desses custos – o medo – depende das percepções individuais sobre o crime como um problema. Por exemplo, pesquisas desde 2001 indicam que o medo dos norte-americanos aumentou mesmo com a queda dos índices de crimes violentos e contra a propriedade (Saad, 2010).

Figura 4.6 Administração de custos de justiça, por função, 1976–2018 (projetado para 2014–2018)*

Fonte: Austin, 2013.

* Permissão orçamentária arbitrária como percentual do PIB, FY1976–FY2018; FY2014–FY2018; níveis projetados.

Esse tipo de equívoco é exacerbado pela mídia, que nem sempre reflete de maneira acurada o cenário criminal.

Kohm et al. (2012) pesquisaram o medo de se tornar vítima de crimes em relação ao consumo da mídia em amostras de alunos de graduação norte-americanos e canadenses. Perguntaram aos entrevistados qual sua fonte primária de notícias sobre o crime, que foi então classificada em seis categorias: televisão local, televisão nacional, jornais, revistas, internet, entre outras. A relevância da mídia foi medida pelo número de horas ou de vezes que um meio de comunicação em particular foi consumido. Os resultados indicam que as mulheres têm mais medo do que os homens; que os alunos canadenses têm mais medo do que os norte-americanos; e que índices mais altos de consumo de notícias da televisão local estão associados a índices mais altos de medo.

Os norte-americanos não se preocupam somente com os crimes em termos agregados, mas também com o crime individualmente. A Gallup Organization pergunta regularmente a um grupo de norte-americanos se eles "se sentem seguros andando sozinhos à noite na cidade ou na região onde vivem?" (Jones, 2013a). E, então, "(...) compilou as informações de residentes das 50 regiões metropolitanas estatísticas [MSA] mais populosas (...)" (p. 1). Com base nas respostas dos entrevistados, as três regiões mais seguras são Minneapolis-St. Paul-Bloomington (Minnesota), Denver-Aurora (Colorado) e Raleigh-Cary (Carolina do Norte). As três áreas menos seguras entre as 50 mais populosas dos Estados Unidos são Memphis, TN-MS-AR (inclui partes do Tennessee, Mississippi e Arkansas), New Orleans-Metairie-Kenner (Louisiana) e Riverside-San Bernardino-Ontario (Califórnia).

O que você acha? Em 2012, Jerry Sandusky, antigo treinador assistente da Pennsylvania State University (PSU), foi condenado por abuso sexual de meninos e sentenciado de 30 até 60 anos de prisão. Homens vítimas de abuso sexual constantemente sofrem de ansiedade, depressão, baixa autoestima, sentimento de vergonha e comportamentos autodestrutivos (Male Survivor, 2012). Como você quantificaria o custo do crime para essas vítimas? Você acha que algum acordo monetário adequado pode ser feito?

Shapland e Hall (2007) identificam outros custos sociais e psicológicos, como sentimento de choque, perda de confiança, sentimento de culpa por ser vitimizado, raiva e sentimento de vulnerabilidade. Embora essas respostas variem de acordo com o tipo de crime, não se deve concluir que crimes de colarinho-branco não carreguem um custo social e psicológico. Em 2009, Bernard Madoff confessou-se culpado de 11 acusações criminais relacionadas a um gigantesco esquema Ponzi (fraude do tipo pirâmides financeiras) feito por sua empresa de investimentos. O esquema de US$ 65 bilhões para fraudar investidores aconteceu durante um período de 20 anos e envolveu centenas de vítimas. Aos 71 anos, Madoff foi sentenciado a 150 anos de prisão, deixando para trás um rastro de miséria. A seguir estão excertos de depoimentos de apenas sete das centenas de vítimas afetadas por seu crime. Eles atestam os custos sociais e psicológicos do crime de colarinho-branco (Victim Statements, 2009):

- Ele não roubou só o nosso dinheiro, mas nossa fé na humanidade e nos sistemas que deveriam nos proteger.

- Não consigo dizer quão confusos nos sentimos – vai além da questão financeira. É algo que atinge seu âmago e afeta sua fé na humanidade em geral, no governo e a confiança básica em nosso sistema financeiro.

- Eu fico constantemente nervoso e ansioso quanto ao meu futuro. Tenho sobressaltos ao menor barulho. Não consigo dormir, e tudo o que faço é me preocupar com o que acontecerá conosco.

- Não sei qual sentimento é mais destrutivo, o medo e a ansiedade ou a enorme depressão que enfrento diariamente.

- (...) quando Madoff é setenciado (...) espero que se pense na perda de dinheiro, na perda da dignidade, na perda da liberdade por preocupações financeiras e na possível ruína financeira (...)
- Nesse ponto (...) não podemos confiar em ninguém.
- Como posso viver o resto da minha vida?

Estratégias para ação: crime e controle social

Obviamente, uma forma de combater o crime é atacar os problemas sociais que contribuem para sua existência. Além disso, quando se perguntou a um grupo aleatório de norte-americanos qual das duas ideias – aumentar a aplicação de leis ou resolver problemas sociais – se aproximava mais de sua própria concepção de como lidar com o problema do crime, a maioria dos entrevistados (65%) selecionou resolver os problemas sociais (Gallup Poll, 2007).

Além de políticas que abordam problemas sociais, vários programas sociais têm sido criados para aliviar o problema do crime. Essas políticas e programas incluem iniciativas locais, polícias de justiça penal, ação legislativa e esforços internacionais na luta contra o crime.

Iniciativas locais

Programas juvenis, como o Boys and Girls Club, e comunitários que envolvem famílias e escolas são uma "primeira linha de defesa" eficaz contra o crime e a delinquência juvenil.

Programas juvenis. Programas de intervenção precoce reconhecem que prevenir o crime é melhor do que "remediá-lo" depois que ocorre. Fight Crime: Invest in Kids é uma organização anticrime apartidária sem fins lucrativos com mais de 5 mil líderes de manutenção da ordem pública, procuradores e sobreviventes de violência (Fight Crime, 2013). Ela defende que "a melhor forma de prevenir a violência é com investimentos na educação infantil de qualidade, aconselhamento voluntário domiciliar aos pais, programas extracurriculares e intervenções para jovens com problemas" (Fight Crime, 2013, p. 1), concentrando-se em quatro principais áreas de atividade:

- Recrutamento estratégico e educação de oficiais da lei e sobreviventes do crime
- Análise de pesquisas e políticas e produção de denúncias
- Campanhas de mídia gratuitas em escolas públicas
- Educação dos formuladores de políticas e formadores de opinião

Essa abordagem não beneficia apenas a sociedade ao reduzir os índices de criminalidade, mas também poupa o dinheiro dos contribuintes. Cohen e Piquero (2009) relatam que programas que previnem uma criança de usar drogas, deixar de estudar e se tornar criminosa fazem a sociedade economizar mais de US$ 2,5 milhões por pessoa durante o curso de sua vida.

Perry Preschool Project é um bom exemplo de programa de intervenção na primeira infância. Um grupo de 123 crianças afro-americanas foi aleatoriamente designado a um grupo de controle ou experimental. Os membros do grupo experimental receberam intervenções academicamente orientadas por um a dois anos, visitas frequentes em casa e conferências entre pais e professores semanalmente. Os membros do grupo de controle não receberam intervenções. Ambos os grupos foram comparados em várias idades, entre 3 e 40 anos. Na vida adulta, membros do grupo experimental tinham índices mais altos de emprego e de posse de propriedade, e de crimes violentos e contra a propriedade significativamente mais baixos (Schweinhart, 2007).

Por fim, muitos programas juvenis são criados para engajar jovens em atividades não criminais e integrá-los à comunidade. Como o horário entre 15h e 18h e os meses de verão são momentos de pico para a delinquência, fazer que os estudantes participem de programas extracurriculares não é apenas essencial, mas bem-sucedido (Afterschool Alliance, 2013). Por exemplo, a avaliação de um programa extracurricular da Califórnia chamado LA's

BEST concluiu que as crianças participantes tinham 30% menos chance de apresentar comportamento criminoso do que aquelas não participantes (Afterschool Alliance, 2013).

Programas de vigilância de bairro envolvem moradores locais em estratégias de prevenção ao crime. Por exemplo, a MAD DADS (Men Against Destruction – Defending Against Drugs and Social Disorder) patrulha as ruas em áreas de alta criminalidade da cidade nas noites de fim de semana, fornecendo exemplos adultos positivos e atividades comunitárias divertidas para crianças com problemas.

Seus membros também denunciam crimes e o uso de drogas para a polícia, apagam pichações de gangues, organizam programas de recompra de armas e aconselhamento de pais presos. Atualmente, 75 mil homens, mulheres e crianças fazem parte da MAD DADS em 60 seções em 17 estados ao redor do país (MAD DADS, 2013).

National Association of Town Watch (NATW) é uma organização sem fins lucrativos "(...) dedicada ao desenvolvimento e promoção de vários programas de prevenção ao crime, incluindo grupos de vigilância de bairros, órgãos de manutenção da ordem pública, associações estatais e regionais de prevenção do crime, empresas, grupos cívicos e indivíduos dedicados a comunidades mais seguras" (NATW, 2013, p. 1). Ela iniciou o evento "National Night Out" em 1984, e, hoje, mais de 35 milhões de pessoas em 15 mil comunidades em 50 estados participam do evento, no qual cidadãos, empresários, associações de moradores e oficiais locais se reúnem em atividades ao ar livre para aumentar a conscientização sobre os problemas do bairro, divulgar mensagens anticrime e fortalecer os laços da comunidade (NATW, 2013).

Mediação e programas de resolução de conflitos entre vítima e infrator também estão aumentando, com milhares de programas como esses no mundo todo. Esse crescimento é um reflexo do seu sucesso: dois terços dos casos citados resultam em encontros presenciais, 95% resultam em um acordo por escrito de restituição e 90% destes últimos são concluídos dentro de um ano (VORP, 2012).

Política de justiça penal

O sistema de justiça penal é baseado no princípio da **dissuasão** – o uso de punição ou a ameaça de punição para prevenir comportamentos indesejados. O sistema de justiça penal presume que as pessoas optem racionalmente por cometer crimes, pesando as recompensas e consequências de suas ações. Assim, medidas "rigorosas" significam que maximizar a punição aumentará a dissuasão e fará que os índices de criminalidade diminuam. Ainda assim, mais recentemente, as taxas de encarceramento caíram e o crime não aumentou, chamando atenção para a questão do princípio da dissuasão. Além disso, 30 anos de políticas "rigorosas" não reduziram significativamente os índices de reincidência, mas meramente levaram à superlotação carcerária e a uma série de problemas de justiça penal. Em 2011, a Suprema Corte dos Estados Unidos ordenou que o estado da Califórnia reduzisse a população carcerária, dizendo que as condições de superlotação eram uma transgressão da proibição imposta pela Oitava Emenda contra punições cruéis e incomuns. Em 2013, o governador da Califórnia exigiu que uma ordem judicial para liberar 10 mil prisioneiros fosse rejeitada (Martinez, 2013). Dada a superlotação e a alta reincidência, especialistas estão coletivamente coçando suas cabeças e se perguntando: "O que funciona?"

Órgãos de manutenção da ordem pública. Em 2011, Anders Behring Breivik matou 69 pessoas em um acampamento, onde mais de 700 adolescentes e jovens adultos se reuniam, antes que a polícia norueguesa atirasse nele. Uma comissão de 2012 que investigou o assassinato em massa concluiu que "a polícia e os serviços de segurança poderiam e deveriam fazer mais para evitar a crise"(Greene, 2012).

Os Estados Unidos tinham praticamente 1 milhão de policiais e funcionários civis em período integral em 2012 (por exemplo, atendentes, policiais de trânsito, agentes carcerários), resultando em cerca de 3,4 funcionários das forças policiais por 1.000 habitantes, e 2,4 oficiais por 1.000 habitantes (FBI, 2013). Há mais de 14 mil órgãos de manutenção da ordem pública nos Estados Unidos, incluindo órgãos municipais (por exemplo, polícia municipal), do condado (por exemplo, departamento do xerife), estaduais (por exemplo, polícia de

dissuasão Uso de punição ou ameaça de punição para evitar comportamentos indesejados.

trânsito) e federais (por exemplo, FBI), geralmente com jurisdições sobrepostas. O número de norte-americanos que têm alta confiança no sistema de justiça penal é equivalente ao de norte-americanos que nele têm baixa confiança, e há pouca diferença em termos de gênero, partido político, raça e educação. No entanto, pessoas entre 18 e 34 anos têm confiança significativamente maior no sistema de justiça penal do que aquelas com 35 anos ou mais (Saad, 2011).

Em 2011, último ano cujas informações nacionais estão disponíveis, 26% da população residente nos Estados Unidos com 16 anos ou mais tiveram contato com a polícia (BJS, 2013c). De acordo com a Police-Public Contact Survey, um complemento da National Crime Victimization Survey (NCVS), os contatos eram solicitados de forma equivalente pelos cidadãos (por exemplo, exigência de assistência policial) e pela polícia (por exemplo, *blitz*). Resultados da pesquisa indicam que negros e hispânicos tinham mais chance de receber multas de trânsito do que brancos e de serem parados pela polícia por infração de trânsito. Quando uma *blitz* ocorria, motoristas negros e hispânicos também tinham mais chances de ser abordados ou revistados do que os brancos.

Por décadas, acusações de definição por perfil social, brutalidade policial e práticas discriminatórias de prisão tornaram difícil a cooperação entre polícia e cidadão contra o crime. Preocupações foram alimentadas por esses casos altamente divulgados, como o espancamento de Rodney King, a prisão do acadêmico de Harvard, Henry Louis Gates Jr. e o tiro em Trayvon Martin. Há um apoio empírico para tais argumentos. Por exemplo, um estudo concluiu que as prisões por posse de maconha, mais de 50% de todas as prisões por posse de drogas, não são apenas exorbitantemente caras, mas que "existem enormes disparidades nos estados e condados de todo o país entre índice de prisão de negros e brancos por posse de maconha" (ACLU, 2013).

Em resposta a tais tendências, o Violent Crime Controle and Law Enforcement Act de 1994 estabeleceu os Office of Community Oriented Policing Services (COPS). O policiamento comunitário

> (...) enfatiza a resolução proativa de problemas de maneira sistemática e rotineira. Em vez de responder ao crime apenas depois de ocorrido, o policiamento comunitário encoraja as agências a desenvolver soluções proativamente para as condições subjacentes imediatas que contribuem para problemas de segurança pública. A resolução de problemas deve ser infundida em operações policiais e orientar esforços de tomada de decisões. (COPS, 2009, p. 12).

Reabilitação *versus* incapacitação. Um debate importante refere-se à razão de ser do sistema de justiça penal: ele reabilita os criminosos ou os incapacita pelo encarceramento? Tanto reabilitação quanto incapacitação dizem respeito às taxas de **reincidência**, ou a medida na qual criminosos cometem outro crime. Defensores da **reabilitação** acreditam que a reincidência pode ser reduzida pela mudança do criminoso, enquanto os defensores da **incapacitação**, que a reincidência pode ser mais bem reduzida ao colocar os criminosos na prisão para que sejam impedidos de cometer mais crimes contra o público.

O medo do crime levou a uma ênfase na incapacitação e a uma demanda por sentenças compulsórias mais rígidas, penas mais longas, redução da liberdade condicional e apoio a leis que obrigam o cumprimento total da pena. Como resultado dessas políticas, os Estados Unidos são um dos países mais voltados à punição do mundo. Um dado que exemplifica essa situação é o *coeficiente de punição*, calculado "(...) ao contrastar o número de pessoas condenadas em um ano com o de prisioneiros em consequência de uma sentença" (Civitas, 2012).

Usando esse cálculo e comparando os 33 países estudados pela Organização para a Cooperação e o Desenvolvimento Econômico (OCDE), os Estados Unidos tiveram o maior *coeficiente de punição*, seguidos por México, Japão e Israel.

Recentemente, no entanto, essas medidas rígidas e os índices de encarceramento nas alturas começaram a ser atacados por cinco razões. *Primeira*, pesquisas indicam que o encarceramento pode não deter o crime. Dados indicam que

> (...) apesar do crescimento maciço dos gastos com punições, em muitos estados houve pouca melhora no desempenho dos sistemas correcionais. Se mais de 4 em cada 10 adultos norte-americanos criminosos ainda voltam para a prisão no mínimo três anos

---

reincidência Retorno ao comportamento criminoso por um ex-presidiário, mais comumente medido por nova prisão, nova condenação ou novo encarceramento.

reabilitação Filosofia da justiça penal que afirma que a reincidência pode ser reduzida com a mudança do criminoso por meio de programas como aconselhamento quanto ao abuso de substâncias, treinamento profissional, educação etc.

incapacitação Filosofia da justiça penal que afirma que a reincidência pode ser reduzida colocando-se o criminoso na prisão para que seja incapaz de cometer outros crimes contra o público em geral.

após serem libertados, o sistema criado para impedi-los do comportamento criminoso continuado claramente está falhando. (Pew, 2011a, p. 3)

Segunda, a acusação de que medidas rígidas, como a política *"three strikes and you're out"*[2] da Califórnia, não são igualmente aplicadas. A análise de Chen (2008) sobre 170 mil prisioneiros da Califórnia indica que os afro-americanos, se comparados aos brancos e hispânicos, têm mais chance de receber *"third-strike sentences"*, com as maiores disparidades raciais sendo por crimes contra a propriedade e por porte de drogas. De forma semelhante, homens têm mais chance de receber esse tipo de sentença do que as mulheres. Em 2013, californianos aprovaram uma lei que modifica essa política. Depois de revisada, agora as prisões perpétuas são impostas apenas se a terceira condenação for por um crime grave ou violento (Donald, 2013).

Terceira, há dúvidas de que colocar pessoas na cadeia pode, na verdade, aumentar seus comportamentos criminosos quando são liberadas. Os presos podem aprender técnicas novas e melhores para cometer crimes e, cercados por outros criminosos, internalizam mais as atitudes e motivações para comportamento criminoso continuado. Tal possibilidade é chamada **hipótese do ecossistema**. Além disso, conforme sugerem os teóricos da rotulagem, o estigma associado a estar na prisão torna a reintegração à sociedade difícil. Incapaz de encontrar emprego, voltar para a escola e fazer novos amigos, ex-prisioneiros podem sentir que não têm escolha a não ser voltar para o crime.

Quarta, em um ambiente de déficits no orçamento e cortes legislativos, os estados simplesmente não podem mais sustentar políticas de décadas atrás. O custo anual médio para manter um criminoso preso – US$ 29 mil para presos federais e US$ 30 mil para estaduais –, é na verdade muito mais alto do que geralmente declarado (BOP, 2013; Henrichson e Delaney, 2012). Custos adicionais, que em geral não fazem parte dos cálculos, incluem o custo de pensões, assistência médica e outros benefícios para funcionários correcionais, custos de construção e renovação, despesas administrativas e legais e o custo de programas de reabilitação, cuidados hospitalares e prisões privadas para encarcerados.

Por fim, alguns questionam a lógica do aumento dos gastos da justiça penal quando a criminalidade caiu quase 40% nas últimas duas décadas (CBS, 2012). Ao mesmo tempo que a criminalidade tem caído, a sentença média de prisão tem aumentado. Por exemplo, a duração média de cumprimento de pena na prisão era nove meses mais longa em 2009 do que em 1990 (Pew, 2012). Para alguns, a relação inversa entre índice de encarceramento e crime é uma indicação de que políticas rígidas funcionam.

Como resposta à recessão econômica e às questões sobre a efetividade das políticas rígidas, muitos estados estão repensando suas políticas correcionais, fechando prisões, eliminando sentenças compulsórias, substituindo o tempo de prisão por programas comunitários, penas mais curtas, comutação de penas, ampliação da liberdade condicional e fornecimento de tratamento, em vez de punição para criminosos por posse de drogas que não são perigosos (Davey, 2010; Steinhauer, 2009). O resultado? Após 40 anos de alta, os índices de encarceramento começaram a cair. Estados com as maiores quedas incluem Califórnia, Havaí, Michigan, Massachusetts e New Jersey (Pew, 2013).

Claramente, sentenciar criminosos por períodos mais longos de confinamento aumenta a incapacitação. No entanto, enfrentando cortes no orçamento, estados – bem como a administração de Obama – estão revisitando ideais de reabilitação. A reabilitação presume que o comportamento criminoso seja causado por forças sociológicas, psicológicas e/ou biológicas, em vez de serem exclusivamente um produto de vontade própria. Se tais forças puderem ser identificadas, a mudança necessária pode ser instituída. Muitos programas de reabilitação concentram-se em ajudar os presos a se reinserir na sociedade. Em 2008, o presidente Bush assinou o Second Chance Act, que apoia programas de readmissão na esperança de reduzir a reincidência (Greenblatt, 2008). O *Ensaio fotográfico* deste capítulo destaca de forma bem-sucedida programas de reabilitação, incluindo iniciativas de reinserção.

hipótese do ecossistema Defende que o encarceramento serve para aumentar o comportamento criminoso por meio da transmissão de habilidades, técnicas e motivações criminosas.

---

2 N.R.T.: Lei de progressão da pena, que preconiza que a pessoa pode cometer dois crimes leves e não ser presa, mas, se cometer um crime pela terceira vez, vai para a prisão com penas bastante significativas. Disponível em: <http://atualidadesdodireito.com.br/lfg/2013/05/17/three-strikes-and-youre-out-e-novamente-a-proposta--midiatica-de-reducao-da-maioridade-penal/>. Acesso em: 13 maio 2015.

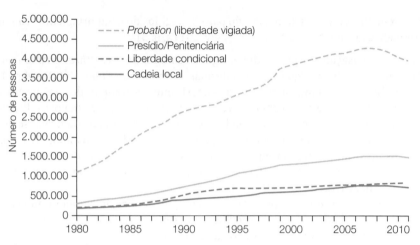

Figura 4.7 Populações carcerárias nos Estados Unidos, 1980–2011

Fontes: BJS, 2011a, 2011b, 2011c.

O que você acha? Devido aos custos crescentes, à expansão dos índices de detenção e comunidades financeiramente carentes, pensou-se que os presídios privados seriam uma solução – mais baratos e com melhores resultados. Porém, há evidências de que a privatização também tem problemas e, na verdade, pode não ser o meio mais eficiente e compensador de abrigar detentos (Kirkham, 2013). Por exemplo, prisões com fins lucrativos querem poupar recursos. Recentemente, estratégias para reduzir custos, como diminuir o pessoal, retardar o tratamento médico dos presos e deixar de consertar o encanamento, levaram os detentos a uma rebelião no presídio de Ohio, administrado pela Corrections Corporation of America, a maior franquia de prisões privadas dos Estados Unidos. Que outros problemas também estão associados à privatização dos presídios?

A população de detentos nos Estados Unidos cresceu mais de 700% entre 1970 e 2005 (...) e (...) Como resultado, os Estados Unidos, que têm apenas 5% da população mundial, agora têm 25% dos prisioneiros do mundo.

Punições. Os índices de população carcerária variam dramaticamente nas diversas regiões do mundo, mas compartilham pelo menos uma similaridade – estão crescendo (Walmsley, 2012). Uma análise dos índices globais revela que os Estados Unidos têm a maior taxa de encarceramento do mundo – 743 por 100 mil habitantes. A taxa norte-americana excede muitas vezes a de outros países; por exemplo, na Rússia, é de 568; na China, 122; o índice da Inglaterra e do País de Gales é 153; do Canadá, 117; e da França e Alemanha, 96 e 85, respectivamente (Walmsley, 2012).

A população de detentos dos Estados Unidos cresceu mais de 700% entre 1970 e 2005, excedendo tanto o crescimento da população quanto do crime (Takei, 2013; veja a Figura 4.7). Como resultado, os Estados Unidos, que têm apenas 5% da população mundial, agora têm 25% dos prisioneiros do mundo.

***Probation* (liberdade vigiada)** implica a soltura condicional de um criminoso que, por um período específico e conforme certas condições, permanece sob supervisão da Corte na comunidade. **Liberdade condicional** implica a soltura da prisão por um período específico e conforme certas condições, antes do fim da sentença do prisioneiro. Embora variando em raça, idade e gênero, praticamente 5 milhões de pessoas estavam sob *probation*, ou liberdade condicional, nos Estados Unidos em 2011 (BJS, 2012b).

probation **(liberdade vigiada)** Implica a soltura condicional de um criminoso que, por um período específico e conforme certas condições, permanece sob supervisão da Corte na comunidade.

liberdade condicional Soltura da prisão por um período de tempo específico e conforme certas condições, antes do fim da sentença do prisioneiro.

 **O que você acha?** Leis "stand your ground" (defender seu território) determinam que as pessoas que temem por sua vida não têm de recuar antes de se defender, mesmo que isto signifique usar força letal. Pelo menos 22 estados atualmente têm estatutos "stand your ground" (Clark, 2013). Essas leis são necessárias para proteger pessoas inocentes de ataques violentos ou uma "licença para matar"?

Pena capital. Com a **pena capital**, o Estado (governo federal ou estadual) tira a vida de alguém condenado por um crime. Em 2012, 21 países realizaram 682 execuções, sem contar as milhares de pessoas que se estima terem sido executadas na China (Anistia Internacional, 2013). Além disso, no final de 2012, 23 mil pessoas estavam sob sentença de morte. Ao contrário do que acontece nos Estados Unidos, globalmente os infratores podem ser condenados à morte por outros crimes além de assassinato, incluindo adultério, blasfêmia, traição e envolvimento com drogas. A tendência, porém, é o distanciamento da pena capital, com "...174 dos 193 membros das Nações Unidas livres da execução em 2012" (Anistia Internacional, 2013). Os Estados Unidos são o único país ocidental industrializado do mundo que mantém a pena de morte.

Em 2012, 43 execuções foram levadas a cabo nos Estados Unidos, 15 só no Texas (Anistia Internacional, 2013). Dos 33 estados que têm pena de morte, a maioria e o governo federal usam, quase exclusivamente, injeção letal como método de execução. Três problemas, porém, foram levantados quanto a esse uso, o que levou alguns estados a suspender as execuções. O primeiro é a questão de se a morte por injeção letal viola ou não a proibição da Oitava Emenda contra punições cruéis ou incomuns. Em 2007, um juiz de um tribunal distrital sustentou que os procedimentos de injeção letal "apresentam um risco substancial de dor desnecessária", que poderiam "resultar em uma morte terrível e excruciante" (Schelzig, 2007, p. 1). Porém, em 2008, a Suprema Corte dos Estados Unidos afirmou que o uso de injeção letal em Kentucky não era uma violação da Oitava Emenda (Baze *versus* Rees, 2008). Desde a decisão de Baze, alguns estados reinstituíram a pena de morte, enquanto outros declararam uma moratória até que o debate esteja concluído.

O segundo diz respeito ao papel dos médicos em execuções oficiais. Segundo Vu (2007, p. 1), "a American Medical Association é inflexível no sentido de que é uma transgressão da ética médica que médicos participem ou sequer estejam presentes a execuções". Em 2010, a American Board of Anesthesiology (ABA) adotou a posição de que a participação na pena capital impediria um médico de receber seu certificado, argumentando que médicos "... não deveriam agir de maneira que violem a ética da prática médica, mesmo se esses atos forem legais" (ABA, 2011).

O terceiro, relativo à continuidade da aplicação da pena capital, diz respeito à disponibilidade das drogas usadas na injeção letal. Empresas farmacêuticas de toda a Europa, onde a pena capital foi banida, se recusaram a fornecê-las sob a ameaça de sanções legais. Desde 2011, os dois sedativos mais comuns usados no processo de injeção letal, hospira e pentobarbital, se tornaram indisponíveis quando os fabricantes europeus se recusaram a vender para prisões norte-americanas. As instituições penais então recorreram ao propofol, droga associada à morte de Michael Jackson. Porém, em 2012, o fabricante divulgou um comunicado dizendo:

> Entendemos que um ou mais departamentos disciplinares nos Estados Unidos estão considerando alterações em seus protocolos de injeção letal para incluir o propofol. (...) Claramente, este uso contraria as indicações aprovadas pelo FDA para o propofol, e são inconsistentes com (...) a missão de "cuidados com a vida". (Kitamura e Narayan, 2013, p. 1)

Defensores da pena capital afirmam que as execuções de criminosos condenados são necessárias para transmitir a desaprovação e intolerância do público a esses crimes hediondos. Quem é contra a pena capital acredita que ninguém, incluindo o Estado, tem o direito de tirar a vida de outra pessoa e que colocar assassinos condenados atrás das grades pela vida toda é uma "morte social" que comunica a desaprovação social necessária.

pena capital O Estado (governo federal ou um estado, nos Estados Unidos) tira a vida de uma pessoa como punição por um crime.

Ensaio fotográfico
Programas de prisão que funcionam

Milhões de homens e mulheres estão atrás das grades, e a reincidência é maior do que nunca. Ao longo da próxima década, estima-se que o número de presidiárias aumente, assim como o de idosos; ambos os grupos vão aumentar o custo já estratosférico das punições. Há alternativas, porém, e muitas delas se provaram bem-sucedidas. Cada uma das práticas correcionais descritas foi avaliada empiricamente, e descobriu-se que estão associadas a mudanças positivas nos presos participantes. Da redução dos índices de reincidência e aumento da autoestima à da agressão e aumento da probabilidade de emprego após a soltura, esses programas não só têm uma boa relação custo-benefício financeira como também são humanos.

◀ Milhares de presos em todos os Estados Unidos participam de programas educativos de nível superior. Pesquisas documentam seus benefícios: redução da reincidência, aumento na capacidade de resolver problemas, condições mais seguras de prisão, ex-presidiários mais adaptados ao mercado e economia do dinheiro do contribuinte (Correctional Association, 2009). Prison University Project (PUP), de San Quentin, é um desses programas. Lecionado por professores universitários que se voluntariam, o PUP oferece 20 cursos por semestre – nas áreas de humanidades, artes, ciências sociais, inglês, matemática e ciências –, levando a um diploma superior equivalente aos cursos de graduação (PUP, 2013). Alunos do programa não pagam mensalidades, usando livros doados pelas editoras. Na foto, um detento de San Quentin fazendo um trabalho escolar.

138 PROBLEMAS SOCIAIS

◀ Mais de 200 mil mulheres estão presas nos Estados Unidos e cerca de um terço cumpre pena por crimes envolvendo drogas. Uma em cada 25 mulheres em prisões estaduais e uma em cada 31 em prisões federais estão grávidas no momento da detenção. Com a exceção de 13 estados, as mulheres podem ficar algemadas durante o trabalho de parto. Na maioria dos casos, os bebês nascidos de mães presas são imediatamente levados embora (The Sentencing Project, 2012). O Prison Nursery Program, de Nebraska, oferece às presas educação sobre cuidados pré-natais, informações sobre cuidados com os filhos e desenvolvimento infantil, treinamento prático para mães de primeira viagem e recursos comunitários após a alta. Depois de dez anos de funcionamento, uma avaliação do programa revelou baixo índice de conduta inapropriada e reincidência se comparada a prisioneiras de quem se exigiu abrissem mão dos filhos (Carlson, 2009). Na imagem, detentas e seus filhos esperam o início de uma aula sobre como cuidar das crianças.

▲ Programas como Puppies Behind Bars, Puppies in Prison, Pen Pals, Project Pooch e Prison Pet Partnership têm sido muito úteis para mudar a vida de presidiários, criadores e abrigos de cães, e os beneficiários de meses do trabalho duro e da disciplina de treinadores presos. Os homens e mulheres do programa Indiana Canine Assistant and Adolescent Network (Icaan) treinam cães de serviço e terapia. Uma avaliação empírica do Icaan documenta o impacto positivo sobre a reabilitação dos criminosos participantes – autoestima mais alta e melhor capacidade de comunicação, além de melhoria marcante em termos de paciência e confiança, levando a melhores relações entre detentos e funcionários da prisão (Turner, 2007). Esse tipo de programa também está disponível para alguns presos militares. Na foto, um fuzileiro naval, sentado no brigue, abraça sua cadela Eve, que está treinando para ser um cão de serviço para ajudar no regresso dos veteranos militares que precisam de auxílio.

◀ Quando Catherine Rohr, investidora de Wall Street, visitou uma prisão no Texas, teve uma epifania – criminosos e pessoas da área de negócios são bem parecidos. Ambos avaliam riscos, baseiam-se em seus instintos para viver, compartilham lucros, rede de contatos e concorrem entre si. Foi então que ela fundou o Prison Entrepreneurship Program (PEP). Hoje, líderes corporativos e voluntários acadêmicos ensinam noções de negócios aos participantes do PEP – traficantes de drogas, líderes de gangues, trapaceiros e bandidos –, equipando-os com as ferramentas para o sucesso. Uma análise do índice de reincidência em três anos indica que menos de 5% dos formados pelo PEP voltaram à prisão. Como os participantes passam menos tempo na cadeia, o programa economiza cerca de US$ 10 milhões aos contribuintes do Texas para cada 200 formados (PEP, 2012). Na figura, alunos do PEP conversam com líderes empresariais locais como parte de sua série de cinco meses de aulas.

Defensores da pena capital também argumentam que ela impede indivíduos de cometer assassinatos. Já os críticos defendem que, como a maioria dos homicídios é circunstancial e não planejada, os agressores não consideram as consequências de seus atos antes de cometer o crime e, ainda, apontam que os Estados Unidos têm um índice de assassinatos mais alto do que a maioria das nações da Europa Ocidental que não praticam a pena capital e que as sentenças de morte são racialmente discriminatórias. Um estudo sobre a pena capital nos Estados Unidos, entre 1973 e 2002, descobriu que "(...) detentos de minorias no corredor da morte condenados por matar brancos têm maior probabilidade de ser executados do que outros infratores capitais" (Jacobs et al., 2007, p. 610). Além disso, existe uma preocupação com a representatividade dos júris e a integridade do processo da sua seleção. Em 2012, um juiz da Carolina do Norte decidiu que a sentença de morte de um preso deveria ser comutada por prisão perpétua depois de descobrir que procuradores "(...) deliberadamente excluíram jurados negros qualificados do serviço de júri (...) e (que) havia evidência de que isso estava acontecendo em tribunais de todo o estado" (Eng, 2012, p. 1). Essa foi a primeira vez que o North Carolina Racial Justice Act, que permitia que os prisioneiros diante de execuções apresentassem evidência de preconceito racial à Corte, foi aplicado. Em 2013, o Racial Justice Act foi revogado pela legislatura da Carolina do Norte (Severson, 2013).

Defensores da pena capital sugerem que executar um assassino condenado alivia os contribuintes dos custos envolvidos em moradia, alimentação, segurança e fornecimento de cuidados médicos para os presos. Já seus opositores argumentam que considerações financeiras não devem determinar os princípios que decidem questões de vida ou morte. Além disso, cuidar de assassinos condenados pelo resto da vida pode, na verdade, custar menos do que sentenciá-los à morte, devido ao longo e oneroso procedimento de recursos para casos de pena capital. A partir de 2011, 17 estados aboliram a pena de morte, incluindo Connecticut, Illinois, Nova York, Michigan e Wisconsin. Note, porém, que nenhum estado sulista até hoje revogou seu estatuto de pena de morte.

Quem é a favor da pena capital argumenta que ela protege a sociedade ao evitar que indivíduos condenados cometam outro crime, incluindo o assassinato de outro preso ou oficiais da prisão. Um estudo sobre o efeito dissuasivo da pena capital concluiu que cada execução está associada a pelo menos oito homicídios não cometidos (Rubin, 2002). Opositores argumentam que a pena capital pode resultar em pessoas inocentes sendo sentenciadas à morte. De acordo com o Innocence Project, houve 311 libertações pós-condenação pelo uso de evidência de DNA desde 1989. As razões mais comuns para condenações erradas são, em ordem, (1) erro de identificação de testemunhas, (2) criminalística errônea, (3) confissões ou admissões falsas, (4) má conduta do governo, (5) informantes (por exemplo, informantes pagos para mentir) e (6) defesa inadequada (Innocence Project, 2013).

Ação legislativa

A ação legislativa é um dos métodos mais poderosos de combate ao crime. Legislações estaduais e federais estabelecem políticas de justiça penal pelas leis que aprovam, fundos que alocam e programas que apoiam.

O que você acha? Em 2013, Kristian Sparks, de 5 anos, acidentalmente atirou e matou sua irmã de 2 anos, Carolina, com uma arma "juvenil" — que lhe fora dada por seus pais —, comercializada nas cores rosa e azul como "Meu Primeiro Rifle", especificamente para crianças (Gabriel, 2013). Embora alguns norte-americanos fiquem horrorizados com a ideia de dar armas a crianças, outros apreciam ensinar seus filhos como usá-las. O médico legista local comentou "Lá em Kentucky, de onde viemos, sabe, armas são passadas de geração a geração (...) Você começa bem jovem, com armas para caça e tudo o mais" (citado em Gabriel, 2013). Em que idade, se é que há uma, e sob quais circunstâncias um pai deveria poder dar uma arma a seu filho?

Controle de armas. Segundo um artigo do Bureau of Justice Statistics, de 2011, armas de fogo eram usadas em 70% dos assassinatos, 26% dos roubos e 31% dos assaltos à mão armada nos Estados Unidos (Planty e Truman, 2013). Homens, afro-americanos e pessoas entre 18 e 24 anos tinham mais probabilidade de se tornar vítimas de violência fatal por armas de fogo. Índices de homicídio por armas de fogo são mais altos no Sul e mais baixos em regiões do Norte dos Estados Unidos. Em geral, os Estados Unidos têm a maior porcentagem de assassinatos cometidos por armas de fogo do mundo (veja a Figura 4.8) e, também, o maior índice de posse de armas civis no mundo, 89 para cada 100 pessoas. Nesse país, de todos os homicídios, 60% são cometidos com arma de fogo (veja a Figura 4.8).

Há aproximadamente 130 mil lojas de armas licenciadas pelo governo federal nos Estados Unidos, quase dez vezes o número de McDonald's. De acordo com o Bureau of Alcohol, Tobacco, Firearms, and Explosives, 5,5 milhões de novas armas de fogo foram fabricadas nos Estados Unidos em 2010.

Uma análise de informações coletadas a partir de entrevistas com 6 mil adultos norte-americanos, entre 2007 e 2012, indica em que nível a posse de armas é previsívelmente associada ao uso de variáveis sociológicas. O melhor indicador de posse de armas é o gênero – 45% dos homens entrevistados possuíam uma arma, em comparação a 15% de mulheres. A posse de armas era maior nos estados do Sul do que nos do Norte e maior entre entrevistados casados do que solteiros. Um retrato social do grupo mais propenso a possuir armas incluía homens republicanos mais velhos e casados do Sul, que frequentam a igreja

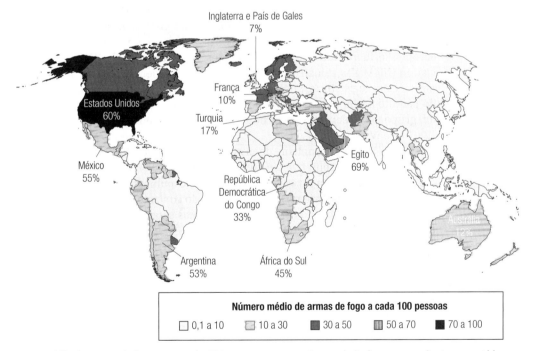

Figura 4.8 Número médio de armas de fogo para cada 100 pessoas e porcentagem de todos os assassinatos cometidos com armas de fogo. Países selecionados*

Fonte: Rogers, 2012.

*Informação sobre a porcentagem de assassinatos por arma de fogo não disponível para todos os países; os anos variam.

regularmente, mas com níveis de escolaridade comparativamente mais baixos. O grupo menos propenso a possuir armas era o de mulheres solteiras que não eram do Sul (Jones, 2013b). Dos entrevistados que possuem armas, 62% têm mais de uma arma e 17% possuem armamento semiautomático (Infographic, 2012).

As pessoas que são contra o controle de armas argumentam que não só os cidadãos têm o direito constitucional de possuí-las, como também que mais armas podem, na verdade, levar a menos crimes, já que potenciais criminosos recuam em legítima defesa quando confrontados (Lott, 2003). Defensores desse controle, no entanto, insistem que os 300 milhões de armas de fogo supostamente em posse de pessoas nos Estados Unidos (Arnold, 2013) contribuíram significativamente para o índice de crimes violentos e diferenciam os Estados Unidos de outras nações industrializadas. Desde o 11 de Setembro, mais de 300 mil morreram pela violência de armas "(...) e ainda nem sequer uma ação foi tomada para resolver a violência por armas na América" (Arnold, 2013, p. 1).

Após uma batalha de sete anos com a National Rifle Association (NRA), defensores do controle de armas conseguiram uma pequena vitória em 1993, quando o Congresso aprovou a Brady Bill. A lei inicialmente exigia um período de espera de cinco dias para compra de pistolas, a fim de que os vendedores pudessem avaliar os compradores quanto a registros criminais ou instabilidade mental. A lei foi alterada em 1998, para incluir uma verificação instantânea dos compradores e sua adequação quanto à posse de arma.

Hoje, a lei exige verificação de antecedentes não só dos usuários de pistolas, mas de quem compra rifles e espingardas. Por exemplo, se uma pessoa quer comprar uma arma, seu nome e outras informações pessoais entram no National Instant Criminal Background Check System pela internet ou por um número de discagem gratuita para verificar se o comprador é ou não qualificável. A mesma informação é então passada para vários bancos de dados gerenciados pelo FBI, como o National Crime Information Center, com pesquisas de antecedentes criminais federais e estaduais para obter informações sobre o requerente (Jones, 2013c).

Impulsionado pelo número crescente de mortes por armas nos Estados Unidos e pelos assassinatos na Sandy Hook Elementary School em Newtown, Connecticut, em 2012 o presidente Obama estabeleceu uma força-tarefa para analisar a violência por armas nos Estados Unidos. Embora defensores do controle de armas argumentem que as recomendações da força-tarefa não foram longe o bastante, indicando apenas o restabelecimento da proibição de armas de fogo, limitando os pentes a 10 e exigindo verificações universais de antecedentes, o Senado norte-americano não aprovou a legislação proposta (Barrett & Cohen, 2013).

O medo de que a legislação pudesse passar levou a uma venda recorde de armas de fogo, e, com isso, lucros recorde para fabricantes de armas (O'Toole, 2013). A National Rifle Association (NRA) e as indústrias de armas que ela representa gastaram mais de US$ 80 milhões nas eleições legislativas e presidenciais desde 2000. Candidatos políticos, como os teóricos do conflito argumentariam, são por isso reticentes quanto a votar contra os interesses de um grupo tão poderoso e que promove o apoio financeiro para suas campanhas de reeleição (Berlow e Witkin, 2013).

O debate sobre o controle de armas é desagregador. Na verdade, quando perguntado a uma amostra representativa de adultos americanos como se sentiam quanto a várias políticas públicas (por exemplo, relações raciais, meio ambiente), a maior diferença entre republicanos e democratas dizia respeito à questão do controle de armas – aproximadamente 60% dos republicanos e apenas 28% dos democratas estavam satisfeitos com as atuais políticas de armas dos Estados Unidos (Jones, 2013c).

Outros crimes e legislações de controle social. Tem havido uma série de iniciativas legislativas fundamentais, incluindo o Violent Crime Control and Law Enforcement Act, de 1994, que criou o policiamento comunitário, e o Adam Walsh Child Protection and Safety Act, de 2006, que, quando promulgado, criou um registro nacional de casos substanciados de abuso e negligência infantil (Fact Sheet, 2012). Uma amostra significativa de legislações relacionadas ao crime atualmente no Congresso inclui os seguintes projetos:

- *Military Crime Victim's Rights Act of 2013*. Se aprovada, essa lei ofereceria direitos às vítimas de crimes sob o Uniform Code of Military Justice, incluindo, mas não exclusivamente, proteção do acusado e notificações de procedimentos públicos.

- *Tax Crimes and Identity Theft Prevention Act.* Este projeto de lei, se aprovado, (1) criaria um programa de prevenção de fraude fiscal por roubo de identidade, (2) imporia penas a qualquer pessoa que fizesse mau uso do número de identificação fiscal de outra e (3) alteraria o Internal Revenue Code a fim de permitir que declarações fiscais fossem compartilhadas com os oficiais que investigam incidentes de roubo de identidade.
- *HumanTrafficking Reporting Act.* Formas graves de tráfico humano. Se a legislação for aprovada, estas seriam adicionadas à lista do FBI de crimes hediondos violentos.
- *Officer Sean Collier Campus Police Recognition Act of 2013.* Com o nome em homenagem ao policial do *campus* do MIT assassinado durante os bombardeios de Boston, essa lei, se aprovada, alteraria o Omnibus Crime Control and Safe Streets Act de 1968 para incluir indenizações por morte de policiais no *campus*.
- *Protecting Victims on Campus Act 2013.* Esse projeto de lei, se aprovado, exigiria que faculdades e universidades cumprissem as normas de denunciar crimes federais, informassem alunos e funcionários para quem deveriam denunciar os crimes e mantivessem um banco de dados confidencial a ser usado em relatórios institucionais (U.S. Congress, 2013–2014).

Esforços internacionais no combate ao crime

Europol é a organização europeia de aplicação de leis que lida com a inteligência criminal. Diferentemente do FBI, oficiais da Europol não têm o poder de prender; eles oferecem principalmente serviços de apoio a órgãos de manutenção da ordem pública de países--membros da União Europeia. Por exemplo, a Europol coordena a divulgação de informações, fornece análise operacional e suporte técnico e gera relatórios estratégicos (Europol, 2011). Em conjunto com órgãos de manutenção da ordem pública dos estados-membros, essa organização luta contra crimes transnacionais, como tráfico de drogas ilícitas, pornografia infantil, tráfico humano, lavagem de dinheiro, imigração ilegal e falsificação do euro.

A **Interpol** – International Criminal Police Organization foi criada em 1923 e é a maior organização policial internacional do mundo, com 190 países-membros (Interpol, 2013). Semelhante à Europol, oferece serviços de apoio a órgãos de manutenção da ordem pública de nações-membros. Ela tem quatro funções essenciais: primeira, a Interpol opera uma rede de comunicações da polícia no mundo todo que funciona 24 horas por dia, 7 dias por semana. Segunda, seu extenso banco de dados e conhecimentos forenses (por exemplo, perfis de DNA, impressões digitais, terroristas suspeitos) garantem que a polícia obtenha a informação de que precisa para investigar crimes ocorridos e prevenir novos crimes. Terceira, oferece serviços de apoio emergenciais e atividades operacionais aos oficiais que trabalham em campo. Por último, a Interpol oferece treinamento e desenvolvimento policial para ajudar estados-membros a combater melhor a cada vez mais complexa e globalizada natureza do crime.

Por fim, o International Centre for the Prevention of Crime (ICPC, 2013) é um consórcio de autoridades políticas, acadêmicos, polícia, oficiais governamentais e instituições não governamentais de todo o mundo (ICPC, 2013). Localizado em Montreal, Canadá, o ICPC é um "(...) fórum e centro de informação internacional único dedicado à troca de ideias e conhecimentos sobre a prevenção do crime e segurança da comunidade" (p. 1). Ao cumprir tal tarefa, o ICPC busca (1) aumentar a conscientização e o acesso ao conhecimento de prevenção do crime; (2) aumentar a segurança da comunidade; (3) facilitar o compartilhamento de informações sobre a prevenção de crimes entre países, cidades e sistemas de justiça; e (4) atender chamadas de assistência técnica.

Entendendo o crime e o controle social

O que podemos concluir das informações apresentadas neste capítulo? A pesquisa sobre o crime e a violência embasa as argumentações tanto dos funcionalistas estruturais como dos teóricos do conflito. A desigualdade social, ao lado da ênfase no bem-estar material e nos lucros corporativos, produz tensões sociais e frustrações individuais. Pobreza, desemprego, decadência urbana e escolas de baixo nível – sintomas da desigualdade social –, por sua vez,

Interpol A maior organização internacional de polícia do mundo.

levam ao desenvolvimento de subculturas criminosas e de condições favoráveis para a transgressão às leis. Além disso, o comportamento criminoso é encorajado pelo enfraquecimento contínuo dos laços sociais entre membros da sociedade e entre indivíduos e sociedade como um todo, pelo rótulo de alguns atos e atores como "desviante" e pelo tratamento diferenciado de grupos minoritários pela justiça penal.

Recentemente, houve um declínio geral do crime, tornando tentador concluir que políticas rigorosas são responsáveis por essa redução. Mas há outras explicações válidas que podem ter contribuído para a queda dos índices: mudança demográfica, política da comunidade, controle de armas mais rígido e redução do uso de crack.

Preocupações com o custo de políticas "pegar e prender", presídios superlotados e altas taxas de reincidência têm feito alguns formuladores de políticas procurar outras saídas. Muitos estados já estão expandindo o uso de iniciativas baseadas na comunidade e desenvolvendo programas de readmissão com base em evidências. Além disso, o *National Criminal Justice Commission Act of 2013*, se aprovado, estabeleceria uma comissão para "(...) empreender uma análise abrangente do sistema de justiça penal, englobando práticas e políticas de justiça penal federais, estaduais locais e tribais atuais, e fazer recomendações de reforma ao presidente, Congresso, Estado e governos tribais e locais" (HR 446, 2013, p. 1).

Em vez de ser rígidos em relação ao crime, alguns defendem a seriedade da prevenção. Programas de prevenção não são só preferíveis para lidar com as consequências que o crime deixa para trás, mas também têm uma boa relação custo-benefício. Por exemplo, o Perry Preschool Project, como já discutido, custou US$ 15.166 por participante, mas gerou economias de US$ 258.888 por participante. Dessa economia, 88% referiam-se a uma redução dos custos relacionados à justiça penal (Schweinhart, 2007).

Por fim, o movimento em favor da **justiça restaurativa**, uma filosofia preocupada primeiro com a reconciliação entre vítima, agressor e comunidade, é uma resposta direta às preocupações de um sistema de justiça penal contraditório, que encoraja os criminosos a negar, justificar ou evitar assumir responsabilidade por suas ações. A justiça restaurativa defende que o sistema de justiça, em vez de depender de "punição, estigma e desgraça" (Siegel, 2006, p. 275), deveria "reparar o mal" (Sherman, 2003, p. 10). Componentes-chave da justiça restaurativa incluem restituição à vítima, remediação do dano para a comunidade e mediação. Essa justiça é cada vez mais usada nas escolas para resolver conflitos e mediar queixas. Por exemplo, algumas escolas em Oakland, Califórnia, adotaram técnicas de justiça restaurativa como "círculos de conversa". Estes são facilitados por professores especialmente treinados, que orientam os estudantes em conversas honestas e sinceras, levando a relações mais fortes entre os estudantes, professores e administradores. Círculos de conversa "encorajam os jovens a criar reparações significativas por seus delitos, enquanto os desafia a desenvolver empatia uns pelos outros (...)" (Brown, 2013, p. 1).

justiça restaurativa Filosofia preocupada primeiro com a reconciliação de conflitos entre vítima, agressor e a comunidade.

REVISÃO DO CAPÍTULO

- **Há alguma semelhança entre o crime nos Estados Unidos e em outros países?**

  Todas as sociedades têm crimes e um processo pelo qual lidam com o crime e os criminosos; isto é, têm polícia, tribunais e instalações correcionais. No mundo todo, em sua maioria os criminosos são jovens rapazes, o crime mais comum é o roubo, enquanto o menos comum é o assassinato.

- **Como podemos medir o crime?**

  Há três fontes primárias de estatísticas de crimes. Em primeiro lugar estão as estatísticas oficiais, por exemplo, os Uniform Crime Reports, do FBI, que são publicados anualmente. Segundo, as pesquisas de vitimização criadas para obter o "lado obscuro" do crime, crimes que as estatísticas oficiais não conseguem pegar. Por fim, estudos de autorrelato têm todos os problemas de qualquer pesquisa. Investigadores devem ser cautelosos quanto a quem procuram e como fazem perguntas.

- **Qual teoria sociológica de comportamento criminoso culpa o cisma entre a cultura e a estrutura da sociedade para o crime?**

  A teoria da tensão foi desenvolvida por Robert Merton (1957) e usa o conceito de Durkheim de *anomia*, ou ausência de normas. Merton argumentou: quando a estrutura da sociedade limita os meios (por exemplo, emprego) de adquirir objetivos culturalmente definidos (por exemplo, dinheiro), a tensão resultante pode levar ao crime. Os indivíduos, então, devem se adaptar à inconsistência entre os meios e os objetivos em uma sociedade que socializa todos a esperar a mesma coisa, mas fornece oportunidades apenas a alguns.

- **O que são crimes indexados?**
Crimes indexados, como definido pelo FBI, incluem duas categorias: crime violento e contra a propriedade. Crimes violentos incluem assassinato, roubo, assalto e estupro; já os contra a propriedade incluem furto, roubo de carros, assalto e incêndio proposital. Crimes contra a propriedade, embora menos graves do que os violentos, são os mais numerosos

- **O que se entende por crime de colarinho-branco?**
O crime de colarinho-branco inclui duas categorias: ocupacional, isto é, crime cometido no decorrer da ocupação de alguém; e corporativo, no qual as corporações violam a lei no interesse de maximizar os lucros. No crime ocupacional, a motivação é o ganho individual.

- **Como a classe social e a raça afetam a probabilidade do comportamento criminoso?**
Estatísticas oficiais indicam que as minorias são de forma desproporcional representadas na população criminosa. Contudo, é impreciso concluir que a raça e o crime estejam propositalmente relacionados. Primeiro, estatísticas oficiais refletem os comportamentos e políticas de atores da justiça penal. Assim, a alta taxa de prisões, convicção e encarceramento das minorias pode ser a consequência de um viés individual e institucional contra minorias. Segundo, raça e classe social estão intimamente ligadas, ao passo que não brancos estão super-representados nas classes mais baixas. Por não terem meios legítimos de adquirir bens materiais, membros da classe mais baixa podem apelar para crimes instrumentais ou economicamente motivados. Assim, a relação aparente entre raça e crime pode, em parte, ser consequência da relação entre essas variáveis e a classe social.

- **Quais são alguns custos econômicos do crime?**
Em primeiro lugar estão as perdas diretas do crime, como a destruição de construções por incêndio proposital, ou do meio ambiente, por poluentes. Em segundo estão os gastos associados com a transferência da propriedade (por exemplo, desvio). O terceiro maior gasto do crime está associado à violência criminal (por exemplo: o custo médico de tratar suas vítimas). Em quarto estão os custos associados com a produção e venda de bens ilegais e serviços. Em quinto, o gasto da prevenção e proteção. Por fim, há os gastos do sistema de justiça penal, aplicação de lei, litigância e atividades judiciais, correções e assistência às vítimas.

- **Qual é o *status* legal atual da pena capital nos Estados Unidos?**
Dos 33 estados que têm pena de morte, a maioria e o governo federal quase exclusivamente usam injeções letais como método de execução. Questões que dizem respeito à constitucionalidade da injeção letal e ao papel dos médicos em execuções estatais levaram a vários processos judiciais.

AVALIE SEUS CONHECIMENTOS

1. Os Estados Unidos têm o mais alto índice de crimes violentos do mundo.
   a. Verdadeiro
   b. Falso
2. O Uniform Crime Reports é uma compilação de informações
   a. do U.S. Census Bureau
   b. de órgãos de manutenção da ordem pública
   c. de pesquisas sobre vítimas da violência
   d. do Department of Justice
3. De acordo com __, o crime resulta da falta de oportunidades legítimas, que são limitadas pela estrutura social da sociedade.
   a. Hirschi
   b. Marx
   c. Merton
   d. Becker
4. Qual dos seguintes não é um crime indexado?
   a. Posse de drogas
   b. Homicídio
   c. Estupro
   d. Roubo
5. Os custos econômicos do crime de colarinho-branco ultrapassam os do tradicional crime de rua.
   a. Verdadeiro
   b. Falso
6. Mulheres do mundo todo cometem menos crimes que os homens.
   a. Verdadeiro
   b. Falso
7. Liberdade condicional implica
   a. liberdade antecipada da prisão
   b. suspensão da sentença
   c. supervisão do tribunal na comunidade, em vez de encarceramento
   d. incapacitação do criminoso
8. Europol é um órgão de aplicação das leis consultivo e de apoio para membros da União Europeia.
   a. Verdadeiro
   b. Falso
9. Injeção letal
   a. viola a Oitava Emenda da Constituição dos Estados Unidos
   b. foi criada para ser indolor
   c. feita por médicos, é aprovada pela American Medical Association
   d. é o método mais comum de execução nos Estados Unidos
10. Os Estados Unidos têm a maior taxa de encarceramento do mundo.
    a. Verdadeiro
    b. Falso

Respostas: 1: B; 2: B; 3: C; 4: A; 5: A; 6: A; 7: C; 8: A; 9: D; 10: A.

TERMOS-CHAVE

- crime 106
- crime cibernético 119
- crime de colarinho-branco 118
- crime organizado 117
- crime transnacional 105
- crimes indexados 113
- crimes sem vítima 116
- criminologia feminista 122
- definição de perfil racial 124
- desvio primário 111
- desvio secundário 111
- dissuasão 133
- estupro cometido por conhecido 114
- estupro cometido por desconhecido 114
- furto 115
- hipótese do ecossistema 135
- incapacitação 134
- índice de criminalidade 107
- Interpol 143
- justiça restaurativa 144
- liberdade condicional 136
- pena capital 137
- *probation* (liberdade vigiada) 136
- reabilitação 134
- reincidência 134
- roubo de identidade 119
- taxas de esclarecimento 107
- transações ilícitas 118
- violência corporativa 119

Problemas familiares

"Devemos reconhecer que há maneiras saudáveis e não saudáveis de ser solteiro ou divorciado, assim como modos saudáveis e não saudáveis de ser casado."

—Stephanie Coontz, historiadora familiar

Contexto global: formas e normas familiares pelo mundo

A mudança de padrões e tendências nas famílias norte-americanas

Um olhar sobre a pesquisa dos problemas sociais: **Como o casamento está mudando nos Estados Unidos**

Teorias sociológicas sobre os problemas familiares

Problemas associados ao divórcio

O lado humano: **Lembranças da infância de adultos que sofreram alienação parental**

Estratégias para ação: fortalecimento do casamento e minimização dos problemas relacionados ao divórcio

Violência e abuso nas relações íntimas e familiares

Você e a sociedade: **Levantamento de comportamentos abusivos**

Animais e a sociedade: **Animais de estimação e a violência doméstica**

Estratégias para ação: prevenir e reagir à violência e ao abuso domésticos

Entendendo os problemas familiares

Revisão do capítulo

EM 2010, YEARDLEY LOVE, jogadora sênior de lacrosse, de 22 anos, da Universidade de Virgínia (UVA), foi espancada até a morte. Seu ex-namorado, George Huguely, também jogador sênior de lacrosse, de 22 anos, da UVA, foi preso e acusado de assassinato. Embora fuzilamentos em massa, como o tiroteio de 2012 na escola primária em Newtown, Connecticut, e atentados à bomba, como o que aconteceu na Maratona de Boston, em 2013, sejam atos de violência que provocam choque, tristeza e medo, a violência que ocorre entre parceiros e membros da família – sempre a portas fechadas – tem pouca atenção pública, com exceção dos casos altamente divulgados, como o de Yeardley Love.

Yeardley Love, estudante sênior de 22 anos da Universidade de Virgínia, foi assassinada no seu apartamento, próximo ao *campus*, em 2010. Seu ex-namorado foi preso pelo assassinato.

família Sistema de parentesco no qual todos os parentes vivem juntos ou são reconhecidos como unidade social, incluindo pessoas adotadas.

monogamia Casamento entre dois parceiros; a única forma de casamento legal nos Estados Unidos.

monogamia serial Sucessão de casamentos nos quais uma pessoa tem mais de um cônjuge ao longo da vida, mas é legalmente casado apenas com uma pessoa por vez.

poligamia Forma de casamento no qual uma pessoa pode ter dois ou mais cônjuges.

poliginia Forma de casamento na qual o marido tem mais de uma esposa.

poliandria O casamento simultâneo de uma mulher com dois ou mais homens.

bigamia Nos Estados Unidos, é um tipo de crime casar-se com uma pessoa enquanto ainda se é legalmente casado com outra.

Contexto global: formas e normas familiares pelo mundo

O U.S. Census Bureau define *família* como um grupo de duas ou mais pessoas ligadas pelo sangue, casamento ou adoção. A sociologia oferece ampla definição: **família** é um sistema de parentesco em que todos os parentes vivem juntos ou se reconhecem como uma unidade social, incluindo as pessoas adotadas. Essa ampla definição reconhece famílias adotivas, não casados do mesmo sexo, casais do mesmo sexo com ou sem filhos e qualquer relacionamento que funcione e se pareça com uma família. Assim como descreveremos na próxima seção, as formas e normas familiares variam ao redor do mundo.

Monogamia e poligamia. Em muitos países, incluindo os Estados Unidos, a única forma legalmente aceita é a **monogamia** – o casamento entre duas pessoas. Uma variação comum desta é a **monogamia serial** – uma sucessão de casamentos em que uma pessoa tem mais de um parceiro ao longo da vida, mas é legalmente casada com uma pessoa de cada vez.

Poligamia – forma de casamento cujas pessoas podem ter dois ou mais parceiros – é praticada em todos os continentes (Zeitzen, 2008). Sua forma mais comum e mais conhecida é a **poliginia**, que envolve um marido com mais de uma esposa. A forma menos comum é a **poliandria** – o casamento simultâneo de uma mulher com dois ou mais homens.

Nos Estados Unidos, o Congresso declarou a poligamia ilegal em 1982; assim, ser casado com mais de uma pessoa é um crime chamado **bigamia**. Como a igreja Mórmon baniu oficialmente a poligamia, esta segue sendo praticada entre os membros da igreja Fundamentalista de Jesus Cristo dos Santos dos Últimos Dias (FLDS, do inglês *Fundamentalist Church of Jesus Christ Latter-Day Saints*) – uma ramificação dos mórmons, com cerca de 10 mil membros, que acredita que para um homem ir para o paraíso precisa ter pelo menos três esposas (Zeitzen, 2008).

A poligamia nos Estados Unidos também ocorre com imigrantes de países onde ela é aceita, como em Mali, Gana e outros países do oeste da África. Estima-se, por exemplo, que milhares de nova-iorquinos estejam envolvidos em casamentos poligâmicos (Bernstein, 2007). Imigrantes praticantes da poligamia em geral mantêm seu estilo de vida em segredo, porque essa prática pode levar à deportação, segundo as leis de imigração dos Estados Unidos.

Uma preocupação que envolve esse tema nos Estados Unidos é forçar meninas menores de idade a participar de casamentos poligâmicos. Em 2008, autoridades estaduais do Texas invadiram uma fazenda da FLDS, em Eldorado, e retiraram mais de 400 crianças, deixando-as temporariamente sob custódia do Estado para protegê-las de supostas condições abusivas. Embora 31 dessas crianças fossem garotas entre 14 e 17 anos que tinham filhos ou estavam grávidas, a Corte de Apelação determinou que o Estado não tinha evidências suficientes de perigo iminente para retirá-las e ordenou o retorno de todas.

Mulheres e crianças da Igreja Fundamentalista de Jesus Cristo dos Santos dos Últimos Dias que foram retiradas de uma região em Eldorado, Texas, onde a poligamia é praticada, depois de denúncias de abuso.

O que você acha? Mórmons fundamentalistas, que praticam a poligamia como extensão de suas crenças religiosas, tentam justificá-la referindo-se à Primeira Emenda Constitucional, que trata de liberdade religiosa. Em 1879, a Suprema Corte em Reynolds v. Estados Unidos determinou que, embora as pessoas sejam livres para acreditar em seus princípios religiosos, essas crenças não são justificativas para agir contra a lei. Você acha que a criminalização da poligamia viola o direito à liberdade religiosa? O governo deveria tolerar a poligamia?

Casamentos arranjados *versus* escolhidos. Em algumas partes do mundo, jovens adultos não podem escolher com quem se casarão; em vez disso, seus pais ou outra parte envolvida determinam seus casamentos. Nos casamentos arranjados, os casais não esperam criar laços ou se apaixonar antes do casamento, mas sim desenvolver uma ligação sentimental depois. Em muitos casamentos arranjados, a noiva e o noivo não se conhecem até poucas semanas antes da data da cerimônia, e algumas vezes não se conhecem até o dia do casamento. Allendorf (2013) relatou que, em 2005, menos de 5% das mulheres casadas entre 25 e 49 anos na Índia tiveram papel principal na escolha do marido, e outras 22% conheceram seus maridos pouco mais de um mês antes do casamento. Os pais arranjam os casamentos de acordo com a classe social, a religião, a política, o grau de nobreza e/ou a ocupação.

Em décadas recentes, jovens adultos que vivem em lugares do mundo que tradicionalmente praticam o casamento arranjado cada vez mais participam da seleção de seus próprios parceiros. Fatores associados à transição para as normas do casamento moderno incluem o aumento da educação, da urbanização e a exposição às normas e valores ocidentais (Allendorf, 2013).

Divisão de poder na família. Em muitas sociedades, a dominação masculina na maior parte da sociedade reflete-se na dominação dos maridos sobre suas esposas na família (veja também o Capítulo 10, "A desigualdade de gênero"). Em muitas sociedades, por exemplo, os homens tomam decisões sobre a assistência médica de suas mulheres, sobre quando elas podem visitar os parentes e/ou sobre as compras domésticas (Population Reference Bureau, 2011). Na África Subsaariana, a dominação masculina está relacionada ao amplo abuso contra as mulheres. De acordo com o ministro da Nigéria para assuntos da mulher, "É normal para as mulheres ser tratadas por seus maridos de maneira punitiva (...). Os nigerianos pensam que a mulher é inferior" (citado por LaFraniere, 2005, p. A1). Em algumas sociedades, muitas mulheres e homens acreditam que é aceitável para um homem bater em sua esposa se ela discute com ele e/ou se recusa a fazer sexo com ele (Population Reference Bureau, 2011).

Nos países ocidentais desenvolvidos, embora a desigualdade persista (veja o Capítulo 10), o casamento tende a ser mais igualitário, o que significa que mulheres e homens vivem como parceiros iguais, que partilham decisões, tarefas de casa e cuidados com os filhos. Em um estudo, perto de um terço (31%) dos casais norte-americanos relataram a tomada de decisão conjunta para a maioria das decisões; 43% afirmaram que as mulheres tomam decisões em mais áreas do que os homens; e 26% relataram que os homens tomam mais decisões na família (Pew Research Center, 2008). Como os casais estão mais igualitários, compartilham mais as tarefas de casa e as responsabilidades com os cuidados das crianças, com os papéis de mães e pais convergindo: as mães estão contribuindo mais com a renda para a família, e os pais cuidando mais da casa e dos filhos. Considere que entre os pais com filhos menores de 18 anos residentes no domicílio, o número médio de horas gastas pelas mães no mercado de trabalho aumentou de 8 por semana, em 1965, para 21 horas/semana em 2011. No mesmo período, o número de horas que os pais passam cuidando da casa e dos filhos cresceu de 6,5 horas em 1965 para 17 em 2011 (Parker e Wang, 2013).

Normas sociais relacionadas à gravidez. Nas sociedades menos desenvolvidas, nas quais as expectativas sociais de que as mulheres tenham filhos são fortes, as mulheres têm, em média, entre quatro e cinco filhos na vida e começam a tê-los muito jovens, com pelo menos metade delas entre 20 e 24 anos, casando-se antes dos 18 anos nos países menos desenvolvidos (Unicef, 2012).

Nas sociedades desenvolvidas, as mulheres podem encarar a questão de ter filhos como opcional – ou seja, escolha pessoal. Entre os jovens adultos norte-americanos, de 18 a 29 anos, embora 74% digam que desejam ter filhos, uma minoria significativa não tem certeza se quer experimentar a paternidade (19%) ou afirma que não quer ter filhos (7%) (Wang e Taylor, 2011).

Normas sobre gravidez fora do casamento também variam pelo mundo. Em muitos países pobres, a gravidez fora do casamento é rara, porque as garotas normalmente se casam cedo (antes dos 18 anos). Na Índia, é muito raro que uma mulher hindu tenha um filho fora do casamento; estar grávida e solteira traz grande vergonha para a mulher e sua família (Laungani, 2005).

Nos Estados Unidos, 4 em cada 10 nascimentos em 2012 foram de mulheres não casadas (Hamilton et al., 2013). Ainda assim, em comparação com alguns países, os Estados Unidos têm uma baixa proporção de nascimentos fora do casamento. Dois terços dos nascimentos na Islândia e mais da metade na França, Eslovênia, México, Estônia, Noruega e Suécia acontecem fora do casamento. No outro extremo, menos de 10% dos nascimentos na Coreia, no Japão e na Grécia acontecem entre pais não casados ou que não vivem uma união legalmente reconhecida (OCDE, 2012).

Casais do mesmo sexo. Normas, políticas e atitudes envolvendo relações íntimas entre pessoas do mesmo sexo também variam ao redor do mundo. Em alguns países, a homossexualidade é punida com prisão ou mesmo a morte. Desde novembro de 2013, 16 países garantiram aos casais homossexuais o direito legal de se casar. E duas jurisdições dentro do México permitem o casamento entre duas pessoas do mesmo sexo. Enquanto esse texto era escrito, o casamento entre pessoas do mesmo sexo era legal em 16 estados norte-americanos e no distrito de Colúmbia, e, em 2013, a Suprema Corte derrubou parte do Federal Defense of Marriage Act, exigindo que o governo federal reconheça o casamento entre pessoas do mesmo sexo nos estados onde este é legalizado. Diversos países, e alguns estados norte-americanos, garantem os direitos legais e proteção entre casais do mesmo sexo mais limitados do que o casamento. Veja o Capítulo 11, "Orientação sexual e luta por igualdade", para obter informações detalhadas sobre casais e famílias do mesmo sexo.

Observando as famílias de uma perspectiva global, é possível notar que elas são moldadas segundo o contexto social e cultural em que existem. Ao discutirmos problemas familiares relacionados ao divórcio, à violência e ao abuso, estamos nos referindo às forças sociais e culturais que moldam esses eventos e às atitudes em relação a eles. A seguir, vamos observar as mudanças de padrões e tendências nas famílias norte-americanas.

A mudança de padrões e tendências nas famílias norte-americanas

Formas e normas familiares variam não apenas entre as sociedades, mas também mudam ao longo do tempo. Algumas das mudanças significativas nas famílias norte-americanas e na organização doméstica que ocorreram ao longo das últimas décadas e anos foram:

- *Crescimento do número de solteiros e aumento da idade do primeiro casamento.* Mulheres e homens norte-americanos ficam solteiros por mais tempo, casando-se – se assim realmente quiserem – em idade mais avançada. Entre 1980 e 2012, a idade média do primeiro casamento das mulheres norte-americanas era entre 22 anos até a alta histórica de 26,6 anos; para os homens, variava de 24,7 a 29 (Arroyo et al., 2013). Hoje, 17,5% dos adultos norte-americanos entre 40 e 44 anos nunca se casaram – os números mais altos de toda a história norte-americana (U.S. Census Bureau, 2012). Um dos benefícios do casamento tardio é que ele melhora a condição financeira da mulher; mulheres que se casam depois dos 30 ganham mais por ano do que as que se casam depois dos 20 (Hymowitz et al., 2013). Além disso, a taxa de divórcio está caindo lentamente, em parte porque os norte-americanos estão se casando mais tarde (quando o casamento acontece durante a adolescência ou um pouco depois dos 20 anos, está associado a maior risco de divórcio do que se realizado mais tarde).

Brad Pitt demonstrou solidariedade a gays e lésbicas quando disse que ele e Angelina Jolie "considerariam se casar legalmente apenas quando todos (...) que quiserem se casar realmente possam fazê-lo".

- *Crescimento das uniões estáveis entre casais heterossexuais e homossexuais.* Hoje, não é incomum os casais viverem juntos sem estar legalmente casados. Entre 2000 e 2010, o número de casais de sexo oposto não casados cresceu de 4,9 milhões para 6,8 milhões, e o de casais do mesmo sexo que não são casados praticamente dobrou de 358 mil para 646 mil (Lofquist et al., 2012). A porcentagem de pessoas que vivem com seus parceiros antes do casamento mais do que dobrou entre 1980 e 2000, subindo de 16% para 41% (Amato et al., 2007). Atualmente, mais de 60% dos casamentos norte-americanos são precedidos pelo casal morando junto (National Marriage Project e Institute for American Values, 2012).

 O que você acha? Adultos com pais divorciados têm mais chance de morar junto antes de casar do que aqueles cujos pais continuaram casados (Amato et al., 2007). Por que você acha que isto acontece?

Os casais vivem juntos para avaliar seu relacionamento, reduzir ou partilhar despesas ou evitar perder pensões ou pensões alimentícias de cônjuges anteriores. Para alguns, incluindo muitos casais do mesmo sexo que vivem em estados onde não podem se casar legalmente, morar junto é uma alternativa ao casamento. Alguns casais heterossexuais não se casam em solidariedade aos gays e lésbicas que não podem casar legalmente nos seus estados. Quando Brad Pitt anunciou seu noivado com Angelina Jolie em 2012, disse que ele e Angelina Jolie "considerariam se casar legalmente apenas quando todos (...) que quiserem se casar realmente possam fazê-lo" (extraído de Davis, 2009, p. 58).

O aumento da união estável entre adultos indica que as crianças podem estar cada vez mais vivendo em famílias monoparentais, mas não têm o reconhecimento social ou legal que os casais casados têm. Mais da metade dos casais heterossexuais não casados tem filhos biológicos, e cerca de 40% dos casais norte-americanos do mesmo sexo estão criando filhos não naturais (U.S. Census Bureau, 2012). Quando os pais das crianças mantêm o estado civil solteiro, é negado a elas o direito aos benefícios da Segurança Social, seguro-saúde ou autorização para um tratamento médico de emergência, entre outras proteções. Alguns estados, cidades, países

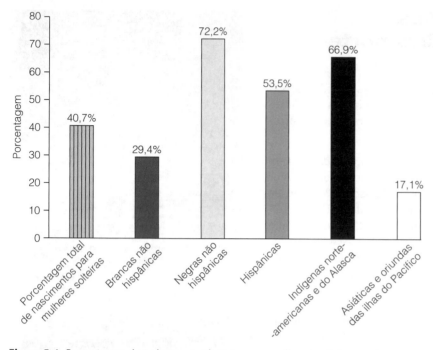

Figura 5.1 Porcentagem de todos os nascimentos para mulheres solteiras norte-americanas por raça e origem hispânica, 2012

Fonte: Hamilton et al., 2013.

e empregadores permitem que parceiros não casados (parceiros do mesmo sexo e/ou do sexo oposto) se candidatem a uma designação de **parceria doméstica**, o que lhes concede alguns direitos legais, como benefícios de seguro-saúde e direitos de herança, que têm sido tradicionalmente reservados a casais casados.

- *Uma nova forma de família: vivendo em casas separadas.* Alguns casais vivem separados em diferentes cidades ou estados em razão do trabalho. Conhecidos como "casamentos a distância", em geral esses casais prefeririam viver juntos, mas seus trabalhos exigem que se separem. Entretanto, outros (casados ou não) vivem separados em residências diferentes por uma questão de escolha. Pesquisadores da família identificaram esse arranjo como uma forma familiar emergente conhecida como **relações em casas separadas**. Os casais podem escolher essa forma familiar por inúmeras razões, incluindo o desejo de manter a independência, não se sentir pronto para morar junto, retomada de um relacionamento de coabitação depois de um rompimento, um parceiro ter um trabalho ou estudar longe do outro, ou a prioridade de outras responsabilidades, como as crianças. Esse novo fenômeno social tem sido observado em diversos países da Europa Ocidental e nos Estados Unidos (Lara, 2005; Levin, 2004). Em um estudo britânico, cerca de 1 em 10 adultos vive uma relação em casas separadas (Duncan et al., 2013.)

 O que você acha? Quais você acha que são as vantagens de viver uma relação em casas separadas? E as desvantagens? Você consideraria viver em casas separadas com alguém?

- *Crescimento dos partos de mulheres não casadas.* A porcentagem de nascimentos entre mulheres não casadas tem crescido em níveis históricos nos últimos anos; cerca de 4 em cada 10 nascimentos são de mulheres não casadas (Hamilton et al., 2013). O crescimento dos índices de nascimentos fora do casamento aconteceu com negros, indígenas norte-americanos e do Alasca e hispânicos (veja a Figura 5.1).

Ter um filho fora do casamento está se tornando socialmente mais aceitável, com mais da metade (54%) dos adultos norte-americanos dizendo que ter um bebê fora do casamento é "moralmente aceitável". No entanto, uma minoria significativa (42%) vê a criação de um filho fora do casamento como algo "moralmente errado" (Newport, 2012).

De acordo com o pesquisador familiar Stephanie Coontz (1997), precisamos ser cuidadosos para não dramatizar demais o aumento dos nascimentos fora do casamento, porque "muita ilegitimidade foi encoberta no passado" (p. 29). Além disso, nem todas as mães não casadas são mães solteiras; muitas não casadas vivem com seus parceiros quando as crianças nascem. Apesar disso, se compararmos as crianças que vivem em famílias com os dois pais com as que têm apenas um, este segundo grupo tem mais chance de desenvolver problemas físicos e mentais, com alto uso de drogas e início mais precoce de comportamento sexual (Carr e Springer, 2010).

parceria doméstica *Status* que alguns estados, condados, cidades e locais de trabalho nos Estados Unidos garantem a casais não casados, incluindo gays e lésbicas, que implica vários direitos e deveres.

relações em casas separadas Forma emergente de família na qual casais – casados ou não – vivem em casas separadas.

- *Aumento do divórcio e das famílias reconstruídas.* A **taxa de divórcio refinada** – o número de divórcios por 1.000 mulheres casadas – é quase o dobro hoje do que era nos anos 1960, mas vem declinando lentamente desde o seu pico nos anos 1980. Os casais que se casam hoje têm uma probabilidade de 40% a 50% de se divorciar (The National Marriage Project e Institute for American Values, 2012). A maioria dos indivíduos divorciados se casa novamente, criando famílias, chamadas recompostas. Mais de 4 em cada 10 adultos norte-americanos têm pelo menos um padrasto ou madrasta na família – ou um meio-irmão ou um enteado (veja a Figura 5.2) (Parker, 2011). Sete em dez adultos que têm pelo menos um parente adotivo dizem estar muito satisfeitos com a nova família. Os que não têm familiares adotivos relatam níveis levemente mais elevados de satisfação familiar (78% estão muito satisfeitos) (Parker. 2011).

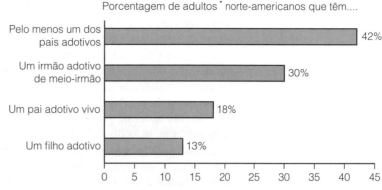

Figura 5.2 Porcentagem de adultos norte-americanos com pais adotivos

Fonte: Parker, 2011. De "A Portrait of Step Families" (um retrato das famílias adotivas), 13 de janeiro de 2011, Social and Demographic Trends (Tendências Sociais e Demográficas), um projeto da Pew Research Center. Reimpresso com autorização.

Padrastos e madrastas, assim como enteados, não têm os mesmos direitos e responsabilidades legais de crianças biológicas/adotadas e pais biológicos/adotivos. Os enteados não têm direito automático à herança dos seus padrastos e madrastas, e os tribunais têm sido relutantes em dar a estes últimos acesso legal aos enteados no divórcio. Em geral, as leis norte-americanas não reconhecem os papéis, direitos e obrigações dos padrastos e madrastas em relação aos enteados. No caso de divórcio, padrastos e madrastas têm poucos ou nenhum direito sobre os enteados (Sweeney, 2010).

- *Crescimento das mães no mercado de trabalho.* A participação na força de trabalho (já empregada ou procurando emprego) das mulheres casadas com filhos menores de 18 anos foi de 47% em 1975 para 68% em 2012 (Bureau of Labor Statistics, 2013a, 2013b). Na maioria das famílias de casais casados com crianças menores de 18 anos, os dois pais estão empregados (59% em 2012) (Bureau of Labor Statistics, 2013b). Ainda assim, a educação e os cuidados médicos nos Estados Unidos tendem a ser organizados na expectativa de que pelo menos um dos pais esteja em tempo integral em casa, disponível para o transporte, para levar a criança a consultas médicas, pegá-la na escola nos dias de saída antecipada e estar em casa quando ela está doente (Coontz, 1992). Os problemas em equilibrar vida, trabalho e família serão discutidos no Capítulo 7.

- *Aumento dos agregados familiares de três gerações.* Em 2011, 8% das crianças norte-americanas viviam em famílias formadas por três gerações – crescendo dos 6% de 2001 (Pilkauskas, 2012). Em um estudo, 9% das mães casadas, 17% das que só moravam juntas e 45% das solteiras viviam em famílias de três gerações no momento em que as crianças nasceram; 60% das mães solteiras e seus filhos viveram em uma família de três gerações pelo menos uma vez em um período de nove anos (Pilkauskas, 2012). As razões para a formação de famílias de três gerações incluem necessidades econômicas, valores culturais e necessidades geracionais, como assistência dos avós nos afazeres diários, ou, mais comumente, pais precisando de assistência para o cuidado com a criança.

Famílias norte-americanas de três gerações em geral têm vida curta. No entanto, "dada a frequência com que ocorrem e a probabilidade de sua reincidência, essas famílias desempenham papel importante na vida das crianças, mães e avós". (Pilkauskas, 2012, p. 941)

Atitudes públicas sobre mudança na vida das famílias

Uma pesquisa nacional descobriu que os adultos norte-americanos estão muito divididos em seus julgamentos sobre as mudanças nas famílias norte-americanas nas últimas décadas.

taxa de divórcio refinada 0 número de divórcios por 1.000 mulheres casadas.

Uma pesquisa nacional do Pew Research Center escolheu uma amostra de 2.691 adultos para considerar se os sete tópicos a seguir eram bons, ruins ou se não tinham nenhuma consequência para a sociedade: (1) mais casais não casados com filhos crianças; (2) mais casais de gays e lésbicas com filhos; (3) mais mães solteiras tendo filhos sem um homem para ajudá-las a criá-los; (4) mais pessoas vivendo juntas sem casar; (5) mais mães de crianças pequenas trabalhando fora de casa; (6) mais pessoas de raças diferentes casando entre si; e (7) mais mulheres não tendo filhos (Morin, 2011).

Os resultados da pesquisa demonstram que cerca de um terço (31%) aceita as mudanças, com a maioria dizendo que as mudanças na estrutura familiar não fazem diferença na sociedade ou são boas. Um número próximo (32%) rejeitou as mudanças na família, alegando que cinco dos sete tópicos eram ruins para a sociedade. Os únicos tópicos geralmente aceitos foram o casamento inter-racial e menos mulheres tendo filhos. Finalmente, cerca de um terço (37%) é cético em relação às mudanças na família norte-americana e no geral são tolerantes com os tópicos, mas expressam preocupações sobre seu impacto na sociedade. O tópico que gerou mais preocupação foi o de mulheres solteiras criando filhos.

Declínio ou resiliência do casamento?

As recentes transformações nas famílias norte-americanas significam um colapso do casamento e da família nos Estados Unidos? A diversificação das formas familiares indica que o casamento e a família estão se desintegrando, caindo aos pedaços, ou mesmo desaparecendo? Ou será que a família simplesmente está passando por transformações em resposta às mudanças nas condições socioeconômicas, papéis de gênero e valores culturais? As respostas para essas perguntas dependem se adotamos a perspectiva do declínio conjugal ou da resiliência conjugal.

Considerando que antes o principal propósito do casamento era ter e criar filhos, hoje homens e mulheres buscam o casamento para proporcionar intimidade adulta e companheirismo.

De acordo com a **perspectiva do declínio conjugal**, (1) a felicidade pessoal se tornou mais importante do que o compromisso conjugal e as obrigações familiares e (2) o declínio do casamento para a vida toda e o aumento das famílias monoparentais contribuíram para uma variedade de problemas sociais, como pobreza, delinquência, abuso de drogas, violência e a corrosão da vizinhança e da comunidade (Amato, 2004). De acordo com a **perspectiva da resiliência conjugal**, "pobreza, desemprego, escolas mal financiadas, discriminação e falta de serviços básicos (como seguro-saúde e creches) representam ameaças mais sérias ao bem-estar das crianças e dos adultos do que o declínio das famílias biparentais" (Amato, 2004, p. 960). De acordo com essa perspectiva, muitos casamentos tinham problemas no passado, mas, como o divórcio não era socialmente aceito, permaneceram intactos. Em vez de ser um sinal de declínio do casamento, o divórcio permite que adultos e crianças escapem de ambientes domésticos disfuncionais.

Embora a alta taxa de dissoluções do casamento sugira um enfraquecimento da união matrimonial, o divórcio também pode ser visto como resultado de atribuir alto valor ao casamento, e, assim, um casamento menos do que satisfatório é inaceitável. A consequência é que quem se divorcia pode ser visto não como incapaz de compromisso, mas sim como alguém que não se contenta com um casamento ruim. De fato, as expectativas de mulheres e homens jovens em relação ao casamento mudaram. Considerando que antes o principal propósito do casamento era ter e criar filhos, hoje, homens e mulheres buscam o casamento para proporcionar intimidade adulta e companheirismo (Coontz, 2000).

A alta taxa de nascimentos fora do casamento e a existência de pais solteiros também não indicam necessariamente um declínio dos valores do casamento. Em entrevistas com uma amostra de mulheres solteiras e de baixa renda com filhos, a maioria disse que gostaria de estar casada, mas não havia encontrado o "homem certo" (Edin, 2000). No estudo de Edin, as mães solteiras e de baixa renda relutaram em se casar com o pai dos seus filhos porque estes tinham baixa condição econômica, noções tradicionais de dominação masculina em casa, padrão de deslealdade e até comportamento violento. Dado o baixo nível de confiança que essas mães têm nos homens e uma vez que entendem que os maridos querem mais controle do que estão dispostas a dar, elas acreditam que o casamento pode ser difícil

perspectiva do declínio conjugal Visão pessimista do atual estágio dos casamentos, que inclui a crença de que (1) a felicidade pessoal se tornou mais importante do que o compromisso conjugal e as obrigações familiares e (2) o declínio do casamento para a vida toda e o aumento das famílias monoparentais contribuíram para uma variedade de problemas sociais.

perspectiva da resiliência conjugal Visão do estágio atual do casamento que inclui as crenças de que (1) pobreza, desemprego, escolas mal financiadas, discriminação e falta de serviços básicos (como seguro-saúde e creches) representam ameaças mais sérias ao bem-estar das crianças e dos adultos do que o declínio das famílias biparentais e (2) o divórcio oferece uma segunda chance de felicidade a adultos e uma fuga dos ambientes disfuncionais.

Um olhar sobre a pesquisa dos problemas sociais — Como o casamento está mudando nos Estados Unidos

Em *Vivendo junto: como o casamento está mudando na América*, Paul Amato et al. (2007) examinaram uma pesquisa para analisar como a qualidade do casamento mudou entre os anos 1980 e 2000. Uma das questões-chave que os autores tentaram responder foi: o casamento se tornou menos satisfatório e estável? Ou hoje em dia se tornou mais forte e satisfatório para os casais do que no passado?

Amostra e métodos

Os dados desse estudo vieram de duas amostras aleatórias nacionais de adultos casados com 55 anos e mais novos. A taxa de respostas para ambas as amostras de 1980 e 2000 foi mais de 60%. Os dados foram coletados por meio de entrevistas telefônicas destinadas a medir cinco aspectos da qualidade do casamento: (1) felicidade conjugal; (2) interação conjugal; (3) conflito conjugal; (4) problemas matrimoniais; e (5) propensão ao divórcio. Para avaliar se a qualidade conjugal mudou entre 1980 e 2000, os pesquisadores compararam as respostas de 1980 com as de 2000. Eles também observaram as diferenças de gênero para saber se a qualidade conjugal é diferente para mulheres e homens.

Descobertas selecionadas e discussões

As análises dos dados dos anos 1980 e 2000 sugerem que o casamento se tornou mais forte e mais satisfatório em alguns aspectos e mais fraco e menos satisfatório em outros. Nos aspectos selecionados a seguir, note que duas dimensões da qualidade conjugal melhoraram (conflito e problemas), uma deteriorou (interação) e duas não mudaram (felicidade e propensão ao divórcio).

1. **Felicidade conjugal:** a porcentagem de cônjuges que classificou seus casamentos como melhores do que a média foi quase equivalente em 1980 (74%) e 2000 (68%).
2. **Interação conjugal:** todas as cinco medidas da interação conjugal mostraram um declínio entre 1980 e 2000. Em comparação com os cônjuges de 1980, os de 2000 estão menos propensos a relatar que seu marido ou esposa quase sempre os acompanham quando visitam os amigos, fazem compras, comem a principal refeição do dia, saem para o lazer e trabalham na casa.
3. **Conflito conjugal:** entre os cinco itens que mediam o conflito conjugal, três declinaram significativamente entre 1980 e 2000: relatos de desavenças com o cônjuge "frequentemente" e "muito frequentemente"; relatos de violência ocorrida no casamento; e relatos de violência conjugal nos três anos anteriores. Nenhuma mudança foi observada na porcentagem de cônjuges que relataram discussões sobre a divisão do trabalho doméstico ou no número de brigas graves nos meses anteriores.
4. **Problemas conjugais:** comparado com 1980, em 2000 os cônjuges tinham menos probabilidade de relatar problemas conjugais nas seguintes quatro áreas: ficar irritado com facilidade, sentir-se ofendido facilmente, sentir ciúmes e sentir-se dominado. Houve pouca mudança na porcentagem de cônjuges que reportou ter tido problemas com a polícia, álcool ou drogas, ou mesmo sexo extraconjugal, como problemas em seu casamento.
5. **Propensão ao divórcio:** o nível médio dessa propensão manteve-se estável entre 1980 e 2000. No entanto, a porcentagem de cônjuges que relatou baixo ou alto grau de propensão ao divórcio aumentou entre 1980 e 2000, enquanto a que relatou propensão moderada diminuiu.
6. **Diferenças de gênero:** as respostas aos itens que mediram interação conjugal, problemas conjugais e propensão ao divórcio foram similares entre os homens e as mulheres. Dois que mediram a felicidade conjugal revelaram uma diferença de gênero: entre 1980 e 2000, as esposas (mas não os maridos) relataram mais felicidade do que seus cônjuges. As esposas também relataram mais felicidade com o trabalho de seus maridos na casa, ao passo que os maridos relataram menos felicidade com o trabalho das mulheres na casa. Em relação ao conflito conjugal, maridos e esposas relataram declínio na violência.

Em suma, essa pesquisa sugere que entre os anos 1980 e 2000 "os casamentos ficaram mais pacíficos, com menos desavenças, menos agressão e menos fontes interpessoais de tensão entre os cônjuges" (Amato et al., 2007, p. 68). Embora vários níveis de satisfação conjugal não pareçam ter mudado nesse período, o resultado da propensão ao divórcio foi misto, com um aumento na proporção dos casamentos estáveis e não estáveis. A constatação que mais interessou os pesquisadores foi de que, entre 1980 e 2000, a vida dos maridos e esposas se tornou mais distante, ou seja, os cônjuges partilham menos atividades. Citando pesquisas anteriores, descobriu-se que os cônjuges que passam menos tempo juntos são menos felizes no casamento e mais propensos ao divórcio. Amato et al. sugerem que "é possível que o declínio gradual da interação conjugal entre 1980 e 2000 tenha corroído a futura felicidade conjugal, aumentando os níveis subsequentes de instabilidade conjugal" (p. 69).

---

economicamente, conflituoso e durar pouco. "Curiosamente, as mães dizem rejeitar uniões conjugais economicamente arriscadas em respeito à instituição do casamento, e não por uma rejeição do casamento em si" (Edin, 2000, p. 130).

O bem-estar de uma família é medido pelo grau em que cada uma se conforma com um casamento idealizado, com pai e mãe dona de casa segundo o modelo da década de 1950? Ou pela função e não pela forma? Como sugerido pelos pesquisadores familiar Mason et al. (2003), "a pergunta fundamental a fazer para as famílias norte-americanas (...) não é quanto elas se conformam com uma imagem particular de família, e sim como desempenham sua função – que tipo de amor, cuidado e sustento elas proveem?" (p. 2).

Também é importante ter uma perspectiva que leve em conta a realidade histórica das famílias. A historiadora familiar Stephanie Coontz (2004) explica:

> (...) Muitas coisas que parecem novas na vida em família são, na verdade, muito tradicionais. Dois provedores na família, por exemplo, foi a norma durante a maior parte da história. Famílias recompostas eram numerosas ao longo da história e hoje continuam sendo. Houve momentos e lugares em que morar junto, gravidez e sexo fora do casamento eram mais comuns do que hoje. (p. 974)

Em resumo, está claro que a instituição do casamento e da família enfrentou mudanças significativas nas últimas gerações. O que não está claro é se essas mudanças foram para melhor ou pior. Como a seção *Um olhar sobre a pesquisa dos problemas sociais* discute, as mudanças no casamento e na família podem ser encaradas não como totalmente boas nem como totalmente ruins, mas, sim, como algo mais complexo. Coontz (2005) observou: "casamento se tornou mais alegre, mais amoroso e mais satisfatório para muitos casais hoje do que em toda a história. Ao mesmo tempo, tornou-se também mais opcional e quebradiço" (p. 306).

Teorias sociológicas sobre os problemas familiares

As três teorias sociológicas principais – estrutural-funcionalista, teoria do conflito e interacionismo simbólico – ajudam a explicar diferentes aspectos da instituição familiar e os problemas familiares de hoje.

Perspectiva estrutural-funcionalista

Essa perspectiva enxerga a família como uma instituição social que desempenha importantes funções na sociedade, incluindo produção e socialização de novos membros, regulação da atividade sexual e da procriação e prestação de cuidados físicos e emocionais aos seus membros. Defende que o alto índice de divórcio e o número crescente de famílias monoparentais constituem um "colapso" na instituição familiar. Esse suposto colapso é considerado um problema social primário, que se conecta a problemas sociais secundários, como crime, pobreza e abuso de drogas.

De acordo com essa perspectiva, os papéis de gênero tradicionais contribuem para o funcionamento familiar: as mulheres representam o papel "expressivo" na administração das tarefas e na prestação de cuidados emocionais e de carinho para os membros da família, e os homens, o papel "instrumental" de obter renda e tomar as principais decisões familiares. Segundo essa visão, as famílias foram arruinadas e enfraquecidas pelas mudanças nos papéis de gênero, particularmente a participação das mulheres na força de trabalho – uma afirmação que tem sido criticada e refutada, mas ainda sustenta alguns "valores familiares" de pesquisadores que defendem o retorno aos papéis de gênero tradicionais na família.

O estrutural-funcionalismo também observa como as mudanças em outras instituições sociais afetam as famílias. Por exemplo, pesquisas descobriram que mudanças econômicas – especificamente a queda dos salários entre os homens não qualificados e semiqualificados – contribuíram tanto para o abuso íntimo contra o parceiro quanto para o crescimento das famílias monoparentais chefiadas por mulheres (Edin, 2000).

Perspectivas do conflito e feministas

A teoria do conflito concentra-se em como o capitalismo, a classe social e o poder influenciam o casamento e as famílias. Já a feminista está interessada em como as desigualdades de gênero influenciam e são influenciadas pelo casamento e pela família. Feministas criticam a dominação masculina tradicional na família – um sistema conhecido como **patriarcado** –, que se reflete na tradição de as esposas adotarem o último sobrenome do marido e de o filho assumir o nome do pai. O patriarcado implica que esposas e filhos sejam propriedades dos maridos e pais.

patriarcado Sistema familiar dominado pelo homem que se reflete na tradição de as esposas usarem o último sobrenome do marido e de o filho assumir o nome do pai.

A superposição entre a teoria do conflito e as perspectivas feministas é evidente ao observar como a industrialização e o capitalismo têm contribuído para a desigualdade de gênero. Com o início da produção fabril, advinda da industrialização, os trabalhadores – principalmente homens – deixaram a casa para ganhar dinheiro, enquanto as mulheres ficaram em casa para cuidar das crianças e fazer o trabalho doméstico. Esse arranjo resultou na formação das famílias com base no que Friedrich Engels chamou de "escravidão doméstica da esposa" (extraído de Carrington, 2002, p. 32). A sociedade moderna, de acordo com Engels, repousa sobre a escravidão com base no gênero, com as mulheres fazendo as tarefas domésticas sem receber dinheiro ou *status* por isso, enquanto os homens saem de casa para ganhar dinheiro. Os tempos certamente mudaram desde que Engels fez essas observações, com a maior parte das esposas hoje saindo de casa para ganhar dinheiro. No entanto, as esposas com trabalho integral ainda fazem a maior parte do trabalho doméstico e não remunerado e são mais propensas do que os homens a comprometer sua realização profissional para assumir o cuidado infantil e outras responsabilidades domésticas. A distribuição desigual e contínua da riqueza, que favorece os homens, contribui para as desigualdades no poder e promove a dependência econômica das mulheres em relação aos maridos. Quando as esposas ganham mais dinheiro do que os maridos, o índice de divórcio é alto – as mulheres podem se dar ao luxo de sair das relações abusivas e desiguais (Jalovaara, 2003).

Os fatores econômicos também influenciam as normas a respeito da monogamia. Nas sociedades em que as mulheres e os homens têm a expectativa de ser monogâmicos no casamento, há um padrão duplo que garante aos homens mais tolerância ao não ser monogâmicos. Engels explicou que a monogamia surgiu a partir da concentração de riqueza nas mãos de um só indivíduo – um homem – e pela necessidade que ele tinha de transferir essa riqueza aos próprios filhos, o que exigiria uma esposa monogâmica. O "principal objetivo do casamento monogâmico é tornar o homem o ser supremo da família e fazê-lo propagar sua riqueza entre filhos indiscutivelmente seus" (extraído de Carrington, 2002, p. 32).

As perspectivas feminista e do conflito sobre a violência doméstica sugerem que uma distribuição desigual de poder entre mulheres e homens e a visão histórica da mulher como propriedade masculina contribuem para a agressão física contra a esposa. Quando as esposas violam ou contestam a autoridade masculina, os homens reagem "disciplinando-as" ou usando a raiva e a violência para reafirmar sua posição de poder na família (veja a Figura 5.3).

Embora as relações de gênero nas famílias e na sociedade sejam mais igualitárias do que no passado, a dominação masculina persiste, ainda que de maneira menos óbvia. Lloyd e Emery (2000) notaram que "uma das principais formas de o poder se disfarçar no namoro e no casamento é por meio do 'mito da igualdade entre os sexos' (...) O discurso frequente do 'casamento entre iguais' serve para encobrir a presença da dominação masculina nas relações íntimas (...) e permite aos casais criarem uma ilusão de igualdade que mascara as desigualdades em seus relacionamentos" (p. 25-26).

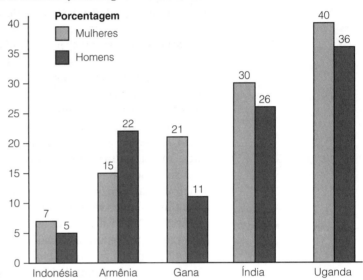

Figura 5.3a Porcentagem de mulheres e homens que concordam que bater na esposa é aceitável se a esposa discutir com o marido

Fonte: Population Reference Bureau 2011.

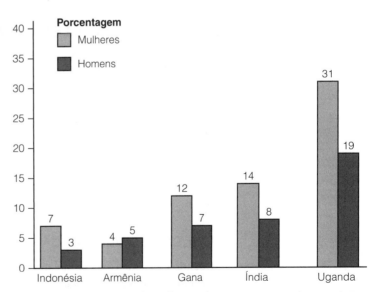

Figura 5.3b Porcentagem de mulheres e homens que concordam que bater na mulher é aceitável se ela se recusar a fazer sexo com o marido

Fonte: Population Reference Bureau, 2011.

Os teóricos do conflito ressaltam que os segmentos poderosos e ricos da sociedade moldam grande parte dos programas e políticas sociais que afetam a família. Os interesses das corporações e empresas estão, muitas vezes, em conflito com as necessidades das famílias. Tanto é assim, que lutaram tenazmente contra a aprovação do Family and Medical Leave Act, de 1993, que dava aos empregados de tempo integral que trabalhassem há pelo menos 12 meses em empresas com pelo menos 50 funcionários o direito a 12 semanas de folga não remunerada por licença-paternidade, doença ou morte de membro da família e atendimento a idosos.

O governo, influenciado pelos interesses corporativos por meio dos *lobbys* e das contribuições financeiras, decreta políticas e leis que servem mais aos interesses das empresas com fins lucrativos do que aos das famílias.

Perspectiva interacionista simbólica

Essa perspectiva enfatiza que a interação entre os membros da família, incluindo pais e avós, irmãos e cônjuges, tem um efeito poderoso sobre nossa autoestima. Por exemplo, ter autoestima negativa pode ser fruto do abuso verbal na família, da mesma maneira que autoestima positiva pode se desenvolver nas famílias em que as interações são de apoio e amorosas. A importância da interação social no desenvolvimento da autoestima das crianças é uma razão convincente para a sociedade aceitar, em vez de estigmatizar, as formas familiares não tradicionais. Imagine o efeito causado nas crianças chamadas "ilegítimas" ou que são provocadas por terem duas mães ou dois pais.

A perspectiva simbólica interacionista é útil para entender a dinâmica da violência e do abuso doméstico. Por exemplo, alguns agressores e suas vítimas aprendem a encarar a violência íntima contra o parceiro como uma expressão de amor (Lloyd, 2000). Com frequência, o abuso emocional envolve o uso de rótulos negativos (por exemplo, *estúpido*, *vadia*) para definir um parceiro ou membro da família. Esses rótulos afetam negativamente a autoestima das vítimas, muitas vezes convencendo-as de que merecem a agressão.

Essa perspectiva acredita que o significado dos rótulos afeta o comportamento, o que pode causar problemas relacionados ao divórcio. Por exemplo, quando é permitido ao pai sem custódia (normalmente o pai biológico) o direito de "visitação", ele se sente um visitante na vida dos filhos. O significado ligado ao *status* de *visitante* pode ser um obstáculo ao envolvimento paterno, porque minimiza a importância do papel desse pai (Pasley e Minton, 2001). Advogados dos direitos dos pais sugerem a substituição do termo *visitação* por outro que *indique mais participação na partilha do tempo*, a fim de que não minimize tanto o papel do pai.

Problemas associados ao divórcio

O divórcio é considerado problemático por conta dos efeitos negativos provocados nas crianças, além das dificuldades que gera para os adultos. No entanto, em algumas sociedades, barreiras legais e sociais ao divórcio são consideradas problemáticas, porque limitam as opções dos cônjuges nos casamentos infelizes e abusivos. A Irlanda não permitia o divórcio sob nenhuma circunstância até 1995, e o Chile até 2004.

Mesmo quando o divórcio é uma opção legal, as barreiras sociais com frequência impedem os cônjuges de se divorciar. As mulheres hindus, por exemplo, enfrentam uma grande dificuldade para deixar um casamento, mesmo quando o marido é agressivo, porque o divórcio está ligado à perda de *status*, possível perda da custódia dos filhos, da casa, pobreza e o rótulo de mulher "fracassada" (Laungani, 2005, p. 88).

Causas sociais do divórcio

Quando pensamos em por que um casal resolve se divorciar, tipicamente vêm à mente diversos fatores individuais e ligados às relações que podem ter contribuído para o rompimento do casamento: incompatibilidade de valores e objetivos; falta de comunicação; falta de habilidade para resolver conflitos; incompatibilidade sexual; relacionamento extraconjugal; abuso de drogas; abuso físico, emocional ou negligência; tédio; ciúmes; dificuldade em lidar com mudanças ou estresse relacionado à paternidade, emprego, finanças, pais do companheiro e doença. Entretanto, entender o alto índice de divórcio na sociedade norte-americana exige a consciência de que os fatores sociais e culturais a seguir também contribuem para o rompimento do casamento:

1. *Mudança na função do casamento.* Antes da Revolução Industrial, o casamento funcionava como uma unidade econômica de produção e consumo, amplamente organizada em torno da produção, socialização e educação dos filhos. Entretanto, a instituição do casamento mudou nas últimas gerações:

   > O casamento passou de uma instituição formal que resolvia as necessidades das pessoas em geral para uma relação de companheirismo que atende às necessidades dos casais e de seus filhos, estabelecendo um pacto privado que satisfaz às necessidades psicológicas e individuais de cada cônjuge. (Amato et al., 2007, p. 70)

   Quando os cônjuges não sentem que suas necessidades psicológicas – apoio emocional, intimidade, afeto, amor ou crescimento pessoal – estão sendo atendidas no casamento, podem considerar o divórcio, com a esperança de encontrar um novo parceiro para supri-las.

2. *Aumento da autonomia econômica da mulher.* Antes de 1940, a maior parte das esposas não trabalhava fora de casa e dependia do dinheiro de seus maridos. Hoje, a maioria está no mercado de trabalho. Uma esposa infeliz com o casamento tem mais chance de deixá-lo, já que tem como se manter economicamente (Jalovaara, 2003). Um marido infeliz também tem mais chances de deixar um casamento se sua esposa é autossuficiente e pode contribuir financeiramente para a criação dos filhos.

3. *Crescimento da demanda de trabalho e do estresse econômico.* Outro fator que pode influenciar no divórcio é a demanda crescente de trabalho e o estresse de equilibrar trabalho e família. Alguns trabalhadores ficam fora por horas, fazendo muitas horas extras ou mesmo tendo um segundo trabalho, enquanto outros lidam com o desemprego. Como será discutido nos Capítulos 6 e 7, muitas famílias lutam para ganhar o suficiente para o pagamento das despesas da casa, o plano de saúde e os custos com os filhos. Casais com renda anual inferior a US$ 25 mil têm 30% mais chance de se divorciar do que aqueles com renda anual superior a US$ 50 mil (veja a Tabela 5.1).

As esposas tendem a ser menos felizes no casamento do que os maridos quando percebem a divisão injusta do trabalho.

TABELA 5.1 Fatores que diminuem o risco de separação ou divórcio para a mulher nos primeiros dez anos de casamento

Fator	Percentual de diminuição do risco de divórcio ou separação
Renda anual superior a US$ 50 mil (*versus* renda inferior a US$ 25 mil)	– 30
Ter um filho 7 meses ou mais depois do casamento (*versus* ter um filho antes do casamento)	– 24
Casar depois dos 25 anos (*versus* casar antes dos 18 anos)	– 24
Ter a família original intacta (*versus* ter pais divorciados)	– 14
Ter uma filiação religiosa (*versus* não ter)	– 14
Ter feito faculdade (*versus* ter abandonado o ensino médio)	– 25

Fonte: National Marriage Project and the Institute for American Values, 2012.

4. *Desigualdade na divisão matrimonial do trabalho.* Muitos pais trabalhadores, particularmente as mães, chegam em casa do trabalho para o **segundo turno** – o trabalho que envolve o cuidado com os filhos e as tarefas domésticas (Hochschild, 1989). As mulheres percebem com mais facilidade do que os maridos as divisões injustas nas tarefas (Nock, 1995). Essa percepção de injustiça pode levar à tensão conjugal e ao ressentimento, que se reflete no seguinte trecho:

> Meu marido é de grande ajuda para olhar nosso bebê. Mas não no que se refere a fazer as tarefas de casa ou mesmo cuidar do bebê quando estou em casa. Ele imagina que, como trabalha cinco dias por semana, não vai chegar em casa para fazer limpeza. Mas não se dá conta de que eu trabalho sete dias por semana. Por que tenho de chegar em casa e fazer todas as tarefas domésticas sem a ajuda de ninguém? Meu marido e eu já discutimos isso várias e várias vezes. Mesmo que ele só arrumasse a mesa e organizasse a louça para mim já faria uma grande diferença. Ele não faz nada... Só ajuda quando não estou aqui, mas no minuto que estou, todo o trabalho de casa é meu. (extraído de Hochschild, 1997, p. 37-38)

As mulheres querem igualdade com seus parceiros no casamento, não apenas em relação ao dinheiro, mas também no compartilhamento do trabalho e das tarefas domésticas, na criação dos filhos, na comunicação conjugal e na tomada de decisões familiares. Frustradas pela falta de participação dos homens no trabalho doméstico, as mulheres que desejam relações igualitárias podem ver o divórcio como um mal menor (Hackstaff, 2003).

5. *Leis que liberalizam o divórcio.* Antes de 1970, a lei exigia que o casal que quisesse se divorciar provasse que um dos cônjuges havia cometido um dos atos definidos pelo Estado como motivo para levar ao divórcio: adultério, crueldade ou abandono. Em 1969, a Califórnia se tornou o primeiro estado a autorizar o **divórcio amigável**, permitindo-o com base na alegação de "diferenças inconciliáveis" no casamento. Hoje, os 50 estados reconhecem alguma forma de divórcio amigável. Essas leis têm contribuído para o aumento da taxa de divórcio por torná-lo mais fácil de obter.

6. *Aumento do individualismo.* A sociedade norte-americana é caracterizada pelo **individualismo** – tendência de focar os interesses individuais e a felicidade pessoal, em vez de pensar no que é melhor para a família e a comunidade. "O compromisso matrimonial só dura enquanto as pessoas estão felizes e sentem que suas próprias necessidades estão sendo atendidas" (Amato, 2004, p. 960). A crença na certeza da felicidade, mesmo que isso signifique o divórcio, reflete-se nas atitudes sociais em relação ao divórcio: dois terços (67%) dos adultos norte-americanos acreditam que o divórcio é moralmente aceito (Newport, 2012).

7. *Laços sociais frágeis.* Casais com laços sociais fortes têm uma rede de família e amigos que oferece ajuda nos momentos difíceis e que expressam desaprovação quando veem comportamentos que ameaçam a estabilidade do casamento. Casais que vivem na mesma comunidade por longo tempo têm a oportunidade de desenvolver e manter fortes laços sociais. Mas muitos norte-americanos mudam para diversos lugares durante a vida adulta, mais do que as pessoas de outros países, o que ajudaria a explicar por que a taxa de divórcio nos Estados Unidos é mais alta do que nos demais países. Cherlin (2009) explica: "mudar de uma comunidade para outra afeta o casamento por conta do rompimento dos laços sociais. A migração pode separar as pessoas dos amigos e parentes que poderiam ajudar o casal nas crises familiares" (p. 148-149).

8. *Aumento da expectativa de vida.* Por fim, hoje, mais casamentos terminam em divórcio em parte porque as pessoas vivem mais do que as gerações anteriores, e o "até que a morte nos separe" envolve um compromisso mais longo do que antigamente. De fato,

---

> As mulheres querem igualdade com seus parceiros no casamento, não apenas em relação ao dinheiro, mas também na partilha do trabalho e das tarefas domésticas, na criação dos filhos, na comunicação conjugal e na tomada de decisões familiares.

segundo turno Trabalho doméstico e cuidado com os filhos que pais que trabalham (em geral, mulheres) fazem quando voltam para casa depois do expediente.

divórcio amigável Divórcio que é obtido com base na alegação de que há diferenças inconciliáveis em um casamento (ao contrário daquele em que um cônjuge é responsável legalmente pela separação conjugal).

individualismo Tendência a focar os próprios interesses e a felicidade pessoal, em vez de os interesses da família ou da comunidade.

alguém pode argumentar que "o casamento antes era tão instável quanto hoje, mas era interrompido pela morte, e não pelo divórcio" (Emery, 1999, p. 7).

Consequências do divórcio

Quando os pais têm um conflito amargo e não resolvido e/ou se um deles é agressivo com um filho ou outro parente, o divórcio pode oferecer uma solução aos problemas familiares. No entanto, o divórcio também apresenta efeitos negativos para os ex-cônjuges e seus filhos, além de contribuir para problemas que afetam a sociedade como um todo.

Consequências para a saúde física e mental. Uma série de estudos mostra que indivíduos divorciados têm mais problemas de saúde e alto risco de morte do que os casados; os divorciados também apresentam baixos níveis de bem-estar psicológico, incluindo mais infelicidade, depressão, ansiedade e baixa autoestima (Amato, 2003; Kamp Dush, 2013). Tanto indivíduos divorciados quanto solteiros são, em média, mais angustiados do que os casados, porque têm poucas ligações sociais, baixo apoio emocional e mais dificuldade econômica (Walker, 2001). Algumas pesquisas indicam que o divórcio conduz a alto índice de sintomas depressivos nas mulheres, mas não nos homens (Kalmijn e Monden, 2006), especialmente quando há crianças novas na família (Williams e Dunne-Bryant, 2006). Essa descoberta deve estar relacionada ao aumento das tensões financeiras e parentais vivenciadas pelas mães divorciadas que ficam com a custódia de filhos pequenos.

> ...Alguns homens e mulheres vivenciam um declínio no bem-estar depois do divórcio; outros experimentam melhora.

No entanto, alguns estudos descobriram que os divorciados apresentam maiores níveis de autonomia e crescimento pessoal do que os casados (Amato, 2003). Por exemplo, muitas mães divorciadas relatam melhoria na carreira, na vida social e na felicidade após o divórcio, enquanto outras, mais autoconfiança; e alguns homens relatam mais habilidades interpessoais e aumento da autoaceitação. Para as pessoas em um casamento de baixa qualidade, o divórcio tende a ser menos negativo ou até ter um efeito positivo para o bem-estar (Amato, 2003; Kalmijn e Monden, 2006). Entretanto, deixar um casamento ruim nem sempre produz melhora no bem-estar porque "o divórcio é um gatilho que pode atrair ainda mais problemas depois de estabelecido" (Kalmijn e Monden, 2006, p. 1210). Em resumo, alguns homens e mulheres vivenciam um declínio no bem-estar depois do divórcio; outros experimentam melhora.

Consequências econômicas. Após o divórcio, a tendência é haver uma queda dramática na renda das mulheres e ligeira no rendimento dos homens (Gadalla, 2009). Em comparação com os casados, os divorciados têm um padrão mais baixo de vida, menos dinheiro e vivenciam mais dificuldades econômicas, embora essa diferença seja consideravelmente maior para as mulheres do que para os homens (Amato, 2003). O custo econômico do divórcio tende a ser maior para as mulheres e crianças, porque elas ganham menos do que os homens (veja o Capítulo 10), e porque as mães passam mais tempo fazendo as tarefas domésticas e cuidando das crianças do que os pais. O tempo que as mulheres investem nesse trabalho não remunerado restringe suas oportunidades educacionais e de carreira, assim como sua renda. Os homens têm menos propensão a ficar economicamente desfavorecidos após o divórcio porque continuam a lucrar com os investimentos prévios na educação e na carreira.

Depois do divórcio, os pais são responsáveis por garantir recursos econômicos para os filhos. Entretanto, alguns pais já não residentes na mesma casa deixam de garantir esse apoio. Em alguns casos, essa falha ao pagar o auxílio ao filho não acontece porque os pais sejam "caloteiros" e sim porque podem estar "falidos". Pais desempregados ou com empregos de baixa remuneração podem ser incapazes de prover os recursos necessários para os filhos.

Efeitos nas crianças e nos jovens adultos. O divórcio dos pais é um evento estressante para as crianças e com frequência vem acompanhado de uma variedade de estressores, como a continuidade do conflito entre os pais, a queda do padrão de vida, mudança de casa e algumas vezes de escola, afastamento de quem não ficou com a custódia (normalmente o pai) e segundo casamento do pai ou da mãe. Esses estressores podem fazer a criança afetada pelo divórcio ter mais risco de desenvolver uma série de problemas emocionais e comportamentais. Avaliações das pesquisas sobre as consequências do divórcio nas crianças mostraram que crianças com pais divorciados têm médias escolares mais baixas, dificuldade de ajustamento psicológico, baixa autoestima, competência social e saúde em longo prazo; e também apresentam maiores níveis de comportamento agressivo e depressão (Amato, 2003; Wallerstein, 2003).

Muitos dos efeitos negativos do divórcio nas crianças estão relacionados às dificuldades econômicas associadas à separação. As dificuldades econômicas estão associadas ao menor suporte do parceiro, inconsistência e disciplina severa e angústia emocional das crianças (Demo et al., 2000). Apesar dos efeitos adversos do divórcio nas crianças, pesquisas indicam que "a maioria das crianças de famílias divorciadas é resiliente, o que significa que não sofrem problemas psicológicos sérios" (Emery et al., 2005, p. 24). Outros pesquisadores concluíram que "a maioria dos filhos de pais divorciados tende a ser adultos bem ajustados", apesar da dor que sentem associada ao divórcio (Amato e Cheadle, 2005, p. 191).

O divórcio também pode ter consequências positivas para crianças e jovens adultos. Nos casamentos muito conflituosos, ele pode melhorar o bem-estar emocional das crianças, fazendo que deixem de viver em um ambiente conflituoso (Jekielek, 1998). Em entrevistas com 173 crianças cujos pais se divorciaram nos anos anteriores, Ahrons (2004) descobriu que a maioria dos jovens adultos relatou resultados positivos para os pais e para si mesmos. Embora muitos jovens adultos com pais divorciados tenham medo de ter um casamento infeliz (Dennison e Koerner, 2008), esse medo também pode fazê-los pensar com cuidado sobre suas escolhas em relação ao casamento.

Efeitos na relação pai-filhos. As crianças que vivem com as mães podem ter uma relação prejudicada com o pai já não residente, especialmente se ele se desliga da vida delas. Algumas pesquisas descobriram que jovens adultos cujos pais se divorciaram têm menos chance de relatar uma relação próxima com o pai, comparado com as crianças cujos pais vivem juntos (DeCuzzi et al., 2004). No entanto, em outro estudo com 173 adultos filhos de pais divorciados, mais da metade das relações com os pais melhorou depois do divórcio (Ahrons, 2004). As crianças podem se beneficiar por passar um tempo de mais qualidade com os pais depois do divórcio. Alguns pais relatam que se tornaram mais ativos nesse papel depois do divórcio.

Um estudo descobriu que, quanto mais velha é a criança quando os pais se separam, maior é a quantidade de tempo que passam com seus pais (Swiss e Bourdais, 2009). Esse estudo também descobriu que os pais que ganham em torno de US$ 50 mil por ano costumam ver mais os filhos do que os que ganham menos de US$ 30 mil por ano.

As mulheres que têm a guarda dos filhos servem como "porteiros" do relacionamento dos filhos com os pais (Trinder, 2008). Nessa posição, as mães que têm a custódia podem manter o portão aberto e encorajar o contato entre eles, ou fazer de tudo para manter o portão fechado, evitando o contato da criança com o pai. Alguns pais divorciados sem a custódia rompem o contato com os filhos como estratégia para controlar a dor emocional (Pasley e Minton, 2001). Muitos pais divorciados ficam arrasados, sentindo-se fracassados, culpados, em raiva e tristeza devido à separação de seus filhos (Knox, 1998). Hewlett e West (1998) explicam que "visitar os filhos só serve para lembrar esses homens da sua perda dolorosa, e eles lidam com esse sentimento retirando-se completamente" (p. 69). Em geral, pais divorciados enfrentam o favorecimento das mães pelo sistema judicial nas questões relacionadas aos filhos. Um pai divorciado comentou:

> Acredito que o sistema (juízes, advogados etc.) tem (*sic*) pouca ou nenhuma consideração pelo pai. Em algum momento, o sistema criou um ambiente em que o pai perde qualquer desejo natural de ver seus filhos, porque se torna muito difícil tanto financeira quanto emocionalmente. A partir desse momento ele se convence de que a melhor coisa a fazer é esperar até que eles fiquem mais velhos. (extraído de Pasley e Minton, 2001, p. 242)

Alienação parental (AP). Esta ocorre quando o pai ou a mãe faz esforços intencionais de voltar a criança contra o outro e essencialmente destrói qualquer relação positiva que

alienação parental Esforços intencionais de um dos pais em voltar a criança contra o outro e essencialmente destruir qualquer relação positiva que a criança tenha com ele.

uma criança possa ter com ele (veja a seção *O lado humano*). Bernet e Baker (2013), dois especialistas em alienação parental, definem-na como "uma condição mental em que uma criança, geralmente cujos pais estão envolvidos em um grande conflito de separação ou divórcio, se alia fortemente com um dos pais (o preferido) e rejeita a relação com o outro (o alienado) sem uma justificativa legítima" (p. 99). Quando um dos pais influencia seu filho no sentido de odiar ou temer o outro, o pai ou a mãe alienados e o filho podem se considerar vítimas de alienação parental. Os pais podem alienar o filho do ex-cônjuge a partir de vários comportamentos (veja a Tabela 5.2) (Baker e Chambers, 2011).

Alienação parental é um conceito controverso. Os críticos argumentam que as pesquisas são insuficientes para documentar sua existência, mas Bernet e Baker (2013) refutam essa crítica, apresentando inúmeros exemplos de pesquisas que documentam a AP nos Estados Unidos e em outros países. Ainda assim, alguns advogados, juízes, terapeutas e estudiosos da família contestam sua validade, alegando que a AP não existe realmente. Baker (2006) explica:

> Talvez os céticos mantenham a crença de que um dos pais tenha feito *algo* para justificar a rejeição do filho e/ou a animosidade do outro pai. Esta é a dupla vitimização [da alienação parental]: a vergonha e a frustração de ser mal interpretado, além da tristeza e da raiva associadas a não ter poder para evitar essa alienação, principalmente. (p. 192)

Outros críticos temem que pais abusivos possam usar o conceito de "alienação parental" para alegar que as crianças não querem visitá-los (devido a um passado de maus-tratos) por serem vítimas dela. Entretanto, é improvável que um juiz ignore evidências de abuso e conceda acesso não supervisionado desses pais a seus filhos.

Como vimos, os efeitos do divórcio nos adultos e crianças são muitos e variados. Na análise de uma pesquisa sobre as consequências do divórcio para crianças e adultos, Amato (2003) concluiu que "o divórcio beneficia alguns indivíduos, leva outros a vivenciar uma queda temporária no bem-estar, que melhora com o tempo, e força outros a entrar em um ciclo descendente do qual nunca se recuperam totalmente" (p. 206).

O lado humano — Lembranças da infância de adultos que sofreram alienação parental

Amy Baker (2007) conduziu entrevistas com 40 indivíduos que acreditavam que um dos pais os colocou contra o outro. Este *O lado humano* apresenta excertos dessas entrevistas, proporcionando um vislumbre da experiência de alienação parental.

Larrisa (falando sobre a mãe): *Ela sempre fazia que meu irmão e eu sentíssemos que nosso pai era o culpado de tudo. Todos os dias havia uma tentativa, nos casos que contava, de me voltar contra meu pai; eram tantos incidentes que o envolviam, que é simplesmente impossível listar todos (...) Cresci detestando-o, um ódio visceral. Não conseguia ficar no mesmo ambiente que ele, falar com ele ou deixar que falasse.* (p. 30-31)

Bonnie: *Meu pai usou várias táticas para tentar falar comigo, mas minha mãe frustrou seus planos. Acho que posso dizer isto. Naquela época, eu mais ou menos já sabia o que ela estava fazendo... Parecia que ele estava tentando entrar em contato comigo, mas ela o impedia. Por exemplo, quando eu estava na escola secundária, no 6º ano acho, meu pai foi até a escola para almoçar comigo, mas ela havia avisado a escola que se ele aparecesse era para chamar a polícia imediatamente, e me lembro que foi uma grande comoção. Eles apareceram, me tiraram da sala, me colocaram na sala do diretor e trancaram a porta. Descobri depois que meu pai foi escoltado para fora pela polícia.* (p. 126)

Maria: *Basicamente, eu era uma peça de xadrez entre os dois, era muito difícil... Comecei a perceber os sinais da minha mãe de que qualquer demonstração de afeto ou amor pelo meu pai seria um problema para mim. Se eu demonstrasse qualquer atitude positiva em relação a ele, ela dizia: "Como você pode fazer isso comigo?... Você está me traindo". Quando eu o visitava e voltava, minha mãe sempre dizia: "Como você pode fazer isso comigo? Você está me traindo. Você está me batendo na cara todas as vezes que vai visitar esse homem. Como você pode fazer isso comigo?"* (p. 139)... *Meu pai e eu éramos muito próximos, e, então, depois de um tempo e de todas essas coisas com a minha mãe, comecei a ficar com raiva dele, sentindo-me responsável por ela, porque ela era tão "Oh, pobre de mim. Estou tão machucada e tão magoada." (...) E mesmo que tivesse desejado ter qualquer relação com ele, não poderia ter agido, por causa da minha mãe.* (p. 141)

TABELA 5.2 Comportamentos de alienação parental

Limitar o contato da criança com o outro cônjuge
Interferir na comunicação entre a criança e o outro cônjuge
Destruir presentes ou lembranças do outro cônjuge
Não mostrar nenhum interesse positivo pelas atividades do filho com o outro cônjuge
Expressar desaprovação ou desgosto quando o filho passa um tempo com o outro cônjuge
Limitar a menção e as fotografias do outro cônjuge
Restringir o amor ou expressões de raiva quando a criança indica sentimentos positivos em relação ao outro cônjuge
Dizer para o filho que o outro cônjuge não o ama
Forçar a criança a escolher entre um e outro
Criar a impressão de que o outro cônjuge é perigoso (quando não é)
Forçar a criança a rejeitar o outro cônjuge
Pedir para a criança espionar o outro cônjuge
Pedir para a criança esconder alguns segredos do outro cônjuge
Referir-se ao outro cônjuge pelo seu primeiro nome
Referir-se ao padrasto ou madrasta como "Mãe" e "Pai" e encorajar o filho a fazê-lo
Ocultar informação médica, social ou acadêmica do outro cônjuge e manter seu nome fora dos registros
Mudar o nome do filho para acabar com a associação com o outro cônjuge
Vilipendiar o outro cônjuge, sua família e qualquer novo parceiro/cônjuge dele

© Cengage Learning

Estratégias para ação: fortalecimento do casamento e minimização dos problemas relacionados ao divórcio

Duas estratégias gerais para lidar com os problemas do divórcio são as que o previnem, por meio do fortalecimento do casamento, e as que fortalecem a família pós-divórcio.

Estratégias para fortalecer o casamento e prevenir o divórcio

O crescimento do "movimento pelo casamento" envolve esforços para fortalecer a união e prevenir o divórcio usando várias estratégias, incluindo educação pré-conjugal e conjugal, aliança no casamento e reforma da Lei do Divórcio, e prestação de apoio econômico e no ambiente de trabalho. Amato et al. (2007) explicam:

> As políticas para fortalecer a qualidade e a estabilidade do casamento baseiam-se nas evidências consistentes de que os casamentos felizes e estáveis promovem a saúde, o bem-estar psicológico e a segurança financeira dos adultos (...) assim como das crianças (...) Além disso, pesquisas recentes sugerem que um grande número de casamentos que terminam em divórcio não estava com problemas profundos, e muitos desses casamentos poderiam ter sido salvos se os cônjuges tivessem assistência para os problemas da relação (...) e mantivessem o rumo nos momentos difíceis. (p. 245-246)

Educação conjugal. Esta, também conhecida como educação para a vida em família, inclui vários tipos de *workshops* e aulas que: (1) ensinam habilidades de relacionamento, comunicação e solução de problemas; (2) defendem a ideia de que a manutenção dos casamentos saudáveis exige esforço; e (3) mostram a importância de ter expectativas realistas no casamento, compromisso e disposição em fazer sacrifícios pessoais (Hawkins et al., 2004). Uma alternativa ou complemento para a educação para a vida em família presencial é a educação pela internet, como o site Forever Families, de educação familiar baseada na fé (Steimle e Duncan, 2004).

A Iniciativa para o Casamento Saudável oferece fundos federais para pesquisa e programas para encorajar casamentos saudáveis e promover a paternidade envolvida e responsável. Esses recursos podem ser usados em diversas atividades, incluindo educação conjugal e pré-conjugal, campanhas publicitárias que promovam o casamento saudável, programas para o ensino médio sobre o valor do casamento, de tutoria em casamento e de habilidades conjugais. Alguns estados já aprovaram ou consideraram a lei que exige a educação conjugal nas escolas de ensino médio ou que prevê incentivos (tais como redução no valor para a licença de casamento) para casais que completem o programa de educação conjugal.

Contrato de casamento e reforma na Lei do Divórcio. Em 1996, a Louisiana se tornou o primeiro estado a oferecer dois tipos de contratos matrimoniais: (1) o padrão, que permitia o divórcio amigável (depois de seis meses de separação) ou (2) o **contrato de casamento**, que só permite o divórcio diante de problemas (por exemplo, abuso, adultério ou convicção de delito) depois de dois anos de separação. Os casais que escolhessem o contrato de casamento também deveriam arranjar um conselho pré-nupcial. Variações do contrato de casamento também foram adotadas no Arizona e no Arkansas.

A opção de contrato de casamento foi criada para fortalecer os casamentos e reduzir os divórcios. Pesquisas descobriram que os contratos de casamento têm menos probabilidade de acabar em divórcio, mas a satisfação matrimonial tem apenas um pequeno aumento, e apenas para os maridos, devido à necessidade de aconselhamento pré-nupcial (DeMaris et al., 2012). Os críticos argumentam que esse contrato pode aumentar os problemas familiares, tornando mais difícil o término de um casamento problemático e prolongando a exposição das crianças ao conflito entre os pais (Applewhite, 2003). Mas um estudo descobriu que "não há evidências de que os casais sob esse contrato fiquem mais presos a casamentos infelizes do que os sob o contrato-padrão por terem feito um casamento mais vinculativo" (DeMaris et al., 2012, p. 1000).

O que você acha? Diversos estados têm considerado reformar as leis do divórcio para torná-lo mais difícil de ser obtido, seja estendendo o período de espera para poder ser requerido, seja somente permitindo-o em caso de problemas (por exemplo, adultério ou abuso). Você acha que dificultar a obtenção do divórcio ajuda a manter as famílias unidas? Ou isso afetaria as famílias pelo aumento do conflito entre os cônjuges divorciados (o que prejudicaria as crianças e os adultos envolvidos) e seus custos legais (menos dinheiro para dar assistência aos filhos)?

Ambiente de trabalho e apoio econômico. As medidas pró-casamento e de prevenção ao divórcio mais importantes podem ser aquelas que investem em empregos e salários. Dados de uma pesquisa mostraram uma ligação entre dificuldades financeiras e qualidade matrimonial; por isso, políticas para fortalecer o casamento devem incluir um foco no bem-estar econômico de casais pobres e quase pobres e suas famílias (Amato et al., 2007). "Quem faz as políticas deveria reconhecer que qualquer iniciativa que melhore a segurança financeira e o bem-estar dos casais casados é uma política pró-casamento" (Amato et al., 2007, p. 256). Apoios como treinamento no trabalho, assistência ao empregado, políticas flexíveis no ambiente de trabalho que diminuam o conflito trabalho-família, acesso aos cuidados com as crianças e apoio econômico, tais como crédito fiscal dos rendimentos auferidos, a ser discutido nos Capítulos 6 e 7. Além disso, os legisladores das políticas devem estar atentos às políticas que penalizam os pobres por se casarem. Com frequência, casais pobres que se casam são penalizados pela perda dos benefícios do seguro-saúde, vale-alimentação e outras assistências.

contrato de casamento Tipo de casamento (oferecido em alguns estados) que exige aconselhamento pré-nupcial e só permite o divórcio sob a condição de problemas ou depois da separação de corpos por mais de dois anos.

> As medidas pró-casamento e de prevenção ao divórcio mais importantes podem ser aquelas que investem em empregos e salários.

Estratégias para fortalecer as famílias durante e depois do divórcio

Quando um ou ambos os cônjuges decidem se divorciar, o que o casal pode fazer para minimizar as consequências negativas para si mesmos e para seus filhos? De acordo com Ahrons (2004), os conflitos pós-divórcio entre os cônjuges, e não o divórcio em si, são os mais traumáticos para as crianças. Uma avaliação da literatura sobre os efeitos do conflito conjugal nas crianças sugere que filhos expostos a altos níveis desse tipo de conflito correm o risco de desenvolver ansiedade, depressão e comportamento contestador; além de terem mais propensão a desenvolver comportamentos abusivos em relação aos parceiros amorosos na adolescência e na fase adulta e, ainda, maior tendência a se divorciar e ter desajustes na idade adulta (Grych, 2005). A seguir, discutiremos maneiras como divorciados (ou pessoas em processo de divórcio) podem minimizar os conflitos com o ex-cônjuge e desenvolver uma relação cooperativa.

Perdão. Pesquisas sugerem que pais divorciados que se perdoam têm mais chances de desenvolver uma relação positiva e cooperativa depois do divórcio (Bonach, 2009). Perdão não significa aceitar, tolerar ou desculpar um criminoso. Pelo contrário, envolve fazer uma escolha e pensar, sentir e se comportar menos negativamente em relação a alguém que o tenha ferido, agindo com boa vontade para com o agressor (Fincham et al., 2006).

Programas de educação sobre divórcio. Esses programas foram planejados para ajudar os pais divorciados ou que estão planejando se divorciar a reduzir o conflito conjugal, educando-os sobre os fatores que afetam o equilíbrio dos filhos. Os pais são ensinados a lidar com as reações dos filhos ao divórcio e a cooperar entre si. Um estudo de investigação experimental, sob a seara judicial, sobre a eficácia de um programa de educação sobre divórcio mostrou que a participação dos pais teve um efeito positivo e significativo sobre a relação entre pai e mãe após o divórcio (Whitehurst et al., 2008).

O que você acha? Muitos países e alguns estados (por exemplo, Arizona e Havaí) exigem que os divorciados participem de programas de educação para o divórcio, o que é opcional em outras jurisdições. Você acha que todos os pais com filhos pequenos devem ser obrigados a completar o programa de educação para o divórcio antes de se divorciarem? Por quê?

Mediação do divórcio. Na **mediação do divórcio**, os casais divorciados se encontram com uma terceira parte neutra, um mediador, que os ajuda a resolver questões como divisão dos bens, assistência aos filhos, custódia dos filhos e apoio ao ex-cônjuge (por exemplo, pensão alimentícia), de forma que se reduzam conflitos e encoraje a cooperação. A mediação também pode ser útil para os casais resolverem conflitos, como quem vai ficar com os cachorros, gatos e outros animais de estimação (Franklin, 2013).

Em um estudo longitudinal, os pesquisadores compararam dois grupos de cônjuges divorciados que solicitaram uma audiência de custódia no tribunal: pais que foram designados aleatoriamente para tentar a mediação e pais que foram designados aleatoriamente a continuar o processo na corte designada (Emery et al., 2005). Se a mediação não funcionasse, os cônjuges do grupo de mediação poderiam ir à corte para resolver o caso. Os cônjuges que participaram da mediação tiveram muito mais chance de resolver a disputa pela custódia fora da corte do que os que não participaram. Os pesquisadores descobriram que a mediação pode não só aumentar a velocidade da resolução dos problemas, como também poupa dinheiro em honorários advocatícios e judiciais, além de aumentar a adesão e melhorar a relação entre pais e filhos que não moram juntos, bem como entre os pais divorciados 12 anos após a resolução dos litígios.

Um número crescente de jurisdições e estados tem programas de mediação de custódia ou visitação obrigatórios, de maneira que os pais devem tentar resolver seus problemas primeiro com a mediação, só depois acionando o tribunal, se necessário. Observe que a

---

mediação do divórcio Processo no qual casais que estão se divorciando se encontram com um terceiro neutro (mediador) que os ajuda a resolver questões como divisão de bens, custódia dos filhos, pensão dos filhos e do cônjuge, de forma que se minimizem conflitos e estimule a cooperação.

mediação não é indicada para casais em que um ou ambos parceiros não estejam dispostos a negociar de boa-fé, tenham alguma doença mental ou sido violentos ou abusivos durante a relação – assunto que discutiremos a seguir.

Violência e abuso nas relações íntimas e familiares

Na sociedade norte-americana, as pessoas têm mais chance de ser agredidas fisicamente, abusadas e abandonadas, violentadas sexualmente e molestadas ou mortas em suas próprias casas do que em qualquer outro lugar e pelos membros da própria família, mais do que por qualquer outra pessoa (Gelles, 2000). Antes de avançar na leitura, talvez você queira olhar o "Levantamento de comportamentos abusivos", na seção *Você e a sociedade*.

Violência doméstica

A agressão nas relações pode assumir várias formas, incluindo abuso emocional e psicológico, violência física e abuso sexual. **Violência doméstica** refere-se aos crimes violentos, reais ou ameaças, cometidos contra indivíduos por seus cônjuges atuais ou anteriores, companheiros e companheiras, namorados ou namoradas. O abuso emocional pode acontecer de várias formas, incluindo gritos, negação de contato físico, isolamento de pessoa da família e dos amigos, depreciação ou insultos, restrição das atividades do outro cônjuge, controle do comportamento do outro (dizendo o que ele(a) pode vestir, comer, onde pode ir e a que horas deve voltar para casa, e assim por diante), e ciúme irracional (Follingstad e Edmundson, 2010).

violência doméstica Crimes violentos, reais ou ameaças, cometidos contra indivíduos por seus cônjuges atuais ou anteriores, companheiros e companheiras, namorados ou namoradas.

A violência doméstica é comum. Um estudo com jovens adultos entre 17 e 24 anos descobriu que 4 em cada 10 sofreram violência física e cinco em cada dez vivenciaram abuso verbal em seu relacionamento atual ou mais recente (Halpern-Meekin et al., 2013). Globalmente, uma em cada três mulheres já foram sujeitadas à violência em uma relação íntima (United Nations Development Programme, 2009). Existe um debate em curso sobre se a violência doméstica acontece mais entre mulheres ou homens. Dados do governo norte-americano mostraram que quatro em cada cinco vítimas são mulheres, sugerindo que os homens praticam mais atos de violência doméstica do que as mulheres (Catalano, 2012). Mas outra pesquisa mostrou que a perpetração da violência doméstica entre as mulheres é equivalente ou até excede a masculina (Cui et al., 2013; Fincham et al., 2013). Alguns pesquisadores sugerem que as mulheres são mais propensas do que os homens a relatar seus atos de violência doméstica porque há menos estigma associado à violência da mulher contra o homem em comparação com a do homem contra a mulher. Anderson (2013) explica que os homens que maltratam as mulheres são representados na cultura norte-americana como brutos e perigosos, enquanto a violência das mulheres contra os homens é vista como engraçada ou justificada. Alguns pesquisadores descobriram que, quando as mulheres são violentas com seus parceiros, normalmente esses ataques são atos de retaliação ou autodefesa (Johnson, 2001; Swan et al., 2008). Embora a questão sobre qual gênero comete mais atos de violência doméstica seja controversa, os pesquisadores concordam que tanto a violência íntima masculina quanto a feminina são problemas que merecem muita atenção.

> Na sociedade norte-americana, as pessoas têm mais chance de ser agredidas fisicamente, abusadas e abandonadas, violentadas sexualmente e molestadas ou mortas em suas próprias casas do que em qualquer outro lugar e pelos membros da própria família, mais do que por qualquer outra pessoa.

Quatro tipos de violência doméstica. Uma das razões pelas quais os pesquisadores discordam sobre qual dos gêneros comete mais atos de violência doméstica é que são usados diferentes métodos para definir e mensurar a violência doméstica, e esses métodos podem não dar conta de todos os tipos de problemas. Johnson e Ferraro (2003) identificaram os seguintes tipos de violência doméstica:

Em 2009, o cantor Chris Brown agrediu sua então namorada, a cantora pop Rihanna, quebrando seu nariz e provocando contusões na boca e no rosto.

1. *Violência comum entre casais* refere-se a atos de violência ocasionais decorrentes de discussões que fogem ao controle. Essa violência não costuma aumentar a ponto de levar ao risco de morte.
2. *Terrorismo íntimo* é motivado por um desejo de controlar o parceiro e envolve não só violência como também subordinação econômica, ameaças, isolamento, abuso verbal e emocional e outras táticas de controle. O terrorismo íntimo normalmente é praticado por homens e tem maior tendência a aumentar com o tempo, transformando-se em injúria grave.
3. *Violência de resistência* refere-se aos atos de violência cometidos em autodefesa, normalmente de mulheres contra o parceiro masculino.
4. *Controle violento mútuo* é um padrão raro de abuso, "que pode ser encarado como dois terroristas íntimos batalhando pelo controle" (Johnson e Ferraro, 2003, p. 169).

A violência doméstica também pode ocorrer por meio de agressão sexual, que se refere à interação sexual que ocorre contra a vontade de alguém e com o uso de força física, ameaça de força, pressão, uso de álcool ou drogas ou de uma posição de autoridade. Na maioria dos casos de estupro ou violência sexual contra a mulher – cerca de oito em dez casos – o agressor é um parceiro íntimo, membro da família, amigo ou alguém com quem a pessoa tem familiaridade (Planty et al., 2013).

Três tipos de homens que praticam violência doméstica. Como os homens que praticam violência doméstica tendem a causar mais danos físicos do que as mulheres, a maioria dos pesquisadores se concentra neles. Os pesquisadores identificaram três tipos de agressores (Fowler e Westen, 2011):

1. O *agressor psicopata* em geral é violento, impulsivo, não tem empatia nem remorso. Os homens desse subgrupo normalmente vivenciaram altas doses de abuso infantil e negligência.
2. O *agressor hostil/controlador* é desconfiado, visivelmente hipersensível às críticas, rancoroso, sente-se incompreendido e tem poucos amigos. Ele é uma pessoa "controladora" que, em vez de assumir a culpa por suas ações, culpa o parceiro por seus ataques.
3. O *agressor limítrofe/dependente* é infeliz, depressivo e tem emoções que parecem uma espiral fora de controle. Esse tipo de agressor sofre medos profundos de abandono e ataca as pessoas que ama e de quem mais precisa. Os homens desse subgrupo aparentam ser mais frágeis do que violentos, e depois dos episódios de abuso tendem a sentir culpa e autoaversão, pedindo desculpas.

Efeitos da violência e abuso de parceiro íntimo. Os resultados da violência doméstica são hematomas, ossos fraturados, lesões cerebrais traumáticas, cortes, queimaduras, outras lesões físicas e morte. Em 2011, 269 maridos ou namorados e 1.026 esposas ou namoradas nos Estados Unidos foram assassinados por seus parceiros (Federal Bureau of Investigation, 2011). Quando mulheres sofrem abusos durante a gravidez, muitas vezes a consequência é aborto ou defeitos de nascença na criança. Vítimas de violência íntima perpretada pelo parceiro correm alto risco de depressão, ansiedade, pensamentos e tentativas de suicídio, baixa autoestima, incapacidade de confiar em homens, medo de intimidade, abuso de drogas e práticas conjugais cruéis (Gustafsson e Cox, 2012).

Você e a sociedade — Levantamento de comportamentos abusivos

Circule o número que melhor representa sua estimativa mais próxima de quão frequente cada um dos comportamentos acontece em seu relacionamento com seu parceiro ou aconteceu com um parceiro anterior durante os seis meses anteriores (1, nunca; 2, raramente; 3, ocasionalmente; 4, frequentemente; 5, muito frequentemente).

1. Xingou-o(a) e/ou criticou-o(a) 1 2 3 4 5
2. Tentou evitar que você fizesse algo que queria fazer (p. ex., sair com amigos, ir a reuniões) 1 2 3 4 5
3. Olhou-o(a) ou encarou-o(a) com raiva 1 2 3 4 5
4. Evitou que você tivesse dinheiro para seu próprio uso 1 2 3 4 5
5. Encerrou uma discussão e tomou a decisão sozinho(a) 1 2 3 4 5
6. Ameaçou bater ou jogar alguma coisa em você 1 2 3 4 5
7. Pressionou-o(a), agarrou-o(a) ou empurrou-o(a) 1 2 3 4 5
8. Rebaixou sua família e amigos 1 2 3 4 5
9. Acusou-o(a) de prestar atenção demais em alguém ou alguma coisa 1 2 3 4 5
10. Estabeleceu-lhe uma mesada 1 2 3 4 5
11. Usou seus filhos para ameaçá-lo(a) (por exemplo, disse que você perderia a custódia, que ele(a) sairia da cidade com as crianças) 1 2 3 4 5
12. Ficou muito nervoso porque o jantar, os serviços domésticos ou a roupa lavada não saíram como ele(a) queria que fossem. do jeito que imaginava deveriam ser 1 2 3 4 5
13. Disse coisas para assustá-lo(a) (por exemplo, disse a você que alguma coisa "ruim" aconteceria, ameaçou cometer suicídio) 1 2 3 4 5
14. Deu-lhe um tapa, bateu ou esmurrou você 1 2 3 4 5
15. Fez você fazer algo humilhante ou degradante (por exemplo, implorar por perdão, ter de pedir permissão para usar o carro ou fazer algo) 1 2 3 4 5
16. Fiscalizou você (por exemplo, ouviu seus telefonemas, conferiu a quilometragem do seu carro, ligou várias vezes para o seu trabalho) 1 2 3 4 5
17. Dirigiu intempestivamente quando você estava no carro 1 2 3 4 5
18. Pressionou-o(a) a fazer sexo de uma forma que você não gosta ou não queria 1 2 3 4 5
19. Recusou-se a fazer o trabalho doméstico ou cuidar das crianças 1 2 3 4 5
20. Ameaçou-o(a) com uma faca, revólver ou outra arma 1 2 3 4 5
21. Espancou-o(a) 1 2 3 4 5
22. Disse que você era um(a) mau pai/má mãe 1 2 3 4 5
23. Impediu ou tentou impedi-lo(a) de ir trabalhar ou ir à escola 1 2 3 4 5
24. Jogou, bateu, chutou ou quebrou algo 1 2 3 4 5
25. Chutou-o(a) 1 2 3 4 5
26. Forçou você fisicamente a fazer sexo 1 2 3 4 5
27. Empurrou-o(a) 1 2 3 4 5
28. Atacou fisicamente partes sexuais do seu corpo 1 2 3 4 5
29. Sufocou-o(a) ou estrangulou-o(a) 1 2 3 4 5
30. Usou uma faca, revólver ou outra arma contra você 1 2 3 4 5

Pontos

Some os números que você circulou e divida o total por 30 para descobrir a pontuação. Quanto mais alta for, mais abusivo seu relacionamento.

Fonte: SHEPARD, Melanie F.; CAMPBELL, James A. The abusive behavior inventory: A measure of psychological and physical abuse. *Journal of Interpersonal Violence* v.7, n.3, p. 291-305, set. 1992.. Copyright © 1992 por Sage Publications. Usado com autorização.

A violência física também interfere no trabalho das mulheres. Alguns abusadores proíbem suas parceiras de trabalhar. Outros "deliberadamente minam o emprego das mulheres privando-as de transporte, assediando-as no trabalho, desligando despertadores, agredindo-as antes de entrevistas de emprego e desaparecendo mesmo depois de prometer que dariam assistência aos filhos" (Johnson e Ferraro, 2003, p. 508). A agressão física também mina o emprego, causando ausências constantes, prejudicando a capacidade das mulheres de se concentrar e reduzindo sua autoestima e aspirações.

O abuso também é um fator determinante de muito divórcios, o que em geral resulta em perda de recursos econômicos. Mulheres que fogem de lares abusivos e não têm recursos econômicos podem se ver morando na rua. Crianças que presenciam violência doméstica correm risco de problemas emocionais, comportamentais e de aprendizado, assim como de violência futura em seus próprios relacionamentos adultos (Kitzmann et al., 2003; Parker et al., 200). As crianças também podem cometer atos de violência contra o(a) parceiro(a) do pai ou mãe abusivo.

Por que alguns adultos permanecem em relacionamentos abusivos?

Vítimas adultas de abuso costumam ser culpadas por tolerar relacionamentos abusivos e por não abandoná-los assim que o abuso começa. Porém, do ponto de vista das vítimas, há motivos convincentes para ficar, incluindo dependência econômica, ligação emocional, comprometimento com a relação, culpa, medo, esperança de que as coisas melhorem e a visão de que a violência é legítima porque "merecem". Ter filhos complica a decisão de abandonar um relacionamento abusivo. Apesar de algumas vítimas de abuso deixarem de proteger os filhos de danos causados pelo abusador, outras ficam porque não conseguem sustentar e/ou criar os filhos sozinhas, ou podem temer perder a custódia dos filhos se saírem (Lacey et al., 2011). Muitas vítimas de abuso pelo parceiro íntimo permanecem porque temem represálias se saírem. Realmente, o índice de violência do parceiro é mais alto entre casais separados (veja a Figura 5.4). Algumas vítimas também demoram para deixar o lar violento porque temem que o abusador machuque ou abandone o animal da família (Fogle, 2003).

As vítimas também permanecem porque, em geral, o abuso em relacionamentos não é contínuo e constante, mas em ciclos. O **ciclo de abuso** envolve um episódio violento ou abusivo seguido por um período de paz, quando o abusador expressa mágoa, pede perdão e "outra chance". O período de paz pode durar dias, semanas ou até meses antes de o próximo surto violento ocorrer. No entanto, pesquisas sugerem que a maioria das mulheres abusadas no final deixa seus abusadores para sempre, apesar de o abandono tender a ser um processo, e não um evento pontual, e com frequência envolve sair e voltar várias vezes (Lacey et al., 2011).

Figura 5.4 Índice de vitimização anual não fatal por parceiro íntimo, por gênero e *status* conjugal, 2001-2005
Fonte: Bureau of Justice Statistics, 2011.

Pesquisadores de um estudo que investigou o impacto da tecnologia sobre a manutenção de relacionamentos abusivos descobriram que alunos de graduação checam suas mensagens de texto frequentemente e se sentem compelidos a lê-las, mesmo as que são enviadas por um parceiro ou ex-parceiro abusivo (Halligan et al., 2013). Parceiros e ex-parceiros abusivos tentam manter ou retomar o relacionamento enviando textos que incluem pedidos de desculpas, reconhecimento da dor que causaram, promessas de nunca ser abusivos novamente e apelos para reatar a relação.

ciclo de abuso Padrão de abuso no qual um episódio violento ou abusivo é seguido por um período de paz, quando o abusador expressa mágoa e pede perdão e "outra chance" antes de outro abuso ocorrer.

abuso infantil Lesão física ou mental, abuso sexual, tratamento negligente ou maus-tratos perpetrados contra uma criança com menos de 18 anos por uma pessoa que é responsável pelo seu bem-estar.

negligência Forma de abuso envolvendo a não prestação de atenção adequada, supervisão, nutrição, higiene, cuidados de saúde e um ambiente de vida seguro e limpo para uma criança pequena ou um idoso dependente.

O que você acha? A razão principal por que mulheres abusadas permanecem em relacionamentos abusivos é a dependência econômica. Mesmo assim, em um estudo nacional com mulheres abusadas, os pesquisadores descobriram que, entre mulheres negras, as que tinham *status* socioeconômico mais alto tinham maior probabilidade de permanecer em relações abusivas do que as de *status* mais baixo (Lacey et al., 2011). Como este achado inesperado pode ser explicado?

Abuso infantil

Abuso infantil refere-se a lesões físicas e mentais, abuso sexual, negligência ou maus-tratos de uma criança menor de 18 anos por uma pessoa que é responsável por seu bem-estar. A forma mais comum de maus-tratos infantis é a **negligência** – a falha do cuidador em fornecer atenção e supervisão adequadas, alimentação e nutrição, higiene, cuidados médicos e ambiente seguro e limpo (veja a Figura 5.5).

Os índices mais altos de vitimização envolvem crianças pequenas (de recém-nascidos a 1 ano) e crianças com necessidades especiais. Os índices de vitimização também são mais altos entre crianças afro-americanas, multirraciais e indígenas norte-americanas ou nativas do Alasca (U.S. Department of Health and Human Services, Administration on Children, Youthand Families, 2012). Crianças criadas em famílias lésbicas têm menos probabilidade de ser abusadas por mães ou cuidadores do que aquelas criadas em outros contextos familiares (Gartrell et al., 2010).

Com mais frequência, os perpetradores de abuso infantil são os pais da vítima. O abuso tem mais probabilidade de acontecer em famílias em que há alto nível de estresse, que pode ser resultante de histórico de violência familiar, abuso de álcool e drogas, pobreza, problemas crônicos de saúde e isolamento social (Centers for Disease Controland Prevention, 2012).

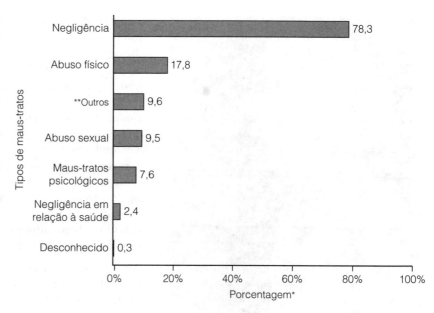

*As porcentagens somam mais de 100% porque as crianças podem experimentar mais de um tipo de maus-tratos.

** Inclui "abandono", "ameaças de danos" e "dependência de drogas congênita".

Figura 5.5 Tipos de maus-tratos a criança, 2011

Fonte: U.S. Department of Health and Human Services, Administration on Children, Youth, and Families, 2012.

Efeitos do abuso infantil. Lesões físicas constantes por abuso infantil causam dor, desfiguração, cicatrizes, deficiência física e morte. Em 2011, estima-se que 1.570 crianças norte-americanas tenham morrido em razão de abuso ou negligência (U.S. Department of Health and Human Services, Administration on Children, Youthand Families, 2012). A maioria dessas crianças tinha menos de 4 anos, e a maioria das mortes foi causada por um ou os dois pais. Lesões na cabeça são a causa principal de morte em crianças vítimas de abuso (Rubin et al., 2003). A **Síndrome do Bebê Sacudido**, quando um cuidador sacode um bebê a ponto de causar hemorragia cerebral ou retinal, na maioria das vezes ocorre como uma reação a um bebê, tipicamente com menos de 6 meses, que não para de chorar (Ricci et al., 2003; Smith, 2003).

Adultos que sofreram abuso na infância têm mais risco de desenvolver inúmeros problemas, incluindo depressão, tabagismo, abuso de álcool e drogas, distúrbios alimentares, obesidade, comportamento sexual de alto risco e suicídio (Centers for Disease Control and Prevention, 2012). O abuso sexual de meninas está associado a baixa autoestima, altos níveis de depressão, fuga de casa, uso de álcool e drogas e múltiplos parceiros sexuais (Jasinski et al., 2000; Whiffen et al., 2000). Uma análise da pesquisa sugeriu que o abuso de garotos produz praticamente as mesmas reações que o de garotas, incluindo depressão, disfunção sexual, raiva, sentimento de culpa, tendência suicida e *flashbacks* (Daniel, 2005). Adultos casados que foram agredidos física e sexualmente quando crianças relatam baixa satisfação conjugal, alto nível de estresse e menor coesão familiar do que os adultos casados que não apresentam histórico de abuso (Nelson e Wampler, 2000). Ao contrário do que as primeiras pesquisas descobriram, um estudo recente constatou que o abuso físico na infância não está associado a um futuro de violência e delinquência, embora o abuso sexual e a negligência estejam fortemente relacionados a comportamentos violentos e delinquência (Yun et al., 2011).

Abuso contra idosos, pais, irmãos e animais de estimação

Violência doméstica e abuso podem envolver adultos que agridem parentes mais velhos ou avós, crianças que agridem os pais e irmãos se agredindo. Animais de estimação também são vítimas de violência doméstica.

Síndrome do Bebê Sacudido Forma de abuso infantil no qual o cuidador sacode um bebê a ponto de lhe causar hemorragia cerebral ou retinal.

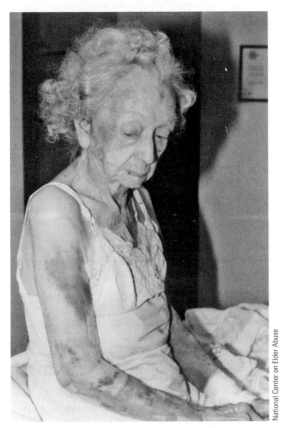

Se você suspeita do abuso de idosos ou se preocupa com o bem-estar de uma pessoa mais velha, ligue para o disque denúncia do seu estado imediatamente.

Abuso de idosos. **Abuso de idosos** inclui abuso físico ou psicológico, exploração financeira (como o uso indevido dos recursos financeiros do idoso) e negligência. A forma mais comum desse tipo de abuso é a negligência – incapacidade de prover necessidades básicas de saúde e higiene, como roupas limpas, visitas médicas, medicamentos e nutrição adequada. Negligência também envolve confinamento sem motivo, isolamento dos outros membros idosos da família, falta de supervisão e abandono.

Mulheres idosas sofrem mais abuso ou negligência do que os homens. Dois em cada três casos de abuso de idosos reportados aos serviços de proteção aos adultos envolve mulheres. Embora esse tipo de abuso também ocorra em casas de repouso, a maioria dos casos acontece em ambiente doméstico. Os agressores mais prováveis são os filhos adultos, seguidos por outros membros da família e cônjuges ou parceiros íntimos (Teaster et al., 2006).

Abuso dos pais. Alguns pais são vítimas da violência de seus filhos, que pode variar entre bater, chutar, morder e empurrar o pai ou mãe da escada, ou mesmo usar uma arma para causas ferimentos graves ou mesmo matar. As mães são vítimas de mais violência do que os pais, e os filhos tendem a ser mais violentos com os pais do que as filhas (Ulman, 2003). Na maioria dos casos de filhos violentos com os pais, o ato foi uma reação à violência sofrida anteriormente.

Abuso de irmãos. Também chamado "*bullying* entre irmãos", esse tipo de abuso é um "problema comum e sério (...) e é, sem dúvida, o tipo mais frequente de agressão na sociedade norte-americana" (Skinner e Kowalski, 2013, p. 1727). Uma pesquisa nacional detectou que 30% das crianças entre 2 e 17 anos costumam ser fisicamente agredidas por um irmão (Finkelhor et al., 2005). A forma mais comum de abuso entre irmãos é o emocional, como provocação verbal ou excluir ou ignorar um irmão (Skinner e Kowalski, 2013). Abuso sexual também acontece nas relações entre irmãos.

O que você acha? Em anos recentes, o problema do *bullying* entre colegas de escola vem recebendo cada vez mais atenção, e quem se preocupa com esse tipo de comportamento tem dificuldade de divulgar a mensagem de que *bullying* não é um comportamento aceitável. Em contraste, o *bullying* entre irmãos costuma ser visto como aceitável e esperado (Skinner e Kowalski, 2013). Por que você acha que o *bullying* entre colegas é visto como um problema social grave, enquanto entre irmãos em geral não é visto como uma preocupação séria?

Abuso de animais de estimação. Como muitas vezes são vistos como "membros da família", animais de estimação ou de companhia abusados podem ser considerados vítimas de violência familiar (veja também a seção *Animais e a sociedade* deste capítulo). Os abusadores ameaçam ferir os animais de estimação para controlar suas vítimas, e, com bastante frequência, suas ameaças são levadas a cabo. Uma vítima de violência doméstica revelou como seu abusador matou seu gato como forma de induzi-la ao medo e à intimidação:

> A última coisa que ele fez à minha gata feriu demais meu coração. Ele me fez ficar aqui e (...) ela estava amarrada na árvore [com] (...) linha de pesca ou (...) um fio de lã, ou algo assim. E ele (...) a virou, enfiou [fogos de artifício] lá atrás e acendeu. E eu tive de ficar ali e assistir à minha gata explodir na minha cara. E ele estava dizendo algo como "isto pode acontecer com você". (citado em Hardesty et al., 2013, p. 9)

abuso de idosos O abuso físico ou psicológico, exploração financeira, falta de assistência médica ou negligência com idosos.

Animais e sociedade

Animais de estimação e a violência doméstica

Em 2005, uma mulher de 81 anos caminhou mais de um quilômetro e meio de sua casa até um restaurante suplicando por ajuda para fugir do abuso que sofria. Ela disse que seu filho batia nela e no cachorro o tempo todo. O dono do restaurante ligou para a delegacia mais próxima e o delegado prendeu o filho. A mulher foi realojada, mas não pôde levar consigo o cachorro, um catahoula de 2 anos e 27 quilos. Kathy Cornwell, uma das pessoas que defendeu e ajudou a mulher, adotou o cão. Kathy e o cachorro estavam na cama quando seu marido chegou em casa. Ao ver um homem estranho, o cachorro pulou e colocou seu corpo por cima do de Kathy. Quando ela mais tarde conversou com a vítima de abuso, soube que o cachorro sempre tentava protegê-la de seu filho abusador, cobrindo seu corpo e absorvendo as pancadas. Como consequência das surras, o cachorro tinha um dano permanente no nervo óptico e precisava usar óculos quando estava ao ar livre, porque suas pupilas não dilatavam mais. O cachorro, conhecido como Little Horatio, vai à universidade e a outros debates públicos sobre abuso. Cornwell explica que Horatio dá esperança às vítimas de abuso: "Este cachorro sofreu muito. E olhe como ele está feliz. Não está preso ao passado. Ele mostra às pessoas que é difícil, mas é possível seguir adiante" (citado em Sullivan, 2010, s.p.).

Violência doméstica e abuso de animais estão interligados. Em uma revisão de literatura, DeGue (2009) observou que entre 47% e 71% das mulheres que procuravam serviços de abrigos contra a violência doméstica relatavam que um abusador do sexo masculino tinha ameaçado, ferido ou matado seus animais de estimação. Um estudo que comparava os registros de mulheres em abrigos com uma amostra de mulheres não abusadas descobriu que as vítimas de abuso tinham uma probabilidade 11 vezes maior de relatar que seus parceiros tinham machucado ou matado um animal de estimação (54% *versus* 5%) (DeGue, 2009). Vários estudos afirmaram que o medo de seus animais de estimação ser feridos ou mortos cria uma barreira significativa que impede que mulheres abusadas fujam de suas situações de violência (Ascione, 2007). A pesquisa também documentou que crianças expostas à violência doméstica têm mais probabilidade do que as não expostas a ter animais abusados (Ascione e Shapiro, 2009).

Como a crueldade contra animais e a violência familiar comumente ocorrem simultaneamente, denúncias e treinamentos cruzados foram instituídos em muitas comunidades para ensinar equipes de serviço social como reconhecer e denunciar casos de abuso de animais e também ensinar equipes de bem-estar animal a reconhecer e denunciar o abuso de crianças, cônjuges e idosos. A Flórida e o condado de San Diego, na Califórnia, obrigam equipes de proteção à criança a denunciar suspeitas de abuso de animais às agências de proteção animal, e quatro estados exigem que equipes de cuidado e controle de animais reportem o possível abuso de crianças a agências de bem-estar infantil. Vários estados têm leis que permitem que animais domésticos sejam incluídos em mandatos de proteção contra a violência doméstica (Ascione e Shapiro, 2009). Finalmente, alguns programas oferecem procedimentos para abrigar animais de estimação em situações de violência doméstica em abrigos próprios ou com grupos de resgate de animais. O programa PAWS (Pets and Women's Shelters), da American Humane Association, oferece subsídios para que abrigos criem espaços específicos para que as vítimas e seus animais de estimação possam ficar juntos. Carol Wick, CEO da Harbor House, um abrigo contra a violência doméstica em Orange County, Flórida, descreve os benefícios de oferecer esses espaços a vítimas e seus animais:

> Toda semana recebemos ligações de vítimas de violência doméstica que querem sair desta situação, mas têm medo do que pode acontecer a seus animais se ficarem para trás. (...) O novo canil vai permitir que mulheres e crianças deixem uma situação de abuso com segurança e tragam seus animais, assim, ninguém ficará para trás. (citado em American Humane Association, 2010)

Little Horatio foi vítima de violência doméstica.

Fatores que contribuem para a violência e o abuso contra o parceiro íntimo e a família

De muitas formas a cultura norte-americana tolera e até promove a violência (Walby, 2013). A violência na família deriva da aceitação da violência em nossa sociedade como meio legítimo de obrigar à obediência e resolver conflitos em níveis interpessoal, familiar, nacional e internacional. Fatores especificamente individuais, familiares e sociais que contribuem para a violência doméstica e o abuso são discutidos nas seções a seguir.

Fatores individuais, relacionais e familiares. Apesar de todos termos o potencial de "perder a cabeça" e agir abusivamente em relação a um parceiro ou membro da família, alguns indivíduos oferecem risco mais alto de ser abusivo com os outros. Os fatores de risco incluem ter testemunhado ou ser vítima de abuso quando criança, comportamento passado violento ou agressivo, falta de emprego e outros eventos ou circunstâncias estressantes da vida e o uso de álcool e drogas (National Center for Injury Prevention and Control, 2012). O uso de álcool está envolvido em 50% a 75% dos incidentes de agressão física e sexual em relacionamentos íntimos (Lloyd e Emery, 2000). O álcool e outras drogas aumentam a agressão de alguns indivíduos e permitem ao ofensor evitar a responsabilidade ao culpar as drogas ou o álcool pelo seu comportamento violento.

Apesar de o abuso em relacionamentos adultos ocorrer entre todos os grupos socioeconômicos, é mais prevalente entre os pobres. Porém, a maioria das pessoas pobres não maltrata seus filhos, e a pobreza, em si, não causa abuso nem negligência; os correlatos à pobreza, incluindo estresse, abuso de drogas e recursos inadequados para alimentação e cuidados médicos, aumentam a probabilidade de maus-tratos (Kaufman e Zigler, 1992).

Relacionamentos íntimos que são caracterizados por "turbulência" – um padrão de instabilidade no qual os parceiros se separam e se reconciliam – também oferecem risco mais alto de abuso. Um estudo com jovens adultos entre 17 e 24 anos descobriu que "pessoas com turbulências no relacionamento" tinham muito mais probabilidade de denunciar abuso físico e verbal em seu relacionamento mais recente do que jovens adultos que viviam estavelmente juntos ou separados (Halpern-Meekin et al., 2013). Esse achado diz respeito especialmente ao fato de que quase a metade dos jovens adultos vivencia turbulências em seus relacionamentos românticos.

Desigualdade e socialização de gênero. Nos Estados Unidos, antes do fim do século XIX, uma mulher casada era considerada propriedade do marido. O marido tinha o direito legal e a obrigação conjugal de discipliná-la e controlá-la por meio do uso da força física. Essa visão tradicional das mulheres como propriedade pode contribuir para que os homens façam com suas "propriedades" o que desejarem. Em um estudo com homens em programas de intervenção contra a agressão física, cerca de metade deles via a agressão física como aceitável em certas situações (Jackson et al., 2003).

A visão de mulheres e crianças como propriedade também explica o estupro conjugal e o incesto entre pai e filha. Historicamente, as penas por estupro se baseavam em leis de direitos de propriedade criadas para proteger a propriedade do homem – sua mulher e filha – do estupro de outros homens (Russell, 1990). Apesar de um marido ou pai que violentasse sua própria propriedade no passado não ser considerado estupro, hoje o estupro conjugal e o incesto são crime em todos os 50 estados norte-americanos. Estupro por conhecido ou em um encontro pode ser explicado em parte pelo fato de que, na cultura norte-americana, "os homens recebem apoio, até permissão, um do outro para atacar sexualmente mulheres pelo encorajamento direto ou por ignorar o comportamento problemático" (Foubert et al., 2010, p. 2238).

Os papéis tradicionais masculinos ensinaram aos homens ser agressivos e dominantes nos relacionamentos homem-mulher. "Como isto está tão claramente associado à masculinidade na cultura norte-americana, a violência é uma prática social que permite aos homens expressar uma identidade masculina" (Anderson, 1997, p. 667). A socialização tradicional do gênero masculino também desencoraja os homens a expressar verbalmente seus sentimentos, o que aumenta o potencial para o comportamento violento e abusivo (Umberson et al., 2003). Os papéis femininos tradicionais também ensinaram algumas mulheres a ser submissas ao controle de seu parceiro masculino.

Aceitação de punição corporal. A **punição corporal** – infligir intencionalmente dor a fim de mudar ou controlar um comportamento – é amplamente aceita como prática de educação pelos pais. Em uma revisão de pesquisa sobre punição corporal, Straus (2010) concluiu que, nos Estados Unidos, a punição corporal é (1) quase universal – 94% das crianças em torno de 2 e 3 anos é espancada; (2) crônica – crianças de 2 a 3 anos costumam ser espancadas três ou mais vezes por semana; (3) em geral severo – com mais de um em quatro pais usando um objeto, como raquete ou cinta, para punir seus filhos; e (4) de longa duração – 13 anos para um terço das crianças norte-americanas e 17 anos para 14%. Os pais de crianças negras têm maior probabilidade de usar punição corporal do que pais de crianças brancas ou latinas (Grogan-Kaylor e Otis, 2007). Um estudo com 35 países de renda baixa ou média descobriu que 17% das crianças, em média, vivenciaram punição física severa, como tapas na cabeça, ouvidos ou rosto, ou espancamento pesado e repetido (Unicef, 2010).

Apesar de nem todo mundo concordar que todos os exemplos de punição corporal constituem abuso, alguns episódios de "disciplina" pelos pais sem dúvida são abusivos. Muitos especialistas em saúde mental e em desenvolvimento infantil alertam contra a punição física, argumentando que é ineficiente e potencialmente danosa para a criança (Straus, 2000). Um estudo com 3.870 famílias descobriu que crianças que foram espancadas com 1 ano tinham mais probabilidade de ser agressivas aos três e deprimidas, ansiosas e/ou retraídas aos cinco anos (Gromoske e Maguire-Jack, 2012). Apesar de a porcentagem de mulheres e homens nos Estados Unidos que concorda que crianças às vezes precisam de "um bom tapa no traseiro" ter caído de 1986 a 2010 (veja a Figura 5.6), a maioria dos adultos norte-americanos ainda vê o espancamento como necessário às vezes (Child Trends, 2012).

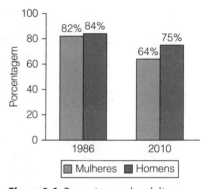

Figura 5.6 Porcentagem de adultos norte-americanos que concordam que bater às vezes é necessário: 1986 e 2010

Fonte: Child Trends, 2012.

Serviços comunitários indisponíveis ou inacessíveis. Muitos casos de abuso e negligência de crianças e idosos estão ligados à falta de acesso ou à impossibilidade de arcar com o cuidado à saúde, creche, cuidador de idoso e instalações de curto prazo. A falha na oferta de assistência médica a crianças e membros idosos da família (uma forma de negligência) é, às vezes, consequência da falta de serviços de assistência médica acessíveis na comunidade. O fracasso em oferecer supervisão a crianças e adultos pode resultar da falta de creches e cuidado a idosos. Sem o cuidado para idosos e instalações de curto prazo, famílias socialmente isoladas podem não ter nenhuma ajuda com as dificuldades de cuidar de membros da família mais velhos e crianças com necessidades especiais.

Estratégias para ação: prevenir e reagir à violência e ao abuso domésticos

A seguir, veremos as estratégias para evitar e reagir à violência e ao abuso em relações íntimas e familiares.

Estratégias de prevenção

Estratégias de prevenção ao abuso incluem educação pública e campanhas de mídia, que podem ajudar a reduzir a violência doméstica ao comunicar a natureza criminosa desse tipo de agressão, oferecendo formas de evitar o abuso. Outros esforços para prevenir o abuso concentram-se na educação dos pais para ensiná-los a ter expectativas realistas sobre o comportamento de crianças e métodos da disciplina dos filhos que não envolvam punição corporal. Por exemplo, a Mental Health America (2003) distribui um formulário com alternativas ao espancamento (veja a Tabela 5.3).

Outra estratégia para prevenir o abuso envolve reduzir o estresse que a violência provoca reduzindo-se a pobreza e o desemprego e oferecendo moradia, programas de cuidados infantis e instalações, nutrição, atendimento médico e oportunidades educacionais adequadas. Estreitar o apoio a famílias pobres com filhos reduz o estresse provocado pela violência e minimiza a negligência resultante dos serviços comunitários inacessíveis e caros.

punição corporal Infligir dor intencionalmente a fim de mudar ou controlar o comportamento.

TABELA 5.3 Técnicas efetivas de disciplina para pais: alternativas ao espancamento

Punição é uma "pena" por mau comportamento, mas disciplina é o método de ensinar a uma criança o que é certo ou errado. Alternativas à disciplina física incluem:

1. Seja um exemplo positivo.

As crianças aprendem comportamentos observando as ações de seus pais; então, estes devem servir de exemplo do comportamento que querem de seus filhos. Se um pai grita ou bate, é provável que o filho faça o mesmo.

2. Estabeleça regras e consequências.

Estabeleça regras justas, realistas e apropriadas ao nível de desenvolvimento da criança. Explique as regras para as crianças junto com as consequências de não segui-las. Se as crianças têm idade suficiente, elas podem ser incluídas na definição das regras e consequências por quebrá-las.

3. Encoraje e recompense o bom comportamento.

Quando as crianças estão se comportando de forma apropriada, elogie verbalmente e ocasionalmente recompense-as com objetos tangíveis, privilégios ou maiores responsabilidades.

4. Crie quadros.

Quadros para monitorar e recompensar comportamentos podem ajudar as crianças a aprender o comportamento apropriado. Os quadros devem ser simples e focar um comportamento por vez, por certo período.

5. Dê um momento de pausa.

"Momento de pausa" envolve tirar uma criança de uma situação depois de um comportamento negativo. Isso pode ajudá-la a se acalmar, encerrar o comportamento inadequado e voltar à situação de uma forma positiva. Explique qual é o comportamento inadequado, por que o momento de pausa é necessário, quando começa e por quanto tempo vai durar. Estabeleça uma duração adequada para o momento de pausa com base na idade e no nível de desenvolvimento, em geral de apenas alguns minutos.

Fonte: Baseado em Mental Health America, 2003. *Effective discipline techniques for parents:* alternatives to spanking. Strengthening. Families Fact Sheet. Disponível em: <www.nmha.org>. Republicado com autorização.

Reagindo à violência e ao abuso domésticos

Depois que a violência e o abuso domésticos ocorreram, as vítimas podem procurar segurança em um abrigo ou esconderijo e tomar medidas legais contra o abusador. As crianças podem ser colocadas em orfanatos, e o abusador participar de tratamento obrigatório ou voluntário.

O que você acha? Em 1979, a Suécia se tornou o primeiro país do mundo a banir a punição corporal em todos os ambientes, incluindo o lar. Em 2013, 33 países baniram a punição corporal em todos os ambientes (Global Initiative to End All Corporal Punishment of Children, 2012). Nos Estados Unidos, é legal em todos os 50 estados que um pai ou mãe espanque, bata com a mão, com cinto, raquete, chicote ou inflija dor punitiva a uma criança, desde que a punição corporal não fira a definição de cada estado sobre abuso infantil.

Trinta e um estados e o Distrito de Colúmbia aprovaram leis que proíbem a punição corporal em escolas públicas. Em Iowa e New Jersey, esse banimento também cobre escolas privadas. Você acha que os Estados Unidos deveriam banir a punição corporal em casa? Em escolas? Por que sim, ou por que não?

O *National Domestic Violence Hotline* (1-800-799-SAFE) é um serviço de ligação gratuita 24 horas que fornece assistência na crise, abrigo local contra a violência doméstica e recomendações de casas seguras para quem telefona em todo o país. Os abrigos fornecem moradia, comida e serviços de aconselhamento para mulheres vítimas de abuso e seus filhos. Casas seguras são casas particulares de pessoas que se voluntariam para fornecer moradia temporária a pessoas vítimas de abuso que decidem sair de seus lares violentos. Algumas comunidades têm abrigos contra abuso para vítimas idosas. Como uma em cada quatro vítimas afirma demorar a deixar as situações domésticas perigosas porque se preocupa com a segurança de um animal doméstico, alguns programas oferecem abrigo seguro para animais de estimação vítimas de violência doméstica.

Prisão e liminares. Violência doméstica e abuso são crimes pelos quais indivíduos podem ser detidos, presos e/ou obrigados a deixar sua casa ou inscrever-se em programas de tratamento. Cerca de metade dos estados e Washington, DC, agora têm políticas de detenção obrigatória que exigem que a polícia prenda os abusadores, mesmo se a vítima não prestar queixa. Vítimas de abuso podem obter uma liminar que proíba o agressor de chegar perto de seu parceiro abusado.

O que você acha? Muitos exemplos de ataques físicos ou sexuais a parceiros íntimos não são relatados à polícia. Por que você acha que vítimas dessas agressões não se apresentam às autoridades competentes?

Encaminhamento a orfanatos. As crianças que sofrem abusos da família podem ser retiradas de seus lares e colocadas em orfanatos sob a supervisão do governo. Os encaminhamentos a orfanatos incluem outros membros da família, pais adotivos credenciados, lares coletivos e outras instituições. Centenas de milhares de crianças estão em orfanatos esperando para ser reunidas às suas famílias ou adotadas.

Devido à recessão econômica, mais pais adotivos potenciais estão considerando adotar crianças de orfanatos porque não podem pagar por adoções particulares. Porém, ainda há falta de pessoas dispostas a adotar crianças de orfanatos, porque elas tendem a ser mais velhas e têm mais probabilidade de sofrer de problemas emocionais ou físicos (Koch, 2009). Todo ano, milhares de crianças que não foram adotadas ou voltaram às suas famílias devem deixar os orfanatos porque completaram 18 anos. Em alguns estados, os jovens que passam da idade para continuar no sistema de orfanatos podem receber ajuda governamental, como assistência à moradia e seguro-saúde. Porém, muitos jovens que passam da idade lutam para se manter e muitos se tornam sem-teto.

Outro problema no sistema de adoção é que, apesar de ter a intenção de proteger as crianças do abuso, os pais adotivos ou cuidadores às vezes abusam das crianças. Excluindo casos extremos de abuso e negligência, evidências sugerem que as crianças cujas famílias são investigadas por abuso e negligência estão em melhor situação quando ficam com suas famílias do que quando entram no sistema de adoção, já que as crianças no sistema têm mais probabilidade de largar a escola, cometer crimes, abusar de drogas e se tornar pais adolescentes (Doyle, 2007).

Tratamento para abusadores. Esse tipo de tratamento tipicamente envolve aconselhamento em grupo e/ou individual, aconselhamento contra abuso de substâncias e/ou treinamento em comunicação, resolução de conflitos e controle da raiva. A maioria dos homens em programas de intervenção por agressão física é encaminhada pelos tribunais, apesar de alguns entrar no tratamento voluntariamente (Carter, 2010). Tratamentos para homens que abusam sexualmente de crianças costumam envolver terapia cognitivo-comportamental (mudar os pensamentos que levam ao abuso sexual) e medicação para reduzir a compulsão sexual (Stone, 2004). Homens que param de abusar de suas parceiras aprendem a assumir a responsabilidade por seu comportamento abusivo, desenvolvem empatia em relação a sua parceira, reduzem a dependência de seus parceiros e melhoram suas habilidades de comunicação (Scott e Wolfe, 2000).

Entendendo os problemas familiares

Os problemas familiares podem ser mais bem entendidos dentro do contexto da sociedade e da cultura nos quais ocorrem. Apesar de o divórcio e a violência doméstica aparentemente resultarem de decisões individuais, uma miríade de forças sociais e culturais as influenciam. O impacto dos problemas familiares, incluindo divórcio e abuso, é sentido não só pelos membros da família, mas também pela sociedade em geral. Os membros da família vivenciam dificuldades na vida, como pobreza, fracasso escolar, baixa autoestima e problemas de saúde mental e física. Cada uma dessas dificuldades contribui para um ciclo de problemas familiares na geração seguinte. O impacto sobre a sociedade inclui gastos públicos para auxiliar famílias de pai ou mãe solteiros e vítimas de violência e negligência domésticas, maiores taxas de delinquência juvenil e menor produtividade dos trabalhadores.

Para alguns, a solução para os problemas familiares implica encorajar o casamento e desencorajar outras formas de família, como mães ou pais solteiros, morar junto e uniões do mesmo sexo. Porém, muitos estudiosos da família afirmam que a questão fundamental é garantir que as crianças sejam bem cuidadas, independentemente do *status* conjugal de seus pais ou de sua orientação sexual. Alguns até sugerem que o casamento é parte do problema, não da solução. Martha Fineman, da Cornell Law School, disse: "Essa obsessão com o casamento nos impede de olhar para nossos problemas sociais e abordá-los. (...) O casamento não é nada além de um pedaço de papel, e na verdade confiamos no casamento para fazer um trabalho enorme nesta sociedade: ele se torna nossa política familiar, nossa política em relação ao bem-estar e filhos, a cura para a pobreza" (citado em Lewin, 2000, p. 2).

Fortalecer o casamento é uma meta valiosa, porque casamentos fortes oferecem muitos benefícios aos indivíduos e seus filhos. Porém, "fortalecer o casamento não precisa significar voltar à família patriarcal da era passada. (...) Na verdade, uma estabilidade conjugal maior só virá quando os homens estiverem dispostos a compartilhar o poder, assim como o trabalho em casa e com os filhos, em igualdade com as mulheres" (Amato, 1999, p. 184). Fortalecer o casamento não significa que outras formas de família não devem receber apoio. A realidade é que a família pós-moderna vem de várias formas, cada uma com seus pontos fortes, necessidades e desafios. Devido à diversidade das famílias atuais, a historiadora social Stephanie Coontz (2004) sugeriu que "a questão apropriada (...) não é que forma única de família ou acordo de casamento preferimos de forma abstrata, mas como podemos ajudar as pessoas, em uma gama de compromissos de relacionamentos diferentes, a diminuir suas deficiências e aumentar sua solidariedade" (p. 979). E também afirmou

> se recuarmos de nossa aceitação de alternativas ao casamento, o casamento em si pode ser afetado. (...) As mesmas liberdades individuais que permitem às pessoas esperar mais de sua vida de casados lhes permite obter mais ficando solteiro, e lhes dão mais opção do que jamais houve na história sobre se devem ou não ficar juntos. (Coontz, 2005, p. 310)

Os problemas familiares enfatizados neste capítulo – violência e abuso domésticos e problemas de divórcio – têm algo em comum: dificuldades econômicas e pobreza podem ser um fator contributivo e uma consequência de cada um desses problemas. No capítulo seguinte, voltamos nossa atenção para a pobreza e a desigualdade econômica, problemas que estão no coração de muitos outros males sociais.

REVISÃO DO CAPÍTULO

- **Quais são alguns exemplos de diversidade em famílias em todo o mundo?**
  Algumas sociedades reconhecem a monogamia como a única forma legal de casamento, enquanto outras permitem a poligamia. As sociedades também variam em suas normas e políticas relativas a casamento arranjado *versus* casamento por escolha, casais do mesmo sexo, criação dos filhos e os papéis de homens e mulheres na família.

- **Quais são algumas das maiores mudanças nas famílias norte-americanas que ocorreram nas décadas passadas?**
  Algumas das maiores mudanças ocorridas nas famílias norte-americanas em décadas passadas incluem o aumento do tempo de vida de solteiro e maior idade no primeiro casamento, aumento da coabitação heterossexual e do mesmo sexo, o surgimento de viver junto em casas separadas, aumento de nascimento de filhos de mães não casadas, aumento do divórcio e das famílias mistas e o aumento do emprego de mães casadas.

- **O que é a perspectiva do declínio conjugal? O que é a perspectiva da resiliência conjugal?**
  Segundo a perspectiva do declínio conjugal, as recentes transformações nas famílias norte-americanas significam um

colapso do casamento e da família nos Estados Unidos. Segundo a perspectiva da resiliência conjugal, pobreza, desemprego, escolas com poucos recursos, discriminação e a falta de serviços básicos (como seguro-saúde e atenção à criança) são mais danosos para o bem-estar de crianças e adultos do que o declínio das famílias casadas com pai e mãe.

- **Teorias feministas da família são mais parecidas com qual das três principais teorias sociológicas: estrutural-funcionalista, teoria do conflito ou interacionismo simbólico?**
  As teorias feministas de família são mais alinhadas à teoria do conflito. Tanto as teorias feministas como a do conflito se preocupam com as influências da desigualdade de gênero e os resultados dos padrões familiares.

- **Quais são alguns dos efeitos do divórcio nas crianças?**
  Análises de uma pesquisa recente sobre as consequências dos divórcios para as crianças demonstraram que crianças com pais divorciados têm menos sucesso no aprendizado, ajustamento psicológico, baixa estima, competências sociais e saúde no longo prazo, além de apresentarem altos níveis de comportamento agressivo e depressão. Alguns efeitos estão relacionados a dificuldades econômicas ligadas a um divórcio a redução da supervisão parental como resultado do divórcio, e os conflitos parentais durante e depois do divórcio. Na maioria dos casamentos conflituosos, o divórcio pode melhorar o bem-estar emocional das crianças, por estarem fora de um ambiente conflituoso.

- **O que é mediação do divórcio?**
  Na mediação do divórcio, os casais divorciados se encontram com uma terceira parte neutra, um mediador, que os ajuda a resolver questões referentes à divisão de propriedade, custódia dos filhos, suporte aos filhos e ao cônjuge, de maneira que se minimizem conflitos e encoraje a cooperação. Em alguns estados, países e jurisdições, os divorciados que estão disputando a custódia dos filhos são obrigados a participar de uma mediação de divórcio antes de ser ouvidos no tribunal.

- **Quais são os quatro tipos de violência contra o parceiro que Johnson e Ferraro (2003) identificaram?**
  Os quatro padrões de violência doméstica são (1) violência comum entre os casais (atos ocasionais de violência decorrentes de discussões que fogem ao controle); (2) terrorismo íntimo (violência motivada por um desejo de controlar o parceiro); (3) violência de resistência (atos de violência cometidos em autodefesa); e (4) controle violento mútuo (ambos os parceiros batalham pelo controle).

- **Por que alguns adultos que sofreram abuso permanecem em relações abusivas?**
  Os adultos que são vítimas de violência são comumente acusados de escolher continuar nos seus relacionamentos abusivos. Do ponto de vista da vítima, as razões para permanecer no relacionamento incluem dependência econômica, apego emocional, comprometimento com a relação, culpa, medo, esperança que as coisas melhorem e a ideia de que a violência foi legítima porque ela "mereceu". Algumas vítimas com filhos os levam para a proteção à criança, mas outras permanecem, porque precisam de ajuda para criar os filhos ou sentem medo de perder a guarda do filho se forem embora. Algumas vítimas ficam porque sentem medo de o agressor abusar ou negligenciar um animal.

- **Qual é a forma mais comum de abuso infantil?**
  A forma mais comum de abuso infantil é a negligência.

AVALIE SEU CONHECIMENTO

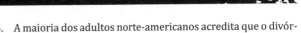

1. Os Estados Unidos têm a maior taxa de gravidez fora do casamento entre todos os países.
   a. Verdadeiro
   b. Falso
2. Duas perspectivas sobre o casamento nos Estados Unidos são o declínio conjugal e a ___ conjugal.
   a. saúde
   b. resiliência
   c. inclinação
   d. estabilidade
3. Um estudo sobre as mudanças no casamento descobriu que, entre 1980 e 2000, os casamentos
   a. estão mais propensos ao divórcio
   b. se tornaram mais conflituosos
   c. envolvem menos interação entre marido e mulher
   d. todas as alternativas
4. Quantos estados reconhecem o divórcio amigável?
   a. Nenhum
   b. 5
   c. 25 e o Distrito de Colúmbia
   d. Todos os 50
5. A maioria dos adultos norte-americanos acredita que o divórcio é moralmente aceitável.
   a. Verdadeiro
   b. Falso
6. Na maioria das famílias casadas com filhos menores de 18 anos, ambos os pais têm emprego.
   a. Verdadeiro
   b. Falso
7. O objetivo da mediação do divórcio é ajudar os casais que estão considerando o divórcio a reparar seu relacionamento e permanecer juntos.
   a. Verdadeiro
   b. Falso
8. Nos Estados Unidos, as pessoas têm maior probabilidade de ser atacadas fisicamente ou molestadas ou assaltadas sexualmente ou assassinadas por ___ do que por qualquer outra pessoa.
   a. um membro da família
   b. um funcionário
   c. um estranho
   d. um amigo

9. Qual dos itens a seguir é a forma mais prevalente de abuso em famílias?
   a. Abuso sexual pelo pai
   b. Abuso sexual por um tio ou primo
   c. Abuso verbal pela mãe
   d. Abuso por irmão ou irmã

10. A maioria dos adultos norte-americanos vê o espancamento como
    a. apropriado apenas para crianças abaixo dos 12 anos
    b. prejudicial
    c. às vezes necessário
    d. o único tipo de disciplina que funciona

Respostas: 1. B; 2. B; 3. C; 4. D; 5. A; 6. A; 7. B; 8. A; 9. D; 10. C.

TERMOS-CHAVE

abuso de idosos 172
abuso infantil 170
alienação parental 162
bigamia 148
ciclo de abuso 170
contrato de casamento 165
divórcio amigável 160
família 148
individualismo 160

mediação doe divórcio 166
monogamia 148
monogamia serial 148
negligência 170
parceria doméstica 152
patriarcado 156
perspectiva da resiliência conjugal 154
perspectiva do declínio conjugal 154
poliandria 148

poligamia 148
poliginia 148
punição corporal 175
relações em casas separadas 152
segundo turno 160
Síndrome do Bebê Sacudido 171
taxa de divórcio refinada 153
violência doméstica 167

Desigualdade econômica, riqueza e pobreza

"Somos a primeira geração que consegue olhar a pobreza extrema nos olhos e dizer: nós temos o dinheiro, nós temos os remédios, nós temos a ciência. Mas temos vontade de fazer da pobreza algo do passado?"

—Bono, U2 (banda de rock)

Contexto global: desigualdade econômica, riqueza e pobreza ao redor do mundo

Teorias sociológicas sobre desigualdade econômica, riqueza e pobreza

O lado humano: **Declaração do presidente Obama sobre o 50º aniversário da Guerra contra a Pobreza**

Desigualdade econômica, riqueza e pobreza nos Estados Unidos

Consequências da desigualdade econômica e pobreza

Você e a sociedade: **Escala de segurança alimentar**

Ensaio fotográfico: **Falta de água limpa e saneamento básico entre os pobres**

Estratégias para ação: redução da pobreza e da desigualdade econômica

Animais e a sociedade: **Animais de companhia que mudam e salvam a vida dos sem-teto**

Um olhar sobre a pesquisa dos problemas sociais: *Patchwork*: histórias de mulheres pobres que recosturam sua rede de proteção rompida

Entendendo a desigualdade econômica, a riqueza e a pobreza

Revisão do capítulo

Em um artigo publicado no *The American Prospect*, Chuck Collins (2013) descreve a vida de quatro jovens adultos norte-americanos para ilustrar como a desigualdade econômica resulta em diferentes consequências para a vida deles:

> Dois universitários de 21 anos sentam-se em um café para estudar para uma prova iminente. Atrás do balcão, um barista prepara seus cafés com leite duplos. Na cozinha, outra jovem adulta lava a louça e esvazia a lixeira. Esses quatro jovens adultos têm muito em comum. Têm a mesma idade e raça, cada um tem dois pais e todos cresceram na mesma região metropolitana. Eram todos bons alunos em suas respectivas escolas. Mas, conforme chegam perto dos 30 anos, seus futuros profissionais e trajetórias de vida são radicalmente diferentes – e este momento determina fortemente esse futuro. (Collins, 2013)

A vida desses quatro jovens adultos se desdobrara de maneiras muito diferentes, em grande parte como resultado dos níveis diferentes de recursos econômicos de suas famílias. Uma das alunas, Miranda, se formará sem dívidas de empréstimo estudantil e completará três períodos de estágios não remunerados em administração, que a ajudarão a alavancar sua carreira. Os pais de Miranda a ajudarão a comprar um carro, pagar por moradia e lhe darão seguro-saúde, além de terem uma rede de contatos familiares e profissionais que podem ajudá-la. Dez anos depois, Miranda terá um emprego que lhe pagará muito bem, será noiva de outro profissional e, com a ajuda de um "programa de assistência de empréstimo conjugal", comprará uma casa muito valorizada por sua localização.

O outro colega da faculdade, Marcus, se formará com mais de US$ 55 mil em dívidas com a universidade, um cartão de crédito no limite e um currículo de empregos de meio período em restaurantes que aceitou para pagar a escola e que o deixaram com menos tempo e energia para estudar. Quando se formar, Marcus não terá experiência de trabalho em seu campo de estudo e terá dois empregos de meio período para quitar os empréstimos estudantis e conseguir pagar o aluguel de um apartamento compartilhado. Dez anos depois, ele continuará vivendo em um apartamento alugado e tendo empregos que pagam mal, frustrado nas tentativas de conseguir um bom emprego na área em que se formou. Para pagar despesas de saúde e outros gastos, assumirá mais dívidas e não conseguirá comprar uma casa, em grande parte devido a um histórico de crédito prejudicado pela época em que tinha 20 e poucos anos.

Tony, o barista, tem sorte de não ter o fardo de uma dívida de empréstimo estudantil com a faculdade. No fim, ele terá aulas em uma universidade pública local. Mas, sem um diploma universitário, sua renda e oportunidades de emprego serão limitadas. Após tentar aprender um ofício em construções e começar seu próprio negócio, Tony encontrará um emprego com uma renda estável, mas baixa. Embora seus pais não tenham faculdade ou sejam ricos, são de classe média estável, com uma aposentadoria estável e moradia quitada e podem proporcionar um quarto para Tony morar. Esse lar lhe fornecerá a estabilidade econômica futura e um dia ele o herdará.

Cordelia, a funcionária da cozinha, tem ainda menos oportunidade, mobilidade e avanço do que Tony. Seus pais não frequentaram a faculdade nem têm economias significativas e moram numa casa alugada. Embora ela tenha sido uma das melhores alunas da sua escola, não considerou se inscrever para a seleção de uma faculdade, já que os custos pareciam assustadores e nenhum de seus amigos iria mudar-se em função da faculdade. Não havia adultos ou orientadores para ajudá-la a explorar suas opções, como auxílio financeiro e bolsas de estudo. Cordelia fez cursos na faculdade comunitária local. Mas, ao longo do tempo, ela se estabelecerá em um emprego estável e de baixo salário, adquirindo, enquanto isso, mais responsabilidade para ajudar membros da família que têm menos dinheiro (Collins, 2013).

Collins (2013) explica que um importante determinante das diferentes perspectivas de vida para os quatro universitários é a riqueza familiar – "um fator que desempenha grande papel na distinção da geração madura de hoje em diferentes trajetórias de oportunidades" (s.p.). Neste capítulo, examinamos a desigualdade econômica, a riqueza e a pobreza no mundo todo e nos Estados Unidos.

Contexto global: desigualdade econômica, riqueza e pobreza ao redor do mundo

Vivemos em um mundo no qual algumas pessoas vivem em extrema pobreza, sem nem mesmo acesso às necessidades básicas de um lar, acesso a comida, água limpa e saneamento e assistência básica à saúde. Em 2013, uma em cada cinco pessoas do planeta vivia em extrema pobreza – número que caiu pela metade em comparação a 1980 (Chandy, 2013). Essa redução, embora significativa, representa a extrema pobreza – pessoas vivendo com menos de US$ 1,25 por dia. Muitas vivem com algo entre US$ 1,25 e US$ 2,00 por dia, e muitas mais com pouco mais do que isso.

Em total contraste com a extrema pobreza que persiste no mundo, em 2013 havia 1.426 bilionários no planeta (Kroll e Dolan, 2013). As pessoas mais ricas têm estilos de vida opulentos, suntuosos, que incluem luxos que a maioria das pessoas sequer consegue imaginar: iates e jatos particulares, várias casas pelo mundo e acesso a tudo o que o dinheiro pode comprar.

Desigualdade econômica – a grande distância que divide os ricos e os pobres – caracteriza nações, comunidades, famílias e indivíduos e inclui desigualdade tanto em termos de renda quanto de riqueza. **Riqueza** refere-se ao total de bens (ativos) de um indivíduo ou família menos o passivo (hipotecas, empréstimos e dívidas). Riqueza inclui o valor de uma casa, investimentos em imóveis, carros, negócios não constituídos, seguro de vida (valor em dinheiro), ações, títulos, fundos mútuos, consórcios, contas-correntes e poupanças, fundos individuais de aposentadoria (IRAs – *Individual Retirement Accounts*) e objetos de coleção valiosos.

A desigualdade da distribuição da riqueza familiar está refletida nas seguintes informações (Credit Suisse Research Institute, 2012):

- O 1% de adultos mais ricos (20 anos ou mais) do mundo detém quase metade (46%) da riqueza familiar global; os 10% dos adultos mais ricos, 86% da riqueza global total.
- A metade mais pobre da população mundial adulta tem cerca de 1% da riqueza global.
- Famílias com bens que somam pelo menos US$ 3.700 por adulto estão entre as primeiras na classificação da distribuição de riqueza do mundo; bens de US$ 71 mil por adulto colocam uma família entre os 10% mais ricos; e de mais de US$ 71 mil por adulto, entre o 1% mais ricos do mundo.
- A Europa contabiliza 31,1% da riqueza global; a América do Norte, 30,6%; e a região Ásia-Pacífico (com exceção da China e da Índia) representa 22,8%. O restante do mundo, com 60% da população global, reúne os 15% restantes da riqueza global. Os Estados Unidos, com menos de 5% da população mundial, detém mais de um quarto (27,9%) da riqueza do mundo. Depois dos Estados Unidos, a maior porção da riqueza mundial – 12,6% – é controlada pelos japoneses.

Essa desigualdade é significativa, já que a riqueza influencia nossas escolhas de vida. Pesquisadores do Urban Institute observaram:

> Riqueza não é só dinheiro no banco, é seguro contra tempos difíceis, mensalidade para obter educação e um emprego melhor, economias para se aposentar e uma base sólida para a classe média. Em resumo, riqueza se traduz em oportunidade. (McKernan et al., 2013, p. 1)

O que você acha? Pesquisadores perguntaram a cidadãos de vários países sobre suas percepções quanto à desigualdade de renda em seus países e, então, compararam essas respostas às medidas reais de desigualdade de renda (Forster e d'Ercole, 2005). Entre 17 países desenvolvidos, os cidadãos norte-americanos tinham a maior diferença – por larga margem – entre sua percepção de desigualdade e a realidade. Por que você acha que os norte-americanos veem o nível de desigualdade nos Estados Unidos como muito menor do que realmente é?

riqueza Total de bens de um indivíduo ou família menos o endividamento.

pobreza absoluta Falta de recursos necessários para o bem-estar material – principalmente de alimentos e água, mas também habitação, saneamento básico, educação e saúde.

pobreza relativa Falta de recursos materiais e econômicos em comparação com outra população.

Definindo e medindo a pobreza

Pobreza absoluta refere-se à falta de recursos necessários para o bem-estar – principalmente água e comida, mas também moradia, saneamento básico, educação e assistência à saúde. Em contraste, **pobreza relativa** refere-se à falta de recursos materiais e econômicos comparados aos de outras populações. Se você é um universitário esforçado que vive com um orçamento limitado, pode se sentir "pobre" em comparação ao estilo de vida da classe média ou média alta à qual você aspira. No entanto, se tem um teto sob o qual morar, acesso a água limpa, esgoto e assistência médica e tem o bastante para se alimentar, você não é absolutamente pobre; de fato, você tem um nível de bem-estar que milhões de pessoas vivendo em pobreza absoluta talvez jamais alcancem.

Medidas de pobreza. O padrão mais amplamente usado para medir a pobreza extrema no mundo em desenvolvimento é de US$ 1,25 por dia. Com base nessa medida, em 2013, cerca de uma em cada cinco pessoas do mundo, ou 1,2 bilhão de pessoas, vivia em **pobreza extrema** – menos de US$ 1,25 por dia (Chandy, 2013).

A medida de pobreza relativa baseia-se na comparação da renda de uma família com a renda familiar média de um país específico. De acordo com essa medida, membros de uma família são considerados pobres se sua renda familiar for 50% menor do que a renda familiar média do seu país.

pobreza extrema Viver com menos de US$ 1,25 por dia.

Baixa renda é apenas um indicador do empobrecimento. O **Índice de Pobreza Multidimensional (IPM)** é uma medida de séria privação nas áreas de saúde, educação e nos padrões de vida que combinam o número de pessoas carentes e a intensidade de sua carência (veja a Tabela 6.1). Cerca de 1,7 bilhão de pessoas em 104 países – um terço da população – vivem em pobreza multidimensional (UNDP, 2013). Metade dos pobres do mundo, conforme medido pelo IPM, mora no sul da Ásia, embora as taxas sejam principalmente da África subsaariana.

As pessoas desse vilarejo de tendas em Nova Délhi, Índia, vivem em pobreza extrema.

O que você acha? A próxima seção descreve como a pobreza é medida nos Estados Unidos, comparando-se a renda bruta anual de uma família na linha de pobreza oficial desse país – uma quantia em dólar que determina quem é considerado pobre. Antes de prosseguir com a leitura, responda a essas questões: quanto de renda anual você acha que uma família com um adulto precisa ter para evitar viver na pobreza? E uma família com dois adultos? Um adulto e uma criança? Dois adultos e uma criança? Compare suas respostas com os limiares de pobreza oficiais na Tabela 6.2.

Índice de Pobreza Multidimensional (IPM) Medida de privação séria nas dimensões de saúde, educação e padrão de vida que relaciona o número de desprovidos com a intensidade de sua privação.

TABELA 6.1 Três dimensões da pobreza multidimensional

1. Saúde (nutrição, mortalidade infantil)
2. Educação (anos de escolaridade, crianças matriculadas)
3. Padrão de vida (gás para cozinhar, saneamento básico, água, eletricidade, assoalho, bens)

Medidas norte-americanas de pobreza. Em 1964, a Social Security Administration desenvolveu um índice de pobreza com base nos dados que indicavam que famílias gastavam cerca de um terço de sua renda em alimentos. O nível de pobreza oficial foi estabelecido ao multiplicar os custos de alimentação por três. A partir de então, o nível de pobreza foi atualizado anualmente pela inflação e difere conforme o número de adultos e crianças em uma família e a idade do chefe de família, mas é o mesmo em todos o continente norte-americano (veja a Tabela 6.2). Qualquer pessoa que vive em uma família com renda bruta abaixo da linha oficial de pobreza é considerada "pobre". Indivíduos que vivem em famílias com renda acima da linha da pobreza, mas não muito acima, são classificados como "quase pobres" e aqueles que vivem em famílias com renda 50% acima da linha de pobreza estão em "pobreza intensa", também chamada "pobreza grave". Uma definição comum de famílias de "baixa renda" são aquelas com rendas entre 100% e 200% da linha de pobreza federal, ou duas vezes o nível de pobreza.

A linha de pobreza dos Estados Unidos foi criticada por vários motivos. Primeiro, a linha oficial de pobreza é baseada na renda antes dos impostos, de modo que encargos fiscais, bem como créditos fiscais, são desconsiderados. A riqueza familiar, incluindo economias e propriedades, é excluída dos cálculos da pobreza oficial, e benefícios públicos do governo que auxiliam famílias de baixa renda – auxílio alimentação, seguro-saúde, assistência à habitação e cuidados com a criança – não são levados em consideração. Além disso, a atual medida de pobreza é um padrão nacional que não reflete a variação significativa no custo de vida de estado para estado e entre áreas urbanas e rurais. Por fim, a linha de pobreza subestima o tamanho da dificuldade material nos Estados Unidos porque se baseia no pressuposto de que famílias de baixa renda gastam um terço de sua renda familiar com comida. Isto era verdade nos anos 1950, mas moradia, assistência médica, assistência à criança e custos de transporte aumentaram com maior rapidez do que custos alimentícios, por isso, hoje as famílias de baixa renda gastam bem menos do que um terço de sua renda em comida.

Quando uma pesquisa Gallup de 2013 perguntou ao público norte-americano "Qual é a menor quantia em dinheiro que uma família de quatro pessoas precisa por ano para viver em sua comunidade?", a resposta média foi US$ 58 mil – bem acima do limiar de pobreza oficial, de US$ 23.283, para uma família de quatro pessoas (Saad, 2013).

O **Basic Economic Security Tables Index (Best)**, uma medida das necessidades básicas e de renda indispensáveis para a segurança econômica dos trabalhadores, mostra que uma família de quatro pessoas (com pai e mãe trabalhando, recebendo benefícios trabalhistas, e dois filhos) precisa ganhar US$ 67.920 por ano, ou cerca de US$ 16 por hora por trabalhador (Wider Opportunities for Women, 2010). A Tabela 6.3 apresenta a renda bruta anual exigida para atender às necessidades básicas de diferentes famílias. Note que funcionários sem benefícios trabalhistas precisam de mais renda do que aqueles com benefícios. A Tabela 6.4 oferece um detalhamento dos gastos específicos que são considerados no cálculo de valores do Best.

TABELA 6.2 Limiares de pobreza, 2012 (chefe de família com menos de 65 anos)

Composição da família	Limiar de pobreza
Um adulto	US$ 11.945
Dois adultos	US$ 15.374
Um adulto, uma criança	US$ 15.825
Dois adultos, uma criança	US$ 18.480
Dois adultos, duas crianças	US$ 23.283

Fonte: U.S. Census Bureau, 2013.

Basic Economic Security Tables Index (Best) Medida das necessidades básicas e de renda necessárias para a segurança econômica dos trabalhadores.

TABELA 6.3 Basic Economic Security Tables, 2010
Estados Unidos, por tipo de família e recebimento de benefícios trabalhistas

Um trabalhador
Trabalhadores com benefícios trabalhistas – US$ 30.012
Trabalhadores sem benefícios trabalhistas – US$ 34.728
Um trabalhador, uma criança
Trabalhadores com benefícios trabalhistas – US$ 46.438
Trabalhadores sem benefícios trabalhistas – US$ 53.268
Um trabalhador, uma criança em fase pré-escolar e uma criança em fase escolar
Trabalhadores com benefícios trabalhistas – US$ 57.756
Trabalhadores sem benefícios trabalhistas – US$ 63.012
Dois trabalhadores, uma criança em fase pré-escolar e uma criança em fase escolar
Trabalhadores com benefícios trabalhistas – US$ 67.920
Trabalhadores sem benefícios trabalhistas – US$ 73.296

Notas: "Benefícios" incluem seguro-desemprego e seguro-saúde com base no emprego e planos de aposentadoria.
Fonte: Wider Opportunities for Women. 2010. *The Basic Economic Security Tables for the United States*. Washington, DC: Wider Opportunities for Women.

Teorias sociológicas sobre desigualdade econômica, riqueza e pobreza

É ensinado aos norte-americanos que se vive em uma **meritocracia** – sistema social no qual indivíduos chegam mais longe e ganham recompensas com base em seus esforços e habilidades individuais (McNamee e Miller, 2009). Sob esse sistema, todos têm a mesma chance de ser bem-sucedidos; aqueles que são "bem-$ucedidos" são inteligentes e talentosos, trabalharam duro e merecem o sucesso, enquanto os que não conseguiram "chegar lá" só podem culpar a si mesmos. Essa perspectiva individualista vê a desigualdade econômica como resultado do desenvolvimento do próprio potencial pelas pessoas que trabalham duro e merecem seu sucesso, enquanto outros são incapazes, fazem más escolhas, não trabalham duro o bastante e devem culpar a si mesmos por sua situação precária. Em oposição à perspectiva individualista, o estrutural-funcionalismo, a teoria de conflito e o interacionismo simbólico oferecem ideias sociológicas da natureza, causas e consequências da pobreza e desigualdade social.

Perspectiva funcional-estruturalista

De acordo com essa perspectiva, a pobreza é resultado de um colapso institucional: instituições econômicas que não conseguem oferecer empregos e salários suficientes; educacionais, que não conseguem equipar membros da sociedade com as habilidades necessárias para o mundo profissional; familiares, que não têm pai ou mãe; e governamentais, que não têm apoio público suficiente. O sociólogo William Julius Wilson explica:

> Quando os empregos são escassos (...) e onde há uma vida escolar atribulada ou degradada que pretende preparar os jovens para uma eventual participação na força de trabalho, muitas pessoas acabam perdendo a conexão do trabalho na economia formal; e não esperam mais que o trabalho seja uma força regular e reguladora em sua vida (...). (Wilson, 1996, p. 52–53)

meritocracia Sistema social no qual os indivíduos ascendem e recebem recompensas com base em seus esforços e habilidades individuais.

TABELA 6.4 Despesas envolvidas no cálculo do Basic Economic Security Tables,* 2010

(TRABALHADORES COM BENEFÍCIOS TRABALHISTAS)	
Estados Unidos	
Despesas mensais para 1 trabalhador, 1 criança	
Moradia	US$ 821
Serviços públicos	US$ 178
Alimentação	US$ 351
Transporte	US$ 536
Assistência à criança	US$ 610
Itens pessoais e familiares	US$ 364
Assistência médica	US$ 267
Economias para emergências	US$ 116
Economias para aposentadoria	US$ 73
Impostos	US$ 720
Créditos fiscais	– US$ 172
Total mensal	US$ 3.864
Total anual	US$ 46.368
Salário por hora	US$ 21,95
Economias adicionais para criação de bens	
Melhor educação infantil	US$ 43
Posse de imóveis	US$ 130

*Para trabalhadores norte-americanos com benefícios trabalhistas.
Fonte: Wider Opportunities for Women. 2010. *The Basic Economic Security Tables for the United States*. Washington, DC: Wider Opportunities for Women.

Há mais de 60 anos, Davis e Moore (1945) apresentaram uma explicação estrutural-funcionalista para a desigualdade econômica, argumentando que um sistema de remuneração desigual motiva as pessoas a atingir níveis mais altos de treinamento e educação e a aceitar empregos mais importantes e complexos que oferecem recompensas maiores por maiores realizações. No entanto, esse argumento é criticado com a justificativa de que muitas funções importantes, como funcionários de creches e enfermeiras assistentes, têm salários baixos, enquanto muitos indivíduos em função não essenciais (por exemplo, estrelas do esporte internacional e artistas) ganham quantias ultrajantes. O argumento estrutural-funcionalista de que o salário do CEO é alto para recompensar o alto desempenho é destruído pelo fato de que os CEOs recebem grandes salários e bônus mesmo quando contribuem para o fracasso econômico de sua empresa e/ou para o problema do desemprego.

Em seu clássico artigo The Positive Functions of Poverty, o sociológo Herbert Gans (1972) fala sobre a perspectiva estrutural-funcionalista para identificar meios nos quais a pobreza pode ser vista como funcional para os segmentos não pobres da sociedade. Por exemplo, ter uma população pobre assegura que a sociedade disponha de um grupo de trabalhadores de baixo custo dispostos a realizar atividades desagradáveis e oferece mão de obra para trabalhos que vão de militares a prostitutas. Populações pobres também garantem trabalho para os ricos na forma de trabalho doméstico, como empregadas domésticas e jardineiros. Os pobres ajudam a manter outros empregados em trabalhos como policiamento, carceragem e assistência social. E fornecem um grupo de consumidores para bens usados e fornecedores de serviços de segunda categoria. Essas "funções" da pobreza descrevem como os não pobres podem se beneficiar da pobreza, mas observar essas funções não implica que a pobreza se justifique com base nessas funções. Como o falecido Dr. Buford Rhea disse aos seus alunos de sociologia, "SER não é DEVER" (notas pessoais do autor).

Perspectiva do conflito

Karl Marx (1818–1883) propôs que a desigualdade econômica resulta da dominação da *bourgeoisie (burguesia)* (donos de fábricas ou "meios de produção"), sobre o *proletariat (proletariado)* (trabalhadores). A burguesia acumula riqueza conforme lucra com o trabalho do proletariado, que ganha salários bem abaixo dos da burguesia. Teóricos modernos do conflito reconhecem que o poder de influenciar resultados econômicos surge não só da posse dos meios de produção, mas também da posição gerencial, concentração de membros do conselho, controle da mídia, contribuições financeiras a políticos e *lobby*.

Essa perspectiva vê o dinheiro como uma ferramenta que pode ser usada para conquistar interesses políticos. Corporações e indivíduos ricos usam contribuições financeiras políticas para influenciar eleições e a política em geral de forma que beneficiem os ricos. Os interesses dos ricos incluem itens como manter os impostos baixos sobre os ganhos de capital e têm mais propensão do que o público geral a se opor ao aumento do salário-mínimo e outras políticas que criariam mobilidade ascendente entre norte-americanos de baixa renda (Callahan e Cha, 2013).

O poder dos ricos de influenciar resultados políticos foi reforçado pela decisão (5 a 4) da Suprema Corte, no caso da *Citizens United* v. *Federal Election Commission,* de 2010, de que as corporações têm direito garantido pela Primeira Emenda a gastar quantias ilimitadas para apoiar ou se opor a candidatos eleitos. O advento dos Super PACs também deu aos ricos maior alavancagem no processo político. Super PAC é um comitê de ação política que pode crescer e gastar quantias ilimitadas para apoiar ou combater um candidato político, desde que o montante não seja dado à campanha política de um candidato. Durante o ciclo eleitoral de 2012, dois norte-americanos ricos (Sheldon e Miriam Adelson) deram, juntos, US$ 91,8 milhões aos Super PACs. "Os Adelson deram mais para definir as eleições federais de 2012 do que todas as contribuições combinadas de residentes de 12 estados: Alasca, Delaware, Idaho, Maine, Mississippi, Montana, New Hampshire, Dakota do Norte, Rhode Island, Dakota do Sul, Vermont e Virgínia Ocidental" (Callahan e Cha, 2013, p. 18-19).

Leis e políticas que favorecem os ricos, como incentivos fiscais que os beneficiam, são por vezes chamadas de **bem-estar da riqueza (*wealthfare*)**. Por exemplo, o quintil mais rico da população dos Estados Unidos recebe subsídios habitacionais com a dedução de impostos de juros de hipoteca que contabiliza quase quatro vezes a assistência à moradia oferecida para o quintil mais pobre (Garfinkel, 2013). **Bem-estar corporativo** refere-se a leis e políticas que beneficiam corporações, como subsídios governamentais e incentivos fiscais. Um artigo sobre "sonegadores" corporativos revelou que, embora o índice oficial de imposto federal para as empresas seja de 35%, corporações norte-americanas tiraram vantagem de brechas fiscais legais que lhes permitiram pagar, em média, apenas 12,1% em impostos federais em 2011 (Anderson et al., 2013). Em 1952, sob o mandato do presidente republicano Eisenhower, o imposto sobre a renda das empresas contribuía com a metade da arrecadação de impostos federais, mas caiu para menos de 10% em 2012 (Anderson et al., 2013).

Teóricos do conflito também observam que o comércio do "livre mercado" e políticas de investimento econômico, que alguns afirmam ser a solução para a pobreza, beneficiam principalmente corporações ricas. Acordos de comércio e investimento permitem que corporações (1) expandam a produção e aumentem o desenvolvimento econômico em países pobres e (2) vendam seus produtos e serviços para consumidores ao redor do mundo, aumentando assim o acesso das populações pobres a bens e serviços. Ainda assim, tais políticas também

> **bem-estar da riqueza (*wealthfare*)** Leis e políticas que beneficiam os ricos.
>
> **bem-estar corporativo** Leis e políticas que beneficiam as corporações.

permitem que corporações desloquem a produção para países com ofertas abundantes de trabalho barato, o que leva à diminuição dos salários e a uma consequente queda nos gastos do consumidor, o que faz que mais indústrias fechem suas fábricas, vão à falência e/ou demitam trabalhadores.

Além disso, os mais de 3 mil acordos de comércio e investimento em funcionamento incluem uma provisão fundamental que dá às corporações o direito de tomar medidas legais contra governos com políticas que, no interesse de proteger o público, afetam os lucros das corporações. Em 2012, em 70% dos casos em que corporações tomaram medidas legais contra governos por violarem acordos comerciais, o tribunal do comércio do Banco Mundial decidiu a favor das corporações, e os governos tiveram de pagar dezenas ou até centenas de milhões de dólares – dinheiro que poderia ir para educação, saúde e outros investimentos públicos para melhorar a vida da população e especialmente dos pobres (McDonagh, 2013).

Quando as corporações afirmam que seus produtos ou serviços são essenciais no combate à pobreza, a perspectiva do conflito pode revelar uma história diferente. Por exemplo, corporações poderosas de alimentos e biotecnologia, como Monsanto, Cargill e Archer Daniels Midland, usaram seu poder econômico e político para impor um sistema de agricultura baseado no uso intensivo de produtos químicos e sementes geneticamente modificadas (McDonagh, 2013). Essas corporações afirmam que seu modelo de agricultura, que exige que os fazendeiros comprem seus produtos químicos e sementes, produz alimentos melhores e em maiores quantidades, e por isso é importante no combate global à fome e à pobreza. Mesmo assim, esse controle corporativo da agricultura resultou na dependência e dívida dos fazendeiros (e em uma epidemia de suicídios entre pobres e fazendeiros), na degradação ambiental (com maior uso de produtos químicos) e em riscos à saúde associados aos produtos químicos e aos alimentos geneticamente modificados.

O lado humano — Declaração do presidente Obama sobre o 50º aniversário da Guerra contra a Pobreza

Como norte-americanos, acreditamos que todos que trabalham duro merecem uma oportunidade e que todos os nossos cidadãos merecem um mínimo de segurança básica. Por isso, há 50 anos o presidente Johnson declarou Guerra contra a pobreza para ajudar cada um dos norte-americanos a satisfazer seus desejos básicos. Criamos novas avenidas de oportunidade por meio do emprego e da educação, da ampliação do acesso à assistência à saúde para idosos, pobres e norte-americanos com deficiências e ajudamos famílias trabalhadoras a conseguir que seus salários cheguem no fim do mês. Sem a Seguridade Social, quase a metade dos idosos estaria vivendo na pobreza. Hoje, menos de um em cada sete vive. Antes do Medicare, apenas a metade dos idosos tinha alguma forma de seguro-saúde. Hoje, praticamente todos têm. E como expandimos programas pró-trabalho e pró-família, como o Earned Incomed Tax Credit, um estudo recente descobriu que o índice de pobreza caiu em quase 40% desde os anos 1960 e evitou que milhões caíssem na pobreza durante a Grande Recessão. Esses empreendedores não só fizeram de nós um país melhor. Eles reafirmaram que somos um grande país. Eles corresponderam às nossas melhores esperanças como pessoas que valorizam a dignidade e o potencial de cada ser humano. Mas, como todo norte-americano sabe, nosso trabalho está longe de acabar. Na nação mais rica da Terra, crianças demais ainda nascem na pobreza, muito poucos têm uma chance justa de fugir disso e norte-americanos de todas as raças e origens vivem com salários e rendas que não estão aumentando, o que torna mais difícil compartilhar oportunidades que uma economia em crescimento oferece. Isso não significa, como alguns sugerem, abandonar a guerra contra a pobreza. Na verdade, se não tivéssemos declarado "guerra incondicional contra a pobreza na América", muitos outros milhões de norte-americanos estariam vivendo na pobreza hoje. Em vez disso, significa que devemos redobrar nossos esforços para garantir que nossa economia funcione para cada trabalhador norte-americano. Isso significa ajudar nossas empresas a criar novos empregos com melhores salários e benefícios, expandir o acesso à educação e à saúde, reconstruir as comunidades no limite da esperança e construir novas escadas de oportunidade para nossas pessoas subirem.

Somos um país que mantém as promessas que fizemos. E em uma economia do século XXI, teremos certeza de que conforme a América se fortalece, essa recuperação não deixará ninguém para trás. Devido a tudo que mudou nos 50 anos desde que o presidente Johnson dedicou a nós sua missão econômica e moral, uma constante de nosso caráter não mudou: somos uma única nação e um único povo e crescemos e caímos juntos.

Fonte: Presidente Barack Obama, Declaração sobre o 50º aniversário da Guerra contra a Pobreza, 8 de janeiro de 2014.

Perspectiva interacionista simbólica

O interacionismo simbólico concentra-se em como significados, rótulos e definições afetam e são afetados pela vida social. Essa visão chama a atenção para meios nos quais riqueza e pobreza são definidas e as consequências de ser rotulado "pobre". Indivíduos pobres são com frequência vistos como não merecedores de ajuda ou empatia; sua pobreza é vista como consequência de preguiça, imoralidade, irresponsabilidade, falta de motivação ou incapacidade pessoal (Katz, 2013). Indivíduos ricos, por sua vez, tendem a ser vistos como capazes, motivados, esforçados e merecedores de sua riqueza.

A linguagem que usamos para rotular coisas e pessoas pode ter uma influência profunda sobre o modo como as vemos. Um estudo canadense descobriu que o público demonstrava maior apoio ao governo que "gastava com os pobres" do que ao que gastava com "bem-estar social" (Harell et al., 2008). Se "bem-estar social" é um "palavrão", como esse estudo sugere, então faz diferença usar o termo "bem-estar" em vez de outros, como "assistência aos pobres", "assistência pública" ou "rede de segurança".

Essa perspectiva também se concentra em como indivíduos pobres rotulam sua experiência de pobreza. Um estudo qualitativo com mais de 40 mil mulheres e homens pobres em 50 países revelou que a experiência de pobreza envolve dimensões psicológicas como fraqueza, impotência, dependência, vergonha e humilhação (Narayan, 2000).

Significados e definições de riqueza e pobreza variam entre sociedades e ao longo do tempo. Há mais de 50 anos, o presidente Johnson iniciou a "Guerra contra a Pobreza" (veja *O lado humano* deste capítulo). Embora muitos norte-americanos pensem na pobreza em termos de nível de renda, para milhões de pessoas a pobreza não é principalmente uma questão de renda, mas de alienação a padrões sustentáveis de consumo e produção. Para mulheres indígenas que vivem nas regiões menos desenvolvidas do mundo, pobreza e riqueza são determinadas principalmente por acesso e controle de recursos naturais (como terra e água) e conhecimento tradicional, que são suas fontes de subsistência (Susskind, 2005).

Desigualdade econômica, riqueza e pobreza nos Estados Unidos

Os Estados Unidos têm o maior índice de desigualdade de renda e a maior taxa de pobreza das nações industrializadas. Nos últimos anos, o público norte-americano se tornou mais atento à desigualdade econômica, já que o movimento Occupy Wall Street (OWS) trouxe maior atenção aos "99% *versus* 1%". A disparidade entre os ricos e todos os outros é impressionante: em 2012, 1% das famílias norte-americanas mais ricas ganhava mais de 20% da renda do país; os 10% mais ricos levavam para casa mais da metade da renda total do país – o nível mais alto registrado na história dos Estados Unidos (Lowrey, 2013). Curiosamente, o indicador econômico padrão do país – o Produto Interno Bruto (PIB) – não mede desigualdade e, por isso, pode indicar que a economia está "crescendo" e, portanto, saudável. Ao mesmo tempo, o ditado que diz "os ricos ficam cada vez mais ricos, enquanto os pobres ficam cada vez mais pobres" é sustentado pelos dados. Conforme a economia norte-americana se restabelecia durante os dois primeiros anos da recuperação econômica (de 2009 a 2011), após a recessão de 2007, a riqueza média das famílias dos 7% mais ricos aumentou 28%, enquanto a riqueza média dos últimos 93% caiu 4% (Fry e Taylor, 2013). A renda do 1% de assalariados no topo do sistema econômico também cresceu significativamente mais do que os salários nas faixas de baixa renda. De 1979 a 2011, ganhos deste 1% aumentaram 134%, enquanto ganhos dos 90% inferiores cresceram 15% (Mishel e Finio, 2013).

Outro exemplo de desigualdade econômica nos Estados Unidos é a disparidade entre os benefícios (salários, bônus, opção de ações etc.) de presidentes executivos (CEOs) e os de funcionários comuns. Em 2012, CEOs das 350 maiores corporações norte-americanas receberam, em salário e outras compensações (como bônus e ações), uma média de 273 vezes os benefícios dos trabalhadores médios norte-americanos (Mishel e Sabadish, 2013). Isso significa que um trabalhador comum teria de trabalhar 273 anos para ganhar o que um CEO recebe em um ano!

TABELA 6.5 Relação entre os benefícios* dos CEOs e o salário de um trabalhador comum, Estados Unidos, 1965-2012

1965	20:1
1978	29:1
1995	122:1
2000	383:1
2012	273:1

* Arredondados; inclui salário e opções de ação; baseado nas 350 maiores empresas dos Estados Unidos

Fonte: Mishel e Sabadish, 2013.

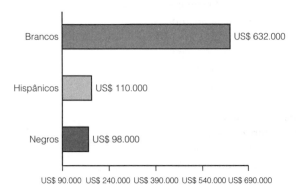

Figura 6.1 Patrimônio médio familiar por raça/origem hispânica, 2010

Fonte: McKernan, Signe-Mary, Caroline Ratcliffe, c. Eugene Steuerle e Sisi Zhang. Less than equal: racial disparities in wealth. Urban Institute, abr. 2013. Disponível em: <http://www.urban.org>.

A Tabela 6.5 mostra o aumento dramático da relação entre os salários de um CEO e de um trabalhador comum desde 1965.

Disparidades de renda e riqueza demonstram uma vantagem econômica de brancos sobre minorias raciais/étnicas. Em 2010, a renda média de uma família branca era de US$ 89 mil – quase o dobro da média de US$ 46 mil para famílias negras e hispânicas. A riqueza das famílias brancas era *seis vezes maior* do que a das famílias negras e hispânicas (McKernan et al., 2013) (veja a Figura 6.1). Isso está em grande parte relacionado ao fato de que brancos têm mais probabilidade de possuírem uma casa – o que, para os norte-americanos, é o bem mais valioso – do que negros ou hispânicos.

Para a maioria dos norte-americanos, os super-ricos são pessoas que nunca conheceremos pessoalmente; nosso conceito sobre os ricos é baseado principalmente em representações da mídia. Após um olhar rápido sobre os norte-americanos mais ricos, examinamos padrões de pobreza nos Estados Unidos.

O "1%": riqueza nos Estados Unidos

Quem são os norte-americanos mais ricos? Em 2011, o 1% de assalariados mais ricos eram aqueles que ganhavam mais de US$ 598.570 (Mishel e Finio, 2013).

Como os ricos se tornam ricos? Os Estados Unidos são conhecidos como "terra da oportunidade" – um país onde uma pessoa pode ir do "farrapo à riqueza". Mas será que os norte-americanos ricos adquirem sua riqueza por meio do seu trabalho árduo, talento e habilidade? Até que ponto os ricos herdam sua riqueza ou usam a da sua família para conseguir vantagens educacionais, ocupacionais e financeiras?

Na lista anual da revista *Forbes* sobre os 400 norte-americanos mais ricos, em 2011, mais de 70% dos 282 bilionários na lista eram descritos como "autorrealizados", o que sugeria que esses indivíduos haviam atingido o sucesso financeiro por conta própria, sem assistência da família ou da sociedade. Mas a ideia de que indivíduos ricos criaram seu próprio sucesso ignora a importância de gênero, raça e histórico familiar, bem como a função que políticas fiscais desempenham na criação de indivíduos ricos. A United for a Fair Economy (2012) examinou a lista da *Forbes* de 2011 sobre os 400 norte-americanos mais ricos e descobriu que:

- 17% dos 400 listados têm membros da família que também estão na lista;
- Cerca de 40% dessa lista herdou um "bem importante" de um cônjuge ou membro da família;
- Mais de uma em cada cinco das 400 pessoas listadas herdou riqueza suficiente para entrar na lista;
- Apenas um afro-americano está na lista. Quanto às mulheres (que compreendem apenas 10% da lista), 88% delas herdaram sua fortuna; e
- 60% da renda ganha pelos listados vem de ganhos capitais (investimentos) que são tributados a uma taxa mais baixa do que outras rendas.

Crianças têm mais probabilidade de viver na pobreza do que adultos.

Há, de fato, histórias verdadeiras de sucesso, do "lixo ao luxo", nos Estados Unidos que exemplificam a ideia de que qualquer um pode alcançar o sonho norte-americano. Aproximadamente um terço dos indivíduos na lista das 400 de 2011 da *Forbes* veio de um histórico de classe baixa ou média. Oprah Winfrey, por exemplo – a única negra e uma das 40 mulheres da lista – nasceu de uma mãe pobre, adolescente e solteira, mas, mesmo assim, desenvolveu uma carreira de sucesso na televisão, no cinema e com a publicação de livros e reportagens em revistas. No entanto, essas histórias "do lixo ao luxo" são a exceção, e não a regra.

Padrões de pobreza nos Estados Unidos

Embora a pobreza não seja tão dispersa ou grave nos Estados Unidos quanto em muitas outras partes do mundo, esse país tem a maior taxa de pobreza entre os países ricos pertencentes à Organização para a Cooperação e o Desenvolvimento Econômico (OCDE). Em 2012, 46,5 milhões de norte-americanos – 15% da população norte-americana – viviam abaixo da linha de pobreza (DeNavas-Walt et al., 2013). Mais da metade (58%) dos norte-americanos entre 20 e 75 anos passa pelo menos um ano na pobreza, e um em cada três norte-americanos enfrentará um ano inteiro de pobreza extrema em algum momento da vida adulta (Pugh, 2007).

Idade e pobreza. Se estatísticas de pobreza para adultos são complicadas, para crianças são ainda piores (veja a Figura 6.2). Enquanto um em cada seis norte-americanos vive na pobreza e um em cada três vive "próximo ao nível de pobreza" (com renda abaixo do dobro do nível de pobreza), uma em cada quatro crianças com menos de 5 anos é pobre e quase metade está na categoria "quase pobre"(Golden, 2013). Cerca de um terço das crianças norte-americanas enfrenta a pobreza por pelo menos parte da infância, e 10% das crianças são persistentemente pobres, vivendo pelo menos metade de sua infância na pobreza (Ratcliffe e McKernan, 2010). Mais de um terço (35%) da população pobre dos Estados Unidos é composto por crianças (DeNavas-Walt et al., 2013). Em comparação a outros países industrializados, os Estados Unidos têm a maior taxa de pobreza infantil. Pobreza infantil é particularmente problemática, porque "crescer na pobreza pode traumatizar uma pessoa pelo resto da vida" (Golden, 2013, s.p.).

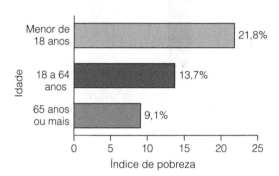

Figura 6.2 Taxas de pobreza nos Estados Unidos por idade, 2012

Fonte: DeNavas-Walt et al., 2013.

O que você acha? Em nossas aulas de sociologia introduzimos o tópico "pobreza norte-americana", pedindo aos alunos para pensar na imagem de uma pessoa que representa a pobreza nos Estados Unidos e desenhá-la. Pedimos ainda que os alunos dessem nome à pessoa (para indicar seu sexo) e escrevessem sua idade. A maioria deles desenhou um homem de meia-idade, mesmo que estatísticas de pobreza nos Estados Unidos revelem que os maiores índices de pobreza são de mulheres, não homens, e jovens, não adultos de meia-idade. Por que você acha que a imagem mais comum de uma pessoa pobre nos Estados Unidos é um homem de meia-idade?

Sexo e pobreza. A probabilidade de mulheres viverem abaixo da linha de pobreza é maior do que a dos homens – um fenômeno chamado **feminização da pobreza**. Em 2012, 16,3% das mulheres e 13,6% dos homens viviam abaixo da linha da pobreza (DeNavas-Walt et al., 2013). Como discutido no Capítulo 10, mulheres têm menos propensão do que os homens a atingir níveis educacionais mais altos e tendem a ter empregos de baixa remuneração, como de balconistas ou secretárias. No entanto, mesmo com níveis iguais de educação e com o mesmo papel profissional, mulheres ainda ganham significativamente menos do que os homens. E as que fazem parte de minorias raciais ou étnicas e/ou são mães solteiras correm maior risco de ser pobres.

feminização da pobreza Distribuição desproporcional da pobreza entre as mulheres.

Educação é uma das melhores apólices de seguro para proteger um indivíduo de viver na pobreza.

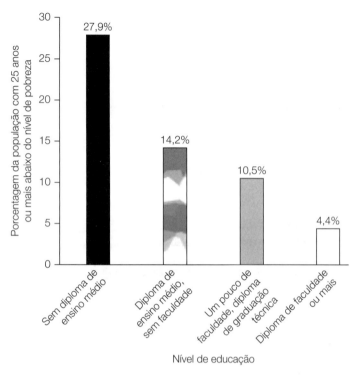

Figura 6.3 Relação entre educação e pobreza, 2011

Fonte: U.S. Census Bureau, 2012a.

Educação e pobreza. Educação é uma das melhores apólices de seguro para proteger um indivíduo de viver na pobreza. No geral, quanto maior o nível de educação atingido, menos chance essa pessoa tem de ser pobre (veja a Figura 6.3). A relação entre rendimento escolar e pobreza aponta para a importância de consertar nosso sistema educacional para que alunos de todos os históricos socioeconômicos tenham acesso à educação de qualidade (veja também o Capítulo 8). Mas também precisamos considerar o fato de que muitos empregos não exigem alto nível educacional. De fato, a maior parte do crescimento de empregos (68%) em 2018 envolverá ocupações que não exigem um diploma de graduação (Wider Opportunities for Women, 2010). Wright e Rogers (2011) sugerem que pobreza em uma sociedade rica não reflete simplesmente falha de oportunidades iguais de adquirir boa educação; reflete falha social na criação de empregos suficientes para oferecer um padrão adequado de vida a todas as pessoas, independentemente de sua educação ou nível de habilidades (p. 224)

Estrutura familiar e pobreza. A pobreza é muito mais prevalente entre famílias chefiadas por mulheres solteiras do que em outros tipos de estruturas familiares (veja a Figura 6.4). Em outros países industrializados, níveis de pobreza entre famílias chefiadas por mulheres são menores do que os dos Estados Unidos. Diferentemente desse país, outros desenvolvidos oferecem vários programas de apoio a mulheres solteiras, como complemento de renda, isenções fiscais, assistência universal à infância, cuidado com a saúde em âmbito nacional e salários mais altos para ocupações dominadas por mulheres.

No geral, casais do mesmo sexo têm mais chance de ser pobres do que os heterossexuais. Crianças de famílias de casais do mesmo sexo têm quase o dobro de chances de ser pobres do que as de casais de sexos diferentes (Badgett et al., 2013).

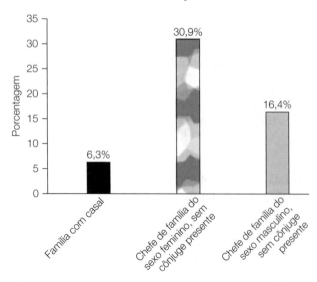

Figura 6.4 Níveis de pobreza dos Estados Unidos por estrutura familiar, 2012

Fonte: DeNavas-Walt et al., 2013.

Raça ou etnia e pobreza. Como mostra a Figura 6.5, índices de pobreza são maiores entre grupos de minoria racial e étnica do que entre brancos não hispânicos. Como discutido no Capítulo 9, a discriminação antiga e atual contribui para a persistência da pobreza entre minorias. Outros fatores incluem a perda de empregos na indústria no centro das cidades, o movimento de brancos e negros de classe média para as periferias ou subúrbios das cidades e a resultante concentração de pobreza em bairros periféricos, onde as minorias predominam (Massey, 1991; Wilson, 1987, 1996). Por fim, negros e hispânicos têm mais chance de viver em famílias chefiadas por mulheres solteiras – estrutura familiar associada a altas taxas de pobreza.

Participação da força de trabalho e pobreza. Uma imagem comum que se tem dos pobres é a de que não têm emprego e são incapazes ou estão pouco dispostos a trabalhar. Embora os pobres nos Estados Unidos sejam principalmente crianças e adultos que não fazem parte da força de trabalho, muitos são classificados como

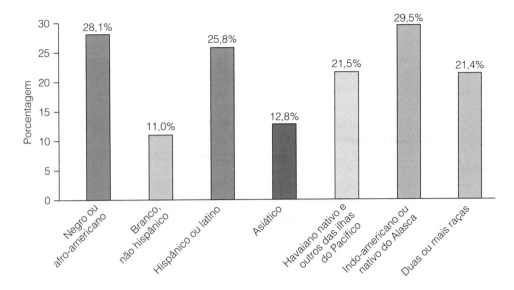

Figura 6.5 Níveis de pobreza dos Estados Unidos por raça e origem hispânica, 2011
Fonte: U.S. Census Bureau, 2012a. *2011 American Community Survey*. Disponível em: <www.census.gov>.

trabalhadores pobres – indivíduos que gastam pelo menos 27 semanas por ano na força de trabalho (trabalhando ou procurando emprego), mas cuja renda fica abaixo do nível oficial de pobreza.

Região e pobreza. Níveis de pobreza variam consideravelmente entre as regiões dos Estados Unidos, com os mais altos nos estados do Sul e do Oeste e os mais baixos no Noroeste. Embora o nível médio de pobreza dos Estados Unidos em 2011 fosse de 15,3, os níveis de pobreza variavam de uma baixa de 10 em New Hampshire até uma alta de 24,2 no Mississippi (veja a Tabela 6.6).

> **trabalhadores pobres** Indivíduos que gastam pelo menos 27 semanas por ano na força de trabalho (trabalhando ou procurando trabalho), mas cuja renda fica abaixo da linha oficial da pobreza.

Consequências da desigualdade econômica e da pobreza

De certo ponto de vista, a desigualdade econômica e a pobreza são problemáticas por si só, porque contradizem os valores de imparcialidade, justiça e igualdade de oportunidades e constituem uma violação moral dos direitos humanos básicos. Também são vistas como problemas porque têm consequências econômicas e sociais que afetam toda a sociedade. Por exemplo, quando a renda é concentrada no topo, menos dinheiro circula na economia local, pois o dinheiro ganho por famílias de baixa e média renda tem mais chance de ser gasto em bens e serviços que beneficiam a economia local do que investido em outras regiões e gasto em produtos de luxo (Talberth et al., 2013). Quanto maior o segmento da população nas faixas mais baixas de renda, mais a sociedade é afetada por problemas que atormentam os pobres, mas que também afetam o restante da sociedade – problemas discutidos nas próximas seções.

TABELA 6.6 Estados com os índices de pobreza mais altos e mais baixos: 2012

Maiores índices de pobreza	Menores índices de pobreza
Mississippi: 24,2	New Hampshire: 10,0
Novo México: 20,8	Alasca: 10,1
Louisiana: 19,9	Maryland: 10,3
Arkansas: 19,8	Connecticut: 10,7
Kentucky: 19,4	New Jersey: 10,8
Geórgia: 19.,	Dakota do Norte: 11,2
Alabama: 19,0	Minnesota: 11,4
Arizona: 18,7	Havaí: 11,6
Carolina do Sul: 18,3	Virgínia: 11,7
Carolina do Norte: 18,0	Vermont: 11,8
Texas: 17,9	Massachusetts: 11,9
Tennessee: 17,9	Delaware: 12

Fonte: BISHAW, Alemayehu. Poverty: 2000 to 2012. *American Community Survey Briefs*. U.S. Census Bureau, set. 2013.

Problemas de saúde, fome e pobreza

Em países em desenvolvimento, a pobreza absoluta está associada a altas taxas de mortalidade materna e infantil, poluição do ar dentro de casa devido ao calor e vapores da cozinha, água contaminada e falta de saneamento (veja o *Ensaio fotográfico* deste capítulo) (Organização Mundial da Saúde, 2002). Viver na pobreza também acarreta fome e desnutrição. Em 2012, quase 870 milhões de pessoas no mundo estavam cronicamente desnutridas, com a maioria dos famintos do mundo vivendo na Ásia e no Pacífico (FAO, 2012). A nutrição inadequada dificulta a capacidade de trabalhar e gerar renda e pode desencadear problemas de saúde irreversíveis, como cegueira (por falta de vitamina A) e desnutrição (por falta de proteínas).

A fome nos Estados Unidos é medida pela porcentagem de famílias que sofrem de "insegurança alimentar", o que significa que o chefe de família tem dificuldade de fornecer comida suficiente para todos os seus membros devido à falta de recursos. Em 2011, aproximadamente 15% dos chefes de família norte-americanos sofriam de insegurança alimentar durante algum período do ano (Coleman-Jensen et al., 2012). Avalie seu próprio grau de insegurança alimentar no item *Você e a sociedade* deste capítulo.

Nos Estados Unidos, pessoas que ganham salários baixos apresentam índices mais altos de obesidade, hipertensão, diabete, artrite e morte precoce (Leigh, 2013). Salários baixos e pobreza afetam a saúde de várias formas. Viver com limitações pode ser estressante, e o estresse afeta negativamente a saúde. Crianças e adultos pobres dos Estados Unidos tendem a receber assistência médica inadequada e de qualidade inferior, o que agrava seus problemas de saúde. Renda mínima significa que pessoas podem não ter recursos para pagar remédios para controlar colesterol, pressão alta e outros problemas de saúde. Como discutido no Capítulo 2, pessoas com renda limitada podem não ter acesso ou ser capazes de pagar por alimentos mais saudáveis, como produtos frescos, que tendem a ser mais caros do que alimentos processados, de fácil preparação e que contêm mais calorias, açúcar, sal e gorduras. Por fim, muitas pessoas avaliam parcialmente seu valor com base em sua renda, e a baixa autoestima no longo prazo também tem consequências negativas para a saúde (Leigh, 2013).

A desigualdade econômica também está ligada a problemas de saúde. Comparando trinta países ricos, pesquisadores descobriram uma associação entre a grande desigualdade econômica e maior taxa de mortalidade geral (Kondo et al., 2009). Outro estudo feito pelo U.S. National Research Council and Institute of Medicine (2013) comparou resultados de saúde nos Estados Unidos com os de 16 outros países industrializados de alta renda, e descobriu que os norte-americanos morrem mais cedo e têm índices mais altos de doenças ou lesões. Uma explicação para essa descoberta é que, embora a renda dos norte-americanos seja, em média, mais alta do que a de outros países, os Estados Unidos têm índices mais altos de pobreza (especialmente infantil), mais desigualdade de renda e menos mobilidade social.

Problemas habitacionais

Estes incluem condições precárias de habitação, pessoas em situação de rua e "crise de moradia".

Condições precárias de habitação. Ter um teto sobre a cabeça é considerado uma necessidade básica. No entanto, para os pobres esse teto pode estar literalmente desmoronando. Além de telhados gotejantes, as unidades de habitação dos pobres muitas vezes têm buracos no chão e rachaduras nas paredes ou no teto. Unidades de habitação de baixa

Muitos norte-americanos ficariam chocados ao ver as condições em que muitos pobres do país vivem.

> **Você e a sociedade**
>
> ### Escala de segurança alimentar
>
> O U.S. Department of Agriculture conduz pesquisas nacionais para avaliar em que grau as famílias norte-americanas enfrentam segurança alimentar, insegurança alimentar e insegurança alimentar com fome. Para avaliar seu próprio nível de segurança alimentar, responda aos seguintes itens e use o placar para interpretar os resultados:
>
> 1. Nos últimos 12 meses, a comida que eu(nós) comprei(amos) não durou e eu(nós) não tive(mos) dinheiro para comprar mais
>   a. **Muitas vezes verdadeiro**
>   b. **Às vezes verdadeiro**
>   c. Nunca verdadeiro
> 2. Nos últimos 12 meses, eu(nós) não consegui(mos) ter refeições balanceadas.
>   a. **Frequentemente verdadeiro**
>   b. **Às vezes verdadeiro**
>   c. Nunca verdadeiro
> 3. Nos últimos 12 meses, você reduziu o tamanho de suas refeições ou pulou refeições por não ter dinheiro suficiente para comer comida?
>   a. **Sim**
>   b. Não (pule a questão 4)
> 4. Se você respondeu "sim" à questão 3, com que frequência isto aconteceu nos últimos 12 meses?
>   a. **Quase todos os meses**
>   b. **Alguns meses, mas não todos**
>   c. Apenas em um ou dois meses
> 5. Nos últimos 12 meses, você comeu menos do que achou que devia por não ter dinheiro suficiente para comprar comida?
>   a. **Sim**
>   b. Não
> 6. Nos últimos 12 meses, você passou fome, mas não comeu porque não conseguiu pagar por comida suficiente?
>   a. **Sim**
>   b. Não
>
> **Pontuação e interpretação**
>
> As opções em negrito indicam respostas afirmativas. Conte o número dessas respostas que você deu aos itens e use o placar a seguir para interpretar seus resultados.
>
> **Número de respostas afirmativas e interpretação**
>
> 0 ou 1 item: *Segurança alimentar* (No último ano, você teve acesso a comida suficiente para uma vida ativa e saudável.)
>
> 2, 3, ou 4 itens: *Insegurança alimentar* (No último ano, você teve disponibilidade limitada ou incerta de comida e se preocupou ou não soube se teria o bastante para comer.)
>
> 5 ou 6 itens: *Insegurança alimentar com fome evidente* (No último ano, você enfrentou mais do que ocasiões isoladas de fome involuntária por não conseguir pagar por comida suficiente.)
>
> Se seu resultado foi insegurança alimentar (com ou sem fome), você pode tentar descobrir se está qualificado para assistência alimentar pública (por exemplo, vale-refeição) ou se há um programa de assistência alimentar local (por exemplo, despensa de alimentos ou sopa comunitária) que poderia usar.
>
> Fonte: Baseado no formulário da Food Security Scale de 12 meses. In: BICKEL et al., 2000.

renda em geral não têm aquecimento central nem ar-condicionado, esgoto ou sistemas sépticos nem tomadas elétricas em um ou mais quartos. Muitas vezes, as moradias dos pobres também estão localizadas em áreas de altos índices de criminalidade e altos níveis de poluição. Áreas concentradas de pobreza e moradias pobres em áreas urbanas são muitas vezes chamadas **favelas**. Um terço da população urbana de regiões em desenvolvimento vive em favelas. Na África subsaariana, dois terços das populações urbanas vivem em favelas (UN-Habitat, 2010).

favelas Áreas concentradas de pobreza e habitação pobre em regiões urbanas.

Pessoas em situação de rua. A National Alliance to End Homelessness (2013) registrou que, em janeiro de 2012, 633.782 pessoas moravam nas ruas nos Estados Unidos; dentre elas, 38% eram de famílias com filhos; aproximadamente 10% veteranos de guerra; e 16% sem-teto crônicos – com algum tipo de deficiência e sem moradia várias vezes ou por longos períodos. Durante o curso de uma vida, estima-se que de 9% a 15% da população norte-americana fique desabrigada (Hoback e Anderson, 2007). Embora a maioria da população em situação de rua fique em abrigos ou alojamentos provisórios, mais de um terço dos indivíduos desabrigados vive nas ruas ou em lugares que não foram feitos para habitação humana, como casas improvisadas feitas de materiais descartados, como pedaços de madeira e tábuas, papelão, colchões, tecidos e lonas plásticas (National Alliance to End Homelessness, 2013).

Essa situação é essencialmente causada pela falta de moradia economicamente acessível. Uma moradia é assim considerada quando uma família não paga mais do que 30% de sua renda em despesas habitacionais. Quanto menor a renda da família, maior é a porcentagem de gastos com habitação. Outros fatores que contribuem para que as pessoas fiquem em situação de rua, além da incapacidade de pagar pela moradia, incluem desemprego e pobreza, despejo, violência doméstica, doença mental, abuso de substâncias e falta dos serviços necessários para tratar esses problemas (U.S. Conference of Mayors, 2012).

Para pessoas que vivem nas ruas, cada dia pode ser uma luta pela sobrevivência. Nos últimos anos houve um aumento de ataques violentos sem motivo contra indivíduos nessa situação. A National Coalition for the Homeless (2012) documentou 1.289 incidentes de violência contra pessoas em situação de rua entre 1999 e 2011, e mais de 300 destes resultaram em morte. Dentre as manchetes de 2011 estão:

Dois jovens espancam um mendigo com uma barra de ferro "por diversão"
Mulher desabrigada é estuprada, estrangulada e queimada
Polícia deixa corpo de sem-teto mutilado
Crânio de jovem desabrigado e com problema de audição é esmagado e fraturado enquanto tentava dormir atrás de uma escola
Adolescente inventa jogo para bater em sem-teto inconsciente (National Coalition for the Homeless, p. 18)

Na maioria dos casos, os ataques vêm de adolescentes e jovens adultos do sexo masculino. Muitos atos de violência a desabrigados não são denunciados para a polícia, por isso os casos realmente documentados podem ser apenas a ponta do *iceberg*. Durante os anos em que viveu nas ruas, David Pirtle foi atacado cinco vezes e não denunciou nenhuma vez à polícia. "Me atingiram nas costas, fui chutado, urinaram em mim e me 'pixaram'. (...) Muitas pessoas desabrigadas passam por isso, é assim que as coisas são" (citado em Dvorak, 2009, p. DZ01).

Há também um novo fascínio por vídeos de "ataque a sem-teto" ou "luta de sem-teto" no YouTube – vídeos filmados por um rapaz, nos quais garotos batem em um sem-teto ou pagam mendigos para se baterem ou fazer acrobacias perigosas, como bater a cabeça contra janelas de vidro e descer escadas em carrinhos de supermercado. Mais de 15 mil vídeos no YouTube foram marcados com a frase de busca "luta de sem-teto", com mais de 7 milhões de visualizações e 6 mil "curtidas" de usuários do YouTube (National Coalition for the Homeless, 2012). Indivíduos que acham a ideia de atacar sem-teto divertida também podem comprar DVDs com brigas entre sem-teto e jogos de ataque a sem-teto na web.

Milhares de pessoas nos Estados Unidos vivem nas ruas.

O que você acha? Sob as leis dos crimes de ódio, infratores são submetidos a sanções legais mais rígidas se seu crime é motivado por raça, religião, origem nacional ou orientação sexual da vítima. O número de atos violentos contra sem-teto excede o de atos de crime de ódio contra outros grupos minoritários juntos. Vários estados adicionaram o *status* "pessoas em situação de rua" à sua lei para o crime de ódio e muitas cidades e condados também tomaram medidas para reconhecer esse *status* em suas leis e processos. Legislações propostas para adicionar as pessoas em situação de rua à lei federal de crime de ódio até hoje não foram aprovadas. Você acha que ações violentas contra essas pessoas deveriam ser categorizadas como crimes de ódio e estar sujeitas a penas mais severas? Por que sim, ou por que não?

A "crise habitacional". Nos anos 1990 e início dos 2000, os preços inflacionados das habitações permitiam que proprietários de classe média com cartões de crédito com limite alto continuassem gastando por meio do refinanciamento de suas hipotecas. Ao mesmo tempo, houve um aumento nas **hipotecas *subprime*** – hipotecas com juros altos ou índices reajustáveis que exigem pouco dinheiro na hora, emitidas para emprestadores com baixos níveis de crédito ou histórico limitado de crédito. O empréstimo de hipotecas *subprime* permitiu que pessoas com salários baixos comprassem casas, e o aumento da demanda por moradia aumentou os valores habitacionais ainda mais. Quando a bolha habitacional explodiu e os valores caíram em 2007/2008, milhões de pessoas ficaram presas a "hipotecas inversas", nas quais o valor da hipoteca é maior do que o da propriedade. Muitos proprietários com hipotecas *subprime* não conseguiam cumprir seus pagamentos, e houve um aumento meteórico de despejos. Durante essa crise habitacional, milhões de pessoas perderam suas casas e seu crédito, e inquilinos em habitações retomadas perderam a moradia sem aviso prévio.

Desigualdade legal

Em 1963, a Suprema Corte declarou, no caso *Gideon v. Wainwright*, que réus em processos criminais que não têm condições financeiras de contratar advogados têm o direito constitucional a uma defesa pública. Mas, muitas vezes, escritórios de defensores públicos são sobrecarregados e subfinanciados e em geral gastam apenas alguns minutos em cada caso devido à quantidade absurda de trabalho que têm (Giovanni e Patel, 2013). Sem recursos para contratar uma representação legal eficaz, réus pobres muitas vezes aceitam negociações judiciais ilegais, e "o resultado sistemático são sentenças mais severas para os réus e mais gente incluída em nosso caro sistema de justiça criminal" (Giovanni e Patel, 2013, p. 1). Assim, o ideal norte-americano de "justiça para todos" pode ser mais descrito com maior precisão como "justiça para aqueles que podem pagar por ela". A desigualdade econômica incorporada no sistema legal dos Estados Unidos é problemática não apenas para os pobres, mas para toda a sociedade, pois contribui para os custos sociais e econômicos do encarceramento em massa (veja também Capítulo 4).

Desigualdade política e alienação

A desigualdade econômica também contribui para a desigualdade política, como indicado em uma versão da "regra de ouro": "Quem tem ouro faz as regras". Acemoglu e Robinson (2012, s.p.) explicam como os ricos têm uma vantagem política sobre os pobres:

> Os ricos têm maior acesso aos políticos e à mídia e conseguem comunicar seu ponto de vista e seus interesses – muitas vezes disfarçados de "interesses nacionais" – de maneira muito mais eficaz do que o resto de nós. De que outra forma podemos explicar que está no programa político nas últimas décadas o corte de impostos sobre os ricos, enquanto quase nenhuma atenção é dada aos problemas que afligem os pobres, como nosso sistema penal disfuncional, que condena um enorme número de norte-americanos a definhar nas prisões por pequenos crimes? De que outra forma podemos explicar (...) que votos dos senadores dos Estados Unidos representam a visão de seus constituintes ricos, mas não dos pobres?

hipotecas *subprime* Hipotecas com juros altos ou índices reajustáveis que exigem pouco dinheiro na hora, emitidas para emprestadores com baixos níveis ou histórico limitado de crédito.

Ensaio fotográfico
Falta de água limpa e saneamento básico entre os pobres

Em países ricos, como os Estados Unidos, consideramos garantida a disponibilidade de banheiros e vasos sanitários e o acesso à água potável que chega até nossas casas. Mas, em muitas regiões pobres do mundo, pessoas bebem qualquer água que esteja disponível, urinam e defecam nas ruas, à beira de estradas, em baldes ou em sacolas plásticas que são amarradas e jogadas em valas na estrada. Quando usadas dessa forma, essas sacolas são chamadas "privadas voadoras". Mais de um terço da população mundial – 2,5 bilhões de pessoas – não usa instalações sanitárias adequadas, que garantiriam a separação higiênica de excrementos humanos do contato humano (Organização Mundial da Saúde e Unicef, 2013). Entre essas pessoas, cerca de 1,5 bilhão delas usam instalações sanitárias públicas ou compartilhadas, ou instalações que não atendem aos padrões mínimos de higiene. O 1 bilhão restante – 15% da população mundial – defeca ao ar livre, fazendo suas necessidades em áreas abertas, como ruas ou valas da estrada. Além disso, 768 milhões de pessoas no mundo todo não têm acesso à água potável.

A falta de acesso à água potável e de instalações sanitárias é uma importante causa de doenças e morte. Por exemplo, um saneamento deficiente causa doenças diarreicas, que são a segunda maior causa de morte entre crianças pequenas em países em desenvolvimento (Agazzi, 2012). Outras doenças associadas à falta de água potável e de saneamento incluem tracoma (que causa cegueira), febre tifoide, vermes intestinais e vermes da Guiné.

Normas culturais de muitos países exigem que mulheres não sejam vistas urinando ou defecando, o que as obriga a limitar sua ingestão de comida e água para que possam fazer suas necessidades no escuro da noite, em campos ou estradas (Programa de Desenvolvimento das Nações Unidas, 2006). Adiar funções corporais pode causar infecção de rins e prisão de ventre aguda, e sair à noite para fazer as necessidades coloca as mulheres sob risco de agressões físicas.

▲ A mosca doméstica (*musca sorbens*), que se reproduz em rostos humanos, provoca 2 milhões de novos casos de tracoma, que resulta em cegueira, por ano no mundo em desenvolvimento. As moscas se alojam nos olhos humanos, o que causa décadas de infecções repetidas. Vítimas descrevem a infecção como a sensação de ter espinhos nos olhos.

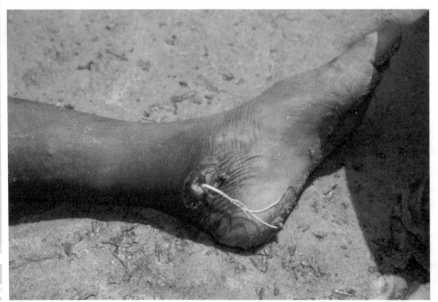

◄ Uma pessoa é contagiada pelo verme da Guiné, um parasita, ao beber água contaminada com a larva. O verme cresce até 90 centímetros no corpo e eventualmente estoura da pele, causando bolhas extremamente dolorosas.

PROBLEMAS SOCIAIS

◄ Imagine ter de dividir este único banheiro com mais de 1.000 pessoas.

Tentativas de melhorar o acesso à água limpa e ao saneamento para populações pobres são algumas das prioridades mais importantes na luta contra a pobreza. Para cada US$ 1 investido em água e saneamento, US$ 5 são economizados em gastos com a saúde ou colaboram para o aumento de produtividade (Agazzi, 2012). Mais importante, o acesso à água limpa e ao saneamento é um direito humano básico, do qual toda mulher, homem e criança deve usufruir. A World Toilet Organization desperta a consciência para a questão crucial do saneamento pelo reconhecimento do World Toilet Day (19 de novembro) com o *slogan*: *"I give a shit – do you?"* (Eu me importo, e você?) ▼

▲ Em muitas áreas pobres do mundo, é comum moradores defecarem em sacolas plásticas que são jogadas em valas ou em acostamentos.

▲ Três quartos da população mundial rural obtêm água de uma fonte comum, o que significa que membros da família (como mulheres e meninas) precisam caminhar até a fonte e trazer água para todos os familiares. Para coletar água suficiente para beber, preparar comida, higiene pessoal, limpeza da casa e lavagem de roupas, uma família de cinco pessoas precisa de pelo menos 32 galões de água por dia (um pouco mais de 6 galões por pessoa) (Satterthwaite e McGranahan, 2007). Isto equivale a carregar seis malas pesadas de água todos os dias.

CAPÍTULO 6 DESIGUALDADE ECONÔMICA, RIQUEZA E POBREZA

A decisão da Suprema Corte de 2010, no caso *Citizens United* v. *Federal Election Commission,* permitindo que corporações gastem quantias ilimitadas de dinheiro para apoiar ou se opor a candidatos políticos tem contribuído para a desigualdade política. Embora os Estados Unidos se declarem uma democracia, cujo governo representa todos os cidadãos, as classes baixas, e até as médias, sentem que seus interesses não são representados pelos políticos eleitos. Por consequência, pessoas de classes socioeconômicas mais baixas são vulneráveis à **alienação política** – rejeição ou estranhamento do sistema político acompanhado da sensação de impotência quanto a influenciar o governo. Os pobres enfrentam obstáculos para concorrer a cargos políticos, já que dinheiro e contatos são necessários para isso. Embora norte-americanos de baixa renda estejam votando com mais frequência desde meados dos anos 1960, ainda têm menos propensão a votar do que norte-americanos abastados – cerca de 30% menos nas eleições de 2008 e 2010 (Callahan e Cha, 2013). Os pobres também votam menos do que os segmentos ricos da população em parte devido à alienação política, mas também por causa de obstáculos, como dificuldade em conseguir uma folga no trabalho e problemas de transportes para chegar às urnas.

Desigualdade econômica, pobreza, guerra e conflito social

Desigualdade econômica e pobreza são muitas vezes as principais causas de conflito e guerra entre países. Países mais pobres têm mais chances de se envolver em guerras civis do que os ricos, e países que enfrentam guerras civis tendem a se tornar e/ou permanecer pobres. Conflitos armados e guerras civis geralmente acontecem em países com desigualdades extremas e crescentes entre grupos étnicos (United Nations, 2005). Por outro lado, países com níveis mais altos de igualdade têm mais chances de ser pacíficos (Institute for Economics & Peace, 2013). Um relatório das Nações Unidas (2005) sugeriu que "as estratégias de prevenção de conflito mais eficazes (...) são aquelas que objetivam atingir reduções na pobreza e desigualdade, empregos plenos e decentes para todos e integração social completa" (p. 94).

Não só a pobreza gera conflito e guerra, mas a guerra também contribui para a pobreza. A guerra devasta infraestruturas, lares, empresas e sistemas de transporte. Durante seu transcorrer, populações muitas vezes enfrentam fome e desalojamento.

Desastres naturais, desigualdade econômica e pobreza

Embora desastres naturais, como furacões, tsunamis, enchentes e terremotos, ataquem indiscriminadamente tanto ricos quanto pobres, a pobreza aumenta a vulnerabilidade à devastação por tais desastres. Em 2010, tanto o Chile quanto o Haiti enfrentaram grandes terremotos, mas o dano no Haiti foi muito mais grave, com índices de mortalidade muito maiores do que os do Chile. O motivo de o Haiti sofrer mais foi, em parte, o fato de ser muito mais pobre do que o Chile. Chilenos tinham a vantagem de ter casas e escritórios com estruturas de aço criadas para suportar terremotos – mesmo moradias de baixa renda foram construídas para suportá-los. Por outro lado, não há código de construção no Haiti, e casas desmoronaram e se desintegraram durante o terremoto (Bajak, 2010). Países ricos também têm mais recursos do que os pobres para iniciativas de assistência após desastres naturais, como reconstrução de infraestrutura, fornecimento de cuidados médicos para pessoas feridas e comida e abrigo para pessoas que perderam suas casas.

Mas, mesmo em países ricos, os pobres estão mais vulneráveis aos desastres naturais, enquanto os mais abastados têm recursos que lhes permitem lidar com desastres naturais. O colunista David Rohde (2012) escreveu sobre como a desigualdade econômica afetou pessoas durante o Furacão Sandy, que devastou o nordeste dos Estados Unidos em 2012:

> A divisão entre ricos e pobres não é novidade em Nova York, mas a tempestade as trouxe vividamente à superfície. Havia moradores, como eu, que podiam investir todo seu tempo e energia para proteger suas famílias, e nova-iorquinos que não podiam. Os que tinham carro podiam fugir. Quem tinha dinheiro podia se mudar para um hotel. Aqueles com empregos estáveis podiam se recusar a ir trabalhar. Mas cozinheiros,

alienação política Rejeição ou estranhamento do sistema político acompanhado da sensação de impotência quanto a influenciar o governo.

porteiros, homens da manutenção, motoristas de táxi e empregadas da cidade deixaram seus entes queridos em casa (...). Na região de Union Square, os privilegiados de Nova York – inclusive eu – podiam jantar, pedir comida pelo delivery e pegar suprimentos uma ou duas horas depois de o Sandy parar. Os cozinheiros, caixas e funcionários do hotel, que ficaram trabalhando em vez de ir para casa, tornaram isto possível. (s.p.)

Problemas educacionais e pobreza

Em muitos países, crianças de famílias mais pobres têm pouca ou nenhuma escolaridade e entram na vida adulta sem ser alfabetizadas (veja o Capítulo 8). Nos Estados Unidos, crianças de lares desfavorecidos têm, em média, desempenho escolar mais baixo do que crianças de famílias mais favorecidas (Ladd, 2012). Crianças que crescem na pobreza tendem a receber notas piores, pontuações menores em testes padronizados, menos chance de terminar o ensino médio ou de se formar na faculdade do que seus colegas que não são pobres.

Os pobres muitas vezes frequentam escolas caracterizadas por instalações de baixa qualidade, classes lotadas e com maior

Os efeitos de desastres naturais, como o furacão Sandy, de 2012, são mais devastadores para os pobres.

taxa de rotatividade de professores (veja também o Capítulo 8). Embora outros países ricos invistam mais em educação para crianças desprivilegiadas, os Estados Unidos gastam mais com escolas de distritos ricos, porque escolas públicas são amplamente financiadas por dinheiro dos impostos locais (Straus, 2013).

Crianças que cresceram na pobreza sofrem mais problemas de saúde, que contribuem para seu baixo rendimento acadêmico. Pelo fato de pais pobres terem em média menos escolaridade do que os que não são pobres, podem estar menos aptos a encorajar e ajudar seus filhos a serem bem-sucedidos na escola. Crianças de famílias pobres têm acesso limitado a pré-escolas de boa qualidade, livros e computadores, atividades extraescolares enriquecedoras e de verão, incluindo aulas particulares, viagens, aulas (de música, dança, esportes etc.) e acampamentos (Ladd, 2012; Sobolewski e Amato, 2005). Com os custos vertiginosos de mensalidade e outras taxas, mais pobres não podem pagar para seus filhos frequentar a faculdade. Mensalidade, moradia e gastos com alimentação médios para os quatro anos da faculdade aumentaram de US$ 9 mil entre 1980 e 1981 para quase US$ 22 mil em 2012 (Stiglitz, 2013). Embora alguns estudantes tenham pais ricos que paguem suas mensalidades, outros estão se formando na faculdade com dívidas significativas. De fato, a dívida total de estudantes em 2012 excedia as dívidas totais de cartão de crédito nos Estados Unidos (Stiglitz, 2013).

Estresse familiar e problemas familiares associados à pobreza

Os estresses associados à baixa renda contribuem para o abuso de substâncias, violência doméstica, abuso e negligência infantil, divórcio e práticas familiares questionáveis. Negligência infantil é mais facilmente encontrada entre pais pobres que não conseguem pagar por cuidados infantis ou despesas médicas, e por isso deixam as crianças em casa sem supervisão de um adulto, ou não conseguem oferecer assistência médica necessária. Pais pobres têm mais chances de usar técnicas disciplinares físicas severas do que os outros e têm menos propensão a ser afetuosos e compreensivos com seus filhos (Mayer, 1997; Seccombe, 2001).

Outro problema familiar associado à pobreza é a gravidez na adolescência. Adolescentes pobres correm mais risco de engravidar do que as que não são pobres. A gravidez antes da hora está associada ao aumento do risco de nascimento de bebês prematuros ou abaixo do peso, abandono dos estudos e menor potencial de futuro como resultado da falta de escolaridade. Luker (1996) observou que "a alta taxa de gravidez na adolescência é um exemplo de quão sombria é a vida para os jovens que vivem em comunidades pobres e não têm um caminho preparado para o sucesso" (p. 189). Para meninas pobres que foram excluídas do sonho norte-americano e desiludidas com a educação, "gravidez (...) é um dos poucos meios (...) pelos quais tais mulheres acham que podem mudar sua vida" (p. 182):

> Ter um filho é um bilhete de loteria para muitas adolescentes: traz consigo ao menos o sonho de algo melhor, e se o sonho falha, nem tudo está perdido (...) Em alguns casos, leva ao casamento ou a uma relação estável; em muitos outros, motiva uma mulher a se esforçar pelo bem da criança; e ainda em outros, aumenta a autoestima de uma mulher, já que lhe permite fazer algo produtivo, algo afetuoso e socialmente responsável (...). (Luker, 1996, p. 182)

Pobreza intergeracional

Problemas associados à pobreza, como de saúde e educação, criam um ciclo de pobreza de uma geração para a seguinte. Um estudo que acompanhou crianças do nascimento até os 30 anos revelou que crianças nascidas na pobreza eram significativamente mais propensas a ser pobres quando adultas (Ratcliffe e McKernan, 2010). A pobreza transmitida de uma geração a outra é chamada **pobreza intergeracional**.

A pobreza intergeracional cria uma população persistentemente pobre e prejudicada socialmente, chamada "subclasse". Embora a subclasse seja estereotipada como composta por minorias que vivem em áreas centrais da cidade, ela é uma população heterogênea que inclui pobres brancos vivendo em comunidades urbanas e não urbanas (Alex-Assensoh, 1995). A pobreza intergeracional e a subclasse estão ligadas a uma série de fatores, incluindo a queda de empregos bem remunerados e seu afastamento das áreas urbanas, o declínio resultante da disponibilidade de homens em idade para casar que possam sustentar uma família, declínio nas taxas de casamento e aumento de nascimentos fora do casamento, migração da classe média aos subúrbios e o efeito da deterioração de bairros sobre crianças e jovens (Wilson, 1987, 1996).

Estratégias para ação: redução da pobreza e da desigualdade econômica

Como a pobreza e a desigualdade econômica são problemas sociais primários que causam muitos outros problemas sociais, estratégias para reduzir ou aliviar os relacionados a pobreza e desigualdade econômica incluem os já discutidos em outros capítulos deste texto que lidam com tais assuntos, como saúde (Capítulo 2), trabalho (Capítulo 7), educação (Capítulo 8), discriminação racial (Capítulo 9) e discriminação de gênero (Capítulo 10). Aqui, esboçamos brevemente uma série de estratégias que objetivam a redução da pobreza e da desigualdade econômica nos Estados Unidos e no mundo todo.

Respostas internacionais à pobreza e desigualdade econômica

Em 2000, líderes de 191 países-membros das Nações Unidas comprometeram-se a atingir os oito **Objetivos de Desenvolvimento do Milênio (ODMs)** – um programa internacional para reduzir a pobreza e melhorar vidas. Um desses objetivos foi reduzir pela metade, entre 1990

---

pobreza intergeracional Pobreza que é transmitida de uma geração para a seguinte.

Objetivos de Desenvolvimento do Milênio (ODM) Oito objetivos que incluem uma agenda internacional para reduzir a pobreza e melhorar a qualidade de vida.

e 2015, a proporção de pessoas vivendo em extrema pobreza e passando fome. Como pode ser visto na Tabela 6.7, muitos outros ODMs envolvem a mitigação de problemas relacionados à pobreza, como doenças, mortalidade infantil e materna e falta de acesso à educação. O objetivo de redução da pobreza dos ODMs foi atingido em 2010 – cinco anos antes do previsto. O Banco Mundial estabeleceu um novo objetivo para reduzir a extrema pobreza ao redor do mundo para menos de 3% até 2030 (Chandy et al., 2013).

Uma forma de ajudar países pobres a atender às necessidades de seus cidadãos é fazer que países ricos prestem auxílio financeiro para quitar dívidas dos mais pobres. Outra estratégia para reduzir a pobreza é aumentar a consciência pública sobre a magnitude do problema. Para muitos de nossos alunos que participaram de intercâmbios em regiões pobres da Índia, África e América do Sul, testemunhar a pobreza extrema em primeira mão foi uma experiência transformadora. Alguns voltaram da experiência com o compromisso de arrecadar fundos para implantação de assistência médica e água potável em vilarejos específicos; outros, mudaram seus planos profissionais para incluir o trabalho com populações carentes. Viajantes que não são alunos também estão interessados em aprender sobre áreas do mundo onde a pobreza extrema persiste. Alguns turistas buscam guias para levá-los a favelas. Embora o turismo em favelas possa promover maior consciência sobre a pobreza, Kennedy Odede, que nasceu e cresceu na favela Kibera, de Nairóbi, Quênia, observa que "as favelas não vão desaparecer porque algumas dezenas de norte-americanos ou europeus passaram a manhã passeando por elas. Há soluções para os nossos problemas – mas elas não acontecerão por meio de *tours*" (Odede, 2010, p. A25). A seguir, discutimos outras abordagens para reduzir a pobreza no mundo, incluindo a promoção do desenvolvimento econômico, o investimento no desenvolvimento humano e programas de microcrédito que oferecem empréstimos a pessoas carentes.

TABELA 6.7 Os Objetivos de Desenvolvimento do Milênio

1. Erradicar a pobreza extrema e a fome.
2. Atingir educação primária universal.
3. Promover igualdade de gêneros e delegar poderes às mulheres.
4. Reduzir a mortalidade infantil.
5. Melhorar a saúde materna.
6. Combater o/a HIV/Aids, a malária e outras doenças.
7. Garantir sustentabilidade ambiental.
8. Desenvolver uma parceria global para o desenvolvimento.

© Cengage Learning

Desenvolvimento econômico. Uma abordagem para mitigar a pobreza envolve aumentar a produção econômica ou o Produto Interno Bruto de um país. No entanto, o desenvolvimento econômico nem sempre reduz a pobreza; em alguns casos, a aumenta. Políticas que envolvem corte de gastos governamentais, privatização de serviços básicos, comércio liberal e produção de bens, especialmente para exportação, podem aumentar o crescimento econômico em nível nacional, mas a riqueza termina nas mãos da elite política e corporativa à custa dos pobres. O crescimento econômico não ajuda a reduzir a pobreza quando os gastos públicos são desviados das necessidades dos pobres e usados para quitar dívidas internacionais, financiar operações militares e apoiar corporações que não pagam salários justos a seus funcionários. Outro problema do desenvolvimento econômico é que o ambiente e os recursos naturais são muitas vezes esgotados e destruídos no processo de crescimento econômico. O desenvolvimento econômico também ameaça vidas e culturas dos 370 milhões de indígenas que vivem em 70 países. Indígenas que vivem em terras ricas em recursos naturais são deslocados por corporações que desejam ter acesso à terra e a seus recursos naturais e por forças governamentais, que ajudam as corporações a expandir suas atividades (Ramos et al., 2009). Conforme áreas remotas são "desenvolvidas", muitos indígenas são forçados a desistir do seu estilo de vida tradicional e se acostumar com a cultura dominante.

Desenvolvimento humano. Diferentemente da abordagem do desenvolvimento econômico para mitigação da pobreza, a do desenvolvimento humano vê pessoas – e não dinheiro – como a verdadeira riqueza da nação:

> A disputa central da abordagem do desenvolvimento humano (...) é que bem-estar é muito mais do que dinheiro (...) Ter renda é fundamental, mas ter acesso à educação e poder levar uma vida longa e saudável, influenciar nas decisões do povo e viver em uma sociedade que valoriza e respeita a todos. (UNDP, 2010, p. 114)

A abordagem do desenvolvimento humano vê as pessoas – não o dinheiro – como a verdadeira riqueza da nação.

Em muitos países pobres, grande parte da população é iletrada e não tem habilidades empregatícias e/ou está subnutrida ou em más condições de saúde. Investimentos no desenvolvimento humano envolvem programas e políticas que fornecem nutrição, saneamento, moradia e cuidados médicos adequados (incluindo cuidados com a saúde sexual e planejamento familiar) e formação educacional e profissional.

Programas de microcrédito. O velho ditado "dinheiro atrai dinheiro" explica por que muitas pessoas carentes não conseguem sair da pobreza: elas não têm acesso a recursos financeiros e serviços. **Programas de microcrédito** referem-se ao fornecimento de empréstimos a pessoas que geralmente são excluídas de serviços de crédito tradicionais por conta de seu baixo *status* socioeconômico. Esses programas dão a pessoas carentes os recursos financeiros de que precisam para se tornar autossuficientes e contribuir com suas economias locais.

O Grameen Bank, de Bangladesh, aberto em 1976, tornou-se um modelo para mais de 3 mil programas de microcrédito que atendem a milhões de clientes pobres (Roseland e Soots, 2007). Para conseguir um empréstimo nesse banco, beneficiários devem formar pequenos grupos de cinco pessoas "para fornecer garantias mútuas em grupos moralmente unidos, em vez das garantias exigidas por bancos convencionais" (Roseland e Soots, 2007, p. 160). A princípio, apenas dois dos cinco membros do grupo podem solicitar empréstimo. Quando os empréstimos iniciais são pagos, os outros membros podem solicitá-los.

Assistência governamental pública e programas de auxílio nos Estados Unidos

Vários programas de assistência pública, ou de "auxílio", dos Estados Unidos visam ao fornecimento de redes seguras para adultos e crianças considerados qualificados a recebê-la. Cerca de 32 milhões de famílias norte-americanas, ou 27% (em 2011), se beneficiaram de ao menos um programa social (Plumer, 2012). **Programa social** é um conjunto de ações fundamentado em exigências de qualificação baseadas em renda e/ou bens. Programas de assistência pública criados para ajudar os pobres incluem Supplemental Security Income, Temporary Assistance for Needy Families, programas alimentares, assistências a moradia, médica, educacional, cuidado infantil, proteção à criança e Crédito de Imposto de Rendimento de Trabalho.

Supplemental Security Income (SSI). Esse programa – em português, Renda Suplementar de Segurança – administrado pela Social Security Administration, oferece uma renda mínima para pessoas carentes com 65 anos ou mais, pessoas cegas ou com deficiência. SSI não é a mesma coisa que Social Security. Um milionário pode ter acesso à Social Security, mas uma pessoa deve ser idosa ou indivíduo com deficiência e ter limitação de renda e bens para ter acesso à Renda Suplementar de Segurança.

Temporary Assistance for Needy Families. Em 1996, o sistema de auxílio social dos Estados Unidos mudou dramaticamente com a aprovação do Personal Responsibility and Work Opportunity Reconciliation Act (PRWORA), que substituiu o programa de assistência financeira Aid to Families with Dependent Children (AFDC), em português, Ajuda a Famílias com Crianças Dependentes, por um novo, o **Temporary Assistance for Needy Families (TANF)**, em português, Assistência Temporária para Famílias Carentes. Embora o AFCD oferecesse uma rede de segurança mais confiável para o norte-americano mais pobre, o TANF é um programa de assistência financeira aos pobres que oferece assistência mais restrita, com limites de tempo e exigências de trabalho. Depois de dois anos recebendo benefícios, beneficiários adultos do TANF devem estar empregados ou se envolver em atividades relacionadas ao trabalho, como formação profissional, pesquisa de emprego e vocação educacional. Um limite federal de cinco anos é estabelecido para famílias que recebem os benefícios, e beneficiários fisicamente saudáveis de 18 a 50 anos, sem dependentes, têm limite de dois anos. Algumas exceções a essas regras são feitas

---

programas de microcrédito A oferta de empréstimos a pessoas que geralmente são excluídas dos serviços tradicionais de crédito devido a seu baixo *status* socioeconômico.

programas sociais Programas assistenciais que têm exigências de habilitação com base em renda e/ou bens.

Temporary Assistance for Needy Families (TANF) Programa de auxílio federal em dinheiro que envolve exigências de trabalho e um limite de cinco anos de duração.

para indivíduos com deficiência, vítimas de violência doméstica, moradores de áreas de alto desemprego e para aqueles que cuidam de crianças pequenas. O sucesso do TANF é medido não pelo número de famílias de baixa renda que desenvolveram carreiras que oferecem salário-mínimo, mas pelo número de pessoas deixando o programa, independentemente da razão para fazê-lo ou de seu bem-estar posterior (Green, 2013).

Assistência alimentar. O maior programa de assistência alimentar nos Estados Unidos é o **Supplemental Nutrition Assistance Program (SNAP)**, em português, Programa de Assistência de Nutrição Suplementar, antes chamado Programa de Vale-Refeição, seguido de merenda escolar e do Special Supplemental Nutrition Program for Women, Infants, and Children (WIC), em português, Programa Especial de Nutrição Suplementar para Mulheres, Bebês e Crianças. O SNAP oferece benefícios mensais por meio de cupons ou cartões de débito eletrônicos. Em 2012, o benefício médio para um indivíduo que recebia o SNAP era de US$ 133,41 por mês (USDA Food and Nutrition Service, 2013). Para suplementar o SNAP, merenda escolar e o WIC, muitas comunidades têm bancos de alimentos (que distribuem comida para famílias carentes), "sopões" (que oferecem refeições feitas na hora) e programas de assistência alimentar para a população idosa (como refeições comunitárias).

> **Supplemental Nutrition Assistance Program (SNAP)** O maior programa norte-americano de assistência alimentar.

O que você acha? O benefício médio do SNAP em 2012 somou cerca de US$ 4,50 por dia. Se você dependesse desse programa para comer, conseguiria manter uma dieta saudável e adequada com US$ 4,50 por dia? Como sua ingestão diária de alimentos mudaria se tivesse apenas US$ 4,50 por dia para comer?

Assistência habitacional. Embora a mídia e o público tendam a concentrar atenção no aumento dos preços de alimentos e gasolina, a maior despesa para as famílias ainda é habitação. Em 2011, mais de 6,5 milhões de famílias nos Estados Unidos gastaram mais de 50% de sua renda em despesas habitacionais (National Alliance to End Homelessness, 2013). A falta de acesso econômico à moradia não é só um problema para os pobres que vivem em áreas urbanas. "O problema subiu a escada da renda e foi parar nos subúrbios, onde prestadores de serviço amontoam suas famílias em apartamentos superlotados, universitários têm de viver com os pais e bombeiros, policiais e professores não conseguem viver na comunidade à qual servem" (Grunwald, 2006).

Programas federais de assistência habitacional incluem moradias públicas, Section 8 housing e outros conjuntos habitacionais privados. O programa de **habitação pública**, iniciado em 1937, oferece habitações subsidiadas pelo governo federal que pertencem e são administradas por autoridades locais. Para economizar e evitar oposição da população, arranha-céus de habitação popular foram construídos em conjuntos habitacionais no centro da cidade. Esse tipo de moradia, porém, está cheio de problemas, como má qualidade da construção, negligência gerencial, manutenção inadequada e vandalismo desenfreado. A má qualidade das habitações públicas têm sérios custos para os moradores e para a sociedade:

> Habitações públicas carentes submetem famílias e crianças a ambientes perigosos e prejudiciais que aumentam os riscos de problemas de saúde, insucesso escolar, paternidade e maternidade na adolescência, delinquência e criminalidade – e tudo isso gera custos no longo prazo que os contribuintes têm de suportar (...). Esses empreendimentos severamente atingidos não são apenas velhos, fora de moda ou decadentes. Na verdade, muitos se tornaram praticamente inabitáveis para todas as famílias, com exceção das mais vulneráveis e desesperadas. (Turner et al., 2005, p. 1-2)

O programa **Section 8 housing** envolve o aluguel subsidiado pelo governo federal oferecido a inquilinos (na forma de certificados e comprovantes) ou a proprietários particulares. Diferentemente das habitações públicas que confinam famílias de baixa renda em bairros muito pobres, o objetivo com a Section 8 housing é dispersá-las pela comunidade. Entretanto, devido à oposição dos moradores de bairros de classe média, a maioria das unidades da Section 8 housing permanece em áreas de baixa renda.

> **habitação pública** Moradia subsidiada pelo governo federal cuja propriedade e operação cabem às autoridades públicas locais de habitação.
>
> **Section 8 housing** Programa federal de assistência habitacional no qual subsídios para aluguel são oferecidos tanto a locatários (na forma de certificados e comprovantes) como a locadores privados.

Um grande obstáculo para a construção de habitações acessíveis economicamente são as regulações de zoneamento que estabelecem requisitos de tamanho mínimo de lote, restrições de densidade e outros controles. Tais regulações atendem aos interesses de moradores dos subúrbios de classe média alta, que desejam manter seus valores de propriedade e afastar a "ralé" – o grupo social de baixa renda que presumivelmente prejudicaria o caráter da comunidade. Assim, uma resposta ao problema educacional é mudar regulações de zoneamento que excluem moradias acessíveis. Fairfax County, na Virgínia, é uma entre as mais de 100 comunidades que adotaram o "zoneamento inclusivo", que exige que os desenvolvedores reservem uma porcentagem de unidades para moradias acessíveis (Grunwald, 2006).

Mitigando a falta de moradia. Programas para diminuir temporariamente a falta de moradia para as pessoas incluem "abrigos para sem-teto", que oferecem camas em albergues emergenciais, e programas de habitação transitória, com moradias temporárias (geralmente até dois anos) e serviços criados para ajudar indivíduos a conseguir empregos, aumentar sua renda e solucionar o abuso de substâncias e outros problemas de saúde. Algumas regiões têm clínicas que oferecem cuidado veterinário grátis a animais de companhia de pessoas desabrigadas. A seção *Animais e a sociedade* deste capítulo apresenta uma pesquisa que observa o importante papel que animais de companhia podem desempenhar na vida de indivíduos sem-teto. Por fim, para solucionar a falta de moradia, antes, são necessárias estratégias para prevenir que isso ocorra, como oferecer empregos e salários-mínimos crescentes, fornecer benefícios fiscais a locatários (não apenas proprietários), oferecer habitações mais acessíveis e proteger tanto proprietários quanto locatários contra o despejo.

O que você acha? O número de vagas em abrigos para pessoas sem-teto é totalmente insuficiente para acomodar o número de indivíduos nessas condições, o que significa que centenas de milhões de pessoas sem moradia não têm onde ficar se não na rua. Muitas cidades aprovaram leis que proíbem pessoas desabrigadas de pedir dinheiro, bem como dormir, sentar e/ou "vadiar" nas ruas. Você acha que tais leis punem injustamente as pessoas em situação de rua? Ou são necessárias para proteger a população?

Medicaid. Este é um programa governamental que oferece serviços médicos e hospitalares aos pobres por meio de reembolsos a médicos e hospitais (veja também o Capítulo 2). As regras variam conforme o estado sobre quem é qualificado para o Medicaid; muitos indivíduos e famílias de baixa renda não se qualificam para o programa.

Assistência educacional. Essa assistência inclui os programas Head Start e Early Head Start e programas universitários de assistência (veja também o Capítulo 8). Os programas Head Start e Early Head Start oferecem serviços educacionais a crianças desfavorecidas, bebês e crianças em fase pré-escolar e seus pais e foram criados para melhorar o desenvolvimento cognitivo, de linguagem e socioemocional e fortalecer as habilidades dos pais (Administration for Children and Families, 2002).

Para ajudar indivíduos de baixa renda que desejam frequentar uma faculdade, o governo federal oferece subsídios, empréstimos e oportunidades de emprego. O programa Pell Grant ajuda estudantes de famílias de baixa renda. O programa federal que incentiva o trabalho e o estudo na faculdade dá empregos para estudantes com "necessidades comprovadas". O programa garantido de empréstimo ao estudante permite que universitários e suas famílias obtenham empréstimos a juros baixos com pagamentos de juros em longo prazo. Entretanto, o endividamento estudantil chegou a atingir níveis perturbadores. A dívida média de um empréstimo estudantil em 2013 era mais de US$ 26 mil, um aumento de 40% em relação aos sete anos anteriores (Stiglitz, 2013).

Assistência infantil. Nos Estados Unidos, a falta de assistência infantil acessível e de qualidade é um grande obstáculo para que pais solteiros consigam emprego e um enorme fardo para famílias com duas rendas e pais ou mães solteiros empregados. O custo anual de uma creche para uma criança de 4 anos varia de cerca de US$ 4 mil, no Mississippi rural, até aproximadamente US$ 16 mil em Washington DC (Gould et al., 2013). A falta de assistência infantil para bebês é ainda maior.

Algumas políticas públicas oferecem assistência limitada ao cuidado infantil, como abatimento fiscal relacionado a despesas com creches e financiamento público para serviços de assistência infantil para os pobres (em conjunto com exigências de trabalho obrigatório). No entanto, a assistência infantil é inadequada; muitos estados têm listas de espera, e muitas famílias ganham mais do que o limite de qualificação, mas não o suficiente para pagar essas despesas.

Pensão alimentícia. Para encorajar a pensão alimentícia de pais ausentes, a PRWORA exige que os estados criem programas de obrigatoriedade de pensão alimentícia, e pais solteiros que recebem TANF precisam cooperar com esforços de aplicação de pensão alimentícia. A lei de reforma do bem-estar estabeleceu um Federal Case Registry e National Directory of New Hires para rastrear pais delinquentes entre fronteiras, aumentou o uso de salários com retenção para coletar pensão alimentícia e permitiu que os estados aproveitassem bens e revogassem carteiras de habilitação, carteiras profissionais e licenças recreativas de pais que deixam a desejar no que diz respeito à pensão alimentícia.

Crédito de Imposto de Rendimento de Trabalho (*earned income tax credit*). Esse crédito, criado em 1975, é uma política federal de crédito fiscal reembolsável com base na renda de uma família que trabalha e no número de crianças dessa família. Seu objetivo é compensar impostos sobre salários da Social Security (seguridade social) e do Medicare (assistência à saúde) para famílias pobres que trabalham e fortalecer incentivos ao trabalho. O Crédito de Imposto de Rendimento de Trabalho tira mais crianças da pobreza do que qualquer outro programa (Llobrera e Zahradnik, 2004).

Bem-estar nos Estados Unidos: mitos e realidades

Durante a eleição presidencial de 2012, Mitt Romney chamou a atenção da opinião pública ao afirmar que os 47% dos norte-americanos que, de acordo com ele, votariam no presidente Obama o fariam porque dependem de assistência pública. Romney observou "(...) há 47% de norte-americanos (...) que dependem do governo, que acreditam ser vítimas, que acreditam que o governo tem a responsabilidade de cuidar deles, que acreditam ter direito a assistência médica, comida, moradia etc." (citado em Plumer, 2012, s.p.). Atitudes negativas em relação à assistência social e a seus beneficiários, como as transmitidas no comentário de Romney, são comuns (Epstein, 2004). Porém, essas imagens negativas baseiam-se em mitos e equívocos sobre a assistência social. Por exemplo, Romney tinha razão sobre metade dos norte-americanos viver em famílias que recebem algum tipo de benefício federal, mas grande parte desses benefícios visa ajudar idosos e pessoas com deficiência. Quase um terço das famílias norte-americanas em 2011 recebia Medicare e Social Security – benefícios para idosos e pessoas com necessidades especiais (Plumer, 2012). Estes são oferecidos a norte-americanos mais velhos conforme o espectro econômico; não são programas criados para os pobres. De fato, embora programas de assistência governamental sejam muitas vezes chamados "programas de benefício", rotular a Social Security de "programa de benefício" pode ser enganoso, porque aposentados recebem de volta o dinheiro que eles e seus empregadores contribuíram no decorrer de sua história de trabalho. Como discutiremos no Capítulo 12, o Social Security é uma espécie de seguro-aposentadoria administrado pelo governo, que é substancialmente diferente da assistência pública para os pobres, financiada pelo dinheiro dos impostos. A seguir, outros mitos sobre o bem-estar:

Mito 1. Pessoas que recebem assistência social são preguiçosas, não têm ética profissional e preferem ter "passe livre" à assistência social do que trabalhar.

Realidade. Três quartos dos beneficiários do TANF são crianças e aproximadamente metade dos casos de TANF é voltada apenas para crianças, sem que nenhum adulto esteja envolvido no cálculo do benefício, e somente crianças recebem o auxílio. (Office of Family Assistance, 2012). Como não esperamos que crianças trabalhem, dificilmente pensamos em crianças com necessidade de assistência como "preguiçosas".

Crédito de Imposto de Rendimento de Trabalho (*earned income tax credit*) Crédito de imposto reembolsável com base na renda de uma família trabalhando e no número de filhos.

Adultos que recebem assistência pública são preguiçosos? Considere que quase um quarto de beneficiários adultos do TANF trabalhou em 2009, mas com médias de ganho mensal de US$ 809, o que não lhes permitia sobreviver apenas do seu trabalho. Outros beneficiários da assistência social participam de atividades voltadas ao trabalho, incluindo formação profissional ou pesquisas de educação e trabalho. Beneficiários adultos desempregados enfrentam uma série de barreiras que os impede de trabalhar, como deficiência e problemas de saúde, escassez de empregos, falta de meios de transporte, falta de escolaridade e/ou a responsabilidade de ficar em casa para cuidar dos filhos (que muitas vezes decorre da incapacidade de pagar por uma creche ou pela falta de confiança em quem oferece cuidados infantis) (Zedlewski, 2003). E muitos beneficiários adultos do TANF não trabalham

Animais e a sociedade
Animais de companhia que mudam e salvam a vida dos sem-teto

Leslie Irvine, professora de sociologia da University of Colorado, em Boulder, realizou entrevistas qualitativas com indivíduos sem-teto que tinham animais de estimação. Irvine fez sua pesquisa aproximando-se de pessoas em um parque no centro da cidade e em clínicas de rua que oferecem serviços veterinários para animais de companhia de sem-teto. Usando uma abordagem analítica chamada "análise narrativa pessoal", Irvine descobriu passagens das histórias dessas pessoas sobre sua vida com animais. Nos excertos a seguir, a entrevistadora descreve como esses animais foram fundamentais para melhorar a qualidade de vida dessas pessoas, transformando-as e, em alguns casos, salvando-as (Irvine, 2013).

A história de Donna

(...) A vida de Donna consistia em morar na rua, prostituir-se, consumir drogas e viver relacionamentos abusivos. (...) Por fim, ela "pegou o vírus", referindo-se ao HIV, e ainda não sabe se ele veio "do sexo ou das agulhas". (...) "Eu nunca mais enfiei uma agulha no meu braço", ela me disse. Perguntei-lhe como parou. Ela ficou em silêncio por um momento, enquanto lágrimas surgiam em seus olhos. Enfim, falou, suavemente: "Athena". Parou novamente, então olhou para mim e disse: "Ela era o amor da minha vida". Athena, uma mistura de pastor alemão com golden retriever, foi companheira de Donna por dez anos (...)

Donna tornou-se guardiã de Athena por intermédio de uma mulher chamada Sita, há tempos intermediária entre pessoas e animais desabrigados em São Francisco.

Cerca de dez anos antes, Donna vivia com o namorado abusivo em um acampamento cheio de lixo sob uma rodovia. Desgastados pelo vício e pela vida dura, eles começaram a acampar no jardim da mãe da Donna. Sita e Donna se conheciam das ruas e, conforme Donna explicou, "Sita disse: 'Você precisa de um cão em sua vida'". Sita resgatara Athena, então com 3 anos, do corredor da morte em um abrigo. Embora não pareça que uma viciada em drogas sem-teto e num relacionamento abusivo possa ser a melhor guardiã de um cão, a combinação salvou duas vidas. Como Donna lembrou: "Athena fez tudo por mim. Ela me tirou de uma relação abusiva. Era o cachorro ou ele, e eu escolhi o cachorro. Ele costumava pegar meu dinheiro. Meus sapatos. Tudo. O cara me batia, e Sita me disse para escolher entre ele e o cachorro; escolhi Athena. Fiquei com o cachorro. Me livrei do homem". Com o namorado fora de sua vida, Donna mudou-se para a casa de sua mãe, para um espaço que ela descreveu como "o andar de cima". Mas Sita também disse: "Você precisa estar limpa para ficar com o cachorro". Sua mãe concordou, e Donna tomou a decisão: "Percebi que Athena significava tudo para mim", ela me contou. "Disse para mim mesma: 'Meu cachorro vem em primeiro lugar na minha vida. Prefiro usar drogas ou cuidar do meu cachorro? Eu me apaixonei por Athena, então larguei a agulha. Larguei o cigarro. Larguei a bebida. Larguei tudo.'"
(...) Donna também dá o mérito a Athena por melhorar sua condição de portadora de HIV. Depois de ficar limpa e sóbria, ela se sentiu melhor e começou a cuidar de si mesma.

A história de Trish

Conheci Trish em um dia frio de dezembro em Boulder. Ela estava no canteiro central, na saída de um shopping center movimentado, com seu jack russell terrier enrolado em uma caminha de cachorro ao seu lado. Ela estava "agitando uma placa", ou pedindo esmola, com um pedaço de papelão com letras caprichadas escritas com pincel atômico preto: "Sóbria. Fazendo o melhor que posso. Por favor, me ajude."
(...) O cachorro de Trish, Pixel, veio de uma loja de animais onde Trish tinha trabalhado oito anos antes. Na época, um filhote, Pixel, tinha contraído parvovirose e sobreviveu graças ao cuidado diligente de Trish. Mas o dono da loja não considerava mais Pixel vendável, e o ofereceu a Trish. Apesar de mal conseguir alimentar a si própria, sempre amou os animais, e os dois se tornaram inseparáveis a partir de então. [...] Trish me disse que tinha sido sem-teto "uma vez ou outra" por mais de dez anos. Para ela, não ser sem-teto significava dormir em um carro ou no fundo de uma loja onde brevemente tinha um emprego. Quando era mais jovem, tinha seguido a banda Grateful Dead pelo país e acabou ficando em Boulder. Na época, tinha se tornado viciada em heroína. [...] Ela e Pixel dormiam embaixo de uma ponte bem conhecida em Boulder como acampamento de sem-teto. Quando a encontrei, não usava drogas havia dois anos. Encontrara uma instituição de reabilitação de viciados que cobria o

porque não há empregos suficientes disponíveis. Entre 2008 e 2013, a relação entre pessoas buscando empregos e vagas abertas era de 3 para 1, ou mais, o que significa que não há empregos para mais de dois em cada três trabalhadores desempregados (Shierholz, 2013) (vejá também o Capítulo 7). Por fim, a maioria dos beneficiários da assistência social prefere conseguir sustentar a si mesmo e suas famílias do que depender de assistência pública. A imagem de um "parasita" de assistência social passeando e aproveitando a vida está longe da realidade das dificuldades e desafios diários para sustentar uma família com um cheque mensal do TANF no valor de US$ 324, que era a assistência financeira média mensal para famílias com um filho que recebiam assistência pelo programa em 2009 (US$ 408 para famílias com duas crianças) (Office of Family Assistance, 2012). A seção Um olhar sobre a

custo do seu tratamento ao longo de um programa estatal de tempo determinado. "Foi incrível", disse ela. "Aconteceu de eu ligar justamente quando o governo estava fazendo este estudo. Eles estavam pagando pelo tratamento das pessoas e queriam que ficássemos por seis meses. Então, fui lá e fiquei sóbria". Ela encontrou uma amiga para cuidar do Pixel, "alguém com casa", enquanto passava pelo que descreveu como "detox radical". Depois da clínica, contou Trish, "eu queria sair da rua, mas tinha de achar um emprego e tentar fazer todas essas coisas que não conseguia antes porque era toda estragada, o que era muito, muito estranho. Havia passado tanto tempo desde que eu tinha tido horário. Mas eu adorava. Era tipo assim: 'Eu posso fazer isso.'" Ela se mantinha trabalhando em vários empregos que pagavam menos do que o mínimo, na maior parte das vezes limpando casas. (...) "Levou uns seis meses e tirei a gente da rua. A gente vivia no meu carro."

(...) Trish disse que Pixel fez que ela não desistisse, mesmo durante os piores momentos, e até que Pixel a manteve viva. (...) "Eu estava [na rua]. Eu odiava. Estava totalmente no fundo do poço. Só queria morrer. (...) Mas não podia desistir, porque tinha alguma coisa a mais para tomar conta além de mim mesma. Então, ele me manteve viva. (...) Eu não ligava para mim, mas tinha de ligar para ele, sabe? Ele me fez conseguir passar por poucas e boas. Se tivesse que estar sem ter estado com ele antes, acho que não teria conseguido de jeito nenhum." Nos dois anos desde as "poucas e boas", Trish credita a Pixel a ajuda por permanecer sóbria. "Ele definitivamente me ajuda a me manter na linha", disse ela. Revela que Pixel "odeia o cheiro de bebida" e que ele a mantém distante dos "maus elementos, ou grupos de pessoas, por causa da bebida, das drogas e tudo mais". E garante que o cão morde o calcanhar de quem se aproxima cheirando bebida. "Ele é um ótimo julgador de caráter", afirma. "Ele simplesmente sabe." Ela olhou para Pixel e acrescentou: "Certo, mano?" O cachorrinho nunca tirou os olhos dela.

A história de Denise

Os gatos também se encaixam no papel de salvadores. Por exemplo, conheci Denise e sua gata Ivy em uma clínica veterinária em São Francisco. Branca, de meia-idade, esguia e bem-vestida, Denise não tinha nada a ver com o estereótipo de pessoa desabrigada. Ivy, uma gata pequenininha, branca e preta, sentou-se como uma esfinge, em cima das patas.(...)

Denise trabalhava como artista gráfica autônoma, mas uma depressão severa a fez perder os prazos de entregas. Clientes importantes perderam a confiança em seu trabalho, e os pedidos foram diminuindo gradualmente. Ela atrasou o aluguel, e o proprietário a despejou do apartamento. (...) Denise colocou seus pertences em um depósito e começou a morar no carro, onde ela e Ivy tinham vivido por mais de oito meses quando nos conhecemos. "Metade do carro está ocupado por coisas dela", falou Denise sobre Ivy. "Há um grande carrinho, onde ela dorme, uma pequena caixa e suas tigelas, então, na verdade, ela ocupa todo o banco traseiro, e eu fico no banco da frente" (...) O despejo tornou difícil para Denise encontrar outro apartamento. Muitos proprietários simplesmente não alugam para inquilinos que já foram despejados. (...) Ela nunca pensou que viveria em um carro por mais de oito meses.

(...) Muitas vezes as pessoas diziam que ela não tinha direito a ter um gato sob essas circunstâncias (...). Quando perguntei o que ela respondia, explicou: "Eu tenho histórico de depressão e até pensamentos suicidas, e me refiro a Ivy como minha barreira contra o suicídio. E não digo isto de forma suave. Eu diria que na maior parte dos dias ela é a razão para eu continuar, porque fiz uma promessa de cuidar dela quando a adotei. Ela precisa de mim e eu preciso dela. Ela é a única fonte diária e estável de afeição e companhia que tenho. A única. Não consigo imaginar minha vida sem ela, não consigo continuar sem ela."

(...) Felizmente, Denise não precisou decidir entre ficar com Ivy e encontrar abrigo. Seu médico lhe forneceu um documento que atesta que Ivy é uma companheira necessária. O apoio emocional oferecido por Ivy qualifica o estado psicológico de Denise como "razoavelmente ajustada". Proprietários não podiam mais recusar alugar para Denise por causa de Ivy, mesmo que normalmente não aceitassem animais.

Fonte: IRVINE, Leslie. Animals as lifechangers and lifesavers: pets in the redemption narratives of homeless people. *Journal of Contemporary Ethnography*, v. 42, n.1, p. 3-36, 2013.

TABELA 6.8 Porcentagem de indivíduos vivendo abaixo da linha de pobreza em famílias que recebem assistência social, 2011

Tipo de assistência	Porcentagem
Qualquer tipo de assistência	74,3%
Medicaid	61,3%
Vale-refeição	48,8%
Assistência financeira	19,8%
Assistência à moradia	15,4%

Fonte: U.S. Census Bureau, 2012b. *Current Population Survey, 2012 Annual Social and Economic Supplement*. Table POV26.

pesquisa dos problemas sociais deste capítulo apresenta uma pesquisa que analisa os desafios que mães de baixa renda dependentes de assistência pública enfrentam para sobreviver.

Mito 2. A maioria das mães que recebe assistência social tem famílias grandes com muitos filhos.

Realidade. Em 2009, o número médio de filhos em famílias que recebia o TANF era de 1,8; metade das famílias beneficiárias do TANF tinha apenas um filho, e menos de 8% mais de três filhos (Office of Family Assistance, 2012).

Mito 3. Benefícios da assistência social são distribuídos para muitas pessoas que não são realmente pobres ou qualificadas para recebê-los.

Realidade. Embora algumas pessoas consigam benefícios de assistência social por meios fraudulentos, é muito mais comum que mesmo pessoas qualificadas não os recebam. Menos de um em cada cinco indivíduos que vivem abaixo da linha da pobreza recebe assistência financeira e menos da metade recebe vale-refeição (veja a Tabela 6.8).

Uma razão para não receber benefícios é a falta de informação; algumas pessoas desconhecem os vários programas de assistência pública, ou, mesmo que conheçam, não sabem que são qualificadas. Outro motivo para muitas pessoas qualificadas a receber assistência pública não se candidatarem é porque desejam independência pessoal e não querem ser estigmatizadas como preguiçosas que querem apenas ficar à custa dos contribuintes. Outros têm dificuldade para compreender os complexos processos administrativos envolvidos na candidatura para a assistência. Programas de assistência são administrados em escritórios separados, em diferentes locais, têm vários procedimentos de aplicação e prazos de renovação e requerem diferentes documentos.

Green (2013) explica:

(...) enquanto mães de baixa renda lutam para dar conta das demandas intensas a fim de equilibrar emprego e família, também precisam continuar a tarefa intensiva de juntar benefícios em espécie e em dinheiro para aumentar seus baixos salários. Fazer isto demanda viajar de um escritório a outro; divulgar várias vezes informações íntimas e pessoais; e documentar, em detalhados registros de papel, a legitimidade de sua história. (...) Embora tenhamos pouco tempo a perder neste mundo, cada escritório trata os clientes como se houvesse tempo interminável a desperdiçar. Além disso, famílias pobres muitas vezes ficam à mercê de ônibus atrasados, babás que não aparecem, assistentes sociais sobrecarregados que perdem documentos e outras barreiras semelhantes para o desempenho bem-sucedido do papel de "bom cliente". Essa situação pode levar a níveis extremos de frustração pessoal, que se somam a dificuldades e derrotismo enfrentados ao tentar entrar no sistema. (p. 55)

Transitar pelo "sistema" – conseguir uma folga no trabalho para encontrar os assistentes sociais e alguém que fique com as crianças e um meio de transporte – pode causar tanta frustração, que algumas pessoas qualificadas acabam desistindo do processo.

Por fim, alguns indivíduos qualificados para assistência pública não a recebem porque ela não está disponível. Em muitas cidades dos Estados Unidos, milhões de famílias de baixa renda qualificadas ficam em listas de espera de assistência pública à moradia porque não há unidades habitacionais públicas disponíveis, e algumas cidades até pararam de aceitar solicitações habitacionais. Mesmo quando as pessoas recebem benefícios, usá-los pode ser difícil. Por exemplo, indivíduos com comprovantes da Section 8 para moradia podem ter dificuldade de encontrar um proprietário que os aceite, mesmo que seja contra a lei recusar um inquilino assim qualificado. Indivíduos que têm Medicaid podem ter dificuldade de encontrar um médico que os aceite. Pais de baixa renda que recebem comprovantes para assistência infantil muitas vezes não conseguem encontrar uma vaga disponível e podem ficar na lista de espera de uma creche por mais de um ano.

Mito 4. Ocorrem abusos e fraudes no SNAP por parte dos beneficiários, que usam seu vale-alimentação para comprar cerveja, vinho, bebidas, cigarros e/ou tabaco, ou que vendem seu vale-refeição.

Realidade. Primeiro, o programa SNAP proíbe estritamente beneficiários de comprar bebidas alcoólicas e produtos à base de tabaco com seu vale-refeição, bem como itens não alimentícios, como comida para animais, cosméticos e produtos de papelaria. E, devido ao aumento da supervisão governamental e à introdução do sistema de cartão Electronic Benefit Transfer (EBT), fraudes no programa SNAP diminuíram consideravelmente. O Government Accountability Office afirma que o "contrabando" – venda de benefícios do SNAP – diminuiu de 3,8 centavos por dólar de benefício em 1993 para cerca de 1 centavo por dólar de benefício em 2010 (Blumenthal, 2012).

Mito 5. Imigrantes sobrecarregam nosso sistema de assistência social.

Realidade. Imigrantes de baixa renda sem cidadania estadunidense, incluindo adultos e crianças, têm menor probabilidade de receber benefícios públicos do que os cidadãos nativos. Além disso, quando imigrantes sem cidadania recebem benefícios, o valor é menor do que o dos benefícios para nascidos nos Estados Unidos (Ku e Bruen, 2013). Leis federais restringem a qualificação dos imigrantes para programas públicos de benefício, e imigrantes sem documentação em geral não se qualificam para benefícios como Medicaid, SNAP e TANF, embora alguns programas, como o National School Lunch Program, Women, Infants and Children Nutrition Program (WIC) e Head Start, não incluam *status* de imigração como fator de elegibilidade. E, embora crianças nascidas nos Estados Unidos sejam consideradas cidadãs e, por isso, qualificadas para assistência pública, pais sem documentos muitas vezes não solicitam assistência para seus filhos porque não sabem que eles podem receber benefícios ou porque temem que pedir benefícios para suas crianças resulte em sua deportação (veja também o Capítulo 9).

Aumento do salário-mínimo e leis do "salário digno"

Em seu discurso oficial à União, em 2013, o presidente Obama, afirmando que nenhum norte-americano que trabalhe em período integral deveria viver na pobreza, propôs aumentar o salário-mínimo de US$ 7,25 para US$ 9,00 por hora. Em uma proposta mais ousada, o senador Tom Harkin e o congressista George Miller propuseram o Fair Minimum Wage Act de 2013, que, se aprovado, aumentaria o salário-mínimo de US$ 7,25 para US$ 10,10 por um período de três anos e então seria aumentado automaticamente todo ano com base na inflação. Desde janeiro de 2013, 19 estados e o Distrito de Colúmbia têm exigido um salário-mínimo maior do que os US$ 7,25 federais.

Muitas cidades e condados dos Estados Unidos têm **leis do salário digno** que exigem que contratantes estaduais e municipais, beneficiários de subvenções públicas ou incentivos fiscais ou, em alguns casos, todas as empresas paguem salários que estejam significativamente acima do mínimo federal, permitindo que famílias vivam acima da linha da pobreza. Resultados de pesquisas mostram que empresas que pagam um salário-mínimo a seus funcionários têm menor rotatividade de trabalhadores e absenteísmo, custos de formação reduzidos, moral e produtividade mais altos e um mercado consumidor mais forte (Kraut et al., 2000).

leis do salário digno Leis que exigem que contratantes estaduais ou municipais, empresas que recebem subsídios públicos ou abatimento de impostos ou, em alguns casos, todas as empresas, paguem aos funcionários salários acima do mínimo federal, permitindo que vivam acima da linha da pobreza.

O que você acha? Assim como existe um salário-mínimo, você acha que deveria existir um salário federal máximo? Por que sim, ou por que não? Se você é a favor da ideia de um salário máximo, de quanto ele deveria ser?

Um olhar sobre a pesquisa dos problemas sociais

Patchwork: histórias de mulheres pobres que recosturam sua rede de proteção rompida

Autumn Green, socióloga, pesquisadora e defensora de famílias de baixa renda.

Autumn Green, socióloga cuja pesquisa e militância focam famílias de baixa renda, realizou uma pesquisa que explora como mulheres pobres que recebem assistência pública conseguem transitar pelo sistema – como reúnem, assim como em uma colcha de retalhos, recursos de modo que elas e seus filhos possam sobreviver. Fazer colchas de retalhos é tradicionalmente um trabalho de mulheres, e, assim, a metáfora do *"patchwork"* reflete a natureza de gênero da pobreza – os índices mais altos de pobreza estão entre as mulheres e domicílios encabeçados por mulheres solteiras com filhos. A metáfora do *patchwork* também lembra que "o trabalho diário de sobreviver na pobreza pode ser comparado à criação de uma tapeçaria complexa baseada em muitos recursos, que desempenham uma multiplicidade de tarefas e deveres e reúnem a própria subsistência da pessoa com o trabalho de cuidar e alimentar os outros de maneiras significativas e artísticas" (Green, 2013, p. 53).

A pesquisa de Green e os interesses que defende vêm da sua própria experiência de vida como mãe adolescente, de baixa renda e beneficiária de assistência pública. Green descreve como já mapeou os vários retalhos de sua colcha que representaram as responsabilidades que enfrentou como mãe solteira de baixa renda na pós-graduação. Com a ajuda de uma amiga, ela fez uma lista de 12 páginas que colou com fita adesiva, como uma colcha, sobre a mesa da sala de jantar, na qual escreveu e categorizou os diferentes retalhos que compunham sua colcha:

> Em um quadrado de papel lia-se "Benefícios" no alto. "Reunir documentos para a recertificação da Section 8" estava escrito na primeira linha, com subcategorias: "(1) conseguir a papelada com o locatário, (2) pegar carta de comprovação de renda no trabalho, (3) pegar carta da filha da terapeuta para uma acomodação para pessoas com deficiência de três quartos".

Cada linha representava várias horas de trabalho a realizar. Então, a lista continuava com passos mapeados de forma parecida em relação a prazos a cumprir para assistência a combustível, SNAP e recertificação de MassHealth. E isso era apenas uma categoria naquele momento, listando apenas os itens com prazos iminentes. Trabalho também era uma categoria e escola outra. Cuidar da minha filha com deficiência implicava uma longa lista de tarefas, de agendar reuniões na escola a consultas na terapia, passando por encontrar programas de acampamento de verão (e, é claro, o dinheiro para pagá-los). E a lista continuava por 12 páginas, e ainda estava longe de terminar. Poucas mulheres de baixa renda têm conhecimento, recursos e conexões sequer para mapear essas obrigações, quanto mais para atendê-las sem se sentirem frustradas ou derrotadas. (Green, 2013, p. 60-61)

Método e amostra

De 2004 a 2011, Green conduziu entrevistas em profundidade com dez mães solteiras de baixa renda da região de Boston, que eram atuais ou ex-estudantes universitárias. Essas mulheres foram recrutadas por meio de (1) folhetos distribuídos em programas destinados a mães de baixa renda e (2) amostras da rede de contatos pessoais de Green como defensora dos direitos ao bem-estar local. Seis participantes identificadas como afro-americanas, duas brancas, uma latina e uma – imigrante do Haiti – cuja raça foi considerada haitiana. As idades das participantes variavam de 19 a 49 (duas tinham 19, três em torno de 20 anos, três em torno de 30 e duas em torno de 40). Cinco das participantes tinham apenas um filho; uma tinha dois. Os filhos tinham idades entre 5 meses e 22 anos; porém, a maioria tinha menos de 8 anos. Todas as participantes tinham pelo menos algum estudo universitário ou profissionalizante superior, além do ensino médio, mas nenhuma havia se graduado. Seis participantes estavam matriculadas na época em cursos universitários, uma tinha feito um curso profissionalizante, duas participado de cursos profissionalizantes e estavam tentando voltar à faculdade e uma tinha deixado a faculdade recentemente.

Achados selecionados

As entrevistas que Green conduziu trouxeram dados ricos, qualitativos, sobre as experiências vividas por mães pobres lidando com várias obrigações nos papéis de pai, profissional e beneficiária de vários benefícios assistenciais públicos. Depois de brevemente descrever apenas uma das participantes de Green, discutimos as implicações e recomendações políticas que resultaram da pesquisa de Green.

Participante da pesquisa: a história de Jessica

Jessica é uma mãe caucasiana de 24 anos que recentemente se graduou em um curso de cosmetologia, terminou um relacionamento com o pai de sua filha e se mudou de volta para Boston, vinda de Nova York. Ela encontrou um apartamento de três quartos, sem vê-lo antes, por US$ 1 mil por mês, o que é considerado um aluguel muito barato em Boston. Jessica conseguiu um emprego em um salão perto da sua casa, mas era terceirizada, então sua renda variava conforme a quantidade de clientes que atendia em dada semana e o custo dos serviços. Jessica lutava para encontrar uma creche para sua filha de 2 anos, Beth, e primeiro contratou a filha de uma vizinha para cuidar dela enquanto estava no trabalho, mas sua renda era baixa e inconsistente, e era difícil pagar a babá. Então, Jessica começou a pedir para amigos, familiares e vizinhos para olhar Beth como um favor, diariamente. Apesar de ter tentado ter acesso ao programa de cupons de creches estatal, ela soube que havia uma espera de dois anos antes de poder receber o cupom. Green, que combinava seu trabalho de defesa com pesquisa, informou a Jessica que se ela recebesse os benefícios do TAFDC (programa de assistência financeira TANF de Massachusetts), ganharia o cupom imediatamente. Jessica se candidatou para os benefícios do TAFDC e, apesar de trabalhar em tempo integral, foi considerada qualificada porque seus rendimentos eram baixos e inconsistentes. Por meio do programa TAFDC, foi possível receber assistência financeira, SNAP e seguro MassHealth (ou seja, Medicaid), assim como um cupom imediato para creche. Jessica usou o cupom para mandar sua filha para uma creche no bairro, sobre a qual ela disse "não é perfeito, mas não tento pensar a respeito porque não tenho escolha" (p. 59).

Jessica tinha dificuldade para cobrir suas despesas mensais, então, procurou e encontrou um apartamento mais barato, mas, mesmo assim, era difícil equilibrar as contas, quanto mais alguma coisa extra. Candidatou-se à moradia pública e ao programa Section 8 na Grande Boston, mas soube que a lista de espera era de três a cinco anos para moradia pública, e até mais para o Section 8. Durante o dia de trabalho, nos intervalos e entre as clientes, Jessica telefonava para instituições para perguntar sobre programas de emergência e assistência para evitar a interrupção de serviços ou o despejo, mas só chegou a becos sem saída. Com a ajuda de uma amiga, ela descobriu como conseguir um formulário para ajuda no combustível. Esse formulário exigia que apresentasse comprovantes de renda, então, digitou uma carta para seu chefe assinar, tirou cópias de seus contracheques e um tempo maior durante a pausa do almoço para entregar a papelada.

Green explica que os participantes do TAFDC e aqueles que estão passando da "assistência social para o trabalho" têm o sistema mais integrado de gestão de prontuário, com um responsável por administrar seu dinheiro, SNAP, MassHealth e subsídio à creche. Mas, conforme sua renda subiu, Jessica foi saindo do programa TAFDC, e, então, tinha de manter cada um dos benefícios sociais em separado (SNAP, MassHealth e creche subsidiada). Para famílias trabalhadoras pobres que não recebem assistência em dinheiro, esses outros serviços são administrados por agências separadas, têm várias datas de revalidação e exigem conjuntos diferentes de documentação. "Esta situação exige que os pobres trabalhadores, cujo tempo já é extremamente curto com o equilíbrio de trabalho e família, se envolvam com gestores separados, visitem locais separados, se candidatem por si sós aos serviços e entreguem documentação duplicada" (Green, 2013, p. 60).

Os benefícios sociais que Jessica recebeu, mais o salário, ainda era pouco para suprir as necessidades básicas. Então, em seus dias de folga, Jessica visitava membros da família nos subúrbios para lavar roupa, ia a bancos de alimentos, procurava programas de assistência de emergência e frequentava aulas de nutrição obrigatória e reuniões de recertificação para outros benefícios alimentares. Essas tarefas estavam junto com outras generalizadas da maternidade: limpeza, compras, alimentação, brincar com sua filha, marcar consultas médicas, e assim por diante. Para ajudar a pagar o aluguel, Jessica decidiu trazer uma pessoa para alugar o quarto extra do seu apartamento. Ela se preocupava em trazer um estranho para casa, mas tinha poucas opções.

Discussão

Apesar de cada uma das participantes da pesquisa de Green ter uma história diferente, suas estratégias de sobrevivência eram similares: cada uma usava uma estratégia de *patchwork* para juntar recursos de sobrevivência. Jessica, a participante analisada aqui, conseguia se manter à tona usando um conjunto de estratégias, mas fez isso a um alto custo pessoal. Estava sempre exausta; sentia-se afastada de sua filha; e isolada e solitária com poucas oportunidades de socializar e pouco tempo para cuidar de si. Green comparou a estratégia de *patchwork*

que observou nas participantes da pesquisa a um tipo literal de colcha de retalhos chamado *colcha louca* – uma colcha feita de tiras de tecido aleatórias de vários tamanhos e formas que foram reunidas sem nenhum padrão coesivo ou organização. Green explica: "Sei da minha primeira experiência de tentar fazer uma colcha louca que, às vezes, os pedaços não se encaixam muito bem, e você fica com alguns buracos entre os retalhos. (...) Um sistema de *patchwork* deixa buracos que permitem às famílias neles cair com muita facilidade" (p. 60).

As entrevistas de Green com as participantes de sua pesquisa destacam como o sistema de serviço social em retalhos, em que cada serviço tem exigências e diretrizes diferentes, acrescenta mais um nível de dificuldade para mulheres que já estão lutando contra os problemas da desvantagem econômica.

Se, por exemplo, o escritório de assistência está aberto apenas das 13h às 16h e o horário de trabalho (dos clientes) é das 13h às 17h, quais são suas opções para evitar as sanções do Department of Transitional Assistance enquanto sua luz é cortada? Se (uma cliente) é denunciada por trazer (seu filho) para o trabalho, poderia ser punida e perder sua assistência em dinheiro, se não lhe foi oferecida nenhum ajuda para encontrar alguém para tomar conta da criança que aceitasse seu cupom e providenciasse uma atenção de boa qualidade [à criança]. Onde ele [ou ela] vai enquanto ela completa o horário de trabalho exigido para manter os fundos que pagam seu aluguel e o sustento das crianças? (p. 57)

Green conclui: "ultimamente, o sistema de rede de segurança em *patchwork* é ineficaz e exigente de forma pouco razoável. Nós comemos o tempo da mulher com o trabalho de sobrevivência e assim tornamos impossível que elas trabalhem para melhorar pessoalmente, empoderar-se ou estudar, o que as prende a um ciclo perpétuo de pobreza. O sistema também tira o cuidado em prejuízo das crianças" (p. 61).

A pesquisa de Green é concluída com uma quantidade de recomendações políticas amplas, algumas mencionadas aqui. Primeiro, ela sugere que a assistência pública deveria ser oferecida por meio de um sistema mais centralizado, que consideraria beneficiar níveis em relação um ao outro, e implementaria reduções de benefícios com o aumento da renda mais gradualmente, permitindo uma oportunidade maior de avanço econômico. Dentro desse sistema, famílias gastariam

menos energia obtendo serviços sociais e poderiam usar melhor seu tempo no sentido de atender às necessidades familiares imediatas, alimentando seus filhos, melhorando seu desempenho no trabalho (com maior disponibilidade e menor absenteísmo), investindo em autocuidado (por exemplo, recebendo aconselhamento ou atendendo a questões de saúde) ou atendendo metas de longo prazo por meio da educação e do treinamento. (p. 62)

Outra sugestão para uma reforma na assistência social envolve integrar as várias formas de assistência pública de modo que os clientes possam simultaneamente se candidatar a múltiplos serviços sociais em um único local e/ou por meio de um único gestor de prontuário. Reunir os serviços sociais em uma abordagem centralizada seria não só útil para os clientes que usam a assistência pública, como também reduziria custos e diminuiria erros e inconsistências na administração do programa.

Devido à dificuldade que as participantes da pesquisa tiveram em encontrar locatários que aceitassem cupons de moradia, Green diz que deveríamos investigar por que esses locatários não querem aceitar os cupons estatais de assistência. Baixos valores de reembolso? Excessivas exigências burocráticas? Estereótipos negativos de quem tem o cupom como maus inquilinos?

Green afirma que, devido à recente recessão e ao grande número de famílias que lutam pela sobrevivência básica, deveríamos ampliar os serviços sociais, assim como as oportunidades de salário digno e educação superior, e aumentar nosso valor para o trabalho das mulheres em casa. No mínimo, diz Green, o financiamento atual deveria ser mantido, em vez de permitir cortes futuros em programas que já estão em crise. Finalmente, ela diz que costurar a rede de segurança desfiada da assistência pública "exige abraçar uma perspectiva universal quanto a atender às necessidades de serviços humanos como dever social para todos os cidadãos" (p. 62):

> Ao compreender que essas questões atendem às necessidades humanas universais, em vez de compensar as falhas dos "moralmente deficientes", podemos mudar os termos e serviços humanos e a forma como os oferecemos. A última dessas opções no final exige uma mudança transformativa em valores sociais que, devido à recente contenção política, muito provavelmente será uma batalha difícil. (Green, 2013, p. 62)

Fonte: GREEN, Autumn R. Patchwork: Poor women's stories of resewing the shredded safety net. *Affilia*, n. 28, p. 51-64, 2013.

Reduzindo a desigualdade econômica dos Estados Unidos

A redução da desigualdade econômica pode ser alcançada por meio de estratégias que aumentam os recursos econômicos para pessoas pobres, como aumento do salário-mínimo, oferta de empregos ou apoio para os desempregados (discutido no Capítulo 7), e outras estratégias já discutidas neste capítulo. Uma área importante para reduzir a desigualdade econômica envolve melhorar a qualidade e *igualdade* da educação para garantir que recursos educacionais e oportunidades não sejam injustamente desviados para crianças e jovens adultos de famílias mais abastadas (veja o Capítulo 8). Nos últimos anos, políticos fizeram cortes substanciais na educação, ao mesmo tempo que cortaram impostos corporativos (Callahan e Cha, 2013). Muitos dos tópicos abordados no próximo capítulo "Trabalho e desemprego" também são importantes para reduzir a desigualdade econômica nos Estados Unidos.

Uma série de reformas tributárias também pode ajudar a reduzir a desigualdade econômica. Por exemplo, uma forma de reduzir a discrepância entre o topo e a parte inferior do sistema econômico é tornar o sistema fiscal mais progressivo. **Impostos progressivos** são aqueles nos quais a taxa do imposto sobe conforme a renda aumenta, então, os que têm rendas mais altas são tributados a alíquotas mais elevadas. Um sistema fiscal mais progressivo aumentaria os impostos sobre os ricos. Outras reformas fiscais que poderiam ajudar a reduzir a desigualdade econômica incluem aumentar impostos estatais (rotulados pelos opositores como "impostos da morte") e sobre doação, bem como sobre ganhos capitais. McNamee e Miller (2009) explicam que o aumento das receitas fiscais por meio do aumento de impostos sobre os ricos não necessariamente resulta em uma simples redistribuição de renda ou riqueza dos ricos para os pobres. Em vez disso, as receitas do aumento de impostos sobre os ricos poderiam ser direcionadas a projetos públicos que ofereceriam mais acessos igualitários a educação, assistência médica, transporte público e outros serviços que dariam aos norte-americanos de baixa renda os recursos de que precisam para melhorar sua situação econômica. Não é surpresa os ricos tenderem a se opor ao aumento de seus próprios impostos.

Devido à vantagem injusta que os ricos têm em influenciar o processo político, outra estratégia importante para reduzir a desigualdade econômica é reduzir a influência do dinheiro na política. No momento da redação deste texto, 16 estados pedem uma alteração da Constituição para derrubar a decisão do caso *Citizens United* de 2010, que dava às corporações poder político ilimitado. Reduzir a desigualdade política que perpetua a desigualdade econômica também requer decretar limites sobre a quantidade de dinheiro que indivíduos ricos podem gastar em campanhas políticas.

Concluímos com uma citação do movimento **Occupy Wall Street (OWS),** que atraiu a atenção pública para o problema de desigualdade econômica. Este, um movimento de protesto descentralizado que começou em 2011, no Zuccotti Park, distrito financeiro Wall Street, de Nova York, preocupa-se com a desigualdade econômica, ganância, corrupção e a influência de corporações sobre o governo. O OWS começou com uma onda de ocupações no parque e se espalhou pelo mundo, mas, a partir de então, foi incorporado em vários lugares, todos focados nas preocupações dos "99%" – isto é, as preocupações de norte-americanos comuns e trabalhadores – *versus* o "1%" – os ricos. Ativistas do OWS têm apoiado trabalhadores do Walmart em greve e acampado em gramados de proprietários despejados que se recusam a sair. E tem sido criticado por não ser

impostos progressivos Impostos cujas alíquotas aumentam conforme a renda aumenta, de modo que quem tem uma renda maior é taxado com alíquotas maiores.

Occupy Wall Street (OWS) Movimento de protesto que começou em 2011 contrapondo-se a desigualdade econômica, ganância, corrupção e à influência de corporações sobre o governo.

O movimento Occupy Wall Street aumentou a consciência pública sobre o problema da desigualdade econômica.

específico em suas missões e demandas, mas este fato também é um ponto forte (Milkman et al., 2013, p. 195). Um ativista explicou que a falta de demandas específicas significa que "qualquer pessoa pode se juntar ao movimento e ver sua queixa como igual à de qualquer um. Se não tenho um emprego, se tenho uma dívida estudantil, se tenho problemas médicos, sou expulso da minha casa, o franqueamento hidráulico que está acontecendo, o derramamento do petróleo, nada disso importa. Tudo é Wall Street. É o 1%" (p. 197). Embora o futuro do OWS seja incerto, esse movimento deu ascensão a um espírito de resistência que floresceu entre muitos norte-americanos. Como um ativista comentou:

> Agora o gênio saiu da garrafa. Existe essa energia! Eu não sei se vão conseguir apagá-la (...) seja sob a marca do Occupy ou não, as pessoas continuarão se organizando. Ninguém irá embora. Há muito trabalho a ser feito e vamos continuar enfrentando, agora que estamos todos conectados, em todas essas frentes diferentes, no movimento estudantil, no movimento trabalhista, habitação, organizações comunitárias. (citado em Milkman et al., 2013, p. 197)

Entendendo a desigualdade econômica, a riqueza e a pobreza

Como vimos neste capítulo, a qualidade de nossa vida está intrinsecamente relacionada aos recursos econômicos que temos – que dão acesso a bens e serviços, como habitação, alimentação, educação, assistência médica, recursos que influenciam praticamente todos os aspectos de nossa vida. Em uma observação positiva, ganhos significativos foram feitos para melhorar o padrão de vida de populações que vivem na pobreza absoluta. Mas, ao mesmo tempo, a desigualdade econômica atingiu níveis sem precedentes no mundo e nos Estados Unidos, conforme "os ricos ficam mais ricos".

Uma crença comum entre adultos norte-americanos é que os ricos são merecedores e os pobres fracassados. Culpar o indivíduo por sua pobreza, em vez de fatores estruturais e culturais, implica não apenas que indivíduos pobres sejam responsáveis por sua situação, mas também por melhorar sua condição. Se os pobres são responsabilizados por sua pobreza, falhamos em responsabilizar a sociedade pelos investimentos feitos no desenvolvimento humano que são necessários para mitigar a pobreza, como oferecer assistência médica, alimentação e habitação adequadas, educação, cuidado infantil, treinamento profissional, oportunidades de trabalho e salários-mínimos. Por fim, culpar os pobres por sua condição desvia a atenção do reconhecimento de que os ricos – tanto indivíduos quanto corporações – recebem muito mais benefícios na forma de *wealthfare* (bem-estar dos ricos), ou bem-estar corporativo, sem o estigma da assistência social.

Tentativas de mitigar a pobreza e reduzir a desigualdade econômica são muitas vezes motivadas pela noção de responsabilidade moral. Mas mitigar a pobreza e reduzir a desigualdade econômica também fazem sentido do ponto de vista econômico. De acordo com um estudo, se a desigualdade econômica em Maryland fosse reduzida ao nível de 1968 – ano em que a desigualdade econômica estava em seu nível mais baixo na história norte-americana moderna –, os benefícios econômicos equivaleriam à adição de 22% ao produto anual bruto de Maryland na forma de gastos de consumo pessoal, custos sociais e ambientais reduzidos, aumento do acesso a melhor educação e gastos adicionais com os pobres (Talberth et al., 2013). Assim como a desigualdade econômica tem custos que todos nós suportamos, a pobreza também tem. O custo da pobreza nos Estados Unidos soma mais de US$ 500 bilhões (4% do PIB) por ano devido ao aumento dos custos de assistência médica e dos relacionados à criminalidade e à diminuição da produtividade (Vanden Heuvel, 2011). De acordo com uma fonte, o custo para erradicar a pobreza em todo o mundo seria apenas 1% da renda global –, e não mais que 2% a 3% da renda nacional de todos os países, com exceção dos países pobres (UNDP, 1997).

Reduzir ou acabar com a pobreza começa com o reconhecimento de que fazer isto é um ideal digno e um objetivo atingível. Imagine um mundo em que todos tivessem uma moradia confortável, alimentação abundante, água limpa e saneamento, assistência médica adequada e educação. Se esse mundo imaginário fosse alcançado e se a pobreza absoluta fosse eficazmente eliminada, quais seriam os efeitos sobre os problemas sociais, como a criminalidade, o abuso de drogas, problemas familiares (por exemplo, violência doméstica, abuso infantil e divórcio), problemas de saúde, preconceito e racismo e conflito internacional? No clima atual de conflito e terrorismo global, podemos considerar que "a redução da pobreza e da falta de esperança que vem com a privação humana seja talvez o modo mais eficaz de promover paz e segurança no longo prazo" (Banco Mundial, 2005). Em vez de perguntar se podemos pagar pela erradicação da pobreza, devemos considerar: podemos continuar não pagando?

REVISÃO DO CAPÍTULO

- **Qual a medida da pobreza, riqueza e desigualdade econômica no mundo?**
Em 2013, uma em cada cinco pessoas deste planeta vivia em extrema pobreza (com menos de US$ 1,25 por dia) – mais da metade em relação a 1980. Muito mais gente vive com US$ 1,25 ou US$ 2,00 por dia, e muitos com pouco mais do que isto. Em total contraste a esta extrema pobreza, em 2013, havia mais de 1.426 bilionários no mundo. Embora 2% dos adultos recebam mais da metade da riqueza global, a metade mais pobre da população adulta do mundo possui cerca de 1% da riqueza global.

- **Qual é a diferença entre pobreza absoluta e pobreza relativa?**
Pobreza absoluta refere-se à falta de necessidades básicas para viver, como comida, água limpa, abrigo e cuidados médicos. Em contrapartida, pobreza relativa refere-se a uma deficiência em recursos materiais e econômicos em comparação a outras populações.

- **Como a pobreza é medida?**
O padrão mais usado para medir a extrema pobreza no mundo em desenvolvimento é US$ 1,25 por dia. De acordo com medidas de pobreza relativa, membros de uma família são considerados pobres se sua renda familiar for inferior a 50% da renda média familiar do país. Todo ano, o governo federal dos Estados Unidos estabelece "limiares de pobreza" que se diferenciam por número de adultos e crianças em uma família e pela idade do chefe de família.
Qualquer pessoa vivendo em uma família com renda bruta (sem impostos) abaixo da linha oficial de pobreza é considerada "pobre". Para explicar a natureza multidimensional da pobreza, o Multidimensional Poverty Index mede privações graves das dimensões de saúde, educação e padrões de vida.

- **Que perspectiva sociológica critica corporações ricas por usarem contribuições político-financeiras para influenciar políticos a decretar políticas que beneficiam corporações e pessoas ricas?**
A perspectiva do conflito é fundamental em corporações ricas que usam contribuições político-financeiras para influenciar leis e políticas que favorecem corporações e pessoas ricas. Tais leis e políticas, às vezes chamadas de bem-estar dos ricos ou bem-estar corporativo, incluem empréstimos governamentais a juros baixos para empresas falidas e subsídios especiais e incentivos fiscais às corporações.

- **Nos Estados Unidos, qual faixa etária tem o índice mais alto de pobreza?**
Crianças norte-americanas têm mais chances de viver na pobreza do que os adultos. Mais de um terço da população norte-americana é composto por crianças. Os índices de pobreza infantil são muito maiores nos Estados Unidos do que em qualquer outro país industrializado.

- **Quem são os norte-americanos mais ricos?**
Em 2011, o 1% de assalariados no topo da economia eram aqueles que ganhavam mais de US$ 598.570. Dos 282 bilionários da lista anual da *Forbes* em 2011 dos 400 norte-americanos mais ricos, cerca de 40% da lista herdou um "bem considerável" de um cônjuge ou membro da família; mais de uma em cada cinco pessoas listadas herdou riqueza suficiente para fazer parte da lista; apenas um afro-americano está na lista; e 90% das pessoas listadas eram homens.

- **Quais são algumas das consequências da pobreza e desigualdade econômica para indivíduos, famílias e sociedades?**
A pobreza é associada a problemas de saúde e fome, aumento da vulnerabilidade diante de desastres naturais, problemas na educação, tratamento desigual no sistema legal, problemas familiares e entre pais e filhos e problemas habitacionais. Esses vários problemas estão inter-relacionados e contribuem para a perpetuação da pobreza pelas gerações, alimentando um ciclo de pobreza intergeracional. Além disso, pobreza e desigualdade econômica estão associadas a desigualdade política e alienação, conflito social e guerra.

- **Quais são alguns dos programas de assistência pública do governo norte-americano criados para ajudar os pobres?**
Programas governamentais de assistência pública criados para ajudar os pobres incluem Supplemental Security Income, Temporary Assistance for Needy Families (TANF), programas alimentares (como merenda escolar e SNAP), assistência habitacional, Medicaid, assistência educacional (como PellGrants), cuidado infantil, suporte à criança e crédito fiscal relativo aos rendimentos.

- **Quais são os cinco mitos comuns sobre a assistência social e seus beneficiários?**
Mitos comuns sobre a assistência social e os beneficiários da assistência social são: (1) beneficiários da assistência social são preguiçosos, não têm ética trabalhista e preferem ter "passe livre" para a assistência social do que trabalhar; (2) a

maioria das mães que recebe assistência social tem famílias grandes com muitas crianças; (3) benefícios da assistência social são atribuídos para muitas pessoas que não são realmente pobres ou qualificadas para recebê-los; (4) ocorrem abusos e fraudes disseminadas no SNAP por parte dos beneficiários, que usam seu vale-alimentação para comprar cerveja, vinho, licor, cigarros e/ou tabaco, ou o vendem; e (5) imigrantes sobrecarregam nosso sistema de assistência social.

- **Quais são as quatro abordagens gerais para alcançar a redução da pobreza pelo mundo?**

  Abordagens para alcançar a redução da pobreza por todo o mundo incluem promover crescimento econômico, investir no desenvolvimento humano, oferecer ajuda financeira e cancelamento de dívida às nações e oferecer programas de microcrédito que forneçam empréstimos a pessoas pobres.

- **Quais são algumas estratégias para reduzir a desigualdade econômica nos Estados Unidos?**

A redução da desigualdade econômica pode ser alcançada por meio de estratégias que aumentam os recursos econômicos de pessoas na parte inferior do sistema econômico, como aumento do salário-mínimo, oferecimento de empregos ou apoio para os desempregados e outras estratégias gerais para reduzir a pobreza. Além disso, tornar os impostos mais progressivos também poderia ajudar a reduzir a desigualdade econômica. Outras reformas fiscais que poderiam ajudar a reduzir a desigualdade econômica incluem aumentar taxas estatais e sobre doações, bem como de ganho de capital. Receitas do aumento de impostos sobre os ricos poderiam ser direcionadas a projetos públicos que ofereceriam mais acesso igualitário à educação, assistência médica, transporte público e outros serviços, que dariam aos norte-americanos de baixa renda os recursos de que precisam para melhorar sua situação econômica. Outra estratégia para reduzir a desigualdade econômica envolve reduzir a influência do dinheiro nas políticas (por exemplo, derrubando a decisão que favoreceu as corporações no caso *Citizens United*).

AVALIE SEU CONHECIMENTO

1. O Índice de Pobreza ___ é uma medida de séria privação nas dimensões saúde, educação e padrões de vida, que combina o número de pessoas privadas e a intensidade de sua privação.
   a. Relativa
   b. Humana
   c. Internacional
   d. Multidimensional

2. De acordo com as diretrizes de limiar de pobreza dos Estados Unidos, um único adulto ganhando US$ 12 mil por ano é considerado "pobre".
   a. Verdadeiro
   b. Falso

3. Em 2012, um típico trabalhador estadunidense teria de trabalhar ___ anos para ganhar o que um CEO de uma grande corporação dos Estados Unidos ganha em um ano.
   a. 15
   b. 99
   c. 211
   d. 273

4. Bem-estar corporativo refere-se a qual das opções a seguir?
   a. Impostos que corporações pagam e que oferecem a maior parte do financiamento para programas de auxílio federal aos pobres
   b. Contribuições dedutíveis que as corporações fazem para organizações de caridade
   c. Leis e políticas que beneficiam corporações
   d. Programas de assistência aos funcionários oferecidos por corporações para ajudar trabalhadores que lutam contra as dívidas

5. Qual faixa etária nos Estados Unidos têm o maior índice de pobreza?
   a. Menos de 18 anos
   b. 30 a 44
   c. 45 a 64
   d. Mais de 65 anos

6. De acordo com o texto, os ricos são mais afetados por desastres naturais porque têm mais a perder do que os pobres.
   a. Verdadeiro
   b. Falso

7. Hipotecas *subprime* são aquelas que cobram juros muito baixos e estão disponíveis apenas para pessoas com crédito excelente e ampla garantia.
   a. Verdadeiro
   b. Falso

8. Que programa federal tira mais crianças da pobreza do que qualquer outro?
   a. Public and Section 8 housing
   b. TANF
   c. Earned income tax credit
   d. SNAP

9. Quase metade dos beneficiários da assistência social nos Estados Unidos é de imigrantes.
   a. Verdadeiro
   b. Falso

10. O desenvolvimento econômico pode resultar no aumento da pobreza e desigualdade econômica de um país.
    a. Verdadeiro
    b. Falso

Respostas: 1. D; 2. B; 3. D; 4. C; 5. A; 6. B; 7. B; 8. C; 9. B; 10. A.

TERMOS-CHAVE

alienação política 200
Basic Economic Security Tables Index (Best) 185
bem-estar corporativo 187
bem-estar da riqueza (*wealthfare*) 187
Crédito de Imposto de Rendimento de Trabalho (earned income tax credit) 207
favelas 195
feminização da pobreza 191
habitação pública 205
hipotecas *subprime* 197
impostos progressivos 214
Índice de Pobreza Multidimensional (IPM) 184
leis do salário digno 211
meritocracia 186
Objetivos de Desenvolvimento do Milênio (ODM) 202
Occupy Wall Street (OWS) 214
pobreza absoluta 183
pobreza extrema 184
pobreza intergeracional 202
pobreza relativa 183
programas de microcrédito 204
programas sociais 204
riqueza 183
Section 8 housing 205
Supplemental Nutrition Assistance Program (SNAP) 205
Temporary Assistance for Needy Families (TANF) 204
trabalhadores pobres 193

Trabalho e desemprego

"No trabalho, se seu nome está no prédio, você é rico. Se seu nome está na sua mesa, você é da classe média. Se seu nome está na sua camiseta, você é pobre."

—Rich Hall, escritor e performer

Contexto global: a nova economia global

Teorias sociológicas sobre o trabalho e a economia

Um olhar sobre a pesquisa dos problemas sociais: **Perda do emprego na meia-idade**

Problemas do trabalho e do desemprego

Você e a sociedade: **Como mudar seus gastos em tempos econômicos difíceis?**

Ensaio fotográfico: **Trabalho infantil na agricultura norte-americana**

O lado humano: **Condições de trabalho na indústria de processamento de aves**

Estratégias para ação: lidando com os problemas de trabalho e desemprego

Entendendo o trabalho e o desemprego

Revisão do capítulo

Em 5 de abril de 2010, 29 mineiros de carvão morreram em uma explosão na mina Massey Energy Upper Big Branch, no leste da Virgínia – o pior desastre em uma mina de carvão nos Estados Unidos em 40 anos. O mineiro Gary Quarles, que trabalhou na mina Massey com o filho Gary Wayne Quarles, disse: "Trabalhei como substituto naquele dia, do mesmo modo que ele... Eu voltei para casa. Ele não" (extraído de Dorell, 2011). Quando Quarles participou de uma reunião com as outras 29 famílias dos homens mortos na explosão e ouviu um relatório sobre como e por que a tragédia aconteceu, soube que uma investigação independente tinha descoberto que a explosão da mina fora uma falha na gestão da Massey Energy, que poderia ter evitado o acidente se tivesse proporcionado ventilação adequada e limitado o pó explosivo de carvão na mina (Maher, 2011). A Massey contestou as conclusões do relatório e afirmou que a explosão fora provocada por uma inundação incontrolável de gás natural. De acordo com os registros da Mine Safety and Health Administration (MSHA), a mina tinha recebido mais de 500 notificações de violação de segurança naquele último ano. O desastre na mina Massey levantou sérias questões sobre a adequação das leis de segurança nas minas, regulações e descuidos, especialmente em uma mina com tantas notificações de violação de segurança que continuava operando.

A tragédia da mina de carvão no oeste da Virgínia em 2010 não foi o único acidente desse tipo no estado. Em 2006, 12 mineiros morreram depois que uma explosão na mina Sago os deixou presos em um poço com ar tóxico. As autoridades da mina alegaram que um raio causou a explosão, mas outros culpam um equipamento defeituoso. A mina Sago tem uma longa lista de violações de segurança e multas, com mais de 270 denúncias de falta de segurança nos dois anos anteriores à explosão fatal.

Os riscos à saúde e à segurança no ambiente de trabalho, com frequência devido a violações intencionais dos patrões às respectivas normas, estão entre os problemas relacionados ao trabalho que serão discutidos neste capítulo. Outros que examinamos incluem desemprego, trabalho forçado, trabalho infantil, alienação, conflito entre trabalho e vida pessoal e declínio da força de trabalho e da representação. Apresentamos o cenário e traçamos um breve panorama sobre a economia global.

Contexto global: a nova economia global

Nas últimas décadas, as inovações tecnológicas na comunicação e na informação têm feito surgir uma nova **economia global** – uma rede interconectada de atividades econômicas que transcende as fronteiras nacionais e atravessa o mundo. A globalização da atividade econômica significa que nosso trabalho, os produtos e serviços que compramos e nossas políticas e agendas econômicas nacionais são influenciadas pelas atividades econômicas que ocorrem ao redor do mundo.

Em 2007, a situação econômica no mundo deu uma virada negativa, bancos quebraram, o crédito foi congelado, empresas fechadas, as taxas de desemprego aumentaram e os investimentos caíram. Essa crise financeira global, que se originou nos Estados Unidos e se espalhou pelo mundo, ilustra a globalização da **instituição econômica**. Alguns dizem que a causa da crise financeira global foi a falta de supervisão regulatória, que permitiu que as instituições financeiras se envolvessem em empréstimos predatórios e de alto risco durante o *boom* imobiliário do início dos anos 2000. À medida que a bolha imobiliária estourou e as hipotecas de taxa ajustável foram redefinidas para taxas mais elevadas, milhares de proprietários de imóveis não conseguiram continuar pagando a hipoteca, e os atrasos dispararam. Os proprietários perderam suas casas, locatários perderam seus contratos e os bancos foram prejudicados porque as casas hipotecadas, que agora eram sua propriedade, muitas vezes valiam menos do que as hipotecas devidas. Como os bancos perderam seus rendimentos,

economia global Rede interconectada de atividades econômicas que transcende as fronteiras nacionais e se espalha pelo mundo.

instituição econômica A estrutura e os meios pelos quais uma sociedade produz, distribui e consome bens e serviços.

tinham menos dinheiro para emprestar, por isso o crédito congelou, os gastos dos consumidores despencaram, as empresas quebraram e os acionistas viram seus investimentos e contas de aposentadoria caírem em queda livre. Todo o sistema bancário estava vacilante; alguns foram socorridos, outros (por exemplo, Bear Stearns) faliram. Tudo isso ocorreu nos Estados Unidos, mas, nessa nova economia global, o que acontece em Vegas não fica em Vegas; a crise se espalhou pelo mundo. Isto ocorre porque as taxas ajustáveis de hipotecas de alto risco foram embaladas e vendidas como "títulos lastreados por hipotecas" para instituições financeiras de todo o mundo.

A crise econômica dos Estados Unidos também provocou uma enorme queda no comércio mundial. Entre 2000 e 2007, o consumo dos Estados Unidos era responsável por mais de um terço de crescimento do consumo global, e boa parte desse consumo se baseou em empréstimos (Baily e Elliott, 2009). Quando os Estados Unidos entraram em recessão e o consumo caiu, todos os países que dependiam dos consumidores norte-americanos para comprar seus produtos e serviços perderam uma importante fonte de receitas.

> Nessa nova economia global, o que acontece em Vegas não fica em Vegas.

A crise econômica global reacendeu o debate entre aqueles que viam o capitalismo dos Estados Unidos como a causa dos problemas econômicos no mundo e os que viam o capitalismo como "o maior motor do progresso econômico e da prosperidade conhecido pela humanidade" (Ebeling, 2009). Após resumir o capitalismo e o socialismo – os dois principais sistemas econômicos do mundo –, descreveremos como a industrialização e a pós-industrialização mudaram a natureza do trabalho e analisaremos o surgimento dos acordos de livre-comércio e das empresas transnacionais.

Capitalismo e socialismo

Sob o **capitalismo**, indivíduos e grupos privados investem capital (dinheiro, tecnologia, máquinas) para produzir bens e serviços para vender com lucro em um mercado competitivo. O capitalismo é caracterizado por uma motivação econômica ligada ao lucro; a determinação dos preços e salários ocorre principalmente por meio da oferta e da demanda e não existe intervenção governamental na economia. **Socialismo** é um sistema econômico no qual o Estado é dono dos meios de produção (fábricas, maquinário, terras, lojas, escritórios etc.) e fiscaliza a distribuição de bens e serviços. Em uma economia socialista, o governo controla a propriedade dos meios de produção. Teoricamente, bens e serviços seriam igualmente distribuídos de acordo com as necessidades dos cidadãos. Enquanto o capitalismo enfatiza a busca individualista do lucro, o socialismo enfatiza o bem-estar coletivo e a igualdade social.

Na verdade, não há economias puramente socialistas ou capitalistas. O que acontece é que a maioria dos países tem economias mistas, incorporando elementos tanto do capitalismo quanto do socialismo. A maioria dos países desenvolvidos, por exemplo, mantém tanto propriedades privadas quanto empresas estatais, assim como um sistema de bem-estar social. A economia norte-americana é dominada pelo capitalismo, mas há elementos do socialismo no sistema de bem-estar social, nos subsídios governamentais, nos empréstimos a juros baixos para a indústria, no dinheiro do estímulo fiscal e no do resgate aos bancos que são "muito grandes para falir".

Críticos do socialismo argumentam que esse sistema permite um controle excessivo do governo, reduzindo os incentivos ao trabalho e ao desenvolvimento tecnológico, o que, por sua vez, reduz o padrão de vida. Uma pesquisa nacional com adultos norte-americanos mostrou que 39% têm uma imagem positiva do socialismo, comparado com os 54% que têm uma imagem negativa (Newport, 2012).

Os valores capitalistas estão profundamente entranhados nos valores da sociedade norte-americana; um plebiscito nacional descobriu que 72% dos norte-americanos concordam que "a força deste país hoje é baseada no sucesso dos negócios norte-americanos" (Pew Research Center for the People & the Press, 2012). Mas, nesse mesmo plebiscito, a maioria dos norte-americanos criticou as empresas por serem muito grandes, muito lucrativas e falhar em servir ao interesse público. Outro plebiscito descobriu que 67% dos

capitalismo Sistema econômico caracterizado pela propriedade privada dos meios de produção e distribuição de bens e serviços com fins lucrativos em um mercado competitivo.

socialismo Sistema econômico caracterizado por propriedade estatal dos meios de produção e distribuição de bens e serviços.

norte-americanos concordam que as pessoas vivem melhor em uma economia de mercado livre (por exemplo, capitalista), mas um em quatro norte-americanos discordou (Pew Research Center Global Attitudes Project, 2012). Embora a maioria dos norte-americanos (61%) diga que tem uma imagem positiva do capitalismo, mais de um terço (31%) afirma o contrário (Newport, 2012). Críticos do capitalismo apontam inúmeros problemas sociais relacionados a esse sistema econômico, incluindo altos níveis de desigualdade; instabilidade econômica; insegurança no trabalho; poluição e esgotamento dos recursos naturais; e dominação corporativa da mídia, da cultura e das políticas. O capitalismo também é criticado por violar os princípios da democracia, ao permitir que (1) o patrimônio privado condicione o acesso ao poder público (veja também o Capítulo 6); (2) donos dos meios de produção tomem decisões que afetam o público (como quando o dono de uma fábrica decide mudá-la para outro país); e (3) autoritarismo no local de trabalho, em que os trabalhadores têm pouco espaço para opinar sobre suas condições de trabalho, violando assim o princípio democrático de que as pessoas devem participar das decisões coletivas que afetam significativamente sua vida (Wright, 2013). Wolff (2013a e b) explica que os principais acionistas e conselhos de administração das corporações tomam decisões importantes sobre os produtos que a empresa produzirá, que tecnologias serão utilizadas, onde se dará a produção e como as receitas serão distribuídas – decisões estas que afetam profundamente os trabalhadores que não têm voz nessas decisões:

> A atividade mais importante na vida de um adulto em seu país é o trabalho. É o que fazemos cinco dias por semana. Se a democracia está em todos os lugares, deve se estender ao ambiente de trabalho. No entanto, nós aceitamos, como se fosse obrigação, que, uma vez cruzado o limiar da loja, da fábrica ou do escritório, tenhamos de desistir de todos os nossos direitos democráticos. (Wolff, citado em Barsamian, 2012, p. 12)

O que você acha? O economista Richard Wolff pontua que o capitalismo é uma instituição, como educação e assistência médica, mas, embora seja considerado adequado discutir se nossas escolas e nosso sistema de saúde estão funcionando corretamente e se atendem às nossas necessidades, é um tabu perguntar se nossa forma de organizar a produção e a distribuição de bens e serviços atende às nossas necessidades (Barsamian, 2012). Você vê os norte-americanos que analisam criticamente o capitalismo como "não norte-americanos" ou desleais aos Estados Unidos? Por quê?

Industrialização, pós-industrialização e a mudança na natureza do trabalho

A natureza do trabalho foi moldada pela Revolução Industrial, no período entre meados do século XVIII e começo do XIX, quando o sistema fabril foi introduzido na Inglaterra. A **industrialização** alterou dramaticamente a natureza do trabalho: máquinas substituíram as ferramentas manuais, e o vapor, a gasolina e a energia elétrica, a força do homem ou do animal. A industrialização também conduziu ao desenvolvimento da linha de produção e ao aumento da divisão do trabalho e dos bens produzidos em massa. O desenvolvimento das fábricas contribuiu para o surgimento das grandes cidades. Em vez de a economia estar centrada nas famílias, como é característico de uma sociedade baseada na agricultura, as pessoas começaram a trabalhar fora de casa em troca de salários.

Pós-industrialização refere-se à mudança de uma economia dominada pela produção manufatureira para outra dominada por serviços, envolvendo a tecnologia da informação. Na economia global, os trabalhos no setor de serviços são bem mais numerosos do que os da agricultura e da indústria juntos. Nos países desenvolvidos e na União Europeia, a maioria dos empregos (73%) está na área de serviços, seguidos por indústria (25%) e agricultura (4%) (ILO, 2011).

industrialização Substituição de ferramentas manuais, trabalho humano e animal por máquinas acionadas por vapor, gasolina e energia elétrica.

pós-industrialização Mudança de uma economia dominada por trabalhos manufatureiros para outra dominada por ocupações orientadas a serviços, que exigem grande quantidade de informações.

O que você acha? Na prática, todos os produtos e serviços produzidos na economia global atualmente depende do petróleo. De fato, a maioria dos trabalhos no mundo de hoje não existiriam sem esse combustível. Assim sendo, os professores Charles Hall e John Day (2009) perceberam que "não vivemos na era da informação, ou na pós-industrial (...) mas, sim, na era do petróleo" (p. 237). Você acredita que o mundo um dia chegará a uma economia "pós-petróleo"? Por que sim, ou por que não?

McDonaldização do ambiente de trabalho

O sociólogo George Ritzer (1995) cunhou o termo **McDonaldização** para se referir ao processo em que os princípios da indústria do *fast-food* começaram a ser aplicados em mais setores da sociedade, particularmente no ambiente de trabalho. McDonaldização envolve quatro princípios:

Eficiência. As tarefas precisam ser cumpridas da forma mais eficiente possível, seguindo passos de um processo supervisionado pelos gerentes.

Calculabilidade. Aspectos quantitativos dos produtos e serviços (como tamanho da porção, custo e tempo que o produto demora para ser servido) são prioridade, em vez da qualidade.

Previsibilidade. Produtos e serviços são uniformes e padronizados. Um Big Mac em Albany é igual a um Big Mac em Tucson. Os trabalhadores se comportam de maneira previsível. Por exemplo, os atendentes do McDonald's aprendem a seguir um *script* quando interagem com os clientes.

Controle pela tecnologia. Automatização e mecanização são usadas no ambiente de trabalho para substituir o trabalho humano.

Quais são os efeitos da McDonaldização nos trabalhadores? Em um ambiente de trabalho McDonaldizado, eles não conseguem usar todas as suas habilidades, nem ser criativos, ou engajar-se em uma interação humana genuína. Os trabalhadores não são pagos para pensar, e sim para seguir uma série de procedimentos predeterminados. Como as relações humanas são imprevisíveis e ineficientes (e, portanto, desperdiçam tempo), "ficamos sem nenhuma interação, como nos caixas eletrônicos, ou há uma 'falsa confraternização'. A regra número 17 para os funcionários do Burger King é sorrir o tempo todo" (Ritzer, citado por Jensen, 2002, p. 41). Os trabalhadores também podem sentir que são meras extensões das máquinas que operam. A alienação que sentem – a impotência e a ausência de sentido que caracterizam um "McEmprego" – pode levar a uma insatisfação com o trabalho e, em geral, a uma insatisfação com a vida.

McFlexível

Estamos mudando nossos padrões para nos adaptar ao estilo de vida de toda a nossa equipe.

Nada mal para um McEmprego

Nós sabemos que é importante ter uma vida fora do trabalho, então, muitas pessoas da nossa equipe trabalham em sistemas de turnos que lhes permitem desfrutar de seus *hobbies* e interesses.
Elas também têm grandes descontos, assim como um treinamento completo, além de acesso ao nosso sistema de saúde particular gratuito depois de três anos trabalhando conosco.
www.mcdonalds.co.uk

Este cartaz faz parte da campanha do McDonald's para desacreditar a imagem negativa implícita no termo McEmprego (*McJob*).

O que você acha? O termo McEmprego (*McJob*, em inglês) é encontrado em diversos dicionários. Por exemplo, o *Oxford English Dictionary* define **McJob** como "trabalho desestimulante, mal pago e com poucas perspectivas, especialmente os criados pela expansão do setor de serviços". O dicionário *Merriam-Webster*, "trabalho mal pago que exige poucas habilidades e oferece poucas oportunidades de crescimento". Não é de surpreender que o McDonald's tenha questionado essas definições de suas condições de trabalho, respondendo com uma campanha composta por cartazes em mais de 1,2 mil restaurantes que ressaltavam "os aspectos positivos de trabalhar no McDonald's", incluindo a frase "Nada mal para um McJob". Você acha que os dicionários *Oxford* e *Merriam-Webster* não foram justos nem fidedignos em suas definições de McJob?

McDonaldização Processo pelo qual os princípios da indústria de *fast-food* (eficiência, calculabilidade, previsibilidade e controle por meio da tecnologia) estão sendo aplicados a mais setores da sociedade, especialmente no ambiente de trabalho.

A globalização do comércio e os acordos de livre-comércio

Assim como a industrialização e a pós-industrialização mudaram a natureza da vida econômica, a globalização fez o mesmo com o comércio – expandindo o de matérias-primas e de produtos manufaturados, assim como de produtos agrícolas dentro dos países e atravessando as fronteiras dos hemisférios. O primeiro conjunto de regras comerciais globais foi adotado com o Acordo Geral de Tarifas e Comércio (General Agreement on Tariffs and Trade – Gatt) em 1947. Em 1995, a Organização Mundial do Comércio (OMC) substituiu o Gatt na organização e supervisão do comércio multilateral.

Nos anos 1980 e começo dos anos 1990, autoridades norte-americanas começaram a negociar acordos de livre-comércio regionais, buscando abrir portas para os produtos norte-americanos nos países vizinhos e reduzir o crescente déficit comercial dos Estados Unidos. **Acordo de livre-comércio** é um pacto entre dois ou mais países que torna mais fácil comercializar bens entre fronteiras nacionais. Esses acordos reduzem ou eliminam restrições a estrangeiros e a exportações, reduz ou elimina tarifas (ou impostos) nos produtos importados e evita que a tecnologia seja copiada e usada pelos concorrentes, devido à proteção dos "direitos de propriedade intelectual". Acordos como o Acordo de Livre-Comércio Estados Unidos–Canadá, Acordo de Livre-Comércio da América do Norte (Nafta) e o Tratado de Livre Comércio entre Estados Unidos, América Central e República Dominicana (Cafta) foram criados para atingir esses objetivos comerciais.

Embora os acordos de livre-comércio tenham expandido as oportunidades de comércio, beneficiando a exportação em larga escala dos produtos manufaturados e dos serviços industriais pelo norte do globo, também minaram a capacidade de implementar políticas ambientais e de segurança dos alimentos e produtos nos níveis nacional, estadual e municipal (veja também o Capítulo 6) (Faux, 2008; Schaeffer, 2003; Scott e Ratner, 2005). Esses acordos também prejudicaram os norte-americanos e os trabalhadores estrangeiros. Antes de o Acordo de Livre-Comércio Estados Unidos–Coreia começar a valer em 2012, o primeiro tinha um déficit comercial com o segundo país, o que significava que os Estados Unidos importavam mais produtos da Coreia do que exportavam para lá. Esse acordo foi implementado com a promessa de reduzir esse déficit, o que levaria ao aumento das exportações dos Estados Unidos para a Coreia, significando mais trabalho para os norte-americanos. Mas, um ano após o acordo, o déficit comercial com a Coreia *só aumentou*, o que custou empregos norte-americanos (Public Citizen, 2013). O Acordo de Livre-Comércio da América do Norte (Nafta) permitiu aos produtores de milho vender sua mercadoria no México, mas os produtores mexicanos não conseguiram concorrer com o preço menor do milho dos Estados Unidos, tirando muitos mexicanos do negócio. Os acordos de livre-comércio também facilitaram que as companhias norte-americanas abrissem sedes em outros países, normalmente com baixos salários e poucas regulamentações ambientais, de saúde e segurança a cumprir. Embora esses empregos aumentem o lucro das empresas, também tiram empregos dos trabalhadores norte-americanos.

Corporações transnacionais

Embora os acordos de livre-comércio tenham aumentado a concorrência pelo mundo, resultando em menores preços para os consumidores em alguns produtos, também abriram mercados e monopólios (e altos preços) por conta das facilidades no desenvolvimento de corporações transnacionais em larga escala. **Corporações transnacionais**, também conhecidas como *multinacionais*, têm sua base em um país e ramificações, ou filiais, em outros países. Entre as 50 maiores economias do mundo em 2011, oito eram corporações multinacionais (White, 2012).

Corporações transnacionais geram empregos para os gestores norte-americanos, asseguram lucro aos investidores norte-americanos e ajudam os Estados Unidos a competir na economia global. Essas corporações beneficiam-se do acesso mais fácil às matérias-primas, do trabalho estrangeiro mais barato e da falta de regulamentações governamentais. Também conseguem evitar ou reduzir impostos, transferindo sua sede para um

---

acordo de livre-comércio Pacto entre dois ou mais países que torna mais fácil comercializar bens entre fronteiras nacionais, reduzindo ou eliminando restrições às exportações e tarifas (ou impostos) sobre bens importados e protege os direitos de propriedade intelectual.

corporações transnacionais Também conhecidas como corporações multinacionais, são companhias que têm sua sede em um país e filiais ou empresas afiliadas em outros.

"paraíso fiscal". Mas a economia que as companhias transnacionais conseguem com o trabalho barato e a redução dos impostos não é repassada aos consumidores. "As corporações não terceirizam as regiões distantes para os consumidores norte-americanos poderem economizar. Terceirizam para aumentar sua margem de lucro" (Parenti, 2007). Por exemplo, os sapatos feitos pelas crianças indonésias, que trabalham 12 horas por dia por US$ 0,13 a hora, custam apenas US$ 2,60, mas são vendidos por mais de US$ 100 nos Estados Unidos.

Corporações transnacionais contribuem para o déficit comercial na medida em que mais bens são produzidos e exportados de fora dos Estados Unidos do que internamente. Elas também contribuem para o déficit orçamentário, porque os Estados Unidos não recebem a renda dos impostos das empresas norte-americanas no exterior e, ainda, pressionam o governo para proteger seus interesses em solo estrangeiro; como resultado, aumentam as despesas militares. Corporações transnacionais contribuem para o desemprego nos Estados Unidos, deixando trabalhadores de outros países realizarem o trabalho que os funcionários norte-americanos poderiam realizar. Por fim, corporações transnacionais estão ligadas a diversos outros problemas sociais, como pobreza, resultado dos poucos empregos, crise urbana, devido à mudança das fábricas, e tensões raciais e étnicas resultantes da competição pelo trabalho.

Cidades pelos Estados Unidos cancelaram a tradicional queima de fogos do 4 de Julho, Dia da Independência, para economizar.

Teorias sociológicas sobre o trabalho e a economia

Na sociologia, o estrutural-funcionalismo, a teoria do conflito e o interacionismo simbólico servem como lentes teóricas para ajudar a entender melhor as questões e atividades do trabalho e da economia.

Perspectiva estrutural-funcionalista

De acordo com a perspectiva estrutural-funcionalista, a instituição econômica é uma das mais importantes entre todas as instituições sociais. Por prover as necessidades básicas comuns a todas as sociedades humanas, incluindo comida, roupas e proteção, essa instituição contribui para a estabilidade social. Depois que as necessidades de sobrevivência de uma sociedade são resolvidas, os materiais e bens supérfluos podem ser alocados para outros usos sociais, como manutenção da proteção militar contra inimigos, apoio a líderes políticos e religiosos, fornecimento de educação formal, suporte à expansão da população e fornecimento de atividades de lazer e entretenimento. O desenvolvimento da sociedade depende de uma economia com excedentes (Lenski e Lenski, 1987).

A instituição econômica também pode ser disfuncional quando falha no fornecimento de bens e serviços de que os membros da sociedade precisam, quando sua distribuição é desigual e a produção, a distribuição e o consumo de bens e serviços esgotam e poluem o meio ambiente.

Essa perspectiva também está preocupada com a forma como alterações em determinado aspecto da sociedade afetam outros. Por exemplo, quando a taxa de desemprego sobe, as matrículas universitárias sobem, aumentam os índices de criminalidade e as receitas fiscais diminuem (desempregados pagam menos imposto de renda e sobre as vendas), o que prejudica a capacidade do governo de arcar com os custos de serviços como educação, coleta de lixo, polícia, bombeiros e manutenção de estradas.

O que você acha? Nos últimos anos, várias cidades pelos Estados Unidos cancelaram a tradicional queima de fogos do 4 de Julho por uma questão de economia. O prefeito Bill Cervenik, de Euclid, Ohio, disse: "A ideia veio daí: queremos gastar US$ 150 mil em algo que acabaria em poucas horas? Ou queremos usar esse dinheiro para permitir que haja mais trabalhadores empregados?". Na periferia de Montebello, em Los Angeles, a câmara municipal votou para que se usasse os US$ 39 mil dos fogos de artifício em doações para os bancos de comida locais. A prefeita Rosemarie Vasquez explicou: "acreditamos que, em vez de queimar o dinheiro, por que não dá-lo a quem realmente necessita?" (Huffstutter, 2009). Os protestos contra o cancelamento dos fogos mostraram como são uma importante tradição norte-americana. Se você estivesse na câmara municipal e a questão de cancelar ou não a queima de fogos do 4 de Julho estivesse em pauta, no que você votaria e por quê?

Perspectiva do conflito

De acordo com a perspectiva do conflito, a classe dominante controla o sistema econômico em seu próprio benefício, explorando e oprimindo as massas trabalhadoras. Essa perspectiva é crítica em relação às formas como o governo atende aos interesses do grande capital em detrimento dos trabalhadores, dos consumidores e do interesse público. Esse sistema de governo que serve aos interesses das corporações – **corporatocracia** – envolve relações entre governo e empresas. Por exemplo, no Capítulo 2, discutimos como as indústrias farmacêuticas e os seguros-saúde influenciam as políticas relacionadas aos cuidados com a saúde.

As corporações influenciam o governo por meio de lobbies, doações a políticos, campanhas e Super PACs. Como vimos no Capítulo 6, em 2010 as corporações ganharam o poder de influenciar os resultados políticos quando a Suprema Corte decidiu, na ação *Citizens United vs. Federal Election Commission* (5 a 4), que elas, assim como os sindicatos, teriam o direito, consagrado pela Primeira Emenda, de gastar valores ilimitados para apoiar ou se opor a candidatos a cargos eletivos. Essa decisão também deixou as empresas e os sindicatos livres para "educar" seus funcionários com cartilhas sobre os candidatos, atividades para angariar votos e outras ferramentas. Assim, uma empresa pode legalmente informar seus funcionários que, se votarem no candidato A, a empresa será afetada e empregos serão perdidos. Isto é educação? Ou a companhia está intimidando e coagindo os trabalhadores a votar de determinada maneira? A linha é tênue (Carney, 2012).

A profunda influência do poder corporativo no governo existe em todo o mundo. As políticas do Fundo Monetário Internacional (FMI) e a pressão do Banco Mundial nos países em desenvolvimento fazem que abram suas economias para empresas estrangeiras, incentivando a produção para exportação, e não para o consumo local, bem como a exploração do trabalho como meio de atrair investimento estrangeiro e apressando a degradação dos recursos naturais – como vender suas florestas e minerais para ganhar dinheiro para pagar empréstimos. Em seu livro *Confessions of an Economic Hit Man,* John Perkins (2004) descreveu seu trabalho anterior como o de um "assassino econômico" – um profissional muito bem pago que devia convencer líderes dos países pobres a aceitar empréstimos enormes (primeiro do Banco Mundial), muito maiores do que o país poderia pagar. Estes seriam usados para ajudar a desenvolver o país, pagando pela infraestrutura necessária, como estradas, usinas elétricas, aeroportos, portos e fábricas. Uma das condições para o empréstimo era que o país devedor tinha de dar 90% do empréstimo para as empresas norte-americanas (como Halliburton ou Bechtel) para que construíssem a infraestrutura. As famílias mais ricas do país se beneficiam com a infraestrutura adicional, e as massas pobres ficam presas a uma dívida que não podem pagar. Os Estados Unidos usam o débito como uma forma de pedir "favores", como terreno para instalar bases militares ou acesso a recursos naturais, como petróleo. De acordo com Perkins, grandes corporações querem "controlar o mundo inteiro e seus recursos, junto com uma força militar que impõe o controle" (citado por MacEnulty, 2005, p. 10).

---

corporatocracia Sistema de governo que serve aos interesses das corporações e envolve laços entre o governo e as empresas.

Perspectiva interacionista-simbólica

Para essa perspectiva, o trabalho é parte central do autoconceito de uma pessoa e de sua identidade social. Quando conhecemos uma pessoa, uma das primeiras perguntas que fazemos é "O que você faz?". A resposta costuma definir, ao menos em parte, quem é essa pessoa para nós. O emprego é um dos *status* mais importantes de um indivíduo; para muitos, representa o "maior *status*", o mais significativo da identidade social da pessoa. A seção *Um olhar sobre a pesquisa dos problemas sociais* descreve um estudo que analisa como a perda do emprego de profissionais da área administrativa na meia-idade afeta suas impressões sobre si mesmos e suas atitudes sobre trabalho e desemprego.

Um olhar sobre a pesquisa dos problemas sociais — Perda do emprego na meia-idade

Nos últimos anos, o desemprego vem crescendo entre a classe média. Uma pesquisa apresentou investigações sobre como a perda do emprego afeta a autoestima e os pontos de vista sobre emprego entre desempregados na meia-idade (Mendenhall et al., 2008).

Amostra e métodos
A amostra constituiu-se de 77 homens e mulheres, que foram recrutados por intermédio de dois grupos de Chicago que ajudam gerentes e executivos desempregados a encontrar uma nova colocação no mercado e também com avisos nas igrejas, pôsteres em cafés e bibliotecas públicas. Os participantes tinham de atender a quatro critérios de elegibilidade: deveriam (1) estar desempregados por pelo menos três meses no último ano; (2) estar casados quando perderam o emprego; (3) ter filhos entre 12 e 18 anos morando em casa; e (4) morar em Chicago. A maioria dos participantes era homem (83%) e branco (80%). Os entrevistados estavam desempregados em média há 15 meses no momento da primeira entrevista. Mais da metade ganhava salários anuais de US$ 100 mil ou mais, nenhum deles ganhava menos de US$ 50 mil, e a maioria recebia benefícios generosos.

Os pesquisadores entrevistaram os participantes em livrarias, cafés ou no *campus* da Universidade de Chicago. Os tópicos da entrevista incluíram o momento da perda do emprego, como essa perda afetou as relações familiares e os planos educacionais dos filhos, e sua própria saúde e bem-estar. Depois de um ano, os participantes foram entrevistados novamente e preencheram outro questionário.

Descobertas selecionadas
Esse estudo revelou alguns padrões interessantes sobre como a perda do trabalho na meia-idade (1) afeta a autoestima, (2) influencia as estratégias de busca de emprego e (3) molda as mensagens sobre emprego que os pais transmitem aos filhos. Os participantes viam sua demissão como uma prova de falta de lealdade do empregador e quebra de contrato; o emprego deixa de ser vitalício, e mesmo os funcionários do alto escalão podem ser demitidos sem aviso prévio – uma mudança a partir da qual os participantes passaram a ver a si mesmos como agentes livres que "alugavam" seus serviços para os empregadores. Como agentes livres, não havia expectativa de permanência no emprego ou de lealdade na relação empregador-funcionário. Mais da metade dos participantes de 50 anos ou mais disseram perceber uma discriminação por idade no mercado de trabalho, em que os empregadores sinalizaram que estavam procurando trabalhadores em nível inicial, um código para "jovem". Para reverter isso, os participantes sempre enfatizavam sua idade e experiência, omitindo datas de graduação e algumas experiências profissionais no currículo – fenômeno conhecido como "desprofissionalização". Um ex-CEO explicou que, nos primeiros meses da busca por um emprego, ele incluiu a data de sua graduação no currículo e não obteve nenhuma resposta. Quando apagou a data, começou a receber dezenas de respostas.

Muitos participantes encararam a perda do emprego como uma oportunidade de ensinar verdadeiras lições de vida aos seus filhos sobre o mundo do trabalho. Um gerente de projetos de 50 anos disse:

> Acho que meu filho vai ter um bom vislumbre da realidade da vida. E acho positivo, porque... se ele viver com lentes cor-de-rosa, vai quebrar a cara feio algum dia (p. 203).

Um consultor de tecnologia da informação de 47 anos usou a perda de emprego para ensinar seus filhos a se preparar para um mercado de trabalho em que nem empregado nem empregador esperam um contrato vitalício. E disse aos filhos:

> Hoje, na maioria dos trabalhos, você (ele) precisa enxergar como a indústria cinematográfica, onde (...) você é alugado (...), você é contratado para fazer um filme, seja fazendo a iluminação ou sendo o *cameraman* ou qualquer outra coisa, e logo está fora do trabalho novamente. É esta a maneira como funciona a maior parte dos trabalhos, por isso você deve encarar o trabalho só como trabalho, até que esteja fora dele outra vez (p. 204).

Os participantes aconselharam seus filhos a seguir determinados passos para evitar ser tão dependentes dos empregadores. Alguns aconselharam a abrir seu próprio negócio; outros, desenvolver habilidades que pudessem ser "transferidas" para um novo emprego. Outros, ainda, encorajaram seus filhos a escolher carreiras em que a base de clientes seja bastante diversificada:

> Eu comecei a falar com eles sobre como (...) deveriam começar a pensar sobre [se] querem trabalhar para grandes companhias ou (...) ir para um campo em que a base de clientes seja muito diversificada, como os advogados, médicos, contadores, terapeutas (...) Porque, se alguém os demitir, não precisarão preocupar-se, porque terão cem (clientes), enquanto, se você trabalha para uma companhia e (...) seu chefe (...) lhe demite (...), você fica sem emprego (p. 204).

Fonte: MENDENHALL et al., 2008.

O interacionismo simbólico enfatiza o fato de que atitudes e comportamentos são influenciados pela interação com as pessoas. Suas aplicações no ambiente de trabalho são numerosas: funcionários e gerentes usam técnicas de interação interpessoal para provocar atitudes e comportamentos que querem de seus empregados; sindicatos usam técnicas de interação interpessoal para persuadir os trabalhadores a se sindicalizar. E, como observado na seção *Um olhar sobre a pesquisa dos problemas sociais*, os pais ensinam seus jovens adultos importantes lições sobre trabalho e desemprego por meio da interação com eles.

Essa perspectiva também está focada na importância dos rótulos. Embora os conceitos de capitalismo e livre-iniciativa sejam teoricamente similares, os norte-americanos tendem a achar "capitalismo" mais negativo do que "livre-iniciativa". Dessa forma, "políticos que buscam a reação global mais positiva dos eleitores devem optar por usar o termo 'livre-iniciativa', em vez de "capitalismo", na descrição do sistema econômico dominante da América" (Newport, 2012, s.p.).

Problemas do trabalho e do desemprego

Nesta seção, vamos examinar o desemprego e outros problemas associados ao trabalho. Pobreza, salário-mínimo e outras questões salariais, ambiente de trabalho e discriminação, aposentadoria e preocupações com o emprego para os mais velhos serão abordados em outros capítulos. Aqui, discutiremos problemas em relação ao desemprego e subemprego, trabalho infantil, trabalho forçado, de longa jornada, riscos à saúde e à segurança no ambiente de trabalho, alienação, conflito vida-trabalho e sindicatos que lutam pelos direitos dos trabalhadores.

Desemprego e subemprego

Medidas de **desemprego** consideram os indivíduos que podem perder o emprego ou estão atualmente sem emprego, ativamente procurando emprego e disponíveis para o emprego. Em 2012, 197 milhões de pessoas no mundo – cerca de 6% da força de trabalho global – estavam sem emprego. A taxa de desemprego entre os jovens (entre 15 e 24 anos) era o dobro da geral – 12,6% (ILO, 2013).

Nos Estados Unidos, o índice de desemprego despencou de 31% para 4% no ano 2000, mas a recessão econômica que começou em 2007 elevou esse índice para 10% no último trimestre de 2009, com o fechamento de várias empresas. **Recessão** refere-se a um declínio significativo na atividade econômica disseminado na economia e que dura por até seis meses. Nas comunidades mais afetadas pela recessão, a taxa de desemprego chegou a 20%. Taxas de desemprego aumentam entre as minorias raciais e étnicas e entre os de baixos níveis de educação (veja os Capítulos 8 e 9).

Índice de desemprego de longo prazo refere-se à parcela de desempregados que estão sem emprego por 27 semanas ou mais. Em junho de 2013, mais de um terço (37%) de desempregados norte-americanos estavam nessa situação (Bureau of Labor Statistics, 2013a).

Os números do desemprego não incluem (1) os trabalhadores "desanimados", que tenham se cansado da busca por um emprego e já não estão mais procurando; (2) as pessoas marginalmente ligadas à força de trabalho que atualmente não estão nem trabalhando nem procurando trabalho, mas indicam querer e estão disponíveis para um emprego, e tenham procurado trabalho em algum momento nos últimos 12 meses; e (3) aqueles que querem trabalhar em tempo integral, mas se contentam com um emprego de tempo parcial. Esses indivíduos integram o contingente do **subemprego**, que é sempre maior que o do desemprego. Isso significa que as taxas de desemprego oficiais – com frequência divulgadas pela mídia – desconsideram aqueles cujas necessidades de emprego não estão sendo atendidas. Por exemplo, embora a taxa oficial de desemprego em junho de 2013 tenha sido de 7,6%, a de subemprego estava em 14,3% (Bureau of Labor Statistics, 2013a).

Causas do desemprego A primeira é a indisponibilidade de trabalho. Em dezembro de 2000, os trabalhos eram abundantes; para cada vaga aberta, a relação candidato-vaga era de 1 para 1, o que significava que havia um emprego disponível para cada pessoa que estava

---

desemprego Estar atualmente sem emprego, ativamente procurando emprego e disponível para o trabalho, segundo as medidas de desemprego dos Estados Unidos.

recessão Declínio significativo na atividade econômica disseminado na economia, que dura pelo menos seis meses.

índice de desemprego de longo prazo Parcela de desempregados que estão sem emprego por 27 semanas ou mais.

subemprego Trabalhadores sem emprego, como (1) os que trabalham em tempo parcial, mas desejam trabalhar em tempo integral; (2) os que querem trabalhar, mas encontram-se desanimados por procurar sem sucesso; e (3) outros que nem estão trabalhando nem procurando trabalho, mas querem e estão disponíveis para trabalhar e procuraram emprego no último ano. Também se refere ao emprego de trabalhadores com alta qualificação ou nível de ensino em trabalhos de baixa qualificação ou baixos salários.

procurando. Mas, entre 2008 e 2013, a relação candidato-vaga dos empregos abertos era de 3 para 1, ou ainda maior. Em 2009, para cada vaga aberta, havia *mais de seis trabalhadores norte-americanos desempregados* (Shierholz, 2011, 2013).

Outra causa do desemprego nos Estados Unidos é a **exportação da produção**, também conhecida como *offshoring* – realocação de empregos em outros países. Os trabalhos mais comuns a passar pelo *offshoring* são os da área de produção industrial, mas o do setor de serviços, incluindo a tecnologia de informação, recursos humanos, finanças, compras e serviços legais, deverá ter um crescimento nos próximos anos (Davidson, 2012). Exportação da produção também permite às corporações maximizar seus lucros, reduzindo os custos da matéria-prima e do trabalho. Nos empregos de serviços *offshoring*, os empregadores cortam os custos do trabalho em cerca de 75% (Davidson, 2012). **Terceirização** envolve a subcontratação de empresas de terceiros para a prestação de serviços, gerando uma economia para as empresas que pagam salários mais baixos e nenhum benefício para aqueles que prestam serviços terceirizados. Muitos postos de trabalho comumente terceirizados, incluindo contabilidade, desenvolvimento de sites, tecnologia da informação, telemarketing e suporte ao cliente, são terceirizados para trabalhadores não norte-americanos.

Automação, ou substituição do trabalho humano por máquinas e equipamentos, também contribui para o desemprego, embora ainda crie novos empregos. Os caixas eletrônicos reduziram a necessidade de atendentes bancários, mas, ao mesmo tempo, criaram postos de trabalho para os trabalhadores que produzem os caixas eletrônicos. Uma tecnologia chamada **impressão 3D** – um mercado global de US$ 2,2 bilhões em 2012 – é provável que tenha um efeito profundo sobre os empregos da indústria. A tecnologia revolucionária da impressão 3D envolve baixar um arquivo digital que contém o projeto de um produto. Uma impressora lê o arquivo e então imprime o produto (feito de plástico especial ou de outras matérias-primas) por meio de um bocal aquecido. Por exemplo, a General Electric usa a impressão 3D para a fabricação de peças para motores a jato; a Nike, para fazer chuteiras de futebol. A reportagem da *Bloomberg View* concluiu:

> A impressão 3D parece que vai jogar muitas pessoas no olho da rua em médio prazo, especialmente nas indústrias que dependem do trabalho da linha de montagem. Finalmente, assim como a maioria dos avanços tecnológicos, provavelmente ela vai criar novos empregos em novas indústrias. Mas esse período de transição será danoso, e os trabalhadores realocados vão precisar de ajuda para se manter (The Editors, 2013, s.p.)

Outra causa do desemprego é o crescimento da competição global e doméstica. As demissões em massa na indústria automotiva norte-americana aconteceram, em parte, devido à concorrência de fabricantes de carros estrangeiros, que, ao contrário daquela, não têm o ônus de oferecer seguro-saúde a seus funcionários. Por fim, o desemprego resultante das demissões em massa ocorre porque as empresas fecham e escolhem sair do negócio. Em 2009, a Circuit City saiu do mercado depois que suas receitas começaram a diminuir de maneira constante, devido, em parte, à concorrência com a Best Buy, Walmart e Amazon. A Circuit City também foi prejudicada pela recessão iniciada em 2007, quando os consumidores tiveram de cortar suas despesas.

exportação da produção Realocação de atividades profissionais em outros países nos quais os produtos podem ser fabricados de forma mais barata.

offshoring Realocação de atividades produtivas em outros países.

terceirização Prática na qual uma empresa subcontrata um terceiro que lhe oferece serviços profissionais.

automação Substituição do trabalho humano por máquinas e equipamentos.

impressão 3D Tecnologia revolucionária de fabricação que envolve baixar um arquivo digital que contém o projeto de um produto. Uma impressora lê o arquivo e então imprime o produto (feito de plástico especial ou de outras matérias-primas) por meio de um bocal aquecido.

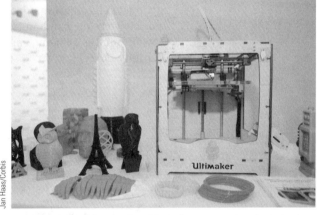

Espera-se que as impressões 3D, assim como outras tecnologias aqui descritas, tenham um grande impacto sobre os empregos da indústria.

Efeitos do desemprego nas pessoas, famílias e sociedades. Um estudo descobriu que empregos de baixa qualidade – com altas demandas, baixo controle sobre as decisões tomadas, alto nível de insegurança no trabalho e baixos salários – têm mais efeitos negativos na saúde mental do que não ter trabalho (Butterworth et al., 2011). No entanto, o desemprego está ligado a depressão, baixa autoestima e aumento das taxas de mortalidade (Turner e Irons, 2009). Um estudo descobriu que, entre os trabalhadores sem problemas de saúde preexistentes, a perda do emprego em razão do fechamento do negócio aumentou o risco de desenvolver um problema de saúde em 85%, com os problemas mais comuns incluindo hipertensão, doença cardíaca e artrite (Strully, 2009). O desemprego também é um fator de risco para a falta de moradia, o abuso de substâncias e o crime, assim como a ocorrência de alguns indivíduos desempregados que se voltam para a informalidade e para as fontes de renda criminosas, tais como roubo, tráfico de drogas e prostituição.

O índice de desemprego de longo prazo pode ter efeitos duradouros, como aumento da dívida, diminuição da aposentadoria e das contas de poupança (que se esgotam para atender às despesas de subsistência), execução de hipoteca e/ou mudança de comunidades seguras para lugares desconhecidos para encontrar um emprego. Mas mesmo os indivíduos que conseguem encontrar outro emprego em uma ou duas semanas sofrem danos em sua autoestima por terem ouvido que não eram mais necessários no ambiente de trabalho. E ser demitido afeta a confiança do trabalhador e sua lealdade nos futuros trabalhos. Funcionários que não foram demitidos durante uma demissão em massa também são afetados, porque ficam preocupados "que possam ser os próximos" (Uchitelle, 2006).

> Um estudo descobriu que empregos de baixa qualidade – com altas demandas, baixo controle sobre as decisões tomadas, alto nível de insegurança no trabalho e baixos salários – têm mais efeitos negativos na saúde mental do que não ter trabalho.

Nas famílias, o desemprego também é um fator de risco para o abuso contra o cônjuge ou os filhos, além da instabilidade matrimonial. Quando um adulto está desempregado, outros membros da família costumam ser obrigados a trabalhar mais horas para mantê-la. E o desemprego para os cônjuges que não têm a custódia dos filhos, normalmente os pais, faz que não consigam arcar com a pensão alimentícia.

Fechamentos de fábricas e demissões em larga escala afetam as comunidades, reduzindo os valores das propriedades e o padrão de vida dos indivíduos. O elevado número de adultos desempregados cria um escoadouro nas sociedades que dão apoio a quem perde o emprego. O deslocamento do trabalho de não idosos está ligado à diminuição das taxas de participação social em grupos de igrejas, organizações de caridade, grupos de jovens e da comunidade e grupos cívicos e de vizinhança (Brand e Burgard, 2008). Globalmente, o elevado número de jovens adultos sem emprego gera o risco de crime, violência e conflito político (United Nations, 2005).

Você e a sociedade

Como mudar seus gastos em tempos econômicos difíceis?

Períodos de dificuldade econômica fazem as pessoas reconsiderar o que é importante manter em sua vida diariamente, o que podem eliminar ou mudar para economizar dinheiro. Como seus hábitos de consumo mudam durante as crises econômicas? Para cada uma das categorias de gastos abaixo, assinale os itens que descrevem as mudanças em seus hábitos de consumo em resposta aos tempos econômicos difíceis.

1. Comprar mais marcas genéricas. _____
2. Almoçar em casa, em vez de sair para comer. _____
3. Ir menos ao cabeleireiro/barbeiro. _____
4. Parar de comprar garrafas de água, substituindo-as por reutilizáveis. _____
5. Cancelar uma ou mais assinaturas de revistas. _____
6. Cancelar a TV a cabo. _____
7. Parar de comprar café ao sair de casa pela manhã. _____
8. Cortar a faxineira. _____
9. Mudar ou cancelar o serviço de celular. _____
10. Começar a compartilhar caronas ou usar transporte público. _____

Comparação de dados: a Tabela 1 apresenta as porcentagens de respostas para cada um desses 10 itens por meio da pesquisa Harris Poll, realizada on-line em 2012 com 2.383 adultos norte-americanos. As mudanças mais comuns incluem comprar mais marcas genéricas e levar marmitas (item 2).

TABELA 1 Corte de despesas nos últimos seis meses, em porcentagem

1.	57	6.	20
2.	41	7.	18
3.	38	8.	18
4.	33	9.	14
5.	21	10.	14

Fonte: Harris Poll, 2012.

Desemprego e subemprego criam um ciclo vicioso. A pessoa que está sem emprego ou tem um subemprego (assim como quem tem medo de perder o emprego) corta as gastos, o que é ruim para os negócios, fazendo que as empresas cortem empregos para se manter ativas. Durante os períodos de estresse ou incerteza econômica, você corta as despesas diárias? Veja a seção *Você e a sociedade*.

Preocupações com emprego dos recém-graduados

A maioria dos estudantes universitários busca um diploma para melhorar suas oportunidades de emprego. No entanto, ter uma graduação não é garantia de emprego em uma crise econômica. A taxa de desemprego entre jovens graduados (sem grau avançado e atualmente não matriculado no ensino superior) foi de 5,7% em 2007, chegando a 10,4% em 2010 e 8,8% em março de 2013 (Shierholz et al., 2013). Alguns recém-formados ficam satisfeitos de que os empregos sejam escassos. Depois da graduação, alguns querem reservar um tempo para relaxar e viajar, em vez de procurar emprego (Weiss, 2009). Outros questionam se a faculdade valeu todo esforço e custo. Em 2012, pouco mais da metade dos formados empregados com menos de 25 anos estava trabalhando em empregos que não exigem um diploma universitário (Shierholz et al., 2013).

> A maioria dos estudantes universitários busca um diploma para melhorar suas oportunidades de emprego. No entanto, ter uma graduação não é garantia de emprego em uma crise econômica.

Os recém-formados que estão empregados não recebem os mesmos benefícios de antes. Entre 2000 e 2012, a inflação fez os salários dos jovens recém-formados diminuir em 8,5%. E entre 2000 e 2011, a porcentagem de recém-formados que recebia benefícios previdenciários do empregador caiu de 41,5% para 27,2% (Shierholz et al., 2013). Para esses jovens que entram no mercado de trabalho durante uma economia estagnada, os efeitos da redução dos rendimentos e mais os períodos de desemprego podem durar por dez a quinze anos (Shierholz et al., 2013). Por conta da alta taxa de desemprego, baixos salários, alto custo de vida, empréstimos estudantis e outros débitos universitários, muitos recém-formados acabam vivendo com seus pais ou outro familiar, em vez de morar sozinhos. Em 2011, 45% dos recém-formados (com 24 anos ou menos) moravam com suas famílias (pais ou tios) – índice mais alto que os 31% de 2001 (Weissmann, 2013).

trabalho forçado Também conhecido como escravidão, é qualquer trabalho desempenhado sob ameaça de punição e assumido involuntariamente.

escravidão por propriedade Forma de escravidão na qual os escravos são considerados propriedade que pode ser comprada e vendida.

Trabalhos forçados

O **trabalho forçado**, também conhecido como *escravidão*, refere-se a qualquer trabalho realizado sob a ameaça de punição e de maneira não voluntária. Esse tipo de trabalho é encontrado em todo o mundo, mas está mais presente no sul da Ásia. A maioria dos trabalhadores forçados atua em áreas como agricultura, mineração, prostituição ou nas fábricas. Há mais escravos no mundo hoje – 27 milhões – do que em qualquer outro tempo na história (Hardy, 2013). O custo médio de um escravo é de US$ 140; escravos sexuais traficados custam US$ 1.910 (Hardy, 2013).

A forma de escravidão com a qual as pessoas estão mais familiarizadas é a **escravidão por propriedade**, na qual os escravos são considerados propriedade que pode ser comprada e vendida.

O trabalho forçado na prisão é controlado pelo Estado. Esse tipo de trabalho é particularmente comum na China.

Embora esse tipo de escravidão exista em alguns lugares, a maioria dos trabalhadores forçados não são "propriedades", mas pessoas submetidas por violência, ameaça de violência e/ou por dívidas. A forma mais comum de trabalho forçado hoje é chamada *escravidão por dívida*. Esses trabalhadores por dívida são pobres e precisam pegar um empréstimo simplesmente para sobreviver ou para pagar um casamento, um funeral, remédios, fertilizantes ou outras necessidades. Os devedores precisam trabalhar para os credores para liquidar o empréstimo, mas, em geral, não conseguem quitar a dívida. Os credores podem manter os devedores em situação de servidão por tempo indeterminado, cobrando-lhes multas ilegais ("violações" no ambiente de trabalho ou baixa performance no trabalho) ou pela comida, pelas ferramentas e pelo transporte para o local de trabalho, mantendo os salários muito baixos para a dívida nunca ser quitada (Miers, 2003).

Outra maneira de trabalho forçado é a escravidão sexual. No sul da Ásia, onde esse tipo de escravidão é mais comum, garotas são forçadas a se prostituir por pressão de seus maridos, pais e irmãos, a fim de ajudar a pagar dívidas familiares, ou atraídas por bons empregos e, em seguida, forçadas a trabalhar em bordéis sob ameaça de violência.

Nos Estados Unidos, a cada ano são traficadas para o país entre 14 mil e 17 mil pessoas – que são forçadas a trabalhar como escravas, normalmente em trabalhos domésticos, agrícolas ou na indústria do sexo (Skinner, 2008). Os trabalhadores migrantes são obrigados a trabalhar por pouca ou nenhuma remuneração, como forma de pagamento pelas dívidas de seu transporte através da fronteira com os Estados Unidos. Esses trabalhadores são particularmente vulneráveis porque, se tentarem escapar e denunciar o abuso, correm o risco de ser deportados. Os traficantes comportam-se como agentes de empregos para atrair mulheres aos Estados Unidos com a promessa de bons empregos e educação, mas logo as colocam em posições nas quais são forçadas a fazer trabalhos domésticos ou sexuais.

> **O que você acha?** Nas prisões estaduais e federais dos Estados Unidos, os prisioneiros trabalham por pouca ou nenhuma remuneração, muitas vezes em condições que os expõem a produtos químicos tóxicos, sem equipamento de segurança adequado (Flounders, 2013). Em alguns estados, os prisioneiros que se recusam a trabalhar são encaminhados para o alojamento disciplinar e perdem privilégios, como a cantina, além de créditos por "bom comportamento", que poderiam diminuir a pena. Nas prisões federais, os presos ganham US$ 0,23 por hora produzindo óculos de visão noturna, uniformes camuflados, armaduras e componentes de alta tecnologia para aviões militares e helicópteros, armas e varredores de minas terrestres. Grandes corporações compram os produtos desse trabalho na prisão por um preço baixo e depois obtêm um lucro enorme por meio dos contratos com as forças armadas dos Estados Unidos. As grandes corporações deviam poder lucrar com o trabalho dos presidiários? Os presos deveriam ter as mesmas proteções que os demais trabalhadores no ambiente de trabalho? Por que sim, ou por que não?

Trabalhos precários

Milhões de pessoas no mundo trabalham em **sweatshops** – ambientes de trabalho caracterizados por pagamentos abaixo do salário-mínimo, horas excessivas de trabalho (em geral sem pagamento de horas extras), condições de trabalho inseguras ou desumanas, tratamento abusivo dos funcionários pelos empregadores e/ou falta de organização dos trabalhadores com vistas a melhorar a negociação das condições de trabalho. As condições precárias de trabalho ocorrem em diversos setores produtivos, incluindo produção de vestuário, fábricas, mineração e agricultura.

Mais de 97% das roupas compradas nos Estados Unidos são importadas e, com frequência, fabricadas em condições precárias (Institute for Global Labour & Human Rights, 2011). Os trabalhadores de confecções, como na fábrica Ha-Meem, em Bangladesh, trabalham em turnos de 12 a 14 horas, sete dias por semana e uma folga por mês. Mulheres jovens que

sweatshops Ambientes de trabalho caracterizados por pagamentos abaixo do salário-mínimo, horas excessivas de trabalho (em geral sem pagamento de horas extras), condições de trabalho inseguras ou desumanas, tratamento abusivo dos funcionários pelos empregadores e/ou falta de organização dos trabalhadores com vistas a melhorar a negociação das condições de trabalho.

fazem peças de vestuário para a Gap, J.C. Penney, Phillips-Van Heusen (PVH), Target e Abercrombie & Fitch ganham entre US$ 0,20 e US$ 0,26 por hora (Institute for Global Labour & Human Rights, 2011).

Muitos produtos do mercado de consumo dos Estados Unidos são feitos sob condições precárias. Uma reportagem investigativa sobre as condições de trabalho em cinco fábricas chinesas que fazem produtos para a Disney, Walmart, Kmart, Mattel e o McDonald's revelou condições precárias que violam as leis trabalhistas chinesas (Students and Scholars Against Corporate Misbehavior, 2005). Os trabalhadores eram forçados a trabalhar entre 12 e 15 horas por dia, ganhando apenas entre US$ 0,33 e US$ 0,41 por hora. Moravam em dormitórios abarrotados de pessoas e co-

O trabalho em *sweatshops* costuma acontecer na indústria do vestuário.

miam comidas horríveis nas fábricas. Eles deviam pagar pela casa e pela comida oferecidas (mesmo que vivessem e comessem em outros lugares), o que custava um quinto de seus rendimentos mensais. Algumas fábricas não tinham ventiladores e se tornavam opressivamente quentes. Muitas vezes, os trabalhadores saíam debilitados pela exaustão por conta do calor asfixiante. Alguns trabalhadores eram expostos a gases com cheiros fortes por trabalhar com cola, sem máscaras de proteção ou sistema de ventilação. Dedos esmagados e outras lesões eram comuns em alguns departamentos das fábricas. Os trabalhadores não tinham seguro-saúde, previdência e nenhuma liberdade de se organizar ou se sindicalizar.

Sweatshops nos Estados Unidos. As condições de exploração nas indústrias no exterior têm sido amplamente divulgadas. No entanto, muitos norte-americanos não percebem a existência dessas fábricas em seu país. Por exemplo, em 2012, o Ministério do Trabalho descobriu diversas violações trabalhistas nas fábricas de roupas em Los Angeles (Miles, 2012). Descobriu-se que dez empresas contratadas da área de vestuário, que produziam roupas para mais de 20 varejistas, pagavam menos do que um salário-mínimo, não pagavam horas extras e/ou falsificavam cartões de ponto ou não mantinham registros das horas dos trabalhadores. Em sua maioria, os trabalhadores do setor de vestuário nos Estados Unidos são mulheres imigrantes, que costumam trabalhar de 60 a 80 horas por semana, sempre ganhando abaixo do salário-mínimo, sem receber por horas extras e enfrentando muito abuso verbal e físico.

Trabalhadores agrícolas imigrantes, que processam 85% das frutas e vegetais cultivados nos Estados Unidos, também trabalham em condições difíceis. Muitos vivem em habitações precárias e populosas fornecidas pelos empregadores, sem acesso a água potável, banheiros e instalações sanitárias. Esses trabalhadores costumam sofrer exaustão pelo calor, estiramentos musculares e nas costas, danos causados pelo uso de equipamentos agrícolas afiados e pesados e doenças relacionadas à exposição a pesticidas (Austin, 2002). Apesar de trabalhar 12 horas por dia em condições de risco, os trabalhadores agrícolas têm as menores rendas anuais em comparação a qualquer outra profissão norte-americana, e mais de 60% deles vivem na pobreza (Thompson, 2002). Os problemas associados com os trabalhadores imigrantes serão discutidos no Capítulo 9.

Trabalho infantil

Trabalho infantil envolve atividades realizadas por uma criança que ofereçem risco, interferem na sua educação ou prejudicam sua saúde física, mental, social ou seu desenvolvimento moral. Mesmo que virtualmente todos os países do mundo tenham leis que proíbem ou limitam a idade em que as crianças podem ser empregadas, o trabalho infantil persiste em todo o mundo. Mais da metade das 215 milhões de crianças em idade escolar que

trabalho infantil Aquele realizado por uma criança, que lhe oferece risco, interfere na sua educação ou prejudica saúde física, mental, social ou seu desenvolvimento moral.

Ensaio fotográfico
Trabalho infantil na agricultura norte-americana

Em muitas atividades, as leis norte-americanas determinam que uma criança só pode trabalhar a partir dos 16 anos, com algumas exceções, como adolescentes de 14-15 anos que podem atuar como caixas, ensacadores nas mercearias e lavadores de carros. Mas, nos trabalhos agrícolas, essas leis permitem que as crianças trabalhem em propriedades pequenas, desde que os pais autorizem. Crianças com 12 anos ou um pouco mais velhas podem ser contratadas por qualquer fazenda com o consentimento dos pais, ou trabalhar na mesma fazenda que os pais, e, ainda, permite-se que crianças de 14 anos trabalhem em qualquer fazenda, mesmo sem a permissão dos pais.

▼ Centenas de milhares de crianças nos Estados Unidos trabalham em fazendas comerciais (Human Rights Watch, 2010). Elas são tipicamente hispânicas; e muitas são cidadãs norte-americanas. As meninas que trabalham nas fazendas dos Estados Unidos às vezes são vítimas de abuso sexual.

PROBLEMAS SOCIAIS

◀ O Children's Act for Responsible Employment (Care Act) é um projeto de lei que propõe o aumento da idade permitida para o trabalho agrícola de 12 para 14 anos (exceto para as crianças que trabalham na mesma fazenda dos pais). O projeto também contém provisões para proteger os jovens trabalhadores agrícolas dos trabalhos que oferecem risco ou os expõem a pesticidas. Até o momento em que este livro foi escrito, o Care Act não tinha sido aprovado.

▼ As crianças que trabalham nas fazendas de tabaco são especialmente vulneráveis à "doença da folha verde de tabaco", envenenamento que ocorre quando os trabalhadores absorvem tabaco pela pele ao entrar em contato com as folhas. Os sintomas incluem náusea, vômito, fraqueza, vertigem, dor abdominal, diarreia e falta de ar.

LOWELL GEORGIA/National Geographic Creative

◀ O trabalho agrícola é considerado a área mais perigosa para as crianças nos Estados Unidos. As crianças que trabalham na agricultura ficam expostas a produtos químicos, ao sol e a temperaturas extremas; trabalham com ferramentas afiadas e maquinaria pesada, sobem escadas altas e carregam baldes e sacos pesados. E com frequência trabalham 12 horas por dia sem acesso a água potável, banheiros ou lugares para lavar as mãos. Nos trabalhos que não são da área agrícola, a legislação dos Estados Unidos exige que os trabalhadores só realizem atividades de risco a partir dos 18 anos. Mas, nos trabalhos agrícolas, as crianças podem realizar esse tipo de atividade a partir dos 16 anos, segundo determinação do Ministério do Trabalho, e em qualquer idade se trabalharem na mesma fazenda que os pais.

estão envolvidas em trabalhos infantis está exposta às piores formas de trabalho infantil: ambientes perigosos, trabalho forçado, tráfico de drogas e prostituição e conflitos armados (ILO, 2013).

O trabalho infantil está presente em muitos produtos que compramos, vestimos e comemos. Essas crianças trabalham em fábricas, oficinas, canteiros de obras, minas, pedreiras, campos e barcos de pesca. Crianças trabalhadoras fazem tijolos, sapatos, bolas de futebol, fogos de artifício e fósforos, móveis, brinquedos, tapetes e roupas. Trabalham na produção de bronze, de artigos de couro e de vidro. Cuidam do gado e colhem produtos agrícolas. Dezenas de milhares de crianças em pelo menos 24 países e territórios são recrutadas pelas forças armadas e usadas em combate ou para fins de exploração sexual (Unicef, 2009).

As crianças enfrentam longas jornadas de trabalho com poucas (ou nenhuma) pausas ou dias de folga, mesmo nas condições insalubres em que estão expostas a produtos químicos tóxicos e/ou calor excessivo, além de sofrerem espancamentos e outras formas de maus-tratos de seus empregadores, ganhando quantias mínimas, como um dólar por dia. Um ex-trabalhador da indústria têxtil em Bangladesh descreveu as condições de uma empresa chamada Harvest Rich, onde a roupa é costurada para empresas norte-americanas como Walmart e J.C. Penney. Ele declarou que centenas de crianças, algumas com menos de 11 anos, trabalhavam ilegalmente na Harvest Rich, às vezes por 20 horas diárias:

> Antes que os carregamentos de roupas tivessem de ir para os Estados Unidos, havia turnos obrigatórios de 19-20 horas, das 8h às 3h ou 4h... Os trabalhadores costumavam dormir no chão da fábrica por algumas horas antes de acordar para o próximo turno da manhã. E se fizessem qualquer coisa errada, eram espancados todos os dias.

Os trabalhadores tinham dois dias de folga por mês e recebiam US$ 3,20 por semana (Tate, 2007). Em outra fábrica de roupas, que fazia casacos de lã para o Walmart, crianças de 14-15 anos trabalhavam em turnos de 18-20 horas, das 8h à meia-noite ou 4h, sete dias por semana. Quando desmaiavam, os administradores as acordavam. Algumas garotas eram estupradas pela gerência (Tate, 2007).

O trabalho infantil nos Estados Unidos também está presente nos restaurantes, mercearias, frigoríficos, fábricas de roupas e na agricultura. Apesar das proibições federais, os jovens norte-americanos empregados no setor de serviços e no varejo estão expostos a condições nocivas e a equipamentos perigosos (por exemplo, prensas de papel, trituradores de caixas e misturadores de cimento) (Runyan et al., 2007). Um dos trabalhos infantis mais perigosos dos Estados Unidos é aquele exercido na agricultura. Veja a seção *Ensaio fotográfico*: Trabalho infantil na agricultura norte-americana.

Saúde e segurança no trabalho nos Estados Unidos

Embora muitos ambientes de trabalho sejam mais seguros do que no passado, lesões fatais ou incapacitantes e doenças ocupacionais ainda acontecem em números preocupantes. Em 2011, 4.693 trabalhadores norte-americanos – a maioria homens – morreram em decorrência de acidentes fatais de trabalho (Bureau of Labor Statistics, 2013b). O tipo mais comum de acidente de trabalho envolve meios de transportes (veja a Figura 7.1). Embora o maior número de acidentes de trabalho ocorra na construção civil, as maiores taxas (por 100 mil trabalhadores) acontecem na agricultura/engenharia florestal/pesca/caça, transporte e armazenamento e mineração.

Lesões e doenças ocupacionais não fatais nos Estados Unidos não são incomuns – cerca de 4 milhões de casos foram relatados em 2011 –, mas, devido à falta de notificações, esse número pode chegar a 11 milhões (AFL-CIO, 2013). Lesões ocupacionais comuns incluem torsões, distensões e cortes. Trabalhadores que fazem movimentos repetitivos, como digitar ou trabalhar em linha de montagem, podem desenvolver lesões por esforços repetitivos (veja a seção *O lado humano*).

A incidência dessas doenças é resultado de condições de trabalho perigosas, e o número é provavelmente maior do que as estatísticas mostram, por conta das doenças latentes de longo prazo, causadas, por exemplo, por exposição a substâncias cancerígenas, mais difíceis de ser relacionadas ao local de trabalho nem devidamente reconhecidas e relatadas. Além disso, nem sempre os trabalhadores reportam seus ferimentos ou doenças ocupacionais por medo de perder o emprego ou, no caso de imigrantes sem documento, de ser deportados. E as empresas nem sempre mantêm o registro das lesões ou doenças, para evitar investigações e multas por violações na saúde e na segurança.

Em muitos casos, ferimentos, doenças e mortes no ambiente de trabalho acontecem devido a violações intencionais dos patrões às normas de saúde e segurança. A Occupational Safety and Health Administration (Osha), criada em 1970, desenvolve, monitora e impõe

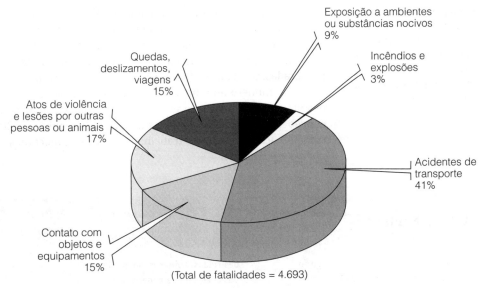

Figura 7.1 Causas de fatalidade no local de trabalho.
Fonte: Bureau of Labor Statistics, 2013.

normas de saúde e segurança no ambiente de trabalho. Mas a falta de recursos a impede de realizar inspeções suficientes nas empresas para que o trabalho seja eficaz. A Organização Internacional do Trabalho (OIT) recomenda um inspetor para cada 10 mil trabalhadores. Para obedecer a essa recomendação, seriam necessários 12.941 inspetores, mas a Osha tem apenas 1.938 (em 2012) (AFL-CIO, 2013). Com essa quantidade de pessoal, seriam necessários 113 anos para os inspetores da Osha fazerem a inspeção nos 8 milhões de ambientes de trabalho da nação. Apesar disso, em 2012, esses inspetores federais documentaram mais de 78 mil violações à saúde e à segurança no ambiente de trabalho, a maioria classificada como "séria" (AFL-CIO, 2013).

> **O que você acha?** Suponha que uma empresa seja culpada por violações sérias às leis de saúde e segurança, em que "violação séria" seja definida como aquela que representa uma probabilidade substancial de morte ou danos físicos graves aos trabalhadores. Que penalidade você acha que a empresa deveria receber? Em 2012, violações sérias às leis de saúde e segurança no ambiente de trabalho acarretaram uma pena federal média de US$ 1.052, ou estadual de US$ 974 (AFL-CIO, 2013). Mesmo quando essas violações resultaram em morte do trabalhador, a média da pena federal, no mesmo ano, foi de apenas US$ 6.625, e a média da multa estadual foi de US$ 4.900. Sob a lei federal, violação intencional que resulta em morte de um trabalhador é considerada contravenção, prevista uma pena máxima de prisão de apenas seis meses. Compare isto com o crime de incomodar um burro selvagem em terras federais, que é punível com um ano de prisão (Barstow e Bergman, 2003). Por que você acha que a pena para as violações às leis de saúde e segurança no trabalho são tão fracas?

Estresse no trabalho. Outro problema relacionado à saúde no trabalho é o estresse. Uma pesquisa da Gallup descobriu que um terço dos trabalhadores norte-americanos está "totalmente insatisfeito" com o nível de estresse no trabalho, fazendo que esta seja a queixa mais comum entre os trabalhadores (insatisfação com o salário é a segunda mais comum) (Saad, 2012). Os trabalhadores podem ficar estressados por causa do número de horas trabalhadas, considerando que as 40 horas semanais se tornaram, para muitos, 60 horas (ou até mais); por trabalharem em um **local de trabalho tóxico;** um ambiente de trabalho no qual estão sujeitos a colegas e/ou chefes que praticam vários comportamentos negativos e indutores do estresse, como intimidação, assédio, fofoca e boatos.

local de trabalho tóxico Ambiente de trabalho no qual os funcionários estão sujeitos a colegas e/ou chefes que praticam vários comportamentos negativos e indutores do estresse, como intimidação, assédio, fofoca e boatos.

estafa profissional (*burnout*) Estresse prolongado no trabalho que pode causar ou contribuir para a ocorrência de pressão alta, úlceras, dores de cabeça, ansiedade, depressão e outros problemas de saúde.

Estresse prolongado no trabalho, também conhecido como **estafa profissional** (*burnout*), pode contribuir para problemas de saúde físicos e mentais, como pressão alta, úlceras, dores de cabeça, ansiedade e depressão. Afastar-se para se curar e "recarregar as baterias" não é uma opção para muitos trabalhadores, que não têm licença por doença ou férias remuneradas. Os Estados Unidos são a única nação avançada que não obriga a empresa a conceder um número mínimo de dias de férias; nos países da União Europeia, os empregadores devem dar aos trabalhadores pelo menos quatro semanas de férias por ano (alguns países concedem cinco ou seis semanas de férias) (Greenhouse, 2008). E mesmo quando o dia de trabalho acabou, diversos trabalhadores ficam conectados ao trabalho por meio de *smartphones* e *notebooks*.

O lado humano — Condições de trabalho na indústria de processamento de aves

A produção de aves é um grande negócio nos Estados Unidos. Os norte-americanos consomem mais frango do que qualquer outro país do mundo – cerca de 38 quilos por ano *per capita* –, e mais do que qualquer outro tipo de carne. De acordo com o National Chicken Council (2012), os Estados Unidos têm a maior indústria de frango de corte do mundo (frangos de corte são aqueles criados para o consumo da carne).

Para investigar as condições de trabalho da indústria de aves no Alabama – que está entre os três maiores estados produtores de carne de frango –, o Southern Poverty Law Center and Alabama Appleseed realizou entrevistas com 302 trabalhadores empregados atuais e ex-empregados na indústria de aves. Foi perguntado aos participantes sobre procedimentos de segurança e equipamentos, regras de segurança e seu cumprimento, sua experiência com lesões e como os empregadores lidam com a responsabilidade, discriminação e assédio e sobre as condições de trabalho em geral. Os excertos abaixo descrevem as experiências de seis trabalhadores da indústria de aves.*

História de Oscar: Quando Oscar ouviu que uma empresa de processamento de aves no Alabama estava precisando de trabalhadores, pensou que poderia usar as habilidades que aprendera com o estudo de engenharia mecânica em Cuba. "Achei que talvez (...) pudesse trabalhar com as máquinas, devido à minha capacitação e às minhas mãos", disse ele. Mas, com 47 anos, depois de desembarcar no Alabama vindo de Miami, suas esperanças foram destruídas. Foi recusado em duas posições em que poderia aplicar suas habilidades mecânicas e, em vez disso, lhe foi oferecido que dobrasse as asas dos frangos na linha de produção. Como as carcaças das aves passavam aceleradas na linha, Oscar tinha que pegar as asas e torcê-las na posição que a empresa queria, dobrando rápido o suficiente para atender a uma cota de cerca de 40 asas de frango por minuto – ou aproximadamente 18 mil asas por dia. "Eu fazia bem o meu trabalho", disse ele. "Mas mal sabia eu que estava me prejudicando no processo. Eles não me avisaram que isso podia acontecer." Como repetia esse movimento milhares de vezes, Oscar colocava pressão nas mãos e pulsos. Depois de um mês, passou a sentir fortes dores nas mãos e nos pulsos, que nunca tinha sentido antes de trabalhar com isso. Oscar foi diagnosticado com tendinite e síndrome do túnel do carpo. Quando a lesão tornou-o inútil para a companhia, foi demitido.

História de Natashia: Natashia Ford foi uma pessoa saudável durante toda a vida. Mas, depois de passar seis anos desossando frangos em uma processadora no norte do Alabama, tornou-se uma pessoa diferente. Ela foi diagnosticada com histoplasmose, uma doença pulmonar similar à tuberculose, causada por respirar esporos transmitidos pelo ar. Oito nódulos estavam crescendo em seu pulmão e não podiam ser retirados. A empresa em que ela trabalhou se recusou a pagar suas despesas médicas, como seu inalador e os medicamentos. Enquanto trabalhava, Natashia sempre tossia no ambiente gelado da fábrica. Ela disse que a empresa não lhe forneceu, ou a seus colegas de trabalho, máscaras faciais enquanto trabalhava na linha de processamento. Sumos orgânicos de frango entravam pelos seus ouvidos, pelo nariz e pela boca. "Eu não voltaria lá por nenhum dinheiro", disse ela. Os trabalhadores processavam entre 30 mil e 60 mil aves por turno, enquanto corriam para acompanhar a linha de produção. Se um frango ficasse preso na máquina, a linha tinha de parar para que fosse retirado. Trabalhadores machucados não contavam com a mesma compaixão. A linha de processamento nunca reduzia ou parava para eles, disse ela. Não importava se estivessem cortados, machucados ou doentes. Não importava se seus músculos endurecessem e travassem por conta dos movimentos repetitivos por horas a fio. A máquina continuava fazendo barulho – mesmo quando Natashia estava tão doente que teve de ser carregada e levada embora. Ela acabou processando a empresa, ocorrência rara no setor. A companhia, em primeira instância, pagou algumas despesas médicas, mas não todas. Hoje, Natashia não consegue ficar em pé por mais de 15 minutos. Ela usa cintas no joelho e nas costas e caminha com uma bengala. "Nenhuma linha de montagem é interrompida para um ser humano, mas é para um pássaro", disse ela.

História de Diane: Quando Diane foi diagnosticada com síndrome do túnel do carpo severa, o médico foi claro sobre a causa: seu trabalho na indústria de processamento de frango. Era uma notícia

PROBLEMAS SOCIAIS

que seu empregador não queria ouvir. Na verdade, Diane sabia que podia ser demitida se seu empregador soubesse que havia procurado seu próprio médico, em vez do da empresa. Seu chefe tinha deixado claro como deveria proceder com a dor. "Meu supervisor me disse que se minhas mãos doessem e eu fosse consultar a enfermeira, devia dizer-lhe que a dor era por causa de algo acontecido em casa", disse a afro-americana de 38 anos. "Eu não deveria dizer que era relacionada ao trabalho. Se dissesse que minha dor começou por alguma coisa no trabalho, seria dispensada por três dias sem pagamento, e depois demitida. Então, quando fui até a enfermeira, disse que havia machucado minhas mãos em casa". Mas Diane sabia que o tratamento recomendado pela enfermeira – tomar um Tylenol e fazer imersão das mãos na água – não seria suficiente para resolver aquela lesão séria. Então, secretamente foi ver um médico, e recebeu o diagnóstico de síndrome do túnel do carpo.

História de Horacio: Horacio tinha apenas 18 quando começou a trabalhar como apanhador de frango no Alabama (...) Apanhadores de frango – trabalhadores que pegam as aves nos galinheiros e as colocam em caminhões com destino às fábricas de processamento – deparam-se com os mesmos problemas dos trabalhadores do processamento. Esses problemas incluem lesões por esforço repetitivo, doenças respiratórias e supervisores com pouca preocupação em relação à saúde dos funcionários. Horacio e sua equipe trabalhavam à noite, porque os frangos ficavam mais calmos. Também não era tão quente, já que o calor dentro dos galinheiros era muito intenso. Sua equipe normalmente enchia 14 ou 15 *trailers* de frangos durante cada turno. Horacio podia carregar cerca de sete frangos por vez – cerca de 28 quilos no total. Um feito que realizaria mais 100 vezes por *trailer*. Para carregar sete frangos por vez, ele tinha de pegar as aves pelos pés e colocá-las entre os dedos da sua mão até reunir quatro animais vivos, guinchando, arranhando e bicando. Então, deveria pegar mais três aves e segurar seus pés entre os dedos da outra mão, sem derrubar os primeiros quatro frangos. Diante dessas condições, não é de surpreender que os apanhadores de frangos desenvolvessem os mesmos tipos de lesões nas costas, braços, pulsos e mãos que os outros trabalhadores da indústria do frango, embora com danos frequentemente mais graves. Apanhadores de frangos têm reportado que suas mãos incham duas vezes o tamanho normal. As mãos, dedos e pulsos de Horacio incharam a um ponto que não conseguia mais fechá-las. Também costumavam ficar dormentes durante a noite, sintoma comum da síndrome do túnel do carpo. Os apanhadores de frangos também podiam desenvolver doenças respiratórias, por conta do ar de péssima qualidade dos galinheiros (...) Horacio, assim como outros apanhadores de frangos, disse que a poeira e a matéria fecal no ar dos galinheiros fazia seus olhos arder e provocava coceira na pele. Com frequência tinha brotoejas no corpo. Ele tinha uma máscara protetora para usar, mas era tão pesada que não a utilizava. Nenhum dos trabalhadores a usava, porque inibia a respiração, impedindo-os de trabalhar rápido o suficiente para atender à demanda dos chefes. Hoje, depois de 19 anos como apanhador de frangos, Horacio, com 37 anos, exibe um sinal revelador da sua profissão. Seus braços estão constantemente doloridos. Ele também anda mancando – lembrança de quando um caminhão passou sobre seu pé quando estava encostado no galinheiro. Seu chefe insistiu para que continuasse a trabalhar, mesmo com a dor.

História de Juan: Juan, latino, pai de três filhos, que vive no Alabama desde 1999, trabalhou durante seis anos em uma processadora de aves, principalmente em funções de empilhamento, que lhe exigiam levantar e carregar duas caixas de 80 quilos de frango por minuto. Enquanto levantava uma caixa, sentiu-se tonto, escorregou e caiu. Disseram-lhe que continuasse trabalhando, mesmo com uma dor intensa. A dor nas costas de Juan foi piorando, até que se tornou constante. Ele não conseguia sequer dormir. Quando finalmente conseguiu fazer um raio X, o exame revelou duas fraturas nas vértebras lombares por conta da queda. Ele foi demitido. Juan nunca se recuperou; seu empregador nunca pagou nada pelo tratamento médico.

História de Marta: Marta não aguentava mais. Pegou o telefone e ligou para o Recursos Humanos da empresa. Ela sofreu diversos anos com o assédio sexual do seu chefe enquanto trabalhava em uma fábrica de processamento no sudeste do Alabama, atuando no setor de higiene. Ele vivia pressionando a latina de 48 anos a ter relações sexuais, dizendo-lhe que poderia conseguir o trabalho que quisesse – se cedesse aos seus avanços. Ela finalmente o denunciou. Mas o telefonema de Marta não encerrou seu sofrimento. Na verdade, tornou as coisas piores. Ela foi acusada de inventar a história e transferida para uma função que pagava menos. Seus dois filhos, que também trabalhavam na fábrica, também foram transferidos para funções de menor salário. Um ano depois, Marta foi demitida. Disseram que foi devido ao seu *status* de imigrante – depois de sete anos na companhia. Seu assediador, que se manteve no cargo, deixou claro que a imigração não era o real motivo. Disse que, se ela tivesse concordado em dormir com ele, ainda estaria empregada.

Conclusão: Os problemas vivenciados pelos trabalhadores aqui descritos não são incomuns na indústria do frango. Um em cada cinco trabalhadores dessa pesquisa disse que ele ou algum conhecido tinha sido submetido a toques indesejados de caráter sexual, e cerca de um terço disse que sabia de alguém que tinha sido vítima de comentários sexuais indesejados. Quase três quartos dos avicultores entrevistados para esse relatório afirmaram sofrer de algum tipo de lesão significativa ou doença relacionada ao trabalho, como dor debilitante nas mãos e dedos nodosos da síndrome do túnel do carpo, queimaduras químicas e problemas respiratórios.

*Alguns nomes foram modificados para proteger a identidade dos participantes.

Fonte: Baseado no Southern Poverty Law Center e no Alabama Appleseed, 2013. *Unsafe at These Speeds*: Alabama's Poultry Industry and Its Disposable Workers. Disponível em: <www.splc.org>. Usado com permissão.

Os Estados Unidos são a única nação avançada que não obriga as empresas a oferecer um número mínimo de dias de férias.

Conflito vida-trabalho

Uma das principais fontes de estresse para os trabalhadores norte-americanos é a luta do dia a dia para atender simultaneamente às demandas de trabalho e outras responsabilidades da vida, incluindo família e educação. Os conflitos entre vida e emprego são comuns entre esses trabalhadores: 70% dos homens e mulheres norte-americanos relatam alguma interferência do trabalho nas responsabilidades não relacionadas ao trabalho (Schieman et al., 2009).

Quem é casado cria estratégias para coordenar a agenda de trabalho e assim tirar férias todos juntos, ou simplesmente fazer refeições juntos. Entre cônjuges com renda dupla e filhos, 56% das mães e 50% dos pais relatam que é muito ou um pouco difícil conciliar trabalho e vida familiar (Parker e Wang, 2013). Pais que trabalham e têm filhos pequenos precisam se organizar para cuidar das crianças e negociar com seus empregadores sobre o tempo para cuidar de um filho doente, ou para participar de um evento na escola da criança ou de uma atividade extracurricular. Alguns empregadores enviam a agenda de horários de seus funcionários apenas com alguns dias de antecedência, o que torna difícil providenciar assistência às crianças. No entanto, trabalhar em turnos causa tensão nos casamentos, porque os parceiros raramente passam tempo juntos. Alguns pais que trabalham e não conseguem encontrar ou pagar uma creche, deixam seus filhos sem a supervisão de um adulto.

Os trabalhadores com pais idosos e/ou doentes preocupam-se em saber como vão cuidar deles, ou organizar e monitorar os cuidados, ao mesmo tempo que têm uma semana de trabalho de 40 horas (ou mais). Cerca de dois em cada dez funcionários são cuidadores que prestam assistência a uma pessoa com mais de 50 anos (Council of Economic Advisers, 2010).

As mulheres tendem a vivenciar mais conflitos entre a vida em família e a vida no trabalho do que os homens; no entanto, esse nível de conflito tem se mantido estável para as mulheres nas últimas três décadas, enquanto os homens vêm relatando um crescimento, provavelmente devido ao aumento do envolvimento dos homens no cuidado dos filhos e com as responsabilidades domésticas (Galinsky et al., 2009).

Equilibrar as responsabilidades de um trabalho com as demandas da escola é também um desafio para muitos adultos. Milhões de estudantes universitários, tanto em idade escolar (18 a 24) quanto acima de 25 trabalham em tempo parcial ou integral enquanto prosseguem o curso superior.

Alienação

O trabalho nas sociedades industrializadas é caracterizado por alto grau de divisão do trabalho e especialização. Como resultado, as tarefas dos trabalhadores são repetitivas e monótonas, envolvendo pouco ou nenhum grau de criatividade. Limitados a tarefas específicas por seus papéis de trabalho, os trabalhadores são incapazes de expressar e utilizar todo seu potencial – intelectual, emocional e físico. De acordo com Marx, quando os trabalhadores são apenas peças de uma engrenagem, tornam-se afastados de seu trabalho, do produto que criam, dos outros seres humanos e deles mesmos. Marx chamou esse distanciamento de "alienação". Como já discutimos, a McDonaldização do ambiente de trabalho também contribui para a alienação.

A alienação tem quatro componentes: (1) *Impotência* – resultado de trabalhar em um ambiente em que se tem pouco ou nenhum controle sobre as decisões que afetam o trabalho; (2) *Falta de sentido* – resultado do não encontro de satisfação no trabalho; (3) os trabalhadores podem vivenciar *ausência de normas* se as presentes no ambiente de trabalho não estiverem claras ou forem conflituosas, como quando as companhias têm políticas de não discriminação e a praticam; e (4) *autoalienação* – em decorrência da incapacidade de os trabalhadores aplicar seu pleno potencial humano em seus papéis no trabalho.

Sindicatos e a luta pelos direitos dos trabalhadores

Em tempos de alta taxa de desemprego, muitas pessoas que trabalham sentem-se gratas por estar empregadas. Mas ter um trabalho não é garantia de condições favoráveis e salários e benefícios decentes. **Sindicatos** são organizações de defesa dos trabalhadores que se desenvolveram para protegê-los e representá-los nas negociações entre a direção e os outros trabalhadores.

Benefícios e desvantagens dos sindicatos para os trabalhadores. Os sindicatos têm tido papel importante na luta por salários justos e benefícios, ambientes de trabalho saudáveis e seguros e outras formas de defesa do trabalhador. Em comparação com os trabalhadores não sindicalizados, os sindicalizados tendem a ter um salário mais elevado, um seguro melhor e benefícios previdenciários, além de mais folgas remuneradas. Trabalhos que têm maiores taxas de sindicalização tendem a ter menor diferença salarial entre os gêneros (International Trade Union Confederation, 2013).

Os sindicatos também têm influência na melhoria das condições de trabalho. Por exemplo, o United Food and Commercial Workers (UFCW), o maior sindicato que representa os trabalhadores do processamento de aves, foi fundamental na formação de uma regra da Osha que estabeleceu uma política permitindo aos funcionários usarem o banheiro durante o trabalho. Antes dessa norma, os trabalhadores das indústrias de processamento de alimentos não tinham o direito de ir ao banheiro quando necessário, e muitas vezes não tinham escolha a não ser se aliviar na própria linha de montagem, porque o chefe não permitia que deixassem seu posto de trabalho ("New OSHA Policy Relieves Employees", 1998). Agora, a Osha obriga que os empregadores construam instalações sanitárias para que os funcionários possam usá-las quando precisarem.

Uma das desvantagens dos sindicatos é que seus membros devem pagar impostos e outras taxas, cujos valores vêm aumentando nos últimos anos. Membros dos sindicatos ressentem-se dos altos salários dos líderes sindicais. Outra desvantagem para os trabalhadores sindicalizados é a perda da individualidade. Eles são membros de uma unidade global de negociação em que as regras são da maioria. Decisões tomadas pela maioria podem entrar em conflito com necessidades individuais específicas.

Declínio da densidade sindical. A força e a adesão aos sindicatos nos Estados Unidos caíram ao longo das últimas décadas. A **densidade sindical** – porcentagem de trabalhadores sindicalizados – cresceu nos anos 1930 e atingiu seu pico nos anos 1940 e 1950, quando 35% dos trabalhadores norte-americanos eram sindicalizados. Em 2012, a porcentagem desses trabalhadores caiu para apenas 11,3%, menos do que os 20,1% de 1983 (Bureau of Labor Statistics, 2013c).

Uma das razões para o declínio da representação sindical é a diminuição dos empregos na indústria, que tende a ter mais índices de sindicalização do que outros setores. O crescimento do emprego tem ocorrido nas áreas de alta tecnologia e serviços financeiros, nas quais os sindicatos têm pouca presença. Além disso, a globalização levou a demissões e fechamento de fábricas em muitos locais de trabalho sindicalizados, como resultado do deslocamento das empresas para outros países a fim de encontrar mão de obra mais barata. Uma das principais razões para esse declínio é que as corporações tomaram medidas ativas para manter os trabalhadores sindicalizados e as fracas leis trabalhistas dos Estados Unidos falharam em apoiar e proteger a sindicalização.

Atividades corporativas antissindicais. Pelo menos 23 mil trabalhadores por ano são demitidos ou discriminados no local de trabalho por seu envolvimento com o sindicato (Bonior, 2006). Alguns empregadores se envolvem nas seguintes estratégias antissindicais: (1) demissão dos trabalhadores pró-sindicatos; (2) ameaça de fechar locais de trabalho nos quais os trabalhadores tentem montar um sindicato; (3) coação dos trabalhadores a fazer oposição ao sindicato com suborno ou favoritismo; (4) contratação de consultores antissindicais caríssimos para combater unidades sindicais; e (5) obrigar os funcionários a participar de todas as reuniões antissindicais com seus supervisores (Bonior, 2006; Mehta e Theodore, 2005).

sindicatos Organizações de defesa profissional que surgiram para proteger os trabalhadores e representá-los em negociações entre gestão e trabalhadores.

densidade sindical Porcentagem de trabalhadores sindicalizados.

As fracas leis trabalhistas dos Estados Unidos. O National Labor Relations Act (NLRA), de 1935, é a principal lei federal do trabalho nos Estados Unidos. Ela garante o direito à sindicalização, à negociação coletiva e à greve contra as empresas do setor privado. No entanto, exclui os trabalhadores do setor público, os agrícolas e domésticos, os supervisores, os funcionários das ferrovias e dos aeroportos e os empreiteiros independentes. Como resultado, milhões de trabalhadores não têm direitos por essa lei para negociar seus salários, horas ou contratos de trabalho.

Além disso, as mudanças nas leis trabalhistas ao longo dos anos nos Estados Unidos têm corroído os direitos dos trabalhadores. Originalmente, o direito trabalhista obrigava os empregadores a conceder uma demanda de reconhecimento sindical se a maioria dos trabalhadores assinasse um cartão que indicava que queriam um sindicato. Mas, desde 1947, os empregadores podem rejeitar as demandas dos trabalhadores pela sindicalização e forçar uma eleição do National Labor Relations Board (NLRB), o que requer cerca de um terço dos trabalhadores em uma petição para o conselho para realizar a eleição. "A empresa, então, usa o tempo que leva até a eleição para centrar sua campanha contra a formação do sindicato, enquanto pontos de vista contrários não são permitidos" (Human Rights Watch, 2007, p. 18).

> As penalidades pela violação das leis trabalhistas nos Estados Unidos são tão fracas que muitos empregadores nem as consideram como custos na hora de fazer os negócios, e sim um pequeno preço a pagar para derrotar os trabalhadores.

Nos Estados Unidos, o NLRB e os tribunais têm papel importante na defesa dos direitos dos trabalhadores de se sindicalizar e na punição dos empregadores que violam esses direitos. O NLRB tem autoridade para emitir ordens de reintegração e "devolução" ou outras ordens de reparação aos trabalhadores injustamente demitidos ou rebaixados em razão da participação em atividades relacionadas aos sindicatos. Embora seja ilegal demitir trabalhadores por se engajarem em atividades sindicais, há poucas consequências para os empregadores que assim o fazem. As penalidades pela violação das leis trabalhistas nos Estados Unidos são tão fracas que muitos empregadores nem as consideram como custos na hora de fazer os negócios, e sim um pequeno preço a pagar para derrotar os trabalhadores (Human Rights Watch, 2009).

Se você foi demitido por tentar se organizar, por exemplo, pode se reportar ao NLRB. Se essa entidade entender que você foi ilegalmente demitido, seu empregador deve pagar pelo tempo que esteve demitido – menos qualquer remuneração que tenha ganho com qualquer outro trabalho. Como se pode imaginar, a maioria das pessoas demitidas por tentar se organizar na verdade vai conseguir outro emprego, por isso não há compensação para elas. Então, tudo o que os empregadores devem fazer é publicar no quadro de avisos das empresas que não farão isso de novo. Por esse motivo, não há sanções efetivas, e é do interesse das empresas demitir pessoas. Elas realmente não sofrem muitas consequências por fazerem isso, e demitir lideranças sindicais manda uma mensagem muito poderosa para o restante dos funcionários. A mensagem é: se você também tentar liderar uma campanha de organização, vai perder seu emprego; e se votar por um sindicato, pode perder seu emprego (Bonior, 2006).

Além disso, há milhares de casos de práticas trabalhistas injustas por parte dos empregadores, e muitas vezes espera-se anos até que o NLRB resolva o caso, o que desencoraja muitos trabalhadores a denunciar (Greenhouse, 2008).

Legislação antissindicato. Em 2011, o governador Scott Walker (Wisconsin) assinou uma lei para enfraquecer os sindicatos que representam os funcionários estaduais e municipais. A lei proibiu a negociação coletiva da maioria dos funcionários públicos para questões além dos salários, exigiu que os sindicatos fizessem eleições sobre se deveriam continuar a existir e aumentou as contribuições dos trabalhadores para a previdência e cuidados de saúde. Embora a juíza Marilyn Sumi tenha derrubado a lei por razões processuais, a Suprema Corte de Wisconsin a confirmou mais tarde, e um juiz federal decidiu que a lei era constitucional e não violava os direitos dos sindicalistas em relação à Primeira Emenda.

Luta dos sindicatos pelo mundo. Em 1949, a Organização Internacional do Trabalho estabeleceu o Direito de Sindicalização e de Negociação Coletiva. Cerca de metade da força de trabalho do mundo vive em países que ainda não ratificaram essa convenção, incluindo China, Índia, México, Canadá e Estados Unidos. De acordo com a Confederação Sindical Internacional (2013), os membros do sindicato enfrentam violência em pelo menos 24 países, e entre 75 e várias centenas de sindicalistas são mortos a cada ano. Muitos são presos, espancados em manifestações, torturados pelas forças de segurança, e outros com frequência sentenciados a longas penas na prisão. E, a cada ano, milhares de trabalhadores perdem seus empregos apenas por tentar organizar um sindicato. A Guatemala se tornou o terceiro país mais perigoso do mundo, com 53 sindicalistas mortos nos últimos seis anos.

Estratégias para ação: lidando com os problemas de trabalho e desemprego

Governo, empresas privadas, organizações de direitos humanos, organizações trabalhistas, ativistas, estudantes universitários e consumidores desempenham papel importante na reação aos problemas do trabalho e do desemprego.

Redução do desemprego

Os esforços para preparar os estudantes do ensino médio para o mercado de trabalho incluem a criação de escolas técnicas e profissionalizantes e programas de ensino médio e da escola para o trabalho. Programas da escola para o trabalho envolvem parcerias entre empresas, governo, educação e organizações comunitárias que permitem aos alunos do ensino médio explorar diferentes carreiras, fornecendo treinamento e experiências de aprendizagem baseadas no trabalho (Bassi e Ludwig, 2000; Leonard, 1996).

Embora o nível de escolaridade seja muitas vezes apontado como o caminho para o emprego e a segurança econômica, mais de um terço dos trabalhadores com nível superior e menos de 25 anos está trabalhando em empregos que não exigem diploma universitário (Luhby, 2013). Mais da metade dos empregos nos Estados Unidos exige apenas um diploma de ensino médio ou abaixo (Lockard e Wolf, 2012); assim, é importante garantir que todos os trabalhos paguem um salário-mínimo digno (veja também o Capítulo 6). Enquanto nossa economia permite que as pessoas, mesmo trabalhando em período integral, ganhem um salário indigno, ter um emprego não é necessariamente a resposta para a autossuficiência econômica. Como David Shipler (2005) explicou em seu livro *The Working Poor*:

> Ter um trabalho não é suficiente. Ter um seguro-saúde não é suficiente. Ter uma boa casa não é suficiente. Transporte confiável, orçamento familiar cuidadoso, paternidade efetiva e escolaridade eficaz não são suficientes quando cada um deles se desenvolve isolado dos outros. Não existe uma única variável que pode ser alterada para ajudar as pessoas a se afastar do limiar da pobreza. Somente se todo o conjunto de fatores for modificado, a América poderá cumprir sua promessa (p. 11).

Desenvolvimento da força de trabalho. O Workforce Investment Act (WIA) de 1998 garante uma grande variedade de programas e serviços criados para ajudar as pessoas a se preparar para encontrar emprego, tais como avaliação de habilidades, procura de emprego e assistência para colocação; preparação de currículo; instruções de inglês como segunda língua; domínio de informática; subsídios salariais no treinamento para o trabalho e serviços de apoio, como transporte e creche para permitir que as pessoas participem dos seus programas. Alguns programas de desenvolvimento da força de trabalho concentram-se em estratégias para melhorar a empregabilidade de pessoas difíceis de empregar com o fornecimento de intervenções específicas, como tratamento contra o abuso de substâncias, serviços contra violência doméstica, programas de reintegração depois da prisão, atenção à saúde mental e serviços de auxílio moradia combinados com os de emprego (Martinson e Holcomb, 2007).

Criação e preservação de empregos. Em uma pesquisa nacional, um em quatro norte-americanos disse que a melhor maneira de criar mais postos de trabalho nos Estados Unidos é manter os empregos da indústria no país, em vez de levá-los para outros

Workforce Investment Act (WIA) Legislação aprovada em 1998 que oferece ampla gama de programas e serviços destinados a auxiliar indivíduos a se preparar para encontrar um emprego.

países (Newport, 2011). Embora tanto os representantes democratas quanto os republicanos digam que manter os empregos da indústria nos Estados Unidos seja a melhor forma de criar empregos, os últimos apoiam a criação de estratégias que permitam a redução de impostos e limitem o envolvimento do governo na regulação dos negócios, enquanto os primeiros são mais propensos a usar o governo para criar empregos por meio de projetos de infraestrutura.

Em 2010, Obama assinou o Small Business Jobs Act, que prevê isenções fiscais e melhor acesso ao crédito para pequenas empresas, permitindo-lhes criar novos postos de trabalho. O Hiring Incentives to Restore Employment (HIRE) Act, de 2010, garante incentivos fiscais para as companhias que contratarem funcionários que estejam procurando trabalho há pelo menos 60 dias. Obama também lançou o National Export Initiative com o objetivo de apoiar a criação de novos postos de trabalho por meio de exportações de duplicação.

Pacto Global para o Emprego. Melhorar a vida dos trabalhadores e da economia como um todo requer um esforço coordenado e abrangente, que combine uma série de metas e estratégias. Em 2009, a Organização Internacional do Trabalho aprovou o Pacto Global para o Emprego, desenhado para guiar as políticas nacionais e internacionais destinadas a estimular a economia, gerando empregos e proporcionando proteção aos trabalhadores e suas famílias.

O Pacto Global para o Emprego oferece vasta gama de medidas para reter profissionais, sustentar as empresas, criar postos de trabalho e fornecer proteção social para trabalhadores e desempregados. O pacto também permite supervisão e regulação mais rígidas da indústria financeira, que sirva à economia e proteja as poupanças e previdências dos indivíduos. O pacto exige uma série de medidas, incluindo (1) redução da emissão de carbono, uma economia ecológica que vai ajudar a criar novos postos de trabalho; (2) investimentos públicos em infraestrutura; e (3) aumento da proteção social e do salário-mínimo (para reduzir a pobreza, promover o crescimento da demanda por bens e estímulo da economia). O Pacto Global para o Emprego provê a visão de uma economia saudável, que leva em consideração as necessidades dos trabalhadores e dos consumidores. O difícil trabalho de transformar o Pacto Global para o Emprego em realidade cabe aos empregadores, aos sindicatos e principalmente ao governo.

Cooperativas de trabalhadores: uma alternativa ao capitalismo

A crise financeira global iniciada em 2007 estimulou discussões públicas sobre os problemas que se originam do capitalismo e os esforços renovadores para considerar modelos de negócios alternativos. O economista Richard Wolff explica:

> Acreditamos que a organização capitalista de produção já terminou seu período de utilidade na história humana. Ela não é mais capaz de entregar os bens. Está levando lucros e prosperidade a uma pequena parcela da população e entregando não os bens, mas os "ruins" para a maioria das pessoas. Os empregos estão cada vez mais inseguros, o desemprego é alto (...), os benefícios estão cada vez menores, as perspectivas para nossos filhos estão piores ainda, já que eles se afundam cada vez mais em dívidas para obter diplomas que não lhes garantem empregos e rendas para quitar suas dívidas. (...) Já passou da hora de honestamente enfrentarmos que essa crise que vivemos é o produto de um sistema econômico cuja organização é algo que deveríamos questionar, debater e mudar. (citado em Rampell, 2013, s.p.)

Uma alternativa ao modelo econômico capitalista é o de cooperativa de trabalhadores, que aplica métodos democráticos nas empresas. **Cooperativas de trabalhadores,** ou **negócios autogeridos pelos trabalhadores** – também conhecidas como "coops" – são empresas que pertencem e são dirigidas democraticamente por seus funcionários; os trabalhadores participam e decidem o que, como e onde vão produzir e também podem decidir como distribuirão seus excedentes (ou lucro) gerados pela sua iniciativa. Uma das mais bem-sucedidas cooperativas de negócios é a Mondragon, uma corporação da Espanha que começou

cooperativas de trabalhadores Organizações democráticas de trabalho controladas por seus membros, que participam ativamente da criação de suas políticas e da tomada de decisão; também conhecidas como *negócios autogeridos pelos trabalhadores*.

negócios autogeridos pelos trabalhadores Veja *cooperativas de trabalhadores*.

com sete membros cooperativados e, ao longo de mais de 60 anos, somou mais de 10 mil trabalhadores. Em 2013, a Mondragon Corporation ganhou na categoria *Drivers of Change* o prêmio anual *Boldness in Business*, patrocinado pelo jornal londrino *The Financial Times*. Na Mondragon, os trabalhadores contratam os gerentes, exatamente o oposto do que acontece em uma corporação capitalista. Eles decidiram adotar uma regra que especifica que o trabalhador mais bem pago não pode receber mais do que seis vezes e meia do que o trabalhador menos bem pago ganha, ao contrário do que acontece com diversos CEOs, que ganham algumas centenas de vezes a mais do que o trabalhador médio (nem mesmo os menos bem pagos). Richard Wolff não ficou surpreso com essa regra:

> Se todos os trabalhadores dos escritórios, lojas ou fábricas se unissem e mostrassem seu poder – o que poderiam fazer em uma coop – para decidir os salários e os benefícios de todos, você acha que eles dariam para um punhado de pessoas no topo dezenas de milhões de dólares, enquanto todo mundo está lutando e é incapaz de pagar pela educação universitária dos seus filhos etc.? Isto não vai acontecer. Mesmo se se decidir pagar mais para algumas pessoas, você não viveria em um mundo de desigualdade extrema, como é normal e típico no capitalismo (...). (extraído de Rampell, 2013, s. p.)

Esforços para acabar com a escravidão e o trabalho infantil

Há mais de 50 anos, a Organização das Nações Unidas declarou no artigo 4º da Declaração Universal dos Direitos Humanos: "Ninguém será mantido em escravidão ou servidão; a escravidão e o tráfico de escravos serão proibidos em todas as suas formas". Mesmo assim, a escravidão persistiu pelo mundo. A comunidade internacional tem tratados elaborados sobre a escravidão, mas muitos países ainda devem ratificá-los e aplicá-los.

Em pelo menos 25 países, o tráfico de escravos é ativamente condenado e tratado como crime grave. No entanto, os traficantes de escravos com frequência escapam das punições porque, como um ex-funcionário da U.S. Agency for International Development explicou, "funcionários do governo em dezenas de países auxiliam, ignoram ou são ativamente coniventes com os traficantes" (extraído de Cockburn, 2003, p. 16). Em muitos países, é mais provável que o sistema judiciário prenda ou expulse escravas sexuais do que puna os traficantes ("Sex Trade Enslaves Millions of Women, Youth", 2003). Nos Estados Unidos, o Victims of Trafficking and Violence Protection Act, aprovado pelo Congresso em 2000, protege os escravos contra a deportação se testemunharem contra seus antigos proprietários. Traficantes de escravos condenados nos Estados Unidos estão sujeitos a penas de prisão.

Em 1989, a Assembleia Geral das Nações Unidas adotou a Convenção sobre os Direitos das Crianças, que afirma o direito de as crianças não serem envolvidas em trabalho considerado "perigoso ou que interferira na educação da criança, ou que seja prejudicial para a saúde da criança". A Organização Internacional do Trabalho vem tendo um papel de liderança em reforçar esses direitos, fazendo esforços para prevenir e eliminar o trabalho infantil. Embora quase todos os países tenham leis que proíbem a mão de obra infantil abaixo de certa idade, alguns isentam certos setores – e muitas vezes são estes os com o maior número de crianças trabalhadoras. Os esforços para prevenir o trabalho infantil também se concentram no aumento das penalidades pela violação das leis contra o trabalho infantil, muitas vezes fracas e mal aplicadas.

Educação é o principal meio de combater o trabalho infantil. Crianças sem acesso à educação têm menos opções que não entrar no mercado de trabalho. Em muitos países, a educação primária não é gratuita, e os pais também precisam pagar o uniforme e os livros. Os casais que não conseguem arcar com esses custos também veem o trabalho infantil como uma necessidade de ampliar a renda da casa. O Promoting Education for All – movimento global que defende que toda criança tenha acesso gratuito à educação básica (a escola primária e mais dois ou três anos da escola secundária) – é fundamental no esforço para reduzir o trabalho infantil.

Reações ao trabalho em *sweatshops*

A Fair Labor Association (FLA), criada em 1996, é uma coalizão de companhias, universidades e organizações não governamentais (ONGs) que trabalha para promover a aderência aos padrões internacionais de trabalho e melhorar as condições em todo o mundo. Mais de 30 empresas líderes na venda de roupas de grife, calçados e outros bens voluntariamente participam do sistema de monitoramento da FLA, que inspeciona suas fábricas no exterior e as obriga a cumprir as normas mínimas de trabalho, como não exigir que os funcionários trabalhem mais de 60 horas por semana. Além disso, mais de 200 faculdades e universidades exigem que seus licenciadores (empresas que fabricam produtos com o logotipo das faculdades e universidades) participem desse sistema de monitoramento.

No entanto, a FLA é criticada por ter baixos padrões e permitir salários abaixo do nível de pobreza e o excesso de horas extras, fazendo que apenas uma pequena porcentagem de fábricas fornecedoras de um fabricante sejam inspecionadas a cada ano. Os críticos também afirmam que as companhias usam sua participação na FLA como uma ferramenta de marketing. Uma vez "certificadas" pela FLA, elas podem colocar uma etiqueta em seus produtos dizendo que foram feitos sob condições justas de trabalho (Benjamin, 1998). Em 2006, o United Students Against Sweatshops criou o "FLA Watch" para "expor a verdade sobre a Fair Labor Association (...) e (...) o fracasso contínuo da FLA na defesa dos direitos dos trabalhadores" (FLA Watch, 2007a). O FLA Watch acusa a Fair Labor Association de ser nada mais que uma porta-voz de relações públicas para a indústria do vestuário. Criada, fundada e controlada pela Nike, Adidas e outras líderes de abusos em *sweatshops*, a FLA é um caso clássico de "raposa guardando o galinheiro". (FLA Watch, 2007b).

Ativismo estudantil. O United Students Against Sweatshops (Usas), criado em 1997, é uma organização de base composta por jovens e estudantes que lutam contra os abusos no trabalho e pelos direitos dos trabalhadores ao redor do mundo, particularmente entre os trabalhadores do campo e os da indústria do vestuário que fazem roupas universitárias licenciadas. Os estudantes ativistas influenciaram mais de 180 faculdades e universidades para se afiliar ao Worker Rights Consortium (WRC), que investiga fábricas que produzem roupas e outros bens com logos escolares para ter certeza de que conhecem o código de conduta desenvolvido por escola. Um código de conduta típico inclui salários justos, ambiente de trabalho seguro, proibição do trabalho infantil, bem como o direito de ser representado por um sindicato ou outra forma de representação dos trabalhadores. Se a investigação descobrir que uma fábrica não obedece ao código de conduta, as companhias – com frequência marcas bem conhecidas internacionalmente – que compram itens dessa fábrica são alertadas e o contrato com a escola é encerrado se as condições na fábrica não melhorarem.

Grupos de universitários por todo o país têm participado de boicotes contra a Coca-Cola, em protesto contra a violência contra os líderes sindicais nas suas fábricas colombianas.

 O que você acha? Você sabe onde as roupas com o logo da sua faculdade ou universidade são feitas? Você acha que a maioria dos estudantes se importa se as roupas ou produtos com o logo da faculdade ou universidade que compram são feitas sob condições *sweatshop*?

A Sodexo, companhia multinacional lucrativa do ramo alimentício, serve comida para mais universitários do que qualquer outra. Em 2009, a United Students Against Sweatshop começou a campanha Kick Out Sodexo depois de descobrir que a empresa pagava aos trabalhadores de limpeza do *campus* salários abaixo do nível de pobreza e interferia nas tentativas dos funcionários de formar um sindicato. Os estudantes ativos dessa campanha escreveram cartas para a empresa, expressando suas preocupações sobre suas práticas trabalhistas, e fizeram campanha para convencer os administradores das faculdades e universidades a cancelar os contratos alimentícios com a Sodexo, colocando em seu lugar uma empresa que obedecesse certos padrões de trabalho.

Legislação. Talvez a estratégia mais efetiva contra as condições de trabalho precárias seja a legislação. Alguns estados, cidades, países e distritos escolares dos Estados Unidos aprovaram leis relativas à contratação "*sweatfree*", que proíbem entidades públicas (como escolas, polícia e bombeiros) de comprar uniformes e adornos feitos em *sweatshops* (Sweat Free Communities, s.d.).

Estabelecer e reforçar as leis trabalhistas para proteger os trabalhadores das condições de trabalho precárias é difícil em um clima político que oferece mais proteção às corporações do que aos trabalhadores. As empresas têm exigido e ganhado todos os tipos de leis de propriedade intelectual e direitos autorais para defender suas marcas corporativas, rótulos e produtos. Mesmo assim, há muito tempo elas afirmam que estender leis similares para proteger os direitos humanos de uma menina de 16 anos que costura roupas em Bangladesh seria "um impedimento ao livre-comércio". Sob esse senso distorcido de valores, a etiqueta é protegida, mas não o ser humano, o trabalhador que faz o produto (National Labor Committee, 2007).

Respostas à saúde no ambiente de trabalho e preocupações com a segurança

Em 2009, o Protecting America's Workers Act (Pawa) foi apresentado ao Congresso – projeto de lei que reforçaria a Osha por estender a cobertura aos trabalhadores descobertos, inclusive estaduais e funcionários públicos; melhorar a proteção ao delator que denuncia violações de segurança do local de trabalho, garantindo-lhe o emprego; e aumentar as penalidades por violações sérias e deliberadas e em casos de morte do trabalhador. O Pawa foi reintroduzido no Congresso em 2013, mas até o momento da publicação deste livro não havia sido aprovado. Outra legislação proposta reforçaria a autoridade da OSHA para encerrar as operações que representem perigo iminente para os trabalhadores; exigir que os grandes empregadores corporativos forneçam relatórios periódicos à Osha relacionados a lesões de trabalho, enfermidades e mortes; obrigar a Osha a emitir uma norma sobre o manuseio seguro do paciente para proteger os profissionais de saúde de lesões; e emitir uma norma para proteger os trabalhadores de explosões e incêndios (AFL-CIO, 2013). Os esforços também têm sido feitos no sentido de fortalecer a Mine Safetyand Health Administration (MSHA), dando-lhe mais autoridade para fechar minas que violam os padrões, prevenindo a "doença do pulmão negro" nos mineiros por meio de regras mais rigorosas sobre a quantidade de poeira de carvão que esses trabalhadores podem respirar. Essas e outras iniciativas para reforçar a saúde e a segurança no ambiente de trabalho são contrárias ao que querem as indústrias, e os republicanos no Congresso, que são contra as regulações governamentais, argumentando que o excesso de regulação é prejudicial aos negócios, dificulta os investimentos e reduz a criação de trabalhos.

Nos países em desenvolvimento, os governos temem que a regulação rigorosa do ambiente de trabalho desencoraje o investimento estrangeiro. O investimento na segurança do ambiente de trabalho nos países desenvolvidos, seja por empresas nacionais ou multinacionais estrangeiras, é muito inferior ao dos países ricos. A menos que os padrões globais de segurança no trabalho sejam implementados e reforçados em todos os países, milhões de trabalhadores ao redor do mundo vão continuar sofrendo sob condições de trabalho perigosas. Baixa taxa de sindicalização e o medo de perder o emprego – ou a vida – se exigirem proteções de segurança e saúde deixa a maioria dos trabalhadores impotente para melhorar as condições de trabalho.

Programas de segurança baseados no comportamento. Uma estratégia controversa de saúde e segurança utilizada pelos administradores de empresas são os **programas de segurança baseados no comportamento**. Em vez de examinar a forma como os processos de trabalho e as condições de saúde e segurança afetam o trabalho, os programas de segurança baseados no comportamento atribuem aos próprios trabalhadores os problemas. Esses tipos de programas alegam que a maioria dos acidentes de trabalho e das doenças é causada por descuido dos trabalhadores e atos inseguros (Frederick e Lessin, 2000). Esses programas focam em ensinar os funcionários e gerentes como identificar, "disciplinar" e mudar os comportamentos inseguros que causam acidentes, encorajando uma cultura de trabalho que reconhece e premia comportamentos seguros.

Os críticos defendem que os programas de segurança baseados no comportamento desviam a atenção das falhas dos empregadores em garantir condições seguras de trabalho. Dizem, ainda, que o real objetivo desses programas é desencorajar os trabalhadores de reportar doenças e acidentes. Os trabalhadores cujos empregadores implementaram esse tipo de programa descrevem uma atmosfera de medo no ambiente de trabalho, de modo que se sentem relutantes em relatar acidentes e doenças por medo de ser rotulados "trabalhadores não seguros".

Políticas e programas trabalho-vida

Políticas que auxiliam mulheres e homens a equilibrar suas responsabilidades em relação à família e ao trabalho são conhecidas por inúmeros termos, como políticas *trabalho-família, trabalho-vida* e *favoráveis à família*. Como mostra a Tabela 7.1, os Estados Unidos estão muito atrás de vários outros países no que diz respeito a disposições nacionais trabalho-família.

Iniciativas federais e estaduais sobre família e licença médica. Em 1993, o presidente Clinton assinou uma lei que foi a primeira política nacional destinada a ajudar os trabalhadores a conciliar a dupla demanda trabalho e família. O **Family and Medical Leave Act (FMLA)** exige que órgãos públicos e empregadores do setor privado (com 50 ou mais funcionários que tenham trabalhado pelo menos 1.250 horas no ano anterior) ofereçam aos trabalhadores qualificados até 12 semanas de licença sem vencimentos para que possam tomar conta de um filho, cônjuge ou parente doente; ficar em casa para cuidar de recém-nascido, recém-adotado ou criança recém-instalada; ou quando estão seriamente doentes. Uma emenda de 2008 ao FMLA exigiu que os empregadores dessem até 26 semanas de licença sem vencimentos para cuidar de membro da família seriamente doente ou ferido que seja das forças armadas, incluindo Guarda Nacional ou Reserva. No entanto, 41% dos trabalhadores

programas de segurança baseados no comportamento Estratégia usada pela gestão de negócios que atribui problemas de saúde e de segurança no local de trabalho ao comportamento dos funcionários, e não aos processos e condições de trabalho.

Family and Medical Leave Act (FMLA) Lei federal que exige que órgãos públicos e empregadores do setor privado com 50 ou mais funcionários ofereçam aos trabalhadores qualificados até 12 semanas de licença sem vencimentos para que possam tomar conta de um filho, cônjuge ou parente doente; ficar em casa para cuidar de recém-nascido, recém-adotado ou criança recém-instalada; ou quando estão seriamente doentes, e até 26 semanas de licença sem vencimentos para cuidar de membro da família seriamente doente ou ferido que seja das forças armadas, incluindo Guarda Nacional ou Reserva.

TABELA 7.1 Como são as políticas de trabalho dos Estados Unidos em comparação com a de outros países?

Política	Estados Unidos	Outros países
Licença-paternidade/maternidade remunerada	Sem políticas federais	168 países oferecem licença remunerada às mulheres; 98, 14 semanas ou mais
Direito a amamentar no trabalho	Sem políticas federais	107 países garantem esse direito às mulheres trabalhadoras
Licença remunerada por motivo de doença	Sem políticas federais	145 países oferecem esse direito aos trabalhadores
Férias anuais remuneradas	Sem políticas federais	137 países exigem que os empregadores ofereçam férias remuneradas anuais; 121 garantem duas semanas ou mais
Licença assegurada para eventos familiares importantes (como casamentos e funerais)	Sem políticas federais	49 países garantem esse direito (a licença é remunerada em 40 países)

Fonte: Baseado em Heymann et al., 2007.

não conseguem usufruir dos benefícios do FMLA porque trabalham em companhias com menos de 50 funcionários, ou em regime de tempo parcial, ou não cumpriram a exigência de ter trabalhado pelo menos 1.250 horas no ano anterior (Klerman et al., 2013). Alguns empregadores não estão em conformidade com o FMLA, ou porque não estão cientes das suas responsabilidades ou deliberadamente violando a lei. Alguns trabalhadores que estão aptos a usar o benefício não o utilizam porque não podem se dar ao luxo de tirar uma licença sem remuneração e/ou temem perder seus empregos se tirarem uma folga.

Enquanto este livro estava sendo escrito, Califórnia e New Jersey eram os únicos estados que haviam promulgado programas familiares de férias e seguro. Esses programas são financiados por pequenos descontos na folha de pagamento (nenhuma contribuição patronal) e oferecem aos trabalhadores elegíveis uma parte do seu salário por até seis semanas. Como mostrado na Tabela 7.1, não existem políticas federais nos Estados Unidos que obriguem os patrões a garantir aos trabalhadores qualquer licença remunerada; no entanto, Connecticut e algumas cidades (Nova York, Portland, Seattle, São Francisco e Washington, DC) aprovaram leis exigindo que algumas companhias (por exemplo, com 50 funcionários ou mais) ofereçam licenças remuneradas aos seus funcionários (McGregor, 2013). Healthy Families Act é um projeto que propõe o estabelecimento de uma política federal de licença remunerada por motivo de doença. Os funcionários podem aproveitar o benefício se eles mesmos ou alguém da família estiver doente. Defensores desse projeto argumentam que, quando os trabalhadores doentes vão trabalhar porque não conseguem ficar afastados sem receber remuneração, ou por medo de perder o trabalho por estar doente por um dia, correm o risco de espalhar doenças infecciosas no ambiente de trabalho. E mandar crianças doentes para a escola porque os pais não conseguem ficar sem receber remuneração para cuidar delas pode levar ao risco de espalhar doenças infecciosas na escola.

Políticas de trabalho-vida centradas nos empregadores. Excetuando as políticas governamentais obrigatórias de trabalho-família, algumas corporações e patrões têm políticas e programas de trabalho "amigas da família", incluindo licenças médicas e familiares remuneradas ou não, assistência às crianças, assistência para cuidados com pais idosos e opções de trabalho flexíveis como **horário flexível**, **semana de trabalho condensada** e **telecomutação** (veja a Tabela 7.2). Estudos mostraram que esses acordos de trabalho flexível reduzem os conflitos trabalho-vida e aumentam a satisfação no trabalho. Por exemplo, a Best Buy Co., Inc. desenvolveu um Results-Only Work Environment (Rowe), que permite aos trabalhadores e gerentes controlar quando e onde o trabalho será feito, desde que seja feito. Um estudo controlado descobriu que a participação dos funcionários no Rowe foi importante na redução dos conflitos trabalho-família (Kelly et al., 2011).

horário flexível Acordo de trabalho que permite aos funcionários começar e terminar a semana em horários diferentes, contanto que as 40 horas por semana sejam mantidas.

semana de trabalho condensada Acordo trabalhista que permite aos funcionários condensar seu trabalho em menos dias (p. exemplo, quatro dias de 10 horas de trabalho por semana).

telecomutação Acordo de trabalho que envolve o uso de tecnologia da informação e permite aos funcionários trabalhar parcialmente ou em período integral de casa ou de um escritório remoto.

TABELA 7.2 Benefícios e políticas de trabalho-vida centradas nos empregadores, Estados Unidos, 2012

Benefício ou política	Porcentagem de trabalhadores* que podem usufruir do benefício
Salário completo durante a licença-maternidade	9%
Pagamento parcial da licença-maternidade	63%
Espaço privativo para amamentação	79%
Algumas folgas remuneradas para cônjuges/parceiros de mulheres que dão à luz	14%
Seguros-saúde para parceiros não casados	13%
Permitir que alguns funcionários de período integral alterem periodicamente seu horário de entrada e saída	77%
Fornecer informações sobre os serviços de atendimento aos idosos	41%
Assistência à criança no trabalho ou próximo do trabalho	7%
Programas de assistência e cuidado que ajudam os trabalhadores a pagar para cuidar das crianças antes dos impostos	62%

Fonte: MATOS e GALINSKY, 2012.
* Empregadores com 50 ou mais funcionários.

Os acordos flexíveis de trabalho também beneficiam os empregadores, pois reduzem o absenteísmo, diminuem a rotatividade de pessoal (*turnover*), melhoram a saúde dos funcionários e aumentam a produtividade. Ainda assim, menos de um terço dos trabalhadores de tempo integral relatam ter horários de trabalho flexíveis e apenas 15% reportaram trabalhar Home Office pelo menos uma vez por semana (Council of Economic Advisers, 2010).

Esforços para fortalecer o trabalho

Cerca de dois terços dos adultos norte-americanos concordam que os sindicatos são necessários para proteger os trabalhadores (Pew Research Center for the People & the Press, 2012). Embora os esforços para fortalecer o trabalho sejam vistos como problemáticos por empresas, empregadores e alguns governos, eles têm o potencial de solucionar muitos problemas enfrentados pelos trabalhadores.

Em um esforço para fortalecer seu poder, alguns sindicatos se uniram. Essa fusão resultou em um grande número de membros, aumentando assim os recursos financeiros dos sindicatos, o que era necessário para recrutar novos membros e resistir a grandes e duradouros ataques. Como os trabalhadores precisam lutar por proteções trabalhistas em uma economia global, seus sindicatos podem ultrapassar fronteiras nacionais para construir uma cooperação internacional e solidariedade. Caso contrário, os empregadores podem colocar as pessoas pobres de diferentes países umas contra as outras.

O fortalecimento dos sindicatos quer combater as ameaças e a violência contra os trabalhadores que querem se organizar ou se filiar. Uma maneira de fazer isso é pressionar os governantes a apreender e punir os perpetradores dessa violência. Outra tática é parar de fazer negócios com países onde ocorrem violações dos direitos sindicais apoiadas pelo governo.

Uma proposta de lei chamada Employee Free Choice Act vai permitir que os trabalhadores assinem um cartão informando que desejam ser representados por um sindicato. Se a maioria dos funcionários assinar esse cartão, a empresa terá de reconhecer o sindicato e negociar os termos e as condições do emprego. Se a empresa não negociar um primeiro contrato em tempo hábil após sindicalizar os trabalhadores, o Employee Free Choice Act prevê arbitragem obrigatória. Essa lei também fortaleceria os sindicatos, porque aumentaria e reforçaria as penalidades pelas violações. Em 2007, a Câmara dos Deputados aprovou o Employee Free Choice Act e, como está escrito, o projeto de lei está pendente no Senado norte-americano.

Entendendo o trabalho e o desemprego

No dia 10 de dezembro de 1948, a Assembleia Geral das Nações Unidas adotou e proclamou a Declaração Universal dos Direitos Humanos. Entre os artigos dessa declaração estão os seguintes:

Artigo 23.
1. Todo ser humano tem direito ao trabalho, à livre escolha do emprego, a condições justas e favoráveis de trabalho e à proteção contra o desemprego.
2. Todo ser humano, sem nenhuma distinção, tem direito a igual remuneração por igual trabalho.
3. Todo ser humano que trabalhe tem direito a uma remuneração justa e satisfatória, que lhe assegure, assim como a sua família, uma existência compatível com a dignidade humana, e a que se acrescentarão, se necessário, outros meios de proteção social.
4. Todo ser humano tem direito a organizar sindicatos e neles ingressar para proteção de seus interesses.

Artigo 24. Todo ser humano tem direito a repouso e lazer, inclusive à limitação razoável de horas de trabalho e férias periódicas remuneradas.

Mais de meio século depois, trabalhadores ao redor do mundo continuam lutando por esses direitos básicos já proclamados.

Para entender os problemas sociais associados ao emprego e ao desemprego, primeiro precisamos reconhecer que a corporatocracia – laços entre o governo e as empresas – serve mais aos interesses das corporações do que às necessidades dos trabalhadores. Também devemos estar cientes dos papéis que a evolução tecnológica e a pós-industrialização distribuíram em relação ao que, quem, como, onde produzir. Em relação à produção, os Estados Unidos se afastaram da de bens manufaturados para os serviços. Em relação aos métodos de produção, a linha de montagem do chão de fábrica (colarinho-azul) e o trabalho intensivo têm diminuído em importância, e as ocupações de informação intensiva de colarinho-branco têm aumentado. Embora algumas pessoas argumentem que o crescimento das corporações multinacionais traga crescimento econômico, trabalho, menores preços e mais qualidade nos produtos consumidos ao redor do mundo, outras acreditam que essas corporações exploram os trabalhadores, destroem o meio ambiente, dominam a política pública e degradam os valores culturais.

As decisões tomadas por empresas norte-americanas sobre o que e onde investir influenciam na quantidade e na qualidade dos postos de trabalho disponíveis nos Estados Unidos. Como os teóricos do conflito argumentam, essas decisões de investimento são motivadas pelo lucro, que é parte do sistema capitalista. O lucro também é um fator determinante na decisão de como e quando os dispositivos tecnológicos serão usados para substituir os trabalhadores e aumentar a produtividade. Se os bens e serviços são produzidos com muita eficiência, ainda assim os trabalhadores são demitidos, resultando em alta taxa de desemprego. Quando as pessoas não têm dinheiro para comprar os produtos, as vendas caem, começa a recessão e os programas de bem-estar social são necessários para dar suporte aos desempregados. Quando o governo aumenta os gastos para pagar por seus programas sociais, expande-se o déficit e aumenta a dívida nacional. Gastos deficitários e uma grande dívida nacional dificultam a recuperação da recessão, e o ciclo continua.

O que pode ser feito para quebrar o ciclo? Quem aderiu à visão clássica do capitalismo argumenta que limitar a intervenção governamental é a premissa, porque os negócios vão se regular sozinhos por uma "mão invisível" ou pelas "forças do mercado". Mas os norte-americanos estão ficando progressivamente céticos em relação a essa noção de que as grandes empresas, que causaram muitos dos problemas econômicos nos Estados Unidos e pelo mundo, consigam resolver os problemas que elas mesmas criaram. Novos modelos de negócios, tais como as cooperativas de trabalho ou as empresas dirigidas por trabalhadores, oferecem visões do que o local de trabalho pode parecer. O movimento social Occupy Wall Street (veja também o Capítulo 6) faz parte de uma consciência crescente de que a insegurança no emprego, a exploração no trabalho e os níveis extremos de desigualdade salarial não são compatíveis com o sonho norte-americano; é preciso haver um jeito melhor. Os participantes do Occupy Wall Street incluem estudantes, desempregados, membros sindicais, profissionais e outras pessoas que estão fartas da ganância corporativa e do aumento do abismo entre ricos e pobres. Eles estão frustrados com os altos níveis de desemprego e a erosão dos salários, benefícios e direitos. Embora esse movimento em ascensão ainda não tenha formulado nenhuma demanda específica, o que é certo é que os norte-americanos querem mudanças econômicas e no ambiente de trabalho. Muitos de nós passamos boa parte do nosso tempo no trabalho, trabalhando. E como passamos nosso tempo é como passamos nossa vida.

REVISÃO DO CAPÍTULO

- **A economia está se tornando globalizada. O que isso significa?**
Nas últimas décadas, a inovação tecnológica nas comunicações e informações conduziu à globalização da economia. A economia global está relacionada a uma rede interconectada de atividade econômica que transcende as fronteiras nacionais e se expande pelo mundo. A economia globalizada indica que nossos trabalhos, produtos e serviços que compramos e nossas agendas políticas e econômicas são influenciados pelas atividades econômicas que acontecem ao redor do mundo.

- **Quais são algumas das críticas ao capitalismo?**
O capitalismo é criticado por criar altos níveis de desigualdade, instabilidade econômica, insegurança no emprego, poluição e

depredação dos recursos naturais e dominação corporativa da mídia, cultura e política. O capitalismo também é criticado por violar os princípios da democracia, como (1) patrimônios privados, para condicionar o acesso ao poder político; (2) donos de propriedades privadas tomando decisões que afetam o público (como quando o dono de uma fábrica decide transportá-la para outro país); e (3) ditadura no ambiente de trabalho, em que os trabalhadores têm pouco a dizer sobre suas condições de trabalho, violando o princípio de que as pessoas deveriam participar das decisões coletivas que afetam diretamente sua vida.

- **Os Estados Unidos são descritos como uma sociedade "pós-industrializada". O que isso significa?**
  Pós-industrialização refere-se à transição de uma economia industrial, dominada pelos empregos manufaturados, para uma economia dominada pelas ocupações ligadas aos serviços e informações.

- **O que são corporações transacionais?**
  Corporações transacionais são aquelas que têm sua sede em um país e marcas, ou afiliadas, em outros países.

- **Quais são os quatro princípios da McDonaldização?**
  Os quatro princípios da McDonaldização são (1) Eficiência, (2) Cálculo, (3) Previsibilidade e (4) Controle pela tecnologia.

- **Quais são algumas das causas do desemprego?**
  Causas do desemprego incluem indisponibilidade de trabalho, exportação da produção, ou *offshoring* (realocação de empregos para outros países), automação (substituição do trabalho humano por máquinas e equipamentos), aumento da competição global e demissões em massa quando as empresas fecham ou saem do negócio.

- **A escravidão ainda existe hoje? Se sim, onde?**
  O trabalho forçado, comumente chamado de escravidão, existe ainda hoje por todo o mundo, incluindo os Estados Unidos. Muitos trabalhadores forçados estão na agricultura, nas minas, na prostituição e nas fábricas.

- **Qual é a causa mais comum de mortalidade relacionada ao trabalho e das lesões ou doenças não fatais?**
  O tipo mais comum de morte ligada ao trabalho é a relacionada ao transporte. Entorses e distensões são os acidentes de trabalho ou doenças não fatais mais comuns envolvendo dias de afastamento do trabalho.

- **De acordo com uma pesquisa da Gallup, qual é a reclamação mais comum entre os trabalhadores dos Estados Unidos?**
  Uma pesquisa da Gallup descobriu que um terço dos entrevistados está "totalmente insatisfeito" com o acúmulo de estresse nos seus trabalhos, transformando o estresse no trabalho a causa mais comum de queixa dos trabalhadores (seguida pelo valor de suas remunerações).

- **Quais são alguns dos desafios que os trabalhadores enfrentam no equilíbrio entre trabalho e família?**
  Os trabalhadores com frequência lutam para encontrar tempo e energia para cuidar dos pais idosos e das crianças e para desfrutar de um tempo com suas famílias.

- **Por que a participação nos sindicatos nos Estados Unidos declinou nas últimas décadas?**
  A participação declinou por diversas razões: diminuição dos empregos na indústria, em que a sindicalização tende a ser maior do que nos outros setores; demissões e fechamento de fábricas em muitos locais de trabalho sindicalizado, como resultado de empresas sendo transferidas para outros países para encontrar mão de obra mais barata; medidas ativas por parte das empresas para desencorajar a sindicalização; fracas leis trabalhistas norte-americanas, que não conseguem apoiar nem proteger a sindicalização; e legislações antissindicais.

- **O que é o Federal Family and Medical Leave Act?**
  Em 1993, o presidente Clinton aprovou a lei Family and Medical Leave Act (FMLA), que órgãos públicos e empregadores do setor privado com 50 ou mais funcionários que tenham trabalhado pelo menos 1.250 horas no ano anterior ofereçam aos trabalhadores qualificados até doze semanas de licença sem vencimentos para que possam tomar conta de um filho, cônjuge ou parente doente; ficar em casa para cuidar de recém-nascido, recém-adotado ou criança recém-instalada; ou quando estão seriamente doentes. Os Estados Unidos são a única nação avançada que não tem licença remunerada obrigatória por questões familiares ou médicas.

AVALIE SEU CONHECIMENTO

1. A crise financeira global que começou em 2007 começou em que país?
   a. China
   b. Índia
   c. Estados Unidos
   d. México

2. De acordo com o texto, as corporações exportam o trabalho para outros países para que os consumidores norte-americanos possam economizar dinheiro com produtos mais baratos.
   a. Verdadeiro
   b. Falso

3. Sob a lei federal, como é considerada, a violação intencional que resulta na morte do trabalhador?
   a. Contravenção, com pena máxima de seis meses de prisão.
   b. Contravenção, com pena mínima de seis anos de prisão.
   c. Crime, com pena máxima de 26 anos de prisão.
   d. Crime, com pena mínima de seis anos de prisão.

4. Qual é o tipo mais comum de mortalidade relacionada ao trabalho?
   a. Acidentes em minas
   b. Acidentes na construção
   c. Acidentes de transportes
   d. Homicídio

5. Os Estados Unidos são a única nação avançada que não estabeleceu um período mínimo de férias obrigatório.
   a. Verdadeiro
   b. Falso
6. O National Labor Relations Act (NLRA) de 1935 deu aos trabalhadores o direito de se sindicalizar, negociar coletivamente e fazer greve.
   a. Verdadeiro
   b. Falso
7. Qual é o país mais perigoso do mundo para se envolver em atividades sindicais?
   a. China
   b. Irlanda
   c. Egito
   d. Guatemala
8. O Decent Working Conditions and Fair Competition Act foi a primeira legislação federal nos Estados Unidos destinada a qual tema?
   a. Combater o trabalho *sweatshop*
   b. Prevenir a terceirização dos trabalhos
   c. Fortalecimento sindical
   d. Proibição da discriminação no ambiente de trabalho
9. Os Estados Unidos são o único país no mundo que protege as mulheres trabalhadoras que amamentam.
   a. Verdadeiro
   b. Falso
10. A maioria dos adultos dos Estados Unidos tem uma opinião desfavorável sobre os sindicatos.
    a. Verdadeiro
    b. Falso

Respostas: 1. C; 2. B; 3. A; 4. C; 5. A; 6. B; 7. D; 8. A; 9. B; 10. B.

TERMOS-CHAVE

acordo de livre-comércio 224
automação 229
capitalismo 221
cooperativas de trabalhadores 244
corporações transnacionais 224
corporatocracia 226
densidade sindical 241
desemprego 228
economia global 220
escravidão por propriedade 231
estafa profissional (*burnout*) 238
exportação da produção 229
Family and Medical Leave Act (FMLA) 248
horário flexível 249
impressão 3D 229
índice de desemprego de longo prazo 228
industrialização 222
instituição econômica 220
local de trabalho tóxico 237
McDonaldização 223
negócios autogeridos pelos trabalhadores 244
offshoring 229
pós-industrialização 222
programas de segurança baseados no comportamento 248
recessão 228
semana de trabalho condensada 249
sindicatos 241
socialismo 221
subemprego 228
sweatshops 232
telecomutação 249
terceirização 229
trabalho forçado 231
trabalho infantil 233
Workforce Investment Act (WIA) 243

8

Problemas na educação

Contexto global: variações interculturais na educação

Teorias sociológicas sobre educação

Quem é bem-sucedido? A desigualdade do sucesso escolar

Problemas no sistema educacional norte-americano

O lado humano: **A morte de Dylan Hockley**

Um olhar sobre a pesquisa dos problemas sociais: ***Bullying*** **e vitimização entre adolescentes negros e hispânicos**

Estratégias para ação: tendências e inovações na educação norte-americana

Você e a sociedade: **Pesquisa de ética do estudante**

Entendendo os problemas na educação

Revisão do capítulo

Em 2012, Malala Yousafzai voltava para casa acompanhada de algumas amigas quando vários homens mascarados pararam a van que dirigiam e perguntaram: "Qual de vocês é a Malala?" (Almond, 2013, p. 1). Após identificarem a estudante paquistanesa de 15 anos, disparam vários tiros, machucando a garota e duas amigas. Apesar de levar um tiro na cabeça, Malala sobreviveu ao ataque sem lesões cerebrais permanentes e, após muitas cirurgias, agora fala em nome de jovens garotas por todo o mundo. Por que Malala foi brutalmente atacada? Ela desafiou a proibição talibã que ia contra a presença das meninas nas escolas.

A tentativa de assassinato de Malala Yousafzai representa apenas um dos muitos problemas da educação nos dias de hoje – desigualdade e discriminação com base nos *status* de gênero, raça e etnia. Muitas vezes, os estudantes são mal preparados para o mercado de trabalho do século XXI. Os professores, por sua vez, abandonam a carreira por salários melhores – em geral frustrados, pois pensavam que ensinar proporcionaria satisfação. As comunidades questionam se suas crianças estão seguras nas escolas, e são crescentes os índices de desistência de minorias e estudantes pobres. Soluções para esses problemas parecem estar fora de alcance – a população estudantil cresce, pressionando cada vez mais os recursos, na mesma medida em que os orçamentos são cortados, aumentando a disputa política sobre a melhor forma de "consertar" as escolas.

Ainda assim, a educação é, muitas vezes, vista como uma panaceia – a cura total da pobreza e do preconceito, das drogas e da violência, da guerra e do ódio, e assim por diante. Será que uma instituição repleta de problemas pode ser a solução para outras questões sociais? Neste capítulo, focamos este tema e o que chamamos "crise educacional". Começamos com uma análise sobre a educação ao redor do mundo.

Contexto global: variações interculturais na educação

Um em cada cinco adultos não sabe ler ou escrever – 796 milhões de pessoas no mundo –, dos quais dois terços são mulheres.

Focando o sistema educacional norte-americano, pode-se concluir que a maioria das sociedades desenvolveu algum método de instrução formal para seus membros. Afinal, os Estados Unidos contam com mais de 142 mil escolas; 5,2 milhões de professores de escolas primária e secundária e de docentes de faculdades; 5,6 milhões de administradores e equipes de apoio; e 76,3 milhões de estudantes (NCES, 2013a). Na realidade, muitas sociedades não têm mecanismo formal para educar as massas. Estatísticas indicam que um em cada cinco adultos não sabe ler ou escrever – 796 milhões de pessoas no mundo –, dos quais dois terços desse universo são mulheres (Unesco, 2012a; World Literacy Foundation, 2012).

Índices de analfabetismo variam dramaticamente entre as regiões do mundo. O mais alto encontra-se na África e em algumas regiões da Ásia. Entre 60% e 70% dos adultos em Chade, Mali e Nigéria são analfabetos. No entanto, menos de 10% dos adultos são analfabetos no México, Brasil, África do Sul, China e Federação Russa (Unesco, 2012a).

Apesar do número drasticamente alto de adultos analfabetos no mundo, há razão para ser otimista. Três países – China, Indonésia e Irã – têm como meta, até o final de 2015, atingir o objetivo internacional estabelecido pela Unesco de reduzir seu índice de analfabetismo pela metade. Para alcançar essa meta, "(...) 6% da população mundial, ou mais de 360 milhões de pessoas, terão de ser alfabetizadas. Isso equivale a ensinar a população inteira dos Estados Unidos e do Canadá a ler e escrever em apenas três anos". (Hammer, 2012, p. 1).

Na publicação *Education at a Glance*, editada pela OCDE, há registros estatísticos educacionais de mais de 34 países (OCDE, 2013a) apresentando dados relevantes. Entre eles, destaca-se que os níveis educacionais estão aumentando, a exemplo de muitos países que apresentam crescimento na incidência de jovens frequentando faculdades e universidades. Porém, grande parte não possui formação de instituições de ensino superior. Em média, apenas 35% de todos os adultos obtém um diploma de graduação (veja a Figura 8.1), com ênfase entre mulheres e pessoas entre 25 e 34 anos.

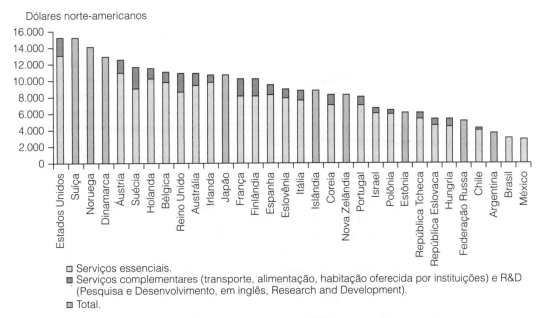

Figura 8.1 Gasto global por estudante em dólares norte-americanos, do ensino fundamental até a faculdade
Fonte: OECD 2013a.

Outro aspecto é a evidente conexão entre educação/renda e educação/emprego – entre os países que participam da OCDE, quanto mais educação as pessoas recebem, maior sua renda e maior a probabilidade de ser contratadas. A garantia de um emprego é maior entre as pessoas com diploma de graduação, chegando a 80% de incidência, contra os 60% entre as que possuem menos do que um diploma do ensino médio. Vale destacar que o investimento em um diploma de graduação proporciona uma espécie de **prêmio de aprendizagem** (*earnings premium*) – ou seja, os benefícios de ter um diploma ultrapassam de longe o custo para obtê-lo (OCDE, 2012). Por exemplo, homens e mulheres com diplomas do ensino médio ganham, em média, 77% e 74%, respectivamente, do que um homem ou mulher com diploma de graduação recebem (OCDE, 2012).

Education at a Glance também indica que, entre todos os países-membros da OCDE, uma média de US$ 7.637 é gasta por estudante a cada ano escolar

No mundo todo, poucos países têm escolas de qualidade ou acesso à educação como nos Estados Unidos. Na foto, estudantes em Lahtora, Índia, têm aulas ao ar livre porque suas salas de aulas estão cheias e são muito frias.

do ensino fundamental até a faculdade. Os gastos variam muito entre os países (veja a Figura 8.1). No México, na Argentina e no Brasil, menos de US$ 4 mil são gastos por aluno ao ano. Já Austrália, França, Japão, Suécia, Reino Unido e Estados Unidos gastam mais de US$ 10 mil, em média, por estudante anualmente (OCDE, 2013a).

Em relação aos professores, a proporção média entre aluno e professor no ensino fundamental, em países-membros da OCDE, é de 22:1. O tamanho médio das turmas de ensino fundamental varia de uma taxa (alta) de 38 alunos na China a 14 alunos (baixa) em Luxemburgo (OCDE, 2013a).

Os salários dos professores representam o maior gasto educacional. Entre 2000 e 2011, houve aumento na maioria dos países, com exceções notáveis da França e do Japão (OCDE, 2013a). No geral, quanto maior o nível de aulas dadas, maior o salário do professor. O salário médio por hora-aula, após 15 anos de experiência, é de US$ 49,00 para professores do

prêmio de aprendizagem (*earnings premium*) Os benefícios de ter um diploma ultrapassam de longe o custo para obtê-lo.

ensino fundamental, do primeiro ao quarto ano; de US$ 58,00 para professores do ensino fundamental, do quinto ao oitavo ano; e de US$ 66,00 para professores do ensino médio (OCDE, 2013a).

Apesar de o salário de professores de escolas públicas nos Estados Unidos chegar a US$ 56.69 em 2011 (NCES, 2013a) – próximo à média da OCDE –, os norte-americanos trabalham mais horas do que profissionais de quaisquer outros países que participam dessa estatística. Em média, professores afirmam trabalhar 53 horas por semana (Primary Sources, 2012).

Do ponto de vista da formação educacional em países-membros da OCDE, houve um incremento durante a última década – a porcentagem de pessoas sem diploma do ensino médio caiu, enquanto a de pessoas com diploma de graduação aumentou. No entanto, diferenças geracionais e regionais existem. Por exemplo, no Japão, na Polônia e na Coreia a taxa de pessoas com 25 a 34 anos que têm diploma de graduação é 25% maior do que entre pessoas de 55 a 64 anos. Nos Estados Unidos, a diferença é pouco mais de 1% (OCDE, 2013a).

Por fim, o Programa Internacional de Avaliação de Estudantes (Pisa – *Program for International Student Assessment*) foi criado para "(...) avaliar até que ponto alunos no fim da educação compulsória podem aplicar seu conhecimento em situações da vida real e estar preparados para a participação total na sociedade" (OCDE, 2012, p. 1). Uma amostragem aleatória com mais de 400 mil alunos de 15 anos, em 65 países, participa do Pisa. Em estudo recente, os resultados mostraram que, de 31 países-membros da OCDE, apenas quatro – Finlândia, Japão, República da Coreia e Canadá – superaram todos os outros em ciências e matemática. E, segundo a Trends in International Mathematics and Science Study (TIMSS), que usa informações de mais de 50 países, os Estados Unidos alcançaram pontuação mais alta do que a média internacional da TIMSS para o 4° e o 8° anos em matemática e ciências (Kastberg et al., 2013).

Teorias sociológicas sobre educação

As três principais perspectivas sociológicas – estrutural-funcionalista, teoria do conflito e interacionismo simbólico – são importantes para explicar diferentes aspectos da educação norte-americana.

Perspectiva estrutural-funcionalista

De acordo com essa perspectiva, a instituição educacional cumpre tarefas importantes para a sociedade – como instrução, socialização, classificação dos indivíduos em vários *status* e a prestação de cuidados de custódia (*custodial care*) (Sadovnik, 2004). Muitos problemas sociais – como desemprego, crime, delinquência e pobreza – podem estar ligados à falha da instituição educacional em satisfazer essas funções básicas (veja os Capítulos 4, 6 e 7). Funcionalistas estruturais também examinam as influências recíprocas da instituição educacional e outros contextos sociais, incluindo família, instituições política e econômica.

Instrução. Uma das principais funções da educação é repassar aos estudantes habilidades e conhecimentos necessários para carreiras futuras, seu autodesenvolvimento e seu desempenho social. Embora alguns pais eduquem seus filhos com esses conceitos básicos em casa, a maioria conta apenas com as escolas para ensinar seus filhos a ler, soletrar, escrever, conhecer as horas, contar dinheiro e usar computadores. Como será discutido adiante, muitos estudantes norte-americanos demonstram baixos níveis de desempenho acadêmico, e as falhas das escolas em instruí-los em conhecimentos e habilidades básicas são a causa e o resultado de diversos problemas sociais.

Socialização. A função da socialização é ensinar os estudantes a respeitar uma autoridade – comportamento essencial para a organização social (Merton, 1968). Estudantes aprendem a se dirigir às autoridades pedindo permissão para sair da sala de aula, sentando-se silenciosamente em suas carteiras e levantando a mão antes de fazer uma pergunta. Por consequência, alunos que não aprendem a respeitar e obedecer professores podem, depois, vir a desrespeitar e desobedecer empregadores, policiais e juízes.

A instituição educacional também socializa a juventude para a cultura dominante. As escolas tentam infundir e manter normas, valores, tradições e símbolos da cultura de diferentes maneiras, como ao celebrar feriados (por exemplo, Dia de Martin Luther King Jr. e de Ação de Graças), exigindo que os alunos falem e escrevam em inglês-padrão; mostrando a bandeira norte-americana; e desencorajando a violência, o uso de drogas e as mentiras.

Como vem crescendo o número e o tamanho de grupos minoritários raciais e étnicos, escolas norte-americanas enfrentam um dilema: as escolas públicas deveriam promover apenas uma cultura comum ou enfatizar a diversidade cultural refletida na população norte-americana? Algumas evidências sugerem que os norte-americanos acreditam que as escolas deveriam fazer ambos – promover uma cultura comum e enfatizar diversas tradições culturais. **Educação multicultural** – isto é, a educação que inclui todos os grupos raciais e étnicos no currículo escolar – promove consciência e apreciação da diversidade cultural (veja também o Capítulo 9).

Classificação de indivíduos por *status*. As escolas classificam indivíduos por *status* ao oferecer credenciais a alunos que atingem diferentes níveis de educação em várias escolas dentro do sistema. Essas credenciais classificam as pessoas por *status* – por exemplo, "concluiu o ensino médio", "aluno da Harvard" e "formado em inglês"; ou mesmo ao conceder diplomas nos campos da medicina, engenharia e direito. A importância de tais *status* está em sua associação ao prestígio ocupacional e à renda – quanto maior a educação de alguém, maior sua renda. Além disso, índices de desemprego e ganhos estão atrelados ao *status* educacional, como visto na Figura 8.2.

Cuidados de custódia (*custodial care*). O sistema educacional também tem a função de fornecer cuidados de custódia, oferecendo supervisão e cuidado a crianças e adolescentes até que completem 18 anos (Merton, 1968). Apesar dos 12 anos e quase 13 mil horas de instrução, alguns distritos escolares estão aumentando o número de horas na escola e/ou dias além do calendário "tradicional". Em 2013, Arne Duncan, secretário da Educação dos Estados Unidos e defensor de um ano escolar mais longo, argumentou que seja fazendo os educadores ter mais tempo para enriquecer a instrução, ou proporcionando aos alunos mais tempo para aprender como tocar um instrumento e escrever um código de computador, adicionar horas significativas ao calendário escolar é um investimento fundamental que melhor prepara os jovens para serem bem-sucedidos no século XXI (citado em Smyth, 2013). Até o momento, mais de mil escolas norte-americanas estenderam seu ano acadêmico.

educação multicultural Educação que inclui todos os grupos raciais e étnicos no currículo escolar, promovendo assim a consciência e a apreciação da diversidade cultural.

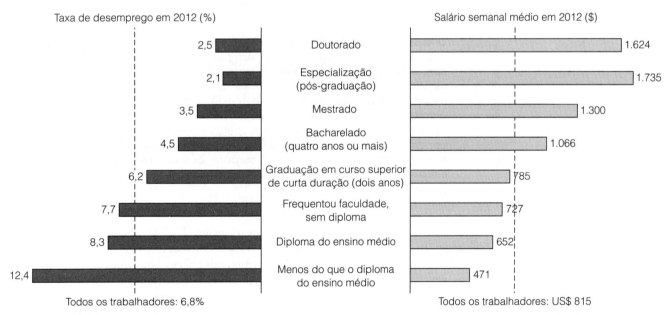

Figura 8.2 Índice de desemprego e ganhos semanais médios para indivíduos com 25 anos ou mais por nível mais alto de educação, 2012
Fonte: BLS, 2013.

Perspectiva do conflito

Teóricos do conflito enfatizam que a instituição educacional solidifica posições de classes de grupos e permite que a elite controle as massas. Embora o objetivo oficial da educação na sociedade seja oferecer um mecanismo universal para realização, na realidade oportunidades educacionais e qualidade da educação não são distribuídas na mesma medida.

Teóricos do conflito mostram que a função de socialização da educação é realmente uma doutrinação da ideologia capitalista (Sadovnik, 2004). Em essência, estudantes são socializados para valorizar os interesses do estado e agir a fim de sustentá-los. Tal doutrinação começa no início da educação infantil. Rosabeth Moss Kanter (1972) cunhou o termo *organization child* para definir crianças do jardim de infância que são mais suscetíveis à supervisão, à orientação e ao controle dos adultos. Professores cultivam a *organization child* oferecendo rotinas diárias e premiando as crianças que as obedecem. Em essência, os professores treinam futuros burocratas para acatar uma autoridade.

Para cobrir custos financeiros associados ao aumento de necessidades de programas educacionais, sistemas escolares muitas vezes acreditam ser necessário unir-se a grandes corporações, como a Coca-Cola. Entretanto, uma análise recente sobre o impacto da comercialização em escolas concluiu que "(...) a ameaça potencial a crianças imposta pelo marketing nas escolas é grande (...) e por isso a suposição-padrão deve ser de que o marketing nas escolas é prejudicial, a não ser que o contrário seja explicitamente comprovado".

Além disso, para esses teóricos, a educação serve como mecanismo para o **imperialismo cultural**, ou doutrinação na cultura dominante da sociedade. Quando existe o imperialismo cultural, as normas, valores, tradições e linguagens das minorias são historicamente ignoradas. Um estudante mexicano-americano relembra o sentimento de ser obrigado a falar inglês:

> Quando me tornei aluno, fui literalmente "reeducado"; nem eu nem meus professores considerávamos meus conhecimentos prévios relevantes. Eu tive de esquecer a maior parte do que minha cultura fornecera, porque lembrar era desvantagem. O passado e seus valores culturais se tornaram desmontáveis, como um pedaço de roupa muito pesada para usar no calor que fica jogada no armário. (Rodriguez, 1990, p. 203).

O que você acha? Algumas escolas, necessitando de fontes adicionais de financiamento, entraram em parcerias corporativas. No entanto, conforme argumentam teóricos do conflito "(...) muitas parcerias entre escolas de gestão são pouco mais do que acordos de marketing que têm poucos benefícios para as instituições, enquanto carregam consigo o potencial de prejudicar crianças de várias formas" (Molnar et al., 2013). Uma ameaça para a saúde é a propaganda dentro das escolas que encoraja crianças a consumir alimentos com alto teor de gordura, açúcar e/ou sal. Você é a favor de as corporações fazerem propagandas em escolas? Se sim, deveria haver restrições sobre como e quais produtos podem ser anunciados?

A perspectiva do conflito também fala sobre o que Kozol (1991) chamou de "desigualdade selvagem" na educação, que perpetua disparidades raciais. Kozol documentou desigualdades graves na qualidade da educação de distritos mais pobres, amplamente compostos por minorias, em comparação aos que abrigam famílias predominantemente brancas de classes média e média alta. Ele revelou que escolas em distritos pobres tendem a receber menos financiamento e têm instalações, livros, materiais, equipamentos e funcionários inadequados. Por exemplo, crianças menos favorecidas têm mais tendência a frequentar escolas com menos professores certificados ou experientes e a ter menos cursos avançados de colocação do que escolas frequentadas por crianças mais favorecidas (Viadero, 2006).

imperialismo cultural Doutrinação interna no sentido da cultura dominante de uma sociedade.

Por fim, deve ser observado que tais desigualdades existem em outros países também. Usando dados da *Education at a Glance*, pesquisadores analisaram as diferenças entre o nível de leitura de jovens favorecidos e desfavorecidos (OCDE, 2013b). O conhecimento de estratégias efetivas para resumir informações, por exemplo, escrever relatório, estava relacionado a pontuações mais altas. Alunos favorecidos demonstraram maior conhecimento de técnicas de resumo em comparação aos desfavorecidos, o que explica, em parte, sua "dificuldade em leitura".

Perspectiva interacionista simbólica

Enquanto o estrutural-funcionalismo e a teoria do conflito concentram-se em questões de nível macro, como influências institucionais e relações de poder, o interacionismo simbólico examina a educação de uma perspectiva no nível micro, preocupando-se com questões individuais e de pequenos grupos, como interações entre aluno e professor e a profecia autorrealizável.

Interações entre professor e aluno. Interacionistas simbólicos examinaram as maneiras como estudante e professor se veem e se relacionam. Por exemplo, crianças de lares economicamente favorecidos são mais propensas a levar para a sala de aula habilidades verbais e sociais que obtêm aprovação dos professores. Do ponto de vista dos professores, crianças de classe média são fáceis e divertidas de ensinar; elas compreendem o material facilmente, fazem os deveres de casa e têm mais tendência a "valorizar" o processo educacional. Crianças de lares economicamente desfavorecidos, muitas vezes, trazem menos habilidades sociais e verbais para os mesmos professores de classe média, que podem, inadvertidamente, sustentar espelhos sociais de desaprovação, o que contribui para a baixa autoestima entre jovens desfavorecidos.

Profecia autorrealizável. **Profecia autorrealizável** ocorre quando pessoas agem de maneira consistente com as expectativas dos outros. Por exemplo, um professor que define um aluno como aprendiz lento, pode ter menos tendência a chamá-lo para participar ou encorajá-lo a buscar assuntos difíceis. O professor também pode ter mais tendência a colocar o aluno em grupos de menor habilidade ou faixas curriculares (Riehl, 2004). Como consequência do comportamento do professor, esse aluno tem mais chances de apresentar um nível de desempenho menor.

Um estudo clássico de Rosenthal e Jacobson (1968) forneceu evidências empíricas da profecia autorrealizável no sistema escolar público. Cinco alunos do ensino fundamental em uma escola de São Francisco foram selecionados aleatoriamente e identificados por seus professores como "potencialmente capazes". Tal rótulo sugeria que eles tinham inteligência superior e habilidade acadêmica. Na realidade, não eram diferentes dos outros alunos em suas turmas. Com o fim do ano escolar, porém, esses cinco alunos tiveram as maiores pontuações em testes de QI e alcançaram notas mais altas do que seus colegas que não eram rotulados como "potencialmente capazes". Além disso, os professores classificaram esses alunos como mais curiosos, interessantes e felizes e mais propensos a ser bem-sucedidos do que os potencialmente capazes. Com a expectativa de os potencialmente capazes obter um bom desempenho, os professores trataram-nos de forma que os encorajavam a melhorar sua performance escolar.

Durante anos, o agrupamento por habilidade – que acontece numa mesma turma, ao contrário do rastreamento, que acontece entre turmas – foi criticado por seu potencial efeito negativo sobre os estudantes e, em consequência, caiu em desuso décadas atrás (Loveless, 2013). O medo, que assola alguns até hoje, era de que o agrupamento por habilidade não só refletisse diferenças entre raça e classe, mas também contribuísse para essas diferenças, perpetuando a desigualdade. Contudo, um estudo recente do Brown Center on Education Policy registra o reaparecimento do agrupamento de alunos com base em suas habilidades. Por exemplo, tendo como parâmetro o contexto norte-americano, 61% dos professores do quarto ano e 76% do oitavo ano registram a criação de grupos de matemática baseados em conquistas acadêmicas (Loveless, 2013).

profecia autorrealizável Conceito que se refere à tendência de as pessoas agir de forma consistente com as expectativas dos outros.

 **O que você acha?** No bojo da reforma federal de imigração (veja o Capítulo 9), legisladores de New Jersey propuseram a criação do Tuition Equality Act, que propõe o pagamento de uma taxa de matrícula pelos alunos em situação irregular no país para que possam frequentar escolas públicas e universidades locais (Kalet, 2013). Se aprovada, a lei vai vigorar para alunos novos e para os que estiverem retornando. Você acha que o Tuition Equality Act deve ser aprovado? Se sim, você acredita que outros estados devam aprovar um ato semelhante?

Quem é bem-sucedido? A desigualdade do sucesso escolar

A Figura 8.3 mostra a extensão da variação no nível mais alto de educação obtido por indivíduos norte-americanos a partir de 25 anos. Como já observado, a teoria do conflito concentra-se na discussão sobre as desigualdades educacionais – baseadas em raça e etnia, gênero e histórico familiar e social –, e cada um desses fatores influencia quem é bem-sucedido na escola.

Classe social e histórico familiar

Um dos melhores indicadores do sucesso e da realização educacional é o *status* socioeconômico. Crianças cujas famílias estão nas faixas socioeconômicas média e alta têm mais tendência a apresentar bom desempenho na escola e acumular mais anos de educação do que

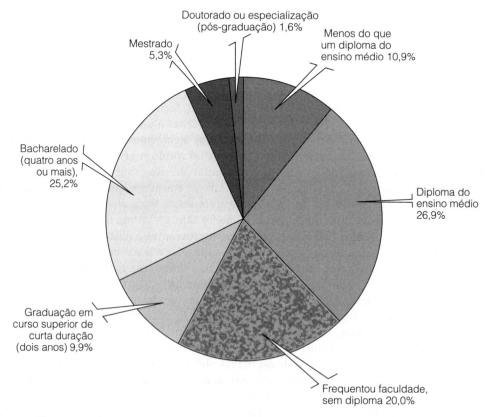

Observação: Os percentuais não chegam a 100% devido ao arredondamento.

Figura 8.3 Nível mais alto de educação atingido por indivíduos com 25 anos ou mais, 2011
Fonte: NCES, 2012.

crianças de famílias de classes socioeconômicas mais baixas. Usando a educação dos pais como indicador do *status* socioeconômico, estatísticas globais indicam que os estudantes cujos pais frequentaram a faculdade têm chances significativamente maiores de também cursar uma faculdade (OCDE, 2013b).

O *status* socioeconômico também prevê a realização acadêmica. Em testes padronizados, como o Scholastic Assessment Test (SAT, equivalente ao Enem – Exame Nacional do Ensino Médio no Brasil) e o American College Testing (ACT), "crianças de famílias com rendas inferiores têm as menores médias de pontuação nos testes; o aumento na renda familiar está associado à melhor pontuação alcançada" (Corbett et al., 2008, p. 3). Segundo Muller e Schiller (2000), estudantes com antecedentes socioeconômicos mais altos têm mais tendência a se matricular em cursos avançados de matemática e a terminar o ensino médio – dois indicadores de sucesso educacional e ocupacional no futuro. Além disso, uma declaração do Congresso sobre a desigualdade educacional reforça que estudantes de famílias de alta renda, em comparação a alunos de famílias de baixa e média rendas, não têm apenas mais chances de frequentar uma faculdade, como também de concluí-la (ACSFA, 2010).

> Um dos melhores indicadores do sucesso e da realização educacional é o *status* socioeconômico. Crianças cujas famílias estão nas faixas socioeconômicas média e alta têm mais tendência a ir melhor na escola e completar mais anos de educação do que crianças de famílias de classes socioeconômicas mais baixas.

O que você acha? Reardon (2013) argumenta que a crescente lacuna na realização educacional entre estudantes ricos e de classes média e baixa não é consequência das disparidades em resultados de provas, de escolas deficientes ou do aumento da lacuna racial influenciando no desempenho escolar. A disparidade, defende, é consequência de "(...) alunos ricos (...) entrando no jardim de infância cada vez mais preparados para ser bem-sucedidos na escola (...)" (p. 1), criando assim uma "corrida de bebês" (Ramey & Ramey, 2010). Você acha que o governo federal deveria estabelecer um programa pré-escolar estatal para crianças de 3 e 4 anos a fim de nivelar o campo educacional?

Head Start Projeto que teve início em 1965 para ajudar crianças em idade da educação infantil de lares menos favorecidos, fornecendo um programa integrado de assistência à saúde, envolvimento parental, educação e serviços sociais para qualificar as crianças.

Famílias com rendas baixas têm menos recursos para se comprometer com propostas educacionais – menos dinheiro para comprar livros ou computadores ou pagar por tutores. Pais desfavorecidos estão menos envolvidos em atividades de aprendizagem. Conforme a educação familiar e os níveis de renda aumentam, a probabilidade de um pai levar seu filho a uma biblioteca, peça de teatro, concerto ou outro show ao vivo, galeria de arte, museu ou marco histórico também aumenta. Além disso, pais que têm menos escolaridade e níveis de renda mais baixos têm menos tendência a se envolver em atividades relacionadas à escola, como ir a um evento ou voluntariado escolar (NCES, 2011).

Head Start e Early Head Start. Em 1965, o Projeto **Head Start** começou a ajudar crianças da educação infantil de lares mais desfavorecidos. Esse projeto oferece um programa integrado de assistência médica, envolvimento da família, educação e serviços sociais. Em 2012, mais de um milhão de crianças da educação infantil em 50 estados participaram do programa, 82% entre 3 e 4 anos. A maioria das famílias atendidas era branca não hispânica (Office of Head Start, 2013).

Muitas crianças pobres dependem de doações de materiais escolares necessários. Na foto, um aluno do ensino fundamental sorri enquanto abre sua caixa de materiais escolares, que inclui uma mochila do "Kits for Kidz" de Chicago.

CAPÍTULO 8 PROBLEMAS NA EDUCAÇÃO

Segundo avaliações do Head Start e do Early Head Start – programa para bebês e crianças de famílias de baixa renda –, crianças e famílias beneficiam-se de inclusões nos programas. Há, no entanto, algumas preocupações sobre esses benefícios serem ou não sustentáveis. Resultados de um (...) estudo em larga escala, aleatório e controlado, com praticamente 5 mil crianças de famílias de baixa renda, (...) revelou que os efeitos positivos no desenvolvimento da alfabetização e da linguagem demonstrados por crianças que entraram no Head Start aos 4 anos haviam se dissipado ao final do terceiro ano. (Maxwell, 2013, p. 1)

Financiamento de distrito escolar. Dólares locais compõem 43% dos financiamentos escolares (Dixon, 2013) e variam de acordo com o *status* socioeconômico do distrito (NCES, 2011). Por exemplo, despesas locais nas escolas vêm de impostos – em geral, impostos de propriedade; e, conforme os preços de habitação caem, os impostos de propriedade também despencam. O sistema norte-americano de financiamento descentralizado para escolas tem muitas consequências adicionais:

- Distritos escolares com *status* socioeconômicos baixos têm mais tendência a se localizar em áreas urbanas e cidades do interior, onde o valor de casas mais antigas e degradadas é depreciado; bairros menos desejados são prejudicados pela *white flight* (literalmente, fuga dos brancos, ou a tendência de pessoas de ascendência europeia sair dos bairros povoados por pessoas de origens diferentes), tendo como resultado uma base tributária para escolas locais mais baixa em áreas carentes.

- Distritos escolares com *status* socioeconômicos baixos têm menos tendência a atrair negócios ou lojas de varejo, que geram rendimentos; tais negócios fecharam ou se mudaram.

- Devido a sua aproximação com o centro, distritos escolares com *status* socioeconômico baixo têm mais tendência a incluir hospitais, museus e galerias de arte, dos quais todos são instalações livres de impostos. Essas propriedades não geram rendimento.

- Bairros com baixo *status* socioeconômico, muitas vezes, demandam grande parte dos serviços da cidade; policiais e bombeiros, saneamento e habitações públicas consomem a maior cota das rendas disponíveis, deixando pouco dinheiro para educação.

- Em distritos escolares com baixo *status* socioeconômico uma quantidade desproporcional de dinheiro tem de ser gasta para manter suas instalações, que são antigas e precisam de reformas.

Embora os estados forneçam fundos adicionais para suprir impostos locais, nem sempre o valor é suficiente para elevar as escolas de distritos mais pobres a um nível que se aproxime dos fundos disponíveis às de distritos mais ricos. Por exemplo, em *Leandro v. State* (1997), a Suprema Corte da Carolina do Norte requereu que a Constituição estadual exigisse que todas as escolas oferecessem recursos adequados para formar completamente alunos desfavorecidos (isto é, aqueles que são pobres, recebem educação especial e têm proficiência limitada em inglês). Ainda assim, passados mais de 20 anos os problemas continuam a existir. Um condado na Carolina do Norte estava fazendo um trabalho tão ruim em educar seus alunos desfavorecidos que um juiz o chamou de "genocídio acadêmico" (Waggoner, 2009). Em 2011, advogados de muitos condados pobres argumentaram que os cortes legislativos no orçamento na educação impediriam que crianças da Carolina do Norte conseguissem uma "educação básica", numa clara violação da decisão de *Leandro* (Stancill, 2011). Em 2012, a Corte de Apelação da Carolina do Norte acatou o argumento (North Carolina Justice Center, 2012).

Raça e etnia

Estima-se que até 2021 minorias raciais e étnicas englobarão 52% da população estudantil, do maternal até o terceiro ano do ensino médio (NCES, 2013b). Em grande medida, essa mudança demográfica na constituição racial e étnica dos estudantes de escolas públicas é resultado do crescimento no número de estudantes hispânicos. Espera-se que a população estudantil branca diminua de 61% em 2000 para 48% em 2021. Como alternativa, estima-se que o número de estudantes hispânicos em escolas públicas aumente de 16% em 2000 para 27% em 2021 (NCES, 2013b).

Em comparação aos brancos, hispânicos e negros têm menos tendência a ser bem-sucedidos em qualquer nível – logo no início da educação infantil, eles apresentam médias de desempenho mais baixas do que outros grupos raciais e étnicos na leitura e em matemática (NCES, 2013b). No quarto ano do fundamental I, mais de 80% de negros e hispânicos estão lendo pior do que a média da classe, em comparação a 58% de brancos. De forma semelhante, no quarto ano do fundamental II, mais de 83% dos estudantes negros e hispânicos, em comparação a 57% dos estudantes brancos, estão abaixo da média em matemática (CDF, 2012a). Conforme indica a Tabela 8.1, embora o alcance educacional tenha aumentado com o tempo para todos os grupos, disparidades raciais e étnicas permanecem.

É importante perceber que os *status* socioeconômicos interagem com raça e etnia; porque estão intimamente ligadas ao *status* socioeconômico, um número desproporcional de minorias étnicas e raciais é pobre – *parece* que raça e etnia determinam o sucesso escolar. Por exemplo, cidades têm a maior proporção de alunos que são minorias, bem como de alunos que recebem almoço grátis ou mais barato, um indicador do *status* socioeconômico (NCES, 2013b). Embora raça e etnia possam ter um efeito independente sobre o alcance educacional, sua relação é resultado principalmente da associação entre raça e etnia e o *status* socioeconômico.

Além das variáveis socioeconômicas, há muitas razões para alunos integrantes de minorias terem dificuldades acadêmicas. Primeiro, crianças que são minoria devem ser aprendizes da língua inglesa – (ELL – sigla em inglês de *English Language Learners*). O Departamento de Educação dos Estados Unidos estima que o número de aprendizes da língua inglesa ultrapasse 4,5 milhões – um aumento de mais de 50% durante a última década (Ferlazzo e Sypnieski, 2012). Esses estudantes vêm de 400 cenários linguísticos diferentes, a grande maioria falantes nativos de espanhol. Agora, imagine, conforme sugere Goldenberg (2008),

> (...) você está no segundo ano e não fala inglês muito bem e esperam que você aprenda em um ano (...) padrões irregulares de ortografia, ditongos, regras de silabação, plurais regulares e irregulares, prefixos e sufixos comuns, antônimos e sinônimos; seguir instruções escritas, interpretar palavras com múltiplos significados, localizar informações em textos expositivos (...) ler de maneira fluente e correta pelo menos 80 palavras por minuto, adicionar aproximadamente 3 mil palavras ao seu vocabulário (...) e escrever narrativas e cartas amigáveis usando formas apropriadas, organização, elementos fundamentais, pontuação e revisão, quando necessário. (p. 8).

Não é de admirar que estudantes ELL tenham pontuações significativamente mais baixas que estudantes não ELL em testes padronizados, tanto em leitura quanto em matemática

TABELA 8.1 Desempenho educacional por raça, etnia e sexo, 1970 e 2012

	1970		2012	
	Homens	Mulheres	Homens	Mulheres
Diploma de ensino médio ou mais				
Brancos	54	55	92,2	92,7
Negros	30,1	32,5	85,1	86,1
Hispânicos	37,9	34,2	64,6	66
Asiáticos e habitantes de ilhas do Pacífico	61,3	63,1	90,6	87,9
Total	51,9	52,8	87,3	88
Graduados ou mais				
Brancos	14,4	8,4	35,5	33,5
Negros	4,2	4,6	19,5	22,9
Hispânicos	7,8	4,3	13,3	15,8
Asiáticos e habitantes de ilhas do Pacífico	23,5	17,3	53,1	48,6
Total	13,5	8,1	31,4	30,6

Fonte: NCES, 2013a.

(NCES, 2013b). Para ajudá-los, alguns educadores defendem a **educação bilíngue**, que ensina crianças tanto em inglês quanto em sua língua nativa.

Defensores afirmam que a educação bilíngue resulta em melhor desempenho acadêmico de estudantes que compõem minorias, enriquecendo-os ao conhecer diferentes línguas e culturas, aumentando assim a autoestima dessas minorias. Críticos argumentam que a educação bilíngue limita os estudantes minoritários e os coloca em desvantagem para a competição fora de sala de aula; além de reduzir suas habilidades para o inglês, custar dinheiro e levar à hostilidade em relação a outras minorias que também competem por recursos escassos.

O que você acha? Independentemente das habilidades linguísticas, estudantes que não da maioria branca muitas vezes demonstram comportamentos discretos ao interagir com professores da cultura dominante. Para alguns alunos, falar tudo de uma vez, isto é, "sobrepor conversas", indica entusiasmo com o assunto que está sendo trabalhado, mas pode ser visto como desrespeito ao professor. Um aluno que olha para o chão pode fazer um professor exclamar: "Olhe para mim enquanto falo com você!", mas isto é sinal de respeito à autoridade em algumas culturas (Kugler, 2013). Você acha necessário exigir que professores façam cursos de sensibilidade cultural?

O segundo motivo que justifica minorias raciais e étnicas não terem bom desempenho escolar, agravando as dificuldades que alunos ELL têm, é que muitos dos testes usados para avaliar o desempenho acadêmico e habilidades são tendenciosos contra as minorias. Questões sobre testes padronizados muitas vezes exigem que estudantes saibam especificidades da cultura branca de classe média, conhecimento que as minorias raciais e étnicas podem não ter. As desvantagens que esses estudantes enfrentam em testes padronizados não passam despercebidas. Em 2012, uma queixa foi feita ao Departamento de Educação dos Estados Unidos alegando violações a direitos civis no ensino médio de escolas públicas de elite de Nova York, que baseiam decisões de admissão apenas em pontuações de testes padronizados (Rooks, 2012a).

O terceiro fator que impede o desempenho acadêmico das minorias é o racismo e a discriminação. A discriminação contra minorias pode tomar forma de financiamento desigual, como já discutido, bem como discriminação racial, segregação escolar e preconceitos de professores e colegas. Um estudo com 668 estudantes latinos e suas percepções sobre discriminação descobriu que meninos de idiomas minoritários e estudantes em populações mais diversas etnicamente, mas com menos diversidade no corpo docente, tinham mais tendência a perceber discriminação. Vale destacar que percepções de discriminação estavam ligadas a resultados acadêmicos negativos por meio de percepções de um ambiente escolar restritivo (Brenner e Graham, 2011).

Estudos indicam que estudantes de grupos minoritários, e especificamente negros, podem ser vítimas do que está sendo chamado de *learning while black* (aprender sendo negro) (Morse, 2002). Essa alegação é muitas vezes sustentada por uma análise das estatísticas de disciplinas escolares. Crianças afro-americanas representavam 18% dos alunos de escolas públicas em 2010, mas contabilizavam 40% de todos os estudantes que enfrentavam punição corporal, 46% dos alunos que recebiam múltiplas suspensões de aulas e 39% de todos os expulsos da escola (CDF, 2012b). O debate, é claro, questiona se essas diferenças podem ser atribuídas a uma discriminação ostensiva ou são reflexo das diferenças de comportamento.

Integração racial. Em 1954, a Suprema Corte dos Estados Unidos decidiu, no caso *Brown v. Board of Education*, que a educação segregada era inconstitucional por ser inerentemente desigual. Em 1966, um estudo pioneiro intitulado *Equality of Educational Opportunity* (Coleman et al., 1966) revelou que praticamente 80% de todas as escolas norte-americanas frequentadas por brancos continham 10% ou menos de negros, e que,

educação bilíngue Nos Estados Unidos, ensinar crianças tanto em inglês quanto em sua língua nativa.

com exceção dos ásio-americanos, os brancos tinham melhor desempenho nos testes padronizados do que as minorias. Coleman e seus colaboradores enfatizaram que a única maneira de atingir qualidade de educação para todos os grupos raciais era dessegregar as escolas. Essa recomendação, conhecida como **hipótese da integração**, defendeu o transporte de ônibus para grupos segregados como maneira de impulsionar diversidade socioeconômica e racial entre os alunos de escola pública.

Apesar do registro de Coleman, o transporte de ônibus imposto pelo tribunal e a ênfase social na igualdade da educação, as escolas públicas norte-americanas continuam altamente segregadas. A maioria dos estudantes negros e hispânicos frequenta escolas com poucas adesões. Isso acontece principalmente em grandes áreas urbanas, onde as minorias compõem mais de 85% da população estudantil, em cidades como Nova York, Chicago, Filadélfia e Los Angeles (Rooks, 2012b).

Cada vez mais salas de aula serão caracterizadas por sua diversidade racial e étnica. Até 2040, menos da metade de todas as crianças em idade escolar será branca não hispânica.

Um estudo feito pelo Civil Rights Project na UCLA indica que a segregação escolar não só existe como está aumentando (Orfield et al., 2012). Em todo o país, 15% e 14% de alunos negros e latinos, respectivamente, frequentam escolas nas quais estudantes brancos compõem entre 0% e 1% dos alunos (Orfield et al., 2012). Frequentar uma escola dessegregada, embora não cause nenhum efeito negativo sobre a educação dos alunos brancos, tem efeito positivo sobre alunos negros e hispânicos em termos de aprendizagem e formação (Orfield e Lee, 2006).

Integração socioeconômica. Em 2007, a Suprema Corte dos Estados Unidos declarou que os sistemas de escola pública "não podem buscar atingir ou manter integração por meio de medidas que levam em consideração a raça do aluno" (Greenhouse, 2007, p. 1). Na época, a decisão da corte refletiu uma tendência geral sobre usar integração socioeconômica ou baseada na renda em vez de variáveis de integração com base na raça.

Kahlenberg (2006, 2013) há muito tempo defende essa abordagem por várias razões. *Primeiro*, "a integração socioeconômica alcança mais direta e efetivamente o objetivo primário da integração racial: aumentar o desempenho dos alunos" (p. 10). *Segundo*, a integração socioeconômica, devido ao relacionamento entre raça e renda, alcança a integração racial – e esta, por sua vez, promove tolerância racial e coesão social. *Terceiro*, diferentemente da integração com base na raça, sujeita ao "controle restrito" pelo governo, tarefas escolares com base no *status* socioeconômico são perfeitamente legais. *Quarto*, o problema de alunos de baixa renda nas escolas, independentemente de raça ou etnia, cresce conforme a pobreza se espalha além das áreas urbanas para bairros suburbanos. *Por fim*, há evidências de que a integração socioeconômica, em termos da relação custo-benefício, é um meio mais efetivo de melhorar o desempenho dos alunos do que gastando dólares a mais em escolas muito pobres (Kahlenberg, 2013).

Gênero

Não só as mulheres compõem dois terços dos analfabetos do mundo, mas também as meninas integram mais de 70% das 125 milhões de crianças que não frequentam a escola (Save the Children, 2011). Embora se tenha alcançado progresso em reduzir a disparidade entre os gêneros, no que diz respeito à educação, a paridade de gêneros em escolas primárias e secundárias não foi alcançada. No mundo todo, dos 167 países com informações disponíveis, 68 não haviam atingido essa paridade na educação do ensino fundamental; as meninas eram desfavorecidas em 60 dos 68 países. No entanto, nos 97 países onde a disparidade de gênero no ensino secundário existia, os meninos tinham menos tendência a ficar na escola em mais da metade dos casos (Unesco, 2012b).

hipótese da integração Teoria que diz que a única forma de obter educação de qualidade para todos os grupos raciais e étnicos é dessegregar as escolas.

Historicamente, as escolas norte-americanas discriminaram mulheres. Antes dos anos 1830, faculdades norte-americanas aceitavam apenas estudantes do sexo masculino. Em 1833, a Oberlin College, em Ohio, tornou-se a primeira universidade a aceitar mulheres. Ainda assim, nesse mesmo ano, estudantes do sexo feminino em Oberlin eram obrigadas a lavar roupas dos alunos do sexo masculino, limpar seus quartos e servir suas refeições, além de ser proibidas de falar em assembleias públicas (Fletcher, 1943; Flexner, 1972).

Nos anos 1960, o movimento feminista buscou acabar com o sexismo na educação. O Título IX das Emendas de Educação de 1972 declara que ninguém deve ser discriminado em razão de sexo por nenhum programa educacional que receba fundos federais. Essas orientações foram criadas para acabar com o sexismo na contratação e na promoção de professores e administradores. O Título IX também buscou acabar com a discriminação com base no sexo no que diz respeito à admissão para a faculdade e concessão de ajuda financeira. Por fim, as diretrizes criadas para o aumento das oportunidades a atletas do sexo feminino, tornando mais fundos disponíveis para seus programas.

Embora a desigualdade de gênero na educação continue a ser um problema no mundo todo, a pressão a favor da igualdade tem efeitos consideráveis sobre os Estados Unidos. Por exemplo, em 1970, quase duas vezes mais homens que mulheres tinham quatro ou mais anos de faculdade; em 2012, essas diferenças diminuíram significativamente (veja a Tabela 8.1). Além disso, pontuações do exame National Assessment of Educational Progress (Naep) indicam que a diferença entre gêneros, tanto em matemática quanto em leitura, diminuiu durante as últimas décadas. Onde há diferenças, por exemplo, em um nível específico, em geral seguem os estereótipos educacionais – os meninos superam as meninas em matemática, e elas os superam na leitura (NAEP, 2013).

Tradicionalmente, a diferença entre os gêneros foi explicada pela diferença na socialização do papel de gênero (veja o Capítulo 10). Recentemente, no entanto, retratos populares de diferenças masculinas e femininas no desempenho foram atribuídos à "caligrafia", como se houvesse "cérebros cor-de-rosa e azul". Conforme a neurocientista Lise Eliot (2010) observa

> (...) Um olhar mais atento revela que as diferenças variam consideravelmente conforme a idade, a etnia e a nacionalidade; por exemplo, entre países que participam do Pisa, a diferença na leitura é duas vezes maior em alguns países (Islândia, Noruega e Áustria) do que em outros (Japão, México e Coreia); para matemática, a diferença varia por uma grande vantagem masculina em algumas nações (Coreia e Grécia) até nenhuma diferença em outras – ou mesmo uma a favor das meninas (Islândia e Tailândia). Além disso, uma análise recente sobre os dados do Pisa revelou que o melhor desempenho feminino na área de exatas tem relação com níveis mais altos de igualdade entre gêneros em determinados países. (p. 32)

Grande parte da pesquisa sobre a desigualdade de gênero nas escolas concentra-se em como alunas do sexo feminino são desfavorecidas no sistema educacional. Mas, e quanto aos estudantes do sexo masculino? Os meninos têm mais chances de ser passados para trás pelas meninas dentro da sala de aula, ser diagnosticados com déficit de atenção/hiperatividade (DDA), ter problemas de aprendizagem, sentir-se alienados do processo de aprendizagem e desistir ou ser expulsos da escola (Dobbs, 2005; Mead, 2006; Tyre, 2008). Além disso, homens negros e latinos, em comparação a brancos, ficam para trás no Naep, têm menos probabilidade de estar em programas de talento ou turmas avançadas e menos chance de se formar no ensino médio ou na faculdade (Schott Report, 2012). Assim, os problemas que os meninos têm na escola podem, de fato, exigir que as instituições dediquem mais recursos e atenção a eles (por exemplo, recrutar professores do sexo masculino).

Problemas no sistema educacional norte-americano

Durante anos, a pesquisa anual PDK/Gallup sobre educação pediu a um grupo aleatório de adultos norte-americanos para dar nota às escolas do país (Bushaw e Lopez, 2013). Em 2013, 25% dos entrevistados atribuíram notas de D a F às escolas do país, e outros 53%, C. Diante de cortes no orçamento, baixo desempenho acadêmico, altos índices de desistência, questionável formação dos professores, violência na escola e desafios de uma educação melhor, tal preocupação se justifica.

Falta de auxílio financeiro

Quando um grupo nacional de pais de escolas públicas respondeu quais eram os maiores problemas que as escolas públicas enfrentavam em suas comunidades, a resposta mais comum foi "falta de auxílio financeiro" (Bushaw e Lopez, 2013). Apesar da importância que o público norte-americano dá à educação, esforços para aumentar o financiamento do estado são muitas vezes rejeitados. Por exemplo, no Arizona, onde havia um corte de orçamento de US$ 183 bilhões no fundo da escola pública, eleitores defenderam a proposta de um aumento permanente nos impostos sobre as vendas para apoiar a educação K–12[1] (Molnar et al., 2013).

A Figura 8.4 representa as respostas a uma pesquisa *on-line* feita com 1.700 educadores, dos quais a maioria era professor de escola pública primária e secundária. Perguntou-se aos entrevistados que ações eram tomadas em suas escolas em relação aos cortes no orçamento do ano escolar 2012–2013. Resultados indicam que entre as ações mais comuns estavam o aumento das turmas, redução dos recursos da escola, congelamento de salários e redução de funcionários (Horace Mann Educator Survey, 2013).

Uma pesquisa com os que tomam decisões orçamentárias – superintendentes do distrito escolar – detalha mais minuciosamente o impacto de cortes nos orçamentos estadual e

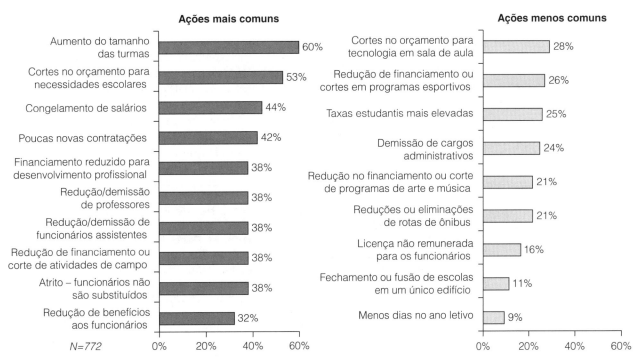

Figura 8.4 Ações com mais e menos probabilidade de ocorrer como resultado de cortes no orçamento, professores e funcionários: junho de 2013
Fonte: Horace Mann Educator Survey, 2013.

---

1 N.T.: Corresponde ao ciclo fundamental I e II e ensino médio.

federal (AASA, 2012). Mais de três quartos dos superintendentes pesquisados descreveram seus distritos como "inadequadamente financiados", resultando em eliminação de posições docentes, aumento das turmas, eliminação ou atraso de iniciativas educacionais, eliminação de atividades de verão e semana escolar de quatro dias.

Baixos níveis de desempenho acadêmico

O Educational Research Center usa três indicadores para medir o desempenho em escolas públicas primárias e secundárias: níveis atuais de desempenho, melhora com o passar do tempo e diferença no desempenho entre aprendizes pobres e não pobres, chamada lacuna da pobreza (Hightower, 2013a). Com base numa escala de 100 pontos, a média de desempenho para o país era 69,7 (C-), variando de alta de 85,9 (B) para Massachusetts e baixa de 56,6 (F) para Mississippi (Hightower, 2013a).

Uma forma de medir o desempenho é olhar os resultados do National Assessment of Educational Progress (NAEP) de alunos de escolas públicas e particulares ao longo do tempo. Tendências nacionais indicam que resultados de leitura e matemática entre 1971 e 2012 melhoraram para crianças de 9 e 13 anos, mas não se alteraram para jovens de 17 anos. No geral, estudantes negros e hispânicos tiveram mais ganhos durante o mesmo período que estudantes brancos, estreitando a disparidade em leitura e matemática entre brancos e minorias. Entretanto, negros e hispânicos permanecem significativamente atrás de seus colegas brancos, tanto em leitura quanto em matemática. A disparidade entre gêneros também diminuiu com o tempo, embora em 2012 as mulheres ainda superassem os homens em leitura, e eles as superassem em matemática (NAEP, 2013).

É importante observar que esses ganhos, mesmo que estatisticamente significativos, podem mascarar desempenhos ruins. Em geral, crianças de 9 anos estão no quarto ano; as de 13, no oitavo; e as de 17, no terceiro ano do ensino médio. Porque avaliações em longo prazo são baseadas em idade, e não no ano, o NAEP consegue avaliar a porcentagem de estudantes em cada idade que tem desempenho abaixo do nível médio de seu ano. Em 2012, por exemplo, 73% dos alunos no terceiro ano do ensino médio tinham desempenho abaixo da média em leitura, tendência que aumentou com o tempo.

Estudantes norte-americanos também são superados por muitos de seus colegas estrangeiros – algo particularmente negativo em uma economia global baseada em conhecimento que enfatiza proficiência STEM (isto é, ciência, tecnologia, engenharia e matemática; em inglês, *Science, Technology, Engineering, and Math*). Resultados mais recentes da *Trends in International Mathematics and Science Study* (TIMSS) ressaltam que estudantes norte-americanos, embora estejam acima da média global, são constantemente superados por estudantes em muitos outros países (Kastberg et al., 2013). Por exemplo, quase metade dos alunos do oitavo ano na Coreia do Sul, Cingapura e Taiwan atingiu o nível "avançado" em matemática em 2011, em comparação a apenas 7% dos alunos norte-americanos (Mullis et al., 2012).

ameaça do estereótipo Tendência de minorias e mulheres terem um desempenho ruim em avaliações decisivas devido à ansiedade criada pelo medo de que um desempenho inadequado valide estereótipos sociais sobre um membro do grupo.

O que você acha? A Califórnia, bem como mais ou menos metade dos estados norte-americanos, exige um exame de conclusão para que o aluno se forme no ensino médio. Pesquisadores descobriram que, após o exame ser aplicado, (1) estudantes com baixo desempenho apresentaram índices de desistência significativamente maiores, e (2) o efeito negativo do exame de conclusão era mais forte para estudantes do sexo feminino e minorias do que para estudantes do sexo masculino e maiorias, mesmo quando níveis de desempenho acadêmico se mantinham constantes (Reardon et al., 2009). Essas descobertas sustentam a hipótese de "**ameaça do estereótipo**" – tendência de as minorias e mulheres terem um desempenho ruim em avaliações decisivas devido à ansiedade criada pelo medo de que um desempenho inadequado valide estereótipos sociais negativos. Você acha que as escolas deveriam ou não ter exames de conclusão como requerimento para a graduação? Você acha que os exames de conclusão miram injustamente minorias e estudantes do sexo feminino?

Finalmente, os resultados da *Education at a Glance* indicam que os Estados Unidos estão em 14º lugar entre os países-membros da OCDE na porcentagem de pessoas de 25 a 34 anos com diploma de graduação. Países que superam os Estados Unidos em índices de pessoas nessas mesmas condições incluem Coreia, Japão, Canadá, Federação Russa e Irlanda. Essa publicação também conclui que, embora o desempenho acadêmico seja alto nos Estados Unidos, o desempenho educacional de outros países está crescendo em ritmo mais acelerado do que o dos norte-americanos (OECD, 2012).

Abandono escolar

O *índice de abandono do status* é a porcentagem de pessoas de 16 a 24 anos que não estão na escola nem obtiveram um diploma de ensino médio, ou seu equivalente. Nas últimas décadas, esse índice declinou significativamente, caindo de 12% em 1990, para 7% em 2011 (NCES, 2012). Contudo, a cada 26 segundos um estudante norte-americano abandona o ensino médio – o que resulta em mais de um milhão de estudantes por ano (AFE, 2011; Segal, 2013). Os índices de abandono variam de acordo com a raça e a etnia, como indica a Figura 8.5.

> A cada 26 segundos um estudante norte-americano abandona o ensino médio, o que resulta em mais de um milhão de estudantes por ano.

Índices de abandono estão associados ao aumento dos custos da assistência pública, da criminalidade e da assistência médica. Já que 45% dos estudantes formados com GED (General Educational Development)[2] fumam, em comparação a 10% dos que já terminaram a faculdade, abandonos no ensino médio custam ao Medicare US$ 20 bilhões por ano (Segel, 2013). Esse índice também está associado à perda de receita fiscal e à menor arrecadação de impostos (AFE, 2011; Tyler e Lofstrom, 2009). Por exemplo, se todos os estudantes que abandonaram o ensino médio em 2011 tivessem se formado, estima-se que a economia teria se beneficiado de um extra de US$ 154 bilhões durante sua vida (AFE, 2011).

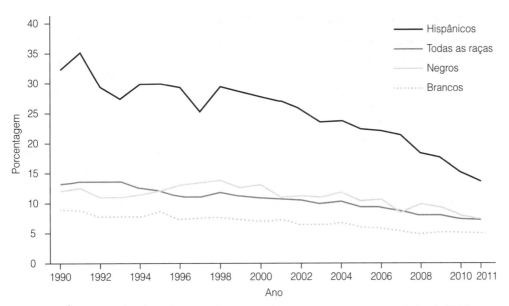

Figura 8.5 Índices de abandono de *status* de pessoas de 16 a 24 anos, por raça e etnia, de 1990 a 2011
Fonte: NCES, 2012.

---

2 N.T.: Os estudantes que não receberam o diploma do ensino médio podem fazer o teste *General Education Development* (GED), que é uma certificação do nível dos conhecimentos acadêmicos para ensino médio. É um teste que permite ao aluno ingressar na universidade.
Fonte: http://www.kaplaninternational.com/por/resources/education-system/usa-guide.aspx.

Iniciativas de segunda chance, como um certificado GED, permitem que os alunos completem o ensino médio. Em um artigo de Heckman et al. (2012), intitulado "Taking the Easy Way Out", pesquisadores investigaram o impacto de três políticas estaduais diferentes do GED nos índices de formação do ensino médio. Os resultados indicam que: (1) aumentar as exigências do exame GED está associado a menores índices de abandono; (2) quando o GED é integrado a programas de ensino médio, o índice de abandono aumenta; e (3) depois que um programa GED é apresentado como opção, o índice de abandono aumenta. Conforme concluem os autores: "No conjunto, esses estudos sugerem que o programa GED induz estudantes a abandonar a escola" (p. 517).

Outras intervenções sobre o abandono incluem programas de escolas primária e secundária que permitem que desistentes se matriculem em faculdades comunitárias ou, em alguns casos, programas de formação de quatro anos. Lá, eles recebem uma educação de escola secundária, conseguem um diploma do ensino médio e muitas vezes acumulam créditos para a faculdade (Manzo, 2005). Também há esforços, nas esferas federal e estadual, visando aumentar o nível de escolaridade obrigatório na esperança de impedir alunos de abandonar a escola. Em praticamente metade dos estados, estudantes de 14 a 18 anos podem ser isentados da frequência obrigatória sob algumas circunstâncias, como emprego, conclusão do oitavo ano, permissão dos pais, educação alternativa/capacitação ou atendimento às exigências de uma entrevista de conclusão (Mikulecky, 2013).

O que você acha? Depois dos eventos terríveis na Sandy Hook Elementary School, legisladores por todo o país apresentaram projetos criados para aumentar a proteção dos estudantes e dos funcionários das escolas. Exemplos da legislação proposta incluem o aumento da presença policial na escola, armamento de professores e diretores e afrouxamento de leis que proíbem o porte de arma em terrenos escolares. Você concorda com essas propostas?

Crime, violência e disciplina escolar

Apesar dos horrores dos assassinatos em escolas que foram amplamente divulgados, como aqueles em Columbine, Virginia Tech e Sandy Hook Elementary School, a chance de um estudante morrer na escola é bem pequena. Menos de 2% do índice total de homicídios entre jovens, e proporcionalmente ainda menos suicídios, acontecem no ambiente escolar (NCES, 2013c). A improbabilidade de tal evento reflete as percepções de segurança dos estudantes. Em 2008, 93% dos alunos afirmaram se sentir muito ou relativamente seguros na escola – um número que mudou pouco durante os últimos 15 anos (MetLife, 2008).

Em 2011, 4% da população estudantil entre 12 e 18 anos registraram ser vítimas de um crime não violento, o que resultou em 1,2 milhão de incidentes (NCES, 2013c). O delito mais comum registrado foi roubo. Escolas públicas tinham índices mais altos de vitimização do que escolas privadas, e não houve diferenças significativas nas características dos estudantes, mas sim nas chances de ser ameaçado ou lesionado por uma arma em ambiente escolar, com pessoas não brancas, homens e estudantes de escolas públicas com índices mais altos do que seus colegas estudantes (NCES, 2013c).

Os professores também podem ser vítimas nas escolas (NCES, 2013c). Dados recentes indicam que em 2010 professores tinham mais chances de ser ameaçados ou lesionados em escolas urbanas do que nas suburbanas ou rurais, e os profissionais do sexo masculino tinham mais potencial de ser vítimas do que as professoras; e, ainda, vitimizações entre professor e aluno eram maiores em escolas públicas do que nas particulares. Surpreendentemente, uma porcentagem maior de professores do ensino básico, em comparação aos do ensino médio, registrou ter sido fisicamente atacada (NCES, 2013c).

Como consequência da má conduta dos alunos, professores, diretores e administradores instituem políticas disciplinares. A probabilidade de suspensão e expulsão da escola varia muito, de acordo com raça, gênero e etnia, o que gera preocupações sobre o tratamento

O lado humano: A morte de Dylan Hockley

Para muitos, o assassinato na Sandy Hook Elementary School, no dia 14 de dezembro de 2012, foi um alerta sobre a violência armada nos Estados Unidos e a necessidade de melhor assistência à saúde mental. Mas, para os pais, amigos e familiares dos mortos foi muito mais do que isto. Aqui, os pais de Dylan Hockley, 6 anos, expressam sua gratidão.

Declaração da família Hockley sobre o tiroteio na Sandy Hook School

Queremos demonstrar nosso apreço e fazer um agradecimento sincero aos serviços de emergência e primeiros socorros que ajudaram a todos na sexta-feira, dia 14 de dezembro. Foi um dia difícil para nós, mas, mesmo de luto, não conseguimos imaginar o que outras pessoas enfrentaram.

O apoio da nossa bela comunidade e da nossa família, amigos e pessoas do mundo todo tem sido impressionante, e estamos honrados. Sentimos o amor e o conforto que as pessoas estão nos enviando, e isto dá força à nossa família. Agradecemos a todos pelo apoio, que continuaremos precisando enquanto começamos essa longa jornada de cura.

Nossos pensamentos e orações estão com outras famílias que também foram atingidas pela tragédia. Estaremos sempre ligados e esperamos poder ajudar e encontrar consolo uns nos outros. Sandy Hook e Newtown nos receberam calorosamente desde que nos mudamos para cá da Inglaterra, dois anos atrás. Escolhemos Sandy Hook especificamente pela comunidade e pela escola primária. Não nos arrependemos e nunca nos arrependeremos dessa escolha. Nossos filhos afloraram aqui, e a felicidade da nossa família tem sido ilimitada.

Não podemos agradecer o suficiente a Dawn Hochsprung e Mary Sherlach, mulheres excepcionais que conheciam nossos dois filhos e que nos ajudaram a entender melhor as necessidades especiais educacionais de Dylan. A professora de Dylan, Vicki Soto, era acolhedora e divertida, e Dylan a amava profundamente. Consola-nos saber que Dylan não estava sozinho quando morreu, mas embalado nos braços de sua incrível ajudante, Anne Marie Murphy. Dylan amava muito a Srta. Murphy e apontava para sua fotografia em nossa geladeira todos os dias. Embora nosso coração esteja partido com o que aconteceu com Dylan, também estão repletos de amor por essas e outras lindas mulheres que morreram de maneira altruísta tentando salvar nossas crianças.

Todos que conheciam Dylan se apaixonavam por ele. Seu sorriso radiante iluminava qualquer lugar e sua risada era a música mais doce. Ele adorava abraçar, brincar de pega-pega com nossos vizinhos todas as manhãs no ponto de ônibus, balançar no trampolim, brincar no computador, assistir a filmes, a cor roxa, ver a lua e comer seus alimentos favoritos, especialmente chocolate. Ele estava aprendendo a ler e ficava muito orgulhoso quando lia para nós um novo livro todo dia. Ele adorava seu irmão mais velho, Jake, que era seu melhor amigo e exemplo.

Não há palavras para explicar nossa perda. Seremos sempre uma família de quatro pessoas. Mesmo que Dylan não esteja mais fisicamente conosco, estará para sempre em nossa mente e em nosso coração. Nós te amamos, Senhor D., nosso anjo lindo e especial.

Fonte: Página da web do Memorial de Dylan Hockley Memorial.

---

diferenciado. Em uma análise dos dados do U.S. Department of Education, Shah e McNeil (2013), evidenciaram que afro-americanos e hispânicos eram desproporcionalmente representados em suspensões e expulsões. Por exemplo, negros correspondiam a 18% do grupo, mas compunham 41,5% das expulsões. De forma semelhante, a análise de Losen e Skiba (2010) sobre informações do ensino médio indica que homens em relação às mulheres, e minorias raciais e étnicas em relação a brancos, tiveram um índice desproporcional de suspensão.

Práticas disciplinares variam entre escolas e distritos escolares, com algumas suspendendo e expulsando 90% do corpo discente ao menos uma vez. Tais índices são o resultado de *políticas disciplinares de tolerância zero*. Embora a origem da frase seja dos anos 1980 e imponha receio sobre o uso de drogas e armas por parte dos estudantes, as atuais políticas de tolerância zero podem incluir suspensões ou expulsões por "(...) levar o celular para a escola, demonstrações públicas de afeto, absenteísmo ou atrasos reincidentes" (NPR, 2013, p. 1). Em 2012, essas transgressões contabilizavam mais da metade de todas as suspensões na Califórnia.

Cada vez mais, educadores, consultores, professores e psicólogos "(...) denunciam tais práticas [suspensões e expulsões] como prejudiciais aos estudantes acadêmica e socialmente, inúteis como ferramentas de prevenção e irregularmente aplicadas" (Shah, 2013, p. 1).

Mais motivações para reformas escolares vêm do **fluxo escola-prisão** – relação estabelecida entre práticas disciplinares severas, altas taxas de abandono escolar, desempenho acadêmico reduzido e envolvimento com tribunal ou detenção juvenil. O fluxo escola-prisão prejudica desproporcionalmente estudantes de grupos minoritários, que têm mais tendência a suspensões ou expulsões e, quando "(...) obrigados a sair da escola, tornam-se estigmatizados e ficam para trás nos estudos (...), abandonam completamente a escola e (...) podem cometer crimes na comunidade" (Amurao, 2013, p. 1)

Bullying. Quando se perguntou a um grupo aleatório de adultos norte-americanos sobre *bullying* na escola, 45% disseram ter sofrido por outro aluno e 16% ter praticado com um de seus colegas (Bushaw e Lopez, 2012). ***Bullying*** é caracterizado por um "desequilíbrio de poder que existe durante um longo período entre dois indivíduos, dois grupos ou entre um grupo e um indivíduo, no qual o mais poderoso intimida ou diminui os outros" (Hurst, 2005, p. 1; veja a seção *Um olhar sobre a pesquisa dos problemas sociais* deste capítulo). O *bullying* pode ser direto (por exemplo, bater em alguém) ou indireto (por exemplo, espalhar rumores) e ser considerado um tipo de agressão (Wong, 2009). Algumas vezes chamado de *cyberbullying*, esse tipo de assédio também pode ocorrer remotamente, isto é or meio de aparelhos eletrônicos de comunicação (por exemplo, celular) (veja o Capítulo 14).

Uma pesquisa feita por Wong (2009), AASA (2009) e NCES (2013c) indica que:

- Em 2010, 23% das escolas públicas registraram ocorrências diárias ou semanais de *bullying*.
- Estudantes que praticam *bullying* muitas vezes têm baixo desempenho acadêmico, altos índices de abandono escolar e maior probabilidade de entrar em brigas, ingerir álcool, vandalizar propriedades e cabular aulas.
- Vítimas de *bullying* registram, por ordem de frequência, ser vítimas de rumores, apanhar, ser empurradas, derrubadas, cuspidas, ameaçadas e intencionalmente excluídas das atividades.
- Em geral, o *bullying* acontece dentro do ambiente escolar e é mais direcionado às meninas do que aos meninos. Sofrer *bullying* tem relação com baixa autoestima, ansiedade, depressão, álcool e uso de drogas, fuga e suicídio.

> **O que você acha?** Em 2011, Robert Champion, um aluno que tocava tambor na famosa banda "100" da Florida A&M, morreu devido a ferimentos ocasionados por um trote. Doze antigos membros da banda foram acusados de homicídio culposo (Hightower, 2013b). Trote é uma situação ou circunstância intencionalmente criada para envergonhar, ridicularizar, assediar ou rebaixar a vítima como parte de um processo de iniciação. Para você, qual é a diferença entre *bullying* e trote?

Instalações escolares inadequadas

Quase metade de todas as escolas dos Estados Unidos foi construída nos anos 1940 e 1950, e muitas estão precisando de altos investimentos em reparos e renovações (ASCE, 2013). Numa época em que se estima o crescimento da escolarização, fundos estaduais e locais permanecem em declínio, exacerbando o problema. De acordo com a American Society of Civil Engineers:

> O gasto nacional em construções de escolas diminuiu para aproximadamente US$ 10 bilhões em 2012, quase metade do nível gasto antes da recessão, enquanto a condição das instalações escolares continua a ser uma preocupação significativa para as comunidades. Agora, especialistas estimam o investimento necessário para modernizar e manter as instalações escolares do país em pelo menos US$ 270 bilhões ou mais. Entretanto, devido à falta de dados nacionais sobre instalações escolares por mais de uma década, uma imagem completa da condição das escolas do país permanece quase inteiramente desconhecida. (ASCE, 2013, p. 104)

---

fluxo escola-prisão Relação estabelecida entre práticas disciplinares severas, maiores índices de abandono escolar, menor reconhecimento acadêmico e envolvimento em julgamento e detenção juvenil.

bullying "Implica um desequilíbrio de poder durante um longo período, no qual o mais poderoso intimida ou diminui os outros" (Hurst, 2005, p. 1).

Um olhar sobre a pesquisa dos problemas sociais

Bullying e vitimização entre adolescentes negros e hispânicos

Com frequência, pesquisadores estudam as variáveis associadas a ser praticante ou vítima de *bullying*. A esperança é que se possa identificar as características de um aluno que pratica ou sofre *bullying* o mais rápido possível, a fim de que sejam criadas intervenções para reduzir a predominância do comportamento. Com esse objetivo, Peskin et al. (2006) investigaram variáveis associadas a ser praticante ou vítima de *bullying*, ou ambos, em uma amostragem entre alunos dos ensinos fundamental e médio.

Amostragem e métodos

Estudantes de oito escolas secundárias com predominância de negros e hispânicos, localizadas em grandes distritos escolares urbanos do Texas, foram selecionados para o estudo. As turmas foram separadas por nível de ensino, em uma dimensão amostral de 1.413 entrevistados e índice de resposta de 52%. Aproximadamente 60% dos entrevistados eram do sexo feminino. Estudantes do ensino fundamental (6º, 7º e 8º anos) compuseram 56% da amostra; alunos do 9º ano, 11%; e estudantes do 10º ao 12º anos, 32%. Pelo menos 64% dos entrevistados se descreveram como hispânicos, com o restante identificando-se como afro-americanos.

Perguntou-se aos alunos sobre seu envolvimento com *bullying* e seus índices de vitimização nos últimos 30 dias. Opções de respostas incluíam duas categorias: zero a duas e três ou mais vezes. Foi-lhes perguntado a frequência de seu comportamento: (1) perturbar outros alunos por diversão, (2) provocar em grupo, (3) assediar, (4) zombar, (5) espalhar rumores, (6) começar discussões, (7) provocar brigas e (8) excluir os outros. Houve quatro variáveis de vitimização entre os alunos: (1) ganhar apelidos, (2) ser importunado por outros, (3) ser motivo de piadas e (4) apanhar.

Além de medir a frequência da prática e vitimização do *bullying*, os estudantes foram classificados em uma das quatro categorias:

> (...) (Um(a) aluno(a) era classificado(a) como praticante de *bullying* se demonstrasse ao menos dois dos comportamentos de *bullying* pelo menos três vezes nos últimos 30 dias. Foram criadas quatro categorias mutuamente exclusivas: (1) praticantes; (2) vítimas; (3) aqueles que declararam tanto prática quanto vitimização (vítima-praticante); e (4) alunos que não relataram nenhum dos comportamentos. (p. 471)

Descobertas e conclusões

Do total da amostragem, 7% foram definidos como praticantes, 12% como vítimas e 5% como vítimas e praticantes. O nível de ensino mostrou-se significativamente relacionado ao *status* de praticante ou vítima de *bullying*. A predominância do *bullying* é maior no 9º ano (11,5%) e menor no 6º (4,9%) e no 10º (6,2%). O índice mais alto de vitimização foi encontrado no 6º ano, com 20,8% dos alunos atingindo os critérios para serem considerados vítimas. O índice mais baixo de vítimas se deu entre o 11º e o 12º anos (7,5%). Vítimas-praticantes também variaram entre os níveis de ensino, com os índices mais altos ocorrendo no 11º e no 12º anos (7,9%) e os mais baixos no 6º (3,8%) e no 9º (3,8%).

Não houve relação significativa entre a variável dependente e o gênero. Meninos e meninas demonstraram chances iguais de declarar ter praticado ou sofrido *bullying* ou de ser vítimas-praticantes. Entretanto, raça e etnia estavam muito associadas à variável dependente. Negros, em comparação a hispânicos, tinham mais chances de praticar e sofrer *bullying*. Por exemplo, embora apenas 3,7% dos hispânicos tenham registrado ser vítimas-praticantes, 8,6% dos negros assim registraram.

Quando comportamentos específicos de *bullying* são examinados, "perturbar alunos por diversão" foi o tipo mais comum, seguido por provocação, ameaça em grupo e discussões. A menor predominância de comportamentos de *bullying* foi provocar brigas. Os meninos eram bem mais propensos a participar de assédios e provocações do que as meninas, e, com exceção da propagação de rumores, os afro-americanos tinham mais chances de estar envolvidos em comportamentos de *bullying* do que hispânicos.

Vítimas registram que a forma mais comum de *bullying* é receber apelidos, seguida por ser motivo de piada. Meninos têm mais chances de apanhar do que as meninas, e os negros apresentaram mais probabilidade de ser zombados, apelidados ou sofrer agressões físicas do que seus colegas hispânicos. Além disso, alunos dos 11º e 12º anos tiveram mais chances de registrar ser importunados ou zombados do que alunos de outros anos.

Os autores concluíram que os resultados do estudo sugerem a necessidade de intervenção antecipada e a direção que deve tomar:

> Enquanto ações para diminuir tipos de *bullying* físicos podem ser direcionadas principalmente para meninos, ações para reduzir tipos verbais e relacionais devem ser direcionadas a todos os estudantes. (...) Intervenções devem ser desenvolvidas no ensino fundamental, já que a predominância desses comportamentos parece atingir seu pico conforme os alunos entram no ensino médio. (...) Provocar e apelidar as vítimas foram aspectos predominantes em nosso estudo; por issso, ações direcionadas para a redução desses comportamentos podem vir a ser a base para atividades de intervenção. (p. 479)

Por fim, os autores observam que pesquisas futuras devem focar a função que raça e etnia ocupam na predominância do *bullying* e da vitimização. Em vez de simplesmente observar diferenças raciais e étnicas, porém, a pesquisa deve começar a articular o modo pelo qual diferenças raciais e étnicas afetam "o conteúdo" do comportamento dos que praticam *bullying*. Só então poderemos apreciar completamente o papel de fatores sociais "no desenvolvimento de problemas relacionados ao *bullying*" (p. 480).

Fonte: Peskin et al., 2006.

Escolas mais antigas têm maiores necessidades do que as novas e mais chances de se localizar em bairros desfavorecidos. Impulsionadas por padrões de desenvolvimento, escolas mais desfavorecidas estão em grandes áreas urbanas. Um estudo sobre a condição das escolas públicas de Nova York descobriu que isto está diretamente relacionado à pobreza — quanto mais

Muitos edifícios escolares e instalações necessitam reparo. Mofo, sistemas de ventilação deficientes, encanamento defeituoso não são incomuns. Ainda assim, espera-se que a qualidade da educação continue nas salas de aula, apesar de condições tão deploráveis.

pobre o bairro, pior a escola (SEIU, 2013). Em 2013, a cidade de Filadélfia fechou 23 escolas públicas, algumas devido à subutilização e outras que necessitam de milhões de dólares em reparos (Hurdle, 2013). Em função de os tribunais afirmarem repetidamente que a qualidade das instalações da escola é parte integrante da igualdade de oportunidades, governantes estaduais monitoram gastos com infraestrutura para garantir distribuições iguais de fundos (AFT, 2009).

Há um número considerável de evidências que documenta a relação entre o ambiente físico da escola e o desempenho acadêmico. Milkie e Warner (2011), após entrevistarem mais de 10 mil pais e professores de alunos do primeiro ano, concluíram que os níveis de estresse dos alunos são negativos por conta de instalações escolares deterioradas. Tanner (2008) descobriu uma relação importante entre o ambiente escolar (por exemplo, espaço, padrões de movimento, luz etc.) e o desempenho acadêmico de alunos do terceiro ano do ensino fundamental, mesmo quando o *status* socioeconômico da escola é controlado. Qualidade do ar, barulho, superlotação, espaço inadequado, contaminantes ambientais e luz afetam a habilidade de uma criança em aprender, a de um professor ensinar e a dos funcionários ser eficazes.

Recrutamento e retenção de professores de qualidade

Distritos escolares com financiamento e instalações inadequadas, salários baixos, falta de apoio comunitário e desenvolvimento profissional mínimo têm dificuldades em atrair e reter profissionais qualificados. De acordo com o Departamento de Educação dos Estados Unidos, o número de professores do ensino básico que abandonam a profissão aumentou nos últimos 20 anos, chegando a 8% em 2011 (NCES, 2013b). Professores que abandonam a profissão tendem a estar em uma das extremidades da continuidade da experiência, isto é, têm menos de 3 ou mais de 20 anos de experiência. A alta rotatividade de professores é um problema em vários aspectos (Boyd et al., 2009). Primeiro, professores mais novos têm menos experiência e, muitas vezes, são menos eficazes. Segundo, a rotatividade contribui para a falta de continuidade em programas e reformas educacionais. Por fim, despesas com recrutamento e treinamento, além do tempo e esforço dedicados a substituir os professores que abandonaram a profissão, são consideráveis.

Usando informações globais de várias avaliações sobre a aprendizagem em larga escala, Dalton e Marcenaro-Gutierrez (2011) concluem que há uma associação direta entre os salários dos professores e o desempenho dos estudantes – quanto maior um, maior o outro. Infelizmente, nos Estados Unidos, em função de os salários dos professores ser o maior componente dos gastos de um distrito escolar, distritos escolares pobres têm menos dinheiro para oferecer a professores qualificados (McKinsey e Company, 2009); e, portanto, mais chance de empregar professores em início de carreira, com menos de três anos de experiência, e de colocá-los em áreas que não são sua especialidade.

> Distritos escolares com financiamentos e instalações inadequados, salários baixos, falta de apoio comunitário e desenvolvimento profissional mínimo têm dificuldades em atrair e reter profissionais qualificados.

O conhecimento sobre a disciplina ensinada é uma das características-chave de um professor eficaz (Stotsky, 2009). É duas vezes maior a probabilidade de alunos em distritos escolares mais pobres ter aulas com professores substitutos e menos eficazes do que alunos de distritos mais afluentes (Barton, 2004; Sawchuk, 2011). Além disso, quando um professor de alta qualidade deixa uma escola de ensino fundamental, um em cada seis novos recrutados terá a mesma qualificação; no entanto, quando um professor de alta qualidade abandona uma escola desfavorecida, apenas um em 11 substitutos possíveis terá a mesma capacitação (TNTP, 2013).

Recrutar e reter professores de qualidade em escolas de nível pobre é fundamental para o sucesso de seus estudantes. Hanushek et al. (2005) relatam que se uma criança de família pobre tem um bom professor por cinco anos consecutivos, a lacuna no desempenho entre essa criança e outra de família de alta renda seria fechada. A satisfação em ser professor, porém, está em seu ponto mais baixo em 25 anos, tornando difícil a retenção de bons professores, particularmente em um ambiente escolar que demanda mais dedicação (MetLife, 2013). Além disso, porque estudantes de grupos minoritários povoam desproporcionalmente os distritos escolares, também é importante recrutar e reter professores que atendam às necessidades de crianças de vários históricos e diferentes habilidades. O número de professores de grupos minoritários que podem servir como exemplo, têm experiências de vida semelhantes e linguagem e histórico cultural parecidos é muito pequeno em comparação às altas proporções de estudantes de grupos minoritários.

Efetividade do professor. Recrutar e reter professores de qualidade pode ser mais difícil com a ênfase recente na responsabilidade e na implementação da **mensuração do valor agregado – VAM** (do inglês, *Value-Added Measurement*). VAM é o uso de dados de desempenho de um aluno para avaliar a efetividade de um professor. O American Recovery and Reinvestment Act de 2009, aprovado para estimular a economia, ofereceu fundos competitivos para distritos escolares dispostos a "chegar ao topo". O uso da VAM foi uma exigência para receber esses fundos. Embora alguns argumentem que medidas quantitativas de responsabilidade são um mal necessário em uma época de déficits no orçamento, críticos logo observam que avaliar professores com base no desempenho dos estudantes parte do princípio de que todas as demais variáveis são constantes e ignora a realidade das diferenças entre alunos em fatores não escolares, como vida familiar, pobreza, obstáculos emocionais e físicos etc. (Mitchell, 2010). Além disso, há preocupações de que os professores, temendo por seus empregos e preocupados com o pagamento baseado em mérito, comecem a "ensinar para as provas" e coisas piores. Em 2013, foram indiciados 35 professores, diretores e administradores da Geórgia em um caso no qual "(...) as respostas dos testes foram alteradas, fabricadas e falsamente certificadas" (Carter, 2013).

O que você acha? Em 2012, professores em Chicago, o terceiro maior distrito escolar dos Estados Unidos, entraram em greve. Entre outras coisas, eles se opuseram a uma proposta que associaria suas avaliações ao desempenho acadêmico de seus alunos. O que você acha? O salário dos professores deveria ser determinado pelo desempenho de seus alunos?

Mesmo professores experientes podem não ser efetivos. Há evidências de que aqueles que optam pela carreira de professor, em média, têm menor pontuação em exames para entrar na faculdade do que a média de universitários (Tucker, 2013). Além disso, há uma relação documentada entre pontuações de entrada na universidade e a probabilidade do ensino continuado – quanto *menor* a pontuação, *maior* a probabilidade de continuar lecionando por dez anos após a graduação (NCES, 2007). Quando propostos a pensar sobre professores em treinamento, 57% de uma amostra de norte-americanos adultos responderam que as exigências para ingresso nos programas de preparação de professores deveriam ser mais rigorosas, e a maioria dos entrevistados afirmou que essas exigências deveriam ser tão seletivas quanto as usadas para administração, direito, engenharia e medicina (Bushaw e

mensuração do valor agregado – VAM (do inglês, *Value-Added Measurement*) Uso de dados sobre os resultados dos estudantes para avaliar a efetividade do professor.

Lopez 2012). Para colocar professores qualificados dentro da sala de aula, muitos estados implantaram testes de competência obrigatórios (por exemplo, the Praxis Series). A necessidade de professores oficialmente classificados como "altamente qualificados" está atrelada a mandatos federais que colocam ênfase na importância de ter professores licenciados em sala de aula. Além disso, professores que têm bacharelado e experiência em sala de aula de três anos ou mais também são qualificáveis para certificação do conselho nacional. Alguns estudos indicam que alunos de professores "altamente qualificados" e/ou professores certificados têm melhor desempenho em testes padronizados e mostram maiores ganhos nos testes do que alunos de professores que não são "altamente qualificados" e/ou certificados (NBPTS, 2012; Viadero, 2005).

Numa tentativa de atender às demandas para colocação de professores em salas de aula – apesar da escassez de professores por conta da aposentadoria dos *baby boomers* –, os estados agora permitem que profissionais capacitados que têm interesse em lecionar, mas não receberam um diploma em licenciatura se tornem professores. Chamado de entrada lateral em alguns estados, o programa permite que as pessoas obtenham uma licença para lecionar enquanto lecionam. Além disso, mais da metade dos estados adotou **programas de certificação alternativa**, nos quais estudantes graduados em todas as áreas que não a de educação podem obter um certificado caso tenham tido "experiência de vida" em um setor produtivo, no exército ou em outros trabalhos relevantes. Teach for America (TFA) – originalmente concebido por um estudante da Princeton University com seu premiado trabalho final de graduação – é um programa educacional alternativo para professores que objetiva recrutar universitários de artes liberais para posições de licenciatura em escolas econômica e socialmente desfavorecidas.

> Se uma criança de família pobre tem um bom professor por cinco anos consecutivos, a lacuna no desempenho entre essa criança e outra de família de alta renda seria fechada.

Críticos argumentam que o programa coloca funcionários despreparados nas escolas. Entretanto, uma análise sobre professores do TFA *versus* professores tradicionais conclui que os primeiros são mais eficazes em sala de aula do que os segundos, como demonstrou o desempenho dos alunos (Xu et al., 2007). Desde 1990, Teach for America treinou mais de 20 mil professores (Martin, 2012).

Os desafios da educação superior nos Estados Unidos

Embora haja muitos tipos de educação pós-secundária, o ensino superior normalmente refere-se a instituições de graduação, públicas ou privadas, com duração de dois a quatro anos. Em 2013, havia quase 5.373 faculdades e universidades nos Estados Unidos (NCES, 2013d). Dos 29 milhões de estudantes de graduação e pós-graduação matriculados em faculdades e universidades norte-americanas, estudantes em tempo integral, mulheres, estudantes mais jovens, minorias e alunos matriculados em escolas de graduação com duração de quatro anos contribuíram desproporcionalmente para o aumento das matrículas com o passar dos anos (NCES, 2011; NCES, 2013d). No entanto, no ano letivo de 2012 a 2013, conforme a economia começou a se recuperar, a matrícula dos universitários caiu 2%, a primeira queda significativa desde os anos 1990, conforme os estudantes retornavam à força de trabalho (Perez-Pena, 2013).

O ensino superior emprega cerca de 2,9 milhões de profissionais (por exemplo, administradores, professores, funcionários que não lecionam etc.) e 0,9 milhão de funcionários sem profissão (por exemplo, atendimento, serviço, manutenção etc.) (NCES, 2013a). Durante a última década, houve uma diminuição de professores titulares ou auxiliares em período integral do "núcleo" da academia, da mesma forma que houve aumentos significativos da equipe de não graduados (por exemplo, administradores) e de não auxiliares, instrutores de meio período ou período integral. No geral, conforme a posição acadêmica aumenta, isto é, de instrutor para instrutor assistente, professor auxiliar e professor titular, os salários aumentam e a proporção de mulheres e minorias diminui (NCES, 2013a).

programas de certificação alternativa Programas nos quais estudantes graduados em todas as áreas que não a de educação podem obter um certificado caso tenham tido "experiência de vida" em um setor produtivo, no exército ou em outros trabalhos relevantes.

Custo do ensino superior. A mensalidade média e as taxas obrigatórias para frequentar uma instituição com cursos de graduação de quatro anos aumentaram 7% para estudantes do estado e 4% para fora do estado entre 2011 e 2012 (NCED, 2013c). O custo médio das mensalidades e taxas nessas faculdades em 2013 era de US$ 8.655 para estudantes do estado e US$ 21.706 para estudantes fora do estado (NCES, 2013d). Com o aumento dos custos, não é de surpreender que empréstimos de pais e alunos para pagamento de mensalidade e outras taxas aumentaram 24% nos últimos cinco anos (Adams, 2012).

Em 2013, o presidente Obama assinou o Student Loan Certainty Act – uma lei que diminuirá as taxas de juros sobre empréstimos estudantis (Associated Press, 2013). Conforme as dívidas dos alunos superam a marca de US$ 1 trilhão, valor maior do que a soma de todas as dívidas hipotecárias e de cartão de crédito, várias outras ações legislativas são apresentadas ao Congresso. Essas medidas foram criadas para aliviar os prejudicados pela dívida estudantil, mas podem não ser aprovadas, conforme Sallie Mae, "(...) o maior credor privado de empréstimos estudantis e um dos aproveitadores-chefe da dívida estudantil. (...)" que pressiona os deputados em busca de esmagar a legislação proposta (Gupta, 2013, p. 1).

Minorias raciais e étnicas. O acesso ao ensino superior entre estudantes integrantes de minorias e de baixa renda é particularmente problemático. Apenas 14,6% dos estudantes de graduação são negros, e 11,3% hispânicos. A representação das minorias em graduações de curta duração (dois anos), 44,8% no total, é significativamente mais alta do que em graduações de quatro anos (NCES, 2013a). É importante observar, porém, que uma proporção relativamente elevada de estudantes negros, aproximadamente 9%, frequenta "universidades e faculdades historicamente negras" (HBCU, sigla do inglês de *historically black universities and colleges*) (NCES, 2013b).

As matrículas de minorias raciais e étnicas na faculdade aumentaram durante as últimas décadas, conforme observam Carnevale e Strohl (2013) – os aumentos são acompanhados por acesso "separado e desigual" a "(...) faculdades com cursos de quatro anos seletivas e bem financiadas" (p. 6). Por exemplo, entre 1995 e 2009, 82% de alunos brancos ingressantes na universidade estavam matriculados nas 468 melhores faculdades e universidades dos Estados Unidos, em comparação a 9% de universitários afro-americanos e 13% hispânicos. Além disso, estudantes afro-americanos e hispânicos com notas "A" no ensino médio têm mais chances de se matricular em faculdades comunitárias do que seus colegas brancos nesse mesmo nível (Carnevale e Strohl, 2013). As 468 faculdades mais seletivas, com cursos de quatro anos, onde a maciça maioria de estudantes brancos frequenta têm (1) mais recursos financeiros, (2) índices maiores de graduação, (3) maior número de matrículas e conclusão de diplomas de graduação e (4) graduação com ganhos futuros mais elevados (Carnevale e Strohl, 2013). (Veja no Capítulo 9 uma discussão sobre raça, etnia e ação afirmativa).

Faculdades comunitárias. Apesar de serem chamados de "heróis desconhecidos do sistema educacional norte-americano" (citação de Obama em Adams, 2011, p. 1), apenas metade dos entrevistados em uma pesquisa feita entre adultos dos Estados Unidos concordou com a declaração de que "faculdades comunitárias oferecem educação de ensino superior" (Lumina, 2013). Em oposição a tais percepções, a matrícula em faculdades comunitárias continua a aumentar, contando 7,8 milhões de estudantes em 2011. O número de diplomas de associado entregues em um ano foi quase o dobro do concedido uma década atrás (NCES, 2013a).

Faculdades comunitárias têm importância vital na política educacional dos Estados Unidos. Elas são pontos de partida para muitos norte-americanos que esperam um dia se transferir para instituições de graduação. Estudantes pertencentes a grupos minoritários e de baixa renda e mulheres têm mais chances de se matricular em faculdades comunitárias do que seus parceiros homens, brancos e de classe média por uma série de razões. Em geral, as faculdades comunitárias ficam mais próximas de onde os estudantes residem e oferecem um horário mais flexível, permitindo que os alunos trabalhem meio período ou período integral enquanto frequentam a universidade e evitem o custo de um quarto e de alimentação por continuar morando em casa. De acordo com a American Association of Community Colleges, 15% dos estudantes de faculdades comunitárias têm 40 anos ou mais, 80% dos que frequentam em período integral trabalham meio período ou período integral fora da sala de aula,

40% são universitários de primeira geração e quase metade recebe algum tipo de auxílio financeiro (AACC, 2013). Assim, as faculdades comunitárias oferecem um caminho para a educação que pode não estar disponível a uma parte da população.

Estratégias para ação: tendências e inovações na educação norte-americana

Norte-americanos consistentemente qualificam a melhora na educação como uma de suas principais prioridades. Tentativas de melhorar as escolas e universidades incluem aumentar as exigências de graduação, proibir estudantes de participar de atividades extracurriculares se estiverem com mau desempenho em alguma disciplina, oferecer um diploma de graduação de três anos, alongar o dia letivo, proibir desistentes de obter carteiras de motoristas, implantar um ano letivo de 12 meses e estender o número de anos permitido para obter um diploma do ensino médio.

Entretanto, reformistas educacionais nos dois lados do corredor político continuam a pedir por mudanças que vão além dessas políticas agressivas. De um lado, muitos republicanos acreditam que o aumento da competição e da responsabilidade levam a melhores escolas, professores e alunos. Democratas, do outro lado, argumentam que o aumento do financiamento e um compromisso em acabar com a desigualdade educacional são necessários. Diferenças à parte, todos concordam que algo precisa ser feito.

Política educacional nos Estados Unidos

Os desafios que as políticas educacionais nacionais enfrentam são consideráveis. Em 2011, o presidente Obama, discursando na Kenmore Middle School, em Arlington, Virgínia, declarou que "(...) infelizmente muitos estudantes não estão conseguindo uma educação de qualidade nos dias de hoje. Até um quarto dos estudantes norte-americanos não termina o ensino médio. A qualidade de nossa educação científica e matemática está sendo passada para trás por muitas outras nações. Os Estados Unidos caíram para nono lugar na proporção de jovens com diploma de graduação. Repetindo, costumávamos ficar em primeiro lugar, e agora estamos em nono. Isso não é aceitável" (citado em Adams, 2011, p. 1).

Embora seja difícil prever a totalidade da política educacional dessa administração e seu impacto, há evidências tanto de mudanças significativas quanto de políticas estáveis.

Reforma na No Child Left Behind. O No Child Left Behind (NCLB) Act, de 2001, foi aprovado em janeiro de 2002. No entanto, logo após essa lei ser aprovada, tornou-se claro que sua implantação seria problemática e que o suporte empírico seria contraditório. Em 2010, o presidente Obama emitiu seu "modelo" para a reforma educacional, que abordou muitos dos problemas criados pelo NCLB. Também deu (...) flexibilidade em relação a exigências específicas do [NCLB] (...) em troca de planos rigorosos e abrangentes desenvolvidos pelo estado e criados para melhorar resultados educacionais para todos os estudantes, fechar lacunas no desempenho acadêmico, aumentar a igualdade e melhorar a qualidade de instrução (U.S. Department of Education, 2012, p. 1).

O NCLB é a versão mais recente do Elementary and Secondary Education Act (ESEA), originalmente aprovado em 1965. Desde 2013, essa lei não foi reautorizada devido principalmente às disputas políticas. Pontos controversos incluem a adoção de padrões estaduais de núcleo comum, testes e responsabilidade padronizados e privatização de escolas.

Padrões estaduais de núcleo comum. Em 2008, a National Governors Association e o Council of Chief State School Officers foram convocados a adotar um conjunto comum de padrões acadêmicos a ser usado pelos estados como meio de padronizar exigências educacionais. Conhecidos como Common Core State Standards (CCSS), a iniciativa foi motivada pela preocupação de que estudantes em diferentes estados não estavam sendo igualmente preparados para a educação pós-secundária e/ou empregos na força de trabalho global.

Com intenção de se tornar totalmente operacional no ano letivo de 2014-2015, os CCSS foram inicialmente adotados por 47 estados (PARCC, 2013; SBAC, 2013). Para ajudar a assegurar seu sucesso, o governo federal ofereceu fundos para dois consórcios com os quais os estados poderiam colaborar no desenvolvimento de medidas de avaliação. Mas, como os gastos associados com a implantação das avaliações dos CCSS aumentaram, muitos estados abandonaram os consórcios, com outros seguindo seu exemplo (Moxley, 2013; Ujifusa, 2013).

Teste e prestação de contas. A maioria dos norte-americanos acredita que os CCSS melhorarão a qualidade da educação, permitirão que os estudantes possam competir globalmente e fornecerão mais consistência na qualidade da educação (Bushaw e Lopez, 2013). Há menos consenso, no entanto, sobre o desenvolvimento e implantação de medidas de avaliação. A ênfase recente sobre a prestação de contas dos professores e da escola exige que os estudantes realizem múltiplos testes padronizados para comparar distritos escolares em si e entre si, e entre estados. Então, professores, estudantes e até mesmo escolas são "classificados" com base em seus resultados.

Críticas a respeito de "testes de alto risco" e seus usos são muitas. *Primeiro*, e talvez mais importante, os testes padronizados incentivam a aprendizagem mecânica, o pensamento superficial e a memorização, em vez de habilidades de pensamento crítico (Harris et al., 2011). *Segundo*, existe a ideia de que usar pontuações de testes padronizados, inteiras ou em parte, para determinar os estágios dos estudantes, os salários dos professores ou o fechamento de escolas, é altamente duvidosa (Rothstein et al., 2010). Por exemplo, um professor pode estar bem classificado um ano, cair no seguinte e depois voltar ao topo no terceiro ano.

Terceiro, há preocupações sobre o conteúdo dos testes padronizados. O National Center for Fair and Open Testing argumenta que "(...) testes padronizados não são objetivos (...) Decisões sobre o que incluir, como organizar as questões, [e] quais respostas estão 'corretas' (...) são tomadas por seres humanos subjetivos" (NCFOT, 2012). Muitas vezes, as questões refletem os preconceitos culturais de quem formulou o teste.

Por fim, testes padronizados não têm bom custo-benefício, uma preocupação particularmente importante no que diz respeito a cortes do orçamento e segregação. O custo dos testes, serviços de teste e materiais preparatórios para testes, de acordo com uma estimativa, é mais de US$ 2,3 bilhões por ano e cresce rapidamente (Gardner, 2013).

Como resultado dessas e de outras críticas, um grupo com 30 membros, chamado Gordon Commission (2013), emitiu um relatório sobre o futuro dos testes e avaliações. Após exaustiva revisão da literatura, a Comissão concluiu que "testes radicalmente diferentes" eram necessários e recomendavam que testes padronizados

- oferecessem informações para políticos, administradores, professores e alunos
- fizessem distinção entre testes com fins avaliativos e testes voltados para a melhoria de práticas de instrução
- permitissem interpretação de resultados "(...) informados pelo entendimento do contexto no qual o estudante vive, aprende, foi ensinado e avaliado" (p. 130)
- produzissem "(...) equidade na criação, entrega, pontuação, análise e uso do teste" de avaliações educacionais (p. 133)
- fossem apenas uma das múltiplas fontes de informação quando usadas para colocação dos estudantes e salários dos professores

A comissão também recomendou que governos federal e estaduais, em conjunto com agências, organizações sem fins lucrativos, empresas e líderes educacionais se comprometessem com o desenvolvimento de instrumentos de avaliação válidos e confiáveis.

Movimentos de base e ações de defesa

Preocupações a respeito da falência das escolas, dos testes padronizados e da mensuração do valor agregado (VAM), isto é, a prática de os salários dos professores estar atrelada ao desempenho dos alunos, têm levado a um movimento crescente de pais e educadores que se opõem aos testes de alto risco. Têm ocorrido protestos escritos, novas campanhas dos sindicatos dos professores, boicotes de testes padronizados por grupos de alunos e professores e até mesmo páginas no Facebook com títulos como "Parents and Kids Against Standardized

Testing" ("Pais e Filhos contra Testes Padronizados") e "Scrap the Map" – o Measurement of Academic Progress (Toppo, 2013).

Muitos estados aprovaram ***parent trigger laws***, uma manobra legal que permite que os pais mudem a administração de uma escola com mau desempenho. O princípio por trás dessas leis é que, com um número suficiente de assinaturas, pais podem intervir em prol de seus filhos tomando uma ou mais ações legalmente permitidas. No geral, essas ações incluem substituir administradores, diretores e/ou professores, transformando a escola em autônoma (veja o título "O debate sobre a escolha da escola" neste capítulo), ou fechando-a completamente (NCSL, 2013a).

Até hoje, pelo menos 25 estados já consideraram essa legislação e sete decretaram políticas da *parent trigger law* (NCSL, 2013a). Por exemplo, escolas de Ohio que estão "(...) entre as 5% com pior desempenho em todo o estado por três ou mais anos consecutivos (...)" podem sofrer intervenção com base nas *trigger laws* estaduais (NCSL, 2013a, p. 1). Opções para ação incluem transformar a escola em autônoma, substituir "(...) pelo menos 70% dos funcionários da escola que têm relação com seu desempenho ruim", entregar o controle da escola nas mãos do estado e privatizá-la (NCSL, 2013a, p. 1).

Como um funcionalista estrutural argumentaria, as *trigger laws* dão poder aos pais, que até então tinham pouco a dizer sobre a qualidade da educação dos seus filhos. Compatíveis com a teoria de conflito, adversários defendem que as *trigger laws* fazem parte de uma agenda política financiada por doadores ricos para privatizar escolas (Lu, 2013, p. 1). Ironicamente, porque a privatização "(...) terceiriza a governança da escola para organizações de gestão educacional que não têm obrigação com (e muitas vezes nem presença física) a comunidade, essas ações terminam por frustrar a comunidade sustentada e o próprio envolvimento dos pais" (Lubienski et al., 2012, p. 2).

Educação do caráter

Pela primeira vez em dez anos, índices de alunos mentindo, "colando" e roubando caíram, como declarado na Biennial Report Card on American Youth (Josephson Institute of Ethics, 2012). Entretanto, na pesquisa feita com mais de 23 mil alunos do ensino médio, 14% dos entrevistados admitiram ter roubado algo de um amigo, 76% mentido para os pais sobre algo importante, 52% colado durante uma prova no ano anterior e 36% copiado um trabalho da internet (Josephson Institute of Ethics, 2012). (Veja a seção *Você e a sociedade* e compare suas respostas com a amostragem nacional). Para muitos educadores, resultados como esses representam a necessidade da **educação do caráter**.

Educação do caráter implica ensinar alunos a agir moral e eticamente, incluindo a habilidade de "desenvolver relacionamentos sinceros e carinhosos, contribuir para a comunidade e assumir as responsabilidades da cidadania democrática" (Lickona e Davidson, 2005). Apesar da ênfase da maioria das escolas sobre o desempenho acadêmico, o conhecimento sem caráter é potencialmente devastador. Sanford McDonnell (2009), ex-CEO da McDonnell Aircraft Corporation e diretor emérito do conselho da Character Education Partnership, relembra uma carta escrita por um diretor sobrevivente de um campo de concentração para seus professores no início de um novo ano letivo:

> Meus olhos viram o que ninguém deveria testemunhar: câmaras de gás construídas por engenheiros instruídos, crianças envenenadas por físicos profissionais, bebês mortos por enfermeiras treinadas, mulheres e bebês baleados e queimados por jovens estudantes. Seus esforços nunca devem produzir monstros eruditos e psicopatas capacitados. Ler, escrever e aprender a contar são coisas importantes apenas quando tornam nossas crianças mais humanas. (p. 1)

Devido à violência estudantil, ao *bullying*, aos problemas de disciplina e à falta de integridade acadêmica que assolam as escolas, hoje, "caráter" é um ingrediente essencial de um ambiente escolar positivo. A educação do caráter nas escolas é associada a "(...) maior

---

parent trigger laws Legislação estadual que permite aos pais interferir na educação e nas escolas de seus filhos.

educação do caráter Educação que enfatiza os aspectos morais e éticos de um indivíduo.

Você e a sociedade — Pesquisa de ética do estudante

A seguir, indique se você já apresentou algum dos comportamentos abaixo, apenas uma vez ou mais de uma vez no 9º ano fundamental II, 1º, 2º e 3º do ensino médio. Ao final, compare suas respostas às de uma pesquisa nacional com mais de 23 mil alunos do ensino médio norte-americano.

Abaixo, os resultados da pesquisa. Estatísticas por amostragem indicam que a maioria dos estudantes, 67%, frequentava escolas públicas; 52% eram do sexo feminino. Os estudantes foram igualmente divididos entre os quatro anos, e quase 90% esperavam chegar à faculdade.

Comportamentos	Nunca	Uma vez	Mais de uma vez
1. Mentiu para os pais sobre algo importante	—	—	—
2. Mentiu para um professor sobre algo importante	—	—	—
3. Copiou um texto da internet para fazer uma tarefa escolar	—	—	—
4. "Colou" em uma prova na escola	—	—	—
5. Copiou o dever de casa de um colega	—	—	—
6. Roubou algo dos pais ou outro parente	—	—	—
7. Roubou algo de um amigo	—	—	—
8. Roubou algo de uma loja	—	—	—

	Porcentagem em cada categoria		
Comportamentos	Nunca	Uma vez	Mais de uma vez
1. Mentiu para os pais sobre algo importante	24	28	48
2. Mentiu para um professor sobre algo importante	45	26	29
3. Copiou um texto da internet para fazer uma tarefa escolar	68	16	16
4. "Colou" em uma prova na escola	49	24	28
5. Copiou o dever de casa de um colega	25	23	51
6. Roubou algo dos pais ou outro parente	82	10	8
7. Roubou algo de um amigo	86	9	5
8. Roubou algo de uma loja	80	11	9

Fonte: Josephson Institute of Ethics, 2012.

desempenho acadêmico, maior frequência, violência reduzida, menos problemas de disciplina, redução de abuso de substâncias e menos vandalismo" (Lahey, 2013, p. 1).

Educação virtual

Computadores nas salas de aula permitem que os alunos tenham acesso a toneladas de informações. A proliferação dos computadores tanto na escola quanto em casa significa que os professores se tornaram facilitadores e treinadores, em vez de provedores únicos de informação. O desenvolvimento profissional para educadores agora inclui aulas sobre como integrar a tecnologia no currículo. Os computadores não apenas permitem que os alunos acessem grandes quantidades de informação, mas também que progridam em seu próprio ritmo. Entretanto, a tecnologia do computador não está igualmente acessível a todos os alunos, mas varia dramaticamente conforme a educação e a renda dos pais, além da raça e etnia. Embora haja preocupações persistentes sobre a "exclusão digital" (veja o Capítulo 14) e seu impacto sobre o desempenho dos alunos, algumas pesquisas indicam que ter um computador em casa diminui o desempenho matemático e de leitura (Vigdor e Ladd, 2010).

Pesquisas sugerem que, para muitas crianças em escolas pobres e normalmente urbanas, "(...) aprender [tem a ver com seguir] as regras e as direções. Não tem a ver com o pensamento crítico. Não tem a ver com criatividade. Mas, sim, com como eliminar corretamente três das quatro bolhas" (Hopkinson, 2011, p. 1).

O ***e-learning*** separa alunos e professores no tempo e/ou no espaço. No entanto, os conectam por uma tecnologia de comunicação (por exemplo, videoconferência, e-mail, *chats* em tempo real ou televisão em circuito fechado). Alguns cursos universitários e aulas misturam formas de aprendizado, uma combinação de aulas *on-line* com presenciais tradicionais. O *e-learning* abrange todo o espectro da educação tecnológica, de testes on-line a cursos on-line abertos e maciços (MOOC, sigla do inglês *massive open online courses*). A Figura 8.6, baseada em uma pesquisa nacional com escolas públicas, indica o número de distritos escolares com várias tecnologias de aprendizagem, a porcentagem de distritos escolares no processo de implantação dessas tecnologias e as mudanças com o passar do tempo (CDE, 2012).

Apesar das preocupações com os rigores da educação *on-line*, o número de estudantes matriculados em cursos *on-line* e cursos universitários continua crescendo. Em 2011, 6 milhões de estudantes universitários dos Estados Unidos fizeram ao menos um curso *on-line*, e 65% das faculdades indicaram que a aprendizagem *on-line* é uma parte importante do seu planejamento estratégico em longo prazo (Allen e Seaman, 2011). Diferentemente dos MOOCs, que tradicionalmente oferecem cursos sem custo ou crédito para o usuário, as universidades estão cada vez mais se unindo a provedores *on-line* sem fins lucrativos para oferecer aulas e cursos universitários (Lytle, 2012). Por exemplo, Semester Online oferece aulas *on-line* presenciais para crédito universitário das melhores universidades, como Emory University, Duke University, Boston College, University of NotreDame e Vanderbilt University (Semester Online, 2013).

A educação *on-line* muitas vezes atende a um segmento da população que não pode frequentar a escola – funcionários mais velhos, casados, que trabalham em período integral e

e-learning Aprendizado no qual, segundo o tempo ou o lugar, quem aprende está distante do professor.

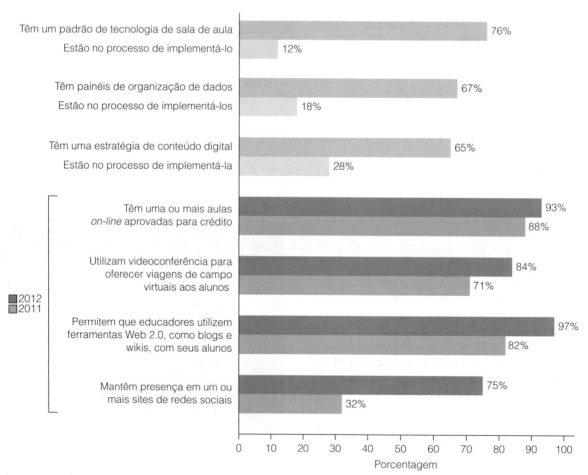

Figura 8.6 Novas tecnologias em distritos escolares, ano letivo 2011-2012

Fonte: CDE, 2012.

pessoas em áreas remotas. Assim, por exemplo, o número de cursos *on-line* oferecidos por escolas públicas é mais alto em áreas rurais do que nas urbanas. (Bausell e Klemick, 2007). Além disso, algumas pesquisas sugerem que a aprendizagem *on-line* beneficia aqueles que são historicamente desfavorecidos em sala de aula. Um estudo feito por DeNeui e Dodge (2006) indica que mulheres em cursos mistos tinham mais chances de usar um sistema de gestão de aprendizagem (por exemplo, Blackboard) do que os homens e de os superarem significativamente, como foi comprovado pelas avaliações finais em uma aula introdutória de psicologia.

A importância da educação *on-line* está em seu potencial de amenizar problemas na educação norte-americana. Uma pesquisa com administradores do ensino médio indica que oferecer cursos *on-line* ou mistos é importante porque permite que as escolas ofereçam cursos que não estarão disponíveis de outra forma, possibilita flexibilidade e programação, estende o dia e o ano letivo, são financeiramente benéficos, constroem vínculos com colegas e preparam alunos para empregos do século XXI (Picciano e Seaman, 2010).

O debate sobre a escolha da escola

Tradicionalmente, crianças vão à escola do distrito onde vivem. Comprovantes escolares, escolas *charter*[3] e particulares oferecem aos pais opções alternativas de escolas para seus filhos.

Comprovantes escolares. São "bolsas" financiadas pelo estado que permitem que estudantes de escolas públicas frequentem escolas particulares. Em geral, a qualificação para os comprovantes limita-se a populações especiais, por exemplo, estudantes de baixa renda, alunos da educação especial e com desempenho cronicamente baixo (NCSL, 2013b). De acordo com a National Conference of State Legislatures, treze estados e o Distrito de Colúmbia atualmente têm programas de comprovantes escolares.

Defensores do sistema de comprovante argumentam que ele aumenta a qualidade das escolas ao criar competição para os alunos. Aqueles que se opõem argumentam que ele drenará fundos necessários e afastará os melhores alunos das escolas públicas. Oponentes também argumentam que os comprovantes aumentam a segregação, porque pais brancos os usam para mandar seus filhos a escolas particulares com poucas minorias.

O Milwaukee Parental Choice Program "(...) é o grupo mais antigo e publicamente financiado pelo programa de comprovante nos Estados Unidos", que começou em 1991 e continua até hoje (Cowen et al., 2013). A lei estadual de Wisconsin exige uma avaliação do programa de comprovante e seu impacto sobre o desempenho acadêmico. Para avaliar o sucesso escolar, alunos que frequentavam escolas com comprovante foram pareados (por exemplo, porcentagem de negros, porcentagem de mulheres etc.) com aqueles que frequentavam escolas públicas para que uma comparação exata fosse feita. Os resultados indicaram que alunos expostos ao ambiente com comprovante no oitavo e nono anos tinham mais chances de se formar no ensino médio, matricular-se em uma universidade e nela ficar por mais de um ano (Cowen et al., 2013).

Escolas *charter*. Em alguns estados, comprovantes podem ser usados para escolas *charter*. Estas podem ser criadas por meio de contratos ou cartas que articulam um plano de instrução que autoridades locais ou estatais devem aprovar. Embora fundações, universidades, benfeitores particulares e empresários possam financiar escolas *charter*, muitas são sustentadas por impostos. No ano letivo de 2012 a 2013, aproximadamente 4% dos alunos de escolas públicas dos Estados Unidos, 2,3 milhões no total, frequentavam mais de 6 mil escolas *charter* em 41 estados. Isso representa um aumento de 80% no número de alunos nessas escolas desde 2009. Nelas, o crescimento entre estudantes negros e hispânicos e estudantes vivendo na pobreza é especialmente alto (Credo, 2013).

Escolas *charter*, assim como comprovantes escolares, foram criados para expandir opções escolares e aumentar a qualidade da educação por meio da competição. Assim como os comprovantes, as escolas *charter* foram duramente criticadas por aumentar a segregação escolar, reduzir recursos de escolas públicas e "roubar" os melhores alunos. Defensores argumentam que essas escolas encorajam inovação e reforma e aumentam os resultados de

comprovantes escolares Créditos de impostos que são transferidos para escolas públicas ou privadas que os pais escolhem para seus filhos.

escolas *charter* Escolas que têm origem em contratos, ou *charters*, que articulam um plano de instrução que as autoridades locais ou estaduais devem aprovar.

---
3 N.T.: Escolas públicas com gestão privada, inclusive com a transferência de recursos financeiros do Estado. Fonte: http://revistaeducacao.uol.com.br/textos/167/artigo234913-1.asp.

aprendizagem dos estudantes. Uma análise de escolas *charter* em 27 estados, realizada pelo Center for Research on Education Outcomes (Credo, 2013), indica que, no geral, seu desempenho melhorou ao longo do tempo. Por exemplo, um estudante comum de escola *charter* mostrou avanço na leitura e estava no mesmo nível dos alunos de escolas públicas tradicionais em matemática. Além disso, estudantes afro-americanos, os que vivem na pobreza e os aprendizes da língua inglesa tiveram desempenhos maiores do que seus colegas nas escolas públicas tradicionais. Os autores concluem que suas "(...) descobertas prestaram apoio às políticas educacionais e sociais que focam a educação como mecanismo para melhorar as oportunidades de vida para alunos historicamente carentes" (Credo, 2013, p. 18).

Privatização de escolas. Outra opção disponível aos pais é mandar seus filhos para uma escola particular. Alunos matriculados em escolas particulares em 2010, o ano mais recente para o qual há informações disponíveis, somavam 4,7 milhões, uma diminuição em relação aos anos anteriores. A redução das matrículas em escolas particulares está associada a um aumento de estudantes frequentando escolas *charter* (Ewert, 2013).

Os pais mandam seus filhos para escolas particulares por uma série de razões, incluindo disponibilidade de programas acadêmicos e atividades extracurriculares, turmas menores e menor relação entre professor e aluno, instrução religiosa e insatisfação com escolas públicas (Ewert, 2013). Muitas pessoas acreditam que escolas particulares são superiores às públicas em termos de desempenho acadêmico. Contrariando expectativas, porém, há evidências de que alunos de escolas públicas vão tão bem, ou melhor, academicamente do que os de escolas particulares. Por exemplo, Lubienski e Lubienski (2006), usando informações do NAEP, declaram que o desempenho matemático de estudantes de escolas públicas foi maior do que o dos de escolas particulares.

Alguns especialistas estão "(...) alarmados com as ações cada vez mais agressivas que veem das empresas para conseguir dinheiro com o sistema de educação infantil e básica; outros dizem que aumentar o papel de empreendimentos com fins lucrativos é apenas uma evolução natural da interação entre os setores privado e particular em esforços para melhorar as escolas" (Davis, 2013, p. 52). Independentemente da posição que você acate, não há dúvida de que entidades corporativas, por meio de lobistas e doações de campanha, estão afetando a política pública.

O que você acha? Outra opção é educar seus filhos em casa. Em 2013, um legislador do estado de Ohio apresentou um projeto de lei que diminuiria os impostos imobiliários para pais que educam os filhos em casa (Blackwell, 2013). Você acha que pais que educam os filhos em casa devem receber compensação financeira para isto? Se sim, casais sem filhos ou idosos também devem ter seus impostos imobiliários reduzidos?

Entendendo os problemas na educação

A reforma educacional continua a ser o foco de legisladores e governos em todo o país. Embora haja discordância sobre o que e como precisa ser feito, todos concordam que uma reforma significativa é necessária para atender às necessidades de uma economia global no século XXI e, talvez mais importante, satisfazer o sonho de Horace Mann, uma educação como "roda equilibrada da maquinaria social", equalizando as diferenças sociais entre membros de uma nação imigrante.

Primeiro, devemos investir na educação e na prática dos professores, que foram empiricamente documentadas para aumentar o desempenho dos alunos. Os salários dos professores também precisam refletir melhor a prioridade que os norte-americanos colocam na educação das crianças e não devem se limitar ao desempenho dos alunos. Afinal, não há garantia que testes padronizados meçam com precisão o desempenho dos estudantes e dos professores (Ravitch, 2010).

Segundo, deve-se levar em conta as "desigualdades selvagens" na educação, baseadas principalmente em raça, etnia e em *status* socioeconômico. A segregação, em vez de diminuir, está aumentando, um reflexo dos padrões habitacionais, da enorme dependência de distritos escolares locais sobre impostos imobiliários e dos padrões de imigração. Escolas públicas devem oferecer a todas as crianças norte-americanas bases acadêmicas e sociais para que participem da sociedade de forma produtiva e significativa; entretanto, para muitas crianças, escolas perpetuam um ciclo infindável de fracassos, alienações e desesperança.

Terceiro, o público geral precisa se envolver, não apenas na educação de seus filhos, mas também na *instituição* educacional. Um povo ignorante e sem opinião prejudica toda a sociedade, particularmente em termos de competitividade global. Conforme Kohn (2011) observa, crianças de famílias de baixa renda continuam aprendendo "a pedagogia da pobreza" (Haberman, 1991), ou o que tem sido chamado de "McEducation of the Negro" (Hopkinson, 2011). Como Big Macs, crianças estão sendo embaladas em um pacote tamanho único – com o pensar, explorar, questionar e debater substituídos por planilhas e testes padronizados.

Infelizmente, como a historiadora de educação Diane Ravitch observa, o movimento de reforma atual, que "um dia se esforçou para melhorar a qualidade da educação, se transformou em uma estratégia contabilística" (Ravitch, 2010, p. 16).

Quarto, de acordo com teóricos do conflito, devemos estar atentos aos princípios de mercado nas escolas e aos que os defendem. A política educacional nos Estados Unidos é cada vez mais influenciada por fornecedores corporativos, muitos dos quais têm laços políticos e interesses ocultos. O número de escolas operadas por empresas de gestão educacional sem fins lucrativos aumentou de 6, em 1996, para 758, em 2012 (Davis, 2013).

Por fim, como sociedade, devemos assegurar e estar cientes da importância do desenvolvimento da primeira infância. Poliakoff (2006) observa:

> O desenvolvimento físico, emocional e cognitivo das crianças é profundamente moldado pelas circunstâncias de seus anos de educação infantil. Mesmo antes de nascer, seu peso, envenenamento por chumbo e nutrição cobram uma taxa em sua capacidade para o desempenho acadêmico. Outros fatores – excesso de televisão, falta de conversação e de leitura, pais ausentes ou distraídos e nutrição inadequada – comprometem ainda mais o desenvolvimento precoce. (p. 10)

Devemos oferecer apoio às famílias para que suas crianças cresçam em ambientes saudáveis, seguros e afetuosos. Crianças são o futuro da nossa nação e do mundo. Quaisquer recursos que oferecemos para melhorar a vida e a educação de crianças são, com certeza, investimentos sábios em nosso futuro coletivo.

Alunos trabalham em seus *laptops* na Escola do Futuro Filadélfia. Patrocinado como parte de uma parceria público-privada entre a cidade de Filadélfia e a Microsoft, este modelo para futuras escolas foi inaugurado em 6 de setembro de 2006. Em junho de 2010, os primeiros alunos se formaram, e os 117 mais bem-sucedidos foram aceitos em instituições de nível superior.

> Como Big Macs, crianças estão sendo embaladas em um pacote tamanho único – com o pensar, explorar, questionar e debater substituídos por planilhas e testes padronizados.

REVISÃO DO CAPÍTULO

- **Todos os países educam seus cidadãos?**
  Não. Muitas sociedades não têm mecanismo formal para educar as massas. Como resultado, milhões de adultos ao redor do mundo são analfabetos. O problema do analfabetismo é maior em países em desenvolvimento do que em países desenvolvidos e, no mundo todo, afeta desproporcionalmente mais mulheres do que homens.

- **De acordo com a perspectiva estrutural-funcionalista, quais as funções da educação?**

A educação tem quatro funções principais. A primeira é a instrução – isto é, ensinar aos alunos conhecimento e habilidades. A segunda é a socialização, que ensina os alunos, por exemplo, a respeitar as autoridades. A terceira é separar os indivíduos em *status*, oferecendo-lhes credenciais. A quarta função são os cuidados de custódia, que englobam serviços básicos de cuidados para os alunos.

- **O que é uma profecia autorrealizável?**
  Uma profecia autorrealizável ocorre quando pessoas agem de uma maneira consistente com as expectativas de outros.

- **Que variáveis preveem o sucesso escolar?**
  Três variáveis tendem a prever o sucesso escolar. *Status* socioeconômico: quanto maior este, maior a probabilidade do sucesso escolar. Raça e etnia: não brancos e hispânicos têm maiores dificuldades acadêmicas do que brancos e não hispânicos. Gênero: este, no entanto, varia conforme o nível da turma.

- **Quais as quatro razões dadas para negros e hispano-americanos, no geral, não irem tão bem na escola quanto seus parceiros brancos e asiáticos?**
  Primeira, porque raça e etnia estão tão intimamente ligadas ao *status* socioeconômico, parece que sozinhas podem determinar o sucesso escolar, quando, na verdade, quem determina isto é o *status* socioeconômico. Segunda, muitas minorias não são falantes nativos do inglês, tornando o desempenho acadêmico significativamente mais difícil. Terceira, testes padronizados têm demonstrado ser culturalmente tendenciosos, favorecendo indivíduos das classes alta e média; e, por fim, minorias étnicas e raciais podem ser vítimas de racismo e discriminação.

- **Quais são algumas conclusões do estudo resumido na seção *Um olhar sobre a pesquisa dos problemas sociais*?**
  Os resultados do estudo indicam que há mais vítimas do que causadores de *bullying* e que esse comportamento é mais incidente no 9º ano e menor nos 6º e 10º anos. O maior índice de vitimização é no 6º ano. A chance de registrar ter sido praticante, vítima ou vítima-praticante é a mesma para homens e mulheres e maior para negros, em comparação aos hispânicos. "Perturbar outros alunos por diversão" foi o tipo de *bullying* mais comum, seguido por provocações, provocações em grupo e iniciar discussões.

- **Quais são alguns dos problemas associados com o sistema escolar norte-americano?**
  Dentre os principais problemas, destacam-se a falta de financiamento e a resultante redução de programas e profissionais. Os baixos níveis de desempenho acadêmico nas escolas norte-americanas também são preocupantes – especialmente quando se comparam informações dos Estados Unidos com as de outros países industrializados. Índices de abandono por minorias são altos, e violência escolar, criminalidade e problemas de disciplina continuam a ser uma ameaça. Instalações escolares precisam de reparos, renovações e de profissionais, incluindo professores, que estão em falta. O ensino superior também precisa enfrentar vários desafios.

- **O que significa mensuração do valor agregado – VAM (*value-added measurement*) e quais as preocupações com seu uso?**
  VAM é o uso de informações sobre desempenho dos alunos para avaliar a eficácia dos professores. Seus críticos argumentam que avaliar professores com base no desempenho dos estudantes parte do princípio de que tudo o mais permanece igual, ignorando a realidade das diferenças entre alunos em fatores não relacionados com a escola, como vida familiar, pobreza, obstáculos emocionais e físicos, e assim por diante.

- **Quais os argumentos a favor e contra a escolha das escolas?**
  Defensores de programas de opção escolar argumentam que estes reduzem a segregação e que as escolas que precisam competir umas com as outras serão de melhor qualidade. Já os opositores rebatem que esses programas aumentam a segregação e tratam alunos desfavorecidos de forma injusta. Estudantes de baixa renda não podem pagar por escolas particulares, mesmo com comprovantes. Além disso, os que se opõem à opção escolar logo reconhecem que usar comprovantes governamentais para ajudar a pagar por escolas religiosas é inconstitucional.

AVALIE SEU CONHECIMENTO

1. Todas as sociedades têm algum mecanismo formal para educar sua cidadania.
   a. Verdadeiro.
   b. Falso.
2. De acordo com os estruturais-funcionalistas, quais das alternativas abaixo não são função da educação?
   a. Ensinar aos alunos conhecimento e habilidades.
   b. Socializar estudantes na cultura dominante.
   c. Doutrinar alunos na ideologia capitalista.
   d. Oferecer cuidados de custódia para as crianças.
3. Padrões estaduais de núcleo comum foram adotados por todos os estados e serão implementados no ano letivo de 2015-2016.
   a. Verdadeiro.
   b. Falso.
4. Qual das declarações a seguir é verdadeira sobre desistências nos Estados Unidos?
   a. Os índices de desistência nos Estados Unidos estão aumentando.
   b. Estudantes que abandonam a escola, em média, ganham mais dinheiro porque tendem a trabalhar mais tempo do que seus colegas do ensino médio.
   c. Índices de desistência nos Estados Unidos são semelhantes entre subgrupos raciais e étnicos.
   d. Há evidências de que programas GED aumentam os índices de desistência.

5. Qual das declarações a seguir sobre *bullying* não é verdadeira?
   a. Estudantes que praticam *bullying* tendem a ser alunos marginais.
   b. Mulheres sofrem mais *bullying* do que homens.
   c. Há consequências sérias para alunos vítimas de *bullying*.
   d. Grande parte dos casos de *bullying* acontece fora da escola e, por isso, passam despercebidos.
6. A educação do caráter está associada ao aumento do desempenho do aluno.
   a. Verdadeiro.
   b. Falso.
7. Durante a próxima década, a necessidade de professores deve:
   a. Diminuir, por causa das aposentadorias dos *baby boomer*.
   b. Aumentar, devido a padrões de imigração.
   c. Manter-se estável.
   d. Diminuir, em razão do envelhecimento da população.
8. Estudantes de cursos *on-line*, em comparação com os de cursos presenciais, têm mais chances de ser:
   a. Solteiros.
   b. Funcionários de meio período.
   c. Moradores do centro da cidade.
   d. Mais velhos.
9. O software de computador na sala de aula demonstrou aumentar significativamente o desempenho acadêmico.
   a. Verdadeiro.
   b. Falso.
10. Comprovantes escolares são "bolsas" financiadas pelo estado que são transferidas para a escola particular que os pais escolhem para seu filho.
    a. Verdadeiro.
    b. Falso.

Respostas: 1. B; 2. C; 3. B; 4. D; 5. D; 6. A; 7. B; 8. D; 9. B; 10. A.

TERMOS-CHAVE

ameaça do estereótipo 270
bullying 274
comprovantes escolares 285
educação bilíngue 266
educação do caráter 282
educação multicultural 259
e-learning 284

escolas *charter* 285
fluxo escola-prisão 274
Head Start 263
hipótese da integração 267
imperialismo cultural 260
mensuração do valor agregado – VAM (Value-Added Measurement) 277

parent trigger laws 282
prêmio de aprendizagem (*earnings premium*) 257
profecia autorrealizável 261
programas de certificação alternativa 278

Raça, etnia e imigração

"Ninguém nasce odiando outra pessoa pela cor de sua pele, por sua origem ou por sua religião. Para odiar, as pessoas precisam aprender, e se podem aprender a odiar, elas podem ser ensinadas a amar..."

— Nelson Mandela

Contexto global: diversidade ao redor do mundo
Diversidade racial e étnica nos Estados Unidos
Imigrantes nos Estados Unidos
Teorias sociológicas sobre as relações raciais e étnicas
Racismo e preconceito
Um olhar sobre a pesquisa dos problemas sociais: **As duas faces do racismo**
Discriminação contra as minorias raciais e étnicas
O lado humano: **Ódio anti-imigrante: a experiência de um imigrante**
Estratégias de ação: reação ao preconceito, ao racismo e à discriminação
Você e a sociedade: **Como você explica a vantagem racial branca?**
Entendendo raça, etnia e imigração
Revisão do capítulo

Em 2012, o adolescente de 17 anos Trayvon Martin morreu em Sanford, Flórida, após ser baleado por George Zimmerman, um voluntário que fazia a vigilância do bairro e alegou que o tiro em Martin foi autodefesa. Os pais de Martin alegaram que a perseguição e o tiro de Zimmerman foram baseados em discriminação racial — já que Zimmerman assumiu que Martin, que estava desarmado, era perigoso por causa da cor da sua pele. Sendo ou não a raça um fator crucial no disparo de Zimmerman, o fato é que ela levantou um debate. O que é certo é que o racismo continua a ser um problema nos Estados Unidos. Depois de George Zimmerman ser absolvido da acusação de homicídio em segundo grau e homicídio culposo pela morte de Trayvon Martin, o presidente Obama fez observações para resolver as dúvidas e questões levantadas pelo caso Zimmerman/Martin. O presidente enfatizou que, independentemente de ter desempenhado um importante papel na morte de Trayvon Martin, o racismo nos Estados Unidos é inegável. Ele disse:

> Há poucos homens afro-americanos neste país que não passaram pela experiência de serem seguidos quando estavam no shopping ou em uma loja de departamentos. Isso me inclui. Existem, provavelmente, poucos homens afro-americanos que não passaram pela experiência de andar na rua e escutar as travas das portas dos carros fechando. Isso aconteceu comigo – pelo menos antes de eu ser senador. Existem poucos afro-americanos que não passaram pela experiência de entrar em um elevador e uma mulher agarrar sua bolsa nervosamente e segurar a respiração até ter uma chance de sair. Isso acontece sempre. (Extraído do *Washington Post*, 2013.)

Pouco depois do tiro em Trayvon Martin, um empresário não identificado começou a vender *on-line* alvos de Trayvon Martin. Esses alvos, que tinham olhos de boi sobre o coração, não retratavam o rosto de Martin, mas se assemelhavam claramente a Martin antes de ser baleado: vestindo um moletom, com um pacote de Skittles no bolso e uma lata de chá gelado na mão direita. O vendedor desses objetos supostamente informou a um repórter que a resposta para a publicidade *on-line* para os alvos foi "esmagadora" e que os estoques se esgotaram em dois dias (Follman, 2012). Um ano depois da morte de Martin, o sargento Ron King, do Florida's Port Canaveral Police Department, foi demitido, após usar os alvos "Trayvon Martin" em treinamentos com armas de pressão (Martinez, 2013).

Neste capítulo, vamos focar racismo, preconceito e discriminação, suas consequências para as minorias raciais e étnicas e as estratégias para reduzir esses problemas. Um **grupo minoritário** é uma categoria de pessoas com acesso desigual às posições de poder, prestígio e riqueza na sociedade, as quais tendem a sofrer muito preconceito e discriminação. O *status* de minoria não é baseado em uma representação numérica na sociedade, mas sim no *status* social. Por exemplo, embora o número de indivíduos hispânicos supere o de brancos não hispânicos na Califórnia, no Texas e no Novo México, eles são considerados uma minoria, porque estão sub-representados em posições de poder, prestígio e riqueza, além de serem alvos de preconceito e discriminação.

Neste capítulo, também examinaremos questões relacionadas com a imigração nos EUA, porque os imigrantes frequentemente enfrentam o duplo fardo de serem minorias e estrangeiros não bem-vindos pelos norte-americanos nativos. Vamos começar examinando a diversidade racial e étnica em todo o mundo e nos Estados Unidos, enfatizando, em primeiro lugar, que o conceito de raça é baseado no social e não nas definições biológicas.

Contexto global: diversidade ao redor do mundo

Um professor da primeira série perguntou para a classe: "Qual é a cor das maçãs?" A maioria das crianças respondeu "vermelha". Alguns disseram "verde". Um garoto levantou a mão e disse "branca". O professor tentou explicar que as maçãs podiam ser vermelhas, verdes ou, às vezes, douradas, mas nunca brancas. O garoto insistiu que sua resposta estava certa e finalmente disse, referindo-se à maçã, "olhe dentro" (Goldstein, 1999). Como as maçãs, os seres humanos podem ser similares por "dentro", mas frequentemente são classificados em categorias de acordo com a aparência externa. Depois de examinar a construção social da raça e da etnia, nós revemos padrões de interação entre os grupos raciais e étnicos e examinamos a diversidade racial e étnica nos Estados Unidos.

grupo minoritário Categoria de pessoas que têm acesso desigual a posições de poder, prestígio e riqueza em uma sociedade e que tendem a ser alvos de preconceito e discriminação.

A construção social da raça e da etnia

Martin Marger (2012), um pesquisador e autor sobre as relações raciais e étnicas, disse que "a raça é um dos conceitos mais equivocados, mal utilizados e frequentemente perigosos do mundo moderno" (p. 12). Ele explica que o termo *raça* tem sido usado para descrever pessoas de uma nacionalidade específica (a "raça" mexicana), religião (a "raça" judaica), cor da pele (a "raça" branca) e mesmo a própria espécie humana (a "raça" humana). A confusão a respeito do termo *raça* decorre do fato de que ele tem dois significados, biológico e social.

Raça como conceito biológico. Como conceito biológico, a raça está relacionada com a classificação das pessoas baseada nas características físicas hereditárias, como cor da pele, textura capilar e tamanho e formato dos olhos, da boca e do nariz. Mas não existe base científica – nenhum teste sanguíneo ou genético – que revele a raça das pessoas. Também não existem orientações claras para distinguir as categorias raciais com base nas características visíveis. A cor da pele não é apenas preta ou branca, mas sim uma infinidade de tons que vão do escuro ao claro com muitas gradações. Os narizes não são largos ou finos, mas sim de diversos tamanhos. As características físicas possuem infinitas combinações. Por exemplo, uma pessoa com pele escura pode ter um nariz largo (uma combinação comum na África Ocidental), um nariz fino (uma combinação comum na África Oriental) ou mesmo um cabelo loiro (combinação encontrada na Austrália e na Nova Guiné). Além disso, a cor da pele, a textura do cabelo e as características faciais são apenas algumas entre as muitas características dos seres humanos.

> E se classificássemos as pessoas em categorias raciais baseadas na cor dos olhos, em vez da cor da pele?

Outro problema envolvendo a raça como um conceito biológico é que as características físicas usadas para determinar a raça de uma pessoa são arbitrárias. E se classificássemos as pessoas em categorias raciais baseadas na cor dos olhos, em vez da cor da pele? Ou na cor do cabelo? Ou no tipo sanguíneo? E se todos os indivíduos com cabelo escuro fossem considerados de uma raça, e todas as pessoas com cabelo claro fossem consideradas de outra? Existe alguma explicação científica para selecionar certas características, em vez de outras, na hora de determinar as categorias raciais? A resposta é "não". Como um conceito biológico, "as raças não são validadas cientificamente, porque os cientistas não conseguem definir os grupos raciais com base em critérios objetivos, confiáveis e significativos" (Mukhopadhyay et al., 2007, p. 5).

A genética também desafiou a noção biológica de raça. Geneticistas descobriram que os genes de duas pessoas não relacionadas, escolhidas ao acaso em todo o mundo, são 99,9% iguais (Ossorio e Duster, 2005). Além disso, "a maioria das variações genéticas humanas – aproximadamente 85% – pode ser encontrada entre dois indivíduos do mesmo grupo (racial, étnico, religioso etc.). Dessa forma, a maioria das variações ocorre dentro dos grupos" (Ossorio e Duster, 2005, p. 117). Finalmente, classificar as pessoas em diferentes raças não reconhece que, no curso da história humana, a migração e o casamento inter-racial resultaram na mistura de características transmitidas geneticamente:

> Resumidamente, as raças são instáveis, não confiáveis, arbitrárias e criam divisões culturais da humanidade. Por isso, os cientistas[...] concluíram que a raça, como uma divisão biológica cientificamente válida da espécie humana, é uma ficção, não um fato. (Mukhopadhyay et al. 2007, p. 14)

Raça como conceito social. A ideia de que a raça é criada socialmente é uma das lições mais importantes para a compreensão da raça por uma perspectiva sociológica. A construção social da raça significa que "o real significado de raça não reside nas características físicas das pessoas, mas no tratamento histórico dos diferentes grupos e do significado que a sociedade dá para o que acredita diferenciar determinados grupos raciais" (Higginbotham e Andersen, 2012, p. 3). O conceito de raça surgiu das instituições e das práticas sociais em que grupos definidos como "raças" foram escravizados ou explorados.

As pessoas aprendem a observar as outras de acordo com o sistema de classificação racial existente na sua própria cultura. Os sistemas de classificação racial variam entre as sociedades e mudam ao longo do tempo. Por exemplo, no fim da década de 1920, os ítalo-americanos, os gregos, os judeus, os irlandeses e outros grupos étnicos "brancos" não foram considerados brancos. Ao longo do tempo, a categoria "branco" mudou tanto que incluiu esses grupos. Como um exemplo de variação cultural cruzada nas categorias raciais, os brasileiros usam diversos termos para categorizar as pessoas em raças, baseadas na combinação de características físicas, embora, oficialmente, as principais categorias no Brasil sejam branca, parda (marrom ou mulata), preta e amarela.

Incorporando os conceitos biológicos e sociais de **raça**, definiríamos esse termo como uma categoria de pessoas que são diferenciadas por compartilhar características físicas distintas consideradas socialmente relevantes. O significado de raça não é biológico, mas sim social e político, porque a raça é usada para separar "nós" dos "outros", servindo de base para um tratamento desigual de um grupo para com os outros. Apesar da crescente aceitação de que "não há justificativa biológica para o conceito de 'raça' " (Brace, 2005, p. 4), seu significado social continua evidente ao redor do mundo.

O que você acha? Você acha que vai existir um momento em que um sistema de classificação racial não será mais utilizado? Por quê? Quais argumentos podem ser usados para acabar com essa classificação? E quais podem ser utilizados para que continue?

raça Categoria de pessoas que são diferenciadas por compartilhar características físicas consideradas socialmente significativas.

etnia Herança ou nacionalidade cultural compartilhada.

genocídio A aniquilação deliberada e sistemática de uma nação inteira ou povo.

Etnia como construção social. A **etnia**, que se refere a uma herança cultural compartilhada, nacionalidade ou linhagem, também é construída, em parte. A origem étnica pode ser diferenciada com base na linguagem, nas estruturas familiares e nos papéis socialmente desempenhados pelos membros familiares, crenças e práticas religiosas, costumes alimentares, formas de expressão artística, como música e dança, e origem nacional ou origem de seus pais.

Embora o Census Bureau defina hispânico ou latino como "uma pessoa de Cuba, do México, de Porto Rico, da América Central ou da América do Sul, ou de origem espanhola, independentemente da raça" (Ennis et al., 2011, p. 2), na hora de coletar os dados do censo da população dos Estados Unidos, uma pessoa só é hispânica quando se declara hispânica (veja a Tabela 9.1). Então, a origem étnica é construída socialmente.

Padrões de interação entre grupos raciais e étnicos

Quando dois ou mais grupos raciais ou étnicos entram em contato, um dos diversos padrões de interação pode ocorrer; eles incluem genocídio, expulsão, segregação, aculturação, pluralismo e assimilação. Embora nem todos os padrões de interação entre grupos raciais e étnicos sejam destrutivos, o autor e xamã mayan Martin Prechtel nos lembrou: "Todo ser humano nesta terra, seja da África, da Ásia, da Europa ou das Américas, tem antepassados cujas histórias, rituais, engenhosidade, linguagem e formas de vida foram tirados, escravizados, proibidos, explorados, distorcidos ou destruídos" (extraído de Jensen, 2001, p. 13).

O **genocídio** está relacionado com a aniquilação deliberada e sistemática de uma nação inteira ou de um povo. A invasão europeia nas Américas, iniciada no século XVI, resultou na dizimação da maioria dos habitantes originais da América do Norte e da América do Sul. Alguns grupos nativos foram intencionalmente mortos; outros foram vítimas de doenças trazidas pelos europeus. No século XX, Hitler liderou a extermínação nazista de 12 milhões de pessoas, incluindo 6 milhões de judeus, o que ficou conhecido como Holocausto. No começo dos anos 1990, sérvios étnicos tentaram eliminar os muçulmanos de parte da Bósnia – processo que eles chamaram de "limpeza étnica". Em 1994, o genocídio apareceu em Ruanda, quando os

TABELA 9.1 Quem é hispânico?

O CENSUS BUREAU DOS EUA CRIOU UMA ABORDAGEM PARA DEFINIR QUEM É HISPÂNICO
P. Eu imigrei do México para Phoenix. Eu sou hispânico?
R. Você é se disser que sim.
P. Meus pais mudaram de Porto Rico para Nova York. Eu sou hispânico?
R. Você é se disser que sim.
P. Meus avós nasceram na Espanha, mas eu cresci na Califórnia. Eu sou hispânico?
R. Você é se disser que sim.
P. Eu nasci em Maryland e casei com um imigrante de El Salvador. Eu sou hispânico?
R. Você é se disser que sim.
P. Minha mãe é do Chile e meu pai é de Iowa. Eu nasci em Des Moines. Eu sou hispânico?
R. Você é se disser que sim.
P. Eu nasci na Argentina, mas cresci no Texas. Eu não me considero hispânico. O censo me considera hispânico?
R. Você é se disser que sim.

Fonte: Passel e Taylor, 2009.

hutus foram massacrados pelos tutsis – evento retratado em 2004 pelo filme *Hotel Ruanda*. O genocídio continua na região de Darfur, no Sudão, onde o governo sudanês, usando milícias árabes Janjaweed, e sua força aérea, organizou a fome e está sistematicamente matando as comunidades de muçulmanos africanas, porque alguns deles têm desafiado o autoritário governo sudanês (veja no Capítulo 15).

A **expulsão** ocorre quando um grupo dominante força um grupo subalterno a deixar o país ou a viver apenas em áreas designadas do país. O chamado Indian Removal Act de 1830 determinou a realocação das tribos orientais para o oeste do rio Mississipi. O movimento, que durou mais de uma década, foi chamado de Trilha das Lágrimas, porque as tribos eram forçadas a deixar suas terras ancestrais e enfrentar condições difíceis de suprimentos inadequados e epidemias que podiam levar à morte. Depois de o Japão atacar Pearl Harbor em 1941, 120 mil nipo-americanos, que foram vistos como ameaça à segurança nacional, foram forçados a deixar suas casas e ir para campos de concentração cercados por arames farpados.

Essa é uma cena do filme australiano *Geração roubada*, de 2002, que conta a história de três garotas aborígenes que são tiradas das suas famílias pelo governo australiano, como parte do programa que força os aborígenes a se adaptarem à cultura branca.

A **segregação** está relacionada com a separação física de dois grupos em residência, local de trabalho e funções sociais. A segregação pode ser *de jure* (significado latino "de lei") ou *de facto* ("de fato"). Entre 1890 e 1910, uma série de leis do EUA, que ficaram conhecidas como leis Jim Crow, estabeleceu a separação entre negros e brancos, proibindo os negros de usarem ônibus "brancos", hotéis, restaurantes e fontes de água potável. Em 1896, a Suprema Corte (em *Plessy vs. Ferguson*) apoiou a segregação *de jure* entre negros e brancos declarando que instalações "separadas, mas iguais" eram constitucionais. Os negros foram forçados a viver em bairros separados e estudar em escolas separadas. No começo dos anos 1950, várias decisões derrubaram as leis Jim Crow, tornando ilegal o reforço à segregação racial. Embora a segregação *de jure* seja ilegal nos Estados Unidos, a segregação *de facto* ainda está presente na tendência de os grupos raciais e étnicos viverem e frequentarem escolas em bairros segregados.

A **aculturação** refere-se à adoção da cultura de um grupo diferente daquele no qual a pessoa foi criada originalmente. Aculturação pode envolver aprender a linguagem dominante, adotando novos valores e comportamentos e mudando a grafia do nome da família. Em alguns casos, a aculturação pode ser forçada. Durante décadas, o governo australiano retirou as crianças indígenas das suas famílias e as colocou em missões ou famílias de acolhimento, forçando-as a abandonar a sua língua e cultura indígena tradicional. As autoridades miraram as crianças com ascendência mista – que eram referidas como mestiças –, porque pensaram que essas crianças poderiam ser mais facilmente aculturadas na sociedade branca. Hoje, esses indivíduos são conhecidos como uma "geração roubada", porque eles foram tirados da sua família e da sua cultura.

O **pluralismo** refere-se ao estado no qual grupos raciais e étnicos mantêm sua distinção, mas respeitam-se entre si e têm acesso igualitário a recursos sociais. Na Suíça, por exemplo, quatro grupos étnicos – franceses, italianos, suíços germânicos e romanches – mantêm sua distinta herança cultural e identidade de grupo em uma atmosfera de respeito mútuo e igualdade social.

A **assimilação** refere-se ao processo pelo qual grupos anteriormente distintos e separados mesclam-se e tornam-se integrados. A assimilação primária acontece quando os membros de diferentes grupos raciais ou étnicos estão integrados em associações íntimas pessoais, como com amigos, familiares e cônjuges. A assimilação secundária acontece quando diferentes grupos se integram em áreas públicas e em instituições sociais, como bairros, escolas, ambiente de trabalho e governo.

A assimilação pode ser chamada de "*melting pot*" (caldo de cultura), em que diferentes grupos se reúnem e contribuem igualmente para a criação de uma nova cultura comum. Embora os Estados Unidos tenham sido chamados de *melting pot*, na realidade muitas minorias têm sido excluídas ou têm a sua contribuição cultural limitada pela predominância da cultura anglo-saxônica protestante.

expulsão Acontece quando um grupo dominante força um grupo subalterno a deixar o país ou viver apenas em áreas designadas do país.

segregação Separação física de dois grupos em residência, local de trabalho e funções sociais.

aculturação O processo de adoção da cultura de um grupo diferente daquele no qual a pessoa foi criada originalmente.

pluralismo Estado no qual grupos raciais e étnicos mantêm sua distinção, mas respeitam-se entre si e têm acesso igualitário a recursos sociais.

assimilação Processo pelo qual grupos anteriormente distintos e separados mesclam-se e tornam-se integrados.

Diversidade racial e étnica nos Estados Unidos

O primeiro censo, em 1790, dividiu a população dos EUA em quatro grupos: homens brancos livres, mulheres brancas livres, escravos e outras pessoas (incluindo negros livres e indígenas). Para aumentar o tamanho da população escrava, havia uma regra especificando que mesmo uma gota de sangue "negroide" define uma pessoa como negra e, portanto, elegível para a escravidão. A regra ainda está em operação hoje: indivíduos birraciais são comumente vistos como membros do grupo com um *status* inferior (Wise, 2009).

Em 1960, o censo reconheceu apenas duas categorias: brancos e não brancos. Em 1970, as categorias do censo eram branco, preto e "outro" (Hodgkinson, 1995). Em 1990, o U.S. Census Bureau reconheceu quatro classificações raciais: (1) branco, (2) preto, (3) indígena americano, aleúte ou inuit e (4) asiático ou insulano do Pacífico. O censo de 1990 também incluiu a categoria "outro". No começo dos anos 2000, as categorias raciais do censo se expandiram para incluir nativos do Havaí ou de outras ilhas do Pacífico e também permitiram aos indivíduos se identificarem com mais de uma opção (veja a Figura 9.1).

Embora os cidadãos norte-americanos tenham uma variedade de origens genéticas, a maior população étnica nos Estados Unidos é de origem hispânica. O Census Bureau começou a coletar os dados da população hispânica em 1970.

Ao ler a seção a seguir sobre os dados do censo dos Estados Unidos sobre a raça e a origem hispânica, tenha em mente que o uso de rótulos raciais e étnicos costuma ser equivocado e impreciso. A classificação étnica de "hispânico/latino", por exemplo, agrupa grupos muito diferentes, como porto-riquenhos, mexicanos, cubanos, venezuelanos, colombianos

→ **OBSERVAÇÃO:** Favor responder tanto a questão 5 sobre origem hispânica quanto a questão 6 sobre raça. Para este censo, origem hispânica não é considerada raça.

5. **Esta pessoa é de origem hispânica, latina ou espanhola?**
   ☐ **Não**, não é de origem hispânica, latina ou espanhola
   ☐ Sim, mexicana, mexicana-americana, chicana
   ☐ Sim, porto-riquenho
   ☐ Sim, cubano
   ☐ Sim, outra origem hispânica, latina ou espanhola — *escreva a origem, por exemplo, argentino, colombiano, dominicano, nicaraguense, salvadorenho, espanhol e assim por diante.*

6. **Qual é a raça desta pessoa?** Marque ☒ em uma ou mais alternativas.
   ☐ Branca
   ☐ Afrodescendente ou afro-americana
   ☐ Indígena americana ou nativa do Alasca — *nome da tribo registrada ou tribo principal.*

   ☐ Indígena asiática ☐ Japonesa ☐ Nativa do Havaí
   ☐ Chinesa ☐ Coreana ☐ Guamaniana ou Chamorro
   ☐ Filipina ☐ Vietnamita ☐ Samoana
   ☐ Outra raça asiática — ☐ De outra ilha do Pacífico —
   nome da raça, por exemplo, hmong, laociana, tailandesa, paquistanesa, cambojana, etc. *nome da raça, por exemplo, fijiana, tonganesa, etc.,*

   ☐ Outra raça — *nome da raça.*

Figura 9.1 Questões do Censo de 2010
Fonte: Humes et al., 2011.

e outros de países latino-americanos. O termo racial *indígena americano* inclui mais de 300 tribos que diferem muito umas das outras em língua, tradição e estrutura social. O rótulo racial *asiático* inclui indivíduos da China, do Japão, da Coreia, da Índia, das Filipinas ou de qualquer país do Sudeste Asiático. E o que acontece com as pessoas que são asiáticas, mas vivem nos Estados Unidos? O termo *ásio-americano* é usado para descrever pessoas com características raciais asiáticas que nasceram nos Estados Unidos, assim como os que imigraram para os Estados Unidos. O professor da Universidade de Colúmbia Derald Wing Sue, um ásio-americano que nasceu nos Estados Unidos, disse: "Quando eu pego táxi, depois de ter uma conversa com um taxista branco, ele costuma dizer algo como 'Cara, você fala um inglês excelente'[...] Pela perspectiva deles, isso soa como um elogio, mas um outro significado oculto também está sendo comunicado, que é o fato de eu ser um estrangeiro na minha própria terra" (extraído de Tanneeru, 2007).

Dados do censo nos EUA sobre a raça e a origem hispânica

Os dados do censo mostraram que a população dos EUA está ficando bastante diversa: de 2000 a 2010, a porcentagem da população que se declarou branca não hispânica caiu de 69% para 64% da população total (Humes et al., 2011). O censo estima que, até 2042, brancos não hispânicos não vão mais superar as minorias étnicas. A Figura 9.2 mostra que, entre 2000 e 2010, a porcentagem das minorias aumentou significativamente mais do que o aumento na população branca.

Em 2010, 16% da população dos EUA era hispânica, acima dos 13% em 2000, e a maioria era composta por mexicanos (veja a Figura 9.3). Mais da metade do crescimento da

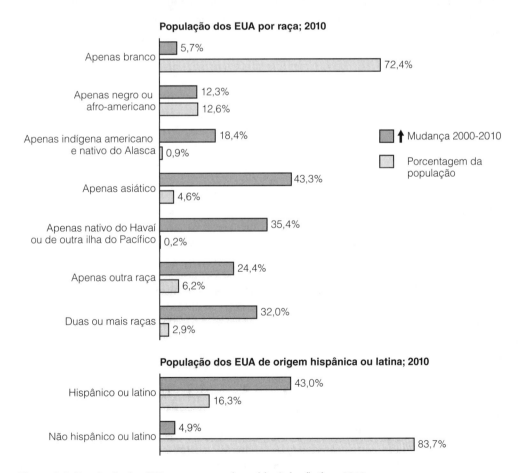

Figura 9.2 População dos EUA por raças e origem hispânica/latina, 2010
Fonte: U.S. Census Bureau, 2011.

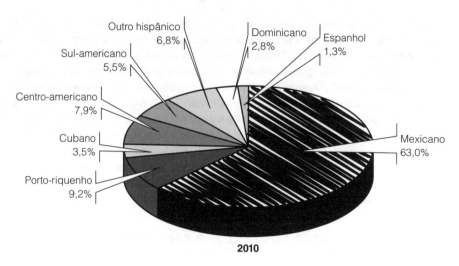

Figura 9.3 Porcentagem da distribuição de hispânicos dos EUA por tipo, 2010
Fonte: Ennis et al., 2011.

população total dos Estados Unidos entre 2000 e 2010 deveu-se ao aumento da população hispânica (Humes et al., 2011). Mais da metade da população hispânica dos EUA vive apenas nestes três estados: Califórnia, Texas e Flórida.

O atual sistema de classificação do Census Bureau não permite que as pessoas de etnia hispânica ou latina misturadas se identifiquem como tal. Indivíduos com um dos pais latino-americano e um dos pais não hispânico ainda devem dizer que eles são ou hispânicos ou não hispânicos.

> Uma das confusões mais comuns sobre a origem hispânica é saber se "hispânico" é uma raça ou uma etnia.

Entre o público geral, uma das confusões mais comuns sobre a origem hispânica é saber se o "hispânico" é uma raça ou uma etnia. De acordo com o governo federal, a origem hispânica é considerada uma etnia, não uma raça (Ennis et al., 2011). Mas muitas pessoas – hispânicas e não hispânicas – pensam de outra maneira. Embora o censo de 2010 tenha incluído instruções que estabeleceram, "para esse censo, que as origens hispânicas não são raças", muitos hispânicos identificam sua raça como "latino", "mexicano", "porto-riquenho", "salvadorenho". Ou outra etnia ou origem nacional, que o censo classifica na categoria "alguma outra raça" (veja a Tabela 9.2). Por conta da expansão da ideia de que "hispânico" é uma raça, o Census Bureau está considerando transformar "hispânico" em uma raça, em vez de uma categoria étnica, para o censo de 2020 (Ayala e Huet, 2013).

TABELA 9.2 Identificação racial de hispânicos/latinos nos Estados Unidos, 2010

Brancos	53%
Negros	2,5%
Indígenas americanos/nativos do Alasca	1,4%
Asiáticos	0,4%
Nativos do Havaí/Ilhas do Pacífico	0,1%
Alguma outra raça	36,7%
Duas ou mais raças	6%

Fonte: Ennis et al., 2011.

Atualmente, as minorias raciais e étnicas ultrapassam os brancos não hispânicos em quatro estados – Califórnia, Novo México, Havaí e Texas. Nesses estados, os hispânicos são o maior grupo minoritário, exceto pelo Havaí, onde o maior grupo minoritário é o ásio-americano (Humes et al., 2011). E, em dez estados, os jovens de minoria racial e étnica superam os jovens brancos não hispânicos (Tavernise, 2011).

Identidade de raça misturada

Como mostrado na Figura 9.2, os dados do censo de 2010 mostraram que uma pequena porcentagem (2,9%) da população dos EUA se identifica como tendo mais de uma raça. No entanto, entre 2000 e 2010, a mistura de raças na população cresceu 32%. E entre as crianças dos EUA, a população multirracial cresceu quase 50%, tornando-se o mais rápido crescimento do grupo de jovens no país (Saulny, 2011).

A população multirracial tem cresceu nos últimos anos, assim como os casamentos inter-raciais. Até 1967, 16 estados tinham **leis antimiscigenação** banindo o casamento inter-racial entre brancos e não brancos – especialmente os negros, mas, em alguns casos, também englobavam nativos americanos e asiáticos. Em 1967, a Suprema Corte (em *Loving vs. Virgínia*) declarou essas leis inconstitucionais. Em 2010, 15% dos novos casamentos nos Estados Unidos eram entre cônjuges de diferentes identidades raciais ou étnicas – mais que o dobro da porcentagem em 1980 (6,7%) (Wang, 2012; veja a Figura 9.4).

Atitudes em relação a casamentos inter-raciais mudaram drasticamente ao longo das últimas gerações. A porcentagem de adultos dos EUA que desaprovam o casamento entre negros e brancos caiu de 94%, em 1958, para 29%, em 2002, e para 11%, em 2013 (Gallup Organization, 2013). Mais de quatro em dez norte-americanos acreditam que o aumento dos casamentos inter-raciais mudou a sociedade para melhor; 1 em 10 dizem que a mudança foi para pior (o restante acredita que não fez diferença). Quando perguntaram "Como você reagiria se um membro de sua família se casasse com alguém de uma raça ou uma etnia diferente?", 63% dos norte-americanos disseram que estariam bem com isso. Os indivíduos mais propensos a ter atitudes positivas sobre casamentos inter-raciais são as minorias, os jovens, os mais instruídos, os liberais e os que vivem nos estados mais ao leste do que ao oeste (Wang, 2012).

Embora a herança de Barack Obama seja birracial – ele é filho de um pai imigrante queniano negro e uma mãe nativa do Kansas –, ele é identificado como um afro-americano negro.

 **O que você acha?** Você acha que Barack Obama é negro ou uma pessoa com raças miscigenadas? Uma pesquisa da Pew Research (2010) descobriu que 24% dos brancos e 23% dos hispânicos acham Obama negro, enquanto mais da metade dos negros (55%) acredita que Obama é negro. Por que você acha que os negros são mais propensos que os brancos e os hispânicos a acharem que Obama é negro?

leis antimiscigenação Leis que baniram o casamento inter-racial até 1967, quando a Suprema Corte (em *Loving vs. Virgínia*) as declarou inconstitucionais.

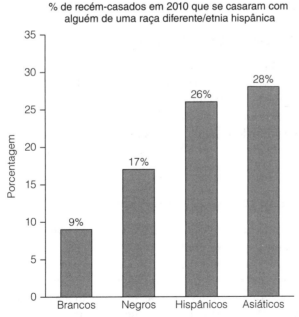

Figura 9.4 Taxas de casamentos mistos nos EUA, por raça e origem hispânica
Fonte: Wang, 2012.

Relações entre grupos raciais e étnicos nos Estados Unidos

Apesar das melhorias significativas nos últimos dois séculos, a relação entre os grupos étnicos continua a ser problemática. A resposta à questão sobre se as relações entre negros e brancos serão sempre um problema para os Estados Unidos ou se haverá uma solução, 4 em cada 10 norte-americanos responderam que as relações inter-raciais sempre serão um problema (Gallup Organization, 2013). Uma pesquisa da Gallup pediu para um grupo de adultos dos EUA avaliar as relações entre os diversos grupos nos Estados Unidos. A Tabela 9.3 apresenta os resultados dessa pesquisa. As relações entre os vários grupos raciais e étnicos são influenciadas pelo preconceito e a discriminação (discutidos mais à frente neste capítulo). As relações raciais e étnicas também se complicam por conta de questões de imigração – o tópico que veremos a seguir.

O que você acha? Uma pesquisa da Gallup Organization perguntou aos adultos dos EUA "Se negros e brancos honestamente expressarem seus verdadeiros sentimentos sobre as relações raciais, você acha que isso iria uni-los ou causaria mais divisão racial?". Mais da metade (56%) respondeu "uniria as raças", e cerca de um terço (37%) disse "causaria grande divisão" (7% não tinham opinião) (Gallup Organization, 2013). O que você responderia? Por quê?

TABELA 9.3 Percepções das relações raciais e étnicas nos Estados Unidos, 2013

Foi perguntado para uma amostra nacional de adultos dos EUA sobre as relações entre vários grupos nos Estados Unidos. O resultado foi retratado nesta tabela.

	Bom/Muito bom	Ruim/Muito ruim
Brancos e negros	70%	30%
Brancos e hispânicos	70%	29%
Negros e hispânicos	60%	32%
Brancos e asiáticos	87%	10%

Nota: As porcentagens não somam 100 em razão das pessoas "sem opinião".

Fonte: Gallup Organization, 2013.

Imigrantes nos Estados Unidos

O crescimento da diversidade racial e étnica nos Estados Unidos é, em grande parte, resultado da imigração e de taxas de natalidade mais elevadas entre os muitos grupos minoritários. A imigração geralmente é resultado de uma combinação de fatores que a impulsionam. Condições sociais, econômicas e/ou políticas adversas em um determinado país levam alguns indivíduos a deixar esse país, enquanto condições sociais, econômicas e/ou políticas favoráveis em outros países impulsionam alguns indivíduos para esses países.

Imigração nos EUA: uma perspectiva histórica

Nos primeiros cem anos de história dos EUA, todos os imigrantes podiam se tornar residentes permanentes. O fluxo contínuo de imigrantes, especialmente não brancos e não provenientes dos países europeus, criou sentimentos de medo e ressentimento entre os nativos nascidos norte-americanos, que competiam com os imigrantes pelos empregos e desenvolveram opiniões racistas em relação a esses imigrantes. A política norte-americana de portas abertas para a imigração encerrou-se, em 1882, com a Lei de Exclusão Chinesa, que suspendia a entrada de chineses nos Estados Unidos por dez anos e declarava os chineses inelegíveis para cidadãos dos EUA (essa lei foi revogada em 1943). A Lei de Imigração de 1917 exigia que todos os imigrantes passassem por um teste de alfabetização antes de entrar nos Estados Unidos. A legislação para a imigração aprovada nos anos 1920 estabelecia um sistema de cotas, limitando o número de imigrantes de países específicos. Sob o sistema de cotas, 70% do contingente de imigrantes foi fruto destes três países: Reino Unido, Irlanda e Alemanha. Em 1965, a aprovação do Hart-Celler Act aboliu o sistema de cotas de origem nacional que estava em vigor desde 1920 e institucionalizou um sistema que deu preferência aos imigrantes que tinham família nos Estados Unidos ou que tinham habilidades para o trabalho. O Hart-Celler Act foi uma extensão do movimento pelos direitos civis e foi projetado para acabar com a discriminação baseada nas raças e nas etnias, que continua a ser a base da lei de imigração de hoje.

Em 2011, os imigrantes representavam 13% da população dos EUA. Mais de três em cada quatro imigrantes nos Estados Unidos são cidadãos naturalizados ou estão nos Estados Unidos legalmente (Pew Hispanic Center, 2013). Nos anos 1960, a maioria dos imigrantes era da Europa, mas hoje muitos são da América Latina (predominantemente do México) ou da Ásia (veja a Figura 9.5).

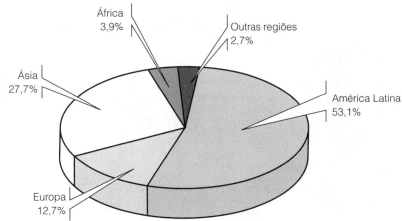

Figura 9.5 Estrangeiros residentes nascidos nos EUA por região de nascimento, 2010
Fonte: Grieco et al., 2012.

Programa temporário para trabalhadores estrangeiros

Os Estados Unidos oferecem dois programas para trabalhadores estrangeiros que permitem aos empregadores importar mão de obra não qualificada para o trabalho temporário sazonal: o programa H-2A para a agricultura e o H-2B para os trabalhos não relacionados à agricultura. Os vistos H-2 geralmente não permitem que os trabalhadores levem suas famílias aos Estados Unidos.

Os imigrantes "temporários" dificilmente são tratados como convidados; esses trabalhadores são sistematicamente explorados e sofrem abuso. Os trabalhadores temporários ficam vinculados aos empregadores, que os "importam" e não permitem que eles troquem de emprego se foram maltratados. Os trabalhadores temporários frequentemente não recebem o pagamento e são forçados a viver em condições precárias, e embora eles atuem em alguns dos trabalhos mais difíceis e perigosos dos Estados Unidos, muitos dos que se acidentam no trabalho não conseguem obter o tratamento médico e os benefícios de compensação dos outros trabalhadores. As mulheres imigrantes que trabalham em empregos com baixo salário costumam sofrer violência sexual. Se os trabalhadores temporários reclamam de

Essa foto retrata um tipo de moradia precária onde muitos trabalhadores temporários imigrantes são forçados a viver.

maus-tratos, eles podem sofrer ameaças de deportação ou entram para uma lista negra e não conseguem outros trabalhos. Com o alto número de violações aos direitos humanos, o programa do trabalhador convidado tem sido descrito como um moderno sistema de trabalho escravo (SPLC, 2013b).

O Congresso dos Estados Unidos está considerando uma reforma na lei de imigração, criando uma nova classe de vistos para trabalhadores estrangeiros em funções de baixa qualificação. O visto-W permitiria aos estrangeiros entrarem no país por três anos, com uma opção de renovação por mais três anos. Os empregadores não podem contratar por meio de vistos-W se os trabalhadores norte-americanos estão dispostos a aceitar o trabalho. Titulares dos vistos-W teriam direito aos mesmos salários e garantias trabalhistas como qualquer funcionário dos Estados Unidos desempenhando função semelhante.

Imigração ilegal

A imigração ilegal ocorre quando os imigrantes entram nos Estados Unidos sem usar os canais legais, como o programa de visto H-2, e quando os imigrantes que foram admitidos legalmente permanecem mais tempo no país do que o permitido pelo visto. Em 2011, estimou-se que 11,5 milhões de imigrantes estariam vivendo ilegalmente nos Estados Unidos (Hoefer et al., 2012). Mais da metade do total da população imigrante não autorizada vive em apenas quatro estados: Califórnia, Texas, Flórida e Nova York. A maioria dos imigrantes não autorizados (59%) é do México, seguido por El Salvador, Guatemala, Honduras e China.

Chris Simoux é um exemplo de norte-americano que patrulha a fronteira EUA-México à procura de imigrantes não autorizados. Os patrulheiros da fronteira algumas vezes usam violência quando encontram suspeitos de serem imigrantes sem documentos.

Cruzando a fronteira. A Fiscalização de Alfândega e Proteção de Fronteiras dos EUA, uma agência do Departamento de Segurança Interna, possui mais de 21 mil agentes de patrulha de fronteira responsáveis por vigiar mais de 9.656 km nas fronteiras do Canadá e do México e mais de 3.218 km da costa marítima nas proximidades da Flórida e de Porto Rico (U.S. Customs and Border Protection, 2013). Apesar do controle na fronteira e da "cerca" entre EUA-México, as pessoas continuam achando formas de entrar ilegalmente nos EUA.

Algumas pessoas cruzam (ou tentam cruzar) a fronteira EUA-México com a ajuda de um *coiote* – um guia contratado que costuma cobrar entre US$ 3.000 e US$ 5.000 para ajudar as pessoas a cruzar a fronteira (Maril, 2011). Cruzar a fronteira ilegalmente envolve inúmeros riscos, incluindo a morte por afogamento (por exemplo, quando tentam atravessar o rio Grande) ou desidratação. Os que tentam cruzar também correm o risco de encontrar membros de **grupos extremistas nativistas** – organizações que não só defendem políticas restritivas de imigração, mas também encorajam seus membros a usarem táticas paramilitares para confrontar ou molestar os suspeitos de ser imigrantes não autorizados. O número de grupos extremistas nativistas anti-imigrantes caiu de 319, em 2010, para 38, em 2012 (Beirich, 2013).

grupos extremistas nativistas Organizações que não só defendem políticas de imigração restritivas como também encorajam seus membros a usar táticas paramilitares para confrontar ou assediar imigrantes suspeitos sem documentação.

Imigrantes não autorizados no ambiente de trabalho. Em 2010, havia 8 milhões de imigrantes sem documentos na força de trabalho norte-americana, abrangendo 5,2% dos postos de trabalho dos EUA (Passel e Cohn, 2011). O sociólogo Robert Maril (2004) observou que "a grande maioria dos imigrantes ilegais deixa seus países de origem para trabalhar pesado, guardar o dinheiro, então retornar para o seu lar [...] Esses indivíduos não embarcam em suas jornadas difíceis e perigosas em busca de bem-estar; eles imigram para trabalhar" (p. 11-12). Na prática, todos os homens sem documentos integram a força de trabalho, e a participação deles excede a de homens imigrantes legais ou cidadãos norte-americanos, porque os homens não documentados são menos propensos a ser desativados, aposentados ou frequentarem a escola. Mulheres sem documentos estão menos propensas a integrar a força de trabalho do que os homens sem documentos, porque elas costumam ser donas de casa e mães.

Trabalhadores sem documento costumam fazer os trabalhos que os trabalhadores dos EUA não querem fazer – sua rotina de trabalho semanal é de 60 horas ou mais, e eles ganham menos do que o salário-mínimo, sem receber pelas horas extras ou os benefícios.

Trabalhadores sem documento costumam fazer os trabalhos que os norte-americanos não querem fazer – sua rotina de trabalho semanal é de 60 horas ou mais, e eles ganham menos do que o salário-mínimo, sem receber pelas horas extras ou os benefícios.

Políticas relativas à imigração ilegal. A Lei de Controle e Reforma na Imigração de 1986 fez da contratação de imigrantes não autorizados um ato ilícito punível com multas e até prisão. O cumprimento dessa lei ocorre principalmente por meio de visitas ao local de trabalho e pelo sistema E-Verify, um serviço *on-line* gratuito, criado em 1997 pelo Departamento de Segurança Interna (DHS), que permite aos empregadores verificarem o *status* jurídico dos seus funcionários. Os empregadores inserem informações básicas – nome, número do Seguro Social, data de nascimento, número de registro estrangeiro etc. –, que é uma verificação cruzada da Administração da Segurança Social e dos bancos de dados do DHS. Se um funcionário não estiver em nenhum dos bancos de dados como um trabalhador legalizado, o empregador tem oito dias para provar seu *status* legal, ou ele deve demitir o funcionário.

O Secure Fence Act de 2006 autorizou a construção de uma "cerca" de 1.127 km ao longo da fronteira EUA-México, a fim de evitar a entrada de imigrantes ilegais, traficantes e terroristas nos Estados Unidos. Críticos da cerca argumentam que essa barreira – quilômetros da dupla cadeia de ligação e cercas de arame farpado, com polos de câmera de luz infravermelha – é cara e ineficiente em acabar com a imigração ilegal, afeta o meio ambiente e causa dano à vida selvagem perto da fronteira, além de aumentar o perigo para os imigrantes que tentam cruzar a fronteira e prejudicar as relações diplomáticas com o México.

O Development, Relief, and Education for Alien Minors Act (DREAM Act), introduzido no Congresso, em 2009, proporcionaria um caminho para legalizar o *status* dos imigrantes sem documento que foram levados para os Estados Unidos quando crianças. Se fosse aprovado, o DREAM Act permitiria que imigrantes estudantes que foram criados nos Estados Unidos e tivessem *status* legal temporário pudessem obter o *status* permanente, tornando-se cidadãos dos EUA se fossem para a universidade ou servissem às forças armadas.

Em 1º de maio de 2010, dezenas de milhares de pessoas protestaram em mais de 70 cidades contra a lei de imigração do Arizona.

Em 2010, o Arizona aprovou o Support Our Law Enforcement and Safe Neighborhoods Act, conhecido como SB 1070 – uma das mais rígidas multas de imigração ilegal no país. As leis federais exigem que os imigrantes legais carreguem os documentos de registro com eles em todos os momentos. O SB 1070 do Arizona transformou o não porte dos documentos em crime estadual e exigiu que a polícia verificasse o *status* legal de uma pessoa em batidas no tráfego, detenções ou prisões caso suspeitasse que ela estivesse no país ilegalmente. O SB 1070 também criminalizou quem transporta imigrantes não autorizados que, de acordo com a lei, constitui "contrabando de seres humanos". Os empregadores que transportarem trabalhadores ilegais para o local de trabalho, assim como os voluntários da igreja que transportam imigrantes ilegais para os serviços da igreja, estão violando a lei. Depois da aprovação do SB 1070 no Arizona, cinco outros estados – Alabama, Geórgia, Carolina do Sul, Utah e Indiana – decretaram a legislação nos moldes da lei do Arizona, e muitos outros estados consideraram aprovar uma legislação semelhante, mas depois de uma série de decisões judiciais federais e estaduais derrubarem as disposições fundamentais das políticas de imigração restritivas, os estados pensaram em políticas de imigração restritivas para a aprovação de legislação pró-imigrante, como leis de concessão de estudantes imigrantes não autorizados que se formaram em colégios instaurarem taxas de matrícula em universidades públicas e leis que permitem a imigrantes não autorizados obterem uma carteira de motorista. Outra razão para a mudança nas políticas estaduais pró-imigrantes é que, após os eleitores latinos ajudarem na reeleição do presidente Obama, em 2012, os republicanos reavaliaram a viabilidade da política anti-imigração (Chisti e Hipsman, 2013).

O Congresso está considerando uma reforma na legislação da imigração – o Border Security, Economic Opportunity, and Immigration Modernization Act (S. 744). Essa lei aborda a segurança nas fronteiras e as questões de aplicação, bem como reformas legais de imigração. A multa também criaria um "caminho para a cidadania", permitindo que o imigrante não autorizado pudesse legalizar sua situação e, eventualmente, tornar-se cidadão dos EUA.

Transformando-se em um cidadão dos EUA

Quase metade dos cerca de 40 milhões de nascidos no estrangeiro e residentes nos EUA, em 2010, tornaram-se **cidadãos naturalizados** (imigrantes que se candidatam e são aprovados quanto às exigências de cidadania dos EUA) (Grieco et al., 2012). As exigências para se tornar um cidadão dos EUA, para a maioria dos imigrantes, são (1) ter morado como residente permanente legal dos EUA por pelo menos cinco anos (três anos para o cônjuge de um residente); (2) estar apto para ler, escrever, falar e entender inglês básico (certas exceções se aplicam); (3) ser "uma pessoa com boa moral e caráter" (não pode ter registro de infrações penais, como prostituição, jogo ilegal, falta de pagamento de pensão alimentícia, violações de drogas e crimes violentos); (4) demonstrar disposição para apoiar e defender a Constituição dos Estados Unidos, fazendo o Juramento de Fidelidade; e (5) passar em um teste em inglês (falando, lendo e escrevendo) e sobre o governo e a história dos EUA (U.S. Citizenship and Immigration Services, 2011).

Mitos sobre imigração e imigrantes

Muitos nascidos no estrangeiro e residentes nos EUA trabalham duro para ter sucesso educacional e profissional. A porcentagem de estrangeiros adultos (com 25 anos ou mais) com pelo menos uma graduação (27%) bate com a de adultos nativos dos EUA (28%) (Grieco et al., 2012). Apesar das realizações e da contribuição dos imigrantes, muitos mitos sobre imigração e imigrantes persistem, amplamente difundidos pelos grupos anti-imigrantes e campanhas:

Mito 1. Os imigrantes ampliam a taxa de desemprego e os baixos salários entre os trabalhadores nativos.

Realidade: A maioria dos economistas acadêmicos concorda que a imigração tem um pequeno, porém positivo, impacto nos salários dos trabalhadores nativos, porque apesar de esses novos trabalhadores se somarem na disputa pelos trabalhos, eles também consomem produtos e serviços, o que cria mais empregos (Shierholz, 2010). Os imigrantes também começam seus próprios negócios com mais frequência do que os nativos dos EUA, o que amplia a demanda de suprimento para as empresas (como computadores e móveis de escritório) e de prestadores de serviços (tais como contadores e advogados) (Pollin, 2011).

Mito 2. Imigrantes drenam o sistema de bem-estar público e as escolas públicas.

Realidade: Imigrantes não autorizados e temporários não podem usufruir dos programas de benefícios federais, e mesmo os imigrantes legais enfrentam algumas restrições. Dois programas de benefícios que não têm restrições a imigrantes não autorizados são o Special Supplemental Nutrition Program for Women, Infants, and Children (WIC) e o National School Lunch Program.

Quanto à educação pública, um caso de 1982 da Suprema Corte (*Plyler vs. Doe*) concluiu que os estados não poderiam negar aos estudantes o acesso à educação pública, mesmo que eles não sejam residentes legais dos EUA. A Corte decidiu que negar a educação pública pode impor uma vida de dificuldades "em uma classe distinta de crianças não responsável por sua condição incapacitante" (Armario, 2011). Os filhos dos imigrantes ilegais, 73% dos cidadãos dos EUA, representam apenas 6,8% dos alunos das escolas primárias e secundárias (Passel e Cohn, 2009), embora a porcentagem seja muito maior em comunidades com um grande número de imigrantes.

cidadãos naturalizados Imigrantes que se candidatam e são aprovados quanto às exigências de cidadania dos EUA.

Embora os estados arquem com o custo da educação, dos serviços sociais e dos serviços médicos para a população imigrante, a pesquisa sugere que os benefícios econômicos que os imigrantes fornecem aos estados superam os custos associados com o apoio a eles. Por exemplo, um estudo com imigrantes da Carolina do Norte descobriu que, ao longo dos dez anos anteriores, os imigrantes latinos custaram ao estado US$ 61 milhões em benefícios variados – mas foram responsáveis pelo crescimento de US$ 9 bilhões na economia do estado (Beirich, 2007). Cerca de metade e até três quartos dos imigrantes sem documentos pagam impostos federais, estaduais e municipais, incluindo a taxa do Seguro Social, por benefícios que eles nunca receberão (*Teaching Tolerance*, 2011).

Mito 3. Imigrantes não querem aprender inglês.

Realidade: A demanda por aulas de inglês para os imigrantes excede a avaliação; fora as aulas dos 176 provedores de aulas no programa Inglês como Segunda Língua (ESL), mais da metade relatou listas de espera que variavam de algumas semanas a mais de três anos (Bauer e Reynolds, 2009). Mesmo assim, a maioria da população dos EUA nascida no estrangeiro só fala inglês em casa (15%) ou fala inglês "bem" ou "muito bem" (55%) (Grieco et al., 2012). Apenas 1 em cada 10 pessoas nascidas no estrangeiro não fala inglês.

Mito 4. Imigrantes sem documento têm filhos nos Estados Unidos para obter *status* legal.

Realidade: Segundo a 14ª emenda constitucional dos EUA, qualquer criança nascida nos Estados Unidos ganha automaticamente os direitos de cidadania. No entanto, ter um filho com cidadania dos EUA não garante aos imigrantes o *status* legal nos EUA. Filhos com menos de 21 anos não podem pedir a cidadania dos seus pais. Apesar disso, alguns legisladores pediram para acabar com a cidadania por direito de nascença, que altera a Constituição, ou para promulgar a lei estadual de limitar a cidadania às crianças que têm pelo menos um pai legalizado (Dwyer, 2011).

Mito 5. Entre os imigrantes, a taxa de comportamento criminoso é alta.

Realidade: Os imigrantes são menos propensos a cometer crimes do que os nativos. Por conta do risco de deportação, os imigrantes sem documento têm uma forte motivação para evitar o envolvimento com a lei. Em 2000, a taxa de prisões nos EUA para os homens nativos entre 18 e 39 anos foi de 3,5% – cinco vezes maior do que entre os estrangeiros nascidos nos EUA (Bauer e Reynolds, 2009). El Paso, no Texas, uma cidade com um grande número de imigrantes, figura na lista das cidades mais seguras dos Estados Unidos. O criminologista Jack Levin diz: "Se você quer encontrar uma cidade segura, primeiro determine o tamanho da população de imigrantes. Se a comunidade de imigrantes representar uma grande porção da população, você pode ter certeza de que estará em uma das cidades mais seguras do país" (extraído de Balko, 2009).

> Os imigrantes são menos propensos a cometer crimes do que os nativos. Por conta do risco de deportação, os imigrantes sem documentos têm uma forte motivação para evitar o envolvimento com a lei.

Teorias sociológicas sobre as relações raciais e étnicas

Algumas teorias sobre as relações raciais e étnicas sugerem que indivíduos com certos tipos de personalidade têm mais probabilidade de ser preconceituosos ou diretamente hostis com os grupos minoritários. Os sociólogos, no entanto, concentram-se no impacto da estrutura e da cultura nas relações raciais e étnicas. As três principais teorias sociológicas vão mostrar suas visões sobre a continuação da subordinação das minorias.

Perspectiva estrutural-funcionalista

A perspectiva estrutural-funcionalista foca como todas as partes do todo estão interconectadas. Essa perspectiva nos lembra que não podemos compreender plenamente a história dos direitos civis nos EUA em um vácuo; precisamos considerar como as forças fora dos

Estados Unidos afetam as políticas e a cultura sobre as relações sociais nos EUA. Em *Cold war civil rights: race and the image of American democracy*, Mary Dudziak (2000) relaciona a legislação sobre os direitos civis nos EUA, aprovada em 1965, com os esforços dos Estados Unidos para ganhar a Guerra Fria. Depois da Segunda Guerra Mundial, a opinião pública internacional estava bastante crítica em relação à extrema desigualdade racial nos Estados Unidos. A discriminação racial estava prejudicando a credibilidade dos Estados Unidos como um país democrático e suas relações com os estrangeiros. Apesar de alguns legisladores que apoiaram a aprovação da legislação dos direitos civis terem realmente querido acabar com a injustiça da discriminação, eles também estavam respondendo à pressão internacional e procurando reforçar uma imagem dos Estados Unidos como um líder da democracia e no mundo.

A perspectiva estrutural-funcionalista considera como os aspectos da vida social são funcionais ou disfuncionais – ou seja, como eles contribuem ou interferem na estabilidade social. A desigualdade racial e étnica é funcional para manter os grupos minoritários em uma posição desvantajosa, assegurando a existência de trabalhadores que fazem trabalhos braçais e ganham baixos salários. A maioria dos sociólogos enfatiza as maneiras em que as desigualdades raciais e étnicas são disfuncionais – uma sociedade que pratica a discriminação deixa de desenvolver e utilizar os recursos das minorias (Williams e Morris, 1993). Preconceito e discriminação agravam os problemas sociais, como crime e violência, guerra, desemprego e pobreza, os problemas de saúde, familiares, a decadência urbana e o uso de drogas – questões que causam sofrimento humano, além de impor encargos financeiros aos indivíduos e à sociedade. Picca e Feagin (2007) explicam:

> O sistema de opressão racial nos Estados Unidos afeta não apenas os norte--americanos negros, como os norte-americanos brancos e a sociedade como um todo [...] Os brancos perdem quando têm de pagar altos impostos para manter as pessoas de cor nas prisões, porque eles não estão dispostos a corrigir os padrões de enriquecimento sem causa e [...] pagar para expandir a educação, empregos ou programas de tratamento da toxicodependência que seriam menos custosos. Eles perdem por dirigir longas distâncias para não viver ao lado de pessoas de cor nas cidades [...] Eles perdem quando políticos brancos usam ideias racistas e argumentos para impedir a aprovação da legislação que iria melhorar o bem-estar social de todos os norte-americanos. Acima de tudo, os brancos perdem [...] por não ter, na prática, a democracia que eles celebram ao mundo em sua retórica pessoal e pública (p. 271).

A análise estrutural-funcionalista aborda as funções manifestas e latentes e também coloca uma luz sobre questões de raça e etnia. Por exemplo, a função manifesta da legislação dos direitos civis nos anos 1960 foi, em parte, a melhoria das condições das minorias raciais. No entanto, a legislação dos direitos civis produziu uma consequência negativa inesperada, ou disfunção latente. Como a legislação dos direitos civis supostamente acabou com a discriminação racial, os brancos estavam mais propensos a culpar os negros pelas suas desvantagens sociais e, assim, perpetuar estereótipos negativos, como "falta motivação aos negros" e "negros têm menos habilidades" (Schuman e Krysan, 1999).

Perspectiva do conflito

A perspectiva do conflito examina como a competição por riqueza, poder e prestígio contribui para as tensões raciais e étnicas. Coerente com essa perspectiva, a hipótese de "ameaça racial" vê o racismo branco como uma resposta às percebidas ou reais ameaças para o bem--estar dos brancos ou dominância cultural das minorias.

Por exemplo, entre 1840 e 1870, um grande número de imigrantes chineses foi para os Estados Unidos trabalhar com mineração (a Corrida do Ouro na Califórnia em 1848), nas estradas de ferro (a estrada de ferro transcontinental, terminada em 1869) e na construção. Com os brancos tendo sido deslocados pelos trabalhadores chineses, o sentimento antichinês aumentou, resultando em aumento do preconceito e discriminação e na subsequente aprovação da Lei de Exclusão Chinesa de 1882, que restringiu a imigração chinesa até 1924. Recentemente, o apoio dos brancos para a Proposição 209 – uma resolução de 1996 aprovada na Califórnia que acabou com os programas estaduais de ação afirmativa – foi maior nas áreas com maior concentração de população latina, afro-americana ou ásio-americana, mesmo após o controle de outros fatores (Tolbert e Grummel, 2003). Em outras palavras, a oposição aos programas de ação afirmativa que ajudam as minorias foi maior nas áreas com maior diversidade racial e étnica, sugerindo que os brancos que vivem em áreas com muita diversidade se sentiram mais ameaçados pelas minorias.

Em outro estudo, os pesquisadores entrevistaram indivíduos brancos racistas em salas de bate-papo para examinar como as pessoas defendem a violência inter-racial em resposta a supostas ameaças econômicas e culturais (Glaser et al., 2002). Os pesquisadores apresentaram três cenários que podiam ser vistos como ameaçadores: casamento inter-racial, minorias em migração interna (por exemplo, negros que se deslocam para um mesmo bairro) e competição por trabalho (por exemplo, disputar uma vaga com uma pessoa negra). As reações ao casamento inter-racial foram as mais voláteis, seguidas pela migração interna. Os pesquisadores concluíram que a ideação violenta entre os racistas brancos deriva de ameaças percebidas em relação à dominação cultural branca e não de ameaças econômicas.

Além disso, os teóricos do conflito sugerem que os capitalistas lucram por meio da manutenção de uma força de trabalho excedente, ou seja, tendo mais trabalhadores do que o necessário. Uma força de trabalho excedente garante que os salários permaneçam baixos, porque alguém está sempre disponível para tomar o lugar de um trabalhador descontente. As minorias que estão desproporcionalmente desempregadas servem aos interesses dos empresários por prover trabalho excedente, mantendo os salários baixos e, consequentemente, permitindo-lhes maximizar os lucros.

Esses teóricos também argumentam que a elite rica e poderosa adota atitudes negativas em relação às minorias, para manter tensões raciais e étnicas entre os trabalhadores. Enquanto estes estiverem divididos segundo critérios raciais e étnicos, é menos provável que unam forças para viabilizar seus próprios interesses em detrimento dos capitalistas. Além disso, quem "tem" perpetua tensões raciais e étnicas entre quem "não tem" para desviar a atenção de sua própria ganância e exploração dos trabalhadores.

Perspectiva interacionista-simbólica

A perspectiva interacionista-simbólica foca a construção social da raça e da etnia – como aprendemos concepções e significados de distinções raciais e étnicas por meio da interação com outras pessoas – e como significados, rótulos e definições afetam os grupos raciais e étnicos e a interação entre esses grupos. Já explicamos que os estudiosos contemporâneos da raça concordam que não existe base científica e biológica para as categorizações raciais. No entanto, as pessoas aprenderam a pensar nas categorias raciais como reais, e, como a teoria de Thomas sugere, se as coisas são definidas como reais, elas são reais em suas consequências. Ossorio e Duster (2005) explicam:

> Muitas vezes, as pessoas interagem umas com as outras com base em suas crenças sobre como as raças refletem a superioridade ou inferioridade física, intelectual, moral ou espiritual [...] Ao agir de acordo com as suas crenças sobre as raças, as pessoas criam uma sociedade em que os indivíduos de um grupo devem ter mais acesso aos bens da sociedade – como empregos com mais *status*, escolas melhores, moradias melhores e uma boa assistência à saúde – do que os indivíduos de outros grupos (p. 119).

A perspectiva da rotulagem nos direciona a considerar o papel que os **estereótipos** negativos criam para a raça e a etnia. Os estereótipos são exageros ou generalizações sobre as características e comportamento de um determinado grupo. O estereótipo negativo das minorias leva a uma profecia autorrealizável – um processo no qual uma falsa definição de uma situação leva a um comportamento que, por sua vez, faz que a situação originalmente definida como falsa se torne verdadeira (veja também o Capítulo 8). Marger (2012) fornece um exemplo sobre como os estereótipos negativos sobre os negros como menos inteligentes do que os brancos podem levar a uma profecia autorrealizável:

estereótipos Exageros ou generalizações sobre as características e o comportamento de um grupo específico.

Se os negros são considerados inerentemente menos inteligentes, menos recursos comunitários serão usados para as escolas, partindo do pressuposto de que esse apoio seria desperdiçado. As escolas ficariam com qualidade inferior e, em seguida, inevitavelmente, os alunos ficariam menos capazes, o que os deixaria mais abaixo nos testes de inteligência. O pior desempenho nesses testes irá "confirmar" a crença original sobre a inferioridade negra. Assim, a profecia se realiza (p. 15).

Mesmo estereótipos que aparentam ser positivos têm efeitos negativos. Encarar os ásio-americanos como uma "minoria modelo" envolve os estereótipos de que eles sejam excelentes na academia e tenham sucesso no trabalho. Esses estereótipos mascaram as lutas e a discriminação que muitos ásio-americanos vivenciam e a enorme pressão colocada sobre a juventude ásio-americana de viver até a expectativa social de ser um empreendedor acadêmico bem-sucedido (Tanneeru, 2007).

A perspectiva interacionista-simbólica está concentrada em como os indivíduos aprendem estereótipos negativos e atitudes preconceituosas por meio da linguagem. Diferentes conotações sobre as cores branca e preta, por exemplo, podem contribuir para atitudes negativas em relação às pessoas negras. O cavaleiro branco é bom, o cavaleiro negro é mau; o bolo que alimenta o anjo é branco; o bolo que alimenta o diabo é preto. Outros termos negativos associados com negro incluem *ovelha negra*, *peste negra*, *magia negra*, *massa negra* e *lista negra*. O uso continuado de termos depreciativos para grupos raciais e étnicos confirma o poder da linguagem na perpetuação de atitudes negativas contra membros de grupos minoritários. *Nigger* – uma das palavras mais insultuosas e degradantes usadas para se referir aos afro-americanos – tornou-se um tópico de discussão pública em 2013, depois de a famosa chef Paula Deen admitir em depoimento legal que tinha usado a "palavra com N". Quando a história ganhou a mídia, a Food Network cancelou seu contrato, e o Walmart e o Smithfield Hams cortaram relações comerciais com Deen. O público ficou dividido; alguns acreditavam que Paula Deen tinha cometido um erro compreensível para o qual pediu desculpas e deveria ser perdoada, e outros acreditavam que seu comportamento era racismo flagrante e não devia ser desculpado.

O que você acha? Quando os brancos usam a "palavra com N", é para humilhar e insultar os negros. Mesmo os comediantes negros e os *rappers* comumente usam a palavra com N. E alguns negros, assim como as pessoas de outras raças, usam a palavra *nigger* ou *nigga* para se referir a um companheiro ou amigo, com um tom neutro ou carinhoso. O *rapper* falecido Tupac Shakur definiu "*nigger*" como um homem negro com uma corrente de escravo em volta do seu pescoço, enquanto "*nigga*" é um homem negro com uma corrente de ouro no seu pescoço (urbandictionary.com). Tupac também é conhecido por aparecer com o acrônimo "N.I.G.G.A.", que significa "*Never Ignorant Getting Goals Accomplished*" (Nunca um Ignorante Consegue Atingir Objetivos). Oprah Winfrey é um nome entre os muitos negros que se opuseram ao uso da palavra com N (e qualquer variação dela) por qualquer pessoa – incluindo os próprios negros. Ela explicou: "Quando escuto a palavra com N, continuo pensando em cada homem negro que foi linchado – e a palavra com N foi a última coisa que eles ouviram" (Winfrey, 2009, n.p.). Em uma entrevista, Oprah perguntou ao *rapper* Jay-Z se o uso da palavra com N era necessário. Jay-Z explicou:

Nada é necessário. É apenas parte da nossa maneira de comunicar. Minha geração não teve a mesma experiência com essa palavra que outros antes de nós tiveram. Não estivemos tão próximos da dor. Então, da nossa maneira, desarmamos a palavra. Nós pegamos o pino de fogo da granada.

Você acha que as tentativas de redefinir a palavra com N feitas por Tupac e Jay-Z vão efetivamente desarmá-la? Por quê?

Defensores dos direitos dos imigrantes afirmam que os termos *estrangeiros ilegais* e *imigrantes ilegais* são depreciativos, estigmatizam e criminalizam as pessoas, em vez das suas ações. Em 2013, a agência de notícias Associated Press (AP) anunciou que não usaria mais o termo *imigrante ilegal*. Os jornalistas da AP foram instruídos a "usar *ilegal* apenas para se referir a uma ação, não para uma pessoa: *imigração ilegal*, mas não *imigrante ilegal* (a menos que o termo seja usado em citações diretas)" (Colford, 2013). Outras agências de notícias, incluindo a USA Today, também implementaram esse manual, proibindo o uso dos termos *estrangeiro ilegal* e *imigrante ilegal*.

Bonilla-Silva (2012) deu exemplos do que ele chama de "gramática racial", que molda a forma como vemos a raça e como enquadrar questões relacionadas à raça. A gramática racial envolve transmitir e perpetuar significados raciais não só por meio do que dizemos, mas também por aquilo que não dizemos. Por exemplo, "nos EUA pode-se falar sobre as HBCUs (faculdades e universidades historicamente negras), mas não sobre as HWCUs (faculdades e universidades historicamente brancas), ou é possível se referir a filmes e programas de TV negros, mas não a filmes e programas de TV brancos, quando, na verdade, a maioria deles é" (Bonilla-Silva, 2012, p. 173).

Na próxima seção, vamos explorar os conceitos de racismo e preconceito com mais profundidade, além de discutirmos as maneiras pelas quais a socialização e a mídia perpetuam estereótipos negativos.

O *rapper* Jay-Z está entre os negros que usam a palavra com N como uma forma de atribuir um significado neutro ou carinhoso a ela.

Racismo e preconceito

O **racismo** é a crença de que a raça representa diferenças no caráter e nas habilidades humanas e que uma raça específica é superior às outras. Neste capítulo, na seção *Um olhar sobre a pesquisa dos problemas sociais*, é sugerido que o racismo é mais comum nos Estados Unidos do que muitas pessoas pensam. O **racismo institucional** refere-se à distribuição sistemática de poder, recursos e oportunidades, de forma que beneficia brancos em detrimento de minorias. Esse conceito é similar ao de "discriminação institucional", que será discutido mais à frente neste capítulo. O **preconceito** refere-se a atitudes e sentimentos negativos em relação a categoria inteira de pessoas. O preconceito pode ser direcionado a indivíduos ou a uma religião específica, a uma orientação sexual, afiliação política, idade, classe social, sexo, raça ou etnia.

Formas de racismo

Em comparação com o preconceito tradicional, "antiquado", que é descarado, direto e consciente, as formas contemporâneas de preconceito costumam ser sutis, indiretas e inconscientes. Três variações dessas formas mais sutis de preconceito são o racismo aversivo, o racismo moderno e o racismo daltônico.

Racismo aversivo. Racismo aversivo é uma forma sutil, normalmente não intencional, de preconceito envolvendo brancos norte-americanos que exibem fortes valores igualitários e que se veem como não preconceituosos. Os sentimentos negativos que os racistas aversivos têm em relação aos negros e a outros grupos minoritários não são sentimentos de hostilidade ou ódio, mas sim de desconforto, constrangimento, aversão e algumas vezes medo (Gaertner e Dovidio, 2000). Os racistas aversivos podem não estar plenamente conscientes de que abrigam esses sentimentos raciais negativos; na verdade, eles desaprovam os indivíduos preconceituosos e se sentem falsamente acusados se os chamam de preconceituosos. "Racistas aversivos acham os negros 'aversivos', ao mesmo tempo em que acham que qualquer sugestão de que eles são preconceituosos também seja aversiva" (Gaertner e Dovidio, 2000, p. 14).

racismo A crença de que a raça representa diferenças no caráter e nas habilidades humanas e que uma raça específica é superior às outras.

racismo institucional A distribuição sistemática de poder, recursos e oportunidades de forma que beneficia brancos em detrimento de minorias.

preconceito Atitudes e sentimentos negativos em relação a uma categoria inteira de pessoas.

racismo aversivo Uma forma sutil de preconceito que envolve sentimentos de desconforto, mal-estar, repugnância, medo e atitudes pró-brancos.

Outro aspecto do racismo aversivo é a presença de atitudes pró-brancos, opostas às atitudes antinegros. Em diversos estudos, os participantes não indicaram que os negros eram piores do que os brancos, apenas que os brancos eram melhores do que os negros (Gaertner e Dovidio, 2000). Por exemplo, os negros não eram retratados como mais preguiçosos do que os brancos, mas os brancos eram retratados como mais ambiciosos do que os negros. Gaertner e Dovidio (2000) explicam que "os racistas aversivos não caracterizariam os negros mais negativamente do que os brancos, porque essa reação poderia ser facilmente interpretada por outros, ou por si mesmos, como reflexo do preconceito racial" (p. 27). Em comparação com as atitudes antinegros, as atitudes pró-brancos refletem um preconceito racial mais sutil, porém não menos negativo.

Racismo moderno. Assim como no racismo aversivo, o **racismo moderno** envolve a rejeição das crenças racistas tradicionais, mas um racista moderno desloca os sentimentos raciais negativos para questões políticas mais abstratas. O racista moderno acredita que a discriminação séria nos Estados Unidos não existe mais, que se qualquer desigualdade racial continua, a culpa é dos membros dos grupos minoritários e defende que as ações afirmativas para as minorias são injustas e injustificadas. "O racismo moderno tende a 'culpar a vítima' e coloca a responsabilidade da mudança e das melhorias nos grupos minoritários, e não na sociedade como um todo" (Healey, 1997, p. 55). Assim como os racistas aversivos, os racistas modernos tendem a não ter consciência dos seus sentimentos raciais negativos e não se veem como preconceituosos.

Racismo daltônico. O comediante Stephen Colbert, do programa *The Colbert Report*, de Comedy Central, tem uma piada em curso sobre ser racialmente daltônico, não só para os outros, mas também para si mesmo. As observações daltônicas de Colbert incluem: "As pessoas me dizem que eu sou branco e eu acredito nelas, porque os policiais me chamam de senhor" ou "porque eu pertenço a um *country club* todo branco" ou "porque eu tenho muitos álbuns do Jimmy Buffet" (extraído de Knowles e Marshburn, 2010, p. 134).

O **racismo daltônico** é baseado na crença de que prestar atenção no racismo é, em si, racismo, e então as pessoas deveriam ignorar o racismo. Uma universitária da Universidade de Washington explicou como ela aprendeu a mentalidade daltônica (Frieden, 2013):

> Crescendo como uma garota branca em New Hampshire, fui criada com esse tipo de mentalidade "daltônica": uma mentalidade que diz que a raça deve ser ignorada e que o racismo existe porque algumas pessoas simplesmente se recusam a ignorar as raças, como deveriam. (p. 1)

Os daltônicos presumem que vivem em um mundo pós-racial, onde a raça não importa mais, quando, na verdade, a raça continua a ser uma questão significativa. O daltonismo é uma forma de racismo, porque impede o reconhecimento dos privilégios e desvantagens associados à raça, permitindo a continuação das formas culturais e estruturais de preconceito racial. Curiosamente, a pesquisa descobriu que "pessoas que alegam ser 'daltônicas' e fazem um grande esforço para evitar falar sobre raça nas interações sociais estão, na verdade, sendo vistas como mais preconceituosas pelos observadores negros do que aquelas que reconhecem abertamente as raças" (Apfelbaum, 2011).

Aprendendo a ser preconceituoso: o papel da socialização e da mídia

As teorias psicológicas sobre o preconceito estão focadas nas forças dentro dos indivíduos que fazem o preconceito se desenvolver. Por exemplo, a teoria da frustração-agressão do preconceito (também conhecida como *teoria do bode expiatório*) sugere que o preconceito é uma forma de hostilidade que resulta da frustração. De acordo com essa teoria, os grupos minoritários são alvos convenientes para essa agressão deslocada. A teoria da personalidade autoritária do preconceito sugere que o preconceito surge em pessoas com cer-

---

racismo moderno Forma sutil de racismo que envolve a crença de que a discriminação grave não existe mais nos Estados Unidos, que toda desigualdade persistente racial é culpa dos membros do grupo minoritário e que as exigências de ações afirmativas por parte das minorias são injustas e injustificadas.

racismo daltônico Forma de racismo baseada na ideia de que superar o racismo significa ignorar a raça, mas o daltonismo é, em si, uma forma de racismo, pois evita o reconhecimento do privilégio e da desvantagem associados à raça e, além disso, permite a continuidade de formas institucionais de preconceitos raciais.

Um olhar sobre a pesquisa dos problemas sociais — As duas faces do racismo

Em um livro chamado *Two-faced racism*, os sociólogos Leslie Picca e Joe Feagin apresentam uma pesquisa com estudantes universitários brancos que deparam com o racismo diariamente.

Amostra e métodos

Picca e Feagin (2007) recrutaram 934 estudantes universitários para participar de uma pesquisa que exigiu que os alunos mantivessem um diário "com eventos diários e conversações que tratassem de questões, imagens e entendimentos raciais" (p. 31). Os estudantes não deviam escrever seus nomes nos diários, mas deveriam indicar seu gênero, raça e idade. A maioria dos estudantes (63%) estudava em instituições no Sul, 19% eram do Meio-Oeste, 14% eram do Oeste e 4% do Nordeste. A maioria dos participantes tinha entre 18 e 25 anos, embora alguns estivessem quase com 30, e alguns eram mais velhos. Os resultados apresentados aqui se basearam em 9 mil diários escritos por 626 estudantes (68% mulheres e 32% homens).

Resultados selecionados

Cerca de três quartos dos diários dos estudantes descreveram eventos racistas. Em alguns deles, os estudantes descreveram suas próprias ações e pensamentos racistas:

> **Kristi:** Quando fui pegar as roupas na lavanderia, vi um jovem negro sentado no banco do motorista de uma minivan com o motor ligado. Meu primeiro pensamento foi que ele estava esperando um amigo roubar a loja e que era o motorista da fuga [...] Fiquei tão envergonhada e chateada pelo que pensei [...] (p. 1)

Com mais frequência, os estudantes descreveram os comentários e ações racistas dos amigos, familiares, conhecidos e estranhos. Os alunos escreveram sobre atos racistas dirigidos aos afro-americanos, latinos, ásio-americanos, nativos americanos, judeus americanos e os povos do Oriente Médio. Os alvos mais comuns eram os afro-americanos negros. Alguns diários descreveram ações antirracistas dos brancos.

Picca e Feagin usam as metáforas teatrais de Erving Goffman para descrever e entender os comportamentos racistas descritos nos diários. Goffman sugere que quando as pessoas estão nos bastidores, em situações particulares, elas agem diferentemente de quando estão em primeiro plano nas situações públicas. A expressão de atitudes racistas ocorre nos bastidores, nos ambientes privados, onde os brancos são brancos, especialmente a família e os amigos, porque "muitos [...] brancos perceberam que não é socialmente aceito ser abertamente racista em primeiro plano" (p. xi). Considere a entrada do diário abaixo:

> **Hannah:** Três dos meus amigos (uma garota branca e dois garotos brancos) e eu fomos para minha casa tomar uma bebida antes de encerrarmos a noite. Meu amigo, Dylan, começou a contar piadas[...] Dylan disse: "Qual é o dia mais confuso do ano no Harlem?" "Dia dos pais[...] quem é o seu pai?" Dylan se referia aos negros como "macacos de varanda". Todos riram um pouco, mas ficou óbvio nos sentirmos desconfortáveis quando ele contava piadas desse tipo. Meu amigo Dylan não é uma pessoa racista. Ele tem mais amigos negros do que eu, por isso fiquei surpresa que ele falasse tão livremente algo desse tipo. Dylan nunca disse algo desse tipo perto de alguém que era minoria[...] É esse tipo de "brincadeira" que ajuda a manter o racismo vivo hoje. As pessoas sabem os lugares onde devem ser politicamente corretas, e a maioria das pessoas será. No entanto, até esse tipo de racismo "nos bastidores" ter um fim, as pessoas sempre vão abrigar as visões estereotipadas que são tão prevalentes no nosso país. Esse tipo de brincadeira realmente me incomoda, mas não sei o que fazer sobre isso. Eu sei que provavelmente deveria me levantar e dizer que me sinto desconfortável quando meus amigos contam piadas como essas, mas sei que meus amigos só ficariam irritados comigo, dizendo que não querem fazer nada em relação a isso. (p. 17-18).

O diário de Hannah ilustra a norma social que define expressões de racismo como aceitáveis nos "bastidores" e inapropriadas em público. Os relatos de Hannah no diário também exemplificam o tema da "inocência branca", segundo o qual os brancos não veem os comentários racistas como "racismo real", mas sim como observações muito inofensivas para serem levadas a sério.

Embora as mulheres brancas também mostrem um comportamento racista, os diários dessa pesquisa sugerem que "homens brancos fazem desproporcionalmente mais piadas e comentários racistas ácidos similares" (p. 133):

> **Carissa:** Os homens brancos entram no assunto chamando os negros por apelidos. Alguns mencionam que eles são macacos de varanda, crioulos, árvores cabeludas etc. A única coisa que percebi é que nenhuma garota fez um comentário. (p. 133)

Alguns alunos fizeram comentários que refletiam uma falta de sensibilização geral para o racismo. Um estudante, por exemplo, escreveu: "Essa atribuição me fez perceber como muitas observações raciais são ditas todos os dias e eu nunca tinha reparado ou prestado atenção em nenhuma delas" (p. 39).

Muitos estudantes se sentiram ofendidos pelas observações racistas que relataram em seus diários, mas não expressaram sua desaprovação e, então, participaram do racismo como "espectadores". Alguns estudantes indicaram que, depois de participar da atividade de escrever no diário, ficaram mais cientes da necessidade de intervir em situações sociais em que o racismo está sendo expresso:

> **Kyle:** Como minha última observação neste diário, gostaria de expressar o que ganhei com esta atividade. Eu observei meus amigos e colegas com olhos abertos. Eu vi coisas que não tinha percebido que estavam ali. Por ter um motivo para perceber os comentários e ações raciais, tinha certeza de que certas coisas estavam ali. Embora tenha notado que não estava participando de nenhuma das ações ou comentários racistas, também notei que não estava fazendo nada para pará-los. Estou agora em um ponto em que eu posso escolher uma posição e tentar intervir nessas situações. (p. 275)

Conclusão

Com base na pesquisa apresentada *em Two-Faced Racism*, Picca e Feagin sugerem que "a maioria dos brancos continua participando de *performances* abertamente racistas nos bastidores [...] e não define essas *performances* como problemáticas ou que mereçam uma maneira de erradicação" (p. 22). Os pesquisadores também notaram que "a maioria dos estudantes de faculdade em período integral não conseguiu, ou não podia, ver a conexão entre as *performances* cotidianas racistas e o agravamento da discriminação injusta e do sofrimento generalizado suportado pelas pessoas negras na sociedade" (p. 28).

Fonte: Picca e Feagin, 2007.

to tipo de personalidade. De acordo com essa teoria, as pessoas com uma personalidade autoritária – que são altamente conformistas, intolerantes, cínicas e preocupadas com o poder – tendem a ser preconceituosas.

Mais do que focar os indivíduos, os sociólogos focam as forças sociais que contribuem para o preconceito. Anteriormente, explicamos como os conflitos intergrupos relacionados com riqueza, poder e prestígio dão origem a sentimentos e atitudes negativas que servem para proteger e aumentar a dominação dos grupos de interesses. O preconceito também é aprendido por meio da socialização e da mídia.

Aprendendo preconceito por meio da socialização. No processo de socialização, os indivíduos adotam valores, crenças e percepções dos familiares, dos amigos, da cultura e dos grupos sociais. O preconceito é ensinado e aprendido por meio da socialização, embora não precise ser ensinado direta e intencionalmente. Pais brancos que ensinam seus filhos a não serem preconceituosos enquanto vivem em um bairro só com brancos, frequentam igrejas só com brancos e só têm amigos brancos podem estar ensinando atitudes raciais negativas aos filhos. A socialização também pode ser direta, como no caso de pais que usam insultos raciais na presença dos filhos, esquecendo-se de que eles brincam com crianças com características raciais e étnicas diferentes. As crianças também aprendem atitudes preconceituosas com os seus amigos. Contar piadas raciais e étnicas entre os amigos, por exemplo, perpetua estereótipos e encoraja atitudes raciais e étnicas negativas.

O preconceito e a mídia. A mídia – incluindo a televisão, o rádio e a internet – desempenha um papel importante na perpetuação do preconceito e do ódio. Na televisão e no cinema, as minorias raciais não são representadas e aparecem em papéis normalmente estereotipados e secundários, como criminosos, bufões e pessoas irritadas. No jornalismo, as histórias de mulheres e crianças brancas desaparecidas recebem mais atenção do que as histórias de desaparecimento das mulheres e crianças dos grupos minoritários (Bonilla-Silva, 2003).

Outra maneira de a mídia ser usada para promover o ódio pelas minorias e recrutar os jovens para o movimento do poder branco é a "música do poder branco", com conteúdo antissemita, racista e homofóbico. Um CD distribuído para milhares de estudantes do ensino médio pela gravadora nazista Panzerfaust Records continha a seguinte letra de um grupo chamado Bully Boys: "Garrafas de uísque/ bastões de beisebol/ caminhonetes/ e bandeiras rebeldes/ nós vamos para a cidade à noite/ bater e fugir/ vamos nos divertir/ temos crioulos em fuga". E em uma música chamada "Wrecking Ball", a banda H8Machine aconselha as crianças a "destruir todos os inimigos", prometendo que "as melhores coisas vêm para aqueles que odeiam" (SPLC, 2004). Os grupos de ódio também usam as redes sociais, como o Facebook, o MySpace e o YouTube, para espalhar suas mensagens de ódio e para recrutar novos membros (Turn It Down, 2009). O ódio também é espalhado pelo Twitter. No dia 1º de novembro de 2012, um usuário tuitou: "então, uma garota negra de 11 anos se matou por conta dos meus tuítes?[...] isso é outra *nigger* fora das ruas!!" (Kwok e Wang, 2013, p. 1.621).

Byron Calvert opera a Panzerfaust Records, um dos maiores rótulos de "poder branco" da nação.

discriminação Ações ou práticas que resultam em tratamento diferenciado a categorias de indivíduos.

Discriminação contra as minorias raciais e étnicas

Enquanto o preconceito se refere às atitudes, a **discriminação** se refere às ações ou práticas que resultam em tratamentos diferenciados para algumas categorias de indivíduos. Embora as atitudes preconceituosas frequentemente venham acompanhadas de comportamento ou prática discriminatórios, um pode ficar mais evidente sem o outro.

Discriminação individual *versus* discriminação institucional

A **discriminação individual** ocorre quando alguns indivíduos tratam alguém de maneira injusta ou desigual por ele ser membro de um grupo. A discriminação pode ser aberta ou adaptativa. Na **discriminação aberta,** os indivíduos discriminam por meio das suas próprias atitudes preconceituosas. Por exemplo, um locatário pode se recusar a alugar para uma família mexicana americana porque tem preconceito contra os mexicanos americanos. Ou um universitário americano de Taiwan que divide um dormitório com um afro-americano pode pedir um novo colega de quarto, pelo preconceito que tem contra negros.

Suponha que uma família cubana americana queira alugar um apartamento em um bairro cuja predominância seja de não hispânicos. Se o locatário tiver preconceito contra os cubanos e não permitir que a família alugue o apartamento, ele estará engajado em uma discriminação aberta. Mas e se o locatário não tiver preconceito contra os cubanos, mas ainda assim se recusar a alugar para a família cubana? Talvez esse locatário esteja engajado na **discriminação adaptativa,** ou discriminação baseada no preconceito dos outros. Nesse exemplo, o locatário pode temer que os inquilinos que tenham preconceito em relação aos cubanos possam se mudar para outro prédio ou bairro, deixando-o sem apartamentos alugados. As discriminações adaptativas e abertas podem coexistir.

A **discriminação institucional** refere-se às políticas e procedimentos institucionais que resultam em tratamento e oportunidades desiguais para as minorias. A discriminação institucional é secreta e insidiosa, mantendo as minorias em uma posição de subordinação na sociedade. Por exemplo, quando as escolas usam os testes-padrão de inteligência para decidir quais crianças serão colocadas em quais escolas preparatórias, elas estão limitando o avanço da educação nas minorias cuja inteligência não é necessariamente medida pelos testes desenvolvidos com base nas experiências dos brancos de classe média. E o financiamento das escolas públicas por meio de renúncia fiscal resulta em menos financiamento para as escolas em distritos escolares pobres, onde costumam viver as minorias (veja também o Capítulo 8).

A discriminação institucional também é encontrada no sistema de justiça criminal, que prende desproporcionalmente mais pessoas negras (veja o Capítulo 4). Pelo fato de a "Guerra às drogas" ter sido travada predominantemente em comunidades pobres negras, a maioria das pessoas presas por delitos envolvendo drogas é de negros ou latinos, mesmo que as pessoas negras não sejam mais propensas a usar ou vender drogas do que os brancos (Alexander, 2010). Milhões de pessoas negras são rotuladas como bandidos, por terem cometido crimes menores, como delitos por drogas não violentos. Devido às leis de cassação aos criminosos, esses infratores rotulados perdem o direito de votar e são automaticamente excluídos dos júris. Eles também podem ser legalmente discriminados quando procuram emprego e moradia, ou mesmo no acesso à educação e aos benefícios públicos, assim como seus avós e bisavós eram discriminados durante a era Jim Crow (Alexander, 2010).

Outro exemplo de discriminação institucional está ligado ao direito ao voto. Em junho de 2013, a Suprema Corte dos EUA, em *Shelby County vs. Holder*, determinou que a Seção 4 da Lei do Direito ao Voto – que determinava quais estados e jurisdições seriam cobertos pela Seção 5 – fosse invalidada. A Seção 5 exige que os estados com um registro histórico de práticas discriminatórias recebam uma pré-autorização do governo federal antes de fazer alterações nas leis e procedimentos de voto. Poucos meses depois da decisão, seis estados sulistas já tinham aprovado uma legislação que impunha novas restrições de voto que afetariam desproporcionalmente as minorias. A Carolina do Norte – um dos estados afetados pela Seção 5 – foi a primeira a aprovar a legislação que efetivamente suprimia o voto entre as minorias. O projeto de lei da Carolina do Norte foi promulgado com rigorosos requisitos de identificação dos eleitores, terminando com o dia das eleições, cortando a votação antecipada e tornando mais difícil se registrar para votar.

discriminação individual Ocorre quando indivíduos tratam outros de forma injusta ou desigual, devido ao grupo ao qual estes pertencem.

discriminação aberta Discriminação que acontece devido às próprias atitudes preconceituosas do indivíduo.

discriminação adaptativa Discriminação que se baseia no preconceito de outras pessoas.

discriminação institucional Discriminação na qual políticas e procedimentos institucionais resultam em desigualdade de tratamento e de oportunidades para minorias.

Discriminação no trabalho

Apesar das leis contrárias, a discriminação contra as minorias acontece hoje em todos os momentos no trabalho, desde o recrutamento até a entrevista, a oferta de vagas, o salário, a promoção e as decisões de demissão. Um sociólogo da Universidade de Northwestern estudou o tratamento que os empregadores da divisão de trabalho dão aos requerentes de emprego em Milwaukee, Wisconsin, por meio dos "testes" realizados com os candidatos, separados em quatro grupos: negros com histórico criminal, negros sem histórico criminal, brancos com histórico criminal e brancos sem histórico criminal (Pager, 2003). Na verdade, nenhum dos candidatos tinha uma ficha criminal. Eles foram treinados para se comportar de forma semelhante no processo de candidatura e os currículos foram enviados para o mesmo conjunto de empregadores. O estudo descobriu que os brancos sem ficha criminal tinham mais probabilidade de ser chamados para uma entrevista (34%) e os negros com ficha criminal eram os que tinham menos chance de ser chamados de volta (5%). Mas, surpreendentemente, os brancos com ficha criminal (17%) tinham mais chance de ser chamados para uma entrevista do que os negros *sem* ficha criminal (14%). O pesquisador concluiu que "os efeitos poderosos do racismo continuam a afetar diretamente as decisões no mundo do trabalho, contribuindo para a persistência da desigualdade racial" (Pager, 2003, p. 960).

A discriminação na contratação pode não ser intencional. Por exemplo, muitos empresários dependem dos colaboradores existentes para recrutar uma pessoa nova. A contratação boca a boca é eficiente e não tem custo; algumas companhias oferecem bônus aos colaboradores que trazem novas pessoas. Mas em uma contratação tradicional, é comum a exclusão das minorias, porque elas não costumam ter uma rede de amigos e familiares em cargos mais elevados de emprego que pode recrutá-las (Schiller, 2004).

A discriminação no mundo do trabalho contribui para as altas taxas de desemprego e baixos salários entre os negros e hispânicos em comparação com os brancos (veja os Capítulos 6 e 7). Os baixos níveis de educação e instrução entre os grupos minoritários são algumas, mas não todas, as desvantagens que eles experimentaram na busca por emprego e renda. Como mostrado na Figura 9.6, a média salarial dos brancos é superior à dos negros, hispânicos e asiáticos na maioria dos níveis de escolaridade. E entre os jovens graduados (que não têm pós-graduação nem estão na faculdade), o desemprego é notadamente maior entre as minorias raciais e étnicas em comparação com os brancos. Em um relatório sobre as perspectivas de emprego dos jovens recém-formados, os autores explicaram que "ter uma quantidade equivalente de ensino superior e uma falta de experiência anterior de trabalho ainda não gera paridade na taxa de desemprego entre todas as raças e etnias. Isso sugere que outros fatores podem estar em jogo, tais como as minorias não terem igualdade de acesso às redes profissionais informais, que, muitas vezes, levam a oportunidades de emprego, e/ou a discriminação contra as minorias raciais e étnicas" (Shierholz et al., 2013, p. 11).

A discriminação no ambiente de trabalho inclui tratamento injusto e assédio. Os afro-americanos que trabalham na A.C. Widenhouse – uma empresa de transporte de caminhões sediada na Carolina do Norte – foram repetidamente submetidos aos comentários depreciativos e insultos raciais por funcionários e gerentes. Esses comentários insultuosos e humilhações incluem "n----r", "macaco" e "boy" (EEOC, 2011). Um funcionário foi abordado por um colega de trabalho que estava segurando um nó e disse: "Isso é para você. Você gostaria de pendurar na árvore da família?" Um gerente disse para um funcionário: "Vamos caçar guaxinim, você gostaria de ser o guaxinim?"

Discriminação e segregação na moradia

Antes da Lei de Moradia de 1968 e da Lei da Oportunidade de Crédito Igualitária de 1974, a discriminação contra as minorias no financiamento e no aluguel das moradias era comum. Os bancos e as empresas de financiamento costumavam estar envolvidos com o *"redlining"* – a prática de negar empréstimos hipotecários em bairros de minorias com a premissa de que o risco financeiro era muito alto, e os padrões éticos da Association of Real Estate Boards proibiam seus membros de colocar as minorias nos bairros de brancos.

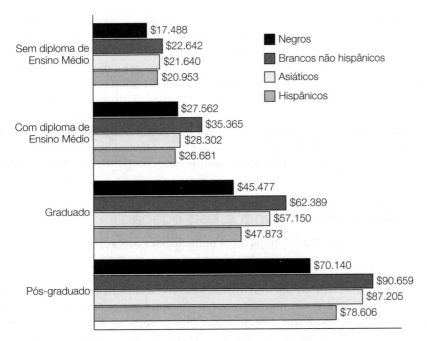

Figura 9.6 Salários médios dos trabalhadores de 18 anos ou mais, por nível de escolaridade, raça e origem hispânica, 2011

Fonte: U.S. Census Bureau, 2013.

Embora a discriminação em relação à moradia seja ilegal, ela não é incomum. Para avaliar essa discriminação, os pesquisadores usaram um teste de comparação aos pares, no qual dois indivíduos – um de uma minoria e outro não – são treinados para se apresentar como interessados em uma casa, e eles interagem com corretores de imóveis de verdade, locatários, agentes de aluguel e credores hipotecários para ver como são tratados. São atribuídos a esses participantes um rendimento semelhante ou idêntico, ativos e dívidas, bem como as preferências de habitação comparáveis ou idênticas, a situação familiar, a educação e as características do trabalho. Um teste de comparação aos pares estudou a discriminação em moradias em 23 áreas metropolitanas e descobriu que brancos no mercado de arrendamento eram mais propensos a receber informações sobre unidades habitacionais disponíveis e tiveram mais oportunidades para inspecionar as unidades disponíveis do que negros e hispânicos (Turner et al., 2002). A incidência de discriminação foi maior entre os hispânicos do que entre os negros. O mesmo estudo descobriu que, no mercado de venda de moradia, os compradores brancos têm mais probabilidade de inspecionar moradias disponíveis em bairros predominantemente não hispânicos e brancos do que os compradores negros e hispânicos. Os brancos também tinham mais probabilidade de receber informações e assistência financeira.

Em um estudo sobre discriminação em moradia na Filadélfia, Massey e Lundy (2001) descobriram que, em comparação com os brancos, os afro-americanos tinham menos possibilidade de um agente de locação retornar suas chamadas, de serem informados de que uma unidade estava disponível, mais propensos a pagar taxas de inscrição e a ter crédito mencionado como um problema potencial na qualificação para um contrato de arrendamento. O sexo e a classe social exacerbam os efeitos raciais. Negros de classe social baixa têm menos acesso a moradias de aluguel do que os negros de classe média, e as mulheres negras têm ainda menos acesso do que os homens negros. Mulheres negras de classe baixa são as que têm mais desvantagens no grupo. Elas têm menos probabilidade de contatar e falar com um agente de aluguel e, mesmo que façam contato, têm menos probabilidade de saber de uma unidade disponível. Mulheres negras de classe baixa são as que têm mais chance de pagar uma taxa de inscrição. Em média, as mulheres negras de classe baixa gastaram US$ 32 a mais por aplicação do que os homens brancos de classe média.

Apesar de a discriminação na moradia continuar, as taxas da casa própria entre as minorias e os grupos de baixa renda aumentaram substancialmente na década de 1990, atingindo taxas recordes em muitas cidades centrais. No entanto, as taxas dos donos de imóveis das minorias e das classes baixas ainda estão muito aquém da taxa global da casa própria. Além disso, muitos dos ganhos nas taxas das minorias e dos proprietários de moradias de baixa renda são devidos ao aumento nos *empréstimos subprime* – com altas taxas de juros oferecidas aos mutuários que têm pouco (ou nenhum) registro de crédito (Williams et al., 2005).

A segregação residencial dos grupos étnicos e raciais ainda persiste. Quase um quarto de todos os setores censitários dentro das maiores áreas metropolitanas dos Estados Unidos tem mais de 90% de brancos, e 12% têm mais que 90% compostos por minorias (Turner e Fortuny, 2009).

Discriminação educacional e segregação

Tanto a discriminação institucional quanto a individual na educação afetam negativamente as minorias raciais e étnicas e ajudam a explicar por que as minorias (com exceção dos ásio-americanos) tendem a atingir níveis mais baixos de sucesso profissional e acadêmico (veja também o Capítulo 8). A discriminação institucional é evidenciada pelas desigualdades nos fundos escolares – uma prática que, desproporcionalmente, atinge os estudantes pertencentes a grupos minoritários (Kozol, 1991). É mais provável que as minorias vivam em áreas economicamente mais desvantajosas do que os brancos e que elas frequentem escolas que recebam fundos insuficientes. As escolas das áreas pobres das cidades, que servem principalmente os estudantes das minorias, recebem menos dinheiro por estudante do que as escolas com mais influência, localizadas principalmente nas áreas brancas.

Outra política educacional institucional que é vantajosa para os brancos é a que dá preferência às inscrições em faculdades de alunos que já tiveram pais ou avós estudando nelas. A esmagadora maioria dos alunos com as melhores classificações nas universidades e faculdades é branca. Então, as inscrições dos estudantes brancos são as primeiras beneficiadas pelas chamadas políticas de admissão herdadas. Entre 10% e 15% dos estudantes na maioria das faculdades da Ivy League e das universidades são filhos de ex-alunos. A Universidade de Harvard aceita cerca de 11% dos seus alunos por meio das inscrições gerais, mas a taxa de admissão é de 40% para os candidatos legados (Schmidt, 2004). Como resultado da pressão dos legisladores estaduais e dos ativistas dos direitos das minorias, em 2004, a Texas A&M University tornou-se a primeira universidade pública a abandonar sua política de admissão legada.

As minorias também enfrentam discriminação individual nas escolas como resultado do contínuo preconceito entre os professores. Em uma pesquisa conduzida pelo Southern Poverty Law Center, foi perguntado para 1.100 educadores se eles tinham escutado comentários racistas dos seus colegas no último ano. Mais de um quarto dos participantes respondeu "sim" ("Hear and Now", 2000). É provável que os professores sejam preconceituosos com as minorias, discriminando-as e dando-lhes menos incentivo e atenção no ensino.

As minorias raciais e étnicas também são tratadas de maneira injusta nos materiais escolares, como nos livros didáticos, que muitas vezes distorcem a história e a herança das pessoas negras (King, 2000). Por exemplo, Zinn (1993) observou: "Enfatizar o heroísmo de Colombo e dos seus sucessores como navegadores e descobridores, mas não enfatizar seu genocídio, não é uma necessidade técnica, mas sim uma escolha ideológica. Ela serve, involuntariamente, para justificar o que foi feito" (p. 355).

Por fim, as minorias raciais e étnicas são amplamente isoladas dos brancos em um sistema escolar em grande parte segregado. As escolas dos EUA nos anos 2000-2001 eram mais segregadas do que nos anos 1970 (Orfield, 2001). A segregação escolar é em grande parte devida à persistência da segregação habitacional e à rescisão dos planos de dessegregação ordenados pelo tribunal. O mandato judicial dos ônibus escolares tornou-se um meio para alcançar a igualdade da educação e da integração escolar no início dos anos 1970, depois de a Suprema Corte dos Estados Unidos (em *Swann vs. Charlotte-Mecklenburg*) endossar a prática para dessegregar as escolas. Porém, nos anos 1990, os tribunais inferiores levantaram ordens de dessegregação em dezenas de distritos escolares (Winter, 2003). E, em 2007, a Suprema Corte emitiu uma decisão histórica, em uma votação apertada por 5 a 4, pela qual a raça deixou de ser um fator decisivo para a entrada das crianças nas escolas públicas. A decisão coloca em risco planos semelhantes em centenas de distritos em todo o país e ainda restringe a forma como os sistemas de escolas públicas podem alcançar a diversidade racial. A segregação racial e étnica nas escolas suburbanas dos EUA tem declinado levemente, assim como a porcentagem de estudantes dos grupos minoritários nas escolas dos subúrbios cresceu de 28%, em 1993-94, para 41%, em 2006-07 (Fry, 2009).

Crimes de ódio

Em junho de 2011, James Craig Anderson, um afro-americano de 49 anos, trabalhador da indústria automobilística, foi assaltado, agredido e atropelado por um caminhão perto de um hotel em Jackson, Mississippi. Deryl Dedmon, o adolescente de 18 anos que dirigia o caminhão que atropelou Anderson, e um grupo de outros adolescentes brancos estavam alegadamente à procura de uma pessoa negra para assaltar quando encontraram Anderson. Durante o ataque brutal, que foi registrado pelas câmeras de segurança de um hotel, ofensas raciais foram utilizadas, e depois Dedmon sustentou que "apenas largou o n----- lá". (Associated Press, 2011).

O assassinato de James Craig Anderson é um exemplo de **crime de ódio** – um ato ilícito de violência motivada por preconceito. Exemplos de crimes de ódio, também conhecidos como "crimes motivados pelo preconceito", incluem intimidação (por exemplo, ameaças), destruição ou dano de propriedade, agressão física e assassinato.

De acordo com o Federal Bureau of Investigation (FBI), que publica as estatísticas de crimes de ódio anualmente desde 1995, o número desses crimes tem variado entre cerca de 6 mil a 10 mil por ano. Entretanto, esse número pode ser maior, porque (1) nem todas as jurisdições reportaram os crimes de ódio ao FBI (o relato é voluntário); (2) é difícil provar que os crimes sejam motivados por ódio ou preconceito; (3) as agências de aplicação da lei evitam classificar crimes como crimes de ódio, porque deixa sua comunidade "mal"; e (4) as vítimas costumam relutar em reportar os crimes de ódio para as autoridades. A National Crime Victimization Survey revelou que a incidência de crimes de ódio é entre 25 e 40 vezes maior do que os números do FBI. De acordo com os dados recentes da National Crime Victimization Survey, mais de 250 mil pessoas com 12 anos ou mais são vítimas de crimes de ódio por ano nos Estados Unidos, e a maioria desses crimes – cerca de dois em três – não é informada à polícia ("DOJ study: hate crimes more prevalent than previously known", 2013).

Os dados de crimes de ódio do FBI revelam que a maioria desses crimes é baseada em preconceito racial, primeiro contra negros, seguido pelos brancos (veja a Figura 9.7). A maioria dos crimes de ódio motivados por preconceitos religiosos é contra os judeus, e a maioria dos crimes de ódio motivados por preconceitos étnicos é contra os hispânicos e são largamente motivados pelo ódio aos imigrantes (veja a seção *O lado humano*).

crime de ódio Ato ilícito de violência motivada por preconceito.

Em 2013, o Departamento de Justiça dos EUA anunciou que iria começar a coleta de dados sobre crimes de ódio contra os *sikhs* e seis outros grupos (hindus, árabes, budistas, mórmons, testemunhas de Jeová e cristãos ortodoxos). Essa decisão aconteceu após um crime de ódio em 2012: um tiroteio que matou seis pessoas em um templo *sikh* na área de Milwaukee. Foi cometido por um homem ligado a um grupo de supremacia branca (Associated Press, 2013). Depois do ataque terrorista de 11 de setembro de 2001, os crimes de ódio contra os muçulmanos ou pessoas do Oriente Médio cresceram significativamente. Mais da metade dos 7 milhões de muçulmanos que vivem nos Estados Unidos (indivíduos

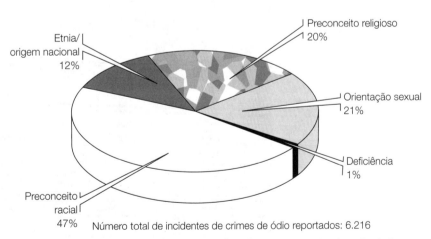

Figura 9.7 Incidência de crime de ódio por categoria de preconceito (arredondada para a porcentagem mais próxima)

Fonte: FBI, 2012.

que aderiram à religião do Islã) disse que já vivenciou preconceito ou discriminação depois do 11 de Setembro (Morrison, 2002). O preconceito antimuçulmanos e anti-Islã – comumente conhecido como **islamofobia** – foi reavivado após a proposta de construção de um centro cultural islâmico no Marco Zero do 9/11 e novamente em 2013, depois da bomba na Maratona de Boston, colocada por dois irmãos que reportaram que foram motivados por uma versão antiamericana radical do Islã. A islamofobia é baseada na ignorância e em um mal-entendido em relação ao Islã. O professor da Georgetown John L. Esposito (2011) explica:

> A islamofobia é baseada na ignorância e em um mal-entendido em relação ao Islã.

> Os muçulmanos americanos têm sido muitas vezes, de forma imprecisa, vistos como sinônimo de terroristas e de pessoas que rejeitam a democracia [...] a maioria dos muçulmanos no mundo deseja a democracia e a liberdade e teme e rejeita o extremismo religioso e o terrorismo.

Motivações para os crimes de ódio. Levin e McDevitt (1995) descobriram que as motivações para os crimes de ódio são de três tipos distintos: emoção, defensiva e missão. Emoção são os crimes cometidos por criminosos que estão buscando excitação e atacam as vítimas por "diversão". Os crimes de ódio defensivos envolvem criminosos que acreditam que seus ataques sejam necessários para proteger sua comunidade, ambiente de trabalho ou *campus* da faculdade de "estrangeiros" ou para evitar que sua pureza racial e cultural seja "contaminada" pelo casamento inter-racial e pela gestação. Os crimes de ódio por missão são perpetrados por membros de grupos de supremacia branca ou outros criminosos que dedicaram suas vidas ao fanatismo. Os grupos de ódio conhecidos por se engajar em crimes violentos incluem a Ku Klux Klan, o Identity Church Movement, os neonazistas e os *skinheads*. O Southern Poverty Law Center identificou 1.007 grupos de ódio em 2012 – um crescimento significativo desde 2000, quando havia 602 grupos de ódio nos Estados Unidos (SPLC, 2013a). Embora alguns membros dos grupos de ódio sejam facilmente identificáveis, com suas tatuagens e braçadeiras específicas, muitos outros não são. O criminologista Jack Levin, que estuda os crimes de ódio, observou que "muitos grupos de supremacia branca estão ficando populares [...], eliminando as vestimentas e braçadeiras [...] Os grupos perceberam que, se quiserem ser atraentes à classe média, precisam olhar a classe média" (extraído

islamofobia Preconceito contra muçulmanos e o Islã.

Esta demonstração pública em Nova Iorque foi feita para mostrar apoio a um centro cultural islâmico perto do Marco Zero.

de Leadership Council on Civil Rights Education Fund, 2009, p. 19). Alguns grupos de ódio anti-imigrantes, como a Federation for American Immigration Reform (Fair), o Center for Immigration Studies (CIS) e o NumbersUSA, portam-se como defensores legítimos contra a imigração ilegal, mas "algumas dessas organizações têm ligações incômodas com os movimentos extremistas e anti-imigração" (p. 14).

Ódio no *campus*. Em 2013, a Faculdade Oberlin, em Ohio, cancelou as aulas para abordar uma série de incidentes raciais que foram relatados no *campus*, incluindo vários cartazes e panfletos contendo linguagem de ódio e relatos de que alguém vestido como a Ku Klux Klan andava pelo *campus* (Ly, 2013). No mesmo ano, um ursinho preto foi pendurado por uma corda no escritório de um professor negro da Universidade de Northwestern. De acordo com o FBI, praticamente um em cada dez crimes acontece nas escolas e faculdades (FBI, 2012). Nos grupos de discussão com alunos negros em uma grande universidade predominan-

O lado humano — Ódio anti-imigrante: a experiência de um imigrante

Domingo Lopez Vargas deixou a sua fazenda em uma aldeia muito pobre da Guatemala para ir aos Estados Unidos, onde esperava ganhar uma razoável quantia para sua esposa e os seus nove filhos. Depois de colher laranjas na Flórida, ele se mudou para a Geórgia, onde o setor da construção estava crescendo e atraindo os imigrantes. Assim como muitos dos seus conterrâneos, Vargas estava legalizado, o que o ajudou a encontrar trabalhos estáveis. Quando o trabalho acabou, Vargas se juntou aos mais de 100 mil *jornaleros* – trabalhadores diaristas –, que esperam os trabalhos de paisagismo e construção nas esquinas e em frente a lojas de conveniência em toda a Geórgia. Normalmente, diversos caminhões apareciam, oferecendo entre US$ 8 e US$ 12 por hora para cavar, plantar, pintar ou martelar. Mas, naquele dia, nada. No fim da tarde, Vargas se cansou de esperar no frio, por isso resolveu caminhar até um supermercado para comprar algumas coisas.

"Eu peguei leite, xampu e pasta de dentes", Vargas recordava. "Quando estava indo embora, esse caminhão parou na minha frente e disse 'Você quer trabalho?' [...] Eu disse sim, por quanto? Ele disse US$ 9 por hora. Eu não perguntei o trabalho. Só queria trabalhar, então disse sim."

Até aquela tarde, Vargas disse, "os norte-americanos tinham sido muito simpáticos comigo" – o que pode explicar por que não estava preocupado que os quatro homens da picape parecessem jovens demais para estar dirigindo. Ou por que ele não pensou duas vezes ao subir na picape tão perto do anoitecer. "Eu aceitei a oferta porque sabia

Domingo Lopez Vargas, um imigrante diarista, foi brutalmente espancado em um crime de ódio em Canton, Geórgia.

que algumas vezes as pessoas não paravam de trabalhar até␣as␣9 da noite", ele disse.

Os quatro homens jovens, todos estudantes do ensino médio, levaram Vargas para um lugar distante, cheio de lixo. "Eles me disseram para pegar algumas sacolas plásticas que estavam no chão. Eu achei que esse era o meu trabalho, limpar o lixo. Mas quando me inclinei para pegá-lo, senti alguém me bater por trás com um pedaço de madeira, nas minhas costas." Era apenas o início de uma surra de 30 minutos que deixou Vargas machucado e sangrando entre o pescoço e as coxas. "Eu achei que ia morrer," ele disse. "Tentei levantar, mas não consegui". Finalmente, depois que ele entregou todo o dinheiro em sua carteira, US$ 260, juntamente com o seu pingente de Virgem Maria, os adolescentes fugiram.

Como resultado das lesões sofridas pelas agressões, Vargas não pôde trabalhar por quatro meses e teve de pagar US$ 4.500 em despesas médicas. Em alguns momentos, ele ainda fica intrigado sobre os motivos dos ataques. "Eles eram jovens", especula, "e talvez não tivessem educação suficiente. Ou talvez as suas famílias [...] lhes ensinaram a matar pessoas, e foi isso o que eles aprenderam."

Por ter de desistir do trabalho por diárias, Vargas trabalha no turno da noite com o corte de galinhas na fábrica Tyson, que fica nas proximidades, estremecendo com a dor que invade todo o seu braço direito quando ele corta um frango. Mas é apenas temporário, ele diz. "Eu liguei para minha mulher e contei para ela o que aconteceu. Ela me disse para voltar para a Guatemala. Eu gostaria, mas não tenho dinheiro suficiente para voltar, e os policiais me falaram para não sair do país, porque eles ainda precisam de mim para o caso. E depois que for encerrado, vou voltar para a minha família."

Fonte: MOSER, Bob. The battle of 'Georgiafornia.' *Southern Poverty Law Center's Intelligence Report*, n. 116, p. 40-50, 2004. Copyright © 2004. Reimpresso com a permissão do Southern Poverty Law Center.

temente branca, os alunos relataram ser comum ouvir piadas e insultos raciais e encontrar insultos raciais escritos nas portas dos quartos, no *hall* de residência, nas salas de estudo e nos elevadores (Harwood et al., 2012). Os estudantes também disseram que os andares residenciais com grande número de minorias são inferiores (por exemplo, são antigos e sem ar-condicionado) e rotulados por nomes como "centro das minorias" e "os projetos".

Estratégias de ação: reação ao preconceito, ao racismo e à discriminação

Devido às tensões raciais e étnicas que existem no mundo, as estratégias para combater o preconceito, o racismo e a discriminação ao redor do mundo exigem cooperação e compromisso internacionais. A Conferência Mundial contra o Racismo, a Discriminação Racial, a Xenofobia e a Intolerância, que aconteceu em Durban, na África do Sul, em 2001, exemplifica os esforços internacionais para reduzir as tensões étnicas e raciais e as desigualdades, para aumentar a harmonia entre as várias populações étnicas e raciais no mundo. Infelizmente, a delegação dos EUA se retirou dessa conferência em razão da expectativa de que a linguagem de ódio seria usada contra Israel (devido ao conflito Israel-Palestina).

Nas seções seguintes, discutiremos qual é o papel da Equal Employment Opportunity Commission na resposta à discriminação no mercado de trabalho e analisaremos a questão da ação afirmativa nos Estados Unidos. Também discutiremos as estratégias educacionais para promover a diversidade, a consciência e a apreciação multicultural nas escolas. Por fim, pensaremos nas desculpas e reparações como um meio de alcançar a reconciliação racial.

Equal Employment Opportunity Commission

A **Equal Employment Opportunity Commission (EEOC)**, uma agência federal norte-americana encarregada de acabar com a discriminação no mercado de trabalho nos Estados Unidos, é responsável por reforçar as leis contra a discriminação, incluindo o Título VII da Lei dos Direitos Civis de 1964, que proibia a discriminação no trabalho com base na raça, na cor, na religião, no sexo ou na nacionalidade. A EEOC investiga, media e pode assinar os processos contra as empresas privadas em nome das supostas vítimas de discriminação. Os pedidos mais frequentes em nome da EEOC são alegações de discriminação racial, assédio racial ou retaliação de oposição à discriminação racial.

Em 2007, a EEOC lançou uma iniciativa nacional para combater a discriminação racial no local de trabalho. Os objetivos dessa iniciativa, chamada E-RACE (Eradicating Racism And Colorism from Employment), eram (1) identificar os fatores que contribuem para o racismo e a discriminação pela cor, (2) explorar estratégias para melhorar o tratamento administrativo e contencioso de raça e cor nos casos de discriminação e (3) aumentar a conscientização pública sobre a discriminação por raça e cor no emprego.

Ações afirmativas

Uma **ação afirmativa** refere-se a uma ampla gama de políticas e práticas no local de trabalho e instituições de ensino para promover a igualdade de oportunidades e a diversidade. É uma tentativa de compensar os efeitos das discriminações passadas e prevenir a discriminação atual contra as mulheres e minorias raciais e étnicas. Os veteranos e as pessoas com deficiência também podem estar enquadrados nessas ações. As políticas federais de ação afirmativa desenvolvidas na década de 1960 exigem que qualquer empregador (universidades e empresas também) que recebesse contratos do governo federal devia fazer "esforços de boa-fé" para aumentar o número de minorias e mulheres qualificadas, por meio da ampliação de programas de recrutamento e treinamento (U.S. Department of Labor, 2002).

No ensino superior, as políticas de ação afirmativa procuram melhorar o acesso à educação para aqueles grupos que foram historicamente excluídos ou sub-representados, tais como as mulheres e as minorias raciais/étnicas. Os defensores das ações afirmativas no ensino superior veem a sub-representação das minorias como um problema. Considere-se

---

Equal Employment Opportunity Commission (EEOC) Agência federal americana encarregada de acabar com a discriminação de trabalhadores nos Estados Unidos e responsável por aplicar leis contra a discriminação, incluindo o Título VII da Lei dos Direitos Civis de 1964, que proíbe a discriminação de trabalhadores com base em raça, cor, religião, sexo ou origem.

ação afirmativa Ampla gama de políticas e práticas no local de trabalho e em instituições educacionais para promover oportunidades iguais e a diversidade.

que, em 1965, apenas 5% dos alunos de graduação, 1% dos estudantes de direito e 2% dos estudantes de medicina no país eram afro-americanos (NCSL, 2013). Ao longo das últimas décadas, as faculdades e universidades implementaram políticas de ação afirmativa destinadas a recrutar e admitir mais estudantes das minorias, e essas políticas têm tido sucesso no aumento da matrícula desses estudantes, embora as diferenças raciais/étnicas na matrícula na faculdade permaneçam (veja também o Capítulo 8).

Em 1978, a Suprema Corte decidiu, em *Regents of the University of California vs. Bakke*, marcar o começo de uma série de desafios judiciais ligados às ações afirmativas. Embora o tribunal tenha decidido que os programas de ação afirmativa não poderiam usar cotas fixas para admissão, contratação, promoção ou nas políticas, ele também determinou o direito das universidades e dos empregadores de considerar a raça como um fator na admissão, contratação e promoção, com o intuito de alcançar a diversidade. Desde o caso *Bakke*, inúmeras batalhas legais têm desafiado as ações afirmativas. Em 2013, a Suprema Corte decidiu, em *Fisher vs. Universidade do Texas*, que as universidades poderiam procurar a diversidade racial, mas também deveriam demonstrar que as alternativas que desconsiderassem a raça para alcançar a diversidade não são suficientes (Kahlenberg, 2013). Inúmeras faculdades e universidades já desenvolveram soluções criativas nas políticas de admissão para aumentar a sua população estudantil pertencente aos grupos minoritários. Algumas universidades estão usando uma abordagem "holística de admissões", que considera as circunstâncias únicas de cada aluno, priorizando não só os fatores acadêmicos, mas outros, incluindo raça. Outras universidades usam o "plano de 10%", como uma forma de manter a inscrição das minorias. Os estudantes de ensino médio que estão entre os 10% de melhor desempenho em suas classes são admitidos automaticamente nas faculdades ou universidades públicas da sua escolha; os resultados dos testes-padrão são considerados, assim como outros fatores. Outra maneira é aumentar os pacotes de ajuda financeira aos estudantes de baixa renda, os quais beneficiam todos os alunos provenientes de contextos economicamente desfavorecidos, independentemente da raça/etnia.

As batalhas legais relacionadas com as ações afirmativas provavelmente continuarão a ser uma questão controversa entre os norte-americanos. Uma pesquisa da Gallup descobriu que 51% dos brancos, 76% dos negros e 69% dos hispânicos são favoráveis aos programas de ação afirmativa para as minorias raciais, com os democratas sendo duas vezes mais propensos do que os republicanos a defender as ações afirmativas (Jones, 2013). Entretanto, essa mesma pesquisa descobriu que quando questionados sobre as políticas de admissão nas faculdades, apenas 28% dos adultos dos EUA concordam que "a origem racial ou étnica de um candidato deve ser considerada para ajudar a promover a diversidade nos *campi* universitários". Os negros foram os que mais concordaram (48%) em relação aos hispânicos (31%) e aos brancos (22%).

Estratégias educacionais

As escolas e universidades desempenham um importante papel no sucesso das minorias na escola e no mercado de trabalho. Uma maneira de ampliar as chances de sucesso acadêmico é reduzir ou eliminar as disparidades nos fundos escolares. Como colocado anteriormente, as escolas dos distritos mais pobres – onde vivem predominantemente as minorias – comumente recebem menos dinheiro por aluno do que as escolas nos distritos das classes média e alta (onde vivem, principalmente, os estudantes brancos). Outras estratégias educacionais estão focadas na redução do preconceito, do racismo e da discriminação, promovendo a conscientização e a valorização da diversidade racial e étnica. Essas estratégias incluem a educação multicultural, os *whiteness studies*[1] e os esforços para aumentar a diversidade entre as populações estudantis.

---

[1] N.R.T.: *Whiteness studies* são uma tentativa de traçar como os produtos culturais (artes plásticas, propaganda, literatura etc.) foram, ao longo do tempo, gerando a imagem de que os brancos são melhores que os outros grupos raciais.

Educação multicultural nas escolas e comunidades. Nas escolas por toda a nação, a educação multicultural, que abrange uma série de programas e estratégias, trabalha combatendo mitos, estereótipos e a ignorância sobre as minorias, para promover tolerância e apreciação da diversidade, e inclui grupos minoritários no currículo escolar (veja também o Capítulo 8). Com a educação multicultural, o currículo escolar se reflete na diversidade da sociedade norte-americana e estimula a consciência e a valorização das contribuições dos diferentes grupos raciais na cultura dos EUA. O programa Teaching Tolerance, do Southern Poverty Law Center, publica e distribui materiais e vídeos feitos para promover a melhoria das relações entre os diversos grupos. Esses materiais são encaminhados para as escolas, faculdades, organizações religiosas e um grande número de grupos comunitários pela nação.

Muitas faculdades e universidades têm feito esforços para promover a consciência e a valorização da diversidade oferecendo cursos e programas de graduação em estudos raciais e étnicos, além de apadrinhar eventos multiculturais e organizações estudantis. Muitas faculdades obrigam os estudantes a fazer um número mínimo de matérias de graduação ligadas à diversidade. Os resultados positivos para os estudantes que fazem essas matérias sobre diversidade incluem o crescimento do entendimento racial e da consciência cultural, o aumento da interação social com os estudantes de origens raciais diferentes, a melhoria do desenvolvimento cognitivo, o aumento do apoio aos esforços para alcançar a igualdade educacional e o aumento da satisfação com a experiência acadêmica (Humphreys, 1999).

***Whiteness studies* (estudos sobre a brancura).** Tradicionalmente, os cursos que estudam as raças focam as desvantagens sociais que as minorias raciais vivenciam, ignorando ou minimizando o outro lado da equação da desigualdade racial – as vantagens sociais conferidas aos brancos. Os cursos focados em *whiteness studies*, que são oferecidos em muitas faculdades e universidades, estão centrados em entender o "branco" como uma construção social e fomentar a consciência crítica sobre os privilégios brancos – uma consciência que é limitada entre os estudantes brancos (Yeung et al., 2013). "O privilégio branco é tão fundamental, assim como em grande parte invisível, esperado e normalizado" (Picca e Feagin, 2007, p. 243). A seção *Você e a sociedade* deste capítulo pede que você reflita e explique, do seu ponto de vista, a vantagem racial branca.

Em um artigo frequentemente citado chamado "White privilege: unpacking the invisible knapsack", Peggy McIntosh (1990) fez uma relação entre o privilégio branco e a "mochila leve e invisível" que os brancos carregam com eles sem a consciência dos muitos benefícios dentro dela. Alguns dos muitos benefícios que essa autora associa ao fato de ser branco incluem as possibilidades de:

- Ir ao shopping sem ser seguido ou incomodado.
- Ter a certeza de que a cor da pele não vai transmitir que "eu não sou financeiramente confiável quando utilizar cheques ou cartões de crédito".

   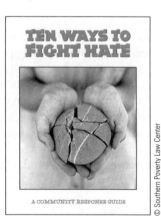

A revista *Teaching Tolerance* é um recurso gratuito disponibilizado para os professores trabalharem a tolerância em sala de aula. Outros materiais gratuitos do Southern Poverty Law Center (www.splcenter.org) disponíveis incluem o *101 Tools for Tolerance, Responding to Hate at School* e *Ten Ways to Fight Hate*.

- Xingar, usar roupas de segunda mão ou não responder cartas, sem ter pessoas atribuindo essas escolhas a moral ruim, pobreza ou analfabetismo da minha raça.
- Escapar de pessoas pedindo para eu falar em nome de todos do meu grupo social.
- Ter a certeza de que, se um guarda de trânsito me parar ou se minha declaração de IR passar por uma auditoria, não é porque eu tenha sido apontada por causa da minha raça.
- Ter um emprego em uma empresa de ação afirmativa sem ter colegas de trabalho suspeitando que eu só consegui a vaga por uma questão racial.

Diversificação na população de estudantes nas faculdades. O recrutamento e a admissão das minorias raciais e étnicas nas instituições de ensino superior podem promover relações positivas entre os diversos grupos e enriquecer a experiência educacional de todos os alunos – minorias e não minorias (American Council on Education and American Association of University Professors, 2000). A "hipótese do contato" do psicólogo Gordon Allport (1954) sugere que o contato entre os grupos é necessário para garantir a redução do preconceito entre os membros dos grupos. Garantir uma população estudantil diversificada pode proporcionar aos alunos oportunidades de contato com diferentes grupos e, assim, reduzir o preconceito. Em um estudo com 2 mil estudantes da Ucla, os pesquisadores descobriram que os estudantes que foram aleatoriamente designados para colegas de quarto de uma raça ou etnia diferentes desenvolveram atitudes mais favoráveis para com os estudantes de diferentes origens (Sidanius et al., 2010). Outro estudo descobriu que os estudantes mais expostos às diversas populações durante a faculdade tiveram mais interações inter-raciais cinco anos depois de terminarem a faculdade (Gurin, 1999).

Retrospectiva das iniciativas justas: desculpas e reparações

Em 2003, a reitora da Universidade Brown, Ruth J. Simmons, nomeou um Comitê Diretor sobre Escravidão e Justiça para investigar e elaborar um relatório público sobre a relação histórica da universidade com a escravidão e o tráfico transatlântico de escravos. Essa pesquisa concluiu que "não há dúvida de que muitos dos ativos que subscreveram a criação e o crescimento da universidade foram derivados, direta e indiretamente, da escravidão e do tráfico de escravos" (Brown University Steering Committee on Slavery and Justice, 2007, p. 13). O relatório final do comitê recomendou que a Universidade Brown reconheça e faça as reparações necessárias em razão de seus laços com o comércio de escravos.

Vários governos ao redor do mundo emitiram pedidos de desculpas oficiais por conta da opressão racial e étnica. Depois da Segunda Guerra Mundial, a Alemanha Ocidental assinou um acordo de reparações com Israel, no qual concordou em pagar pela escravidão e perseguição aos judeus durante o Holocausto e para compensar as propriedades dos judeus que os nazistas roubaram. Em 2008, o governo australiano emitiu um pedido formal de desculpas para o tratamento dos povos aborígenes do país, especificamente durante as décadas nas quais o governo removeu as crianças aborígenes de suas famílias em um programa de aculturação forçada.

Nos Estados Unidos, o presidente Gerald Ford e o Congresso pediram desculpas aos japoneses americanos por sua internação durante a Segunda Guerra Mundial, e indenizações de US$ 20 mil foram concedidas a cada internado sobrevivente que era um cidadão norte-americano ou estrangeiro residente legal no momento da internação. Em 1993, o presidente Bill Clinton pediu desculpas aos nativos do Havaí pela derrubada do governo da sua nação. Em 1994, o estado da Flórida ofereceu compensação monetária aos sobreviventes e descendentes do "massacre Rosewood" de 1993, em que uma multidão de brancos assassinou moradores negros em Rosewood, Flórida, além de incendiar a cidade. E, em 1997, o governo dos EUA ofereceu compensação monetária aos sobreviventes do estudo da sífilis não tratada de Tuskegee, em que foi recusado o tratamento médico da sífilis aos negros.

Embora várias formas de reparações tenham sido oferecidas às tribos de americanos nativos para compensar a terra que foi tomada à força ou por fraude, apenas em 2008 o Comitê do Senado sobre Assuntos Indígenas aprovou uma resolução pedindo desculpas a todas as

Você e a sociedade
Como você explica a vantagem racial branca?

Direções: Em média, os norte-americanos brancos têm empregos, salários e casas melhores do que os outros. Quão importante é cada um dos seguintes fatores na explicação das vantagens sociais de ser branco? Indique sua resposta usando o código a seguir, colocando a sua resposta no espaço estabelecido.

Muito importante = 3
Um pouco importante = 2
Não muito importante = 1
Sem importância = 0

RESPOSTAS

1. Preconceito e discriminação favorecendo os brancos _____
2. Leis e instituições que favorecem mais os brancos do que qualquer outro grupo _____
3. Acesso às melhores escolas e conexões sociais _____
4. Esforço e trabalho duro _____

Interpretação e comparação de dados: Os resultados de uma amostra nacionalmente representativa de adultos dos EUA são fornecidos a seguir, divididos pelas raças e a origem hispânica (Croll, 2013). As três primeiras explicações para a vantagem racial branca são estruturais e medem a crença no privilégio branco e indicam a consciência de como esses mesmos fatores, que são desvantagens para as minorias, beneficiam os brancos. A última explicação ("Esforço e trabalho duro") é uma explicação individualista, que determina a vantagem racial branca como resultado de os brancos terem trabalhado mais do que as outras raças.

	Brancos	Negros	Hispânicos	Outros
1. Preconceito e discriminação favorecendo os brancos				
Muito importante	18%	41%	25%	29%
Um pouco importante	45%	39%	47%	40%
Não muito importante	21%	6%	17%	16%
Sem importância	16%	14%	11%	15%
2. Leis e instituições que favorecem mais os brancos do que qualquer outro grupo				
Muito importante	12%	39%	31%	29%
Um pouco importante	35%	43%	42%	41%
Não muito importante	27%	9%	16%	15%
Sem importância	26%	9%	11%	15%
3. Acesso às melhores escolas e conexões sociais				
Muito importante	50%	69%	60%	58%
Um pouco importante	33%	23%	26%	31%
Não muito importante	11%	5%	13%	4%
Sem importância	6%	3%	1%	7%
4. Esforço e trabalho duro				
Muito importante	57%	45%	71%	55%
Um pouco importante	32%	30%	15%	26%
Não muito importante	7%	16%	11%	4%
Sem importância	11%	9%	3%	15%

Fonte: Adaptado de CROLL, Paul R. Explanations for racial disadvantage and racial advantage: beliefs about both sides of inequality in America. *Ethnic and Racial Studies*, v.36, n.1, p. 47-74, 2013.

tribos indígenas pelos maus-tratos e violência cometidos contra elas. Em 2008, a Câmara dos Deputados dos EUA emitiu um pedido de desculpas formal para os afro-americanos por conta da escravidão e, em 2009, o Senado dos EUA aprovou uma resolução pedindo desculpas pela escravidão, acrescentando a condição de que o pedido de desculpas oficial não pode ser utilizado para apoiar facções de restituição. A resolução "reconhece a injustiça, a crueldade, a brutalidade e a desumanidade da escravidão e das leis Jim Crow" e "pede desculpas aos afro-americanos [...] pelos erros cometidos contra os seus ancestrais, que sofreram com a escravidão e as leis Jim Crow" (CNN, 2009).

> **O que você acha?** Alguns estudiosos que buscam a reconciliação racial negros/brancos nos Estados Unidos exigem que o governo dos EUA não apenas emita um pedido de desculpas oficial, mas também forneça uma compensação monetária, além de outras compensações, para os afro-americanos (Brooks, 2004). Você acha que os afro-americanos deveriam receber compensações monetárias ou outras compensações? Por quê?

O movimento em ascensão para reparar as violações dos direitos humanos cometidas em larga escala no passado está baseado nos princípios morais de assumir a responsabilidade e tentar corrigir os erros passados. Os defensores do movimento reparador da justiça acreditam que a concessão de desculpas e reparações aos grupos que foram maltratados promove o diálogo e a cicatrização, aumenta a consciência das atuais desigualdades e estimula a ação política para remediar as injustiças atuais. Alguns dos que se opõem a esse movimento afirmam que "a preocupação com a injustiça passada é um alheamento quanto ao desafio de reparar a injustiça no presente" (Brown University Steering Committee on Slavery and Justice, 2007, p. 39).

O Comitê Diretor sobre Escravidão e Justiça da Universidade Brown (2007) examinou "as iniciativas retrospectivas da justiça" de todo o mundo e concluiu que o mais bem-sucedido combinado envolve três elementos: (1) o reconhecimento formal de uma injustiça; (2) um compromisso de dizer a verdade, para garantir que os fatos relevantes serão descobertos, discutidos e adequadamente imortalizados; e (3) a realização de algum tipo de reparação no presente para dar substância material às expressões de pesar e de responsabilidade. Na opinião da comissão, "a justiça reparadora não é um convite para 'enterrar o passado', mas sim uma maneira de a sociedade encerrar as histórias dolorosas e seguir em frente" (Brown University Steering Committee on Slavery and Justice, 2007, p. 39).

Entendendo raça, etnia e imigração

Depois de levar em consideração o material apresentado neste capítulo, qual entendimento sobre raça e etnia ficou? Primeiro, vimos que as categorias raciais e étnicas são socialmente construídas; elas são bastante arbitrárias, imprecisas e ilusórias. Embora alguns estudiosos sugiram que deveríamos abandonar os rótulos raciais e étnicos, outros defendem a adição de novas categorias – multiétnicas e multirraciais – para refletir a identidade de um segmento crescente dos EUA e da população mundial.

Os teóricos do conflito e os estrutural-funcionalistas concordam que o preconceito, a discriminação e o racismo têm beneficiado certos grupos na sociedade. Mas a desarmonia racial e étnica tem criado tensões que rompem o equilíbrio social. Os interacionistas-simbólicos observam que os rótulos negativos dos grupos minoritários, que são aprendidos nas interações com os outros, contribuem para a posição de submissão das minorias.

O preconceito, o racismo e a discriminação são forças debilitantes na vida das minorias e imigrantes. Apesar dessas forças negativas, muitos membros dos grupos minoritários conseguem ter vidas prósperas e produtivas. Mas muitos outros não conseguem superar as desvantagens sociais associadas à sua condição de minoria e se tornam vítimas de um ciclo de pobreza (veja no Capítulo 6). As minorias são desproporcionalmente pobres, recebem educação e assistência à saúde inferiores e, com a discriminação contínua no local de trabalho, têm dificuldade de melhorar seu padrão de vida.

O racismo intencional e de ódio ainda existe, mas têm-se realizado esforços a fim de estimular as pessoas a valorizar a diversidade, combater os estereótipos raciais e étnicos negativos e criar uma cultura de desaprovação social em relação às demonstrações individuais de preconceito e atos discriminatórios. As tentativas de ser "daltônico" podem ser bem-intencionadas, mas se não "vemos" raça, então também não veremos injustiças raciais ou a necessidade de remediar tais injustiças.

Alcançar a igualdade racial e étnica requer primeiro perceber como a discriminação é institucionalizada na estrutura da sociedade e, em seguida, fazer mudanças na sociedade para eliminar essa discriminação institucionalizada e oferecer oportunidades para as minorias – na educação, no mercado de trabalho, no salário e na participação política. Além disso, os formuladores das políticas relacionadas à igualdade racial e étnica devem encontrar maneiras de reduzir a disparidade de riqueza racial e étnica a fim de promover a acumulação de riqueza entre as minorias (Conley, 1999). A classe social é uma questão central nas relações raciais e étnicas. O professor e ativista bell hooks (2000) (que soletra seu nome em letras minúsculas) advertiu que se concentrar em questões de raça e gênero pode desviar a atenção da questão mais ampla da divisão de classes que separa cada vez mais os que "têm" dos que "não têm". Analisar a desigualdade de classes deve fazer parte de qualquer estratégia significativa para reduzir as desigualdades que os grupos minoritários sofrem, sugere hooks.

Fazer mudanças exige que os membros da sociedade reconheçam que as transformações são necessárias, que há um problema que necessita de retificação:

> Não se adota uma solução se o problema não é percebido. Se você acha que o racismo não é alarmante, a menos que as pessoas se vistam com lençóis ou queimem negros em hotéis e restaurantes, vai apoiar apenas as leis antidiscriminação mais cruéis e não os métodos mais refinados de ação afirmativa e diversidade de formação. (Shipler, 1998, p. 2)

A histórica eleição e reeleição do primeiro presidente não branco dos EUA e a nomeação da primeira mulher hispânica para a Suprema Corte dos EUA fizeram aumentar as esperanças de uma nova era nas relações raciais e étnicas nos Estados Unidos. Encerraremos este capítulo com um trecho da bênção que o Dr. Joseph Lowery emitiu na primeira posse do presidente Obama:

> Deus [...] pedimos que nos ajude a trabalhar para o dia em que o negro não será solicitado para voltar, quando o marrom puder ficar por perto – quando o amarelo ficar maduro – quando o homem vermelho puder permanecer à frente – e quando o homem branco puder praticar o que é certo. (extraído de Kovac, 2009)

REVISÃO DO CAPÍTULO

- **O que é um grupo minoritário?**

  Um grupo minoritário é uma categoria de pessoas que têm um acesso desigual a posições de poder, prestígio e riqueza em uma sociedade e que tende a ser alvo de preconceito e discriminação. O *status* de minoria não se baseia em representação numérica na sociedade, mas no *status* social.

- **O que se quer dizer com a ideia de que raça é socialmente construída?**

  O conceito de raça refere-se a uma categoria de pessoas que são percebidas como compartilhando características físicas distintas, que são consideradas socialmente significativas. O significado de raça não é biológico, mas social e político, porque raça é usada para separar "nós" de "eles" e se torna uma base para o tratamento desigual de um grupo por outro. Raças são invenções culturais e sociais; não são cientificamente válidas porque não são critérios objetivos, confiáveis e significativos que os cientistas podem usar para identificar agrupamentos raciais. Sociedades diferentes constroem diferentes sistemas de classificação racial e esses sistemas mudam com o tempo.

- **Quais são os vários padrões de interação que podem ocorrer quando dois ou mais grupos raciais e étnicos entram em contato?**

  Quando dois ou mais grupos raciais ou étnicos entram em contato, um de vários padrões de interação ocorre, incluindo genocídio, expulsão, segregação, aculturação, pluralismo e assimilação.

- **Começando com o censo de 2000, quais são as categorias de cinco raças usadas para identificar a composição de raça dos Estados Unidos?**

Começando com o censo de 2000, as cinco categorias de raça são (1) branco, (2) negro ou afro-americano, (3) indígena norte-americano ou nativo do Alasca, (4) asiático e (5) nativo havaiano ou de outra ilha do Pacífico. Além disso, quem responde a pesquisas federais e ao censo tem a opção de oficialmente identificar-se como sendo de mais de uma raça, em vez de selecionar apenas uma categoria racial.

- **O que é um grupo étnico?**

Um grupo étnico é uma população que tem uma herança cultural, nacionalidade ou linhagem compartilhadas. Grupos étnicos podem ser distinguidos com base na linguagem, formas de estruturas familiares e papéis dos membros da família, crenças e práticas religiosas, hábitos alimentares, formas de expressão artística como música e dança e origem nacional. A maior população étnica nos Estados Unidos é de hispânicos ou latinos.

- **Qual porcentagem da população dos EUA (em 2011) nasceu fora dos Estados Unidos?**

Mais de 1 em 10 residentes dos EUA (13%) nasceram em um país estrangeiro.

- **Qual é a função manifesta e a disfunção latente do movimento de direitos civis?**

A função manifesta da legislação de direitos civis nos anos 1960 era melhorar as condições das minorias raciais. Porém, a legislação de direitos civis produziu uma consequência inesperada ou disfunção latente. Como a legislação de direitos civis supostamente acabou com a discriminação racial, os brancos têm mais probabilidade de culpar os negros por suas desvantagens e assim perpetuar os estereótipos negativos como "os negros não têm motivação" e "os negros são menos capazes".

- **Como o preconceito contemporâneo difere do preconceito mais tradicional, "dos velhos tempos"?**

O preconceito tradicional, dos velhos tempos, é fácil de reconhecer, porque é flagrante, direto e consciente. As formas mais contemporâneas de preconceito, em geral, são sutis, indiretas e inconscientes. Além disso, expressões racistas foram para os "bastidores" em ambientes sociais privados.

- **É possível para um indivíduo discriminar sem ser preconceituoso?**

Sim. Na discriminação aberta, os indivíduos discriminam devido a suas próprias atitudes preconceituosas. Mas, às vezes, os indivíduos que não são preconceituosos discriminam devido ao preconceito de outra pessoa. Por exemplo, um balconista de loja pode observar os clientes negros de forma mais atenta, porque o gerente da loja é preconceituoso contra negros e instruiu o funcionário a prestar atenção de perto aos clientes negros. A discriminação baseada no preconceito de outra pessoa é chamada de discriminação adaptativa.

- **Por que o daltonismo é uma forma de racismo?**

O daltonismo é uma forma de racismo porque evita o reconhecimento do privilégio e da desvantagem associados à raça, portanto segue a continuação do racismo institucional.

- **As escolas norte-americanas são segregadas?**

Minorias raciais e étnicas são amplamente isoladas dos brancos em um sistema escolar cada vez mais segregado. Um estudo descobriu que as escolas dos EUA no ano escolar de 2000-2001 eram mais segregadas do que em 1970. A tendência ascendente na segregação escolar se deve a grandes aumentos na matrícula de estudantes minoritários, continuando a evasão branca de regiões urbanas, a persistência da segregação habitacional e o fim de planos de dessegregação pelos tribunais.

- **De acordo com os dados do FBI, a maioria dos crimes de ódio é motivada por quais tipos de preconceito?**

Desde que o FBI começou a divulgar os dados sobre os crimes de ódio em 1992, a maioria dos crimes de ódio está centrada nos preconceitos raciais.

- **Qual é o papel da Equal Employment Opportunity Commission (EEOC) no combate à discriminação no trabalho?**

A Equal Employment Opportunity Commission (EEOC) é a responsável por reforçar as leis contra a discriminação, incluindo o Título VII da Lei dos Direitos Civis de 1964, que proibia a discriminação no mercado de trabalho com base na raça, na cor, na religião, no sexo ou na nacionalidade. A EEOC investiga, media e pode assinar os processos contra as empresas privadas em nome das supostas vítimas de discriminação.

- **Qual é o grupo mais amplamente beneficiado pelas políticas de ações afirmativas?**

As políticas de ação afirmativa são planejadas para beneficiar as minorias raciais e étnicas, as mulheres e, em alguns casos, veteranos do Vietnã e pessoas com deficiência. A categoria mais beneficiada pelas ações afirmativas é a das mulheres.

- **O que são os *whiteness studies*?**

Os cursos de *whiteness studies*, oferecidos em muitas faculdades e universidades, têm foco na sensibilização para o privilégio branco – uma consciência limitada entre os estudantes brancos.

- **De acordo com o Comitê Diretor sobre Escravidão e Justiça da Universidade Brown, uma iniciativa de justiça retrospectiva de sucesso deve conter três elementos. Quais são eles?**

O Comitê Diretor sobre Escravidão e Justiça da Universidade Brown analisou as iniciativas de justiça retrospectiva ao redor do mundo e concluiu que as de maior sucesso geralmente combinam estes três elementos: (1) o reconhecimento formal de uma injustiça; (2) o compromisso de dizer a verdade, para garantir que os fatos relevantes serão descobertos, discutidos e adequadamente imortalizados; e (3) a realização de algum tipo de reparação no presente para dar substância material às expressões de pesar e de responsabilidade.

AVALIE SEU CONHECIMENTO

1. Quando se trata da coleta de dados do censo nos EUA, uma pessoa só é latino-americana a partir do momento em que se declara latino-americana.
    a. Verdadeiro
    b. Falso
2. Qual das seguintes alternativas ocorre quando uma pessoa adota a cultura de um grupo diferente daquele em que foi inicialmente criada?
    a. Assimilação secundária
    b. Aculturação
    c. Genocídio
    d. Pluralismo
3. Mais da metade do crescimento da população total dos Estados Unidos entre 2000 e 2010 foi devido ao aumento de quais populações?
    a. Brancos não hispânicos
    b. Negros
    c. Hispânicos
    d. Raças misturadas
4. O relatório do Southern Poverty Law Center descreve o programa de trabalhadores hóspedes como um sistema moderno de:
    a. anistia
    b. colonialismo
    c. aprendizado pago
    d. trabalho escravo
5. Qual grupo minoritário é considerado uma "minoria modelo" nos Estados Unidos?
    a. Mulheres
    b. Mulheres negras
    c. Imigrantes escandinavos
    d. Ásio-americanos
6. Qual destes comportamentos pertence aos "bastidores"?
    a. Comportamento racista
    b. Imigrantes sem documentos
    c. Educação multicultural
    d. Ação afirmativa
7. O número de grupos de ódio nos Estados Unidos vem declinando ao longo dos anos.
    a. Verdadeiro
    b. Falso
8. Qual dos fatores a seguir é o responsável por reforçar as leis contra a discriminação?
    a. Departamentos de polícia locais
    b. Equal Employment Opportunity Commission
    c. Departamento do Trabalho dos EUA
    d. A Suprema Corte
9. Faculdades e universidades estão proibidas de obrigar a participação dos alunos em cursos de diversidade durante a graduação.
    a. Verdadeiro
    b. Falso
10. O Congresso dos EUA emitiu um pedido de desculpas oficial aos afro-americanos por conta da escravidão e das leis Jim Crow.
    a. Verdadeiro
    b. Falso

Respostas: 1. A; 2. B; 3. C; 4. D; 5. D; 6. A; 7. B; 8. B; 9. B; 10. A.

TERMOS-CHAVE

ação afirmativa 320
aculturação 295
assimilação 295
cidadãos naturalizados 304
crime de ódio 317
discriminação 312
discriminação aberta 313
discriminação adaptativa 313
discriminação individual 313
discriminação institucional 313

Equal Employment Opportunity Commission (EEOC) 320
estereótipos 307
etnia 294
expulsão 295
genocídio 294
grupo minoritário 292
grupos extremistas nativistas 302
islamofobia 318
leis antimiscigenação 299

pluralismo 295
preconceito 309
raça 294
racismo 309
racismo aversivo 309
racismo daltônico 310
racismo institucional 309
racismo moderno 310
segregação 295

10

A desigualdade de gênero

"A igualdade de gênero é mais do que um objetivo em si mesmo. Trata-se de uma pré-condição para superar o desafio de reduzir a pobreza, promover o desenvolvimento sustentável e construir uma boa governança."

— Kofi A. Annan, ganhador do Prêmio Nobel da Paz, 7º secretário-geral das Nações Unidas

Contexto global: o *status* das mulheres e dos homens
Ensaio fotográfico: **O *continuum* do gênero**
Teorias sociológicas da desigualdade de gênero
Um olhar sobre a pesquisa dos problemas sociais: **Exagerando o gênero**
Estratificação de gênero: sexismo estrutural
O lado humano: **Vovó e a diferença salarial**
A construção social dos papéis de gênero: sexismo cultural
Problemas sociais e a socialização tradicional dos papéis de gênero
Você e a sociedade: **Um inventário das atitudes em relação à linguagem sexista e não sexista**
Estratégias de ação: sobre a igualdade de gênero
Entendendo a desigualdade de gênero
Revisão do capítulo

Nascido prematuro e morando num orfanato, M.C. teve um difícil começo de vida, mas por sorte foi adotado por um casal amoroso que já tinha dois filhos naturais (SPLC, 2013). Três meses antes de Pam e Mark Crawford poderem levar seu bebê para casa, M.C., de 16 meses, que tinha "genitais ambíguos" e órgãos reprodutivos feminino e masculino, passou por uma cirurgia de atribuição de sexo. Hoje, aos 8 anos de idade, M.C. continua a viver com a anatomia sexual de menina e a identidade de gênero de menino. Em 2013, seus pais moveram uma ação judicial alegando que as agências de bem-estar infantil e os médicos envolvidos tinham violado os direitos constitucionais de M.C. ao tê-lo sujeitado a uma cirurgia desnecessária sem o processo adequado. Além disso, alegam que "[...] os médicos sabem que cirurgias de atribuição sexual em crianças sem condições de escolha, como M.C., representam um grande risco de impor um gênero que posteriormente é rejeitado pelo paciente" (Jenkins, 2013, p. 1).

Essa pioneira ação judicial, *M.C. vs. Medical University of South Carolina et al.*, coloca em evidência aos norte-americanos a importância e a diferença entre sexo e gênero. **Sexo** refere-se a uma classificação biológica, enquanto **gênero** refere-se a expectativas e definições sociais associadas a ser feminino ou masculino. Hoje, contudo, pesquisadores, educadores e pais estão desafiando os conceitos binários de sexo e gênero, ao mesmo tempo que uma noção mais abrangente de orientação sexual (veja o Capítulo 11) tem trazido desconforto para algumas pessoas. Por exemplo, palavras como *transgênero* e *transexual*, *gênero variante*, *androgenia*, *intersexuado* (a condição atribuída a M.C.), *metrossexual*, *de duplo espírito*, *neutralidade de gênero*, *terceiro sexo* e *gender bender* (pessoas que desafiam os padrões esperados de gênero) não faziam parte do léxico norte-americano até poucas décadas.

> [...] pesquisadores, educadores e pais estão desafiando os conceitos binários de sexo e gênero, ao mesmo tempo que uma noção mais abrangente de orientação sexual tem trazido desconforto para algumas pessoas.

Na maioria dos países ocidentais, consideramos natural haver apenas duas categorias de gênero. Contudo, em muitas outras sociedades, existem três ou quatro gêneros reconhecidos:

> Em praticamente todos os continentes, diferentes culturas têm reconhecido e integrado mais do que dois gêneros. Termos como *transgênero* e *gay* são novas construções que, no entanto, pressupõem três coisas: que existem apenas dois sexos (masculino/feminino), assim como existem duas sexualidades (*gay*/hétero) e apenas dois gêneros (homem/mulher) (NPR, 2011, p. 1).

Um **indivíduo transgênero** (às vezes chamado "trans" ou "gênero não conforme") é uma pessoa cujo sentido de identidade de gênero – masculino ou feminino – é inconsistente em relação ao sexo de nascimento (às vezes chamado sexo cromossômico). Transgênero não é uma orientação sexual, e pessoas transgênero podem ter qualquer orientação sexual – heterossexual, homossexual ou bissexual. Transexuais são pessoas transgênero que estão "[...] no processo de mudar seu sexo físico e/ou legal para se adequar/conformar com seu sentido/sentimento interno de identidade de gênero (HRC, 2012, p. 1).

Embora haja um movimento documentado divergente da ênfase binária no sexo e no gênero (veja neste capítulo o *Ensaio fotográfico* "O *continuum* do gênero"), a maioria dos norte-americanos ainda pensa em termos de feminino e masculino, mulher e homem, do mesmo modo que continua a usar falsas dicotomias como negro e branco, *gay* e heterossexual, novo e velho. Embora empiricamente imprecisa, essa *taquigrafia social* facilita a conversa e preenche nossa necessidade de "saber" e responder "apropriadamente". Assim, quando conhecemos alguém, rapidamente colocamos o rótulo de *gay*, homem branco ou velha afro-americana, ainda que pouco saibamos sobre suas biografias sociais. Assim, este capítulo destaca o **sexismo** e a desigualdade como são definidos tradicionalmente, por exemplo, a desigualdade entre mulheres e homens, mas, sempre que possível, informações sobre pessoas transgênero serão incluídas na discussão. Note que os direitos civis das pessoas transgênero são discutidos no Capítulo 11.

sexo Classificação biológica de uma pessoa como homem ou mulher.

gênero As definições e expectativas sociais associadas a ser feminino ou masculino.

indivíduo transgênero Pessoa cuja noção de identidade de gênero – masculino ou feminino – é inconsistente com o sexo do nascimento (masculino ou feminino, às vezes chamado de sexo cromossômico).

sexismo A crença de que existem diferenças psicológicas, comportamentais e/ou intelectuais inatas entre mulheres e homens e que essas diferenças representariam a superioridade de um grupo e a inferioridade de outro.

O que você acha? Hoje, as escolas estão menos preocupadas com rótulos. A tendência atual crescente é considerar mais opções, na medida em que a sociedade aprende que binarismos de sexo, gênero e orientação sexual não representam a realidade. Com essa finalidade, uma nova lei estadual na Califórnia permite que estudantes transgênero compitam em modalidades esportivas e usem banheiros de acordo com sua identidade de gênero e não com seu sexo biológico (McGreevy, 2013). Você acha que alunos que são biologicamente masculinos (ou femininos) devem poder jogar em times de mulheres (ou homens)?

Contexto global: o *status* das mulheres e dos homens

Não há nenhum país no mundo em que mulheres e homens tenham um *status* igualitário entre si. Embora muito progresso já tenha sido alcançado em diminuir a desigualdade de gênero na educação, na saúde, no emprego e no governo, ela ainda prevalece em todo o mundo.

O Fórum Econômico Mundial definiu a desigualdade de gênero em 132 países, ao medir em que extensão as mulheres alcançaram a igualdade em relação aos homens em quatro áreas: participação econômica, nível educacional, saúde e sobrevivência e empoderamento político (Hausmann et al., 2012). A Tabela 10.1 apresenta os resultados gerais de: (1) os dez países menos desiguais; (2) os dez países mais desiguais e (3) os Estados Unidos, que não estão nem entre os dez mais nem entre os dez menos, mas na 22ª posição (uma queda da 19ª posição no ano anterior) entre os 132 países estudados. O resultado explicita algumas relações. Por exemplo, vários países, incluindo os Estados Unidos, disputam a primeira posição no quesito nível educacional. Além disso, note que o resultado geral se aproxima da proporção de distância entre gêneros que um país conseguiu encurtar – nos Estados Unidos, 0,7373 ou 73,73%.

A desigualdade de gênero varia entre as culturas não apenas em sua extensão ou grau, mas também em suas formas. Por exemplo, nos Estados Unidos, a desigualdade de gênero nos papéis familiares geralmente se configura numa divisão desigual do trabalho de casa e do cuidado dos filhos, com as mulheres assumindo maior responsabilidade nessas tarefas. Em outros países, as formas de desigualdade de gênero na família incluem a expectativa de que as mulheres peçam aos maridos autorização para controlar a concepção (veja o Capítulo 12), penalidades mais duras para mulheres que cometem adultério e a prática de abortar fetos femininos em culturas que valorizam mais os meninos do que as meninas. No livro *Unnatural selection* [Seleção não natural], Mara Hvistendahl (2011) documentou como a tecnologia médica e, especialmente, o aumento da disponibilidade de ultrassons tornaram comuns os abortos com base na seleção de gênero em todo o mundo. Hoje, existem mais de 163 milhões de mulheres "faltando", mais do que toda a população feminina dos Estados Unidos.

Uma perspectiva global sobre a desigualdade de gênero deve considerar os diferentes modos como essa desigualdade é vista. Por exemplo, muitos não muçulmanos consideram a prática das mulheres muçulmanas de se cobrirem com véus em público um símbolo da subordinação e da opressão feminina. Para os muçulmanos que aderem à prática (e nem todos os muçulmanos aderem), usar o véu reflete o *status* elevado das mulheres e significa que estas devem ser respeitadas e não tratadas como objeto sexual.

De modo semelhante, as culturas diferem em como interpretam a prática da mutilação genital, também conhecida como extirpação genital feminina ou circuncisão feminina. Existem várias formas desse procedimento, desde o corte simbólico no clitóris, a remoção deste e dos lábios vaginais, até o fechamento parcial da abertura vaginal, costurando-se os dois lados da vulva, deixando apenas uma pequena abertura para a passagem da urina e do sangue menstrual. Depois do casamento, a abertura selada é reaberta para permitir relações sexuais e partos.

Ensaio fotográfico
O *continuum* do gênero

Raça e etnia, sexo e gênero e idade são considerados variáveis demográficas essenciais devido a sua eficácia em predizer as mudanças de vida – educação, ocupação, renda e outras. No entanto, nas últimas décadas, os significados que associamos a cada uma delas têm mudado. Raça não é mais branco, negro e outro no censo dos EUA, e ser de meia-idade se estende até os 60 anos, devido ao aumento da expectativa de vida. Assim é também com sexo e gênero. Como sociedade, estamos começando a abraçar aqueles que não se encaixam perfeitamente nos pares feminino/masculino, mulher/homem. Por exemplo, em 2013, o estado da Califórnia instituiu uma política escolar para permitir que alunos transgênero usassem as instalações, como banheiros, que combinem com sua identidade de gênero.

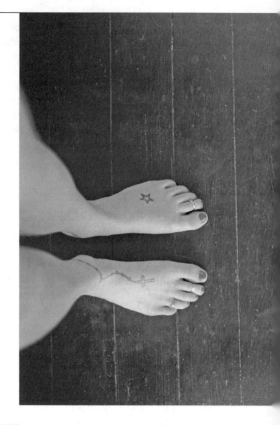

▲ No censo nacional indiano, em 2011, havia três opções para designar sexo – masculino, feminino e outro (Haub, 2011). Do mesmo modo, o Nepal, depois de estabelecer em sua Suprema Corte que pessoas lésbicas, gays, bissexuais e transgênero (LGBT) necessitam de mais proteção, também usou uma terceira opção para gênero em seu censo (Cohn, 2011). Acima, um *hijra*, designado pela palavra hindu que significa "terceiro sexo" e que é institucionalizado na Índia há mil anos.

▼ Na cultura nativa norte-americana, anterior à invasão europeia, havia três gêneros – masculino, feminino e feminino-masculino. *Berdache*, uma palavra nativa norte-americana para descrever o gênero masculino-feminino, foi traduzida para o inglês como *"two-spirited person"* [pessoa de duplo espírito] (McGill, 2011). Em vez de ser segregada, a pessoa de duplo espírito era acolhida, reverenciada e invejada como pessoa que tinha o "privilégio de abrigar espíritos masculinos e femininos em seu corpo" (p. 1). Aqui um homem We-Wa Zuni vestido como mulher, tecendo um cinto num tear de cintura (National Archives, 2010).

National Archives

◀ Em 2011, um anúncio publicitário para a loja de departamentos J. Crew mostrando a diretora de criatividade da loja pintando as unhas dos pés do seu filho causou tanto elogios quanto indignação. O jornal britânico *The Daily Mail,* notando que a fotografia tinha suscitado "debates sobre identidade de gênero nos Estados Unidos", publicou fotografias de meninos com unhas pintadas, entre eles os filhos de Gwen Stefani, Jennifer Lopez e Christina Aguilera (Abraham e Madison, 2011). O jornal também afirmou que o cantor Justin Bieber havia lançado sua própria marca de esmaltes de unha em 2010, que venderam cerca de 2 milhões de frascos nos primeiros meses.

▲ Pesquisas mostram que os professores, em sala de aula, chamam atenção para diferenças de gênero de um modo aparentemente não preconceituoso, por exemplo, ao dizer "Bom dia, meninos e meninas" ou ao dividir a classe por sexo para fazer exercícios e usar estereótipos de gênero (Moskowitz, 2010). As escolas estão começando a se dar conta de que sexo e gênero não são categóricos e que algumas crianças podem se identificar como do sexo feminino, masculino, de ambos ou de nenhum. Acima, vemos a imagem de Livvy, uma transgênero de menino à menina, de 10 anos de idade. Quando Livvy voltou para a escola pela primeira vez como menina, houve uma reunião especial para explicar a situação dela para as outras crianças. O clima da escola foi de aceitação até que alguns pais, preocupados, foram para o jornal, e a história da garotinha ficou conhecida globalmente.

▼ Sempre que uma mudança social ocorre, as entrevistas com os agentes, vítimas ou beneficiários da mudança aumentam, já que a mídia vive de "novidades". As crianças transgênero apareceram no programa de Lisa Ling *Our America, 20/20, Dr. Oz, National Public Radio (NPR)* e *Katie*. Também há grupos de apoio emergentes, conferências, *workshops* etc. relacionados à temática. Abaixo, Chaz Bono (terceiro da direita para a esquerda), filho famoso da cantora Cher e de Sonny Bono, posa com o elenco de colegas do popular programa de televisão *Dancing with the Stars*.

▲ Andrej Pejic, uma modelo transgênero, declara que "Às vezes me sinto mais como mulher, outras, mais como homem" (citado no jornal *Daily Mail,* 2011, p. 1). Esse sérvio de 21 anos, que se mudou para a Austrália, é uma das principais *top-models* do mundo hoje. Ele tem sido descrito como o "garoto-propaganda da moda andrógina" (Models, 2011, p. 1).

TABELA 10.1 *Ranking* da distância entre os gêneros: os 10 países com mais igualdade entre os sexos e os 10 países com mais desigualdade, e os Estados Unidos, 2012

País	Resultado geral*	Posição geral	Participação econômica e oportunidades	Nível educacional	Saúde e sobrevivência	Empoderamento político
10 países mais igualitários						
Islândia	0,8640	1	27	1	98	1
Finlândia	0,8451	2	14	1	1	2
Noruega	0,8403	3	4	1	94	3
Suécia	0,8159	4	10	39	73	4
Irlanda	0,7839	5	29	30	69	6
Nova Zelândia	0,7805	6	15	1	94	9
Dinamarca	0,7777	7	16	1	67	11
Filipinas	0,7757	8	17	1	1	14
Nicarágua	0,7697	9	88	23	58	5
Suíça	0,7672	10	28	71	68	13
Estados Unidos	**0,7373**	**22**	**8**	**1**	**33**	**55**
10 países mais desiguais						
Omã	0,5986	125	127	96	62	129
Egito	0,5975	126	124	110	54	125
Irã	0,5927	127	130	101	87	126
Mali	0,5842	128	103	132	57	101
Marrocos	0,5833	129	128	115	88	108
Costa do Marfim	0,5785	130	111	131	1	104
Arábia Saudita	0,5731	131	133	91	55	133
Síria	0,5626	132	135	107	61	111
Chade	0,5594	133	56	135	111	102
Paquistão	0,5478	134	134	129	123	512
Iêmen	0,5054	135	132	133	82	128

* Resultados gerais são indicados numa escala de 0 a 1, com 1 representando o máximo de igualdade de gênero.
Fonte: Hausmann et al., 2012.

Na maioria dos casos, são pessoas sem formação médica que fazem grande parte dos procedimentos de circuncisão feminina, usando lâminas ou fios não esterilizados. Os riscos à saúde decorrentes dessas práticas incluem dor, hemorragia, infecção, trauma, cicatriz e infertilidade. Em todo o mundo, estima-se que 140 milhões de meninas e mulheres passaram pela circuncisão e 3 milhões estão em risco a cada ano (Unicef, 2011; WHO, 2013).

Pessoas de países em que a circuncisão feminina não é a norma geralmente a consideram uma forma bárbara de violência contra as mulheres. Um imigrante etíope nos Estados Unidos foi acusado de lesão corporal grave e crueldade imposta a crianças ao usar uma tesoura para remover o clitóris de sua filha. Ele foi condenado a dez anos de prisão (Haines, 2006). Em países em que essa prática é comum, a circuncisão é considerada um rito de passagem que confere o *status* de mulher. Em outros países, trata-se de um aprimoramento estético. Para outros, a circuncisão é um imperativo moral baseado na fé religiosa (WHO, 2008; Yoder et al., 2004). Contudo, em todos os casos, a prática "[...] reflete uma profunda desigualdade entre os sexos e constitui uma forma extrema de discriminação contra as mulheres" (WHO, 2013, p. 1).

A desigualdade nos Estados Unidos

Embora as atitudes em relação à igualdade de gênero estejam se tornando cada vez mais liberais, os Estados Unidos têm uma longa história de desigualdade de gênero. As mulheres tiveram de lutar pela igualdade: direito de votar, remuneração equivalente para trabalho equivalente, educação de qualidade, entrada em ocupações dominadas por homens e igualdade legal. Como mostrado na Tabela 10.1, o Fórum Econômico Mundial (Hausmann et al., 2013) – com base na avaliação da condição das mulheres em relação à participação econômica e oportunidades, empoderamento político, nível educacional e saúde e sobrevivência – lista os Estados Unidos na 22ª posição mundial em termos de igualdade de gênero. A maioria dos cidadãos norte-americanos concorda que sua sociedade não trata mulheres e homens com igualdade: mulheres ganham menos, têm empregos de menor prestígio, conquistam menos diplomas e tendem a viver na pobreza mais do que os homens.

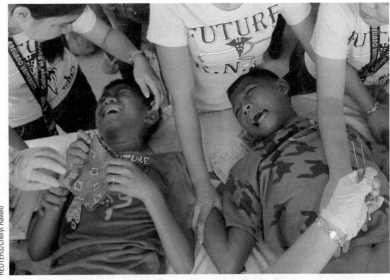

Em 2011, em Manila, 1.500 meninos foram forçados a participar de uma circuncisão em massa, num evento cujos organizadores queriam ver no *Guinness World Records* como a maior quantidade de circuncisões em meninos de 9 anos ou mais ao mesmo tempo. Depois, o procedimento cirúrgico foi condenado, devido a questões de segurança e abuso da integridade da anatomia das crianças, como também é o caso da circuncisão feminina.

Os homens também são vítimas de desigualdade de gênero. Em 1963, o sociólogo Erving Goffman escreveu que, nos Estados Unidos, existe apenas:

> um masculino completamente orgulhoso [...] jovem, casado, branco, urbano, heterossexual, pai protestante com educação superior, bem empregado, de boa compleição física, peso e altura, e com um recorde recente em esportes [...] Qualquer homem que falhar em preencher qualquer uma dessas características tende a ver a si mesmo [...] como desprezível, incompleto e inferior (p. 128).

Embora os padrões de masculinidade tenham se flexibilizado, Williams (2000) argumenta que a masculinidade ainda é baseada no "sucesso" – no trabalho, no esporte, na rua e em casa. De modo semelhante, Vandello et al. (2008) concluíram que "a visão de que a masculinidade é frágil e, portanto, exige uma comprovação pública é confirmada por pesquisas em várias áreas" (p. 1.326). (Veja, neste capítulo, *Um olhar sobre a pesquisa dos problemas sociais*.)

Quando se pergunta para estudantes das faculdades norte-americanas sobre as melhores e piores coisas em ser do sexo oposto, as mesmas qualidades no sexo oposto são indicadas (Cohen, 2001). O que os homens dizem ser a melhor coisa em ser mulher, por exemplo, poder ser emotivo, as mulheres listam como a pior coisa em ser homem, ou seja, não poder ser emotivo. Do mesmo modo, o que as mulheres listam como a melhor coisa em ser homem, por exemplo, obter salários melhores, os homens listam como sendo a pior coisa em ser mulher, ou seja, obter salários piores. Como Cohen (2001) argumenta, embora "algumas diferenças sejam exageradas ou muito simplificadas [...] identificamos vários modos em que 'ganhamos' ou 'perdemos' simplesmente por sermos homem ou mulher" (p. 3).

Teorias sociológicas da desigualdade de gênero

Tanto a teoria estrutural-funcionalista quanto a teoria do conflito se concentram em como a estrutura da sociedade e, especificamente, suas instituições contribuem para a desigualdade de gênero. Já o interacionismo simbólico, por outro lado, foca a cultura da sociedade e como os papéis de gênero são aprendidos por meio do processo de socialização.

Um olhar sobre a pesquisa dos problemas sociais — Exagerando o gênero

Willer et al. (2013) testaram a chamada **tese da supercompensação masculina** – a afirmação "[...] de que homens reagem a ameaças à masculinidade com demonstrações extremas de masculinidade [...]" (p. 980). Pesquisadores avaliaram essa tese usando quatro projetos de pesquisa, três deles discutidos aqui. Dois eram experimentos de laboratório, enquanto o terceiro observou a relação entre a ameaça à masculinidade e as atitudes associadas à dominância por meio de uma amostragem nacional de adultos norte-americanos.

Amostragem e métodos

Experimentos são métodos específicos de pesquisa em que os pesquisadores manipulam a variável independente e medem seu efeito sobre a variável dependente. Nos estudos 1 e 2, alunos universitários do sexo masculino e feminino participaram de um experimento em laboratório em que, de acordo com uma "pesquisa sobre identidade de gênero" administrada, eles foram aleatoriamente escolhidos para ocupar uma das duas condições da variável independente. A variável independente é *ameaça à identidade de gênero*. Homens e mulheres foram aleatoriamente escolhidos para ocupar uma das duas condições – um *feedback* que indicava que eles estavam na variação feminina média ou um *feedback* que indicava que eles estavam na variação masculina média, e, desse modo, a ameaça à masculinidade ou feminilidade era atribuída. No primeiro estudo, as variáveis dependentes foram avaliadas numa "pesquisa sobre visões políticas". No segundo estudo, que foi projetado de modo semelhante ao primeiro experimento de laboratório, foram medidas as variáveis de dominância social.

No terceiro estudo, para avaliar a confiabilidade dos resultados dos primeiros dois estudos com base numa amostragem maior e mais diversificada, Willer et al. (2013) usaram dados da American Values Survey. A ameaça à masculinidade foi medida pelos sentimentos dos pesquisados de que a mudança social está ameaçando o *status* dos homens. As variáveis dependentes foram uma variedade de questões sobre atitudes relacionadas com a masculinidade e o domínio.

Resultados e conclusões

O estudo 1 examinou a relação entre a ameaça à masculinidade e a ameaça à feminilidade e o apoio à guerra no Iraque, atitudes em relação à homossexualidade e o desejo de possuir um SUV e o quanto uma pessoa estaria disposta a pagar por esse tipo de veículo. Homens que receberam um *feedback* de que tinham pontuado na classe de feminilidade média, isto é, tiveram sua masculinidade ameaçada, eram significativamente mais propensos a declarar apoio à guerra no Iraque e expressar atitudes negativas em relação à homossexualidade do que homens que não tiveram sua masculinidade ameaçada.

Além disso, mais homens cuja masculinidade tinha sido ameaçada declararam que um SUV era desejável do que aqueles cuja masculinidade não tinha sido ameaçada. Os primeiros também tendiam a pagar US$7.320 a mais por um SUV do que homens não ameaçados. A ameaça à feminilidade não estava relacionada com nenhum indicador de variável dependente – apoio à guerra no Iraque, visões negativas sobre homossexualidade, desejo em possuir um SUV ou pagar um preço maior por ele.

O segundo estudo observou a relação entre ameaça de gênero e atitudes de dominância, incluindo proposições como "Grupos superiores devem dominar grupos inferiores" e "Para conseguir o que seu grupo quer, às vezes é preciso usar a força contra outros grupos". Os participantes também receberam escalas para medir o conservadorismo político (por exemplo, apoiar a ação militar norte-americana ou ações afirmativas etc.), a justificação do sistema (por exemplo, "Todo mundo deseja riqueza e felicidade") e o tradicionalismo (por exemplo, "É melhor se contentar com o que se tem do que tentar coisas incertas").

Os resultados do estudo 2 indicam que os homens – mas não as mulheres – cuja identidade de gênero tinha sido ameaçada pontuaram mais na escala de dominação do que os homens cuja identidade de gênero não tinha sido ameaçada, mas não pontuaram significativamente mais alto na escala de conservadorismo, justificação do sistema ou tradicionalismo. O estudo 3 apresentou resultados semelhantes. Usando uma amostragem de 2.210 adultos norte-americanos, as descobertas indicam que "[...] quanto mais os homens sentiam que seu *status* de gênero era ameaçado pelas mudanças sociais, mais eles tendiam a apoiar a guerra no Iraque, expressar visões negativas sobre a homossexualidade, acreditar na superioridade masculina e apresentar fortes atitudes de dominação" (p. 1.001).

Os resultados desses três estudos oferecem evidências claras para a tese da supercompensação masculina. Por outro lado, eles não evidenciam uma tese de supercompensação feminina. Os autores dizem, contudo, que isso não significa que a supercompensação feminina não exista. Apenas significa que as variáveis dependentes usadas nesses estudos – por exemplo, apoio à guerra no Iraque – não foram suficientes para detectar uma supercompensação feminina. Finalmente, Willer et al. (2013) concluem:

> [...] que comportamentos de masculinidade extrema podem de fato servir como sinais que denunciam ameaças e inseguranças. Talvez os homens que aparentem ser os mais inequivocamente masculinos, que comuniquem força, poder e domínio com grande intensidade em suas ações, possam de fato estar agindo para compensar a preocupação subjacente de que lhes faltam exatamente as qualidades que eles se esforçam em projetar (p. 1.016).

Fonte: Willer et al., 2013.

---

tese da supercompensação masculina A tese de que os homens tendem a desempenhar seu papel masculino de modo exagerado quando acreditam que sua masculinidade está ameaçada.

A perspectiva estrutural-funcionalista

Os estrutural-funcionalistas argumentam que a sociedade pré-industrial exigia uma divisão de trabalho baseada no gênero. Mulheres, devido à necessidade biológica, permaneciam em casa cuidando e amamentando as crianças. Homens, que eram fisicamente mais fortes e podiam ficar fora de casa por longos períodos, eram responsáveis pela provisão de alimento, roupa e abrigo para suas famílias. Essa divisão do trabalho era funcional para a sociedade e foi se tornando tanto normal quanto natural com o passar do tempo.

A industrialização deixou a divisão tradicional do trabalho menos funcional, embora ainda existam remanescentes que apoiam esse sistema de crença. Com o aumento do controle sobre a reprodução (por exemplo, a contracepção), o declínio da taxa de nascimentos e menos empregos dependentes do tamanho corporal e da força física, expandiram-se as oportunidades de educação e participação na força de trabalho para mulheres (Wood e Eagly, 2002). Assim, concepções modernas de família, até certo ponto, substituíram as concepções tradicionais – as famílias mudaram de modelos estendidos para nucleares, a autoridade se tornou mais igualitária, mais mulheres trabalham fora de casa e há maior número de papéis na divisão do trabalho. Os estrutural-funcionalistas argumentam, portanto, que, quando as necessidades da sociedade mudam, mudam também os arranjos institucionais relacionados.

Perspectiva do conflito

Muitos teóricos do conflito argumentam que o domínio masculino e a subordinação feminina são moldados pelas relações que homens e mulheres mantêm com o processo produtivo. Durante o estágio de desenvolvimento humano caracterizado pela caça e coleta, homens e mulheres eram economicamente equivalentes, ambos controlando seu próprio trabalho e produzindo o necessário para sobreviver. Ao evoluir para os modos de produção agrícola e industrial, surgiu a propriedade privada, e os homens passaram a controlar os modos de produção enquanto as mulheres continuaram em casa para nutrir e cuidar dos filhos. As leis de herança que garantiam que a propriedade permaneceria em suas mãos favoreceram a dominação masculina. As leis que concebiam as mulheres como propriedade as fizeram permanecer confinadas em casa.

A industrialização continuou, a produção de mercadorias e serviços saiu de casa e as diferenças entre mulheres e homens começaram a crescer – as mulheres tinham menos acesso à educação, remuneração mais baixa, menos habilidades profissionais e raramente eram proprietárias. A Segunda Guerra Mundial promoveu a entrada de uma grande quantidade de mulheres na força de trabalho, mas, ao contrário de períodos anteriores, muitas delas não voltaram para casa com o fim da guerra. Elas estabeleceram seu próprio lugar na força de trabalho e, graças à mudança da natureza do trabalho e aos avanços tecnológicos, passaram a competir diretamente com os homens por empregos e salários.

Os teóricos do conflito também argumentam que a dominação continuada dos homens exige um sistema de crenças que apoia a desigualdade de gênero. Duas das crenças são: (1) as mulheres são inferiores fora de casa (por exemplo, elas são menos inteligentes, menos confiáveis e menos racionais) e (2) as mulheres são mais valorosas em casa (por exemplo, elas têm instinto maternal e são naturalmente cuidadoras). Assim, diferentemente dos estrutural-funcionalistas, os teóricos do conflito argumentam que a posição subalterna das mulheres na sociedade é uma consequência da indução social mais do que de diferenças biológicas que levariam a uma divisão tradicional do trabalho.

> Diferentemente dos estrutural--funcionalistas, os teóricos do conflito argumentam que a posição subalterna das mulheres na sociedade é uma consequência da indução social mais do que de diferenças biológicas que levariam a uma divisão tradicional do trabalho.

Em comunidades muçulmanas tradicionais, as mulheres são proibidas de mostrar seu rosto ou outras partes de seu corpo em público. Elas usam um véu para cobrir o rosto e um xador, uma vestimenta longa e solta para cobrir todo o corpo. Embora algumas mulheres adiram a essa norma por medo de uma repercussão negativa, muitas acreditam que a prática de cobrir-se com véu foi imposta primeiro às mulheres de Maomé por respeito a elas e pelo desejo de protegê-las de avanços indesejados. Mais de meio milhão de muçulmanos moram nos Estados Unidos.

Perspectiva interacionista-simbólica

Embora alguns cientistas argumentem que as diferenças de gênero são inatas, os interacionistas-simbólicos enfatizam que, pelo processo de socialização, significados são ensinados tanto para homens quanto para mulheres sobre o que é ser masculino ou feminino. A atribuição de gênero começa no nascimento, quando a criança é classificada como mulher ou homem. Contudo, a aprendizagem de papéis de gênero é um processo que perdura pela vida e pelo qual as pessoas adquirem as definições sociais do comportamento de gênero apropriado ou inapropriado.

Os papéis de gênero são ensinados na família, na escola, no grupo de amigos e na apresentação pela mídia de meninos e meninas, mulheres e homens (veja a discussão sobre a construção social dos papéis de gênero adiante, neste capítulo). Mas, acima de tudo, os papéis de gênero são aprendidos por meio da interação simbólica como mensagens que os outros nos enviam para reafirmar ou desafiar nossas *performances* de gênero. Numa análise das interações pais-filhos, Tenenbaum (2009) descobriu que as discussões sobre a escolha do curso universitário seguem padrões de gênero estereotipados. Aqui, um pai conversa com a filha (entre parênteses, o modo como trechos do diálogo foram codificados pelos pesquisadores):

> Mas você sabe, soletrar é inglês, certo? É o que é o inglês. Falando de modo geral, as meninas se dão melhor nesses tipos de habilidade, mas têm mais dificuldade com matemática, geralmente, você sabe? [Código: falta de habilidade]. Agora, claro, você sabe que é bom fazer coisas em que se é realmente bom e de que se gosta de fazer. Mas, às vezes, quando você está tentando ser, quando você quer ser alguém na vida, você precisa assistir a aulas sobre temas em que você não é, como eu vou dizer?[...] em que você não é tão boa, você vai ter de se esforçar mais, certo? [Código: falta de habilidade]. Então, eu peguei, escolhi álgebra porque é um tipo de matemática acadêmica (p. 458-459).

Embora o pai tenha encorajado a filha a escolher matemática, por duas vezes ele lhe insinuou que ela (e as meninas em geral) não é muito boa em matemática.

A teoria feminista, embora de acordo com a perspectiva do conflito, incorpora muitos aspectos do interacionismo simbólico. As feministas argumentam que as concepções de gênero são socialmente construídas, uma vez que as expectativas da sociedade ditam o que significa ser mulher ou homem. Desse modo, mulheres são geralmente socializadas em **papéis expressivos** (por exemplo, papéis de protetora ou de suporte emocional), enquanto os homens, frequentemente, são mais socializados em **papéis instrumentais** (por exemplo, papéis orientados por tarefas). Esses papéis são então desempenhados em incontáveis interações cotidianas, como chefe e secretária, médico e enfermeira, jogador de futebol e líder de torcida, e, desse modo, "faz-se o gênero".

Ridgeway (2011), em seu bem-recebido livro *Framed by gender*, começa por uma questão de pesquisa: "Como, no mundo moderno, o gênero consegue persistir como a base ou principal elemento para a desigualdade?" (p. 3). A resposta está nos significados associados ao gênero construídos socialmente. Apesar dos grandes avanços, sempre que as pessoas deparam com gênero numa relação ou situação social na qual se sentem inseguras, elas se baseiam em definições tradicionais como um princípio organizador em que "[...] a desigualdade de gênero é reescrita em novos arranjos econômicos e sociais, criados para preservar a desigualdade numa forma modificada [...]" (Ridgeway, 2011, p. 7).

Percebendo que o impacto da estrutura e da cultura da sociedade não é o mesmo para todas as mulheres e homens, as feministas encorajam pesquisas sobre gênero que considerem a intersecção de classe, raça, etnia e orientação sexual. Em outras palavras, devemos reconhecer que o gênero não pode ser compreendido apenas enfocando um *status* subalterno.

papéis expressivos Papéis nos quais as mulheres tradicionalmente são socializadas, ou seja, papéis de proteção e suporte emocional.

papéis instrumentais Papéis nos quais homens são tradicionalmente socializados, ou seja, papéis orientados por tarefas.

O que você acha? No Afeganistão, as meninas pequenas em famílias sem nenhum menino geralmente assumem a persona de meninos – cabelo curto, roupas tradicionais de menino e um nome masculino apropriado (Nordberg, 2010). Além da pressão social de ter filhos homens, a decisão de criar uma filha mulher como um "*bacha posh*" é pragmática – um filho assim pode ajudar seu pai no trabalho, obter um melhor nível educacional e não tem necessidade de ser protegido. O problema é que quando chega a hora de voltar a ser menina, geralmente na puberdade, algumas não conseguem ou não querem voltar. Uma jovem disse "Nada em mim me faz menina [...] porque eu sempre quis ser menino[...]" (Nordberg, 2010, p. 6). Você acha que gênero é uma consequência da natureza ou da criação?

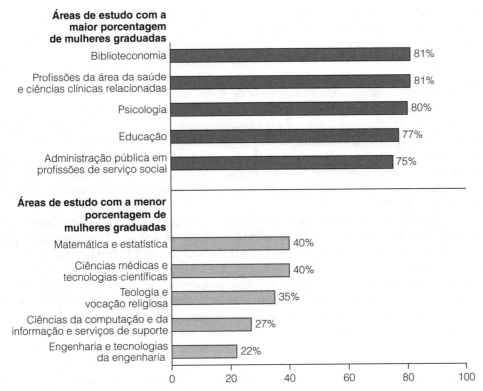

Figura 10.1 Porcentagem de diplomas de mestrado conquistados por mulheres por áreas de estudo selecionadas, ano acadêmico 2009-2010

Fonte: NCES, 2013.

Estratificação de gênero: sexismo estrutural

Os estrutural-funcionalistas e os teóricos do conflito concordam que a estrutura social enfatiza e perpetua grande parte do sexismo na sociedade. O **sexismo estrutural**, também conhecido como sexismo institucional, refere-se aos modos como a organização da sociedade e, especialmente, suas instituições subordinam pessoas e grupos com base numa classificação sexual. O sexismo estrutural resultou em diferenças significativas na educação e nos níveis de renda, no envolvimento profissional e político e nos direitos civis de mulheres e homens.

Educação e sexismo estrutural

Cerca de 775 milhões de adultos com mais de 15 anos não sabem ler nem escrever, dos quais 2/3 são mulheres. De aproximadamente 123 milhões de iletrados jovens, 76 milhões são mulheres (Unesco, 2012) (veja Capítulo 8).

Como filhos de mães escolarizadas tendem a morrer menos quando pequenos, existe um **dividendo educacional** associado à escolarização de mulheres. Por exemplo, se a educação primária universal fosse acessível a todas as meninas da África Subsaariana, pelo menos 200 mil crianças deixariam de morrer a cada ano, enquanto a educação secundária para meninas salvaria 1,8 milhão de vidas anualmente (Unesco, 2011).

Em 2012, havia pouca diferença entre homens e mulheres em relação à obtenção de diplomas secundários e universitários (NCES, 2013). De fato, nos últimos anos, a maioria das faculdades e universidades norte-americanas conta uma porcentagem maior de mulheres do que de homens vindos diretamente do nível secundário (veja Capítulo 8). Do mesmo modo, nas famílias com pai e mãe, 23% das mães apresentam um nível educacional superior em

sexismo estrutural As formas nas quais a organização da sociedade e, especificamente, suas instituições subordinam indivíduos e grupos com base numa classificação sexual.

dividendo educacional O benefício adicional da educação universal para mulheres é que ela reduz a taxa de mortalidade entre crianças com menos de 5 anos de idade.

relação ao de seus maridos, enquanto apenas 16% dos pais apresentam um nível educacional superior ao de suas esposas, e o restante das esposas tem um *background* educacional semelhante (Wang et al., 2013). Essa tendência pode significar que os jovens norte-americanos do sexo masculino podem não estar tendo a formação necessária para competir na economia global atual.

A preocupação sobre a falta continuada de mulheres nas áreas de ciência, tecnologia, engenharia e matemática também é justificada. Como a Figura 10.1 indica, as mulheres conquistam 81% dos diplomas de mestrado em biblioteconomia, mas apenas 22% em engenharia e tecnologias de engenharia. As razões para essa disparidade incluem o estereótipo de gênero ("Meninos são melhores em matemática e ciência do que meninas!"), falta de modelos femininos nas áreas de ciência, tecnologia, engenharia e matemática, pouco encorajamento para seguir atividades nessas áreas e falta de conhecimento das mulheres nessas áreas (AAUW, 2011).

As mulheres conquistaram 51% dos diplomas de pós-graduação (*juris doctor*, mestrado, doutorado) em 2012. No entanto, ao contrário dos colegas do sexo masculino, muitas mulheres abandonaram sua participação na força de trabalho. Hersch (2013) relata que mulheres diplomadas em instituições de elite, aquelas com mais probabilidade de encontrar empregos satisfatórios em seu campo de estudo, são mais propensas a abandonar a carreira do que seus pares masculinos formados por instituições menos seletivas. Além disso, mulheres diplomadas em instituições de elite que têm filhos com menos de 18 anos dedicam-se menos à carreira do que seus pares acadêmicos sem filhos com menos de 18 anos.

Na educação secundária também existem limitações estruturais que desencorajam o avanço feminino. Mulheres em busca de carreiras acadêmicas podem achar que um cargo com estabilidade garantida é mais difícil para elas do que para os homens e que ter filhos impacta negativamente a probabilidade de conseguir a garantia de emprego, isto é, paira sobre as mulheres uma "penalidade pela gravidez" (Ceci et al., 2009). De modo semelhante, numa análise das informações do *National Study of Postsecondary Faculty*, Leslie (2007) relata que, quanto maior o número de filhos, menor é o número de horas que uma universitária trabalha e maior o número de horas que um universitário do sexo masculino trabalha (veja a discussão sobre a divisão do trabalho doméstico a seguir, neste capítulo). Finalmente, a pesquisa também indica a presença de estereótipos de gênero em cartas de recomendação. As mulheres, geralmente, são mais descritas como emotivas socialmente (por exemplo, são úteis) do que como ativas/assertivas (por exemplo, ambiciosas) e, portanto, avaliadas menos positivamente (Madera et al., 2009). Do mesmo modo, quando comparadas aos seus pares masculinos, as capacidades femininas são desproporcionalmente assinaladas como serviços (por exemplo, aconselhamento), fato que as coloca em desvantagem na hora de considerar a atribuição de um cargo com estabilidade e/ou uma promoção (Misra et al., 2011).

Trabalho e sexismo estrutural

De acordo com um relatório da Organização Internacional do Trabalho (OIT), as mulheres foram 40% da força de trabalho mundial total, em 2012 (OIT, 2012a). No mesmo ano, a distância entre os gêneros em relação às taxas de desemprego aumentou. Globalmente, a taxa de desemprego feminino era 6,4%, enquanto a dos homens era de 5,7%. O relatório conclui que as mulheres têm taxas maiores de desemprego devido às diferenças no acesso à educação entre homens e mulheres, segregação profissional e altas taxas de saída e reentrada na força de trabalho, devido às obrigações familiares.

> Não importa o tipo de trabalho; se é uma mulher que o faz, é provável que ele seja menos valorizado do que se for feito por um homem.

As mulheres também são desproporcionalmente mais empregadas naquilo que se chama emprego precário, que é caracterizado por acordos de trabalho informais, pouca seguridade trabalhista, poucos benefícios e nenhum recurso diante de demandas despropositadas. Esse é o caso em países em desenvolvimento, onde as mulheres estão desproporcionalmente trabalhando em posições mal remuneradas (OIT, 2012a).

O lado humano — Vovó e a diferença salarial

As seguintes considerações do presidente Obama foram feitas na assinatura do Lilly Ledbetter Fair Pay Restoration Act. Este foi o primeiro projeto de lei assinado como presidente dos Estados Unidos. Aqui, Obama reconta a força, a coragem e a persistência de Lilly Ledbetter que, apesar das grandes adversidades, lutou pela igualdade de gênero. Embora essas considerações tenham sido feitas em 2009, em 2012 uma mulher trabalhadora ainda ganhava apenas 81% do que ganha um homem (Hegewisch et al., 2012).

Casa Branca
29 de janeiro de 2009

É oportuno que com o primeiríssimo projeto de lei que eu assino – o Lilly Ledbetter Fair Pay Restoration Act – estejamos seguindo um dos primeiros princípios da nação: que todos nós fomos criados iguais e cada um de nós merece a chance de buscar sua própria versão de felicidade.

Também é adequado que a gente se reúna hoje por causa de uma mulher que empresta seu nome ao projeto de lei – alguém que Michelle e eu tivemos o prazer de conhecer antes. Lilly Ledbetter não surgiu para ser um nome de pioneiro nem familiar. Ela foi apenas uma mulher que deu duro e fez seu trabalho – e o fez bem – por quase duas décadas antes de descobrir que, por muitos anos, ela havia ganhado menos que seus colegas homens, ainda que fizesse exatamente o mesmo trabalho que eles. Durante sua carreira, ela perdeu mais de 200 mil dólares em salário e mais ainda em pensão e benefícios de seguridade social – perdas de que ela ainda se ressente hoje.

Agora, Lilly poderia ter se conformado com o seu fardo e ido embora. Ela poderia ter decidido que não valeria a pena o aborrecimento e o assédio que inevitavelmente viriam quando ela exigisse o que merecia. Mas, em vez disso, ela decidiu que havia um princípio a defender, algo por que valeria a pena lutar. Então ela se lançou numa jornada que levaria mais de dez anos, que a levou diretamente para a Corte Suprema e ocasionou este projeto de lei que vai ajudar outros a conseguir a justiça que lhe foi negada.

Ao emprestar seu nome a esta lei, Lilly sabe que essa não é apenas sua história. É a história das mulheres neste país que ainda ganham apenas 78 centavos de cada dólar que os homens ganham – mulheres negras ganham ainda menos –, o que significa que hoje, em 2009, inúmeras mulheres ainda estão perdendo milhares de dólares em salários, rendimentos e aposentadorias durante o curso de sua vida.

Mas um pagamento igualitário não é apenas um problema das mulheres – é um problema familiar. É sobre pais que se encontram com menos dinheiro para educar e cuidar de seus filhos; casais que terminam com menos para se aposentar; lares em que uma trabalhadora que ganha menos do que merece significa a diferença entre conseguir pagar o financiamento da casa própria – ou não; entre manter o aquecimento ligado ou pagar os honorários do médico – ou não. E, nessa economia, em que tantas pessoas já estão trabalhando mais duro para ganhar menos e lutando para sobreviver, a última coisa que elas podem aceitar é perder parte do pagamento de cada mês simplesmente por causa da discriminação.

Então, ao assinar esta lei hoje, pretendo enviar uma mensagem clara: que fazer a nossa economia funcionar significa ter certeza de que isso funciona para todo mundo. Que não existem cidadãos de segunda classe e que isso não é apenas injusto e ilegal – mas ruim para os negócios – pagar menos a uma pessoa por causa do gênero, idade, raça, etnia, religião ou deficiência. E que a justiça não é uma teoria legal abstrata ou uma nota de rodapé num livro didático – é sobre como nossas leis afetam a realidade cotidiana da vida das pessoas: sua habilidade para construir a vida, cuidar de suas famílias e atingir suas metas.

Em última análise, no entanto, pagamento igualitário não é apenas uma questão econômica para milhões de norte-americanos e suas famílias, é uma questão sobre quem nós somos – e se estamos de verdade vivendo de acordo com nossos ideais fundamentais. Se vamos fazer nossa parte, como as gerações passadas fizeram, para garantir que aquelas palavras colocadas no papel há mais de 200 anos realmente signifiquem algo – inspirar nova vida nelas com os conhecimentos mais iluminados de nosso tempo.

É isso que Lilly Ledbetter nos desafia a fazer. E, hoje, eu assino este projeto de lei não apenas em sua homenagem, mas em homenagem àquelas que vieram antes dela. Mulheres como minha avó, que trabalhou num banco durante toda a sua vida e mesmo depois de ter batido nesse telhado de vidro, ela continuou dando o melhor de si todos os dias, sem reclamar, porque queria algo melhor para mim e minha irmã.

E eu assino esta lei por minhas filhas e por todas aquelas que virão depois de nós, porque quero que elas cresçam numa nação que valoriza a contribuição delas, onde não haja limites para os sonhos delas e que elas tenham oportunidades que suas avós e mães nunca puderam imaginar.

No final, é por isso que Lilly continuou sua luta. Ela sabia que era tarde demais para ela – que este projeto de lei não iria desfazer os anos de injustiça que ela enfrentou nem recuperar os ganhos que lhe foram negados. Mas essa avó do Alabama continuou lutando porque estava pensando na geração seguinte. É isso que sempre temos feito na América – pensar grande para nós mesmos e ainda mais para nossos filhos e netos.

Agora depende de nós continuar esse trabalho. Esta lei é um passo importante – um simples reparo para garantir justiça para os trabalhadores norte-americanos – e quero agradecer a esse notável grupo bipartidário de legisladores que trabalhou tão duro para conseguir que o projeto de lei fosse aprovado. E isso é apenas o começo. Eu sei que se mantivermos o foco, como Lilly fez – e continuarmos lutando pelo que é certo, como Lilly fez –, vamos acabar com a desigualdade salarial e garantir que nossas filhas tenham os mesmos direitos, as mesmas chances e a mesma liberdade para perseguir os sonhos delas, assim como nossos filhos.

Obrigado.

Fonte: Obama, 2009.

TABELA 10.2 A diferença de salários nas 10 ocupações mais comuns para mulheres e homens (apenas jornada integral), 2012

	Porcentual de trabalhadores em ocupações femininas	Rendimentos semanais médios das mulheres	Rendimentos semanais médios dos homens	Porcentagem dos salários das mulheres em relação aos dos homens
Trabalhadores de jornada integral	44,2%	$ 691	$ 854	80,9%
10 ocupações mais comuns para mulheres				
Secretários e assistentes administrativos	95,3%	$ 665	$ 803	82,8%
Enfermeiros registrados	89,4%	$ 1.086	$ 1.189	91,3%
Professores do nível elementar e médio	80,9%	$ 921	$ 1.128	81,6%
Auxiliar de enfermagem, psiquiatria e saúde domiciliar	88,1%	$ 445	$ 508	88,8%
Representantes de atendimento ao cliente	67,3%	$ 585	$ 684	87,6%
Supervisores de primeira linha de trabalhadores de vendas de varejo	42,6%	$ 598	$ 792	75,5%
Caixas	69,8%	$ 368	$ 400	92,0%
Gerentes	38,1%	$ 1.078	$ 1.409	76,5%
Contadores e auditores	60,2%	$ 996	$ 1.350	73,8%
Supervisores de primeira linha de escritório e auxiliares administrativos	67,3%	$ 760	$ 895	84,9%
10 ocupações mais comuns para homens				
Motorista/vendedores e motoristas de caminhão	4,0%	$ 537	$ 736	73,0%
Gerentes	38,1%	$ 1.078	$ 1.409	76,5%
Supervisores de primeira linha de trabalhadores de vendas de varejo	42,6%	$ 598	$ 792	75,5%
Vendedores de varejo	38,4%	$ 436	$ 678	64,3%
Zeladores, porteiros e faxineiros de prédio	25,1%	$ 408	$ 511	79,8%
Trabalhadores manuais, carregadores, auxiliar de estoque	16,5%	$ 476	$ 519	91,7%
Trabalhadores da construção civil	2,6%	–	$ 609	–
Cozinheiros	32,9%	$ 361	$ 403	89,6%
Desenvolvedores de *software*, aplicativos e sistemas de *software*	19,6%	$ 1.362	$ 1.1674	81,4%
Representantes de vendas, atacado e manufatura	26,1%	$ 822	$ 1.161	89,6%

Fonte: Hegewisch e Matite, 2013.

As mulheres também tendem a assumir posições de menor ou nenhuma autoridade no ambiente de trabalho e a receber salários menores do que os dos homens (OIT, 2012b). Não importa o tipo de trabalho; se é uma mulher que o faz, é provável que ele seja menos valorizado do que se for feito por um homem. Por exemplo, no início do século XIX, cerca de 90% dos secretários eram homens e, então, ser secretário era uma profissão de prestígio. Quando esse trabalho se tornou mais comum, em parte devido à invenção da máquina de escrever, o salário e o prestígio da profissão declinaram, enquanto o número de mulheres secretárias aumentou. Hoje, 92,2% dos secretários são mulheres (U.S. Census Bureau, 2013), e a profissão não goza de bons salários e prestígio.

A concentração das mulheres em algumas ocupações e dos homens em outras é chamada de **segregação profissional por sexo**. Embora a segregação profissional por sexo continue alta, como mostra a primeira coluna da Tabela 10.2, ela diminuiu nos últimos anos em algumas ocupações. Por exemplo, entre 1983 e 2010, a porcentagem de médicas e cirurgiãs mais do que duplicou, passando de 16% para 36%, o número de dentistas do sexo feminino passou de 7% a 30% e o de mulheres no clero, de 6% a 18% (U.S. Census Bureau, 2013).

Ainda que lentamente, os homens também estão cada vez mais assumindo trabalhos tradicionalmente desempenhados pelas mulheres. Impelidos pela perda de emprego no setor manufatureiro, além da recente crise econômica, muitos postos tradicionalmente definidos como masculinos (por exemplo, cargos na indústria automobilística e na construção civil) se extinguiram. Consequentemente, nos últimos 20 anos, tem havido um aumento significativo no número de homens em empregos tradicionalmente femininos; por exemplo, houve um aumento de 50% de homens entre telefonistas, 45% entre caixas e 40% entre professores de pré-escola e jardim de infância (Bourin e Blakemore, 2008). Dados indicam que os homens em empregos tradicionalmente femininos têm mais chance de serem admitidos, promovidos e ganharem maiores salários; trata-se do chamado **efeito elevador de vidro** (Williams, 2007). A Tabela 10.2, por exemplo, mostra que as secretárias e assistentes administrativas são, na maioria, mulheres – 95,3%. Embora o salário semanal médio de secretários homens seja de US$ 803, as mulheres com a mesma ocupação ganham US$ 665. Apesar do aumento de homens nas ocupações tradicionalmente femininas, as mulheres ainda são pesadamente representadas em **cargos de colarinho rosa**, de baixo prestígio e salário e que oferecem poucos benefícios.

A persistência da segregação profissional por sexo.
A segregação profissional por sexo continua por várias razões. Primeiro, crenças culturais sobre o que é trabalho "apropriado" para um homem ou uma mulher ainda existem. A análise de Snyder e Green (2008) dos enfermeiros nos Estados Unidos é um caso exemplar. Usando dados de pesquisa e entrevistas detalhadas, os pesquisadores descobriram padrões de segregação por sexo. Cerca de 88% dos enfermeiros que cuidam de pacientes estão em áreas divididas por sexo (por exemplo, unidades de tratamento intensivo e psiquiatria para enfermeiros e serviços ambulatoriais para enfermeiras). É interessante notar que, embora as mulheres raramente mencionem o gênero como razão para sua escolha da especialidade, os enfermeiros homens frequentemente o fazem, sabendo do "processo de afirmação de gênero que os levou a procurar posições 'masculinas' no que de outro modo seria construído como uma profissão feminina" (p. 291).

Segundo, as oportunidades para homens e mulheres diferem. Por exemplo, mulheres e homens, ao entrar na carreira, geralmente são encaminhados pelos empregadores para trabalhos com gênero específico, que possuem diferentes salários e oportunidades de promoção. Contudo, mesmo mulheres que ocupam posições mais bem remuneradas podem ser vítimas do **teto de vidro** – uma barreira invisível que evita que mulheres e outras minorias atinjam posições no topo de uma empresa. Mulheres e minorias têm redes sociais diferentes das dos homens brancos, o que contribui para essa barreira. Os homens brancos em empregos bem pagos tendem a ter mais conexões interpessoais com pessoas em posições de autoridade (Padavic e Reskin, 2002). Além disso, as mulheres sempre descobrem que suas oportunidades para avançar na carreira são adversamente afetadas ao retornarem ao trabalho, depois de um período de afastamento por algum motivo familiar. Advogadas que retornavam da licença-maternidade encontraram sua mobilidade na carreira arruinada depois de terem sido recolocadas em casos de menos prestígio (Williams, 2000).

Também há evidências de que as mulheres que trabalham pagam um preço pela maternidade. A partir de um experimento, Correll et al. (2007) relatam que, mesmo quando as qualificações, conhecimento e experiência de trabalho foram mantidos constantes, "os avaliadores classificaram as mães como menos competentes e comprometidas com o trabalho remunerado do que as mulheres que não são mães" (p. 1.332). Outros exemplos da "**penalidade da maternidade**" incluem mulheres que se sentem pressionadas para escolher profissões que permitam flexibilidade de horário e de planos de carreira, às vezes conhecidos como "*mommy tracks*" (Moen e Yu, 2000). Assim, mulheres são predominantes nas áreas de

---

segregação profissional por sexo A concentração das mulheres em certas profissões e dos homens em outras.

efeito elevador de vidro A tendência dos homens de buscar ou trabalhar em funções tradicionalmente femininas para se beneficiar de seu *status* de minoria.

cargos de colarinho rosa Trabalhos que oferecem poucos benefícios, em geral de baixo prestígio e desproporcionalmente executados por mulheres.

teto de vidro Situação na qual as escolhas pessoais são limitadas pela estrutura social.

penalidade da maternidade Tendência de que mulheres com filhos, especialmente filhos pequenos, tenham desvantagens em contratações, salários e similares, quando comparadas às mulheres sem filhos.

educação elementar, que lhes permitem estar em casa quando seus filhos não estão na escola. A enfermagem, também dominada pelas mulheres, geralmente oferece horários flexíveis. Embora o tipo de carreira seguida possa ser da escolha da mulher, trata-se de uma **escolha estruturada** – uma escolha entre opções limitadas devido à estrutura da sociedade.

Finalmente, Blau e Kahn (2013) argumentam que as taxas comparativamente baixas de participação feminina na força de trabalho e de crescimento dessa participação são resultado da falta de políticas de emprego nos Estados Unidos que beneficiem o trabalhador e, principalmente, as mulheres. Uma análise das informações sobre políticas de emprego indica que "[...] muitos países já implementaram políticas para dispensa parental, trabalho em período parcial e cuidado de filhos que são mais generalizadas do que nos Estados Unidos, e essa diferença tem crescido com o tempo" (p. 4). Os autores concluem que as políticas de trabalho em período parcial são mais atrativas e tornam mais fácil para as mulheres "conseguirem tudo", isto é, conciliar carreira com vida familiar.

Renda e sexismo estrutural

Em 2012, mulheres que trabalhavam o dia inteiro nos Estados Unidos ganhavam, em média, 81% do rendimento semanal médio dos homens que trabalhavam pelo mesmo período (Hegewisch et al., 2012). (Veja, neste capítulo, *O lado humano*). Além disso, caixas, garçonetes, empregadas, faxineiras e vendedoras, algumas das ocupações mais comuns para mulheres, tinham rendimentos médios para uma jornada semanal de 40 horas inferiores ao nível de pobreza estabelecido em nível federal (nos Estados Unidos), para uma família de quatro pessoas (Hegewisch e Matite, 2013).

A distância entre os gêneros varia com o tempo. Nas décadas de 1980, 1990, 2000 e 2010, os rendimentos anuais das mulheres em relação aos dos homens aumentaram de 60% para 72%, 74% e 77%, respectivamente. Como mencionado, a intensidade da distância entre gêneros diminuiu desde os anos 1980 e 1990 (Hegewisch et al., 2012). Pela atual taxa, prevê-se que a diferença de gênero só seria superada em 2057 (IWPR, 2013).

Diferenças raciais também existem. Embora as mulheres em geral ganhem apenas 81% do que os homens ganham, as mulheres negras norte-americanas ganham menos ainda, 68% do salário dos homens brancos (Hegewisch et al., 2012). Mesmo entre celebridades existe uma significativa diferença. De acordo com a revista *Forbes*, o salário máximo para uma jogadora da Women's National Basketball Association (WNBA) é 107 mil dólares, enquanto Kobe Bryant assinou um contrato de 30,5 milhões de dólares para a temporada de 2013-2014 no Los Angeles Lakers (Badenhausen, 2013).

Por que existe diferença no salário de homens e mulheres? Existem vários argumentos para justificar essa diferença. Entre eles, a **hipótese do capital humano**, que diz que pagar homens e mulheres de modo diferente ocorre em função dos níveis educacionais, habilidades, treinamento, experiência etc. diferentes entre homens e mulheres. Por exemplo, Rose e Hartman (2008) descobriram que, durante um período de mais de 15 anos, as mulheres trabalharam menos anos do que os homens e, quando trabalhavam, o faziam menos horas por ano. Rose e Hartman concluíram que "[...] nesses 15 anos, é mais provável que uma mulher que tenha filhos que dependam dela e esteja casada ganhe menos e permaneça menos horas no mercado de trabalho" (Rose e Hartman, 2008, p. 1). Bertrand et al. (2009) relataram descobertas semelhantes, concluindo que "a presença de filhos está associada a menor acumulação de experiência profissional, mais interrupções na carreira e menos horas de trabalho para mulheres que têm MBA, mas não para homens com MBA" (p. 24). Com base nessa análise, os autores concluíram que, uma década depois da graduação, as mulheres com MBA ganham um salário médio de 243 mil dólares, enquanto os homens na mesma condição ganham 442 mil dólares. Salários menores resultam num déficit significativo ao final da vida. Isso acontece particularmente devido à maior expectativa de vida das mulheres e ao esgotamento da poupança quando o marido fica doente (veja Figura 10.3, a seguir, neste capítulo).

Uma variação da hipótese do capital humano é chamada *hipótese do capital humano do ciclo de vida*. Aqui se argumenta que as mulheres têm menos incentivo para investir em

escolha estruturada
Escolhas que são limitadas pela estrutura da sociedade.

hipótese do capital humano
A hipótese que afirma que as diferenças entre homens e mulheres se devem às diferenças nos níveis de educação, capacitação, treinamento e experiência de trabalho entre eles.

educação e habilidades para o mercado de trabalho, porque sabem que, como mulheres e mães, vão trabalhar menos do que seus pares masculinos e suas carreiras serão interrompidas por responsabilidades com a família. Por outro lado, crescem os incentivos para os homens adquirirem essas habilidades com o aumento das responsabilidades familiares, e é essa diferença de capital humano, ou assim se argumenta, que explica a diferença salarial entre homens e mulheres (Polachek, 2006).

Os teóricos do capital humano também argumentam que as mulheres fazem escolhas educacionais (por exemplo, escola frequentada, especialidade etc.) que limitam suas oportunidades de trabalho e ganhos futuros. As mulheres, por exemplo, tendem a se especializar mais em humanidades, educação ou ciências sociais do que em ciência e engenharia, o que resulta em ganhos menores (Corbett e Hill, 2012). Pesquisas também indicam, contudo, que, mesmo considerando "a área de especialização, ocupação, setor econômico, horas trabalhadas, meses sem emprego desde a graduação, notas médias, tipo de instituição de pós-graduação, nível da instituição, idade, região geográfica e *status* marital [...], uma diferença de 7% ainda permanece sem explicação" (Corbett e Hill, 2012, p. 8).

A diferença de capital humano entre homens e mulheres é resultante de limitações estruturais (por exemplo, ausência de um sistema nacional de creche), bem como a expectativa de que as mulheres permaneçam em casa. Resultados de uma pesquisa indicam que poucas das mães que trabalham fora (11%) ou das mães que ficam em casa (10%) acreditam que uma mãe que trabalha o dia inteiro fora ofereça uma "situação ideal para uma criança" (Pew Research Center, 2007). Além disso, 72% dos homens com filhos com menos de 18 anos responderam que trabalhar o dia inteiro era a situação ideal para eles, enquanto apenas 20% das mulheres com filhos com menos de 18 anos fizeram a mesma afirmação.

A segunda explicação para a diferença salarial entre os gêneros é chamada de **hipótese da desvalorização**. De acordo com ela, as mulheres recebem salários mais baixos porque o trabalho realizado por elas é socialmente definido como menos valorizado do que o trabalho feito pelos homens. Guy e Newman (2004) argumentam que esses trabalhos são subvalorizados por incluírem uma quantidade significativa de **trabalho emocional** – isto é, trata-se de trabalhos que envolvem o cuidado, a negociação e a empatia com pessoas, habilidades que raramente são especificadas nas descrições de cargo ou avaliações de *performance*.

Finalmente, há evidências de que, mesmo quando mulheres e homens têm educação e experiência equivalentes (e, portanto, não se trata de diferença de capital humano entre eles) e estão nos mesmos cargos (e, portanto, não se trata de desvalorização do trabalho desempenhado pelas mulheres), a diferença de salários permanece. A Tabela 10.2 indica que os homens ganham mais que as mulheres em todas as dez profissões mais segregadas por sexo, tanto naquelas em que há mais mulheres como naquelas em que há mais homens. Mesmo entre professores de ensino elementar e médio, uma profissão que é 81% ocupada por mulheres, estas ganham um salário semanal médio de US$ 921, enquanto os homens ganham US$ 1.128 – perfazendo uma diferença anual de mais de US$ 10 mil (Hegewish e Matite, 2013).

O que você acha? Acabar com a diferença de salários entre os gêneros pode não ser consequência de maiores ganhos das mulheres, mas também de maiores perdas dos homens. Entre 1979 e 2012, a hora de trabalho dos homens caiu de 19,53 para 18,03 dólares. A queda nos salários dos homens foi causada por políticas econômicas que encorajam o consumismo (por exemplo, preços mais baixos, desregulamentação e impostos menores), à custa dos trabalhadores (Shierholz, 2013). Que teoria sociológica explica melhor essas políticas e quem seria motivado a instituí-las?

hipótese da desvalorização A hipótese de que as mulheres recebem salários mais baixos porque o trabalho realizado por elas é socialmente definido como menos valorizado do que o trabalho feito pelos homens.

trabalho emocional Trabalho que envolve cuidar, negociar e ter empatia pelas pessoas.

Política e sexismo estrutural

As mulheres conquistaram o direito de voto nos Estados Unidos com a aprovação da 19ª Emenda. Ainda que essa emenda tenha sido posta em prática há mais de 90 anos, as mulheres ainda têm uma atuação menor na área política. Em geral, quanto mais importante for o cargo político, menor é a probabilidade de uma mulher ocupá-lo. Embora as mulheres constituam a metade da população, os Estados Unidos nunca tiveram uma mulher presidente nem vice-presidente e, até 2010, quando a juíza Elena Kagan foi nomeada, havia apenas três mulheres juízas na Suprema Corte em toda a história dessa casa. Os cargos mais altos que as mulheres conquistaram no governo norte-americano foram o das secretárias de Estado Madeleine Albright, Condoleezza Rice e Hillary Clinton. Em 2013, as mulheres representavam apenas 10% de todos os governantes e ocupavam apenas 18,3% dos assentos do Congresso. Além disso, as mulheres ocupam uma média de 24,2% de todos os assentos do Legislativo, tendo o Colorado a maior representação feminina (42%) e a Louisiana, a menor (12%) (CAWP, 2013a).

Em todo o mundo, as mulheres representam apenas 20% dos corpos legislativos (Quota Project, 2013). A porcentagem, contudo, varia significativamente por região. Note que as "regiões desenvolvidas" incluem Estados Unidos e Canadá, Europa, Rússia e Austrália. Como a Figura 10.2 indica, com exceção da Oceania e da Ásia Oriental, a representação das mulheres em todo o mundo aumentou entre 2000 e 2013.

Em resposta à sub-representação das mulheres na arena política, alguns países instituíram cotas eleitorais. Dos 59 países que tiveram eleições em 2011, 17 deles adotaram cotas legislativas. Nos países em que as cotas legislativas vigoram, as mulheres conquistaram 27% dos assentos, enquanto nos países sem esse dispositivo elas obtiveram 16% dos cargos (UN, 2013).

> Concorrer a um cargo político exige grandes somas de dinheiro, o apoio político de indivíduos e grupos poderosos e o desejo dos eleitores de eleger mulheres. Devido à falta ainda mais desproporcional desses recursos, mulheres de grupos minoritários têm ainda maiores barreiras estruturais à eleição e, evidentemente, representam uma porcentagem ainda menor entre os candidatos eleitos.

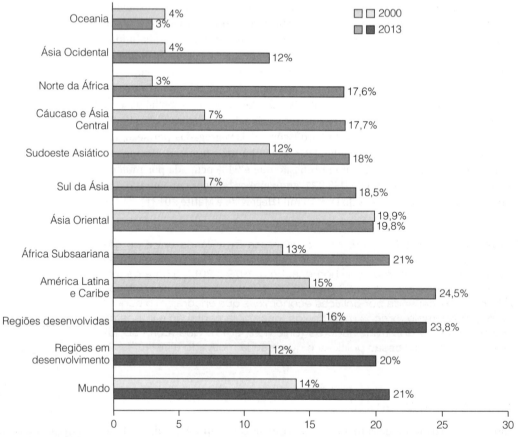

Figura 10.2 Proporção de assentos ocupados por mulheres em Legislativos nacionais, 2000 e 2013

Fonte: Nações Unidas, 2013. De: *Relatório dos Objetivos de Desenvolvimento do Milênio 2013*, p. 22.

As cotas são particularmente úteis em países onde as mulheres estão sub-representadas e sua candidatura é ameaçada por tradições patriarcais antigas. No Afeganistão, onde as cotas foram estabelecidas por provisão constitucional em 2004, 28% dos assentos parlamentares nacionais são ocupados por mulheres (Quote Project, 2013). Apesar do nosso preconceito em relação ao *status* das mulheres nos países do Oriente Médio, note-se que esse montante é 10% maior do que o número de mulheres que ocupavam assentos no Congresso norte-americano em 2013.

A sub-representação das mulheres na política. A ausência relativa das mulheres na política, na universidade, em cargos bem pagos e de prestígio, em geral, é uma consequência de limitações estruturais. Concorrer a um cargo político exige grandes somas de dinheiro, o apoio político de indivíduos e grupos poderosos e o desejo dos eleitores de eleger mulheres. De fato, deputadas estaduais mulheres identificaram o dinheiro como a maior barreira para concorrer a altos cargos (Political Parity, 2013). Devido à falta ainda mais desproporcional desses recursos, mulheres de grupos minoritários têm ainda maiores barreiras estruturais à eleição e, evidentemente, representam uma porcentagem ainda menor entre os candidatos eleitos. Dos 535 representantes do Congresso norte-americano, mulheres negras representam apenas 6% e nenhuma mulher pertencente a grupos minoritários é atualmente membro do Senado norte-americano (CAWP, 2013b).

Também há evidências de discriminação de gênero contra candidatas mulheres. Num experimento, dois perfis de candidatos ao Congresso foram apresentados para uma amostra de eleitores – no caso, Ann Clark e Andrew Clark. Os eleitores do Partido Republicano tendiam a dizer que votariam mais em um pai com filhos pequenos do que em uma mãe com filhos pequenos – uma evidência da "penalidade da maternidade". O padrão oposto foi detectado no caso dos eleitores do Partido Democrata (Morin e Taylor, 2008).

Não apenas os eleitores como também os partidos discriminam com base no gênero. Quando deputadas estaduais foram questionadas se acreditavam ou não que seus partidos políticos encorajam mulheres do mesmo modo que homens, 44% responderam que seu partido encoraja mais homens do que mulheres. Apenas 3% responderam que seu partido encoraja mais mulheres do que homens (Political Parity, 2013).

Finalmente, argumentando que parte da ética da política norte-americana se constitui em se você é ou não é "homem suficiente para servir", Faludi (2008) sustenta que John McCain, que sobreviveu anos num campo de prisioneiros de guerra, tipifica o ideal norte-americano do que significa ser homem. Por outro lado, Don Imus, como Faludi nota, "para nunca ficar para trás no departamento de estereótipos sexuais, apelidou o sr. Obama de "maricas" [*sissy boy*] (p. 1-2). Questionando a indicação para a Corte Suprema, o conservador apresentador de um programa de entrevistas Rush Limbaugh comentou que, na indicação de Elena Kagan, "Obama escolheu para si um gênero diferente" (citado no *Media Matters*, 2010, p. 1). Portanto, para alguns, a *performance* de gênero do candidato ou, ao menos, a percepção dela deve ser considerada no comportamento eleitoral individual.

O que você acha? Num relatório chamado *Men Rule*, Lawless e Fox (2012) relataram evidências de que a socialização do papel de gênero tradicional contribuiu significativamente para a sub-representação das mulheres em posições eleitorais. As mulheres são menos propensas a: (1) dizer que querem concorrer a um cargo político, (2) sentir-se confortáveis a respeito de sua candidatura, (3) acreditar que são qualificadas, (4) dizer que têm a "casca grossa" necessária para concorrer ao cargo e (5) ter parceiros que são responsáveis pela maior parte das tarefas domésticas e cuidados com os filhos em relação aos seus pares masculinos. Se a socialização do papel de gênero explica a falta de mulheres na política, ela também explica a super-representação dos homens?

Direitos civis, lei e sexismo estrutural

Em muitos países, as vítimas da discriminação de gênero não podem levar seus casos à justiça. Esse não é o caso dos Estados Unidos. O Equal Pay Act de 1963 e o Título VII da Lei de Direitos Civis de 1964 tornou ilegal que os empregadores ajam com base na discriminação por gênero em relação a salários e empregos. Contudo, a discriminação desse tipo ainda ocorre, como evidenciado pelas centenas de queixas recebidas todos os anos na Equal Employment Opportunity Commission (EEOC) – 30.356 queixas em 2012, 31% do número total de encargos individuais cobrados (EEOC, 2013). Conhecido como discriminação de identidade de gênero, o tratamento diferencial devido à condição transgênero também é uma violação da lei federal.

Uma estratégia de que os empregadores se valem para justificar diferenças no salário é o uso de diferentes nomes de cargos para o mesmo tipo de serviço. Repetidamente, os tribunais têm decidido, contudo, que cargos que são "substancialmente equivalentes", apesar do título, devem ser pagos de modo equivalente. Por exemplo, uma das maiores ações de discriminação trabalhista foi impetrada contra a cadeia de lojas Walmart por meio de uma ação conjunta em que 2 milhões de funcionárias mulheres atuais e antigas alegaram que a administração da empresa agiu de modo discriminatório em duas situações: (1) ao pagar mais para empregados homens e (2) ao negar promoções às mulheres. Na justiça, a defesa do Walmart alegou que, como a administração das lojas não é centralizada, não poderia haver uma política em relação a práticas discriminatórias que englobasse toda a companhia (Kravets, 2007). Em 2011, a Corte Suprema dos Estados Unidos deu ganho de causa para o Walmart (Stohr, 2011). Em 2012, 1.975 mulheres em 48 estados entraram com ações contra a gigante. A defesa das mulheres esperava que, ao entrar com ações em nível regional em vez de nacional, o padrão sistemático de discriminação requerido pela decisão da Suprema Corte norte-americana ficasse explícito (Hines, 2012).

A discriminação, embora ilegal, ocorre tanto nos níveis institucionais quanto individuais (veja Capítulo 9). A discriminação institucional inclui dispositivos de rastreamento desenhados para homens, preferência na contratação de veteranos, a prática de promoção dentro da organização baseada na senioridade e redes de recrutamento dominadas por homens (Reskin e McBrier, 2000). Por décadas, o Augusta National Golf Club, sede do torneio Master Golf e um "quem é quem do mundo corporativo", recusou-se a mudar sua política, proibindo mulheres de entrar, apesar dos anos de publicidade negativa e pressão política de grupos de mulheres (Rudnanski, 2011). Em 2012, a secretária de Estado Condoleezza Rice e a executiva Darla Moore se tornaram as primeiras mulheres a serem admitidas no prestigioso clube privado (Ludka, 2012). Uma das formas de discriminação individual mais gritantes é o assédio sexual, que será discutido mais adiante, neste capítulo.

Algumas noivas chegam a ter apenas 5 anos de idade e raramente sabem as consequências do que está acontecendo com elas. Aqui, uma menina de 16 anos grita em protesto ao ser levada de charrete para a aldeia de seu novo marido.

Nos Estados Unidos, as mulheres sempre encontram dificuldades em conseguir empréstimos imobiliários ou imóveis para alugar devido aos seus rendimentos mais baixos, históricos de trabalho mais curtos e menos garantias. Até bem recentemente, homens que estupravam suas mulheres não eram condenados. Ainda hoje, alguns estados exigem um acordo de separação legal e/ou residências separadas para que uma mulher que tenha sido estuprada receba a proteção completa da lei. Mulheres nas forças armadas tradicionalmente ficam restritas a algumas tarefas (veja Capítulo 15) e, finalmente, desde a decisão *Roe vs. Wade* pela Corte Suprema em 1973, que tornou o aborto legal, o direito de uma mulher abortar tem sido prontamente limitado por atos legislativos e decisões judiciais (veja Capítulo 14).

O que você acha? No mundo todo, entre 10 e 12 milhões de meninas (Gorney, 2011) – algumas com apenas 5 anos de idade – têm sido forçadas a se casar por seus pais ou por causa do tráfico humano. Consequentemente, elas têm pouca ou nenhuma escolaridade, têm filhos muito antes de serem maduras e, em muitos casos, morrem no parto. Você acha que nos países em que essa tradição existe deveria haver leis anticasamento de crianças? Podem as leis contradizer crenças religiosas?

A construção social dos papéis de gênero: sexismo cultural

Como os socioconstrucionistas notam, o sexismo estrutural é baseado em um sistema de sexismo cultural que perpetua as crenças sobre as diferenças entre homens e mulheres. O **sexismo cultural** refere-se aos modos como a cultura da sociedade – suas normas, valores, crenças e símbolos – perpetuam a subordinação de um indivíduo ou grupo com base na classificação sexual desse indivíduo ou grupo.

O sexismo cultural ocorre em uma variedade de situações, incluindo a família, a escola e a mídia, bem como nas interações cotidianas.

Relações familiares e sexismo cultural

Desde o nascimento, homens e mulheres são tratados de modos diferentes. Os **papéis de gênero** são padrões de comportamentos e expectativas definidos socialmente em relação a ser mulher ou homem.

A atribuição de brinquedos é um dos modos pelos quais o comportamento do papel de gênero é ensinado às crianças. Livros de colorir, por exemplo, oferecem às crianças a experiência de criar e experimentar com cores e a parabenização pela conformidade ("Muito bem! Você não pintou fora do contorno!") ou a repreensão pela não conformidade ("Oh, você pintou fora do contorno. Tente fazer melhor da próxima vez.").

Alguns brinquedos, contudo, são claramente diferenciados conforme o gênero, como evidenciado pelas prateleiras de brinquedos para meninas e meninos nas lojas. Uma boneca recentemente lançada, de fato:

> [...] oito ao todo, com uma variedade de tons de pele e características faciais, parece como muitas outras, até as crianças vestirem a blusinha com pétalas aplicadas nos mamilos. É onde os sensores estão localizados, fazendo um som de sucção quando a boca da boneca toca algo. Ela também arrota e chora, mas esses sons não requerem contato com o peito (Italie, 2012).

Mesmo quando os brinquedos são "educativos", podem conter vieses sutis. Um estudo do professor Becky Francis da Roehampton University, na Inglaterra, examinou o impacto de brinquedos educativos na aprendizagem de crianças entre 3 e 5 anos de idade. Quando se perguntava para os pais quais eram os brinquedos favoritos de seus filhos, os brinquedos de menino "incluíam ação, construção e máquinas" enquanto os das meninas eram, geralmente, "bonecas e perceptivelmente interesses 'femininos', como cabeleireiro" (Lepkowska, p. 1).

sexismo cultural Formas pelas quais a cultura da sociedade perpetua a subordinação de um indivíduo ou grupo com base na classificação sexual desse indivíduo ou grupo.

papéis de gênero Padrões de comportamentos e expectativas socialmente definidos em relação a ser homem ou mulher.

Depois de comprar e analisar os brinquedos que os pais selecionaram, Francis concluiu que os brinquedos de menina tinham um "limitado potencial de aprendizagem" enquanto os brinquedos dos meninos eram "muito mais diversos" e os instigavam "em um mundo de ação, bem como de tecnologia", desenhados para "ser excitantes e estimulantes" (citado em Lepkowska, 2008, p. 1).

Divisão do trabalho em casa

Globalmente, mulheres e meninas continuam a ser responsáveis pela manutenção da casa, que inclui cozinhar, pegar lenha e água e tomar conta de irmãos mais novos (IPC, 2008). Num estudo do trabalho doméstico em dez países ocidentais, Bittman e Wajcman (2000) relatam que "as mulheres continuam a ser responsáveis pela maioria das horas de trabalho não pago", indo do mínimo de 70% na Suécia ao máximo de 88% na Itália (p. 173). Um estudo no México mostrou que as mulheres com trabalho pago também trabalham em casa mais 33 horas por semana, enquanto homens contribuem com 6 horas no trabalho doméstico (Unicef, 2007).

Nos Estados Unidos, meninos e meninas trabalham em casa, aproximadamente, o mesmo tanto até a idade de 18 anos, quando o trabalho doméstico das meninas começa a aumentar. Embora a divisão do trabalho doméstico com os homens tenha mais do que duplicado nos últimos 25 anos, a verdade é que as mulheres, mesmo trabalhando o dia inteiro fora, dedicam muito mais horas para o cuidado da casa do que os homens, o que é conhecido como "jornada dupla" (Hochschild, 1989).

Definições sociais do que é apropriado aos papéis de gênero tradicionalmente têm restringido mulheres e homens em termos educacionais, profissionais e no lazer. Há 50 anos, era impensável ver meninos brincando com bonecas e mostrando comportamentos relacionados ao cuidado e à alimentação.

Explicações para a divisão tradicional do trabalho doméstico. Embora algumas mudanças tenham acontecido, a divisão tradicional do trabalho persiste (Askari et al., 2010). Três explicações emergem da literatura. A primeira é a *abordagem da disponibilidade de tempo*. Consistente com a perspectiva estrutural-funcionalista, essa abordagem diz que a *performance* do papel é uma função de quem tem o tempo para desempenhar certas tarefas. Como as mulheres tendem a ficar mais em casa, elas tendem a fazer mais tarefas domésticas.

Uma segunda explicação é a *abordagem dos recursos relativos*. Essa explicação, consistente com a perspectiva do conflito, implica que, ao parceiro com menos poder, são relegadas as tarefas menos recompensadoras. Como os homens, em geral, têm um maior nível educacional, maiores salários e ocupações mais prestigiosas, eles são menos responsáveis pelo trabalho doméstico. Assim, como as mulheres ganham menos dinheiro que os homens, em média, elas desistem das horas extras e outras oportunidades de trabalho para cuidar de filhos e assumir responsabilidades domésticas, o que, subsequentemente, reduz seus ganhos potenciais continuamente (Williams, 2000).

A *ideologia do papel de gênero*, a última explicação, é consistente com a perspectiva interacionista-simbólica. Ela implica que a divisão do trabalho é uma consequência de socialização tradicional e suas relativas atitudes e crenças. Homens e mulheres têm sido socializados para desempenhar vários papéis e esperar que seus parceiros desempenhem outros papéis complementares. As mulheres tipicamente tomam conta da casa e os homens, do jardim. Esses padrões começam com tarefas domésticas atribuídas a meninos e meninas e são aprendidos por meio da mídia, da escola, dos livros e brinquedos.

O estudo de Simister (2013) da divisão do trabalho doméstico em sete países – Camarões, Chade, Egito, Índia, Quênia, Nigéria e Reino Unido – é ilustrativo. Quando papéis tradicionais de gênero são revertidos, por exemplo, quando mulheres ganham mais do que seus maridos, os homens são mais resistentes em contribuir com trabalho doméstico do que um marido cujo salário é maior. Do mesmo modo, Schneider (2012) relata que homens em ocupações tradicionalmente femininas investem mais tempo em "trabalho de homem" em casa; mulheres que ocupam posições tradicionalmente masculinas fazem mais trabalho de mulher em casa.

Os resultados de ambos os estudos confirmam a **hipótese do desvio de gênero**. Quando há um "desvio de gênero" (salário ou ocupação inconsistente com os papéis de gênero tradicionais), técnicas para neutralizar o desvio (engajamento na divisão tradicional do trabalho doméstico), para alinhá-lo novamente, são empregadas, recuperando, assim, o que é percebido como o que significa ser homem e o que significa ser mulher na sociedade norte-americana. Note-se que as descobertas desses estudos contradizem tanto a *abordagem da disponibilidade de tempo* quanto a *abordagem dos recursos relativos*.

Experiência escolar e sexismo cultural

Antigamente, as meninas no colégio eram obrigadas a cursar "economia doméstica", que incluía aulas de costura e culinária, enquanto os meninos eram obrigados a fazer "oficina", onde aprendiam marcenaria e mecânica de carros. Embora menos óbvio, o sexismo ainda existe nas escolas hoje, geralmente nos materiais educativos empregados, nas interações aluno-professor, nos estereótipos de gênero acadêmicos e nas atividades e programas na escola.

Material educativo. Grande parte da pesquisa sobre imagens de gênero em livros e outros materiais educativos documenta a maneira como homens e mulheres são retratados de modo estereotipado. Em um estudo dos 200 livros de imagens infantis mais vendidos, mulheres e meninas eram significativamente sub-representadas, uma vez que o dobro deles exibiam títulos e protagonistas masculinos. As figuras masculinas também tendiam a aparecer mais nas ilustrações, sendo representadas fora de casa, e, se fosse um adulto, era retratado trabalhando fora de casa. Tanto homens quanto mulheres eram nove vezes mais prováveis de ser representados em ocupações tradicionais do que não tradicionais e "personagens principais femininas [...] eram mais do que três vezes mais propensas do que os personagens principais masculinos [...] a desempenhar papéis relacionados à nutrição e ao cuidado (Hamilton et al., 2006, p. 761). Além disso, os livros de colorir infantis são estereotipados. Numa análise de 889 personagens em 54 livros de colorir norte-americanos contemporâneos, Fitzpatrick e McPherson (2010) relatam que os homens tendem a ser mais representados e, quando isso acontece, são representados como ativos, mais velhos e poderosos.

Interações aluno-professor. O sexismo também se reflete no modo como professores tratam seus estudantes. Milhões de meninas são submetidas ao assédio sexual por professores homens, que então as reprovam quando elas recusam os seus avanços sexuais (Quist-Areton, 2003). Também há evidências de que professores da escola elementar e secundária prestam mais atenção aos meninos do que às meninas – falam mais com eles, fazem mais perguntas e ouvem mais, aconselham mais, dando-lhes orientações mais detalhadas, corrigindo-os e recompensando-os com mais frequência. Em *Still failing at fairness*, Sadker e Zittleman (2009) contam como uma professora do 5º ano instruía seus alunos. "Somos muitos aqui para todo mundo gritar ao mesmo tempo. Quero que vocês levantem a mão e então eu chamo vocês. Se você gritar, eu chamo outra pessoa". A discussão sobre os presidentes continuou, com Stephen gritando:

Stephen: Eu acho que Lincoln foi o melhor presidente. Ele manteve o país unido durante a guerra.
Professora: Vários historiadores concordariam com você.
Kelvin (vendo que nada tinha ocorrido a Stephen, diz): Eu não. Lincoln era ok, mas meu pai gostava do Reagan. Ele sempre dizia que Reagan era um grande presidente.
David (gritando): Reagan? Você está brincando?
Professora: Quem você acha que foi nosso melhor presidente, David?
David: FDR. Ele nos salvou da Depressão.
Max (gritando): Eu não acho que é certo escolher o melhor presidente. Houve vários bons.
Professora: Isso é interessante.
Rebecca (gritando): Eu não acho que os presidentes de hoje são tão bons quanto os que a gente teve.
Professora: Ok, Rebecca. Mas você se esqueceu da regra. Você precisa levantar a mão para falar (p. 65-66).

hipótese do desvio de gênero A tendência a um excesso de conformidade às normas sociais de gênero, depois de um ato de desvio; trata-se, portanto, de um método de neutralização do desvio.

Profecia da autossatisfação. Os interacionistas-simbólicos nos lembram que a expectativa de um resultado aumenta a probabilidade de ocorrer o que se espera que ocorra, isto é, trata-se de uma profecia de autossatisfação. As diferentes expectativas e/ou encorajamento que homens e mulheres recebem contribuem para as suas habilidades variadas, como medido por testes padronizados, em disciplinas como leitura, matemática e ciências. Seriam essas diferenças uma questão de aptidão? A pesquisa em ciências sociais indica o contrário. Por exemplo, num experimento na Universidade de Waterloo, estudantes homens e mulheres, todos bons em matemática, foram estimulados com dois tipos de publicidade, uma estereotipada e outra neutra em relação ao gênero. Quando, depois, as estudantes do sexo feminino que tinham visto publicidade com imagens estereotipadas em relação às mulheres fizeram o teste de matemática, elas não se saíram tão bem quanto aquelas que tinham assistido à publicidade neutra em relação às mulheres (Begley, 2000).

Além disso, os resultados de um estudo na Universidade de Virgínia relatam a larga disseminação dos estereótipos de gênero e seu impacto sobre as conquistas científicas (Nosek et al., 2009). Cerca de 500 mil pessoas de 34 países participaram da pesquisa destinada a medir o *viés implícito* – do qual não temos consciência. Cerca de 70% dos pesquisados apresentaram visões estereotipadas da relação entre gênero e ciências numa direção previsível. Nos países em que os estereótipos de gênero são maiores, isto é, onde se supõem que os homens são bons em ciências e as mulheres não, os homens se saíram melhor do que as mulheres nos testes padronizados de matemática e ciências. Os autores sugerem que "estereótipos implícitos e diferenças de sexo na participação e desempenho em ciências são mutuamente reforçadores, contribuindo para a persistente diferença no engajamento nas ciências" (Nosek et al., 2009, p. 10, 593).

Programas e políticas escolares. Como discutido no Capítulo 8, o Título IX das Emendas Educacionais de 1972, proíbe a discriminação sexual em programas e atividades educativos que recebam assistência financeira federal (Office of Civil Rights, 2012). Uma avaliação do Título IX sugere que a discriminação sexual continua em vários níveis. As ações governamentais em esporte para mulheres e meninas estão atrás das ações para homens e meninos em termos de participação, recursos e treinamento, e apesar de mudanças significativas, a carreira e o treinamento técnico continuam segregados por sexo, em parte devido ao modo estereotipado como a orientação de carreiras ocorre nas escolas (NCWGE, 2009).

O que você acha? Caroline Pla é jogadora de futebol norte-americano desde o jardim de infância. Mas em 2013, aos 11 anos, os tutores da estrela de futebol foram informados de que a regra de exclusividade para meninos seria cumprida (Hoye, 2013). Apesar da recomendação judicial de que tal regra se mantivesse, decidiu-se que a temporada de futebol de 2013-2014 seria mista, ou seja, incluísse meninos e meninas. A decisão, contudo, é provisória. O que você recomendaria como decisão final?

Além disso, em 2006, o Departamento de Educação norte-americano deu permissão aos distritos escolares para expandir a educação de sexo único se for comprovado que tal decisão resulta num objetivo educacional específico. Para isso, Park et al. (2012) examinaram os resultados educacionais de estudantes escolhidos aleatoriamente em colégios mistos ou, ao contrário, para apenas um sexo, na Coreia do Sul. Os resultados indicaram que os alunos de escolas separadas por gênero apresentam melhores resultados em testes e uma porcentagem maior de estudantes que cursam faculdades de quatro anos em vez de dois anos de duração.

Apesar do argumento que parece, sem dúvida, apoiar a educação de sexo único, Halpern et al. (2013) argumentam que "a educação separada por sexo [...] é profundamente equivocada e frequentemente justificada por afirmações científicas frouxas ou mal formuladas e não por evidências científicas válidas" (p. 1.706). A pressuposição subjacente à educação separada por sexo é a de que meninos e meninas aprendem de modo diferente – têm "cérebros rosa e azuis" –, uma crença que tem muito pouca base científica (veja Capítulo 8). A educação separada também enfatiza oposições entre sexo e gênero e ignora que, "num mundo de visibilidade da diversidade de gênero cada vez maior [...] a escola que não é mista é um anacronismo – que tem o potencial de nos levar de volta ao tempo em que mulheres e homens que não se comportavam de acordo com as normas de gênero eram percebidos como 'problema' e não como pessoas" (Jackson, 2010, p. 237).

Em 2013, foi conseguido um acordo entre Wood County Board of Education, em West Virginia, e uma mãe e sua filha, uma estudante no ensino médio (ACLU, 2013). De acordo com uma ação judicial, os meninos eram autorizados a se movimentar pela classe livremente, enquanto as meninas deveriam se manter sentadas e quietas. Além disso, um vídeo postado *on-line* descrevia que os meninos se sentavam lado a lado "porque, quando eles olham um no olho do outro, torna-se uma coisa mais do tipo confronto [...] As garotas se sentam ao redor de mesas, onde podem fazer contato visual umas com as outras, onde podem construir relações e esse tipo de coisa" (p. 1).

Mídia, linguagem e sexismo cultural

Outra preocupação dos cientistas sociais é a profusão com que a mídia retrata mulheres e homens de um modo limitado e estereotipado e o impacto desses retratos. Por exemplo, Levin e Kilbourne (2009), em *So sexy so soon*, documentam a sexualização de meninos e meninas. Publicidade, livros, quadrinhos, músicas, brinquedos e programas de televisão criam:

> [uma] definição estreita de feminilidade e sexualidade que encoraja as meninas a focarem intensamente a aparência e apelo sexual. Elas aprendem muito cedo que seu valor está determinado por quão bela, magra, "quente" e *sexy* elas são. E os meninos, que também aprendem uma definição de masculinidade muito estreita que promove a insensibilidade e o comportamento machão, são ensinados a julgar as meninas a partir do quanto elas se aproximam de um ideal artificial, superficial e impossível de ser atingido (p. 2).

Os programas de *reality show* como *Toddlers and Tiaras* e os concursos de beleza baseiam-se na hipersexualização dos participantes, muitas vezes crianças de 6 anos. Essas imagens distorcidas de beleza, de bonecas Barbie e modelos estereotipadas em que se baseiam, impõem um padrão de beleza feminina impossível e irreal.

Os homens também são vitimizados pelas imagens da mídia. Um estudo de mil adultos descobriu que 2/3 dos pesquisados pensavam que as mulheres nos anúncios televisivos eram mostradas como "inteligentes, assertivas e gentis", enquanto os homens são retratados como "patéticos e burros" (Abernathy, 2003). Num estudo sobre anúncios de cerveja e licor, Messner e Montez de Oca (2005) concluíram que, embora os anúncios de cerveja dos anos 1950 e 1960 focassem homens em seus papéis profissionais e apenas representassem as mulheres como um reflexo da vida doméstica dos homens, os anúncios atuais retratam os homens jovens como "trapalhões" e "fracassados" e as mulheres como "gostosas".

Diferenças de gênero também existem em outras mídias. Smith et al. (2013) analisaram o conteúdo de cerca de 12 mil personagens falantes, em 129 principais filmes para a família, 275 programas no horário nobre da televisão e 36 programas de televisão infantis (veja Tabela 10.3). Os resultados indicam que as mulheres tendem a estar menos presentes ou serem narradoras ou personagens com poucas falas em comparação aos homens. No horário nobre, os homens estão mais presentes em comédias e dramas, enquanto as mulheres estão mais presentes em *reality shows* e aparecem menos na programação infantil. Preocupado com a relativa ausência de meninas na programação infantil, o Geena Davis Institute on Gender in Media financiou uma campanha pública sobre "Jane" – uma personagem ficcional com voz de garotinha – usada como parte de uma campanha de conscientização. Num anúncio, a garotinha diz:

TABELA 10.3 Porcentagem de imagens de mulheres e homens por ocupação nos filmes familiares e no horário nobre da televisão, 2012

	Personagens empregados na área de trabalho por posição de maior influência			
	Filmes familiares		Programas de maior audiência	
Indústria	Homens	Mulheres	Homens	Mulheres
Grupo corporativo (chefes)	96,0%	3,4%	86,0%	14,0%
Investidores, desenvolvedores	100,0%	0,0%	57,1%	42,9%
Políticos de alto escalão	95,5%	4,5%	72,2%	27,8%
Juízes, procuradores	100,0%	0,0%	100,0%	0,0%
Médicos, gerentes de saúde	78,1%	21,9%	70,4%	29,6%
Editores-chefes	100,0%	0,0%	100,0%	0,0%
Administradores acadêmicos	61,5%	38,5%	61,5%	38,5%
Criadores de conteúdo de mídia	65,8%	34,2%	72,7%	27,3%
	Personagens empregados retratados em cargos relacionados a CTEM			
	Filmes familiares		Programas de maior audiência	
Indústria baseada em CTEM*	Homens	Mulheres	Homens	Mulheres
Carreiras CTEM	83,8%	16,3%	78,9%	21,1%
Ciência física/biológica	49,3%	65,4%	46,4%	66,7%
Ciências da computação	23,1%	7,7%	32,1%	33,3%
Engenharia	19,4%	7,7%	16,1%	0,0%
Outros cargos CTEM	8,2%	19,2%	5,4%	0,0%

*CTEM = Ciência, tecnologia, engenharia e matemática
Fonte: Smith et al., 2012

Encontre Jane. Veja Jane. Você a vê? Ela representa 50% da população mundial. Mas você não saberá disso assistindo à mídia infantil. Na tela, Jane aparece três vezes menos que um menino. E, quando ela aparece, na maior parte do tempo, funciona meramente como um colírio para os olhos. E as meninas em todo canto estão assistindo, em média, a mais de sete horas de tevê por dia. Se elas veem Jane, ela sempre tem pouco a dizer, poucas opções de carreira e poucas aspirações. Mas nós podemos mudar isso. Encontre Jane. Você vê Jane? Ela representa a metade da população do mundo. Ela tem coisas importantes a dizer. E ela pode ser tudo o que desejar ser. Mas para empoderar meninas, precisamos ver Jane. See Jane.org. Ela só pode ser o que ela vê (See Jane, 2013).

Assim como as imagens da mídia, tanto as palavras quanto o modo como as usamos podem refletir a desigualdade de gênero. O apresentador de um programa de entrevistas de rádio, Rush Limbaugh, referindo-se às repórteres mulheres como "*infobabes*" [bebês da informação] e que elas "*chickified the news*" [embebezaram as notícias] é uma atitude degradante tanto para mulheres quanto para homens (Media Matters, 2009, 2012). O termo *enfermeiro* carrega o sentido de "uma mulher que..." e o termo *engenheiro* sugere sempre "um homem que...". Termos como *encalhada* e *vadia* não têm contrapartidas masculinas. Adolescentes do sexo feminino sexualmente ativas são descritas por termos que carregam conotações negativas, enquanto os termos para adolescentes do sexo masculino sexualmente ativos são considerados elogiosos.

A linguagem também é tão estereotipada pelo gênero que o posicionamento do gênero nos títulos às vezes é necessário, como no caso de "policial feminina".

A linguagem também é tão estereotipada pelo gênero que o posicionamento do gênero nos títulos às vezes é necessário, como no caso de "policial feminina". Além disso, como os interacionistas-simbólicos notam, os significados incorporados nas palavras carregam expectativas de comportamento. A seção *Você e a sociedade*, neste capítulo, aborda nossas atitudes em relação à linguagem e gênero.

Religião e sexismo cultural

A maioria dos norte-americanos declara ser membro de uma igreja, sinagoga ou mesquita. Pesquisas indicam que mulheres vão a serviços religiosos mais frequentemente, consideram a religião mais importante em suas vidas e tendem a acreditar na vida após a morte mais do que os homens (Adams, 2007; Davis et al., 2002; Smith, 2006). Em geral, ensinamentos religiosos tendem a promover concepções tradicionais de gênero. Por exemplo, em 2012, o Vaticano indicou um bispo norte-americano para "tomar as rédeas" de um grupo de freiras católicas que, do ponto de vista da igreja, discutiam "[...] temas feministas radicais [que eram] incompatíveis com a fé católica" (Goodstein, 2012, p. 1). Membros do grupo foram citados por defender a ordenação de padres do sexo feminino, não usar o hábito tradicional, viver fora do convento, participar de grupos de *advocacy*, trabalhar na academia, preocupar-se demais com a pobreza e a injustiça social e permanecer silenciosas em assuntos como aborto e igualdade matrimonial (Goodstein, 2009, 2012). Em 2013, o papa Francisco reiterou o veto da igreja sobre padres do sexo feminino, dizendo que "[...] a igreja disse e diz não [...] que a porta está fechada" (Strauss, 2013). No mesmo ano, contudo, o corpo jurídico da Igreja Anglicana da Inglaterra votou a ordenação de bispas. A decisão, tomada em 2013, vai ser concretizada em 2015 (Jourdan, 2013).

Gallagher (2004) descobriu que a maioria dos cristãos evangélicos acredita que o casamento deveria ser considerado uma parceria igualitária, mas também acredita que o homem é o cabeça da casa. Judias ortodoxas não são consideradas no *minyan* (isto é, no quórum mínimo requerido para que um culto público seja realizado), não são autorizadas a ler a *Torá* e são obrigadas a se sentar separadas dos homens durante os serviços religiosos. A doutrina da Igreja Católica Romana proíbe o uso de formas artificiais de contracepção, e as mulheres muçulmanas são obrigadas a se cobrir com véu em lugares públicos. Assim como na Igreja Católica, as mulheres não podem servir como sacerdotisas nos templos islâmicos nem nas sinagogas ortodoxas.

O que você acha? "Women of the Wall", um grupo de mulheres que vestem xales de oração masculinos em Israel, ganharam uma batalha judicial que as autorizou a orar no muro de Jerusalém sem o risco de ser presas (Bryant, 2013). Depois da decisão, no entanto, as religiosas não conseguiram nem chegar ao local sagrado porque grupos de estudantes do sexo feminino ultraortodoxas encheram a sessão das mulheres. As meninas estudantes ortodoxas, que acreditam que as ativistas estejam pisoteando a tradição, devem ser presas por bloquear o acesso ao local de oração?

Apesar desse "teto de vidro manchado" (Adams, 2007), as mulheres estão cada vez mais ativas nas posições de liderança em igrejas e templos. Em 2009, a Igreja Luterana no Reino Unido ordenou uma bispa – a primeira bispa do Reino Unido (Lutheran World Federation, 2009), enquanto Alysa Stanton se tornou a primeira rabina negra norte-americana (Kaufman, 2009). No entanto, hoje, 82% do clero nos Estados Unidos é composto por homens (U.S. Census Bureau, 2013) e mesmo em denominações que permitem a ordenação de mulheres, o clero feminino não goza do mesmo *status* que o masculino e é sempre limitado em suas atribuições (Renzetti e Curran, 2003).

Contudo, os ensinamentos religiosos não são totalmente tradicionais em suas crenças a respeito das mulheres e homens. Mulheres *quaker* são consideradas as "mães do feminismo", por causa de seu papel ativo no início do movimento. O Judaísmo Reformista também permitiu a ordenação de mulheres como rabinas há mais de 40 anos e *gays* e lésbicas há mais de 15 anos. Além disso, o movimento mulheres na igreja – uma coalizão de grupos feministas de mesma fé compostos inicialmente por mulheres católicas – oferece interpretações feministas dos ensinamentos cristãos. Como várias outras denominações religiosas e congregações individuais, elas decidiram interpretar os ensinamentos religiosos a partir de uma perspectiva inclusiva ao substituir pronomes masculinos em hinos, na *Bíblia* e em outras leituras religiosas (Renzetti e Curran, 2003; *Religious Tolerance*, 2011).

Problemas sociais e a socialização tradicional dos papéis de gênero

Uma das questões fundamentais da sociologia do gênero é saber até que ponto as diferenças observadas são uma consequência da natureza (inatas) ou produzidas (ambientais). É provável, como a autora e neurocientista Lise Eliot explica, que "diferenças sexuais são reais e algumas estão provavelmente presentes no nascimento, mas aí fatores sociais as ampliam". Assim, ela continua, "se, nós, como sociedade, sentimos que divisões de gênero fazem mais mal do que bem, seria valioso desfazê-las" (citado em *Weeks*, 2011, p. 1).

A compreensão recente de que gênero não é algo binário, mas sim mais bem concebido em termos de um *continuum*, indica que os papéis de gênero tradicionais estão mudando. Contudo, as definições sociais do que significa ser mulher e homem variou pouco em décadas. Essas definições, por sua vez, estão associadas a vários problemas sociais, entre eles a feminilização da pobreza, custos psicossociológicos, morte e doença, conflito em relações e violência relacionada ao gênero.

A feminilização da pobreza

A maioria dos pobres no mundo é constituída por mulheres, que representam 40% da força de trabalho global e ganham entre 10% e 30% a menos que os homens, suportam taxas de desemprego maiores, especialmente nos países do Oriente Médio, e geralmente têm mais dificuldade em reentrar na força de trabalho. Há mais mulheres do que homens trabalhando em trabalhos agrícolas em atividades não remuneradas, e mulheres e meninas cada vez mais se tornam parte de grupos vulneráveis, como trabalhadores migrantes e domésticos.

Você e a sociedade
Um inventário das atitudes em relação à linguagem sexista e não sexista

Use a seguinte definição para completar este exercício: A linguagem sexista inclui palavras, frases e expressões que, desnecessariamente, fazem uma diferenciação entre mulheres e homens ou excluem, banalizam ou diminuem ambos os gêneros.

Para cada uma das proposições abaixo, escolha um descritor (1 = discordo completamente; 2 = tendo a discordar; 3 = estou indeciso; 4 = tendo a concordar; 5 = concordo completamente) que corresponda mais de perto ao que você pensa sobre linguagem sexista/não sexista e coloque o número correspondente depois de cada proposição.

1. As mulheres que acham que ser chamada de "presidente" é sexista não entendem o sentido de *presidente*. ___
2. Não devemos mudar o modo como a língua inglesa (portuguesa) tem sido tradicionalmente escrita e falada. ___
3. Preocupar-se com a linguagem sexista é uma atividade banal. ___
4. Se o sentido original da palavra *ele* era "pessoa", hoje devemos continuar a usar *ele* para nos referirmos tanto às mulheres quanto aos homens. ___
5. Quando as pessoas usam o termo *homem e esposa*, a expressão não é sexista se as pessoas que a utilizam não pretendem sê-lo. ___ [É curioso que em português o mais comum é falar *marido e mulher*, o inverso do inglês]
6. A língua inglesa [portuguesa] nunca vai mudar, porque está profundamente enraizada na cultura. ___
7. A eliminação da linguagem sexista é um objetivo importante. ___
8. Muitos guias de redação exigem que os escritores evitem estigmas étnicos e raciais. Sendo assim, esses guias também deveriam exigir que os escritores evitem uma linguagem sexista. ___
9. A linguagem sexista está relacionada com o tratamento sexista das pessoas na sociedade. ___
10. Quando os professores contam a história dos Estados Unidos, eles deveriam mudar expressões como "nossos pais fundadores" para expressões que incluam as mulheres. ___
11. Os professores que exigem que os estudantes usem uma linguagem não sexista estão ilegalmente forçando suas visões políticas sobre seus alunos. ___
12. Embora seja difícil mudar, devemos tentar eliminar a linguagem sexista. ___

Pontuação

Todos os itens estão classificados numa escala de 1 a 5. Os itens 1, 2, 3, 4, 5, 6 e 11 estão classificados de modo reverso. As pontuações altas (4 e 5) indicam uma atitude positiva em relação à linguagem inclusiva; as pontuações baixas (1 e 2) indicam uma atitude negativa em relação à linguagem inclusiva. A pontuação 3 indica neutralidade ou incerteza.

Interpretação

O intervalo possível de pontuação vai de 12 a 60 pontos. Uma pontuação total entre 42,1 e 60 pontos reflete uma atitude positiva em relação à linguagem não sexista; pontuações entre 12 e 30 pontos, uma atitude negativa; e, entre 30,1 e 42, uma atitude neutra.

Fontes: Parks e Roberton, 2000 e 2001.

As mulheres constituem a maioria dos trabalhadores com renda mínima nos Estados Unidos e têm maior tendência de viver na pobreza do que os homens (BLS, 2013). A renda familiar de indivíduos transgênero também é baixa, assim como o desemprego é alto. Pesquisas indicam que quatro vezes mais pessoas transgênero vivem com menos de 10 mil dólares por ano do que a população geral (Grant et al., 2011) e que a taxa de desemprego entre pessoas transgênero é da ordem de 40% (*The Huffington Post*, 2013).

Mulheres com mais de 65 anos e mulheres com filhos dependentes são, comumente, os grupos mais pobres nos Estados Unidos. Como a Figura 10.3 indica, nessas duas faixas etárias, as mulheres têm menos rendimentos do que os homens, exceto na categoria "outros". Mulheres dispõem de menos da metade das remunerações e metade dos fundos de pensão em relação aos homens quando muito jovens ou idosos. Essas diferenças são refletidas na taxa de pobreza. Mais de 10% das mulheres acima dos 65 anos vive na pobreza, enquanto a taxa de homens nessa situação é de 6% (U.S. Census Bureau, 2013).

As mulheres com filhos restringem mais seu trabalho a jornadas de meio-período do que homens na mesma situação ou mulheres sem filhos (ITUC, 2011). Além disso, 16,9% das casas com chefe de família do sexo masculino estão abaixo do nível de pobreza comparados a 29,9% quando o chefe de família é mulher (U.S. Census Bureau, 2013). Lares chefiados por mulheres solteiras hispânicas (38,8%) ou negras (36,7%) são os mais pobres (U.S. Census Bureau, 2013).

Geralmente, presume-se que programas antipobreza desenvolvidos para combater a desigualdade econômica global vão reduzir a feminilização da pobreza. No entanto, a análise de Brady e Kall (2008) sobre a pobreza em 18 países afluentes indica não só que a feminilização da pobreza é universal, como é única em sua origem, ligada ao percentual de crianças em famílias de mães solteiras e à proporção de homens e mulheres idosos em um dado país.

Os custos psicossociológicos da socialização do gênero

O modo como nos sentimos a respeito de nós mesmos se desenvolve desde o início da infância. As pessoas importantes para nós, por meio do processo de socialização, esperam certos comportamentos e proíbem outros com base no sexo de nascimento. Tanto meninas quanto meninos, geralmente em decorrência dessas expectativas, sentem diferentes níveis de autoestima, autonomia, depressão e insatisfação com a vida. Por exemplo, Jose e Brown (2009) estudaram depressão, estresse e ruminação

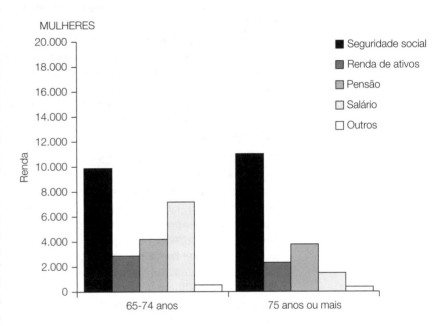

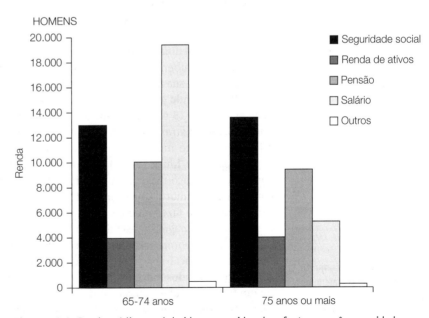

Figura 10.3 Renda média anual de idosos considerada a fonte, por gênero e idade
Fonte: Fisher e Hayes, 2013.

(preocupação), com base numa amostra de pessoas entre 10 e 17 anos. Cada uma das três variáveis dependentes era significativamente maior em mulheres do que em homens.

As pessoas transgênero também sofrem de baixa autoestima e depressão. Numa pesquisa com 6.450 adultos transgênero, 41% disseram ter tentado suicídio, enquanto na população geral essa taxa é de 1,6% (Grant et al., 2011). A aceitação de sua condição pela família é um apoio essencial para pessoas transgênero lidarem com o preconceito e a discriminação. Não é por acaso que pessoas transgênero que foram apoiadas pelos familiares têm taxas menores de comportamento de risco e experiências negativas.

A pressão para se adequar a papéis de gênero tradicionais não existe apenas em nível individual, mas também em nível social. Depois de administrar um questionário em uma amostra de mais de 6.500 graduandos em 13 países, Arrindell et al. (2013) concluíram que, em sociedades em que há uma ênfase maior na masculinidade, por exemplo, nos "países durões (*tough*)", o estresse em relação ao papel de gênero é significativamente maior do que em países em que a identidade masculina é menos enfatizada, como nos "países moles (*soft*)".

O papel de gênero masculino tradicional também constitui uma enorme pressão cultural para os homens serem bem-sucedidos na profissão e ganharem altos salários. Sanchez e Crocker (2005) descobriram que, entre colegas mulheres *e* homens de mesma idade, quanto *mais* os participantes estavam investidos em ideais tradicionais de gênero, *menores* sua autoavaliação e bem-estar físico. A socialização masculina tradicional também desencoraja os homens de expressar emoção e pedir ajuda – parte do que William Pollack (2000) chama de o **código masculino**.

O "culto da magreza". Garotas adolescentes tendem a ficar mais insatisfeitas com sua aparência, incluindo atratividade física e peso corporal, do que os meninos adolescentes. Uma organização canadense sem fins lucrativos, a MediaSmarts, resume o estado atual de pesquisa sobre o "culto da magreza" (MediaSmarts, 2012): pesquisas indicam que, mesmo antes de serem expostas à publicidade de moda e de produtos de beleza, as meninas de 3 anos preferem peças de jogos que apresentam pessoas magras e não gordas; aos 7 anos, elas já estão preocupadas com a aparência e são capazes de identificar algo que gostariam de mudar em si mesmas; e, entre os 16 e 21 anos, metade das jovens diz que faria uma cirurgia estética para melhorar seu corpo.

De acordo com a MediaSmarts, mensagens que perpetuam inseguranças nas mulheres são uma mera questão econômica. Se você gostar da sua aparência, não vai comprar nada. A indústria da dieta fatura milhões de dólares por ano vendendo alimentos que não funcionam. Os custos psicossociológicos são altos. Pesquisas relacionam "[...] a exposição a imagens de corpos femininos magros e jovens à depressão, perda da autoestima e hábitos alimentares saudáveis em meninas e mulheres jovens [...]" (MediaSmarts, 2012).

Meninos também, desde bem jovens, estão preocupados com sua imagem corporal e, quando adultos, sua autoestima está relacionada com a forma física e o peso corporal (Grogan, 2008). Usando grupos focais e entrevistas, Norman (2011) descreve como homens jovens entre 11 e 15 anos que, por um lado, se preocupam com sua imagem corporal e, por outro, ficam constrangidos em discutir essas questões. Como acontece com as mulheres, a mídia geralmente apresenta uma imagem corporal ideal e irrealista do corpo masculino.

Dallesasse e Kluck (2013) examinaram a porcentagem de massa muscular e gordura corporal do elenco masculino principal de três tipos de *reality show* televisivos – drama, competição e namoro –, nos canais MTV, VH1, Spike TV e Discovery Channel. Depois de capturar imagens e fazer medições, os pesquisadores concluíram que entre 70% e 88% dos principais personagens masculinos eram "musculosos ou muito musculosos", enquanto mais de 90% tinham "uma taxa de gordura corporal média ou baixa". Trata-se de um contraste berrante em relação aos 35,6% dos homens entre 18 e 44 anos que treinam o suficiente para serem considerados musculosos. Os pesquisadores concluem que, embora "[...] a promoção de um ideal masculino possa estimular os espectadores homens a adotar comportamentos mais saudáveis (fazer exercícios, ter hábitos alimentares mais saudáveis), ele também pode contribuir para a insatisfação com seus corpos e o engajamento em várias estratégias corporais não saudáveis entre alguns homens" (p. 314).

código masculino Conjunto de expectativas sociais que desencoraja os homens de expressar emoções, fraqueza e vulnerabilidade ou de pedir ajuda.

O que você acha? Muitos produtos *on-line*, embora não mais disponíveis para venda na internet, parecem sintomáticos do que tem sido chamado de "guerra contra as mulheres": camisetas em que se lê "*Keep calm and rape on*" [Mantenha a calma e estupre] (Gray, 2013); um alvo para tiro endossado pela National Rifle Association (NRA) chamado "A ex-namorada", em que uma mulher aparece seminua e sangra quando atingida (Durkin e Beekman, 2013); e um guia masculino sobre mulheres que aconselha "pegue e coloque-a no seu colo. Não peça permissão. Seja dominador. Force-a a repelir seus avanços" (citado no CNN News, 2013, p. 1). Você acha que existe uma "guerra contra as mulheres"? Se acha, de que outras evidências você dispõe?

Socialização do papel de gênero e resultados em relação à saúde

Os homens tendem a ir menos ao médico do que as mulheres devido a várias razões estruturais e culturais (WHO, 2010). Homens, por exemplo, têm expedientes mais longos do que as mulheres, pois tendem a trabalhar por períodos inteiros, o que torna difícil consultar um médico ou participar de programas de medicina preventiva, que geralmente estão disponíveis apenas durante o dia. Os homens também têm menos propensão a ter um médico habitual ou ir ao hospital, mesmo quando dispõem de tempo (White e Witty, 2009).

A cada fase da vida, "os homens norte-americanos têm uma saúde pior e correm um maior risco de mortalidade do que as mulheres" (Gupta, 2003, p. 84). Em média, os homens nos Estados Unidos morrem cinco anos antes do que as mulheres, embora as diferenças de gênero na expectativa de vida tenham diminuído ao longo dos anos (U.S. Census Bureau, 2013). Os papéis de gênero tradicionalmente definidos para os homens estão ligados a altas taxas de cirrose no fígado devido ao consumo de álcool, muitos cânceres pelo uso de tabaco e doenças cardiovasculares devido ao estresse. Os homens também se engajam em comportamentos autodestrutivos – alimentação pobre, falta de exercícios físicos, maior uso de drogas, recusa em pedir ajuda e em usar o cinto de segurança – e em atividades relacionadas ao estresse com mais frequência do que as mulheres. Ser casado melhora a saúde dos homens mais do que a das mulheres (Williams e Umberson, 2004), em grande parte porque as esposas estimulam seus maridos a cuidar melhor de si mesmos.

> Os homens têm expedientes mais longos do que as mulheres, pois tendem a trabalhar por períodos inteiros, o que torna difícil consultar um médico ou participar de programas de medicina preventiva [...] Os homens também têm menos propensão a ter um médico habitual ou ir ao hospital, mesmo quando dispõem de tempo.

A saúde da mulher também é marcada pelo gênero. Embora homens tenham taxas de HIV/Aids ligeiramente mais altas em todo o mundo, a doença afeta mulheres de modo desproporcional em várias partes do mundo (veja Capítulo 2). Dos infectados na África subsaariana, aproximadamente 60% são mulheres (Usaid, 2013). A desigualdade feminina contribui para espalhar a doença de várias formas. Primeiro, em muitas dessas sociedades, "as mulheres não têm poder nas relações para recusar sexo e negociar sexo protegido" (Heyzer, 2003, p. 1). Segundo, normas de gênero geralmente ditam que os homens tenham mais parceiros sexuais do que as mulheres, colocando as mulheres em risco maior. Terceiro, as mulheres, geralmente, são vítimas de estupro e assédio sexual com pouco recurso social ou legal. Durante a Segunda Guerra Mundial, milhares de mulheres e meninas foram forçadas à escravidão sexual, no que foi eufemisticamente chamado de "estações de conforto". Um memorial às "[...] mais de 200 mil mulheres e meninas que foram sequestradas pelas Forças Armadas do Governo Imperial Japonês" [...] também diz que elas "[...] sofreram violações em direitos humanos que nenhum povo deveria deixar de reconhecer. Nunca devemos nos esquecer dos horrores dos crimes contra a humanidade" (Alvarado, 2013).

A Organização Mundial da Saúde (2009, 2011) identificou outros modos pelos quais definições tradicionais de gênero impactam a saúde e o bem-estar de mulheres e meninas. Todos os dias, cerca de 1.600 mulheres morrem de complicações evitáveis durante a gravidez e o parto. Sendo as principais responsáveis pelas tarefas domésticas, as mulheres estão expostas a centenas de poluentes enquanto cozinham, o que contribui para a desproporcional taxa de morte por doença pulmonar obstrutiva crônica. Mortes devido ao câncer de pulmão e outras doenças relacionadas ao tabaco devem aumentar, uma vez que a indústria de tabaco tem visado às mulheres nos países em desenvolvimento. Finalmente, muitas mulheres e meninas no mundo têm maior possibilidade de sofrer ou morrer de várias doenças devido ao gênero: elas têm mais chance de ser pobres, menos vistas como alguém que mereça cuidado quando os recursos são poucos e, em muitos países, são proibidas de viajar desacompanhadas de um homem, o que torna difícil o acesso aos hospitais.

Noventa e nove por cento das mortes de mães ocorrem nos países em desenvolvimento. De acordo com a Organização Mundial da Saúde, cerca de 800 mulheres morrem todos os dias ao darem à luz e muitas outras "sofrem por complicações sérias devido à gravidez e ao trabalho, que podem resultar em desigualdades de longo prazo" (p. 1). As Nações Unidas clamam por uma redução de 75% nas mortes maternais em 2015 (U.S. Departament of State, 2012).

Violência de gênero

Mais do que as mulheres, os homens tendem a se envolver com violência – a matar e a ser morto; a estimular a guerra e a morrer tanto como combatente quanto como não combatente; a tirar a própria vida, geralmente com o uso de uma arma de fogo; a se engajar em crimes de todos os tipos; a ameaçar, assediar e abusar. Como o sociólogo Michael Kimmel (2012) ressalta em sua discussão sobre os assassinatos em massa na Sandy Hook Elementary School, diferentemente das meninas:

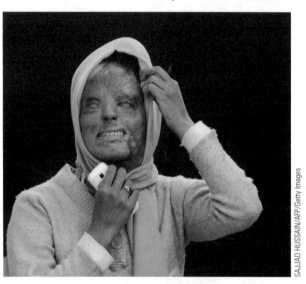

Sonali Mukherjee, vítima de um ataque com ácido, passou por 27 cirurgias. Três colegas de classe jogaram ácido nela porque ela ignorou as investidas deles. Os homens foram libertados da prisão depois de dois anos.

assassinatos pela honra Assassinatos, geralmente públicos, em decorrência da consideração de que uma mulher foi desonrada ou desonrou sua família ou comunidade.

[...] os meninos aprendem que a violência não apenas é uma forma aceitável de resolução de conflitos como também a forma que é admirada [...] Eles aprendem isso com os pais [...] com a mídia que a glorifica, com heróis esportivos que cometem crimes e conseguem grandes contratos, de uma cultura saturada com imagens de violência heroica e redentora. Eles aprendem isso uns com os outros [...]

Kimmel (2011) também argumenta que a violência contra jovens *gays* e transgênero está enraizada em noções de masculinidade e na ameaça que a não conformidade ao gênero coloca sobre "homens de verdade". Não é por acaso que uma grande proporção de adultos transgênero relata terem sido assediados (78%) e física (35%) e sexualmente (12%) violentados na escola. Em alguns casos, a vitimização foi tão grave que 15% dos pesquisados disseram que foram obrigados a deixar a escola (Grant et al., 2011).

Mulheres e meninas também são vítimas da violência masculina. Em todo o mundo, o Fundo de Desenvolvimento das Nações Unidas estima que "[...] pelo menos uma em cada três mulheres em todo o mundo foi espancada, forçada a fazer sexo ou sofreu outro tipo de abuso durante sua vida, com taxas que chegam a 70% em alguns países" (Anistia Internacional, 2013, p. 1, veja Capítulo 5). Ataques aos corpos de mulheres e meninas são rotineiros, geralmente realizados em nome da religião, da guerra e da honra. Mais de 5 mil mulheres e meninas são mortas anualmente em **assassinatos pela honra** – assassinatos, geralmente públicos, em decorrência da consideração de que uma mulher foi desonrada ou desonrou sua família ou comunidade (Foerstel, 2008).

Assassinatos pela honra, embora sejam recorrentes no curso da história, são mais prováveis de ser cometidos no Oriente Médio (Síria, Jordânia) e Ásia Central e Ocidental (Iraque, Índia).

Para pesquisar as atitudes contemporâneas em relação a assassinatos pela honra, Eisner e Ghuneim (2013) fizeram uma pesquisa com 856 estudantes em Amã, cidade de 2,5 milhões de habitantes, a capital da Jordânia. Os resultados indicam que quase metade dos meninos e 20% das meninas pesquisados são favoráveis às matanças pela honra, isto é, acreditam que matar uma mulher que tenha desonrado sua família é justificável. Os autores concluem que "[...] três[...] fatores são importantes para compreender as atitudes em relação aos assassinatos pela honra: o tradicionalismo, a crença na castidade feminina como um bem precioso e a tendência geral em neutralizar moralmente o comportamento agressivo" (p. 413).

A violência contra mulheres e meninas, um problema de proporções pandêmicas, está enraizada na desigualdade de gênero e na persistente noção de que as mulheres e meninas são propriedade – uma crença ligada ao direito antigo e a muitas das religiões do mundo. Nos Estados Unidos, ser do sexo feminino ainda não faz parte dos estatutos federais de crime de ódio, embora, como um defensor testemunhou no Congresso, "mulheres e meninas [...] estejam expostas ao terror, à brutalidade, à injúria grave e até à morte por causa de seu sexo" (LCCREF, 2009, p. 33).

O que você acha? Em todo o mundo, grande parte da violência contra as mulheres está enraizada em "práticas tradicionais perigosas", incluindo assassinatos pela honra, mutilação da genitália feminina, casamento forçado e assassinatos por dote, que implicam "uma mulher que é morta pelo marido ou parentes dele porque a família não é capaz de cumprir as demandas para seu dote – um pagamento feito aos parentes do marido de uma mulher por seu noivado ou casamento, como um presente para a nova família" (Unifem, 2007, p. 1). Embora essa prática tenha se tornado ilegal na Índia desde 1961, o número de mulheres mortas nesse país devido a dotes inadequados aumentou recentemente (Bedi, 2012). Como você impediria mortes por dote?

Estratégias de ação: sobre a igualdade de gênero

Nas últimas décadas, em todo o mundo, tem crescido a consciência da necessidade de aumentar a igualdade entre os gêneros. As estratégias para alcançar esse objetivo têm focado o empoderamento das mulheres nas esferas social, educacional, econômica e política e o acesso delas à educação, nutrição, saúde e direitos humanos básicos. Mas, como veremos na seção sobre movimentos de base, também há um movimento de homens preocupado com desigualdades de gênero e questões masculinas.

Movimentos de base

Os esforços para alcançar a igualdade entre os gêneros nos Estados Unidos têm sido largamente nutridos pelo movimento feminista. Apesar de um recuo conservador e de uma menor participação dos grupos ativistas masculinos, as feministas obtiveram sucesso em reduzir o sexismo estrutural e cultural no local de trabalho e na arena política.

O feminismo e o movimento das mulheres. O **feminismo** é a crença de que mulheres e homens devem ter os mesmos direitos e responsabilidades. O movimento feminista nos Estados Unidos começou em Seneca Falls, em Nova York, em 1848, quando um grupo de mulheres escreveu e adotou um manifesto de direito das mulheres inspirado na Declaração de Independência. Embora muitas das primeiras feministas estivessem preocupadas principalmente com o sufrágio, o feminismo tem suas "origens políticas [...] no movimento abolicionista dos anos 1830", quando as mulheres aprenderam a questionar o pressuposto da "superioridade natural" (Anderson, 1997, p. 305). As primeiras feministas também estavam envolvidas no movimento da temperança, que defendia a restrição da venda e do

feminismo A crença de que homens e mulheres devem ter direitos e deveres igualitários.

consumo de álcool, embora seu maior sucesso tenha sido a aprovação da 19ª Emenda, em 1920, que reconheceu o direito das mulheres ao voto.

O renascimento do feminismo, quase 50 anos depois, foi facilitado por várias forças em interação: o aumento do número de mulheres na força de trabalho, a publicação do livro de Betty Friedan, *A mística feminina*, o aumento do número de divórcios, o clima social e politicamente liberal dos anos 1960, o ativismo estudantil e o estabelecimento da Comissão sobre o *Status* das Mulheres pelo presidente John F. Kennedy. A National Organization for Women (NOW) foi estabelecida em 1966 e continua sendo uma das maiores organizações feministas dos Estados Unidos, com mais de 500 mil membros, em 550 filiais em todo o país.

Uma das batalhas mais duras enfrentadas pela NOW foi a conquista da ratificação da **emenda desigualdade de direitos** (ERA), que declara que "a igualdade de direitos diante da lei não deve ser negada nem limitada pelos Estados Unidos, ou por qualquer estado, por causa do sexo". A 28ª Emenda à Constituição passou pela Câmara dos Deputados e pelo Senado, em 1972, mas não foi ratificada pelos 38 estados exigidos até o prazo final, em 1979, que posteriormente foi estendido para 1982. Exceto quando a política presidencial teve precedência em 2008, a emenda tem sido reintroduzida no Congresso todos os anos desde 1982 (ERA, 2013). Até o momento, 15 estados não ratificaram a emenda de igualdade de direitos, alguns destes têm garantias de igualdade de direitos parciais ou inclusivos baseados no sexo em suas constituições estaduais (ERA, 2013).

Os proponentes do ERA argumentam que seus oponentes usam táticas de terror – dizendo que o ERA levaria a banheiros unissex, à perda da guarda dos filhos pelas mães e ao serviço obrigatório para mulheres – para criar um recuo conservador. Contudo, Susan Faludi, em *Backlash: the undeclared war against American women* (1991) [Retrocesso: a guerra não declarada contra as mulheres norte-americanas], defende que os argumentos contemporâneos contra o feminismo são os mesmos levantados contra o movimento há cem anos, e as consequências negativas previstas pelos oponentes do feminismo (por exemplo, mulheres insatisfeitas e crianças sofredoras) não têm prova empírica. Os proponentes também argumentam que "sem a escrita e intenção explícita dos direitos das mulheres documentados nos princípios do nosso governo, as mulheres continuam cidadãs de segunda classe" (Cook, 2009, p. 1).

Hoje, uma nova onda de feminismo está sendo liderada por mulheres e homens jovens que cresceram sob a égide dos benefícios que suas mães e avós conquistaram, mas que estão chocados com a morte brutal de mulheres acusadas de adultério, a venda de crianças de 8 anos como noivas, a continuação da prática da mutilação da genitália feminina, a falta de acesso às novas técnicas contraceptivas e as taxas alarmantes de violência contra mulheres. Esses jovens feministas são mais inclusivos do que seus predecessores, acolhendo todos que possam defender a causa da igualdade global.

O movimento dos homens. Em decorrência do movimento pelos direitos das mulheres, os homens começaram a reavaliar seu próprio *status* de gênero. Assim como qualquer outro movimento de base, o movimento dos homens tem uma variedade de facções. Um dos primeiros braços do movimento dos homens é conhecido como o movimento mitopoético masculino, que começou depois da publicação do *Iron John* por Robert Bly, em 1990 – trata-se de um conto de fadas sobre a masculinidade ferida dos homens o qual ficou na lista dos *best-sellers* do *New York Times* por mais de 60 semanas (Zakrzewski, 2005). Os participantes do movimento mitopoético masculino se encontravam em *workshops* e retiros exclusivos para os homens para explorar a natureza interna masculina, a identidade masculina e as experiências emocionais dos homens por meio de histórias, percussão, dança, música e discussões.

O ManKind Project (MKP), fundado em 1985, surgiu do movimento mitopoético dos homens. Trata-se de uma organização internacional com 32 centros de treinamento espalhados pelos Estados Unidos. Seu lema "Mudar o mundo, um homem de cada vez" reflete os principais valores declarados pela organização: responsabilidade, autenticidade, integridade, comunidade, serviço e inclusividade (MKP, 2013). O MKP conduz o New Warrior Training Adventure, "a experiência de iniciação masculina moderna mais reconhecida no mundo [...]". De acordo com a página na internet, mais de 50 mil homens fizeram o treinamento de "novo guerreiro".

---

emenda de igualdade de direitos (ERA) A 28ª Emenda proposta à Constituição norte-americana, que estabelece que "a igualdade de direitos sob a lei não deve ser negada nem limitada pelos Estados Unidos, ou por qualquer estado, em relação a sexo".

O movimento dos homens também inclui organizações que defendem a igualdade de gênero e trabalha para tornar os homens mais conscientes do sexismo, violência e homofobia. A National Organization for Men Against Sexism (Nomas), que foi fundada em 1975, dedicada a promover a vida dos homens, "defende uma perspectiva pró-feminista, de afirmação gay e antirracista, e comprometida com a justiça num amplo escopo de questões sociais, incluindo classe, idade, religião e habilidades físicas" (Nomas, 2013, p. 1).

Alguns grupos de homens focam questões relativas aos direitos dos pais e filhos. Grupos como o American Coalition of Fathers and Children, Dads against Discrimination e Fathers4Justice estão tentando mudar o viés social e legal contra os homens nas decisões sobre divórcio e guarda dos filhos, os quais tendem a favorecer as mulheres em detrimento deles. Membros da National Coalition for Men (NCFM) também estão preocupados com questões relacionadas à paternidade e o modo como "[...] muitos homens desempenham um papel parental de forma meramente superficial, sendo privados do convívio com seus filhos e da essência dessa experiência (NCFM, 2013, p. 2).

> Outras preocupações na agenda dos grupos de direitos dos homens incluem a violência doméstica cometida por mulheres contra homens, falsas alegações de abuso sexual infantil, atribuições errôneas de paternidade e a natureza opressiva e restritiva nas normas de gênero masculinas.

Outras preocupações na agenda dos grupos de direitos dos homens incluem a violência doméstica cometida por mulheres contra homens, falsas alegações de abuso sexual infantil, atribuições errôneas de paternidade e a natureza opressiva e restritiva nas normas de gênero masculinas. Assim como as mulheres têm lutado contra a opressão das expectativas para reduzi-las a estereótipos de gênero, os homens também estão começando a desejar a mesma liberdade em relação às expectativas tradicionais de gênero. Infelizmente, homens que assumem trabalhos não tradicionais, como enfermeiro, professor de escola infantil etc., são sempre estigmatizados por participar do mundo de trabalho "feminino". Um estudo com homens em postos de trabalho não tradicionais evidenciou que eles frequentemente experimentam embaraço, desconforto, vergonha e desaprovação dos amigos e colegas (Sayman, 2007; Simpson, 2005). De modo semelhante, Dunn et al. (2013), depois de entrevistarem mulheres que trabalhavam fora e tinham maridos que ficavam em casa, relatam que as mulheres dos colegas de trabalho e parentes frequentemente fazem comentários negativos sobre os maridos que ficam em casa.

Política nacional nos Estados Unidos

Vários estatutos federais importantes foram aprovados para ajudar a reduzir a desigualdade de gênero. Eles incluem o Equal Pay Act de 1963, o Título VII da Lei dos Direitos Civis de 1964, o Título IX das Emendas Educacionais de 1972 e o Ato de Proteção das Vítimas de Tráfico e Violência de 2000. Em 2009, o presidente Obama assinou o Lilly Ledbetter Fair Pay Restoration Act, que reverteu a decisão de 2007 da Suprema Corte norte-americana que determinava que as vítimas de discriminação no pagamento do salário tinham 180 dias para abrir um processo depois do ato de discriminação. A lei agora define cada pagamento como um ato separado de discriminação (Mehmood, 2009).

Uma das peças mais importantes da legislação até hoje é o Violence Against Women Reauthorizatin Act (VAWA, 2013). O ato:

- fecha lacunas judiciais que anteriormente excluíam mulheres indígenas norte-americanas e nativas do Alasca;
- oferece proteção legal para mulheres lésbicas, gays, bissexuais e transgêneros sobreviventes de violência doméstica ou sexual;
- estabelece uma base de dados abrangente;
- expande serviços às vítimas;
- protege mulheres e crianças contra o tráfico de humanos; e
- acrescenta proteção para estudantes vítimas de violência doméstica ou sexual.

Como complemento do Violence Against Women Reauthorizatin Act, o presidente Obama também assinou o Campus Sexual Violence Elimination Act de 2013. O ato exige que cada faculdade ou universidade que esteja recebendo fundos do Título IV compile estatísticas sobre violência doméstica, abuso sexual, violência no *campus*. Além disso, em seus relatórios anuais, elas devem incluir prevenção e programas educacionais no *campus*, bem como descrever os procedimentos realizados, caso tenha ocorrido algum incidente (Clery Center, 2013).

O que você acha? Uma preocupação que abrange todas as mulheres é a violência sexual, e mulheres em *campus* universitários não estão protegidas contra isso. Duas estudantes universitárias, Annie Clark e Andrea Pino, abriram um processo em nível federal alegando que a University of North Carolina em Chapel Hill não apenas tinha falhado em lidar adequadamente com casos de abuso sexual como sistematicamente deixa de relatar esses casos, violando a própria lei de relatar crimes sexuais ocorridos no *campus* (Stancill, 2013). Você acha que há casos de violência sexual em seu *campus* e, se houver, o que está sendo feito sobre isso?

Além do abuso sexual, há duas áreas de preocupação relacionadas ao gênero: assédio sexual e ação afirmativa.

Assédio sexual. É uma forma de discriminação sexual que viola o Título VII da Lei de Direitos Civis de 1964. A Equal Employment Opportunity Commission (EEOC) (2012) [Comissão de Oportunidades de Emprego Igualitárias] norte-americana define o **assédio sexual** no local de trabalho como "investidas sexuais inoportunas, pedidos de favores sexuais e outras condutas verbais ou físicas de natureza sexual [...] que afetam explícita ou implicitamente o trabalho de uma pessoa, interferem sem razão em seu desempenho profissional ou criam um ambiente de trabalho intimidador, hostil e ofensivo" (p. 1). Em 2013, mais de 15 mulheres acusaram o prefeito de San Diego de comportamento inoportuno, levando a um esforço de divulgação e sinalização em vários estabelecimentos, incluindo a rede de restaurantes Hooters, de que o prefeito não era bem-vindo (Smith e Lah, 2013).

Qualquer pessoa – homem, mulher ou transgênero – pode ser vítima de assédio sexual; a vítima também pode ser alguém que não tenha sido assediada diretamente, mas que foi afetada por uma conduta ofensiva. Existem dois tipos de assédio sexual: (1) *quid pro quo*, em que um empregador exige favores sexuais em troca de promoção, aumento de salário ou outro benefício empregatício; (2) a existência de um ambiente hostil que interfere no desempenho profissional, como no caso de comentários sexuais explícitos ou insultos feitos a um empregado.

Exemplos comuns de assédio sexual incluem contato físico indesejado, invasão do espaço pessoal, comentários sexuais sobre a pessoa e seu corpo e piadas de conotação sexual (Uggen e Blackstone, 2004). O assédio sexual acontece em vários âmbitos, locais de trabalho, escolas públicas, academias militares, *campi* universitários etc. As mulheres que trabalham em ocupações dominadas por homens e empregos de colarinho azul, que são jovens, financeiramente dependentes, solteiras ou divorciadas, tendem a sofrer mais assédio sexual (ILO, 2011; Jackson e Newman, 2004).

Ação afirmativa. Como discutido no Capítulo 9, a **ação afirmativa** abrange várias políticas e práticas para promover a igualdade de oportunidades, bem como a diversidade, em locais de trabalho e estudo. As políticas de afirmação, desenvolvidas na legislação federal desde os anos 1960, exigem que qualquer empregador (em escolas ou empresas) que tenha contratos com o governo federal faça "bons esforços" para aumentar o número de mulheres e outras minorias em seus quadros. Esses esforços podem ser feitos por meio da expansão de programas de recrutamento e treinamento e ao tomar decisões de admissão não discriminatórias.

Contudo, uma votação inusitada na Califórnia, em 1996, a primeira desse tipo, aboliu preferências de raça e sexo em programas governamentais, que incluíam faculdades e

---

assédio sexual Refere-se a investidas sexuais inoportunas, pedidos de favores sexuais e outras condutas verbais ou físicas de natureza sexual que afetam explícita ou implicitamente o trabalho de uma pessoa, interferem em seu desempenho profissional ou criam um ambiente de trabalho intimidador, hostil e ofensivo.

ação afirmativa Ampla gama de políticas e práticas nos locais de trabalho e estudo para promover oportunidades iguais e a diversidade.

universidades estaduais. Nos três anos seguintes, vários outros estados seguiram o ato. Em 2003, a Suprema Corte determinou que as universidades têm um "interesse essencial" em uma população estudantil diversa e, portanto, devem considerar o *status* de minoria ao tomar decisões em relação a admissões. Desde então, vários estados têm respondido à questão da ação afirmativa em programas governamentais com resultados variados. Por exemplo, em 2006, os eleitores de Michigan aprovaram um *referendum* banindo o uso de raça ou gênero nas decisões sobre admissão nas universidades e faculdades estaduais. Contudo, em 2012, uma apelação judicial determinou que o banimento era inconstitucional e, em 2013, a Suprema Corte norte-americana concordou em ouvir o caso (Richey, 2013).

Esforços internacionais

Os esforços internacionais para enfrentar os problemas de desigualdade de gênero datam de 1979, com a Convenção para Eliminar Todas as Formas de Discriminação contra as Mulheres, geralmente referida como a constituição internacional dos direitos das mulheres, adotada pelas Nações Unidas no mesmo ano. Até hoje, 187 dos 194 países ratificaram o projeto de lei dos direitos das mulheres, incluindo todos os países da Europa, América do Sul e Central. Apenas sete países não ratificaram a convenção – Irã, Sudão, Sudão do Sul, Somália, Palau, Tonga e os Estados Unidos (Deen, 2013).

Outro esforço internacional significativo foi feito em 1995, quando representantes de 189 países adotaram a Declaração de Beijing e a Plataforma de Ação na 4ª Conferência Mundial sobre Mulheres patrocinada pelas Nações Unidas. A plataforma reflete um comprometimento internacional com os objetivos de equidade, desenvolvimento e paz para mulheres de todo o mundo. A plataforma identifica estratégias para lidar com áreas críticas de preocupação relacionadas a mulheres e meninas, incluindo pobreza, educação, saúde, violência, conflito armado e direitos humanos.

Além da Convenção e da Plataforma de Beijing, em 2000, todos os membros das Nações Unidas adotaram a Declaração do Milênio. Um dos oito Objetivos de Desenvolvimento do Milênio é promover a igualdade de gênero e o empoderamento das mulheres até 2015. O progresso tem sido lento. Numa avaliação desse objetivo, o Relatório das Nações Unidas (2013) concluiu que "tanto na esfera pública ou privada, dos mais altos níveis da tomada de decisão governamental aos lares, as mulheres continuam a não dispor de oportunidades iguais em relação aos homens para participar nas decisões que afetam suas vidas" (p. 5).

Finalmente, instituído para prevenir os milhares de atos de violência contra mulheres e meninas anualmente, criou-se o Ato Internacional sobre a Violência contra Mulheres (IVAWA 2013). O ato, que é em grande parte baseado na Estratégia para Prevenir e Responder à Violência baseada em Gênero Globalmente, lançada em 2012, foi escrito pela Anistia Internacional e foi introduzido no Congresso em 2013. Se for aprovada, a nova lei vai aumentar a eficiência e a eficácia na resposta global dos Estados Unidos à violência contra as mulheres.

Entendendo a desigualdade de gênero

Os papéis de gênero e a desigualdade social que eles criam estão incrustados em nossas ideologias e instituições sociais e culturais e são, portanto, difíceis de mudar, como mostra a persistência de atitudes discriminatórias. No entanto, como vimos neste capítulo, a crescente atenção às questões de gênero na vida social tem trazido mudanças. Os tradicionais papéis de gênero de homens e mulheres e os conceitos binários de sexo e gênero estão sendo enfraquecidos. Se das mulheres tradicionalmente se esperava que priorizassem a vida doméstica, agora se tornou mais aceitável que elas sigam uma carreira fora de casa; a diferença salarial entre os gêneros também tem diminuído, embora lentamente, enquanto tem havido uma diminuição significativa na disparidade educacional entre homens e mulheres, meninos e meninas. A maioria dessas melhorias, contudo, está acontecendo nos países desenvolvidos. Globalmente, milhares de mulheres e meninas continuam vitimizadas pela pobreza, violência de gênero, analfabetismo e pela limitação de direitos legais e de representação política.

Eliminar os estereótipos de gênero e redefini-lo em termos de igualdade não significa apenas libertar as mulheres, mas também libertar os homens na sociedade. Os homens também são vitimizados pela discriminação e estereótipos de gênero que definem o que eles "deveriam" fazer mais do que são capazes, estão interessados e desejam fazer. A National Coalition for Men (NCFM, 2011) incorporou essa perspectiva em sua tomada de decisão:

> Temos ouvido detalhadamente do movimento das mulheres como os estereótipos sexuais têm limitado o potencial das mulheres. Mais recentemente, os homens têm se tornado cada vez mais conscientes de que também são conformados a papéis limitadores, que determinam que eles desempenhem papéis independentemente de suas habilidades, interesses, constituição física/emocional e necessidades individuais. Os homens dispõem de menos ou nenhuma opção efetiva em muitas áreas críticas da vida. Eles encaram injustiças sob a lei. E, particularmente, têm sido deformados por "deveres" socialmente determinados quando se expressam de modo diferente dos estereotipados.

Cada vez mais, as pessoas têm se engajado na **androgenia** – a mistura de características masculinas e femininas tradicionalmente definidas. O conceito de androgenia implica que tanto aspectos e papéis masculinos quanto femininos são igualmente valorizados. Contudo, "alcançar a igualdade de gênero [...] é um processo extremamente lento, uma vez que desafia uma das atitudes humanas mais profundamente enraizadas" (Lopez-Claros e Zahidi, 2005, p. 1).

Uma estratégia internacional para atingir a igualdade de gênero é "o processo de enfrentar as implicações para homens e mulheres de cada ação planejada, incluindo legislação, políticas e programas, em todas as áreas e em todos os níveis" (IASC, 2009, p. 7). Difícil? Sim. No entanto, não importa se os papéis de gênero tradicionais emergiram da necessidade biológica, como os estrutural-funcionalistas argumentam, ou da opressão econômica, como defendem os teóricos do conflito, ou ambos. O que é claro, hoje, é que a desigualdade de gênero tem um alto custo: pobreza, perda de capital humano, sentimento de inutilidade, violência, doenças físicas e mentais e morte. Talvez tenhamos chegado ao momento em que precisamos nos perguntar: até quando vamos continuar pagando pelo alto custo dos papéis de gênero tradicionais?

androgenia A condição de possuir ambas as características tradicionalmente definidas como femininas e masculinas.

REVISÃO DO CAPÍTULO

- **A desigualdade de gênero ocorre no mundo todo?**
  Não existe nenhum país no mundo em que homens e mulheres sejam tratados com equidade. Embora mulheres sofram em relação à remuneração, educação, prestígio profissional, os homens tendem a sofrer mais em relação à saúde física e mental, mortalidade e qualidade de seus relacionamentos.

- **Como as três principais teorias sociológicas explicam a desigualdade de gênero?**
  Os estrutural-funcionalistas argumentam que a divisão tradicional do trabalho era funcional para a sociedade pré-industrial e foi considerada normal e natural ao longo do tempo. Hoje, contudo, as concepções modernas de família têm substituído em parte as concepções tradicionais. Os teóricos do conflito argumentam que o domínio masculino e a subordinação feminina implicada nos meios de produção – desde as sociedades de caçadores e coletores, em que as mulheres e os homens eram economicamente equivalentes, até as sociedades industriais, em que as mulheres eram subordinadas aos homens – criam a desigualdade de gênero. Os interacionistas-simbólicos enfatizam que, por meio do processo de socialização, tanto mulheres quanto homens aprendem os sentidos associados ao ser masculino ou feminino.

- **O que os termos *sexismo estrutural* e *sexismo cultural* significam?**
  O sexismo estrutural refere-se aos modos em que a organização da sociedade e, especificamente, suas instituições subordinam indivíduos e grupos com base em uma classificação sexual. Esse sexismo resultou em diferenças significativas entre os níveis de educação e renda, envolvimento profissional e político e direitos civis de mulheres e homens. O sexismo estrutural é apoiado por um sistema de sexismo cultural que perpetua as crenças sobre diferenças entre homens e mulheres. O sexismo cultural diz respeito aos modos pelos quais a cultura de uma sociedade – suas normas, valores, crenças e símbolos – perpetua a subordinação de um indivíduo ou grupo de acordo com a classificação sexual.

- **Qual é a diferença entre o teto de vidro e o elevador de vidro?**
  O teto de vidro é geralmente uma barreira invisível que impede mulheres e outras minorias de chegar ao topo das corporações.

O elevador de vidro, por outro lado, refere-se à tendência de os homens buscarem empregos tradicionalmente femininos para obter alguma vantagem em práticas de emprego e promoção.

- **Quais são os problemas causados pelos papéis de gênero tradicionais?**

O primeiro é a feminilização da pobreza. As mulheres são socializadas para priorizar a família em relação à formação educacional e carreira profissional, uma crença que se reflete em ocupações de menor prestígio e remuneração. Em segundo lugar, os papéis tradicionais de gênero têm custos psicossociais. Mulheres e pessoas transgênero tendem a ter uma autoestima mais baixa e maiores taxas de depressão do que os homens. Homens e meninos, por outro lado, geralmente estão sujeitos a limitações emocionais ditadas pelo "código masculino". Terceiro, os papéis tradicionais de gênero têm custos no âmbito da saúde ao causarem doenças e mortes. Muitos comportamentos masculinos definidos tradicionalmente encurtam a expectativa de vida, enquanto as mulheres em várias regiões do mundo estão, proporcionalmente aos homens, mais sujeitas ao HIV/Aids. Finalmente, a violência decorrente do gênero causa a morte de mulheres, homens e indivíduos transgênero.

- **Que estratégias podem ser usadas para acabar com a desigualdade de gênero?**

Movimentos de base, como o feminismo e o movimento pelos direitos das mulheres e pelos direitos dos homens, têm feito avanços significativos na luta contra a desigualdade de gênero. Suas conquistas, em parte, têm sido o resultado do *lobby* bem-sucedido para conseguir a aprovação de leis relacionadas à discriminação sexual, assédio sexual e ação afirmativa. Além de esforços em nível nacional, é preciso fazer alianças no âmbito internacional. Uma das mais importantes é a Convenção para Eliminar Todas as Formas de Discriminação contra as Mulheres, também conhecida como a constituição internacional dos direitos das mulheres, adotada pelas Nações Unidas em 1979.

AVALIE SEU CONHECIMENTO

1. Os Estados Unidos são a nação mais igualitária em termos de gênero no mundo.
   a. Verdadeiro
   b. Falso
2. Os interacionistas-simbólicos argumentam que:
   a. A dominação masculina é uma consequência do relacionamento dos homens com o processo de produção.
   b. A desigualdade de gênero é funcional para a sociedade.
   c. Os papéis de gênero são aprendidos na família, na escola, nos grupos de amigos e na mídia.
   d. As mulheres são mais valorizadas que os homens em casa do que no local de trabalho.
3. Pesquisas recentes indicam que mais homens do que mulheres entram na faculdade logo após o ensino médio.
   a. Verdadeiro
   b. Falso
4. Segundo a hipótese da desvalorização, a diferença entre os salários de homens e das mulheres ocorre em função dos diferentes níveis de educação, treinamento e experiência entre os sexos.
   a. Verdadeiro
   b. Falso
5. O teto de vidro é geralmente uma barreira invisível que impede mulheres e minorias de atingir postos no topo das corporações.
   a. Verdadeiro
   b. Falso
6. Qual das proposições a seguir é verdadeira sobre mulheres e política norte-americana?
   a. Existem mais governadores mulheres do que homens.
   b. Na história da Suprema Corte, houve apenas quatro juízas.
   c. O cargo político mais elevado alcançado no governo norte-americano é da vice-presidente Hilary Clinton.
   d. As mulheres conquistaram o direito ao voto com a aprovação da Emenda 21.
7. Qual das seguintes proposições *não* é verdadeira?
   a. As mulheres estão sub-representadas em profissões CTEM em programas de horário nobre na televisão.
   b. Com base em um estudo de *reality shows* na televisão, os personagens masculinos principais geralmente estão acima do peso e são "gordinhos".
   c. Em relação às meninas, os meninos estão super-representados na mídia infantil.
   d. Uma análise do horário nobre na televisão indica que os homens geralmente aparecem com mais frequência em comédias.
8. A feminilização da pobreza refere-se:
   a. à tendência das mulheres de tomarem conta dos pobres.
   b. ao criticismo feminista das políticas públicas para a pobreza.
   c. à quantidade desproporcional de mulheres pobres.
   d. à socialização do papel de gênero de mulheres pobres.
9. O assédio sexual *quid pro quo* refere-se a um ambiente de trabalho hostil.
   a. Verdadeiro
   b. Falso
10. Com que proposição abaixo as feministas concordariam?
    a. O ERA deveria fazer parte da Constituição norte-americana.
    b. A aprovação da 19ª Emenda foi um erro.
    c. A segregação sexual no trabalho beneficia a todos.
    d. O Nomas é uma organização radical e sexista.

Respostas: 1. B; 2. C; 3. B; 4. B; 5. A; 6. B; 7. B; 8. C; 9. B; 10. A.

TERMOS-CHAVE

ação afirmativa 364
androgenia 366
assassinatos pela honra 360
assédio sexual 364
cargos de colarinho rosa 343
código masculino 358
dividendo educacional 339
efeito de elevador de vidro 343
emenda de igualdade de direitos (ERA) 362

escolha estruturada 344
feminismo 361
gênero 330
hipótese da desvalorização 345
hipótese do capital humano 344
hipótese do desvio de gênero 351
indivíduo transgênero 330
papéis de gênero 349
papéis expressivos 338
papéis instrumentais 338

penalidade da maternidade 343
segregação profissional por sexo 343
sexismo 330
sexismo cultural 349
sexismo estrutural 339
sexo 330
tese da supercompensação masculina 336
teto de vidro 343
trabalho emocional 345

11

Orientação sexual e luta por igualdade

"A homofobia aliena mães e pais de filhos e filhas, amigo de amigo, vizinho de vizinho, norte-americanos uns dos outros. Então, enquanto for legitimada pela sociedade, pela religião e pela política, a homofobia continuará a gerar ódio, desprezo e violência e sendo nosso último preconceito aceitável."

— Byrne Fone, autor, professor emérito

Contexto global: uma visão geral sobre o *status* da homossexualidade

Homossexualidade e bissexualidade nos Estados Unidos: um panorama demográfico

As origens da orientação sexual

Teorias sociológicas sobre a desigualdade da orientação sexual

Preconceito contra lésbicas, gays e bissexuais

Você e a sociedade: **Escala de atitude e conhecimento sobre lésbicas, gays e bissexuais por heterossexuais (LGB-KASH)**

Discriminação contra lésbicas, gays e bissexuais

O lado humano: **Uma carta aberta da minha geração para a Igreja**

Um olhar sobre a pesquisa dos problemas sociais: **O ambiente social e tentativas suicidas de jovens lésbicas, gays e bissexuais**

Estratégias de ação: pela igualdade entre todos

Entendendo a orientação sexual e a luta por igualdade

Revisão do capítulo

Edith Windsor, de 83 anos, processou o governo dos Estados Unidos com base no tratamento discriminatório sob o Defense of Marriage Act (Doma). A Sra. Windsor e sua parceira viviam juntas há mais de 40 anos e se casaram no Canadá em 2007. Após a morte de sua esposa, avaliou-se que a Sra. Windsor devia mais de US$ 300 mil em impostos, dinheiro que ela não estaria devendo se tivesse se casado com alguém do sexo oposto (Condon, 2013). A Sra. Windsor contestou a decisão do governo em instâncias superiores e, em uma decisão por 5 a 4, a Suprema Corte dos Estados Unidos afirmou que a negação dos benefícios federais para casais do mesmo sexo que são concedidos a casais de sexos opostos é uma violação da cláusula do devido processo legal da Constituição norte-americana. Após ouvir a decisão da Corte, "Edie" Windsor afirmou: "Sinto-me honrada, grata e muito feliz" (Condon, 2013).

Além de Edith "Edie" Windsor, que contestou a constitucionalidade do Defense of Marriage Act (Doma), Kris Perry e Sandy Stier e Paul Katami e Jeff Zarrillo moveram ações contra a Proposition 8 da Califórnia, que também foi declarada inconstitucional. Na foto, vistos entrando na Suprema Corte dos Estados Unidos, os dois casais se casaram logo após a decisão ser anunciada.

---

orientação sexual Atrações, relacionamentos, autoidentidade e comportamentos sexuais e emocionais de uma pessoa.

heterossexualidade Predominância de atração emocional, cognitiva e sexual por indivíduos do sexo oposto.

homossexualidade Predominância de atração emocional, cognitiva e sexual por indivíduos do mesmo sexo.

bissexualidade Atração emocional, cognitiva e sexual em relação a ambos os sexos.

lésbica Mulher que sente atração por parceiras do mesmo sexo.

gay Termo que pode se referir tanto a mulheres quanto a homens que sentem atração por parceiros do mesmo sexo.

não conformidade de gênero Usada com frequência como sinônimo de transexual e às vezes chamada variante de gênero, refere-se a apresentações de gêneros inconsistentes com as expectativas da sociedade.

LGBT, LGBTQ e LGBTQI Termos usados para se referir coletivamente a indivíduos gays, lésbicas, bissexuais, transexuais, *questioning* e/ou intersexuais.

Apesar do progresso feito nos últimos anos a respeito de direitos iguais para indivíduos que sentem atração pelo mesmo sexo, a luta por igualdade com base na orientação sexual e identidade de gênero continua a sofrer oposição. O termo **orientação sexual** refere-se às atrações emocionais e sexuais de uma pessoa, seus relacionamentos, sua autoidentidade e comportamento. **Heterossexualidade** refere-se à predominância da atração emocional, cognitiva e sexual por indivíduos do sexo oposto. **Homossexualidade** refere-se à predominância da atração emocional, cognitiva e sexual por indivíduos do mesmo sexo e **bissexualidade** é a atração emocional, cognitiva e sexual por membros dos dois sexos. O termo **lésbica** refere-se a mulheres atraídas por parceiras do mesmo sexo, e **gay** pode se referir tanto a homens quanto a mulheres atraídos por parceiros do mesmo sexo.

Grande parte da literatura atual sobre o tratamento e compromissos sociais e políticos de gays, lésbicas e bissexuais inclui indivíduos transexuais. Como discutido no Capítulo 10, *indivíduos transexuais* (às vezes chamados "*trans*") são pessoas cujo senso de identidade de gênero – como homem ou mulher – é inconsistente com seu sexo de nascença (às vezes chamado cromossômico). **Não conformidade de gênero** é muitas vezes usada como sinônimo de transexual, referindo-se a apresentações de gêneros que são inconsistentes com as expectativas da sociedade.

As siglas **LGBT**, **LGBTQ** e **LGBTQI**, bem como uma série de outras variações, são usadas para se referir coletivamente a lésbicas, gays, bissexuais, transexuais, *questioning* ou *queer* (pessoas que se autoquestionam sobre sua identidade sexual) e *intersexuais*. Às vezes, é possível encontrar a sigla acompanhada da letra "A", que significa *aliados*.

Este capítulo se concentra na orientação sexual. Entretanto, é impossível discutir os esforços para a igualdade entre os sexos sem reconhecer indivíduos transexuais que têm sido fundamentais para um maior movimento dos direitos civis LGBT. Assim, parte da pesquisa registrada neste capítulo é sobre lésbicas, gays e bissexuais, enquanto outros estudos incluem participantes transexuais, além de lésbicas, gays e bissexuais. Muitas leis e políticas discutidas neste capítulo também não se referem especificamente aos bissexuais, mas seriam aplicadas, por definição, se estes estivessem em relacionamentos com alguém do mesmo sexo.

Aqui, concentramo-nos principalmente nas concepções ocidentais sobre a diversidade da orientação sexual. Está além do escopo deste capítulo explorar a fundo como a orientação sexual e suas representações culturais variam ao redor do mundo. O *status* global legal de lésbicas e homens gays, porém, será resumido. Também discutimos a predominância da homossexualidade, heterossexualidade e bissexualidade nos Estados Unidos, as crenças sobre as origens da orientação sexual, e então aplicamos teorias sociológicas para melhor entender reações societárias a não heterossexuais. Após detalhar as formas pelas quais não heterossexuais são alvos de preconceito e discriminação, terminamos o capítulo com uma discussão de estratégias para reduzir o preconceito e a discriminação antigay.

Contexto global: uma visão geral sobre o *status* da homossexualidade

A homossexualidade sempre existiu ao longo da história humana e na maioria das sociedades humanas, talvez em todas (Joannides, 2011; Kirkpatrick, 2000). Uma perspectiva global sobre leis e atitudes sociais a respeito da homossexualidade revela que os países são muito diferentes no que diz respeito ao tratamento dado ao comportamento homossexual – de intolerância e criminalização até proteção legal. Dos 193 países no mundo todo, 78 continuam a criminalizar relações homossexuais. As penas legais variam quanto à violação de leis que proíbem atos homossexuais. Em alguns países, essa condição é punível apenas com sentenças de prisão (por exemplo, dois meses de prisão na Argélia ou prisão perpétua em Bangladesh) e/ou punição corporal, como chicotadas ou açoitamento (por exemplo, uma série de chibatadas no Irã), e em cinco países – Irã, Mauritânia, Arábia Saudita, Iêmen e Sudão – pessoas consideradas culpadas de apresentar comportamento homossexual podem ser sentenciadas à pena de morte (ILGBTIA, 2012).

No geral, países ao redor do mundo são cada vez mais favoráveis ao aumento da proteção legal a não heterossexuais, conforme a discriminação com base na orientação sexual tornou-se parte de uma ampla pauta internacional de defesa dos direitos humanos. Na verdade, "tendências globais a favor do comportamento homossexual têm acompanhado muito bem as mudanças nos Estados Unidos" (Smith, 2011). Em 1996, a África do Sul tornou-se o primeiro país do mundo a incluir em sua Constituição uma cláusula que proíbe a discriminação com base na orientação sexual (Karimi, 2011).

Seguindo o exemplo da África do Sul, outros países começaram a alterar sua Constituição. Pelo menos 20 – do Equador até a Grécia – assim fizeram, proibindo a discriminação com base na orientação sexual. Alguns países têm leis que proíbem a discriminação em algumas áreas do país, mas não em outras. Por fim, muitos têm leis que proíbem a discriminação da orientação sexual no ambiente de trabalho ou relacionada ao acesso a serviços sociais (Bruce-Jones e Itaborahy, 2011).

Em 2009, os Estados Unidos se uniram à maioria dos países-membros das Nações Unidas quando o presidente Barack Obama apoiou a descriminalização da homossexualidade e a expansão internacional das proteções dos direitos humanos para os não heterossexuais ou gêneros não conformes. A resolução inclui termos como proibição do assédio, discriminação, exclusão, estigmatização e preconceito contra membros da população LGBT. Dos 192 membros das Nações Unidas, 85 apoiaram a resolução, que foi aprovada por 23 votos a favor e 19 contra pelo United Nations Human Rights Council (Dougherty, 2011).

Apesar dessas tendências internacionais gerais, houve empecilhos recentes em alguns países. Em 2013, uma decisão da Suprema Corte de Cingapura manteve a criminalização do sexo gay consensual depois que um casal gay tentou denunciar a lei como inconstitucional (Oi, 2013). Além disso, embora a Rússia tenha descriminalizado a homossexualidade em 1993, recentemente o país aprovou uma lei que proíbe a "propaganda de relações sexuais não tradicionais" e casais gays de adotarem crianças nascidas na Rússia. O que é propaganda gay, no entanto, pode ter várias interpretações e ser tão amplamente definida a ponto de incluir demonstrações públicas de afeto entre casais homossexuais. Há ainda preocupações de que a futura legislação exija o afastamento de crianças de famílias com pais homossexuais (Guillory, 2013).

O que você acha? Algumas pessoas argumentam que a revogação de leis antigay "ataca a liberdade religiosa" e "nega a liberdade de expressão" àqueles moralmente opostos à homossexualidade (Oi, 2013). O que você acha desse argumento? O que deve prevalecer quando os direitos humanos colidem com um segmento das crenças religiosas da população?

O crescente reconhecimento legal de relações homossexuais evidencia o *status* em mudança da homossexualidade ao redor do mundo, mas mantém uma questão complicada, que divide jurisdições em muitos países. Alguns países reconhecem **parcerias registradas** homossexuais ou "uniões civis", que são relações reconhecidas no nível federal e que transmitem a maioria, mas não todos os direitos matrimoniais. Alguns países também oferecem parcerias registradas, também chamadas "parcerias domésticas" ou uniões civis, a casais heterossexuais. As uniões civis legalmente reconhecidas para casais homossexuais estão disponíveis em 25 países da Europa, nas Américas e em regiões específicas do México, da Austrália e da Venezuela (Bruce-Jones e Itaborahy, 2011).

Em 2000, a Holanda se tornou o primeiro país do mundo a oferecer o casamento completamente legal a casais homossexuais. Em 2003, a Bélgica foi o segundo país a promover essa legalização. Desde então, mais 14 países legalizaram esse tipo de união: Canadá (2005), Espanha (2005), África do Sul (2006), Noruega (2009), Suécia (2009), Portugal (2010), Islândia (2010), Argentina (2010), Dinamarca (2012), Uruguai (2013), Inglaterra/País de Gales (2013), Nova Zelândia (2013), França (2013) e Brasil (2013). Em alguns países, como os Estados Unidos (2003) e o México (2009), por exemplo, o casamento homossexual é legal apenas em certas jurisdições (The Pew Forum, 2013a).

Por fim, em 2013, os 27 ministros estrangeiros da União Europeia "[...] instruíram seus diplomatas a defender os direitos humanos de lésbicas, gays, bissexuais [...] e de pessoas [...] transexuais e intersexuais" de todo o mundo (Zweynert, 2013, p. 1). Essa ação "inovadora" é guiada por quatro prioridades:

- eliminação de leis e políticas que discriminam com base no *status* LGBTI, incluindo a eliminação da pena de morte;
- promoção de "igualdade e não discriminação no trabalho, no sistema de saúde e na educação";
- encerramento da violência governamental e individual contra indivíduos LGBTI e
- proteção e auxílio àqueles que defendem os direitos humanos (Zweynert, 2013, p. 1).

Homossexualidade e bissexualidade nos Estados Unidos: um panorama demográfico

Antes de analisar informações demográficas a respeito da homossexualidade e da bissexualidade nos Estados Unidos, é importante entender que a forma de identificar e classificar indivíduos como homossexuais, heterossexuais ou bissexuais é algo delicado.

Orientação sexual: problemas associados à identificação e classificação

parcerias registradas (ou uniões civis) Relacionamentos reconhecidos em âmbito federal que incluem a maioria, mas não todos os direitos do casamento.

A classificação de indivíduos em categorias de orientação sexual (por exemplo, gay, bissexual, lésbica ou heterossexual) é delicada por uma série de razões. Primeiro, distinções entre categorias de orientação sexual não são tão nítidas como muitas pessoas acreditam. Considere as primeiras pesquisas sobre o comportamento sexual feitas por Alfred Kinsey e colaboradores (1948, 1953). Embora 37% dos homens e 13% das mulheres tenham registrado ao menos um relacionamento homossexual desde a adolescência, poucos indivíduos registraram comportamento exclusivamente heterossexual. Isso levou Kinsey a concluir que heterossexualidade e homossexualidade representam duas extremidades de um *continuum* e que a maioria dos indivíduos se enquadra em algum lugar dessa linha teórica.

Pesquisas mais recentes também indicaram que muitos indivíduos não são exclusivamente heterossexuais ou homossexuais. Em um estudo com 243 graduandos, Vrangalova e Savin-Williams (2010) descobriram que 84% das mulheres autoidentificadas como heterossexuais e 51% dos homens autoidentificados como heterossexuais registraram pelo menos uma qualidade homossexual – atração sexual, fantasia e/ou comportamento homossexual. Uma pesquisa mais recente (Savin-Williams e Vrangalova, 2013; Vrangalova e Savin-Williams, 2012) também confirma a ideia de um *continuum* de orientação sexual e sugere uma classificação em cinco categorias da identidade sexual: heterossexual, principalmente heterossexual, bissexual, principalmente gay/lésbica e gay/lésbica.

"Sabe, estatisticamente falando, pelo menos um desses homens biscoito é gay."

Pesquisas que utilizam, como é o caso tradicionalmente, um esquema de classificação em três categorias – heterossexual, bissexual ou gay/lésbica –, em vez de um sistema de identidade variado, são teóricas e metodologicamente problemáticas (Morgan e Thompson, 2011; Morgan et al., 2010). Por exemplo, uma mulher que seleciona "lésbica" como seu rótulo de orientação sexual, quando apresentada às três opções, presumivelmente se identificará como lésbica e por isso só sentiria fantasia e atração por mulheres e só teria ou desejaria relações sexuais e românticas com mulheres ao longo de sua vida. No entanto, pesquisas também demonstram que muitas pessoas com atração por indivíduos do mesmo sexo ou que apresentaram comportamento homossexual não se identificam ou pensam em si como gays, lésbicas ou bissexuais (Herek e Garnets, 2007; Rothblum, 2000; Savin-Williams, 2006).

> Pesquisa [...] confirma a ideia de um *continuum* de orientação sexual e sugere uma classificação em cinco categorias da identidade sexual: heterossexual, principalmente heterossexual, bissexual, principalmente gay/lésbica e gay/lésbica.

O segundo fator que torna a classificação difícil é que pesquisas com populações não heterossexuais tendem a definir a orientação sexual com base em um dos três componentes: atração sexual/romântica ou excitação, comportamento sexual e identidade sexual (Savin-Williams, 2006). Entretanto, a orientação sexual envolve *múltiplas dimensões* – atração sexual, comportamento sexual, fantasias sexuais, atração emocional, autoidentificação e inter-relações entre essas dimensões (Herek e Garnets, 2007).

Por fim, um terceiro fator que complica a identificação e classificação de populações homossexuais é o estigma social com identidades não heterossexuais. Como resultado do estigma associado a ser gay, lésbica ou bissexual, muitos indivíduos escondem ou mentem sobre sua orientação sexual para se proteger do preconceito e da discriminação (Meyer, 2003; Röndahl e Innala, 2008; Varjas et al., 2008). Isso complica o recrutamento de participantes para estudos sobre orientação sexual porque algumas pessoas ficam desconfortáveis em "se assumir" gays, lésbicas ou bissexuais.

Indivíduos LGBT e famílias com casais do mesmo sexo nos Estados Unidos

Há poucas estimativas confiáveis da porcentagem da população norte-americana que é gay, lésbica ou bissexual (LGB). Um estudo estima que há mais de 8 milhões de adultos LGB nos

Estados Unidos, compreendendo 3,5% da população adulta. Além disso, há aproximadamente 700 mil indivíduos transexuais. Isso significa que cerca de 9 milhões de norte-americanos se identificam como LGBT, um número praticamente comparável à população total de New Jersey (Gates, 2011).

Identidades autodeclaradas como LGBT foram encontradas em várias linhas raciais, com não brancos tendo mais chances de se identificar como LGBT – por exemplo, 4,6% de afro-americanos, 4% de hispânicos e 4,3% de ásio-americanos identificaram-se como LGBT, em comparação a 3,2% de brancos norte-americanos (Gates, 2012). Além disso, mulheres têm significativamente mais chances de se identificar como bissexuais do que os homens, e o número de indivíduos que se identificam como LGB é significativamente menor do que as estimativas daqueles que experimentaram atração homossexual ou apresentaram comportamento homossexual (Gates, 2011).

Um estudo com 22 escolas públicas descobriu que 3,8% dos estudantes se identificaram como gays, lésbicas ou bissexuais, 1,3% como transexuais e 12,1% registraram "não ter certeza" de sua orientação sexual (Shields et al., 2012). A Tabela 11.1 apresenta a distribuição da orientação sexual entre uma amostragem de universitários. Estima-se que entre 1 milhão e 3 milhões de adultos norte-americanos com mais de 65 anos sejam gays, lésbicas, bissexuais ou transexuais – número que deve duplicar nos próximos 25 anos, conforme os *baby boomers* envelhecem (Cahill, 2007).

TABELA 11.1 Identidade sexual e de gênero autodeclarada por universitários norte-americanos*

Heterossexual	91,6%
Gay/lésbica	2,6%
Bissexual	3,8%
Não tenho certeza	2%
Transexual	0,2%

Fonte: American College Health Association, 2012.
*Com base na amostragem de 28.237 estudantes em 51 *campi*.

Informações sobre a predominância de norte-americanos que se identificam como LGBT são importantes porque podem influenciar leis e políticas que afetam esse contingente e suas famílias. O Censo de 2010 não perguntou sobre a orientação sexual ou identidade de gênero, mas tornou-se o primeiro levantamento a registrar o número de parceiros homossexuais e de cônjuges do mesmo sexo. Pessoas LGBT vivendo com um cônjuge ou parceiro podiam identificar seu relacionamento selecionando o item "esposo ou esposa" ou "parceiro solteiro". Com base nessa informação, há cerca de 581.300 famílias com casais homossexuais nos Estados Unidos, 28% das quais são relações legalmente reconhecidas, incluindo casamentos ou o equivalente ao nível do estado (U.S. Census Bureau, 2010).

As origens da orientação sexual

Uma das perguntas mais comuns sobre a orientação sexual diz respeito a sua origem ou "causa". Perguntas sobre essas causas preocupam-se principalmente com as origens da homossexualidade e da bissexualidade, porque a heterossexualidade é considerada normativa e "natural". Uma série de pesquisas biomédicas e de ciências sociais investigou as possíveis influências genéticas, hormonais, de desenvolvimento, sociais e culturais sobre a orientação sexual, mas nenhuma descoberta conclusiva sugeriu que ela seja determinada por qualquer fator particular ou interação de fatores. Na ausência de resultados convincentes, muitos praticantes e profissionais acreditam que a orientação sexual pode ser determinada pela interação de fatores ambientais e biológicos.

Além do que "causaria" a homossexualidade, sociólogos estão interessados no que as pessoas *acreditam* ser as "causas" da homossexualidade. Pesquisas demonstram que as pessoas confiam muito na ideologia, na religião e em experiências de vida para formar suas crenças sobre as causas da homossexualidade (Haider-Markel e Joslyn, 2008). Pesquisas recentes (veja a Figura 11.1) indicam que quase a metade (47%) dos norte-americanos

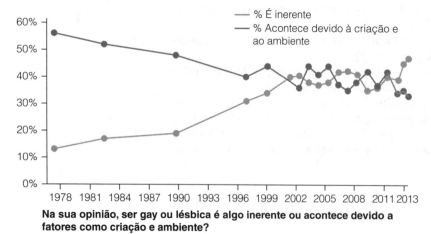

Figura 11.1 Opinião pública sobre as causas da homossexualidade, 1978-2011
Fonte: Jones, 2013.

acredita que a orientação sexual de alguém é consequência do nascimento (isto é, natureza), enquanto 33%, que é uma questão de variáveis externas, como socialização e ambiente (isto é, educação) (Jones, 2013).

As opiniões dos norte-americanos sobre o que causa orientações não heterossexuais estão associadas com seu apoio aos direitos dos homossexuais, isto é, a crença de que gays e lésbicas nascem assim indica o apoio aos direitos dos gays, enquanto acreditar que a não heterossexualidade é produto do ambiente indica menos apoio aos direitos dos homossexuais (Jones, 2011). Igualmente importantes, os dados também indicam que:

> As crenças dos norte-americanos sobre as origens da orientação homossexual estão mais fortemente relacionadas às suas opiniões sobre a legalidade e a moralidade das relações gays e lésbicas do que à identificação partidária, ideologia, compromisso religioso, idade e outras características demográficas, levando todos esses fatores em consideração. (Jones, 2011)

Gays, lésbicas e bissexuais podem mudar sua orientação sexual?

Aqueles que acreditam que gays, lésbicas e bissexuais escolhem ficar atraídos por indivíduos do mesmo sexo tendem a acreditar que pessoas LGB podem e devem mudar sua orientação sexual (Haider-Markel e Joslyn, 2008). Várias formas de terapias, como *reparativa*, *de conversão* e *de reorientação* dedicam-se a mudar a orientação sexual de indivíduos que são não heterossexuais. A American Psychological Association refere-se coletivamente a esses "tratamentos" como *Soce (sexual orientation change efforts* – **esforços para mudar a orientação sexual**) (APA, 2009).

Muitos programas de terapia de conversão e de reparação veem a homossexualidade como inerentemente imoral e/ou patológica e obtêm supostamente a "conversão" à heterossexualidade ao adotar o cristianismo evangélico e o "nascer de novo" (Cianciotto e Cahill, 2007). Alguns "tratamentos" chegaram a extremos muito antiéticos, como punições físicas e humilhações. Em outros casos, adolescentes são "sequestrados" por seus pais e mandados a "campos de conversão" ou abrigos.

Quando ativo, o Exodus International, um dos líderes do movimento religioso ex-gay, tinha mais de 500 ministérios ao redor do mundo (Exodus International, 2011). Após alguns de seus membros fundadores afirmarem que, na verdade, não estavam "curados", a instituição passou por uma fiscalização (Besen, 2010). Em 2013, seu presidente, Alan Chambers, emitiu um pedido de desculpas formal, declarando: "Peço desculpas pela dor e sofrimento que muitos de vocês enfrentaram. Peço desculpas por alguns de vocês terem passado anos superando a vergonha e a culpa enquanto suas atrações não mudavam. Peço desculpas por termos promovido esforços para mudar a orientação sexual e teorias reparativas sobre a orientação sexual que estigmatizaram os pais" (Exodus International, 2013, p. 2).

A National Association for Research and Therapy of Homosexuality (Narth), uma organização secular, é composta por profissionais de saúde mental que usam sua formação em psicologia e áreas afins para ajudar pacientes a se livrarem de atrações, comportamentos e identificações "indesejadas" pelo mesmo sexo (Narth, 2011). Seus membros negam ser "antigay" e afirmam fornecer serviços psicológicos não religiosos (chamados de *terapia de reorientação*) para pessoas angustiadas por sua orientação sexual. A organização afirma ter a mesma taxa de sucesso para terapias de orientação do que qualquer outro problema apresentado em terapia (Hamilton, 2011).

> Uma série de pesquisas biomédicas e de ciências sociais investigou as possíveis influências genéticas, hormonais, de desenvolvimento, sociais e culturais sobre a orientação sexual, mas nenhuma descoberta conclusiva sugeriu que ela seja determinada por qualquer fator particular ou interação de fatores.

> [...] todos concordam que a homossexualidade *não é* uma doença mental, que a orientação sexual *não pode* ser mudada e que os esforços para mudar a orientação sexual podem ser prejudiciais.

esforços para mudar a orientação sexual (*sexual orientation change efforts*, *Soce*) Refere-se, coletivamente, a terapias reparativa, de conversão e de reorientação, segundo a American Psychology Association (APA).

Críticos da Soce incluem American Medical Association, American Academy of Pediatrics, American Counseling Association, American Psychological Association, American School Health Association, American Psychiatric Association, National Association of Social Workers, National Education Association e American Association of School Administrators e todos concordam que a homossexualidade *não é* uma doença mental, que a orientação sexual *não pode* ser mudada e que os esforços para mudar a orientação sexual podem ser prejudiciais (Lambda Legal, 2011a). Em 2013, a ONU patrocinou um painel de especialistas que abordaram diretamente as questões sobre a Soce, que os organizadores esperam que seja o primeiro dos esforços contínuos para lidar com questões LBGT (Shapiro, 2013).

Teorias sociológicas sobre a desigualdade da orientação sexual

Teorias sociológicas não explicam a origem ou a "causa" da diversidade da orientação sexual; em vez disso, ajudam a explicar relações sociais ligadas à homossexualidade e à bissexualidade e modos pelos quais identidades sexuais são socialmente construídas.

Perspectiva estrutural-funcionalista

Estrutural-funcionalistas, coerentes com sua ênfase sobre as instituições e funções que cumprem, enfatizam a importância de relações heterossexuais monogâmicas para a reprodução, nutrição e socialização de crianças. De uma perspectiva estrutural-funcionalista, relações homossexuais, bem como as heterossexuais não matrimoniais, são "desviantes", porque não cumprem a principal função da instituição familiar – gerar e criar filhos. Claramente, porém, esse argumento é menos saliente em uma sociedade na qual (1) outras instituições, em geral escolas, complementaram as funções tradicionais da família, (2) a redução (ao invés do aumento) da população é um objetivo societário e (3) casais homossexuais podem e educam crianças.

Alguns estrutural-funcionalistas argumentam que antagonismos entre indivíduos que são heterossexuais e homossexuais interrompem o fluxo natural, ou equilíbrio, da sociedade. Durkheim (1993 [1938]), porém, reconheceu que o desvio das normas de uma sociedade também pode ser funcional. Especificamente, o movimento pelos direitos dos gays motivou muitas pessoas a reexaminar o tratamento que davam a minorias sexuais e produziu um senso de coesão e solidariedade na população gay. O ativismo gay também tem sido fundamental para defender estratégias de prevenção do HIV/Aids e o direito a serviços de saúde que beneficiam a sociedade como um todo.

A perspectiva estrutural-funcionalista preocupa-se em como as mudanças em uma parte da sociedade afetam outros aspectos. Por exemplo, pesquisas mostraram que o aumento geral no apoio legal e social à igualdade homossexual foi influenciado por três mudanças culturais: ascensão do individualismo, aumento da igualdade de gênero e

Para protestar contra iniciativas antigay em vários estados, ativistas promoveram o protesto "Um dia sem um gay". Homens e mulheres gays foram encorajados a faltar ao trabalho e ficar em casa para enfatizar a participação da comunidade gay na economia.

surgimento de uma sociedade global na qual as nações são influenciadas por pressões internacionais (Frank e McEneaney, 1999).

De acordo com Frank e McEneaney (1999), o individualismo "parece afrouxar entre sexo e procriação, permitindo mais formas de expressão sexual pessoal" (p. 930). E dizem:

> Considerando que antes o sexo era aprovado estritamente para a reprodução da família, hoje serve cada vez mais para satisfazer homens e mulheres individualizados na sociedade. Essa mudança envolveu a eliminação de muitas normas tradicionais sobre o comportamento sexual, incluindo proibições de relações sexuais entre dois homens ou duas mulheres. (p. 936)

Igualdade de gênero envolve a divisão de papéis sexuais nitidamente diferenciados, apoiando, assim, as diversas expressões das sexualidades masculina e feminina (veja o Capítulo 10). Por fim, a globalização permite que a comunidade internacional influencie as nações e suas peculiaridades. Por exemplo, líderes internacionais expressaram sérias preocupações com o Projeto de Lei Antigay de Uganda, que foi proposto pela primeira vez em 2009. Legisladores ugandenses recentemente retiraram a cláusula de pena de morte do projeto de lei, mas as seções que criminalizam a homossexualidade e pessoas que não denunciam um homossexual conhecido continuam (NPR, 2013).

A perspectiva estrutural-funcionalista também se preocupa com as funções latentes, ou consequências não intencionais. Uma consequência não intencional dos movimentos a favor dos direitos dos gays aumentou a oposição a esses direitos. Por exemplo, após a Califórnia conceder aos casais homossexuais o direito de se casar legalmente, uma campanha feroz foi lançada para aprovar a Proposition 8 – referendo que, em 2008, alterou a Constituição do estado para proibir casamentos homossexuais. Na campanha desencadeada a partir do referendo, as demonstrações e protestos sobre a aprovação da Proposition 8 se espalharam pela Califórnia e pelos Estados Unidos. Vários processos foram arquivados, com a Suprema Corte da Califórnia desafiando a validação e o efeito da proposição em casamentos homossexuais previamente reconhecidos.

Em *Strauss vs. Horton*, o tribunal sustentou a Proposition 8, mas permitiu que casamentos homossexuais prosseguissem. No dia 4 de agosto de 2010, no caso *Perry et al. vs. Schwarzenegger*, o juiz Vaughn R. Walker derrubou a Proposition 8, e, depois, um juiz federal sustentou a decisão de Vaughn após serem levantadas questões sobre sua imparcialidade (Mears, 2011). A decisão, porém, foi suspensa com recursos pendentes por opositores da Proposition 8. Em 26 de junho de 2013, a Suprema Corte ouviu *Hollingsworth vs. Perry* e determinou que defensores da Proposition 8 não tinham legitimidade para defender a lei na corte federal. Como resultado, a Suprema Corte negou provimento ao recurso e o dirigiu à Ninth Circuit Court of Appeals para revogar a suspensão, permitindo a retomada de casamentos entre homossexuais na Califórnia (Savage, 2013).

Perspectiva do conflito

Essa perspectiva configura o movimento pelos direitos dos gays e a oposição a ele como uma luta por poder, prestígio e recursos econômicos. Minorias sexuais querem ser reconhecidas como cidadãos completos, que merecem todos os direitos legais e proteções garantidas a indivíduos heterossexuais. Um grande salto na conquista de aceitação de indivíduos gays e lésbicas ocorreu em 1973, quando a American Psychiatric Association (APA) removeu a homossexualidade de sua lista oficial de doenças mentais (Bayer, 1987).

Mais recentemente, indivíduos gays têm travado uma batalha política para ganhar proteção aos direitos civis contra a discriminação trabalhista e para que possam se casar com um parceiro do mesmo sexo. A teoria do conflito ajuda a explicar por que muitos donos de negócios e líderes corporativos apoiam políticas não discriminatórias. Políticas trabalhistas a favor dos gays ajudam empregadores a manter vantagem competitiva no recrutamento e na manutenção de uma força de trabalho talentosa e produtiva. As empresas também competem por dólares de gays ou lésbicas. Muitos consumidores LGBT, bem como heterossexuais, preferem comprar produtos e serviços de empresas que oferecem proteções trabalhistas a funcionários LGBT. Tendências recentes a favor da maior aceitação social da homossexualidade podem, em parte, refletir a competição corporativa mundial pelo dólar de consumidores gays ou lésbicas.

Com a ajuda de um grupo ativista LGBT, em apoio à igualdade matrimonial, Levi Strauss and Co. testemunhou perante a Suprema Corte da Califórnia: "Acabar com a discriminação matrimonial vai ajudar as empresas a atrair o melhor para a Califórnia e melhorar sua reputação como uma comunidade diversa, inclusiva e inovadora, dois fatores-chave para o crescimento contínuo da economia e para a prosperidade do estado [...]" (California Supreme Court, 2011). Após a decisão Doma da Suprema Corte dos Estados Unidos em 2013, empresas como Apple, Google, GAP, Johnson and Johnson, Nike, Inc., Ben and Jerry's, AT&T e Marriott Hotels mandaram tuítes ou postaram declaração em suas páginas expressando apoio aos direitos dos LGBT e à igualdade matrimonial (*Huffington Post*, 2013).

Perspectiva interacionista-simbólica

O interacionismo simbólico foca os significados da heterossexualidade, homossexualidade e bissexualidade; em como esses significados são socialmente construídos e como influenciam o *status* social, autoconceito e bem-estar de indivíduos não heterossexuais. Significados associados a relações homossexuais são aprendidos por meio da sociedade – influências da família, dos amigos, da religião e da mídia. E conceitos negativos associados à homossexualidade são refletidos no uso atual informal das frases "Isso é tão gay" ou "Você é tão gay" usadas para inferir que algo ou alguém é estúpido ou sem valor (Burn et al., 2005; GLSEN, 2011a; Kosciw e Diaz, 2005; Sue, 2010). Pesquisas sociológicas apontam que o uso de palavras como *bicha* e *viado* por heterossexuais para insultar um ao outro facilita a aceitação social por parte dos colegas, particularmente entre homens heterossexuais (Burn, 2000; Kimmel, 2011). Entretanto, esse comportamento põe em risco o bem-estar dos não heterossexuais (Burn et al., 2005; GLSEN, 2011a; Meyer, 2003; Sue, 2010).

> Pesquisas sociológicas apontam que o uso de palavras como *bicha* e *viado* por heterossexuais para insultar um ao outro facilita a aceitação social por parte dos colegas, particularmente entre homens heterossexuais.

A perspectiva interacionista-simbólica também aponta para os efeitos da rotulagem de indivíduos. Linguagem é poder. Uma vez que os indivíduos sejam identificados ou rotulados como lésbicas, gays ou bissexuais, esse rótulo tende a se tornar seu **status principal**. Em outras palavras, a comunidade heterossexual dominante tende a ver "gay", "lésbica" e "bissexual" como os *status* mais socialmente expressivos de indivíduos que são assim identificados. Esterberg (1997) observa que, "ao contrário dos heterossexuais, que são definidos por suas estruturas familiares, comunidades, ocupações ou outros aspectos de suas vidas, lésbicas, homens gays e bissexuais são definidos principalmente pelo que fazem na cama" (p. 377).

O interacionismo simbólico enfatiza como a interação social afeta nosso autoconceito, comportamento e bem-estar. Quando indivíduos homossexuais interagem com pessoas que expressam atitudes antigay, podem desenvolver o que se conhece por **homofobia internalizada** (ou **heterossexismo internalizado**) – a internalização de mensagens negativas sobre a homossexualidade por lésbicas, gays e bissexuais como resultado da rejeição social direta ou indireta e da estigmatização. A homofobia internalizada está ligada ao aumento do risco de depressão, abuso de álcool, ansiedade e pensamentos suicidas (Bobbe, 2002; Gilman et al., 2001; Meyer, 2003; Newcomb e Mustanski, 2010; Szymanski et al., 2008).

Membros da família também têm um efeito poderoso sobre autoconceito, comportamento e bem-estar de jovens gays, lésbicas e bissexuais. Por exemplo, um estudo sobre jovens adultos gays, lésbicas e bissexuais descobriu que índices mais altos de rejeição familiar durante a adolescência estavam significativamente ligados à baixa qualidade da saúde. Além disso, jovens adultos LGBT que registraram níveis mais altos de rejeição familiar têm mais chances de tentar suicídio, níveis mais altos de depressão e mais chances de usar drogas ilegais e fazer sexo sem proteção, em comparação a colegas LGBT cujas famílias registraram baixos níveis ou até ausência de rejeição (Ryan et al., 2009). O estudo também indica que uma reação positiva por parte dos pais quando um jovem revela sua orientação sexual é um

---

status principal Aquele que é considerado o mais significativo na identidade social de uma pessoa.

homofobia internalizada (ou heterossexismo internalizado) Internalização de mensagens negativas sobre homossexualidade por lésbicas, gays e bissexuais como resultado direto ou indireto da rejeição e da estigmatização sociais.

fator de proteção que amortece contra o estresse relacionado ao estigma e reduz o risco do uso ilegal de drogas (Padilla et al., 2010). Embora pesquisas recentes apontem para a resistência de indivíduos LGBT em face do preconceito sexual e da identidade de gênero (Stanley, 2009), também indicam que os efeitos do estresse ambiental combinados com processos internos, como uma homofobia internalizada, tornam uma pessoa mais vulnerável a desenvolver uma doença mental (Meyer, 2003).

Preconceito contra lésbicas, gays e bissexuais

Opressão refere-se ao uso de poder para criar desigualdade e acesso limitado a recursos, o que impede o bem-estar físico e/ou emocional de indivíduos ou grupos de pessoas. Uma pessoa ou grupo é **privilegiado** quando tem uma vantagem especial ou benefícios como resultado de fatores culturais, econômicos, sociais, legais e políticos (Guadalupe e Lum, 2005). **Heterossexismo** é uma forma de opressão; refere-se a um sistema de crença que dá poder e privilégio a heterossexuais, enquanto priva, oprime, estigmatiza e desvaloriza pessoas que não são heterossexuais (Herek, 2004; Szymanski et al., 2008).

A crença de que a heterossexualidade é superior à não heterossexualidade resulta em preconceito e discriminação contra gays, lésbicas e bissexuais. **Preconceito** refere-se a atitudes negativas, enquanto **discriminação,** ao comportamento que nega um tratamento igualitário para indivíduos ou grupos (veja o Capítulo 9). Por sua vez, isso muitas vezes leva indivíduos não heterossexuais a questionar a legitimidade de suas atrações homossexuais (Harper et al., 2004). Antes de continuar lendo, você pode responder aos itens na seção *Você e a sociedade* deste capítulo, que avalia seu conhecimento e atitudes em relação a lésbicas, gays e bissexuais.

Homofobia e bifobia

O termo **homofobia** é comumente usado para se referir a atitudes negativas ou hostis direcionadas ao comportamento homossexual, um indivíduo não definido como heterossexual e comunidades de não heterossexuais. Homofobia se torna possível pelo heterossexismo; não é necessariamente uma fobia clínica, isto é, não envolve um desejo convincente de evitar o objeto temido, apesar de reconhecer que o medo é irracional (por exemplo, medo de avião). Em vez disso, pesquisa indica que nojo e raiva, e não medo e ansiedade, apresentam mais relação com atitudes negativas e respostas emocionais de heterossexuais para indivíduos LGB (Herek, 2004). Quando o preconceito é direcionado a indivíduos bissexuais, é chamado **bifobia** (Rust, 2002). Tanto heterossexuais quanto não heterossexuais muitas vezes rejeitam bissexuais; assim, homens e mulheres bissexuais podem enfrentar "dupla discriminação". Outros termos que se referem a atitudes negativas, crenças e emoções a respeito de não heterossexuais incluem *homonegatividade, binegatividade, preconceito antigay* e *preconceito sexual* (Eliason, 2001; Herek, 2000a; Szymanski et al., 2008).

A descriminalização da homossexualidade nos Estados Unidos é um indicador da aceitação crescente dos indivíduos LGB. Além disso, pesquisa recente indica que 59% dos norte-americanos acreditam que relações homossexuais são moralmente aceitáveis (Newport e Himelfarb, 2013). Outra medida de aceitação é a eleição de representantes não heterossexuais (Page, 2011). Todos os 50 estados têm políticos abertamente LGB atuando de alguma forma, e pelo menos 41 deles elegeram abertamente políticos LGB para uma ou duas bases de suas legislações estaduais (Gay and Lesbian Victory Fund, 2013).

Atitudes a respeito da homossexualidade e da bissexualidade, embora estejam se estreitando, variam de acordo com o gênero (Pew Research Center, 2013a). No geral, homens têm mais atitudes negativas em relação a indivíduos gays do que mulheres. Embora limitadas em número e dimensão, pesquisas que avaliam

opressão Uso do poder para criar desigualdade e limitar o acesso a recursos, o que impede o bem-estar físico e/ou emocional de indivíduos ou grupos de pessoas.

privilégio Quando um grupo tem uma vantagem ou benefícios especiais em consequência de fatores culturais, econômicos, sociais, legais ou políticos.

heterossexismo Forma de opressão que se refere ao sistema de crenças que dá poder e privilégio aos heterossexuais, enquanto priva, oprime, estigmatiza e desvaloriza pessoas que não são heterossexuais.

preconceito Atitudes e sentimentos negativos em relação ou sobre uma categoria inteira de pessoas.

discriminação Ações ou práticas que resultam em tratamento diferenciado a categorias de indivíduos.

homofobia Atitudes negativas ou hostis em relação ao comportamento sexual não heterossexual, um indivíduo identificado como não heterossexual e comunidades de não heterossexuais.

bifobia Quando o preconceito é direcionado a indivíduos bissexuais.

> O termo *homofobia* é comumente usado para se referir a atitudes negativas ou hostis direcionadas ao comportamento homossexual, um indivíduo não definido como heterossexual e comunidades de não heterossexuais

atitudes em relação a homens gays *versus* mulheres gays descobriram que mulheres e homens heterossexuais têm atitudes semelhantes com relação às lésbicas, mas os homens são mais negativos em relação aos homens gays (Falomir-Pichastor e Mugny, 2009; Herek, 2000b, 2002). Diferenças geracionais de atitudes perante o casamento homossexual também foram observadas. Como mostra a Figura 11.2, coortes mais jovens de norte-americanos têm mais chances de apresentar atitudes favoráveis a respeito do casamento homossexual do que coortes mais velhas (Pew Research Center, 2013b).

Você e a sociedade — Escala de atitude e conhecimento sobre lésbicas, gays e bissexuais por heterossexuais (LGB-KASH)

Por favor, responda aos itens segundo a escala abaixo. Para cada item, escreva o número que indica o nível para o qual cada afirmação é característica ou não de você e de suas opiniões. Tente responder a todos os itens.

1	2	3	4	5	6
MUITO LONGE DE MIM OU DO MEU PONTO DE VISTA			MUITO PERTO DE MIM OU DO MEU PONTO DE VISTA		

Por favor, leia a afirmação COMPLETA ao fazer sua classificação, já que algumas delas contêm duas partes.

1. Sinto-me qualificado para ensinar aos outros a ser positivos quanto às questões LGB.___
2. Tenho atitudes ou crenças conflitantes a respeito de pessoas LGB. ___
3. Aceito pessoas LGB, embora condene seu comportamento. ___
4. Para mim é importante evitar indivíduos LGB. ___
5. Eu poderia ensinar a outros a história e simbolismo por trás do "triângulo rosa".___
6. Eu tenho amigos próximos que são LGB. ___
7. Eu tenho dificuldade em conciliar minhas opiniões religiosas e aceitar pessoas LGB.___
8. Eu não saberia o que dizer ou fazer se conhecesse alguém abertamente lésbica, gay ou bissexual.___
9. Ouvir sobre um crime de ódio contra uma pessoa LGB não me incomodaria. ___
10. Sou bem informado sobre a importância dos motins Stonewall para o movimento de libertação gay. ___
11. Considero que o casamento deve ser legal para casais homossexuais. ___
12. Mantenho reservadas para mim mesmo minhas crenças religiosas a fim de aceitar pessoas LGB.___
13. Escondo minhas opiniões negativas sobre pessoas LGB quando estou com alguém que não compartilha da mesma opinião. ___
14. Às vezes penso em agredir pessoas LGB. ___
15. Sentir-me atraído por alguém do mesmo sexo não me deixaria desconfortável.___
16. Conheço o trabalho da National Gay and Lesbian Task Force. ___
17. Eu exibiria um símbolo do orgulho gay (triângulo rosa, arco-íris etc.) para mostrar meu apoio à comunidade LGB. ___
18. Eu ficaria constrangido ao cumprimentar uma pessoa conhecida que é LGB em um local público. ___
19. Já tive fantasias sexuais com pessoas do mesmo sexo.___
20. Tenho conhecimento sobre a história e a missão da organização PFLAG[1]. ___
21. Eu participaria de uma demonstração para promover os direitos civis LGB. ___
22. Tento não deixar minhas opiniões negativas a respeito dos LGB prejudicar minhas relações com indivíduos gays ou bissexuais. ___
23. Hospitais deveriam reconhecer parceiros do mesmo sexo como qualquer outro familiar. ___
24. Pessoas LGB merecem o ódio que recebem. ___
25. É importante ensinar as crianças a ter atitudes positivas para com pessoas LGB. ___
26. Eu escondo minhas atitudes positivas quanto a pessoas LGB quando estou com alguém que é homofóbico. ___
27. Benefícios de saúde devem estar disponíveis tanto para casais homossexuais quanto para todos os outros. ___
28. É errado os tribunais tomarem decisões sobre a custódia de crianças com base na orientação sexual dos pais. ___

Pontuação

ÓDIO = 4, 24, 8, 14, 9, 18
CONHECIMENTO = 20, 10, 16, 5, 1
DIREITOS CIVIS = 27, 23, 11, 28, 25
CONFLITO RELIGIOSO = 26, 12, 22, 7, 3, 13, 2
POSITIVIDADE INTERNALIZADA = 19, 15, 17, 6, 21

Para calcular seus pontos de subscala, some os valores de suas respostas aos itens em uma subescala (por exemplo, ÓDIO) e divida pelo número de itens somados. Uma pontuação mais alta numa subescala indica *uma crença mais forte* nela. Por exemplo, uma pontuação mais alta na subscala Ódio indicaria um alto nível de ódio. Uma pontuação alta na subscala de Positividade Internalizada indicaria um alto nível de positividade internalizada.

[1] N.T.: Uma organização para parentes, amigos e outros simpatizantes de lésbicas, gays, bissexuais e transgêneros (LGBT). Com 200 mil associados e simpatizantes, a PFLAG é a maior organização não governamental (ONG) de seu tipo nos Estados Unidos. Fonte: http://iipdigital.usembassy.gov/st/portuguese/inbrief/2014/05/20140521299506.html#axzz3haZfCr2.

NOTA: LGB = Lésbica, Gay ou Bissexual

Fonte: WORTHINGTON, Roger L.; DILLON, Frank R.; DECKER-SHUTTE, Ann M. Development, reliability, and validity of the Lesbian, Gay, and Bisexual Knowledge and Attitudes Scale for Heterosexuals (LGB-KASH). *Journal of Counseling Psychology*, n. 52, p. 104-18, 2005. Copyright © 2005 by the American Psychological Association. Reproduzido com permissão.

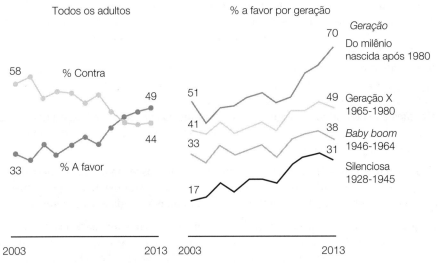

Figura 11.2 Apoio ao casamento homossexual por coortes de idade, 2003-2013
Fonte: Pew Research Center, 2013a.

Origens culturais do preconceito antiLGB

Aproximadamente dois terços dos norte-americanos concordam que a discriminação contra gays e lésbicas é um problema "muito" ou "parcialmente sério" nos Estados Unidos. Isso é particularmente verdade entre norte-americanos identificados como LGBT, 88% dos quais concordam que a discriminação contra gays e lésbicas é um problema "muito" ou "parcialmente sério" nos Estados Unidos (Jones, 2012). Essas descobertas sugerem que não só as atitudes estão mudando para uma visão mais positiva sobre indivíduos LGBT, mas ainda há muito progresso a ser feito na luta por igualdade e não discriminação. O preconceito antiLGB tem sua origem em vários aspectos da cultura norte-americana, incluindo religião, papéis rígidos de gênero e mitos e estereótipos negativos sobre não heterossexuais.

Religião. A religião organizada tem sido tanto uma fonte de conforto quanto de angústia para muitos norte-americanos gays, lésbicas e bissexuais. Inúmeros indivíduos LGB já foram forçados a deixar suas comunidades religiosas por causa da condenação incorporada na doutrina e na prática. Pesquisadores descobriram que os níveis mais elevados de religiosidade (APA, 2009; Brown e Henriquez, 2008; Shackelford e Besser, 2007), de fundamentalismo religioso (Summers, 2010) e de crenças políticas mais conservadoras (APA, 2009; Brown e Henriquez, 2008; Pew Research Center, 2013b; Shackelford e Besser, 2007) estão constantemente associados a atitudes negativas perante a homossexualidade.

> **O que você acha?** Pouco depois de assumir o papado em 2013, o papa Francisco declarou que não "julgaria" gays e lésbicas – incluindo padres gays. Essa é uma diferença entre ele e seu antecessor, papa Bento XVI, indicando que o novo papa está comprometido em alterar a abordagem da Igreja Católica para grupos historicamente marginalizados (Allen e Messia, 2013). Que tipo de impacto, se houver algum, você acha que haverá sobre as atitudes das pessoas em relação aos homossexuais e bissexuais?

Ao mesmo tempo, existe uma variabilidade dentro das religiões judaico-cristãs no que diz respeito às atitudes perante indivíduos LGB. No início dos anos 1970, a United Church of Christ tornou-se a primeira grande igreja cristã a ordenar um ministro abertamente gay e, em 2005, a maior denominação cristã a endossar casamentos homossexuais (Fone, 2000).

Mais recentemente, um número crescente de grupos religiosos organizados tem emitido declarações oficiais acolhendo membros LGB e apoiando suas bandeiras, como o fim da discriminação, a confirmação de casamentos homossexuais e a ordenação de clérigos abertamente gays. O judaísmo reformado ordena indivíduos abertamente gays e bissexuais como rabinos (HRC, 2011a).

Outras denominações cristãs, com vários níveis de abrangência, integram luteranos, episcopais, metodistas e presbiterianos (Fone, 2000; Goodstein, 2010; HRC, 2011a). A Association of Welcoming and Affirming Baptists é uma rede com mais de 89 igrejas e organizações que defendem a inclusão de indivíduos na comunidade batista (AWAB, 2013). Com algumas exceções, a maioria dos grupos religiosos nos Estados Unidos silenciou a respeito dos indivíduos transgênero.

Papéis rígidos de gênero. A desaprovação da homossexualidade também decorre de papéis rígidos de gênero. Kimmel (2011), sociólogo especializado em pesquisa sobre masculinidade, escreve sobre a relação entre a masculinidade percebida e o *bullying*:

> Por que alguns alunos viram alvos? Por serem gays ou mesmo "parecerem" gays – o que pode ser igualmente desastroso para um adolescente. Afinal, a humilhação mais comum nas escolas norte-americanas de hoje é "isso é tão gay" ou chamar alguém de "bicha". Isso tem a ver com tudo e qualquer coisa: que tipo de tênis você usa, o que você come no almoço, um comentário que você fez na sala, quem são os seus amigos ou quais esportes você pratica. [...] Chamar alguém de gay ou bicha se tornou algo tão universal que virou sinônimo de burro, estúpido ou errado. (p. 10)

A partir da perspectiva do conflito, a subordinação e desvalorização de homens heterossexuais em relação a homens gays reforçam a desigualdade de gêneros. "Ao desvalorizar homens gays [...] homens heterossexuais desvalorizam o feminino e tudo associado a ele" (Price e Dalecki, 1998, p. 155-156). Visões negativas perante lésbicas também reforçam o sistema patriarcal da dominância masculina. A desaprovação social de lésbicas é uma forma de punição a mulheres que renunciam à dependência feminina tradicional sexual e econômica dos homens. Não é de surpreender que dados de pesquisas sugiram que indivíduos com atitudes de papel de gênero tradicionais tendem a ter mais opiniões negativas a respeito da homossexualidade (Brown e Henriquez, 2008; Louderback e Whitley, 1997).

Mitos e estereótipos negativos. O estigma associado à homossexualidade e à bissexualidade também pode decorrer de mitos e estereótipos negativos – por exemplo, são sexualmente promíscuos e não têm "valores familiares", como monogamia e comprometimento na relação. Embora alguns gays e lésbicas pratiquem sexo casual, assim como muitos heterossexuais, muitos casais homossexuais desenvolvem e mantêm relações de longo prazo. Em uma pesquisa recente com uma amostragem de entrevistados LGBT, 66% de mulheres gays, 40% de homens gays, 68% de mulheres bissexuais e 40% de homens bissexuais registraram estar em um relacionamento sério (Pew Research Center, 2013c).

Outro mito é de que não heterossexuais, como grupo, são ameaças para crianças, especialmente no que diz respeito ao abuso sexual infantil. Em outras palavras, as pessoas confundem homossexualidade com pedofilia, que se refere à perpetração de um ato ilegal por um adulto em relação a uma criança que ainda não atingiu a puberdade ou acabou de atingi-la. Ter orientação não heterossexual não indica pedofilia. Pesquisas não demonstraram uma conexão entre atração homossexual adulta e propensão ao abuso sexual de crianças e adolescentes. Na verdade, pedofilia não tem orientação sexual, porque está fixada em crianças e adolescentes (Herek, 2009).

O que você acha? Em 23 de maio de 2013, a Boy Scouts of America (associação dos escoteiros dos Estados Unidos) decidiu permitir que todos os jovens abertamente gays se tornassem membros; entretanto, líderes escoteiros gays continuaram a ser banidos da organização. Você concorda ou não com as decisões da Boy Scouts?

Ao contrário, Bergman et al. (2010) descobriram que homens gays que se tornam pais têm sua autoestima elevada por poder ter e criar um filho. Assim, o simples ato de se tornar pai teve um resultado positivo sobre a noção que homens gays têm de autorrespeito. A pesquisa também demonstrou que homens gays têm sido estigmatizados como "pervertidos" por funcionários de serviços sociais, como trabalhadores sociais e gestores e também são vistos como causadores de modelos "problemáticos" de **expressão de gênero**, isto é, muito femininos (Hicks, 2006). Com frequência, os agressores das crianças são os pais, padrastos ou parentes heterossexuais ou amigos da família (Herek, 2009).

Discriminação contra lésbicas, gays e bissexuais

Em junho de 2003, uma decisão da Suprema Corte no caso *Lawrence vs. Texas* invalidou leis estatais que criminalizam a sodomia – atos sexuais orais e anais. Essa decisão histórica anulou um caso de 1986, da Suprema Corte (*Bowers vs. Hardwick*), que confirmou uma lei de sodomia na Geórgia como constitucional. A decisão de 2003, que indicou que leis de sodomia eram discriminatórias e inconstitucionais, removeu o estigma legal e criminal que leis de sodomia há tempos colocam sobre indivíduos LGB. Apesar disso, a sodomia, ou "atos não naturais", ainda é ilegal em 14 estados, embora usados principalmente contra homens e mulheres gays (Liebelson, 2013).

Assim como outros grupos minoritários na sociedade norte-americana, gays, lésbicas e bissexuais enfrentam várias formas de discriminação (veja a Figura 11.3). Em seguida, observamos a discriminação no local de trabalho, no casamento e na parentalidade, em expressões violentas de ódio e no tratamento da polícia.

expressão de gênero A forma como uma pessoa se apresenta como indivíduo em relação ao gênero (por exemplo, masculino, feminino ou andrógino) na sociedade. Uma pessoa pode, por exemplo, ter uma identidade de gênero masculina, mas mesmo assim apresentar-se como feminina.

Discriminação e assédio no local de trabalho

A maioria dos adultos norte-americanos, 77%, concorda que não heterossexuais devem ter seguro-saúde e outros benefícios empregatícios para seus parceiros domésticos ou cônjuges gays e lésbicas (Gallup Organization, 2012). Mesmo assim, ainda é permitido, em 29 estados, demitir, negar-se a contratar ou promover ou discriminar funcionários por sua orientação sexual (HRC, 2013f). Uma pesquisa conduzida em Utah descobriu que 43% dos entrevis-

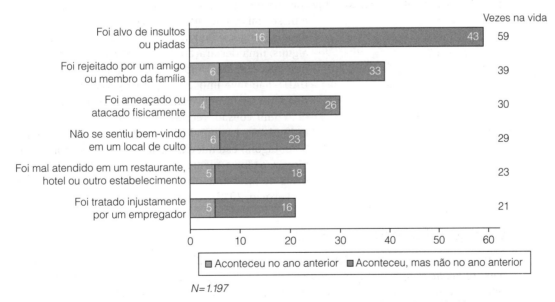

Figura 11.3 Porcentagem de entrevistados que enfrentaram discriminação e/ou exclusão devido a seu *status* LGBT, 2013

Fonte: Pew Research Center, 2013c.

tados LGB registraram ter "[...] sido demitidos, tido um emprego ou promoção negados ou enfrentado outras formas de discriminação no trabalho em algum momento de suas vidas" (Rosky et al., 2011, p. 8).

Como discutido adiante neste capítulo, muitos locais de trabalho têm políticas não discriminatórias que cobrem funcionários LGBT. Mas políticas a favor dos gays não asseguram atitudes e comportamentos amigáveis de colegas de trabalho. Em uma pesquisa nacional de probabilidade nos Estados Unidos, apenas um terço dos funcionários LGBT se assumia para alguém no local de trabalho, e apenas 25% para todos. Funcionários que assumem seu *status* têm mais chances de ser assediados, perder o emprego e, em geral, ser discriminados, quando comparados a funcionários que não se assumem (Sears e Mallory, 2011).

Aproximadamente metade dos funcionários LGBT registrou ter ouvido seus colegas de trabalho expressarem opiniões negativas a respeito de questões LGBT "de vez em quando", e 61% disseram ter escutado colegas de trabalho contando piadas sobre pessoas LGBT "de vez em quando". Mais de um em cada cinco entrevistados afirmou ter procurado um novo emprego no ano anterior devido ao ambiente de trabalho desconfortável de seu emprego atual (Fidas, 2009). Um policial gay que se sentiu obrigado a esconder sua orientação sexual dos colegas de trabalho descreve sua experiência:

> Dá para imaginar o que é trabalhar todos os dias e ter de evitar conversas sobre com quem você está saindo [...] ou sobre seu final de semana incrível [...] ou uma discussão; basicamente não compartilhar nada sobre a sua vida pessoal por medo de represálias ou de ser rejeitado? Eu fiz isso em uma carreira que se orgulha de sua integridade, honestidade e profissionalismo e em que um laço com os colegas e parceiros é fundamental em situações perigosas e potencialmente mortais. (Carney, 2007)

Muitos norte-americanos optam pela carreira militar. Desde que o presidente Clinton assinou um projeto de lei instituindo uma política "don't ask, don't tell" (DADT, em português "não pergunte, não conte"), mais de 13 mil soldados, homens e mulheres, foram removidos das forças armadas por sua orientação sexual (Stone, 2011) e inúmeros outros decidiram não se alistar. A DADT não proibiu lésbicas, gays e bissexuais de servirem ao exército, mas, sim, de recrutadores perguntarem aos alistados sobre sua orientação sexual, e os soldados LGB de revelar sua orientação sexual.

Em 2010, pouco depois de uma pesquisa revelar que a maioria dos norte-americanos apoiava a revogação da DADT (Morales, 2010), a lei foi revogada (O'Keefe, 2010). Em julho de 2011, o presidente, o secretário de Defesa e o presidente da Joint Chiefs of Staff atestaram que o Departamento de Defesa estava pronto para decretar a mudança. Tropas lésbicas, gays e bissexuais começaram a servir abertamente 60 dias depois (Singer e Belkin, 2012). Contrário ao receio de alguns, uma declaração dos professores da escola militar dos Estados Unidos conclui que a revogação da DADT não teve impacto negativo geral sobre a prontidão militar ou sobre suas "dimensões de componente", como coesão, recrutamento, retenção, agressões, intimidação ou moral (Belkin et al., 2012). Em 2013, o Pentágono estendeu benefícios militares (por exemplo, assistência médica, subsídio de habitação, benefícios de aposentadoria) a cônjuges de militares gays (Ackerman, 2013; veja o Capítulo 15).

> [...] uma declaração dos professores da escola militar dos Estados Unidos conclui que a revogação da DADT não teve impacto negativo geral sobre a prontidão militar ou sobre suas "dimensões de componente", como coesão, recrutamento, retenção, agressões, intimidação ou moral.

Defense of Marriage Act (Doma) Legislação federal (dos Estados Unidos) que estabelece que o casamento é uma união legal entre um homem e uma mulher e que nega o reconhecimento federal do casamento entre pessoas do mesmo sexo.

Desigualdade matrimonial

Antes do decreto da Suprema Corte de Massachusetts de 2003 no caso *Goodridge vs. Department of Public Health,* nenhum estado havia declarado que casais do mesmo sexo têm o direito constitucional de ser legalmente casados. Em resposta aos crescentes esforços para garantir reconhecimento legal de casais homossexuais, oponentes ao casamento entre pessoas do mesmo sexo incitaram uma legislação contra o casamento gay. Por exemplo, em 1996, o Congresso aprovou e o presidente Clinton assinou o **Defense of Marriage Act (Doma)**, que:

(1) afirma que o casamento é uma "união legal entre um homem e uma mulher"; (2) nega o reconhecimento federal do casamento homossexual e (3) permite que os estados reconheçam ou não casamentos homossexuais realizados em outros estados.

Em junho de 2013, a Suprema Corte emitiu duas decisões fundamentais que afetavam o casamento homossexual nos Estados Unidos: (1) as partes do Doma que negavam benefícios igualitários e mesmo reconhecimento a cônjuges homossexuais e heterossexuais casados legalmente eram consideradas inconstitucionais; (2) no nível federal, pessoas casadas em um estado que oferece casamentos homossexuais legais agora podem receber mais de mil direitos federais, benefícios e responsabilidades matrimoniais até então limitados a casais heterossexuais.

Para os 37 estados que não permitem o casamento homossexual, o efeito da decisão permanece incerto. Por exemplo, o que o governo federal fará quando um casal tiver licença matrimonial em Vermont e depois se mudar para o Texas? Os juízes da Suprema Corte também abriram caminho para que casamentos gays fossem retomados na Califórnia, após rejeitarem um recurso de uma decisão que derrubou a Proposition 8 do estado (Savage, 2013).

Mais de 70 mil casais homossexuais já se casaram nos Estados Unidos, embora esta provavelmente seja uma subestimativa (DeSilver, 2013). Uma pesquisa descobriu que mais da metade dos homens e mulheres gays afirma desejar se casar. Em oposição aos estereótipos, homens e mulheres gays responderam de forma semelhante afirmativamente à questão: "Se pudesse, você gostaria de se casar algum dia?" (DeSilver, 2013). Conforme observam teóricos do conflito, a aprovação de casamentos homossexuais é economicamente benéfica para estados que têm igualdade matrimonial. Por exemplo, prevê-se que se os direitos matrimoniais fossem estendidos a casais homossexuais em Minnesota, haveria um aumento de mais de US$ 40 milhões em empresas de casamento e turismo nos primeiros três anos (Kastanis e Badgett, 2013).

Argumentos contra o casamento homossexual. Alguns opositores ao casamento homossexual veem a homossexualidade como uma doença, anormal ou imoral. Argumentam que conceder *status* legal a uniões homossexuais iria transmitir aceitação social da homossexualidade e, por isso, ensinaria os jovens a ver a homossexualidade como um estilo de vida aceitável. Também preocupa os opositores que, caso os casamentos homossexuais sejam legalizados, as escolas sejam pressionadas a tratar indivíduos LGB como qualquer outro grupo minoritário, o que resultaria em, por exemplo, aulas sobre a história e a literatura gay e afins.

Pessoas contrárias ao casamento homossexual também argumentam que tal união subverteria a estabilidade e a integridade da família heterossexual. Entretanto, conforme Sullivan (1997) observa numa declaração clássica atual, lésbicas, gays e bissexuais já fazem parte de famílias heterossexuais:

> [Homossexuais] são filhos e filhas, irmãos e irmãs, até mesmo mães e pais de heterossexuais. A distinção entre "famílias" e "homossexuais" é, para dizer o mínimo, empiricamente falsa; e a estabilidade das famílias existentes está intimamente relacionada a como homossexuais são tratados dentro delas. (p. 147)

A maioria contrária ao casamento gay baseia sua oposição em motivos religiosos. Quando questionadas sobre as razões para ser contra o casamento homossexual, em geral as pessoas citam opiniões religiosas como a base de sua posição (Newport, 2012b). Em uma enquete, 76% dos norte-americanos que afirmam não ter nenhuma afiliação religiosa são a favor do casamento gay, em comparação a 60% de defensores católicos e 38% de defensores protestantes (Saad, 2013). Uma pesquisa demonstrou a importância da religião na previsão de atitudes a respeito do casamento homossexual e de uniões civis (veja a Figura 11.4), bem como as diferenças entre as religiões (Olson et al., 2006; Whitehead, 2010) (veja a seção *O lado humano* deste capítulo). Por exemplo, para protestantes evangélicos, a questão do casamento gay provoca uma resposta forte e desfavorável, talvez devido à crença na santidade religiosa do casamento entre um homem e uma mulher (Whitehead, 2010).

O lado humano
Uma carta aberta da minha geração para a Igreja

O texto a seguir é de um blog escrito por Dannika Nash, uma universitária do segundo ano que estuda Inglês e Teologia na University of Sioux Falls, em Dakota do Sul. Dannika, uma aliada heterossexual, inspirou-se em escrever a carta depois de ir a um show de Mackelmore, no qual o cantor cantou seu hino à igualdade matrimonial, "Same love". A carta de Dannika, que recebeu quase 4 mil comentários desde sua publicação, ganhou atenção nacional. Embora Dannika tenha sido extremamente elogiada, enfrentou certa revolta pela postagem do blog, inclusive sendo demitida de seu emprego de verão como monitora de um acampamento.

Igreja,

[...] Meu objetivo ao escrever isto não é defender os gays. As coisas estão mudando, o mundo está se tornando um local mais seguro para meus amigos gays. Eles vão receber direitos iguais. Estou escrevendo isto porque me preocupo com a segurança da Igreja. A Igreja continua coçando a cabeça, perguntando-se por que 70% das pessoas de 23 a 30 anos criadas na Igreja a abandonam. Vou oferecer uma resposta bem sincera, e isto pode deixar algumas pessoas chateadas, mas me importo muito com a Igreja para ficar calada. Temos medo da mudança. Sempre tivemos. Quando cientistas sugeriram que a Terra poderia se mover pelo espaço, os bispos da Igreja condenaram esse ensinamento. [...] Mas a teoria científica prosseguiu, e a Igreja ainda existe. Estou dizendo o seguinte: não podemos continuar colocando a Igreja contra a humanidade ou progresso. NÃO estou dizendo que devemos combater a cultura ou coisa do tipo. Muitas coisas na cultura são absolutamente contraditórias ao amor e à igualdade, e *deveríamos* estar combatendo-as. O modo como a cultura trata as mulheres ou a pornografia? Implique com ISTO, Igreja. Eu vou apoiá-la. Mas a minha geração, a geração que percebe a besteira, especialmente besteira sagrada, a uma milha de distância, não vai assistir à Igreja resistir ao casamento gay contra a nossa vontade. É a minha geração que apoia esmagadoramente a igualdade matrimonial e, Igreja, como jovem e estudante de Teologia, você não quer dar um ultimato nela.

Durante toda a minha vida me disseram repetidamente que o Cristianismo não é conducente à homossexualidade. Isso não existe. Fui forçada a escolher entre o amor que tinha por meus amigos gays e a chamada "autoridade bíblica". Escolhi os gays e aposto que não sou a única. Eu disse: "Se a Bíblia *realmente* diz isso sobre os gays, não estou interessada no que tem a dizer sobre Deus". E abandonei minha igreja. Só recentemente vi evidências de que a Bíblia poderia estar dizendo algo completamente diferente sobre amor e igualdade.

[...] Os cristãos *podem* ser a favor dos gays, é possível. As pessoas fazem isso todos os dias com uma consciência bíblica clara. Descubra se você concorda com essa visão antes de nos colocar sob o tapete. Você PODE ter uma visão conservadora sobre o casamento ou ordenação gay. Você pode. Mas quero que converse seriamente com Deus, com seus amigos que discordam de você e talvez até mesmo com gays, cristãos ou não, antes de decidir que essa única visão compensa marginalizar minha geração. Pese aquelas políticas contra o que você está abdicando: nós. Queremos ficar nas suas igrejas [...], mas é difícil ouvir sobre o amor de um Deus que não ama nossos amigos gays (e todos nós temos amigos gays). Ajude-nos a encontrar amor na Igreja antes que o procuremos fora dela.

Com amor,

uma universitária que sente a sua falta.

Fonte: De Dannika Nash, "Uma carta aberta da minha geração para a Igreja", postado em 7 de abril de 2013.

O que você acha? A Constituição dos Estados Unidos, e especificamente a Segunda Emenda, foi interpretada como criadora de um "muro" entre o governo e a religião organizada. Se casamentos homossexuais são negados com base em crenças religiosas, a proibição viola a Segunda Emenda? O que você acha?

Argumentos a favor do casamento homossexual. Defensores do casamento gay argumentam que banir tais uniões ou se recusar a reconhecê-las em outros estados é uma violação dos direitos civis, pois nega aos casais homossexuais os incontáveis benefícios legais e financeiros garantidos a heterossexuais casados. O Doma impediu que muitos dos mais de 1.100 direitos federais, benefícios e responsabilidades matrimoniais fossem concedidos a casais homossexuais em união estável. Por exemplo, pessoas casadas têm o direito de herdar bens de um cônjuge que morre sem deixar testamento, para evitar impostos sucessórios entre cônjuges, além de poderem tomar decisões médicas cruciais pelo parceiro e tirar licença familiar para cuidar do parceiro caso sofra ferimentos graves ou fique doente

(Badgett et al., 2011). Uma enquete de 2012 indicou que a maioria dos norte-americanos (78%) acredita que deve haver direitos sucessórios para parceiros domésticos gays e lésbicas ou cônjuges (Newport, 2012a).

Cônjuges podem receber benefícios de sobrevivência da Seguridade Social e incluir seu parceiro na cobertura do seguro-saúde. A maioria dos norte-americanos (77%) acredita que o seguro-saúde e outros benefícios de funcionários deveriam ser garantidos a parceiros domésticos gays e lésbicas e cônjuges (Newport, 2012b). Outros direitos concedidos a parceiros casados incluem assunção de pensão para o cônjuge, licença para luto, determinação do enterro, proteção contra a violência doméstica, proteções contra o divórcio e imunidade para testemunhar contra o cônjuge. Por fim, diferentemente de outros países que reconhecem casais homossexuais em função da imigração, os Estados Unidos não reconhecem casais homossexuais que se unem para garantir o *status* de imigração (Caldwell, 2011).

Outro argumento para o casamento homossexual é que ele promoveria estabilidade na relação entre casais gays. "Na medida em que o casamento oferece *status*, apoio institucional e legitimidade, casais gays, ao conseguir permissão para casar, provavelmente experimentariam maior estabilidade na relação" (Amato, 2004, p. 963). Maior estabilidade na relação beneficia não apenas os casais gays, mas também seus filhos. Crianças em famílias homossexuais receberiam uma gama de benefícios, incluindo o direito à cobertura no seguro-saúde e benefícios de sobrevivência da Seguridade Social do pai não biológico, além do direito de continuar vivendo com um pai não biológico caso sua mãe ou pai biológico venha a falecer (Tobias e Cahill, 2003). Ironicamente, os mesmos grupos pró-casamento que enfatizam que crianças têm uma vida melhor em famílias de pais casados desconsideram os benefícios do casamento homossexual para as crianças.

Por fim, uma visão intercultural e histórica sobre casamento e família sugere que o casamento é uma construção social que acontece de muitas formas. Em resposta aos defensores de uma emenda constitucional proibindo o casamento gay, apontando-o como ameaça à civilização, a American Anthropological Association (AAA, 2004) lançou a seguinte declaração:

> Os resultados de mais de um século de pesquisas antropológicas sobre parentes, relações de parentesco e família, entre culturas e ao longo do tempo não apoiam a visão de que a civilização ou ordens sociais viáveis dependem do casamento como instituição heterossexual exclusiva. Em vez disso, pesquisas antropológicas apoiam a conclusão de que uma vasta gama de famílias, incluindo aquelas construídas a partir de parceiros homossexuais, pode contribuir para sociedades estáveis e humanas.

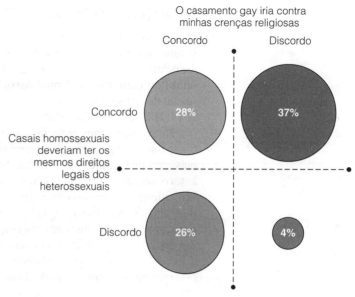

Figura 11.4 Casamento gay, crenças religiosas e direitos legais para casais gays

Fonte: Pew Research Center, 2013a.

> Ironicamente, os mesmos grupos pró-casamento que enfatizam que crianças têm uma vida melhor em famílias de pais casados desconsideram os benefícios do casamento homossexual para as crianças.

"Gays e lésbicas não são uma ameaça à santidade do meu casamento. São as mulheres heterossexuais que dormem com o meu marido."

Crianças e direitos parentais

Muitas organizações nacionais respeitadas – incluindo American Academy of Family Physicians, American Academy of Pediatrics, American Bar Association, American Medical Association, American Psychological Association, Child Welfare League of America, National Adoption Center e a National Association of Social Workers – defendem que a orientação sexual dos pais nada tem a ver com a habilidade de exercerem suas funções como tais (AMA, 2011; HRC, 2011b; U.S. Court of Appeals, 2010).

Foram dedicados mais de 25 anos de pesquisas acadêmicas sobre filhos de pais não heterossexuais para que se fornecessem evidências claras e consistentes de que crianças de pais gays divorciados ou nascidos de pais gays são tão estabilizadas quanto aquelas de pais heterossexuais (Patterson, 2009). Entretanto, em 2012, um estudo em larga escala descobriu diferenças importantes entre as rendas de filhos adultos criados em famílias heterossexuais em comparação aos criados em famílias não heterossexuais (Regnerus, 2012). Como o próprio autor reconhece em sua resposta às muitas críticas de seu trabalho (comparar com Amato, 2013), os resultados devem ser interpretados com cautela. Os dados não se prestam a estabelecer relações causais, isto é, seria incorreto dizer que a criação em uma família não heterossexual diminui a renda de um filho adulto.

O que você acha? Estudos têm mostrado não só que adolescentes criados por mães lésbicas são tão saudáveis psicologicamente quanto seus colegas criados por pais heterossexuais, mas também que a estigmatização pode ter impacto negativo na saúde mental do adolescente (Bos et al., 2013). O que você acha que pode ser feito para ajudar a atenuar essa conexão entre ser discriminado por ter pais homossexuais e problemas de estabilidade psicológica, como ansiedade, por exemplo?

Apesar do peso da pesquisa de apoio, os contextos legais para pais e mães gays e seus filhos variam significativamente de uma jurisdição para outra. Em Massachusetts, a lei reconhece casamentos homossexuais, adoções conjuntas e por um segundo pai ou mãe, e a orientação sexual dos pais é considerada irrelevante para adoção, guarda dos filhos e processos de visitação. Ainda assim, no Mississippi, a lei não reconhece casamentos homossexuais, e pais e mães gays são discriminados nos processos de custódia e visitação. Casais homossexuais são proibidos de adotar nesse estado, e isso inclui adoções conjuntas e por um segundo pai ou mãe (HRC, 2013c, 2013d).

Violência, ódio e vitimização criminal

No dia 6 de outubro de 1998, Matthew Shepard, um aluno de 21 anos da University of Wyoming, foi raptado e brutalmente espancado. Dois motociclistas que, a princípio, pensaram que ele fosse um espantalho, encontraram-no amarrado a uma cerca de madeira de uma fazenda. A única razão aparente para o ataque? Matthew Shepard era gay. No dia 12 de outubro, ele morreu devido aos ferimentos. A cobertura da mídia sobre seu ataque brutal e morte subsequente chamou a atenção de todo o país para crimes de ódio contra não heterossexuais. Pode-se dizer que a morte de Matthew Shepard deu um rosto aos crimes de ódio antiLGBT como nunca antes.

Crimes de ódio antiLGBT são aqueles perpetrados contra indivíduos ou sua propriedade que se baseiam no preconceito contra a vítima por sua orientação sexual ou identidade de gênero, incluindo ameaças verbais e intimidação verbal, vandalismo, agressão sexual e estupro, agressão física e assassinato. De acordo com o Federal Bureau of Investigation (FBI), 20,8% dos crimes de ódio registrados em 2011 foram motivados por orientação sexual, envolvendo 1.572 vítimas. Mais da metade dos incidentes foi motivada por preconceitos masculinos contra gays, 12,7% por preconceito contra lésbicas e 3% classificados como preconceitos contra bissexuais (FBI, 2012). Porém, como discutido no Capítulo 9, estatísticas do

FBI sobre crimes de ódio subestimam sua incidência. A National Coalition of Anti-Violence Programs (NCAVP) registrou 2.016 sobreviventes e vítimas de violência por não heterossexualidade percebida e não conformidade de gênero em 2012, incluindo 25 assassinatos. O relatório constatou que 73,1% de todas as vítimas de homicídio antiLGBT eram pessoas de cor; 53,8% das vítimas eram mulheres transexuais, um aumento considerável em relação a 2011.

Ódio antiLGB e assédio em escolas e nos *campi*.

Em 19 de setembro de 2010, Seth Walsh, de Tehachapi, Califórnia, foi encontrado inconsciente após uma tentativa de se enforcar. Seth precisou do auxílio de aparelhos para continuar vivo, até falecer em 28 de setembro. Ele tinha 13 anos, era abertamente gay e atormentado por anos de *bullying* incessante por sua orientação sexual. Dois dias depois, Tyler Clementi, um estudante de 18 anos da Rutgers University, pulou da ponte George Washington após descobrir que seu colega de quarto e outro aluno filmaram e colocaram na internet seu encontro romântico com outro homem (McKinley, 2010). Esses e outros suicídios cometidos por jovens LGBT geraram um debate nacional sobre *bullying*, orientação sexual e expressão de gênero.

Ambientes escolares hostis, caracterizados por atitudes antiLGBT, comentários e ações de alunos e professores são registrados desde o ensino primário. Um estudo examinou ambientes escolares hostis utilizando uma amostragem nacional com 1.065 alunos do ensino primário, do 3º ao 6º ano, e 1.099 professores do jardim de infância até o 6º ano (GLSEN e Harris Interactive, 2012). Um quarto dos estudantes e professores escutou alunos fazendo comentários como "bicha"ou "sapatão" "às vezes"; e 23% dos estudantes praticaram *bullying* ou apelidaram um garoto por ele agir ou se vestir "como uma menina" e fizeram o mesmo com uma garota por se vestir "como um menino".

Uma pesquisa com mais de 8.500 alunos LGBT dos ensinos fundamental e médio declara predominância do sentimento antigay durante a adolescência. De acordo com a National School Climate Survey (Kosciw et al., 2012), no ano letivo de 2011,

- 81,9% dos alunos LGBT registraram ter sido intimidados verbalmente na escola, 38,3% intimidados fisicamente na escola e 18,3% agredidos fisicamente na escola por sua orientação sexual.
- 55,2% dos alunos LGBT enfrentaram intimidação eletrônica (por exemplo, por meio de mensagens de textos ou posts no Facebook) devido à sua orientação sexual.
- 71,3% dos alunos LGBT escutaram comentários homofóbicos, como "bicha" ou "sapatão", com frequência ou muitas vezes na escola.
- Aproximadamente dois terços dos alunos LGBT, 63,5%, registraram sentir-se inseguros na escola por conta de sua orientação sexual.
- 31,8% dos alunos LGBT perderam ao menos um dia de aula no mês anterior por questões de segurança ou por se sentirem desconfortáveis.

O *bullying* LGBT também é comum entre universitários. Por exemplo, pesquisas da College Climate Survey, conduzidas pela Iowa Pride Network, indicam que alunos LGBT enfrentam mais intimidação física e cibernética do que seus amigos heterossexuais. Os resultados também indicam que mais de 80% dos alunos já escutaram comentários racistas, machistas, homofóbicos ou negativos a respeito da expressão de gênero de estudantes no *campus*. (Gardner e Roemerman, 2011). Órgãos policiais registram que aproximadamente 10% dos crimes de ódio com base na orientação sexual ocorrem em escolas ou *campi* de faculdades (FBI, 2012).

Os efeitos do assédio antigay em adolescentes e jovens adultos.

Nas escolas, a juventude LGBT é submetida a tratamentos severos por parte de seus colegas e pode se sentir desconfortável buscando ajuda de professores, coordenadores e familiares. Por isso, não é de estranhar que as médias das notas de alunos intimidados com frequência por conta de sua orientação sexual ou expressão de gênero sejam mais baixas do que as de alunos que são intimidados com menos frequência (Kosciw et al., 2012).

Além do desempenho escolar, a juventude LGBT pode sofrer de problemas de saúde mental como resultado do estresse das minorias. A **teoria do estresse das minorias**

teoria do estresse das minorias Explica que, quando um indivíduo vive em um ambiente social emocional ou fisicamente ameaçador devido ao estigma social, o resultado é o aumento do risco de problemas de saúde mental.

(Meyer, 2003) explica que, quando um indivíduo vive em um ambiente social emocional ou fisicamente ameaçador devido ao estigma social, o resultado é um risco maior de problemas de saúde mental. Se uma pessoa fica exposta a uma hostilidade considerável ou sabe que ela acontece com outras pessoas, pode acabar achando que a discriminação ou a intimidação a acometerá. Homofobia, bifobia ou transfobia internalizadas também podem se desenvolver.

Toomey et al. (2010) descobriram que a vitimização decorrente do *status* LGBT era associada a variáveis de ajustes negativas, como depressão e níveis mais baixos de satisfação pessoal, que eram carregadas até a vida adulta (veja a seção *Um olhar sobre a pesquisa dos problemas sociais* deste capítulo). Johnson et al. (2011) reportaram que alunas não heterossexuais do ensino médio tinham mais chance de registrar *bullying* e enfrentar mais depressão do que suas colegas heterossexuais. O estresse das minorias

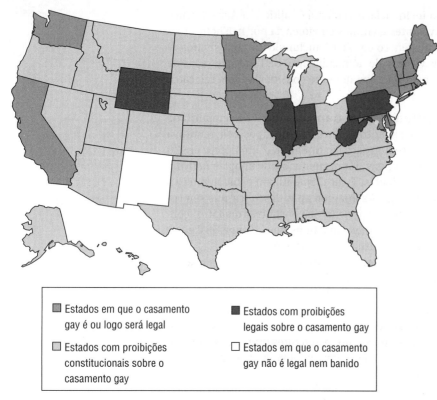

Figura 11.5 Estados norte-americanos e *status* legal de igualdade matrimonial, 2013
Fonte: The Pew Forum, 2013b.

também está ligado ao aumento do risco de problemas de abuso de substâncias entre adolescentes de minoria sexual. Uma metanálise descobriu que os melhores preditores de abuso de substâncias entre jovens LGB eram vitimização, falta de apoio social, estresse psicológico, experiências ruins ao assumir a homossexualidade, problemas de comportamento e *status* habitacional (Goldbach et al., 2013).

Maus-tratos policiais

Por medo de mais vitimização, muitos casos de violência LGBT não são relatados à polícia (Ciarlante e Fountain, 2010; NCAVP, 2013). Em 2012, entre as vítimas LGBT que registraram casos de violência à polícia, aproximadamente metade registrou má conduta desta. Entre as vítimas de violência que interagiram com a polícia, 26,8% registraram hostilidade policial, um aumento de 18% em relação ao ano anterior. É importante notar que a violência policial e a má conduta em relação a indivíduos LGBT refletem o número desproporcional de incidentes semelhantes sofridos por pessoas de cor e transexuais (NCAVP, 2013).

Tal como acontece com heterossexuais, casos de violência pelo parceiro e agressão sexual ocorrem na vida de indivíduos LGBT. Muitos casos de violência LGBT *não* são registrados na polícia por medo de mais vitimização e hesitação em reconhecer a natureza da relação (Ciarlante e Fountain, 2010; NCAVP, 2013). Além disso, a falha da polícia em definir a violência pelo parceiro LGBT como *crime* também contribui para a subnotificação. Muitos oficiais, presumindo que casos de violência por parte do parceiro acontecem entre um homem e uma mulher, e que a mulher é a vítima, simplesmente atribuem o rótulo de "abuso mútuo" e prendem ambas as partes. Estima-se que a polícia tem de 10 a 15 vezes mais chances de prender duas pessoas em casos de violência doméstica homossexual do que nos casos envolvendo heterossexuais (Ciarlante e Fountain, 2010).

Um olhar sobre a pesquisa dos problemas sociais

O ambiente social e tentativas suicidas de jovens lésbicas, gays e bissexuais

Adolescentes encontram uma série de desafios durante sua transição para a vida adulta; entretanto, adolescentes LGB enfrentam desafios adicionais relacionados ao estigma social de sua orientação sexual. Para alguns adolescentes gays e bissexuais, esse estigma pode induzir estresse psicológico, levando ao aumento de comportamentos que põem em risco a saúde e a uma vida menos saudável (Meyer, 2003). A pesquisa a seguir buscou determinar se o ambiente social que circunda jovens lésbicas, gays e bissexuais pode contribuir para seus altos índices de tentativas de suicídio e o controle dos fatores de risco de nível individual.

Amostragem e métodos

Aproximadamente 32 mil alunos do 2º ano do ensino médio em Oregon terminaram a pesquisa da Oregon Healthy Teens em um período de dois anos. Estudantes eram identificados como lésbicas, gays ou bissexuais (LGB) ao lhes ser solicitado que indicassem "qual opção a seguir melhor o descreve": "heterossexual (hétero)", "gay ou lésbica", "bissexual" ou "não sei". Entre todos os entrevistados na amostragem, 90,3% identificaram-se como heterossexuais; 0,9% como gays ou lésbicas e 3,3% como bissexuais. Os 1,9% dos entrevistados que registraram não ter certeza da sua orientação sexual foram excluídos da análise.

A medida na qual um ambiente social é favorável, a variável independente, foi medida por cinco indicadores (em porcentagem/por condado) em uma área com 34 condados: (1) casais homossexuais, (2) democratas registrados, (3) escolas com alianças entre gays e héteros (GSAs), (4) escolas com políticas não discriminatórias que protegem especificamente estudantes LGB e (5) escolas com políticas *antibullying* que protegem especificamente alunos LGB. Hatzenbuehler (2011) supõe que quanto maiores esses indicadores e, por consequência, quanto maior a medida do ambiente social, menores as tentativas de suicídio entre alunos LGB. A variável dependente foi o número de vezes que um aluno registrou tentar se suicidar nos 12 meses anteriores. O número de tentativas de suicídio foi, então, recodificado em 0, nenhuma tentativa de suicídio, e em 1, a presença de uma ou mais tentativas de suicídio. Entrevistados também foram questionados sobre outras variáveis empiricamente documentadas a ser associadas às tentativas de suicídio, incluindo depressão, consumo excessivo de álcool, intimidação na escola por parte de outros alunos e se foram ou não fisicamente abusados por um adulto. Cada uma dessas variáveis foi medida no formato "sim" ou "não".

Descobertas e discussões

A análise foi dividida em várias fases, a primeira perguntando se jovens LGB, quando comparados aos heterossexuais, tinham mais chances de tentar suicídio.

Com base nas informações coletadas, a resposta a essa pergunta foi sim; jovens LGB têm mais chances de cometer suicídio do que seus parceiros heterossexuais aproximadamente cinco vezes mais. Além disso, jovens LGB têm índices de depressão significativamente altos, consumo excessivo de álcool, intimidação na escola por parte dos colegas e abuso físico na vida adulta.

A segunda pergunta respondida foi se o apoio do ambiente social no qual um aluno vive está associado à presença ou ausência de uma tentativa de suicídio. A resposta, mais uma vez, foi positiva. Quanto mais favorável o ambiente social, menores as probabilidades de um aluno tentar suicídio. Além disso, quando um ambiente social favorável é dividido entre um social positivo e um social negativo, estudantes vivendo em ambientes sociais negativos têm 20% mais chances de tentar suicídio. Também há diferenças em tentativas de suicídio por parte de heterossexuais com base no apoio do seu ambiente social. Entretanto, o aumento do risco de tentativa de suicídio por um heterossexual vivendo em um ambiente social negativo é de apenas 9%.

A terceira pergunta respondida foi se a relação entre o *status* LGB e o ambiente social é uma função de fatores de risco de nível individual. Assim, Hatzenbuehler (2011) examinou a relação entre o *status* LGB e o ambiente social de acordo com a presença ou ausência de depressão, consumo excessivo de álcool, intimidação por parte dos colegas e abuso físico na vida adulta. Embora o *status* LGB continue sendo uma previsão importante das tentativas de suicídio entre os estudantes, seu poder preditivo foi reduzindo na presença de fatores de risco no nível individual. Isso significa que parte da relação entre *status* LGB e ambiente social é explicada por variáveis de nível individual.

O autor conclui que os resultados desse estudo podem ser usados para reduzir as tentativas de suicídio entre a juventude LGB. Por exemplo, um aumento de apenas 5% no apoio do ambiente social estaria associado a 10% de diminuição das tentativas de suicídio. Hatzenbuehler (2011) observa, porém, que os dados foram coletados em certo período e, por isso, não se pode estabelecer uma relação causal entre o ambiente social e as tentativas de suicídio. Além disso, em termos de limitações do estudo, a amostragem, em virtude de ser coletada em uma escola, não incluiu a juventude desabrigada, fugitiva, que abandonou os estudos ou que não estava presente no dia em que a pesquisa foi administrada.

Fonte: Hatzenbuehler, 2011.

Estratégias de ação: pela igualdade entre todos

Como discutido neste capítulo, atitudes perante a homossexualidade nos Estados Unidos tornaram-se mais tolerantes com o passar dos anos, e o apoio para proteger os direitos civis dos gays e lésbicas está aumentando. Muitos dos esforços para mudar políticas e atitudes no que diz respeito aos indivíduos não heterossexuais e de gênero não conforme têm sido liderados por organizações que defendem especificamente os direitos LGBT, incluindo Human Rights Campaign, National Gay and Lesbian Task Force (NGLTF), Gay and Lesbian Alliance Against Defamation (Glaad), International Lesbian and Gay Association (Ilga) e Anistia Internacional. Mas o esforço para atingir a igualdade entre orientações sexuais não é um "programa gay", mas sim de direitos humanos, que muitos heterossexuais e organizações comuns apoiam.

> **O que você acha?** No início de 2012, a Chick-fil-A foi trazida para o centro de uma controvérsia pública após seu presidente declarar abertamente sua oposição aos direitos LGBT e apoiar doações de milhões de dólares da empresa a grupos antigays. Em consequência, vários antigos clientes promoveram um boicote, recusando-se a comer nos seus estabelecimentos e se posicionando pelos direitos LGBT. Você acha que esse tipo de ativismo tem algum impacto maior na briga pela igualdade LGBT? Se sim, o impacto é negativo ou positivo?

Gays, lésbicas e a mídia

Inspirado pela luta por direitos iguais e assumindo letras de música muitas vezes homofóbicas de outros *rappers*, a música *Same love*, de Mackelmore, em parceria com Mary Lambert, é um exemplo do impacto que a mídia pode ter em questões sociais. Letras como "crianças andam pelos corredores/atormentadas pela dor em seu coração/um mundo tão odioso/que alguns preferem morrer do que ser quem são" chamam a atenção para os suicídios de jovens LGBT e a angústia causada pelo *bullying*. Em 2013, mais de 53 milhões de pessoas já tinham assistido ao vídeo no YouTube (McKinley, 2013).

A mídia tem sido fundamental na vida dos indivíduos LGBT por várias razões. Primeiro, forneceu aos indivíduos LGBT, principalmente aos jovens, exemplos para revelarem sua orientação sexual, dito popularmente "sair do armário", uma frase que se refere ao processo contínuo por meio do qual lésbicas, gays ou bissexuais tomam consciência de sua sexualidade, aceitam-na e a incorporam em seu senso de individualidade e compartilham essa informação com outras pessoas, como família, amigos e colegas de trabalho (APA, 2008). A frase "sair do armário" também se aplica a indivíduos transexuais que se tornam conscientes de sua identidade de gênero e a compartilham (Herman, 2009). Sair do armário acontece porque a heterossexualidade e a conformidade de gênero são consideradas normativas na sociedade.

O **Dia Nacional do Orgulho Gay**, 11 de outubro, é conhecido em muitos países como uma data para conscientizar a população LGBT e promover discussões sobre questões dos seus direitos. Esse Dia Nacional do Orgulho Gay significa o reconhecimento de que se assumir não é um passo importante apenas na vida de indivíduos LGBT, mas também um componente fundamental da luta por igualdade nos Estados Unidos. Com base em um levantamento com mais de 1.100 adultos LGBT, pesquisas indicam que os jovens, pela primeira vez, consideram ser "algo que não heterossexual" na adolescência, mas não têm "certeza" disso nessa fase da vida. A idade média era de 12 a 17 anos (Lopez, 2013).

Assumir-se pode ter resultados positivos em termos de fortalecer relações, transmitir esperança a LGBTs que escondem sua identidade e, assim, seu bem-estar emocional. No entanto, quando indivíduos LGBT se assumem, também arriscam sofrer rejeição de amigos, dos colegas de trabalho e da família. Em um estudo sobre pais que se assumem para seus filhos e filhas, muitas das crianças os rejeitaram e, na época da pesquisa, foram hostis quanto à situação (Tasker et al., 2010). Além disso, reconhecer publicamente seu *status* LGBT pode provocar vitimização criminal.

Como cada vez mais norte-americanos LGBT revelam sua orientação sexual para a família, amigos e colegas de trabalho, heterossexuais e indivíduos de gênero não conforme têm contato pessoal com indivíduos LGBT. O psicólogo Gordon Allport (1954) afirmou que o

Dia Nacional do Orgulho Gay Comemorado em 11 de outubro, é reconhecido em muitos países como um dia para aumentar a conscientização em relação à população LGBT e estimular a discussão sobre os direitos dos gays.

contato entre os grupos é necessário para a redução do preconceito – uma ideia conhecida como **hipótese do contato**. Pesquisas mostraram que heterossexuais têm mais atitudes favoráveis em relação a gays e lésbicas se já tiverem tido contato anterior ou conhecerem alguém que é gay ou lésbica (Bonds-Raacke et al., 2007; Mohipp e Morry, 2004). O motivo mais comum para mudar de opinião quanto ao casamento gay é conhecer alguém que é homossexual (Pew Research Center, 2013b).

> Assumir-se não é um passo importante apenas na vida de indivíduos LGBT, mas também um componente fundamental da luta por igualdade nos Estados Unidos.

Segundo, além de oferecer exemplos, a visibilidade LGBT na mídia neutraliza estereótipos de indivíduos LGBT (Wilcox e Wolpert, 2000) e permite que os não LGBT não os vejam como abstração, mas como pessoas reais. Em 1998, Ellen DeGeneres se assumiu em seu programa *Ellen*. Após reclamações a respeito do episódio, o programa foi cancelado. Hoje, Ellen é apresentadora de um *talk show* diurno e vencedora do Emmy. Desde esse episódio pioneiro de Ellen, muitos telespectadores começaram a assistir a programas que retratam personagens LGBT de maneiras mais realistas e que apoiam os direitos LGBT, entre eles *Buffy, a caça-vampiros, Glee, Queer eye for the straight guy, The big gay sketch show, Chelsea lately, True blood, Will & Grace, Modern family, Orange is the new black* e *The new normal*. "Retratos honestos não estereotipados e diferentes de gays e lésbicas em horário nobre podem oferecer aos jovens uma representação realista da comunidade gay [...] [e] oferecer exemplos positivos para a juventude gay e lésbica" (Miller et al., 2002, p. 21). Vale ressaltar, um estudo revelou que universitários registraram níveis mais baixos de preconceito antigay após assistir a programas de TV com personagens gays proeminentes (Schiappa et al., 2005).

A visibilidade de gays, lésbicas e bissexuais famosos também tem impacto social. Muitas celebridades da música e da televisão, bem como políticos, têm se assumido com o passar dos anos, incluindo Anderson Cooper, Wanda Sykes, Lance Bass, Neil Patrick Harris, Melissa Etheridge, o ex-deputado norte-americano Barney Frank, Jane Lynch, Rosie O'Donnell, David Hyde Pierce, Elton John, Suze Orman, Adam Lambert e Ricky Martin.

Defensores do mundo dos esportes. Nos últimos anos, vários atletas renomados e organizações esportivas têm se colocado contra a homofobia. Por exemplo, o ex-jogador que atuava na defesa do New York Giants e hoje analista da Fox NFL, Michael Strahan, filmou um anúncio de utilidade pública apoiando a legalização do casamento gay no estado de Nova York. O armador do Phoenix Suns, Steve Nash, e o atacante do New York Rangers, Sean Avery, também filmaram anúncios de utilidade pública (Coogan, 2011). Na cerimônia do *Straight for Equality Awards,* em 4 de abril de 2013, os jogadores Brendon Ayanbadejo, do Baltimore Ravens, e Chris Kluwe, do Minnesota Vikings, receberam prêmios do ex-comissário da National Football League (NFL), Paul Tagliabue, agradecendo seu apoio à igualdade para a comunidade LGB (Battista, 2013).

Atletas que se assumem gays também contribuem para o apoio da comunidade esportiva às questões LGBT. Em 2013, a favorita da Women's National Basketball Association (WNBA), Brittney Griner, anunciou que era lésbica (Morgan, 2013). Um mês depois, o jogador de futebol Robbie Rogers e o jogador de basquete Jason Collins revelaram suas orientações sexuais, tornando-se os primeiros atletas em suas respectivas ligas a debaterem abertamente sua homossexualidade (Collins e Lindz, 2013; Mitz, 2013).

Na foto, Jason Collins, jogador de basquete da NBA, desfila na 43ª Parada Anual do Orgulho Gay de Boston. Em 2013, Collins se tornou o primeiro grande jogador da liga de basquete a se assumir gay.

hipótese do contato Ideia de que o contato entre grupos é necessário para a redução do preconceito.

A mídia também dá exemplos do aumento da desaprovação social do preconceito LGB. Em 2011, algumas celebridades reconhecidas enfrentaram consequências pessoais e profissionais como resultado de seus insultos antigay. O jogador do Los Angeles Lakers, Kobe Bryant, irritado com a penalização de numa falta técnica, gritou um epíteto ofensivo antigay ao árbitro, o que resultou em uma desculpa imediata de Bryant, que também teve de pagar uma multa de US$ 100 mil. Além disso, o técnico do Atlanta Braves, Roger McDowell, chamou atenção ao verbalizar insultos antigay e fazer gestos ofensivos para um grupo de fãs. Ele foi brevemente suspenso dos jogos e, mais tarde desculpou-se em uma coletiva de imprensa (Mungin, 2011). Por fim, o comediante Tracy Morgan, de *Saturday Night Live* e *30 Rock*, também recebeu muitas críticas após um "desabafo homofóbico" durante um show de *stand-up* em Nashville, Tennessee. Logo depois, Morgan se desculpou com o público, embora muitos ainda não estejam satisfeitos com tal pedido de desculpas (Brown, 2011).

Por fim, as mídias sociais têm sido importantes para abordar as necessidades da juventude LGBT. Após acompanhar diversos suicídios de adolescentes gays que apareceram nos jornais em setembro de 2010, Dan Savage e seu parceiro criaram o It Gets Better Project, que se tornou um movimento cibernético viral, inspirando milhões de vídeos postados pelos usuários que transmitem mensagens de esperança e apoio à juventude LGBT que já sofreu *bullying*, acha que deve sentir vergonha ou que já enfrentou rejeição de membros da família. O projeto recebeu vídeos de celebridades, organizações, ativistas, políticos e personalidades da mídia, indo do presidente Barack Obama e Adam Lambert até funcionários do Google e da Pixar (It Gets Better Project, 2011).

Acabando com a discriminação no local de trabalho

Atualmente, a lei federal protege apenas contra discriminação com base na raça, religião, origem nacional, sexo, idade e deficiência. Quando se pediu aos entrevistados LGBT que priorizassem políticas específicas que afetassem a população LGBT como: "grande prioridade" "muito importante, mas não grande prioridade", "prioridade consideravelmente importante" ou "não prioritário", direitos trabalhistas iguais foram a prioridade mais listada, seguida por casamentos legalmente sancionados para casais não heterossexuais (Pew Research Center, 2013b, p. 104).

O **Employment Non-Discrimination Act (Enda)**, projeto de lei federal proposto que protegeria LGBTs da discriminação no local de trabalho, ficou disponível para debate no Congresso em várias ocasiões desde 1994, mas nunca foi assinado como lei. Esse projeto ofereceria aos indivíduos proteções básicas contra a discriminação no local de trabalho com base na orientação sexual ou identidade de gênero. Foi reintroduzido na Câmara dos Deputados dos Estados Unidos e no Senado norte-americano em 2013. Para a surpresa de alguns, o Enda foi aprovado pelo Senado em 7 de novembro de 2013 e agora está na Câmara dos Deputados, onde muitos acreditam que não será aprovado.

Com a ausência de uma legislação federal que proíba a discriminação com base na orientação sexual, alguns governos estaduais e locais, bem como corporações privadas, proíbem a discriminação no trabalho com base na orientação sexual e estendem benefícios de parceria doméstica a casais homossexuais. O distrito de Colúmbia e 21 estados têm leis que banem a discriminação com base na orientação sexual no local de trabalho (HRC, 2013f; Sears e Mallory, 2011). Além disso, 26 estados e o distrito de Colúmbia oferecem benefícios para os funcionários do governo e seus cônjuges do mesmo sexo. O Domestic Partnership Benefits and Obligations Act, atualmente pendente no Congresso, estenderia os benefícios da parceria doméstica a todos os funcionários federais e seus parceiros (HRC, 2013a). Um recorde de 96,6% de empresas da *Fortune 500*, um total de 483, incluem orientação sexual em sua oportunidade de emprego igualitária ou políticas não discriminatórias, e mais da metade oferece benefícios de parceria doméstica de saúde aos seus funcionários (Equality Forum, 2013).

Lei e política pública

Igualdade matrimonial. Washington DC e 13 estados emitem licenças matrimoniais para casais homossexuais. Muitos outros estados concedem aos casais homossexuais muitos dos mesmos direitos legais e responsabilidades das uniões heterossexuais. Por exemplo, em

---

Employment Non-Discrimination Act (Enda) Projeto de lei federal proposto que protegeria LGBTs da discriminação no local de trabalho que ficou disponível para debate no Congresso em várias ocasiões desde 1994, mas nunca foi assinado como lei.

alguns estados, casais homossexuais podem solicitar uma licença de união civil. **União civil** é um *status* legal paralelo ao casamento civil sob a lei estadual, que dá aos casais homossexuais quase todos os direitos e responsabilidades disponíveis sob a lei estadual a casais de sexos opostos.

Nos 13 estados que permitem o casamento homossexual, a lei federal agora estende a casais homossexuais os mesmos direitos que os heterossexuais têm; no entanto, essa lei não reconhece os direitos dos cônjuges em uniões civis homossexuais e, por isso, estes não têm mais de mil proteções federais que acompanham o casamento civil. Alguns estados, condados, cidades e locais de trabalho permitem que parceiros que não são casados, incluindo casais gays, se registrem como **parceiros domésticos** (ou "beneficiários recíprocos" no Havaí). Os direitos e responsabilidades garantidos a parceiros domésticos variam de lugar para lugar, mas podem incluir cobertura do plano de saúde e pensão do cônjuge, direitos à herança e propriedade, benefícios fiscais, acesso ao alojamento de estudantes casados, custódia de crianças e obrigações de pensão para a criança e o cônjuge, além de responsabilidades mútuas para dívidas.

O que você acha? As mídias sociais, do Twitter ao Tumblr, têm sido importantes no debate sobre o casamento gay. Quando o Doma chegou à Suprema Corte em 2013, uma onda de fotos vermelhas de perfil pela igualdade varreu o Facebook numa tentativa de apoiar o casamento homossexual. Uma onda contrária, de cruzes vermelhas, também veio à tona para mostrar desaprovação ao casamento homossexual. Você acha que a mídia social tem o poder de mudar a opinião das pessoas?

Em 2011, a Casa Branca aprovou formalmente o **Respect for Marriage Act (RMA)**, apresentado pela primeira vez no Congresso em 2009 (ACLU, 2011; Savage e Stolberg, 2011). Após a decisão da Suprema Corte dos Estados Unidos a respeito do Doma e da Proposition 8, o RMA foi novamente apresentado ao Senado norte-americano e à Câmara dos Deputados (Esselink, 2013). Se aprovado, esse projeto de lei derrubaria o Doma e concederia reconhecimento federal aos casamentos homossexuais, independentemente das leis estaduais do local em que o casal resida. O projeto de lei *não* exigiria que os estados reconhecessem casamentos homossexuais ali realizados. O reconhecimento legal de casamentos homossexuais pelo governo federal significaria que casais gays receberiam todos os benefícios de casais de sexos opostos (Badgett et al., 2011).

Direitos parentais. Nos Estados Unidos, o **Every Child Deserves a Family Act (ECDFA)** foi apresentado ao Congresso por vários anos, mais recentemente em 2013. Porém, até hoje, ainda precisa receber aprovação legislativa. Se aprovada, a lei removeria obstáculos a pessoas não heterossexuais que oferecem lares para adoção ou abrigos ao proibir agências de bem-estar infantil de discriminar com base na orientação sexual, identidade de gênero ou *status* matrimonial. Agências que assim discriminam correriam o risco de perder a assistência federal financeira (HRC, 2013b; Moulton, 2011).

Leis que regulam a adoção por parte de indivíduos LGB não variam apenas de acordo com o estado, como já discutido, mas também com o país. A Argentina e o Uruguai, por exemplo, permitem a adoção por parte de casais homossexuais. Entretanto, em Cuba, a adoção por um casal homossexual ou cônjuge de um homem ou mulher gay é

união civil *Status* legal que garante a casais do mesmo sexo solicitar e receber um certificado de união civil para quase todos os benefícios disponíveis para casais de sexos opostos.

parceiros domésticos Casais não casados (do mesmo sexo ou do sexo oposto) que têm garantido um *status* de parceria doméstica, que implica vários direitos e deveres perante a lei.

Respect for Marriage Act (RMA) Projeto de lei que, se aprovado, derrubaria o Doma e garantiria reconhecimento federal a casamentos entre pessoas do mesmo sexo, independentemente das leis do estado no qual o casal resida.

Every Child Deserves a Family Act (ECDFA) Essa legislação federal removeria os obstáculos a indivíduos não heterossexuais (incluindo transgêneros) que oferecem lares amorosos para adoção ou custódia.

Dois judeus gays vestindo *yarmulkes* sob uma *chuppah* durante a cerimônia do seu casamento ao ar livre. A comunidade judaica reformada foi uma defensora pioneira da igualdade LGBT.

ilegal. Um homem expressa suas frustrações por não ter direito de cuidar do filho biológico de seu parceiro: "Eu o segurei nos braços desde que nasceu [...] [mas] se o bebê precisa ir ao hospital [...] não tenho autoridade legal para decidir nada sobre sua doença" (Gonzalez, 2013, p. 1).

Leis para crimes de ódio. Em 2009, o presidente Obama sancionou o **Matthew Shepard and James Byrd, Jr. Hate Crimes Prevention Act (HCPA)**. Essa lei expande o regulamento federal original de 1969 contra crimes de ódio para incluir crimes de ódio com base na orientação sexual verdadeira ou percebida, gênero, identidade de gênero e deficiência. A lei recebeu esse nome em homenagem a Matthew Shepard, um adolescente gay de Wyoming que morreu após ser severamente espancado, e James Byrd, Jr., um homem afro-americano que foi atacado, amarrado a um veículo e arrastado até a morte no Texas (CNN, 2009; FBI, 2011). Leis para crimes de ódio pedem condenações mais graves quando os promotores podem provar que o crime cometido assim está enquadrado. De acordo com dados mais recentes disponíveis, 30 estados e o distrito de Colúmbia têm leis para esse tipo de crime que incluem orientação sexual; 15 não incluem orientação sexual e 5 não têm esse tipo de lei (HRC, 2013e; National Gay and Lesbian Task Force, 2013).

Estratégias educacionais e ativismo

Instituições educacionais têm a responsabilidade de promover a saúde e o bem-estar dos estudantes. Assim, devem atender às necessidades e promover a aceitação da juventude LGBT por meio de determinadas políticas e programas. As estratégias para atingir esses objetivos são: incluir questões LGBT na educação sexual; incluir currículos LGBT afirmativos em sala de aula e promover tolerância em ambientes de aprendizagem por meio de políticas, educação e ativismo.

Educação sexual e currículos LGBT afirmativos em sala de aula.
A censura de questões LGBT atuais, figuras e eventos históricos e saúde sexual, tanto na sala de aula quanto nas bibliotecas de escolas, gera um debate acalorado por todo o país (Casey, 2011). Se temas LGBT podem ou não ser levados até salas de aula de escolas públicas é uma questão que varia de forma considerável entre e dentro de estados. Há muitos anos, um sistema educacional do condado de Maryland permitiu aulas sobre não heterossexualidade nas salas de aulas após abordar o assunto com a American Academy of Pediatrics, uma ação audaciosa na época (Schemo, 2007). Mais recentemente, o Departamento de Educação da Califórnia recomendou uma lista de leitura para alunos do jardim de infância ao 3º ano do ensino médio e ganhou considerável atenção da mídia por sua inclusão da chamada "literatura gay". A lista com mais de 7.800 livros inclui 32 publicações com temas LGBT (Malmsheimer, 2013).

A Califórnia exige que as escolas ensinem sobre as contribuições de mulheres, pessoas de cor e outros grupos historicamente sub-representados. O governador desse estado, Jerry Brown, assinou uma lei em 2011 "tornando a Califórnia o primeiro estado a exigir que livros didáticos e aulas de História incluíssem as contribuições de norte-americanos gays, lésbicas, bissexuais e transexuais" (McGreevy, 2011, p. 1). Em 2012, as diretrizes do Fair Education Act da Califórnia foram revistas a fim de proibir as escolas de adotar materiais escolares que retratassem pessoas com deficiências, lésbicas e/ou homens gays de forma negativa nas aulas de História e Sociologia. Essa lei também incentiva a inclusão. Por exemplo, ao ensinar sobre o Holocausto, professores são incentivados a mencionar que, além dos mais de seis milhões de judeus executados, os nazistas também perseguiam e matavam pessoas com base na orientação sexual e na presença de deficiência visível (Fair Education Act, 2013).

Ao defender o fim da censura de informações LGBT em bibliotecas escolares, a Lambda Legal (2011b) aponta para os múltiplos benefícios de oferecer educação a estudantes de uma forma que normaliza e afirma experiências LGBT. Isso inclui promover maior consciência sobre a diversidade humana, a redução do *bullying* e do assédio, o fornecimento de apoio, confiança e informações de que não heterossexuais e estudantes de gênero não conforme precisam.

A oposição a assuntos LGBT no currículo movimentou algumas áreas do país. Em 2011, uma legislação apelidada pelos oponentes de Projeto de Lei *"Don't Say Gay"* teria proibido

Matthew Shepard and James Byrd, Jr. Hate Crimes Prevention Act (HCPA) Essa nova lei amplia a lei federal original de 1969 sobre crimes de ódio com base na orientação sexual real ou percebida, de gênero, de identidade de gênero ou de deficiência.

professores do Tennessee de discutir homossexualidade com alunos do jardim de infância até o 8º ano do ensino fundamental II (Humphrey, 2011). Em 2013, o projeto foi reintroduzido pelo representante de estado John Ragan, após legisladores o abandonarem no ano anterior. Como proposto mais recentemente, a legislação proibiria professores do ensino fundamental de discutir relações sexuais que não têm a ver com a "reprodução humana natural" ou mesmo reconhecer que a homossexualidade *existe*. Além disso, uma nova linguagem exigiria que os funcionários da escola contassem aos pais quando os alunos fossem – ou provavelmente fossem – gays. Em junho de 2013, Marcel Neergaard, um menino de 11 anos do Tennessee, que é abertamente gay, conseguiu atrair muitas assinaturas em uma petição para revogar o prêmio do representante Ragan de "Reformador educacional do Ano" (Sieczkowski, 2013).

Promoção da tolerância em ambientes de aprendizagem. Preocupações com intimidações e/ou *bullying* de estudantes se tornaram o foco de muitos estados. Washington DC e 16 estados têm leis que protegem estudantes LGBT de intimidações e/ou *bullying*, e 26 estados proíbem o *bullying* a todos os alunos, incluindo lésbicas, gays e transexuais.

Alguns distritos escolares individuais, independentemente de sua lei estadual, tomaram medidas para impedir o *bullying* e as intimidações contra LGBT. Em 2011, o Miami-Dade County Public School District adicionou à sua política linguagem *antibullying* e intimidação que especificamente protege estudantes e professores de prejudicar outros com base na orientação sexual ou identidade de gênero (Rapado e Campbell, 2011). Isso é particularmente admirável, considerando que a Flórida proíbe o *bullying* em geral, mas não identifica as classes protegidas.

Por muitos anos, a congressista dos Estados Unidos Linda Sanchez liderou esforços para a aprovação do Safe Schools Improvement Act (SSIA). Esse projeto de lei, se aprovado, exigiria que distritos escolares adotassem políticas que proibissem *bullying* e intimidações com base, entre outras coisas, na raça, gênero, religião, orientação sexual e identidade de gênero. Reapresentado em 2013 por Sanchez e outros, o projeto de lei está atualmente pendente no Congresso (Kennedy e Temkin, 2013).

Há muitos programas que objetivam criar um ambiente "livre de intimidações" e promover entendimento e aceitação da orientação sexual e diversidade de gênero no ambiente escolar. A Gay, Lesbian, and Straight Education Network (GLSEN) é uma organização nacional que colabora com educadores, políticos, líderes de comunidades e estudantes para: (1) proteger estudantes LGBT de *bullying* e intimidações, (2) desenvolver leis e políticas de segurança escolar abrangentes, (3) dar poder a diretores para que tornem a escola mais segura e (4) construir as habilidades de educadores que ensinam respeito por todas as pessoas. A GLSEN patrocina iniciativas como o **Dia Nacional do Silêncio**, em abril, o No Name-Calling Week, em janeiro, e o *site* "thinkb4youspeak".

A GLSEN também oferece apoio para ***gay-straight alliances* (GSAs)**, que são grupos patrocinados pela escola que abordam a intimidação antigay e promovem respeito para todos os alunos do ensino fundamental e médio (GLSEN, 2011b). Pesquisas demonstraram que a presença de GSAs nas escolas tem um impacto positivo. Em geral, estudantes em escolas com GSAs registram escutar menos comentários homofóbicos do que aqueles em escolas em que esses grupos estão ausentes. Além disso, estudantes LGBT em escolas com GSAs dizem sentir-se mais seguros do que seus pares em escolas que não contam com esses grupos (GLSEN, 2007).

O que você acha? A Pensilvânia não tem uma lei *antibullying* que inclua LGBTs e depende dos distritos escolares do estado para proteger o bem-estar de seus alunos LGBT. Um conselho escolar da Pensilvânia negou o pedido dos alunos para formar um grupo GSA na escola, enquanto inúmeros outros grupos estudantis foram aprovados (Loviglio, 2013). Você acha que o conselho deve enfrentar processos judiciais por sua decisão? Se sim, por quê?

Dia Nacional do Silêncio Dia no qual os estudantes ficam em silêncio em reconhecimento ao assédio diário que os estudantes LGBT enfrentam.

gay-straight alliances **(GSAs)** Grupos patrocinados por escolas de nível médio ou faculdade que visam enfrentar os xingamentos antiLGBT e promover o respeito por todos os estudantes.

Programas no *campus*. Muitas iniciativas educacionais e pró-LGBT de escolas de ensino fundamental e médio também ocorrem em *campi* universitários. Grupos de alunos de faculdades e universidades têm participado de movimentos pela libertação gay desde 1960. Além de políticas não discriminatórias nas universidades, outras medidas para apoiar a população universitária LGBT incluem programas estudantis gays e lésbicas, centros sociais e grupos de apoio, bem como eventos e atividades no *campus* que celebram a diversidade. Alguns *campi* realizam a cerimônia "Lavender Graduation", na qual estudantes LGBT são homenageados e recebem fitas arco-íris para seus bonés (Dudash, 2013). Muitos também têm programas de Safe Zone, criados para identificar visivelmente os estudantes, funcionários e professores que apoiam a população LGBT. Esses programas exigem uma seção de treinamento que oferece uma base do conhecimento necessário para ser um aliado eficaz de estudantes LGBT e daqueles que têm dúvidas sobre sua sexualidade (University of Alabama, 2011).

O que você acha? Algumas escolas, como a Pepperdine University, negaram pedidos estudantis para criar grupos de apoio a estudantes LGBT. A universidade, que é afiliada à Igreja de Cristo, tomou essa decisão com base em uma ideologia religiosa. A University of Notre Dame, que é afiliada à Igreja Católica, diferentemente das suas políticas anteriores, concordou que um grupo estudantil LGBT poderia ser formado (Basu, 2012). Você acha que faculdades e universidades que proíbem grupos pró-LGBT estão, essencialmente, colocando seus alunos sob o risco de experiências negativas de preconceito?

Entendendo a orientação sexual e a luta por igualdade

Nos últimos anos, ocorreu uma aceitação crescente de lésbicas, homens gays e bissexuais, bem como o aumento da proteção legal e reconhecimento dessas populações marginalizadas. Os avanços dos direitos LGB são notáveis e incluem progressos no que diz respeito à igualdade matrimonial, revogação do DADT, apoio público crescente aos direitos civis, aprovação dos direitos civis LGB pela saúde mental e organizações médicas e a crescente adoção de políticas não discriminatórias que incluem orientação sexual.

Mas vencer essas batalhas não significa, de forma alguma, que indivíduos LGBT tenham assegurado direitos iguais. Como evidenciado pelos anos de manobras da Corte na luta contra a Proposition 8, direitos iguais previamente garantidos podem ser anulados. Indivíduos LGB empregados em locais de trabalho com políticas não discriminatórias enfrentam ainda intimidações e rejeição dos colegas, e alunos em escolas com políticas *antibullying* ainda são submetidos a provocações antigays. Embora muitos países no mundo todo estejam aumentando proteções legais para indivíduos LGBT, a homossexualidade é formalmente condenada em alguns países, com penalidades que variam de multas até prisão e morte.

Muitos dos avanços nos direitos dos gays são resultado de ações políticas e legislações. Barney Frank (1997), ex-congressista norte-americano abertamente gay, destacou a importância da participação política para influenciar resultados sociais. Ele observou que expressões representativas e culturais do ativismo gay, como celebrações do "**orgulho gay**", marchas, demonstrações e outras atividades culturais que promovem os direitos homossexuais são importantes para organizar ativistas gays, mas não devem substituir a participação política "convencional, entediante, porém essencial" (p. xi).

Conforme estrutural-funcionalistas e teóricos do conflito observam, a não heterossexualidade desafia definições tradicionais de família, criação dos filhos e papéis dos gêneros. Cada vitória em conseguir proteção legal

orgulho gay Expressões demonstrativas e culturais do ativismo gay que incluem comemorações, marchas, passeatas e outras atividades culturais para promover os direitos dos homossexuais.

Programas Safe Zone oferecem uma rede visível de voluntários para lésbicas, gays, bissexuais e transexuais e outros alunos, funcionários e professores que buscam informações e assistência a respeito de orientação sexual, identidade de gênero e expressão.

e reconhecimento social a não heterossexuais alimenta a reação contra estes por parte de grupos que estão decididos a manter noções tradicionais de família e gênero. Muitas vezes, essa determinação é enraizada e tira sua força de ideologias religiosas. Como observam interacionistas-simbólicos, os significados associados à homossexualidade são aprendidos. Indivíduos poderosos e grupos contrários aos direitos homossexuais focam seus esforços em manter os significados negativos da homossexualidade para manter a população gay, lésbica e bissexual marginalizada.

Mas esforços políticos para minar direitos e reconhecimento homossexual devem ter consciência de que o preconceito e a discriminação contra indivíduos com base no *status*, sobre o qual pesquisas dizem não poder controlar, machucam a todos. Usar epítetos gays para questionar a masculinidade de um homem ou de um garoto ameaça tanto homens heterossexuais quanto não heterossexuais e a comunidade como um todo. A intimidação antigay foi identificada como um fator precipitante em vários tiroteios em escolas (Pollack, 2000a, 2000b).

Há a perda de capital humano, isto é, as contribuições potenciais que indivíduos LGBT poderiam ter dado, não fosse a predominância do sentimento antigay. Por exemplo, o medo da represália impede que muitos funcionários LGBT compartilhem informações sobre sua vida pessoal no trabalho. Funcionários que não se assumem no trabalho ficam menos satisfeitos com seu emprego, têm menos confiança em seus empregadores e mais chances de abandonar sua posição do que seus colegas que se assumem como LGBT (Hewlett e Sumberg, 2011).

Estados que não reconhecem legalmente parceiros que não são casados, mas que estão comprometidos, ignoram igualmente os direitos de casais heterossexuais e homossexuais. Heterossexuais que "se parecem" ou "agem" como gays podem ser vítimas de crimes de ódio. Mães e pais heterossexuais vivem com medo de suas crianças se tornarem vítimas, sendo intimidadas, feridas ou mesmo assassinadas pelo preconceito e discriminação antigay.

> Mas esforços políticos para minar direitos e reconhecimento homossexual devem ter consciência de que o preconceito e a discriminação contra indivíduos com base no *status*, sobre o qual pesquisas dizem não poder controlar, machucam a todos.

É verdade que o público norte-americano está apoiando cada vez mais os direitos homossexuais e que indivíduos LGBT receberam direitos legais em vários estados. Porém, como observa um estudioso: "A nova confiança e visibilidade social dos homossexuais na vida dos norte-americanos de forma alguma venceram a homofobia. Na verdade, ela permanece como o último preconceito aceitável" (Fone, 2000, p. 411).

REVISÃO DO CAPÍTULO

- **Existem países em que a homossexualidade é ilegal?**
No mundo, 75 países continuam a criminalizar relações homossexuais. Penas legais variam para a violação das leis que proíbem atos homossexuais. Em alguns países, a homossexualidade é punível por sentenças de prisão e/ou punições corporais, como chicotadas ou açoite, e em cinco – Irã, Mauritânia, Arábia Saudita, Iêmen e Sudão –, pessoas consideradas culpadas de apresentar comportamento homossexual podem ser sentenciadas à morte.

- **Existe algum país em que casais homossexuais podem se casar legalmente?**
Sim. Em 2000, a Holanda se tornou o primeiro país do mundo a oferecer casamento legal a casais homossexuais. Em 2003, a Bélgica se tornou o segundo país a legalizar casamentos homossexuais. Desde então, mais 13 países legalizaram o casamento homossexual: Canadá (2005), Espanha (2005), África do Sul (2006), Noruega (2009), Suécia (2009), Portugal (2010), Islândia (2010), Argentina (2010), Dinamarca (2012), Uruguai (2013), Nova Zelândia (2013), França (2013) e Brasil (2013). Em alguns países, como Estados Unidos (2003) e México (2009), o casamento homossexual é legal apenas em certas jurisdições.

- **Por que é difícil classificar indivíduos em categorias de orientação sexual?**
Classificar indivíduos em categorias de orientação sexual é difícil por uma série de razões: (1) distinções entre categorias de orientação sexual não são óbvias e podem ser mais bem representadas por um *continuum*; (2) pesquisas com populações homossexuais tendem a definir a orientação sexual com base em um dos três componentes (heterossexual, bissexual ou gay/lésbica), já que a orientação sexual é complexa e multidimensional, e (3) o estigma social relacionado à não

heterossexualidade faz que as pessoas escondam ou mostrem outra sexualidade que não a sua verdadeira.

- **Qual a relação entre crenças sobre o que "causa" a homossexualidade e as atitudes perante ela?**
Indivíduos que acreditam que a homossexualidade ou bissexualidade é biológica ou inata tendem a aceitar melhor pessoas LGB. Por outro lado, aqueles que acreditam que lésbicas, gays e bissexuais escolhem sua orientação sexual são menos tolerantes.

- **Qual a posição oficial de várias organizações profissionais respeitadas em relação aos esforços para mudar a orientação sexual para gays e lésbicas?**
Muitas organizações profissionais concordam que a orientação sexual não pode ser mudada e que os esforços para mudá-la (usando terapia de conversão, reparação ou reorientação) não funcionam e podem, na verdade, ser prejudiciais.

- **Quais as três mudanças culturais que influenciaram no aumento mundial de políticas nacionais de liberalização de relações homossexuais e no movimento pelos direitos homossexuais?**
O aumento mundial de políticas nacionais de liberalização de relações homossexuais e no movimento pelos direitos homossexuais foi influenciado pelo (1) aumento do individualismo, (2) aumento da igualdade de gênero e (3) afloramento de uma sociedade global na qual nações são influenciadas por pressões internacionais.

- **Como o estigma social afeta a saúde mental de indivíduos marginalizados, como os LGBT?**
A teoria do estresse das minorias explica que, quando um indivíduo considera o ambiente social emocional ou fisicamente ameaçador devido ao estigma social, o resultado é um aumento do risco de problemas de saúde mental. Se alguém é exposto a uma hostilidade considerável ou sabe que ela acontece com outras pessoas, pode achar que essa discriminação ou intimidação vai acontecer com ele. Homofobia, bifobia e transfobia internalizadas também podem se desenvolver.

- **A discriminação no local de trabalho com base na orientação sexual é ilegal nos 50 estados?**
Em 29 estados, ainda é legal demitir, recusar-se a contratar ou promover ou discriminar de outra forma funcionários por sua orientação sexual. Em 33 estados, ainda é legal discriminar um funcionário por ser transexual. Até o momento, um projeto de lei federal chamado Employment Non Discrimination Act (Enda), que proibiria a discriminação no local de trabalho contra indivíduos com base em sua orientação sexual, está pendente no Congresso.

- **O que é o Defense of Marriage Act (Doma)?**
Defense of Marriage Act é uma legislação federal que defende o casamento como uma união legal entre um homem e uma mulher e nega o reconhecimento federal do casamento homossexual. Em uma decisão por 5 a 4, de junho de 2013, no caso *Estados Unidos vs. Windsor*, a Suprema Corte derrubou uma provisão do ato de 17 anos que nega benefícios federais a cônjuges homossexuais legalmente casados.

- **Casais homossexuais querem os mesmos benefícios legais e financeiros que são garantidos a cônjuges heterossexuais. Quais são alguns desses benefícios?**
Pessoas casadas têm direito à herança do cônjuge, caso este morra, sem ter feito um testamento, além de evitar impostos sucessórios entre cônjuges, tomar decisões médicas importantes pelo cônjuge e conseguir licença familiar para cuidar do cônjuge, caso este sofra ferimentos graves ou fique doente, receber benefícios de sobrevivência da Seguridade Social e incluir um cônjuge na cobertura do seguro-saúde. Outros direitos concedidos a cônjuges casados (ou divorciados) incluem pagamento de pensão, licença de luto, determinação do enterro, proteção contra a violência doméstica (como a divisão equivalente de bens e visitas aos filhos do cônjuge), declaração de imposto de renda conjunta, transferência automática do aluguel da casa, imunidade para testemunhar contra um cônjuge e elegibilidade de imigração conjugal.

- **Quais são algumas das razões para a subnotificação da violência do parceiro LGBT e agressão sexual para a polícia?**
Muitos casos de violência LGBT não são notificados à polícia por medo de maior vitimização por parte desta, incluindo indiferença ou alguma forma de abuso. Além disso, a falha da polícia em identificar tais incidentes que ocorrem no contexto de uma parceria íntima muitas vezes leva erroneamente à prisão tanto da vítima quanto do criminoso.

- **Por que a mídia é importante no avanço dos direitos civis LGBT?**
A visibilidade na mídia neutraliza estereótipos de indivíduos LGBT e permite que indivíduos não LGBT os vejam não como abstração, mas como pessoas reais. Isso tem a ver com a hipótese de contato de Gordon Allport, segundo a qual ter mais contato (ou exposição) com um grupo resulta na redução do preconceito. A mídia também ofereceu a indivíduos LGBT, principalmente aos jovens, exemplos de pessoas que revelaram sua orientação sexual.

- **O que são programas Safe Zone?**
Programas Safe Zone são criados para identificar visivelmente estudantes, funcionários e professores que apoiam a população LGBT. Participantes desses programas penduram uma placa ou letreiro na janela de seu escritório ou de sua casa que os identifica como indivíduos dispostos a oferecer um refúgio seguro e apoio a pessoas LGBT e àqueles que lutam contra questões da orientação sexual.

AVALIE SEU CONHECIMENTO

1. Pesquisas indicaram que muitos indivíduos não são exclusivamente heterossexuais ou homossexuais e que a orientação sexual pode ser representada em um *continuum*.
   a. Verdadeiro
   b. Falso
2. Um estudo nacional com universitários norte-americanos descobriu que a porcentagem de pessoas que se identificavam como gays, lésbicas ou bissexuais era de:
   a. 1,2%
   b. 3%
   c. 6,4%
   d. 10,1%
3. De acordo com o Censo de 2010, cerca de 30% dos norte-americanos vivem com um parceiro ou cônjuge do mesmo sexo.
   a. Verdadeiro
   b. Falso
4. Indique a alternativa incorreta a respeito da Narth:
   a. Ela não é "antigay".
   b. Coletivamente, ela tem um índice de sucesso de 75%.
   c. Eles não são um grupo religioso.
   d. Ela ajuda pessoas angustiadas por atrações sexuais indesejadas.
5. Em 2013, ministros da União Europeia instruíram seus diplomatas ao redor do mundo a fazer o quê?
   a. Revogar leis matrimoniais homossexuais
   b. Adicionar emendas constitucionais proibindo a igualdade matrimonial
   c. Defender os direitos de pessoas LGBTI
   d. Proibir adoções por indivíduos transexuais
6. Exodus International
   a. é uma organização Soce
   b. está expandindo seu ministério pró-gay
   c. não existe mais
   d. as alternativas *a* e *c* estão corretas
7. Aproximadamente metade de todos os norte-americanos descreve a discriminação contra gays e lésbicas como um problema "muito" ou "parcialmente sério" nos Estados Unidos.
   a. Verdadeiro
   b. Falso
8. Por que o It Gets Better Project foi iniciado?
   a. Porque casais homossexuais continuam a encontrar obstáculos em adoções.
   b. Porque a juventude LGBT continua a sofrer *bullying* e intimidações por parte de seus colegas, o que resulta em vergonha, isolamento e até suicídio
   c. Porque militares LGB esperaram muito tempo para servir abertamente nas forças armadas.
   d. Porque a sociedade norte-americana parece estar aumentando sua aceitação do reconhecimento legal de casais homossexuais
9. O *site* "thinkb4youspeak", criado pela GLSEN, usa anúncios de utilidade pública feitos por celebridades para ajudar a combater o linguajar preconceituoso (por exemplo, "Você é tão gay" etc.).
   a. Verdadeiro
   b. Falso
10. O primeiro país a legalizar o casamento gay foi:
    a. Noruega
    b. Inglaterra
    c. Holanda
    d. Argentina

Respostas: 1. A; 2. C; 3. B; 4. B; 5. C; 6. D; 7. A; 8. B; 9. A; 10. C.

TERMOS-CHAVE

bifobia 379
bissexualidade 370
Defense of Marriage Act (Doma) 384
Dia Nacional do Orgulho Gay 392
Dia Nacional do Silêncio 397
discriminação 379
esforços para mudar a orientação sexual (*sexual orientation change efforts*, Soce) 375
Employment Non-Discrimination Act (Enda) 394
Every Child Deserves a Family Act (ECDFA) 395

expressão de gênero 383
gay 370
gay-straight alliances (GSAs) 397
heterossexismo 379
heterossexualidade 370
hipótese do contato 393
homofobia 379
homofobia internalizada (ou heterossexismo internalizado) 378
homossexualidade 370
lésbica 370
LGBT, LGBTQ e LGBTQI 370
Matthew Shepard and James Byrd, Jr.

Hate Crimes Prevention Act (HCPA) 396
não conformidade de gênero 370
opressão 379
orgulho gay 398
orientação sexual 370
parceiros domésticos 395
parcerias registradas (ou uniões civis) 372
preconceito 379
privilégio 379
Respect for Marriage Act (RMA) 395
status principal 378
teoria do estresse das minorias 389
união civil 395

12

Crescimento populacional e envelhecimento

"A população pode ser a chave para todas as questões que moldarão o futuro: crescimento econômico; segurança ambiental; a saúde e o bem-estar dos países, comunidades e famílias."

Nafis Sadik, ex-diretor executivo do Fundo para a População das Nações Unidas

Contexto global: uma visão mundial do crescimento populacional e envelhecimento
Teorias sociológicas sobre crescimento populacional e envelhecimento
Problemas sociais relacionados ao crescimento populacional e envelhecimento
Animais e a sociedade: Superpopulação de animais de estimação nos Estados Unidos
Você e a sociedade: Pesquisa sobre ageísmo
Um olhar sobre a pesquisa dos problemas sociais: **Estudo dos cuidados com idosos**
Estratégias de ação: respondendo aos problemas do crescimento populacional e do envelhecimento
O lado humano: **A decisão de um homem de não ter filhos**
Entendendo os problemas de crescimento populacional e envelhecimento
Revisão do capítulo

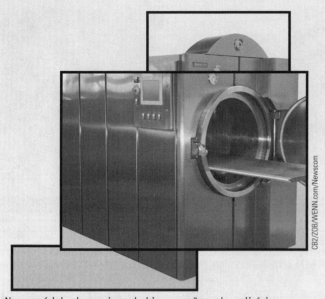

Nesse módulo de aço inox de biocremação, calor e lixívia transformam restos humanos em um líquido não tóxico.

Conforme as pessoas envelhecem, uma das questões sobre as quais elas pensam é no que gostariam que fosse feito com seus corpos depois que morrerem. Apesar de tradições, costumes e leis relativas ao que fazer com restos humanos variarem conforme a cultura e ao longo do tempo, algumas formas de cremação e/ou enterro são práticas comuns em todo o mundo. Você já passou por um cemitério e se perguntou quantas gerações podem continuar a ser enterradas antes que fiquemos sem espaço? Vários cemitérios na cidade de Nova York já ficaram sem espaço e pararam de vender jazigos (Santora, 2010).

O Japão oferece uma resposta inovadora para o problema da falta de túmulos: um cemitério de alta tecnologia num prédio de vários andares no qual as cinzas são armazenadas em urnas dispostas em prateleiras. Os visitantes usam cartões magnéticos e telas sensíveis ao toque para identificar os mortos que querem "visitar". Um braço robótico coleta a urna requisitada e a entrega em uma "sala de luto", na qual os visitantes prestam homenagens a seus entes queridos falecidos (Here and Now, 2009). Para aproveitar ao máximo o espaço, alguns países permitem a prática de túmulos verticais, nos quais os mortos são envolvidos em um invólucro biodegradável e colocados em pé (Dunn, 2008). Em mais uma alternativa ao enterro, o morto pode ir embora pelo ralo se seus restos passarem por um processo de hidrólise alcalina, no qual calor e lixívia são usados para transformar o corpo em um líquido não tóxico, deixando para trás uma pequena quantidade de resíduo de osso seco para a família recolher (Frynes-Clinton, 2011). Também conhecida como "cremação líquida" e "biocremação", essa alternativa é legal em pelo menos oito estados, e em outros 20 já está prevista ou aguarda aprovação.

Ficar sem terras para cemitérios é apenas uma das muitas preocupações que surgem do crescimento da população humana no último século. A população mundial não só está crescendo, mas também envelhecendo. Neste capítulo, focamos os problemas sociais associados ao crescimento populacional e ao envelhecimento.

Contexto global: uma visão mundial do crescimento populacional e envelhecimento

A famosa cientista Jane Goodall enfatizou que:

> É o crescimento da nossa população que está por trás de cada um dos problemas que infligimos ao planeta. Se fôssemos apenas alguns poucos, então as coisas horríveis que fazemos não importariam, e a Mãe Natureza cuidaria de tudo – mas há tantos de nós (citado em Koch, 2010, s. p.).

Nas seções a seguir, descrevemos como a longevidade das populações humanas aumentou com o tempo.

População mundial: história, tendências atuais e projeções futuras

Os humanos habitam este planeta há pelo menos 200 mil anos. Para 99% da história humana, o crescimento populacional foi restrito às doenças e à oferta limitada de alimentos. Por volta de 8000 a.C., o desenvolvimento da agricultura e a domesticação dos animais contribuíram para aumentar os estoques de alimentos e, por consequência, influenciaram no crescimento populacional, mas as duras condições de vida e as doenças impuseram limites ao índice de desenvolvimento. Esse padrão continuou até meados do século XVIII, quando a Revolução Industrial impactou o padrão de vida de boa parte da população mundial. Os progressos incluíam melhores alimentos,

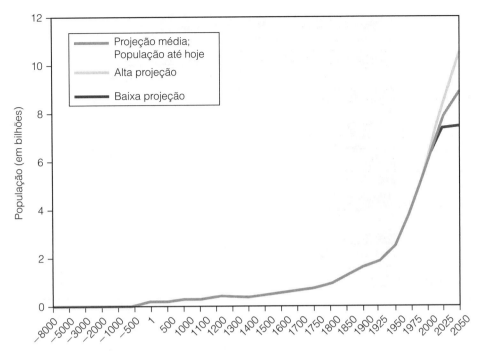

Nota: O tempo não está em proporção.

Figura 12.1 População mundial ao longo da história

Fonte: Weeks, 2012

água potável mais limpa, melhores moradias com higiene e avanços na tecnologia médica, como antibióticos e vacinas contra doenças infecciosas – tudo isso contribuiu para o crescimento rápido da população.

Tempo de duplicação da população é o período exigido para a quantidade de habitantes dobrar de um ano-base para outro se o índice atual de crescimento continuar. Foram necessários milhares de anos para a população mundial duplicar até chegar aos 14 milhões, mas, em apenas mil anos, quase dobrou para 27 milhões, e em outros mil chegou a 50 milhões. A partir daí, foram necessários 500 anos para saltar de 50 para 100 milhões, e 400 anos para dobrar mais uma vez. Quando a Revolução Industrial começou, por volta de 1750, o crescimento populacional explodiu, levando apenas 100 anos para dobrar. A duplicação mais recente – de 3 bilhões em 1960 para 6 bilhões em 1999 – levou apenas 40 anos (Weeks, 2012). Apesar de a população mundial continuar a crescer nas próximas décadas, prevê-se que não vai dobrar

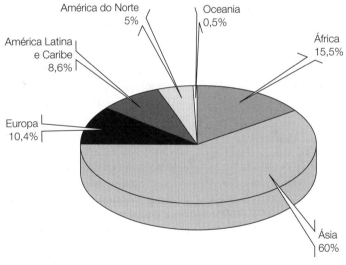

Figura 12.2 Distribuição da população mundial por região: 2013

Fonte: Nações Unidas, 2013

de tamanho novamente. No entanto, nos países menos desenvolvidos projeta-se que a população dobrará, de 898 milhões em 2013 para 1,8 bilhão em 2050 (Nações Unidas, 2013).

Apesar de milhares de anos terem se passado antes de a população mundial chegar a um bilhão, por volta de 1800 esse número explodiu rapidamente, chegando a 6 bilhões em menos de 300 anos (veja a Figura 12.1). A população mundial era de 1,6 bilhão quando entramos no século XX, e de 6,1 bilhões na chegada do século XXI. Projeta-se que a população mundial deverá crescer de 7,2 bilhões em 2013 para 8,1 bilhões em 2025, 9,6 bilhões em 2050 e 10,9 bilhões em 2100 (Nações Unidas, 2013).

A maior parte da população mundial vive em países menos desenvolvidos, principalmente Ásia e África (veja a Figura 12.2). Uma em cada cinco pessoas do planeta vive na

tempo de duplicação Tempo exigido para uma população dobrar de tamanho a partir de um ano-base estabelecido se o índice atual de crescimento se mantiver.

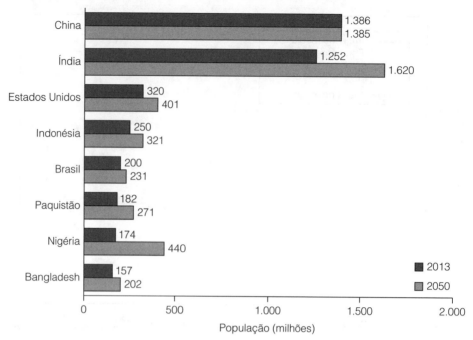

Figura 12.3 Os oito maiores países do mundo em população, 2013 e 2050 (projeção)

Fonte: Nações Unidas, 2013

China, que já é o país mais populoso do mundo, com perspectivas de deixar essa posição para a Índia em 2050 (veja a Figura 12.3).

Até 2100, boa parte do crescimento populacional do mundo ocorrerá em países menos desenvolvidos, em especial em países da África e Ásia. Estima-se que a população dos países em desenvolvimento aumente de 5,9 bilhões, em 2013, para 9,6 bilhões em 2100. Em contraste, a população de países mais desenvolvidos deve crescer minimamente, de 1,25 bilhão em 2013 para 1,28 bilhão em 2100 – e cairia, não fosse pela migração de países em desenvolvimento para os desenvolvidos (Nações Unidas, 2013). O maior crescimento populacional em países em desenvolvimento deve-se amplamente ao **índice de fertilidade total** – o número médio de nascidos vivos por mulher em uma população. Apesar de os índices de fertilidade total em todo o mundo terem caído significativamente de quase 5, nos anos 1950, para 2,53 entre 2005 e 2010, continuam a ser os maiores nos países menos desenvolvidos do mundo.

O crescimento rápido da população, que ocorreu em décadas recentes, cessará? A população mundial vai se estabilizar? Há previsões de que a população se estabilizará por volta da metade do século XXI, mas não há garantias de que isso aconteça. Há um declínio geral nos índices de fertilidade, mas, em cerca de 30 países, os padrões de fertilidade se mantêm altos (média de 5 ou mais crianças por mulher) (Nações Unidas, 2013). Para atingir a estabilização populacional, os índices de fertilidade em todo o mundo precisariam atingir o "nível de substituição" – no qual os nascimentos substituiriam, mas não ultrapassariam, as mortes. A **fertilidade em nível de reposição** é de 2,1 nascimentos por mulher, ou seja, pouco mais de 2, porque nem todas as crianças do sexo feminino viverão tempo suficiente para chegar à idade reprodutiva. Entre 2005 e 2010, 75 países tiveram fertilidade abaixo da reposição (Nações Unidas, 2013). Em alguns deles, a população continuará a crescer por várias décadas, em função do ***momentum* populacional** – crescimento contínuo da população em consequência de altos índices de fertilidade no passado que resultaram em um grande número de mulheres jovens que estão atualmente entrando nos seus anos de maternidade. Mas 43 países ou regiões têm populações cuja projeção é de redução entre 2013 e 2050 (Nações Unidas, 2013). Apesar de a população dos Estados Unidos ter um índice de fertilidade total levemente menor do que o nível de reposição, sua população deve continuar a crescer até 2050 devido à imigração.

índice de fertilidade total Número médio de nascimentos por mulher em uma população ao longo da vida.

fertilidade em nível de reposição Nível de fecundidade no qual uma população substitui exatamente o que perdeu de uma geração para a seguinte; atualmente, o número é de 2,1 nascimentos por mulher (ligeiramente acima de 2, porque nem todas as crianças do sexo feminino vivem tempo suficiente para chegar à idade reprodutiva).

***momentum* populacional** Crescimento contínuo da população em consequência de índices de alta fecundidade do passado que resultaram em uma grande quantidade de mulheres jovens que atualmente estão entrando nos seus anos reprodutivos.

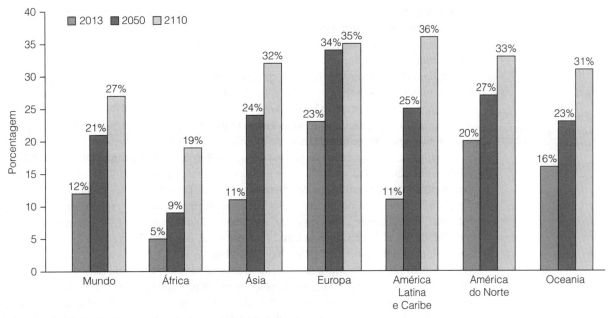

Nota: Porcentagens são arredondadas pelo número inteiro mais próximo

Figura 12.4 Porcentagem da população com mais de 60 anos, por região: 2013–2110 (projeção)
Fonte: Nações Unidas, 2013.

Duas tendências de tamanho da população estão ocorrendo simultaneamente e parecem contraditórias: (1) o número total de pessoas no planeta está aumentando e espera-se que continue a crescer ao longo das próximas décadas; e (2) índices de fertilidade são tão baixos em alguns países, que suas populações tendem a se reduzir ao longo dos próximos anos. Como discutiremos mais adiante neste capítulo, cada uma dessas tendências apresenta um conjunto de problemas e desafios.

> Em 2050, a população global de pessoas com 60 anos ou mais superará a população de crianças (de 0 a 14 anos) pela primeira vez na história humana.

O envelhecimento da população mundial

Outra tendência demográfica que apresenta seu próprio conjunto de desafios é o número crescente e a proporção de indivíduos mais velhos na população total. Globalmente, a população de 60 anos ou mais é a faixa etária que cresce mais rápido (Nações Unidas, 2013). Entre 2013 e 2050, espera-se que a porcentagem de indivíduos mais velhos (60 anos ou mais) na população mundial duplique (veja a Figura 12.4). Em 2050, a população global de pessoas com 60 anos ou mais superará a população de crianças (de 0 a 14 anos) pela primeira vez na história humana (Nações Unidas, 2012). A população com 80 anos ou mais também está crescendo ao redor do mundo, aumentando de quase 2% da população mundial em 2013 para 4% em 2050 e 8% em 2100 (Nações Unidas, 2013). Nos Estados Unidos, esse fenômeno se repete (veja a Figura 12.5).

O envelhecimento da população é resultado tanto do aumento da longevidade quanto do declínio nos índices de fertilidade. A expectativa de vida global aumentou de 47 anos, entre 1950 e 1955, para 69 anos entre 2005 e 2010. Entre 2045 e 2050, espera-se que aumente para 76 anos, e para 82 anos entre 2095 e

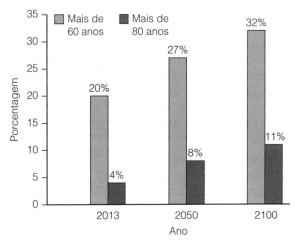

Nota: Porcentagens são arredondadas pelo número inteiro mais próximo

Figura 12.5 Porcentagem da população norte-americana com mais de 60 anos e mais de 80 anos, 2013-2100 (projeção)
Fonte: Nações Unidas, 2013.

2100 (Nações Unidas, 2013). Nos Estados Unidos, o envelhecimento da população também ocorre conforme os **baby boomers** – geração de norte-americanos nascidos durante um período de altos índices de natalidade entre 1946 e 1964 – envelhecem. O pioneiro da geração *baby boomer* fez 65 anos em 2011.

Índices de fertilidade caíram no mundo todo, de 4,44 em 1970 para 2,53 em 2010. Em países mais desenvolvidos, incluindo os Estados Unidos, esses índices caíram para menos de 2 filhos por mulher e estão abaixo do nível de reposição por duas a três décadas. Isso significa que, enquanto mais pessoas vivem mais em idades avançadas, menos crianças estão nascendo e, por consequência, uma porcentagem maior da população é mais velha.

Conforme a proporção de pessoas mais velhas aumenta numa população, há menos adultos em idade ativa para ajudar a população idosa, e essa realidade impacta as sociedades. A **razão de dependência de idosos** – calculada pelo número de pessoas em idade ativa dividido pelo número de pessoas com 65 anos ou mais – mostra como esse círculo vicioso funciona. Globalmente, a "idade ativa" envolve indivíduos de 15 a 64 anos; nos Estados Unidos, "idade ativa" é considerada dos 20 aos 64 anos. Desde 1950, a razão de dependência de idosos global tem caído. Em 1950, havia 12 pessoas em idade ativa para cada pessoa mais velha; em 2012, esse número caiu para 8 e espera-se que a razão de dependência de idosos diminua ainda mais, para 4 : 1 até 2050 (Nações Unidas, 2012). Em países desenvolvidos há menos adultos em idade ativa para sustentar cada pessoa mais velha, já que a razão de dependência de idosos é muito mais baixa do que em regiões menos desenvolvidas. Alemanha, Itália e Japão têm uma razão de dependência de idosos de 3 : 1, a mais baixa do mundo (Population Reference Bureau, 2010). Até 2050, o Japão terá apenas um adulto em idade ativa para cada idoso; Alemanha e Itália terão, cada um, dois.

O declínio da razão de dependência de idosos potencializa as preocupações sobre haver ou não trabalhadores suficientes para cuidar da população idosa. O envelhecimento da população também levanta outras preocupações: como as sociedades oferecerão moradia, assistência médica, transporte e outras necessidades da crescente população idosa? Problemas e desafios para atender às necessidades de uma população idosa crescente serão abordados ainda neste capítulo.

Teorias sociológicas sobre crescimento populacional e envelhecimento

As três principais perspectivas sociológicas – estrutural-funcionalismo, teoria do conflito e interacionismo simbólico – podem ser aplicadas ao estudo da população e do envelhecimento.

Perspectiva estrutural-funcionalista

De acordo com essa perspectiva, mudanças em um aspecto do sistema social afetam outros aspectos da sociedade. Por exemplo, a **teoria da transição demográfica** da população descreve como a industrialização e o desenvolvimento econômico afetam o crescimento da população ao influenciar os índices de natalidade e mortalidade. Segundo essa teoria, sociedades tradicionalmente agrícolas têm índices altos tanto de natalidade quanto de mortalidade. À medida que a sociedade se torna industrializada e urbanizada, a melhora no saneamento, na saúde e na educação leva a um declínio da mortalidade. O aumento do índice de sobrevivência de bebês e crianças, somado à diminuição da importância econômica das crianças, leva à redução dos índices de natalidade. A teoria da transição demográfica é um modelo generalizado que não se aplica a todos os países nem leva em conta a mudança da população em razão do HIV/Aids, guerras, migração e mudanças nos papéis de gênero e igualdade. Muitos países com baixos índices de fecundidade estão contemplados na "segunda transição demográfica", em que a fecundidade fica abaixo do nível de reposição com dois filhos. Essa segunda transição demográfica tem sido relacionada à melhora da educação e de oportunidades de emprego para mulheres, ao aumento da disponibilidade de métodos contraceptivos eficazes e ao surgimento do individualismo e do materialismo (Population Reference Bureau, 2004).

---

baby boomers Geração de norte-americanos nascida entre 1946 e 1964, período de taxas de natalidade elevadas.

razão de dependência de idosos Razão entre adultos em idade produtiva (15 a 64 anos) em relação a adultos de 65 anos ou mais na população.

teoria da transição demográfica Teoria que atribui padrões de crescimento populacional a mudanças nos índices de natalidade e mortalidade associados ao processo de industrialização.

Com o crescimento da população idosa, ocorre uma série de mudanças sociais, como o aumento da pressão sobre a força de trabalho e os programas federais para sustentar a população idosa (por exemplo, Medicare e Seguridade Social). O aumento da longevidade também afeta as famílias, que muitas vezes suportam o peso dos idosos. Os problemas e desafios associados ao cuidado da população idosa são discutidos mais à frente neste capítulo.

A perspectiva estrutural-funcionalista também foca as consequências não intencionais ou latentes do comportamento social. Embora a função pretendida, ou manifesta, da contracepção moderna seja controlar e limitar a gravidez, também há efeitos não intencionais de longo alcance da contracepção no *status* social e econômico das mulheres. O desenvolvimento de contraceptivos modernos – particularmente a pílula anticoncepcional – levou a menos nascimentos por mães no ensino médio e na universidade, aumentou a idade do primeiro casamento e elevou a participação das mulheres na força de trabalho. "O advento da pílula permitiu que mulheres tivessem mais liberdade nas decisões de carreira, permitindo-lhes investir em mais educação e em uma carreira com muito menos risco de uma gravidez não planejada" (Sonfield, 2011, p. 9). Em vários países, estudos que ligam programas de Seguridade Social à diminuição da fertilidade trazem vários exemplos de consequência não intencional (Kornblau, 2009). As pessoas têm filhos para obter segurança na velhice. A Seguridade Social reduz a necessidade de ter filhos para garantir cuidados em uma idade avançada.

Perspectiva do conflito

Esta concentra-se em como riqueza e poder, ou a falta deles, afetam os problemas da população. Em 1798, Thomas Malthus previu que a população cresceria mais rápido do que a oferta de alimentos, que as massas de pessoas estavam destinadas a ficar pobres e passar fome. De acordo com a teoria malthusiana, a escassez de alimentos levaria à guerra, doenças e fome, o que resultaria na desaceleração do crescimento populacional. Entretanto, teóricos do conflito argumentam que a escassez de alimentos é consequência principalmente da distribuição desigual de poder e de recursos (Livernash e Rodenburg, 1998).

Teóricos do conflito também observam que o crescimento populacional resulta da pobreza generalizada e da posição de subordinação das mulheres em muitos países menos desenvolvidos. Países pobres têm altas taxas de mortalidade infantil. Mulheres em posição de subordinação em muitos países pobres sentem-se obrigadas a ter muitos filhos para aumentar as chances de alguns chegarem até a idade adulta. Em muitos países em desenvolvimento, uma mulher precisa do consentimento do marido antes de receber qualquer serviço contraceptivo. Assim, de acordo com teóricos do conflito, problemas populacionais resultam da contínua desigualdade econômica e de gênero.

Alguns desses teóricos veem a população idosa como um grupo de interesse especial que compete com populações mais jovens por recursos escassos. Debates sobre programas de financiamento para idosos (como a Seguridade Social e o Medicare) *versus* programas de financiamento para jovens (como escolas públicas e programas de saúde infantil) representam amplamente interesses conflitantes dos jovens *versus* dos idosos. Uma população idosa crescente significa que os idosos têm mais poder sobre questões políticas. Nos Estados Unidos, adultos de 65 a 74 anos têm o índice mais alto de votação do que qualquer faixa etária (File e Crissey, 2010).

> Nos Estados Unidos, adultos de 65 a 74 anos têm o índice mais alto de votação do que qualquer faixa etária.

Perspectiva interacionista-simbólica

Esta concentra-se em como significados, rótulos e definições aprendidos por meio de interação afetam os problemas da população. Por exemplo, muitas sociedades são caracterizadas pelo **pró-natalismo** – um valor cultural que incentiva a ter filhos. Ao longo da história, muitas religiões veneraram a fertilidade e a reconheceram como necessária para a continuação da raça humana. Em muitos países, as religiões proíbem ou desencorajam o controle de natalidade, métodos contraceptivos e aborto. Mulheres em algumas sociedades pró-natalistas aprendem por meio da interação com outras que o controle deliberado da

pró-natalismo Valor cultural que incentiva a ter filhos.

fertilidade é socialmente inaceitável. Mulheres que usam contracepção em comunidades nas quais o planejamento familiar não é socialmente aceito enfrentam o ostracismo por parte de sua comunidade, desdém de parentes e amigos e até mesmo divórcio e abandono dos maridos (Women's Studies Project, 2003). No entanto, uma vez que algumas mulheres aprendem novas definições de controle de fertilidade, tornam-se exemplos e influenciam as atitudes e comportamentos alheios em suas redes pessoais (Bongaarts e Watkins, 1996).

A perspectiva interacionista-simbólica enfatiza a importância de examinar significados sociais e definições associados ao envelhecimento. "Idade avançada" é principalmente uma construção social; não há marcador biológico que indique quando uma pessoa é "velha". Em vez disso, velhice é questão de definição social. Nos Estados Unidos, e em grande parte do mundo, uma pessoa é considerada "velha" (ou um "cidadão idoso") ao atingir 65 anos, já que esta é a idade que regimes de pensões de empresas e a Seguridade Social usam para definir quando uma pessoa se aposenta e recebe benefícios. Devido a mudanças no sistema de Seguridade Social, a idade para receber benefícios completos por aposentadoria aumentou para 67, mas continuamos usando 65 para definir a "velhice".

O que você acha? Hoje, há expressões que sugerem que "60 é o novo 40" ou "70 é o novo 50". Conforme a expectativa de vida aumenta e as pessoas redefinem os 60 como os atuais 40, você acha que a denominação "cidadão idoso" ou "velho" mudará de 65 para um número mais alto? Que idade você considera o início da "velhice"?

Também aprendemos significados tanto positivos quanto negativos associados à velhice, como "sábio" e "vivido" e "frágil" e "debilitado" (Kornadt e Rothermund, 2010). Na cultura norte-americana, rótulos negativos para pessoas mais velhas, como "coroa", "das antigas" e "velhote" são predominantes e refletem o preconceito contra a idade – tópico que discutiremos mais à frente neste capítulo.

Segundo a perspectiva interacionista-simbólica, a qualidade de vida entre os idosos está relacionada à maneira como estes definem subjetivamente suas experiências. Por exemplo, para avaliar o isolamento social na terceira idade, pesquisadores em geral usam medidas objetivas, como a frequência de contato social entre os idosos. Mas também é importante considerar como essa faixa etária subjetivamente experimenta seu nível de contato social, já que alguns adultos mais velhos preferem participar de atividades solitárias e acham que ficar sozinho é agradável (Cloutier-Fisher et al., 2011).

Problemas sociais relacionados ao crescimento populacional e envelhecimento

Dilemas sociais relacionados ao crescimento populacional incluem problemas ambientais; pobreza, desemprego e insegurança global; saúde materna e infantil fraca. A seção *Animais e a sociedade* deste capítulo analisa a questão da superpopulação de animais e a importância de controlar a fertilidade de animais de estimação.

Conflitos relacionados ao envelhecimento da população incluem o preconceito contra a idade, questões de emprego e aposentadoria de norte-americanos mais velhos e o desafio de atender às várias necessidades da população idosa, particularmente o dinheiro da aposentadoria e a assistência médica. Questões de saúde e Medicare foram discutidas no Capítulo 2, e maus-tratos a idosos, no Capítulo 5.

Problemas ambientais e escassez de recursos

De acordo com uma pesquisa realizada na State University of New York College of Environmental Science and Forestry (2009), superpopulação é o maior problema ambiental do mundo, seguido pela mudança climática e pela necessidade de substituir combustíveis fósseis por fontes de energia renováveis. Como discutimos no Capítulo 13, o crescimento populacional aumenta a demanda de recursos naturais, como floresta, água, terras de cultivo e petróleo, e resulta no aumento de resíduos e da poluição.

De acordo com o Programa das Nações Unidas para o Meio Ambiente (Pnuma), metade das florestas do planeta foi derrubada para uso humano da terra, e, em 2025, dois terços da população mundial viverão em países com escassez de água ou estresse, e a pesca no mundo esgotará até a metade deste século (Engelman, 2011). Países em desenvolvimento com os maiores índices de crescimento populacional são os que mais sofrem com a escassez de água, terras agrícolas e alimentos, mas não são necessariamente os que causam maior impacto no meio ambiente. Isso porque as demandas da humanidade sobre os recursos naturais da terra são determinadas por padrões de produção e consumo na cultura ambiental de cada pessoa. A **pegada ambiental** de uma pessoa média em um país de alta renda é muito maior do que a de outra em um país de baixa renda. Portanto, apesar de o crescimento populacional ser um fator contribuinte para os problemas ambientais, padrões de produção e consumo são igualmente importantes na influência de efeitos da população sobre o meio ambiente.

O que você acha? O crescimento da população mundial levanta questões sobre como podemos oferecer comida, água, energia e moradias suficientes que atendam às necessidades de todos. Gar Smith (2009) argumenta que "atender às 'demandas crescentes de uma população crescente' não é solucionar o problema, é perpetuá-lo" (p. 15). O que ele quer dizer com essa afirmação? Você concorda? Por quê?

Pobreza, desemprego e insegurança global

A pobreza e o desemprego são problemas que afligem países com alto crescimento populacional. Países pobres e menos desenvolvidos com altas taxas de natalidade não têm empregos suficientes para uma população de crescimento rápido, e, conforme as populações aumentam, a terra para agricultura de subsistência se torna cada vez mais escassa. De certa forma, a pobreza eleva o índice de fertilidade, pois mulheres pobres têm menos acesso a métodos contraceptivos e, portanto, têm famílias maiores, na esperança de que algumas crianças sobreviverão à vida adulta e as sustentarão na velhice. Mas a alta taxa de fertilidade também acentua a pobreza, porque as famílias têm mais filhos para sustentar, e os orçamentos nacionais para educação e saúde são usados até o limite.

Um relatório do Population Institute, intitulado *Breeding insecurity: global security implications of rapid population growth*, alerta para o crescimento rápido da população como fator contribuinte para a insegurança global, incluindo agitação social, guerra e terrorismo (Weiland, 2005). Embora a população mundial esteja, no geral, envelhecendo, alguns países da África e do Oriente Médio enfrentam uma "explosão juvenil" – alta proporção de pessoas de 15 a 29 anos em relação à população adulta. Explosões juvenis resultam de altas taxas de fertilidade e taxas reduzidas de mortalidade infantil, um padrão comum em países em desenvolvimento na atualidade. A combinação de uma explosão juvenil com outras características de populações de crescimento rápido – como escassez de recursos, altos índices de desemprego, pobreza e urbanização rápida – cria o palco para agitação política. "Grandes grupos de jovens desempregados, somados a cidades superpopulosas e falta de acesso a terras férteis e água, resultam em uma população raivosa e frustrada com o *status quo*, com mais chances de recorrer à violência para exigir mudanças" (Weiland, 2005, p. 3).

Condições precárias de saúde materna e infantil

Como observado no Capítulo 2, mortes maternas (relacionadas à gravidez e parto) são a causa líder de mortalidade de mulheres em idade reprodutiva no mundo desenvolvido. As chances de nascimento prematuro, doenças infecciosas e morte, para a mãe e o bebê, aumentam para mulheres que têm muitos filhos em intervalos curtos. A gravidez na adolescência também aumenta os riscos de problemas de saúde e morte, tanto para as mulheres quanto para os bebês (United Nations Population Division, 2009). Em países em desenvolvimento,

pegada ambiental Demandas da humanidade sobre os recursos naturais da Terra.

uma em cada quatro crianças é indesejada, aumentando o risco de negligência e abuso. Além disso, quanto mais filhos uma mulher tem, menos recursos dos pais (renda, tempo e nutrição materna) e sociais (assistência médica e educação) ficam disponíveis para cada criança.

Ageísmo: preconceito e discriminação com relação aos idosos

ageísmo Estereótipos, preconceitos e discriminação baseados na idade cronológica percebida de uma pessoa ou grupo.

ageísmo por invisibilidade Ocorre quando adultos mais velhos não são incluídos em materiais publicitários e educativos.

Ageísmo refere-se a estereótipos negativos, preconceito e discriminação baseados na idade cronológica percebida de uma pessoa ou de um grupo. Ageísmo é refletido como estereótipos negativos em relação aos idosos, como: são lentos, não mudam seus hábitos, são rabugentos, dirigem mal e não querem ou não conseguem aprender coisas novas, são incompetentes ou física e/ou cognitivamente deficientes (Nelson, 2011). Ageísmo também ocorre quando indivíduos mais velhos são tratados de forma diferente por sua idade, como quando se fala com eles em volume alto e linguagem simples, presumindo que não podem entender o discurso normal, ou quando têm uma oportunidade de emprego negada em razão da idade. Outra forma – **ageísmo por invisibilidade** – ocorre quando adultos mais velhos não são incluídos em propagandas ou materiais educacionais. Antes de continuar lendo, responda à "Pesquisa sobre ageísmo", na seção *Você e a sociedade* deste capítulo.

A terceira idade é estereotipada como fase negativa durante a qual indivíduos mais velhos sofrem uma perda de identidade (aposentadoria), não são respeitados pela sociedade, e dependem cada vez mais dos outros. Embora esses estereótipos descrevam com precisão a situação de muitos idosos, eles não se aplicam a muitos indivíduos mais velhos. Contrariamente às opiniões negativas sobre o envelhecimento, pessoas podem ser produtivas e se sentir realizadas no final de suas vidas (ver Tabela 12.1).

A discriminação com base na idade está incorporada à nossa cultura e é muito mais aceita do que outros preconceitos como o racismo, o sexismo e o heterossexismo. Nelson (2011) afirma que "não há outro grupo para o qual nos sintamos livres para expressar estereótipos abertamente e até uma hostilidade sutil que não o dos idosos" (p. 40). De acordo com Margaret Gullette (2011), a discriminação com base na idade é para o século XXI o que o sexismo, o racismo, a homofobia e o capacitismo eram no início do século XX – sistemas de discriminação enraizados e implícitos, sem movimentos adequados de resistência que se oponham a eles" (p. 15). A discriminação com base na idade é diferente dos outros preconceitos porque todos estão sujeitos a ele se viverem o bastante.

> O ageísmo é diferente de qualquer outro "ismo" porque todos nós estamos suscetíveis a ele se vivermos bastante.

O que você acha? O ageísmo é perpetuado de várias formas que aceitamos comumente como diversão inofensiva. Por exemplo, cartões de aniversário para adultos mais velhos muitas vezes dizem: "Sinto muito por você estar um ano mais velho". Nelson (2011) observa: "Pense no ultraje que seria se uma seção de cartões dissesse 'Sinto muito por você ser negro' ou 'Ha ha ha, que pena que você é judeu!' – realmente não soaria bem. Então, por que a sociedade permite, e até mesmo aceita, a mesma mensagem sendo direcionada a pessoas mais velhas?" (p. 41). Damos cartões de aniversário cômicos para adultos os quais gozam dos idosos com o tema "na flor da idade", e contamos e recontamos piadas que ridicularizam essas pessoas, achando que as piadas são bem-humoradas, não ofensivas. Quando as pessoas ficam esquecidas, dizem que estão "ficando gagás", sem imaginar que esse comentário reflete ageísmo. Após considerar esses pontos, você acha que tais atos que gozam de idosos podem ser vistos como diversão inofensiva ou como exemplos de ageísmo?

Animais e a sociedade

Superpopulação de animais de estimação nos Estados Unidos

Mais de um terço das famílias norte-americanas tem gatos ou cães como animais de estimação, também chamados de animais de companhia (Coate e Knight, 2010). Muitos animais vivem em lares em que são muito amados e bem cuidados. Mas, todo ano, cerca de 8 milhões de cães e gatos vadios e indesejados são levados a abrigos de animais em todos os Estados Unidos, e cerca de metade desses animais acaba sendo sacrificada, normalmente por meio de injeções intravenosas (American Humane Association, 2011; Humane Society, 2009). Na verdade, a eutanásia em abrigos é a principal causa de morte tanto de cães quanto de gatos nos Estados Unidos (American Humane Association, 2011).

Mudança de lar, custo para manter o animal e alergias estão entre as dez principais razões para levar cães ou gatos para abrigos de animais (veja a tabela nesta seção), de acordo com o National Council on Pet Population Study and Policy (2009). Muitas pessoas não percebem que, além do gasto com a compra inicial do cão ou gato, o custo para manter um animal de estimação por 12 anos pode atingir US$ 22 mil ou mais para comida, guloseimas, visitas ao veterinário, cuidados com aparência, brinquedos, remédio, treinamento e outras despesas (Greenfield, 2011). Pessoas que contratam terceiros para passear com seus cães podem gastar US$ 5 mil adicionais por ano apenas com esse serviço.

Durante a recente crise de habitação, abrigos e grupos de resgate de animais viram o surto de animais abandonados como resultado do aumento de hipotecas (Brenoff, 2011). Embora seja crime nos 50 estados abandonar um animal, algumas famílias despejadas de suas casas deixam os animais no quintal ou na casa para se defenderem sozinhos. Em cidades universitárias, ocorre o aumento de animais abandonados no final do ano escolar, quando muitos estudantes se mudam e não podem levá-los consigo (Kidd, 2009).

Nem todos os animais abandonados são levados para abrigos; alguns são deixados na rua ou largados em estacionamentos ou outros locais públicos. Animais abandonados lutam contra a fome e doenças e são uma ameaça tanto para humanos quanto para outros animais, como aves em extinção. Quando soltos, cães e gatos não esterilizados podem se multiplicar rapidamente. Considerando que um gato não esterilizado dá à luz duas ninhadas por ano, isso pode resultar em 400 mil gatos em sete anos (Shikina, 2011).

Os milhões de cães e gatos ferozes e indesejados são parte de um problema maior da superpopulação de animais de estimação, e o melhor método para reduzi-la é a esterilização, segundo a American Society for the Prevention of Cruelty to Animals (ASPCA), que recomenda: (1) todos os cães e gatos de companhia, com exceção dos que fazem parte de um programa de criador responsável, devem ser castrados ou esterilizados em idade precoce (2 meses) e (2) todas as comunidades devem ter programas de castração/esterilização disponíveis e financeiramente acessíveis (ASPCA, 2011). Muitos veterinários e agências de bem-estar animal oferecem castração e esterilização de graça ou a preços baixos, e algumas organizações têm clínicas móveis que viajam para áreas rurais de baixa renda, onde as pessoas não conseguem transportar o animal até um veterinário.

Apesar do problema da superpopulação de animais de estimação, cerca de um terço dos donos desses animais nos Estados Unidos não os castram ou esterilizam (American Humane Association, 2011). Alguns querem criá-los, seja visando fins lucrativos ou porque acreditam que será divertido ter uma ninhada de cachorrinhos ou gatinhos. Outros acreditam, erroneamente, que seu animal não engravidará acidentalmente. Alguns estados e municípios têm leis para tentar reduzir a superpopulação de animais de estimação. Rhode Island ordena que cães e gatos sejam castrados ou esterilizados antes de ser liberados de um abrigo; um decreto de Los Angeles exige que os donos dos animais esterilizem seus cães ou gatos quando estes completam quatro meses; e algumas cidades, incluindo Austin, Texas, Albuquerque, Novo México, e West Hollywood, Califórnia, proíbem completamente vendas de cães e gatos (Humane Society, 2010; Shikina, 2011). O Havaí está considerando um projeto de lei que obrigaria varejistas de animais de estimação a esterilizar todos os cães e gatos antes de vendê-los (Shikina, 2011). E algumas grandes lojas de animais, incluindo Petco e PetSmart, se recusam a vender filhotes em suas lojas (embora muitas grandes lojas permitam que grupos de animais locais e abrigos deixem cães e gatos para adoção).

Por fim, pessoas que desejam adquirir um animal de estimação são encorajadas a adotar um cão ou um gato de abrigos de animais ou de organizações de resgate de animais sem fins lucrativos. Todo ano, cerca de 17 milhões de norte-americanos adquirem um cão ou gato de estimação, mas apenas 20% o adotam de um abrigo (American Humane Association, 2011). Em alguns abrigos, mais de 90% dos animais são sacrificados.

O movimento contra a matança ("*no kill*" *movement*) visa cessar o sacrifício de animais em abrigos. Até agora, pelo menos 160 cidades norte-americanas são designadas como comunidades "contra a matança", nas quais abrigos salvam de 90% a 99% de seus animais (Sandberg, 2013). Segundo Nathan Winograd, um líder do movimento, a superpopulação dos animais de estimação é um mito usado para justificar a matança desnecessária. Ele afirma que 3 a 4 milhões de cães e gatos são mortos todos os dias em abrigos, não porque há poucos lares para eles, mas porque os diretores dos abrigos não encontram lares que adotem esses animais. Abrigos que são contra a matança atingem um alto volume de adoções ao trabalhar com voluntários, famílias adotivas, indivíduos e grupos de resgate. Eles tratam problemas médicos e de comportamento, esterilizam e liberam, em vez de sacrificar gatos selvagens. Embora os custos de manter um animal de estimação levem alguns donos a abandonar seus animais, Winograd afirma que encorajar mais adoções de abrigos não só salva a vida dos bichos, mas também contribui para a economia local:

Animais e a sociedade

Superpopulação de animais de estimação nos Estados Unidos

Cada dono gastará uma média de US$ 1.100 por ano com seu animal, e isso significa mais receitas fiscais para a comunidade. É um impulso econômico para *pet shops* locais, tosadores, veterinários e canis. O movimento também se preocupa com a saúde pública e a segurança, porque ter animais de estimação melhora a qualidade de vida das pessoas e suas interações umas com as outras. Ganhamos em várias questões, além de salvar a vida de cães e gatos. (citado em Sandberg, 2013, p. 12).

As dez principais razões de abandono de animais de estimação em abrigos dos Estados Unidos

Cães	Gatos
1. Mudança	1. Muitos animais na casa
2. Problemas com o proprietário	2. Alergia
3. Custo para manter o animal	3. Mudança
4. Não ter tempo para o animal	4. Custo para manter o animal
5. Instalações inadequadas	5. Problemas com o proprietário
6. Muitos animais na casa	6. Sem espaço para filhotes
7. Doença do animal	7. Sujeira na casa
8. Problemas pessoais	8. Problemas pessoais
9. O animal morde	9. Instalações inadequadas
10. Sem espaço para filhotes	10. O animal não se dá bem com os outros animais

Fonte: National Council on Pet Population Study and Policy, 2009.

TABELA 12.1 Realizações de pessoas mais velhas famosas

Aos 70, algemado e acorrentado, o guru *fitness* Jack LaLanne rebocou 70 barcos, transportando um total de 70 pessoas, 2,4 km pelo porto de Long Beach Harbor.

Aos 72, a autora feminista Betty Friedan publicou *The fountain of age*, no qual ela desmascara equívocos sobre o envelhecimento.

Aos 75, Nelson Mandela foi eleito o primeiro presidente da então democrática África do Sul.

Aos 81, Benjamin Franklin facilitou o compromisso que levou à adoção da Constituição dos Estados Unidos.

Aos 82, Winston Churchill escreveu *A history of the english-speaking peoples*.

Aos 85, a atriz Mae West estrelou o filme *Sextette*.

Aos 85, Coco Chanel chefiou uma empresa de *design* de moda.

Aos 87, Mary Baker Eddy criou o jornal *Christian Science Monitor*.

Aos 88, a atriz Betty White tornou-se a pessoa mais velha a apresentar o *Saturday Night Live*.

Aos 89, Doris Haddock, também conhecida como "Granny D", começou uma caminhada de 5.150 km, de Los Angeles até Washington, DC, para aumentar a conscientização sobre o financiamento de campanhas eleitorais. Ela andou 16 km por dia por 14 meses, esquiando 160 km quando a neve impossibilitava a caminhada, e completou sua caminhada ao redor do país aos 90 anos.

Aos 90, Pablo Picasso ainda fazia desenhos e gravuras.

Aos 93, George Bernard Shaw escreveu a peça *Farfetched Fables*.

Aos 94, o filósofo Bertrand Russell era um ativista que promovia a paz no Oriente Médio.

Aos 100, Grandma Moses, conhecida por suas paisagens norte-americanas rurais, ainda pintava. Ela iniciou a atividade como pintora aos 78 anos e, ao falecer, com 101 anos, já havia criado mais de 1.500 obras de arte.

© Cengage Learning 2015

Outro indicador do ageísmo em nossa sociedade é a visão negativa que temos sobre rugas, cabelos brancos e outros sinais físicos do envelhecimento. Milhões de norte-americanos compram produtos ou fazem tratamentos para parecer mais jovens, gastando quantidades enormes de dinheiro e submetendo-se a procedimentos médicos desnecessários e muitas vezes arriscados.

Diferentemente das sociedades mais tradicionais, que honram e respeitam seus idosos, o ageísmo prolifera-se nas sociedades modernas. Com a invenção da mídia impressa, os idosos perderam seu *status* especial como fonte de histórias culturais e conhecimento (Nelson, 2011). O ageísmo também origina-se parcialmente do medo e da ansiedade que circundam o envelhecimento e a morte. Muitas pessoas sentem-se desconfortáveis com o assunto "morte" e não gostam de encará-la como etapa natural do ciclo da vida. Usamos eufemismos para evitar falar sobre morte; dizemos que alguém "faleceu", "foi para um lugar melhor", "está descansando em paz", "bateu as botas", "partiu", e por aí vai. Os idosos nos lembram da nossa mortalidade e, por isso, assumem significados sociais negativos.

Discriminação de idade no emprego. Três em cada quatro trabalhadores norte-americanos planejam continuar trabalhando depois de se aposentar, porque querem (40%) ou porque precisam (35%) (Saad, 2013). Um dos obstáculos que trabalhadores mais velhos enfrentam para encontrar e se manter em um emprego é a discriminação contra a idade. Em um estudo experimental, jovens em busca de emprego tinham 40% mais chances de ser chamados para uma entrevista do que pessoas mais velhas com currículos parecidos (Lahey, 2008).

Nelson Mandela foi eleito presidente da África do Sul aos 75 anos.

Você e a sociedade — Pesquisa sobre ageísmo

Instruções: Numere os espaços em branco segundo a frequência com que você vivenciou cada um dos dez eventos abaixo. Considere que "idade" significa idade avançada.

___ 1. Alguém me contou uma piada que zomba dos idosos.
___ 2. Ganhei um cartão de aniversário que goza dos idosos.
___ 3. Fui ignorado ou não levado a sério por causa da minha idade.
___ 4. Fui insultado por causa da minha idade.
___ 5. Fui tratado com indulgência ou maltratado por causa da minha idade.
___ 6. Fui tratado com menos dignidade e respeito por causa da minha idade.
___ 7. Um médico, ou uma enfermeira, presumiu que minhas doenças fossem consequência da minha idade.
___ 8. Já acharam que eu escutasse mal por causa da minha idade.
___ 9. Já acharam que eu não seria capaz de entender algo por causa da minha idade.
___ 10. Já me disseram: "Você está muito velho para isso".

Dados de comparação: Quando 152 adultos norte-americanos com mais de 60 anos completaram a Pesquisa sobre ageísmo, as seguintes porcentagens indicaram que haviam vivenciado dez tipos de preconceito de idade na pesquisa uma, duas ou mais vezes:

Item	Vivenciou uma vez	Vivenciou duas ou mais vezes
1. Piadas de mau gosto	19	49
2. Cartões de aniversário de mau gosto	14	23
3. Ignorado	16	19
4. Insultado	8	9
5. Tratado com indulgência	16	22
6. Tratado com menos dignidade	12	16
7. Acharam que as doenças eram consequência da idade	22	20
8. Acharam que era surdo	10	20
9. Acharam que não era capaz de entender algo	16	17
10. "Você é muito velho"	17	24

Fonte: PALMORE, Erdman B. Research note: ageism in Canada and the United States. *Journal of Cross-Cultural* Gerontology 19(1), p. 41–46, 2004.

Copyright © 2004 by Springer. Reimpresso com permissão.

Quanto dinheiro você gasta em produtos que prometem mantê-lo jovem?

Trabalhadores mais velhos podem ficar mais vulneráveis a ser "deixados de lado" porque, embora tenham mais experiência, também podem pedir salários mais altos, e empresas que precisam cortar custos com o pessoal podem economizar mais dinheiro não permitindo a entrada de veteranos. Potenciais empregadores podem ver candidatos mais velhos como "superqualificados" para cargos de nível básico, menos produtivos do que funcionários mais jovens e/ou com mais chances de ter problemas de saúde, o que poderia afetar não só a produtividade, mas também impactar os prêmios de seguro coletivos baseados no empregador. E, ainda, se preocupar com a capacidade dos funcionários em aprender novas habilidades e se adaptar à nova tecnologia.

Cuidadores para os nossos idosos

Muitos adultos fornecem ou fornecerão cuidados e/ou apoio financeiro a cônjuges mais velhos, pais, avós e sogros. Os adultos que cuidam de seus pais idosos e seus próprios filhos ao mesmo tempo são referidos como a **geração sanduíche** – estão "ensanduichados" entre cuidar de pais e filhos. Alguns adultos estão cuidando de não duas, mas três gerações de membros da família; estes (em geral, entre 50 e 60 anos) fazem parte da **geração sanduíche duplo** – "ensanduichados" entre cuidar de pais idosos, avós, crianças, adultos (em geral entre 30 e 40 anos), netos e seus próprios filhos.

Por milhares de anos, cuidar de adultos mais velhos tem sido uma função importante da família. Por exemplo, a cultura chinesa parte do princípio da *piedade filial,* que implica respeitar, obedecer, agradecer e oferecer apoio e cuidar dos pais. Devido a mudanças sociais, econômicas e culturais, tornou-se mais difícil para as famílias ao redor do mundo cuidar de seus pais idosos. A seção *Um olhar sobre a pesquisa dos problemas sociais* deste capítulo examina os desafios de cuidar de um idoso para as famílias norte-americanas.

Países ao redor do mundo usaram vários métodos para encorajar o apoio dos pais. Estados Unidos e Taiwan oferecem deduções fiscais e créditos para filhos adultos cuidando de pais idosos. Na China, que tem a maior população idosa do mundo, alguns pais levaram seus filhos ao tribunal por deles não cuidarem. Milhões de famílias chinesas assinaram o **Acordo de Apoio Familiar** – contrato voluntário entre pais mais velhos e filhos adultos que especifica os detalhes de como os filhos adultos tomarão conta dos pais (Chou, 2011).

geração sanduíche Geração de pessoas que cuidam de pais idosos enquanto também cuidam dos próprios filhos.

geração sanduíche duplo Inclui adultos (em geral entre 50 e 60 anos) que tomam conta dos pais idosos, avós, crianças, adultos (em geral entre 30 e 40 anos), netos e seus próprios filhos.

Acordo de Apoio Familiar Na China, contrato voluntário entre pais idosos e filhos adultos que especifica os detalhes de como estes últimos lhes proverão cuidados.

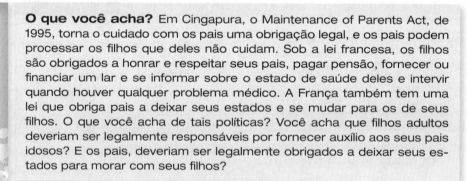

O que você acha? Em Cingapura, o Maintenance of Parents Act, de 1995, torna o cuidado com os pais uma obrigação legal, e os pais podem processar os filhos que deles não cuidam. Sob a lei francesa, os filhos são obrigados a honrar e respeitar seus pais, pagar pensão, fornecer ou financiar um lar e se informar sobre o estado de saúde deles e intervir quando houver qualquer problema médico. A França também tem uma lei que obriga pais a deixar seus estados e se mudar para os de seus filhos. O que você acha de tais políticas? Você acha que filhos adultos deveriam ser legalmente responsáveis por fornecer auxílio aos seus pais idosos? E os pais, deveriam ser legalmente obrigados a deixar seus estados para morar com seus filhos?

Um olhar sobre a pesquisa dos problemas sociais — Estudo dos cuidados com idosos

Nesta seção, descreveremos brevemente uma pesquisa realizada nos Estados Unidos intitulada *The elder care study: everyday realities and wishes for change* (Aumann et al., 2010). Essa pesquisa oferece dados quantitativos e qualitativos a respeito da experiência de fornecer cuidados a familiares idosos.

Amostragem e métodos

O National Study of the Changing Workforce (NSCW) de 2008 coletou informações por meio de entrevistas por telefone, com uma amostragem nacionalmente representativa de 3.502 pessoas empregadas, usando um procedimento de discagem de dígitos aleatórios. O índice de resposta foi de 54,6%. A partir desse estudo inicial, 1.589 cuidadores – tanto aqueles que estavam prestando assistência no momento quanto os que prestaram assistência a alguém já falecido nos últimos cinco anos – foram chamados para participar de uma entrevista por telefone e contar suas experiências de prestação de assistência a um idoso. Uma subamostragem de 421 cuidadores familiares concordou em participar de uma entrevista sequencial explorando suas experiências em cuidar de um parente ou agregado e, dentre eles, 140 foram contatados e entrevistados com sucesso.

Resultados quantitativos selecionados

Em resposta à pergunta "Durante os últimos cinco anos, você prestou atenção ou cuidados especiais a um parente ou agregado com 65 anos ou mais, ajudando com coisas difíceis ou impossíveis que eles não conseguem fazer sozinhos?", quase metade – 42% – respondeu "sim". Três quartos dos idosos auxiliados por participantes do estudo qualitativo tinham 75 anos ou mais.

Os tipos de cuidados que familiares de idosos forneceram abrangem uma ampla gama de tarefas e responsabilidades, incluindo cuidado direto e pessoal (por exemplo, preparando refeições, realizando trabalhos domésticos, oferecendo transporte para consultas médicas, banho etc.) e cuidado indireto (por exemplo, fazendo compras, agendando consultas médicas e outros serviços, administrando as finanças etc.). A maioria dos idosos desse estudo (67%) vivia em sua própria casa. Aproximadamente um em cada quatro cuidadores vive com seu parente ou agregado idoso, seja na casa do cuidador (18%) ou na do idoso (6%), e 52% residem a 20 minutos ou menos de distância da casa de quem cuidam.

Três quartos (76%) dos cuidadores contavam unicamente consigo e suas famílias para cuidar de um parente idoso, sem assistência paga. Cuidadores de idosos participantes desse estudo ofereceram cuidados por cerca de 4,1 anos; um em cada quatro ofereceu cuidados por cinco anos ou mais. Mulheres (20%) e homens (22%) tinham chances iguais de oferecer cuidados a idosos, embora, em média, mulheres passassem mais tempo do que os homens prestando cuidados (9,1 horas por semana para mulheres *versus* 5,7 horas para homens). Muitos desses cuidadores são da "geração sanduíche"; 46% das mulheres e 40% dos homens cuidadores também têm filhos com menos de 18 anos em casa. A maioria dos cuidadores registra não ter tempo suficiente para seus filhos (71%), para seu cônjuge (63%) e para si mesmos (63%).

Resultados qualitativos selecionados

Cuidadores familiares expressaram o desejo de auxílio dos locais de trabalho, na forma de maior flexibilidade e mais tempo livre para cuidar dos idosos, especialmente tempo livre remunerado, sem o desconto nas férias. Também afirmaram querer mais envolvimento ativo e ajuda de outros membros da família. Mas, apesar dos desafios e frustrações envolvidos no trabalho dos cuidadores, muitos expressaram gratidão pela oportunidade de passar tempo com seus parentes idosos e estabelecer uma relação mais próxima. Curiosamente, antigos cuidadores (cujos parentes morreram) registraram mais mudanças positivas em seu relacionamento com o parente idoso durante os cuidados do que os atuais.

Os pesquisadores explicam:

> Parece que a morte do idoso altera a perspectiva dos cuidadores sobre a experiência do cuidado e seu impacto nessa relação. É possível que as demandas e os desafios do cuidado ao familiar afetem negativamente a percepção do cuidador sobre a relação com o idoso durante esse tempo de cuidados. Possivelmente, cuidadores não têm tempo ou recursos mentais para refletir sobre essa vivência e a relação com quem recebe o cuidado até o fim dessa fase. O processo de luto pode, então, ser visto como um processo de cura. (p. 24)

Muitos cuidadores registraram sentir satisfação ao ajudar seu familiar idoso, evitando assim que fosse colocado em um asilo. Um deles disse:

> Saber que ela não está em um asilo, saber que ninguém a está machucando, ninguém está se aproveitando dela. [...] Essas coisas são horríveis. Eu trabalho nessa indústria, e as histórias são horrorosas; então, saber que ela está segura em sua própria casa é reconfortante. E saber que posso fazer tudo por ela. (p. 22)

Muitos cuidadores também afirmaram aprender lições valiosas por meio de sua experiência com o idoso, incluindo a importância de planejar sua velhice e cuidados antecipadamente. Quando questionados sobre o que esperavam para a própria velhice, cuidadores expressaram o desejo de (1) não ser um "fardo" para os outros, especialmente seus filhos; (2) não ser um fardo para si mesmo ou outros com despesas financeiramente inacessíveis e (3) não acabar em um asilo.

Por fim, os pesquisadores observaram que

> (um) tema alarmante que surgiu de nossas entrevistas é que cuidadores familiares parecem, na maioria das vezes, ver o envelhecimento e o recebimento de cuidados como processos altamente negativos e deprimentes a ser evitados o máximo possível. As pessoas parecem temer a ideia de envelhecer e precisar de cuidados, a ponto de dizer que preferem morrer de outra forma ou cometer suicídio. (p. 43)

Como um cuidador expressou:

> Eu nem quero pensar nisso. Quero morrer idoso dormindo. É um período feio da vida os últimos anos de sofrimento. Eu preferiria morrer em um acidente de carro do que colocar alguém no meu lugar quando cuidei da minha mãe. (p. 41)

As descobertas da pesquisa *The elder care study* apontam para a necessidade de melhores modelos de cuidados com idosos, que incluam mais apoio do local de trabalho, da família/amigos e do sistema de saúde. Os pesquisadores abordam esse tópico na conclusão de seu registro, quando citam um médico, num hospital, próximo a um idoso, que disse:

> Olhe para essa cama e imagine quantas pessoas mais estarão em camas como esta nos próximos anos. Você e eu estaremos nessas camas algum dia. Temos de tornar as coisas melhores do que são hoje. (p. 44)

Fonte: AUMANN, K et al. *The elder care study:* everyday realities and wishes for change. Families and Work Institute, 2010. Disponível em: <www.familiesandwork.org>.

Preocupações sobre aposentadoria dos norte-americanos mais velhos e o papel da Seguridade Social

Um dos problemas quando envelhecemos é o planejamento financeiro para a aposentadoria. Cerca de metade dos funcionários norte-americanos não "tem total certeza" (28%) ou "não tem muita certeza" (21%) de que terá dinheiro suficiente para viver confortavelmente durante a aposentadoria (Helman et al., 2013). Essas preocupações são pertinentes. O Center for Retirement Research estima que mais da metade das famílias norte-americanas não terá renda de aposentadoria suficiente para manter seu padrão de vida pré-aposentadoria (Munnell et al., 2013).

Tipos de planos de aposentadoria. Planos de aposentadoria incluem (1) pensões tradicionais, que são planos de "benefício definido", pelos quais aposentados recebem uma quantia anual específica até o fim da vida; e (2) programas de "contribuição definida", em que funcionários contribuem financeiramente para planos 401k ou contas de aposentadoria individuais (IRAs – Individual Retirement Accounts), sem nenhuma garantia de quais serão seus futuros benefícios (veja a Figura 12.6).

Pensões, 401k e IRAs oferecem segurança financeira limitada para a velhice. Poucos empregadores privados estão oferecendo pensões garantidas, e cortes no orçamento ameaçam as pensões e outros benefícios de aposentadoria para funcionários do governo. Planos de aposentadoria de contribuição definida (401k e IRAs) são arriscados, porque envolvem investimentos no mercado e seus valores flutuam. Na recente crise econômica, a Bolsa de Valores sofreu um grande golpe, provocando perdas que dizimaram os IRAs e 401k de norte-americanos mais velhos. Muitos trabalhadores que planejavam se aposentar tiveram de continuar trabalhando. Outros, que tinham se aposentado recentemente e depois perderam muito dinheiro na Bolsa, sentiram-se obrigados a voltar ao mercado de trabalho. Enquanto alguns trabalhadores mais velhos querem se aposentar, mas não podem se dar a esse luxo, outros gostariam de continuar trabalhando, mas são forçados a se aposentar por problemas de saúde/deficiências, corte de funcionários, deslocamento, ou por precisar cuidar de seus pais ou cônjuges (Szinovacz, 2011).

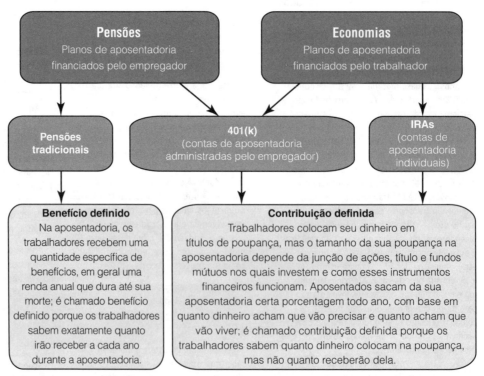

Figura 12.6 Quadro para entender o planejamento de aposentadoria

Fonte: EDWARDS, K.A., TURNER, A., HERTEL-FERNANDEZ. *A young person's guide to social security*. Copyright © 2012 Economic Policy Institute. Reimpresso com permissão.

O papel da Seguridade Social na aposentadoria. A maioria dos funcionários está qualificada a receber benefícios de aposentadoria da Seguridade Social quando atinge a idade para se aposentar. **Seguridade Social**, na verdade intitulada "Seguro de Saúde do Idoso, Sobreviventes e Incapacitados", é um programa de seguro federal, estabelecido em 1935, que protege o cidadão contra perdas de renda devido a aposentadoria, incapacitação ou morte. A maioria (70%) dos benefícios pagos pelo órgão em 2011 era de aposentadoria, 19% eram prestações por invalidez e 11%, prestações de sobrevivência (para cônjuges e filhos dependentes) (Edwards et al., 2012). O valor que cada um recebe da Seguridade Social é baseado em quanto ganhou durante sua vida de trabalho – remunerações maiores durante a vida resultam em benefícios maiores. Pagamentos de prestações também dependem da idade na qual cada pessoa se aposenta. A idade mínima para receber todos os benefícios foi 65 anos por muito tempo, mas, em 1983, o Congresso implantou um aumento gradual na idade de aposentadoria completa para 67 anos, contemplando todas as pessoas nascidas em 1960 ou depois. Aposentados podem desfrutar de prestações reduzidas aos 62 anos, mas recebem um benefício maior se esperarem até os 70 anos para pedir o benefício. Nos Estados Unidos, cônjuges têm direito à metade dos benefícios do parceiro, independentemente de suas próprias histórias e contribuições para a Seguridade Social.

Em julho de 2013, o benefício médio mensal da Seguridade Social para funcionários aposentados era de US$ 1.269,38, o que totalizava cerca de US$ 15.000 ao ano (Social Security Administration, 2013). Quando esse órgão foi estabelecido, em 1935, não se planejava que fosse o único apoio econômico de uma pessoa em idade avançada; em vez disso, deveria completar outras economias e bens. Mas a Seguridade Social é uma das principais fontes de renda familiar para a maioria dos norte-americanos idosos – para mais da metade dos norte-americanos com mais de 65 anos, a Seguridade Social oferece mais da metade de sua renda, e, sem ela, aproximadamente metade de todos os idosos estaria vivendo na pobreza (veja a Figura 12.7). Como observado no Capítulo 6, índices de pobreza para adultos norte-americanos com 65 anos ou mais são mais baixos do que para qualquer outra faixa etária, porque pagamentos de Seguridade Social baseiam-se no número de anos de trabalho pago e ganhos pré-aposentadoria; mulheres e minorias, que, muitas vezes, ganham menos durante os anos de trabalho, recebem menos benefícios de aposentadoria.

> Sem renda da Seguridade Social, aproximadamente metade de todos os idosos estaria vivendo na pobreza.

Seguridade Social Também chamada "Seguro de Saúde do Idoso, Sobreviventes e Incapacitados", é um programa federal que protege contra a perda de renda devido a aposentadoria, incapacitação ou morte.

Como a Seguridade Social é financiada? A Seguridade Social é financiada por trabalhadores por meio de um imposto salarial chamado Federal Insurance

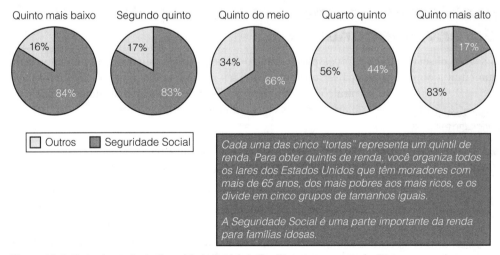

Figura 12.7 Parte da renda da Seguridade Social de famílias com pessoas de 65 anos ou mais por quintil de renda, 2010

Fonte: EDWARDS, K.A., TURNER, A., HERTEL-FERNANDEZ. *A young person's guide to social security.* Copyright © 2012 Economic Policy Institute. Reimpresso com permissão.

Contributions Act (Fica), que compreende 12,4% do salário de um trabalhador (6,2% são descontados do salário do trabalhador e 6,2% são pagos pelo empregador). Trabalhadores independentes pagam a taxa Fica total. Esse imposto incide sobre os salários até certo nível, ou imposto máximo, que muda todo ano com base na média salarial norte-americana. Em 2012, o imposto máximo era de US$ 110.100, o que significa que as pessoas cujo salário era maior do que essa quantia pagaram taxas Fica apenas até atingir os US$ 110.100 de seus ganhos.

Outra fonte de financiamento para a Seguridade Social é um imposto sobre beneficiários de rendas mais altas. Para a maioria dos destinatários, benefícios da Seguridade Social não são tributados, mas para os que têm rendas provenientes de outras fontes acima de certa quantia, uma parte dos benefícios de Seguridade Social é tributada para ajudar a financiá-la.

Por fim, os fundos da Seguridade são mantidos pelo governo federal em um fundo fiduciário e investidos em títulos com garantias quanto ao capital e juros. Benefícios da Seguridade Social são pagos por esse fundo fiduciário, e todo ano um Conselho de Administração emite um relatório sobre seu *status* financeiro.

A Seguridade Social está em crise? Em 2012, a renda total da Seguridade Social (US$ 840 bilhões, que incluíam US$ 731 bilhões de impostos pagos para a Seguridade Social e US$ 109 bilhões de receitas de juros) excedeu suas despesas totais (US$ 786 bilhões) (Social Security Trustees, 2013). Entretanto, uma série de fatores ameaça a capacidade de a Seguridade Social, no longo prazo, cumprir suas obrigações financeiras a futuros aposentados – incluindo a aposentadoria dos *baby boomers*, o aumento da longevidade, a redução da proporção do apoio aos idosos (menos funcionários por beneficiário), a amplitude da desigualdade salarial (o que significa que mais rendimento não é submetido aos impostos da Seguridade Social), altos índices de desemprego e estagnações salariais.

Desde 1984, excedentes vêm se acumulando no fundo fiduciário, criando reservas significativas para a aposentadoria dos *baby boomers*. De acordo com um relatório da Administração da Seguridade Social (2013), a renda total da Seguridade Social, incluindo receitas de juros em bens do fundo fiduciário, será suficiente para cobrir gastos anuais até 2033. A conclusão parece ser de que, no curto prazo, a Seguridade Social não está "falida" e não há crise imediata. Mas mudanças no longo prazo para o sistema de Seguridade Social serão necessárias para assegurar que o programa esteja apto a beneficiar futuros aposentados com as obrigações financeiras. Opções para a reforma da Seguridade Social são discutidas na seção seguinte deste capítulo: *Estratégias de ação*.

Estratégias de ação: respondendo aos problemas do crescimento populacional e do envelhecimento

A seguir, observaremos esforços para conter o crescimento populacional, bem como para aumentar a população em países que enfrentam a redução populacional. Terminamos o capítulo com uma discussão sobre as estratégias que abordam problemas sociais vinculados ao envelhecimento.

TABELA 12.2 Índices de fertilidade total por região: 1970–1975 até 2005–2010

	1970-1975	2005-2010
Mundo	4,44	2,53
África	6,66	4,88
Ásia	4,99	2,25
Europa	2,17	1,54
América Latina e Caribe	5,02	2,30
América do Norte	2,01	2,02
Oceania	3,23	2,47

Fonte: Nações Unidas, 2013.

Esforços para conter o crescimento populacional: reduzindo a fertilidade

Embora taxas mundiais de fertilidade tenham caído significativamente desde os anos 1970, ainda são altas em muitas regiões menos desenvolvidas (veja a Tabela 12.2). Abordagens para reduzir a fertilidade em regiões em que ela é alta incluem planejamento familiar, desenvolvimento econômico, melhora do *status* da mulher, fornecimento de acesso a abortos seguros, políticas governamentais de controle da população – como a do filho único da China – e esterilidade voluntária.

Planejamento familiar e contracepção. Desde os anos 1950, governos e organizações não governamentais – como a International Planned Parenthood Federation – buscaram diminuir a fertilidade por meio de programas de planejamento familiar que oferecem serviços de saúde reprodutivos e acesso a informações e métodos contraceptivos. Mesmo assim, nos países em desenvolvimento ainda há 222 milhões de mulheres que desejam postergar ou interromper a gravidez, mas não usam anticoncepcionais (World Health Organization, 2013). Aproximadamente um quarto das mulheres em idade de reprodução em países em desenvolvimento tem "necessidade não atendida" por serviços de planejamento familiar (Nações Unidas, 2013).

O especialista em populações William Ryerson (2011) afirma que, na maioria dos países, a falta de acesso ao planejamento familiar é uma razão bastante secundária para não usar métodos contraceptivos. Na Nigéria, menos de 1% de não usuárias desses métodos que deseja evitar a gravidez cita a falta de acesso como um motivo. Outras razões para não usar a contracepção moderna incluem (1) a crença de que métodos modernos de contracepção são perigosos; (2) os parceiros opõem-se a usar contracepções modernas; (3) a crença de que a religião se opõe ao uso de contracepções; e (4) a crença de que Deus deve decidir quantas crianças uma mulher deve ter (Ryerson, 2011). Mas, embora não seja suficiente, o acesso a métodos anticoncepcionais é fundamental para encorajar mulheres a usar contracepções modernas. Homens e mulheres precisam de educação para dissipar mitos a respeito dos perigos de usar contracepção e entender os benefícios em termos de saúde e de economia obtidos com a gravidez postergada, espaçada e limitada. É importante envolver os homens em serviços de planejamento familiar, porque, embora eles tenham um papel central nas decisões do planejamento familiar, muitas vezes não têm acesso a informações e serviços que lhes dariam respaldo para tomar decisões sensatas sobre o uso de contracepção (Women's Studies Project, 2003).

Reconhecendo que os homens desempenham um papel fundamental nas decisões, programas assistenciais estão tentando incluí-los na educação e nos serviços de planejamento familiar.

Desenvolvimento econômico. Embora a redução da fertilidade possa ser atingida sem industrialização, o desenvolvimento econômico pode desempenhar um papel importante na desaceleração do crescimento populacional. Famílias em países pobres muitas vezes acham que ter muitos filhos gerará trabalho e renda suficientes para sustentar a família. Além de diminuir o valor econômico dos filhos e estar associado com mais educação para as mulheres e mais igualdade de gênero, o desenvolvimento econômico tende a resultar em melhor *status* de saúde das populações. A redução da mortalidade infantil impacta o declínio da fertilidade, porque os casais não precisam mais engravidar várias vezes para assegurar que alguns de seus filhos cheguem à vida adulta. Por fim, quanto mais desenvolvido é o país, mais chances as mulheres têm de se expor a significados e valores que promovem o controle da fertilidade por meio de sua interação em estabelecimentos educacionais, da mídia e de tecnologias da informação (Bongaarts e Watkins, 1996).

> Famílias em países pobres muitas vezes acham que ter muitos filhos gerará trabalho e renda suficientes para sustentar a família.

***Status* das mulheres: a importância da educação e do emprego.** Nos países em desenvolvimento, o *status* primário das mulheres é o de esposa e mãe. Tradicionalmente, elas não têm sido encorajadas a buscar educação ou emprego; ao contrário, o são a se casar cedo e ter filhos.

Melhorar o *status* das mulheres oferecendo oportunidades educacionais e ocupacionais é vital para frear o crescimento populacional. Mulheres que recebem educação têm mais chances de se casar mais tarde, querer famílias menores e usar contracepção. Informações de muitos países mostraram que mulheres com pelo menos o nível secundário acabam dando à luz um terço ou metade do número de crianças de mulheres sem educação formal (Population Reference Bureau, 2007).

Mulheres com mais educação – comparadas às menos instruídas – tendem a postergar o casamento e exercitar maior controle sobre sua vida reprodutiva, incluindo decisões sobre gravidez. Além disso, "a educação pode resultar em famílias menores quando dá acesso a um trabalho que oferece uma alternativa promissora para o casamento precoce e a gravidez" (Population Reference Bureau, 2004, p. 18). A oferta de oportunidades de emprego às mulheres também é um diferencial para desacelerar o crescimento populacional, pois o aumento da participação feminina na força de trabalho e os salários mais altos para as mulheres estão associados com famílias de tamanho menor. A queda das taxas de fecundidade se dá na mesma medida em que crescem as inscrições na escola primária, tanto de meninas quanto de meninos. Em países em que a matrícula na escola primária é ampla e quase universal, a fertilidade cai mais rapidamente, porque (1) as escolas ajudam a disseminar atitudes a respeito de benefícios do planejamento familiar e (2) a educação universal aumenta o custo de ter filhos, porque os pais, às vezes, são obrigados a pagar os custos da escola de cada filho e porque perdem os recursos do trabalho potencial que o filho poderia realizar (Population Reference Bureau, 2004). No entanto, oferecer acesso à contracepção e aumentar a educação das meninas provavelmente não desacelera o crescimento populacional sem mudanças nas atitudes masculinas a respeito do planejamento familiar. De fato, tentativas de fornecer educação primária grátis podem aumentar o desejo dos africanos por mais filhos porque os custos são menores (Frost & Dodoo 2009).

> Mulheres com mais educação tendem a postergar o casamento e exercitar maior controle sobre sua vida reprodutiva, incluindo decisões sobre gravidez.

Outro componente importante dos programas de planejamento familiar e de saúde reprodutiva envolve mudar atitudes masculinas tradicionais a respeito das mulheres. De acordo com essas atitudes, (1) o papel mais importante da mulher é ser esposa e mãe, (2) é direito do marido fazer sexo com sua mulher quando bem entender e (3) é direito do marido se recusar a usar camisinhas e proibir sua esposa de usar qualquer outro tipo de contracepção. Em partes da África, homens expressam sua relutância em usar camisinhas afirmando que "você não comeria uma banana com casca ou uma bala com papel" (Frost e Dodoo, 2009). No mundo todo, vários programas trabalham com grupos de meninos e de jovens rapazes para mudar essas tradicionais atitudes masculinas (Schueller, 2005).

Acesso ao aborto seguro. Aborto é uma questão sensível e controversa que tem implicações religiosas, morais, culturais, legais, políticas e de saúde (veja também o Capítulo 14). No mundo todo, uma em cada cinco gravidezes termina em aborto, e uma em cada dez termina em aborto de risco, incluindo aqueles realizados sob condições anti-higiênicas por pessoas sem habilidades (como curadores tradicionais ou religiosos e herboristas) e os que são autoinduzidos pelas mulheres inserindo um objeto estranho ou substâncias tóxicas em seu útero, ou causando traumas no abdome (Mesce e Clifton, 2011). Dos 42 milhões de abortos estimados neste ano, cerca de 47 mil meninas e mulheres morrerão. Praticamente todos os abortos de risco acontecem em países em desenvolvimento (Mesce e Clifton, 2011).

Mais de um quarto da população mundial vive em países em que o aborto é proibido ou permitido apenas para salvar a vida da mulher. Onde o aborto é ilegal, ele geralmente é de risco, e onde é legal e amplamente acessível por meio de sistemas de saúde formais, é altamente seguro (Barot, 2011). Pelo fato de o índice de abortos ser semelhante em regiões com aborto legal e naquelas com leis de aborto restritivas, Barot (2011) observa que "restrições legais para o aborto normalmente não afetam a escolha da mulher em fazê-lo, mas podem ter um grande impacto sobre o lugar oferecer ou não condições seguras e, por consequência, prejudicar a saúde e a vida das mulheres" (p. 25).

Política de filho único da China. Em 1979, a China iniciou uma política nacional de planejamento familiar que encoraja famílias a ter apenas um filho, impondo uma multa monetária aos casais que têm mais de uma criança. A implementação e reforço dessa política variam de uma província para outra, e há uma série de exceções que permitem que alguns casais tenham dois ou mais filhos. Entretanto, a política de filho único tem sido eficaz em reduzir o crescimento populacional na China, que tem o maior índice de uso de contraceptivos modernos no mundo; dentre as mulheres casadas de 15 a 49 anos na China, 86% usam contraceptivos modernos (Population Reference Bureau, 2010).

A China tem sido criticada por usar medidas extremas para reforçar sua política de filho único, incluindo multas exorbitantes, apreensão de propriedade e esterilizações e abortos forçados. Além disso, por conta de uma preferência tradicional por herdeiros do sexo masculino, muitos casais chineses abortaram fetos do sexo feminino na esperança de ter um menino na gravidez seguinte. Isso levou a uma proporção de gênero desequilibrada, com muito mais homens do que mulheres chinesas.

Alguns casais na China são qualificáveis para uma isenção da política de filho único e encorajados a ter um segundo filho.

Outro problema com essa política é que, conforme os chineses se aposentam, há menos funcionários para substituí-los e pagar pensões para os idosos. Em função desse desequilíbrio na estrutura populacional, a China está considerando adotar uma política de dois filhos (Branigan, 2011).

Esterilidade voluntária. Nos Estados Unidos, bem como em outros países do mundo, a norma cultural é que mulheres e casais, mais cedo ou mais tarde, queiram ter filhos. Entretanto, um segmento pequeno, porém crescente, de homens e mulheres norte-americanos opta por não ter filhos. Nos Estados Unidos, dos 19% das mulheres de 40 a 44 anos que não têm filhos, metade delas é por opção (Notkin, 2013). Outras não têm filhos porque não podem ou porque estão esperando por um parceiro e pela relação certa antes da maternidade. No geral, casais que não têm filhos recebem mais educação, têm rendas mais altas, vivem em áreas urbanas, são menos religiosos e não aderem à ideologia tradicional de gênero (Parks, 2005). Em um estudo com 121 mulheres sem filhos por opção, elas simplesmente argumentaram que amam suas vidas do jeito que são (Scott, 2009). Outras razões para não querer filhos incluíram a valorização da liberdade e independência e o desejo de não ter responsabilidade. Três quartos das mulheres disseram que "não desejam ter filhos, não têm instinto materno". Algumas ainda manifestaram certa preocupação com a superpopulação e um cuidado intenso pela saúde do planeta. Ainda assim, ironicamente, indivíduos que optaram por não ter filhos muitas vezes são taxados de egoístas e individualistas, bem como acomodados e menos carinhosos (Parks, 2005). Na seção *O lado humano* deste capítulo, um homem explica por que escolheu fazer uma vasectomia e não ter filhos.

Esforços para aumentar a população

Enquanto alguns países se esforçam para desacelerar o crescimento populacional, outros são desafiados a manter ou até mesmo aumentar seu número de habitantes. Em alguns países com níveis de fertilidade abaixo do necessário, estratégias populacionais concentram-se em *aumentar*, ao invés de diminuir, a população. Por exemplo, em 2013, Cingapura anunciou que iria oferecer uma série de incentivos para aumentar a população, incluindo licença-paternidade e adoção paga pelo governo, financiamento para tratamentos de fertilidade e assistência financiada pelo governo com cuidados médicos para crianças. Na Austrália e no Japão, o governo paga um bônus monetário às mulheres para que tenham filhos. Além de recompensas financeiras, muitos países encorajam a gravidez implementando políticas criadas para ajudar mulheres a unir a criação dos filhos com o trabalho. Por exemplo, como observado nos Capítulos 5 e 7, muitos países europeus têm políticas de licença familiar generosas e cuidado infantil universal. Outra forma de aumentar a população é ampliar a imigração. Uma série de países europeus, por exemplo, aliviou as restrições à imigração como forma de ganhar população.

O lado humano: A decisão de um homem de não ter filhos

Matt Leonard vive na Califórnia, onde trabalha com justiça climática e questões de energia com as organizações Greenpeace e Rising Tide North America. Aqui, ele explica por que escolheu a vasectomia – procedimento cirúrgico simples que torna os homens incapazes de engravidar mulheres.

Cortesia de Matt Leonard

Ano passado, [...] fiz uma vasectomia. Apesar de ser um procedimento bem comum (aproximadamente 500 mil cirurgias são realizadas por ano nos Estados Unidos), ele desperta curiosidade e muitas perguntas.

A primeira sempre é simplesmente: *Por quê?*

Embora tenha sido uma decisão bem pessoal, também foi uma escolha que fiz por motivação social, política e ambiental, sendo esta última, para mim, primordial. Em um sistema econômico que demanda crescimento infinito com recursos finitos, não duplicar meu próprio consumo é só uma gota no oceano.

Mais importante ainda, vivo nos Estados Unidos, e qualquer criança que eu tivesse seria criada aqui e consumiria (apesar dos meus esforços) muito mais recursos do que me é confortável aceitar. Até mesmo viver uma vida modesta nos Estados Unidos pode resultar diretamente em opressão, dominação e morte de muitas pessoas desconhecidas, sem falar na exploração de recursos naturais em níveis que ameaçam a habilidade de nosso planeta sustentar vidas. Esses fatos não deveriam ser motivo de culpa ou vergonha; ao contrário, deveriam nos estimular a nos organizarmos para confrontar sistemas e instituições que criaram esses problemas. Decididamente, trazer outra pessoa para o sistema contra o qual passei minha vida adulta lutando não é algo que estou disposto a fazer [...].

A pergunta seguinte geralmente é: *Mas, e se você mudar de ideia?*

Eu vejo minha decisão como permanente. Da forma como vejo, já tomei a decisão de não ter filhos anos atrás, com base em razões sensatas e racionais. Se mudar de ideia no futuro, acredito que a mudança será fundamentalmente egoísta, e estou confortável em me comprometer com motivos racionais.

E normalmente a pergunta seguinte é: *Não existem outras formas de controle de natalidade?*

Sim, é claro, e a maioria de nós norte-americanos temos sorte de poder escolher o melhor para nossos estilos de vida, nossas preferências e nossos relacionamentos. Uma vasectomia atende plenamente minhas necessidades.

Acho que sempre há abstinência, mas isso não tem graça, tem? Suponho que a tabelinha seja uma opção, mas quase todo mundo sabe quão [in]eficaz é esse método. Camisinhas são ótimas em muitas situações, mas têm suas desvantagens também e podem parecer inúteis quando se está numa relação monogâmica.

Todos os outros métodos de controle de natalidade têm um aspecto em comum: colocam o ônus sobre as mulheres. A sociedade não apenas espera que elas lidem com logísticas de controle de natalidade, mas esses métodos também apresentam desvantagens psicológicas sérias, de mudanças repentinas de humor à intensificação dos ciclos menstruais e alterações de peso e na pele. Embora esses métodos tenham se aprimorado com o passar dos anos, ainda sobrecarregam as mulheres e seus corpos. Será coincidência que, em uma sociedade dominada por homens, a medicina tenha se concentrado em métodos de controle de natalidade que sobrecarregam exclusivamente as mulheres?

Para os homens, as vasectomias são simples. Quase não há efeitos colaterais e impactos de longo prazo; é um procedimento rápido, de baixo custo e ambulatorial. Após decidir assumir um papel ativo no controle da natalidade, uma vasectomia foi a escolha justa, fácil e que confrontava o privilégio nessa questão.

E se você quiser ter filhos no futuro? as pessoas perguntam.

Muitos dos meus amigos, que respeito imensamente, decidiram ter filhos ou os terão no futuro. Algumas pessoas realmente acham que há algo especial e importante em ter uma criança do mesmo sangue. Eu não compartilho desse sentimento.

Há milhões de crianças lindas no mundo todo que precisam de pais, e se um dia eu decidir que ser pai é algo que quero para a minha vida, seria negligente em ignorar as crianças que já existem e que precisam de apoio e amor. Para mim, adoção é a melhor opção. Precisamos de mais pais neste mundo, não de mais filhos.

Finalmente: *Mas não precisamos de pessoas inteligentes e progressistas se reproduzindo?*

Eu sou partidário da "educação antes da natureza". Acho que a obsessão em "transmitir genes" às vezes pode beirar à eugenia. Estou quase certo de que não há um gene que instrui crianças a lutar por justiça, paz e sustentabilidade. Isso vem pela vivência desses valores e sua instilação nas comunidades em que estamos inseridos. É isso que quero priorizar na minha vida, e acho que posso compartilhar essas coisas de forma mais eficaz se não tiver filhos.

Além disso, tenho dentes horríveis, sou quase cego, careca e tenho histórico de doença cardíaca. Deixe que Matt Damon transmita seus genes no meu lugar.

Fonte: Copyright © Matt Leonard. Reimpresso com permissão. Publicado originalmente em *Earth Island Journal*. Disponível em: <www.earthislandjournal.org>.

O que você acha? Uma estratégia para encorajar a gravidez em países europeus com baixos índices de fertilidade é oferecer auxílio trabalho-família para ajudar mulheres a unir a gravidez com o emprego. Se os Estados Unidos oferecessem benefícios trabalho-família mais generosos, como licença-maternidade paga e cuidados infantis sustentados pelo governo, o índice de natalidade norte-americano aumentaria? Tais políticas afetariam o número de filhos que você gostaria de ter?

Combatendo o ageísmo e a discriminação por idade no local de trabalho

Uma estratégia para combater o ageísmo envolve incorporar visões positivas sobre o envelhecimento em programas educacionais, começando na pré-escola, e em outras mídias, abordando a velhice como um estágio normal da vida, em vez de algo a se temer ou do qual se envergonhar. Pessoas mais jovens devem ter oportunidade de aprender a partir da sabedoria, experiência e perspectiva de vida de indivíduos mais velhos.

Em 1967, o Congresso aprovou o Age Discrimination in Employment Act (Adea), criado para garantir emprego contínuo a pessoas entre 40 e 65 anos. Em 1986, o limite máximo de idade foi extinto, tornando a aposentadoria obrigatória ilegal na maioria dos cargos. Segundo o Adea, é ilegal discriminar pessoas por sua idade no que diz respeito à contratação, demissão, promoção, remuneração, indenização, benefícios, atribuições do cargo e formação profissional. A discriminação por idade é difícil de ser comprovada, mas milhões de casos são registrados anualmente na Equal Employment Opportunity Commission (EEOC).

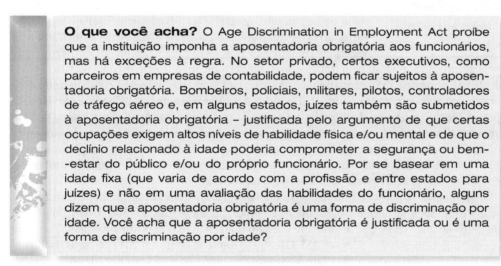

O que você acha? O Age Discrimination in Employment Act proíbe que a instituição imponha a aposentadoria obrigatória aos funcionários, mas há exceções à regra. No setor privado, certos executivos, como parceiros em empresas de contabilidade, podem ficar sujeitos à aposentadoria obrigatória. Bombeiros, policiais, militares, pilotos, controladores de tráfego aéreo e, em alguns estados, juízes também são submetidos à aposentadoria obrigatória – justificada pelo argumento de que certas ocupações exigem altos níveis de habilidade física e/ou mental e de que o declínio relacionado à idade poderia comprometer a segurança ou bem-estar do público e/ou do próprio funcionário. Por se basear em uma idade fixa (que varia de acordo com a profissão e entre estados para juízes) e não em uma avaliação das habilidades do funcionário, alguns dizem que a aposentadoria obrigatória é uma forma de discriminação por idade. Você acha que a aposentadoria obrigatória é justificada ou é uma forma de discriminação por idade?

Opções de reforma para a Seguridade Social

A Seguridade Social é a parte mais solvente do governo dos Estados Unidos, porque financiada por sua própria tributação autônoma e juros de seu fundo fiduciário para pagar beneficiários. Nenhum outro programa governamental ou agência é assim completamente financiado. A Seguridade Social também é um programa muito eficaz; embora colete impostos de mais de 90% da força de trabalho e envie benefícios para mais de 50 milhões de norte-americanos, gasta menos de 1% de cada dólar em administração.

Entretanto, conforme já discutido neste capítulo, devido a uma série de fatores, a não ser que mudanças sejam feitas nos próximos anos, a Seguridade Social não terá fundos suficientes para oferecer pagamentos a futuros aposentados. Opções para a reforma na Seguridade Social incluem cortar seus benefícios, aumentar seu rendimento e expandir seus benefícios. A seguir, descreveremos essas opções (Edwards et al., 2012; Morrissey, 2011).

Cortar benefícios da Seguridade Social. Algumas propostas de reformas pedem cortes nos benefícios da Seguridade Social, que criariam um fardo financeiro significativo para famílias que dela dependem. Além de simplesmente reduzir a quantidade de benefícios pagos aos beneficiários, outra forma de cortar benefícios é aumentar a idade para aposentadoria. Em 1983, a idade para aposentadoria – na qual um trabalhador poderia obter todos os benefícios de aposentadoria da Seguridade Social – aumentou de 65 para 67 anos, a ser escalonada ao longo de 23 anos. Alguns políticos sugerem aumentar ainda mais a idade da aposentadoria para 68, 69 ou até 70 anos. Entretanto, devido à conexão entre um *status* socioeconômico mais alto e uma expectativa de vida mais longa, aumentar a idade da aposentadoria impõe o fardo mais pesado sobre pessoas que recebem salários mais baixos e têm expectativas de vida menores, e por isso têm menos anos para contribuir para a Seguridade Social. Além disso, trabalhadores mais velhos já enfrentam discriminação no trabalho e é mais difícil que encontrem ou mantenham um emprego. Por fim, quanto mais velhos os trabalhadores ficam, mais chances têm de enfrentar problemas de saúde e, portanto, serem considerados incapacitados.

Os idosos em geral opõem-se a propostas para cortar benefícios da Seguridade Social.

Aumentar o rendimento da Seguridade Social. Em vez de cortar benefícios, muitos defensores dos idosos sugerem aumentar a renda, e uma opção é simplesmente aumentar de 12,4% (6,2% pagos pelo empregador; 6,2% pagos pelo funcionário) para um valor mais elevado da taxa que financia a Seguridade Social (a folha de pagamento, ou taxa Fica). Para compensar os ganhos na expectativa de vida, impostos da Seguridade Social aumentaram 19 vezes, de 1% entre 1937 e 1949 para 6,2% em 1990 (pagos tanto pelo empregador quanto pelo trabalhador). No período em que este livro foi escrito (agosto de 2013), impostos de Seguridade Social não haviam aumentado desde 1990, o período mais longo sem aumento da taxa. Em 2011 e 2012, a participação dos trabalhadores foi cortada para 4,2%, sob uma medida de estímulo econômico, a *payroll tax holiday*, em que se promovia uma diminuição do imposto que incide sobre os salários. A desvantagem de aumentar o imposto sobre o salário é que isso pode resultar em menos empregos, já que os empregadores teriam uma sobrecarga financeira maior. Pagar um imposto maior iria prejudicar desproporcionalmente pessoas com salários mais baixos.

Outra opção é aumentar ou mesmo eliminar um imposto máximo, para que mais ganhos sejam tributados, fornecendo mais fundos ao programa de Seguridade Social. Isso afetaria indivíduos de alta renda, que atualmente ganham mais do que o imposto máximo, mas pagam apenas impostos sobre o valor até US$ 110.100 (o limite máximo em 2012) de seus ganhos.

Por fim, políticas que aumentam o número de empregos e salários de todos os funcionários levariam a mais rendimentos para a Seguridade Social. Pelo fato de custos de seguro de saúde serem deduzidos de rendimentos tributáveis, políticas para reduzir custos de seguro de saúde também aumentariam indiretamente o financiamento da Seguridade Social.

Expandir benefícios da Seguridade Social. Na atual situação econômica, as pessoas precisam de mais, não de menos apoio econômico. Opções para expandir benefícios de Seguridade Social incluem aumentar a quantidade mínima de benefícios, oferecendo aos pais desempregados, com o encargo de criar seus filhos, créditos salariais e aumentando os benefícios para os idosos com 85 anos ou mais. Outra proposta envolve restaurar um benefício estudantil (que existiu entre 1965 e 1985) para que os filhos de aposentados, falecidos ou incapacitados possam continuar recebendo benefícios até os 22 anos se frequentarem a faculdade ou escola vocacional.

Não é de surpreender que propostas para cortar benefícios da Seguridade Social ou aumentar a idade da aposentadoria para receber benefícios sejam veementemente criticadas por idosos e grupos de defesa de adultos mais velhos.

Aumentar o imposto máximo seria um grande passo para garantir uma futura viabilidade financeira da Seguridade Social, mas essa opção em geral não é apoiada pelo segmento mais rico da população, que suportaria a carga dos impostos mais altos. Até que os legisladores promulguem alterações para impedir o déficit de longo prazo da Seguridade Social, há poucas chances de os benefícios da Seguridade Social aumentarem.

Entendendo os problemas de crescimento populacional e envelhecimento

O que podemos concluir de nossa análise sobre o crescimento populacional e o envelhecimento? Primeiro, embora índices de fertilidade tenham diminuído significativamente nos últimos anos e apesar de muitos países enfrentarem um declínio em seus altos índices de fertilidade, a população mundial continuará crescendo por muitas décadas, com ênfase em regiões em desenvolvimento. O colunista de finanças Paul Farrell (2009) afirma que o crescimento populacional é "a variável-chave em cada equação econômica [...] impactando cada outro grande problema que as economias mundiais enfrentam [...] do pico do petróleo ao aquecimento global [...] da política externa às ameaças nucleares [...] de religião a ciência [...] tudo". Devido aos problemas associados ao crescimento populacional, como os ambientais e esgotamento de recursos, insegurança global, pobreza, desemprego e saúde materna e infantil precária, a maioria dos governos reconhece a importância de controlar o tamanho da população e apoiar programas de planejamento familiar. Entretanto, esforços para controlar a população devem ir além do fornecimento de métodos de controle de natalidade que sejam seguros, eficazes e acessíveis em termos financeiros. Desacelerar o crescimento populacional exige intervenções que mudem as bases cultural e estrutural para altos índices de fertilidade – sua redução exige melhorar o *status* das mulheres para que tenham mais poder de controlar suas escolhas a respeito de contracepção e reprodução e tenham mais opções de vida, além de ser esposa e mãe. Abordar problemas associados ao crescimento populacional também exige vontade de países mais ricos em disponibilizar fundos para oferecer cuidados à saúde reprodutiva da mulher, melhorar a saúde das populações e fornecer educação universal para pessoas ao redor do mundo.

Conforme os índices de fertilidade diminuem e a expectativa de vida aumenta, os Estados Unidos e outros países enfrentam o envelhecimento da população. Muitas áreas da vida social são afetadas pelo envelhecimento da população, e holofotes estão sendo direcionados às preocupações relacionadas aos idosos. O significado da velhice é culturalmente definido. Infelizmente, muitos significados culturais associados aos idosos são estereótipos negativos. O preconceito e a discriminação contra pessoas mais velhas estão associados ao ageísmo, mas, diferentemente de outros "ismos" – racismo, sexismo e heterossexismo –, este é socialmente mais aceitável e afetará todos nós quando chegarmos à velhice.

Embora indivíduos mais velhos lutem contra o ageísmo, famílias e governos encontram desafios para atender às necessidades dos idosos. Cuidar desse público tem sido tradicionalmente uma função importante da família, mas mudanças sociais, culturais e econômicas tornaram mais difícil para os parentes desempenhar essa função. A Seguridade Social desempenha um papel importante no apoio de muitos aposentados mais velhos, mas, devido a previsões de um futuro déficit, algumas reformas nessa instituição são necessárias. Os tipos de reforma que legisladores promulgam continuam gerando debates acalorados. Até que tais medidas de reforma se equilibrem, o futuro da Seguridade Social e do bem-estar dos norte-americanos idosos será incerto.

Assim como outros problemas sociais, desacelerar o crescimento populacional e atender às necessidades das populações idosas exige vontade política e liderança. Devido a todas as preocupações urgentes no mundo, o controle da população pode não parecer prioridade. Mas o colunista de finanças Paul Farrell (2009) adverte:

> (A) população é o problema central que, a não ser que seja confrontado e resolvido, dará todas as soluções a todos os outros problemas irrelevantes. A população é a variável de uma equação econômica que afeta, agrava, estimula e acelera todos os outros problemas.

Se cuidar de populações idosas não for uma prioridade agora, aqueles entre nós que ainda não são "velhos" sofrerão as consequências no futuro se, ou quando, entrarem nos "anos dourados".

REVISÃO DO CAPÍTULO

- **Quanto tempo levou para a população mundial atingir 1 bilhão? E quanto para atingir 6 bilhões?**
  Levou milhões de anos para a população mundial atingir 1 bilhão e apenas outros 300 anos para crescer de 1 bilhão para 6 bilhões.

- **A população mundial ainda está aumentando? Está diminuindo? Ou permanece estável?**
  A população mundial ainda está crescendo. Estima-se que aumentará de 7,2 bilhões em 2013 para 8,1 bilhões em 2025, 9,6 bilhões em 2050 e 10,9 bilhões até 2100.

- **Onde ocorre o maior crescimento populacional no mundo?**
  O maior crescimento populacional do mundo se dá em países em desenvolvimento, principalmente na África e na Ásia.

- **Entre 2013 e 2050, qual é a expectativa de mudança da porcentagem dos indivíduos mais velhos (a partir dos 60 anos) no mundo?**
  Globalmente, a população com 60 anos ou mais é a faixa etária de crescimento mais acelerado. Entre 2013 e 2050, a porcentagem dessa população no mundo deve crescer de 12% para 21%.

- **Que fatores contribuem para o envelhecimento da população?**
  O envelhecimento da população é uma função da baixa fertilidade, bem como da longevidade aumentada. Nos Estados Unidos, o envelhecimento da população também ocorre porque os *baby boomers* estão chegando à terceira idade.

- **O que é a teoria da transição demográfica?**
  Essa teoria descreve como a industrialização e o desenvolvimento econômico afetam o crescimento populacional ao influenciar índices de natalidade e mortalidade. De acordo com essa teoria, sociedades agrícolas tradicionais têm tanto altos índices de natalidade quanto de mortalidade. Conforme uma cidade se torna industrializada e urbanizada, melhoras no saneamento, saúde e educação levam ao declínio da mortalidade. O aumento do índice de sobrevivência de bebês e crianças, junto com o declínio do valor econômico das crianças, leva a um declínio nos índices de natalidade. A teoria da transição demográfica é um modelo generalizado que não se aplica a todos os países nem explica a mudança populacional por HIV/Aids, guerra, migração e mudanças em papéis de gênero e igualdade.

- **Muitos países enfrentam fertilidade abaixo do nível de reposição (menos de 2,1 filhos por mulher). Por que alguns países estão preocupados com sua baixa fertilidade?**
  Em países com fertilidade abaixo do nível de reposição há ou haverá menos funcionários para apoiar o número crescente de aposentados idosos e manter uma economia produtiva.

- **Que tipos de problemas ambientais estão associados ao crescimento populacional?**
  O crescimento populacional aumenta as demandas por recursos naturais, como florestas, águas, terras de cultivo e petróleo, o que resulta no aumento de resíduos e poluição. Embora o crescimento populacional seja um fator contribuinte para problemas ambientais, padrões de produção e consumo são ao menos igualmente importantes na influência de efeitos da população sobre o meio ambiente.

- **Por que o crescimento populacional é considerado uma ameaça à segurança global?**
  Em países em desenvolvimento, o crescimento populacional acelerado resulta em uma "explosão juvenil" – alta proporção de pessoas de 15 a 29 anos em relação à população adulta. A combinação de uma explosão juvenil com outras características de populações de crescimento acelerado, como escassez de recursos, altos índices de desemprego, pobreza e urbanização rápida, propicia agitação civil, guerras e terrorismo, pois grandes grupos de jovens desempregados recorrem à violência na tentativa de melhorar suas condições de vida.

- **Qual a diferença entre o ageísmo e outros "ismos" (racismo, sexismo ou heterossexismo)?**
  O ageísmo é mais amplamente aceito do que outros "ismos", e, diferentemente destes, todos são vulneráveis a enfrentá-lo se viverem tempo suficiente.

- **Qual a importância da renda da Seguridade Social para cidadãos idosos nos Estados Unidos?**
  Para mais que o dobro dos norte-americanos com mais de 65 anos, a Seguridade Social fornece mais de metade da sua renda, e sem ela aproximadamente metade dos idosos estaria vivendo na pobreza.

- **A Seguridade Social está em crise?**
  No curto prazo, essa instituição não está "falida", nem há crise imediata. Mas mudanças no longo prazo no sistema de Seguridade Social serão necessárias para garantir que consiga atender suas obrigações financeiras em relação aos futuros aposentados.

- **O que são a "geração sanduíche" e a "geração sanduíche duplo"?**
  "Geração sanduíche" refere-se a adultos que estão no meio de um "sanduíche" por estarem cuidando de pais idosos e de seus próprios filhos. "Geração sanduíche duplo" inclui adultos (em geral entre 50 e 60 anos) que tomam conta dos pais idosos, avós, crianças, adultos (em geral entre 30 e 40 anos), netos e seus próprios filhos.

- **Esforços para conter o crescimento populacional incluem quais estratégias?**
  Esses esforços incluem estratégias para reduzir a fertilidade, oferecendo acesso a serviços de planejamento familiar, envolvendo os homens no planejamento familiar, implementando

uma política de filho único, como acontece na China, e melhorando o *status* das mulheres, oferecendo-lhes oportunidades de educação e emprego. Conquistas no desenvolvimento econômico e saúde também são associadas a reduções na fertilidade.

- **Quais são as três opções gerais para reformar a Seguridade Social?**
  Opções para reformar a Seguridade Social incluem estratégias para melhorar sua renda, cortar benefícios e expandir seus benefícios.

AVALIE SEU CONHECIMENTO

1. Em 2013, a população era de 7,2 bilhões. Em 2050, estima-se que a população mundial será de ___ bilhões.
   a. 6,5
   b. 7,4
   c. 8,8
   d. 9,6
2. Quantos países já atingiram níveis de fertilidade abaixo do nível de reposição?
   a. Nenhum
   b. 5
   c. 28
   d. Mais de 70
3. O que aconteceria se todos os países do mundo atingissem níveis de fertilidade abaixo do nível de reposição?
   a. O crescimento populacional cessaria e a população mundial permaneceria estável.
   b. A população mundial imediatamente começaria a diminuir.
   c. A população mundial continuaria a crescer por várias décadas.
   d. A população mundial diminuiria, mas depois aumentaria novamente.
4. Para mais da metade dos norte-americanos acima dos 65 anos, a Seguridade Social oferece mais de metade da sua renda.
   a. Verdadeiro
   b. Falso
5. Teóricos do conflito afirmam que a escassez dos alimentos resulta principalmente da superpopulação do planeta.
   a. Verdadeiro
   b. Falso
6. Pró-natalismo é um valor cultural que promove qual das alternativas a seguir?
   a. Posse de carro
   b. Abstinência de sexo até o casamento
   c. Ter filhos
   d. Viver na cidade
7. De acordo com a pesquisa sobre ageísmo, piadas e cartões de aniversário que gozam de um idoso representam uma forma de ageísmo.
   a. Verdadeiro
   b. Falso
8. Qual é a principal causa de morte de cães e gatos nos Estados Unidos?
   a. Atropelamento
   b. Eutanásia nos abrigos
   c. Câncer
   d. Comer algo venenoso
9. Mulheres norte-americanas com educação avançada têm mais chances de optar voluntariamente por ter filhos do que mulheres com nível mais baixo de educação.
   a. Verdadeiro
   b. Falso
10. Em 1983, a idade para se aposentar (idade na qual um trabalhador pode receber benefícios completos de aposentadoria pela Seguridade Social) aumentou de 65 para 70 anos, a ser escalonada ao longo de 23 anos.
    a. Verdadeiro
    b. Falso

Respostas: 1. D; 2. D; 3. C; 4. A; 5. B; 6. C; 7. A; 8. B; 9. A; 10. B

TERMOS-CHAVE

Acordo de Apoio Familiar 416
ageísmo 412
ageísmo por invisibilidade 412
baby boomers 408
fertilidade em nível de reposição 406
geração sanduíche 416
geração sanduíche duplo 416
índice de fertilidade total 406

momentum populacional 406
pegada ambiental 411
pró-natalismo 409
razão de dependência de idosos 408
Seguridade Social 419
tempo de duplicação 405
teoria da transição demográfica 408

Problemas ambientais

"O mundo não vai mais se dividir em ideologias de 'esquerda' e 'direita', mas sim naquelas que aceitam ou não os limites ecológicos."

— Wolfgang Sachs

Contexto global: a globalização e o ambiente
Teorias sociológicas sobre os problemas ambientais
Um olhar sobre a pesquisa dos problemas sociais: **Os sete pecados do *greenwashing***
Problemas ambientais: um panorama
Ensaio fotográfico: **Explosão na plataforma de petróleo da British Petroleum e desastre na usina nuclear de Fukushima**
O lado humano: **A fatalidade da contaminação da água em Camp Lejeune**
Causas sociais dos problemas ambientais
Estratégias de ação: respondendo aos problemas ambientais
Você e a sociedade: **Atitudes em relação às intervenções governamentais para reduzir o aquecimento global**
Entendendo os problemas ambientais
Revisão do capítulo

O primeiro ato de desobediência civil autorizado pelo Sierra Club em seus 120 anos de história foi um protesto na Casa Branca para se opor ao oleoduto Keystone XL.

No início de 2013, dezenas de ativistas ambientais, incluindo a atriz Daryl Hannah, foram presos por participar de protestos pacíficos na Casa Branca para se opor ao oleoduto Keystone XL. Eles foram acusados por não se dispersar nem obedecer a ordens legais. O protesto, organizado pelo Sierra Club, foi o primeiro ato de desobediência civil autorizado pela entidade em seus 120 anos de história (Broder, 2013). O então proposto oleoduto Keystone XL carregaria 900 mil barris por dia de óleo de areia betuminosa do Canadá para o Golfo do México, cruzando os estados de Montana, Dakota do Sul, Nebraska, Kansas, Oklahoma e Texas. **Areias betuminosas** são grandes depósitos naturais de areia, argila, água e uma forma densa de petróleo (parecida com betume). O **petróleo de areia betuminosa** é considerado o tipo mais sujo do mundo. Converter areias betuminosas em combustível líquido requer energia e libera altos níveis de gases de efeito estufa (que causam aquecimento global e mudança climática) e, ainda, produz grandes quantidades de resíduos tóxicos. A extração de areia betuminosa requer grandes quantidades de água e causa destruição de florestas e quedas d'água, arruinando *habitats* naturais. O transporte desse óleo por oleodutos implica o risco de vazamento, que poderia afetar a segurança da água potável (Swift et al., 2011). O protesto contra o projeto do oleoduto Keystone XL foi uma das maiores desobediências civis em décadas. James Hansen, cientista da Nasa, diz que, se as areias betuminosas do Canadá forem completamente exploradas, "o jogo estaria perdido para o clima" (citado em Elk, 2011).

Neste capítulo, focamos os problemas ambientais que ameaçam a vida e o bem-estar de pessoas, plantas e animais ao redor do mundo – hoje e das gerações futuras. Depois de examinar como a globalização implica problemas ambientais, analisamos questões ambientais pelas lentes do estrutural-funcionalismo e das teorias do conflito e do interacionismo simbólico. Depois, apresentamos um panorama dos principais problemas ambientais, examinando suas causas sociais e explorando estratégicas para reduzi-los ou mitigá-los.

Contexto global: a globalização e o ambiente

Os dois aspectos da globalização que têm afetado o ambiente são (1) a permeabilidade das fronteiras internacionais à poluição e problemas ambientais e (2) o crescimento do livre comércio e das corporações transnacionais.

Permeabilidade das fronteiras internacionais

areias betuminosas Grandes depósitos naturais de areia, argila, água e uma forma densa de petróleo, parecida com betume.

petróleo de areia betuminosa Petróleo resultante da transformação de areias betuminosas em combustível líquido. É considerado o tipo mais sujo do mundo, porque sua produção gasta energia e produz altos níveis de gases de efeito estufa (que causam aquecimento global e mudança climática) e, ainda, gera grande quantidade de lixo tóxico.

O problema ambiental mais urgente que enfrentamos hoje – o aquecimento global e a mudança climática – impacta a civilização global. Nenhum país pode escapar dos efeitos do aquecimento global, como perda da biodiversidade e eventos climáticos extremos (discutimos esses efeitos em detalhes adiante, neste capítulo).

Outros problemas ambientais também podem se estender além da sua origem e afetar regiões distintas, e até mesmo todo o planeta. Por exemplo, produtos químicos tóxicos (como bifelinas policloradas [BPCs]) do Hemisfério Sul têm sido encontrados no Ártico. Em poucos dias, substâncias químicas dos trópicos podem evaporar do solo, viajar nos ventos por milhares de quilômetros rumo ao norte, condensar-se no ar frio e se precipitar no Ártico em forma de neve ou chuva tóxica (French, 2000). Esse fenômeno foi descoberto na metade dos anos 1980, quando cientistas encontraram altos níveis de BPC no leite materno de mulheres inuíte na região do Ártico canadense. Outro exemplo envolve o vazamento de água contaminada radioativa da usina de energia nuclear japonesa Fukushima Daiichi, no oceano Pacífico (veja *Ensaio fotográfico* neste capítulo). A água do mar radioativa originada no Japão alcançou a costa oeste dos Estados Unidos num período entre três e cinco anos (Kiger, 2013).

Outro problema ambiental relacionado à permeabilidade é a **bioinvasão**, introdução intencional ou acidental de organismos em regiões nas quais não são nativos. É, em grande medida, resultante do crescimento do comércio e do turismo global (Chafe, 2005). Espécies invasoras competem com as nativas por comida, iniciam uma epidemia ou a predação. Insetos não nativos que se alimentam de madeira estão entre os 450 insetos não nativos hoje estabelecidos nos Estados Unidos e representam US$ 1,7 bilhão das despesas governamentais locais e US$ 830 milhões em perda de valor das propriedades residenciais anualmente (Aukema et al., 2011). Outros dessa categoria são as formigas vermelhas, que viajaram do Paraguai e do Brasil em cargas de madeira serrada para Mobile, no Alabama, em 1957, e desde então se espalharam para os estados ao sul, danificando plantações e jardins, invadindo estoques de alimentos (sementes, mudas e insetos) de outros animais e incomodando os humanos com suas picadas dolorosas (Hilgenkamp, 2005). Você talvez fique surpreso ao saber que o gato doméstico está entre as cem piores espécies invasivas do mundo. Nativos do nordeste da África, eles se espalharam por todo o mundo e são responsáveis pelo declínio ou extinção de várias espécies de pássaros (Global Invasive Species Database, 2013).

Crescimento das corporações transnacionais e dos acordos de livre comércio

Como discutido no Capítulo 7, a economia mundial é dominada por corporações transnacionais, muitas com indústrias e outras operações estabelecidas em países em desenvolvimento, onde as leis trabalhistas e ambientais são mais frouxas. As corporações transnacionais têm estado envolvidas em atividades que destroem o ambiente – da mineração ao corte de madeira, ao despejo de dejetos tóxicos.

A Organização Mundial do Comércio (OMC) e os acordos de livre comércio, como o Tratado Norte-Americano de Livre Comércio (Nafta) e a Área de Livre Comércio das Américas (Alca), permitem que as corporações transnacionais busquem lucro, expandam mercados, explorem recursos naturais e mão de obra barata em países em desenvolvimento, enquanto enfraquecem a capacidade dos governos de proteger recursos naturais ou implementar a legislação ambiental (Bruno e Karliner, 2002).

Conforme visto no Capítulo 11, sob o controle do Nafta, as corporações podem desafiar políticas ambientais governamentais e locais, regulamentações de substâncias controladas pela federação e decisões judiciais, caso estas afetem negativamente seus lucros. Qualquer país que decida, por exemplo, banir a exportação de toras brutas como meio de preservar suas florestas, ou, noutro exemplo, banir o uso de pesticidas carcinogênicos, pode ser acusado, no âmbito da OMC, por países-membros em nome de suas corporações, devido à obstrução do livre fluxo de comércio e investimento. Um tribunal secreto de representantes do comércio então decide se essas leis "restringem o comércio" de acordo com as leis da OMC e, por isso, devem ser derrubadas. Uma vez que o tribunal secreto emita seu decreto, nenhuma apelação é possível. O país acusado é obrigado a mudar suas leis ou encarar a perspectiva de sanções comerciais perpétuas (Clarke, 2002, p. 44). No final dos anos 1990, a Ethyl, indústria química norte-americana, usou as regras do Nafta para contestar a decisão do Canadá de banir o aditivo de gasolina tricarbonil metilciclopentadienil manganês (TMM), considerado prejudicial à saúde humana. A Ethyl ganhou a causa, e o Canadá pagou US$ 13 milhões por danos e despesas legais à Ethyl e reverteu a proibição (Public Citizen, 2005).

Teorias sociológicas sobre os problemas ambientais

As três principais teorias sociológicas – estrutural-funcionalista, do conflito e interacionismo simbólico – oferecem *insights* sobre causas e reações a problemas ambientais.

bioinvasão Introdução intencional ou acidental de planta, animal, inseto e outras espécies em regiões nas quais não são nativos.

Perspectiva estrutural-funcionalista

O estrutural-funcionalismo concebe os sistemas sociais (por exemplo, famílias, locais de trabalho, sociedades etc.) como compostos de diferentes partes que trabalham juntas para manter o sistema como um todo funcionando. Do mesmo modo, humanos fazem parte de um **ecossistema** maior – que compreende todos os organismos que vivem numa determinada área, bem como os seres não vivos, componentes físicos do ambiente, como ar, água, solo, luz do sol, que interagem para manter todo o ecossistema em funcionamento. Cada parte viva e não viva do ecossistema desempenha papel vital na manutenção do todo; perturbe ou elimine um elemento do ecossistema e todo o restante será afetado. Essa perspectiva analisa como mudanças em um aspecto do sistema social afetam outros aspectos da sociedade. Por exemplo, a agricultura, a silvicultura e a pesca proveem 50% dos empregos no mundo e 70% na África subsaariana, na Ásia oriental e no Pacífico (World Resources Institute, 2000). Quando as áreas de plantio se tornam escassas ou degradadas, as florestas diminuem e a vida marinha se esvai, milhões de pessoas que ganham a vida a partir dessas fontes naturais precisam encontrar formas de vida alternativas. Em 2020, estima-se que 50 milhões de pessoas em todo o mundo serão **refugiados ambientais** – indivíduos que tiveram de migrar por ter sido forçados a deixar o lugar em que vivem e/ou não conseguirem mais garantir a sobrevivência por causa de problemas ambientais (Zelman, 2011). Assim como as pessoas, as nações também perdem sua fonte de sustento. Em um quarto de países do mundo, a agricultura, a madeira e a pesca contribuem mais para a economia nacional do que os produtos industriais (World Resources Institute, 2000).

A perspectiva estrutural-funcionalista desperta nossa consciência para as disfunções latentes – consequências negativas das ações sociais não intencionais ou não amplamente reconhecidas. Por exemplo, a expansão de biocombustíveis a partir do milho reduz a dependência de combustíveis fósseis, mas também cria a consequência não intencional de aumentar o preço dos alimentos.

Perspectiva do conflito

Esta analisa o papel que a riqueza, o poder e a busca do lucro desempenham nos problemas e soluções ambientais. A busca capitalista do lucro encoraja a indústria a fazer dinheiro apesar dos danos causados ao ambiente. Para maximizar vendas, empresas criam produtos planejados para se tornar obsoletos. Em razão da **obsolescência planejada**, os consumidores continuamente dispensam produtos e compram substitutos. **Obsolescência percebida** – a percepção de que um produto se tornou obsoleto – é uma ferramenta de marketing usada para convencer os consumidores a substituir certos itens, mesmo que ainda estejam funcionais. A moda é o principal exemplo de como os consumidores são incitados a comprar, a cada estação, as últimas tendências no modo de se vestir, mesmo que suas roupas ainda estejam em boas condições. Tanto a obsolescência planejada quanto a percebida promovem lucro para as indústrias, mas à custa do ambiente, que deve sustentar a produção constante e absorver quantidades de despojos cada vez maiores.

As indústrias usam seu poder e riqueza para influenciar políticos ambientais e políticas de energia, e a opinião pública, sobre as questões ambientais. É o caso de algumas empresas de serviços públicos, cujos lucros estão sendo ameaçados pela crescente indústria de energia solar, que fazem *lobby* para reduzir ou eliminar os incentivos fiscais à energia solar, além de promover campanhas publicitárias para criticar as companhias de energia solar por gastar "impostos pagos com esforço pelos cidadãos para subsidiar seus clientes ricos" (Gunther, 2013). Outras empresas de serviços públicos estão juntando forças com a indústria solar, tentando fazer dinheiro com esse tipo de energia, em vez de opor-se a ela.

No ciclo eleitoral 2011-2012, a indústria do petróleo e do gás estava entre os dez principais grupos de interesse que ofereciam dinheiro aos membros do Congresso. Dos mais de US$ 20 milhões que a indústria de petróleo/gás deu aos membros da Câmara dos Deputados

---

> A busca capitalista do lucro encoraja a indústria a fazer dinheiro apesar dos danos causados ao ambiente.

ecossistema Ambiente biológico que compreende todos os organismos vivos em uma região específica, assim como os não vivos, componentes físicos do ambiente, como ar, água, solo e luz solar, que interagem para manter o ecossistema funcionando como um todo.

refugiados ambientais Indivíduos que migram porque não conseguem mais garantir a subsistência devido ao desmatamento, desertificação, erosão do solo e outros problemas ambientais.

obsolescência planejada Fabricação de produtos planejados para que se tornem inoperantes ou ultrapassados em um período relativamente curto de tempo.

obsolescência percebida Percepção de que um produto se tornou obsoleto, usada como ferramenta de marketing para convencer os consumidores a substituir certos itens, mesmo que ainda estejam funcionais.

e do Senado, 86% foram para os republicanos (OpenSecrets.org, 2013). As políticas governamentais que apoiam o etanol estão ligadas a contribuições financeiras políticas dos maiores atores dessa indústria, como Archer Daniels Midland, o maior produtor de etanol do país (Food & Water Watch and Network for New Energy Choices, 2007). O presidente Obama, que considerou a energia nuclear como uma "parte importante" de sua agenda para a energia, mesmo depois do desastre na usina nuclear de Fukushima, recebeu generosas contribuições para a campanha da Exelon Corporation – a companhia que opera todos os 11 reatores nucleares de Illinois (McCormick, 2011).

O que você acha? Cerca de um em cada cinco membros do Congresso tem ações em companhias de petróleo/gás (Beckel, 2010). Você acha que esses membros do Congresso, que fazem e votam políticas energéticas, deveriam ser autorizados a ter investimentos em indústrias do ramo energético? Você pensaria do mesmo modo em relação aos membros do Congresso que investem em indústrias de energia renovável, como energia solar e eólica?

A perspectiva do conflito também está preocupada com a **injustiça ambiental** (também conhecida como *racismo ambiental*) – a tendência de comunidades e populações marginalizadas sofrerem adversidades de forma desproporcional devido a problemas ambientais. Embora a poluição ambiental, a degradação e o esgotamento de recursos naturais afetem todos, alguns grupos são mais afetados do que outros. Ainda que países desenvolvidos emitam muito mais gases de efeito estufa (que causam aquecimento global e mudança climática), prevê-se que os efeitos da mudança climática sejam sentidos principalmente pelos países pobres, em desenvolvimento (Miranda et al., 2011).

Nos Estados Unidos, indústrias poluentes e instalações industriais e de resíduos em geral estão localizadas em comunidades minoritárias. Mais da metade (56%) das pessoas que moram num raio de até três quilômetros de locais de armazenagem de resíduos comerciais perigosos são pessoas negras (Bullard et al., 2007). Taxas de pobreza também são maiores em moradias localizadas próximas de instalações de resíduos perigosos. Contudo, "disparidades raciais são mais prevalentes e extensivas do que as socioeconômicas, sugerindo que raça tem mais a ver com a atual distribuição de instalações de resíduos perigosos do que pobreza" (Bullard et al., 2007, p. 60). Na Carolina do Norte, as indústrias de suínos – e os riscos ambientais e de saúde associados ao lixo suíno – tendem a se localizar em comunidades com grandes populações negras, poucos portadores de título de eleitor e baixos rendimentos (Edwards e Driscoll, 2009).

A reciclagem de lixo eletrônico – resultante do descarte de itens como computadores, telefones celulares e televisões – é feita em países em desenvolvimento em condições que expõem trabalhadores de reciclagem e moradores locais a metais tóxicos devido à sua queima. Embora a Convenção da Basileia sobre o Controle de Movimentos Transfronteiriços de Resíduos Perigosos e seu Depósito proíba a troca de lixo perigoso (incluindo o eletrônico) entre países desenvolvidos e em desenvolvimento, os Estados Unidos, o maior gerador de lixo eletrônico do mundo, continuam sendo o único país industrializado a não ratificá-la (McAllister, 2013).

Perspectiva interacionista-simbólica

Esta analisa como significados, rótulos e definições aprendidos por meio da interação e da mídia afetam problemas ambientais. A decisão de fazer reciclagem, dirigir um veículo utilitário esportivo (SUV) ou fazer parte de um grupo ativista ambiental é influenciada pelos significados e definições desses comportamentos que as pessoas aprendem pela interação umas com as outras.

Em geral, grandes corporações e indústrias usam estratégias de marketing e relações públicas para construir significados favoráveis aos seus negócios. O termo *greenwashing* refere-se ao modo como empresas que causam danos sociais e ambientais retratam sua

injustiça ambiental Também conhecida como racismo ambiental, é a tendência de comunidades e populações marginalizadas sofrerem adversidades de forma desproporcional devido a problemas ambientais.

greenwashing O modo como empresas que causam danos sociais e ambientais retratam sua imagem corporativa, produtos e serviços como sendo "amigos do ambiente" ou socialmente responsáveis.

imagem corporativa, produtos e serviços como sendo "amigos do ambiente" ou socialmente responsáveis. *Greenwashing* com frequência é usado por empresas de relações públicas especializadas no controle de danos de clientes cuja reputação e lucro foram abalados por práticas ambientais nocivas. Por exemplo, o carvão é associado à devastação de comunidades por conta da prática de mineração de remoção do topo de montanhas, além de a queima do carvão ser o maior responsável pela poluição causadora do aquecimento global. A indústria de carvão tem investido enormes somas para convencer a opinião pública de que o

Um olhar sobre a pesquisa dos problemas sociais — Os sete pecados do *greenwashing*

Entre numa grande mercearia ou supermercado hoje e repare quantos produtos são promovidos como "verde", "100% natural" ou "amigo da terra". As empresas de marketing sabem que "verde" vende, já que os consumidores estão cada vez mais se tornando conscientes em relação ao ambiente. Mas, quão válidas são as declarações estampadas nos rótulos dos produtos que compramos? São confiáveis? Ou os marqueteiros deliberadamente confundem os consumidores em relação a práticas ambientais de uma empresa ou os benefícios ambientais de um produto ou serviço – uma prática conhecida como *greenwashing*? Nesta seção, apresentamos um estudo que procura responder a essas questões.

Amostra e métodos

Em 2008 e 2009, a TerraChoice, uma empresa de marketing ambiental, enviou pesquisadores aos principais supermercados nos Estados Unidos, Canadá, Reino Unido e Austrália com instruções para registrar todos os produtos que faziam declarações ambientais. Para cada caso, os pesquisadores anotaram os detalhes do produto, da(s) declaração(ões) ambiental(is), informações adicionais ou de apoio. Nos Estados Unidos e no Canadá, um total de 2.219 produtos estampando 4.996 declarações ambientais foram registrados. Estas foram conferidas de acordo com as regras fornecidas por: U.S. Federal Trade Commission, Competition Bureau of Canada, Australian Competition and Consumer Commission e International Organization for Standardization (ISO), norma n. 14.021 para rotulagem ambiental. Os pesquisadores deviam buscar responder às seguintes questões sobre cada uma das declarações verdes que identificaram: (1) A declaração é verdadeira? (2) A empresa oferece validação dessa declaração por uma terceira parte independente e confiável? (3) A declaração é específica, valendo-se de termos baseados em definições consolidadas, e não vagas como "natural" ou "não tóxico"? (4) A declaração é relevante para o produto que a contém? (5) A declaração refere-se ao principal impacto ambiental causado pelo(s) produto(s) ou distrai os consumidores dos reais problemas neles contidos?

Principais descobertas e conclusões

O estudo mostrou que as declarações verdes são mais comuns em produtos relacionados a crianças (brinquedos e produtos para bebês), cosméticos e produtos de limpeza. Dos 2.219 produtos norte-americanos pesquisados, 98% cometeram pelo menos um dos sete *pecados capitais* do *greenwashing* listados abaixo:

1. *Do dano maior escondido*, cometido ao sugerir que um produto é "verde" com base em um estreito conjunto de atributos injustificáveis por não atentar a outras questões ambientais importantes. O papel, por exemplo, não é necessariamente preferível em termos ambientais apenas por provir de um cultivo florestal sustentável. Outras questões ambientais importantes no processo de empacotamento, incluindo energia, emissão de gases de efeito estufa e poluição da água e do mar, também são igualmente ou ainda mais significativas.
2. *Da falta de prova*, cometido por uma declaração ambiental que não pode ser comprovada por informação embasada de fácil acesso ou por uma terceira parte confiável. Exemplos comuns são o papel higiênico e facial, que declaram várias porcentagens de conteúdo reciclável pós-consumo sem oferecer nenhuma evidência de que haverá reciclagem posterior.
3. *Da ambiguidade*, cometido quando de uma declaração definida tão superficialmente que os consumidores são levados a confundir seu significado real. "Totalmente natural" é um exemplo. Arsênico, urânio, mercúrio e formaldeído são substâncias totalmente naturais, embora venenosas. Portanto, "totalmente natural" não é necessariamente "verde".
4. *Da irrelevância*, cometido por uma declaração ambiental que pode ser confiável, mas é desimportante ou inútil para consumidores que buscam produtos ambientalmente responsáveis. "Livre de clorofluorcarbono" é um exemplo comum, mas o fato é que o CFC é proibido por lei.
5. *Do menor dos dois males*, cometido por declarações que podem ser verdadeiras dentro de uma categoria de produto, mas desviam a atenção do consumidor dos impactos ambientais maiores quando visto o todo. Cigarros orgânicos e combustíveis de baixo consumo para carros esportivos (SUV) são exemplos dessa categoria.
6. *Da mentira*, pecado menos comum, é cometido por meio de declarações ambientais que são simplesmente falsas. Exemplos mais comuns são de produtos que falsamente declaram ter certificação ou registro de energia estelar.
7. *De exibição de falsos rótulos* é cometido por um produto que, por meio de palavras e imagens, dá a impressão de ser endossado por uma terceira parte, quando, na verdade, nenhum endosso existe de fato.

Embora muitas companhias estejam fazendo esforços significativos para minimizar seu impacto no ambiente, esse estudo alerta que a prática do *greenwashing* é extremamente comum e sugere que haja um maior controle e transparência na promoção de produtos como "verdes".

Fonte: TerraChoice Group Inc., 2009.

carvão é limpo. A campanha "carvão limpo" instigou uma crítica geral entre os ambientalistas: "Dizer que o carvão é limpo equivale a falar em cigarros saudáveis. Não existe carvão limpo" (Beinecke, 2009).

Embora o *greenwashing* envolva a manipulação da percepção pública para maximizar lucros, muitas corporações fazem esforços genuínos e legítimos para melhorar suas operações, embalagens de produtos ou o senso global de responsabilidade corporativa. Em 1990, por exemplo, o McDonald's anunciou que começaria a substituir embalagens de isopor pelas de papel, que eram parcialmente degradáveis. Porém, muitos ambientalistas não ficaram satisfeitos com o que consideram um ambientalismo de fachada ou, como Peter Dykstra do Greenpeace disse, 5% de ambientalismo virtuoso para mascarar 95% de ambientalismo vicioso (Hager e Burton, 2000).

Empresas também engajam-se em **pinkwashing,** prática de usar cor-de-rosa ou outras estratégias de marketing para sugerir que estejam ajudando a lutar contra o câncer de mama, mesmo quando produzem e comercializam substâncias químicas ligadas ao câncer. "Por meio da faixa cor-de-rosa, a América corporativa abraçou o marketing relacionado à causa, reenquadrando o ato de comprar como um modo de lutar contra a doença" (Luden, 2013). A empresa de cosméticos Estée Lauder foi a primeira a usar a faixa cor-de-rosa como símbolo da luta contra o câncer de mama como estratégia de marketing, seguida pela Avon e Revlon, ainda que todas as três indústrias produzam e vendam produtos com ingredientes que desregulam as funções hormonais e outros suspeitos de ser cancerígenos. Avon, Revlon e Estée Lauder também se recusaram a assinar o Compact for Safe Cosmetics (Acordo para Cosméticos Seguros), um compromisso para produzir produtos de higiene e cuidado pessoal livres de substâncias conhecidas ou suspeitas de causar câncer, mutação ou defeitos congênitos. E, por meio de sua associação comercial, o Personal Care Products Council (Conselho de Produtos de Cuidado Pessoal), as três empresas opuseram-se a uma lei da Califórnia que exigia que os produtores de cosméticos divulgassem as substâncias ligadas ao câncer e aos defeitos congênitos (Lunden, 2013).

O que você acha? Várias empresas adotaram a faixa cor-de-rosa como uma estratégia de marketing, incluindo Clorox, Dansko, Evian, Ford e American Airlines. A presença dessa faixa num produto ou serviço influencia seu comportamento de compra? Por quê? Think Before You Pink (Pense antes de ficar cor-de-rosa), um projeto do Breast Cancer Action, encoraja os consumidores a fazer perguntas críticas antes de comprar produtos com faixa cor-de-rosa (veja a Tabela 13.1).

TABELA 13.1 Perguntas pertinentes antes de comprar produtos ou serviços cor-de-rosa

1. Algum dinheiro dessa compra é destinado ao apoio a programas de câncer de mama? Quanto?
2. Qual organização vai receber o dinheiro? O que ela fará com os fundos? Como esses programas mitigam a epidemia de câncer de mama?
3. Foi estipulado um "teto" que a empresa vai doar? Essa doação máxima já foi conseguida? Você sabe dizer?
4. Essa compra expõe você ou alguém de quem você gosta sob o risco de exposição a toxinas ligadas ao câncer de mama? O que a empresa tem feito para garantir que seus produtos não contribuam para a epidemia de câncer de mama?

Fonte: Breast Cancer Action. San Francisco, Califórnia. Usado com permissão.

Problemas ambientais: um panorama

Nos últimos 50 anos, os humanos alteraram os ecossistemas mais rápida e extensivamente do que em qualquer outro período da história (Millennium Ecosystem Assessment, 2005). Como resultado, criaram problemas ambientais, entre eles esgotamento de fontes naturais, poluição do ar, da terra e da água, aquecimento global e mudança climática, doença ambiental, ameaças à biodiversidade e a poluição luminosa. Como vários desses problemas

pinkwashing Prática de usar cor-de-rosa para indicar que uma empresa está ajudando a combater o câncer de mama, mesmo quando usa químicos ligados ao câncer.

ambientais estão relacionados aos modos como os humanos produzem e consomem energia, começamos esta seção com um panorama do uso da energia global.

O uso da energia no mundo

Quando o furacão Sandy atingiu o nordeste dos Estados Unidos em 2012, 8,5 milhões de pessoas, de Indiana ao Maine, ficaram sem energia. Até experimentarmos uma falta prolongada de energia, a maioria de nós toma como certa a disposição da eletricidade, sem nos darmos conta do quanto dependemos dela. Ser consciente dos problemas ambientais significa ser capaz de ver as relações entre o uso de energia e nossa vida cotidiana:

> Tudo o que consumimos ou usamos – nossas casas, seus conteúdos, nossos carros e as estradas nas quais trafegamos, as roupas que vestimos e os alimentos que ingerimos – requerem energia para ser produzidos e embalados, distribuídos e depois descartados. Raramente consideramos de onde essa energia vem ou quanto dela usamos ou o quanto de fato precisamos usar (Sawin, 2004, p. 25).

A maior parte da energia mundial provém de combustíveis fósseis, que incluem petróleo, carvão e gás natural (veja a Figura 13.1). Ao ler este capítulo, perceba que os principais problemas ambientais que o mundo enfrenta hoje – poluição do ar, da terra e da água, destruição de *habitats*, perda da biodiversidade, aquecimento global e doenças ambientais – estão relacionados à produção e ao uso de combustíveis fósseis.

Energia renovável inclui a hidrelétrica, que envolve a geração de energia pelo movimento da água. Enquanto a água passa por uma barragem rumo a um rio abaixo, uma turbina na barragem produz energia. Embora esta seja considerada uma forma de energia não poluente, barata, limpa e renovável, é criticada por afetar *habitats* naturais. Por exemplo, as barragens impedem que certos peixes nadem contra a corrente para se reproduzir. Outras formas de energia limpa e renovável incluem a solar, eólica e geotérmica (calor originado na terra) e **biomassa,** que se refere ao material derivado de plantas e animais (como esterco, lenha, resíduos de cultivos agrícolas e carvão vegetal).

biomassa Material derivado de plantas e animais, como esterco, madeira, resíduos agrícolas e carvão, usado como combustível para cozinhar e aquecer.

A energia nuclear está associada a vários problemas relacionados ao lixo nuclear radioativo (discutido a seguir, neste capítulo). Segundo dados de 2013, existem 432 reatores nucleares em operação no mundo, com mais 68 em construção (World Nuclear Association, 2013). Os Estados Unidos detêm a maior quantidade de reatores nucleares do mundo. Há 104 reatores nucleares em operação no país, distribuídos em 65 usinas nucleares, a maioria delas localizada a leste do rio Mississipi (veja a Figura 13.2).

A segurança da energia nuclear é altamente questionável, já que o equipamento falha e desastres naturais podem resultar em vazamento de radiação perigosa (veja o *Ensaio fotográfico* deste capítulo). O pior acidente nuclear nos Estados Unidos ocorreu em 1979, quando o sistema de resfriamento do reator Three Mile Island falhou, causando um derretimento parcial. Uma pequena quantidade de gás radioativo foi ventilado da construção para evitar uma explosão. A limpeza da região custou US$ 1 bilhão e levou 14 anos (Clemmitt, 2011). Em 2013, o ex-presidente da Comissão Reguladora

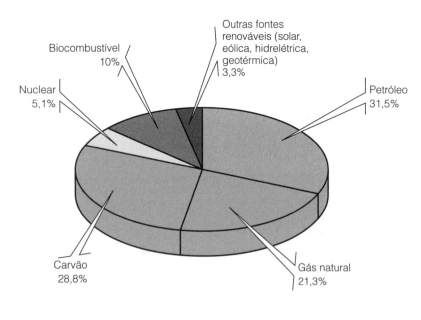

Figura 13.1 Produção energética mundial por fonte, 2011
Fonte: Agência Internacional de Energia, 2013

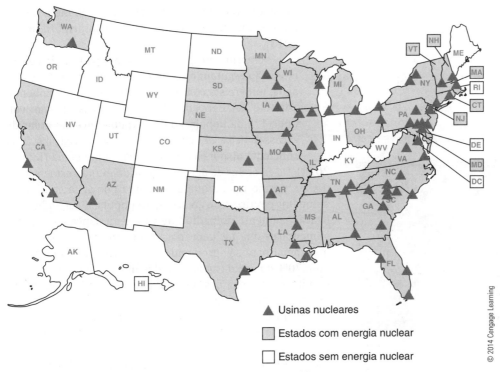

Figura 13.2 Localização das usinas nucleares nos Estados Unidos

Nuclear (Nuclear Regulatory Commission), Gregory B. Jaczko, disse acreditar que todos os 104 reatores nucleares do país têm problemas de segurança que não podem ser consertados e, por consequência, todos deveriam ser paulatinamente tirados de operação (Wald, 2013). A usina nuclear Indian Point, localizada a menos de 50 quilômetros da cidade de Nova York, tem vários problemas de segurança e está situada perto de uma linha de terremoto. Um desastre nuclear em Indian Point pode ameaçar toda a população de Nova York e sua área metropolitana. Uma evacuação de emergência seria impossível (Nader, 2013).

Esgotamento das fontes naturais: o crescimento das nossas pegadas ambientais

Os humanos usaram mais recursos naturais terrestres desde 1950 do que em milhares de anos antes (Lamm, 2006). Em 1961, a humanidade tinha usado apenas cerca de dois terços dos recursos naturais da terra; no início dos anos 1970, a demanda humana por recursos começou a exceder o que o planeta poderia produzir de modo renovável (Global Footprint Network, 2013). As demandas da humanidade por recursos naturais da terra são chamadas **pegada ambiental**. Atualmente, essa pegada excede a biocapacidade da terra – a área de terra e oceanos disponível para produzir recursos renováveis e absorver emissões de CO_2 – em mais de 50%, o que significa que hoje usamos uma terra e meia para suportar nosso consumo. Os países ricos que consomem mais mercadorias e produzem mais dióxido de carbono têm impactos ambientais muito maiores do que os países pobres. Se todas as pessoas no mundo vivessem como uma pessoa de classe média nos Estados Unidos, um total de quatro terras seria necessário para suportar a demanda humana anual sobre a natureza. Se os padrões globais de consumo continuarem assim, será necessário o equivalente a 2,9 planetas terra para nos suportar em 2050 (WWF, 2012).

Todos os anos, a Global Footprint Network identifica o **Dia da Sobrecarga da Terra** – a data aproximada em que a demanda anual da humanidade sobre os recursos do planeta vai exceder o que nosso planeta é capaz de renovar em um ano. Em 2013, o Dia da Sobrecarga da Terra foi 20 de agosto, o que significava que, em menos de oito meses, tínhamos usado

pegada ambiental As demandas da humanidade sobre os recursos naturais da Terra.

Dia da Sobrecarga da Terra Data aproximada na qual a demanda anual da humanidade por recursos do planeta excede o que este for capaz de renovar em um ano.

Se todas as pessoas no mundo vivessem como uma pessoa de classe média nos Estados Unidos, um total de quatro terras seria necessário para suportar a demanda humana anual sobre a natureza.

A poluição do ar interno é um problema grave em países em desenvolvimento. Esta mulher cozinha alimentos para sua família exposta ao ar contaminado da fumaça.

todos os recursos naturais que nosso planeta foi capaz de renovar em um ano (Global Footprint Network, 2013).

O crescimento populacional e o padrão de consumo estão esgotando recursos naturais como florestas, água, minerais e combustíveis fósseis (veja também o Capítulo 12). Cerca de 1,2 bilhão de pessoas – por volta de 1/5 da população do mundo – vive em áreas de escassez física de água, regiões em que não há água suficiente disponível para atender à demanda (Kumar, 2013). Os estoques de água ao redor do mundo estão secando, ao mesmo tempo que a demanda por água continua a aumentar em razão do crescimento populacional, industrialização, aumento do padrão de vida e mudança para dietas alimentares que incluem mais alimentos que precisam de mais água para ser produzidos: leite, ovos, frango e carne. Com 70% do uso da água doce destinado à agricultura, a diminuição dos estoques de água ameaça a produção de alimentos e o abastecimento.

As florestas do mundo também estão sendo devastadas em razão da expansão dos territórios destinados à agricultura, povoamentos humanos, exploração de madeira e construção de estradas. O resultado é o **desmatamento** – transformação de áreas florestais em áreas desmatadas. A cobertura florestal global foi reduzida pela metade em relação ao que era há 8 mil anos (Gardner, 2005). Entre 2000 e 2010, as florestas mundiais diminuíram o equivalente ao território da França (Normander, 2011). O desmatamento causa o deslocamento de pessoas e espécies selvagens de seus *habitats*; a erosão do solo provoca o desmatamento, o que pode causar inundações graves; e, como explicaremos adiante, neste capítulo, o desmatamento contribui para o aquecimento global. O desmatamento ainda contribui para a **desertificação** – degradação de áreas semiáridas que resulta na expansão de áreas desérticas impróprias para a agricultura. Quanto mais terra virar deserto, mais populações deixarão de tirar sustento da terra e serão obrigadas a migrar para áreas urbanas ou outros países, contribuindo para a instabilidade política e social.

Poluição do ar

Veículos de transporte, queima de combustíveis, processos industriais (como a queima de carvão e o processamento de minerais provenientes da mineração) e o descarte de resíduos sólidos têm contribuído para o crescimento dos níveis de poluentes no ar, incluindo monóxido de carbono, dióxido de enxofre, arsênico, dióxido de nitrogênio, mercúrio, dioxinas e chumbo. A gasolina de aviação com chumbo é um dos poucos combustíveis nos Estados Unidos que ainda contêm essa substância e é a única grande fonte de emissão de chumbo no país (Kessler, 2013). A poluição do ar, que está relacionada com doenças cardíacas, câncer de pulmão, enfisema, bronquite crônica e asma, ainda mata cerca de 3 milhões de pessoas por ano (Pimentel et al., 2007). Nos Estados Unidos, 42% da população vive em áreas em que está exposta a níveis insalubres de poluição do ar (ozônio ou poluição por material particulado) (American Lung Association, 2013).

Poluição do ar interno. Cerca de 3 bilhões de pessoas, principalmente em países de média e baixa renda, usam combustíveis de biomassa – madeira, carvão, resíduos agrícolas

desmatamento Transformação de áreas florestais em áreas desmatadas.

desertificação Degradação de regiões semiáridas que resulta na expansão das terras desérticas impróprias para a agricultura.

e esterco – para cozinhar e aquecer seus lares (Organização Mundial da Saúde, 2012). A biomassa é tipicamente queimada em fogueiras abertas ou fornos sem chaminés, criando fumaça e poluição do ar interno. A exposição a essa fumaça aumenta o risco de pneumonia, doença respiratória crônica, asma, catarata, tuberculose e câncer de pulmão e é a causa de cerca de 2 milhões de mortes por ano (Organização Mundial da Saúde, 2012). Esse tipo de exposição é particularmente alto entre mulheres e crianças que passam a maior parte do tempo perto do forno ou aquecedor doméstico.

Mesmo em países ricos, muita poluição do ar é invisível, mas existente onde menos esperamos – nossas casas, escolas, locais de trabalho e prédios públicos. Fontes de poluição do ar interno incluem poeira de chumbo (de antigas tintas com chumbo em sua composição); fumaça de tabaco; resíduos de combustão, como monóxido de carbono, originados em fornos, fornalhas, lareiras, aquecedores e secadores, e outros utensílios domésticos comuns, pessoais e produtos comerciais. Alguns dos poluentes de ar interno mais comuns incluem carpetes (que nos põem em contato com mais de uma dezena de substâncias tóxicas); sofás, colchões e travesseiros (que emitem formaldeído e substâncias antifogo), madeira prensada encontrada em armários de cozinha e outros móveis (que emitem formaldeído); roupas lavadas a seco, que emitem percloroetileno. Produtos para refrescar, desodorizar e desinfetar o ar também emitem o pesticida paradiclorobenzeno. Solventes orgânicos potencialmente danosos estão presentes em inúmeros artigos de escritório, como cola, corretivos, tintas de impressora, papéis sem carbono e canetas marca-texto. Hoje, muitas casas contêm um coquetel de substâncias tóxicas: "Estireno (dos plásticos), benzeno (dos plásticos e borrachas), tolueno e xileno, tricloroetileno, diclorometano, timetilbenzeno, hexanos, fenóis, pentanos e muito mais é emitido por nossas mobílias, materiais de construção e aparelhos de uso cotidiano" (Rogers, 2002).

Destruição da camada de ozônio. A camada de ozônio da atmosfera terrestre protege a vida na terra dos prejudiciais raios solares ultravioleta. No entanto, ela foi danificada pelo uso de algumas substâncias químicas, especialmente os clorofluorcarbonos (CFCs), usados em refrigeradores, ares-condicionados e latas de *spray*. O buraco na camada de ozônio na Antártida em 2012 era, no seu auge, pouco menor do que a América do Norte (Blunden e Arndt, 2013). Essa destruição permite que grandes níveis de raios ultravioleta atinjam a terra, causando o aumento na incidência de câncer de pele e catarata, enfraquecimento do sistema imunológico, colheitas reduzidas, dano aos ecossistemas oceânicos, redução das áreas de pesca e efeitos adversos em animais. Apesar das medidas que acabaram com a produção de CFCs, o ozônio não deve se recuperar significativamente na próxima década, já que o CFC presente na atmosfera pode permanecer por mais 40 ou 100 anos.

Chuva ácida. Poluentes do ar, como dióxido de enxofre e óxido de nitrogênio, misturam-se à precipitação e formam a **chuva ácida**. Chuva, neve e neblina poluídas contaminam áreas cultivadas, florestas, lagos e rios. Como consequência da chuva ácida, todos os peixes morreram num terço dos lagos nas montanhas Adirondack, no estado de Nova York, Estados Unidos (Blatt, 2005). Como os ventos carregam poluentes, a poluição industrial no Meio-Oeste volta à terra como chuva ácida no sudeste do Canadá e nordeste dos estados de New England. Na China, a maior parte da eletricidade provém da queima de carvão, que causa poluição por dióxido de enxofre e a chuva ácida que cai em um terço do território desse país, danificando lagos, florestas e plantações (Woodward, 2007). A chuva ácida também deteriora as superfícies dos prédios e estátuas. "O Parthenon, o Taj Mahal e as estátuas do Michelangelo estão se dissolvendo sob o ataque do ácido que cai do céu" (Blatt, 2005, p. 161).

chuva ácida Mistura de precipitação com poluentes do ar, como dióxido de enxofre e óxido de nitrogênio.

Aquecimento global e mudança climática

Aquecimento global refere-se ao aumento da temperatura média global da atmosfera, da água e do solo, causado principalmente pelo acúmulo de vários gases (de efeito estufa) que se reúnem na atmosfera. De acordo com o Intergovernmental Panel on Climate Change (IPCC) – um time internacional de cientistas de diversos países do mundo –, "O aquecimento do sistema climático é inequívoco[...] A atmosfera e o oceano estão mais quentes, as quantidades de neve e gelo diminuíram, o nível do mar aumentou e a concentração dos gases de

aquecimento global Aumento da temperatura média global da atmosfera, da água e do solo do planeta, causado principalmente pelo acúmulo de vários gases (de efeito estufa) que se concentram na atmosfera.

efeito estufa aumentou" (2013, p. SPM-3). Nos Estados Unidos, 2012 foi o ano mais quente desde os registros que se iniciaram em 1895 (Blunden e Arndt, 2013).

Causas do aquecimento global. A visão científica prevalecente é que os **gases de efeito estufa** – principalmente dióxido de carbono (CO_2), metano e óxido nitroso – se acumulam na atmosfera e agem como um vidro numa estufa, retendo o calor do sol na terra. Muitos cientistas acreditam que esse aquecimento é resultado de um aumento acentuado nas concentrações atmosféricas globais devido, principalmente, às ações da humanidade, especialmente o uso de combustíveis fósseis.

O desmatamento também contribuiu para a elevação dos níveis de dióxido de carbono na atmosfera. Árvores e outras plantas utilizam o dióxido de carbono e liberam oxigênio no ar. Quando as florestas são derrubadas ou queimadas, menos vegetação fica disponível para absorver o dióxido de carbono.

O crescimento das emissões de gases de efeito estufa é maior nos países em desenvolvimento, particularmente a China, país que mais emite dióxido de carbono, que, em 2010, consumia mais da metade de todo o carvão no mundo e ultrapassou os Estados Unidos como o maior consumidor de energia mundial (BP, 2011). Contudo, os Estados Unidos têm o maior nível de emissões de dióxido de carbono *per capita* (veja a Figura 13.3).

Mesmo que a emissão de gases de efeito estufa se estabilize, a temperatura do ar e o nível do mar em todo o mundo devem continuar a crescer por cem anos. É por isso que o aquecimento global que já aconteceu promove mais aquecimento do planeta – processo conhecido como *retroalimentação positiva*. Por exemplo, o derretimento da turfeira congelada na Sibéria poderia liberar bilhões de toneladas de metano, um potente gás de efeito estufa, na atmosfera (Pearce, 2005). O derretimento do gelo e da neve – outro resultado do aquecimento global – expõe mais áreas terrestres e oceânicas, que absorvem mais calor do que gelo e neve, e assim aquecem o planeta.

> Mesmo que a emissão de gases de efeito estufa se estabilize, a temperatura do ar e o nível do mar em todo o mundo devem continuar a crescer por cem anos.

Por mais de 20 anos, a indústria dos combustíveis fósseis e seus aliados têm lançado agressivas campanhas de desinformação, ao atacar e desacreditar a ciência, os cientistas e as instituições científicas voltadas à pesquisa do clima (Greenpeace, 2013). Essa "**máquina de negação da mudança climática**" tem sido efetiva em manipular a opinião pública; apesar do consenso científico generalizado sobre a atividade humana como a causadora do aquecimento global (Cook et al., 2013), mais da metade (57%) dos norte-americanos adultos acredita que o aquecimento global ocorre graças a mudanças naturais no ambiente (Saad, 2013).

gases de efeito estufa Gases (principalmente dióxido de carbono, metano e óxido nitroso) que se acumulam na atmosfera e agem como um vidro numa estufa, mantendo o calor do sol próximo à terra.

máquina de negação da mudança climática Campanhas agressivas e bem financiadas de desinformação da opinião pública, os quais atacam e desacreditam a ciência, os cientistas e as instituições científicas voltadas à pesquisa do clima.

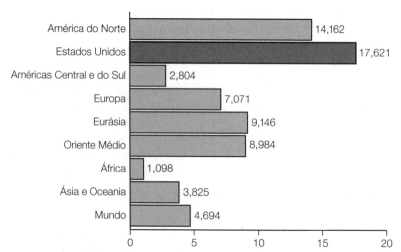

Nota: Unidade de medida 5 toneladas métricas.

Figura 13.3 Emissões *per capita* de dióxido de carbono, por região, 2011
Fonte: Energy Information Administration, 2013.

Efeitos do aquecimento global e da mudança climática. Estima-se que a mudança climática mate 30 mil pessoas por ano, principalmente no mundo em desenvolvimento (Global Humanitarian Forum, 2009). A maioria dessas mortes é atribuída à perda de safra, que resulta na desnutrição e em problemas relacionados à água, como inundações e secas. Os efeitos do aquecimento global também incluem:

Derretimento do gelo e aumento do nível do mar. Entre 1901 e 2010, o nível médio global do mar aumentou cerca de 19 cm (Intergovernmental Panel on Climate Change, 2013). Algumas previsões dizem que o aumento do nível do mar pode atingir entre 91 cm e 200 cm durante o século XXI (Mulrow e Ochs, 2011). Os dois principais fatores que causam esse aumento são (1) expansão térmica causada pelo aquecimento dos oceanos (a água se expande quando aquecida) e (2) o derretimento das geleiras, da Groenlândia e das camadas de gelo polar. Em 2012, uma extensão de gelo marinho (área oceânica coberta de gelo) estava no nível mais baixo, e no meio do verão, 97% da camada de gelo da Groenlândia estava derretendo (Unep, 2013). Cientistas dizem que, no verão, o oceano Ártico poderia ficar sem gelo até o final do século (Leitzell, 2011). O aumento dos níveis do mar ameaça 10% da população mundial que

A diminuição do gelo no Ártico ameaça a existência dos ursos polares.

mora em áreas costeiras (Mulrow e Ochs, 2011). Alguns países insulares, bem como algumas ilhas de barreira na costa dos Estados Unidos, podem desaparecer, e áreas costais baixas se tornarão cada vez mais vulneráveis a tempestades e alagamentos.

Alagamento e dispersão de doença. O aumento de chuvas pesadas e inundações causado pelo aquecimento global contribui para o aumento de afogamentos e da quantidade de pessoas expostas a doenças relacionadas a insetos e água, como malária e cólera. Alagamentos promovem criadores para mosquitos transmissores de várias doenças, entre elas encefalite, dengue, febre amarela, vírus do Nilo ocidental e malária (Knoell, 2007). Com o aquecimento do planeta, mosquitos agora estão vivendo em áreas onde antes não eram encontrados, colocando mais pessoas sob o risco de contrair doenças por eles transmitidas.

Ameaça de espécies em extinção. Pelo menos 19 espécies foram extintas devido à mudança climática (Staudinger et al., 2012). Cientistas preveem que, em certas áreas do mundo, o aquecimento global vai causar a extinção de até 43% das espécies de plantas e animais, o que representa uma perda potencial de 56 mil espécies de plantas e 3,7 mil de vertebrados (Malcolm et al., 2006). A U. S. Geological Survey (2007) prevê que, devido aos efeitos da mudança climática, toda a população de ursos-polares do Alasca pode estar extinta nos próximos 43 anos.

Clima extremo: furacões, secas e ondas quentes. O aumento da temperatura está causando seca em algumas partes do mundo e chuva demais em outras. Temperaturas oceânicas tropicais mais altas podem causar furacões mais intensos (Chafe, 2006). Com o aumento da temperatura, é previsto um aumento na quantidade, intensidade e duração de ondas de calor, que por sua vez causam efeitos adversos na saúde (Intergovernmental Panel on Climate Change, 2007). Tanto secas quanto inundações podem ser devastadoras para a agricultura e o abastecimento de alimentos.

Incêndios florestais. Outro efeito do aquecimento global é o aumento da quantidade e extensão dos incêndios florestais (Westerling et al., 2006). Para cada grau Celsius a mais nos estados ocidentais, os

O recente aumento no número e na extensão de incêndios florestais está relacionado com o aquecimento global.

Ensaio fotográfico

Explosão na plataforma de petróleo da British Petroleum e desastre na usina nuclear de Fukushima

O preço que pagamos pela energia inclui custos humanos, ambientais e financeiros associados a acidentes inesperados nas indústrias de produção de energia. Esta seção apresenta dois grandes desastres relacionados à produção de energia: a explosão da plataforma de petróleo da British Petroleum (BP), em 2010, e o acidente na usina nuclear Fukushima Daiichi, em 2011.

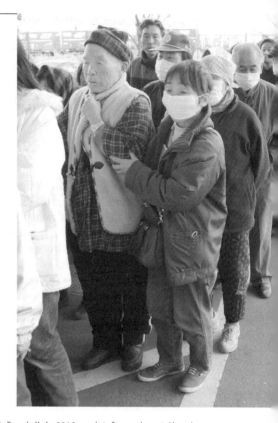

AP Images/Anonymous/US Coast Guard

◄ Em abril de 2010, a plataforma de petróleo de propriedade da Transocean, licenciada para a British Petroleum (BP), explodiu sobre o poço petrolífero Macondo, matando 11 e ferindo 17 petroleiros, abrindo um jorro que liberou petróleo e gás metano no Golfo do México. Quando o poço petrolífero foi selado quatro meses depois, o equivalente a cerca de 4 milhões de barris de óleo tinham se espalhado no Golfo, gerando o que pode ter sido o pior acidente ambiental na história dos Estados Unidos. Uma década antes do acidente com a plataforma de petróleo, já haviam ocorrido 948 incêndios e explosões na indústria petrolífera no Golfo do México. Uma comissão presidencial para o derramamento de petróleo no Golfo em 2010 concluiu que o desastre foi causado por uma série de erros humanos e de engenharia cometidos pela BP, Halliburton e Transocean e pela falta de supervisão regulatória do governo (National Comission on the BP Deepwater Horizon Oil Spill and Offshore Drilling, 2011).

Pássaros, tartarugas marinhas, golfinhos e baleias foram encontrados mortos, cobertos por petróleo, ao longo de mais de mil quilômetros de costa afetados pelo derramamento do petróleo da BP. Embora grande parte do petróleo derramado no desastre tenha sido removida, pela queima e escorrimento da água do mar, 156 milhões de galões foram deixados no ambiente. Numa tentativa de mitigar o impacto do derramamento de petróleo no ecossistema, a BP usou 1,84 milhão de dispersantes químicos – substâncias detergentes que fragmentam o petróleo em partículas e se misturam à água. No entanto, usar detergentes pode trazer novos riscos ao mal já feito. Algumas das 57 substâncias encontradas em dispersantes estão associadas ao câncer, irritação dos olhos e da pele, problemas respiratórios e pulmonares e toxicidade para a vida aquática (Foster, 2011). O ônus de longa duração do derramamento de óleo e do uso de dispersantes nas águas do Golfo do México e nos ecossistemas costeiros é desconhecido, mas pode durar décadas (NRDC, 2011). ▶

A.J. SISCO/UPI/Newscom

PROBLEMAS SOCIAIS

◄ Depois do acidente na usina nuclear de Fukushima, as pessoas que moravam num raio de 20 quilômetros da usina tiveram de ser obrigatoriamente evacuadas. As que moravam fora desse raio foram advertidas a ficar em casa, fechar as portas e janelas, desligar o ar--condicionado, cobrir a boca com máscaras e não beber água encanada. Nas semanas seguintes ao acidente, a área de evacuação foi expandida para mais de 30 quilômetros, fazendo que cerca de 200 mil pessoas fossem obrigadas a deixar suas casas.

A quantidade de radiação liberada durante o período de cinco meses depois desse desastre é equivalente a mais de 29 bombas atômicas de Hiroshima, e a quantidade de urânio liberado é equivalente a 20 bombas de Hiroshima (Jamail, 2011). As áreas ao redor da usina nuclear de Fukushima podem permanecer inabitáveis por décadas devido à alta radiação.

▲ Depois do acidente na usina nuclear de Fukushima, houve muitos protestos contra a energia nuclear no Japão e em outros países.

◄ Com o abalo causado pelo terremoto e *tsunami*, de magnitude 9,0, em 11 de março de 2011, uma série de falhas em equipamentos e derretimentos nucleares ocorreram na usina nuclear Fukushima Daiichi no Japão. O acidente foi considerado de nível 7 pela Escala Internacional de Eventos Nucleares – o valor máximo da escala, definido como "[Uma] grande liberação de material radioativo com efeitos abrangentes sobre a saúde e o ambiente, requer a implementação de medidas mitigadoras planejadas e extensas" (Jamail, 2011). O único acidente nuclear considerado de nível 7 antes de Fukushima foi o ocorrido em 1986 em Chernobyl, na Ucrânia.

Em agosto de 2013, mais de dois anos depois desse acidente nuclear, novos relatórios confirmaram que vários tanques e canos na usina de Fukushima ainda deixavam escorrer grandes quantidades de água radioativa no oceano Pacífico e no solo ao redor da usina. O nível de radiação ao redor de um tanque foi considerado suficiente para matar em quatro horas uma pessoa exposta (Kiger, 2013). A quantidade total de radioatividade liberada pelo acidente de Fukushima pode permanecer desconhecida por anos.

◄ A indústria da pesca e do turismo sofreu perdas econômicas estimadas em US$ 10 bilhões em razão do derramamento de petróleo no Golfo do México em 2010.

CAPÍTULO 13 PROBLEMAS AMBIENTAIS

cientistas projetam um aumento de duas a seis vezes na área queimada pelo fogo espontâneo (Staudinger et al., 2012). Temperaturas mais altas secam arbustos e árvores, criando condições ideais para o fogo se espalhar. Um clima mais quente também faz os besouros procriarem com mais frequência, fazendo que mais árvores sequem devido à infestação desses insetos (Staudinger et al., 2012). Árvores mortas ficam secas e aumentam o risco de fogo. O aquecimento global apressa a chegada da primavera, aumentando a estação de incêndio.

Prejuízos ao lazer. Esportes e lazer de inverno, como a prática de esqui e *snowboard*, estão ameaçados pela diminuição e incerteza de queda de neve, causando grandes perdas econômicas para os negócios desse segmento, sem mencionar a frustração dos entusiastas desses esportes. As áreas de lazer em costas e praias também devem ser afetadas com a erosão costal causada pela elevação do nível do mar e pelas tempestades associadas à mudança climática (Staudinger et al., 2012).

O que você acha? Uma pesquisa da Pew Research (2013), realizada em 39 países, mostrou que a preocupação com a mudança climática global é particularmente grande na América Latina, Europa, África Subsaariana e na região Ásia/Pacífico e que a grande maioria das pessoas no Líbano, Tunísia e Canadá também diz que a mudança climática é a principal ameaça para seus países. Em contraste, apenas quatro entre dez norte-americanos consideram a mudança global uma grande ameaça, fazendo deles os menos preocupados com isso. Por que você acha que isso acontece?

Poluição da terra

Cerca de 30% da superfície do mundo é terra, que oferece solo para cultivar o alimento que comemos. Cada vez mais, os humanos estão poluindo o solo com lixo nuclear, sólido e pesticidas. Em 2013, os 1.320 depósitos de resíduos perigosos nos Estados Unidos (também chamados depósitos *Superfund*) estavam na Lista de Prioridades Nacionais (EPA, 2013a).

Lixo nuclear. Esse tipo de lixo, resultante tanto da produção de armas quanto de usinas nucleares, contém plutônio radioativo, uma substância ligada ao câncer e defeitos genéticos. O lixo radioativo e materiais contaminados por energia nuclear permanecem potencialmente danosos à vida humana e de outros seres por 250 mil anos (Nader, 2013).

Nos Estados Unidos, o lixo nuclear está sendo estocado temporariamente em 121 depósitos acima do solo em 39 estados. O primeiro repositório planejado para lixo nuclear do país ficava na montanha Yucca, a 160 km a noroeste de Las Vegas. No entanto, o presidente Obama rejeitou esse plano, dizendo que há questões demais sobre se o depósito de lixo nuclear nessa montanha seria seguro. A questão continua sendo como guardar com segurança esse tipo de lixo.

Usinas nucleares gastam toneladas de combustível nuclear, sendo parte dele selada em barris (Vedantam, 2005b). Devido à vigilância inadequada e falhas nos procedimentos de segurança, o combustível radioativo usado está vazando ou não é devidamente quantificado em algumas usinas nucleares norte-americanas, o que causa grande preocupação sobre a segurança (Vedantam, 2005a). Acidentes em usinas nucleares, como o ocorrido em Fukushima, no Japão, em 2011, e o risco de reatores nucleares serem alvejados por terroristas tornam essas usinas ainda mais perigosas. O ativista político Ralph Nader (2013) comentou:

> Com todo o desenvolvimento tecnológico na eficiência energética, solar, eólica e outras fontes de energia renovável, certamente há modos melhores e mais eficientes de atender nossa demanda por eletricidade sem condenar as futuras gerações com lixo mortal e arriscar regiões inteiras com a contaminação radioativa caso alguma coisa dê errado [...] É sintomático que Wall Street, que raramente considera as consequências de apostar no risco, não financie a construção de usinas nucleares sem

uma garantia de empréstimo completa do governo norte-americano. A energia nuclear também não é passível de cobertura no mercado privado de seguros. O Ato Price-Anderson de 1957 exige que o contribuinte cubra quase todo o custo, caso um acidente ocorra (s. p.).

Reconhecendo os riscos das usinas nucleares e seu lixo, a Alemanha foi o primeiro país a decidir que todas as suas 19 usinas nucleares sejam desativadas até 2020 ("Nukes Rebuked", 2000). A Bélgica também está desativando seus reatores nucleares, enquanto Áustria, Dinamarca, Itália e Islândia prescrevem proibições contra a energia nuclear.

Lixo sólido. Em 1960, cada cidadão norte-americano gerava, em média, 1,2 kg de lixo por dia. Esse quadro mudou para 2 kg em 2011 (veja a Figura 13.4) (EPA, 2013b). Isso, no entanto, não inclui o lixo derivado de mineração, agricultura e indústria, da demolição e construção, automóveis abandonados e o descarte de equipamentos obsoletos. Apenas metade desse lixo é despejada em aterros; o restante é reciclado ou transformado em adubo. No entanto, a disponibilidade do espaço em aterros é limitada. Alguns estados aprovaram leis que limitam a quantidade de lixo sólido que pode ser despejada; como alternativa, exigem que garrafas e latas sejam retornadas para um depósito ou terrenos e usadas em programas comunitários de compostagem.

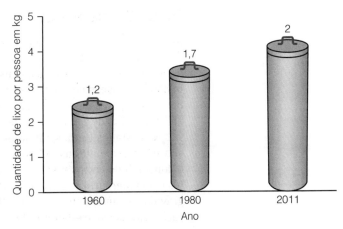

Figura 13.4 Quilos de lixo por pessoa por dia, Estados Unidos, 1960-2011
Fonte: EPA, 2013b.

O que você acha? Sacolas plásticas, comumente utilizadas em lojas e supermercados, estão associadas a inúmeros problemas ambientais. Nos Estados Unidos, a maioria dessas sacolas, que contêm substâncias tóxicas, acaba nos aterros, onde levam mil anos para se degradar (Cheeseman, 2007). As sacolas plásticas também vão parar nos oceanos, onde seres marinhos podem morrer de fome ou asfixiados depois de engoli-las. Alguns países, como África do Sul, China, Tailândia e Bangladesh, baniram as sacolas plásticas para compras. Em 2007, San Francisco foi a primeira cidade norte-americana a bani-las em supermercados e cadeias de farmácia. Desde então, várias proibições ou taxas de uso têm sido implementadas no país. Você apoiaria a proibição ou taxação sobre o uso de sacolas plásticas em sua comunidade?

Lixo sólido inclui aparelhos elétricos e equipamentos eletrônicos descartados, conhecidos como **lixo eletrônico**. Você já pensou onde vão parar seu computador, celular, CD-*player*, televisão ou outros produtos eletroeletrônicos quando você os descarta para substituí-los por um modelo mais recente? A maioria dos eletroeletrônicos termina em aterros, incinerados e exportados como lixo perigoso. A principal preocupação sobre o descarte do lixo eletrônico em aterros é o risco de substâncias perigosas, como chumbo, cádmio, bário, mercúrio, BPCs e PVC, vazarem e contaminarem o solo e os lençóis d'água.

Pesticidas. Estes são usados em todo o mundo em plantações e hortas, no controle de mosquitos e pragas domésticas, no cuidado de gramados, parques e campos de golfe. Contaminam alimentos, água e ar e podem ser absorvidos pela pele, engolidos ou inalados. Muitos pesticidas comuns são considerados potenciais cancerígenos e neurotoxinas (Blatt, 2005). Mesmo quando um pesticida é considerado perigoso e banido nos Estados Unidos, outros países de onde se importam alimentos continuam a usá-lo. Numa análise de mais de 5 mil exemplares de alimentos, resíduos de pesticidas foram encontrados em mais de 43% das amostras em alimentos norte-americanos e 31% das dos alimentos importados (Food and Drug Administration, 2013). Os pesticidas também contaminam os lençóis d'água.

lixo eletrônico Aparelhos elétricos e equipamentos eletrônicos descartados.

Poluição da água

Nossa água está sendo poluída por várias substâncias perigosas, incluindo plásticos, pesticidas, emissões de veículos, chuva ácida, derramamento de petróleo e lixo industrial, militar e agrícola. A poluição da água é mais grave em países em desenvolvimento, em que mais de um bilhão de pessoas não tem acesso à água potável. Nas nações em desenvolvimento, mais de 80% do esgoto é jogado diretamente em rios, lagos e mares que também são utilizados para abastecimento de água para beber e banho (World Water Assessment Program, 2009).

Nos Estados Unidos, um indicador da poluição da água são as centenas de advertências sobre a pesca emitidas pela U.S. Environmental Protection Agency (EPA) alertando contra o consumo de certos peixes pescados em águas locais devido à contaminação por poluentes como mercúrio e dioxina. A EPA adverte que mulheres que desejam filhos ou já estejam grávidas ou amamentando e as crianças evitem comer certos tipos de peixe (peixe-espada, cação, cavala e peixe-batata) devido à grande concentração de mercúrio (EPA, 2004).

Poluentes em água doce podem causar sérios problemas de saúde e até a morte. Em Camp Lejeune – base de fuzileiros navais em Onslow County, na Carolina do Norte –, cerca de um milhão de pessoas foi exposto a águas contaminadas com tricloroetileno (TCE), solvente industrial desengordurante, e ao percloroetileno (PCE), agente de limpeza a seco, de 1957 a 1987 (Sinks, 2007). A exposição a essas substâncias tóxicas pode estar relacionada a vários problemas de saúde, incluindo lesões nos rins, fígado e pulmões, bem como câncer, leucemia infantil e defeitos congênitos. Na seção *O lado humano* deste capítulo, um fuzileiro naval conta a história da doença e morte da filha, que ele acredita ter sido resultante da água contaminada em Camp Lejeune.

A poluição da água também afeta a saúde e a sobrevivência de peixes e outras formas de vida marinha. No Golfo do México, bem como na baía de Chesapeake e no lago Erie, existem áreas conhecidas como "zonas mortas", que – por causa da poluição do escoamento de fertilizantes agrícolas – têm níveis de oxigênio tão baixos que tornam a vida impossível (Scavia, 2011).

Em anos recentes, tem havido um aumento na preocupação pública em relação aos efeitos da fragmentação hidráulica, ou "*fracking*" – processo usado na produção de gás natural que envolve a injeção a alta pressão de uma mistura de água, areia e substâncias químicas nos poços subterrâneos profundos para quebrar rochas de xisto e assim liberar gás. Os opositores citam vários problemas em relação aos impactos negativos desse processo para o ambiente e a saúde humana, incluindo a produção de líquidos residuais tóxicos e a contaminação da água potável, poluição do ar, danificação do solo e emissão de gases que provocam o aquecimento global (Ridlington e Rumpler, 2013).

Outra preocupação crescente é o aumento da poluição causada pelo plástico encontrado nos oceanos; já não há um único metro cúbico no oceano que não contenha algum plástico. Muito desse plástico é difícil de ver por ter um tamanho bem reduzido. Microplásticos são fragmentos que medem menos de 5 mm, provenientes da degradação de produtos plásticos e pequenos fragmentos do material usado para fazer produtos como garrafas, sacolas e embalagens. Alguns desses fragmentos são acidentalmente descartados no ambiente e têm sido encontrados em praias e águas oceânicas em todo o mundo (Takada, 2013). Esses fragmentos e outros detritos plásticos têm grandes quantidades de substâncias tóxicas, que podem causar efeitos adversos na vida marinha e de seres humanos que consomem peixes e frutos do mar.

Substâncias tóxicas, carcinógenos e problemas de saúde

Cerca de 3 bilhões de toneladas de substâncias tóxicas são liberadas no ambiente a cada ano (Pimentel et al., 2007). As substâncias presentes no ambiente penetram nosso corpo por meio do alimento e da água que consumimos, do ar que respiramos e das substâncias com as quais temos contato. Por exemplo, o bisfenol A (BPA), substância que perturba a função endócrina, é comumente encontrado na embalagem de alimentos, incluindo latas, embalagens plásticas e recipientes para armazenar alimentos (Betts, 2011). Durante uma convenção da Organização Mundial de Saúde em 2004, 44 substâncias tóxicas foram encontradas na circulação sanguínea de altos funcionários da União Europeia (Schapiro, 2004). E em um estudo

---

fracking Fraturamento hidráulico, feito pela injeção de uma mistura de água, areia e substâncias químicas em poços perfurados para fraturar a rocha de xisto e assim liberar gás natural.

do cordão umbilical de dez recém-nascidos, pesquisadores encontraram uma média de 200 substâncias químicas, pesticidas e outros poluentes (Environmental Working Group, 2005).

O *12º Relatório sobre Carcinógenos* (U.S. Department of Health and Human Services, 2011) lista 240 substâncias químicas que são "conhecidas como carcinógenos humanos", ou seja, relacionadas ao câncer. E estas podem constituir apenas uma fração dos carcinógenos humanos atuais. Quando o Ato de Controle de Substâncias Tóxicas de 1976 foi promulgado, "tornou-se avô" das 62 mil substâncias no mercado naquela época. Desde então, a EPA restringiu o uso de apenas 5 das 80 mil substâncias químicas usadas nos Estados Unidos; 95% delas não tiveram sua segurança testada (Lunden, 2013).

A maioria dos pesquisadores do câncer acredita que o ambiente em que vivemos e trabalhamos pode ser o principal agente no desenvolvimento do câncer – uma doença que acomete metade dos homens e um terço das mulheres nos Estados Unidos (U.S. Department of Health and Human

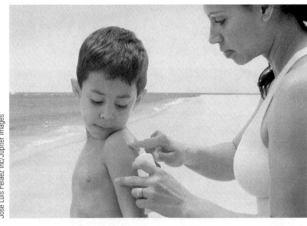

Esta mãe passa protetor solar em seu filho para protegê-lo contra queimaduras solares. Mas o protetor solar, assim como outros produtos de cuidados pessoais, pode conter substâncias químicas nocivas. Saiba quais são os produtos químicos nos produtos de cuidados pessoais que você usa no Working Group's. Disponível em: <www.ewg.org/skindeep>.

Services, 2011). Uma análise de 152 pesquisas sobre poluição ambiental e câncer de mama evidenciou a relação entre esses dois fatores (Brody et al., 2007). Muitas das substâncias a que somos expostos cotidianamente podem causar não apenas câncer, mas também outros problemas de saúde, como infertilidade, defeitos congênitos e vários problemas relacionados ao desenvolvimento e aprendizagem infantil (Fisher, 1999; Kaplan e Morris, 2000; McGinn, 2000; Schapiro, 2007). As substâncias químicas encontradas em qualquer casa, produtos pessoais e comerciais podem resultar numa variedade de sintomas temporários agudos, como sonolência, desorientação, dor de cabeça, tontura, náusea, fadiga, falta de ar, câimbra, diarreia e irritação dos olhos, nariz, garganta e pulmões. A exposição de longa duração pode afetar o sistema nervoso e reprodutivo, fígado, rins, coração e sangue. As fragrâncias encontradas em perfumes e colônias, xampus, desodorantes, detergentes, absorventes e aromatizantes ou neutralizadores de ar, e uma enorme variedade de produtos de consumo, são conhecidas como irritantes do sistema respiratório. Alguns dos 4 mil ingredientes usados na produção de fragrâncias estão relacionados a câncer, defeitos congênitos, efeitos neurotóxicos e disrupção endócrina (Bradshaw, 2010).

O que você acha? Alguns escritórios, universidades, hospitais e governos locais estão limitando voluntariamente o uso de fragrâncias para acomodar empregados e consumidores que ostensivamente passam mal ao ter contato com esses produtos. O que você acha de banir fragrâncias do local de trabalho e outros espaços públicos? Se sua escola ou universidade considerar a proibição de fragrâncias no *campus*, você apoiaria? Por quê?

As crianças são mais vulneráveis do que os adultos aos efeitos perigosos da maioria dos poluentes por várias razões. As crianças bebem mais líquidos, ingerem mais alimentos e inalam mais ar por peso corporal do que os adultos. Além disso, engatinhar, colocar as mãos em tudo e levar coisas à boca oferecem mais oportunidades para as crianças ingirerem resíduos químicos e de metais pesados.

Distúrbio de sensibilidade química múltipla. Sensibilidade química múltipla, também conhecida por doença ambiental, é um estado em que as pessoas experimentam reações adversas quando expostas a baixos níveis de substâncias químicas encontradas em produtos cotidianos (emissões de automóveis, tinta fresca, produtos de limpeza, perfume e outras fragrâncias, materiais de construção sintéticos e vários produtos com base em

sensibilidade química múltipla Também conhecida por "doença ambiental", é um estado no qual as pessoas experimentam reações adversas quando expostas a baixos níveis de substâncias químicas encontradas em produtos cotidianos.

O lado humano: A fatalidade da contaminação da água em Camp Lejeune

Jerry Ensminger segura o retrato da filha Janey, cuja morte por leucemia é creditada à água contaminada em Camp Lejeune.

O sargento-maior aposentado Jerry Ensminger é uma das 900 pessoas que abriram processo no valor de US$ 4 bilhões contra Camp Lejeune, em Onslow County, na Carolina do Norte, por danos que seriam consequência da ingestão e banho em água contaminada com o agente de limpeza a seco percloroetileno (PCE) e o solvente industrial desengordurante tricloroetileno (TCE) (Hefling, 2007).

Aqui, apresentamos um relato de Jerry Ensminger sobre sua filha, Janey, que morreu de leucemia aos 9 anos, em 1985. Considera-se que a doença e a morte de Janey tenham sido causadas pela água contaminada de Camp Lejeune, à qual sua mãe foi exposta durante a gravidez. Se for aprovado no Congresso, o Honoring America's Veterans and Caring for Camp Lejeune Families Act vai oferecer assistência médica a veteranos e suas famílias que tiveram problemas de saúde causados pela exposição à água contaminada em Camp Lejeune. A história de Ensminger foi extraída do livro *Poisoned nation* (2007):

Minha menininha morreu nos meus braços, e 15 anos depois descobri que as pessoas a quem eu tinha servido dedicadamente por quase 25 anos sabiam que ela estava sendo envenenada pela água durante todo esse tempo. [...] Foi em 1997 que finalmente descobri por que minha filha tinha morrido.

Ainda assim, foi totalmente por acaso. Uma emissora de televisão local decidiu investigar a história. A televisão na sala estava ligada no noticiário enquanto jantava com um prato na mão na cozinha. De repente, ouvi o jornalista dizer que a água no Camp Lejeune tinha sido intensamente contaminada de 1968 a 1985 e que as substâncias químicas que continha estavam relacionadas à leucemia infantil. Ao ouvir isso, deixei meu prato cair no chão e comecei a tremer. No dia seguinte [...] comecei a ler tudo o que pude encontrar e fazer contatos com todo mundo que conhecia. Você passa por diferentes fases quando perde um filho para uma doença catastrófica. Primeiro, fica em choque, depois começa a se perguntar por que aconteceu com seu filho. Então, anos atrás, investiguei minha história e a da mãe de Janey, e não encontrei nada em nenhum dos lados. Mas a pergunta desconcertante de por que Janey ficou com leucemia me acompanhou durante sua doença e morte, e por 14 anos e meio depois disso. Naquele momento, naquele instante, quando ouvi o jornalista e deixei cair o prato de comida, tudo ficou claro. De repente fiquei sabendo por que minha menininha tinha morrido.

Assinei com a Marinha para servir ao meu país, mas nunca assinei nada que lhes desse o direito de matar minha filha, envenenando-a propositalmente [...] Eu disse isso publicamente, e o Corpo de Fuzileiros Navais nunca refutou nada do que disse, inclusive que a contaminação vinha acontecendo desde 1950. Tenho certeza de que eles sabiam disso pelos estudos geológicos. [...]

No dia em que ela morreu [...] Janey estava sentindo muita dor, então eles sugeriram que usasse morfina. Ela não quis, porque tinha experimentado antes e sabia que aquilo a fazia se sentir muito cansada. Mas, desta vez, ela não conseguiu aguentar a dor. Janey viveu um inferno durante quase dois anos e meio, e eu fui junto com ela para o inferno [...] Estive com ela em todos os momentos. A mãe dela não conseguiu aguentar. Toda vez que Janey ia para o hospital, era eu quem ia com ela. Algumas vezes, ela ia gritando no meu ouvido: "Papai, não deixa eles me machucarem", como fizeram quando ela precisou passar por um transplante de medula óssea. Sua última estada no hospital foi no último dia de julho daquele ano, pouco antes do seu próximo aniversário. Ela só voltaria em 20 de setembro, e num caixão.

Cerca de uma semana antes de ela morrer, o chefe da hematologia tinha vindo falar sobre uma nova forma de terapia. Ele disse que o tratamento causaria queimaduras e úlceras graves, e por isso não o recomendavam, mas Janey olhou para eles, apertando os olhos para controlar as lágrimas, e disse: "É da minha vida que vocês estão falando, e eu não vou desistir. Vamos tentar o tratamento".

As úlceras cobriram sua boca, pernas, nariz e vagina. No dia em que morreu, ela sentia tanta dor que mal podia falar. Então, finalmente começou a sussurrar: "Eu quero morrer em paz". Quando Janey disse isso, comecei a chorar baixinho. Ela me abraçou e disse: "Pare, pare de chorar". Eu respondi: "Não consigo controlar, eu amo você". "Eu sei que você me ama", ela respondeu. "Eu também amo você. Mas, papai, está doendo demais". "Você quer um pouco de morfina?", perguntei. Ela já tinha tomado metadona. "Sim, papai", ela respondeu, "eu estou pronta".

Quando a enfermeira ouviu que Janey queria morfina, soube que a hora tinha chegado. Então, assim que começaram a lhe dar morfina, ela disse: "Espere. Pare. Eu quero um pouco de morfina para o meu papai também".

"Esse é um medicamento muito poderoso para dor. Não posso dar para o seu papai", a enfermeira disse.

"Mas papai também está doído", Janey respondeu. Você sabe, eu sempre experimentava um pouco de tudo o que ela experimentava para mostrar que estava com ela. A morfina a matou. É um depressivo respiratório [...]

A organização que servi com dedicação por 24 anos e meio sabia disso tudo o tempo todo e nunca ninguém disse nada. Bem. A vergonha é deles.

Fonte: Hefling, 2007; Sinks, 2007; Schwartz-Nobel, 2007.

petroquímicos). Os sintomas dessa sensibilidade incluem dor de cabeça, ardência nos olhos, dificuldade de respirar, desconforto estomacal ou náusea, perda de concentração mental e tontura. Sua manifestação em geral está relacionada à exposição aguda a altos níveis de substâncias químicas ou exposição crônica de longa duração. Pessoas portadoras de sensibilidade química múltipla com frequência evitam lugares públicos e/ou usam um filtro de proteção respiratória para evitar inalar as inúmeras substâncias químicas presentes no ambiente. Algumas constroem casas feitas com materiais que não contêm as substâncias comumente encontradas em materiais de construção comuns.

Num estudo norte-americano sobre a prevalência de sensibilidade química múltipla, 11,2% dos adultos norte-americanos relataram hipersensibilidade incomum a produtos químicos como perfume, tinta fresca e produtos de limpeza, enquanto 2,5% disseram ter sido diagnosticados como portadores de sensibilidade química múltipla (Caress e Steinemann, 2004). Dois terços daqueles com hipersensibilidade descreveram seus sintomas como graves ou moderadamente graves. Mais de um terço (39,5%) da amostragem relatou ter problemas em fazer compras em lugares públicos por causa da sensibilidade a substâncias químicas.

Ameaças à biodiversidade

Estima-se haver 8,7 milhões de espécies de vida na terra (alguns cientistas acreditam que a quantidade seja ainda maior), das quais 1,4 milhão já foram nomeadas e catalogadas (Staudinger et al., 2012). Essa enorme diversidade de vida, conhecida como **biodiversidade**, oferece alimentos, remédios, fibras e combustíveis; purifica o ar e a água; poliniza plantações e vegetação e torna o solo fértil.

A cada três horas uma espécie de vida se extingue na terra (Leahy, 2009). Como mostra a Tabela 13.2, 20.927 espécies em todo o mundo estão ameaçadas de extinção. Hoje, a maior parte das extinções resulta da perda de *habitat* causada pelo desmatamento e crescimento urbano, esgotamento do solo pela agricultura, aquecimento global e bioinvasão – problemas ambientais causados pela atividade humana (Cincotta e Engelman, 2000; Leahy, 2009). Por exemplo, a absorção oceânica de dióxido de carbono – gás de efeito estufa resultante do uso de combustíveis fósseis – causou um aumento na acidez dos oceanos, colocando em grave risco a formação de corais, crustáceos e moluscos (The International Programme on the State of the Ocean, 2013).

TABELA 13.2 Espécies ameaçadas no mundo, 2013

Categoria	Número de espécies ameaçadas* em 2013
Mamíferos	1.140
Pássaros	1.313
Anfíbios	1.948
Répteis	847
Peixes (vertebrados)	1.947
Insetos	835
Crustáceos	723
Caramujos etc.	1.707
Plantas	9.829
Outros	671
Total	20.927

*Espécies ameaçadas incluem aquelas classificadas como gravemente em risco, em risco e vulnerável.
Fonte: IUCN, 2013.

Poluição luminosa

Os Estados Unidos, como a maior parte do mundo, têm se tornado cada vez mais "iluminados" com luz artificial, que tem efeitos negativos ao bem-estar de seres humanos e selvagens (Bogard, 2013). **Poluição luminosa** diz respeito à iluminação artificial que é irritante, desnecessária e/ou prejudicial às formas de vida na terra:

O ciclo diurno/noturno de 24 horas, conhecido como relógio circadiano, afeta os processos fisiológicos de quase todos os organismos. Esses processos incluem os padrões de ondas cerebrais, produção hormonal, regulação celular e outras atividades biológicas. A perturbação do relógio circadiano está relacionada a vários distúrbios médicos em humanos, entre eles depressão, insônia, doença cardiovascular e câncer (Chepesiuk, 2009, p. A22).

> A cada três horas, uma espécie de vida se extingue na terra.

Cerca de 30% dos vertebrados e 60% dos invertebrados são seres noturnos e, portanto, vulneráveis à poluição luminosa, que pode perturbar seus padrões de acasalamento, migração, alimentação e polinização (Bogard, 2013). A iluminação artificial em praias em que as tartarugas-de-couro fazem ninhos ameaça a sobrevivência dos filhotes e é a principal causa da diminuição das populações dessa espécie. Os filhotes, que instintivamente seguem a luz

biodiversidade A diversidade de organismos vivos na terra.

poluição luminosa Iluminação artificial que é irritante, desnecessária e/ou prejudicial às formas de vida na terra.

refletida das estrelas e da lua na praia em direção ao oceano, acabam seguindo a luz refletida da iluminação das ruas e hotéis, o que faz que morram desidratados, sejam comidos por predadores ou mesmo atropelados por carros.

Causas sociais dos problemas ambientais

Vários fatores estruturais e culturais têm contribuído para os problemas ambientais. Entre eles, crescimento populacional, industrialização e desenvolvimento econômico e valores e atitudes culturais, como individualismo, consumismo e militarismo.

Crescimento populacional

A população do mundo está crescendo, passando de 7 bilhões em 2013, e estima-se que deva atingir 9 bilhões em 2050 (veja o Capítulo 12). O crescimento populacional aumenta a demanda de recursos naturais e resulta no aumento de lixo. Como Hunter (2001) explicou:

> O tamanho da população global está essencialmente ligado aos ambientes terrestre, aéreo e aquático, porque todo e qualquer indivíduo usa recursos ambientais e contribui para a poluição do ambiente. Embora a escala do uso de recursos e o nível de lixo produzido variem entre indivíduos e contextos culturais, permanece o fato de que a terra, a água e o ar são necessários para a sobrevivência humana. (p. 12)

Contudo, o crescimento populacional em si não é tão grave quanto os modos pelos quais as populações produzem, distribuem e consomem bens e serviços. Como apresentado na Figura 13.5, regiões com as maiores populações têm o menor impacto sobre a pegada ambiental.

Industrialização e desenvolvimento econômico

Muitos dos problemas ambientais que ameaçam o mundo estão associados à industrialização, em grande parte porque os países industrializados consomem mais energia e recursos

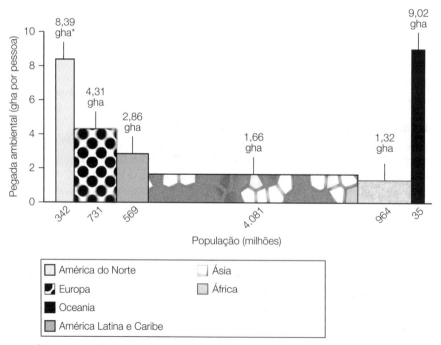

* Gha é uma medida chamada *global hectare* ou *hectare global*, unidade de medida usada para quantificar a pegada ecológica de pessoas ou de atividades econômicas.
Um *hectare global* representa a produtividade média de todas as áreas biologicamente produtivas na Terra em determinado ano.

Figura 13.5 Pegada ambiental e população por região, 2007
Fonte: Ewing et al., 2010.

naturais e poluem mais o ambiente do que os países pobres. A relação entre nível de desenvolvimento econômico e poluição ambiental é mais curvilínea do que linear. As emissões industriais são mínimas nas regiões com baixos níveis econômicos de desenvolvimento e altas nas de médio desenvolvimento, à medida que os países em desenvolvimento se movem pelos estágios iniciais da industrialização. Contudo, nos estágios mais avançados de industrialização, as emissões industriais cedem, porque as indústrias altamente poluentes declinam e aumenta a quantidade de indústrias mais limpas, pois o aumento de renda está associado à maior demanda por qualidade ambiental e tecnologias mais limpas.

Valores e atitudes culturais

Entre os valores e atitudes culturais que contribuem para os problemas ambientais estão o individualismo, o consumismo e o militarismo.

Individualismo. Este, característica da cultura norte-americana, põe os interesses individuais acima do bem-estar comum. Embora a reciclagem seja algo bom para a coletividade, muitas pessoas não reciclam devido à inconveniência pessoal envolvida na separação e limpeza dos itens recicláveis. Da mesma forma, com frequência algumas pessoas mantêm comportamentos que lhes são prazerosos e convenientes à custa do ambiente: banhos longos, passeios de barco, ingestão frequente de carne, uso de ar-condicionado, veículos utilitários esportivos (SUVs), que são grandes consumidores de gasolina, para citar apenas alguns.

Consumismo. Este – a crença de que a felicidade pessoal depende da compra de bens materiais – também encoraja as pessoas a comprar continuamente novos itens e descartar os antigos. A mídia nos bombardeia diariamente com propagandas que nos dizem que a vida será melhor se comprarmos determinado produto. O consumismo contribui para a poluição e a degradação ambiental ao apoiar indústrias poluentes e devastadoras de recursos e a produção de lixo.

Militarismo. O valor cultural do militarismo também contribui para a degradação ambiental (veja também o Capítulo 15). "É consenso que o poluidor número 1 nos Estados Unidos é o militarismo norte-americano. Ele é responsável pela geração de mais de um terço do lixo tóxico anual do país [...] quantidade maior que as cinco maiores indústrias químicas internacionais juntas produzem" (Blatt, 2005, p. 25). As substâncias tóxicas de veículos militares, armas e munição poluem o ar, os lençóis freáticos no entorno das bases militares e áreas de treinamento. O Pentágono pediu para o Congresso afrouxar as leis ambientais para a operação militar, e a EPA está proibida de investigar e acusar os militares (Blatt, 2005; Janofscy, 2005).

Estratégias de ação: respondendo aos problemas ambientais

Respostas aos problemas ambientais envolvem ativismo e educação ambiental, uso de energia verde, modificações nos produtos e no comportamento do consumidor, ações para retardar o crescimento populacional, regulamentação e legislação governamentais. O desenvolvimento econômico sustentável, a cooperação e assistência internacional e as instituições de educação universitária também desempenham papel importante na mitigação dos problemas ambientais.

Ativismo ambiental

Em 1962, Rachel Carson, cientista, ecologista e escritora, publicou *Primavera silenciosa*, um livro que advertia o público em geral sobre os efeitos de longo prazo de pesticidas, argumentando que, se a humanidade envenenasse a natureza, esta, por sua vez, envenenaria a humanidade (Griswold, 2012).

Rachel Carson e seu *Primavera silenciosa*, que vendeu mais de dois milhões de cópias, são creditados como os iniciadores do movimento ambiental nos Estados Unidos.

O movimento ambiental norte-americano talvez seja o maior movimento social nos Estados Unidos.

Com mais de 6.500 organizações ambientais nacionais e 20 mil locais, com entre 20 milhões e 30 milhões de membros, o movimento ambiental norte-americano talvez seja o maior movimento social nos Estados Unidos (Brulle, 2009). Uma pesquisa Gallup mostrou que um entre seis (17%) dos norte-americanos adultos diz ser participante ativo no movimento ambiental (Gallup Organization, 2013) (veja a Tabela 13.3).

O que você acha? Os resultados da pesquisa Gallup indicam que as mulheres tendem a se preocupar mais com o ambiente, ser ativas ou simpatizantes do movimento ambiental e priorizar o ambiente em detrimento de preocupações econômicas e energéticas. Você acha que existe diferença de gênero na abordagem desse assunto?

TABELA 13.3 Envolvimento no movimento ambiental*

Envolvimento	Porcentagem de adultos norte-americanos
Participante ativo	17
Simpatizante, mas não ativo	42
Neutro	29
Não simpatizante	10
Sem opinião	2

*Na pesquisa Gallup de 2013, em uma amostra nacional de adultos norte-americanos, foi perguntado: "Você se considera um participante ativo do movimento ambiental, simpático ao movimento mas não ativo, neutro ou não simpatizante do movimento?"

Fonte: Gallup Organization, 2013.

Organizações ambientais pressionam as indústrias públicas e privadas a iniciar ou intensificar ações relacionadas à proteção ambiental. Grupos ambientalistas também desenham e implementam seus próprios projetos e disseminam informação ao público sobre questões ambientais. As organizações ambientais usam a internet e o e-mail para enviar mensagens sobre ações para seus membros, informando-os quando o Congresso ou outras esferas de decisão ameaçam a saúde do ambiente. Esses membros podem então enviar e-mails e faxes para o Congresso, o presidente e líderes empresariais, demandando seu apoio a políticas que protejam o ambiente.

Ambientalismo religioso. De um ponto de vista religioso, a degradação ambiental pode ser vista como sacrílega, pecaminosa e ofensiva a Deus (Gottlieb, 2003a). "As religiões dominantes no mundo – bem como muitas pessoas que se identificam com o 'espiritual' mais do que com tipos de fé estabelecidos – consideram que a crise ambiental envolve muito mais do que ataques à saúde, lazer e conveniência humana. Pelo contrário, a guerra da humanidade sobre a natureza é ao mesmo tempo uma profunda afronta a um dos aspectos essencialmente divinos da existência" (Gottlieb, 2003b, p. 489). Essa visão tem feito vários grupos religiosos assumir um papel decisivo no ativismo ambiental.

Por exemplo, a Associação Nacional de Evangélicos, um grupo guarda-chuva de 51 denominações religiosas norte-americanas, adotou uma plataforma chamada Pela Saúde da Nação: uma Chamada Evangélica à Responsabilidade Cívica, que foi assinada por cerca de cem líderes evangélicos e que pede ao governo para "proteger os cidadãos dos efeitos da degradação ambiental" (Goodstein, 2005). Larry Schweiger, presidente da Federação Nacional da Vida Selvagem, acolhe os evangélicos como aliados e explica que legisladores conservadores, que podem não prestar atenção ao que os grupos ambientalistas dizem, talvez ouçam o que a comunidade de fé está dizendo e passem a se preocupar com o ambiente.

Ambientalismo radical. O **movimento ambientalista radical** é constituído por indivíduos da sociedade civil e grupos que empregam meios não convencionais e em geral ilegais para proteger a vida selvagem e o ambiente. Os ambientalistas radicais acreditam naquilo que é conhecido como **ecologia profunda** – a visão de que a manutenção dos sistemas naturais da terra deve prevalecer sobre as necessidades humanas, que a natureza tem um valor independente da existência humana e que os humanos não têm direito de dominar a terra e seus habitantes vivos (Brulle, 2009). Os grupos ambientalistas mais radicais são o Earth Liberation Front (ELF) e o Animal Liberation Front (ALF), movimentos internacionais clandestinos que consistem em indivíduos autônomos e pequenos grupos engajados na "ação direta" de (1) infligir dano econômico a quem lucrar com a destruição e exploração do ambiente natural, (2) salvar animais de lugares de abuso (por exemplo, laboratórios, fazendas com criação para produção de artigos de pele animal) e (3) divulgar informações e educar o público sobre as atrocidades cometidas contra a terra e todas as espécies que a povoam.

Em 2007, seis ativistas ambientais do Greenpeace escalaram uma chaminé de 200 metros de altura na usina de energia de carvão de Kingsnorth, na Inglaterra, com o objetivo de

movimento ambientalista radical Constituído por indivíduos da sociedade civil e grupos que empregam meios não convencionais e em geral ilegais para proteger a vida selvagem e o ambiente.

ecologia profunda Visão de que a manutenção dos sistemas naturais da terra deve prevalecer sobre as necessidades humanas, que a natureza tem um valor independente da existência humana e que os seres humanos não têm direito de dominar a terra e seus habitantes vivos.

Esta ativista do Greenpeace escala uma chaminé de 200 metros de altura na usina de energia de carvão de Kingsnorth.

fechar a fábrica ao ocupar sua chaminé. Eles planejavam escrever a frase "*Gordon, bin it*" na chaminé para pressionar o primeiro-ministro Gordon Brown a parar de construir novas fábricas de carvão, mas depois de terem escrito "Gordon", os seis ativistas receberam uma ordem e desceram da chaminé. Os "Seis de Kingsnorth", como são chamados, foram criminalmente punidos por dano à propriedade; custou € 35 mil, ou US$ 53 mil na época, para remover a pichação. Os juízes do caso consideraram os Seis de Kingsnorth "não culpados", aceitando os argumentos da defesa de que os seis ativistas tinham uma "justificativa legal (*lawful excuse*)" para danificar a propriedade na usina de energia de Kingsnorth, ao prevenir um dano ainda maior causado pelo aquecimento global (McCarthy, 2008). O Criminal Damage Act de 1971 permite que indivíduos danifiquem propriedades para prevenir um dano ainda maior – como derrubar uma porta numa casa para extinguir o fogo. James Hansen, um renomado cientista especializado em clima da Nasa, testemunhou pela defesa e contou ao júri que as emissões de dióxido de carbono da usina de energia Kingsnorth poderiam contribuir para a mudança climática.

Os seis ativistas do Greenpeace foram dispensados das multas criminais de dano à propriedade, uma vez que os juízes concordaram que os acusados tinham uma "justificativa legal" para suas ações. No entanto, outros ambientalistas radicais foram declarados terroristas. **Ecoterrorismo** é definido, nos Estados Unidos, como qualquer crime intentado para proteger a vida selvagem ou o ambiente o qual seja violento, exponha a vida ao risco ou resulte em danos de US$ 10 mil ou mais (Denson, 2000). Muitos ambientalistas questionam se o termo "terrorista" é um rótulo apropriado e argumentam que os reais terroristas são as corporações que pilham a terra.

O que você acha? Os motivos devem ser considerados na imposição de penalidades a indivíduos que estejam convictos dos atos de ecoterrorismo? Por exemplo, uma pessoa que coloca fogo numa empresa para protestar contra atividades ambientalmente destrutivas deve receber a mesma penalidade que outra que põe fogo numa empresa por alguma outra razão?

ecoterrorismo Nos Estados Unidos, qualquer crime intentado para proteger a vida selvagem ou o ambiente o qual seja violento, exponha a vida ao risco ou resulte em danos de US$ 10 mil ou mais.

O papel das corporações no movimento ambiental. As corporações são as principais contribuintes para os problemas ambientais e, em geral, lutam contra os esforços ambientalistas que ameaçam seus lucros. Contudo, algumas empresas estão se unindo ao movimento ambiental por várias razões, entre elas a pressão dos consumidores e grupos ambientais e/ou a preocupação em maximizar os lucros atuais ou futuros.

Em 1994, preocupado com a saúde pública e ambiental, Ray Anderson, fundador e presidente da empresa de carpete Interface, estabeleceu a meta de ser uma empresa sustentável em 2020 – "uma empresa que vai crescer limpando o mundo, e não poluindo e destruindo" (McDaniel, 2005, p. 33). Anderson planejou reciclar todos os materiais usados, não liberar toxinas no ambiente e usar energia solar para alimentar toda a produção. A empresa fez um progresso significativo em direção a esses objetivos, reduzindo o uso de combustíveis fósseis em 45% e o uso de água e aterros em 80%.

Mais do que esperar que a indústria se engaje voluntariamente em práticas amigas do ambiente, o procurador empresarial Robert Hinkley sugere que a legislação que regula a atividade das empresas seja mudada para exigir um comportamento socialmente responsável. Hinkley explicou que as empresas buscam o lucro à custa do bem público, incluindo o ambiente, pois seus executivos estão atados às leis empresariais para obter lucro para os acionistas (Cooper, 2004), e sugeriu que a lei corporativa incluísse um Código para a Cidadania Corporativa que diria o seguinte: "O dever dos diretores deve ser, doravante, fazer dinheiro para os acionistas, mas não à custa do ambiente, direitos humanos, saúde e segurança pública, dignidade dos empregados e bem-estar das comunidades em que a empresa opera" (citado por Cooper, 2004, p. 6).

Educação ambiental

Um objetivo das organizações e ativistas ambientais é educar o público sobre questões ambientais e sua gravidade. Ser informado sobre questões ambientais é importante porque pessoas com melhores níveis de conhecimento ambiental tendem a se engajar mais intensamente em comportamentos pró-ambientais. Por exemplo, pessoas que dispõem de conhecimento ambiental tendem a economizar energia em casa, reciclar, conservar água, comprar produtos ambientalmente seguros, evitar substâncias químicas no trato do solo e doar fundos para a preservação (Coyle, 2005).

A principal fonte de informação sobre questões ambientais para a maioria dos norte-americanos é a mídia. No entanto, como corporações e pessoas ricas com vínculos corporativos são donos da mídia, informação segura sobre os impactos ambientais das atividades corporativas pode não ser prontamente encontrada nos grandes veículos de comunicação. Além disso, o público deve considerar os interesses das fontes da informação nas questões ambientais. O Heartland Institute, líder na campanha da negação dos impactos ambientais, enviou livros e outros materiais "educativos" para confundir professores a respeito da mudança climática nos Estados Unidos (Greenpeace USA, 2013).

O American Legislative Exchange Council (Alec) desenvolveu um projeto de lei, o Environment Literacy Improvement Act, que exige um "equilíbrio" na decisão sobre que livros didáticos e materiais pedagógicos devem ser utilizados para ensinar os alunos sobre a mudança climática (Greenpeace USA, 2013). Esse projeto de lei exige que os materiais sejam aprovados por um conselho de pessoas não especializadas em ciência ambiental. Pelo menos quatro estados – Louisiana, Texas, Dakota do Sul e Tennessee – aprovaram leis que enfraquecem a habilidade de os professores apresentarem precisamente a ciência da mudança climática para seus estudantes. O consenso científico de que a atividade humana tem causado o aquecimento global e a mudança climática agora é, sob a lei, apenas uma "teoria controversa entre outras teorias" (Horn, 2012).

Energia "verde"

O aumento do uso de **energia verde** – renovável e não poluente – pode ajudar a mitigar os problemas ambientais associados ao uso de combustíveis fósseis. Também conhecidas como energia limpa, as fontes de energia verde incluem energia solar, eólica, biocombustível e hidrogênio.

> **O que você acha?** O Banco Mundial define "energia limpa" como aquela que não produz dióxido de carbono quando gerada. De acordo com essa definição, energia nuclear é considerada "energia limpa". Quando Obama, em 2011, anunciou que queria que 80% da eletricidade da nação viesse de fontes de energia limpa até 2035, sua definição de "limpa" incluía energia nuclear e até gás natural e "carvão limpo". Você acha que energia nuclear, gás natural e carvão deveriam ser considerados energia "limpa"?

Energia solar e eólica. Energia solar envolve converter a luz do sol em eletricidade por meio do uso de células fotovoltaicas. Outras formas desse tipo de energia incluem o uso de coletores termais solares, que captam o calor do sol para aquecer um espaço construído e água, e "concentrar usinas de energia solar" que usam o calor do sol para fazer vapor que, por sua vez, gira turbinas produtoras de eletricidade.

Turbinas eólicas, que transformam a energia do vento em eletricidade, estão operando em 82 países. Os Estados Unidos lideram a produção desse tipo de energia no mundo (Kitasei, 2011). Uma desvantagem desse tipo de energia é que as turbinas de vento têm causado mortalidade de pássaros. Contudo, recentemente esse problema tem sido mitigado com o uso de pás pintadas, velocidades rotacionais menores e posicionamento cuidadoso das turbinas de vento.

Biocombustível. Biocombustíveis são derivados de colheitas agrícolas. Dois tipos de biocombustível são o etanol e o biodiesel.

A energia eólica é aproveitada pelas turbinas, como mostra esta foto de um parque eólico em Altamont Pass, Califórnia.

O etanol é um combustível de álcool produzido pela fermentação e destilação de milho ou de cana-de-açúcar. Ele é misturado com gasolina para criar E85 (85% etanol e 15% gasolina). Os veículos que andam com E85, chamados veículos de combustível flexível, têm sido usados pelo governo e em frotas privadas há anos e recentemente se tornaram disponíveis aos consumidores comuns. A maior parte do etanol é produzida nos Estados Unidos e no Brasil (Shrank, 2011).

Um problema associado ao etanol é o aumento da demanda pelo milho, que é usado para fazer a maior parte do etanol nos Estados Unidos, elevando seu preço, causando, por consequência, o aumento dos preços dos alimentos (muitos alimentos processados contêm milho, e a ração animal constitui-se basicamente de milho). Quando o preço do milho sobe, também aumentam os preços do arroz e do trigo por conta da competição das lavouras por terra. O aumento dos preços dos alimentos ameaça a sobrevivência de 2 bilhões de pessoas mais pobres do mundo, que dependem de grãos para sobreviver. Os grãos necessários para encher um tanque de 25 galões com etanol poderiam alimentar uma pessoa por um ano inteiro (Brown, 2007).

O aumento da produção do milho e/ou da cana-de-açúcar para suprir a demanda de etanol também tem efeitos ambientais adversos, incluindo o uso e a liberação de fertilizantes, pesticidas e herbicidas, poluição de fontes de água e erosão do solo. Além disso, as florestas tropicais têm sido derrubadas para dar lugar a "lavouras de energia", acabando com territórios de preservação e de vida selvagem (Price, 2006); refinarias de biocombustível

energia verde Também conhecida como energia limpa, energia que é não poluente e/ou renovável, como energia solar, eólica, biocombustíveis e hidrogênio.

em geral funcionam com base em carvão e gás natural (que emitem gases de efeito estufa); equipamentos agrícolas e a produção de fertilizantes requerem combustíveis fósseis e o uso de etanol implica emissão de vários poluentes. Finalmente, mesmo que 100% das colheitas de milho nos Estados Unidos fossem usadas para produzir etanol, o combustível substituiria apenas menos de 15% do uso de gasolina no país (Food & Water Watch and Network for New Energy Choices, 2007).

O biodiesel é um combustível de diesel de queima mais limpa, feita de óleos vegetais e/ou gordura animal, incluindo óleo de cozinha. Algumas pessoas que produzem seu próprio biodiesel obtêm óleo de cozinha usado em restaurantes.

Energia do hidrogênio. Hidrogênio, o elemento mais disponível na terra, é um combustível de queima limpa que pode ser usado na produção de energia, aquecimento, resfriamento e transporte. Muitos consideram a mudança para a economia do hidrogênio uma solução de longo prazo para os problemas ambientais e políticos associados aos combustíveis fósseis. No entanto, é preciso pesquisa para desenvolver modos não poluentes e baratos para extrair e transportar hidrogênio.

Captura e armazenamento de carbono. Usinas de carvão emitem mais dióxido de carbono do que qualquer outra fonte. Uma proposta para reduzir as emissões de CO_2 é a captura e armazenamento do carbono (CAC) – processo que remove o CO_2 das chaminés das usinas de queima de carvão e o estoca profundamente no subsolo. A tecnologia requerida nesse processo, ainda em desenvolvimento, é cara e requer grande absorção de energia. O desenvolvimento da tecnologia CAC também promove o uso continuado de carvão e desvia ou reduz os investimentos em energia renovável, como solar, eólica e geotérmica. Finalmente, os cientistas temem que o dióxido de carbono estocado vaze para o ambiente e cause uma mudança climática repentina e drástica (Miller e Spoolman, 2009).

Modificações no comportamento do consumidor

Casas pequenas têm menos impacto sobre o ambiente.

Nos Estados Unidos e em outros países desenvolvidos, muitos consumidores estão fazendo escolhas "verdes" em seu comportamento e compras que refletem a preocupação com o ambiente. Em alguns casos, isso significa escolher produtos mais caros, como pagar mais por alimentos produzidos organicamente ou por roupas feitas com algodão orgânico. Mas os consumidores também estão motivados a fazer compras verdes para economizar dinheiro. Por exemplo, o aumento do preço dos combustíveis causou o aumento de venda de carros que economizam combustíveis, como os híbridos. Em geral, os consumidores consideram suas contas de energia quando escolhem aparelhos e equipamentos que economizam energia. Enquanto alguns preocupados com o ambiente escolhem produtos e serviços "verdes", outros optam por reduzir seu consumo geral e "nada compram", em vez de "comprar verde". Por exemplo, alguns consumidores estão preferindo deixar de comprar água engarrafada para consumir água encanada. A mudança da água engarrafada para a de torneira é parcialmente incentivada pela necessidade de cortar gastos desnecessários em tempos difíceis, embora a preocupação ambiental também seja um fator decisivo. A produção e o transporte de água engarrafada implicam o uso de combustíveis fósseis e a dispensa de garrafas de plástico nos nossos já atolados aterros.

Embora o tamanho médio da moradia nos Estados Unidos tenha aumentado consideravelmente, alguns moradores estão escolhendo diminuí-la. Para alguns, a principal motivação é econômica, mas outros estão se mudando para moradias menores por se preocuparem com o ambiente.

A Tabela 13.4 mostra como cada um de nós pode reduzir a quantidade de dióxido de carbono que produzimos.

TABELA 13.4 Dez coisas que você pode fazer para lutar contra o aquecimento global

O *Green Guide*, da *National Geographic* (www.thegreenguide.com), lista as seguintes dicas para diminuir a quantidade de dióxido de carbono que produzimos todos os anos. Todas as reduções de CO_2 foram calculadas numa média anual:

1. Substitua cinco lâmpadas incandescentes em sua casa por fluorescentes compactas (CFLs): trocar lâmpadas incandescentes de 75 watt por CFL de 19 watt pode economizar 275 *pounds* de CO_2.
2. Em vez de voos curtos de pouco mais de 805 km, vá de trem e economize 310 *pounds* de CO_2.
3. Se está calor, programe o termostato até 23°C e livre-se de 363 *pounds* de CO_2.
4. Substitua os refrigeradores com mais de dez anos de uso por modelos com uso eficiente de energia e economize mais de 500 *pounds* de CO_2.
5. Corte seu banho de oito para cinco minutos e economize 513 *pounds*.
6. Calafete, climatize e isole sua casa. Se você depende de gás natural para aquecê-la, vai impedir que 639 *pounds* de CO_2 penetrem na atmosfera (menos 472 pounds, se o aquecimento for elétrico). E, nesse verão, economizará 226 pounds no uso do ar-condicionado.
7. Sempre que possível, seque suas roupas num varal externo, ao ar livre. Se secá-las assim, vai se livrar de 723 *pounds* de CO_2.
8. Diminua o consumo de carne vermelha. Mais combustíveis fósseis são consumidos para produzir essa carne do que peixe, ovos e aves domésticas. Mudar sua alimentação fará você diminuir suas emissões de CO_2 em 950 *pounds*.
9. Deixe seu carro em casa e use transporte público para ir ao trabalho. Rodar cerca de 20 km em veículos leves sobre trilhos norte-americanos economiza 1.366 *pounds* de CO_2 em relação ao mesmo deslocamento feito de carro. Usando o ônibus municipal movido a diesel, você economiza 804 *pounds*, e o metrô, 288 *pounds*.
10. Finalmente, apoie a criação de instalações e aparelhos que usem energia solar, eólica e outras energias renováveis. Procure um programa de energia verde na sua cidade ou estado.

Fonte: *Green Guide*, da *National Geographic*, 2007. Copyright © 2007 National Geographic Society. Todos os direitos reservados. Reimpresso com permissão. (1 *pound* equivale a 0,453592 kg).

Construção verde

O U.S. Green Building Council desenvolveu parâmetros para a construção verde, conhecidos como Leadership in Energy and Environmental Design (Leed) (Liderança em Energia e *Design* Ambiental). Esses parâmetros consistem em 69 critérios a ser preenchidos pelos construtores em seis áreas, entre elas: uso de energia e emissões, uso de água, materiais e recursos e sustentabilidade do local construído. Alguns exemplos de construções Leed são o Centro Atlético do Pentágono, o centro de treinamento do clube de futebol do Detroit Lions e o Centro de Convenções David L. Lawrence, em Pittsburgh.

Com o rápido e intenso aumento do uso do ar-condicionado nos países em desenvolvimento, os arquitetos têm explorado estratégias para manter os edifícios frescos visando não prejudicar o ambiente. Esse equipamento ameaça o ambiente por precisar de eletricidade, em grande parte obtida pelo uso de usinas de energia de combustível fóssil e de refrigeradores, que também produzem gases de efeito estufa. Uma estratégia de construção implica o uso de sistemas de refrigeração passivos, que transferem o calor de dentro do edifício para o ar, terra e/ou água externos por meio de um *design* especial. Pablo LaRoche, professor de arquitetura da Universidade Politécnica do Estado da Califórnia, explica que, ao prover caminhos para levar o calor do interior para fora de um prédio, a própria construção se torna um ar-condicionado, usando pouca ou nenhuma energia (Dahl, 2013).

Crescimento lento da população

Como discutido no Capítulo 12, a desaceleração do crescimento da população é um componente importante dos esforços para proteger o meio ambiente. Um estudo concluiu que, se algum método fosse disponibilizado para mais de 200 milhões de mulheres em todo o mundo que querem ter acesso à contracepção, isso reduziria a população mundial projetada em 2050 em meio bilhão de pessoas, o que impediria a emissão de pelo menos 34 gigatoneladas de dióxido de carbono (uma gigatonelada equivale a um bilhão de toneladas) (Wire, 2009).

Embora os norte-americanos preocupados com o ambiente possam pensar como o uso de energia em casa, viagens, alimentos e outros comportamentos afetam o ambiente, raramente consideram o impacto ambiental de suas decisões reprodutivas. Pesquisadores da Universidade do Estado de Oregon estimam que cada criança nascida nos Estados Unidos e os filhos que essa criança terá quando adulta acrescentam 9.441 toneladas métricas de

TABELA 13.5 A redução de carbono em relação ao estilo de vida*

Comportamento	Quantidade de CO_2 não liberado no meio ambiente
Substitua janelas por outras do tipo poupadoras de energia	12 toneladas métricas
Recicle jornais, revistas, vidro, plástico, alumínio e ferro	17 toneladas métricas
Substitua 10 lâmpadas incandescentes de 75 watt pelas mais econômicas, de 25 watt	36 toneladas métricas
Aumente o rendimento do combustível no automóvel de 8,5 km/l para 12,75 km/l	148 toneladas métricas
Reduza o número de filhos para somente um	9.441 toneladas métricas

* Cálculo considerando um período de 80 anos.
Fonte: Murtaugh e Schlax, 2009.

dióxido de carbono ao ambiente – o equivalente à queima de 972.160 galões de gasolina (1 galão = 3,78 litros) (Murtaugh e Schlax, 2009).

Como apresentado na Tabela 13.5, reduzir o número de filhos evita que muito mais dióxido de carbono seja liberado no ambiente do que quaisquer outras escolhas de estilo responsável em relação ao ambiente.

Políticas, programas e regulamentações governamentais

As políticas e regulamentações governamentais desempenham papel importante na proteção e recuperação do ambiente. Antes de continuar a leitura, pense sobre suas atitudes em relação às intervenções do governo para reduzir o aquecimento global na seção *Você e a sociedade* deste capítulo.

Programas de cotas de emissões e incentivos financeiros (*Cap and trade programs*). Estes são programas com uma abordagem de livre mercado usada para controlar a poluição por meio do oferecimento de incentivos financeiros para usinas de energia e outras indústrias objetivando reduzir a emissão de poluentes. Por esse sistema, é estabelecida uma quantidade de dióxido de carbono que pode ser liberada no ar. Os poluidores compram créditos que os autorizam a emitir uma quantidade limitada de dióxido de carbono. Eles podem vender os créditos disponíveis para outros poluidores, criando um incentivo monetário para reduzir emissões. Vinte e três estados norte-americanos assinaram acordos regionais para diminuir as emissões de carbono por meio desse sistema (Pew Center on the States, 2009). Em 2010, a Califórnia adotou regras mais rígidas do país para limitar as emissões de gases de efeito estufa, as quais premiavam indústrias que cortassem emissões ao lhes permitir vender créditos de carbono para outras indústrias. Os críticos dessa abordagem argumentam que o sistema falha em atingir o menor nível de emissões porque não exige que todas as plantas industriais ou empresariais usem a melhor tecnologia disponível para reduzir emissões. Ao permitir que algumas tenham mais emissões, permite-se também que as populações próximas dessas plantas de alta emissão sejam expostas a uma poluição de ar excessiva.

Em 2009, a Câmara dos Deputados norte-americana apresentou o American Clean Energy and Security Act, que procurou estabelecer um sistema federal de cotas de emissões inspirado no Esquema de Comércio e Emissão da União Europeia. O projeto de lei foi derrubado no Senado e continua a ser debatido no Congresso.

Políticas e regulações sobre energia. Em 2004, mais de 20 países se comprometeram com objetivos específicos para o compartilhamento renovável do uso da energia total (Unep, 2007). Vários estados estabeleceram metas para produzir uma porcentagem mínima de energia solar, eólica e outras fontes renováveis (Prah, 2007). Além disso, mais de 70 prefeitos e outros líderes locais de todo o mundo assinaram o Acordo Ambiental Urbano com o objetivo de obter 10% da energia de fontes renováveis até 2012 e reduzir as emissões de gases de efeito estufa em 25% até 2030 (Stoll, 2005). Em 2013, nove estados do nordeste organizados no Regional Greenhouse Gas Initiative (RGGI) acordaram que indústrias de energia, em 2014, deveriam cortar as emissões de gases de efeito estufa em 45% e que, depois de 2014, o limite de emissões deve cair 2,5% por ano até 2020 (Malewitz, 2013).

Impostos. Alguns ambientalistas propõem que os governos usem impostos para desencorajar práticas e produtos nocivos ao ambiente (Brown e Mitchell, 1998). Nos anos 1990, vários governos europeus aumentaram os impostos sobre atividades e produtos ambientalmente nocivos (como gasolina, diesel e veículos motorizados) e diminuíram os impostos sobre rendimentos e trabalho (Renner, 2004). Como resultado dos altos impostos sobre a gasolina na Europa, o galão de gasolina passou a custar mais de US$ 10, o que fez aumentar a demanda dos consumidores por carros menores e de consumo de combustível mais eficiente.

Aumentar os impostos sobre a gasolina nos Estados Unidos é altamente impopular entre eleitores e consumidores. Por outro lado, incentivos e créditos fiscais são usados para desenvolver energia renovável, carros híbridos e elétricos e eficiência energética.

Padrões de eficiência para combustíveis. Em 2012, o presidente Obama definiu novos parâmetros gerais para a eficiência de combustíveis para carros e caminhões leves de 54,5 milhas por galão (mpg) até 2025, um aumento significativo em relação aos anteriores

---

Você e a sociedade: Atitudes em relação às intervenções governamentais para reduzir o aquecimento global

Responda às questões abaixo:

1. Algumas pessoas acreditam que o governo dos Estados Unidos deveria limitar a quantidade de gases de efeito estufa, considerado o causador do aquecimento global, que os negócios norte-americanos produzem. Outras acham que o governo não deveria limitar. O que você acha?
2. Você é a favor ou contra os meios pelos quais o governo federal norte-americano tenta reduzir o aquecimento global futuro?
   a. Aumentar os impostos sobre a eletricidade para que as pessoas consumam menos eletricidade
   b. Aumentar os impostos sobre a gasolina para que as pessoas dirijam menos ou comprem carros que consumam menos combustível
   c. Oferecer incentivos fiscais para que empresas produzam mais eletricidade a partir da água, dos ventos e do sol
3. Em relação às questões abaixo, você acha que o governo deveria exigir por lei, encorajar com incentivos fiscais, mas sem exigir, ou ficar completamente isento?
   a. Produzir carros que consumam menos gasolina
   b. Produzir ares-condicionados, refrigeradores e outros aparelhos que consumam menos energia elétrica
   c. Construir novas moradias e escritórios que utilizem menos energia para aquecer ou resfriar
4. Você acha que as ações dos Estados Unidos para reduzir o aquecimento global comprometeriam, estimulariam ou não teriam nenhum efeito sobre a economia do país?
5. Você acha que os Estados Unidos deveriam agir em relação ao aquecimento global apenas se outros grandes países industriais, como a China e a Índia, concordassem em tomar medidas eficazes de modo equânime; que deveriam agir mesmo se esses outros países fizerem menos; ou que os Estados Unidos não deveriam agir em relação ao aquecimento global?
6. Você acha que a maioria dos líderes empresariais deseja ou não que o governo federal aja para impedir o aquecimento global?
7. Quão importante é a questão do aquecimento global para você pessoalmente: extremamente importante, muito importante, algo importante, pouco importante ou nada importante?

Comparação de dados

Entrevistas por telefone com uma amostra de 1.000 adultos norte-americanos por todo o país mostraram que, de modo geral, os norte-americanos querem que o governo se envolva na redução do aquecimento global:

1. O governo deveria limitar a emissão de gases de efeito estufa das empresas norte-americanas (76%); O governo não deveria limitar (20%); Não sabe (3%)
2. Para reduzir o aquecimento global futuro, o governo deveria...

	A favor	Contra
a. Aumentar os impostos sobre a eletricidade	22%	78%
b. Aumentar os impostos sobre a gasolina	28%	71%
c. Oferecer incentivos fiscais para produzir mais eletricidade da água, vento e energia solar	84%	15%

3. O governo deveria exigir por lei, encorajar com incentivos fiscais, mas sem exigir, ou ficar completamente isento?

	Exigir	Encorajar	Ficar isento
a. Produzir carros que consumam menos gasolina	31%	50%	19%
b. Produzir ares-condicionados, refrigeradores e outros aparelhos que utilizem menos energia	29%	51%	20%
c. Construir novas moradias e escritórios que utilizem menos energia para aquecer ou resfriar	24%	56%	20%

4. As ações dos Estados Unidos para reduzir o aquecimento global no futuro:
   Comprometeriam a economia do país (20%)
   Estimulariam a economia do país (56%)
   Não teriam nenhum efeito (23%)
5. Os Estados Unidos deveriam agir em relação ao aquecimento global:
   Apenas se outros países o fizerem (14%)
   Mesmo que outros países façam menos (68%)
   Não devem fazer nada (18%)
6. A maioria dos líderes empresariais _____ que o governo federal aja para impedir o aquecimento global?
   deseja (25%)
   não deseja (75%)
   não sabe (3%)
7. Quão importante é a questão do aquecimento global para você pessoalmente? Extremamente ou muito importante (46%)
   Algo importante (30%)
   Pouco importante (12%)
   Nada importante (12%)

Fonte: Adaptado de Jon Krosnick. *Global Warming Poll*. Stanford University, 2010. Disponível em: <woods.stanford.edu>. Usado com permissão.

35,5 mpg. Com esse novo padrão, espera-se que os consumidores economizem mais de 1,7 trilhão em gasolina e reduzam o consumo norte-americano de petróleo para 12 bilhões de barris por ano (White House, 2012).

Políticas sobre segurança química. Em 2003, a União Europeia esboçou a legislação conhecida como Registration, Evaluation, and Authorization and Restriction of Chemicals (Reach), que exige que companhias químicas façam testes de segurança e ambientais para provar que as substâncias químicas que estão produzindo são seguras. Se não puderem provar que uma substância é segura, esta seria banida do mercado (Rifkin, 2004). A União Europeia passou a liderar mundialmente a administração ambiental ao instaurar o "princípio da precaução" no centro da política de regulamentação dessa comunidade. Em contraste, nos Estados Unidos, as substâncias químicas são consideradas seguras a menos que se prove o contrário, e o esforço de provar que uma substância é nociva fica a cargo do consumidor, do público e do governo.

O que você acha? Em geral, a União Europeia parece mais preocupada do que os Estados Unidos com os efeitos das substâncias químicas na saúde, como fica evidente pelo controle mais rigoroso e banimento dessas substâncias. Se os Estados Unidos tivessem um sistema de saúde nacional similar ao dos países europeus, no qual o governo federal paga pelos cuidados médicos, você acha que o governo norte-americano controlaria com mais vigor as substâncias perigosas e outras questões ambientais?

Cooperação e assistência internacional

As questões ambientais globais demandam soluções globais forjadas pela cooperação e assistência internacional. Por exemplo, em 1987, o Protocolo de Montreal sobre Substâncias que Degradam a Camada de Ozônio foi acordado por 70 nações para diminuir a produção de CFCs, que contribuem para a degradação da camada de ozônio e o aquecimento global.

Em 1997, delegados de 160 nações se reuniram em Kyoto, no Japão, e conceberam o **Protocolo de Kyoto** – o primeiro acordo internacional a estipular legalmente limites para as emissões de gases de efeito estufa nos países desenvolvidos. Os Estados Unidos, maior emissor mundial de gases de efeito estufa, rejeitaram esse protocolo em 2001. Em setembro de 2013, 191 países e uma região assinaram e o ratificaram, mas não os Estados Unidos.

Evitar a perigosa mudança climática exigirá que os países ricos cortem as emissões de carbono em pelo menos 80% até o final do século XXI, com cortes de 30% até 2020 – taxa significativamente maior do que os cortes exigidos pelo Protocolo de Kyoto (United Nations Development Programme, 2007). Em 2009, líderes mundiais encontraram-se em Copenhagen, quando os Estados Unidos, a China e dezenas de outros países assinaram o Acordo de Copenhagen – um acordo voluntário para diminuir a mudança climática ao reduzir as emissões de gases de efeito estufa. Mas esse acordo não tem nenhuma provisão para sua aplicação, e mesmo que todos os países de fato cumpram o que ficou prescrito, as ações são "drasticamente inadequadas" para atingir os cortes que os cientistas do clima consideram necessários para mitigar o aquecimento global (Brecher, 2011).

Na Conferência da Mudança Climática das Nações Unidas em Cancun, no México, em 2010, a comunidade internacional estipulou um conjunto de acordos para agir sobre a mudança climática. Os Acordos de Cancun incluem planos para reduzir a emissão de gases de efeito estufa e ajudar as nações em desenvolvimento a se proteger dos impactos climáticos e construir seu próprio futuro sustentável.

O apoio público aos acordos internacionais para mitigar a mudança climática não é universal nem unânime. Uma pesquisa com cidadãos de quatro países (França, Alemanha, Reino Unido e Estados Unidos) mostrou que esse apoio é maior para acordos climáticos globais

Protocolo de Kyoto O primeiro acordo internacional a estabelecer limites compulsórios legais sobre as emissões de gases de efeito estufa pelos países desenvolvidos.

que envolvam baixo custo, incluam mais países participantes, sejam monitorados por uma terceira parte independente e incluam uma punição baixa para os países que falharem em alcançar seu objetivo de redução de emissões (Bechtel e Scheve, 2013).

Economia sustentável e desenvolvimento humano

Conseguir a cooperação global sobre questões ambientais é difícil, em parte porque as agendas econômicas dos países desenvolvidos (principalmente os do hemisfério norte) são muito diferentes das dos países em desenvolvimento (principalmente os do hemisfério sul). A agenda do norte enfatiza a preservação dos estilos de vida ricos e afluentes, enquanto a do sul foca a superação da pobreza massiva e a aquisição de melhor qualidade de vida. Os países do sul não aceitam que os industrializados do norte – depois de já terem alcançado a riqueza econômica – imponham políticas ambientais internacionais que restrinjam o crescimento econômico dos países em desenvolvimento.

Como discutido no Capítulo 6, desenvolvimento envolve mais do que crescimento econômico e mitigação da pobreza. A abordagem do desenvolvimento humano concebe o bem-estar das populações não apenas em termos de rendimentos, mas também em relação ao acesso à educação e à capacidade de ter uma vida longa e saudável em sociedades que respeitam e valorizam todas as pessoas. O *Relatório de Desenvolvimento Humano* de 2013 acrescenta: "Para sustentar o progresso no desenvolvimento humano, é preciso prestar muito mais atenção ao impacto que os seres humanos estão tendo no ambiente. O objetivo é alto desenvolvimento humano com baixo impacto ecológico *per capita*" (UNDP, 2013, p. 94).

Esse relatório oferece informações sobre o Índice de Desenvolvimento Humano de cada país (com base em medidas de saúde e longevidade, educação e renda), bem como o impacto ambiental de cada país. Embora possa parecer que a produtividade de carbono – GDP por unidade de emissão de dióxido de carbono – aumentaria com o desenvolvimento humano, essa correlação é fraca. **Desenvolvimento sustentável** é aquele que permite que populações humanas tenham vida plena sem degradar o planeta. "O objetivo aqui é que aqueles que vivem hoje supram as próprias necessidades sem tornar impossível que as futuras gerações supram as delas [...] Isso, por sua vez, implica uma estrutura econômica em que consumamos apenas o que o ambiente natural possa produzir e façamos apenas o lixo que ele possa absorver" (McMichael et al., 2000, p. 1.067).

O desenvolvimento e o uso de tecnologias energéticas limpas e renováveis desempenham importante papel no desenvolvimento humano sustentável. Projetos de energia renovável em países em desenvolvimento têm demonstrado que disponibilizar acesso à energia verde ajuda a aliviar a pobreza ao oferecer energia para criar negócios e empregos e para refrigerar medicamentos, esterilizar equipamentos médicos e redes de água e esgoto necessárias para reduzir doenças infecciosas e melhorar a saúde (Flavin e Aeck, 2005).

O papel das instituições de ensino superior

Faculdades e universidades podem desempenhar papel importante no esforço de proteger o ambiente ao encorajar o uso de bicicleta no *campus*, de veículos híbridos e elétricos, conceber programas de reciclagem, usar materiais de construção locais e renováveis para construir novos prédios, envolver alunos em hortas orgânicas para prover alimento ao *campus*, usar energia limpa e incorporar a educação ambiental no currículo. Um número crescente de faculdades e universidades está criando **Green Revolving Funds (GRFs)**, fundos destinados ao financiamento de aprimoramentos para promover a eficiência e a economia da energia e outros projetos que reduzam o uso de recursos e minimizem os impactos ambientais (Sustainable Endowments Institute, 2011). A economia feita com a redução das despesas retorna ao fundo para ser reinvestida em outros projetos. Em algumas faculdades e universidades, os alunos decidem como os Green Revolving Funds são investidos e a implementação das várias melhorias e projetos em relação ao uso da energia. Apesar disso, David Newport, diretor do centro ambiental da Universidade do Colorado, em Boulder, diz que essas instituições ainda não estão fazendo o suficiente para promover a sustentabilidade. "Estamos só no começo [...] Existem 4.500 faculdades nos Estados Unidos, e quantas delas estão realmente fazendo alguma coisa? Menos de 100 ou 200?" (citado por Carlson, 2006, p. A10).

desenvolvimento sustentável Ocorre quando populações humanas podem ter vida plena sem degradar o planeta.

Green Revolving Funds (GRFs) Fundos universitários dedicados a financiar o aumento de eficiência econômica de energia e outros projetos que reduzam o uso de recursos e minimizem impactos ambientais.

Entendendo os problemas ambientais

Os problemas ambientais estão relacionados à globalização corporativa, crescimento populacional rápido e dramático, expansão do mundo industrializado, padrões de consumo excessivos e dependência de combustíveis fósseis como fonte de energia. A Global Footprint Network (2010) apresenta a seguinte análise dos problemas ambientais:

> A mudança climática não é o problema. Falta de água, excesso de pastos, erosão, desertificação e a rápida extinção de espécies não são o problema. Desmatamento, infertilidade do solo e colapso da pesca não são o problema. Cada uma dessas crises, embora alarmantes, é um sintoma de uma questão simples e primordial. A humanidade está simplesmente demandando mais do que a terra pode prover.

Se entendermos os problemas ambientais como resultantes de um conjunto complexo de causas, ou de apenas uma causa simples e subjacente, como consumir mais do que a terra pode prover, não poderemos mais ignorar a evidência cada vez maior dos efeitos irreversíveis do aquecimento global e da perda da biodiversidade e dos efeitos adversos sobre a saúde causados pelo lixo tóxico e outras formas de poluição. Embora outras civilizações durante a história tenham colapsado, elas estavam limitadas a uma região particular. Nunca antes a civilização se encontrou ameaçada numa escala global como hoje, devido à destruição dos nossos ecossistemas. Para evitar o colapso da civilização global, é essencial reduzir as emissões de gás de efeito estufa para a metade dos níveis atuais até 2050 (Ehrlich e Ehrlich, 2013). Isso exigiria a substituição do uso de combustíveis fósseis – que a indústria de combustíveis fósseis não pode suportar sem sofrer grande perda em seus lucros.

> Como a ética de alguns negócios inclui propositalmente a continuação de atividades letais, porém lucrativas [...], não causa surpresa que os interessados financeiramente na queima de combustível fóssil tenham lançado gigantescas e amplamente bem-sucedidas campanhas de desinformação nos Estados Unidos para confundir a população a respeito dos impactos climáticos, bloqueando assim as tentativas de lidar com o problema (Ehrlich e Ehrlich, 2013, p. 3).

Muitos norte-americanos acreditam num "conserto tecnológico" para o ambiente, isto é, que a ciência e a tecnologia vão resolver os problemas ambientais. Paradoxalmente, os mesmos problemas tecnológicos que têm sido causados pelo progresso tecnológico podem ser resolvidos pelas inovações tecnológicas desenhadas para limpar a poluição, preservar reservas e *habitats* naturais e oferecer formas limpas de energia. Mas os líderes do governo e das indústrias precisam ter vontade de financiar, desenvolver e usar tecnologias que não poluam nem depredem o ambiente. Quando perguntado como as empresas podem produzir produtos sem poluir o ambiente, Robert Hinkley disse que, primeiro, a meta deveria ser:

> Eu não tenho as respostas tecnológicas de como isso pode ser feito, assim como também não tinha o presidente John F. Kennedy quando anunciou a meta nacional de fazer o homem pisar na lua no final dos anos 1960. O ponto é que, para eliminar a poluição, primeiro precisamos transformar esse desejo em nossa meta. Uma vez isso feito, vamos dedicar os recursos necessários para fazer isso acontecer. Vamos desenvolver tecnologias que nunca pensamos possíveis. Mas, se não tornarmos isso nossa meta, jamais vamos dedicar recursos, nunca vamos desenvolver tecnologia e nunca vamos resolver o problema (citado por Cooper, 2004, p. 11).

Mas a direção da inovação técnica está em grande parte nas mãos de grandes corporações que colocam os lucros acima da preservação ambiental. A menos que a comunidade global desafie o poder das corporações transnacionais para que não busquem lucro à custa da saúde humana e ambiental, o comportamento corporativo vai continuar sendo um pesado fardo sobre a saúde do planeta e seus habitantes. Como o petróleo está implicado nos conflitos políticos e militares com o Oriente Médio (veja o Capítulo 15), tais conflitos provavelmente vão continuar enquanto o petróleo continuar tendo um papel essencial no fornecimento de energia mundial.

A cooperação global também é vital para resolver os problemas ambientais, mas é difícil obtê-la, porque países ricos e pobres possuem diferentes agendas de desenvolvimento econômico.

Países pobres em desenvolvimento lutam para sobreviver e prover as necessidades básicas de seus cidadãos; os ricos desenvolvidos lutam para manter sua riqueza e o padrão de vida relativamente alto. Como ambas as agendas podem ser cumpridas sem aumentar a poluição e a destruição do ambiente? O desenvolvimento econômico sustentável é uma meta atingível? Com a crescente preocupação com a mudança climática, os impactos sobre a saúde resultantes da poluição do ar, o aumento do preço do petróleo e a necessidade de garantir o acesso de todos à energia, os governos de todo o mundo têm fortalecido seu comprometimento com políticas e projetos de energia sustentável e renovável (Unep, 2007).

Nos Estados Unidos, há uma oposição significativa a regulamentações governamentais relacionadas aos problemas ambientais. Os opositores argumentam que as regras e as restrições são danosas para a economia e destroem empregos. No entanto, uma análise dos custos e benefícios do Clean Air Act Amendments de 1990 mostrou que o valor de benefícios (US$ 1,3 trilhão) era 25 vezes maior do que o custo (US$ 53 milhões). Apenas em 2010 estima-se que o Clean Air Act Amendments tenha salvado 160 mil vidas (Shapiro e Irons, 2011). A flexibilização da regulamentação contribuiu para o vazamento de petróleo na plataforma da British Petroleum no Golfo do México em 2010 – o maior vazamento da história dos Estados Unidos, que teve efeitos devastadores nos empregos e economia dos estados nas imediações do golfo. Também não há evidências plausíveis para o argumento de que a regulamentação ambiental prejudica a quantidade de empregos. Além disso, os custos das regulamentações são altamente compensados pelos benefícios à saúde (Shapiro e Irons, 2011). Preservar o ambiente não significa sacrificar empregos no processo. Ao contrário, a transição para uma economia de baixo carbono pode, simultaneamente, proteger o ambiente, criar independência energética nacional, diminuir os preços da energia *e* criar empregos (Brecher, 2011).

Nossa resposta coletiva para o estado precário do ambiente constitui um desafio em que não podemos falhar. Como diz o ambientalista Bill McKibben (2008),

> Os próximos anos serão uma espécie de teste final para a espécie humana. O grande cérebro funciona de fato ou não? Ele nos deu o poder de construir usinas de carvão e SUVs e assim desestabilizar o trabalho da terra. Mas ele nos dará a capacidade de abandonar essas fontes de poder para construir um mundo não baseado na destruição? Somos capazes de pensar e sentir fora desse paradigma ou estamos simplesmente condenados a ter os mesmos desejos por MAIS do que conseguimos consertar?

Em 2004, o Prêmio Nobel da Paz foi dado a Wangari Maathai, por ter liderado uma campanha ambiental para plantar 30 milhões de árvores no Quênia. Esta foi a primeira vez que um Prêmio Nobel da Paz foi concedido a alguém por conquistas na restauração do ambiente. Em seu discurso, Maathai explicou: "Um ambiente degradado leva a uma disputa por recursos escassos e pode culminar na pobreza e até em conflito" (citado por Little, 2005, p. 2). Com o permanente conflito ao redor do globo, é hora de os líderes mundiais reconhecerem a importância do ambiente saudável para a paz mundial e priorizar a preservação ambiental em suas agendas políticas.

REVISÃO DO CAPÍTULO

- **Como os acordos de livre comércio ameaçam a preservação ambiental?**
  Os acordos de livre comércio, como Nafta e Alca, dão privilégios a corporações transnacionais para obter lucro, expandir mercados, usar recursos naturais e explorar mão de obra barata em países em desenvolvimento, ao mesmo tempo que enfraquecem a capacidade dos governos de proteger recursos naturais ou implementar a legislação ambiental.

- **O que são refugiados ambientais?**
  São pessoas que foram obrigadas a migrar por ter sido expulsas de seus territórios de origem e/ou não puderam mais ganhar a vida devido a devastação, desertificação, erosão do solo e outros problemas ambientais.

- **O que é *greenwashing*?**
  Greenwashing diz respeito aos meios pelos quais empresas que causam danos sociais e ambientais configuram sua imagem corporativa e seus produtos como sendo "amigos do ambiente" ou socialmente responsáveis.

- **De onde a maior parte da energia mundial provém?**
  A maior parte da energia do mundo é derivada de combustíveis

fósseis, entre eles petróleo, carvão e gás natural. Isso é importante porque muitos dos graves problemas ambientais que o mundo enfrenta hoje, como aquecimento global, mudança climática, perda da diversidade e poluição, são causados pelo uso de combustíveis fósseis.

- **Quais são as principais causas e efeitos do desmatamento?**

As principais causas do desmatamento são: expansão dos territórios para agricultura e pasto, assentamentos humanos, extração de madeira e construção de estradas. O desmatamento desloca pessoas e espécies selvagens de seus *habitats*, contribui para o aquecimento global e a desertificação, que resultam na expansão das áreas desérticas que se tornam inúteis para a agricultura. A erosão do solo causada pelo desmatamento pode causar graves alagamentos.

- **Quais são os efeitos da poluição do ar na saúde humana?**

A poluição está relacionada com doença cardíaca, câncer de pulmão e distúrbios respiratórios, como enfisema, bronquite crônica e asma; a poluição do ar mata cerca de 3 milhões de pessoas por ano.

- **Quais são alguns exemplos de produtos de uso comum em casa, para higiene pessoal e comerciais que contribuem para a poluição interna?**

Alguns poluidores comuns do ar interno incluem tapetes, colchões, desentupidores, limpadores de fogão, removedores de manchas, lustradores de sapatos, roupas de lavagem a seco, tintas, vernizes, lustra-móveis, *pot-pourri*, naftalina, amaciantes de roupa, selantes, purificadores/aromatizadores de ar, desinfetantes, cola, líquidos corretivos, tinta de impressora, papel e canetas marca-texto.

- **Qual é a principal causa do aquecimento global?**

A visão mais consensual do que causa o aquecimento global é que a emissão de gases de efeito estufa – principalmente dióxido de carbono, metano e óxido nitroso –, acumulados na atmosfera, age como o vidro de uma estufa, segurando o calor do sol próximo da terra. O principal gás de efeito estufa é o dióxido de carbono, que é liberado na atmosfera com a queima de combustíveis fósseis.

- **Como o aquecimento global contribuiu para mais aquecimento global?**

Ao fazer derreter gelo e neve, o aquecimento global causa a exposição de mais áreas de terra e oceano que absorvem mais calor do que gelo e neve e, portanto, aquecem mais o planeta. O derretimento das turfeiras na Sibéria – devido ao aquecimento global – poderia liberar bilhões de toneladas de metano, um potente gás de efeito estufa, na atmosfera e causar mais aquecimento global. O processo pelo qual os efeitos do aquecimento global causam mais aquecimento global é conhecido como retroalimentação positiva.

- **Qual é a relação entre o nível de desenvolvimento econômico e a poluição ambiental?**

Existe uma relação curvilínea entre o nível de desenvolvimento econômico e a poluição ambiental. Nas regiões de baixo nível de desenvolvimento econômico, as emissões industriais são mínimas, mas aumentam em países de médio desenvolvimento à medida que os países em desenvolvimento se movem pelos estágios iniciais da industrialização. Contudo, nos estágios mais avançados de industrialização, as emissões industriais diminuem, porque as indústrias de manufatura altamente poluentes diminuem, enquanto aumentam as indústrias de serviço "mais limpas", uma vez que o aumento de renda está associado à maior demanda por qualidade ambiental e tecnologias mais limpas.

- **A que o termo *injustiça ambiental* se refere?**

Injustiça ambiental, também chamada *racismo ambiental*, refere-se à tendência de as populações e comunidades marginalizadas experimentarem de forma desproporcional situações adversas relacionadas a problemas ambientais. Por exemplo, nos Estados Unidos, as indústrias poluentes e aterros de lixo e principais vias de transporte (que geram emissões poluentes de veículos) em geral estão localizados em comunidades minoritárias.

- **Quais são as preocupações a respeito da energia nuclear?**

O lixo nuclear contém o plutônio radioativo, uma substância relacionada ao câncer e defeitos genéticos. No ambiente, ele permanece prejudicial à vida humana e de outros seres por milhares de anos, além de a sua armazenagem ser problemática. Acidentes em usinas nucleares, como o desastre de Fukushima, em 2011, e a probabilidade de reatores nucleares serem alvejados por terroristas aumentaram os perigos potenciais das usinas de energia nuclear.

- **O que é a "máquina de negação da mudança climática"?**

"Máquina de negação da mudança climática" é uma campanha de desinformação bem financiada pela indústria de combustível fóssil e seus aliados para atacar e desacreditar a ciência climática, seus cientistas e instituições. Ela também conseguiu confundir a opinião pública em relação à mudança climática. Apesar do consenso científico sobre a atividade humana ser a causadora do aquecimento global, uma pesquisa Gallup de 2013 mostrou que mais da metade dos norte-americanos adultos (57%) acha que o aquecimento global é devido principalmente a mudanças naturais no ambiente.

- **Por que mulheres que desejam ficar ou já estão grávidas, mães que estão amamentando e crianças pequenas são advertidas a não ingerir certos tipos de peixe?**

A Agência de Proteção Ambiental norte-americana adverte mulheres que desejam ficar ou já estão grávidas, mães que estão amamentando e crianças pequenas a não ingerir certos tipos de peixe devido aos altos níveis de mercúrio encontrados especialmente no peixe-espada, cação, cavala e peixe-batata.

- **Com que frequência as espécies de vida na terra se extinguem?**

A cada três horas, uma espécie de vida se extingue na terra.

- **Que fatores sociais e culturais contribuem para os problemas ambientais?**

Crescimento populacional, industrialização, desenvolvimento econômico, valores culturais e atitudes, como individualismo, consumismo e militarismo, são fatores sociais e culturais que contribuem para os problemas ambientais.

- **Quais são algumas das estratégias para mitigar os problemas ambientais?**

Esforços para reduzir as taxas de fertilidade e diminuir o crescimento populacional, ativismo e educação ambiental, uso de energia "verde", modificações em produtos e também nos hábitos de consumo e regulamentações e legislações governamentais. O desenvolvimento econômico sustentável e a cooperação e assistência internacional também desempenham papel importante na mitigação de problemas ambientais.

- **De acordo com a vencedora do Prêmio Nobel da Paz de 2004, Wangari Maathai, por que a preservação ambiental é importante para a segurança nacional e internacional?**
No recebimento do Nobel, Maathai explicou que "um ambiente degradado leva a uma disputa por recursos escassos e pode culminar em pobreza e até em conflito".

AVALIE SEU CONHECIMENTO

1. O petróleo de areias betuminosas é o tipo ___ do mundo.
   a. mais caro
   b. mais barato
   c. mais limpo
   d. mais sujo
2. As formigas vermelhas são um exemplo de
   a. bioinvasão
   b. espécie extinta
   c. espécie ameaçada
   d. combustível alternativo
3. Que inovação resultou no aumento do preço dos alimentos?
   a. Energia solar
   b. Água engarrafada
   c. Turbinas eólicas
   d. Biocombustíveis
4. Caso a emissão de gases de efeito estufa fosse estabilizada hoje, esperaríamos que a temperatura do ar global e o nível do mar
   a. permanecessem no nível atual
   b. diminuíssem imediatamente
   c. começassem a diminuir em 20 anos
   d. continuassem a aumentar por 100 anos
5. Os Estados Unidos têm mais reatores nucleares operantes do que qualquer outro país.
   a. Verdadeiro
   b. Falso
6. A maioria do lixo sólido nos Estados Unidos é reciclada.
   a. Verdadeiro
   b. Falso
7. Em 2007, que cidade norte-americana se tornou a primeira a banir sacolas de plástico em supermercados e redes farmacêuticas?
   a. Miami
   b. San Francisco
   c. Atlanta
   d. Portland
8. Nos Estados Unidos, a EPA exigiu que fossem testadas mais de 80 mil substâncias químicas expostas no mercado desde 1976.
   a. Verdadeiro.
   b. Falso.
9. Qual agente é o mais poluente nos Estados Unidos?
   a. Os militares
   b. Dow Chemical
   c. Archer Daniels Midland
   d. ExxonMobil
10. Um número crescente de ___ está criando Green Revolving Funds (GRFs), que são fundos destinados ao financiamento de melhorias para economizar e potencializar energia e outros projetos para diminuir o uso de recursos e minimizar o impacto ambiental.
    a. governos estaduais
    b. faculdades e universidades
    c. indústrias manufatureiras
    d. países

Respostas: 1. D; 2. A; 3. D; 4. D; 5. A; 6. B; 7. B; 8. B; 9. A; 10. B.

TERMOS-CHAVE

aquecimento global 441
areias betuminosas 432
biodiversidade 451
bioinvasão 433
biomassa 438
chuva ácida 441
desensolvimento sustentável 463
desertificação 440
desmatamento 440
Dia da Sobrecarga da Terra 439
ecologia profunda 454

ecossistema 434
ecoterrorismo 455
energia verde 457
fracking 448
gases de efeito estufa 442
Green Revolving Funds (GRFs) 463
greenwashing 435
injustiça ambiental 435
lixo eletrônico 447
máquina de negação da mudança climática 442

movimento ambientalista radical 454
obsolescência percebida 434
obsolescência planejada 434
pegada ambiental 439
petróleo de areia betuminosa 432
pinkwashing 437
poluição luminosa 451
Protocolo de Kyoto 462
refugiados ambientais 434
sensibilidade química múltipla 449

Ciência e tecnologia

"Temos organizado as coisas de maneira que quase ninguém entende a ciência nem a tecnologia. Esta é uma receita de um desastre. Podemos lidar com isso por um tempo, porém, mais cedo ou mais tarde, essa mistura de ignorância e poder vai explodir na nossa cara."

— Carl Sagan, astrônomo e astrobiólogo

Contexto global: a revolução tecnológica
Você e a sociedade: **Qual é o seu QI em ciência e tecnologia?**
Teorias sociológicas sobre a ciência e a tecnologia
Um olhar sobre a pesquisa dos problemas sociais: **A construção social da comunidade *hacker***
Tecnologia e transformação da sociedade
O lado humano: **Passando bilhetinhos nas costas da Coursera**
Consequências sociais da ciência e da tecnologia
Estratégias de ação: controlando a ciência e a tecnologia
Animais e a sociedade: **O uso de animais na pesquisa científica**
Entendendo a ciência e a tecnologia
Revisão do capítulo

Foto de Neda Agha-Soltan, estudante de 26 anos que foi morta enquanto assistia a um protesto contra a reeleição do presidente iraniano Mahmoud Ahmadinejad. O uso de uma imagem errada retirada do Facebook fez a professora Neda Soltani, muito parecida com a jovem estudante, fugir de sua terra natal, deixando família e carreira para trás. A Alemanha lhe concedeu asilo.

A estudante e ativista Neda Agha-Soltan, morta em 2009 por um atirador de elite do governo, tornou-se uma mártir no movimento iraniano pró-democracia após a reeleição do presidente Mahmoud Ahmadinejad (Ghafour, 2012). Sua foto foi usada em cartazes e carregada pelas ruas e "seu sorriso sereno se tornou um viral, pois cada organização de notícias do planeta transmitia sua imagem na cobertura sobre o rescaldo violento da eleição" (p. 1). Mas a mulher nas fotos não era Neda Agha-Soltan, mas sim Neda Soltani, uma professora de Inglês na Universidade Azad, em Teerã. A imagem da professora Soltani havia sido copiada por engano de sua página no Facebook, e ela agora estava "presa nas correntes terríveis da mídia social, em que cada tuíte, post do Facebook, imagem do Flickr reconfirmaram a falsa história" (p. 1). Depois de ser interrogada pelas autoridades iranianas, a professora Soltani foi convidada a fazer um vídeo afirmando ser a ativista estudantil e que as histórias de sua morte eram simplesmente uma propaganda ocidental. Quando se recusou, foi ameaçada de morte e logo depois teve de fugir do Irã, deixando para trás uma carreira de sucesso, seu noivo, família e amigos.

Dualismo tecnológico é a tendência de a tecnologia ter consequências tanto positivas como negativas. Com a criação do Facebook, amigos e familiares se mantêm em contato com uma facilidade que era inédita antes do advento das redes sociais. Mas, em casos como de identidade errada, o Facebook quase custou a vida da professora Soltani. Assim como as redes sociais, a impressora 3-D é outro exemplo de dualismo tecnológico – embora seja eficiente e rentável para os fabricantes, pode elevar as taxas de desemprego, sobretudo entre os trabalhadores da linha de montagem (veja o Capítulo 7). Além disso, essa impressora pode ser usada para fazer uma mão robótica para uma criança com síndrome da banda amniótica ou para fazer uma arma semiautomática utilizada por um assassino em massa.

Ciência e tecnologia andam de mãos dadas. **Ciência** é o processo de descoberta, explicação e previsão de fenômenos naturais ou sociais. Uma abordagem científica para compreender a síndrome da imunodeficiência adquirida (Aids), por exemplo, pode incluir a investigação da estrutura molecular do vírus, as formas como é transmitido e as atitudes públicas em relação à Aids. **Tecnologia** é uma forma de atividade cultural humana que aplica os princípios da ciência e da mecânica para a solução de problemas, destina-se a realizar uma tarefa específica – nesse caso, o desenvolvimento de uma vacina contra a Aids.

As sociedades diferem nos seus níveis de sofisticação e desenvolvimento tecnológico. Nas sociedades agrícolas, que privilegiam a produção de matéria-prima, é predominante o uso de ferramentas para realizar tarefas previamente feitas à mão, ou **mecanização**. Conforme as sociedades se industrializam, tornam-se mais preocupadas com a produção de bens de consumo, e prevalece a **automação**, que envolve o uso de máquinas auto-operacionais, como em uma fábrica automatizada, em que robôs autônomos montam automóveis. Por fim, quando as sociedades se tornam pós-industrializadas, a ênfase passa a ser nas profissões ligadas aos serviços e à informação (Bell, 1973). Nesse estágio, as mudanças tecnológicas estão ligadas à **cibernação** – máquinas controlam outras máquinas, tomando decisões de produção, programação de robôs e monitoração do desempenho da montagem.

Quais são os efeitos da ciência e da tecnologia nos humanos e seu mundo social? Como vão ajudar a contribuir para os problemas sociais e resolvê-los? Como o autor Neil Postman (1992) sugeriu, será a tecnologia uma amiga e uma inimiga para a humanidade? Abordamos cada uma dessas questões neste capítulo.

dualismo tecnológico A tendência de a tecnologia ter consequências tanto positivas como negativas.

ciência O processo de descoberta, explicação e previsão de fenômenos naturais ou sociais.

tecnologia Atividades que aplicam os princípios da ciência e da mecânica à solução de um problema específico.

mecanização O uso de ferramentas para realizar tarefas antes feitas à mão, dominante na sociedade agrícola.

automação Substituição do trabalho humano por máquinas e equipamentos.

cibernação O uso de máquinas para controlar outras máquinas, imperativo em sociedades pós-industriais.

Contexto global: a revolução tecnológica

Há menos de 50 anos, viajar para fora do estado era uma tarefa árdua; uma ligação telefônica de longa distância, um evento memorável; e as caixas de correspondência traziam notícias de amigos e familiares que moravam longe. Hoje, a jornada dos viajantes entre os continentes leva algumas horas e, para muitos, *e-mail*, fax, mensagem instantânea, torpedo e celular substituíram os meios convencionais de comunicação.

O mundo se transformou, encurtando distâncias, e está se tornando cada vez menor conforme a revolução tecnológica avança. Em 2012, a internet tinha 2,4 bilhões de usuários em mais de 200 países, com 245 milhões de usuários nos Estados Unidos (Internet Statistics, 2013). Entre todos os usuários da internet, a maior proporção vem da Ásia (44,8%), seguida pela Europa (21,5%), América do Norte (11,4%), América Latina e Caribe (10,4%), África (7%), Oriente Médio (3,7%) e Oceania/Austrália (1%) (Internet Statistics, 2013).

Embora a **taxa de penetração**, ou seja, a porcentagem de pessoas que têm acesso e usam a internet em uma área particular, seja mais elevada nos países industrializados, essa rede já está se tornando um meio verdadeiramente global, e africanos, moradores do Oriente Médio e latino-americanos estão cada vez mais *on-line*. Por exemplo, o uso da internet nos Estados Unidos cresceu 152% entre 2000 e 2010; o número de usuários na Nigéria aumentou em 21.891% no mesmo período (Internet Statistics, 2011). Além disso, o Google está trabalhando ativamente para conectar um bilhão ou mais de novos usuários de internet sem fio em áreas como África Subsaariana e Sudeste Asiático (Efrati, 2013).

Do total de usuários de internet, 45% vivem na Ásia, ou seja, mais de 1 bilhão de pessoas, das quais quase a metade é da China. Embora o grande número de pessoas *on-line* na China seja proporcional à sua população, a taxa de penetração nesse país é de apenas 40% em comparação ao Japão, por exemplo, que tem 80% de seus habitantes *on-line*.

O movimento para a globalização da tecnologia não está limitado ao uso e à expansão da internet. O mercado mundial de robôs continua a se expandir, e os Estados Unidos vêm participando ativamente dessa evolução; produtos para plataformas de internet e suporte da Microsoft são vendidos em todo o mundo; cientistas coletam amostras de pele e de sangue em ilhas remotas para pesquisa genética; um tratado global que regula o comércio de produtos geneticamente modificados já foi assinado por mais de 100 nações; e unidades centrais de processamento de energia da Intel (CPUs) compreendem cerca de 80% dos computadores pessoais do mundo (PCs) (Robinson-Avila, 2013).

Para alcançar tais inovações científicas e tecnológicas, às vezes chamadas pesquisa e desenvolvimento (P&D), os países precisam de recursos materiais e econômicos. *Pesquisa* implica a busca pelo conhecimento; *desenvolvimento* refere-se à produção de materiais, sistemas, processos ou dispositivos voltados à solução de problemas práticos. De acordo com a National Science Foundation (NSF), os Estados Unidos apresentam o maior desempenho, gastando mais de US$ 400 bilhões por ano em pesquisa e desenvolvimento, o que representa cerca de 31% do total mundial (NSF, 2013). Como na maioria dos países, as fontes de financiamento dos Estados Unidos vêm principalmente da indústria privada, 62% do total, seguida pelo governo federal e pelas organizações sem fins lucrativos, como os institutos de pesquisa das faculdades e universidades (NSF, 2013).

Os Estados Unidos lideram o mundo em ciência e tecnologia, embora haja alguma evidência de que estejam ficando para trás (Dutta e Mia, 2011; Itif, 2012; Price, 2008). Por exemplo, um relatório do Fórum Econômico Mundial compara tecnologias de informação e comunicação (TIC) em todos os países que utilizam um índice de disponibilidade de rede

taxa de penetração Porcentagem de pessoas que têm acesso e usam a internet em uma região específica.

(NRI, *networked readiness index*). O NRI é composto de quatro subseções: (1) a quantidade e a qualidade do *meio ambiente* para a TIC (por exemplo, ambiente político, ambiente regulatório), (2) a *prontidão* da TIC (por exemplo, acessibilidade), (3) o *uso* da TIC (por exemplo, individual, empresarial) e (4) o *impacto* da TIC (por exemplo, social, econômico) (WEF, 2013). Em 2013, os resultados do NRI indicaram dois grupos dominantes: os países nórdicos (Finlândia, Suécia, Noruega, Dinamarca e todos no *top* 10 dos *rankings*) e os da Ásia (Cingapura, Taiwan/China, República da Coreia e Hong Kong, todos no *top* 14 dos *rankings*). Os Estados Unidos estavam classificados no número 9 do índice geral, mas estiveram mais acima na subseção prontidão e mais abaixo nas outras três.

O declínio da supremacia norte-americana em ciência e tecnologia provavelmente é resultado da soma de diversas forças (Itif, 2009; Lemonick, 2006; Price, 2008; World Bank, 2009). Primeiro, o governo federal vem retraindo o investimento em pesquisa e desenvolvimento como uma resposta ao déficit fiscal. Segundo, as empresas, os maiores contribuintes para pesquisa e desenvolvimento, começaram a se concentrar em produtos de curto prazo e em lucros mais elevados, além da pressão dos acionistas. Terceiro, os países em desenvolvimento, principalmente China e Índia, estão expandindo suas capacidades científicas e tecnológicas a uma taxa mais elevada do que os Estados Unidos. A China está em 2º lugar no *ranking* de investimentos em pesquisa e desenvolvimento de negócios, enquanto os Estados Unidos ocuparam a 27ª colocação entre 1999 e 2008 (Itif, 2011). Quarto, tem havido preocupação com a ciência e a educação matemática nos Estados Unidos, tanto em termos de qualidade quanto de quantidade. No passado, a maior taxa de doutoramento em ciência e engenharia do mundo era ostentada pelos norte-americanos, que vêm sendo ultrapassados pelos chineses nos últimos anos (NSF, 2013). Durante a próxima década, serão necessários mais de um milhão de estudantes universitários de ciência, tecnologia, engenharia e matemática (**CTEM**) para manter a competitividade global (PCAT, 2012).

> No passado, a maior taxa de doutoramento em ciência e engenharia do mundo era ostentada pelos norte-americanos, que vêm sendo ultrapassados pelos chineses nos últimos anos.

Finalmente, o documento *Unscientific America*, de Mooney e Kirshenbaum (2009), revela a tremenda desconexão entre cidadãos, mídia, políticos, líderes religiosos, educação e a indústria do entretenimento (por exemplo, *CSI*, *The Big Bang theory*, *Grey's anatomy*), de um lado, e ciência e cientistas, de outro. No pós-Segunda Guerra Mundial, os Estados Unidos, em parte por causa da Guerra Fria, investiram em P&D, o que levou a tais avanços científicos e tecnológicos, como o programa de viagem ao espaço, o desenvolvimento da internet e a decodificação do genoma. Mas, apesar dessas contribuições significativas e do reconhecimento da importância das disciplinas CTEM, a maioria dos norte-americanos sabe muito pouco sobre ciência (NSF, 2013) (veja a seção *Você e a sociedade*). A Figura 14.1 exibe as fontes primárias de informação sobre ciência, tecnologia e eventos medidos por uma pesquisa recente.

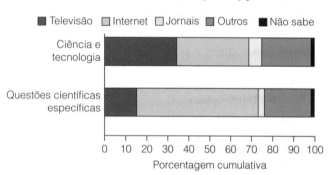

Nota: "Outros" incluem rádio, revista, livros, agências governamentais, família e amigos/colegas.

Figura 14.1 Fontes de informação sobre ciência, tecnologia e eventos
Fonte: NSF, 2013.

CTEM Acrônimo de ciência, tecnologia, engenharia e matemática.

O que você acha? As descobertas científicas e o desenvolvimento tecnológico exigem o apoio dos cidadãos e dos líderes políticos de um país. Por exemplo, embora o aborto tenha sido tecnicamente praticado durante anos, milhões de cidadãos do mundo vivem em países em que o aborto é proibido ou permitido somente quando representa risco à vida da mulher. Você conseguiria listar outras descobertas científicas ou desenvolvimento tecnológico que são tecnicamente possíveis, mas têm muitas chances de ser rejeitados por grandes segmentos da população?

Você e a sociedade

Qual é o seu QI em ciência e tecnologia?

Responda às questões a seguir e depois calcule quantas você acertou.

1. Toda radioatividade é provocada pelo homem.
   a. Verdadeiro
   b. Falso
2. Elétrons são menores que átomos.
   a. Verdadeiro
   b. Falso
3. O trabalho do *laser* concentra-se nas ondas sonoras.
   a. Verdadeiro
   b. Falso
4. O continente em que vivemos tem movido sua localização por milhares de anos e vai continuar se movendo no futuro.
   a. Verdadeiro
   b. Falso
5. O filtro solar protege a pele de qual tipo de radiação?
   a. Raio-X
   b. Infravermelha
   c. Ultravioleta
   d. Micro-ondas
6. A nanotecnologia lida com coisas que são extremamente...
   a. Pequenas
   b. Grandes
   c. Frias
   d. Quentes
7. Qual é o gás que mais está presente na atmosfera da Terra?
   a. Hidrogênio
   b. Nitrogênio
   c. Dióxido de carbono
   d. Oxigênio
8. Qual é a principal função das células sanguíneas?
   a. Lutar contra as doenças do corpo.
   b. Carregar o oxigênio por todas as partes do corpo.
   c. Ajudar o sangue a coagular.
9. Qual dessas é a maior preocupação com relação ao uso exagerado de antibióticos?
   a. Pode levar a uma resistência a bactérias.
   b. Antibióticos são muito caros.
   c. As pessoas podem ficar viciadas em antibióticos.
10. Qual desses exemplos a seguir representa uma reação química?
    a. Água fervendo
    b. Açúcar dissolvendo
    c. Prego enferrujando
11. Qual é a melhor maneira de determinar quando um novo medicamento é efetivo no tratamento de uma doença? Se uma cientista tem um grupo de 1.000 voluntários com a doença para um estudo, ela deve
    a. Dar o medicamento para todos e ver quantos melhoram
    b. Dar o medicamento somente para metade deles e comparar quantos em cada grupo melhoram
12. Qual gás a maioria dos cientistas acredita aumentar a temperatura na atmosfera?
    a. Dióxido de carbono
    b. Hidrogênio
    c. Hélio
    d. Radônio
13. Qual recurso natural é extraído por meio do processo conhecido como "*fracking*" (fraturamento hidráulico)?
    a. Petróleo
    b. Diamante
    c. Gás natural
    d. Silicone

Respostas: 1. b; 2. a; 3. b; 4. a; 5. c; 6. a; 7. b; 8. b; 9. a; 10. c; 11. b; 12. a; 13. c.

INSTRUÇÕES: Compare a porcentagem de questões a que você respondeu corretamente e veja a distribuição. Por exemplo, se você respondeu a todas as questões corretamente, foi melhor do que 93% do público (a soma de todas as porcentagens abaixo do seu resultado) e o mesmo que 7% do público. Se acertou 11 questões, foi melhor que 75% do público (a soma de todas as porcentagens abaixo do seu resultado), o mesmo que 10% do público, e pior do que 15% do público (a soma de todas as porcentagens acima do seu resultado).

Fonte: Pew Research Center, 2013.

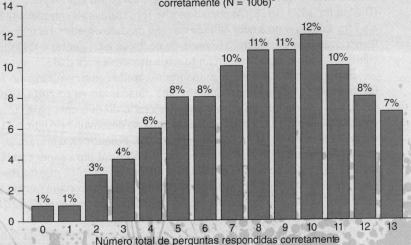

Distribuição da porcentagem dos entrevistados que responderam entre 0 e 11 perguntas corretamente (N = 1006)*

* Baseado em uma amostra de 1.006 adultos selecionados aleatoriamente como parte de uma pesquisa nacional em março de 2013.

O pós-modernismo e a solução tecnológica

Muitos norte-americanos acreditam que os problemas sociais podem ser resolvidos por meio de uma **solução tecnológica** (Weinberg, 1966), em vez de qualquer outra engenharia social. Por exemplo, enquanto um engenheiro social defende a solução do déficit de água a partir da mudança do estilo de vida das pessoas – economizando água com banhos mais curtos e usando roupas mais do que uma vez antes de lavar –, o tecnólogo poderia concentrar-se no desenvolvimento de novas tecnologias para aumentar o fornecimento de água.

Problemas sociais podem ser resolvidos tanto por meio da engenharia social quanto pela tecnologia. Nos últimos anos, por exemplo, os esforços da engenharia social para reduzir a direção sob o efeito de álcool incluíram imposição de penalidades rígidas para os motoristas embriagados e disseminação de anúncios de utilidade pública, tais como "Amigos não deixam amigos dirigir bêbados". Um exemplo de solução tecnológica para o mesmo problema é o desenvolvimento de *airbags* nos carros, reduzindo os ferimentos e mortes causados por acidentes.

Mas nem todos os indivíduos concordam que a ciência e a tecnologia são boas para a sociedade. **Pós-modernismo** é uma visão de mundo emergente que acredita que o pensamento racional e a perspectiva científica falharam no fornecimento das "verdades" que deveriam apresentar. Durante a era industrial, a ciência, a racionalidade e as inovações tecnológicas foram pensadas para criar um mundo mais humano e seguro. Hoje, os pós-modernistas questionam a validade desse empreendimento científico, sempre lembrando das consequências imprevistas e indesejáveis resultantes das tecnologias. Os automóveis, por exemplo, começaram a ser produzidos em massa nos anos 1930 em resposta à demanda dos consumidores. Mas sua proliferação também aumentou a poluição do ar e a deterioração das cidades e dos subúrbios desenvolvidos, e, hoje, os acidentes no trânsito são as causas mais comuns de morte na população.

Teorias sociológicas sobre a ciência e a tecnologia

Cada uma das três principais perspectivas sociológicas nos ajuda a entender melhor a natureza da ciência e da tecnologia na sociedade.

Perspectiva estrutural-funcionalista

Os estrutural-funcionalistas acreditam que o "surgimento da ciência indica que a sociedade precisa dela" e que a ciência e a tecnologia surgiram em resposta às necessidades sociais (Durkheim, 1973/1925). As sociedades se tornaram mais complexas e heterogêneas. A ciência vem satisfazendo à necessidade de uma medida objetiva, reconhecida como "verdade", e fornecendo uma base para a tomada de decisões inteligentes e racionais. Nesse contexto, a ciência e as tecnologias se tornam funcionais para a sociedade.

Entretanto, se a sociedade muda muito rápido como resultado da ciência e da tecnologia, os problemas podem surgir. Quando uma parte material da cultura (por exemplo, elementos físicos) muda em um ritmo mais acelerado do que uma parte imaterial (por exemplo, crenças e valores), um **atraso cultural** pode se desenvolver (Ogburn, 1957). Por exemplo, a máquina de escrever, a esteira rolante e o computador expandiram as oportunidades de as mulheres trabalharem fora de casa. Com o potencial para a independência econômica, elas foram capazes de permanecer solteiras ou deixar relações insatisfatórias e/ou estabelecer uma carreira. Mas, embora as novas tecnologias tenham criado novas oportunidades para as mulheres, a crença sobre seu papel, as expectativas do comportamento feminino e os valores de igualdade, casamento e divórcio têm ficado para trás.

Robert Merton (1973), estrutural-funcionalista e fundador da subdisciplina Sociologia da Ciência, também defende que as descobertas científicas ou inovações tecnológicas podem ser disfuncionais para a sociedade, gerando instabilidade no sistema social. Por exemplo, o desenvolvimento das máquinas que economizam tempo aumenta a produção, mas também substitui os trabalhadores e contribui para o aumento da taxa de alienação no trabalho. Uma

---

solução tecnológica Uso de princípios científicos e tecnologia para resolver problemas sociais.

pós-modernismo Visão de mundo que questiona a validade do pensamento racional e do espírito científico.

atraso cultural Condição na qual uma parte material da cultura muda a uma velocidade mais rápida do que a parte imaterial.

O mundo já era um lugar menor por conta do Pony Express (serviço, pioneiro nos EUA, de correio e envio de mensagens em jornais) do final de 1800, e, hoje, uma série de proezas tecnológicas tornou o mundo ainda menor. Na foto, vemos um iPhone 5C da Apple, um modelo mais barato do que o modelo 5S. A gigante da informática espera expandir seu mercado de telefonia celular para os países em desenvolvimento.

tecnologia defeituosa pode ter efeitos desastrosos sobre a sociedade. Por exemplo, a utilização da fertilização *in vitro* é associada ao risco aumentado de defeitos congênitos (Davies et al., 2012).

Perspectiva do conflito

Os teóricos do conflito, em geral, defendem que a ciência e a tecnologia beneficiam um grupo seleto de pessoas. Para alguns desses teóricos, os avanços tecnológicos primeiro ocorrem como uma resposta às necessidades capitalistas para aumentar a eficiência e a produtividade e, assim, elevar o lucro. Como McDermott (1993) observou, todo avanço tecnológico partiu de decisões tomadas pelos "praticantes imediatos de tecnologia, de seus amigos gerenciais e para os lucros provenientes de suas corporações" (p. 93). Nos Estados Unidos, a indústria privada gasta mais dinheiro com pesquisa e desenvolvimento do que o governo. O Dalkon Shield (IUD) e os implantes de silicone são exemplos de avanços tecnológicos que prometeram milhões de dólares em lucros a seus desenvolvedores. No entanto, a competição atropelou o teste completo de segurança dos produtos. As ações judiciais subsequentes movidas pelos consumidores resultaram em grandes indenizações para os demandantes.

A ciência e a tecnologia também servem prioritariamente aos interesses dos grupos dominantes. A necessidade de pesquisa científica sobre a Aids ficou evidente no começo dos anos 1980, mas o financiamento necessário em larga escala não foi disponibilizado na mesma época, porque o vírus foi inicialmente considerado específico para homossexuais e usuários de drogas intravenosas. Somente quando o vírus se tornou uma ameaça para todos os norte-americanos é que foram

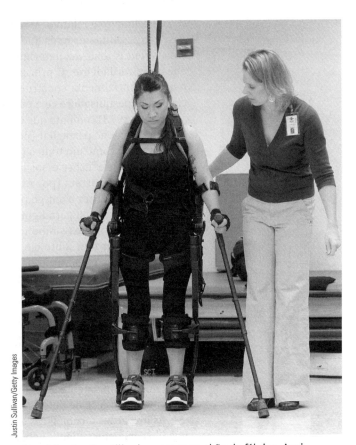

Os robôs não são utilizados apenas no chão de fábrica. Aqui, Stephanie Sablan, vítima de paralisia, anda com o apoio do robô de pernas chamado eLEGS, que funciona a bateria.

alocados milhões de dólares para as pesquisas. Por isso, os teóricos do conflito argumentam que a concessão das agências atua como porteiro para as descobertas científicas e as inovações tecnológicas. Essas agências são influenciadas pelos interesses de grupos poderosos, e a comercialização do produto está menos ligada às necessidades da sociedade.

Quando os grupos dominantes se sentem ameaçados, podem usar a tecnologia como recurso de controle social. Exemplo dessa teoria, na prática, é o uso da internet na China, que cresce de forma acelerada, já considerado o maior mercado do mundo nesse segmento, resultando na censura consolidada no âmbito do Gabinete de Informação do Conselho de Estado, também conhecido como o "Grande *Firewall* da China" (Chen, 2011). Em um estudo da Harvard Law School, os pesquisadores descobriram que, entre os 204 mil *sites* acessados, perto de 20 mil estavam inacessíveis. Os principais resultados de pesquisa no Google, para palavras como *Tibete*, *igualdade*, *Taiwan*, *China* e *democracia*, foram bloqueados (Associated Press, 2010). Mas a China não está sozinha. Segundo dados resultantes da colaboração de três instituições acadêmicas – o OpenNet Initiative –, Etiópia, Irã, Turcomenistão, Afeganistão, Síria, Uzbequistão e Vietnã também têm censura política generalizada da internet (OpenNet, 2012).

Teóricos do conflito, bem como as feministas, argumentam que a tecnologia é uma extensão da natureza patriarcal da sociedade, que promove os interesses dos homens e ignora as necessidades e interesses das mulheres. Como em outros aspectos da vida, as mulheres desempenham um papel de subordinação tanto na criação como no uso da tecnologia. Por exemplo, máquinas de lavar, embora economizem tempo, interrompem a narração de histórias e as amizades resultantes entre as mulheres que se reúnem para fazer suas tarefas. Bush (1993) observou que "em uma sociedade caracterizada por uma divisão do trabalho baseada no papel sexual, qualquer ferramenta ou técnica[...] terá efeitos dramaticamente diferentes para homens e mulheres" (p. 204).

Perspectiva interacionista-simbólica

O conhecimento é relativo. Muda ao longo do tempo, das circunstâncias e entre as sociedades. Não acreditamos mais que o mundo é plano ou que a Terra é o centro do universo, mas essas crenças uma vez determinaram comportamentos, porque os indivíduos acreditavam que eram verdadeiras. O processo científico é um sistema social em que as "verdades" – ou o que foi socialmente construído como verdade – são resultantes das interações entre os cientistas, pesquisadores e o público leigo.

Kuhn (1973) comenta que o processo da descoberta científica começa com hipóteses sobre um fenômeno particular (por exemplo, o mundo é plano). As perguntas não respondidas permanecem como um tópico (por exemplo, por que os oceanos não esvaziam?), e a ciência serviria para preencher essas lacunas. Quando uma nova informação sugere que a hipótese inicial estava incorreta (por exemplo, o mundo não é plano), um novo leque de hipóteses surge para substituir o antigo (por exemplo, o mundo é redondo), o qual então se torna uma crença dominante ou paradigma.

Os interacionistas-simbólicos enfatizam a importância desse processo e o efeito que as forças sociais têm sobre ele. Lynch et al. (2008) descrevem a contribuição dos meios de comunicação na elaboração de crenças em relação à sociedade, à discriminação racial, ao racismo e ao determinismo genético. As forças sociais também afetam as inovações tecnológicas, e seu sucesso depende, em parte, dos significados sociais atribuídos a um produto em particular. Assim como argumentam os construtivistas sociais, os indivíduos constroem socialmente a realidade e como interpretam o mundo social em torno de si, incluindo o significado atribuído às várias tecnologias. Se os reclamantes puderem definir um produto como impraticável, pesado, ineficaz ou imoral, é improvável que esse produto consiga a aceitação pública. Exemplo disso foi o caso do contraceptivo oral RU 486, conhecido como "pílula abortiva", que é amplamente consumido na França, Grã-Bretanha, China e Estados Unidos, mas enfrenta a oposição de muitos norte-americanos (Naral, 2013).

As inovações tecnológicas estão sujeitas à significação social, mas também os atores envolvidos em determinados aspectos da ciência e da tecnologia. Por exemplo, os homens superam de longe as mulheres nas graduações em ciência da computação – normalmente uma taxa de 10 para 1 em algumas faculdades –, e, embora as mulheres correspondam a 47,2% da força de trabalho, representam apenas 30,5% das cientistas em computação e 22% das programadoras de computador (U.S. Census Bureau, 2013b). As definições sociais dos homens como sendo racionais, matemáticos e científicos e com mais aptidões mecânicas do que as mulheres são, em parte, responsáveis por essas diferenças. Na seção *Um olhar sobre a pesquisa dos problemas sociais*, alguns dos destaques são as consequências da masculinização da tecnologia, assim como as maneiras pelas quais as identidades e comunidades de *hackers* são socialmente construídas.

Um olhar sobre a pesquisa dos problemas sociais
A construção social da comunidade *hacker*

Ameaça virtual (*cyberstalking*), pornografia na internet e roubo de dados são crimes que não existiam até a evolução dos computadores e o crescimento acelerado da internet. Os crimes "*high-tech*", dos *hackers* de computador, podem variar de travessuras infantis a vírus mortais que desligam corporações inteiras. Em um estudo clássico, Jordan e Taylor (1998) entraram no mundo dos *hackers* para analisar a natureza dessa atividade ilegal, as motivações "*hackers*" e a construção social da "comunidade *hacker*".

Amostra e métodos
Jordan e Taylor (1998) pesquisaram sobre os *hackers* e a comunidade *hacker* por meio de 80 entrevistas semiestruturadas, 200 questionários, e pela análise dos dados sobre o tema – uma amostra aleatória de *hackers* não era possível, como costuma acontecer em crimes com base no uso de drogas ilícitas e outras áreas de investigação igualmente difíceis. Então, foi adotada a amostragem do tipo bola de neve – em geral o método preferido nesses casos –, em que um entrevistado indica outro, que em seguida indica outro, e assim por diante. Com base nessa análise, os pesquisadores reuniram informações sobre esse problema social e sobre a noção interacionista-simbólica de "construção social" – nesse caso, uma comunidade *on-line*.

Descobertas e conclusões
"Hackeamento", ou "invasão não autorizada de computador", é um problema cada vez mais grave, especialmente em uma sociedade dominada pelas tecnologias da informação. A entrada ilegal em redes de computadores ou bancos de dados pode se dar por vários meios, incluindo (1) adivinhar a senha de alguém, (2) enganar um computador sobre a identidade de outro computador (chamado "*spoofing IP*") ou (3) por meio da "engenharia social", uma gíria que se refere à obtenção de informações de acesso importantes com o roubo de documentos, ou olhando por cima do ombro de alguém, ou pegando coisas do seu lixo, e assim por diante.

O *hacking* traz consigo certas normas e valores, porque, de acordo com Jordan e Taylor (1998), a comunidade de *hackers* pode ser pensada como uma cultura dentro de outra cultura. Os dois pesquisadores identificaram seis elementos dessa comunidade socialmente construída:

- *Tecnologia*. O núcleo da comunidade de *hackers* é a tecnologia que permite que ela ocorra. Como um professor entrevistado afirmou, os jovens de hoje "vivem com computadores desde o berço e, portanto, não têm nenhum traço de medo, nem mesmo de reverência".
- *Segredo*. A comunidade *hacker* deve, por um lado, cometer atos em segredo, porque seus "hackeamentos" são ilegais. Por outro, grande parte da motivação para hackear requer publicidade para alcançar a notoriedade com frequência procurada. Além disso, *hacking* é uma atividade de grupo, que une os membros em comunidades. Como um *hacker* afirmou, "a pirataria pode lhe dar um pontapé real às vezes. Mas ela pode dar muito mais satisfação e reconhecimento se você compartilhar suas experiências com outros".
- *Anonimato*. Considerando que o sigilo está ligado ao ato de hackear, o anonimato está ligado à importância de a identidade do *hacker* ser desconhecida. Por isso, *hackers* e grupos de *hackers* assumem nomes como Legion of Doom, Inner Circle I, Mercury e Kaos, Inc.
- *Afiliação fluida*. A afiliação é mais fluida do que estática, sempre caracterizada por altas taxas de rotatividade, em parte como uma resposta às pressões da lei. Ao contrário das organizações mais estruturadas, não existem regras formais ou regulações.
- *Dominação masculina*. *Hacking* é definido como uma atividade masculina; em consequência, existem poucas *hackers* mulheres. Depois de relatar um incidente de assédio sexual, Jordan e Taylor (1998) também observaram que "a identidade coletiva que os *hackers* compartilham e constroem[...] é em parte misógina" (p. 768).
- *Motivação*. O que contribui para a articulação das fronteiras das comunidades *hackers* são as definições consideradas aceitáveis, incluindo (1) vício em computadores, (2) curiosidade, (3) excitação, (4) poder, (5) aceitação e reconhecimento e (6) serviço comunitário por meio da identificação de riscos de segurança.

Por fim, Jordan e Taylor (1998, p. 770) observaram que os *hackers* também mantêm os limites do grupo pela distinção entre sua comunidade e outros grupos sociais, incluindo "uma ligação antagônica com a indústria de segurança de computadores (CSI, *computer security industry*)". Ironicamente, os *hackers* admitem o desejo de ser contratados pela CSI, o que não apenas legitimaria suas atividades, como também lhes daria uma renda estável.

Jordan e Taylor concluem que o medo geral de computadores e de quem os usa subjaz ao retrato comum, embora impreciso, dos *hackers* como um grupo patológico e obcecado, chamado "*geeks*" de computador. Quando o jornalista Jon Littman perguntou ao *hacker* Kevin Mitnick se ele era demonizado por conta do aumento da dependência e do medo das informações tecnológicas, Mitnick respondeu: "Sim[...] É por isso que eles estão incutindo o medo do desconhecido. É por isso que eles têm medo de mim. Não pelas coisas que fiz, mas porque tenho a capacidade de fazer estragos" (Jordan e Taylor, 1998, p. 776).

Tecnologia e transformação da sociedade

Inúmeras tecnologias modernas são consideradas mais sofisticadas do que as inovações tecnológicas do passado. Apesar disso, estas últimas influenciaram a natureza do trabalho tão profundamente quanto a maioria das invenções modernas incompreensíveis. Postman (1992) descreveu como o relógio – uma inovação relativamente simples, comum nos dias de hoje – influenciou profundamente o ambiente de trabalho e, com ele, a maior instituição econômica:

> O relógio se originou nos monastérios beneditinos entre os séculos XII e XIII. O ímpeto por trás da invenção era criar uma regularidade mais ou menos precisa na rotina dos monastérios, o que exigia, entre outras coisas, sete períodos de devoção ao longo do dia. Os sinos do monastério deviam tocar para sinalizar as horas canônicas; o relógio mecânico foi a tecnologia que pôde propiciar precisão a esses rituais de devoção [...] O que os monges não previram é que o relógio não era apenas um meio de manter o controle das horas, também tinha a capacidade de sincronizar e controlar as ações dos homens. E assim, ao longo do século XIV, o relógio extrapolou os muros do mosteiro, tornando-se um novo e preciso regulador da vida do trabalhador e do comerciante [...] Em resumo, sem o relógio, o capitalismo seria quase impossível. O paradoxo [...] é que o relógio foi inventado por homens que queriam ser mais rigorosamente devotos a Deus e acabou por se tornar uma tecnologia de maior utilidade para os homens que desejavam se dedicar à acumulação de dinheiro. (p. 14-15)

[...] a tecnologia continua a ter amplos efeitos, não somente na economia, mas também em cada aspecto da vida social.

Hoje, a tecnologia continua a ter amplos efeitos, não somente na economia, mas também em cada aspecto da vida social. Na próxima seção, discutiremos as transformações sociais resultantes das várias tecnologias modernas, incluindo as do ambiente de trabalho, os computadores, a internet, a ciência e a biotecnologia.

Tecnologia e ambiente de trabalho

Todos os ambientes de trabalho – desde os escritórios do governo até as fábricas, supermercados e agências imobiliárias – sentiram o impacto da tecnologia. Algumas tecnologias diminuem a necessidade de supervisão e controle por parte dos empregadores. Por exemplo, os colaboradores do Department of Design and Construction, em Nova York, têm de escanear as mãos todas as vezes que entram ou saem do ambiente de trabalho. O uso de características de identificação, como mãos, dedos e olhos, é parte de uma tecnologia chamada biometria. Líderes sindicais "consideram o uso da biometria degradante, invasivo e desnecessário e dizem que estão experimentando como a tecnologia poderia definir o cenário para uma maior utilização dos dados biométricos visando manter o controle sobre todos os elementos do dia de trabalho" (Chan, 2007, p. 1).

A tecnologia também pode fazer os trabalhadores ser mais responsáveis pela coleta das informações sobre seu desempenho. Além disso, por meio de dispositivos de economia de tempo, como assistentes digitais pessoais (PDAs, *personal digital assistants*) e etiquetas de prateleiras para lojas movidas a bateria, a tecnologia pode melhorar a eficiência dos trabalhadores. O *software* médico comercializado pelo Walmart a um custo de US$ 25 mil por ano para um médico, e US$ 10 mil por ano para cada médico adicional, é uma prática que não apenas pode economizar tempo e dinheiro, como também facilitar a manutenção de registros e igualmente melhorar a assistência ao paciente (Lohr, 2009). No mundo todo, mais de 50 mil funcionários em empresas como Walgreens, Cold Stone e Verizon são responsáveis por um programa de *software* chamado When I Work, usado para programar, monitorar e se comunicar com os trabalhadores (WIW, 2013).

No entanto, a tecnologia também pode contribuir para o erro do trabalhador. Em um estudo feito com o sistema de computador de um hospital popular, os pesquisadores descobriram várias maneiras de o programa informatizado Drugordering colocar em perigo a saúde dos pacientes. Por exemplo, o *software* avisa um médico sobre a alergia medicamentosa de um paciente apenas depois de o fármaco ser prescrito, e, em vez de mostrar a dose usual de um fármaco em particular, o programa apresentou a dosagem disponível na farmácia do hospital (DeNoon, 2005).

A tecnologia também está mudando a localização do trabalho (veja o Capítulo 7). Cerca de um quarto dos trabalhadores norte-americanos alega trabalhar por meio da telecomutação, ou seja, trabalha em casa, desenvolvendo regularmente suas tarefas (Noonan e Glass, 2012). Pesquisas em telecomutação indicam diversos benefícios, incluindo aumento da produtividade, menor taxa de absenteísmo e maior número de retenção. Os pais não são mais propensos à telecomutação do que a população em geral, e é mais comum as mães adotarem a prática do que os pais. Ao contrário dos estrutural-funcionalistas, que argumentam que a telecomutação permite opções de trabalho flexíveis para todos os pais que trabalham, Noonan e Grass (2012) estão de acordo com a perspectiva do conflito e sugerem:

> [...] a telecomutação apareceu [...] por ter se tornado fundamental para a expansão geral de horas de trabalho, facilitando as necessidades dos trabalhadores de tempo de trabalho adicional além da semana de trabalho padrão e/ou a capacidade de os empregadores aumentarem ou intensificarem a demanda de trabalho entre seus empregados assalariados. (p. 38)

Telepresença é uma versão muito mais sofisticada da teleconferência, em que é possível participar em tamanho natural na presença virtual de outro para se comunicar de forma realista por meio de transmissões de som e imagens de qualidade (Houlahan, 2006; Sharkey, 2009; Whitlock, 2013). A indústria da telepresença inclui gigantes como Microsoft, Cisco Systems e AT&T – todas investiram milhões de dólares em P&D nessa tecnologia.

O que você acha? A telepresença não está mais restrita a salas de reuniões. Robôs do tipo Segway, que permitem conversas face a face em tempo real, já estão disponíveis para quem pode pagar. Os robôs de telepresença custam a partir de US$ 35 mil, mais US$ 200 por um androide "Botiful" (Olson, 2013). Usando uma combinação de sensores, câmeras, alto-falantes e microfones, esses robôs se movimentam tranquila e silenciosamente – tudo de que você precisa é um computador e um *browser*. Como você se sentiria se estivesse em uma aula presencial e seu professor tivesse um robô que o representasse?

telepresença Tecnologia sofisticada que permite a participação em tamanho natural na presença virtual de outro para se comunicar de forma realista por meio de transmissões de som e imagens de qualidade.

A tecnologia robótica também revolucionou o trabalho. Embora a crise econômica de 2009 e 2010 tenha levado a uma redução nas vendas dos equipamentos robóticos, houve registro de aumento em 2011, e esse crescimento deve continuar até 2015 (IFR, 2013). Trabalham em unidades fabris 90% dos robôs, e mais da metade deles é usada na indústria pesada, como na linha de montagem de automóveis. A aplicação mais comum de robôs é identificada no manuseio de matérias e para fazer pontos de solda, embora haja uma tendência recente para integrá-los mais plenamente no processo de fabricação (Pethokoukis, 2004).

A tecnologia também mudou a natureza do trabalho. A Federal Express não apenas criou a FedEx intranet para seus colaboradores, como permite que os clientes possam entrar no banco de dados de rastreamento de pacote, poupando à empresa milhões de dólares por ano. A indústria do automóvel usado

Automação significa que as máquinas podem agora fazer o trabalho originalmente feito por trabalhadores humanos, assim como os robôs podem executar tarefas na linha de produção das montadoras de carros.

foi revolucionada pelo *disabler* – um dispositivo de controle remoto ligado ao sistema de ignição do carro. Quando um cliente não faz o pagamento na data, o serviço o impede de ligar o carro. Como o dispositivo tornou menos provável que os mutuários deixem de pagar seus empréstimos, há alguma evidência de que as concessionárias ficaram mais dispostas a qualificar os clientes de baixa renda e com pouco crédito (Welsh, 2009).

A revolução do computador

Os computadores antigos eram muito maiores do que as pequenas máquinas que temos hoje e eram pensados para ter apenas usos esotéricos entre os membros das comunidades científicas e militares. Em 1951, existia apenas meia dúzia de computadores (Ceruzzi, 1993). O desenvolvimento do chip de silício e da tecnologia microeletrônica sofisticada permitiu que dezenas de milhares de componentes fossem impressos em um único chip, menor que uma moeda de 10 centavos. O chip de silício levou ao desenvolvimento dos *laptops*, celulares, câmeras digitais, iPad e DVDs portáteis e também foi responsável pelo preço acessível dos computadores. Embora o primeiro computador tenha sido desenvolvido há 30 anos, hoje mais de 75% das famílias norte-americanas relatam ter um computador em casa, em comparação aos 61,8% há apenas uma década (File, 2013).

O uso do computador está associado a diversas variáveis demográficas. A probabilidade de ter pelo menos um computador em casa é maior entre indivíduos na faixa de 35 a 45 anos, e menor entre os que têm 65 anos ou mais (File, 2013). Mais de 80% dos asiáticos, brancos e não hispânicos afirmam ter pelo menos um computador em casa, em comparação com os 68% de negros e hispano-americanos. Conforme o nível de escolaridade e renda familiar aumentam, eleva-se a possibilidade de ter um computador em casa. Não existem diferenças de gênero significativas com relação à posse dos computadores.

De acordo com um relatório da Forrester Research, perto de 2016 são estimados dois bilhões de PCs e 760 milhões de *tablets* (por exemplo, iPads, Fire) em uso no mundo (Lunden, 2012). Globalmente, Israel tem a maior taxa de posse de computadores (122 computadores para cada 100 pessoas), e Honduras a menor, com apenas 2,5 computadores para cada 100 pessoas (*The Economist*, 2008; U.S. Census Bureau, 2011). Dentre as atividades mais comuns no computador, destacam-se: acesso à internet, mandar *e-mail*, usar um buscador *on-line*, ler notícias ou *e-mails*, processamento de texto, planilhas de cálculo ou bases de dados e acesso e atualização de calendários ou agendas.

Não é de surpreender que a educação pelo computador também tenha crescido nas últimas duas décadas. Em 1998, 38.027 estudantes universitários estavam matriculados em programas de graduação e pós-graduação em ciência da computação; em 2010, o número aumentou para 51.516 (Digest of Education Statistics, 2013). As universidades exigem cada vez mais que seus alunos tenham computadores portáteis, fornecem corredores com *wi-fi* e gastam milhões de dólares em *hardware* e *software*.

Computadores são um grande negócio, e um dos mais bem-sucedidos produtores de tecnologia de computador no mundo é o mercado norte-americano, abrigando várias das principais empresas. A Hewlett-Packard (HP) é dona do maior mercado global de PCs, seguida por Dell, Acer, Apple e Lenovo (Gartner Research, 2013). O lucro das vendas de computadores nos Estados Unidos ultrapassou US$ 85,5 bilhões em 2011; no mesmo ano, as vendas globais estavam estimadas em US$ 328 bilhões.

Software de computador também é um grande negócio. Em 1999, um juiz federal descobriu que a Microsoft Corporation estava violando as leis antitruste, que proíbem o monopólio excessivo no comércio. A questão envolvia o sistema operacional Windows e a vasta gama de aplicativos baseados no Windows (por exemplo, planilhas eletrônicas, processadores de texto e *software* de fax) – aplicativos que só funcionavam com o Windows. Como resultado do processo de apelação e outros atrasos, o julgamento permanece inconcluso e continua a ser monitorado pelos tribunais (U.S. Department of Justice, 2011). Além disso, em 2013 a União Europeia (UE) multou a Microsoft em US$ 733 milhões por não

> Mais de 80% dos asiáticos, brancos e não hispânicos afirmam ter pelo menos um computador em casa, em comparação com os 68% de negros e hispano-americanos.

oferecer aos consumidores opções de *browser* de internet para instalar com o sistema operacional Windows (Sterling, 2013).

A Microsoft não é a única gigante do *software* que está sob ataque legal. Em 2012, o tribunal da Coreia do Sul declarou que a Samsung e a Apple violaram as patentes uma da outra e baniu a venda de diversos produtos de ambas (por exemplo, iPhone 4; Galaxy S2) (Botelho, 2013). No mesmo ano, o tribunal dos Estados Unidos descobriu que a Samsung era culpada de intencionalmente violar as patentes da Apple e ordenou que ela pagasse US$ 1 bilhão para a companhia de *software*, tornando-se este – de acordo com um professor de direito de Stanford – o maior prêmio por uma patente na história.

internet Infraestrutura internacional de informação disponível por meio de universidades, institutos de pesquisa, agências governamentais, bibliotecas e empresas.

Web 2.0 Plataforma de milhões de usuários que se expressam *on-line* nas áreas comuns do ciberespaço.

Tecnologia da informação e da comunicação e a internet

Tecnologia da informação e da comunicação (TIC) refere-se às muitas tecnologias que transmitem informação. A maioria das tecnologias da informação foi desenvolvida em um intervalo de cem anos: tirar fotos e telégrafo (anos 1830), impressão com energia rotativa (anos 1840), máquina de escrever (anos 1860), cabo transatlântico (1866), telefone (1876), imagens em movimento (1894), telégrafo sem fio (1895), gravação em fita magnética (1899), rádio (1906) e televisão (1923) (Beniger, 1993). O conceito de "sociedade da informação" data dos anos 1950, quando um economista identificou um setor de trabalho que chamou de "produção e distribuição de conhecimento". Em 1958, esse setor empregava 31% dos trabalhadores – hoje, são mais de 50%. Quando esse valor é somado com aqueles em ocupações de serviços, mais de 75% da força de trabalho está envolvida na sociedade da informação.

A **internet** é uma infraestrutura internacional – uma rede de redes – disponível em universidades, instituições de pesquisa, agências do governo, bibliotecas e empresas. Em 2011, 70% de todos os norte-americanos usavam a internet de algum lugar, embora o acesso de casa fosse baixo (veja a Tabela 14.1). Os que acessam a internet podem ser igualmente do sexo masculino ou feminino, com maior probabilidade de ter entre 18 e 34 anos, ser brancos não hispânicos, ter graduação, emprego e renda acima de US$ 150 mil por ano (File, 2013). Entre aqueles que não estão *on-line*, cerca de metade reporta que a principal razão de não usar a internet é que não acreditam ser relevante para sua vida, ou seja, não estão interessados (Zickuhr e Smith, 2012). Outras razões incluem "não ter computador", "muito caro", "muito difícil" e "é uma perda de tempo".

A internet, ou "web", como é mais comumente conhecida, evoluiu para a chamada **Web 2.0** – uma plataforma de milhões de usuários que se expressam *on-line* nas áreas comuns do ciberespaço (Grossman, 2006; Pew, 2007). O desenvolvimento da Web

TABELA 14.1 Uso doméstico da internet e/ou do *smartphone* de acordo com as variáveis demográficas selecionadas, 2011

Características selecionadas	Porcentagem de uso da internet em casa	Porcentagem de uso do smartphone[1]	Porcentagem de ambos[2]
Total 15 anos ou mais[3]	67,2	48,2	75,9
Idade[4]			
Menos de 25 anos	70,5	67,8	87,5
25-34 anos	74,5	67,4	86,2
35-44 anos	77,1	58,9	85,2
45-54 anos	71,2	45,1	77,3
55 anos ou mais	54	23,3	58,4
Raça e origem hispânica			
Somente branco	68,9	48	76,8
Somente branco não hispânico	72,5	48,6	79,2
Somente negro	53,8	47,3	67,9
Somente asiático	78,3	51,6	83
Hispânico (de qualquer raça)	51,2	45,4	65,5
Sexo do dono da casa			
Masculino	68,5	48,6	76,8
Feminino	65,9	47,8	75
Situação profissional			
Empregado	75,8	58,4	85,1
Desempregado	63,5	49,4	75,9
Não está na população economicamente ativa	52,2	29,3	59,1
Total de 25 anos ou mais	66,5	44,1	73,5
Escolaridade			
Menos que o ensino médio	25,3	20,5	35,2
Ensino médio ou técnico	52,8	32,1	61,5
Alguma faculdade ou diploma relacionado	73,5	48,7	81,3
Ensino superior	87,3	59,2	91

[1] Uso do *smartphone* inclui qualquer um que relate esse uso para navegar na internet, acessar e-mail, usar mapas, jogar, acessar as redes sociais, baixar aplicativos, ouvir música ou tirar fotos e vídeos.

[2] Esse dado refere-se ao número e à porcentagem de indivíduos que usam a internet em casa, *smartphone* ou ambos.

[3] Esses dados foram obtidos a partir de perguntas feitas unicamente aos entrevistados domésticos e ponderadas para refletir a população total.

[4] Pelo fato de as pessoas que usam internet em casa terem tendência a ser mais velhas, os dados para os que estão abaixo dos 25 tiveram maior variabilidade do que para os entrevistados mais velhos. As estimativas nesta seção para aqueles com menos de 25 devem, portanto, ser interpretadas com cautela.

Fonte: U.S. Census Bureau, 2013a.

2.0 é uma história de colaboração, informação gerada pelo usuário nas redes sociais, blogs e wikis e, em última instância, a sinergia resultante do conteúdo (por exemplo, a Wikipedia) e produtos (por exemplo, YouTube) é maior do que a soma de suas partes (por exemplo, cada entrada).

O acesso sem fio também está alterando o uso da internet. O crescimento do alcance da internet móvel levou a uma conectividade "sempre presente", com os usuários trabalhando e acessando em *laptops, tablets* e *smartphones* dentro de cafeterias, salas de aula e shoppings. Adolescentes são particularmente mais suscetíveis a acessar a internet de redes móveis (Madden et al., 2013). Perto de 75% das pessoas entre 12 e 17 anos dizem que acessam a internet dos seus celulares, *tablets* e/ou outros serviços móveis pelo menos ocasionalmente, e um quarto disse que acessa a internet via celular diariamente. O uso da banda larga de alta velocidade tem aumentado ao longo do tempo, partindo de 4% das famílias norte-americanos em 2001 para 62% em 2011. A demografia do acesso em banda larga é semelhante ao de uso da internet, ou seja, os mais jovens, mais instruídos e mais ricos são mais propensos a ter banda larga em casa (Zickuhr e Smith, 2012).

E-commerce. *E-commerce* é a compra e venda de bens e serviços pela internet, incluindo, principalmente, compras e banco *on-line*. As vendas *on-line* representam quase a metade de todas as vendas nos Estados Unidos, com livros e revistas seguidos por roupas, *hardwares* e *software* de computador sendo as mais comuns (U.S. Census Bureau, 2013b). As motivações para compras de produtos *on-line* incluem conveniência, habilidade de comparar preços e produtos mais baratos em estados em que não há imposto para vendas pela internet. O Marketplace Fairness Act, atualmente em debate no Congresso, vai "[...] conceder autoridade aos estados para exigir catálogo *on-line* dos varejistas [...], não importa onde estejam localizados, e recolher impostos de venda no momento da transação [...]" (MFA, 2013, p. 1).

> O crescimento do alcance da internet móvel levou a uma conectividade "sempre presente", com os usuários trabalhando e acessando em *laptops*, *tablets* e *smartphones* dentro de cafeterias, salas de aula e shoppings.

Como a Tabela 14.2 indica, 61% dos participantes da pesquisa responderam que usam a internet para realizar operações bancárias, tornando esta uma atividade quase tão popular quanto as redes sociais (Zickuhr e Smith, 2012). Fazer operações bancárias *on-line*, assim como nos aparelhos móveis, isto é, usar um telefone móvel para acessar informações bancárias, cresceu significativamente na última década (Fox, 2013). Por exemplo, em 2011, 18% dos proprietários de celular usavam o serviço *on-line* do banco, taxa que atingiu 35% em 2013.

O que você acha? O advento e a proliferação do *wi-fi* (isto é, acesso sem fio à internet) facilitou uma série de inovações em *hardwares* e *softwares* de internet, como *smartphones*, iPads e outros *tablets*, e gerou milhares de aplicativos para *download* ("apps"). Também promoveu a melhoria de serviços institucionais; por exemplo, o *e-commerce* agora inclui o *m-commerce*, ou a habilidade de fazer transações financeiras (por exemplo, bancos *on-line*) de um serviço móvel, como um *smartphone*. Você acha que as vantagens do acesso 24/7 à internet superam as desvantagens das tecnologias "sempre presentes"?

Saúde e medicina digital. Muitos norte-americanos recorrem à internet para tratar de questões de saúde e suas preocupações. Pesquisa recente sobre internet e saúde aponta que cerca de um terço dos adultos norte-americanos relatou procurar informações *on-line* sobre sintomas de doenças (Fox e Duggan, 2013). Entre os mais propensos a buscar esse tipo de informação *on-line*, destacam-se mulheres, jovens, cuja renda anual é acima de US$ 75 mil, e universitários.

Metade dos entrevistados dessa pesquisa usa a internet para contatar amigos e familiares, e outros 72% de norte-americanos procuram informação médica e de saúde. Em termos

e-commerce Compra e venda de bens e serviços pela internet.

TABELA 14.2 Usuários dentro de cada grupo demográfico engajados em atividades *on-line*, 2011 (N = 2.260)*

	Serviços de busca	E-*mail*	Compras	Redes sociais	Banco *on-line*
Todos os adultos	92%	91%	71%	64%	61%
Homens	93	89	69	63	65
Mulheres	91	93	74	66	57
Raça/etnia					
Branco, não hispânico	93	92	73	63	62
Negro, não hispânico	91	88	74	70	67
Hispânico (falantes de inglês e espanhol)	87	86	59	67	52
Idade					
18-29	96	91	70	87	61
30-49	91	93	73	68	68
50-64	91	90	76	49	59
65+	87	86	56	29	44
Rendimento familiar					
Menos de US$ 30.000/ano	90	85	51	68	42
US$ 30.000–US$ 49.999	91	93	77	65	65
US$ 50.000–US$ 74.999	93	94	80	61	74
US$ 75.000+	98	97	90	66	80
Escolaridade					
Sem diploma do ensino médio	81	69	33	63	32
Com diploma do ensino médio	88	87	59	60	47
Alguma faculdade	94	95	74	73	66
Graduado	96	97	87	63	74

*18 anos ou mais.
Fonte: Zickuhr e Smith, 2012.

sociológicos, há uma "vida social" para informações de saúde na internet. Não é incomum as pessoas compartilharem suas histórias de saúde, sintomas e diagnósticos, fornecendo assim suporte à saúde boca a boca (Fox e Duggan, 2013).

Além de fornecer informações médicas, há evidências consideráveis de que os registros médicos *on-line* ajudam a melhorar a assistência médica:

> Registro em papel é um documento histórico, passivo. Registro de saúde eletrônico pode ser uma ferramenta ativa que lembra e aconselha os médicos. Ele pode armazenar informações de um paciente, como visitas, tratamentos e sintomas, ficando salvo por anos, até mesmo décadas. Pode ser acionado com um clique do *mouse*, em vez de ficar escondido em uma gaveta de arquivo em um local remoto e, portanto, inútil em emergências médicas (Lohr, 2008, p. 1).

Registros digitais de pacientes são, portanto, o primeiro passo na criação de **sistemas de saúde inteligentes**, em que os médicos, olhando as populações de pacientes, podem identificar tratamentos bem-sucedidos ou detectar interações prejudiciais (Lohr, 2011). Além disso, os dispositivos móveis, como *smartphones* e *tablets*, "[...] têm a capacidade de computação, de exibir a energia da bateria para se tornar poderosos dispositivos médicos que medem os sinais vitais e fornecem uma interpretação inteligente ou uma transmissão imediata de informações" (p. 883).

Por fim, há evidência de que a tecnologia pode ajudar imediatamente o alto custo dos cuidados com a saúde. Grande parte das economias vem "da qualidade da gestão, reduzindo as internações hospitalares com uma coordenação mais efetiva, melhorando a produtividade dos enfermeiros e tornando mais eficiente a utilização de medicamentos" (Atkinson e Castro, 2008, p. 27). Outras importantes fontes de redução de custos incluem créditos

sistemas de saúde inteligentes O resultado de registros eletrônicos pelos quais os médicos podem avaliar populações de pacientes e identificar tratamentos bem-sucedidos ou detectar interações prejudiciais.

eletrônicos de processamento e diminuição de erros médicos, por meio de intervenções de diagnóstico e tratamentos mais eficazes. Em julho de 2012, o governo federal gastou mais de US$ 6 bilhões em incentivos tecnológicos à informação de saúde (Castro, 2013).

A busca do conhecimento e da informação. A internet, talvez mais do que qualquer outra tecnologia, é a base da sociedade da informação. Seja lendo um livro *on-line*, acessando uma Mooc (veja, na seção *O lado humano*, um depoimento sobre educação *on-line*; veja também o Capítulo 8), instruções de mapeamento, visitando o Louvre virtualmente ou consultando a Wikipédia, a internet oferece aos seus milhares de navegadores respostas instantâneas a perguntas que, antes, requeriam uma visita à biblioteca.

No entanto, existe uma preocupação com a maneira como a "Geração Google" lê, pensa e aborda os problemas, que tem sido alterada pela nova tecnologia. Em 2008, um artigo perguntou "o Google está nos deixando estúpidos?", reflexão que se expandiu para um livro chamado *The shallows: what the internet is doing to our brains* (Carr, 2010). O autor argumenta que o uso da internet promove um estado crônico de distração que, em geral, é desconhecido:

> Nosso foco no conteúdo de um meio pode nos cegar para os efeitos mais profundos. Estamos muito ocupados sendo deslumbrados ou perturbados pelo conteúdo para perceber o que está acontecendo dentro das nossas cabeças e fingimos que a tecnologia em si não tem importância. A forma como a usamos é o que importa, dizemos a nós mesmos. Confortamo-nos com a sensação de que estamos no controle. A tecnologia é uma ferramenta, inerte até que a busquemos e inerte novamente assim que a colocamos de lado. (p. 3)

Web Semântica Às vezes chamada Web 3.0, é uma versão da internet na qual páginas não só contêm informação, mas também descrevem a inter-relação entre as páginas, resultando no que se conhece como "*smart media*".

Por fim, com o crescimento relâmpago da internet, há preocupação de que a informação seja muitas vezes ultrapassada, difícil de encontrar e de âmbito limitado (Mateescu, 2010). Alguns já estão prevendo um momento em que os motores de busca para procurar informações não sejam mais sintáticos (por exemplo, baseados em *combinações* de palavras e frases), mas sim semânticos (por exemplo, baseados no *significado* das palavras e das frases). A **Web Semântica**, às vezes chamada Web 3.0, é uma versão da internet na qual páginas não só contêm informação, mas também descrevem a inter-relação entre as páginas, resultando no que se conhece como "*smart media*" (Semantic Media, 2011).

O lado humano — Passando bilhetinhos nas costas da Coursera

No outono passado, vítima de um ataque de autoaprimoramento, percebi que um Mooc (*massive open online course*) era exatamente a coisa que me transformaria em uma convidada fascinante, e altamente desejada, em jantares e festas. Mas, qual? Devo me tornar insuportável no tema da pobreza global? Folclore? O genoma humano? A vida vegetal? Álgebra? Ou, melhor ainda, o mundo inteiro!

Inscrevi-me em "A história do mundo desde 1300", ministrado por um professor de Princeton, e imaginei que o curso me daria referências sobre a invasão mongol e o papel do ambiente nas crises do século XIV.

Tinha decidido comprar uma presilha de Princeton – eles vendiam isso –, mas surgiu um problema. Quando o curso começou, repentinamente, havia um livro que precisava ler, aulas a que precisava assistir, ensaios que tinha de escrever.

Era como uma faculdade de novo, porém mais complicado, porque tinha de conciliar com um emprego em tempo integral, meus filhos – e o Netflix. Não consegui assistir à primeira aula, e a nenhuma das seguintes. As cartas semanais que o professor deixava na minha caixa de entrada me assombraram, como uma nota de agradecimento que eu não tinha escrito.

Depois de um semestre de sofrimento, os *e-mails* cessaram e decidi reavaliar meus objetivos. Talvez eu faça pilates. Mas, na última semana, havia outro *e-mail* da Coursera, a empresa de educação *on-line*. "Beth Teitell, estamos lhe recomendando cursos!"

Eu devia ter deletado, mas me peguei pensando em uma aula sobre questões climáticas. Mas não sou tão forte. Não... Eu sou o Al Pacino em *O poderoso chefão III*: "Justo quando eu pensava que estava fora, eles me puxaram de volta"!

Fonte: Teitell, 2013.

***Games* e entretenimento.** Cerca de metade dos norte-americanos joga *videogame*, e 51% de todas as famílias dos Estados Unidos têm um console de jogos em casa. Cerca de um terço dos *gamers* tem menos de 18 anos, outro terço, entre 18 e 35, e o último, 36 ou mais (ESA, 2013). Entre os *gamers* e os compradores de jogos de *videogame*, a maior incidência é de homens, embora as mulheres com mais de 18 anos componham a maior parte da população jogadora (31%) do que os homens de 17 anos ou menos (19%). Em 2012, os consumidores gastaram mais de US$ 20 bilhões em jogos para consoles e computadores (ESA, 2013).

Jogos para consoles e computadores são uma indústria multibilionária, comparável às do cinema, televisão, mídia impressa e, como todo esse meio, está preocupada com os resultados do consumo. Dietrich (2013), depois de pesquisar os *role-playing games on* e *off-line*, relatou que a habilidade de criar avatares é significativamente limitada às características brancas como cor da pele, aspectos faciais e cabelo, o que o levou a concluir que "as opções de criação do personagem refletem e reforçam uma sensação de brancura normativa em termos de apresentação anestésica de raça" (p. 96). Além disso, em uma análise de conteúdo de 399 caixas de jogos de *videogame*, Near (2013) relata que a presença secundária de uma mulher hipersexualizada está associada ao aumento de vendas; em contrapartida, as vendas reduzem com a simples presença de personagens femininas ou de uma personagem feminina central.

Videogames, uma indústria bilionária, costumam ter mais personagens masculinos. Quando as mulheres estão presentes, em geral são retratadas como vítimas ou prêmios e hipersexualizadas.

Por fim, a competição por dólares no entretenimento pela internet estende-se para além dos vídeos e dos jogos de computador. YouTube, Hulu e Netflix permitem o acesso a filmes *on-line* e programas de televisão, e os esportes de fantasia teriam sido quase impossíveis antes do advento e da popularização das tecnologias da informação e da comunicação. Esportes de fantasia ou outras iniciativas de "gestão vicária" de entretenimento, de acordo com um pesquisador, estão enraizados na estrutura da supremacia branca, em que os machos predominantemente brancos avaliam, compram e comercializam mercadorias premiadas – de forma desproporcional, o atleta negro (Oates, 2009).

Política e e-governo. A tecnologia está mudando o mundo da política. Em 2010, aproximadamente 73% dos usuários adultos da internet dos Estados Unidos ficavam *on-line* para descobrir notícias e informações sobre as eleições de 2010, ou para mandar e receber mensagens políticas por *e-mails*, mensagens instantâneas, Twitter e similares (Smith, 2011).

Quando o presidente iraniano eleito Mahmoud Ahmadinejad baniu a mídia estrangeira das ruas de Teerã, os manifestantes, contestando as eleições, começaram a usar o Twitter, as redes sociais, o Flickr e o YouTube para se manter em contato e transmitir mensagens e imagens pelo mundo. Recentemente, o Facebook teve papel central em vários protestos no Oriente Médio (Preston, 2011). Elliot Schrage, vice-presidente para comunicações globais, políticas públicas e marketing do Facebook, disse:

> Nós testemunhamos pessoas corajosas de várias idades se unindo para promover uma mudança profunda no seu país. Certamente, a tecnologia foi uma ferramenta importante nos seus esforços, mas acreditamos que sua coragem e determinação são mais significativas. (extraído de Preston, 2011, p. 1).

Os Estados Unidos estão entre os mais de cem países em todo o mundo que hospedam um *site* do governo. Em 2012, a Nações Unidas classificou os *sites* governamentais levando em consideração uma série de critérios, incluindo fornecimento de informação, facilidade em obter informações, prestação de serviços públicos e interação cidadãos-governo. O *ranking* geral, como indicado pelo E-Government Development Index (EGDI), revela que a República da Coreia está classificada em primeiro lugar no mundo, seguida pelos Países Baixos, Reino Unido e Dinamarca (United Nations, 2012). Em geral, a potencialidade do e-governo dos países desenvolvidos é maior do que nos países em desenvolvimento, e todos os países classificados no *top* 20 são de alta renda. O número de países com uma página do governo na web, bem como áreas com tópicos disponíveis, tem aumentado nos últimos anos (veja a Figura 14.2).

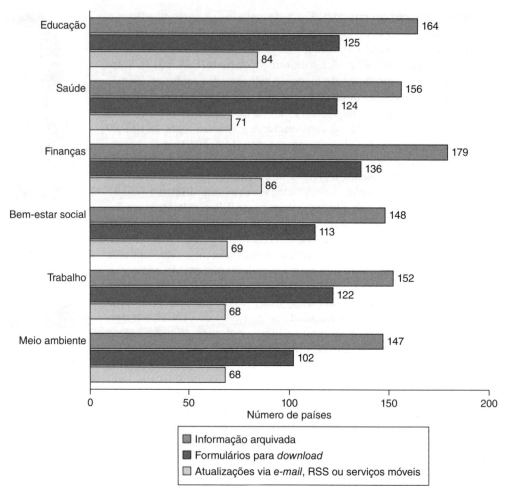

Figura 14.2 Disponibilidade do serviço e-governo pelo número de países, 2012
Fonte: Nações Unidas, 2012.

Redes sociais e blogs. As redes sociais (por exemplo, Facebook, Twitter) e os blogs compreendem um setor da internet chamado **comunidades de membros**, que mudaram de três maneiras substancialmente significativas nos últimos anos. Primeiro, o *número de pessoas* que as visitam cresceu – em 2012, 850 milhões de pessoas utilizaram o Facebook mensalmente (Honigman, 2013). Segundo, a *quantidade de tempo* gasto em um *site* da comunidade de membros tem crescido dramaticamente – globalmente, cerca de um quarto dos usuários do Facebook checa suas contas cinco ou mais vezes ao dia.

Por fim, o perfil de quem *se adiciona* a essas comunidades de membros está mudando. Embora pessoas com menos de 30 anos ainda sejam a maior proporção de usuários das mídias sociais, 57% daquelas entre 50 e 64 anos e 35% das que têm 65 anos ou mais compõem o universo de usuários no Facebook (Duggan e Brenner, 2013). Afro-americanos, latinos e mulheres costumam usar o Instagram, o Pinterest e o Twitter, o microblog que pergunta "O que você está fazendo?". Estima-se que 175 milhões de tuítes são enviados todos os dias (Honigman, 2013).

comunidades de membros Sites da internet que exigem que os participantes sejam membros e nos quais estes se comunicam regularmente entre si por motivos pessoais ou profissionais.

O que você acha? O professor Laurence Thomas, da Universidade de Syracuse, saiu da sala de aula ao ver que um estudante, na primeira fileira de um grande salão de conferências, estava mandando uma mensagem (Jaschik, 2008). O comportamento do Dr. Thomas foi tão elogiado quanto criticado. O que você acha? O que um professor deveria fazer se os estudantes ficassem mandando mensagens na aula?

Ciência e biotecnologia

Embora as recentes inovações no campo dos computadores e o estabelecimento da internet tenham levado a significativas mudanças culturais e estruturais, a ciência e sua biotecnologia produziram não apenas mudanças, mas também implicações relacionadas às políticas públicas. Nesta seção, olharemos para algumas das questões levantadas pelo desenvolvimento da genética, da alimentação e da biotecnologia e as tecnologias reprodutivas.

Genética. A biologia molecular conduziu a um grande entendimento sobre o material genético encontrado nas células – DNA (ácido desoxirribonucleico) – e, com ele, a capacidade de realizar **teste de DNA**, "[...] que envolve examinar seu DNA, o banco de dados químicos que carrega instruções para o funcionamento do seu corpo" e usar essas informações para identificar anormalidades ou alterações que possam levar a doenças ou enfermidades (Mayo Clinic, 2013, p. 1).

Atualmente, os pesquisadores estão tentando completar os mapas genéticos que vão relacionar o DNA a características particulares. Há algumas evidências de que as características de personalidade são herdadas, e outras que relacionam certas condições previamente pensadas como de natureza psicológica (por exemplo, vício, anorexia e autismo) como, pelo menos em parte, geneticamente induzidas (Harmon, 2006). Algumas cadeias específicas de DNA já foram identificadas como contendo características físicas, tais como cor dos olhos e altura, bem como doenças, como anemia falciforme, câncer de mama, fibrose cística, câncer de próstata, depressão, doença de Alzheimer e doenças mitocondriais (ORNL, 2011; Picard e Turnbull, 2013).

O Projeto norte-americano do Genoma Humano (PGH), pesquisa que levou 13 anos para decodificar o DNA humano, foi finalizado em 2003, e sua conclusão está transformando a medicina:

> Todas as doenças têm um componente genético herdado ou decorrente da resposta do corpo ao estresse ambiental, como vírus ou toxinas. Os sucessos do PGH têm [...] habilitado pesquisadores a indicar erros nos genes – as menores unidades ligadas à hereditariedade – que são a causa ou contribuem para a doença. O maior objetivo é usar essa informação para desenvolver novas formas de tratamento, cura ou mesmo prevenção de milhares de doenças que afligem a humanidade (Human Genome Project, 2007, p. 1).

A esperança é que, se um gene defeituoso ou faltante puder ser identificado, possivelmente uma duplicação saudável pode ser adquirida e transplantada para a célula afetada. Esse processo é conhecido como **terapia genética**. Por outro lado, os vírus têm seus próprios genes que podem ser direcionados para a remoção. Os experimentos estão agora em andamento para realizar essas proezas tecnológicas.

teste de DNA Exame de DNA que identifica anormalidades ou alterações que podem levar a doenças ou enfermidades.

terapia genética Transplante de um gene saudável para substituir um gene defeituoso ou faltante.

engenharia genética Manipulação dos genes de um organismo de tal forma que o resultado natural seja alterado.

Alimentos e biotecnologia. Engenharia genética é a capacidade de manipular os genes de um organismo de tal forma que o resultado natural seja alterado. Alimento geneticamente modificado (GM), também conhecido como de engenharia genética, e os organismos assim modificados são criados por um processo de recombinação de DNA – os cientistas transferem os genes de uma planta para o código genético de outra planta.

Nos Estados Unidos, os organismos geneticamente modificados (OGMs) correspondem a aproximadamente 80% de toda a comida empacotada e vendida no mercado local e no Canadá (Spaeth, 2011). Apesar disso, uma pesquisa nacional com adultos descobriu que um terço dos norte-americanos acredita que os alimentos geneticamente modificados são inseguros para o consumo; 93% acreditam que o governo deveria exigir rótulos que identificassem os alimentos como "geneticamente modificados" ou "bioengenharia"; e mais da metade relatou que usaria esses rótulos para evitar esses alimentos OGMs (Langer, 2013).

> As preocupações relacionadas à saúde humana [com os alimentos geneticamente modificados] incluem possível toxicidade, potencial cancerígeno, intolerância alimentar, acúmulo de resistência aos antibióticos, diminuição do valor nutricional e acréscimo de componentes alergênicos [...]

Em geral, as empresas de biotecnologia e outros apoiadores dos alimentos GM citam a redução da fome e da desnutrição como um dos benefícios principais, alegando que essa tecnologia pode permitir que os agricultores produzam culturas com rendimentos mais elevados. Já seus críticos argumentam que o mundo já produz alimento suficiente para todas as pessoas terem uma dieta saudável. De acordo com a World Hunger Education Service (2011), se todo alimento produzido no mundo fosse igualmente distribuído, cada pessoa poderia consumir 2.720 calorias por dia. Críticos argumentam que a biotecnologia não altera as causas fundamentais da fome, que são a pobreza e a falta de acesso aos alimentos ou a uma terra em que se possa produzi-los.

As empresas de biotecnologia se defendem, dizendo que os alimentos aprovados pela Food and Drug Administration são seguros para o consumo humano, e ainda destacam os benefícios potenciais à saúde, como o uso da modificação genética para remover substâncias alergênicas ou aumentar os benefícios nutricionais (Kaplan, 2009; ORNL, 2011). Mas os críticos afirmam que as pesquisas sobre os efeitos das culturas e dos alimentos geneticamente modificados e dos alimentos para a saúde humana são inadequadas, em especial aqueles a longo prazo (Olster, 2013). As preocupações relacionadas à saúde humana incluem possível toxicidade, potencial cancerígeno, intolerância alimentar, acúmulo de resistência aos antibióticos, diminuição do valor nutricional e acréscimo de componentes alergênicos nos alimentos GM.

Os céticos da biotecnologia também se preocupam com os efeitos que as culturas GM podem trazer ao meio ambiente. As empresas de biotecnologia dizem que as culturas que são geneticamente desenhadas para repelir os insetos não necessitam de pesticidas e de controle químico e, assim, reduzem as intoxicações por agrotóxicos na terra, na água, nos animais, nos alimentos e nos trabalhadores rurais. Entretanto, os críticos alertam que as populações de insetos podem desenvolver resistência às plantas GM com características de repelentes, o que resultaria no aumento do uso de pesticidas, não na diminuição. Da mesma maneira, o uso do Roundup, líder de vendas entre os herbicidas, pode levar ao desenvolvimento de "superervas daninhas", exigindo o uso de produtos mais tóxicos (Neuman e Pollack, 2010).

A contaminação das sementes também é uma preocupação (Associated Press, 2013). Primeiro, os cultivadores orgânicos temem que a polinização cruzada possa contaminar as culturas vizinhas, reduzindo a demanda e as vendas dos produtos orgânicos (Pollack, 2011). Segundo, para manter o controle sobre os produtos, algumas companhias de biotecnologia desenvolveram um "limitador" de sementes, que faz que a planta produza sementes estéreis. Por exemplo, a Monsanto inicialmente concordou em não comercializar sua tecnologia limitadora, porém, mais tarde, adotou uma postura positiva sobre a esterilização genética de sementes, sugerindo que a comercialização da tecnologia pode ocorrer no futuro (ETC Group, 2003). Se o traço da esterilidade da semente em culturas "limitadas" inadvertidamente contaminar as culturas tradicionais e as plantas, as ramificações seriam devastadoras para a vida na terra. Em 2013, milhares de manifestantes em 52 países e 436 cidades participaram da "Marcha contra a Monsanto", com dizeres como "rótulo OGM" e "Alimento real para pessoas reais" (Associated Press, 2013; Occupy Monsanto, 2013).

Os críticos da biotecnologia também levantam preocupações com as garantias insuficientes dos mecanismos reguladores. Em 2000, a preocupação mundial com a segurança das culturas GM resultou em 160 países que assinaram o Protocolo de Biossegurança, que obriga os produtores de um alimento GM a provar que ele é seguro, antes de ser amplamente utilizado. O Protocolo de Biossegurança

Em 2013, ativistas se reuniram em frente à Casa Branca usando máscaras *anonymous* em protesto contra a gigante do agronegócio Monsanto e os organismos geneticamente modificados (OGMs).

também permite aos países banir a importação das culturas GM com base em suspeitas com relação aos riscos à saúde, à ecologia ou ao social. Em 2011, representantes de 15 países e da União Europeia assinaram um acordo complementar que adicionava a responsabilidade e a reparação pelos danos resultantes dos organismos vivos modificados (Unep, 2011).

Tecnologias de reprodução. A evolução da "ciência reprodutiva" tem sido favorecida pela evolução científica na biologia, na medicina e na agricultura. No entanto, ao mesmo tempo, ela tem ligação com movimentos sociais impopulares (como contracepção) e o sentimento de que essas inovações desafiam a ordem natural (Clarke, 1990). Apesar disso, novas tecnologias da reprodução continuam sendo desenvolvidas.

Embora existam outras tecnologias reprodutivas (por exemplo, fertilização *in vitro*), é o aborto, mais do que qualquer outra ação biotecnológica, que resume as consequências potencialmente explosivas da inovação tecnológica (veja o Capítulo 13). **Aborto** é a remoção do embrião ou do feto do útero de uma mulher antes que consiga sobreviver por conta própria. Globalmente, de acordo com Sedgh et al. (2012):

- A proporção de abortos que acontecem no mundo em desenvolvimento aumentou ao longo do tempo.
- Entre 2003 e 2008, o número de abortos decaiu no mundo desenvolvido, mas aumentou no mundo em desenvolvimento.
- Regionalmente, a América Latina tem a maior taxa de abortos, seguida pela África, Ásia e Europa.
- Sub-regionalmente, como resultado do baixo uso de contracepção e da alta taxa de falha nos contraceptivos usados (por exemplo, coito interrompido, tabelinha), a Europa Oriental tem a maior taxa de aborto, e a Ocidental, a menor taxa de aborto.
- A taxa de aborto da China cresceu desde 2003 como resultado do crescimento do sexo pré-marital e do decréscimo do acesso à contracepção.
- Mesmo com uma variação regional, cerca de metade dos abortos é insegura.

Nos países em que leis abortivas são restritivas, as taxas de aborto são as mais altas. Por exemplo, as taxas de aborto são maiores na África e na América Latina – duas regiões em que o aborto é ilegal na maioria dos países. Em contrapartida, essas taxas são baixas na Europa Ocidental, onde, em geral, o aborto é permitido (Sedgh et al., 2012). Em 2008, 97% dos abortos na África e 95% na América Latina foram de risco, ou seja, não foram realizados em ambientes clinicamente seguros por indivíduos com as habilidades necessárias. Em todo o mundo, estima-se que os abortos de risco sejam responsáveis por 5 milhões de mulheres inférteis e 47 mil mortes anualmente (WHO, 2012).

O que você acha? Uma das ironias de tornar os comportamentos legais é que, na verdade, você acaba aumentando a incidência daquele que você gostaria de evitar. Por exemplo, há algumas evidências de que o aumento da idade em que é permitido consumir álcool fez crescer muito as taxas de consumo ilegal. Por que você acha que as taxas de aborto são maiores nos países em que a prática é ilegal ou muito limitadas em apenas algumas circunstâncias?

Nos Estados Unidos, desde a decisão da Suprema Corte norte-americana no caso *Roe vs. Wade*, em 1973, o aborto é legal. No entanto, várias decisões dessa instância têm limitado o alcance dessa decisão (por exemplo, o *Planned Parenthood of Southeastern Pennsylvania vs. Casey*). Além disso, várias iniciativas legislativas recentes no Congresso têm a intenção de restringir ou proibir o acesso da mulher a um aborto legal. Por exemplo, a Câmara dos Deputados dos Estados Unidos está considerando o Life at Conception Act, e o Pain-Capable Unborn Child Protection Act está sendo debatido no Senado (Government Track, 2013). Em 2013, a Câmara dos Deputados, liderada pelos republicanos, aprovou uma lei que proíbe o aborto depois de 20 semanas de gravidez.

aborto Interrupção intencional da gravidez.

Historicamente, em geral, abortos são proibidos entre 22 e 26 semanas depois da concepção, quando o feto é considerado viável. No entanto, recentemente, as leis estaduais têm tornado o aborto legal mais restritivo. A menos que a vida ou a saúde da mãe estejam em risco, abortos depois de 20 semanas são proibidos no Alabama, Arkansas, Indiana, Kansas, Louisiana, Nebraska, Carolina do Norte e Dakota do Norte (Guttmacher Institute, 2013). Outras restrições estaduais recentemente promulgadas incluem: (1) que o aborto deve ser realizado em um hospital por um médico licenciado, (2) limites gestacionais, (3) restrições sobre os gastos do estado para abortos, (4) direito de recusa individual ou institucional na realização do aborto, (5) aconselhamento obrigatório pelo estado, (6) períodos de espera e (7) a participação dos pais se envolver um menor (Guttmacher Institute, 2013).

O que você acha? Nos Estados Unidos, as mulheres afro-americanas têm taxas mais altas de aborto do que as brancas ou hispânicas (U.S. Census Bureau, 2013b). Os defensores pró-vida argumentam que a alta taxa de aborto entre os bebês negros é equivalente ao "linchamento do útero" (Dewan, 2010). Você acha que existe uma conspiração para abortar fetos negros (por exemplo, conselheiros incentivam as mulheres negras a fazer abortos, mas não as brancas) ou a alta taxa de aborto entre as negras é simplesmente uma consequência de suas maiores taxas de gravidez indesejada?

> O aborto é uma questão complexa para [...] para as sociedades, que devem responder às pressões de atitudes conflitantes para sua prática em face da realidade das altas taxas de gravidez não intencional e indesejada.

Dezenove estados proibiram os abortos de dilatação e extração intacta (D & E), que costumam acontecer no segundo trimestre de gravidez. Os oponentes referem-se a estes como **abortos de nascimento parcial**, porque os membros e o tronco tipicamente aparecem antes de o feto expirar. No entanto, a ex-presidente da National Organization for Women, Kim Gandy, disse: "Tente o quanto quiser, você não vai encontrar o termo 'aborto de nascimento parcial' em qualquer dicionário médico, porque ele não existe no mundo médico, é uma fabricação da máquina antiescolha" (U.S. Newswire, 2003, p. 1). Os abortos D & E são realizados porque o feto tem um sério defeito, a saúde da mulher está em risco por causa da gravidez ou ambos. Em 2003, uma proibição federal de abortos de nascimento parcial foi transformada em lei e, em 2007, foi confirmada pela Suprema Corte dos Estados Unidos (Greenhouse, 2007; White House, 2003). A importância desse caso reside no fato de que foi a primeira vez que a Suprema Corte norte-americana manteve a proibição de qualquer tipo de procedimento de aborto.

O aborto é uma questão complexa para todo o mundo, mas especialmente para as mulheres, cujas vidas são mais afetadas pela gravidez e pela maternidade. As mulheres que fazem abortos são, de maneira desproporcional, pobres e solteiras, e a minoria diz que pretende ter filhos no futuro. A complexidade do aborto atinge também as sociedades, que devem responder às pressões de atitudes conflitantes para sua prática em face da realidade das altas taxas de gravidez não intencional e indesejada. O debate sobre o aborto tem dificultado a reforma da saúde pública entre os conservadores, que se referem à proibição, de 30 anos atrás, sobre o uso do dinheiro do contribuinte para pagar por abortos eletivos, combatendo o governo Obama e os defensores do direito ao aborto.

As atitudes em relação ao aborto tendem a ser polarizadas entre dois grupos opostos de ativistas – pró-escolha e pró-vida. Em pesquisas de opinião pública realizadas recentemente, em 2013, há registros de que 63% dos norte-americanos não gostariam que a Suprema Corte derrubasse a decisão em *Roe vs. Wade* (Pew, 2013) (veja a Tabela 14.3). Os defensores do movimento pró-escolha argumentam que a liberdade de escolha é um valor humano central, que a escolha da procriação deve ser livre da interferência do governo e que, como a mulher tem de arcar com o ônus das escolhas morais, deve ter o direito de tomar tais decisões. Já os ativistas pró-vida afirmam que o feto tem direito à vida e à proteção, que o aborto é imoral e que se devem encontrar meios alternativos de resolver uma gravidez indesejada.

abortos de nascimento parcial Também chamados abortos de dilatação e extração intacta (D & E), porque os membros e o tronco tipicamente aparecem antes de o feto expirar.

Clonagem, clonagem terapêutica e células-tronco. Em julho de 1996, o cientista escocês Ian Wilmut clonou com sucesso uma ovelha adulta chamada Dolly. Bovinos, cabras, porcos, ratos, gatos, coelhos e cavalos também já foram clonados. Embora a clonagem humana não seja ilegal nos Estados Unidos, preocupações mundiais sobre o procedimento levaram à sua proibição em mais de 60 países. Há também vários acordos internacionais que proíbem a prática dessa tecnologia (Rovner, 2013).

O argumento favorável ao desenvolvimento da tecnologia da clonagem humana é seu valor médico; potencialmente, ela permite que todos possam ter "sua própria reserva terapêutica de células, que iriam aumentar a chance de ser curado de várias doenças, como câncer, desordens degenerativas e doenças virais ou inflamatórias" (Kahn, 1997, p. 54). A clonagem humana também oferece uma alternativa reprodutiva aos casais inférteis àqueles em que um dos parceiros tenha risco de transmitir uma doença genética.

Questões morais e éticas embasam os argumentos contrários à clonagem. Os críticos da clonagem humana sugerem que, se for usada para fins terapêuticos ou médicos como um meio de reprodução, ela é uma ameaça à dignidade humana (Human Cloning Prohibition Act, 2007). Humanos clonados podem ser privados de sua individualidade, e, como Kahn (1997, p. 119) apontou, "criar vida humana para o único propósito de preparar material terapêutico claramente não traria dignidade à vida criada".

Clonagem terapêutica usa as células-tronco dos embriões humanos. As **células-tronco** podem produzir qualquer tipo de célula no corpo humano e, portanto, podem ser "modeladas em partes para repor as células de pessoas que sofrem lesões na medula espinal ou doenças degenerativas, incluindo Parkinson e diabetes" (Eilperin e Weiss, 2003, p. A6). Em 2009, a U.S. Food and Drug Administration aprovou os primeiros testes da terapia com células-tronco embrionárias para pacientes paralisados com lesão medular (Park, 2009).

Para contornar o uso de células-tronco embrionárias, alguns cientistas estão usando células-tronco pluripotentes induzidas (IPS, *induced pluripotent stem*), células que imitam muitas propriedades científicas das células-tronco embrionárias (Erickson, 2011). Estas "oferecem a possibilidade de uma fonte renovável de células e tecidos de reposição para tratar uma miríade de doenças, condições e deficiências, incluindo doença de Parkinson, esclerose lateral amiotrófica, lesão da medula espinal, queimaduras, doenças do coração, diabetes e artrite" (NIH 2012, p. 1).

Em 2009, o presidente Obama suspendeu a proibição de financiamento federal para as pesquisas com células-tronco embrionárias e direcionou o National Institutes of Health (NIH) para desenvolver diretrizes de apoio à pesquisa. Os oponentes ao aborto criticaram a ordem executiva para o financiamento público de uma investigação que

clonagem terapêutica Uso de células-tronco para produzir células no corpo que podem ser usadas para desenvolver órgãos ou tecidos necessários; clonagem regenerativa.

células-tronco Células indiferenciadas que podem produzir qualquer tipo de célula do corpo humano.

TABELA 14.3 Pesquisa respondeu à questão "Você gostaria de ver a Suprema Corte derrubar completamente a decisão *Roe vs. Wade* ou não"? (N = 1.502)

	Derrubar a decisão %	Não derrubar %	Não sabe/não respondeu %
Total	29	63	7 = 100
Homens	29	63	9 = 100
Mulheres	30	64	6 = 100
18-29	27	68	5 = 100
30-49	31	61	8 = 100
50-64	26	69	6 = 100
65+	36	52	12 = 100
Brancos	29	66	6 = 100
Negros	29	67	4 = 100
Ensino superior +	22	73	4 = 100
Pós-graduação	13	82	5 = 100
Ensino superior	27	69	4 = 100
Superior incompleto/cursando	27	67	6 = 100
Ensino médio ou menos	36	53	11 = 100
Republicanos	46	48	6 = 100
Democratas	20	74	6 = 100
Independentes	28	64	8 = 100
Protestantes	35	58	7 = 100
Brancos evangélicos	54	42	4 = 100
Brancos linha principal	17	76	7 = 100
Protestantes negros	29	65	5 = 100
Católicos	38	55	7 = 100
Católicos brancos	33	63	4 = 100
Sem filiação	9	82	9 = 100
Frequentam cultos religiosos			
Semanalmente ou mais	50	44	7 = 100
Com menos frequência	17	76	7 = 100

Fonte: Pew, 2013.

destrói embriões, algo que os conservadores argumentam ser moralmente errado. Embora 70% dos norte-americanos apoiem a utilização de células-tronco embrionárias no tratamento de uma doença grave em si mesmo ou em um membro da família (NSF, 2013), a recente clonagem de embriões humanos pode reacender esse debate (Stein e Doucleff, 2013).

Apesar do que parece ser uma corrida universal para o futuro e os benefícios indiscutíveis das descobertas científicas, como o funcionamento do DNA e a tecnologia de fertilização *in vitro* e células-tronco, algumas pessoas estão preocupadas com a dualidade ciência e tecnologia. A ciência e as inovações tecnológicas resultantes dela com frequência ajudam e dão vida; em contrapartida, também são potencialmente destrutivas e ameaçam a vida. O mesmo conhecimento científico que levou à descoberta da fissão nuclear, por exemplo, levou ao desenvolvimento das usinas nucleares e da potencial destruição nuclear. Assim, nossa atenção está voltada agora para os problemas associados à ciência e à tecnologia.

Consequências sociais da ciência e da tecnologia

As descobertas científicas e as inovações tecnológicas têm implicações para todos os atores sociais e os grupos sociais. E, assim, também têm consequências para a sociedade como um todo. A Figura 14.3 exibe a avaliação relativa do público sobre os custos e benefícios da pesquisa científica. Embora a maioria dos norte-americanos acredite que os benefícios da pesquisa científica superam o potencial de resultados prejudiciais, não há como negar que a ciência e as tecnologias resultantes têm algumas consequências negativas.

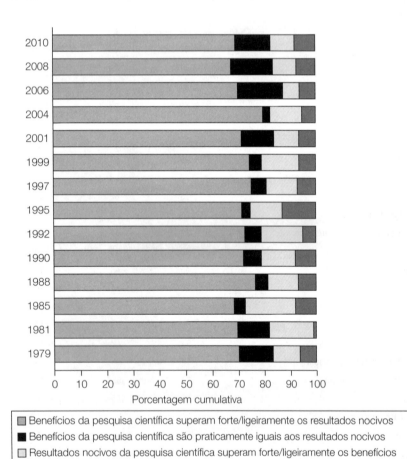

Figura 14.3 Avaliação pública sobre a investigação científica, 1979–2010
Fonte: NSF, 2013.

Relações sociais, redes sociais e interação social

Conforme a tecnologia avança, as relações sociais e as interações humanas se transformam. O desenvolvimento de telefones levou à redução das visitas para amigos e parentes; com o advento dos DVDs, da televisão a cabo e do *streaming* de vídeo, o número de locais em que acontece a vida social (por exemplo, cinemas) declinou. Mesmo a natureza do namoro mudou com as redes de computadores facilitando as mensagens, os encontros virtuais e as salas de bate-papo "privadas".

A tecnologia também facilita que os seres humanos vivam em casulos, tornando-se autossuficientes em termos financeiros (por exemplo, Quicken), entretenimento (por exemplo, Hulu), trabalho (por exemplo, telecomutação), notícias (por exemplo, Twitter), recreação (por exemplo, Wii), compras (por exemplo, Amazon), *networking* (por exemplo, Linkedin), comunicação (por exemplo, *e-mails*, mensagens instantâneas), conferências familiares (por exemplo, Skype) e em muitos outros aspectos da vida social. A popularidade das redes sociais tem levado a preocupações em relação à privacidade e segurança das informações postadas (Della Cava, 2010), assim como sobre o impacto nas relações sociais (Klotz, 2004).

Crianças que usam computador em casa "passam muito menos tempo praticando esportes ou atividades ao ar livre do que as que não o usam" (Attewell et al., 2003, p. 277). Os membros de *sites* de redes sociais têm menos probabilidade de se socializar com os vizinhos ou contar com eles para cuidado e assistência (Pew, 2009). Uma pesquisa da Universidade de Denver reportou que 40% das pessoas evitariam alguém na vida real que os tivesse deletado do Facebook (Kelly, 2013). Por fim, há algumas evidências que sugerem que os sistemas de recomendação da internet, aqueles que personalizam os resultados de busca, contribuem para a polarização entre grupos na sociedade, reiterando os preconceitos já existentes (Dandekar et al., 2013).

Perda de privacidade e segurança

Em 2012, roubo de dados pessoais foi a reclamação número um registrada na Federal Trade Commission pelo 13º ano consecutivo (FTC, 2013; veja também o Capítulo 4). Por meio dos computadores, as pessoas podem obter acesso a contas de telefone de alguém, declarações fiscais, relatórios médicos, históricos de crédito, saldos de contas bancárias e infrações de trânsito. Várias falhas de segurança são notáveis:

- A gigante do *software* Adobe anunciou que *hackers* tiveram acesso aos nomes, números e datas de validade de cartões de crédito e de débito de 29 milhões de consumidores (Konrad, 2013).
- *Hackers* chineses infiltraram-se no sistema de computador do *The New York Times* por mais de quatro meses, obtendo senhas de seus repórteres e outros funcionários (Perlroth, 2013).
- 250 mil usuários do Twitter tiveram sua segurança violada (Jones, 2013).
- Um HD externo não criptografado contendo informações pessoais de mais de 25 milhões de veteranos foi roubado da casa de um funcionário do governo dos Estados Unidos (Wait, 2012).
- Em um dos maiores incidentes de pirataria em *site* governamental, o Departamento da Receita da Carolina do Sul foi comprometido quando 3,8 milhões de registros fiscais e cerca de 400 mil números de cartões de crédito foram violados (Presti, 2012).

O que você acha? Wikileaks é uma organização sem fins lucrativos que alega que sua missão é "levar notícias e informações importantes para o público" (Wikileaks, 2011, p. 1). Em 2010 e 2011, documentos confidenciais sobre as guerras no Iraque e no Afeganistão, assim como 250 mil comunicações diplomáticas de embaixadas dos EUA, foram liberados para o público. Você acha que Julian Assange, o fundador do Wikileaks, é um herói ou um vilão?

Embora seja apenas inconveniente para alguns, a divulgação não autorizada de, por exemplo, registros médicos é potencialmente devastadora para outros. Se no registro médico indicar que um indivíduo tem o vírus de imunodeficiência humana (HIV) positivo, ele pode correr o risco de perder o emprego ou os benefícios de saúde. Se um teste de DNA de amostras de cabelo, sangue ou pele revelar uma condição que pode tornar o indivíduo um problema na opinião de uma seguradora ou de um empregador, podem lhe ser negados os benefícios de seguro, assistência médica, ou mesmo o próprio emprego. Para combater esses constrangimentos, o **Genetic Information Nondiscrimination Act de 2008** (Gina) foi aprovado. Trata-se de uma lei federal que proíbe a discriminação no emprego ou na cobertura de saúde com base em informações genéticas (Department of Health and Human Services, 2009).

A tecnologia tem criado ameaças não só à privacidade das pessoas, mas também à segurança de nações inteiras (veja também o Capítulo 15). Como revelado por Edward Snowden, o programa de computador XKeyscore, da National Security Administration (NSA), permite "[...]que analistas façam pesquisas, sem autorização prévia, em vastas bases de dados contendo *e-mails*, bate-papos *on-line* e as histórias de navegação de milhões de indivíduos [...]"

Genetic Information Nondiscrimination Act de 2008 Lei federal dos Estados Unidos que proíbe a discriminação no emprego ou na cobertura de saúde com base em informações genéticas.

(Greenwald, 2013, p. 1). Embora não se saiba se Snowden é uma fonte confiável, as alegações de que os Estados Unidos têm usado técnicas de vigilância em outros países resultaram em relações exteriores tensas. Por exemplo, como resultado do programa de espionagem norte-americano, a presidente do Brasil "postergou" sua viagem para Washington (Colitt e Galvão, 2013).

Desemprego, imigração e terceirização

Algumas tecnologias substituem os trabalhadores humanos, e muitos desses empregos vão deixar de existir no mundo do trabalho:

> A economia global está sendo remodelada por máquinas que geram e analisam grandes quantidades de dados; por dispositivos como *smartphones*, computadores e *tablets* que permitem às pessoas trabalhar em qualquer lugar, mesmo quando estão em movimento; por robôs mais inteligentes e ágeis e por serviços que permitem que as empresas aluguem energia para o computador quando precisam, em vez de instalar equipamentos caros e contratar equipes de TI para fazê-lo. Categorias de emprego integrais, como secretárias ou agentes de viagens, estão começando a desaparecer (Condon e Wiseman, 2013, p. 1).

Depois de analisar os registros de emprego em 20 países, examinar os padrões de contratação, as perdas e ganhos de emprego e entrevistar especialistas em economia e tecnologia, trabalhadores desempregados e executivos corporativos, os pesquisadores concluíram que:

- Ao longo dos últimos 30 anos, a tecnologia tem reduzido o número de empregos nos setores industrial e de serviços.
- Os trabalhadores mais vulneráveis são aqueles que se engajam em tarefas repetitivas que podem ser substituídas por programas de computador.
- A tecnologia está substituindo trabalhadores em todos os tipos de organizações, de escolas e hospitais a corporações militares.
- Como resultado da tecnologia, o número total de trabalhadores em 2012 decresceu, enquanto o lucro das corporações aumentou. (Condon e Wiseman, 2013)

Além disso, e de acordo com as informações citadas acima, Brynjolfsson e McAfee (2011) concluíram que o crescimento da tecnologia também é responsável pelo declínio dos rendimentos nos Estados Unidos e pelo crescimento da desigualdade econômica.

As taxas de desemprego também podem aumentar quando as empresas **terceirizam** (modalidade denominada empregos *off-shore*) postos de trabalho para países com baixos salários. Por exemplo, nos Estados Unidos, o "*off-shore* e a terceirização em tecnologia da informação, finanças e outras funções de *back-office*, tais como recursos humanos, têm vetado 1,1 milhão de empregos desde 2008 e resultarão em mais 1,3 milhão de postos perdidos até 2014 [...]" (Dignan, 2010). No entanto, deve-se notar que as tendências econômicas também impactam os países que recebem essas empresas; em outras palavras, os empregos perdidos em um país afetam a terceirização em outro.

Existe certa preocupação com o número de imigrantes empregados que estão nos Estados Unidos com vistos H-1B, que lhes permitem ser contratados como temporários em algumas profissões especializadas, incluindo indústrias de alta tecnologia. O governo federal expede 65 mil vistos H-1B por ano (U.S. Citizenship and Immigration Services, 2013). A necessidade de imigrantes empregados nos setores de alta tecnologia é uma consequência da falta de contrapartes norte-americanas em ocupações CTEM, ou seja, cargos de ciência, tecnologia, engenharia e matemática (Price, 2008). No entanto, os críticos das limitações de vistos H-1B estão pressionando o governo federal para aumentar o número de vistos disponíveis anualmente.

Por outro lado, o programa de vistos H-1B também traz problemas para os trabalhadores imigrantes. Esses vistos são temporários – válidos por seis anos, no máximo – e, quando expiram, seus titulares devem deixar os Estados Unidos, a menos que lhes tenha sido concedida residência permanente. Os trabalhadores portadores desses vistos normalmente recebem menos que os trabalhadores norte-americanos e não podem largar o emprego voluntariamente por medo de deportação (Price, 2008; U.S. Citizenship and Immigration Services, 2013).

terceirização Prática pela qual uma empresa subcontrata um terceiro que lhe oferece serviços profissionais.

A divisão digital

A ciência e a tecnologia atingem significativamente a expansão da divisão de classes. Em seu memorável comunicado, Welter (1997) observou:

> É uma verdade fundamental que as pessoas que, finalmente, ganharam acesso e podem manipular a tecnologia predominante são emancipadas e florescem. Os indivíduos (ou culturas) que não têm acesso às novas tecnologias, ou não podem dominá-las e passá-las para o maior número dos seus descendentes, sofrem e morrem. (p. 2)

O medo de que a tecnologia produza uma "elite virtual" é real. Teoricamente, a tecnologia substitui em maior proporção os trabalhadores das classes não qualificadas e sem instrução – determinadas classes de pessoas que estarão irremediavelmente em desvantagem –, em especial os pobres, as minorias e as mulheres. Existe também uma preocupação de que a biotecnologia leve a uma "estratificação genética", em que o teste, a terapia e outros tipos de melhorias genéticas estarão disponíveis apenas para os ricos.

Globalmente, a divisão digital se reflete nas condições econômicas e sociais de um país. Em geral, países mais ricos e com maiores níveis educacionais têm mais tecnologia do que os países pobres e com níveis educacionais mais baixos, e essa lacuna está crescendo (veja a Figura 14.4) (Wakefield, 2010; White et al., 2011). Por exemplo, 97,1% da população da Islândia está *on-line*, enquanto menos de 2% das populações de Mianmar, Chade, Congo e Etiópia acessam a internet (Internet Statistics, 2013).

Da mesma forma, nos Estados Unidos, as famílias mais ricas têm mais chance de acessar a internet. Entre agregados familiares com rendimentos anuais de US$ 150 mil ou mais, 51,3% têm conectividade em vários locais para diferentes dispositivos. Entretanto, apenas 11,6% das famílias com rendimentos anuais abaixo de US$ 25 mil têm essa conectividade (File, 2013). O uso da internet e o acesso por meio de banda larga doméstica seguem um padrão semelhante.

> Teoricamente, a tecnologia substitui em maior proporção os trabalhadores das classes não qualificadas e sem instrução – determinadas classes de pessoas que estarão irremediavelmente em desvantagem –, em especial os pobres, as minorias e as mulheres.

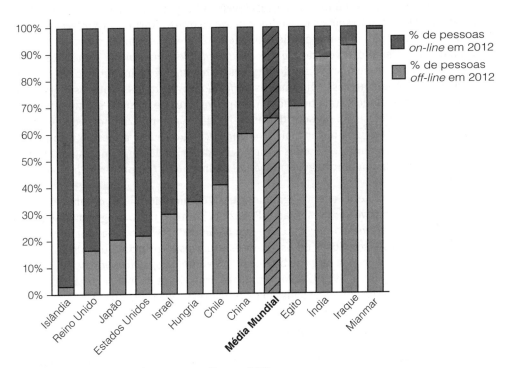

Figura 14.4 Porcentagem de pessoas *on-line* em 2012

Fonte: Internet Statistics, 2013.

Vale destacar que a renda não pode explicar todas as variações no uso e acesso à internet banda larga; algumas das diferenças estão relacionadas aos padrões de habitação. Os bairros mais distantes das cidades são desproporcionalmente ocupados por minorias raciais e étnicas, por isso é menos provável que tenham equipamentos para conexão e acesso a serviços *on-line*. Na verdade, as companhias de cabo e de telefone têm menos probabilidade de colocar cabos de fibra ótica nessas regiões – prática chamada "*apartheid* da informação" ou "*redlining* eletrônico".

Os problemas enfrentados pelas minorias raciais e étnicas pela falta de acesso a computadores e à internet, embora sinalizem um tipo de exclusão digital, podem ser menos comuns do que os pesquisadores estão chamando de **gap de participação.** Por exemplo, crianças negras e latinas têm mais chance de ter acesso à internet via serviços móveis, usando o Twitter, para jogar *on-line*, participar das redes sociais e assistir a vídeos de jogos, do que suas contrapartes brancas (McCollum, 2011). Além disso, algumas pesquisas indicam que ter um computador em casa, embora aumente as habilidades com o computador, na verdade diminui o desempenho acadêmico, ao invés de aumentá-lo, como se poderia esperar (Malamud e Pop-Eleches, 2010).

Existem algumas disparidades de gênero no uso e acesso ao computador nos países desenvolvidos, como Estados Unidos e Japão. Entretanto, nos países em desenvolvimento, as mulheres desempenham um papel de subordinação nas tecnologias de informação e comunicação (TICs) que afeta suas aptidões para o trabalho:

> A percepção de que as mulheres são consumidoras passivas de TICs, em vez de produtoras, estende-se a sua utilização relacionada ao trabalho, bem como à feminização dos empregos TICS de nível inferior (...) As mulheres continuam a se concentrar em tarefas tediosas e repetitivas, assim como aconteceu durante a primeira onda de industrialização, em setores como têxtil, de roupas e de eletrônicos. Os postos de trabalho em TICs de baixa qualificação que elas normalmente encontram são nas áreas de processamento de texto e entrada de dados. (Thas et al., 2007, p. 10)

Preocupações com o acesso à conectividade banda larga levaram a um debate sobre a **neutralidade da rede.** De um lado, estão os que temem qualquer regulamentação governamental da internet ou um modelo de mercado restrito. De outro, os defensores da neutralidade da rede sustentam que os usuários devem ser capazes de visitar qualquer *site* e acessar qualquer conteúdo sem os provedores de serviços de internet (ISP, *internet service providers*) (por exemplo, as empresas de cabo ou de telefonia), atuando com autonomia e controlando, por exemplo, a velocidade dos *downloads*. Por que um ISP exerce esse controle? Hipoteticamente, se o provedor de serviços de internet X assina um acordo com um buscador Y, então é seu interesse diminuir as *performances* de todos os outros motores de busca para que você mude para o buscador Y. Os provedores de internet argumentam que os usuários da internet, sejam pessoas físicas ou jurídicas, que utilizam mais do que o seu "quinhão" da internet devem pagar mais. Por que você deve pagar a mesma taxa mensal da internet que o seu vizinho, que todas as noites baixa filmes de longa-metragem? Outros temem qualquer regulamentação governamental da internet e/ou preferem o modelo estrito de mercado.

Em resposta ao debate, a Federal Communications Commission (FCC) ordenou que uma internet livre e aberta deve ser preservada (FCC, 2011), e, para tanto, a agência reguladora adotou três princípios: *transparência* – exige que os provedores de banda larga divulguem suas políticas, termos e condições de uso para os usuários; o princípio de *não bloqueio* – proíbe os provedores de banda larga de bloquear "[...] conteúdos, aplicativos, serviços e dispositivos legalizados [...]" (p. 59, 192). Por último, os provedores de banda larga não podem *discriminar injustificadamente* a transmissão do tráfego em rede (FCC, 2011).

Problemas de saúde mental e física

Jovens entre 8 e 18 anos passam uma média de 7 horas e 38 minutos por dia consumindo algum tipo de mídia, e como mais de um meio pode ser consumido simultaneamente, o tempo total de exposição à mídia por dia é de 10 horas e 45 minutos (Kaiser Family Foundation,

---

gap de participação A tendência de minorias raciais e étnicas a ter acesso a tecnologias da informação e comunicação (por exemplo, usando *smartphones* para acessar a internet, em vez de um computador) as coloca em posição desvantajosa (por exemplo, dificuldade de pesquisar um termo em um *smartphone*).

neutralidade da rede Princípio que sustenta que os usuários da internet deveriam ser capazes de visitar qualquer *site* e acessar qualquer conteúdo sem a interferência de um provedor de serviços de internet.

2010). O consumo de todos os tipos de mídia, exceto para leitura, tem aumentado ao longo da última década, e esse consumo mais intenso está associado a níveis mais baixos de satisfação pessoal relatados, mais tédio, menos amigos e não ser feliz na escola.

O que você acha? Slade (2012) observou que "em vez de visitar, ligamos; em vez de ligar, escrevemos; em vez de escrever, postamos novidades para os nossos amigos no mural do Facebook, e quando não curtem essas atualizações, cancelamos a amizade. Em público, recuperamos o atraso com nossos *smartphones*, falando com aquelas pessoas que não visitamos há muito tempo, ou ficamos alguns momentos durante nosso trajeto ouvindo uma *playlist* enquanto lemos um *e-book* em um Kindle. Os espaços iluminados das nossas cidades estão cheios de pessoas que vivem e praticam desconfortáveis 'silêncios no elevador'" (p. 11). A tecnologia está levando a mais solidão e separação? Como a separação dos indivíduos poderia beneficiar financeiramente as empresas?

Padilla-Walker et al. (2012), usando dados longitudinais, examinaram a relação entre o uso das mídias e as ligações familiares entre mães, pais e seus filhos adolescentes entre 13 e 16 anos, medidas em termos de calor e apoio recebidos. Embora a frequência de uso do telefone celular e de assistir à televisão e filmes juntos tenha sido positivamente associada às ligações familiares, a comunicação pelos *sites* de redes sociais foi apontada como negativa para essas relações.

A tecnologia muda o que, quando e como fazemos. Um estudo sobre a relação entre o sono e o uso da tecnologia descobriu que 95% dos norte-americanos usam algum tipo de tecnologia uma hora antes de ir dormir (National Sleep Foundation, 2011). Assistir à televisão, navegar na internet, mandar mensagens ou jogar *videogame* são ações perturbadoras para o sono e podem ser responsáveis pelos milhões de norte-americanos que sofrem de insônia, agitação e "sonolência" geral durante a semana.

A multitarefa associada à tecnologia está ligada à distração, a um falso senso de urgência e à incapacidade de se concentrar. Pesquisadores de Stanford fizeram experimentos para testar e comparar as reações dos multitarefas e os não multitarefas de mídia. Depois de várias tentativas, os primeiros não foram capazes de ignorar informações irrelevantes, tinham lembranças mais pobres quando perguntados se se lembravam de uma sequência de letras do alfabeto e eram incapazes de realizar tarefas primárias porque se distraíam (Ophir et al., 2009). Essas distrações podem ser responsáveis pela relação entre o uso dos celulares e os acidentes de trânsito.

Algumas tecnologias têm riscos desconhecidos. A biotecnologia, por exemplo, prometeu e, até certo ponto, já produziu de medicamentos que salvam vidas a tomates mais resistentes. Membros estão sendo substituídos por dispositivos biônicos controlados pelos pensamentos do destinatário (Martinez, 2013), e microtelescópios estão sendo implantados nos olhos de pessoas com retinas danificadas (Eisenberg, 2009). Entretanto, a biotecnologia também criou **doenças induzidas pela tecnologia**. De acordo com a American Academy of Environmental Medicine, comidas modificadas têm "mais do que uma associação casual" com "efeitos adversos na saúde" (AAEM, 2009, p. 1).

Usos maliciosos da internet

A internet é usada, em alguns casos, com propósitos maliciosos, incluindo, mas não se limitando, cibercrimes e prostituição (veja o Capítulo 4), além de hackear, piratear, práticas de agressões eletrônicas (por exemplo, *ciberbullying*) e *sites* de "conteúdo questionável". **Pirataria na internet** envolve *download* ou distribuição ilegal de material protegido por direitos autorais (como música, jogos, *software*). Processos judiciais indicam que as organizações comerciais (por exemplo, Recording Industry Association of American) estão abrindo processos penais contra os violadores, e os tribunais estão impondo sanções rigorosas. Em 2013, a Espanha aprovou uma lei que permite sentenças de até seis anos de prisão para os proprietários de *sites* que conduzem a conteúdos piratas (*Reuters*, 2013).

doenças induzidas pela tecnologia Doenças que resultam do uso de equipamentos e produtos tecnológicos e/ou químicos.

pirataria na internet *Download* ou distribuição ilegal de material protegido por direitos autorais (como música, jogos, *software*).

Malware é um termo geral que inclui qualquer tipo de *spyware*, vírus e *adwares* que são instalados no computador de um indivíduo sem seu conhecimento. Anderson et al. (2012) estimaram que, globalmente, as fraudes bancárias *on-line* por meio do uso de *malware* para descobrir senhas custaram aos consumidores mais de US$ 70 milhões, e às empresas, mais US$ 300 milhões em 2010. Em 2012, proprietários de computadores ao redor do mundo gastaram mais de US$ 10 bilhões para "desinfetar" ou substituir seus PCs, *laptops* e *tablets* por conta dos *malwares*.

Qualquer tipo de agressão que advenha do uso da tecnologia é considerado agressão eletrônica (David-Ferdon e Hertz, 2009). Por exemplo, o **ciberbullying** está relacionado ao uso de comunicação eletrônica (por exemplo, *sites, e-mail*, mensagens instantâneas, mensagens de texto) para enviar ou postar mensagens ou imagens negativas ou danosas de um indivíduo ou grupo (Kharfen, 2006). *Ciberbullying* é diferente do assédio moral tradicional de várias e significativas maneiras, incluindo o potencial para uma audiência maior, anonimato, incapacidade de responder direta e imediatamente à intimidação e níveis reduzidos de supervisão de adultos ou colegas (Sticca e Perren, 2013).

Estimativas da frequência de envolvimento em *ciberbullying*, seja como vítima, agressor ou ambos, variam drasticamente, embora, em geral, os investigadores de agressão eletrônica concordem que as mensagens de texto são o meio mais comum de praticar *ciberbullying* (David-Ferdon e Hertz, 2009). Muitos estados e distritos escolares têm criado políticas disciplinares para o *ciberbullying*, já que ele é capaz de atingir grandes audiências. Desde 2013, 18 estados têm leis *antibullying* que incluem o *ciberbullying*, e em 47 estados as leis *antibullying* também proíbem o assédio eletrônico (Hinduja e Patchin, 2013).

O desafio aos valores e crenças tradicionais

As inovações tecnológicas e as descobertas científicas com frequência desafiam os valores e as crenças tradicionais, em parte porque permitem que as pessoas alcancem metas antes inalcançáveis. Por exemplo, as mulheres não podiam dar à luz após a menopausa, até a tecnologia mudar essa realidade, desafiando as crenças da sociedade sobre gravidez e sobre o papel das mulheres mais velhas. As técnicas de recuperação do óvulo, fertilização *in vitro* e transferência intrafalopiana de gametas tornaram possível que duas mulheres diferentes possam dar sua contribuição biológica para a criação de uma nova vida. Essa tecnologia requer que a sociedade reexamine suas crenças sobre o que é família e o que é mãe. Uma família deve ser definida pelos costumes, pela lei ou pelas intenções das partes envolvidas?

As tecnologias médicas que sustentam a vida nos fazem repensar a questão de quando a vida deve acabar. O uso crescente de computadores em toda a sociedade contesta o valor tradicional da privacidade. Novos sistemas de armas tornam questionável a ideia tradicional de guerra como algo a que se pode sobreviver e ganhar. E a clonagem nos leva a questionar sobre nossas noções tradicionais de família, paternidade e individualidade. Toffler (1970) cunhou o termo **choque do futuro** para descrever a confusão resultante das alterações científicas e tecnológicas rápidas que desafiam os nossos valores e crenças tradicionais.

malware Termo geral que inclui qualquer tipo de *spyware*, vírus e *adwares* que são instalados no computador de um indivíduo sem seu conhecimento.

ciberbullying Uso de comunicação eletrônica (por exemplo, *sites, e-mail*, mensagens instantâneas, mensagens de texto) para enviar ou postar mensagens ou imagens negativas ou danosas de um indivíduo ou grupo.

choque do futuro Estado de confusão resultante das rápidas mudanças científicas e tecnológicas que desafiam nossos valores e crenças tradicionais.

O que você acha? Talvez não exista tecnologia mais futurista e polêmica do que a nanotecnologia – classificação de diferentes tecnologias que têm uma coisa em comum: são pequenas, muito, muito pequenas. Nanômetro é um bilionésimo do metro. Para colocar em perspectiva, uma folha de papel tem 100 mil nanômetros de espessura (PCAST, 2012). É indiscutível que a nanotecnologia vai mudar nossas vidas e o mundo social em que vivemos. Você usaria uma camiseta que, por meio da nanotecnologia, converte a energia dos movimentos em eletricidade capaz de ligar um *laptop*? Você ficaria confortável com uma pintura que troca de cor porque você pede? E com nanorrobôs médicos que são injetados na corrente sanguínea para procurar e combater doenças? Algumas dessas inovações, atualmente propostas por pesquisadores da nanotecnologia, o fazem se sentir um pouco desconfortável? Por quê?

Estratégias de ação: controlando a ciência e a tecnologia

Conforme a tecnologia aumenta, cresce mais a necessidade de responsabilidade social. Energia nuclear, engenharia genética, clonagem e vigilância por computador aumentam a necessidade de responsabilidade social: "A mudança tecnológica tem o efeito de aumentar a importância da tomada de decisão pública na sociedade, porque a tecnologia está criando continuamente novas possibilidades de ação social, bem como novos problemas que devem ser encarados" (Mesthene, 1993, p. 85). Nas próximas seções, abordaremos vários aspectos do debate público, incluindo ciência, ética e lei, o papel dos Estados Unidos corporativos e das políticas do governo.

Ciência, ética e lei

A ciência e suas tecnologias resultantes alteram a cultura de uma sociedade por meio do desafio aos valores tradicionais. O debate público e as controvérsias éticas, no entanto, levaram a alterações estruturais na sociedade que fazem o sistema jurídico reagir e impor regras. Por exemplo, vários estados têm agora as chamadas **leis de exceção genética**, que exigem que a informação genética seja abordada separadamente de outras informações médicas, levando ao que às vezes é chamado arquivos *shadow* do paciente (Legay, 2001). A lógica de tais leis recai sobre os efeitos potencialmente devastadores da informação genética que estão sendo revelados às companhias de seguros, aos membros da família, empregadores e similares. Sua importância também está crescendo – existem agora testes genéticos para mais de mil doenças, e centenas de outras estão sendo pesquisadas. Exemplos desses testes de proteção incluem BRCA1 e BRCA2, testes para o câncer de mama e de triagem de portadores de doenças como anemia falciforme e fibrose cística (Genetics and Public Policy Center, 2010).

Tais regulações são necessárias? Em uma sociedade caracterizada pela evolução tecnológica e, portanto, pelas mudanças sociais – na qual a custódia de embriões congelados faz parte de um acordo de divórcio –, muitos diriam que sim. Clonagem, por exemplo, é a tecnologia mais intensamente debatida nos últimos anos. Bioeticistas e o público debatem vigorosamente os vários custos e benefícios dessa técnica científica. Apesar das controvérsias, no entanto, o presidente da National Bioethics Advisory Commission advertiu, há quase 15 anos, que a clonagem humana será "muito difícil de parar" (McFarling, 1998). Pelo menos 15 estados têm leis relativas à clonagem humana, alguns a proíbem para fins reprodutivos, outros proíbem a clonagem terapêutica, e outros, ainda, proíbem ambas (NCSL, 2008; Rovner, 2013).

As escolhas feitas pela sociedade devem estar relacionadas ao que se pode ou ao que se deve fazer? Considerando que os cientistas, as agências e as corporações que as financiam muitas vezes determinam o que podemos fazer, quem deve determinar o que devemos fazer (veja a seção *Animais e a sociedade*)? Embora tais decisões possam ter forte componente legal – isto é, devem ser compatíveis com o estado de direito e o direito constitucional de inquérito científico –, a legislação, ou a falta dela, muitas vezes não consegue responder à pergunta "O que deve ser feito?". O caso *Roe vs. Wade* (1973) evitou anular o debate público sobre o aborto e, mais especificamente, sobre a questão de quando começa a vida. Assim, é provável que as perguntas que envolvem a mais controversa das tecnologias continuarão, ao longo do século XXI, sem respostas fáceis.

Tecnologia e Estados Unidos corporativo

Como o filósofo Jean-François Lyotard observou, o conhecimento é cada vez mais produzido para ser vendido. O desenvolvimento dos organismos geneticamente modificados, a mercantilização das mulheres como doadoras de óvulos, o teste genético direto e a coleta de tecidos de órgãos regenerados são exemplos de tecnologias orientadas ao mercado. Como a busca corporativa da tecnologia informática, a biotecnologia motivada pelo lucro cria várias preocupações.

leis de exceção genética Leis que exigem que a informação genética seja abordada separadamente de outras informações médicas.

Animais e a sociedade
O uso de animais na pesquisa científica

Anualmente, "dezenas de milhões de animais são usados em pesquisas biomédicas, testes químicos e em treinos" (Bowman, 2011, p. 1). Estima-se que um milhão sejam cães e gatos, macacos, *hamsters* e porquinhos-da-índia, coelhos, porcos, ovelhas e outros animais de fazenda. Os restantes incluem pássaros, peixes, ratos e camundongos, sapos e lagartos, cujos números figuram entre 80 milhões e 100 milhões. Todos são submetidos à **vivissecção** – prática de cortar ou ferir animais vivos, não humanos, com fins de pesquisa científica.

Não é um fenômeno novo usar animais em pesquisas, mas o debate secular sobre a moralidade dessa prática está atrelado aos grupos de direitos dos animais, como o Peta (People for the Ethical Treatment of Animals) e o Animal Liberation Front, apelando à consciência coletiva norte-americana. Há evidências de que os animais estão desempenhando papel cada vez mais importante em nossa vida emocional (Power, 2008). Em uma pesquisa nacional com donos de animais de estimação, 57% deles afirmaram que, se fossem para uma ilha deserta e só pudessem ter um companheiro, escolheriam seu animal de estimação (Cohen, 2002).

As questões envolvendo a vivissecção de animais não humanos não são facilmente resolvidas. O direito dos seres humanos deveria prevalecer sobre o dos animais não humanos? Estes, assim como os animais humanos, têm direito a um ambiente limpo, seguro e livre de dor? Os animais não humanos devem morrer na esperança de capturar dados sobre o que pode prolongar ou salvar a vida humana?

Pesquisas de opinião indicam que o número de norte-americanos que acreditam que os testes médicos em animais são "moralmente aceitáveis" tem diminuído ao longo dos anos (NSF, 2013). Cerca de metade dos norte-americanos, 52%, é a favor do uso de animais em pesquisas, e há diferenças de gênero nesse caso. Outro dado aponta que 62% de homens são a favor do uso de animais em pesquisas, assim como 42% de mulheres. Também há diferenças baseadas no tipo de animal usado – por exemplo, camundongo *versus* chimpanzés ou cachorros (NSF, 2013).

Em geral, os argumentos a favor e contra sobre o uso de animais em pesquisa recaem em três alternativas: sim, não e às vezes. Os defensores da prática argumentam que qualquer distinção entre cães e chimpanzés, por exemplo, ou entre aves e peixes, é artificial. A única diferença significativa a ser feita é entre animais humanos e animais não humanos.

Dito isso, se sua filha estivesse doente e você pudesse optar entre lhe dar o medicamento A (que matou todos os gatos e cães em que foi testado), o B (que matou alguns dos cães e gatos em que foi testado) ou o C (que não matou nenhum dos cães e gatos em que foi testado), qual você escolheria? Obviamente, a resposta racional é o medicamento C, provando que, como tantos cientistas argumentam, o uso de animais em pesquisa nos fornece informações importantes na tomada de decisões sobre a vida e a morte. Teste em animais ou sua filha morre – esta é a sua escolha. Em uma pesquisa recente com cientistas biomédicos, 90% responderam que o uso de animais em pesquisa é "essencial" (*Nature News*, 2011).

A Food and Drug Administration *exige* que os medicamentos e procedimentos sejam testados em animais não humanos antes de ser usados em seres humanos. E para os adversários, que são rápidos em argumentar que os animais humanos e os não humanos são muito diferentes para resultar em quaisquer conclusões significativas, Holland (2010) responde:

> Os porcos claramente não são humanos, mas as válvulas do coração de ambas as espécies são quase intercambiáveis. Alguns vírus que atacam roedores, gatos e primatas podem causar o mesmo dano nos humanos. E as doenças de algumas espécies de animais que são como nossos "primeiros primos" atuam de forma semelhante nas pessoas. A questão-chave para os pesquisadores é que os mecanismos biológicos de muitos vírus que atingem humanos e animais são muito semelhantes, se não forem os mesmos. Assim, a compreensão de como parar uma forma de vírus em seres humanos pode fornecer a chave para fazer o mesmo para os animais e vice-versa.

Hanson (2010), convincentemente, argumenta que tais justificativas são uma ética de "*bait and switch*" (isca e troca). Poucos de nós poderiam suportar olhar para fotos de "macacos com seus cérebros cheios de eletrodos e cabeças parafusadas, tentando desesperadamente, com movimentos, obter um gole de água que sustenta sua vida" (p. 3). No entanto, pesquisadores afirmam que tais técnicas de teste podem encontrar a causa ou a cura para a doença de Alzheimer. Hanson, um renomado neurocientista e membro do Peta, continua:

> esses experimentos [...] são completamente alheios à neuropatologia da doença de Alzheimer [...] tanto que, em mais de 28 anos de pesquisa da doença em neurociência, nunca encontrei uma única referência a isso em qualquer literatura científica sobre doenças neurodegenerativas. (p. 3)

Os moderados reconhecem que o uso de animais na pesquisa científica pode ser necessário, mas que o problema é multifacetado. Henry e Pulcino (2009) estudaram as características que influenciam as atitudes em relação ao uso de animais em pesquisas. Em um experimento de caneta e lápis, os pesquisadores detectaram três variáveis independentes: (1) tipo de animal utilizado (chimpanzés, cachorros ou camundongos), (2) nível de dano aos animais (nenhum, lesão grave, morte) e (3) gravidade da doença estudada (eczema, artrite reumatoide, câncer). Além das diferenças individuais (por exemplo, mulheres são menos tolerantes ao uso de animais do que os homens), todas as variáveis independentes foram estatisticamente significativas em predizer o que seria recomendado fazer em relação a um determinado tópico. Os respondentes eram mais propensos a ser favoráveis ao uso de animais nas pesquisas se os utilizados fossem ratos, se não houvesse nenhum dano e se a doença sob investigação fosse o câncer. A falta de interações significativas é mais surpreendente do que os resultados. Os participantes consideravam cada uma das três variáveis de maneira independente, em vez de pensá-las simultaneamente.

Há leis que protegem o uso de animais nas pesquisas científicas. O Laboratory Animal Welfare Act foi aprovado em 1966, depois de um artigo publicado na revista *Life*, com o título "Concentration camps for lost and stolen pets" (Campos de concentração para animais de estimação perdidos e roubados). Uma alteração posterior foi necessária para que a supervisão dos comitês de ética fosse estabelecida em instituições de pesquisa, mas a maioria muitas vezes é composta por defensores de animais (Hanson, 2010). Além disso, em 2009, Japão, Canadá, Estados Unidos e União Europeia assinaram um acordo internacional que reduziria o número de animais utilizados em testes de segurança do produto (NIEHS, 2009). O novo acordo, no entanto, tem pouco impacto sobre o uso de animais em pesquisas de biotecnologia.

Há também normas dentro da cultura do "fazer ciência", algumas das quais se tornaram formalizadas: minimizar a dor e o sofrimento, usar o menor número possível de animais, contratar cuidadores (por exemplo, veterinários), procurar meios alternativos de alcançar o mesmo objetivo e, dada uma escolha, preferir animais de nível mais baixo, em vez dos de nível superior (Research Animal Resources, 2003). O problema é que há provas contundentes de que todos os animais sofrem. Mesmo os "de nível inferior", como ratos, fazem careta quando experimentam dor e riem quando são agradados; em outras palavras, têm emoções (Ferdowsian, 2010; Flecknell, 2010).

Ironicamente, a busca por conhecimento científico, que levou ao uso dos animais nas pesquisas, também pode pôr fim a essa prática. Por exemplo, um "substituto *in vitro* do sistema imunológico humano [...] foi desenvolvido [em um tubo de ensaio] para ajudar a prever um indivíduo com um sistema de resposta imune" (Ferdowsian, 2010). Além disso, a ICCVAM (Interagency Coordinating Committee on the Validation of Alternative Methods), criada em 2000 e subordinada ao National Institute of Health, foi planejada para

promover o desenvolvimento, validação e aceitação regulamentar de métodos alternativos novos e revisados de testes de segurança. A ênfase é nos métodos alternativos que reduzam, aperfeiçoem (menos dor e sofrimento) e substituam o uso de animais em testes, mantendo e promovendo a qualidade científica e a proteção à saúde humana, à saúde animal e ao meio ambiente (ICCVAM, 2011).

A questão é complexa, e não há respostas fáceis. Mas fazer as perguntas certas é um passo na direção precisa. Como disse o filósofo Jeremy Bentham há mais de 200 anos, a pergunta certa talvez não seja "Eles podem falar?", nem "Eles podem raciocinar?", e sim "Será que eles sofrem?".

A primeira dessas preocupações é que apenas os ricos tenham acesso às tecnologias que salvam vidas, como o teste genético e os organismos clonados. Esses temores podem ter uma justificativa. A Myriad Genetics patenteou os genes de câncer de mama e ovário (Bollier, 2009). No entanto, por causa dos **monopólios genéticos** resultantes e dos custos astronômicos associados aos testes genéticos para os pacientes, em 2009, a American Civil Liberties Union e vários demandantes ajuizaram ação contra a Myriad Genetics, alegando que as patentes são "inválidas e inconstitucionais" (Genomics Law Report, 2011). Apelações de várias decisões judiciais inferiores levaram o caso à Suprema Corte dos Estados Unidos, que decidiu em favor dos queixosos – genes humanos não podem ser patenteados (Aclu, 2013).

Outras preocupações geradas pela comercialização da tecnologia incluem questões de controle de qualidade e a tendência de as descobertas permanecerem segredos muito bem guardados, em vez de esforços colaborativos (Crichton, 2007; Lemonick e Thompson, 1999; Mayer, 2002; Rabino, 1998). Além disso, o envolvimento da indústria tem tornado o controle do governo mais difícil, porque os pesquisadores dependem cada vez menos do financiamento federal. Mais de 62% de pesquisas e desenvolvimento nos Estados Unidos são apoiados pela indústria privada, usando seus próprios fundos empresariais (NSF, 2013).

Ciência descontrolada e política governamental

A ciência e a tecnologia levantaram muitas questões na política pública. As decisões políticas, por exemplo, devem responder às preocupações com a segurança das centrais nucleares, a privacidade de *e-mail*, os riscos de guerra química e a ética da clonagem. Com a criação da ciência e da tecnologia, nós criamos um monstro que começou a nos controlar ou o contrário? O que controla a ciência e a tecnologia, se houver, deve ter um controle? E esses controles são compatíveis com a lei existente? Considere o uso do BitTorrent, rede de compartilhamento de arquivos em que é possível baixar músicas e filmes (a questão dos direitos de propriedade intelectual e violação de direitos autorais); leis que limitam o acesso de crianças a materiais na internet (questões de liberdade de

vivissecção A prática de cortar ou ferir animais vivos, mas não humanos, com fins de pesquisa científica.

monopólios genéticos Controle exclusivo sobre um gene em particular em consequência de patentes governamentais.

> As decisões políticas [...] devem responder às preocupações com a segurança das centrais nucleares, a privacidade de *e-mail*, os riscos de guerra química e a ética da clonagem.

expressão) e o Acxiom, o "*cookie*" – empresa de armazenamento de dados que ajuda as corporações a personalizar sua publicidade em *sites* de busca e nos cliques das páginas (questões de privacidade da Quarta Emenda).

Preocupações com uma "ciência que parece estar fugindo ao nosso controle" não estão presentes apenas entre os norte-americanos. Embora dados genéticos possam ser coletados legalmente, durante uma prisão por exemplo, há evidências de que os governos ao redor do mundo estão mantendo grandes bases de dados genéticos. Na Grã-Bretanha, a polícia coletou amostras de cerca de 7 milhões de pessoas, o equivalente a 10% da população. A base de dados foi reduzida significativamente quando a European Court of Human Rights decidiu que o "coberto e indiscriminado" armazenamento de material de DNA era uma invasão de privacidade (Lawless, 2013). Nos Estados Unidos, a base de dados do Federal Bureau of Investigation (FBI) contém informações genéticas de mais de 11 milhões de suspeitos ou condenados por cometer crimes.

E, no entanto, é o governo, muitas vezes por meio do Congresso, das agências reguladoras ou dos departamentos, o responsável por controlar a tecnologia, proibir algumas coisas (por exemplo, dispositivos para eutanásia) e exigir outras (por exemplo, cintos de segurança). Um bom exemplo é o Stem Cell Research Advancement Act de 2013, introduzido na Câmara dos Deputados dos Estados Unidos. Tal como proposta, essa lei (1) dá suporte ao uso de células-tronco embrionárias, incluindo as células embrionárias humanas, (2) define os tipos de células-tronco embrionárias humanas elegíveis para utilização nas pesquisas (por exemplo, doadas em clínicas de fertilização *in vitro*), (3) obriga que o Department of Health and Human Services mantenha, analise e atualize as diretrizes de apoio à investigação sobre células-tronco humanas e (4) proíbe que recursos públicos sejam usados para clonagem humana (Stem Cell Research Advancement Act, 2013).

Mais tarde, duas áreas que geravam preocupação exigiram mais atenção do governo – os programas de vigilância da National Security Agency (NSA) e as ameaças digitais domésticas. Uma das revelações mais perturbadoras sobre a NSA foi seu esforço de dez anos para subverter a tecnologia de criptografia, o que incluiu um conluio com empresas de *software* especializadas (Ball et al., 2013). Como resultado do seu sucesso, milhares de *e-mails*, registros médicos e transações *on-line* foram violados. Apesar de a agência afirmar que as técnicas de decodificação são um mal necessário na luta contra o terrorismo, 19 projetos de lei para restringir a capacidade de vigilância da NSA estão atualmente no Congresso (Richardson e Greene, 2013).

Também há preocupações em relação à privacidade por conta da aprovação do Cyber Intelligence Sharing and Protection Act (Cispa). Essa lei permitiria que empresas privadas (por exemplo, Facebook e Verizon), tendo conhecimento de ameaças virtuais, possam compartilhar informações pessoais dos usuários sem medo de represálias (Whittaker, 2013).

Como existem riscos de ataques cibernéticos contra indivíduos, grupos ou governos, diversos países demandam uma regulamentação mais rígida. Apesar de o então secretário de Defesa, Panetta, alertar que estamos às vésperas de um "Pearl Harbor cibernético", a Lei de Segurança Cibernética de 2012 não conseguiu passar no Senado dos Estados Unidos, recebendo fortes críticas (Bumiller e Shanker, 2012). Em 2013, mais de uma dúzia de projetos de lei de cibersegurança foram introduzidos na Câmara dos Deputados e no Senado dos Estados Unidos (Fischer, 2013).

Uma maneira de deter os ataques cibernéticos é desenvolver um perfil das pessoas mais propensas a se envolver com esses crimes. Holt e Kilger (2012) investigaram a motivação política dos ataques cibernéticos contra a nação ou um país hipotético, apresentando a uma amostra de estudantes de graduação e de pós-graduação diferentes cenários, perguntando-lhes em que condições estariam dispostos a participar de ataques *on* ou *off-line* contra "infraestruturas críticas". Os resultados indicaram que o nacionalismo e o patriotismo não estão relacionados à probabilidade de protesto físico ou virtual contra o governo nacional ou estrangeiro. Os participantes que identificaram os Estados Unidos como seu lar eram mais propensos a se engajar em protestos físicos em comparação com os estudantes internacionais, que tinham mais tendência aos protestos virtuais. Por fim, os pesquisadores relataram que os pesquisados que diziam que se engajariam em ações violentas *off-line* também foram mais propensos a dizer que cometeriam um ato violento *on-line*.

Por fim, o governo tem vários conselhos e iniciativas relacionados à ciência e à tecnologia, incluindo National Science and Technology Council, Office of Science and Technology Policy, President's Council of Advisors on Science and Technology e U.S. National Nanotechnology Initiative. Essas agências aconselham o presidente em assuntos de ciência e tecnologia, incluindo pesquisa e desenvolvimento, implementação, política nacional e coordenação de diferentes iniciativas.

O que você acha? Os testes genéticos diretamente aos consumidores (DTC, *direct-to-consumer*), embora estejam em fase inicial, já estão disponíveis. A exatidão na previsão de uma doença depende da doença. Em alguns casos, a presença de um gene indica com certeza absoluta que você terá a doença; em outros, o risco pode ser muito menor. Como a disponibilidade de testes genéticos DTC aumentou e os custos diminuíram, você consideraria esses testes para fins de saúde?

Entendendo a ciência e a tecnologia

O que devemos entender sobre ciência e tecnologia a partir deste capítulo? Os estrutural-funcionalistas defendem que a ciência e a tecnologia envolvem um processo social e são uma parte natural da evolução da sociedade. As necessidades da sociedade mudam, as descobertas científicas e as inovações tecnológicas surgem para satisfazer a essas necessidades, cumprindo, assim, as funções desse processo. Consistentes com a teoria do conflito, no entanto, a ciência e a tecnologia também atendem às necessidades de grupos seletos e são caracterizadas por componentes políticos. Como Winner (1993) observou, a estrutura da ciência e da tecnologia transmite mensagens políticas, incluindo "o poder é centralizado", "há barreiras entre as classes sociais", "o mundo está estruturado hierarquicamente" e "as coisas boas são distribuídas de forma desigual" (p. 288).

As descobertas científicas e as inovações tecnológicas produzidas ou não pelas sociedades são socialmente determinadas. Pesquisas indicam que as ciências e suas tecnologias têm consequências positivas e negativas – um dualismo tecnológico. A tecnologia salva vidas, economiza tempo e dinheiro; e também leva à morte, ao desemprego, à alienação e à separação. Pesar custos e benefícios da tecnologia esbarra em problemas éticos, como a própria ciência. A ética, entretanto, "não está apenas preocupada com as escolhas e os atos individuais. Ela também está, talvez acima de tudo, preocupada com as mudanças e tendências culturais das quais os atos são o sintoma" (McCormick e Richard, 1994, p. 16).

Dessa forma, a sociedade escolhe que direção seguir. Essas escolhas devem ser feitas com base nas diretrizes sobre o que é leal e justo, como as listadas aqui:

1. A ciência e a tecnologia devem ser prudentes. Testes adequados, meios de proteção e estudos de impacto são essenciais. A avaliação de impacto deve incluir uma avaliação dos fatores sociais, políticos, ambientais e econômicos.
2. Nenhuma tecnologia deve ser desenvolvida a menos que todos os grupos, particularmente os mais afetados por ela, tenham alguma representação "em um estágio muito precoce para definir o que será a tecnologia" (Winner, 1993, p. 291). Tradicionalmente, a estrutura do processo científico básico e o desenvolvimento das tecnologias estão centralizados (ou seja, as decisões têm sido tomadas por poucos cientistas e engenheiros); a descentralização do processo aumentaria a representação.
3. Meios não devem existir sem fins. Cada nova inovação deve estar direcionada ao cumprimento de uma necessidade social, em vez do padrão mais típico, em que a tecnologia é desenvolvida primeiro (por exemplo televisão de alta definição) e depois se cria o mercado (por exemplo, "Você nunca vai assistir a uma TV comum de novo!"). Na verdade, desde o programa espacial até a investigação sobre a inteligência artificial, os interesses dos cientistas e engenheiros, cujas descobertas e inovações constroem carreiras, devem ser moderados pelas demandas da sociedade. (Buchanan et al., 2000; Eibert, 1998; Goodman, 1993; Murphie e Potts, 2003; Winner, 1993)

O que o século XXI realizará, com a transformação tecnológica contínua, pode estar além da imaginação da maioria dos membros da sociedade. A tecnologia empodera, aumenta a eficiência e a produtividade, amplia a vida, controla o meio ambiente e expande as habilidades individuais. De acordo com o relatório do National Intelligence Council, "a vida em 2015 será revolucionada pelo esforço crescente de fazer a tecnologia multidisciplinar em todas as dimensões da vida: social, econômica, política e pessoal" (NIC, 2003, p. 1).

Na medida em que avançamos ainda mais no primeiro milênio computacional, uma das grandes preocupações da civilização será a tentativa de reorganizar a sociedade, a cultura e o governo de uma forma que explore a bonança digital e impeça o atropelo de freios e contrapesos tão delicadamente construídos naqueles anos mais simples pré-computador.

REVISÃO DO CAPÍTULO

- **Quais são os três tipos de tecnologia?**
Os três tipos de tecnologia, em escala de sofisticação, são: mecanização, automação e cibernação. Mecanização é o uso de ferramentas para realizar as tarefas que antes eram feitas com as mãos. Automação envolve o uso de máquinas auto-operadas e cibernação é o uso de máquinas para controlar outras máquinas.

- **Quais são algumas das razões que estão fazendo os Estados Unidos "perderem a sua vantagem" nas inovações científicas e tecnológicas?**
O declínio da supremacia dos Estados Unidos em ciência e tecnologia é resultado da interação de cinco forças sociais: (1) o governo federal tem reduzido seu investimento em pesquisa e desenvolvimento; (2) as corporações começaram a focar produtos de curto prazo e alto custo; (3) houve uma queda na educação em ciência e matemática nas escolas norte-americanas em termos de qualidade e quantidade; (4) os países em desenvolvimento, mais notadamente China e Índia, estão expandindo suas capacidades científicas e tecnológicas mais rapidamente que os Estados Unidos; (5) como documentado no livro *Unscientific American*, existe uma desconexão entre a sociedade norte-americana e os princípios da ciência.

- **Quais são algumas das tendências globais da internet?**
Em 2012, a internet tinha 2,4 bilhões de usuários em mais de 200 países, com 245 milhões de usuários nos Estados Unidos (Internet Statistics, 2013). Entre todos os usuários da internet, a maior proporção vem da Ásia (44,8%), seguida pela Europa (21,5%), América do Norte (11,4%), América Latina e Caribe (10,4%), África (7%), Oriente Médio (3,7%) e Oceania/Austrália (1%) (Internet Statistics, 2013). As taxas de penetração variam muito, mas, em geral, são mais altas nos países mais ricos do que nos mais pobres.

- **De acordo com Kuhn, o que é o processo científico?**
Kuhn descreve o processo de descoberta científica ocorrendo em três passos: (1) São levantadas hipóteses sobre um fenômeno particular; (2) Como sempre permanecem perguntas não respondidas sobre um tópico, a ciência trabalha para começar a preencher essas lacunas; (3) Quando uma nova informação sugere que as hipóteses iniciais estavam incorretas, uma nova série de hipóteses surge para substituir as antigas. E esta se torna então a crença dominante ou paradigma, até que seja questionada, e o processo se repete.

- **O que se quer dizer com revolução do computador?**
O *chip* de silício tornou os computadores acessíveis. Hoje, mais de 75% das famílias afirmam ter um computador em casa, comparado com os 61,8% que tinham há uma década (File, 2013).

- **O que é o Projeto Genoma Humano?**
É uma tentativa de decodificar o DNA humano. O projeto de 13 anos está completo agora, permitindo que os cientistas "transformem a medicina" por meio de diagnósticos e tratamentos precoces, prevenindo doenças pela terapia genética, que envolve a identificação de um gene deficiente ou ausente, substituindo-o por um duplicado saudável, que é transplantado para a área afetada.

- **Qual é o *status* legal do aborto nos Estados Unidos?**
Desde que a Suprema Corte deliberou no caso *Roe vs. Wade* em 1973, o aborto é legalizado. Entretanto, as decisões recentes da Suprema Corte e das cortes estaduais têm limitado o alcance dessa decisão.

- **Quais problemas da Revolução Industrial são semelhantes aos da revolução tecnológica?**
O exemplo mais óbvio é o desemprego. Assim como na Revolução Industrial muitos trabalhos foram substituídos pelas inovações tecnológicas, a revolução tecnológica trouxe esse mesmo problema. Além disso, pesquisas indicam que muitos dos trabalhos criados pela Revolução Industrial, como aqueles da linha de produção, são caracterizados por altas taxas de alienação. O crescimento das taxas de alienação também é uma consequência do aumento do distanciamento dos funcionários de alta tecnologia nas "fábricas de colarinho-branco".

- **O que se entende por terceirização e por que ela é importante?**
Terceirização é a prática da subcontratação de negócios com um terceiro para os serviços, muitas vezes em países de baixos salários, como China e Índia. O problema com a terceirização é que ela tende a elevar a taxa de desemprego nos países de exportação.

- **O que é exclusão digital?**
É a tendência de a tecnologia ser mais acessível aos mais ricos e mais instruídos. Por exemplo, alguns temem que haverá "estratificação genética", segundo a qual os benefícios de testes genéticos, terapia e outros melhoramentos genéticos estarão disponíveis apenas aos segmentos mais ricos da sociedade.

- **O que se quer dizer com comercialização de tecnologia?**
  Essa comercialização refere-se ao lucro que motiva as inovações tecnológicas. Se o isolamento de um gene particular, organismos geneticamente modificados ou regeneração de tecidos de órgãos tiverem alguma possibilidade de lucro, a iniciativa privada vai estar lá.

AVALIE SEU CONHECIMENTO

1. Qual das seguintes tecnologias está relacionada com a industrialização?
   a. Mecanização
   b. Cibernação
   c. Hibernação
   d. Automação
2. A análise de dados ao longo do tempo sugere que a distância entre o desenvolvimento da ciência e da tecnologia entre os países pobres e os ricos está aumentando, ao invés de diminuir.
   a. Verdadeiro
   b. Falso
3. O governo dos Estados Unidos, como parte da revolução tecnológica, gasta mais dinheiro em pesquisa e desenvolvimento do que as instituições educacionais e as corporações juntas.
   a. Verdadeiro
   b. Falso
4. Qual teoria defende que a tecnologia é sempre usada como um meio de controle social?
   a. Estrutural-funcionalismo
   b. Desorganização social
   c. Teoria do conflito
   d. Interacionismo simbólico
5. A legalização global do aborto conseguiu eliminar os procedimentos inseguros de aborto.
   a. Verdadeiro
   b. Falso
6. A habilidade de manipular os genes em um organismo para alterar o resultado natural é chamada de
   a. Terapia genética
   b. Emenda genética
   c. Engenharia genética
   d. Teste genético
7. Alimentos geneticamente modificados têm sido documentados como danosos para os seres humanos pela Food and Drug Administration.
   a. Verdadeiro
   b. Falso
8. Em 2007, a Suprema Corte aprovou a proibição dos abortos de nascimento parcial em uma decisão de 5 a 4.
   a. Verdadeiro
   b. Falso
9. A prática da terceirização envolve
   a. criação de empresas de alta tecnologia nos Estados Unidos para os imigrantes
   b. contratar trabalhadores temporários para cobrir funcionários ausentes
   c. permitir que os funcionários trabalhem em casa
   d. subcontratar trabalhadores em países de baixa renda
10. O Genetic Information Nondiscrimination Act (Gina)
    a. faz a clonagem humana ser ilegal nos Estados Unidos
    b. estabelece uma pena criminal para a clonagem humana nos Estados Unidos
    c. é uma lei federal que proíbe a discriminação na cobertura de saúde dos trabalhadores com base na informação genética
    d. todas as anteriores

Respostas: 1. D; 2. A; 3. B; 4. C; 5. B; 6. C; 7. B; 8. A; 9. D; 10. C.

TERMOS-CHAVE

aborto 489
abortos de nascimento parcial 490
atraso cultural 474
automação 470
células-tronco 491
choque do futuro 498
ciberbullying 498
cibernação 470
ciência 470
clonagem terapêutica 491
comunidades de membros 486
CTEM 472
doenças induzidas pela tecnologia 497

dualismo tecnológico 470
e-commerce 482
engenharia genética 487
gap de participação 496
Genetic Information Nondiscrimination Act de 2008 493
internet 481
leis de exceção genética 499
malware 498
mecanização 470
monopólios genéticos 501
neutralidade da rede 496
pirataria na internet 497

pós-modernismo 474
sistemas de saúde inteligentes 483
solução tecnológica 474
taxa de penetração 471
tecnologia 470
telepresença 479
terapia genética 487
terceirização 494
teste de DNA 487
vivissecção 501
Web 2.0 481
Web Semântica 484

CAPÍTULO 14 CIÊNCIA E TECNOLOGIA

Guerra, conflito e terrorismo

"Cada arma fabricada, cada navio de guerra lançado, cada foguete disparado significam, em última análise, um roubo daqueles que passam fome e não são alimentados, daqueles que sentem frio e não são amparados."

— General Dwight D. Eisenhower, presidente dos Estados Unidos e líder militar

Contexto global: conflito em um mundo em mudança
Teorias sociológicas da guerra
As causas da guerra
Terrorismo
Animais e a sociedade: **Heróis não celebrados entre nós**
Problemas sociais relacionados a conflito, guerra e terrorismo
Um olhar sobre a pesquisa dos problemas sociais: **Combate, doença mental e suicídio de militares**
O lado humano: **Um encontro com Tuesday**
Estratégias de ação: em busca da paz mundial
Você e a sociedade: *Quiz* da bomba nuclear
Entendendo conflito, guerra e terrorismo
Revisão do capítulo

Nesta foto, tirada em 29 de julho de 2010, uma quinta-feira, a sargento supervisora Melinda Miller abraça Gina após exercícios num percurso de obstáculos na base aérea de Peterson, em Colorado Springs, Colorado. Gina era uma pastora alemã brincalhona de 2 anos quando foi para o Iraque servir o exército norte-americano como cão farejador de bombas altamente treinado, mas meses de buscas de porta em porta e explosões barulhentas a deixaram amedrontada e minaram sua confiança. Depois que voltou para casa, a base aérea de Peterson, em junho de 2009, foi diagnosticada por uma veterinária do exército como portadora do transtorno de estresse pós-traumático.

As coisas pareciam estar começando a mudar para Clay Hunt, 28 anos, veterano do corpo de fuzileiros. Após ter servido duas vezes, uma no Iraque e outra no Afeganistão, Clay sofria de TEPT (transtorno de estresse pós-traumático) e da culpa de ter sobrevivido enquanto seus companheiros não voltaram vivos, mas – diferentemente de tantos outros veteranos – ele tinha feito tudo certo (Hefling, 2011; Wise, 2011). Clay mudou-se para mais perto da família, tomava os remédios indicados e buscava aconselhamento e havia se voluntariado tanto para trabalhar no Haiti como no Chile após os terremotos. E até fazia apresentações públicas alertando outros veteranos dos perigos do TEPT – orientando-os a buscar ajuda, que ele tinha. Depois que conseguiu um emprego no setor de construção, comprou um caminhão e voltou a sair para encontros; seus amigos e parentes se sentiram aliviados. Ele também fez planos para uma grande reunião com seus companheiros fuzileiros na semana seguinte. Mas Clay nunca apareceu na reunião. Em 31 de março de 2011, esse jovem amistoso, fácil de conviver e com aparência de galã de cinema, trancou-se em seu apartamento em Houston, Texas, e se matou com um tiro. Ironicamente, esse veterano que havia recebido a *Purple Heart* ("coração púrpura", medalha conferida a soldados norte-americanos mortos ou feridos em combate) trazia tatuada no braço uma frase de *O senhor dos anéis*, de J. R. R. Tolkien: "Nem todos aqueles que vagam por aí estão perdidos". Em 2013, o programa *60 Minutos*, da CBS, apresentou um minidocumentário sobre "A vida e a morte de Clay Hunt".

A guerra é um dos maiores paradoxos da história humana. Tanto protege como aniquila. Cria e defende nações, mas também pode destruí-las. **Guerra**, a forma mais violenta de conflito, consiste na violência armada organizada contra um grupo social tendo como fim alcançar determinado objetivo. As guerras existiram ao longo de toda a história da humanidade e continuam existindo no mundo contemporâneo. Seja justa ou injusta, defensiva ou ofensiva, ela envolve as mais horrendas atrocidades conhecidas pela humanidade. E isso é especialmente verdadeiro no século XXI, quando praticamente todas as guerras acontecem em áreas povoadas, em vez de campos de batalha remotos, com consequências mortais para os civis. Assim, a guerra não é só um problema social em si ou por si, mas também contribui para vários outros problemas sociais – mortandade, doenças, incapacitação, crime e imoralidade, terror psicológico, perda de recursos econômicos e devastação do meio ambiente. Neste capítulo, discutiremos cada uma dessas questões dentro do contexto do conflito, da guerra e do terrorismo, o mais ameaçador de todos os problemas sociais.

Contexto global: conflito em um mundo em mudança

Na medida em que as sociedades evoluem e mudam ao longo da história, a natureza da guerra também muda. Antes da industrialização e das sofisticadas tecnologias que proporcionou, a guerra acontecia principalmente entre grupos vizinhos rivais e em escala relativamente pequena. No mundo moderno, ela pode ser declarada entre nações separadas por milhares de quilômetros e também por países vizinhos entre si. Cada vez mais, a guerra é um fenômeno interno dos Estados e envolve uma disputa entre o governo e grupos rebeldes

guerra Violência armada organizada contra um grupo social em função de um objetivo.

ou entre rivais disputando o poder do Estado. De fato, como mostra a Figura 15.1, as guerras entre Estados, ou seja, disputas entre países, correspondem hoje à menor porcentagem dos conflitos armados. Nas próximas seções, examinaremos como a guerra mudou nosso mundo social e como a sociedade em mudança tem afetado a natureza da guerra na era industrial e na era pós-industrial da informação.

A guerra e as mudanças na sociedade

A própria ação – a guerra – que agora ameaça a civilização moderna é em grande parte responsável pela criação da civilização avançada em que vivemos. Antes da existência dos grandes Estados e sua política complexa, as pessoas viviam em pequenos grupos e vilarejos.

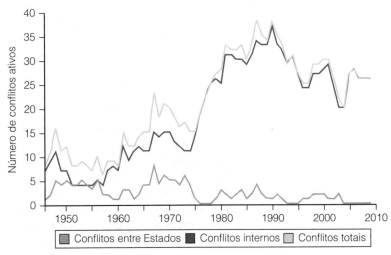

Figura 15.1 Tendências globais em conflitos violentos, 1946–2009
Fonte: Hewitt et al., 2012.

A guerra atravessou as barreiras da autonomia entre os grupos locais e permitiu que pequenas vilas fossem sendo incorporadas a unidades políticas maiores, conhecidas como domínios. Séculos de guerras entre os domínios culminaram no desenvolvimento do Estado. **Estado** é um "aparato de poder, um conjunto de instituições – governo central, forças armadas, agências de policiamento e regulação – cujas funções mais importantes envolvem o uso da força, o controle do território e a manutenção da ordem interna" (Porter, 1994, p. 5-6). O historiador social Charles Tilly é o autor de uma famosa frase: "A guerra cria os Estados e os Estados fazem a guerra" (1992). A criação do Estado, por sua vez, levou a profundas mudanças sociais e culturais:

> E assim que o Estado emerge, os portões se abrem para grandes avanços culturais, avanços nunca sonhados – nem possíveis – sob um regime de pequenas vilas autônomas [...] Apenas em grandes unidades políticas, bem distantes das estruturas das pequenas comunidades autônomas de onde se desenvolvera, foi possível a realização dos grandes avanços nas artes e nas ciências, na economia e na tecnologia e, de fato, em cada campo da cultura central das grandes civilizações industrializadas do mundo. (Carneiro, 1994, p. 14-15)

A tecnologia e a industrialização não poderiam ter se desenvolvido nos pequenos grupos sociais que existiam antes que as ações militares os consolidassem em Estados maiores. Assim, a guerra contribuiu indiretamente para a sofisticação industrial e tecnológica que caracteriza o mundo moderno. A industrialização, por sua vez, tem duas grandes influências sobre a guerra. Cohen (1986) calculou o número de guerras travadas por décadas nas nações industriais e pré-industriais e concluiu que "à medida que as sociedades se tornam mais industrializadas, sua propensão à guerra diminui" (p. 265). Assim, por exemplo, em 2012 havia 32 conflitos armados em ação, todos ocorrendo em países menos desenvolvidos do Oriente Médio, do sul da Ásia, da África e da América do Sul; mais de 90% dos combatentes envolvidos nesses conflitos representavam países menos desenvolvidos (UCDP, 2013).

Embora a industrialização possa diminuir a propensão de uma sociedade para a guerra, ela aumenta o potencial de destruição das guerras. Com a industrialização, a tecnologia militar tornou-se mais sofisticada e mais letal. Rifles e canhões substituíram tacapes, flechas e espadas usados nas guerras mais primitivas e, por sua vez, foram substituídos por tanques de guerra, bombardeiros e ogivas nucleares. Hoje, o uso de novas tecnologias, como sensores de alto

Estado A organização de um governo central e agências governamentais, tais como agências militares, policiais e regulatórias.

> O uso de novas tecnologias, como sensores de alto desempenho, processadores de informação, tecnologias direcionadas pela energia, munição guiada com precisão e *worms* e vírus de computador, mudou a própria natureza do conflito, da guerra e do terrorismo.

desempenho, processadores de informação, tecnologias direcionadas pela energia, munição guiada com precisão e *worms* e vírus de computador, mudou a própria natureza do conflito, da guerra e do terrorismo. O uso de veículos aéreos não tripulados (os VANTs), também conhecidos como drones, tem levantado preocupações éticas e de segurança. O governo Obama tem defendido o uso de drones como um modo de defesa essencial na guerra global ao terrorismo, em que ações militares em terra nem sempre permitem a captura de suspeitos nem previnem futuros atos de violência. Os críticos do uso de drones argumentam que eles ferem os interesses de segurança nacional dos Estados Unidos porque costumam invadir o espaço aéreo dos países em que ocorrem suas operações de ataque, o que enfurece os governos de outros países e afasta potenciais aliados. O uso de drones no espaço aéreo de outro país sem permissão viola as leis internacionais, mas seus defensores sugerem que tais ações são legais quando realizadas como autodefesa. Os críticos também levantaram preocupações éticas. Ataques com drones no Paquistão, no Iêmen e na Somália resultaram na morte não intencional de quase mil alvos civis, incluindo centenas de crianças. Defensores da política norte-americana dos drones, porém, argumentam que a morte não intencional de civis seria muito maior em combates terrestres tradicionais e que o uso de drones é eticamente preferível a uma guerra terrestre em larga escala (Matthews, 2013).

> **O que você acha?** Relatórios indicam que os ataques terroristas executados por agentes independentes e isolados ("lobos solitários") em Boston e Londres em 2013 foram motivados pelo uso de drones e por outras ações militares das forças britânicas e norte-americanas no Oriente Médio (Greenwald, 2013). Será que o uso de drones previne a violência matando líderes terroristas ou incita mais violência ao inspirar outras pessoas a continuar os ataques terroristas? O que você acha?

No século XX, a industrialização permitiu as inovações tecnológicas que transformaram a guerra de modo mais rápido que em todos os outros períodos da história. Nesta imagem, um drone – veículo aéreo não tripulado – é preparado para uma missão. Em 2013, a Nigéria concordou em abrigar os drones de monitoramento dos Estados Unidos para vigiar as ações dos militantes islâmicos na região. Os drones têm usos não militares que incluem fotografias aéreas, observações climáticas, policiamento e combate a incêndios.

Na era pós-industrial da informação, a tecnologia dos computadores não só revolucionou a natureza da guerra, como tornou as sociedades mais vulneráveis a ataques externos. Em 2013, o Departamento de Defesa dos Estados Unidos acusou publicamente o governo chinês de montar vários ciberataques contra os sistemas de computador do governo norte-americano. O relatório do Pentágono alegou que o governo e o exército chinês estavam engajados em uma ampla estratégia de ciberespionagem com a intenção de "elaborar um retrato da rede de defesa dos Estados Unidos, da sua logística e das possibilidades militares relacionadas que poderiam ser exploradas durante uma crise" (U.S. Department of Defense, 2013).

A lógica econômica dos gastos militares

A crescente sofisticação da tecnologia militar tem demandado grande quantidade de recursos; os gastos militares em 2012 totalizaram US$ 1,76 trilhão, ou quase US$ 249 por pessoa, no mundo (Sipri, 2013). Esse total de gastos representa uma queda de 0,4% em relação a 2011, o primeiro declínio no gasto militar global desde 1998. Embora os Estados Unidos tenham os gastos militares mais altos que qualquer outro país, parte desse declínio pode ser atribuída à retirada das tropas norte-americanas do Iraque e do Afeganistão. Outros fatores sociais e econômicos também influenciaram. A crise econômica global, que começou em 2008, levou muitos países europeus a adotar medidas de austeridade que reduziram drasticamente o gasto militar, o que limitou a capacidade das forças da Organização do Tratado do Atlântico

Norte (Otan) de projetar poder ou dar continuidade a longas e intermitentes operações de guerra (Larrabee et al., 2012). Preocupações com o déficit orçamentário dos Estados Unidos também acenderam um debate nacional sobre o financiamento do setor militar. Entre 2011 e 2012, os Estados Unidos reduziram em 5,6% o gasto militar, enquanto nos países da Europa Ocidental e Central a redução foi de 2%. Ao mesmo tempo, países do leste e sudeste da Ásia aumentaram seus gastos militares em 5% e 6% (Sipri, 2013).

Os Estados Unidos gastam mais que qualquer outro país em suas forças amadas. A **Guerra Fria**, o estado de tensão política, competição econômica e rivalidade militar que existiu entre os Estados Unidos e a antiga União Soviética por quase 50 anos, forneceu a justificativa para grandes gastos visando manter a prontidão e a capacidade militar. Entretanto, o fim da Guerra Fria, somado ao crescimento da dívida interna, resultou em cortes de orçamento nos anos 1990. Hoje, o gasto militar quase retornou aos níveis da Guerra Fria. Em 2012, os Estados Unidos gastaram mais de US$ 685,3 bilhões com suas forças armadas, o que corresponde a mais de 40% do gasto militar global e é maior que a soma dos gastos das 13 maiores nações em termos de gasto militar, incluindo a China (US$ 106,4 bilhões) e a Rússia (US$ 30 bilhões) (Sipri, 2013).

O governo norte-americano não só gasta mais dinheiro que outros países com suas forças armadas e sistemas de defesa, como também vende equipamento militar para outros países, diretamente ou apoiando empresas norte-americanas nas vendas. Embora os países compradores costumem usar essas armas para se defender de ataques de nações hostis, a venda de equipamento militar para estrangeiros pode se tornar uma ameaça aos Estados Unidos por municiar potenciais antagonistas. Por exemplo, esse país, líder mundial em exportação de armas, forneceu armamento para o Iraque usar durante as guerras entre 1980 e 1988. Esse mesmo armamento foi usado contra soldados norte-americanos na Guerra do Golfo de 1991 e na Guerra do Iraque em 2003 (Silverstein, 2007). De modo similar, após a invasão soviética do Afeganistão em 1979, os Estados Unidos financiaram grupos afegãos rebeldes. Alguns anos após a saída dos soviéticos do Afeganistão, os rebeldes continuaram a lutar pelo controle do país. Usando armas fornecidas pelos Estados Unidos, o Talibã conquistou grande parte do país e abrigou a Al Qaeda e Osama bin Laden – que também havia recebido apoio norte-americano – enquanto planejavam os ataques de 11 de setembro (Bergen, 2002; Rashid, 2000).

Os Estados Unidos costumam transferir armas para países em conflito ativo. Por exemplo, entre 2006 e 2007, venderam US$ 9,8 bilhões em armas para seus aliados usarem em zonas de guerra no Paquistão, no Iraque, em Israel, no Afeganistão e na Colômbia (Berrigan, 2009). Um relatório de 2005, intitulado *Armas norte-americanas na guerra: promovendo a liberdade ou alimentando conflitos?*, concluiu que, longe "de servir como força para segurança e estabilidade, a venda de armas norte-americanas com frequência tem servido para aumentar o poderio de regimes instáveis e antidemocráticos em detrimento da sua própria segurança e a do mundo" (Berrigan e Hartung, 2005). Por exemplo, ao longo de 2011, na chamada "Primavera Árabe" – uma série de rebeliões populares contra os regimes autoritários no Oriente Médio –, surgiram relatos de que as autoridades dos governos do Egito e do Bahrein usaram gás lacrimogêneo e armas obtidas por meio de acordos com os Estados Unidos contra civis desarmados (Braun, 2011; Wali e Sami, 2011).

O que você acha? Em junho de 2013, o governo Obama anunciou o envio de ajuda militar, incluindo armamento e munição, para apoiar os rebeldes sírios que tentavam derrubar o regime do presidente da Síria, Al-Assad (White House, 2013). Alguns críticos argumentaram que, dados os altos índices de vítimas civis, era necessária mais ajuda militar do que os Estados Unidos planejavam providenciar, enquanto outros alegavam que nenhuma ajuda deveria ser oferecida, dada a possibilidade de que as armas pudessem cair nas mãos dos inimigos dos Estados Unidos. Sob quais condições você acha que um país como os Estados Unidos deveria mandar armamento para apoiar soldados em outros países?

Guerra Fria Estado de tensão militar e rivalidade política que existiu entre os Estados Unidos e a antiga União Soviética dos anos 1950 até o fim dos anos 1980.

TABELA 15.1 Custos anuais das guerras no Iraque e no Afeganistão e incremento da segurança, 2001-2010 (Valores estimados em bilhões de dólares)

Operação	2001 e 2002	2003	2004	2005	2006	2007	2008	2009	2010	2001-2010	Pedido de orçamento de 2012	
											2011	2012
Iraque	0	53	75,9	85,5	101,6	131,2	142,1	95,5	71,3	756,2	49,3	17,7
Afeganistão	20,8	14,7	14,5	20	19	36,9	42,1	59,5	93,8	324,4	118,6	113
Segurança doméstica	13	8	3,7	2,1	0,8	0,5	0,1	0,1	0,1	28,5	0,1	0,1
Não alocado	0	5,5	0	0	0	0	0	0	0	5,5	0	0
Total*	33,8	81,1	94,1	107,6	121,4	171	183,3	155,1	165,3	1283,3	168,1	131,7

*Os totais podem não bater em razão do arredondamento de outros valores.
Fonte: Belasco, 2011.

Historicamente, as guerras foram associadas ao crescimento econômico e à inovação tecnológica. Durante a Segunda Guerra Mundial, por exemplo, um grande aumento nos gastos e investimentos do governo em projetos de obras públicas levou a recordes das taxas de emprego e do produto interno bruto (PIB) dos Estado Unidos, que vinham a níveis baixos desde a Grande Depressão dos anos 1930. Ao mesmo tempo, o governo aumentou os impostos para financiar a guerra, a taxa de consumo norte-americano caiu à medida que a população norte-americana sacrificava seu conforto pessoal como parte do esforço de guerra. As guerras no Iraque e no Afeganistão, porém, representaram a primeira vez na história moderna que os Estados Unidos foram para a guerra sem haver um aumento no PIB. Também foi a primeira vez que o governo decidiu custear a guerra por meio do aumento do déficit público, em vez de aumentar impostos (IEP, 2013). Para o cenário doméstico, a experiência dessas guerras foi bem diferente em relação às do passado. Durante a Segunda Guerra, os Estados Unidos preencheram suas fileiras com alistamento obrigatório, enquanto hoje o alistamento é totalmente voluntário; naquela época, aproximadamente 9% da população norte-americana foi para a guerra, e durante as guerras no Iraque e no Afeganistão, menos de 1% (Clever e Segal, 2012).

É difícil calcular os custos da guerra, porque é quase impossível separar os diretos dos indiretos, assim como os associados à perda de vidas humanas, produtividade e infraestrutura. Só o custo em termos de orçamento das guerras do Iraque e do Afeganistão foi estimado em aproximadamente US$ 1 trilhão (IEP, 2013). Num livro de 2008, Stiglitz e Bilmes estimaram que, ao calcular os custos orçamentários, assim como os dos recursos futuros, o impacto nos preços do petróleo sobre a economia e vários outros fatores indiretos, só o custo da guerra do Iraque foi de US$ 3 trilhões. No fim da guerra, em 2010, eles levantaram a estimativa para US$ 5 trilhões, incluindo custos de longo prazo, tais como suporte de vida e assistência aos feridos, substituição de equipamentos e materiais e juros sobre o pagamento da dívida (Stiglitz e Bilmes, 2010). O plano de saúde dos veteranos e os benefícios da aposentadoria, assim como outros serviços que lhes são fornecidos, não estão incluídos no orçamento de defesa, mas representaram gastos adicionais da ordem de US$ 120 bilhões em 2012 (NCVAS, 2013).

As guerras no Iraque e no Afeganistão também representaram um grande custo para aquelas sociedades, incluindo a perda de vidas e a interrupção do desenvolvimento social e econômico. Um estudo estima que o total de mortos no Iraque, incluindo civis e combatentes, até a primeira metade da guerra, em 2006, chegou a 650 mil (Burnham et al., 2006). Um estudo de 2013 usou informações de documentos vazados pelo WikiLeaks para confirmar a repetição no reporte das mortes e descobriu que o total de mortos, principalmente dos civis, foi muito maior do que indicavam as estimativas iniciais (Carpenter et al., 2013). O Alto Comissariado das Nações Unidas para Refugiados (Acnur), agência da ONU que auxilia refugiados de áreas em conflito, calcula que a "população em questão" originária do Iraque, que inclui refugiados, pessoas em busca de asilo e outras deslocadas de seus lares, chega a mais de 3 milhões (UNHCR, 2013). É impossível calcular os custos econômicos de longo prazo que a interrupção e a devastação geradas pela guerra causam a milhões de pessoas.

Teorias sociológicas da guerra

As perspectivas sociológicas podem nos ajudar a entender vários aspectos da guerra. Nesta seção, descreveremos como o estrutural-funcionalismo, a teoria do conflito e o interacionismo simbólico podem ser aplicados ao estudo da guerra.

Perspectiva estrutural-funcionalista

Esta perspectiva foca as funções a que a guerra serve e sugere que ela não existiria se não trouxesse resultados positivos para a sociedade. Nós já notamos que a guerra serviu para consolidar pequenos grupos sociais autônomos em unidades políticas maiores, os Estados. Estima-se que havia 600 mil unidades políticas autônomas no mundo por volta de 1000 a.C. Hoje, esse número caiu para menos de 200.

Outra grande função da guerra é que ela produz coesão social e unidade entre grupos sociais ao lhes dar uma "causa" e um inimigo em comum. Por exemplo, em 2005, a revista *Newsweek* começou uma coluna sobre o dia a dia dos heróis norte-americanos, chamada *Red, white, and proud* (Vermelho, branco e orgulhoso). A menos que uma guerra seja extremamente impopular, o conflito militar também promove a cooperação econômica e política. Conflitos domésticos internos entre facções políticas, minorias e outros grupos de interesses específicos muitas vezes se dissolvem à medida que esses grupos se unem para combater um inimigo em comum. Durante a Segunda Guerra, os cidadãos dos Estados Unidos trabalharam juntos como uma nação para derrotar a Alemanha e o Japão.

> A guerra [...] funciona como inspiração para desenvolvimentos científicos e tecnológicos [...] Pesquisas em sistemas de defesa baseados em *laser* levaram à cirurgia a *laser*, a pesquisa em fissão nuclear facilitou o desenvolvimento da energia nuclear, e a internet evoluiu de um projeto de pesquisa do Departamento de Defesa dos Estados Unidos.

No curto prazo, a guerra também aumenta a quantidade de empregos e estimula a economia. O aumento na produção necessário para enfrentar a Segunda Guerra ajudou a tirar os Estados Unidos da Grande Depressão. Os investimentos na indústria também tiveram um impacto de longo prazo sobre a economia norte-americana. Hooks e Bloomquist (1992) estudaram o efeito da guerra na economia norte-americana entre os anos 1947 e 1972 e concluíram que o governo dos Estados Unidos "dirigiu e, em grande parte, pagou por 65% da expansão dos investimentos totais em instalações e equipamentos" (p. 304). A guerra, entretanto, também pode ter o efeito oposto. Durante a reestruturação das forças armadas em 2005, o Pentágono, ao buscar uma máquina de guerra mais eficaz e enxuta, recomendou o fechamento ou a reconfiguração de quase 180 instalações militares, "de pequenos centros de reserva do exército a grandes bases aéreas, que por gerações foram o esteio econômico de suas comunidades" (Schmitt, 2005), sacrificando milhares de empregos civis.

A guerra também funciona como inspiração para desenvolvimentos científicos e tecnológicos que acabam sendo úteis para os civis. Por exemplo, inovações da cirurgia nos campos de batalha durante a Segunda Guerra e a Guerra da Coreia resultaram em instrumentos e procedimentos que mais tarde se tornaram práticas comuns nos prontos-socorros e alas de emergência dos hospitais civis (Zoroya, 2006). Pesquisas em sistemas de defesa baseados em *laser* levaram à cirurgia a *laser*, a pesquisa em fissão nuclear facilitou o desenvolvimento da energia nuclear, e a internet evoluiu de um projeto de pesquisa do Departamento de Defesa dos Estados Unidos. Na indústria aérea norte-americana, que deve muito de sua tecnologia ao desenvolvimento do poder aéreo do Departamento de Defesa, a distinção entre tecnologia militar e civil é importante, porque diversas agências governamentais regulam a exportação dessas tecnologias. O Departamento de Comércio regula a exportação de peças e equipamentos produzidos para aeronaves de uso comercial, enquanto o Departamento de Estado impõe controle rígido sobre peças e equipamentos produzidos para aeronaves militares visando prevenir a venda para países em conflito com os objetivos da política externa norte-americana (Millman, 2008). Hoje, são muito comuns as **tecnologias de uso duplo**, inovações financiadas pelo Departamento de Defesa que também têm aplicações comerciais

tecnologias de uso duplo Inovações tecnológicas financiadas pelo Departamento de Defesa de um país que acabam tendo utilidade comercial e civil.

e civis. Por exemplo, "quase toda tecnologia da informação é de uso duplo. Usamos os mesmos sistemas operacionais, os mesmos protocolos de internet, as mesmas aplicações e até os mesmos *softwares* de segurança" (Schneier, 2008, p. 1).

A guerra também ajuda a encorajar a reforma social. Depois de um grande conflito armado, os membros da sociedade têm um senso de sacrifício compartilhado e o desejo de curar as feridas e reconstruir os padrões normais de vida. A população pressiona politicamente o Estado para cuidar das vítimas de guerra, melhorar as condições sociais e políticas e recompensar aqueles que sacrificaram vidas, parentes e suas posses em combate. Como explica Porter (1994), "Uma vez que [...] os estratos econômicos mais baixos se sacrificam mais que as classes mais ricas, a guerra muitas vezes oferece um ímpeto para as reformas em favor do bem-estar social" (p. 19). Por exemplo, muitos dos benefícios sociais para mães de baixa renda e seus filhos são desdobramentos dos programas de benefícios criados para as esposas de soldados feridos e viúvas da Guerra Civil no Estados Unidos (Skocpol, 1992).

Quando membros de grupos discriminados pela sociedade são vistos em situações de sacrifício em prol do benefício do grupo dominante, a cultura militar costuma se antecipar na expansão da igualdade legal travada na sociedade. Assim, a bravura e o sacrifício das tropas afro-americanas em unidades segregadas durante a Segunda Guerra levaram à integração racial dos militares no início dos anos 1950, mais de uma década antes da aprovação dos direitos iguais na legislação norte-americana. Em 2011, enquanto os estados norte-americanos debatiam a igualdade de direitos para lésbicas, gays e outras minorias sexuais, o exército norte-americano encerrou formalmente a política "Não pergunte, não conte", que impedia membros da comunidade LGBT de servir abertamente às forças armadas e viver com seus parceiros. Menos de um mês após a Suprema Corte derrubar o Defense of Mariage Act, que vetava o reconhecimento federal de casamentos entre pessoas do mesmo sexo, autorizado em vários estados norte-americanos em 2013, as forças armadas anunciaram que os cônjuges dos militares e dos funcionários da defesa civil teriam direito de receber os benefícios militares, a despeito de estarem lotados em estados nos quais o casamento entre pessoas do mesmo sexo não fosse legal (Hicks, 2013) (veja o Capítulo 11).

Por fim, as forças armadas norte-americanas têm um histórico de fornecer alternativas para a melhoria de vida dos pobres e de grupos sem recursos, que de outra forma teriam de lidar com a discriminação ou poucas oportunidades na economia formal. O treinamento especial das forças armadas, os programas de bolsa para a educação universitária e as práticas de contratação preferencial aumentam as perspectivas dos veteranos de encontrar empregos decentes e desenvolver uma carreira após o serviço militar (Military, 2007).

Os teóricos do conflito chamam atenção para o modo como a guerra beneficia as elites e sua vinculação ao sistema econômico. Protestos contra a guerra eram eventos comuns entre os anos 1960 e 1970, quando estudantes insurgiam-se contra a guerra no Vietnã (1959-1975). Novos protestos surgiram em oposição à Guerra do Golfo (1990-1991), à guerra no Iraque (2011-2013) e à guerra no Afeganistão (2001 até o presente). E também houve protestos contra a intervenção militar dos Estados Unidos na guerra civil na Síria.

Perspectiva do conflito

Os teóricos do conflito enfatizam que as raízes da guerra muitas vezes são antagonismos que emergem sempre que dois ou mais grupos étnicos (como bósnios e sérvios), países (Estados Unidos e Vietnã) ou regiões dentro do mesmo país (o Norte e o Sul dos Estados Unidos) lutam pelo controle dos recursos ou apresentam ideologias políticas, econômicas ou religiosas distintas. Além disso, sugerem que a guerra beneficia as elites empresariais, militares e políticas. As primeiras beneficiam-se porque a guerra muitas vezes tem como resultado o controle por parte do vencedor das matérias-primas das nações perdedoras, e assim cria-se uma reserva maior destas para suas próprias indústrias. De fato, muitas empresas lucram com os gastos militares. No programa de licitações do Pentágono, por exemplo, as empresas podem cobrar valores extras pelos custos de elaboração de propostas para novas armas em seus contratos com o Departamento de Defesa. Além disso, esses contratos costumam garantir algum lucro para empresas em desenvolvimento. Mesmo se os custos de um projeto excederem as estimativas iniciais, ou seja, estourarem o orçamento, a empresa recebe o lucro acordado. No final dos anos 1950, o presidente Dwight D. Eisenhower referiu-se à relação de proximidade entre as forças armadas e as indústrias do setor de defesa como **complexo militar-industrial**.

Exemplos contemporâneos do complexo militar-industrial incluem a relação direta do governo Bush com os gastos em defesa. Mesmo enquanto o governo norte-americano ainda se decidia sobre a guerra no Iraque, "muitas autoridades ligadas ao Partido Republicano e parceiros políticos do governo Bush [foram] associados ao grupo Carlyle, um fundo de investimento com bilhões de dólares em bens militares e aeroespaciais" (Knickerbocker, 2002, p. 2). Além disso, as redes de notícias acabam dependendo muito de militares na reserva com laços com instituições militares e as que são fornecedoras das forças armadas para analisar as guerras do Iraque e do Afeganistão. Essa íntima "intersecção entre redes de notícias e negócios em tempos de guerra" borra a linha divisória entre a política de segurança e os interesses comerciais privados (Barstow, 2008, p. 1).

A elite militar se beneficia da guerra e da preparação para o combate porque isso fornece prestígio e ocupações para os oficiais das forças armadas. Por exemplo, a Military Professional Resources Inc. (MPRI), uma organização que recruta profissionais que já trabalharam nas forças armadas, de defesa e policiais, entre outros, atua em mais de 40 países sob contrato com o governo dos Estados Unidos ou outros governos, envolvendo treinamento policial e militar, apoio à democracia e à governança, gestão de desastres e outras operações em "ambientes pós-conflito ou em situação de transição" (MPRI, 2011). De acordo com algumas estimativas, fornecedores privados, como a MPRI e muitos outros, contribuem com mais de 180 mil civis na ocupação do Iraque, cerca de 20 mil a mais que as tropas militares e os funcionários do governo enviados ao país (Miller, 2007). Ao longo das guerras do Iraque e do Afeganistão, os funcionários de empresas privadas fornecedoras superaram o número de funcionários militares uniformizados (Schwartz e Swain, 2011); em 2013, o governo dos Estados Unidos empregava mais de 100 mil fornecedores civis de serviços no Iraque e no Afeganistão (Centcom, 2013).

Embora milhares desses funcionários desempenhem papéis de segurança em zonas de combate, a grande maioria atua longe dos combates, em funções de apoio, como funcionários das brigadas (assistentes das cozinhas e cantinas). No total, 18.366, ou aproximadamente 16% de todos os prestadores de serviço, eram funcionários da segurança, enquanto 91.224 trabalhavam em outras funções, como intérpretes, pedreiros, motoristas de caminhão e em serviços de escritório. Os cidadãos norte-americanos correspondem a menos de um terço dos civis contratados; a maioria é local ou vem de outros países (Centcom, 2013). Ainda que a maioria dos prestadores de serviço não se envolva nos combates, muitos correm risco de acidentes e morte; pelo menos 430 prestadores de serviço norte-americanos morreram no Afeganistão em 2011, em comparação aos 418 soldados. Como os prestadores privados, principalmente aqueles com sede fora dos Estados Unidos, não estão sujeitos aos mesmos protocolos rígidos de informação e reporte dos militares, o número de funcionários mortos e feridos deve ser bem maior. A principal agência contratante dos Estados Unidos é a L-3 Communications, que administra a MPRI; a L-3 tem o terceiro maior número de vítimas no Iraque e no Afeganistão, atrás somente dos Estados Unidos e do Reino Unido. O alto número de prestadores de serviço mortos levou um professor de Direito a comentar que "ao dar sequência à terceirização de trabalhos de alto risco que antes eram desempenhados pelos soldados, as forças armadas estão, na verdade, privatizando o sacrifício da guerra" (Nordland, 2012).

Uma empresa privada que fornece equipes de segurança para as forças armadas norte-americanas é a Xe – pronuncia-se "ze" –, da Carolina do Norte, que até 2009 era conhecida como Blackwater Worldwide. A empresa recebeu muita atenção em 2004, quando quatro de seus funcionários no Iraque foram mortos por uma multidão sunita em Fallujah, onde seus corpos carbonizados foram pendurados pelas ruas da cidade. Em setembro de 2007, funcionários da Blackwater que faziam a segurança de um diplomata norte-americano

complexo militar-industrial Termo usado pela primeira vez pelo presidente Dwight D. Eisenhower para descrever a relação de proximidade entre as forças armadas e as indústrias do setor de defesa.

abriram fogo numa rotatória em Bagdá, matando 17 civis iraquianos e deixando outros 24 feridos. Representantes da empresa alegaram inicialmente que seus funcionários responderam proporcionalmente a um ataque nas proximidades. Em resposta, depois de muitos anos de relatórios de queixas a respeito de tiroteios indiscriminados realizados por agentes de segurança privados, o governo iraquiano revogou a licença da Blackwater para operar no Iraque (Tavernise, 2007). Uma investigação do incidente pelo FBI descobriu que a maioria das mortes violou as regras para o uso de força letal (Johnston e Broder, 2007). O Departamento de Justiça dos Estados Unidos acusou cinco funcionários da antiga Blackwater de homicídio doloso em janeiro de 2009, mas o caso foi arquivado com base em detalhes técnicos em dezembro de 2009 (CNN, 2009). Uma apelação derrubou a decisão original do juiz de que as provas estavam contaminadas, e novas acusações foram feitas contra quatro dos agentes de segurança em outubro de 2013 (Horwitz, 2013).

A guerra também beneficia as elites políticas ao conferir mais poder às autoridades e representantes do governo. Porter (1994) observou que "ao longo da história moderna, a guerra tem sido a alavanca com a qual [...] os governos impuseram cada vez mais tributos sobre segmentos cada vez maiores da sociedade, dessa forma permitindo níveis cada vez maiores de gastos a ser sustentados, mesmo em tempos de paz" (p. 14). Líderes políticos que levam seus países a uma vitória militar também se beneficiam do prestígio e do *status* de herói que lhes são conferidos.

Por último, feministas e outros analistas costumam observar a poderosa associação entre guerra e gênero. Historicamente, a atuação em combate tem sido desempenhada em grande parte pelos homens. Os argumentos de gênero baseados na natureza – como a ideia de que os homens têm uma natureza agressiva inata e as mulheres são intrinsecamente pacíficas – em geral não encontram apoio nos estudos das ciências sociais nem são capazes de explicar por que homens tendem a matar mais que as mulheres. As feministas destacam a construção social das identidades agressivas masculinas e sua manipulação pelas elites como razões importantes para a associação entre masculinidade e violência militarizada (Alexander e Hawkesworth, 2008).

Embora algumas feministas vejam a participação das mulheres nas forças armadas como uma questão de direitos iguais, outras rejeitam essa ideia, porque veem a guerra como extensão do patriarcado e da subordinação das mulheres numa sociedade dominada pelo homem. Ironicamente, pelo fato de a proteção das mulheres ser uma característica da identidade masculina, as feministas apontam que a guerra e outros conflitos muitas vezes são justificados pelo uso da "linguagem do feminismo" (Viner, 2002). Por exemplo, o ex-presidente Bush usou o respeito aos direitos da mulher e a proteção daquelas oprimidas pelo Talibã como uma justificativa parcial para atacar o Afeganistão em 2001 (Viner, 2002).

A recente entrada das mulheres nas forças armadas dos Estados Unidos está mudando a percepção tanto do papel delas nos combates quanto o modo como os militares conduzem as operações de guerra. Durante as guerras do Iraque e do Afeganistão, "dezenas de milhares de mulheres norte-americanas viveram, trabalharam e lutaram ao lado dos homens por períodos prolongados" (Myers, 2009, p. 1). Sob a Política de Exclusão de Combate em Terra, de 1994, as mulheres foram proibidas de servir em unidades cujas missões primárias envolviam operações de combate em terra. Esse regulamento excluía as mulheres de cerca de 200 mil posições militares. A natureza não convencional das guerras do Iraque e do Afeganistão, entretanto, expôs ao perigo milhares de homens e mulheres em ocupações que o exército havia definido como não relacionadas a ações de combate. No Iraque, em particular, o uso de artefatos explosivos improvisados transformava as estradas em linhas de frente da guerra, colocando novos perigos para funções tradicionalmente sem relação com funções de combate, como a dos motoristas de caminhão. De acordo com o Departamento de Defesa, 155 mulheres foram mortas e 965 ficaram feridas nas guerras no Iraque e no Afeganistão (DCAS, 2013).

Tanto no Iraque quanto no Afeganistão, linguistas, especialistas em inteligência e policiais militares mulheres foram necessárias em unidades de combate

> A realidade dos conflitos não convencionais e as necessidades militares pressionam cada vez mais as forças armadas a revisar a política de exclusão das mulheres das funções de combate.

para as tarefas de comunicação e revista em mulheres muçulmanas, que tradicionalmente evitam contato com homens de fora de suas famílias. A realidade dos conflitos não convencionais e as necessidades militares pressionam cada vez mais as forças armadas a revisar a política de exclusão das mulheres das funções de combate. Em janeiro de 2013, o Departamento de Defesa anunciou um plano para revogar a política de exclusão das mulheres em ações de combate e definir um prazo final, em 2014, para cada serviço militar desenvolver um plano de integração total das mulheres em todos os cargos militares, incluindo o desenvolvimento de padrões de "gênero neutro" para cada ocupação, ou solicitar uma exceção a essa política (Burrelli, 2013).

Apesar dos vários avanços que as mulheres alcançaram nas forças armadas, muitas barreiras permanecem. Elas correspondem a aproximadamente 15% dos militares, mas apenas 7% dos generais e almirantes. Como a experiência em combate é um dos principais fatores nas decisões de promoção militar, a integração delas em funções de combate pode ajudar, no longo prazo, a trazer mais mulheres para posições superiores. A falta de mulheres nos níveis mais altos da hierarquia e a cultura dominada pelos homens nas forças armadas têm sido apontadas como a razão para os altos índices de abuso sexual entre as mulheres militares, os quais chegam ao dobro das estatísticas entre as mulheres civis. Em janeiro de 2013, o diretor do Joint Chiefs of Staff, forças militares reunidas, o general Dempsey, afirmou que a integração das mulheres nas unidades de combate poderia ajudar no encaminhamento da crise de abuso sexual nas forças armadas, porque "quanto mais tratamos as pessoas como iguais, mais elas tratarão umas às outras com igualdade" (citado em Portero, 2013). Embora alguns líderes de alta patente tenham ligado a crise de abusos sexuais à própria cultura militar, os norte-americanos tendem a ver esse problema como uma questão de desvio pessoal. Em uma pesquisa de abrangência nacional, 54% dos norte-americanos disseram que os relatos de abuso sexual por militares representam atos individuais de transgressão, enquanto 40% afirmaram que esses relatos representam problemas subjacentes à cultura militar (veja a Tabela 15.2).

Tammy Duckworth, veterana da guerra do Iraque com amputação dupla, foi eleita ao Congresso norte-americano em 2013. Duckworth perdeu as pernas em 2004, quando insurgentes derrubaram o helicóptero que ela pilotava. Centenas de mulheres foram mortas ou feridas nas guerras do Iraque e do Afeganistão, apesar de estarem formalmente proibidas de servir em unidades de combate.

O que você acha? O general Dempsey afirmou que a principal causa da crise de abuso sexual nas forças armadas é a cultura de desigualdade cultivada entre os militares, que define homens e mulheres como "classes separadas de equipes militares" (citado em Portero, 2013). De quais formas você acha que essa desigualdade contribui para uma "cultura do estupro", tanto entre os militares como na sociedade civil (veja os Capítulos 4 e 10)?

Perspectiva interacionista-simbólica

Esta perspectiva foca como os significados e as definições influenciam as atitudes e os comportamentos relacionados ao conflito e à guerra. O desenvolvimento de atitudes e comportamentos de apoio à guerra se inicia na escola. As crianças norte-americanas aprendem a glorificar e a celebrar a Guerra da Independência, que criou a nação. Os filmes romantizam a guerra, as crianças brincam em jogos de guerra com armas de brinquedo, e vários *videogames* e jogos de computador glorificam os heróis que derrotam vilões.

O interacionismo simbólico ajuda a explicar como os recrutas das forças armadas e os civis desenvolvem uma mentalidade em favor da guerra pela definição de que ela e suas

TABELA 15.2 Relatórios de agressões sexuais por militares indicam atos individuais de má conduta ou problemas subjacentes à cultura militar?

	Atos individuais de má conduta %	Problemas subjacentes à cultura militar %	Não sabe %
Total*	54	40	6
Homens	56	38	6
Mulheres	51	43	6
18–29	59	37	4
30–49	54	41	5
50–64	53	40	7
Acima de 65	47	44	10
Republicano	69	25	6
Democrata	44	49	6
Independente	56	41	3
Lar militar			
Sim	62	33	6
Não	51	43	6
Tem acompanhado os acontecimentos			
Com atenção	42	52	6
Sem muita atenção	56	38	6

*Os totais podem não bater devido ao arredondamento de outros valores. Pesquisa realizada entre 6 e 9 de junho de 2013.

Fonte: PewResearch Center, 2013.

consequências são aceitáveis e necessárias. A palavra *guerra* alcançou uma conotação positiva por meio do seu uso em várias políticas públicas populares – guerra às drogas, guerra contra a pobreza, guerra contra o crime. Rótulos positivos e definições favoráveis dos militares facilitam o recrutamento militar e o apoio público às forças armadas. Em 2005, o exército da Guarda Nacional lançou uma campanha de marketing de US$ 38 milhões tendo como alvo homens e mulheres jovens com propagandas que mostram "tropas com armas em punho, helicópteros em voo e tanques avançando", tudo "em uma tentativa de lembrar ao público o que a Guarda tem feito desde os tempos da colônia: participar de guerras e proteger a pátria". O novo *slogan*? "A arma mais importante na guerra ao terrorismo. Você." (Davenport, 2005, p. 1).

Muitas autoridades militares e do governo convencem as massas de que o caminho para a paz mundial é estar preparado para a guerra. O patriotismo é um sentimento popular na sociedade norte-americana. Por exemplo, 75% dos norte-americanos dizem que têm uma bandeira dos Estados Unidos em casa, no escritório, no carro ou nas roupas (Pew Research Center, 2011a).

Os governos podem usar propaganda e apelos ao patriotismo para gerar apoio aos esforços de guerra e para motivar as pessoas a se juntarem às forças armadas. Salladay (2003), por exemplo, observa que aqueles em favor da guerra no Iraque haviam tomado posse da linguagem do patriotismo, tornando mais difícil, mas necessário, para os ativistas pacifistas usarem os mesmos símbolos ou frases. Em seu estudo sobre o movimento pela paz nos Estados Unidos, Woehrle et al. (2008) observaram que os defensores das guerras norte-americanas muitas vezes usam a perspectiva de "apoiar os nossos rapazes" ou "apoiar as nossas tropas". Isso faz a discussão da eficácia de uma guerra ou de sua justificativa parecer uma traição aos soldados. Ao analisar as declarações públicas dos principais líderes dos grupos pacifistas que se opunham à Guerra do Golfo (1991) e à do Iraque, os pesquisadores documentaram como os oponentes a esses conflitos desenvolveram um contra-argumento alternativo, de que "a paz é patriótica", e mudaram a perspectiva sobre a questão em torno de como a guerra colocava as tropas em perigo, como as políticas do governo falharam em fornecer o bem-estar às tropas e como a guerra afetava negativamente a vida dos civis.

Para legitimar a guerra, o ato de matar em combate não é considerado "assassinato". As mortes que resultam da guerra são chamadas casualidades ou perdas. O bombardeio de alvos militares e civis parece mais aceitável quando mísseis nucleares são "mantenedores da paz" equipados com múltiplas "ogivas da paz". Matar o inimigo é mais aceitável quando rótulos ofensivos e desumanizantes passam a impressão de que o inimigo é menos que humano, como *cong* (vietcongues), *japa*, *china*, *chucrute* (alemães) e *haji* (muçulmanos).

Esse tipo de rótulo é socialmente construído com imagens, muitas vezes divulgadas na mídia, e oferecidas para o conhecimento do público. Os socioconstrutivistas, assim como os interacionistas-simbólicos em geral, enfatizam os aspectos sociais do "conhecer". Assim, Li e Izard (2003) fizeram a análise do discurso

> Os governos podem usar propaganda e apelos ao patriotismo para gerar apoio aos esforços de guerra e para motivar as pessoas a se juntarem às forças armadas.

da cobertura dos jornais e dos noticiários da TV quando dos ataques de 11 de setembro ao World Trade Center e ao Pentágono. Os pesquisadores examinaram as oito primeiras horas da cobertura dos ataques apresentadas pelas emissoras CNN, ABC, CBS, NBC e Fox, assim como os oito principais jornais dos Estados Unidos (incluindo *Los Angeles Times*, *The New York Times* e *The Washington Post*). O resultado da análise indica que os textos dos jornais tenderam a enfatizar o "interesse humano", enquanto a cobertura televisiva, com mais frequência, buscava "guiar e consolar". Outros resultados sugerem que ambas as mídias dependiam muito de fontes do governo, os jornais e as redes de notícias foram igualmente factuais, e os noticiários, mais homogêneos no conteúdo da cobertura do que os jornais. Outra indicação da importância da mídia é o fato de o ex-presidente George W. Bush ter criado o Escritório de Comunicação Global – "uma imensa produtora que emitia *releases* diários sobre a Guerra do Iraque para porta-vozes norte-americanos em todo o mundo, entrevistava generais para a produção de *releases* para a imprensa e agendava a presença de autoridades bem conhecidas para participar dos noticiários internacionais" (Kemper, 2003, p. 1).

As causas da guerra

Essas são numerosas e complexas. A maioria dos conflitos envolve mais de uma causa. A causa imediata de uma guerra pode ser uma disputa de fronteiras, por exemplo, mas tensões religiosas existentes entre dois países em conflito por décadas também podem contribuir para esse tipo de confronto. Esta seção examina as várias causas da guerra.

Conflito por terras e por recursos naturais

Muitas vezes, nações entram em guerra para tentar obter o controle de recursos naturais, como terra, água e petróleo. Michael Klare, autor de *Resource wars: The new landscape of global conflict* (2001), previu que as guerras por recursos aumentariam à medida que os recursos naturais mais buscados se esgotassem. Disputas por fronteiras têm sido um dos motivos comuns para a guerra. Conflitos tendem a surgir quando é fácil cruzar as fronteiras e não há marcos naturais, como grandes rios, oceanos ou cadeias de montanhas para sinalizá-las.

Na era moderna, petróleo tem sido o principal recurso no centro de muitos conflitos. Não apenas os países ricos em petróleo do Oriente Médio se apresentam como um alvo tentador em si mesmos, mas a guerra na região pode ameaçar outras nações que são dependentes de suas reservas de petróleo. Assim, quando o Iraque invadiu o Kuwait e ameaçou o suprimento de petróleo do Golfo Pérsico, os Estados Unidos e muitas outras nações reagiram militarmente na Guerra do Golfo. Na era digital, minerais raros necessários para a fabricação de celulares, computadores e outros produtos de tecnologia avançada aumentaram a demanda global, levando ao temor de que o controle sobre esses recursos pode ser a próxima grande fonte de conflitos. Em 2012, os Estados Unidos, a União Europeia e o Japão, os três maiores consumidores de produtos digitais, registraram queixas comerciais nas Nações Unidas contra a China – o maior exportador de metais raros – sobre sua decisão de restringir as exportações desses minerais para aumentar a produção doméstica de produtos digitais (Geitner, 2012).

Água é outro recurso valioso que tem levado a guerras. Diferentemente de outros recursos, a água é universalmente necessária para a sobrevivência. Em vários momentos, os impérios do Egito, da Mesopotâmia, da Índia e da China entraram em guerra pelos direitos de irrigação. Em 1998, cinco anos após a Eritreia se tornar independente da Etiópia, esses dois países se enfrentaram pelo controle da cidade portuária de Assab e, com ela, pelo acesso ao Mar Vermelho. Em um relatório preparado pelo Center for Strategic and International Studies, Starr e Stoll (1989) alertavam que, em breve, "a água, não o petróleo, será o principal recurso em questão no Oriente Médio" (p. 1). A despeito das previsões, as tensões no Oriente Médio têm levado a conflitos repetidos em tempos recentes, mas não pela água. Em julho de 2006, Israel e Líbano se enfrentaram numa guerra por fronteira que matou milhares de pessoas e desalojou um milhão de libaneses. A guerra civil entre facções rivais emergiu nos territórios palestinos quando o Hamas tomou o controle da Faixa de Gaza, em resposta à recusa do Fatah em entregar o poder após o Hamas ter vencido as eleições legislativas (BBC, 2007).

No início de 2011, protestos no Oriente Médio contra a corrupção e em favor da democracia, chamados coletivamente de Primavera Árabe, levaram ao surgimento de várias guerras civis no Egito, no Iêmen, na Líbia e na Síria.

Conflitos de valores e ideologias

Muitos países começam guerras não por recursos, mas por crenças. A Segunda Guerra Mundial, em grande parte, foi um conflito baseado em ideologias políticas contrastantes: democracia contra fascismo. A Guerra Fria envolveu o conflito de ideologias econômicas em oposição: capitalismo *versus* comunismo. Conflitos de valores ou de ideologias não são resolvidos com facilidade. E é mais difícil resolvê-los por meio de compromissos ou negociações, porque são alimentados por crenças pessoais. Por exemplo, quando se perguntou a uma amostra representativa de judeus norte-americanos "Você concorda ou discorda da afirmação a seguir 'O objetivo dos árabes não é recuperar os territórios ocupados, mas, antes, destruir Israel'", 76% concordaram, 19% discordaram e 5% não tinham certeza (American Jewish Committee, 2011).

Se diferenças ideológicas podem contribuir para a guerra, ideologias similares a desencorajariam? A resposta parece ser sim; em geral, países com ideologias semelhantes tendem menos a entrar em guerra entre si do que aqueles com valores ideológicos diferentes (Dixon, 1994). A **teoria da paz democrática**, como é conhecida, baseia-se em pesquisas que demonstram que as nações democráticas são particularmente não inclinadas a guerrear entre si (Brown et al., 1996; Rasler e Thompson, 2005).

Hostilidades raciais, étnicas e religiosas

Grupos raciais, étnicos e religiosos apresentam crenças, valores e tradições culturais diferentes. Portanto, conflitos entre grupos raciais, étnicos e religiosos muitas vezes brotam dos conflitos de valores e ideologias. Hostilidades também podem ser alimentadas pela competição por terras e outros recursos escassos, tanto naturais como econômicos. Gioseffi (1993) observou que "especialistas concordam que uma economia mundial exaurida, devastada pelos esforços de guerra, é, em grande parte, a razão para a renovação dos conflitos étnicos e religiosos. 'Aqueles que têm' lutam contra 'os que não têm' por qualquer migalha do bolo disponível" (p. xviii). Algumas vezes, hostilidades raciais, étnicas e religiosas são perpetuadas por uma minoria rica para desviar a atenção da exploração e manter sua própria posição de poder. Essas **explicações construtivistas** do conflito étnico – que ressaltam o papel dos líderes das comunidades étnicas em alimentar a hostilidade contra outras comunidades – diferem agudamente das **explicações primordialistas**, ou seja, aquelas que dão ênfase a "ódios antigos e primordiais" enraizados profundamente na psicologia ou nas diferenças culturais entre os grupos étnicos.

Conforme descreve Paul (1998), o sociólogo Daniel Chirot argumenta que o recente aumento de hostilidades étnicas no mundo é uma consequência da "retribalização", ou seja, a tendência dos grupos, perdidos em uma cultura globalizada, de buscar consolo em uma "família estendida ou uma comunidade étnica" (p. 56). Chirot identifica cinco níveis de conflito étnico: (1) sociedades multiétnicas sem conflitos sérios (por exemplo, Suíça), (2) sociedades multiétnicas com conflitos controlados (por exemplo, Estados Unidos e Canadá), (3) sociedades com conflitos étnicos resolvidos (por exemplo, África do Sul), (4) sociedades com sérios conflitos étnicos que levam à guerra (por exemplo, Sri Lanka) e (5) sociedades com conflitos étnicos genocidas, incluindo "limpeza étnica" (por exemplo, Darfur).

Recentemente, diferenças religiosas como fontes de conflito vieram para o primeiro plano. Uma *jihad* islâmica, ou guerra santa, foi apontada como a causa dos ataques de 11 de setembro no World Trade Center e no Pentágono, assim como das bombas na Caxemira, Sudão, Filipinas, Indonésia, Quênia, Tanzânia, Arábia Saudita, Espanha e Reino Unido. Alguns alegam que são as próprias crenças muçulmanas que levaram a esses conflitos (Feder, 2003). Outros afirmam que fanáticos religiosos, não a religião em si, são responsáveis pelos confrontos violentos e enfatizam que a falta de entendimento entre grupos culturais pode alimentar ainda mais essas tensões. Por exemplo, a maioria dos norte-americanos entende

---

teoria da paz democrática Teoria dominante nas relações internacionais que sugere que similaridades ideológicas entre nações democráticas as tornariam menos dispostas a entrar em guerra entre si.

explicações construtivistas Enfatizam o papel dos líderes de grupos étnicos em alimentar o ódio em relação a estranhos ao seu grupo.

explicações primordialistas Enfatizam a existência de "ódios antigos" enraizados profundamente na psicologia ou nas diferenças culturais de grupos étnicos, muitas vezes com um histórico de ressentimentos e vitimização, real ou imaginária, pelo grupo inimigo.

o termo *jihad* como radicais muçulmanos o usam para justificar o conflito violento como uma guerra santa, mas muitos muçulmanos moderados apontam que o entendimento mais convencional desse termo é um esforço interno baseado na fé para alcançar uma vida de paz (Bonner, 2006).

Conflitos entre grupos distintos dentro da mesma religião também podem levar a longas e devastadoras guerras. A guerra civil que emergiu na Síria em 2011 foi impulsionada em grande parte pela impressão de injustiça do fato de o grupo sunita representar a maior

> Guerras motivadas por crenças religiosas diferentes levaram aos piores episódios de derramamento de sangue da história, em parte porque algumas religiões encorajam seus fiéis ao martírio – a ideia de que morrer por sua crença levará à salvação eterna.

parcela da população e, no entanto, deter uma minoria das posições de liderança no regime de Assad. A rivalidade entre xiitas e sunitas tem profundas raízes históricas, e o conflito na Síria reacendeu as tensões entre os dois grupos no Iraque, Irã e Líbia (Arango e Barnard, 2013). Guerras motivadas por crenças religiosas diferentes levaram aos piores episódios de derramamento de sangue da história, em parte porque algumas religiões encorajam seus fiéis ao martírio – a ideia de que morrer por sua crença levará à salvação eterna. Por exemplo, o líder islâmico Osama bin Laden alegou que as políticas injustas entre os Estados Unidos e o Oriente Médio eram responsáveis por "dividir o mundo inteiro em dois lados – o dos fiéis e o dos infiéis" (Williams, 2003, p. 18).

Defesa contra ataques movidos pela hostilidade

A ameaça ou o medo de ser atacado pode levar os líderes de um país a declarar guerra às nações que representem o perigo. Este é um exemplo do que os especialistas em relações internacionais chamam **dilema da segurança**: "Ações para aumentar a segurança de um país só podem diminuir a segurança dos outros e levá-los a responder de forma a diminuir a segurança do primeiro" (Levy, 2001, p. 7). Tais situações podem levar, de modo não intencional, o país à guerra. A ameaça pode vir de um país estrangeiro ou de um grupo interno de uma nação. Após a invasão alemã da Polônia em 1939, o Reino Unido e a França declararam guerra à Alemanha por temer ser as próximas vítimas desse país. A Alemanha atacou a Rússia, na Primeira Guerra Mundial, em parte por temer que os russos entrassem na corrida armamentista e usassem suas armas contra os alemães. O Japão bombardeou Pearl Harbor na esperança de evitar um futuro confronto com a frota naval norte-americana, que se apresentava como uma ameaça ao poderio militar japonês.

Em 2001, uma coalizão liderada pelos Estados Unidos bombardeou o Afeganistão em resposta aos ataques terroristas de 11 de setembro. Mais tarde, em março de 2003, os Estados Unidos, o Reino Unido e a assim chamada "coalizão da boa vontade" invadiram o Iraque em resposta ao que se supunha ser uma possível ameaça de armas de destruição em massa e ao fracasso de Saddam Hussein em cooperar com os inspetores de armas das Nações Unidas. No entanto, em 2005, uma comissão presidencial concluiu que o ataque ao Iraque havia se baseado em relatórios equivocados dos departamentos de inteligência e que, na verdade, "as agências de espionagem norte-americanas estavam 'completamente erradas' na maioria de suas conclusões sobre as armas de destruição em massa do Iraque" (Shrader, 2005, p. 1). Como resultado, em 2007 muitos norte-americanos, mais de 60% da população, eram favoráveis a uma retirada parcial ou completa das tropas do Iraque (CNN/Opinion Research Corporation Poll, 2007). Muitos acreditam que a vontade do público por uma retirada do Iraque foi um fator-chave para o resultado da eleição presidencial norte-americana de 2008. O governo Obama retirou as tropas de combate restantes no Iraque em agosto de 2010.

Revoluções e guerras civis

Estas envolvem cidadãos guerreando contra o próprio governo e muitas vezes resultam em significativas mudanças políticas, econômicas e sociais. Nem sempre é fácil determinar a diferença entre uma revolução e uma guerra civil. No geral, os acadêmicos concordam que revoluções envolvem grandes mudanças que alteram de modo fundamental a distribuição de

dilema da segurança Uma característica do sistema estatal internacional que dá origem a relações instáveis entre Estados; na medida em que o Estado A aumenta a segurança de suas fronteiras e de seus interesses, seu comportamento pode diminuir a segurança dos outros Estados e levá-los a um comportamento que diminua a segurança de A.

poder em uma sociedade (Skocpol, 1994). A Revolução norte-Americana resultou da revolta dos colonizadores contra o controle britânico. No fim, os revoltosos tiveram sucesso e estabeleceram uma república onde antes não existia. A Revolução Russa envolveu uma revolta contra um governante corrupto, autocrático e anacrônico, o Czar Nicolau II. Entre outras mudanças, a revolução levou a uma tomada de terras em larga escala por parte dos camponeses, que antes dependiam economicamente dos grandes proprietários de terra. Mais recentemente, após um longo histórico de guerra civil e governos autônomos, e como parte de um acordo de paz em 2005 com o Sudão do Norte, o Sudão do Sul realizou um referendo e declarou sua independência do Sudão do Norte. A República do Sudão do Sul se tornou o mais novo estado-membro das Nações Unidas em 14 de julho de 2011 (Worsnip, 2011).

Uma guerra civil pode resultar em um governo diferente ou em novos tipos de líderes, mas não necessariamente leva a uma mudança social em larga escala. Como a distinção entre revolução e guerra civil depende do resultado do conflito, pode demorar muitos anos após o encerramento das escaramuças até que os observadores decidam como classificar o conflito. Revoluções e guerras civis têm maior probabilidade de ocorrer quando um governo é fraco ou dividido, quando não reage às preocupações e demandas dos cidadãos e quando líderes fortes estão dispostos a criar oposição ao governo (Barkan e Snowden, 2001; Renner, 2000).

Uma das guerras civis mais longas do mundo chegou ao fim em maio de 2009. Desde 1983, o governo do Sri Lanka lutou contra uma rebelião liderada pelo grupo Tigres de Libertação do Tâmil Eelam (LTTE). Também conhecido como Tigres Tâmeis, o LTTE era formado por militantes separatistas que buscavam criar um Estado independente nas porções norte e leste da ilha cingalesa. A guerra resultou em mais de 68 mil mortes (Gardner, 2007). O exército do Sri Lanka derrotou os últimos remanescentes do LTTE e matou seu líder em maio de 2009 (Buncombe, 2009). Como em muitas guerras civis, esse conflito também foi uma luta entre uma comunidade majoritária (nesse caso, os budistas cingaleses) e uma minoria relativamente pobre e marginalizada (os tâmeis hindus). Apesar do fim da guerra, não se chegou a uma solução em relação aos assentamentos da comunidade tâmil nem à partilha de poder entre as comunidades. Guerras civis também surgiram nas novas repúblicas independentes criadas no Leste Europeu com o colapso do socialismo, assim como em Ruanda, Serra Leoa, Chile, Uganda, Libéria e no Sudão.

A guerra civil na Síria logo se tornou uma das mais mortíferas em décadas recentes. Os protestos contra a corrupção do governo e a prisão de dissidentes políticos em março de 2011 levaram a um confronto policial que matou vários manifestantes. A continuidade dos protestos incitou o governo sírio, liderado pelo presidente Bashar al-Assad, a empregar a força militar contra os manifestantes. À medida que autoridades do governo começaram a abandonar o regime para se posicionar ao lado dos rebeldes, sob a bandeira do Exército de Libertação da Síria, o conflito se agravou, de uma dissensão política para uma guerra civil em larga escala entre dois grupos militares lutando pelo controle do governo. No verão de 2012, as Nações Unidas acusaram formalmente o regime Assad de crimes de guerra, e, um ano depois, os Estados Unidos prometeram ajuda militar ao Exército de Libertação da Síria depois do surgimento de indícios de que o governo de Assad estava usando armas químicas contra a população civil (Kaphle, 2013).

Nacionalismo

Alguns países vão para a guerra em um esforço para manter ou restaurar seu orgulho nacional. Por exemplo, Scheff (1994) argumenta que a "subida de Hitler ao poder foi pavimentada pelo tratamento que a Alemanha recebeu ao final da Primeira Guerra Mundial nas mãos dos vencedores" (p. 121). Excluída da Liga das Nações, punida com o Tratado de Versalhes e rejeitada pela comunidade mundial, a Alemanha se voltou para o nacionalismo como uma reação à exclusão material e simbólica.

No fim dos anos 1970, militantes iranianos tomaram a embaixada norte-americana em Teerã e mantiveram os ocupantes como reféns por mais de um ano. A tentativa do presidente Carter de usar forças militares para libertar os reféns fracassou. O fracasso intensificou as dúvidas sobre a capacidade de os Estados Unidos usarem seu poder militar de forma eficiente para atingir seus objetivos. Os reféns no Irã foram liberados depois que o presidente Reagan assumiu a presidência, mas dúvidas quanto à força e à eficácia dos militares norte-americanos continuavam a questionar o *status* dos Estados Unidos como um poder mundial. Logo em seguida, as tropas norte-americanas invadiram a pequena ilha de Granada porque o governo da ilha estava construindo uma base aérea grande o suficiente para abrigar equipamentos militares de grande porte. Autoridades norte-americanas temiam que a base pudesse ser usada por países hostis para atacar os Estados Unidos. De certo ponto de vista, o "vitorioso" ataque em larga escala em Granada funcionou para restaurar a fé no poder e na eficácia das forças armadas dos Estados Unidos.

Terrorismo

Terrorismo é o uso ou a ameaça de violência premeditados contra civis por parte de um indivíduo ou grupo para alcançar um objetivo social ou político (Barkan e Snowden, 2001; Brauer, 2003; Goodwin, 2006). Pode ser usado para divulgar uma causa, promover uma ideologia, alcançar liberdade religiosa, obter a libertação de um prisioneiro político ou se rebelar contra um governo. Terroristas usam uma variedade de táticas, incluindo assassinatos, sequestro de aviões, ataques suicidas com bombas, sequestros e uso de reféns, ameaças e outras formas de ataques com bombas. Por meio dessas táticas, eles buscam incutir medo na população, criar pressão por mudanças políticas ou minar a autoridade de um governo considerado intolerável. A maioria dos analistas concorda que, diferentemente da guerra – na qual é mais fácil apontar claramente um vencedor –, é muito difícil que o terrorismo seja completamente derrotado:

> Pode não haver vitória final na luta contra o terrorismo, porque terrorismo (mais do que a guerra total) é uma manifestação contemporânea do conflito, e o conflito não irá desaparecer do planeta até onde podemos enxergar e enquanto a natureza humana não passar por uma mudança radical. Mas está em nosso poder dificultar a vida dos terroristas e dos terroristas em potencial. (Laqueur, 2006, p. 173)

Tipos de terrorismo

O terrorismo pode ser tanto transnacional como doméstico. **Terrorismo transnacional** ocorre quando um ato terrorista em um país envolve vítimas, alvos, instituições, governos ou cidadãos de outro país. O ataque a bomba do voo 103 da PanAm sobre Lockerbie, na Escócia, é um exemplo de terrorismo transnacional. O incidente tirou a vida de 270 pessoas, incluindo 35 estudantes da Universidade de Syracuse que voltavam de um programa de estudos em Londres. Depois de dez anos de investigação, Abdel Basset Ali al-Megrahi, um agente da inteligência líbia (CNN, 2001), foi sentenciado à prisão perpétua na Escócia por seu papel no preparo da bomba que derrubou o avião. Em 2003, o governo líbio concordou em pagar US$ 2,7 bilhões em indenizações às famílias das vítimas (Smith, 2004). Após o diagnóstico de câncer terminal, o governo escocês liberou Megrahi "como medida de compaixão" para retornar à Líbia, onde teve uma recepção de herói organizada pelo governo líbio (Cowell e Sulzberger, 2009).

Os ataques, em 2001, ao World Trade Center, ao Pentágono e ao Voo 93 – o mais devastador da história dos Estados Unidos – são também os exemplos mais mortíferos do terrorismo transnacional. A Al Qaeda, uma aliança global de grupos militantes islâmicos sunitas que defende a violência contra alvos ocidentais, também foi responsável por ataques às embaixadas norte-americanas no Quênia e na Tanzânia (1998) e pelo bombardeio de um navio militar, o USS *Cole*, ancorado no porto de Arden, no Iêmen (2000). Desde então, a Al Qaeda tem sido ligada aos atentados com bombas em Bali, Indonésia (2002), Madri (2004) e Londres (2005). Depois de quase 20 anos de esforço para localizar Osama bin Laden, o presidente Obama anunciou, em 2 de maio de 2011, que o líder da Al Qaeda tinha sido morto por soldados das forças especiais da marinha e agentes da CIA durante uma busca em um complexo residencial particular em Abbottabad, no Paquistão, a cerca de 48 km a nordeste de Islamabad (Baker et al., 2011). O secretário de Defesa, Leon Panetta, anunciou mais tarde que o governo dos Estados Unidos estava "bem perto" de derrotar a Al Qaeda (Burns, 2011). Dois anos após a morte de Bin Laden, uma pesquisa apontou que 40% dos norte-americanos

terrorismo Ameaça de violência ou violência premeditada por um grupo ou indivíduo para a obtenção de um objetivo político.

terrorismo transnacional Ocorre quando um ato terrorista em um país envolve vítimas, alvos, instituições, governos ou cidadãos de outro país.

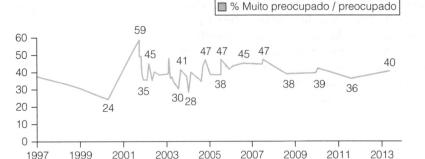

Quão preocupado você está com a possibilidade de que você ou alguém da sua família seja vítima do terrorismo: muito preocupado, preocupado, não muito ou nem um pouco preocupado?

Figura 15.2 Preocupação com o terrorismo, adultos norte-americanos com 18 anos ou mais, 1997–2013
Fonte: Gallup Poll, 2013.

estavam preocupados ou muito preocupados com a possibilidade de eles mesmos ou um membro de suas famílias serem vítimas do terrorismo (veja a Figura 15.2).

Muitos grupos além da Al Qaeda usam o terrorismo para avançar em seus próprios objetivos políticos e sociais. De fato, o Departamento de Estado norte-americano identificou 51 "organizações terroristas estrangeiras[...] [que] ameaçam a segurança de cidadãos norte-americanos ou a segurança nacional (defesa nacional, relações internacionais ou interesses econômicos) dos Estados Unidos" (Office of the Coordinator for Counterterrorism, 2013). Em 2012, a rede Haqqani, uma organização militante afiliada ao Talibã, operando na fronteira entre o Afeganistão e o Paquistão, foi adicionada a essa lista após uma série de ataques no Afeganistão a alvos relacionados aos Estados Unidos e às Nações Unidas. Em um dos ataques de setembro de 2011, militantes cercaram a embaixada norte-americana e o quartel-general da Otan em Kabul, levando a uma batalha que durou 19 horas e resultou na morte de cinco oficiais de polícia afegãos, seis crianças e outros cincos civis afegãos (Healy e Rubin, 2011). Membros da rede Haqqani, com sede no Waziristão, região noroeste do Paquistão, foram alvos de repetidos ataques de drones norte-americanos, tendo um deles matado 16 membros do grupo em julho de 2013 (Masood e Mehsud, 2013).

Em abril de 2013, após bombas explodirem durante a Maratona de Boston, equipes da Swat fizeram buscas de casa em casa pela cidade à procura do acusado de ser o responsável, Dzhokhar Tsarnaev. A caçada humana desencadeou a ordem "fechar as portas" para toda a cidade de Boston, que obrigou a interrupção do comércio e das atividades escolares por praticamente 24 horas. Essa decisão reacendeu o debate sobre os limites entre a segurança pública e a liberdade norte-americana em relação à ameaça de terrorismo doméstico. O congressista norte-americano Dutch Ruppersberger (D-MD) sugeriu que esse tipo de interrupção do cotidiano é parte do clima de medo que os terroristas esperam espalhar: "Temos de nos posicionar como norte-americanos em relação a isso [...] Temos de continuar nossos jogos de beisebol, continuar a ir aos eventos. Não podemos permitir que essas pessoas nos paralisem".

O grupo al-Shabaab, com base na Somália, é outro exemplo de organização terrorista transnacional. Adicionado à lista de organizações terroristas do Departamento de Estado norte-americano em 2008, acredita-se que esse grupo, formado por milhares de membros do mundo inteiro, conte com pelo menos 50 integrantes nascidos nos Estados Unidos e recrutados de comunidades somalis do estado de Minnesota (Ferran et al., 2013). Em setembro de 2013, dezenas de militantes do al-Shabaab invadiram um shopping center de luxo em Nairóbi, no Quênia, frequentado pela elite queniana e muitos norte-americanos e europeus, que estavam em Nairóbi trabalhando ou a passeio. Ao longo de quatro dias, os militantes mantiveram centenas de clientes reféns enquanto sustentavam um tenso cessar-fogo com militares e forças policiais do Quênia. Quando as forças quenianas retomaram o shopping center, pelo menos 67 civis haviam sido mortos e 200 estavam feridos. O grupo terrorista procurava estabelecer a Sharia na Somália e alegou que a interferência do Quênia no governo somali havia motivado aquele ataque (Tharoor, 2013).

terrorismo doméstico Também chamado terrorismo insurgente, ocorre quando as ações terroristas envolvem vítimas, alvos, instituições, governos ou cidadãos do mesmo país dos terroristas.

Terrorismo doméstico, às vezes chamado terrorismo insurgente (Barkan e Snowden, 2001), é exemplificado pelo atentado com um caminhão-bomba a um edifício federal de nove andares na cidade de Oklahoma, em 1995, que resultou em 168 pessoas mortas e mais de 200 feridos. Os veteranos da Guerra do Golfo Timothy McVeigh e Terry Nichols foram condenados pelo crime. McVeigh seria membro de um grupo paramilitar que se opõe ao governo norte-americano. Em 1997, ele foi sentenciado à morte por suas ações e executado em 2001 (Barnes, 2004). Mais recentemente, em 2010, o major Nidal Malik Hasan, psiquiatra do exército norte-americano e norte-americano de ascendência árabe, foi condenado pelo assassinato de 13 pessoas em Fort Hood, Texas, e em 2013 foi sentenciado à morte. No mesmo ano, duas bombas de fabricação caseira foram detonadas perto da linha de chegada da Maratona de Boston, matando três pessoas e ferindo 24. Imagens gravadas por câmeras de segurança indicavam os irmãos Dzhokhar e Tamerlan Tsarnaev, cidadãos norte-americanos nascidos no Daguestão, Rússia, como executores do ataque. Depois de uma perseguição em alta velocidade e troca de tiros com a polícia, Tamerlan Tsarnaev foi morto, e seu irmão de 19 anos, Dzhokhar, levado em custódia pela polícia e acusado de executar o ataque; ele alegou inocência e aguarda julgamento (Zaremba et al., 2013).

Em 2004, os atentados a bomba em uma escola russa por militantes chechenos mataram 324 pessoas – quase a metade das vítimas eram crianças –, também estes um exemplo de terrorismo doméstico, uma vez que os rebeldes chechenos continuam a lutar por um Estado independente. Desde 1968, o grupo separatista basco ETA tem usado atentados a bomba e assassinatos para lutar pela independência política da população basca da Espanha. Em janeiro de 2011, enfraquecidos por centenas de prisões nos últimos anos, o grupo declarou um cessar-fogo "geral e permanente" (Tremlatt, 2011).

Padrões de terrorismo global

Um relatório do National Counterterrorism Center (2012) descreveu padrões de terrorismo pelo mundo (veja a Figura 15.3). Em 2011:

- Há registro de mais de 10 mil ataques terroristas domésticos e internacionais em 70 países espalhados pelo mundo.
- Mais de 12.500 pessoas morreram como resultado desses ataques.
- Mais de 75% dos ataques terroristas com fatalidades ocorreram no Oriente Médio ou sul da Ásia.
- A África e o hemisfério ocidental experimentaram cinco anos consecutivos de aumento nos números de ataques.

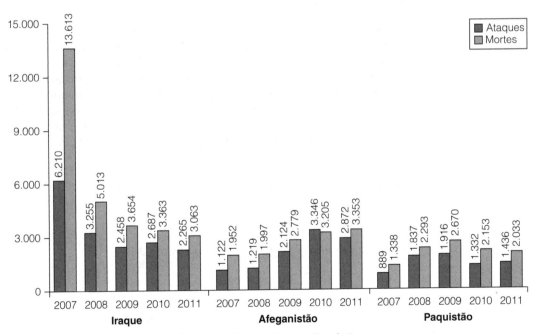

Figura 15.3 Tendências de ataques e mortes no Iraque, no Afeganistão e no Paquistão
Fonte: National Counterterrorism Center, 2012.

- Afeganistão, Iraque e Paquistão respondem por 85% dos ataques terroristas na região do Oriente Médio e sul da Ásia e por 64% dos ataques no resto do mundo.
- Embora os ataques no Afeganistão e no Iraque tenham caído entre 14% e 16% entre 2010 e 2011, os ataques no Paquistão aumentaram 8%.

> [...] Os norte-americanos reportaram estar mais preocupados com o terrorismo internacional do que com outras questões internacionais de segurança, incluindo as guerras no Afeganistão e no Iraque, a capacidade nuclear do Irã e da Coreia do Norte e o conflito entre Israel e os palestinos.

Uma pesquisa realizada com adultos norte-americanos selecionados aleatoriamente, semanas após o atentado da Maratona de Boston, mostrou que metade acreditava haver grande chance ou alguma possibilidade de que outro ataque terrorista fosse ocorrer nas semanas seguintes; esse número chegou a 38% dos entrevistados em 2011 (Saad, 2013). Em uma pesquisa anterior, os norte-americanos reportaram estar mais preocupados com o terrorismo internacional do que com outras questões internacionais de segurança, incluindo as guerras no Afeganistão e no Iraque, a capacidade nuclear do Irã e da Coreia do Norte e o conflito entre Israel e os palestinos (Morales, 2009).

As raízes do terrorismo

Em 2003, um painel de especialistas foi realizado em Oslo, Noruega, para discutir as causas do terrorismo (Bjorgo, 2003). Embora não seja uma lista exaustiva, estas são algumas causas levantadas pela conferência:

- Estado fraco ou com falhas, incapaz de controlar as operações terroristas
- Rápido processo de modernização, quando, por exemplo, um súbito enriquecimento leva a rápidas mudanças sociais
- Ideologias extremistas – religiosas ou seculares
- Histórico prévio de violência política, guerras civis e revoluções
- Repressão por parte de ocupação estrangeira (ou seja, dos invasores sobre a população)
- Discriminação racial ou étnica em larga escala
- A presença de um líder carismático

Observe que o Iraque tem várias das características listadas aqui, incluindo a rápida modernização (por exemplo, reservas de petróleo), ideologias extremistas (por exemplo, fundamentalismo islâmico), histórico de violência (por exemplo, invasão do Kuwait), discriminação étnica em larga escala (por exemplo, perseguição à minoria curda) e um estado fraco e incapaz de controlar as atividades terroristas (por exemplo, o novo governo iraquiano eleito).

As causas do terrorismo listadas aqui, porém, são de natureza macro. Quais seriam as variáveis sociais e psicológicas? (veja a Figura 15.4.) Como as pessoas decidem aderir a organizações terroristas e adotar táticas de terror? Borum (2011) examinou vários mo-

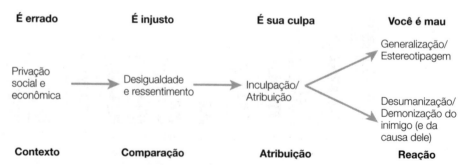

Figura 15.4 Processo de desenvolvimento da ideologia
Fonte: Borum, 2003.

delos de como as pessoas vão da radicalização ao extremismo violento (modelo REV) com base em estudos acadêmicos, militares e das forças policiais, e sugere que "compreender a mentalidade" de um terrorista pode ajudar na luta contra o terror. O processo REV é muito completo, argumenta Borum, e envolve redes de relações sociais, motivos para queixas e ressentimentos, a noção de recompensa, experiências com encarceramento e vulnerabilidades psicossociais. Esse pesquisador indica que a grande maioria das pessoas que militam crenças extremistas não se engaja em ações violentas e que os esforços dos extremistas contra a violência devem ir além da "guerra de ideias". Na verdade, esses esforços deveriam tomar uma abordagem multifacetada para compreender e tentar mitigar os motivos para queixas e ressentimentos, as vulnerabilidades psicossociais e as influências das redes de relacionamentos que interagem para produzir o extremismo violento.

A resposta dos Estados Unidos ao terrorismo

Para combater o terrorismo, os governos podem usar tanto estratégias defensivas como ofensivas. As primeiras incluem o uso de detectores de metal e máquinas de raio-X em aeroportos e aumentar a segurança de alvos em potencial, como embaixadas e postos militares de comando. O Departamento de Segurança Nacional dos Estados Unidos (DHS) coordena táticas defensivas para o governo norte-americano. O DHS foi criado, em 2002, a partir de 22 agências domésticas (como a Guarda Costeira dos Estados Unidos, o Serviço de Imigração e Naturalização e o Serviço Secreto) e, em 2011, contava com mais de 240 mil funcionários. Com um orçamento de US$ 53,9 bilhões em 2012, a missão do DHS é: "Lideraremos esforços para alcançar uma pátria segura, protegida e resiliente. Iremos conter o terrorismo e aumentar nossa segurança; proteger e administrar nossas fronteiras; reforçar e dirigir nossas leis de imigração; proteger as redes cibernéticas e a infraestrutura essencial e garantir nossa resiliência diante dos desastres [...]" (U.S. Department of Homeland Security, 2013, p. 1).

A capacidade do governo para investigar e contra-atacar o terrorismo, doméstico e internacional, vai além do Departamento de Segurança Nacional (veja neste capítulo a seção *Animais e a sociedade*). Uma investigação do jornal *Washington Post* concluiu que praticamente 1.300 organizações do governo e 2 mil empresas privadas estão envolvidas em ações de inteligência e contraterrorismo (Priest e Arkin, 2010). A indústria publica anualmente mais de 50 mil relatórios de inteligência, e mais de 854 mil funcionários têm nível de segurança de alta confidencialidade. O jornal concluiu que "o governo construiu um sistema nacional de segurança e inteligência tão grande, tão complexo e tão difícil de administrar que ninguém sabe realmente se está cumprindo seu papel mais importante: manter o cidadão a salvo" (*Washington Post*, 2010, p. 1).

Dois recentes incidentes de informações altamente confidenciais sendo vazadas para o público levantaram questionamentos sobre a reação dos Estados Unidos ao terrorismo, tanto doméstico como internacional. Em 2010, o soldado Bradley Manning foi preso pelo vazamento de 700 mil páginas de documentos referentes à conduta das forças armadas norte-americanas no Iraque e no Afeganistão para o *site* WikiLeaks. Um vídeo mostrava a tripulação de um helicóptero norte-americano rindo, enquanto disparava num ataque aéreo que matou dezenas de civis (Walker, 2013). Manning alegou que o objetivo de vazar as informações era "inflamar um debate nacional sobre o papel da política militar e internacional em geral" (PBS NewsHour, 2013). De modo similar, Edward Snowden, um dos mais de 850 mil civis prestadores de serviço com acesso a informações de alta confidencialidade, vazou informações sobre o programa de vigilância doméstica da NSA (a Agência de Segurança Norte-americana), que deu início a um debate público sobre o equilíbrio entre o direito dos cidadãos norte-americanos à privacidade e o dever do governo de garantir a segurança pública. Em 2013, o soldado de primeira classe Bradley Manning foi condenado por 17 das suas 22 acusações, embora tenha escapado da acusação mais grave, "ajudar o inimigo" (Pilkington, 2013b). Snowden fugiu para Hong Kong e acabou na Rússia, onde pediu asilo para escapar das acusações norte-americanas de espionagem e roubo de propriedade do governo (Reuters, 2013).

Animais e a sociedade
Heróis não celebrados entre nós

Há monumentos para todos eles pelo mundo todo, mas nenhum é tão espetacular como o War Memorial, na Inglaterra. Inaugurado em 2004, esse memorial presta homenagem aos milhões de animais que valorosamente "sofreram e serviram":

[...] às mulas que foram silenciadas nas selvas de Mianmar tendo suas cordas vocais cortadas; aos asnos que cederam ao peso dos carregamentos de munição e aos cães que tiveram suas patas transformadas em carne viva cavando atrás de sobreviventes ou que tiveram seus rostos destruídos ao procurar minas, mas continuaram, para encontrar mais – todos esses animais serão lembrados; os camelos e os canários; os elefantes e o gado; os pombos mensageiros que voltaram para casa com apenas uma asa; até mesmo os vaga-lumes cuja luz suave permitiu aos soldados que lessem seus mapas durante a Primeira Guerra Mundial. (Price, 2004)

Semelhante à Victoria Cross, a mais alta comenda militar da Inglaterra, a Medalha Dickin homenageia animais que mostraram "notável bravura ou devoção enquanto serviam em um conflito militar" (Treo, 2010, p. 1). Em 2010, depois de 62 condecorados – incluindo 32 pombos mensageiros da Segunda Guerra Mundial, 26 cães, 3 cavalos e um gato –, foi a vez de Treo, um labrador preto de 8 anos. Treo salvou incontáveis vidas militares e civis no Afeganistão localizando artefatos explosivos improvisados (AEIs) pelos membros do Talibã, muitos dos quais de detonação em cadeia, ou seja, uma série de AEIs interconectados.

Desde o 11 de setembro, intensificou-se o uso de animais para patrulhar as fronteiras norte-americanas e na vigilância contra o terrorismo. As forças armadas dos Estados Unidos costumam usar cães por causa de seu olfato apurado, lealdade e inteligência. No mundo todo, há atualmente mais de 1.300 equipes trabalhando com cães, a maioria delas envolvida na detecção de drogas ilegais e bombas (Animals at Arms, 2010). No entanto, quando os militares falam de "cães químicos", referem-se aos animais capazes de localizar armas de destruição em massa. Esses cães têm um olfato tão sofisticado que podem detectar armas químicas, ou os ingredientes dessas armas, enquanto ainda estão escondidas e não foram lançadas na atmosfera. Labradores *retrievers*, pastores belgas Malinois e pastores alemães, entre outros, são treinados em escolas como o Canine Enforcement Training Center, onde a cada ano são formados cerca de cem cães certificados como detectores de produtos químicos, muitos dos quais se tornam funcionários do escritório norte-americano de fronteiras e alfândegas (Langley, s.d.).

Já a marinha norte-americana é responsável por treinar dois reforços improváveis para seu rol de operativos: golfinhos nariz-de-garrafa e leões-marinhos da Califórnia. O programa de mamíferos marinhos, uma ação da marinha norte-americana relativamente desconhecida até os anos 1990, tem treinado cerca de 80 golfinhos e 40 leões-marinhos para uma variedade de missões (Larsen, 2011; Oliver, 2011). As duas espécies têm capacidades que as destacam de outros mamíferos e entre si. Ao receber determinado sinal, os golfinhos usam ecolocalização ou um biossonar para procurar e encontrar determinado alvo. O golfinho emite uma série de cliques que alcançam o alvo e ecoam de volta até o osso da sua mandíbula, que então transmite a informação ao cérebro, criando uma "imagem mental do objeto" (Animals at Arms, 2010; Simon, 2003; U.S. Navy, 2010). O golfinho então volta para seu treinador e sinaliza informações sobre o alvo por meio de uma série de ruídos e movimentos.

Por causa dessa habilidade, os golfinhos também são usados para detectar minas em ancoradouros e outras vias aquáticas, protegendo assim os cidadãos norte-americanos e as forças armadas de inúmeras ameaças. (Larsen, 2011; NPR, 2009; Oliver, 2011). Depois de localizar uma mina, os golfinhos são treinados para afixar um cordão à mina, que é então ligado a uma boia que flutua até a linha d'água, informando os militares onde a mina está localizada. Esses animais não só detectam minas que estão posicionadas no fundo do oceano, mas também conseguem localizar as enterradas nas profundezas do solo oceânico (Animals at Arms, 2010, p. 1). Eles também protegem embarcações, submarinos, ancoradouros, usinas nucleares e as fronteiras dos Estados Unidos contra todo tipo de ameaça por via aquática. Depois do ataque ao navio USS *Cole*, havia o medo de que nadadores inimigos poderiam tentar afixar

Aqui, Brady Rusk, 12 anos, abraçando Eli, o cão militar que serviu com o irmão mais velho de Brady e que está recebendo sua aposentadoria antecipada na cerimônia de adoção na base aérea de Lackland, Texas. A família do soldado de primeira classe Colton Rusk adotou o labrador preto depois que Colton foi morto por um atirador de elite no Afeganistão.

artefatos explosivos a outros navios norte-americanos. Em resposta ao ataque, a marinha norte-americana criou o primeiro sistema de golfinhos antinadadores (Frey, 2003).

Os golfinhos antinadadores são capazes de detectar e marcar os nadadores combatentes com "a luz de um farol flutuante" e, se necessário, usar seus narizes de garrafa, duros como rocha, para atrapalhar o nadador até a chegada das forças norte-americanas (German, 2011, p. 1; Larsen, 2011). Os golfinhos, que trabalham tranquilamente em vários tipos de ambientes, serviram várias "missões" no Vietnã, na Guerra do Golfo, no Bahrein e no Iraque e podem ser empregados em qualquer lugar do mundo em menos de 72 horas (Frey, 2003; Larsen, 2011). Recentemente, esses mamíferos aquáticos foram usados em volta de submarinos Trident, em Kings Bay, no estado da Geórgia, e Bangor, estado de Washington (German, 2011).

Leões-marinhos são capazes de realizar tarefas similares às dos golfinhos, mas de um modo um pouco diferente devido a suas habilidades únicas. Esses animais podem enxergar no escuro e também embaixo d'água e têm uma audição submarina direcional. Em vez de empregar a força bruta, como os golfinhos fazem para interceptar nadadores combatentes, os leões-marinhos são um pouco mais refinados:

> Os leões-marinhos são treinados para detectar nadadores ou mergulhadores aproximando-se de navios ou atracadores militares. Eles carregam na boca um grampo, conectado a uma linha, aproximam-se silenciosamente por trás e o prendem à perna do nadador. Com este preso à linha, os marinheiros a bordo das embarcações podem puxá-lo para fora d'água [...] Oficiais da marinha afirmam que os leões-marinhos, parte do programa Sistema de Detecção de Intrusos em Águas Rasas, são tão bem treinados que o grampo é preso ao nadador antes que ele perceba. (Leinwand, 2003, p. 1)

Leões-marinhos – e, em um grau menor, golfinhos – também podem ser usados para recuperar materiais perdidos, mas, ao contrário dos golfinhos, podem sair do mar. Estima-se que desde 1962 os leões-marinhos do programa de mamíferos marinhos tenham "recuperado milhões de dólares em torpedos norte-americanos e equipamento despejado no leito marinho" (Larsen, 2011, p. 1). Eles também são usados para recuperar equipamentos militares valiosos que caíram no mar durante os exercícios; localizam um objeto pelos seus sinais acústicos e mergulham atrás do objeto, segurando uma placa de metal entre os dentes. A placa de metal é afixada ao objeto e puxada para a superfície da água (German, 2011).

É evidente que os golfinhos e os leões-marinhos são a primeira opção da marinha dos Estados Unidos, mas o "melhor amigo do homem" ultrapassou há pouco esses dois mamíferos aquáticos. Em 2011, a "Operação Tridente de Netuno", missão para eliminar Bin Laden, usou 79 Seals (tropas especiais) da marinha norte-americana e um cachorro para entrar em Abbottabad, Paquistão. Entretanto, apenas 24 soldados desceram pelas cordas do helicóptero Black Hawk que sobrevoou a propriedade de Bin Laden, e um deles trazia o cachorro amarrado às costas (Frankel, 2011a; Jeon, 2011). Embora detalhes sobre o cachorro sejam altamente confidenciais, assim como a identidade dos Seals, surgiu o rumor de que, logo após a missão, um pastor belga Malinois chamado Cairo, membro dos Seals, teve uma reunião a portas fechadas com o presidente Obama e o resto da equipe (Frankel, 2011b).

Assim como seus companheiros na guerra, os golfinhos e os leões-marinhos, os cães formam relações firmes com seus tratadores e treinadores e vice-versa. Quando o soldado de primeira classe Colton Rusk, fuzileiro naval de 20 anos, foi morto por um atirador de elite, seu labrador *retriever* preto, Eli, arrastou-se para cima dele para protegê-lo de outros disparos. No obituário, Eli foi reportado primeiro como um dos entes queridos da família de luto, e o labrador de 3 anos de idade, que recebeu uma aposentadoria antecipada, foi adotado pelos Rusk. Quando Eli chegou ao seu novo lar, conta a matriarca Kathy Rusk, correu para a cama de Colton, farejou em volta e pulou direto nela (Bumiller, 2011; Roughton, 2011).

Nenhuma máquina, nenhuma tecnologia, nenhum equipamento militar sofisticado pode fazer o que um animal é capaz de fazer nem sentir o que um animal é capaz de sentir.

O que você acha? Tanto Bradley Manning como Edward Snowden alegaram motivações patrióticas para vazar os documentos sobre ações questionáveis da luta do governo norte-americano contra o terrorismo. Alguns argumentam que esses vazamentos foram atos para fazer soar o alarme e tornar públicos a corrupção e o abuso do governo, enquanto outros sugerem que os vazamentos são obra de traidores cujas ações ferem os Estados Unidos em sua luta contra o terror e colocam em perigo a vida de seus funcionários. As ações de Manning e Snowden foram de traição ou de heroísmo? O que você acha?

Ações ofensivas incluem ataques retaliatórios, tais como o bombardeio norte-americano a instalações terroristas no Afeganistão, infiltração e ataques preventivos. Uma nova lei facilita as táticas ofensivas. Em outubro de 2001 foi assinado o USA Patriot Act (Lei Patriótica, mas também o acrônimo *Uniting and Strengthening America by Providing Appropriate Tools Required to Intercept and Obstruct Terrorism*). A lei aumenta os poderes policiais tanto domésticos como no exterior. Defensores do Patriot Act argumentam que, durante uma guerra, algumas restrições das liberdades civis são necessárias. Além disso, essa lei não é "uma mudança substancial na política, mas apenas uma revitalização de precedentes já estabelecidos" (Smith, 2003, p. 25). Os críticos defendem que a lei coloca em perigo as liberdades civis. Por exemplo, a lei original prevê detenção sem tempo definido para todos os integrantes do grupo de imigrantes se este for declarado como "perigo para a segurança nacional" (Romero, 2003). Em 2007, o Congresso norte-americano revisou a lei para atender a algumas dessas preocupações, em especial para limitar a autoridade do governo na condução de escutas.

Diferente da versão anterior do Patriot Act, que tinha cláusulas com "data de validade" que exigiam que o Congresso as revisse para ser renovadas, a maioria dos procedimentos da nova lei é permanente.

Entre as políticas norte-americanas mais controversas da sua guerra ao terror encontra-se a detenção indefinida dos "combatentes inimigos" na prisão militar e campo de interrogatório em Guantánamo, Cuba. Este foi o centro de detenção inicial para o Talibã e seus aliados capturados no Afeganistão, assim como dos suspeitos de terrorismo, incluindo membros da Al Qaeda de outras regiões. Desde 2002, aproximadamente 779 detidos já passaram por "Gitmo", como a prisão é chamada pelos norte-americanos (*New York Times*, 2013). O governo Bush defendia que esses detidos não eram membros do exército de um governo, que eles não estavam cobertos pelas **Convenções de Genebra**, principais tratados internacionais que regulam as leis da guerra e, em especial, o tratamento dado aos prisioneiros de guerra e aos civis em tempo de guerra. Em 2006, a Suprema Corte dos Estados Unidos rejeitou esse argumento, decretando que os detidos deveriam estar sujeitos às mínimas proteções descritas nas Convenções. Mais tarde, em 2008, a Corte determinou que a Constituição garante o direito dos detidos de questionar suas detenções perante um tribunal federal (Greenburg e de Vogue, 2008).

Em seu segundo dia no exercício do cargo, o presidente Obama ordenou ao Pentágono que fechasse a base de Guantánamo e todas as outras instalações de detenção até janeiro de 2010. Preocupações com a segurança levaram muitos a se opor à ideia de trazer os detidos para solo norte-americano para julgamento e possível encarceramento. Ainda assim, em novembro de 2009, o governo Obama anunciou que Khalid Shaikh Mohammed, suspeito de ser o idealizador dos ataques de 11 de setembro, seria julgado em um tribunal federal em Manhattan, a algumas quadras de onde ocorreu o ataque ao World Trade Center (Savage, 2009). Em dezembro de 2009, a presidência anunciou planos para transformar uma prisão estadual do Illinois em um centro federal de detenção para receber dezenas de suspeitos de terrorismo de Guantánamo (Slevin, 2009). Em 2011, o Congresso proibiu a transferência dos prisioneiros de Guantánamo para o solo norte-americano. Essa decisão frustrou os planos do governo Obama de colocar Khalid Shaikh Mohammed e outros prisioneiros em julgamento por uma corte norte-americana (Ryan e Khan, 2011).

Em protesto sobre o tratamento recebido e a detenção sem tempo definido, mais de cem prisioneiros iniciaram uma greve de fome em fevereiro de 2013. Depois de meses de cobertura pela mídia do tratamento recebido pelos prisioneiros, em especial a prática de alimentar à força os prisioneiros em greve de fome, o governo Obama anunciou que em maio iria renovar os esforços para fechar a prisão e transferir os prisioneiros de baixo risco a seus países de origem. Em julho de 2013 foi aprovada a repatriação de dois prisioneiros argelianos de volta à Argélia (Nakamura e Kenber, 2013). Dos 166 homens presos na Baía de Guantánamo em 2013, o governo listou 46 como "detidos por tempo indefinido", ou seja, aqueles vistos como perigosos demais para ser liberados ou transferidos para outras prisões, cujos casos são considerados impossíveis de ser julgados por cortes civis ou militares (Pilkington, 2013a).

O tratamento dos detidos em Guantánamo e nos centros secretos de detenção (também chamados "*black sites*", ou "locais negros") espalhados pelo mundo despertou o debate público sobre as técnicas de interrogatório aplicadas aos detidos suspeitos de terrorismo. De acordo com documentos liberados pelo Departamento de Justiça em 2009, entre 2002 e 2005 interrogadores, em acordo com a CIA e a inteligência das forças armadas norte-americanas, usaram de privação do sono, forçar o interrogado a ficar longos períodos em pé, exposição ao frio e a ruídos, humilhação sexual e simulação de afogamento (*waterboarding*), entre outras técnicas agressivas (Mazzetti e Shane, 2009a). O governo Bush e outros apoiadores das práticas argumentaram que tais "técnicas avançadas de interrogatório" eram necessárias para extrair informações úteis que protegeriam a sociedade de futuros ataques terroristas. Seus opositores, incluindo muitas autoridades e especialistas em segurança, alegaram que essas práticas: (1) não garantem informações úteis, (2) têm impacto político negativo, (3) foram banidas dos tratados internacionais que os Estados Unidos são obrigados a cumprir e (4) constituem tortura. O Congresso e a Casa Branca desde então baniram essas práticas.

Convenções de Genebra Conjunto de tratados internacionais que regem o comportamento dos estados durante períodos de guerra, incluindo o tratamento dispensado aos prisioneiros de guerra.

Em agosto de 2009, o representante legal dos Estados Unidos, Eric Holder, nomeou um procurador federal para investigar as alegações de abuso pela CIA e decidir se era necessário ou não uma investigação criminal completa dos casos (Mazzetti e Shane, 2009b). O inquérito foi encerrado em 2011 sem a abertura das investigações criminais.

A opinião pública está dividida sobre esse assunto. Em resposta à questão "torturar para obter informações relevantes de suspeitos de terrorismo é justificado", 48% dos adultos norte-americanos responderam que acreditavam que a tortura é "muitas" ou "algumas vezes" justificada, enquanto 47% acreditavam que a tortura "raramente" ou "nunca" o é (Pew Research Center, 2009). Republicanos eram duas vezes mais propensos a dizer que a tortura é "às vezes" justificada em relação aos democratas (49% contra 24%), e estes eram quase três vezes mais propensos que aqueles a responder que a tortura "nunca" é justificada (38% contra 14%).

Combater o terrorismo é difícil, e tendências recentes tornarão isso cada vez mais problemático (Strobel et al., 2001; Zakaria, 2000). Primeiro, *hackers* conseguem acessar ilegalmente informações guardadas em computadores; por exemplo, intrusos obtiveram as agendas de ancoragem e abastecimento do navio USS *Cole*. Segundo, a internet permite que grupos com interesses similares, antes separados pela geografia, possam compartilhar planos, esforços para levantar fundos, estratégias de recrutamento e outras ações coordenadas; em todo o mundo, milhares de terroristas mantêm contato por *e-mail*, e praticamente todos os grupos terroristas mantêm *sites* para recrutamento, arrecadação de fundos, comunicação interna e propaganda (Weimann, 2006). Terceiro, a globalização contribui para o terrorismo ao fornecer mercados internacionais em que as ferramentas para o terror – explosivos, armas, equipamentos eletrônicos e outros – podem ser adquiridas. E, finalmente, combater o terrorismo em condições de **guerra de guerrilha** é uma preocupação crescente. Diferentemente da atividade terrorista, que tem alvos civis e pode ser cometida por indivíduos isolados, a guerrilha é feita por grupos organizados em oposição a um governo nacional ou estrangeiro e suas forças militares.

A possibilidade de terroristas usarem armas de destruição em massa é o cenário mais assustador de todos e, como já dissemos, foi a motivação para a guerra de 2003 contra o Iraque. **Armas de destruição em massa (ADM)** incluem armas químicas, biológicas e nucleares. O antraz, por exemplo, embora em geral seja associado a doenças em animais, é altamente fatal para seres humanos e, embora possa ser evitado por vacinas, tem uma "janela de tempo altamente letal" (pode se espalhar e agir com rapidez). Em uma hipotética cidade de 100 mil habitantes, a demora de um dia no programa de vacinação resultaria em 5 mil mortos; um atraso de seis dias, 35 mil vidas. Em 2001, traços de antraz foram encontrados em várias cartas enviadas à mídia e a figuras políticas, resultando em cinco mortes e na inspeção e quarentena de várias instalações postais (Baliunas, 2004). Apesar da especulação geral de que a Al Qaeda ou Saddam Hussein fossem os responsáveis pelos ataques, os investigadores logo começaram a suspeitar de que a origem fosse doméstica. Em 2008, logo após o FBI ter informado a Bruce Ivins, especialista em microbiologia de um laboratório militar em Fort Detrick, Maryland, que seria acusado do crime, o cientista cometeu suicídio (Associated Press, 2008). Em 2004, o veneno ricina foi detectado em uma máquina de abrir cartas no escritório do líder da maioria no Senado, Bill Frist, em Washington (Associated Press, 2005).

guerra de guerrilha Guerra em que grupos organizados se opõem a governos domésticos ou estrangeiros e suas forças militares; muitas vezes envolvem pequenos grupos ou indivíduos que usam camuflagem e túneis subterrâneos para se esconder até estarem preparados para executar um ataque surpresa.

armas de destruição em massa (ADM) Armas químicas, biológicas ou nucleares com capacidade para matar um grande número de pessoas indiscriminadamente.

> Apesar da compreensível preocupação que os norte-americanos têm com a possibilidade de ataques terroristas, é importante lembrar que morte por terrorismo é uma ocorrência extraordinariamente rara no mundo, especialmente na sociedade norte-americana.

O uso de armas químicas na guerra civil da Síria levou a tensões e a um princípio de conflito militar entre os Estados Unidos e a Rússia – apoiadora do regime sírio – em setembro de 2013. Depois do surgimento de indícios de que o governo sírio havia usado armas químicas banidas pela lei internacional contra os civis em meados de 2013, o governo Obama ameaçou com retaliação militar. Após semanas de tensas negociações, o governo russo conseguiu um acordo entre os governos Obama e sírio para erradicar todas as armas químicas armazenadas pelos sírios para evitar um ataque das forças armadas norte-americanas. Em outubro de 2013, observadores internacionais asseguraram aos líderes mundiais que o

TABELA 15.3 Soluções desejadas para o esforço contra as armas de destruição em massa (ADM)

As forças armadas dos Estados Unidos, em atuação coordenada com outras instâncias do poderio nacional norte-americano, conseguem deter o uso de ADM.

As forças armadas dos Estados Unidos estão preparadas para derrotar um inimigo que ameace usar ADM e impedir o uso dessas armas.

As ADM existentes no mundo são seguras, e as forças armadas dos Estados Unidos contribuem, apropriadamente, para tomar conta dessas armas, reduzir sua quantidade, revertê-las ou eliminá-las.

Adversários atuais e potenciais dos Estados Unidos são dissuadidos do uso de ADM.

As ADM dos adversários atuais ou potenciais são detectadas e caracterizadas, e busca-se sua eliminação.

A proliferação maciça de ADM e materiais relacionados em posse de adversários atuais ou potenciais é dissuadida, impedida, derrotada ou revertida.

Se ADM são usadas contra os Estados Unidos ou seus interesses, suas forças armadas são capazes de minimizar seus efeitos de modo que continuam a operar em um ambiente com ADM e ajudar suas autoridades civis, aliados e parceiros norte-americanos.

As forças armadas dos Estados Unidos auxiliam na identificação da fonte do ataque, respondem de forma decisiva e/ou impedem ataques futuros.

Aliados, parceiros e agências civis dos Estados Unidos são parceiros competentes no combate às ADMs.

Fonte: Moroney et al., 2009. Extraído de MORONEY, Jennifer D.P. et al. *Building partner capacity to combat weapons of mass destruction*. Copyright 2009 Rand National Defense Institute. Reimpresso com autorização.

estoque de armas químicas da Síria havia sido desmantelado (Rapoza, 2013). Embora muitos tenham elogiado os esforços diplomáticos entre os Estados Unidos e a Rússia para impedir uma ação militar, outros criticaram os dois países por comandar a erradicação de armas químicas na Síria quando ambos mantêm grandes estoques de suas próprias armas químicas. Embora cada país tenha assinado um tratado, em 1994, para destruir seus arsenais de armas químicas até 2012, estima-se que em 2013 a Rússia detinha algo como 16 mil toneladas de armas químicas, enquanto os Estados Unidos teriam cerca de 3 mil toneladas (Taylor, 2013). A Tabela 15.3 lista os objetivos militares do governo norte-americano no combate às ADM, que incluem impedir sua proliferação, manter a segurança dos estoques existentes e trabalhar com os aliados para prevenir o uso de ADM por inimigos em potencial (Moroney et al., 2009).

Apesar da compreensível preocupação que os norte-americanos têm com a possibilidade de ataques terroristas, é importante lembrar que morte por terrorismo é uma ocorrência extraordinariamente rara no mundo, especialmente na sociedade norte-americana. Não houve nenhum grande evento terrorista nos Estados Unidos desde os ataques de 2001, e, como observou um analista, exceto por esses ataques, mais norte-americanos morreram pela queda de um raio que por obra de terroristas internacionais (Mueller, 2006, p. 13). Ainda assim, o medo de ataques terroristas continua a se espalhar. Por exemplo, em uma pesquisa de opinião feita um dia após o pronunciamento da morte de Osama bin Laden em um ataque à sua propriedade, 62% dos respondentes disseram achar que "um ato de terrorismo 'podia' ou 'tinha grande chance' de ocorrer nos Estados Unidos nas próximas semanas" (Saad, 2011, p. 1).

Problemas sociais relacionados a conflito, guerra e terrorismo

Estes incluem morte e incapacitação; estupro, prostituição forçada e mulheres e crianças desabrigadas; custos psicológicos e sociais; desvio dos recursos econômicos e destruição do meio ambiente.

Morte e incapacitação

Muitas vidas norte-americanas foram perdidas nas guerras, incluindo 53 mil mortos na Primeira Guerra Mundial, 292 mil na Segunda Guerra, 34 mil na Coreia e 47 mil no Vietnã (Leland e Oboroceanu, 2010). Em julho de 2013, o total de vidas militares perdidas nas guerras do Iraque e do Afeganistão era de 6.675, e 50.958 foram feridos. Muitos civis e combatentes inimigos também morreram ou foram feridos nas guerras. Apesar dos 100 mil civis iraquianos mortos, muitos norte-americanos não estão cientes desse grande volume de perdas. Em um programa desenvolvido pelo Pentágono, repórteres norte-americanos foram inseridos nas tropas visando fornecer "uma compreensão minuciosa da cultura e da vida no *front*" (Lindner, 2009, p. 21). No entanto, um dos produtos desse programa é que 90% das histórias dos jornalistas "infiltrados" foram escritas pela perspectiva dos soldados norte-americanos, com foco "nos horrores que as tropas encaram, em vez de focar os milhares de iraquianos mortos" (p. 45).

O impacto da guerra e do terrorismo estende-se para muito além daqueles que são mortos. Muitos dos sobreviventes da guerra tornam-se incapacitados por conta de ferimentos ou contraem doenças. Por exemplo, apenas no Sudão do Sul, mais de 4.200 pessoas foram mortas ou feridas por minas terrestres depois de encerrada a guerra civil com o Sudão do Norte, em janeiro de 2005 (Unmao, 2011). Em 1997, o Tratado de Banimento de Minas, que demandava que os governos destruíssem seu arsenal em quatro anos e liberassem os campos minados em dez, tornou-se lei internacional. Até o presente, 156 países assinaram o acordo, e 36 ainda não, incluindo China, Índia, Israel, Rússia e Estados Unidos (ICBL, 2013). Mortes e incapacitações relacionadas à guerra também comprometem a força de trabalho, criam órfãos e famílias desestruturadas e sobrecarregam os contribuintes, que têm de pagar pelo cuidado dos órfãos e dos veteranos de guerra incapacitados (o Capítulo 2 apresenta uma discussão dos planos de saúde para os militares).

O assassinato de civis desarmados também costuma minar a credibilidade das forças armadas e torna mais difícil a defesa de seus objetivos. No Iraque, por exemplo, os eventos em Haditha, cidade da região noroeste, tornaram-se notícia internacional, enfureceram iraquianos e levaram a intensas condenações públicas da missão norte-americana no país. Em novembro de 2005, após uma bomba na estrada ter matado um fuzileiro naval e ferido outros dois, "os fuzileiros alvejaram cinco iraquianos que estavam ao lado de um automóvel e foram de casa em casa em busca de rebeldes, usando granadas e metralhadoras para esvaziá-las" (Watkins, 2007, p. 1). Vinte e quatro iraquianos foram mortos, a maioria mulheres e crianças, "com tiros a curta distância no peito e na cabeça" (McGirk, 2006, p. 3). Depois que a revista Time revelou com exclusividade a história em março de 2006 (McGirk, 2006), os militares investigaram e contradisseram a alegação de que os civis tinham morrido como resultado de uma bomba na estrada. Oito fuzileiros navais foram acusados de má conduta durante o incidente; acusações contra seis deles foram retiradas, e um foi liberado de todas as acusações (Puckett e Faraj, 2009; Reuters, 2008). O restante dos réus foi absolvido em 2012 (Savage e Bumiller, 2012).

Por fim, indivíduos que participam de experimentos em pesquisas militares também podem sofrer de grandes danos à saúde. O congressista de Massachusetts, Edward Markey, identificou 31 experimentos que datam de 1945, em que cidadãos norte-americanos foram submetidos a ferimentos por parte dos militares. Markey denunciou que muitos dos experimentos usaram prisioneiros ou cidadãos considerados "dispensáveis", como idosos, condenados e pacientes de hospitais. Eda Charlton, de Nova York, recebeu injeções de plutônio em 1945. Ela e outros 17 pacientes só foram saber desse envenenamento 30 anos depois. Seu filho, Fred Schultz, falou sobre sua mãe falecida:

> Eu estava combatendo os alemães, que faziam essas experiências médicas horríveis [...] ao mesmo tempo que meu próprio país estava conduzindo esse tipo de experiência com minha própria mãe. (Miller, 1993, p. 17)

Estupro, prostituição forçada e mulheres e crianças desabrigadas

Há meio século, a Convenção de Genebra proibiu o estupro e a prostituição forçada na guerra. Apesar disso, ambos continuam a ocorrer nos conflitos atuais.

Antes e durante a Segunda Guerra Mundial, oficiais japoneses forçaram entre 100 mil e 200 mil mulheres e adolescentes a se prostituírem como "mulheres de conforto". Elas eram forçadas a ter relações sexuais com dezenas de soldados todos os dias em "estações de conforto". Muitas morreram como resultado da falta de tratamento de doenças sexualmente transmissíveis, castigos pesados ou atos indiscriminados de tortura.

Desde 1998, forças do governo do Congo têm combatido com rebeldes da Uganda e de Ruanda. As mulheres têm pago um alto preço por essa guerra civil, no qual o estupro grupal é "tão

Cerca de 2 milhões de sírios tornaram-se refugiados da guerra civil em andamento; muitos fugiram para a Jordânia, Egito e Turquia em busca de segurança. Alguns campos de refugiados se tornaram tão grandes quanto as cidades principais desses países; o campo de Za'atari, na Jordânia, surgiu em julho de 2012, quando 450 sírios cruzaram a fronteira para escapar da guerra civil. Em julho de 2013, Za'atari abrigava 120 mil sírios (UNHCR, 2013).

Criança soldado na Libéria aponta a arma para a câmera carregando um ursinho de pelúcia nas costas. Embora números confiáveis sejam difíceis de obter, as Nações Unidas estimam que cerca de 300 mil crianças soldados estejam combatendo em guerras pelo mundo.

violento, tão sistemático, tão comum [...] que milhares de mulheres estão sofrendo de fístula vaginal, o que as deixa sem controle das funções corporais e sofrendo de ostracismo e sob a ameaça de problemas de saúde debilitantes" (Wax, 2003, p. 1). Embora menos comum que a violência contra as mulheres, assistentes sociais têm visto o crescimento de incidentes de estupro e violência sexual contra homens como "outro modo dos grupos armados de humilhar e desmoralizar as comunidades congolesas até que se submetam" (Gettleman, 2009, p. 1). As Nações Unidas descreveram a situação no Congo como "a pior violência sexual no mundo" (Gettleman, 2008, p. 1).

Críticas feministas aos estupros de guerra enfatizam que a prática não só reflete a estratégia militar como também a dominação étnica e de gênero. Por exemplo, os Refugiados Internacionais, um grupo de ajuda humanitária, relatam que o estupro é "uma arma sistemática de limpeza étnica" contra os habitantes de Darfur e está "ligada à destruição de suas comunidades" (Boustany, 2007, p. 9). Sob a lei tradicional de Darfur, a condenação de estupradores é quase impossível. São necessárias quatro testemunhas masculinas para acusar formalmente um estuprador, e uma mulher solteira corre o risco de punição física severa por ter tido relação sexual fora do casamento.

A guerra e o terrorismo também forçam mulheres e crianças a fugir para outros países ou regiões de sua terra natal. Assim, como resultado da guerra civil na Síria, milhões de crianças foram "[...] mortas, mutiladas e tiveram acesso negado a alimentos e remédios" (Uenuma, 2013, p. 1). Mulheres e meninas refugiadas são especialmente vulneráveis ao abuso sexual e à exploração por habitantes locais, membros das forças de segurança, guardas da fronteira e outros refugiados. As guerras são perigosas para os muito jovens. "Nove de cada dez países com maior mortalidade antes dos 5 anos estão experimentando ou deixando um conflito armado". Esses números incluem Serra Leoa, Angola, Afeganistão, Nigéria, Libéria, Somália, Mali, Chade e República Democrática do Congo (Save the Children, 2007, p. 13). Apesar da *Convenção dos Direitos da Criança* (Unicef, 2011), criada para proteger as crianças dos efeitos dos conflitos armados, estima-se que, no mundo, 40 milhões de crianças em idade escolar – praticamente uma em cada três crianças vive em zonas de guerra – são impedidas de frequentar a escola por causa de conflitos armados (Save the Children, 2009).

Custos psicológicos e sociais

Terrorismo, guerra e a vida sob ameaça de uma guerra atrapalham o bem-estar social e psicológico e o funcionamento da família. Por exemplo, Myers-Brown et al. (2000) relatam que as crianças da Iugoslávia sofriam de depressão, ansiedade e medo como resposta aos conflitos nessa região, respostas emocionais não muito diferentes das que os norte-americanos experimentaram no 11 de setembro (Nasp, 2003). Mais recentemente, como resultado da guerra, há indícios de que muitas crianças iraquianas sofrem desde "pesadelos e enurese noturna a recolhimento, mudez, ataques de pânico e atos de violência contra outras crianças e, às vezes, contra os próprios pais" (Howard, 2007, p. 1). Além disso, um estudo com crianças durante o pós-guerra em Serra Leoa descobriu que mais de 70% dos meninos e meninas que tiveram pais mortos corriam "sérios riscos" de suicídio (Morgan e Behrendt, 2009).

O suicídio alcançou proporções "epidêmicas" em 2013, com aproximadamente 22 cometidos por veteranos por dia. Quando os reservistas foram incluídos no total junto com os soldados em atividade, constatou-se que mais militares cometeram suicídio do que aqueles que foram mortos em combate no Iraque e no Afeganistão.

A guerra de guerrilha é especialmente custosa em termos do peso psicológico sobre os soldados. No Iraque, soldados eram repetidamente traumatizados à medida que "insurgentes guerrilheiros atacavam com impunidade", e a morte muitas vezes vinha de "granadas de mão lançadas por crianças", [por] caminhões-bomba suicidas que faziam o chão tremer ou atiradores de elite escondidos em prédios bombardeados" (Waters, 2005, p. 1). Em 2008, o exército norte-americano calculou que para cada 100 mil soldados empregados no Iraque, 20,2 haviam cometido suicídio, em comparação com 12 suicídios por 100 mil soldados não mandados para o Iraque (Alvarez, 2009; U.S. Army Medical Command, 2007). Essa foi a primeira vez desde a Guerra do Vietnã que a taxa de suicídio por soldados norte-americanos ultrapassava a de civis. O suicídio alcançou proporções "epidêmicas" em 2013, com aproximadamente 22 cometidos por veteranos por dia (Haiken, 2013). Quando os reservistas foram incluídos no total junto com os soldados em atividade, constatou-se que mais militares cometeram suicídio do que aqueles que foram mortos em combate no Iraque e no Afeganistão (Donnelly, 2011) (veja neste capítulo a seção *Um olhar sobre a pesquisa dos problemas sociais*).

Militares que entram em combate e civis vitimados pela guerra podem experimentar um tipo de estresse psicológico conhecido como **transtorno de estresse pós-traumático (TEPT)**, termo clínico que se refere a um conjunto de sintomas que podem resultar de qualquer experiência traumática, incluindo ser vítima de crimes, de estupro ou da guerra. Entre os sintomas do TEPT estão distúrbios de sono, pesadelos recorrentes, *flashbacks* e dificuldade de se concentrar (NCPSD, 2007). Por exemplo, o tenente-general canadense Roméo Dallaire, chefe da missão pacificadora das Nações Unidas em Ruanda, testemunhou atos terríveis de genocídio. Por muitos anos após ter voltado daquele país, ele era perseguido por imagens em que se via "em um vale ao pôr do sol, enterrado até a cintura entre corpos e coberto de sangue" (citado em Rosenberg, 2000, p. 14). TEPT também está associado a outros problemas pessoais, como alcoolismo, violência familiar, divórcio e suicídio.

As estatísticas do TEPT variam muito, embora sejam consistentemente mais altas entre veteranos combatentes que entre não combatentes. Em uma pesquisa por telefone com 1.965 militares que foram mandados para o Iraque e o Afeganistão, 14% relataram apresentar sintomas de TEPT, 14% apresentam sintomas de depressão profunda e 9%, sintomas coerentes com as duas condições (Tanielian et al., 2008). O Departamento de Assuntos Militares estima que o TEPT afeta 31% dos veteranos do Vietnã, 11% dos veteranos do Afeganistão e 20% dos veteranos do Iraque (National Institute of Health, 2009). De acordo com um sobrevivente do TEPT:

O transtorno de estresse pós-traumático (TEPT) não é algo que você simplesmente supera. Você não volta a ser quem era. É mais como um globo de neve. A guerra te chacoalha e de repente todas aquelas pecinhas que eram a sua vida – músculos, ossos, pensamentos, crenças, relacionamentos e até mesmo seus sonhos – ficam flutuando no ar e fora do seu alcance. Essas pecinhas vão acabar aterrissando. Eu estou aqui para contar a vocês que, com muito trabalho, irão se recuperar. Mas vocês nunca vão aterrissar onde estavam. Você se torna uma pessoa diferente depois do combate. Nem melhor nem pior, apenas diferente. (Montalván, 2011, p. 50)

A Figura 15.5 descreve os tipos de traumas aos quais foram expostos os veteranos das guerras no Afeganistão e no Iraque.

Por uma série de razões, é difícil estimar a taxa de TEPT entre os soldados. Primeiro, há o intervalo, muitas vezes anos, entre o tempo de exposição ao trauma e as manifestações de sintomas. Segundo, muitos relutam em buscar ajuda em razão do estigma social associado a quem tem problemas mentais (Mittal et al., 2013). Quando procuram ajuda, os oficiais dizem que o Departamento de Assuntos dos Veteranos (VA, *Veterans Affairs*) demora para responder (Dao, 2009). Incomodado com as políticas do VA, que obrigam os veteranos a provar que determinado evento estressor seria o responsável pelos sintomas de TEPT, em 2009 o secretário do VA, Eric Shinseki, anunciou a extensão dos benefícios oferecidos pelo departamento aos veteranos que sofriam sintomas de TEPT (Friedman, 2013). Veja neste capítulo, na seção *O lado humano*, um relato emocionante dos esforços de um homem para lidar com o TEPT.

transtorno de estresse pós-traumático (TEPT) Conjunto de sintomas que podem resultar de qualquer experiência traumática, incluindo tornar-se vítima de um crime, da guerra, de desastres naturais ou de abusos.

Um olhar sobre a pesquisa dos problemas sociais — Combate, doença mental e suicídio de militares

Não muito tempo depois da invasão do Iraque em 2003, a taxa de suicídio entre os militares e os veteranos começou a aumentar dramaticamente. As guerras no Iraque e no Afeganistão demandaram que os militares empregassem suas tropas em zonas de guerra mais vezes e por períodos mais longos que antes. Além disso, a natureza das operações contra os insurgentes nessas zonas de guerra introduziu novas fontes de estresse, à medida que os militares precisavam balancear esforços humanitários e atuação nos combates. A taxa de suicídio entre os militares cresceu entre 2005 e 2009, diminuiu entre 2010 e 2011 e voltou a subir aceleradamente em 2012. A natureza menos convencional das guerras no Iraque e no Afeganistão e o fardo relacionado com missões repetidas e prolongadas levaram muitos a se perguntar se a crescente taxa de suicídio estava ligada ao estresse das missões e do combate.

Esse padrão preocupante levou a doutora Cynthia LeardMann e seus colegas, cientistas pesquisadores do Centro de Pesquisa de Saúde Naval (NHRC), a dar início a um estudo de longo prazo cujo objetivo era compreender se havia ou não uma ligação entre a experiência de combate e o risco de suicídio. As informações obtidas com esse estudo podem ajudar os líderes militares e os legisladores a compreender o tipo de mudança organizacional e os esforços necessários que poderiam prevenir futuros suicídios.

Amostragem e metodologia

Iniciado em julho de 2001, o NHRC lançou o Millennium Cohort Study (MCS), um estudo de recorte longitudinal de mais de 150 mil militares selecionados ao acaso. A cada três anos, os participantes do estudo completavam um questionário que detalhava sua saúde física, mental e funcional. Essas pesquisas foram coletadas entre militares na ativa e aqueles que haviam deixado as forças armadas desde o início do estudo.

Usando os nomes e os dados do seguro social dos participantes ao longo de 11 anos, os pesquisadores combinaram os registros do MCS com os do Índice Nacional de Mortes e o Registro Médico de Mortalidade da Defesa e descobriram que 83 dos 151.560 participantes haviam cometido suicídio ao longo da década anterior. Os pesquisadores também cruzaram os registros dos participantes do estudo com os de suas atuações no Departamento de Defesa, indicando a quantidade e a duração de suas missões e se serviram em áreas de combate. Esse estudo entrevistou ainda os participantes, pedindo-lhes que dissessem se haviam testemunhado ou sido expostos a eventos específicos traumatizantes, como testemunhar a morte e a tortura ou ver corpos mutilados ou em decomposição. Depois de combinar todos esses registros e utilizar um modelo estatístico, os pesquisadores foram capazes de determinar quais fatores estavam associados ao risco de suicídio.

Descobertas e conclusões

Ao contrário do que se esperava, os pesquisadores não chegaram à conclusão de que missões, combates ou experiências traumáticas eram fatores de risco para o suicídio. Em vez disso, identificaram que os fatores de risco de suicídio entre a população militar eram idênticos aos da população civil: os pesquisados do sexo masculino que relataram abuso de álcool e/ou histórico de doenças mentais, tais como depressão ou transtorno maníaco-depressivo, tinham mais risco de suicídio. A frequência, duração e natureza das experiências em missões não estavam associadas a suicídio. A equipe de pesquisadores concluiu:

Os resultados do estudo não dão suporte à associação entre ser destacado para missões ou combate e suicídio; em vez disso, os resultados são consistentes com pesquisas anteriores, que indicavam que problemas mentais aumentavam o risco de suicídio.

Assim, como é conhecido na história da psiquiatria, o monitoramento de transtornos mentais e de abuso de substâncias e a identificação precoce de comportamentos suicidas relacionados, combinados com tratamentos de alta qualidade, provavelmente fornecem o melhor potencial para reduzir o risco de suicídio.

Os resultados desse estudo ajudam os líderes militares a focar atenção nas áreas em que é possível ajudar a prevenir futuros suicídios pelo aumento dos recursos para lidar com a saúde mental e o abuso de substâncias por parte dos soldados e dos veteranos. No entanto, algumas questões permanecem. Se o risco de suicídio não está ligado às missões nem ao combate, então por que a taxa de suicídio aumentou tão drasticamente durante os anos mais intensos das guerras no Iraque e no Afeganistão? Uma das pesquisadoras do estudo, doutora Nancy Crum-Cianflone, sugere que "talvez não seja tanto ser mandado para missões, mas estar na guerra durante um período altamente estressante". Outros especialistas destacam a ligação entre os estressores em tempo de guerra e os problemas de saúde mental; Kim Ruocco, que dirige o Taps – programa militar de apoio e assistência aos sobreviventes de tragédias –, diz: "Com muita frequência, ligamos o suicídio militar ao trauma de combate. Mas há muito mais, trabalhar até altas horas, estar separado dos sistemas de apoio, falta de sono são todos estressores. Todos contribuem para as questões de saúde mental" (Dao, 2013).

As descobertas do estudo indicam que o aumento da taxa de suicídio é resultado de um aumento dos problemas de saúde mental e do abuso de substâncias entre os militares durante os anos de guerra e apontam para a necessidade de aumentar os recursos destinados a lidar com esses problemas para todos os militares na ativa e os veteranos, a despeito de terem servido ou não em combate.

Fonte: LeardMann et al., 2013.

Desvio dos recursos econômicos

Como já discutimos, manter os militares engajados em operações de guerra envolve muito capital financeiro e apoio humano. Em 2012, o gasto mundial com forças militares totalizou US$ 1,76 trilhão, ou cerca de US$ 249 por pessoa na Terra (Sipri, 2013).

A decisão de gastar US$ 567 milhões, o equivalente ao custo de funcionamento do Instituto Smithsonian (Center for Defense Information, 2003), em um míssil Trident II D-5 é

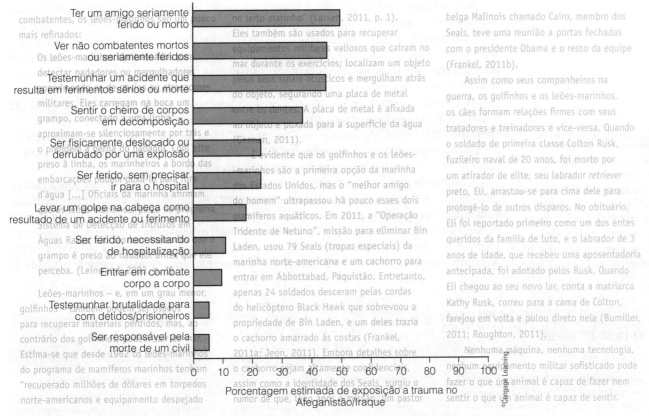

Figura 15.5 Exposições a trauma relatadas por membros em serviço no Afeganistão e no Iraque

uma escolha política. De modo semelhante, alocar US$ 2,3 bilhões por um submarino de ataque "Virginia", enquanto a qualidade das escolas norte-americanas se deteriora, também é. Entre 2001 e 2011, os contribuintes pagaram US$ 1,28 trilhão para custear as guerras no Iraque e no Afeganistão, o equivalente ao fornecimento de (1) um ano de auxílio-saúde para 259 milhões de cidadãos de baixa renda, ou (2) um ano de salário para mais de 19 milhões de professores do ensino fundamental, ou (3) um ano do programa Head Start (serviço de saúde e nutrição para pais e crianças de baixa renda) para 165 milhões de crianças, ou (4) energia elétrica renovável (painéis solares) para 285 milhões de lares, ou (5) um ano de bolsas para 159 milhões de estudantes universitários (National Priorities Project, 2011). Os gastos propostos para o ano fiscal de 2014 incluíram mais recursos para a defesa nacional que os recursos combinados para a justiça, benefícios aos veteranos, recursos naturais e meio ambiente (Office of Management and Budget, 2013a) (veja a Figura 15.6.).

Destruição do meio ambiente

A degradação do meio ambiente que ocorre durante as guerras continua a devastar a população muito tempo depois do final do conflito. À medida que os invólucros das minas são corroídos, as substâncias venenosas – muitas vezes carcinogênicas – vazam para o solo (Unausa, 2004). Em 1991, durante a Guerra do Golfo, as tropas iraquianas incendiaram 650 poços de petróleo, o que liberou petróleo que se espalhou pela superfície do deserto do Kuwait e passou a escoar pelo solo, ameaçando as reservas de água. A fumaça dos fogos que queimaram na região do Golfo por oito meses continha fuligem, dióxido de enxofre e óxidos de nitrogênio – os principais componentes da chuva ácida – e uma variedade de outros compostos químicos carcinogênicos e metais pesados. A Agência de Proteção Ambiental dos Estados Unidos calcula que, em março de 1991, o Kuwait estava emitindo dez vezes mais poluição no ar que todas as indústrias e todas as usinas de energia dos Estados Unidos somadas (Environmental Media Services, 2002; Funke, 1994; Renner, 1993).

Muitas vezes, uma força militar acaba explorando intencionalmente recursos naturais para alimentar sua luta. A população de elefantes na região sul de Angola foi em grande parte dizimada durante a guerra civil no país. O grupo rebelde Unita matou os animais para trocar marfim por dinheiro para compra de armas. Além disso, muitos elefantes foram mortos ou mortalmente aleijados por minas terrestres plantadas pelas guerrilhas, embora cientistas relatem que, incrivelmente, eles parecem ter aprendido a evitar áreas minadas (Marshall, 2007). Outros acabaram recebendo próteses no lugar dos membros perdidos. Entre 1992 e 1997, a Unita também arrecadou US$ 3,7 bilhões para continuar sua luta vendendo os chamados diamantes "de sangue" ou "de conflito" (GreenKarat, 2007). Dependendo da localização, a atividade de mineração dos diamantes pode ser altamente destrutiva para os ecossistemas dos leitos de rio e as áreas em volta das minas.

A catástrofe ambiental definitiva para o planeta é a guerra termonuclear. Junto com as fatalidades imediatas, o ar e as colheitas envenenadas e a chuva radioativa, muitos cientistas concordam que as tempestades de areia e concentrações de partículas criadas por uma troca massiva de armas nucleares bloqueariam a luz solar vital e diminuiria a temperatura no Hemisfério Norte, criando um **inverno nuclear**. Na ocorrência de uma guerra nuclear de larga escala, a maioria dos seres vivos da Terra morreria. Por exemplo, uma explosão nuclear e a onda de

inverno nuclear Resultado previsto de uma guerra termonuclear na qual nuvens espessas de poeira e partículas radioativas bloqueariam a luz do sol vital, reduzindo a temperatura no hemisfério norte e levando à morte a maior parte dos seres vivos da Terra.

O lado humano — Um encontro com Tuesday

Luis Montalván, um veterano há 17 anos e ex-capitão do exército norte-americano, tem coragem de sobra. Ele recebeu uma *Purple Heart* (Coração Púrpura), duas estrelas de bronze e um Emblema de Ação em Combate, mas seu maior desafio ainda estava por vir. Ao retornar do Iraque com TEPT, ele não tinha mais capacidade para atuar como militar e buscou ajuda na bebida, isolando-se do mundo. Mas, então, encontrou Tuesday, um belo e inteligente *golden retriever* que havia sido treinado como cão-guia, mas que também sofrera suas perdas. No trecho a seguir, Luis e Tuesday vão se encontrar com uma bela mulher.

Deixei minha companheira subir primeiro[...] depois subi na pequena entrada com Tuesday.
– Cachorro não – a motorista do ônibus vociferou.
– Ah, este é meu cachorro-guia – eu disse, com um sorriso, esperando que ela me deixasse passar[...]
Ela olhou para Tuesday, comprimiu os lábios: – Esse não é um cachorro-guia[...]
– Sim, Tuesday é meu cachorro-guia. Veja o colete dele. Veja a minha bengala.
– Cachorro-guia não usa esse tipo de colete. Cachorros-guia têm uma grande alça para você segurar.
– Mas esses são cachorros-guia para cegos – eu disse, tentando manter o controle.
– Este é um cachorro-guia para deficientes.
– Senhor, eu conheço um cachorro-guia quando vejo um, e este não é cachorro-guia.

Eu peguei meu celular.
– Então, chame a polícia – eu disse com raiva – porque não vou descer deste ônibus.
Encarei a motorista do ônibus[...]
– Por favor – eu disse baixinho – estou num encontro. Me deixe ficar.
– Não, senhor – ela disse bem alto, tentando me constranger.
– Então, vou chamar a polícia – eu disse, com raiva – porque você está violando meus direitos. Espero que esteja preparada para explicar ao seu chefe por que não deixou uma pessoa com deficiência entrar no seu ônibus.
Ela me deu uma olhada cheia de revolta e esperou 30 segundos para ver se eu recuaria, e então me deixou passar com um grunhido[...]
– Você está bem?
Respirei fundo, dei tapinhas na cabeça de Tuesday.
– Me desculpe.
– Não se desculpe – eu disse. E olhei para ela. Esperta, bonita, compreensiva. Ela sorriu, tocou em meu braço e...
– Este não é um cachorro-guia. Olhei para cima. Era a motorista do ônibus. Ela estava conversando com uma mulher no primeiro assento, provavelmente uma amiga, mas estava falando alto de propósito para todo o ônibus escutar.
– *Mantenha-se firme, Luis*. – Acho que você vai gostar desse restaurante[...]

– Eu dirijo este ônibus há muito tempo – a motorista continuou tentando me constranger – Conheço cachorros-guia.
Minha mente estava se despedaçando.
– Acho que você vai, hum..., acho que você vai gostar[...]
– Cachorros-guia têm uma alça.
Ela era como a voz do TEPT, sempre brincando dentro da minha cabeça, sempre me traindo.
– Não é cachorro-guia. Eu conheço cachorros-guia.
Ela estava me assediando e não ia parar.
– Ele acha que é um cachorro-guia. Eu conheço cachorros-guia.
– Não sou surdo – eu disse em voz alta.
– Esta não é a minha deficiência.
Alguns dos passageiros deram risada. Tuesday se virou e me tocou com seu focinho. Segurei-o pelo pescoço e me inclinei contra o seu peito [...]
– Me desculpem pelo cachorro – a mulher disse ironicamente para as pessoas na parada seguinte. – O cara diz que é um cachorro-guia.
Eu fui para dentro de mim mesmo. Segurei Tuesday e tentei me livrar da raiva. Podia sentir a dor de cabeça se aproximando, mas a afastei para longe. *Mais algumas horas*, pensei. *Mais algumas horas e acaba*. (p. 179-181)

Fonte: Montalván, 2011.

Em agosto de 2009, o representante legal dos Estados Unidos, Eric Holder, nomeou um procurador federal para investigar as alegações de abuso pela CIA e decidir se era necessário ou não uma investigação criminal completa dos casos (Mazzetti e Shane, 2009b). O inquérito foi encerrado em 2011 sem a abertura das investigações criminais.

A opinião pública está dividida sobre esse assunto. Em resposta à questão "torturar para obter informações relevantes de suspeitos de terrorismo é justificado", 48% dos adultos norte-americanos responderam que acreditavam que a tortura é "muitas" ou "algumas vezes" justificada, enquanto 47% acreditavam que a tortura é "raramente" ou "nunca" o é (Pew Research Center, 2009). Republicanos eram duas vezes mais propensos a dizer que a tortura é "às vezes" justificada em relação aos democratas (49% contra 24%), e estes eram quase três vezes mais propensos do que aqueles a responder que a tortura "nunca" é justificada (38% contra 14%).

Combater o terrorismo com sucesso: tendências recentes tornarão isso cada vez mais problemático (Strobel et al., 2001; Zakaria, 2000). Primeiro, *hackers* conseguem acessar ilegalmente informações guardadas em computadores; por exemplo, intrusos obtiveram as agendas de ancoragem e abastecimento do navio USS *Cole*. Segundo, a internet permite que grupos com interesses similares, antes separados pela geografia, possam compartilhar planos, esforços para recrutamento, estratégias de recrutamento e outras ações coordenadas; em todo o mundo, milhares de terroristas mantêm contato por *e-mail*, e praticamente todos os grupos terroristas têm *websites* para recrutamento, arrecadação de fundos, comunicação interna e propaganda (Weimann, 2006). Terceiro, a globalização contribui para o terrorismo ao fornecer mercados internacionais em que as ferramentas para o terror – explosivos, armas, equipamentos eletrônicos, entre outros – podem ser adquiridas. E, finalmente, combater o terrorismo em condições de **guerra de guerrilha** é uma preocupação crescente. Diferentemente da atividade terrorista, que tem alvos civis e pode ser cometida por indivíduos isolados, a guerrilha é feita por grupos organizados em oposição a um governo nacional ou estrangeiro e suas forças militares.

A possibilidade de terroristas adquirirem armas de destruição em massa é a mais assustador de todos e, como já dissemos, foi a motivação declarada para a guerra de 2003 contra o Iraque. **Armas de destruição em massa (ADM)** incluem armas químicas, biológicas e nucleares. O antraz, por exemplo, embora em geral seja associado a doenças em animais, é altamente fatal para seres humanos e, embora possa ser evitado por vacinas, tem uma "janela de tempo altamente letal" (pode se espalhar e agir com rapidez). Em uma hipotética cidade de 100 mil habitantes, a demora da ajuda no programa de vacinação resultaria, o excesso da pressão a níveis atmosféricos comuns medido por libra por polegada quadrada (psi), como descrito em um relatório patrocinado pela Força Aérea dos EUA:

- A 20 libras por polegada quadrada de sobrepressão, até mesmo prédios de concreto armado são destruídos.
- 10 libras por polegada quadrada desabam a maioria das fábricas e prédios comerciais, bem como casas com estrutura de madeira ou tijolos.
- 5 libras por polegada quadrada achatam a maioria das casas e estruturas comerciais e industriais construídas com materiais leves.
- 3 libras por polegada quadrada são suficientes para explodir as paredes de prédios com estrutura de aço.
- 1 libra por polegada quadrada estilhaça vidros e causa destroços que podem machucar um número grande de pessoas. (Ochmanek & Schwarts 2008, p.6).

O medo da guerra nuclear contribuiu muito para o fortalecimento militar e acúmulo de armas, que, ironicamente, também provocam destruição ambiental mesmo em tempos de paz. Por exemplo, ao praticarem manobras militares, as forças armadas destroem a vegetação natural, atrapalham habitats de vida selvagem, desgastam o solo, assoreiam os rios e provocam inundações. A explosão de bombas durante tempos de paz causa vazamento de radiação na atmosfera e em águas subterrâneas. De 1945 a 1990, 1.908 bombas foram testadas – isto é, explodidas – em

Figura 15.6 Seleção de gastos federais norte-americanos por função para 2014 (estimativa)
Fonte: Office of Management and Budget, 2013b.

Função	Bilhões de dólares
Seguridade social	$866
Defesa nacional	$627
Seguro-desemprego	$542
Plano de saúde	$531
Saúde	$443
Benefícios e serviços de apoio a veteranos	$148
Educação, treinamento, emprego e serviços sociais	$129
Transporte	$104
Administração da justiça	$59
Assuntos internacionais	$56
Recursos naturais e meio ambiente	$40
Desenvolvimento regional e comunitário	$35
Ciência, espaço e tecnologia	$30
Governo em geral	$29
Agricultura	$23
Energia	$13

guerra de guerrilha Guerra em que grupos organizados se opõem a governos domésticos ou estrangeiros e suas forças militares; muitas vezes envolvem pequenos grupos ou indivíduos que usam camuflagem e túneis subterrâneos para se esconder até estarem preparados para executar um ataque surpresa.

armas de destruição em massa (ADM) Armas químicas, biológicas ou nucleares com capacidade para matar um grande número de pessoas indiscriminadamente.

Fumaça resultante da queima de 650 poços de petróleo que sobraram no despertar da Guerra do Golfo contém fuligem, dióxido de enxofre e óxidos de azoto, os principais componentes da chuva ácida, junto com uma série de produtos químicos tóxicos e potencialmente cancerígenos e metais pesados.

CAPÍTULO 15 GUERRA, CONFLITO E TERRORISMO

TABELA 15.3 Soluções desejadas para o esforço contra as armas de destruição em massa (ADM)

As forças armadas dos Estados Unidos, em atuação coordenada com outras instâncias do poderio nacional norte-americano, conseguem deter o uso de ADM.	
As forças armadas dos Estados Unidos são preparadas para métodos de ataque de inimigo que ameace usar ADM e impedem seu uso.	
As ADM existentes no mundo são seguras, e as forças armadas dos Estados Unidos contribuem, apropriadamente, com esforços internacionais para reduzir sua quantidade, revertê-las ou eliminá-las.	
Adversários atuais e potenciais dos Estados Unidos são impedidos de adquirir ADM.	
As ADM dos adversários atuais ou potenciais são detectadas e caracterizadas, e busca-se sua eliminação.	
A proliferação maciça de ADM e materiais relacionados à posse de adversários atuais ou potenciais é dissuadida, interrompida ou revertida.	
Se ADM são usadas contra os Estados Unidos ou seus interesses, suas forças armadas são capazes de minimizar os efeitos de modo que possam a operar em um ambiente com ADM e dar continuidade ao suporte dos parceiros norte-americanos.	
As forças armadas dos Estados Unidos auxiliam na identificação da fonte do ataque, respondem de forma decisiva e/ou impedem ataques futuros.	
Aliados, parceiros e agências civis dos Estados Unidos são parceiros competentes no combate às ADMs.	

Fonte: Moroney et al., 2009. Extraído de *capacity to combat weapons of mass destruction*, Institute. Reimpresso com autorização.

mais de 35 regiões do mundo. Embora o teste subterrâneo tenha reduzido a radiação, parte do material radioativo escapa para a atmosfera e pode se infiltrar em águas subterrâneas.

Por fim, embora o controle de armas e acordos de desarmamento da última década tenham solicitado a eliminação de grandes arsenais de armas, não existe um meio totalmente seguro de eliminar essas armas. Muitos grupos ativistas solicitaram colocar as armas em depósitos até que métodos seguros de descarte sejam descobertos. Infelizmente, quanto mais tempo as armas ficam estocadas, mais deterioram, aumentando a probabilidade de vazamentos perigosos. Em 2003, um juiz federal permitiu – apesar das objeções de ambientalistas – a queima de 2.000 toneladas de agentes neurotóxicos e gás mostarda que sobraram da Guerra Fria. Embora o exército tenha dito que é seguro descartar as armas, emitiu equipamento de proteção em caso de um "acidente" aos quase 20.000 moradores que viviam nas redondezas (CNN 2003a).

ca de 3 mil toneladas (Taylor, 2013). A Tabela 15.3 lista os objetivos militares do governo norte-americano no combate às ADM, que incluem impedir sua proliferação, manter a segurança dos estoques existentes e trabalhar com os aliados para prevenir o uso de ADM por inimigos em potencial (Moroney et al., 2009).

Apesar da compreensível preocupação que os norte-americanos têm com a possibilidade de ataques terroristas, é importante lembrar que morte por terrorismo é uma ocorrência extraordinariamente rara no mundo, inclusive na sociedade norte-americana. Não houve nenhum grande evento terrorista nos Estados Unidos desde os ataques de 2001, e, como observou um analista, exceto por esses ataques, mais norte-americanos morreram pela queda de um raio que por obra de terroristas internacionais (Mueller 2006, p. 13). Ainda assim, o medo de ataques terroristas continua a se espalhar. Por exemplo, em uma pesquisa de opinião feita um mês após o pronunciamento da morte de Osama bin Laden em um ataque a sua propriedade, 62% dos respondentes disseram achar que "um ato de terrorismo 'podia' ou 'tinha grande chance' de ocorrer nos Estados Unidos nas próximas semanas" (Saad, 2011, p. 1).

Estratégias de ação: em busca da paz mundial

Várias estratégias e políticas visam criar e manter a paz mundial. Entre elas, redistribuição de recursos econômicos, criação de um governo mundial, ações de manutenção da paz das Nações Unidas, mediação e arbitragem e controle de armas.

Redistribuição de recursos econômicos

A desigualdade dos recursos econômicos contribui para conflitos e guerras porque a crescente disparidade de riqueza e recursos entre países ricos e pobres estimula hostilidades e ressentimentos. Portanto, quaisquer medidas que resultem em uma distribuição mais igualitária de recursos econômicos podem evitar conflitos. John J. Shanahan (1995), vice-almirante aposentado da marinha norte-americana e ex-diretor do Center for Defense Information, afirmou que países ricos podem ajudar a reduzir as raízes sociais e econômicas do conflito oferecendo assistência econômica aos países mais pobres. Entretanto, despesas militares dos Estados Unidos para defesa nacional ultrapassam em grande escala a assistência econômica norte-americana para países estrangeiros. Por exemplo, o pedido de orçamento do governo Obama em 2014 incluía US$ 627 bilhões para segurança nacional, mas apenas US$ 56 bilhões para questões internacionais (veja a Figura 15.6).

> **O que você acha?** Os Estados Unidos forneceram mais de US$ 70 bilhões em apoio militar e econômico ao Egito, desde 1948, na tentativa de estabilizar a região e promover interesses norte-americanos no Oriente Médio. Após o golpe militar de 2013, que depôs o presidente democraticamente eleito Mohammed Morsi, muitos políticos argumentaram que a lei norte-americana exige que todo apoio seja retirado dos países nos quais um golpe político foi instaurado, enquanto o governo Obama afirmou que uma retirada total do apoio seria irresponsável e levaria a uma desestabilização maior da região (Plumer, 2013). Sob quais condições você acha que os Estados Unidos deveriam retirar auxílio estrangeiro dos países que apoiam há décadas?

Como discutido no Capítulo 12, estratégias que reduzem o crescimento populacional podem resultar em níveis mais altos de bem-estar econômico. Funke (1994) explicou que "populações de crescimento rápido em países mais pobres levarão à sobrecarga ambiental e ao esgotamento de recursos no próximo século, o que provavelmente resultará em instabilidade política e violência, bem como em inanição em massa" (p. 326). Embora atingir o bem-estar econômico mundial seja importante para minimizar o conflito global, é importante que o desenvolvimento econômico não aconteça à custa do ambiente.

Por fim, o ex-secretário-geral das Nações Unidas, Kofi Annan, em um discurso nas Nações Unidas, observou que não é a pobreza em si que leva ao conflito, mas sim a "desigualdade entre grupos sociais domésticos" (Deen, 2000). Fazendo referência a um relatório de pesquisa concluído pela Universidade das Nações Unidas em Tóquio, Annan argumentou que a "desigualdade [...] baseada em etnia, religião, identidade nacional ou classe econômica [...] tende a refletir acesso desigual ao poder político que muitas vezes impede caminhos para uma mudança pacífica" (Deen, 2000).

Nações Unidas

Fundada em 1945 após a devastação da Segunda Guerra Mundial, a Organização das Nações Unidas (ONU) hoje inclui 193 estados-membros e é o órgão principal de governança mundial. Durante os primeiros anos, sua missão principal foi a erradicação das guerras na sociedade. De fato, a carta das Nações Unidas começa com: "Nós, os povos das Nações Unidas – decididos a preservar as gerações vindouras do flagelo da guerra". Durante os últimos 65 anos, as Nações Unidas criaram grandes instituições e iniciativas em apoio à lei internacional, desenvolvimento da economia, direitos humanos, educação, saúde e outras formas de progresso social. O Conselho de Segurança é sua instância mais poderosa. Composto por 15 estados-membros, tem o poder de impor sanções econômicas contra estados que violem a lei internacional. Também pode usar a força quando necessário para restaurar a paz e a segurança internacional.

As Nações Unidas já se envolveram em 68 operações de manutenção da paz desde 1948 (veja a Tabela 15.4) (United Nations, 2013):

Pacificadores das Nações Unidas – militares em seus distintos capacetes ou boinas azuis, a polícia civil e uma série de outros civis – ajudam a implementar acordos de paz, monitoram cessar-fogos, criam zonas de proteção ou apoiam funções militares e civis complexas que são essenciais para manter a paz e começar uma reconstrução e construção de instituição em sociedades devastadas pela guerra. (United Nations, 2003, p. 1)

Em 2013, mais de 100 mil pessoas das Nações Unidas estavam envolvidas na supervisão de 15 forças pacificadoras multinacionais no Afeganistão, Deserto do Saara, Mali, Haiti, Congo, Darfur, Síria, Chipre, Líbano, Sudão, Costa do Marfim, Kosovo, Índia e Paquistão (United Nations, 2013).

Nos últimos anos, as Nações Unidas sofreram duras críticas. Primeiro, em missões recentes, países em desenvolvimento forneceram mais de 75% de suas tropas, enquanto os desenvolvidos – Estados Unidos, Japão e Europa – contribuíram com 85% dos recursos. Conforme comentou um oficial das Nações Unidas, "Você não pode ter uma situação em que alguns países contribuam com sangue e outros apenas com dinheiro" (citado por Vesely, 2001, p. 8). Segundo, um relatório sobre as operações de manutenção da paz das Nações Unidas observou várias missões fracassadas, incluindo uma intervenção na Somália, na qual 44 fuzileiros navais norte-americanos foram mortos (Lamont, 2001). Terceiro, como exemplificado no debate sobre o desarmamento do Iraque, as Nações Unidas não podem tomar partido, mas devem esperar um consenso de seus membros que, se não for possível, enfraquece a força da organização (Goure, 2003). Ainda que se chegue a um consenso, sem um exército permanente as Nações Unidas dependem de contribuições em termos de tropa e equipamentos dos estados-membros, e pode haver atrasos significativos e problemas logísticos na montagem de uma força para intervenção. As consequências dos atrasos podem ser surpreendentes. Por exemplo, segundo a Convenção para a Prevenção e Repressão do Crime de Genocídio, de 1948, as Nações Unidas são obrigadas a evitar casos de genocídio, definidos como "atos cometidos com a intenção de destruir, inteiramente ou em parte, um grupo nacional, racial, étnico ou religioso" (United Nations, 1948). Em 2000, o Conselho de Segurança das Nações Unidas reconheceu formalmente seu fracasso em evitar o genocídio de 1994 em Ruanda (BBC, 2000). Após a morte de dez soldados belgas nos dias que antecederam o genocídio, e sem um consenso para ação entre os membros, o Conselho de Segurança ignorou avisos do comandante da missão sobre o desastre iminente e retirou seus 2.500 membros das forças de paz.

TABELA 15.4 Operações de manutenção da paz das Nações Unidas: resumo de dados, 2013

Militares e polícia civil servindo em operações de manutenção da paz	92.099
Países contribuindo com militares e polícia civil	116
Pessoal civil internacional	5.107
Pessoal civil local	11.724
Voluntários das Nações Unidas	2.088
Número total de fatalidades em operações da manutenção da paz desde 1948	3.108
Orçamentos aprovados para 1º de julho de 2012 até 30 de junho de 2013	US$ 7,33 bilhões

Fonte: United Nations, 2013.

Por fim, o conceito das Nações Unidas é de que seus membros representam países individuais, não uma região ou o mundo. E porque os países tendem a agir de acordo com seus interesses econômicos e de segurança, as ações das Nações Unidas em nome da paz mundial podem ser motivadas pelos interesses próprios dos países envolvidos.

Como resultado de tais críticas, o ex-secretário-geral das Nações Unidas, Kofi Annan, apelou para os estados-membros, pedindo que aprovassem as mudanças mais amplas na história de 60 anos da organização (Lederer, 2005). Uma das recomendações mais controversas diz respeito à composição do Conselho de Segurança, o corpo de tomada de decisões mais importante da instituição. A recomendação de Annan para que o número de membros do Conselho de Segurança (15) – um grupo dominado por Estados Unidos, Grã-Bretanha, França, Rússia e China – mudasse para incluir uma quantidade mais representativa de países poderia, se aprovada, alterar o equilíbrio global do poder. Ban Ki-moon, antigo ministro do Exterior da Coreia do Sul, foi eleito como o 8º secretário-geral em outubro de 2006 (MacAskill et al., 2006), após fazer campanha a favor de uma plataforma que incluía apoio para reformas nas Nações Unidas. Até agora, esse órgão não chegou a um acordo sobre se e como deve expandir a associação do Conselho de Segurança (Macfarquhar, 2010).

O que você acha? No dia 17 de março de 2011, após uma guerra civil de um mês entre forças da oposição e forças leais ao chefe de Estado da Líbia, Muamar Kadafi, o Conselho de Segurança das Nações Unidas aprovou uma resolução que autorizava uma intervenção militar internacional no país. A resolução habilitava as forças das Nações Unidas e da Otan a "tomar todas as medidas necessárias" na falta de uma força de ocupação "para proteger civis [...] sob ameaça de ataque" (United Nations Security Council, 2011, p. 3). Perto do fim de 2011, forças da oposição ocuparam Trípoli, a capital da Líbia, e Kadafi foi assassinado (Gamel e Keath, 2011). Pensando na quantidade de guerras civis em andamento em países em todo o mundo, incluindo Síria, Sudão e Mali, em que base as Nações Unidas devem tomar decisões de intervenção? O que você acha?

Mediação e arbitragem

A maior parte dos conflitos é resolvida por meios não violentos. Mediação e arbitragem são apenas duas das estratégias não violentas usadas para solucionar conflitos e interromper ou evitar guerra. Na mediação, uma terceira parte, neutra, intervém e facilita a negociação entre representantes ou líderes de grupos em conflito. Bons mediadores não impõem soluções, mas ajudam as partes discordantes a criar opções para resolver o conflito (Conflict Research Consortium, 2003). No plano ideal, uma resolução mediada de um conflito atende pelo menos a algumas das preocupações e interesses de cada parte. Em outras palavras, a mediação tenta encontrar soluções para que os dois lados fiquem satisfeitos.

Embora a mediação seja usada para resolver conflitos entre os indivíduos, é também uma ferramenta valiosa para resolver conflitos internacionais. Por exemplo, o antigo senador dos Estados Unidos George Mitchell mediou com êxito conversas entre as partes do conflito na Irlanda do Norte em 1998. O acordo político resultante vigora até hoje. Em maio de 2008, o governo do Qatar mediou conversas entre os partidos políticos do Líbano, as quais resultaram em um acordo que preveniu guerras após uma crise política que durou 18 meses. Usar a mediação como forma de resolver conflitos internacionais muitas vezes é difícil por conta da complexidade das questões. Entretanto, uma pesquisa feita por Bercovitch (2003) mostra que agora há mais mediadores disponíveis e mais instâncias de mediação em questões internacionais do que nunca. Por exemplo, ele identificou mais de 250 tentativas individuais de mediação durante as Guerras nos Bálcãs na primeira metade dos anos 1990.

Arbitragem também envolve uma terceira parte neutra, que escuta os pontos de vista e argumentos apresentados por grupos em conflito. Diferentemente da mediação, porém, a terceira parte neutra chega a uma decisão que as duas partes em conflito concordam antecipadamente em aceitar. Por exemplo, o Tribunal Permanente de Arbitragem – uma organização intergovernamental com sede em Haia desde 1899 – arbitra disputas por território,

arbitragem Solução de controvérsia na qual uma terceira parte neutra ouve as evidências e argumentos apresentados por grupos em conflito e chega a uma decisão que as partes se dispõem antecipadamente a aceitar.

cumprimento de tratados, direitos humanos, comércio e investimento entre qualquer um de seus 107 estados-membros que assinaram e ratificaram uma de suas convenções legais básicas. Casos recentes incluem disputas entre França, Inglaterra e Irlanda do Norte pelo Eurotúnel; entre Paquistão e Índia pela construção de um projeto de energia hidroelétrica; e por território entre Eritreia e Etiópia, bem como entre o governo do Sudão e o Exército Popular de Libertação do Sudão (Permanent Court of Arbitration, 2011).

> **O que você acha?** Negociações internacionais foram realizadas entre Irã e Estados Unidos, em 2013, na esperança de resolver o impasse nuclear entre os dois países. Em troca da retirada de sanções econômicas contra o Irã, os Estados Unidos esperam que o país detenha seu programa de enriquecimento nuclear (Smith-Spark et al., 2013). Entretanto, grande parte do Congresso norte-americano se opõe às concessões propostas, que estreitariam as relações entre os Estados Unidos e Israel (Weisman, 2013). O que você acha? Os Estados Unidos deveriam negociar com o Irã a respeito de seu programa nuclear ou impor sanções mais rigorosas?

Controle de armas e desarmamento

Nos anos 1960, os Estados Unidos e a União Soviética levaram o mundo a uma corrida pelo armamento nuclear, cada um competindo para construir um arsenal de armas nucleares maior e mais destrutivo do que seu adversário. Se uma das superpotências iniciasse uma guerra em grande escala, os poderes de retaliação da outra resultariam na destruição dos dois países, bem como da maior parte do planeta. Assim, o princípio da **destruição mútua assegurada**, que nasceu do poderio das armas nucleares, fez que a guerra deixasse de ser uma proposta em que um vence e outro perde para se tornar um cenário em que ambos perdem. Se os dois lados perdessem a guerra, sugeria a teoria, nenhum lado iniciaria a guerra. Em seu ano culminante, 1966, o arsenal norte-americano de armas nucleares incluía mais de 32 mil ogivas e bombas (veja a seção *Você e a sociedade* deste capítulo).

Conforme seus arsenais continuavam a crescer a um custo astronômico, os dois lados reconheceram a necessidade de um controle de armas nucleares, incluindo a redução de gastos com defesa, produção e distribuição de armas e forças armadas. Durante a Guerra Fria, e até hoje, boa parte do comportamento dos Estados Unidos e da União Soviética é regulamentada por grandes iniciativas de controle de armas, que incluem:

- Tratado dos Testes Limitados, que proibiu o teste de armas nucleares na atmosfera, embaixo d'água e no espaço sideral.
- Tratado de Limitação de Armas Estratégicas (Salt I e II), que limitou o desenvolvimento de mísseis nucleares e antibalísticos defensivos.
- Tratado de Redução de Armas Estratégicas (Start I e II), que reduziu significativamente o número de mísseis nucleares, ogivas e bombas.
- Tratado de Reduções Estratégicas Ofensivas (Sort), que exigiu que os Estados Unidos e a Federação Russa reduzissem seus números de ogivas nucleares estratégicas entre 1.700 e 2.200 até 2012. Esse objetivo foi atingido, com os Estados Unidos atualmente em posse de 1.950 ogivas estratégicas e a Federação Russa, 1.800 (Center for Arms Control and Non-Proliferation, 2013).
- Novo Tratado de Redução de Armas Estratégicas (novo Start), que reduz ainda mais o número de ogivas nucleares estratégicas distribuídas para 1.550 para cada país e diminui significativamente o número de lançadores de mísseis nucleares estratégicos permitidos (Atomic Archive, 2011).

Com o fim da Guerra Fria, veio a crescente percepção de que, mesmo que Rússia e Estados Unidos reduzissem significativamente seus arsenais, outros países estavam preparados para adquirir armas nucleares ou expandir seus arsenais existentes. Assim, o foco no controle de armas se direcionou para a **não proliferação nuclear**, ou seja, a prevenção da propagação da tecnologia nuclear para estados não nucleares.

destruição mútua assegurada Doutrina da Guerra Fria que se refere à capacidade de dois estados nucleares se destruírem, reduzindo assim o risco de que qualquer um deles comece uma guerra.

não proliferação nuclear Esforços para evitar a disseminação de armas nucleares ou materiais e tecnologias necessárias para sua produção.

Você e a sociedade

Quiz da bomba nuclear

1. A primeira arma nuclear usada por um país foi lançada por _____ contra _____ .
   a. Rússia, China
   b. Estados Unidos, Japão
   c. Alemanha, Inglaterra

2. Quando o núcleo de um átomo se divide em dois trata-se de:
   a. decaimento beta
   b. fusão nuclear
   c. fissão nuclear

3. A primeira reação de cadeia nuclear de liberação de energia foi desenvolvida:
   a. Nos Estados Unidos
   b. Na Alemanha
   c. Na Inglaterra

4. Urânio, um elemento-chave usado no desenvolvimento de armas nucleares, leva _____ anos para se desintegrar naturalmente.
   a. 700.000.000
   b. 1.000.000
   c. 500.000

5. Qual o nome da bomba jogada em Nagasaki durante a Segunda Guerra Mundial?
   a. U-235
   b. Little Boy
   c. Fat Man

6. Historicamente, armas nucleares eram transportadas por aviões (por exemplo, bombardeiros B-29). Hoje, sistemas de lançamento de armas nucleares têm mais chances de ser:
   a. drones
   b. mísseis balísticos
   c. satélites

7. Como é chamado o centro de uma explosão nuclear?
   a. raio de precipitação
   b. marco zero
   c. zona de explosão

8. Quão altas são as temperaturas no centro de uma explosão atômica?
   a. Até 300 milhões de graus Fahrenheit
   b. Até 400 milhões de graus Fahrenheit
   c. Até 500 milhões de graus Fahrenheit

9. Qual dos países a seguir não possui armas nucleares?
   a. Israel
   b. França
   c. Canadá

10. Em caso de explosões nucleares múltiplas, o que pode causar o "inverno nuclear"?
    a. Poeira e material radioativo bloqueando a luz do sol
    b. Queda de temperaturas na superfície conforme as calotas polares de gelo derretem
    c. Destruição de fontes de calor, como madeira, carvão, gás e óleo, contaminadas

Respostas: 1. b; 2. c; 3. a; 4. a; 5. c; 6. b; 7. b; 8. c; 9. c; 10. a.

Pontuação: Some um ponto para cada resposta correta, depois avalie seu conhecimento de acordo com a escala a seguir.

Número de Respostas Corretas

10	O Pentágono precisa de você!
9	Parabéns, professor.
8	Você é bomba!
7	Melhor que a maioria...
6	Faça um curso de Física!
5	É hora de devolver seu jaleco de laboratório.
4 ou menos	Não mude de emprego.

Baseado em: William Harris, Craig Freudenrich e John Fuller. How do Nuclear Bombs Work. Disponível em: <http://science.howstuffworks.com/nuclear-bomb.htm>.

Tratado de não proliferação nuclear (TNP). Esse tratado foi assinado em 1970; o primeiro a regular a disseminação da tecnologia a partir de armas nucleares dos Estados detentores (por exemplo, Estados Unidos, União Soviética, Reino Unido, França e China) para países não detentores. O TNP foi renovado em 2000 e é sujeito à revisão a cada cinco anos. Atualmente, 189 países o adotam. Ele assegura que países não detentores de armas nucleares não tentarão obtê-las; em troca, os países detentores concordam em não fornecer armas nucleares a países que não as têm. Estados signatários sem armas nucleares também concordam em permitir que a Agência Internacional de Energia Atômica verifique o cumprimento do tratado por meio de inspeções no local (Atomic Archive, 2011). Apenas Índia, Israel e Paquistão não assinaram o acordo, embora cada um desses Estados seja conhecido por possuir um arsenal nuclear. Além disso, muitos especialistas suspeitam que o Irã e a Síria – ambos signatários do TNP – estejam desenvolvendo programas de armamento nuclear. Esses dois países afirmam que seus reatores nucleares são para fins pacíficos (por exemplo, consumo interno de energia), não para desenvolver um arsenal de armas nucleares. Entretanto, um relatório feito pela Agência Internacional de Energia Atômica provisoriamente concluiu que o Irã tem "informações suficientes para projetar e produzir uma bomba atômica em funcionamento" (Broad e Sanger, 2009, p. 1).

Em janeiro de 2003, a Coreia do Norte, sob suspeita de produzir secretamente armas nucleares, anunciou estar se retirando do tratado (Arms Control Association, 2003). Em julho de 2005, após "mais de um ano de impasse, a Coreia do Norte concordou [...] em retomar negociações de desarmamento [...] e se comprometeu a discutir a anulação do seu programa de armas nucleares" (Brinkley e Sanger, 2005, p. 1). No entanto, acredita-se que o governo da Coreia do Norte testou bombas de plutônio em 2006, 2009 e 2013 (Dahl, 2013).

Mesmo que as superpotências militares honrem os acordos para limitar armas, a disponibilidade de armas e materiais nucleares no mercado negro é uma ameaça à segurança global. Um dos agentes mais famosos de armas nucleares foi o paquistanês Abdul Qadeer Khan, o "pai" do programa de armas nucleares no Paquistão, que vendeu a tecnologia e os equipamentos necessários para construir armas nucleares para Estados párias, como Irã e Coreia do Norte (Powell e McGirk, 2005). Mais testes nucleares aconteceram após o novo líder coreano Kim Jong-un chegar ao poder em dezembro de 2011. Entretanto, após o fracasso público de vários testes com mísseis e intensa pressão internacional, o líder da Coreia do Norte anunciou suas intenções em renovar negociações sobre o fim do programa nuclear de seu país (Sang-Hun e Buckley, 2013).

Em 2003, os Estados Unidos acusaram o Irã de comandar um programa secreto de armas nucleares. Embora oficiais iranianos tenham respondido que seu programa nuclear era apenas para gerar eletricidade, as preocupações aumentaram com o teste bem-sucedido do Irã de um míssil com alcance de 2.000 km em 2009 (Dareini, 2009).

Declarações públicas hostis a respeito de Israel pelo presidente do Irã Mahmoud Ahmadinejad intensificaram as preocupações já graves sobre a possível aquisição de armas nucleares por parte do Irã. Analistas temem que o desenvolvimento de armas nucleares por parte do Irã estimule uma competição nuclear com Israel, o único outro Estado no Oriente Médio que possui armas nucleares, e motive outros Estados na região a adquiri-las (Salem, 2007). Após anos de tensão com os Estados Unidos sobre seu programa nuclear, em 2013, tanto o governo Obama quanto o recém-eleito presidente do Irã, Hassan Rouhani, indicaram um desejo por negociações diretas e abertas a respeito da capacidade nuclear do Irã em 2013 (Gordon, 2013).

Muitos observadores consideram que o sul da Ásia detém a rivalidade nuclear mais perigosa. A Índia e o Paquistão são as únicas duas potências detentoras de armas nucleares que dividem uma fronteira e bombardeiam o exército uma da outra repetidamente (Stimson Center, 2007). A Índia fez uso de suas armas nucleares pela primeira vez em 1974. O Paquistão usou seis armas em 1998, algumas semanas depois da segunda rodada de testes nucleares da Índia. Embora seja difícil estimar os números, especialistas acreditam que a Índia tenha cerca de 50 bombas nucleares, e o Paquistão, cerca de 60 (Carnegie Endowment for International Peace, 2009). O Paquistão, entretanto, está expandindo agressivamente seu programa de armas nucleares (Shanker e Sanger, 2009). Muitos temem que um confronto militar convencional entre esses dois países um dia se transforme em uma troca de armas nucleares. Tensões aumentaram ainda mais no despertar da utilização dos fundos norte-americanos no Afeganistão, enquanto Índia e Paquistão competem por influência na região, levando alguns analistas a especular que a ameaça de confrontos diretos e possivelmente nucleares aumentará na próxima década (Dalrymple, 2013).

> Mesmo que as superpotências militares honrem os acordos para limitar armas, a disponibilidade de armas e materiais nucleares no mercado negro é uma ameaça à segurança global.

Embora os Estados Unidos sejam os maiores exportadores de armas do mundo, também são os líderes mundiais na destruição de armas convencionais. Em 2010, o Office of Weapons Removal and Abatement contribuiu com mais de US$ 160 milhões para 43 países destruírem armas convencionais. Desde 2001, os Estados Unidos ajudaram a destruir 90 mil toneladas de munição e 1,5 milhão de armas (U.S. Department of State, 2011).

Conforme os Estados que querem obter armas nucleares apontam, os já detentores, que defendem a não proliferação, possuem bem mais de 25 mil armas, uma enorme redução no arsenal mundial desde a Guerra Fria, mas ainda assim uma ameaça potencial massiva para o planeta. "Faça o que digo, não faça o que eu faço" é uma posição fraca para negociação. Reconhecendo essa situação e preocupando-se com a possibilidade de novas corridas armamentistas, muitos especialistas de alto nível começaram a defender uma abordagem mais abrangente para banir armas nucleares – com os Estados Unidos liderando as potências nucleares em direção ao desarmamento nuclear completo. Em janeiro de 2007, três ex-secretários do Estado (George Shultz, William Perry e Henry Kissinger) e o ex-presidente do Comitê de Serviços Armados do Senado, Sam Nunn, publicaram um editorial no *Wall Street Journal* defendendo que os Estados Unidos "levem o mundo para a próxima fase" do desarmamento para "um mundo livre de armas nucleares" (Shultz et al., 2007). Como ponto de partida, a proposta defendeu a eliminação de todos os mísseis nucleares de curto alcance, interrupção completa na produção de urânio para a construção de armas e redução contínua de forças nucleares. O presidente Obama visitou a Rússia em julho de 2009 para assinar o Novo Tratado de Redução de Armas Estratégicas, que reduz os arsenais nucleares estratégicos dos Estados Unidos e da Federação Russa em até 25%. O Senado ratificou o tratado em dezembro de 2010 (Sheridan e Branigin, 2010). Este foi supostamente "o primeiro passo de um esforço maior na intenção de reduzir drasticamente a ameaça de tais armas e evitar sua futura disseminação a regiões instáveis" (Levy e Baker, 2009).

O problema das armas menores

Embora a devastação causada até mesmo por uma só guerra nuclear possa afetar milhões, o acesso fácil a armas convencionais alimenta muitas guerras ativas ao redor do mundo. Armas pequenas e leves incluem pistolas, metralhadoras e automáticas, granadas, morteiros, minas terrestres e mísseis leves. A Small Arms Survey estimou que, em 2013, 875 milhões de armas de fogo estavam em circulação no mundo todo, com forças armadas nacionais e agências de aplicação da lei possuindo menos de um quarto dessas armas; grupos armados não estatais e gangues, apenas 1,3%; e os civis, os 75% restantes. Meio milhão de pessoas morrem todo ano como resultado do uso de armas pequenas, 200 mil em homicídios e suicídios, e o resto durante guerras e outros conflitos armados (Geneva Graduate Institute for International Studies, 2013).

Diferentemente do controle de armas de destruição em massa, como armas químicas e biológicas, controlar o fluxo de armas pequenas – especialmente armas de fogo – não é fácil, porque elas têm muitos usos legítimos pelos militares, por oficiais da aplicação de leis e em atividades recreativas e esportivas (Schroeder, 2007). Essas armas são fáceis de comprar, usar, esconder e transportar ilegalmente. Seu comércio também é lucrativo. De acordo com registros oficiais, os cinco principais exportadores de armas pequenas em 2010 eram os Estados Unidos (US$ 821 milhões), Alemanha (US$ 495 milhões), Itália (US$ 473 milhões), Brasil (US$ 326 milhões) e Suíça (US$ 215 milhões) (Geneva Graduate Institute for International Studies, 2013).

O gabinete do Departamento de Estado do Weapons Removal and Abatement (WRA) norte-americano gerencia um programa que promove a destruição de mais de 1,6 milhão de armas leves e de pequeno porte e 90 mil toneladas de munição em 38 países desde sua fundação, em 2001 (Office of Weapons Removal and Abatement, 2013). A disponibilidade dessas armas estimula grupos terroristas e prejudica tentativas de promover a paz após as guerras terminarem formalmente. "Se não prontamente destruídas ou protegidas, reservas de armamentos e munições que sobraram após a cessação de hostilidades com frequência voltam a circular por regiões vizinhas, exacerbando conflitos e crimes" (U.S. Departament of State, 2007, p. 1).

Entendendo conflito, guerra e terrorismo

Conforme chegamos ao final deste capítulo, quão bem informados estamos sobre conflito, guerra e terrorismo? Cada uma das três posições teóricas discutidas neste capítulo reflete as realidades do conflito global. Segundo os estrutural-funcionalistas, a guerra oferece benefícios societários – coesão social, prosperidade econômica, desenvolvimento científico e tecnológico e mudança social. Além disso, como afirmam os teóricos do conflito, as guerras muitas vezes ocorrem por razões econômicas, porque elites corporativas e líderes políticos se beneficiam de saques da guerra – terra, água e matérias-primas. A perspectiva interacionista-simbólica enfatiza o papel que significados, rótulos e definições desempenham na criação de conflitos e na contribuição para ações de guerra.

Os ataques do 11 de Setembro ao World Trade Center e ao Pentágono e suas consequências – a batalha contra o terrorismo, as guerras no Iraque e no Afeganistão – mudaram a vida dos norte-americanos. Para alguns teóricos, esses eventos eram inevitáveis. O cientista político Samuel P. Huntington afirmou que tal conflito representa um **choque de civilizações**. Em *O choque de civilizações e a recomposição da ordem mundial* (1996), Huntington argumentou que, na nova ordem mundial,

> os conflitos mais difusos, importantes e perigosos não serão entre classes sociais, ricos e pobres ou grupos economicamente definidos, mas entre pessoas que pertencem a diferentes entidades culturais [...] os conflitos culturais mais perigosos acontecem ao longo das linhas sísmicas entre civilizações [...] a linha que coloca povos cristãos ocidentais de um lado e povos muçulmanos e ortodoxos de outro. (p. 28)

Algumas pesquisas de opinião pública parecem concordar com a visão de Huntington. Em uma entrevista com quase 10 mil pessoas de nove Estados muçulmanos que representam metade dos muçulmanos do mundo todo, apenas 22% tinham opiniões favoráveis sobre os Estados Unidos (CNN, 2003b). Mais significativo ainda é o fato de que 67% apontaram os ataques do 11 de Setembro como "moralmente justificados", e a maioria considerou os Estados Unidos excessivamente materialistas e seculares, exercendo influência corruptora sobre outros países. Além disso, de acordo com uma pesquisa de opinião pública mundial feita anualmente desde 2002, atitudes positivas a respeito dos Estados Unidos são significativamente menores em países predominantemente muçulmanos (Pew Research Center, 2011b).

Por outro lado, de acordo com uma enquete, 38% dos norte-americanos têm opiniões negativas sobre o Islã, e 35% acreditam que, em comparação a outras religiões, o Islã tem mais chances de encorajar a violência (Pew Research Center for the People & the Press, 2010). Ademais, uma pesquisa recente do Gallup indica que pouco mais da metade (53%) dos norte-americanos acredita que os muçulmanos que vivem nos Estados Unidos apoiam o país, 36% que eles são "muito ortodoxos em suas crenças religiosas" e 28% que são "simpatizantes da organização terrorista Al Qaeda" (Newport, 2011, p. 1).

A perspectiva do choque de civilizações tem sido veementemente criticada, porém muitos estudiosos veem essa opinião como divisória, muito simplista e historicamente imprecisa. David Brooks resume essa crítica sugerindo que Huntington cometeu um "erro fundamental de atribuição. Isto é, ele considerou como características inatas qualidades que na verdade são determinadas pelo contexto" (2011). Huntington afirmou que as sociedades árabes são intrinsecamente opostas à democracia e não são nacionalistas, mas as revoluções da Primavera Árabe destacaram quanto alguns regimes políticos podem efetivamente, embora não de forma permanente, suprimir o patriotismo nacional e o desejo humano intrínseco por liberdade. Brooks também sugere que Huntington tenha confundido fundamentalmente a natureza da cultura pelo fato de que, apesar de nossas diferenças intrínsecas e culturais, somos todos iguais:

> Huntington minimizou o poder dos valores políticos universais e aumentou a influência dos valores culturais distintos [...] por trás das diferenças culturais há aspirações universais por dignidade, por sistemas políticos que ouçam, respondam e respeitem a vontade do povo.

Enfim, somos todos membros de uma comunidade – a Terra – e temos interesse declarado em nos manter vivos e proteger os recursos de nosso ambiente para nossa geração e as próximas. Mas, conforme vimos, conflitos entre grupos são uma característica da vida social que provavelmente não desaparecerá. O que está em jogo – vidas humanas e a habilidade de nosso planeta em sustentar vidas – merece total atenção. Líderes mundiais seguem tradicionalmente o conselho do filósofo Carl von Clausewitz: "Se você quer paz, prepare-se para a guerra". Assim, os países têm procurado se proteger mantendo grandes forças militares e sistemas massivos de armamento. Essas estratégias estão associadas a altos custos, especialmente em tempos de crise econômica. Ao desviar os recursos de outras preocupações sociais, gastos com defesa prejudicam a habilidade de a sociedade melhorar a segurança e o bem-estar geral de seus cidadãos. Por outro lado, cortes nesses gastos, embora improváveis no momento atual, poderiam potencialmente liberar recursos para outros assuntos sociais, incluindo redução de impostos, da dívida nacional, abordagem de questões ambientais, erradicação da fome e da pobreza, melhora da assistência à saúde, aperfeiçoamento de serviços educacionais e melhora de habitação e transporte. É aí que reside a promessa de um "dividendo da paz". A esperança é de que um futuro diálogo sobre os problemas da guerra e do terrorismo redefina a segurança nacional e internacional, a fim de englobar o bem-estar social, econômico e ambiental.

REVISÃO DO CAPÍTULO

- **Qual é a relação entre guerra e industrialização?**
A guerra afeta indiretamente a industrialização e a sofisticação tecnológica, porque a investigação e o desenvolvimento militar fazem que tecnologias usadas por civis avancem. A industrialização, por sua vez, exerce duas influências principais sobre a guerra: quanto mais industrializado é um país, menor seu índice de conflito, e se o conflito ocorre, maior o índice de destruição.

- **Quais as últimas tendências em conflitos armados?**
Desde a Segunda Guerra Mundial, guerras entre dois ou mais Estados representam a menor porcentagem de conflitos armados. Na contemporaneidade, a maioria dos conflitos armados ocorre entre grupos de um único Estado, que competem pelo poder de controlar os recursos do Estado ou de se libertar e formar o próprio Estado.

- **No geral, como feministas veem a guerra?**
Feministas percebem rapidamente que as guerras fazem parte do patriarcado da sociedade. Embora mulheres e crianças estejam acostumadas a justificar um conflito (por exemplo, melhorar a qualidade de vida das mulheres removendo os talibãs repressivos do Afeganistão), os princípios básicos do domínio e controle masculino são percebidos durante a guerra. Feministas também enfatizam a construção social de identidades masculinas agressivas e sua manipulação por parte da elite como razões importantes para a associação entre masculinidade e violência militarizada.

- **Quais são algumas das causas da guerra?**
As causas da guerra são numerosas e complexas. A maioria das guerras envolve mais de uma causa. Algumas causas são conflito por terra e recursos naturais; valores ou ideologias; hostilidades raciais, étnicas e religiosas; defesa contra ataques hostis; revolução e nacionalismo.

- **O que é terrorismo e quais são seus diferentes tipos?**
Terrorismo é o uso premeditado ou ameaça da violência por um indivíduo ou grupo que deseja conquistar um objetivo político ou social. Ele pode ser transnacional ou doméstico. O primeiro ocorre quando um ato terrorista de um país envolve vítimas, alvos, instituições, governos ou cidadãos de outro país. Terrorismo doméstico envolve apenas um país, como o bombardeio causado por um caminhão a um edifício federal de nove andares em Oklahoma em 1995.

- **Quais são algumas das "raízes" de nível macro do terrorismo?**
Embora não seja uma lista tão extensa, algumas das "raízes" de nível macro do terrorismo incluem (1) Estado falho ou fraco, (2) modernização rápida, (3) ideologias extremas, (4) histórico de violência, (5) repressão por uma ocupação estrangeira, (6) discriminação racial ou étnica em larga escala e (7) a presença de um líder carismático.

- **Como os Estados Unidos respondem à ameaça de terrorismo?**
Os Estados Unidos usam tanto estratégias defensivas quanto ofensivas para combater o terrorismo. As primeiras incluem usar detectores de metal e máquinas de raio-x em aeroportos e fortalecer a segurança em alvos potenciais, como embaixadas e postos de comando militar. O Departamento de Segurança Nacional coordena tais táticas defensivas. Estratégias ofensivas incluem ataques de retaliação, como o bombardeio norte-americano de instalações terroristas no Afeganistão, infiltração em grupo e ataques preventivos.

- **O que significa "desvio de recursos econômicos"?**
No mundo todo, os bilhões de dólares gastos em defesa poderiam ser canalizados para programas sociais que lidam com educação, saúde e pobreza, por exemplo. Assim, verbas de defesa são recursos econômicos desviados de outros projetos necessários.

- **Quais as críticas às Nações Unidas?**
Primeiro, em missões recentes, países em desenvolvimento forneceram mais de 75% das tropas. Segundo, muitas operações recentes de manutenção da paz das Nações Unidas fracassaram. Terceiro, esse órgão não pode tomar partido, mas deve esperar um consenso de seus membros que, se não for possível, enfraquece a força da organização. Quarto, o conceito das Nações Unidas é de que seus membros representam países individuais, não uma região ou o mundo. Como os países tendem a agir de acordo com seus interesses econômicos e de segurança, ações das Nações Unidas realizadas em nome da paz mundial podem

ser motivadas por países que agem em prol de seus próprios interesses. Por fim, o Conselho de Segurança limita o poder a um número pequeno de Estados.

- **Que problemas as armas de pequeno porte representam?**
Mesmo quando um conflito chega ao fim, essas armas circulam na sociedade, tornando o crime pior ou caindo na mão de terroristas. O comércio de armas de pequeno porte é legal, porque elas têm muitos usos legítimos – por exemplo, militares, polícia e caçadores. Por serem pequenas e simples de manusear, são fáceis de esconder e transportar, tornando difícil seu controle.

AVALIE SEU CONHECIMENTO

1. A guerra entre Estados ainda é a forma mais comum de combate.
   a. Verdadeiro
   b. Falso
2. A ascensão do Estado moderno é resultado direto de
   a. industrialização e criação de mercados nacionais
   b. inovações em tecnologia de comunicações
   c. desenvolvimento de exércitos para controlar território
   d. desenvolvimento da polícia para controlar a população
3. Explicações estrutural-funcionalistas a respeito da guerra enfatizam que
   a. a guerra é uma necessidade biológica
   b. apesar de seu poder destrutivo, a guerra persiste porque satisfaz necessidades sociais
   c. a guerra é um anacronismo que um dia desaparecerá
   d. a guerra é necessária porque beneficia elites políticas e militares
4. Em geral, conflitos em torno de valores e ideologias são mais difíceis de resolver do que aqueles em torno de recursos materiais.
   a. Verdadeiro
   b. Falso
5. Todas as guerras são resultado de uma distribuição desigual de riqueza.
   a. Verdadeiro
   b. Falso
6. Depois dos gastos em defesa, transferências a governos estrangeiros são o item mais caro no orçamento público dos Estados Unidos.
   a. Verdadeiro
   b. Falso
7. Qual dos fatores a seguir pode provocar revoluções ou guerras civis?
   a. Um Estado fraco ou falho
   b. Um governo autoritário que ignora as principais demandas dos cidadãos
   c. A disponibilidade de fortes líderes da oposição
   d. Todas as alternativas anteriores
8. Explicações primordialistas sobre o conflito étnico sugerem que
   a. líderes étnicos instigam hostilidades para servir a seus próprios interesses
   b. pessoas se tornam hostis quando culpam grupos étnicos concorrentes por sua frustração com dificuldades econômicas
   c. rivalidades antigas obrigam grupos étnicos a continuar brigando
   d. Nenhuma das alternativas anteriores
9. As consequências da guerra e dos militares sobre o meio ambiente
   a. prevalecem apenas durante a guerra
   b. persistem em tempos de paz ou por muitos anos após uma guerra terminar
   c. são insignificantes
   d. são reduzidas principalmente por inovações tecnológicas
10. Defensores da não proliferação nuclear buscam
    a. banir todas as armas nucleares
    b. impedir a construção de usinas nucleares
    c. impedir que novos Estados adquiram armas nucleares
    d. nenhuma das alternativas anteriores

Respostas: 1. B; 2. C; 3. B; 4. A; 5. B; 6. B; 7. D; 8. C; 9. B; 10. C

TERMOS-CHAVE

arbitragem 542
armas de destruição em massa (ADM) 531
choque de civilizações 547
complexo militar-industrial 515
Convenções de Genebra 530
destruição mútua assegurada 543
dilema da segurança 521

Estado 509
explicações construtivistas 520
explicações primordialistas 520
guerra 508
guerra de guerrilha 531
Guerra Fria 511
inverno nuclear 538
não proliferação nuclear 543

tecnologias de uso duplo 513
teoria da paz democrática 520
terrorismo 523
terrorismo doméstico 524
terrorismo transnacional 523
transtorno de estresse pós-traumático (TEPT) 535

Apêndice
Métodos de análise de dados

Descrição, correlação, causa, segurança e validade e diretrizes éticas na pesquisa sobre problemas sociais

Existem três níveis de análise de dados: descrição, correlação e causa. Essa análise também envolve a avaliação da segurança e da validade.

Descrição

Pesquisa qualitativa envolve descrições verbais de um fenômeno social. A existência de adolescentes grávidas, sem moradia e solteiras descreve sua situação como um exemplo de pesquisa qualitativa.

Pesquisa quantitativa em geral envolve descrições numéricas dos fenômenos sociais. Essas análises podem envolver o cálculo de: (1) meios (média), (2) frequências, (3) modo (a ocorrência mais frequente observada nos dados), (4) mediano (o ponto médio dos dados; metade dos pontos de dados estão acima da mediana e metade abaixo) e (5) alcance (os maiores e menores valores entre os dados).

Correlação

Os pesquisadores costumam estar interessados na relação entre as variáveis. *Correlação* refere-se à relação entre duas ou mais variáveis. Veja exemplos de questões de correlação nas pesquisas: Qual é a relação entre a pobreza e o sucesso acadêmico? Qual é a relação entre raça e vitimização em crime? Qual é a relação entre afiliação religiosa e divórcio?

Se existe uma correlação ou relação entre duas variáveis, então a mudança em uma está associada à mudança em outra. Quando ambas mudam na mesma direção, a correlação é positiva. Por exemplo, em geral, quanto mais parceiros sexuais uma pessoa tem, maior o risco de contrair uma doença sexualmente transmissível (DST). Como a variável A (número de parceiros sexuais) aumenta, a B (chance de contrair DST) também aumenta. Da mesma forma, se o número de parceiros sexuais diminui, a chance de contrair DST diminui. Note que, em ambos os casos, as variáveis mudam na mesma direção, sugerindo uma correlação positiva (veja a Figura A.1).

Quando duas variáveis mudam em direções opostas, a correlação é negativa. Por exemplo, existe uma correlação negativa entre o uso de camisinha e contrair uma DST. Em outras palavras, se o uso de camisinha aumenta, a chance de contrair DST diminui (veja a Figura A.2).

A relação entre duas variáveis também pode ser curvilínea, ou seja, ambas variam ao mesmo tempo na mesma direção e em direções opostas. Por exemplo, suponha que um pesquisador descubra que, após ingerir um copo de bebida alcoólica, os participantes da pesquisa ficam mais propensos a ter um comportamento violento. Depois de dois copos, o comportamento violento fica ainda mais provável e tende a continuar depois de três ou quatro copos. Até esse momento, a correlação entre consumo de álcool e comportamento violento é positiva. Depois que os participantes tomam cinco copos, no entanto, começam a desenvolver um comportamento menos violento. Depois de seis ou sete, a probabilidade de desenvolver um comportamento violento diminui muito. Agora, essa correlação é negativa. Como a mudança da correlação passou de positiva para negativa, podemos dizer que ela é curvilínea (o inverso também pode ocorrer) (veja a figura A.3).

O quarto tipo de correlação é chamado artificial. Quando uma correlação existe e parece que duas variáveis estão relacionadas, mas a aparente relação só ocorre quando essas duas variáveis estão relacionadas a uma terceira. Quando essa terceira é controlada por meio de um método estatístico, em que a variável permanece constante, a aparente relação entre

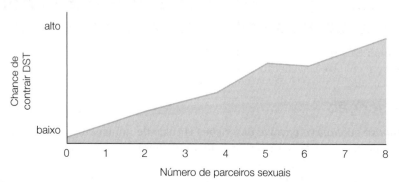

Figura A.1

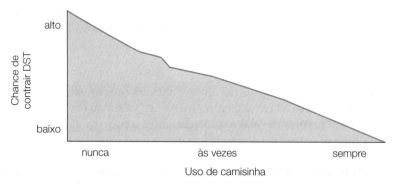

Figura A.2

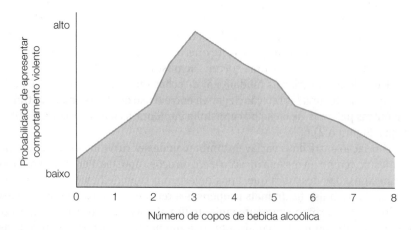

Figura A.3

as duas outras desaparece. Por exemplo, negros têm uma expectativa de vida menor que a dos brancos. Assim, raça e expectativa de vida parecem estar relacionadas. Essa aparente correlação existe; entretanto, raça e expectativa de vida estão relacionadas ao *status* socioeconômico. Como é mais provável que os negros sejam mais pobres que os brancos, é mais provável que tenham uma alimentação inadequada e pouca assistência médica.

Causa

Se a análise de dados revela que duas variáveis estão correlacionadas, sabemos apenas que a mudança em uma delas está associada com a mudança na outra. No entanto, não podemos presumir que a mudança em uma variável cause a mudança na outra, a não ser que a coleta de dados e a análise explicitamente mostrem a relação de causa. O método de pesquisa que garante a causalidade é o experimental (discutido no Capítulo 1).

Para demonstrar causalidade, três condições devem estar presentes, advindas da análise de dados. Primeiro, essa análise precisa demonstrar que a variável A está correlacionada à B. Segundo, demonstrar que a correlação observada não é falsa. Terceiro, que a causa presumida (variável A) ocorre ou muda antes do efeito presumido (variável B). Em outras palavras, a causa precisa preceder o efeito.

É extremamente difícil estabelecer a causalidade nas pesquisas em ciências sociais. Por isso, muitas delas são descritivas ou correlativas, mais do que causativas. Além disso, muitas pessoas cometem o erro de interpretar a correlação como uma expressão da causa. Quando você estiver lendo uma pesquisa correlativa, lembre-se desta máxima: "Correlação não é igual a causa".

Segurança e validade

Garantir a segurança e a validade é um aspecto importante da análise de dados. *Segurança* refere-se à consistência do instrumento de medida ou da técnica; ou seja, em que grau que a forma de obter a informação produz o mesmo resultado se for repetida. Medidas de segurança são construídas em escalas e índices (como as características da seção *Você e a sociedade* apresentadas neste livro) e em técnicas de coleta de informação, como os métodos para elaboração de perguntas descritos no Capítulo 1.

Vários métodos estatísticos são usados para determinar a segurança. O mais frequente é chamado "método de teste e reteste". O pesquisador reúne os dados da mesma amostra duas vezes (em geral com intervalo de 1 ou 2 semanas) usando um instrumento ou método particular e correlacionando os resultados. Para comprovar que os resultados dos dois testes são o mesmo (ou fortemente relacionados), o instrumento ou método deve ser considerado confiável.

Saber se o intrumento ou método é perfeitamente confiável pode ser absolutamente inútil, a menos que haja alta validade. *Validade* refere-se a quanto um instrumento ou dispositivo mede e o quanto pretende medir. Por exemplo, os policiais realizam testes de "bafômetro" para determinar o nível de álcool no sistema de uma pessoa. Portanto, o bafômetro é um teste válido para medição do consumo de álcool.

Medidas de validade são importantes nas pesquisas que utilizam escalas ou índices como instrumentos de medição. A medida da validade também é importante para garantir a precisão dos dados que são obtidos na pesquisa de levantamento. Por exemplo, pesquisas sobre o alto risco dos comportamentos sexuais associados à propagação do HIV dependem fortemente de dados sobre o número de parceiros sexuais, os tipos de atividades sexuais e o uso de preservativos. No entanto, como esses dados são validados? Os entrevistados subnotificam o número de seus parceiros sexuais? As pessoas que dizem usar camisinha sempre que fazem sexo realmente usam? Por conta das dificuldades em validar os dados sobre o número de parceiros sexuais e o uso de camisinha, talvez não sejamos capazes de responder a essas questões.

Diretrizes éticas na pesquisa sobre problemas sociais

Os cientistas sociais são responsáveis por seguir os padrões éticos criados para proteger a dignidade e o bem-estar dos participantes da pesquisa. Essas diretrizes éticas incluem:

1. Liberdade de não coerção para participar. Os participantes têm o direito de se recusar a participar de um estudo de pesquisa ou interromper a participação a qualquer momento. Por exemplo, os professores que estão conduzindo uma pesquisa usando universitários não podem exigir que seus alunos participem da pesquisa.
2. Consentimento informado. Os pesquisadores devem informar aos potenciais participantes quaisquer aspectos da pesquisa que possam influenciar a disposição em participar. Depois de comunicar essa informação, os pesquisadores costumam pedir para os participantes assinar um termo de consentimento indicando que estão cientes sobre a pesquisa e concordam em participar.
3. Decepção e esclarecimento. Algumas vezes, o pesquisador precisa disfarçar a finalidade da pesquisa para obter dados válidos. Pesquisadores somente podem enganar os participantes quanto à finalidade ou à natureza de um estudo se não houver outra maneira de estudar o problema. Quando isto acontece, os participantes devem receber os devidos esclarecimentos o mais rápido possível. Então, eles devem dar uma descrição completa e honesta sobre o estudo e o porquê de a decepção ter sido necessária.
4. Proteção contra danos. Os pesquisadores devem proteger os participantes de qualquer dano físico e/ou psicológico que possa ser resultante da participação na pesquisa. Isto é uma obrigação moral e legal. Não é ético, por exemplo, um pesquisador estudar o comportamento de dirigir e beber observando um indivíduo intoxicado deixando o bar, indo até o carro, sentando e dirigindo.

    Os pesquisadores também são obrigados a respeitar os direitos de privacidade dos participantes. Se o anonimato foi prometido, deve ser mantido. O anonimato é mantido nas pesquisas por correio, identificando questionários com um sistema de codificação de número, em vez de usar o nome dos participantes. Quando o anonimato não é possível, como no caso de entrevistas presenciais, os pesquisadores devem comunicar aos participantes que a informação dada será tratada como confidencial. Embora as entrevistas possam ser resumidas e ter trechos citados em material publicado, a identidade dos participantes individuais não é revelada. Se um participante apresentar dano físico ou psicológico como consequência de ter participado do estudo, o pesquisador está eticamente obrigado a prover o reparo do dano.
5. Relatórios de pesquisa. Diretrizes éticas também governam os relatórios com os resultados das pesquisas. Os pesquisadores devem manter os relatórios disponíveis para o público. Neles, o pesquisador deve descrever de maneira completa todas as evidências obtidas com o estudo, mesmo que a evidência não sustente sua hipótese. Os dados brutos coletados pelo pesquisador devem ser disponibilizados a outros pesquisadores que os solicitarem para fins de análise. Por fim, a publicação dos relatórios deve incluir a descrição do patrocinador, seu propósito e todas as fontes de financiamento.

Glossário

aborto Interrupção intencional da gravidez.

abortos de nascimento parcial Também chamados de abordo de dilatação e extração intacta, o procedimento pode envolver parir os membros ou torso do feto antes de ele ter morrido.

abuso de drogas Violação dos padrões sociais de uso de drogas aceitáveis, resultando em consequências adversas fisiológicas, psicológicas e/ou sociais.

abuso de idosos O abuso físico ou psicológico, exploração financeira ou abuso médico ou negligência com idosos.

abuso infantil Dano físico ou mental, abuso sexual, tratamento negligente ou maus-tratos de uma criança com menos de 18 anos por uma pessoa que é responsável pelo seu bem-estar.

ação afirmativa Ampla gama de políticas e práticas no local de trabalho e em instituições educacionais para promover oportunidades iguais e a diversidade.

Acordo de Apoio Familiar Na China, contrato voluntário entre pais mais velhos e filhos adultos que especifica os detalhes de como os filhos adultos tomarão conta dos pais.

acordo de livre comércio Pacto entre dois ou mais países que torna mais fácil comercializar bens entre fronteiras nacionais e que protege os direitos de propriedade intelectual.

aculturação O processo de adoção da cultura de um grupo diferente daquele no qual a pessoa foi criada originalmente.

Affordable Care Act (ACA) Reforma na legislação do sistema de saúde que o presidente norte-americano Barack Obama assinou e tornou lei em 2010, com o objetivo de ampliar a cobertura de seguro-saúde para mais norte-americanos; também conhecida como Patient Protection and Affordable Care Act, ou "Obamacare".

alienação parental Esforços intencionais de pai ou mãe de voltar a criança contra o outro progenitor e essencialmente destruir qualquer relação positiva que uma criança tenha com ele.

alienação política Uma rejeição ou estranhamento do sistema político acompanhado da sensação de impotência quanto a influenciar o governo.

alienação Sensação de impotência e de falta de sentido na vida das pessoas.

ameaça do estereótipo A tendência de minorias e mulheres a um mau desempenho em testes de alto nível devido à ansiedade criada pelo medo de que uma performance negativa validará estereótipos sociais sobre o membro do grupo.

amostra Parcela de população selecionada para ser representativa, de modo que a informação da amostra possa ser generalizada em uma população maior.

androginia Ter características tradicionalmente definidas tanto femininas como masculinas.

anomia Estado de falta de normas no qual regras e valores são fracos ou duvidosos.

aquecimento global O aumento da temperatura média global da atmosfera, da água e da terra do planeta, causado principalmente pelo acúmulo de vários gases (do efeito estufa) que se concentram na atmosfera.

arbitragem Solução de controvérsia na qual uma terceira parte neutra ouve as evidências e argumentos apresentados por grupos em conflito e chega a uma decisão que as partes se dispõem antecipadamente a aceitar.

areias betuminosas Grandes depósitos naturais de areia, argila, água e uma forma densa de petróleo (que parece betume).

armas de destruição em massa Armas químicas, biológicas e nucleares que têm a capacidade de matar uma grande quantidade de pessoas indiscriminadamente.

assassinatos de honra Assassinatos, em geral públicos, em consequência da desonra de uma mulher, ou por considerar que ela desonrou a família ou comunidade.

assédio sexual Refere-se ao assédio no local de trabalho, quando um funcionário exige favores sexuais em troca de promoção, aumento salarial ou outro benefício trabalhista e/ou a existência de um ambiente hostil que interfere injustificadamente no desempenho profissional.

assimilação Processo pelo qual grupos anteriormente distintos e separados mesclam-se e tornam-se integrados.

assistência médica de único pagador Um sistema de atenção à saúde no qual um programa público de seguridade financiado por um único imposto substitui empresas privadas de seguridade.

atenção à saúde primária abrangente Abordagem quanto à atenção à saúde que foca determinantes sociais mais amplos da saúde, como pobreza e desigualdade econômica, desigualdade de gênero, meio ambiente e desenvolvimento.

atenção à saúde primária seletiva Abordagem à atenção à saúde que foca usar intervenções específicas para enfrentar problemas específicos de saúde.

atraso cultural Condição na qual a parte material da cultura muda a uma velocidade mais rápida do que a parte imaterial.

automação A substituição do trabalho humano por máquinas e equipamentos.

baby boomers A geração de norte-americanos nascida entre 1946 e 1964, período de taxas de natalidade elevadas.

***Basic Economic Security Tables Index* (Best)** Uma medida das necessidades básicas e de renda essenciais para a segurança econômica dos trabalhadores.

bem-estar corporativo Leis e políticas que beneficiam as corporações.

bifobia Quando o preconceito é voltado para indivíduos bissexuais.

bigamia Nos Estados Unidos, é crime casar-se com uma pessoa enquanto ainda se é legalmente casado com outra.

biodiversidade A diversidade dos organismos vivos sobre a Terra.

bioinvasão A introdução intencional ou acidental de planta, animal, inseto e outras espécies em regiões nas quais eles não são nativos.

biomassa Material derivado de plantas e animais, como esterco, madeira, resíduos agrícolas e carvão; é usado como combustível para cozinhar e aquecer.

bissexualidade A atração emocional, cognitiva e sexual em relação a ambos os sexos.

bullying Bullying "implica um desequilíbrio de poder durante um longo período de tempo no qual o mais poderoso intimida ou diminui os outros" (Hurst, 2005, p. 1).

capitalismo Sistema econômico caracterizado pela propriedade privada dos meios de produção e distribuição de bens e serviços com fins lucrativos em um mercado competitivo.

células-tronco Células indiferenciadas que podem produzir qualquer tipo de célula do corpo humano.

charter schools Escolas que têm origem em contratos, ou *charters*, que articulam um plano de instrução que as autoridades locais ou estaduais devem aprovar.

choque de civilizações Hipótese que afirma que a origem primária de conflito no século XXI se distanciou da classe social e das questões econômicas e se alterou para o conflito entre grupos religiosos e culturais, especialmente os de civilizações de grande escala, como os povos da cristandade ocidental ou povos muçulmanos e ortodoxos.

choque do futuro Estado de confusão resultante das rápidas mudanças científicas e tecnológicas que desafiam nossos valores e crenças tradicionais.

chuva ácida A mistura de precipitação com poluentes do ar, como dióxido de enxofre e óxido de nitrogênio.

cibernação ou automação Dominante em sociedades pós-industriais, é o uso de máquinas para controlar outras máquinas.

ciclo de abuso Padrão de abuso no qual um episódio violento ou abusivo é seguido de um período de paz, no qual o abusador expressa mágoa e pede perdão e "mais uma chance", antes de outro momento de abuso ocorrer.

cidadãos naturalizados Imigrantes que se candidatam e são aprovados quanto às exigências de cidadania dos EUA.

ciência O processo de descoberta, explicação e previsão de fenômenos naturais ou sociais.

clonagem terapêutica Uso de células-tronco para produzir células corporais que podem ser usadas para desenvolver órgãos ou tecidos necessários; clonagem regenerativa.

código masculino Conjunto de expectativas sociais que desencoraja homens de expressar emoções, fraqueza ou vulnerabilidade, ou de pedir ajuda.

complexo industrial militar Termo usado por Dwight D. Eisenhower para descrever a associação íntima entre as indústrias militar e de defesa.

compulsão alcoólica Segundo definição do U.S. Department of Health and Human Services, beber cinco ou mais doses de bebida alcoólica, na mesma ocasião, em pelo menos um dia nos últimos 30 dias, para a National Survey on Drug Use and Health.

comunidades de membros Sites da internet que exigem que os participantes sejam membros e nos quais os membros se comunicam regularmente entre si por motivos pessoais ou profissionais.

comunidades terapêuticas Organizações nas quais cerca de 35 a 500 indivíduos residem por até 15 meses para se abster de drogas, desenvolver habilidades profissionais e receber aconselhamento.

contrato de casamento Tipo de casamento (oferecido em alguns estados) que exige aconselhamento pré-nupcial e que só permite o divórcio sob a condição de erro ou depois da separação de corpos de mais de dois anos.

Convenções de Genebra Conjunto de tratados internacionais que regulamentam o comportamento dos estados em tempos de guerra, incluindo o tratamento a prisioneiros de guerra.

cooperativas de trabalhadores Organizações democráticas de trabalho controladas por seus membros, que participam ativamente da criação de suas políticas e da tomada de decisão; também conhecidas como negócios autogeridos pelos trabalhadores.

corporações transnacionais Também conhecidas como corporações multinacionais, são companhias que têm sua sede em um país e filiais, ou empresas afiliadas em outros países.

corporatocracia Sistema de governo que serve aos interesses das corporações e envolve laços entre o governo e as empresas.

crack Produto de droga cristalizada ilegal produzido ao aquecer uma mistura de fermento em pó, água e cocaína.

crenças Definições e explicações sobre o que se considera verdade.

crime cibernético Qualquer violação da lei na qual um computador é alvo ou meio de atividade criminosa.

crime de colarinho-branco Inclui tanto crimes profissionais, nos quais os indivíduos cometem crimes no curso de seus trabalhos, como crimes corporativos, nos quais as corporações violam a lei a fim de maximizar seus lucros.

crime de ódio Ato ilegal de violência motivado por preconceito ou opinião pessoal.

crime organizado Atividade criminosa conduzida por membros de uma estrutura hierarquicamente organizada a fim principalmente de ganhar dinheiro por meios ilegais.

crime transnacional Atividade criminosa que acontece do outro lado de uma ou mais fronteiras.

crime Ato ou omissão de um ato que é uma violação de lei criminal federal, estadual ou local para a qual se pode aplicar sanções.

crimes indexados hediondos Crimes identificados pelo FBI como os mais sérios, incluindo crimes pessoais ou violentos (homicídio, agressão, estupro e assalto) e crimes contra a propriedade (roubo, roubo de veículos, furto e incêndio proposital).

crimes sem vítima Atividades ilegais em que não há reclamação dos participantes e em geral são consideradas crimes contra a moral, como a prostituição.

criminologia feminista Abordagem que foca como a posição subalterna das mulheres na sociedade afeta seu comportamento criminal e vitimização.

cultura Os significados e formas de vida que caracterizam uma sociedade, incluindo crenças, valores, normas, sanções e símbolos.

cyberbullying Uso de comunicação eletrônica (por exemplo, sites, e-mail, mensagens instantâneas, mensagens de texto) para enviar ou postar mensagens ou imagens negativas ou danosas de um indivíduo ou grupo.

Defense of Marriage Act (Doma) Legislação federal (dos Estados Unidos) que estabelece que o casamento é uma união legal entre um homem e uma mulher e nega o reconhecimento federal do casamento entre pessoas do mesmo sexo.

definição de perfil racial A prática de aplicação da lei que define os suspeitos com base na raça.

densidade sindical A porcentagem de trabalhadores sindicalizados.

dependência química Condição na qual o uso de drogas é compulsivo e os usuários são incapazes de parar devido à dependência física e/ou psicológica.

descriminalização Impõe a remoção de penalidades estaduais para certas drogas, e

promove uma abordagem médica em vez de criminal ao uso de drogas que encoraja os usuários a buscar tratamento e adotar práticas preventivas.

desemprego Estar atualmente sem emprego, ativamente procurando emprego e disponível para o trabalho, segundo as métricas dos EUA de desemprego.

desenvolvimento sustentável Ocorre quando populações humanas podem ter vidas gratificantes sem degradar o planeta.

desertificação A degradação de regiões semiáridas, que resulta na expansão das terras desérticas impróprias para a agricultura.

desinstitucionalização No modelo norte-americano de cuidado psiquiátrico, a mudança do tratamento de pacientes internados em longo prazo em instituições para terapias medicamentosas e centros de saúde mental comunitários.

desmatamento A conversão de uma área florestal em área desmatada.

desregulamentação A redução do controle do governo sobre, por exemplo, certas drogas.

destruição mútua assegurada Doutrina da Guerra Fria que se refere à capacidade de dois estados nucleares se destruírem, reduzindo, assim, o risco de que qualquer um deles começasse uma guerra.

desvantagem da maternidade A tendência de mulheres com filhos, especialmente pequenos, terem desvantagem na contratação, salários e afins se comparada a mulheres sem filhos.

desvio primário Comportamento desviante cometido antes de uma pessoa ser pega e classificada como criminosa.

desvio secundário Comportamento desviante que resulta de ser preso e classificado como criminoso.

Dia da Sobrecarga da Terra A data aproximada na qual a demanda anual da humanidade sobre os recursos do planeta excede o que nosso planeta pode renovar em um ano.

Dia Nacional do Orgulho Gay Comemorado em 11 de outubro, esse dia é reconhecido em muitos países como um dia para aumentar a conscientização quanto à população LGBT e estimular a discussão sobre os direitos dos gays.

Dia Nacional do Silêncio Um dia no qual os estudantes não falam em reconhecimento ao assédio diário que os estudantes LGBT enfrentam.

dilema da segurança Uma característica do sistema internacional estatal que dá origem a relações instáveis entre Estados; conforme o Estado A garante a segurança de suas fronteiras e interesses, seu comportamento pode reduzir a segurança de outros Estados e fazer que se envolvam em um comportamento que reduz a segurança de A.

discriminação aberta Discriminação que acontece devido às próprias atitudes preconceituosas do indivíduo.

discriminação adaptativa Discriminação que se baseia no preconceito de outras pessoas de seu próprio grupo social.

discriminação individual Ocorre quando indivíduos tratam outros indivíduos de forma injusta ou desigual devido ao grupo ao qual pertencem.

discriminação institucional Discriminação na qual políticas e procedimentos institucionais resultam em desigualdade de tratamento e oportunidades para minorias.

discriminação Ações ou práticas que resultam em tratamento diferenciado a categorias de indivíduos.

dissuasão O uso de dano ou ameaça de dano para evitar comportamentos indesejados.

dividendos educacionais Os benefícios adicionais da educação universal para mulheres, incluindo a redução da taxa de mortalidade de crianças abaixo de 5 anos de idade.

divórcio amigável Um divórcio que é obtido com base na alegação de que há diferenças irreconciliáveis em um casamento (ao contrário daquele em que um cônjuge é responsável legalmente pela separação conjugal).

doença mental Refere-se coletivamente a todos os distúrbios mentais, que são caracterizados por padrões sustentados de pensamento, humor (emoções) ou comportamentos anormais acompanhados de incômodo e/ou incapacidade para a funcionalidade cotidiana.

doenças induzidas pela tecnologia Doenças que resultam do uso de equipamentos e produtos tecnológicos e/ou químicos.

droga Qualquer substância que não seja um alimento que altera a estrutura ou o funcionamento de um organismo vivo quando entra em sua corrente sanguínea.

droga de entrada Uma droga (por exemplo a maconha) que se acredita levar ao uso de outras drogas (por exemplo, cocaína).

drogas psicoterapêuticas O uso não médico de qualquer prescrição de remédio para dor, estimulante, sedativo ou tranquilizante.

drogas sintéticas Categoria de drogas que são "criadas" em laboratórios em vez de ocorrer naturalmente em material vegetal.

dualismo tecnológico A tendência da tecnologia de ter consequências tanto positivas como negativas.

earnings premium, **ou prêmio de aprendizagem** Os benefícios de ter um diploma ultrapassam de longe o custo para obtê-lo.

ecologia profunda Visão de que manter os sistemas naturais da terra deveria preceder as necessidades humanas, de que a natureza tem um valor independente da existência humana e de que os seres humanos não têm o direito de dominar a terra e seus habitantes vivos.

e-commerce A compra e venda de bens e serviços pela internet.

economia global Rede interconectada de atividades econômicas que transcende as fronteiras nacionais e se espalha pelo mundo.

ecossistema Um ambiente biológico que consiste de todos os organismos que vivem em uma região específica, assim como os não viventes, componentes físicos do ambiente como ar, água, solo e luz solar, que interagem para manter o ecossistema todo funcionando.

ecoterrorismo Todo crime com o objetivo de proteger a vida selvagem ou o ambiente que é violento, coloca a vida humana em risco ou resulta em danos de US$ 10 mil ou mais (nos Estados Unidos).

educação bilíngue Nos Estados Unidos, ensinar crianças tanto em inglês como em sua língua nativa.

educação do caráter Educação que enfatiza os aspectos morais e éticos de um indivíduo.

educação multicultural Educação que inclui todos os grupos raciais e étnicos no currículo escolar, promovendo, assim a consciência e a apreciação da diversidade cultural.

efeito elevador de vidro A tendência dos homens de buscar ou trabalhar em funções tradicionalmente femininas para se beneficiar de seu *status* de minoria.

e-learning Aprendizado no qual, segundo o tempo ou o lugar, quem aprende está distante do professor.

elemento objetivo de um problema social Consciência das condições sociais por meio da vivência pessoal e de informações da mídia.

elemento subjetivo de um problema social A crença de que uma condição social específica é danosa para a sociedade, ou para um segmento da sociedade, e que poderia e deveria ser mudada.

Employment Non-Discrimination Act (Enda) Projeto de lei federal proposto que protegeria LGBTs da discriminação no local de trabalho, ficou disponível para debate no Congresso em várias ocasiões desde 1994, mas nunca foi assinado como lei.

energia verde Também chamada de energia limpa, é a energia não poluente e/ou renovável, como solar, eólica, biocombustível e hidrogênio.

engenharia genética A manipulação dos genes de um organismo de tal forma que o resultado natural é alterado.

Equal Employment Opportunity Commission (EEOC) Agência federal dos EUA encarregada de acabar com a discriminação de funcionários nos Estados Unidos e responsável por aplicar leis contra a discriminação, incluindo o Título VII do Ato de Direitos Civis de 1964, que proíbe a discriminação de funcionários com base em raça, cor, religião, sexo ou origem.

Equal Rights Amendment (ERA) A 28ª emenda proposta à Constituição, que estabelece que "a igualdade de direitos sob a lei não deve ser negada ou abreviada pelos Estados Unidos, ou por qualquer estado, em relação a sexo".

escolha estruturada Escolhas que são limitadas pela estrutura da sociedade.

escravidão tradicional Forma de escravidão na qual os escravos são considerados propriedade que pode ser comprada e vendida.

Estado A organização do governo central e agências governamentais como exército, polícia e agências regulatórias.

estafa profissional (*burnout*) Estresse prolongado no trabalho que pode causar ou contribuir para pressão alta, úlceras, dores de cabeça, ansiedade, depressão e outros problemas de saúde.

estereótipos Exageros ou generalizações sobre as características e o comportamento de um grupo específico.

estigma Um rótulo de descrédito que afeta o autoconceito de um indivíduo e desqualifica essa pessoa para a aceitação social completa.

estrutura A forma como a sociedade é organizada, incluindo instituições, grupos sociais, *status* e papéis.

estupro cometido por conhecido Estupro cometido por alguém do relacionamento da vítima.

estupro cometido por desconhecido (*classic rape*) Estupro cometido por um estranho, com o uso de uma arma, resultando em danos corporais sérios à vítima.

Every Child Deserves a Family Act Essa legislação federal removeria os obstáculos a indivíduos não heterossexuais (incluindo transgêneros) oferecendo lares amorosos para adoção ou custódia.

expectativa de vida O número médio de anos que se espera que indivíduos nascidos em determinado ano vivam.

experimentos Métodos de pesquisa que envolvem a manipulação da variável independente para determinar como isso afeta a variável dependente.

explicações construtivistas Explicações que enfatizam o papel dos líderes de grupos étnicos em provocar o ódio em relação a outros externos a seu grupo.

explicações primordiais São as explicações que enfatizam a existência de "ódios ancestrais" enraizados em diferenças psicológicas profundas ou culturais entre grupos étnicos, em geral envolvendo uma história de ressentimento e vitimização, real ou imaginária, pelo grupo inimigo.

exportação da produção A recolocação de atividades profissionais para outros países nos quais os produtos podem ser fabricados de forma mais barata.

expressão de gênero A forma como uma pessoa se apresenta como indivíduo em relação ao gênero (por exemplo, masculino, feminino ou andrógino) na sociedade. Uma pessoa pode, por exemplo, ter uma identidade de gênero masculina, mas mesmo assim apresentar seu gênero como feminino.

expulsão Acontece quando um grupo dominante força um grupo subalterno a deixar o país ou viver apenas em áreas designadas do país.

família Sistema de parentesco no qual todos os parentes que vivem juntos ou são reconhecidos como unidade social, incluindo pessoas adotadas.

Family and Medical Leave Act (FMLA) Lei federal norte-americana que exige que agências e empresas públicas com 50 ou mais funcionários ofereçam aos trabalhadores qualificados até 12 semanas de licença sem vencimentos para que eles possam tomar conta de um filho, cônjuge ou parente doente; ficar em casa para cuidar de recém-nascido, recém-adotado ou criança recém-instalada; ou ter um tempo fora quando estão seriamente doentes, e até 26 semanas de licença sem vencimentos para cuidar de membro da família seriamente doente ou ferido que seja das forças armadas, incluindo Guarda Nacional ou Reserva.

favelas Regiões concentradas de pobreza e habitação pobre em regiões urbanas.

feminismo A crença de que homens e mulheres devem ter direitos e deveres igualitários.

feminização da pobreza A distribuição desproporcional da pobreza entre as mulheres.

fertilidade em nível de substituição O nível de fertilidade no qual uma população substitui exatamente o que perdeu de uma geração para a seguinte; atualmente, o número é de 2,1 nascimentos por mulher (ligeiramente acima de 2, porque nem todas as crianças do sexo feminino vivem tempo suficiente para chegar a sua idade reprodutiva).

fluxo escola-prisão A relação estabelecida entre práticas disciplinares severas, índices maiores de abandono escolar, menor reconhecimento acadêmico e envolvimento em julgamento e detenção juvenil.

fracking Fraturamento hidráulico, comumente chamado de "*fracking*" que envolve a injeção de uma mistura de água, areia e químicos em poços perfurados para fraturar a rocha de xisto e liberar gás natural pelo poço.

funções latentes Consequências que não são propositais e em geral são escondidas.

funções manifestas Consequências propositais e comumente reconhecidas.

furto Furto é o roubo simples; não envolve força ou o uso da força para invadir e entrar.

gap **de participação** A tendência de minorias raciais e étnicas de ter acesso a tecnologias da informação e comunicação (por exemplo, usando *smartphones* para acessar a Internet em vez de um computador) que os coloca em posição desvantajosa (por exemplo, dificuldade de pesquisar um termo em um *smartphone*).

gases de efeito estufa Gases (principalmente dióxido de carbono, metano e óxido nitroso) que se acumulam na atmosfera e agem como o vidro de uma estufa, mantendo o calor do sol próximo à Terra.

gay Termo que pode se referir tanto a mulheres como a homens que sentem atração por parceiros do mesmo sexo.

gay-straight aliances (GSAs) Clubes patrocinados por escolas de nível médio ou faculdade que visam a enfrentar os xingamentos anti-LGBT e promover o respeito por todos os estudantes.

gênero As definições e expectativas sociais associadas a ser feminino ou masculino.

Genetic Information Nondiscrimination Act of 2008 Lei federal dos Estados Unidos que proíbe a discriminação em cobertura de saúde ou profissional com base em informações genéticas.

genocídio A aniquilação deliberada e sistemática de uma nação inteira ou povo.

geração sanduíche Geração de pessoas que cuida de pais idosos enquanto também cuida dos próprios filhos.

geração sanduíche Inclui adultos (em geral em seus 50 a 60 anos) que tomam conta dos pais idosos, filhos adultos e netos, ou adultos (em geral em seus 30 a 40 anos) que cuidam de seus próprios filhos pequenos, pais idosos e avós.

GLBT Veja *LGBT*.

globalização O crescimento da interconexão econômica, política e social entre sociedades de todo o mundo.

globesidade A alta prevalência de obesidade em todo o mundo.

Green Revolving Funds (GRFs) Fundos universitários dedicados a financiar o aumento de eficiência econômica de energia e outros projetos que reduzem o uso de recursos e minimizam impactos ambientais.

greenwashing É a forma como empresas prejudiciais ambiental e socialmente retratam sua imagem corporativa e produtos como "amigos do meio ambiente" ou socialmente responsáveis.

grupo social Duas ou mais pessoas que têm uma identidade comum, interagem e formam um relacionamento social.

grupos extremistas nativistas Organizações que não só defendem políticas de imigração restritivas como também encorajam seus membros a usar táticas paramilitares para confrontar ou assediar imigrantes suspeitos sem documentação.

grupos minoritários Categoria de pessoas que tem acesso desigual a posições de poder, prestígio e riqueza em uma sociedade e que tendem a ser alvos de preconceito e discriminação.

grupos primários Em geral, uma pequena quantidade de indivíduos caracterizados por interação íntima e informal.

grupos secundários Envolvendo pequenas ou grandes quantidades de indivíduos, são grupos orientados a tarefas e caracterizados por interação impessoal e formal.

guerra de guerrilha Campanha militar na qual grupos organizados enfrentam governos domésticos ou estrangeiros e suas forças miliares; em geral envolve pequenos grupos de indivíduos que usam camuflagem e túneis subterrâneos para se esconder até estarem prontos para executar um ataque surpresa.

Guerra Fria Estado de tensão militar e rivalidade política existente entre os Estados Unidos e a antiga União Soviética dos anos 1950 até o fim dos anos 1980.

guerra Violência armada organizada em um grupo social em busca de um objetivo.

habitação pública Moradia subsidiada pelo governo federal cuja propriedade e operação cabem às autoridades públicas locais de habitação.

Head Start Teve início em 1965 para ajudar crianças em idade pré-escolar de lares menos favorecidos, fornecendo um programa integrado de assistência à saúde, envolvimento paterno, educação e serviços sociais para qualificar as crianças.

heterossexismo Forma de opressão que se refere ao sistema de crenças que dá poder e privilégio aos heterossexuais, enquanto priva, oprime, estigmatiza e desvaloriza pessoas que não são heterossexuais.

heterossexualidade A predominância de atração emocional, cognitiva e sexual a indivíduos do sexo oposto.

hipotecas *subprime* Hipotecas com juros altos ou índices reajustáveis que exigem pouco dinheiro na hora e são emitidas para emprestadores com baixos níveis de crédito ou histórico limitado de crédito.

hipótese da desvalorização A hipótese de que as mulheres recebem salários mais baixos porque o trabalho que fazem é socialmente definido como menos valorizado do que o trabalho que os homens desempenham.

hipótese da integração Teoria que diz que a única forma de oferecer educação de qualidade a todos os grupos raciais e étnicos é dessegregar as escolas.

hipótese do capital humano A hipótese que afirma que diferenças entre homens e mulheres se devem às diferenças nos níveis de educação, capacitação, treinamento e experiência de trabalho de homens e mulheres.

hipótese do contato Ideia de que o contato entre grupos é necessário para a redução do preconceito.

hipótese do desvio de gênero A tendência a um excesso de conformidade às normas de gênero depois de um ato de desvio de gênero; um método de neutralização.

hipótese do ecossistema Uma hipótese que defende que o encarceramento serve para aumentar o comportamento criminoso por meio da transmissão de habilidades, técnicas e motivações criminosas.

hipótese Uma predição ou suposição acadêmica sobre como uma variável está relacionada a outra.

homofobia Atitudes negativas ou hostis dirigidas ao comportamento sexual não heterossexual, a um indivíduo identificado como não heterossexual e a comunidades não heterossexuais.

homofobia internalizada (ou heterossexismo internalizado) A internalização de mensagens negativas sobre homossexualidade por pessoas lésbicas, gays e bissexuais como resultado direto ou indireto da rejeição e estigmatização sociais.

homossexualidade A predominância de atração emocional, cognitiva e sexual a indivíduos do mesmo sexo.

horário flexível Acordo de trabalho que permite aos funcionários começar e terminar a semana em horários diferentes, contanto que as 40 horas por semana sejam mantidas.

imaginação sociológica A capacidade de ver as conexões entre nossas vidas pessoais e o mundo social no qual vivemos.

imperialismo cultural A doutrinação interna no sentido da cultura dominante de uma sociedade.

imposto de renda Crédito de impostos restituível baseado na renda de uma família trabalhadora e no número de filhos.

impostos progressivos Impostos cujas alíquotas aumentam conforme a renda aumenta, de modo que quem tem uma renda maior é taxado com alíquotas maiores.

impressão 3-D Uma tecnologia revolucionária de fabricação que envolve baixar um arquivo digital que contém o projeto de um produto. Uma impressora lê o arquivo e então imprime o produto (feito de plástico especial ou de outras matérias-primas) por meio de um bocal aquecido.

incapacitação Uma filosofia da justiça criminal que afirma que a reincidência pode ser reduzida colocando-se o criminoso na prisão para que ele seja incapaz de cometer outros crimes contra o público em geral.

índice de criminalidade Número de crimes cometidos em uma população de 100 mil habitantes.

índice de desemprego de longo prazo A parcela de desempregados que estão sem emprego por 27 semanas ou mais.

índice de divórcio refinado O número de divórcios por mil mulheres casadas.

índice de fertilidade total O número médio ao longo da vida de nascimentos por mulher em uma população.

índice de libertação A porcentagem de crimes nos quais uma prisão e a pena oficial foram cumpridas e o caso foi liberado pela justiça.

Índice de Pobreza Multidimensional Uma medida da privação séria nas dimensões de saúde, educação e padrão de vida que relaciona o número de desprovidos com a intensidade de sua privação.

individualismo A tendência de focar os próprios interesses e a felicidade pessoal em vez de os interesses da família ou da comunidade.

indivíduo transgênero Um indivíduo transgênero é uma pessoa cuja noção de identidade de gênero – masculino ou feminino – é inconsistente com o sexo do nascimento (masculino ou feminino, às vezes chamado de cromossômico).

industrialização A substituição de ferramentas manuais, trabalho humano e animal por máquinas acionadas por vapor, gasolina e energia elétrica.

injustiça ambiental Também conhecido como *racismo ambiental*, é a tendência de populações e comunidades marginalizadas a vivenciar de forma desproporcional as adversidades devido a problemas ambientais.

instituição econômica A estrutura e os meios pelos quais uma sociedade produz, distribui e consome bens e serviços.

instituição Um padrão estabelecido e duradouro de relações sociais.

internet Infraestrutura internacional de informação disponível por meio de universidades, institutos de pesquisa, agências governamentais, bibliotecas e empresas.

Interpol A maior organização internacional de polícia do mundo.

inverno nuclear O resultado previsto de uma guerra termonuclear na qual nuvens espessas de poeira e partículas radiativas bloqueariam a luz do sol vital, reduzindo a temperatura no hemisfério norte e levando à morte a maior parte dos seres vivos da Terra.

islamofobia Preconceito contra muçulmanos e o Islã.

juizados de narcóticos Tribunais especiais que direcionam criminosos ligados às drogas a programas de tratamento em vez de liberdade condicional ou prisão.

justiça restaurativa Uma filosofia preocupada primeiramente com a reconciliação de conflitos entre vítima, agressor e a comunidade.

legalização Tornar comportamentos proibidos legais; por exemplo, legalizar o uso de drogas ou a prostituição.

leis antimiscigenação Leis que baniram o casamento inter-racial até 1967, quando a Suprema Corte (em Loving *v.* Virgínia) as declarou inconstitucionais.

leis de exceção genética Leis que exigem que a informação genética seja abordada separadamente de outras informações médicas.

leis do salário digno Leis que exigem que contratantes estaduais ou municipais, empresas que recebem subsídios públicos ou abatimento de impostos ou, em alguns casos, todas as empresas, paguem aos funcionários salários acima do mínimo federal, permitindo que vivam acima da linha da pobreza.

lésbica Mulher que sente atração por parceiras do mesmo sexo.

LGBT, LGBTQ e LGBTQI Termos usados para se referir coletivamente a indivíduos gays, lésbicas, bissexuais, transgênero, *questioning* ou *"queer"* e/ou intersexuais.

liberdade condicional A libertação condicional de um criminoso que, por um período de tempo específico e sujeito a certas condições, permanece sob a supervisão da Justiça na comunidade.

liberdade condicional Soltura da prisão por um período de tempo específico e conforme certas condições, antes do fim da sentença de um prisioneiro.

lixo eletrônico Aparelhos elétricos e equipamentos eletrônicos descartados.

local de trabalho tóxico (*toxic workplace*) Um ambiente de trabalho no qual os funcionários estão sujeitos a colegas e/ou chefes que praticam vários comportamentos negativos e indutores do estresse, como intimidação, assédio, fofoca e boatos.

malware Termo geral que inclui qualquer tipo de spyware, vírus e adwares que são instalados no computador do indivíduo sem seu conhecimento.

managed care Todo plano de saúde que controla os custos por meio do monitoramento e do controle das decisões dos fornecedores de assistência médica.

máquina da negação da mudança climática Campanha agressiva e bem financiada de desinformação feita pela indústria de combustíveis fósseis e seus aliados que envolve atacar e desacreditar a ciência do clima, seus cientistas e instituições científicas.

Matthew Shepard and James Byrd, Jr. Hate Crimes Prevention Act (HCPA) Essa nova lei amplia a lei federal original de 1969 sobre crimes de ódio com base na orientação sexual, de gênero, identidade de gênero ou de deficiência real ou percebida.

McDonaldization O processo pelo qual os princípios da indústria de *fast-food* (eficiência, possibilidade de cálculo, previsibilidade e controle por meio da tecnologia) estão sendo aplicados a mais setores da sociedade, especialmente o ambiente de trabalho.

mecanização Dominante na sociedade agrícola, é o uso de ferramentas para realizar tarefas antes feitas à mão.

mediação de divórcio Processo no qual casais que estão se divorciando encontram um terceiro neutro (mediador) que os ajuda a resolver questões como divisão de bens, custódia dos filhos, pensão dos filhos e do cônjuge, de forma que minimiza conflitos e estimula a cooperação.

Medicaid Programa de seguro-saúde público, financiado conjuntamente pelo governo federal e por governos estaduais, que oferece cobertura de assistência à saúde para os pobres que atendam aos critérios de habilitação.

medicalização Definir ou rotular certos comportamentos e condições como problemas médicos.

Medicare Programa financiado pelo governo federal que oferece benefícios de seguro-saúde para idosos, deficientes e pessoas com doenças renais graves.

medicina alopática A prática convencional e mais difundida de medicina; também conhecida como medicina ocidental.

medicina alternativa e complementar Refere-se a uma ampla gama de abordagens, práticas e produtos de cuidados com a saúde que não são considerados parte da medicina convencional.

meritocracia Sistema social no qual os indivíduos ascendem e recebem recompensas com base em seus esforços e habilidades individuais.

meta-análise A meta-análise combina os resultados de vários estudos que abordam uma questão de pesquisa; por exemplo, é a análise da análise.

Metas de Desenvolvimento do Milênio Oito metas que incluem uma agenda internacional para reduzir a pobreza e melhorar a qualidade de vida.

momentum **populacional** Crescimento contínuo da população em consequência de índices de alta fertilidade do passado que resultaram em uma grande quantidade de mulheres jovens que atualmente estão entrando em seus anos reprodutivos.

monogamia serial Uma sucessão de casamentos nos quais uma pessoa tem mais do que um cônjuge ao longo da vida, mas é legalmente casado apenas com uma pessoa por vez.

monogamia Casamento entre dois parceiros; a única forma de casamento legal nos Estados Unidos.

monopólios genéticos Controle exclusivo sobre um gene em particular em consequência de patentes governamentais.

mortalidade abaixo de 5 anos Mortes de crianças com menos de 5 anos.

mortalidade infantil Mortes de crianças nascidas vivas abaixo de 1 ano de idade.

mortalidade materna Mortes resultantes de complicações associadas a gravidez, nascimento e abortos inseguros.

movimento ambiental radical Um movimento da sociedade civil de indivíduos e grupos que empregam meios não convencionais e em geral ilegais de proteção à vida selvagem e ao ambiente.

movimento social Grupo organizado de indivíduos com um propósito comum para promover ou resistir à mudança social por meio de ação coletiva.

não conformidade de gênero Frequentemente usado como sinônimo de transgênero, a não conformidade de gênero (às vezes chamada de variante de gênero) refere-se a apresentações de gênero inconsistentes com as expectativas da sociedade.

não proliferação nuclear Esforços para evitar a disseminação de armas nucleares ou materiais e tecnologias necessários para a produção de armas nucleares.

negligência Forma de abuso que envolve o fracasso na oferta adequada de atenção, supervisão, nutrição, higiene, assistência médica e de um ambiente seguro e limpo para um menor ou um indivíduo idoso dependente.

negócios autogeridos pelos trabalhadores Veja *cooperativas de trabalhadores*.

neutralidade da rede Princípio que sustenta que os usuários da internet deveriam ser capazes de visitar qualquer site e acessar qualquer conteúdo sem a interferência de um provedor de serviço de internet.

normas Regras socialmente definidas de comportamento, incluindo padrões sociais de conduta, moral e leis.

obsolescência percebida A percepção de que um produto é obsoleto; usado como ferramenta de marketing para convencer os consumidores a substituir certos itens mesmo que ainda estejam funcionais.

obsolescência programada A fabricação de produtos com o objetivo de que se tornem inoperantes ou ultrapassados em um período relativamente curto de tempo.

Occupy Wall Street Um movimento de protesto que começou em 2011 e se contrapõe à desigualdade econômica, ganância, corrupção e à influência de corporações sobre o governo.

offshoring A recolocação de atividades produtivas em outros países.

opressão O uso do poder para criar desigualdade e limitar o acesso aos recursos, o que impede o bem-estar físico e/ou emocional de indivíduos ou grupos de pessoas.

orgulho gay Expressões demonstrativas e culturais do ativismo gay que incluem comemorações, marchas, passeatas e outras atividades culturais para promover os direitos dos homossexuais.

orientação sexual As atrações, relacionamentos, autoidentidades e comportamentos sexuais e emocionais de uma pessoa.

origem étnica Herança ou nacionalidade cultural compartilhada.

outsource Veja *terceirização*.

países desenvolvidos Países que têm uma renda *per capita* nacional relativamente alta, também conhecidos como países de alta renda.

países em desenvolvimento Países que têm uma renda *per capita* nacional relativamente baixa, também conhecidos como países menos desenvolvidos ou países de renda média.

países menos desenvolvidos Os países mais pobres do mundo.

papéis de gênero Padrões de comportamentos e expectativas socialmente definidos associados a ser feminino ou masculino.

papéis expressivos Papéis nos quais as mulheres tradicionalmente são socializadas (ou seja, papéis de proteção e suporte emocional).

papéis instrumentais Papéis nos quais homens são tradicionalmente socializados (ou seja, papéis orientados a funções).

papéis O conjunto de direitos, obrigações e expectativas associados a um *status*.

parceiros domésticos Casais não casados (do mesmo sexo ou do sexo oposto) que têm garantido um *status* de parceria doméstica – *status* que implica vários direitos e deveres perante a lei.

parceria doméstica *Status* que alguns estados, condados, cidades e locais de trabalho nos Estados Unidos garantem a casais não casados, incluindo gays e lésbicas, que implica vários direitos e deveres.

parcerias registradas Relacionamentos reconhecidos em âmbito federal que incluem a maioria, mas não todos os direitos do casamento.

parent trigger laws Legislação estadual que permite aos pais interferir na educação e nas escolas de seus filhos.

paridade Em assistência à saúde, é um conceito que exige igualdade entre cobertura de atenção à saúde mental e outros tipos de cobertura de saúde.

patriarcado Sistema familiar dominado pelo homem que se reflete na tradição de as esposas usarem o último sobrenome do marido e o filho assumir o nome do pai.

pegada ambiental As demandas da humanidade sobre os recursos naturais da Terra.

pena capital O estado (governo federal ou um estado, nos Estados Unidos) tira a vida de uma pessoa como punição por um crime.

perspectiva da resiliência marital Visão do estágio atual do casamento que inclui as crenças de que (1) pobreza, desemprego, escolas mal financiadas, discriminação e falta de serviços básicos (como seguro-saúde e creches) representam ameaças mais sérias ao bem-estar das crianças e adultos do que o declínio das famílias biparentais e (2) o divórcio oferece uma segunda chance de felicidade para adultos e uma fuga dos ambientes disfuncionais.

perspectiva do declínio marital Visão pessimista do atual estágio dos casamentos que inclui a crença de que (1) a felicidade pessoal se tornou mais importante do que o compromisso marital e as obrigações familiares e (2) o declínio do casamento de vida inteira e o aumento das famílias monoparentais contribuíram para uma variedade de problemas sociais.

pesquisa de campo Pesquisa que envolve observar e estudar o comportamento social em ambientes nos quais ele ocorre naturalmente.

pesquisa de levantamento Um método de pesquisa que envolve extrair informações dos respondentes por meio de perguntas.

petróleo de areias betuminosas Petróleo resultante da transformação de areias betuminosas em combustível líquido. É conhecido como a forma mais suja de petróleo do mundo, porque sua produção gasta energia e produz altos níveis de gases do efeito estufa (que causam aquecimento global e mudança climática) e também gera uma grande quantidade de lixo tóxico.

pinkwashing A prática de usar cor-de-rosa para indicar que uma empresa está ajudando a combater o câncer de mama, mesmo quando ela usa químicos ligados ao câncer.

pirataria na internet *Download* ou distribuição ilegal de material com direitos autorais (como música, jogos, software).

pluralismo Estado no qual grupos raciais e étnicos mantêm sua distinção, mas respeitam-se entre si e têm acesso igualitário a recursos sociais.

pobreza absoluta A falta de recursos necessários para o bem-estar material – principalmente de alimentos e água, mas também de habitação, saneamento básico, educação e saúde.

pobreza extrema Viver com menos de US$ 1,25 por dia.

pobreza intergeracional Pobreza que é transmitida de uma geração para a seguinte.

pobreza relativa A falta de recursos materiais e econômicos em comparação com outra população.

poliandria O casamento simultâneo de uma mulher com dois ou mais homens.

poligamia Forma de casamento no qual uma pessoa pode ter dois ou mais cônjuges.

poliginia Forma de casamento na qual o marido tem mais de uma esposa.

poluição luminosa Iluminação artificial que é incômoda, desnecessária e/ou prejudicial às formas de vida na Terra.

pós-industrialização A mudança de uma economia dominada por trabalhos manufatureiros para uma economia dominada por ocupações orientadas a serviços e que exige grande quantidade de informações.

pós-modernismo Visão de mundo que questiona a validade do pensamento racional e o espírito científico.

preconceito de idade por invisibilidade Ocorre quando adultos mais velhos não são incluídos em materiais publicitários e educativos.

preconceito de idade Estereótipos, preconceitos e discriminação baseados na idade cronológica percebida de uma pessoa ou grupo.

preconceito Atitudes e sentimentos negativos em relação ou sobre uma categoria inteira de pessoas.

privilégio Quando um grupo tem uma vantagem ou benefícios especiais em consequência de fatores culturais, econômicos, sociais, legais ou políticos.

problema social Condição social vista por um segmento da sociedade como danosa aos membros da sociedade e que exigem solução.

profecia autorrealizável Conceito que se refere à tendência das pessoas de agir de forma consistente com as expectativas dos outros.

programas de certificação alternativa Programas nos quais estudantes graduados em todas as áreas, menos pedagogia, podem obter um certificado se tiveram "experiência de vida" em um setor produtivo, exército ou outros trabalhos relevantes.

programas de microcrédito A oferta de empréstimos a pessoas que geralmente são excluídas dos serviços tradicionais de crédito devido a seu baixo *status* socioeconômico.

programas de segurança baseados no comportamento Estratégia usada pela gestão de negócios que atribui problemas de saúde e de segurança no local de trabalho ao comportamento dos funcionários e não aos processos e condições de trabalho.

programas sociais Programas assistenciais que têm exigências de habilitação com base em renda e/ou bens.

pró-natalismo Valor cultural que incentiva ter filhos.

Protocolo de Kioto Primeiro acordo internacional para estabelecer limites compulsórios legais sobre as emissões de gases do efeito estufa de países desenvolvidos.

punição corporal Imposição intencional de dor a fim de mudar ou controlar o comportamento.

raça Categoria de pessoas que são percebidas como compartilhantes de características físicas consideradas significativas socialmente.

racismo ambiental Veja *injustiça ambiental*.

racismo aversivo Uma forma sutil de preconceito que envolve sentimentos de desconforto, mal-estar, repugnância, medo e atitudes pró-brancos.

racismo daltônico (*color-blind racism*) Forma de racismo baseada na ideia de que superar o racismo significa ignorar a raça, mas o daltonismo é, em si, uma forma de racismo, pois evita o reconhecimento do privilégio e a desvantagem associada à raça, e além disso permite a continuidade de formas institucionais de preconceitos raciais.

racismo institucional A distribuição sistemática de poder, recursos e oportunidades de forma que beneficia brancos em detrimento de minorias.

racismo moderno Uma forma sutil de racismo que envolve a crença de que a discriminação grave não existe mais nos Estados Unidos, que toda desigualdade persistente racial é culpa dos membros do grupo minoritário e que as exigências de ações afirmativas por parte das minorias são injustas e injustificadas.

racismo A crença de que a raça representa diferenças no caráter e nas habilidades humanas e que uma raça específica é superior às outras.

reabilitação Filosofia de justiça criminal que afirma que a reincidência pode ser reduzida com a mudança do criminoso por meio de programas como aconselhamento quanto ao abuso de substâncias, treinamento profissional, educação etc.

recessão Um declínio significativo na atividade econômica disseminado na economia e que dura por até seis meses.

recompensa dos trabalhadores Programa de seguridade que oferece compensação médica aos trabalhadores e despesas vitalícias a pessoas com lesões relacionadas ao trabalho ou doenças.

redução da demanda Uma das duas estratégias da guerra dos EUA contra as drogas (a outra é redução da oferta), a redução da demanda foca a redução da procura por drogas por meio de tratamento, prevenção e pesquisa.

redução da oferta Uma das duas estratégias da guerra contra as drogas dos EUA (a outra é a redução da demanda), a redução da oferta se concentra em reduzir a oferta de drogas disponíveis nas ruas por meio de esforços internacionais, proibição e imposição da lei dentro do território norte-americano.

redução de danos Posição oficial de saúde que defende a redução de consequências danosas do uso das drogas para os usuários assim como para a sociedade como um todo.

refugiados ambientais Indivíduos que migram porque não conseguem mais garantir a subsistência devido ao desmatamento, desertificação, erosão do solo e outros problemas ambientais.

reincidência O retorno ao comportamento criminoso por um ex-presidiário, mais comumente medido por nova prisão, nova condenação ou novo encarceramento.

Respect for Marriage Act (RMA) Projeto de lei que, se aprovado, derrubaria o Doma e garantiria reconhecimento federal a casamentos do mesmo sexo, independentemente das leis do estado no qual o casal reside.

riqueza O total de bens de um indivíduo ou família menos o endividamento.

roubo de identidade O uso da identificação de outra pessoa (por exemplo, RG, certidão de nascimento) para obter crédito ou outras recompensas econômicas.

sair do armário Processo progressivo no qual um indivíduo gay, lésbica ou bissexual toma consciência de sua sexualidade, aceita-a, incorpora-a à sua identidade geral e compartilha a informação com outros, como familiares, amigos e colegas de trabalho.

sanções Consequências sociais para quem se adaptta ou viola as normas.

saúde mental O desempenho bem-sucedido da função mental, resultando em atividades produtivas, relacionamentos gratificantes com outras pessoas e a capacidade de se adaptar à mudança e lidar com as adversidades.

saúde pública universal Um sistema de saúde pública tipicamente financiado pelo governo, que garante cobertura de assistência médica a todos os cidadãos.

saúde Segundo a Organização Mundial de Saúde, "estado de completo bem-estar físico, mental e social".

Section 8 housing Programa de assistência habitacional no qual subsídios de aluguel federal são oferecidos tanto a locatários (na forma de certificados e *vouchers*) como a locadores privados.

segregação profissional por sexo A concentração de mulheres em certas profissões e de homens em outras.

segregação Separação física de dois grupos em residência, local de trabalho e funções sociais.

segundo turno Trabalho doméstico e cuidado dos filhos que pais que trabalham (em geral mulheres) fazem quando voltam para casa depois do expediente.

Seguridade Social Também chamada de "Seguro de Saúde do Idoso, Sobreviventes e Incapacitados", é um programa federal que protege contra a perda de renda devido a aposentadoria, incapacitação ou morte.

semana de trabalho condensada Acordo trabalhista que permite aos funcionários condensar seu trabalho em menos dias (por exemplo, quatro dias de 10 horas de trabalho por semana).

sensibilidade química múltipla Também conhecida como "doença ambiental", é uma condição na qual os indivíduos vivenciam reações adversas quando expostos a baixos níveis de químicos encontrados em substâncias cotidianas.

sexismo A crença de que existem diferenças psicológicas, comportamentais e/ou intelectuais inatas entre mulheres e homens e que essas diferenças conotam a superioridade de um grupo e a inferioridade de outro.

sexismo cultural Formas pelas quais a cultura da sociedade perpetua a subordinação de um indivíduo ou grupo com base na classificação sexual daquele indivíduo ou grupo.

sexismo estrutural As formas nas quais a organização da sociedade, e especificamente suas instituições, subordinam indivíduos e grupos com base em sua classificação sexual.

sexo Classificação biológica de uma pessoa como homem ou mulher.

sexual orientation change efforts (Soce) Refere-se coletivamente a terapias reparativas, conversão e reorientação segundo a American Psychology Association (APA).

símbolo Algo que representa outra coisa.

sindicatos Organizações de defesa profissional que surgiram para proteger os trabalhadores e representá-los em negociações entre gestão e trabalho.

síndrome alcoólica fetal Uma síndrome caracterizada por deficiências físicas e mentais sérias em consequência da ingestão de bebidas alcoólicas pela mãe durante a gravidez.

síndrome da abstinência neonatal Condição na qual uma criança, ao nascer, passa por uma privação em consequência do uso de drogas da mãe.

síndrome do bebê sacudido Forma de abuso infantil no qual o cuidador sacode um bebê a ponto de causar hemorragia cerebral ou retinal na criança.

sistemas de saúde inteligentes O resultado de registros eletrônicos nos quais os médicos podem avaliar populações de pacientes e identificar tratamentos bem-sucedidos ou detectar interações prejudiciais.

socialismo Sistema econômico caracterizado por propriedade estatal dos meios de produção e distribuição de bens e serviços.

solução tecnológica O uso de princípios científicos e tecnologia para resolver problemas sociais.

State Children's Health Insurance Program (SCHIP) Programa público de seguro-saúde, financiado juntamente pelos governos federal e estadual, que oferece cobertura de seguro-saúde para crianças cujas famílias atingem padrões de renda elegíveis.

***status* adquirido** Um *status* que a sociedade atribui a um indivíduo com base em fatores sobre os quais a pessoa tem algum nível de controle.

***status* atribuído** Um *status* que a sociedade atribui a um indivíduo com base em fatores sobre os quais a pessoa não tem controle.

***status* principal** O *status* que é considerado o mais significativo na identidade social de uma pessoa.

***status* socioeconômico** A posição de uma pessoa na sociedade com base no nível de conquista educacional, ocupação e renda daquela pessoa ou do núcleo familiar da pessoa.

status Posição que uma pessoa ocupa em um grupo social.

STEM Acrônimo de ciência (*science*, em inglês), tecnologia, engenharia e matemática.

subemprego Trabalhadores sem emprego como (1) os que trabalham meio-período, mas desejam trabalhar período integral, (2) os que querem trabalhar, mas se desestimularam por procurar sem sucesso e (3) outros que nem estão trabalhando nem procurando trabalho, mas querem e estão disponíveis para trabalhar e procuraram emprego no último ano. Também se refere ao emprego de trabalhadores com alta qualificação ou nível de ensino em trabalhos de baixa qualificação ou baixos salários.

Supplemental Nutrition Assistance Program (Snap) O maior programa norte-americano de assistência alimentar.

sweatshops Ambientes de trabalho caracterizados por pagamentos abaixo do salário mínimo, horas excessivas de trabalho (em geral sem pagamento de horas extras), condições de trabalho inseguras ou desumanas, tratamento abusivo dos funcionários pelos empregadores e/ou falta de organizações de trabalho com vistas a negociar melhor as condições de trabalho.

taxa de dependência de idosos A razão entre adultos em idade produtiva (15 a 64 anos) em relação a adultos de 65 anos ou mais na população.

taxa de penetração A porcentagem de pessoas que tem acesso e usa a internet em uma região específica.

tecnologia Atividades que aplicam os princípios da ciência e da mecânica à solução de um problema específico.

tecnologias de duplo uso Inovações tecnológicas financiadas pela área de defesa com uso comercial e civil.

telecomutação Acordo de trabalho que envolve o uso de tecnologia da informação e permite aos funcionários trabalhar parcialmente ou em período integral de casa ou de um escritório satélite.

telepresença Tecnologia sofisticada que permite a participação em tamanho natural na presença virtual de outro para se comunicar realisticamente por meio de transmissões de som e imagens de qualidade.

tempo de duplicação O tempo exigido para uma população dobrar de tamanho a partir de um ano-base estabelecido se o índice atual de crescimento se mantiver.

Temporary Assistance for Needy Families (Tanf) Programa de auxílio federal em dinheiro que envolve exigências de trabalho e um limite de cinco anos de duração.

teoria da paz democrática Teoria prevalente nas relações internacionais que sugere que similaridades ideológicas entre nações democráticas torna improvável que tais países entrem em guerra uns contra os outros.

teoria da transição demográfica Teoria que atribui padrões de crescimento populacional a mudanças nos índices de natalidade e mortalidade associados ao processo de industrialização.

teoria do estresse das minorias Explica que quando um indivíduo vive em um ambiente social emocional ou fisicamente ameaçador devido ao estigma social, o resultado é um risco maior de problemas de saúde mental.

teoria Conjunto de proposições ou princípios inter-relacionados criados para responder uma questão ou explicar um fenômeno em particular.

terapia genética O transplante de um gene saudável para substituir um gene defeituoso ou faltante.

terceirização Prática na qual uma empresa subcontrata um terceiro que lhe oferece serviços profissionais.

terrorismo O uso premeditado ou ameaça de uso de violência por um indivíduo ou grupo para conseguir um objetivo político.

terrorismo doméstico O terrorismo doméstico, às vezes chamado de terrorismo insurgente, ocorre quando o ato terrorista envolve vítimas, alvos, instituições, governos ou cidadãos de um país.

terrorismo transnacional Terrorismo que ocorre quando um ato terrorista em um país envolve vítimas, alvos, instituições, governos ou cidadãos de outros países.

tese da supercompensação masculina A tese de que os homens têm uma tendência a agir em um papel masculino exagerado quando acreditam que sua masculinidade está ameaçada.

teste de DNA Exame de DNA a fim de identificar anormalidades ou alterações que podem levar a doenças ou enfermidades.

teto de vidro (*glass ceiling*) Barreira invisível que impede que mulheres e outras minorias ascendam às posições corporativas mais altas.

trabalhadores pobres Indivíduos que gastam pelo menos 27 semanas por ano na força de trabalho (trabalhando ou procurando trabalho) mas cuja renda fica abaixo da linha oficial da pobreza.

trabalho emocional Trabalho que envolve cuidar, negociar e ter empatia pelas pessoas.

trabalho infantil É o trabalho realizado por uma criança que oferece risco, interfere na educação ou prejudica a saúde física, mental, social ou o desenvolvimento moral da criança.

trabalhos de colarinho-rosa Trabalhos que oferecem poucos benefícios, em geral de baixo prestígio e desproporcionalmente executados por mulheres.

trabalhos forçados Também conhecidos como escravidão, é qualquer trabalho desempenhado sob ameaça de punição e assumido involuntariamente.

transações ilícitas Uso de informações privilegiadas (ou seja, não públicas) por um funcionário de uma organização, o que dá a esse funcionário uma vantagem na compra, venda e comercialização de ações e outros papéis.

transtorno do estresse pós-traumático Conjunto de sintomas que podem resultar de qualquer experiência traumática, incluindo vitimização criminal, guerra, desastres naturais ou abusos.

turismo médico Indústria global que envolve viajar, principalmente para outros países, a fim de obter cuidados médicos.

união civil *Status* legal que garante a casais do mesmo sexo que solicitam e recebem um certificado de união civil praticamente todos os benefícios disponíveis para casais casados.

valores Acordos sociais sobre o que é considerado bom e ruim, certo e errado, desejável e indesejável.

***value-added measurement* (Vam)** É o uso de dados sobre os resultados dos estudantes para avaliar a efetividade do professor.

variável Qualquer evento mensurável, característico, ou propriedade que varia ou é sujeita a mudança.

variável dependente A variável que o pesquisador quer explicar; a variável de interesse.

variável independente A variável que se espera que explique a mudança na variável dependente.

vício em álcool ou alcoolismo Segundo definição do Department of Health and Human Services dos EUA, cinco ou mais doses na mesma ocasião em cinco ou mais dias seguidos nos últimos 20 dias, para a National Survey on Drug Use and Health.

violência corporativa A produção de produtos inseguros e o fracasso das empresas em oferecer um ambiente de trabalho seguro para seus funcionários.

violência doméstica (*intimate partner violence* – IPV) Crimes violentos reais ou ameaças cometidas contra indivíduos por seus cônjuges atuais ou anteriores, companheiros de habitação, namorados ou namoradas.

viver em casas separadas Forma emergente de família na qual casais – casados ou não – vivem em casas separadas.

vivissecção A prática de cortar ou ferir animais vivos, não humanos, com fins de pesquisa científica.

***vouchers* escolares** Créditos de impostos que são transferidos para escolas públicas ou privadas que os pais escolhem para seus filhos.

wealthfare Leis e políticas que beneficiam os ricos.

Web 2.0 Uma plataforma de milhões de usuários que se expressam *on-line* nas áreas comuns do ciberespaço.

web semântica Às vezes chamada de Web 3.0, é uma versão da internet na qual páginas não só contêm informação como também descrevem a inter-relação entre as páginas; às vezes é chamada *smart media*.

Workforce Investment Act Legislação aprovada em 1998 que oferece uma ampla gama de programas e serviços destinados a auxiliar indivíduos a se preparar para encontrar um emprego.

Referências

Capítulo 1

ASSOCIATED PRESS. "Florida appeals court upholds ban of veil in driver's license photo." *Religious News. Pew Forum on Religion and Public Life*. Disponível em: http://pewforum.org/. Acesso em: 26 set. 2006.

BERGER, Peter. *Invitation to sociology*. Garden City, N.J.: Doubleday, 1963

BLUMER, Herbert. "Social problems as collective behavior." *Social Problems*, v. 8, n. 3, p. 298-306, 1971.

BYARD, Eliza. "The 81%. How young adults are reshaping the marriage equality debate." Disponível em: http://tv.msnbc.com. Acesso em: 26 mar. 2013.

CANEDY, Dana. "Lifting veil for photo id goes too far, driver says." *New York Times*, Jun. 27. Disponível em: www.nytimes.com. Acesso em: 2012.

CAREER CAST. "Jobs rated 2013: Ranking 200 jobs from best to worse." Disponível em: www.careercast.com. Acesso em: 2013.

CENTERS FOR DISEASE CONTROL AND PREVENTION. 2008. (Aug. 1). Trends in HIV – and STD – related risk behaviors among high school students – United States, 1991-2007. *Morbidity and Mortality Weekly Report*, v. 57, n. 30, p. 817-822, 1 ago 2008.

_____. Youth risk behavior surveillance, United States, 2009. *Morbidity and Mortality Weekly Report*, v. 5, n. SS-5, 4 jun. 2010.

_____. "Trends in HIV - Related risk behaviors among high school students - United States, 1991-2011." *Morbidity and Mortality Weekly Report*, v. 61, n. 29, p. 556-560, 27 jul. 2012.

THE ELEANOR ROOSEVELT PAPERS. "Teaching Eleanor Roosevelt: American Youth Congress." Disponível em: www.nps.gov. Acesso em: 2008.

FARRELL, Dan; PETERSEN, James C. "The growth of internet research methods and the reluctant sociologist." *Sociological Inquiry*, v. 80, n. 1, p. 114-125, 2010.

FILE, Thom. "Computer and internet use in the United States." U.S. Department of Commerce. *U.S. Census Bureau*, P20-569, 2013.

FINN, Kathy. "Ruling against BP clears way for appeal of spill payouts." *Reuters News Service*. Disponível em: www.reuters.com. Acesso em: 5 abr. 2013.

FLEMING, Zachary. "The thrill of it all." *In their own words*. Editor Paul Cromwell. Los Angeles, CA: Roxbury, 2003, p. 99-107.

GALLUP POLL. "Most important problem." Disponível em: www.gallup.com. Acesso em: 7 maio 2013a.

_____. "Satisfaction with the United States." Disponível em: www.gallup.com. Acesso em: 14 maio 2013b.

GEORGE, Nimala. "Outrage grows in India over gang rape on bus." *The Christian Science Monitor*. Disponível em: www.csmonitor.com. Acesso em: 19 dez. 2012.

GOTTIPATI, Sruthi; *Trivedi*, Anjani; Rai, Saritha. "Protests across India over death of gang rape victim." *The New York Times*. Disponível em: http://india.blogs.nytimes.com. Acesso em: 29 dez. 2012.

HERD, D. "Voices from the field: The social construction of alcohol problems in innercity communities." *Contemporary Drug Problems*, v. 38, n. 1, p. 7-39, 2011.

INDIANA STATE GOVERNMENT. "General information." *Department of Toxicology*. Disponível em: www.in.gov/isdt/2340.htm. Acesso em: 2013.

KMEC, J.A. "Minority job concentration and wages." *Social Problems*, v. 50, p. 38-59, 2003.

MATZA, David. *Delinquency and drift*. Brunswick, N.J: Transaction Publishers, 1990.

MERTON, R.K. *Social theory and social structure*. Nova York: Free Press, 1968.

MILLS, C. W. *The sociological imagination*. Londres: Oxford University Press, 1959.

MOONEY, L.A. An author's "human side." *Personal Essay*, 2015.

NATIONAL HIGHWAY TRAFFIC SAFETY ADMINISTRATION. "Using electronic devices while driving is a serious safety problem." *Safety in Numbers*, v. 1, n. 1. Disponível em: www.distraction.gov. Acesso em: abr. 2013.

NEWPORT, Frank. "Democrats, republicans diverge on capitalism, federal gov't." Disponível em: www.gallup.com. Acesso em: 29 nov. 2012.

OBAMA, Barack. "Inaugural address by President Barack Obama." Disponível em: www.whitehouse.gov. Acesso em: 21 jan. 2013.

PALACIOS, Wilson R.; FENWICK, Melissa E. "'E' is for ecstasy." *In Their Own Words*. Editor: Paul Cromwell. Los Angeles, CA: Roxbury. 2003. p. 277-283.

PARK, Madison. "Anger, frustration over rapes in India: 'Mindset hasn't changed.'" Disponível em: www.cnn.com. Acesso em: 23 abr. 2013.

POPE, Carl. "No, BP won't make it right." Huffington post. Disponível em: www.huffingtonpost.com. Acesso em: 25 fev. 2011.

PRYOR, J. H.; EAGAN, K.; PALUKI BLAKE, L.; HURTADO, S.; BERDAN, J.; CASE, M. *The american freshman: National norms*, 2012. Los Angeles: Higher Education Research Institute, UCLA, 2012.

RECOVERY.GOV. "Overview of funding." 2013. Disponível em: www.recovery.gov.

REIMAN, Jeffrey; LEIGHTON, Paul. *The rich get richer and the poor get prison*. 10th ed. Boston: Pearson, 2013.

RIFKIND, Hugo. "Student activism is back." *Times Online*. Disponível em: http://women.timesonline.co.uk. Acesso em: 16 fev. 2009.

SCHLOSSER, Jim. "Activist recalls 'catalyst for civil rights.'" *Greensboro News and Record*. Disponível em: www.sitins.com. Acesso em: 2 fev. 2000.

SCRANTON REPORT, THE. *The report of the president's commission on campus unrest*. Washington, DC: U.S. Government Printing Office, 1971.

SCHOENBERG, Tom; MATTINGLY, Phil. 2013. "Peanut Corp. of america officials charged over salmonella." *Bloomberg News Service*. Disponível em: www.bloomberg.com. Acesso em: 21 fev. 2013.

SIMI, Pete; FUTRELL, Robert. "Negotiating white power." *Social Problems*, v. 56, n. 1, p. 98-110, 2009.

SMITH, Jacquelyn. "The best and worst jobs for 2013." *Forbes*. Disponível em: www.forbes.com. Acesso em: 23 abr. 2013.

SYKES, Marvin. "Negro college students sit at Woolworth lunch counter." *Greensboro Record*. Disponível em: www.sitins.com. Acesso em: 8 mar. 2015.

THOMAS, W. I. 1931/1966. "The relation of research to the social process." In: *W. I. Thomas on Social Organization and Social Personality*. Editor Morris Janowitz. Chicago: University of Chicago Press, 1931/1966, p. 289-305.

U.S. DEPARTMENT OF STATE. "USA jobs." Disponível em: www.usajobs.gov. Acesso em: 2013.

WALL STREET JOURNAL (WSJ), THE. "Best and worst jobs of 2013." 22 abr. 2013. Disponível em: www.wsj.com.

WEIR, Sara; FAULKNER, Constance. *Voices of a new generation: A feminist anthology*. Boston, MA: Pearson Education Inc., 2004

WILHELM, Ian. "Northern Arizona U. overhauls curriculum to focus on 'global competence.'" *Chronicle of Higher Education*. Disponível em: http://chronicle.com. Acesso em: 20 maio 2012.

WILSON, John. *Social theory*. Englewood Cliffs, NJ: Prentice Hall, 1983.

Capítulo 2

ALLEN, P. L. *The wages of sin: sex and disease, past and present*. Chicago: University of Chicago Press, 2000.

ALVAREZ, Lizette; ECKHOLM, Erik. "Purple heart is ruled out for traumatic stress." *New York Times*, 27 jan. 2009, p. A1.

AMERICAN COLLEGE HEALTH ASSOCIATION. *American College Health Association. National College Health Assessment II: Reference Group Executive Summary Spring 2012*. Hanover MD: American College Health Association, 2012

ANGELL, Marcia. "Statement of dr. Marcia Angell introducing the U.S. National Health Insurance Act." *Physicians for a national health program*. 2003. Disponível em: www.pnhp.org.

AREHART-TREICHEL, Joan. "Psychiatrists and farmers: alliance in the making?" *Psychiatric News*, v. 43, n. 10, p. 15, 2008.

BAFANA, Busani. "Morphine kills pain but its price kills patients." *InterPress Service*. 11 jan. 2013. Disponível em: http://ipsnews.net.

BARKER, Kristin. "Self-help literature and the making of an illness identity: the case of fibromyalgia syndrome (FMS)." *Social Problems*, v. 49, n. 3, p. 279-300, 2002.

BARNES, Brooks. "Promoting nutrition, Disney to restrict junk food ads." *New York Times*. 5 jun. 2012. Disponível em: www.nytimes.com.

BERONIO, K., R.; PO, L. Skopec; GLIED, S. "Affordable care act expands mental health and substance use disorder benefits and federal parity protections for 62 million americans." 20 fev. 2013. *ASPE Issue Brief*. U.S. Department of Health and Human Services. Disponível em: aspe.hhs.gov.

BISET, Blain. "No woman should die giving life." *Inter Press Service*. 31 jan. 2013. Disponível em: www.ipsnews.net.

BORGELT, L. M.; FRANSON, K. L.; NUSSBAUM, A. M.; WANG, G. S. "The pharmacologic and clinical effects of medical cannabis." *Pharmacotherapy*, v. 33, n. 2, p. 195-209, 2013.

BRAINE, Theresa. "Race against time to develop new antibiotics." *Bulletin of the World Health Organization*, v. 89, p. 88-89, 2011.

BRILL, Steven. "Bitter pill." *Time Magazine*, n. 181, v. 8, p. 16-55, 4 mar. 2013.

CAROLLA, Bob. "Entry on mental illness added to AP stylebook." *Nami Now*. mar. 2013. Disponível em: www.nami.org.

CENTER FOR SCIENCE IN THE PUBLIC INTEREST. "Petition to ensure the safe use of added sugars." 2012. Disponível em: www.cspi.org.

CENTERS FOR DISEASE CONTROL AND PREVENTION. "Making health care safer: stop infections from lethal CRE germs now." *Vital Signs*. Mar. 2013a. Disponível em: www.cdc.gov.

_____. "Deaths: final data for 2010." *National Vital Statistics Report*, v. 61, n. 4, Tabela 7, 2013b.

_____. "CDC health disparities and inequalities report – United States." *MMWR*, v. 60, 14 jan. 2011.

CHANDLER, C. K. *Animal assisted therapy in counseling*. Nova Iorque: Routledge, 2005.

CLEMMITT, Marcia. "Assessing the new health care law." *CQ Researcher*, v. 22, n. 3, p. 791-811, 2012.

COCKERHAM, William C. *Medical sociology*. 10. ed. Upper Saddle River, NJ: Prentice Hall, 2007.

COHEN, R. A., GINDI, R. M.; KIRZINGER, W. K. "Burden of medical care cost: early release of estimates from the national health interview survey, Jan.-Jun. 2011." *National Center for Health Statistics*. 2012. Disponível em: www.cdc.gov/nchs.

CRUDO, Dana. "New semester, new NAMI on Campus Clubs." *Nami Now*. Jan. 2013. Disponível em: www.nami.org.

DAVIS, Karen; SCHOEN, Cathy; SCHOENBAUM, Stephen C. et al. "Mirror, mirror on the wall: an international update on the comparative performance of american health care." *Commonwealth Fund*. Maio 2007. Disponível em: http://commonwealthfund.org.

DAVIS, Mathew A.; MARTIN, Brook I.; COULTER, Ian D.; WEEKS, William B. "U.S. spending on complementary and alternative medicine during 2002-2008 plateaued, suggesting role in reformed health system." *Health Affairs*, v. 32, n. 1, p. 45-52, 2013.

DELANY, Bill. "New Hampshire native: Allow compassionate use in the granite state." *Medical Cannabis: Voices from the Frontlines. Blog Archive. Safe Access Now*. 26 jun. 2012. Disponível em: http://safeaccessnow.org.

DENAVAS-WALT, Carmen; PROCTOR, Bernadette D.; SMITH, Jessica C. "Income, poverty, and health insurance coverage in the United States: 2012." *Current Population Reports* P60-245. U.S. Census Bureau. 2013. Disponível em: www.census.gov.

DEVRIES, K. M.; MAK, J. Y. T.; GARCÍA-MORENO, C. et al. 2013. "The global prevalence of intimate partner violence against women." *Science*, p. 1527-1528, 2013.

DINGFELDER, Sadie F. "The military's war on stigma." *Monitor on Psychology*. v. 40, n. 6, p. 52, 2009.

FAMILIES USA. "No bargain: medicare drug plans deliver higher prices." 9 jan. 2007. Disponível em: www.familiesusa.org.

FARMER, Paul; FRENK, Julio; KNAUL, Felicia M. et al. "Expansion of cancer care and control in countries of low and middle income: a call to action." *Lancet*, v. 376, n. 9747, p. 1186-1193, 2 out. 2010.

FEDERAL TRADE COMMISSION. "A review of food marketing to children and adolescents." 2012. Disponível em: www.ftc.gov.

FINE, Aubrey H. "Forward." In: Fine, Editor Aubrey H. *Handbook on animal-assisted therapy*. 3. ed. Burlington, M.A: Academic Press, 2010. p. xix-xxi.

FISCHMAN, J. "The pressure of race." *The chronicle of higher education*. 12 set. 2010. Disponível em: http://chronicle.com.

GOLDSTEIN, Michael S. "The origins of the health movement." In: CHARMAZ, Kathy; PATERNITY, Debora A. (eds.). *Health, illness, and healing: Society, social context, and self*. Los Angeles, CA: Roxbury, 1999. p. 31-41.

GOODE, Erica; HEALY, Jack. "Focus on mental health laws to curb violence is unfair, some say." 31 jan. 2013. *New York Times*. Disponível em: www.nytimes.com.

GROSSMAN, Amy. "A birth pill." *New York Times*, 9 maio 2009. Disponível em: http://www.nytimes.com/2009/05/10/opinion/10grossman.html?_r=0.

HALLAL, P. C.; ANDERSEN, L. B.; BULL, F. C.; GUTHOLD, R.; HASKELL, W.; EKELUND, U. "Global physical activity levels: surveillance, progress, pitfalls, and prospects." *The Lancet*. v. 380, p. 247-257, 2012.

HARRISON, Joel A. "How much is the sick U.S. health care system costing you?" *Dollars and Sense*, maio-jun. 2008. Disponível em: dollarsandsense.com. Acesso em: 9 mar. 2015.

HARVARD SCHOOL OF PUBLIC HEALTH. 2013. "The obesity prevention source. Obesity causes; Globalization." 9 mar. 2015. Disponível em: www.hsph.harvard.edu.

HAWKES, Corinna. "Uneven dietary development: Linking the policies and processes of globalization with the nutrition transition, obesity, and diet-related chronic diseases." *Globalization and Health*, v. 2, n. 4, 2006.

HIMMELSTEIN, D. U.; THORNE, D.; WARREN, E.; WOOLHANDLER, S. "Medical bankruptcy in the United States, 2007: Results of a national study." *The American Journal of Medicine*, v. 122, n. 8, p. 741-746, 2009.

HINGLE, Melanie; NICHTER, Mimi; MEDEIROS, Melanie; GRACE, Samantha. "Texting for health: The use of participatory methods to develop healthy lifestyle messages for teens." *Journal of Nutrition Education and Behavior*, v. 45, n. 1, p. 12-19, 2013.

HUFFINGTON POST. "NYC soda ban rejected: Judge strikes down limits on large sugary drinks as 'arbitrary, capricious.'" 12 mar., 2013. Disponível em: www.hufffingtonpost.com.

HUMMER, Robert A.; HERNANDEZ, Elaine M. "The effects of educational attainment on adult mortality in the United States." *Population Bulletin*, v. 68, n. 1, 2013.

KAISER, Chris. "Sugary drinks add to global death rates." *MedPage Today*, mar. 20, 2013. Disponível em: www.medpagetoday.com.

KAISER COMMISSION ON MEDICAID AND THE UNINSURED. *The uninsured and the difference health insurance makes*. Washington, DC: Kaiser Family Foundation, set. 2010.

KAISER FAMILY FOUNDATION. *Kaiser health tracking poll: public opinion of health care issues*, mar. 2013. Disponível em: www.kff.org.

_____. "Health tracking poll." Disponível em: www.kff.org. Acesso em: 14 mar. 2015.

_____. "How changes in medical technology affect health care costs." 2007. Disponível em: www.kff.org. Acesso em: 15 mar. 2015.

KAISER FAMILY FOUNDATION/HRET. "Employer health benefits 2012 annual survey", 2012. Disponível em: www.kff.org. Acesso em: 15 mar. 2015.

KATEL, Peter. "Food safety." *CQ Researcher*, v. 20, n. 44, 2010.

KINDIG, David A.; CHENG, Erika R. "Even as mortality fell in most U.S. counties, female mortality nonetheless rose in 42.8 percent of counties from 1992 to 2006." *Health Affairs*, v. 32, n. 3, p. 451-458, 2013.

KOLAPPA, K.; HENDERSON, D. C.; KISHORE, S. P. "No physical health without mental health: lessons unlearned?" *Bulletin of the World Health Organization*, v. 91, n. 3, p. 3-3A, 2013.

KRUGER, K. A.; SERPELL, J. A. "Animal-assisted interventions in mental health: definitions and theoretical foundations." In: Fine, Aubrey H. (ed.). *Handbook on animal-assisted therapy*, 3. ed. San Diego: Academic Press. Lee, 2010. p. 33-48.

KELLEY. "Introduction." In: LEE, Kelley. (ed.). *Health impacts of globalization*. Nova Iorque: Palgrave MacMillan, 2003. p. 1-10.

LIGHT, Donald W.; WARBURTON, Rebecca. "Demythologizing the high costs of pharmaceutical research." *Biosocieties*, 7 fev. 2011. p. 1-17.

LINK, Bruce G.; PHELAN, Jo. "Social conditions as fundamental causes of disease." In: Readings in medical sociology. 2. ed. Cockerham, William C.; Glasser, Michael; Heuser, Linda S. (ed.). Upper Saddle River, NJ: Prentice Hall, 2001. p. 3-17.

MAHAR, Maggie. *Money-driven medicine*. Nova York: Harper-Collins, 2006.

MANNIX, Jeff. "'The patients' perspective: locals find relief with medical marijuana." *Durango Telegraph*, 19 nov. 2009. Disponível em: www.durangotelegraph.com. Acesso em: 14 mar. 2015.

MAYER, Lindsay Renick. "Insurers fight public health plan." Capitol Eye Blog, 18 jun. 2009. *Center for Responsive Politics*. Disponível em: www.opensecrets.org.

MORAIN, Stephanie; MICHELLE, M. Mello. "Survey finds public support for legal interventions directed at health behavior to fight noncommunicable disease." *Health Affairs*, v. 32, n. 3, p. 486-496, 2013.

MUSUMECI, Mary Beth. "A guide to the supreme court's affordable care act decision." *Kaiser Family Foundation*, jul. 2012. Disponível em: www.kff.org.

NADER, Ralph. "Health care hypocrisy." *Common Dreams*, 25 jul. 2009. Disponível em: www.mondreams.org.

NATIONAL ALLIANCE ON MENTAL ILLNESS. *College students speak: a survey report on mental health*, 2012. Disponível em: www.nami.org.

NATIONAL CENTER FOR COMPLEMENTARY AND ALTERNATIVE MEDICINE (NCCAM). "What is CAM?", 2012. Disponível em: http://nccam.nih.gov.

NATIONAL CENTER FOR HEALTH STATISTICS. *Health, United States, 2011 with special feature on socioeconomic status and health*. Hyattsville, MD: U.S. Government Printing Office, 2012.

NATIONAL COALITION ON HEALTH CARE. "Health insurance costs." 2009. Disponível em: www.nchc.org.

NATIONAL CONFERENCE OF STATE LEGISLATORS. "Tanning restrictions for minors – a state-by-state comparison", 2010. Disponível em: www.ncsl.org.

NATIONAL RESEARCH COUNCIL AND INSTITUTE OF MEDICINE. *U.S. health in international perspective: shorter lives, poorer health*. Washington D.C.: The National Academies Press, 2013.

ORGANIZAÇÃO MUNDIAL DE SAÚDE. *World Health Statistics 2013*. Disponível em: www.who.int. Acesso em: 2013.

_____. *World Health Statistics 2012*. Disponível em: www.who.int. Acesso em: 2012a.

_____. "The top 10 causes of death." *Fact Sheet*, n. 310. Disponível em: www.who.int. Acesso em: 2012b.

_____. *Mental health and development: targeting people with mental health conditions as a vulnerable group*. Disponível em: www.who.org. Acesso em: 2010.

_____. *The World Health Report 2000*. Disponível em: http://www.who.int. Acesso em: 14 mar. 2015.

_____. *Constitution of the World Health Organization*. Nova York: World Health Organization Interim Commission. 1946.

PARK, Madison. "45,000 american deaths associated with lack of insurance." *CNN*. 18 set. 2009. Disponível em: http://articles.cnn.com.

PETERS, Sharon. "Animals can assist in psychotherapy." *USA Today*, 17 jan. 2011. Disponível em: www.usatoday.com.

PEW HEALTH INITIATIVES. "Record-high antibiotic sales for meat and poultry production." 6 fev. 2013. Disponível em: www.pewhealth.org.

POTTER, Wendell. *Deadly spin: an insurance company insider speaks out on how corporate PR is killing health care and deceiving americans*. Nova Iorque: Bloomsbury Press, 2010.

ProCon.org. "Medical marijuana. 18 Legal medical marijuana states and D.C.", fev. 2013. Disponível em: http://medicalmarijuanaprocon.org.

QUADAGNO, Jill. "Why the United States has no national health insurance: stakeholder mobilization against the welfare state 1945-1996." *Journal of Health and Social Behavior*, v. 45, p. 25-44, 2004.

REINBERG, Steven. "Tanning beds get highest carcinogen rating." *U.S. News & World Report*, 28 jul. 2009. Disponível em: http://health.usnews.com.

RUIZ, John M.; STEFFEN, Patrick; SMITH, Timothy B. "Hispanic mortality paradox: a systematic review and meta-analysis of the longitudinal literature." *American Journal of Public Health*, v. 103, n. 3, p. e52-e60, 2013.

SANDERS, David; CHOPRA, Mickey. "Globalization and the challenge of health for all: a view from Sub-Saharan Africa." In: *Health Impacts of Globalization*. Editor Kelley Lee. Nova Iorque: Palgrave Macmillan. 2003. p. 105-119.

SCAL, Peter; TOWN, Robert. "Losing insurance and using the emergency department: critical effect of transition to adulthood for youth with chronic conditions." *Journal of Adolescent Health*, v. 40, n. 2, suppl.1, p. S4, 2007.

SERED, Susan Starr; FERNANDOPULLE, Rushika. *Uninsured in America: life and death in the land of opportunity*. Berkeley and Los Angeles, CA: University of California Press, 2005.

SHALLY-JENSEN, Michael. "Introduction." In: SHALLY-JENSEN, M. (ed.). *Mental health care issues in America: an encyclopedia*. Santa Barbara, CA: ABC-CLIO, LLC. 2013. p. i-xxix.

SHERN, David; LINDSTROM, Wane. "After Newtown: mental illness and violence." *Health Affairs*, v. 32, n. 3, p. 447-450, 2013.

SIDEL, Victor W.; LEVY, Barry S. "The health and social consequences of diversion of economic resources to war and preparation for war." In: TAIPALE, Ilkka; MAKELA, P. Helena; JUVA, Kati; TAIPALE, Vappu. *War or health: a reader*. Nova Iorque: Palgrave MacMillan, 2002. p. 208-221.

SMITH-MCDOWELL, Keiana. "Executive order calls for new recommendations on mental health issues", mar. 2013. *NAMI Now*. Disponível em: www.nami.org. Acesso em: 14 mar. 2015.

SQUIRES, David A. "Explaining high health care spending in the United States: an international comparison of supply, utilization, prices, and quality." *Issues in international health policy*, may, 2012. The Commonwealth Fund. Disponível em: www.commonwealthfund.org. Acesso em: 14 mar. 2015.

SUBSTANCE ABUSE AND MENTAL HEALTH SERVICES ADMINISTRATION. *Results from the 2011 national survey on drug use and health: mental health findings*. Rockville, MD: Substance Abuse and Mental Health Services Administration, 2012.

SZASZ, Thomas. *The myth of mental illness: foundations of a theory of personal conduct*. Nova Iorque: Harper & Row, 1961/1970.

TAVERNISE, S. "Life span shrink for least-educated whites in the U.S." *New York Times*, 20 set. 2012. Disponível em: www.nytimes.com. Acesso em: 14 mar. 2015.

"Testimonials." *NORML*. 2013. Disponível em: http://norml.org/about/item/testimonials. Acesso em: 14 mar. 2015.

THOMSON, George; WILSON, Nick. "Policy lessons from comparing mortality from two global forces: international terrorism and tobacco." *Globalization and Health*, v. 1, n. 18, 2005.

TRUST FOR AMERICA'S HEALTH. 2012. "F as in fat: how obesity threatens America's future." Disponível em: http://healthyamericans.org. Acesso em: 14 mar. 2015.

TURNER, Leigh; HODGES, Jill R. "Introduction: health care goes global." In: HODGES, J. R.; TURNER, L.; KIMBALL, A. M. (eds.). *Risks and challenges in medical tourism*. Santa Barbara: Praeger, 2012. p. 1-18.

UNICEF. *State of the world's children*. 2012a. Disponível em: www.unicef.org. Acesso em: 14 mar. 2015.

_____. *Progress for children: a report card on adolescents*. 2012b. Disponível em: www.childinfo.org. Acesso em: 14 mar. 2015.

URICHUK, L.; ANDERSON, D. *Improving mental health through animal-assisted therapy*.

Edmonton, Alberta: The Chimo Project, 2003.

U.S. DEPARTMENT OF HEALTH AND HUMAN SERVICES. *Mental health: culture, race, and ethnicity – A supplement to mental health: a report of the surgeon general*. Rockville, MD: U.S. Government Printing Office, 2001.

WEITZ, Rose. *The sociology of health, illness, and health care: a critical approach*. 6. ed. Belmont, CA: Wadsworth/Cengage, 2013.

WHITE, Frank. "Can international public health law help to prevent war?" *Bulletin of the World Health Organization*, v. 81, n. 3, p. 228, 2003.

WILLIAMS, David R. "Miles to go before we sleep: racial inequities in health." *Journal of Health and Social Behavior*, v. 53, n. 3, p. 279-295, 2012.

_____. "The health of men: structured inequalities and opportunities." *American Journal of Public Health*, v. 93, n. 5, p. 724-731, 2003.

WILLIAMS, D. R.; McCLELLAN, M. B.; RIVLIN, A. M. "Beyond the affordable care act: achieving real improvements in americans' health." *Health Affairs*, v. 29, n. 8, p. 1481-1488, ago. 2010.

WISNER, K. L.; SIT, D. K. Y.M.; MCSHEA, C. et al. "Onset timing, thoughts of self-harm, and diagnoses in postpartum women with screen-positive depression findings." *JAMA Psychiatry*, 2013. Disponível em: http://archpsych.jamanetwork.com. Acesso em: mar 2013.

WOOTAN, Margo. *Little improvement seen in food marketing*. Disponível em: www.cspinet.org. Acesso em: 21 dez. 2012.

Capítulo 3

ABADINSKY, Howard. *Drug use and abuse: a comprehensive introduction*. Belmont, CA: Wadsworth. 2014.

ALCOHOLICS ANONYMOUS. "Estimates of A.A. groups and members as of jan. 1, 2013." *Service Material from the General Service Office*. 8 abr. 2013. Disponível em: www.aa.org.

ALDERMAN, Lisa "E-Cigarettes are in vogue and at a crossroads." *New York Times*, 12 jun. 2013. Disponível em: www.nytimes.com. Acesso em: jun. 2013.

ALFONSI, Sharyn; SIEGEL, Hanna. "Heroin use in suburbs on the rise." *ABC News*, 29 mar. 2010. Disponível em: abcnews.go.com.

ALLSOP, D. J. et al. "Quantifying the clinical significance of cannabis withdrawal." *Public Library of Science*, v. 7, n. 9, p. 44864-44864, 2012.

AMERICAN COLLEGE HEALTH ASSOCIATION. American College Health Association National College Health Assessment II. *Reference Group Executive Summary Fall 2012*. Hanover, MD: American College Health Association, 2013.

_____. American College Health Association National College Health Assessment II. *Reference Group Executive Summary Fall 2012*. Hanover, MD: American College Health Association, 2013.

BALSA, A. I.; HOMER, J. F.; FRENCH, M. T. "The health effects of parental problem drinking on adult children." *Journal of Mental Health Policy and Economics*, v. 12, n. 2, p. 55-66, 2009.

BECKER, H. S. *Outsiders: studies in the sociology of deviance*. Nova Iorque: Free Press, 1966.

BEHRENDT, S.; WITTCHEN, H.-U.; HÖFLER, M.; LIEB, R.; BEESDO, K. "Transitions from first substance use to substance use disorders in adolescence: is early onset associated with a rapid escalation?" *Drug and Alcohol Dependence*, v. 99, n. 68-78, 2009.

BELLUM, Sara. "Bath salts: an emerging danger." *NIDA for Teens*, 5 fev. 2013. Disponível em: http://teens.drugabuse.gov. Acesso em: fev. 2013.

BRANSON, Richard. "War on drugs trillion-dollar failure." Disponível em: www.cnn.com. Acesso em: 7 dez. 2012.

BMA (British Medical Association). Drugs of dependence: the role of medical professionals. *BMA Board of Science*, jan 2013. Disponível em: http://bma.org.uk. Acesso em: jan. 2013.

CAMPAIGN FOR TOBACCO FREE KIDS. *Not your grandfather's cigars*, 13 mar. 2013. Disponível em: www.tobaccofreekids.org.

CASA (National Center on Addiction and Substance Abuse). "National Survey of American Attitudes on Substance Abuse XVII: Teens", 2012. Disponível em: www.casacolumbia.org.

_____. "The impact of substance abuse on federal, state, and local budgets." Nova York: Columbia University, 2009.

CATTAN, Nacha. "How mexican drug gangs use youtube against rival groups." *Christian Science Monitor*, 5 nov. 2010. Disponível em: www.csmonitor.com. Acesso em: nov. 2010.

CDC (Centers for Disease Control). "Smoking in the movies." 2013a. Disponível em: www.cdc.gov. Acesso em: 2013.

_____. "Binge drinking: a serious, underrecognized problem among women and girls." Vital Signs, jan. 2013b. Disponível em: www.cdc.gov. Acesso em 2013.

_____. "Impaired driving: get the facts." *Injury Prevention and Control: Motor Vehicle Safety*. 17 abr. 2013c. Disponível em: www.cdc.gov. Acesso em: 2013.

_____. "Health effects of cigarette smoking." *Smoking and Tobacco Use*, 10 jan. 2012a. Disponível em: www.cdc.gov.

_____. "Frequently asked questions." *Alcohol and Public Health*, 7 nov. 2012b. Disponível em: www.cdc.gov.

_____. "Vital signs: drinking and driving among high school students aged ≥16 Years – United States, 1991-2011." *Morbidity and Mortality Weekly Report (MMWR)*, 12 out. 2013b. Disponível em: www.cdc.gov/mmwr/.

_____. "Excessive drinking costs U.S. $223.5 B." *CDC Features*, 17 out. 2011a. Disponível em: www.cdc.gov/alcohol.

_____. "Fact about FASDs." *Fetal Alcohol Spectrum Disorders (FASDs)*. 22 set. 2011b. Disponível em: www.cdc.gov.

CHAMPION, Katrina E.; NEWTON, Nicola C.; BARRETT, Emma L.; TEESSON, Maree. "A systematic review of school-based alcohol and other drug prevention programs facilitated by computers or the internet." *Drug and Alcohol Review*, v. 32, n. 2, p. 115-123, 2013.

CHAUVIN, Chantel D. "Social norms and motivations associated with College Binge Drinking." *Sociological Inquiry*, v. 82, n. 2, p. 257-281, 2012.

CHOUVY, Piere-Arnaud. "A typology of unintgended consequences of drug crop reduction." *Journal of Drug Issues*, v. 43, n. 2, p. 216-230, 2013.

COPES, Heigh; HOCHSTETLER, Andy; WILLIAMS, J. Patrick. "'We weren't like no regular dope fiends': negotiating hustler and crackhead identities." *Social Problems*, v. 55, n. 2, p. 254-270, 2008.

CTC (Count the Costs). "The seven costs." Disponível em: www.countthecosts.org. Acesso em: 15 mar. 2015.

CRISP, Elizabeth. "Mo. Legislature approves change in crack cocaine sentencing", 2012. *The St. Louis Post-Dispatch*, 18 maio 2013.

CSOMOR, Marina. "There's something (potentially dangerous) about Molly." *CNN Health*, 16 ago. 2012. Disponível em: www.cnn.com. Acesso em: 15 mar. 2015.

DEA. "Fiction: drug production does not damage the environment." *Just think twice: facts and fiction*, 2010. Disponível em: www.justthinktwice.com. Acesso em: 2010.

DEGENHARDT, Louisa et al. "Toward a global view of alcohol, tobacco, cannabis, and cocaine use: Findings from the WHO World Mental Health Surveys." *PLoS Medicine*, v. 5, n. 1, p. 1053-1077, 2008.

DEKEL, Rachel; BENBENISHTY, Rami; AMRAM, Yair. "Therapeutic communities for drug addicts: prediction of long-term outcomes." *Addictive Behaviors*, v. 29, n. 9, p. 1833-1837, 2004.

DINAN, Stephen; CONERY, Ben. "DEA pot raids go on; Obama opposes." *The Washington Times*, 5 fev. 2009. Disponível em: www.washingtontimes.com. Acesso em: 15 mar. 2015.

DINNO, Alexis; GLANTZ, Stanton. "Tobacco control policies are egalitarian: a vulnerabilities perspective on clean indoor air laws, cigarette prices, and tobacco use disparities." *Social Science & Medicine*, v. 68, p. 1439-1447, 2009.

DPA (Drug Policy Alliance). *Fact sheet: women, prison, and the drug war*, 2013. Disponível em: www.drugpolicy.org/.

DOWARD, Jamie. "Western leaders study 'game changing' report on global drugs trade." *The Guardian*, 18 maio 2013. Disponível em: www.guardian.co.uk. Acesso em: 15 mar. 2015.

EARHART, James et al. "A summary and synthesis of contemporary empirical evidence regarding the effects of the drug abuse resistance education program (D.A.R.E.)." *Contemporary School Psychology*, p. 93-102, 15 jan. 2011.

THE ECONOMIST. "Winding down the war on drugs towards a ceasefire," 23 fev. 2013. Disponível em: www.economist.com. Acesso em: 15 mar. 2015.

_____. "A toker's guide," 7 mar. 2009. Disponível em: www.economist.com. Acesso em: 15 mar. 2015.

EMCDDA (European Monitoring Centre for Drugs and Drug Addiction). "Perspectives on drugs: the new EU drugs strategy (2013-2020)," 6 jun. 2013. Disponível em: www.emcdda.org. Acesso: 15 mar. 2015.

ERIKSEN, M.; MACKAY, J.; Ross, H. *The tobacco atlas*, 4. ed. Atlanta, GA: American Cancer Society; Nova Iorque, NY: World Lung Foundation, 2012. Disponível em: www.TobaccoAtlas.org. Acesso em: 15 mar. 2015.

FEAGIN, Joe R.; FEAGIN, C. B. *Social problems*. Englewood Cliffs, NJ: Prentice Hall, 1994.

FEILDING, Amanda. "At last, the edifice of drugs prohibition starts to crumble." *The Guardian*, 14 jun. 2013. Disponível em: www.guardian.co.uk. Acesso em: 15 mar. 2015.

FLANZER, Jerry P. "Alcohol and other drugs are key causal agents of violence." In: LOSEKE, Donileen R.; GELLES, Richard J.; CAVANAUGH, Mary M. (ed.) *Current controversies on family violence*. 2. ed. 2005, p. 163-174.

FDA (Food and Drug Administration). "Menthol cigarettes and public health: review of the scientific evidence and recommendations," 2011. *Tobacco Products Scientific Advisory Committee*. Disponível em: www.fda.gov. Acesso em: 15 mar. 2015.

FOUNDATION FOR A DRUG FREE WORLD. 2013. "Real life stories about drug abuse." Disponível em: www.drugfreeworld.org. Acesso em: 15 mar. 2015.

FREEMAN, Dan; BRUCKS, Merrie; WALLENDORF, Melanie. "Young children's understanding of cigarette smoking." *Addiction*, v. 100, n. 10, p. 1537-1545, 2005.

FRIEDMAN-RUDOVSKY, Jean. "Red Bull's new cola: a kick from cocaine?" *Time/CNN*, 25 maio 2009. Disponível em: www.time.com. Acesso em: 15 mar 2015.

GALLUP POLL. "Illegal drugs: Gallup historical trends," 2013. Disponível em: www.gallup.com. Acesso em: 15 mar 2015.

GALLAHUE, Patrick; GUNAWAN, Ricky; RAHMAN, Fifa; MUFTI, Karim El; DIN, Najam U; FELTEN, Rita. "The death penalty for drug offences: global overview 2012, tipping the scales for abolition,"2012. *International Harm Reduction Association*. Londres. Disponível em: www.ihra.net. Acesso em: 15 mar 2015.

GAO (Government Accounting Office). "State approaches taken to control access to key methamphetamine ingredient show varied impact on domestic drug labs," jan. 2013. GAO-13-204. Disponível em: www.gao.gov. Acesso em: 15 mar. 2015.

GILBERT, R.; WIDOM, C. S.; BROWNE, K.; FERGUSSON, D.; WEBB, E.; JANSON, S. "Burden and consequence of child maltreatment in highincome countries." *The Lancet*, v. 73, n. 9657, p. 68-81, 2009.

GOODNOUGH, Abby; ZEZIMA, Katie. "An alarming new stimulant, legal in many states." *The New York Times*, 16 jul. 2011. Disponível em: www.nytimes.com. Acesso em: 15 mar. 2015.

GREENWALD, Glenn. "Drug decriminalization in Portugal: lessons for creating fair and successful drug policies." 2 abr. 2009. *CATO Institute*: Washington, DC. Disponível em: www.cato.org. Acesso em: 15 mar. 2015.

GUSFIELD, Joseph. *Symbolic crusade: status politics and the american temperance movement*. Urbana, IL: University of Illinois Press, 1963.

HAASNOOT, Shirley. "Dutch drug policy, pragmatic as ever." *The Guardian*, 3 jan. 2013. Disponível em: www.guardian.co.uk. Acesso em: 15 mar. 2015.

HASTINGS, Deborah. "Bodies pile up as mexican drug cartels kill and dismember journalists." *N.Y. Daily News*, 6 maio 2013. Disponível em: www.nydailynews.com. Acesso em: 15 mar. 2015.

HEINRICH, Henry. "Obama drug policy to do more to ease health risks." *Reuters*, 16 mar. 2009. Disponível em: www.reuters.com. Acesso em: 2009.

HINGSON, Ralph W.; HEEREN, Timothy; WINTER, Michael R. "Age at drinking onset and alcohol dependence." *Archives of Pediatrics & Adolescent Medicine*, v. 160, p. 739-746, 2006.

HUMAN RIGHTS WATCH. "Reforming the Rockefeller drug laws," 2007. Disponível em: www.hrw.org/campaigns/drugs. Acesso em: 15 mar. 2015.

INGOLD, John. "Colorado court upholds firing for off-the-job medical marijuana use." *The Denver Post*, 25 abr. 2013.

JARGIN, Sergei V. "Social aspects of alcohol consumption in Russia." *South African Medical Journal*, v. 102, n. 9, p. 719, 2012.

JENNINGS, Ashley. "Idaho inmates sue beer, wine companies for $1B," 3 jan. 2013. Disponível em: http://abcnews.go.com. Acesso em: 15 mar. 2015.

JERVIS, Rick. "YouTube riddled with drug cartel videos, messages." *USA Today*, 9 abr. 2009. Disponível em: www.usatoday.com. Acesso em: 15 mar. 2015.

JOHNSON, K. Z. Pan et al. "Therapeutic community drug treatment success in Peru: a follow-up outcome study." *Substance Abuse Treatment and Prevention*, v. 3, n. dez. 3, p. 26, 2008.

KEARNS-BODKIN, J. N.; LEONARD, K. E. "Relationship functioning among adult children of alcoholics." *Journal of Studies on Alcohol and Drugs*, v. 69, n. 6, p. 941-950, 2008.

KELLY, J. F.; HOEPPNER, B. B. "Does alcoholics anonymous work differently for men and women? A moderated multiple-mediation analysis in a large clinical sample." *Drug and Alcohol Dependence*, v. 130, n. 1-3, p. 186-193, 2013.

KELLY, Adrian B. et al. "Very young adolescents and alcohol: evidence of a unique susceptibility to peer alcohol use." *Addiction*, v. 37, n. 4, p. 414-419, 2012.

KING, Ryan S.; Pasquarella, Jill. "Drug courts: a review of the evidence." *The Sentencing Project*, abr. 2009. Disponível em: www.sentencingproject.org. Acesso em: 15 mar. 2015.

LaBRIE, Joseph W.; EHRET, Phillip J.; HUMMER, Justin F. "Are they all the same? An exploratory, categorical analysis of drinking game types." *Addictive Behaviors*, v. 38, n. 5, p. 2133-2139, 2013.

LEE, Yon; ABDEL-GHANY, M. "American youth consumption of licit and illicit substances." *International Journal of Consumer Studies*, v. 28, n. 5, p. 454-465, 2004.

LIBERTY MUTUAL AND SADD (Students Against Destructive Decisions). "Promoting responsible teen behavior," 22 fev. 2012. Disponível em: www.libertymutual.com. Acesso em: 15 mar. 2015.

MacCOUN, Robert J. "What can we learn from the dutch cannabis coffeeshop system?" *Addiction*, v. 106, n. 11, p. 1899-1910, 2011.

MARGOLIS, Robert D.; ZWEBEN, Joan E. *Treating patients with alcohol and other drug problems: an integrated approach*. Washington DC: American Psychological Association, 2011. Chapter. 3: "Models and Theories of Addiction."

MARINE-STREET, Natalie. "'Stanford researchers' cigarette ad collection reveals how big tobacco targets women and adolescent girls." *Gender News*, 26 abr. 2012. Disponível em: http://gender.stanford.edu. Acesso em: 15 mar. 2015.

MARTIN, David. S. "Vets feel abandoned after secret drug experiments." *CNN Health*, 1 mar. 2012. Disponível em: www.cnn.com. Acesso em: 15 mar. 2015.

MAUER, Marc. "The changing racial dynamics of the war on drugs." *The Sentencing Project*, abr. 2009. Washington, DC. Disponível em: www.sentencingproject.org. Acesso em: 15 mar. 2015.

McLAUGHLIN, Michael. "Bath salt incidents down since DEA banned synthetic drug." *Huffington Post*, 4 set. 2012. Disponível em: www.huffingtonpost.com. Acesso em: 15 mar. 2015.

McMILLEN, Matt. "'Bath salts' drug trend: expert Q&A." *WebMD: Mental Health*, 2011. Disponível em: www.webmd.com. Acesso em: 15 mar. 2015.

MEARS, Bill. "Tobacco companies ordered to publicly admit deception on smoking dangers," 26 nov. 2012. Disponível em: www.cnn.com. Acesso em: 15 mar. 2015.

MEROLLA, David. "The war on drugs and the gender gap in arrests: a critical perspective." *Critical Sociology*, v. 34, mar., p. 255-270. 2008

MTF (Monitoring the Future). National results on adolescent drug use. The University of Michigan, Institute for Social Research. *Ann Arbor*, Michigan, 2011. Disponível em: monitoringthefuture.org. Acesso em: 15 mar. 2015.

MORGAN, Patricia A. "The legislation of drug law: economic crisis and social control." *Journal of Drug Issues*, v. 8, p. 53-62, 1978.

MADD (Mothers Against Drunk Driving). "Why 21? Addressing underage drinking," 2011. Disponível em: www.madd.org. Acesso em: 15 mar. 2015.

MULVEY, Edward P. "Highlights from pathways to desistance: a longitudinal study of serious adolescent offenders." *U.S. Department of Justice*, 11 mar. 2011. Disponível em: http://ncjrs.gov. Acesso em: 15 mar. 2015.

MURRAY, Rheana. "Heroin use among suburban teens skyrockets: experts say prescription pills are the new gateway drug." *New York Daily*, 20 jun. 2012. Disponível em: www.nydailynews.com. Acesso em: 15 mar. 2015.

MYERS, Matthew. "FDA acts to protect public health by extending authority over tobacco products, including e-cigarettes." 25 abr. 2011. Disponível em: www.tobaccofreekids.org. Acesso em: 15 mar. 2015.

_____. "U.S. Court of appeals affirms 2006 lower court ruling that tobacco companies committed fraud for five decades and lied about the dangers of smoking." *Press Office Release*, 22 maio 2009. Disponível em: www.tobaccofreekids.org. Acesso em 15 mar. 2015.

NATIONAL INSTITUTE OF JUSTICE. "Drug courts: background." 2013. Disponível em: www.ncjrs.gov. Acesso em: 2013.

NATIONAL INSTITUTE ON DRUG ABUSE (NIDA). "Monitoring the future 2012 survey results," 2013. Disponível em: www.drugabuse.gov. Acesso em: 2013.

_____. "Commonly Abused Drugs," 2012a. Disponível em: www.drugabuse.gov. Acesso em: 15 mar. 2015.

_____. "Is drug addiction treatment worth its cost?" *Principles of drug addiction treatment*. 3. ed. 2012b. Disponível em: www.drugabuse.gov. Acesso em: 15 mar. 2015.

_____. *Principles of drug addiction treatment: a research based guide*, 2006. Disponível em: http://drugabuse.gov. Acesso em: 15 mar. 2015.

NEBEHAY, Stephanie. "Alcohol kills more than Aids, TB, or violence: WHO." *Reuters*, 11 fev. 2011. Disponível em: www.reuters.com. Acesso em: fev. 2011.

NSDUH (National Survey on Drug Use and Health). "Results from the 2012: Volume I. Summary of National Findings." *Substance Abuse and Mental Health Services Administration. Office of Applied Statistics, NSDUH Series H-44*, HHS Publication, n. (SMA) 12-4713, 2013. Rockville, MD.

NSDUH (National Survey on Drug Use and Health). "Alcohol dependence or abuse among parents with children living at home." *Office of Applied Studies, Substance Abuse and Mental Health Services Administration*,13 fev. 2004. Disponível em: www.oas.samhsa .gov. Acesso em: fev. 2014.

OAS (Organization of American States). "Highlights." *OAS report on the drug problem in the Americas*. 17 maio 2013.Disponível em: www.oas.org/documents/eng/press/highlights.pdf. Acesso em: 15 mar. 2015.

ONDCP (Office of National Drug Control Policy). "FY 2014 funding highlights." *National Drug Control Budget*, abr. 2013. Disponível em: www.whitehouse.gov.

_____. *National youth anti-drug media campaign*. 2009. Disponível em: www.theantidrug .com.

ORGANIZAÇÃO MUNDIAL DE SAÚDE. "Tobacco." Genebra: World Health Organization, 2013.

_____. "Data and statistics." Genebra: World Health Organization, 2011a.

_____. "Tobacco." Genebra: World Health Organization, fev. 2011b.

_____. "Global status report on alcohol and health 2011." Genebra: World Health Organization, fev. 2011c.

_____. *WHO report on the global tobacco epidemic, 2008: The MPOWER Package*. Genebra: World Health Organization, 2008.

_____. *Methamphetamine*. 2006. Disponível em: www.whitehousedrugpolicy.gov/drugfact/methamphetamine.

PATS (Partnership Attitude Tracking Study). *PATS key findings: partnership attitude tracking study. MetLife foundation in conjunction with the partnership at drugfree.org*. 23 abr. 2013. Disponível em: www.drugfree.org.

PERALTA, Robert L.; STEELE, Jennifer L.; NOFZIGER, Stacey; RICKLES, Michael. "The impact of gender on binge drinking behavior among U.S. College students attending a Midwestern University: an analysis of two gender measures." *Feminist Criminology*, v. 10, n. 5, p. 355-379, 2010.

PERELTSVAIG, Aysa. "Global alcohol consumption: world map." 18 mar. 2013. Disponível em: http://geocurrents.info.

PETERS, Jeremy W. "Albany takes step to repeal '70s-era drug laws." *The New York Times*, 5 mar. 2009. Disponível em: www.nytimes.com. Acesso em: 15 mar. 2015.

PHOENIX HOUSE. "About phoenix house." 2013. Disponível em: www.phoenixhouse.org.

PORTER, Eduardo. "Numbers tell of failure in drug war." *New York Times*, 3 jul. 2012. Disponível em: www.nytimes.com.

PRIMACK, Brian A.; BOST, James E.; LAND, Stephanie R.; FINE, Michael J. "Volume of tobacco advertising in African American markets: systematic review and meta-analysis." *Public Health Reports*, v. 122, n. 5, p. 607-615, 2007.

RASMUSSEN. "7% think U.S. is winning war on drugs." *Rasmussen Reports*, 13 nov. 2012. Disponível em: www.rasmussenreports.com.

RABINOWITZ, Mikaela; LURIGIO, Arthur. "A century of losing battles: the costly and Ill-advised war on drugs." Conference Paper. *American Sociological Association*. San Francisco, 8-11 ago. 2009.

RORABAUGH, W. J. *The alcoholic republic: an american tradition*. Nova York: Oxford University Press, 1979.

ROSE-JACOBS et al. "Intrauterine substance exposures and wechsler individual achievement test-II scores at 11 years of age." *Vulnerable Children and Youth Studies*, v. 7, n. 2, p. 186-197, 2012.

SAAD, Lydia. "Majority in U.S. drink alcohol, averaging four drinks a week." *Gallup Poll*, 17 ago. 2012. Disponível em: www.gallup.com. Acesso em: 15 mar. 2015.

SALONER, B.; LeCOOK, B. "Blacks and hispanics are less likely than whites to complete addiction treatment, largely due to socioeconomic factors." *Health Affairs*, 7 jan. 2013. Disponível em: www.rwjf.org. Acesso em: 15 mar. 2015.

SAMHSA (Substance Abuse and Mental Health Services Administration). "More than 7 million children live with a parent with alcohol problems." *Data Spotlight*, 16 fev. 2012.

_____. "Children living with substance-dependent or substance-abusing parents: 2002-2007." *The NSDUH Report*, 16 abr. 2009. Disponível em: http://oas.samhsa.gov. Acesso em: 15 mar. 2015.

_____. "Parental substance abuse raises children's risk." *Practice What You Preach*, 20 fev. 2007. Disponível em: www.family.samhsa.gov.

SÁNCHEZ-MORENO, Maria McFarland. "A discussion about drug policy is long overdue." *Human Rights Watch*, 4 set. 2012. Disponível em: www.hrw.org. Acesso em: 15 mar. 2015.

SCHMIDT, Lorna. "Tobacco company marketing to kids." *Campaign for tobacco free kids*. 18 jun. 2013. Disponível em: www.tobaccofreekids.org. Acesso em: 15 mar. 2015.

SEVIGNY, Eric L.; POLLACK, Harold A.; REUTER, Peter. "Can drug courts help to reduce prison and jail populations?" *Academy of Political and Social Science*, v. 647, n. 1, p. 190-212, 2013.

SIFFERLIN, Alexandra. "FDA approves new cigarettes in first use of new regulatory power over tobacco." *Time Magazine*, 26 jun. 2013. Disponível em: http://healthland.time.com. Acesso em: 15 mar. 2015.

SOHN, Emily. "Side effects of drugs in water still murky." *Discovery News*, 28 set. 2010. Disponível em: news.discovery.com. Acesso em: 15 mar. 2015.

SZALAVITZ, Maia. "Drugs in Portugal: did decriminalization work?" *Time*, 26 abr. 2009. Disponível em: www.time.com. Acesso em: 15 mar. 2015.

TAIFIA, Nkechi. "The 'crack/Powder disparity': can the international race convention provide a basis for relief?" *American Constitution Society for Law and Policy White Paper*. Maio, 2006. Disponível em: acslaw.org. Acesso em: 15 mar. 2015.

TARTER, Ralph E.; VANYUKOV, Michael; KIRISCI, Levent; REYNOLDS, Maureen; Clark, Duncan B. "Predictors of marijuana use in adolescents before and after licit drug use: examination of the gateway hypothesis." *American Journal of Psychiatry*, v. 163, p. 2134-2140, 2006.

TERRY-MCELRATH, Yvonne; SZCZYPKA, Glen; JOHNSTON, Lloyd D. "Potential exposure to anti-drug advertising and drug-related attitudes, beliefs, and behaviors among United States youth, 1995-2006." *Addictive Behaviors*, v. 36, n. ½, p. 116-124, 2011.

THIO, Alex. *Deviant behavior*. Boston: Allyn and Bacon, 2007.

TIMELINE. "Timeline of tobacco litigation." *Fox News*, 8 mar. 2001. Disponível em: www.foxnews.com. Acesso em: 15 mar. 2015.

U.S. DEPARTMENT OF HEALTH AND HUMAN SERVICES. *Ending the tobacco epidemic: a tobacco control strategic action plan for the U.S. Department of Health and Human Services*. Washington, DC: Office of the Assistant Secretary for Health, 2010.

U.S. DEPARTMENT OF JUSTICE. "The impact of drugs on society," 2010. *National Drug Threat Assessment 2010*. Disponível em: www.justice.gov. Acesso em: 15 mar. 2015.

VAN DYCK, C.; BYCK, R. "Cocaine." *Scientific American*, v. 246, p. 128-141, 1982.

VOLPP, K. G. et al. "A randomized, controlled trial of financial incentives for smoking cessation." *New England Journal of Medicine*, v. 360, n. 7, p. 699-709, 2009.

WADLEY, Jared. "American teens are less likely than european teens to use cigarettes and alcohol, but more likely to use illicit drugs." *News Release. University of Michigan News Service*, 1 jun. 2012. Disponível em: www.ns.umich.edu. Acesso em: 15 mar. 2015.

WDR (World Drug Report). *World drug report 2013. United Nations Office on Drugs and Crime (UNODC)*. Nova York: United Nations, 2013.

WECHSLER, William; NELSON, Toben F. "What we have learned from the Harvard School of Public Health College Alcohol Study: focusing attention on college student alcohol consumption and the environmental conditions that promote it." *Journal of Alcohol Studies*, 1-9 jul. 2008.

WEISS, Debra Cassens. "Drug-abusing pregnant women may be prosecuted under endangerment laws, Ala. Supreme Court says." *ABA Journal*, 14 jan. 2013. Disponível em: www.abajournal.com. Acesso em: 15 mar. 2015.

WEST, Steven L.; O'NEAL, Keri K. "Project D.A.R.E. outcome effectiveness revisited." *American Journal of Public Health*, v. 94, n. 6, p. 1027-1029, 2004.

WILLIAMS, Jenny; CHALOUPKA, Frank J.; WECHSLER, Henry. "Are there differential effects of price and policy on college students' drinking intensity?" *Contemporary Economic Policy*, v. 23, n. 1, p. 78-90, 2005.

WILLING, Richard. "Study shows alcohol is main problem for addicts." *USA Today*, 3 oct. 2002, p. B4.

WILSON, Joy Johnson. "Summary of the attorneys general master tobacco settlement agreement." *National Conference of State Legislators – AFI Health Committee*, mar. 1999. Disponível em: http://academic.udayton.edu/health. Acesso em: 15 mar. 2015.

WITTERS, Weldon; VENTURELLI, Peter; HANSON, Glen. *Drugs and society*. 3. ed. Boston: Jones & Bartlett, 1992.

WU, Li-Tzy; WOODY, George E.; JENG-JONG, Chongming Yang; BLAZER, Dan G. "Racial/Ethnic variations in substance-related disorders among adolescents in the United States." *Archives of General Psychiatry*, v. 68, n. 11, p. 1176-1185, 2011.

WYSONG, Earl; ANISKIEWICZ, Richard; WRIGHT, David. "Truth and dare: tracking drug education to graduation and as symbolic politics." *Social Problems*, v. 41, p. 448-468, 1994.

ZICKLER, Patrick. 2003. "Study demonstrates that marijuana smokers experience significant withdrawal." *NIDA Notes*, v. 17, p. 7.

Capítulo 4

AFTERSCHOOL ALLIANCE. "After school programs: making a difference in america's communities by improving academic achievement, keeping kids safe and healthy working families." Disponível em: www.afterschoolalliance.org.

ALBANESE, Jay S. "Deciphering the linkages between organized crime and transnational crime." *Journal of International Affairs*, v. 66, n. 1, p. 1-11, 2012.

ABA (American Board of Anesthesiology). "Anesthesiologists and capital punishment," 2011. Disponível em: www.deathpenaltyinfo.org. Acesso em: 15 mar. 2015.

ACLU (American Civil Liberties Union). *The war on marijuana in black and white*. jun. 2013. Disponível em: www.aclu.org. Acesso em: 15 mar. 2015.

AMNESTY INTERNATIONAL. *Death sentences and executions 2012*. 2013. Disponível em: www.amnesty.org. Acesso em: 15 mar. 2015.

ANDERSON, David A. "The cost of crime." *Foundations and trends in microeconomics*, v. 7, n. 3, p. 209-265, 2012.

ARNOLD, Tim. "The real weapons of mass destruction: America's 300 million guns." *The Huffington Post*, 17 maio 2013. Disponível em: www.huffingtonpost.com. Acesso em: 15 mar. 2015.

ASCANI, Nathaniel. "Labeling theory and the effects of sanctioning on a staff delinquent peer association: a new approach to sentencing juveniles." *Perspectives*, spring 2012, p. 80-84.

AUSTIN, Andrew D. "Discretionary budget authority by subfunction: an overview." Washington, DC, *Congressional Research Service*, 25 abr. 2013.

BARKAN, Steven. *Criminology*. Upper Saddle River, NJ: Prentice Hall, 2006.

BARRETT, Ted; Cohen, Tom. "Senate rejects expanded gun background checks." 18 abr. 2013. Disponível em: www.cnn.com. Acesso em: 15 mar. 2015.

BARTUNEK, Robert-Jan. "Robbers pull off huge diamond heist at Brussels airport." *Reuters News Service*, 19 fev. 2013. Disponível em: www.reuters.com. Acesso em: 15 mar. 2015.

BAZE V. REES, 553 U.S. 35 (2008) U.S. Supreme Court. Disponível em https://www.law.cornell.edu/supct/html/07-5439.ZS.html. Acesso em: 15 mar. 2015.

BLACKDEN, Richard. "US investigates claims Microsoft bribes chinese officials." *The Telegraph*, 19 mar. 2013. Disponível em: www.telegraph.co.uk. Acesso em: 15 mar. 2015.

BECKER, Howard S. *Outsiders: studies in the sociology of deviance*. Nova York: Free Press, 1963.

BELL, Kerryn E. "Gender and gangs: a quantitative comparison." *Crime and Delinquency*, v. 55, n. 3, p. 363-387, 2009.

BERLOW, Ala; WITKIN, Gordon. "Gun lobby's money and power still holds sway over Congress," 1 maio 2013. Disponível em: www.publicintegrity.org. Acesso em: 15 mar. 2015.

BJS (Bureau of Justice Statistics). "NCVS redesign," 28 jun. 2013a. Disponível em: www.bjs.gov. Acesso em: 15 mar. 2015.

_____. "Female victims of sexual violence, 1994-2010," 7 mar. 2013b. Disponível em: www.bjs.gov. Acesso em: 15 mar. 2015.

_____. "Study finds some racial differences in perceptions of police behavior during contact with police," 24 set. 2013c. Disponível em: www.bjs.gov. Acesso em: 15 mar. 2015.

_____. "Identity theft reported by households, 2005-2010", nov. 2012a. NCJ23624. Disponível em: www.bjs.gov. Acesso em: 15 mar. 2015.

_____. "One in 34 US adults under correctional supervision in 2011, lowest rate since 2000." 29 nov. 2012b. Disponível em: www.bjs.gov. Acesso em: 15 mar. 2015.

_____. "Correctional populations in the United States, 2011", 2011a. NCJ239972. Disponível em: www.bjs.gov.

_____. "Prisoners in 2011," 2011b. NCJ239808. Disponível em: www.bjs.gov.

_____. "Probation and parole in the United States, 2011," 2011c. NCJ239686. Disponível em: www.bjs.gov.

BOP (Bureau of Prisons). "Annual determination of average cost of incarceration." 18 mar. 2013. Disponível em: www.gpo.gov. Acesso em: 15 mar. 2015.

BROWN, Patricia Leigh. "Opening up, students transform a vicious circle." *The New York Times*, 3 abr. 2013. Disponível em: www.nytimes.com. Acesso em: 15 mar. 2015.

CARLSON, Joseph. "Prison nurseries: a pathway to crime-free futures." *Corrections Compendium*, v. 34, n. 1, p. 17-24, 2009.

CARTER, Zach; BERLIN, Lauren. "State of the union: Pres. Obama's financial fraud team tied to banks." *The Huffington Post*, 24 jan. 2012. Disponível em: www.huffingtonpost.com.

CBS. "Shaniya Davis update: death penalty for Mario Andrette McNeill, N.C. Man found guilty of killing five-year-old." 29 maio 2013. Disponível em: www.cbsnews.com.

_____. "The cost of a nation of incarceration." *Face the Nation*, 22 abr. 2012. Disponível em: www.cbsnews.com.

CDCP (Center for Disease Control and Prevention). "Youth risk behavior surveillance." *Morbidity and Mortality Weekly Report*, 6 jun. 2008, p. 1-131. Disponível em: www.cdc.gov.

CHEN, Elsa Y. "The liberation hypothesis and racial and ethnic disparities in the application of California's three strikes law." *Journal of Ethnicity in Criminal Justice*, v. 6, n. 2, p. 83-102, 2008.

CHESNEY-LIND, Meda; SHELDEN, Randall G. *Girls, delinquency, and juvenile justice*. Belmont, CA: Wadsworth, 2004.

CHO, Seo-Young; DREHER, Axel; NEUMAYER, Eric. "Does legalized prostitution increase human trafficking?", *World Development*, v. 41, p. 67-82, 2013.

CIVITAS. "Comparisons of crime in OECD countries." *Crime briefing*, jan. 2012. Disponível em: www.civitas.org.uk.

CLARK, Maggie. "George Zimmerman verdict renews stand your ground law debate." *The Huffington Post*, 16 jul. 2013. Disponível em: www.huffingtonpost.com.

COHEN, Mark A.; PIQUERO, Alex R. "New evidence on the monetary value of saving a high risk youth." *Journal of Quantitative Criminology*, v. 25, p. 25-49, 2009.

CONKLIN, John E. *Criminology*. 9. ed. Boston: Allyn and Bacon, 2007.

COPS (Community Oriented Policing Services). *Success stories*, 2012. Disponível em: www.cops.usdoj.gov.

_____. *Community Policing Defined*, 2009. Disponível em: www.cop.usdoj.gov.

CORRECTIONAL ASSOCIATION. *Education from the inside out: the multiple benefits of college programs in prison. The Correctional Association of New York*, 2009. Disponível em: www.correctionalassociation.org.

D'ALESSIO, David; STOLZENBERG, Lisa. "A multilevel analysis of the relationship between labor surplus and pretrial incarceration." *Social Problems*, v. 49, p. 178-193, 2002.

DAUGHERTY, Scott. "Somali pirates receive life sentences from federal jury." *The Virginian-Pilot*, 3 ago. 2013. Disponível em: hamptonroads.com.

DAVEY, Monica. "Safety is issue as budget cuts free prisoners." *The New York Times*, 4 mar. 2010. Disponível em: www.nytimes.org.

DIAMOND, Milton; JOZIFKOVA, Eva; WEISS, Petr. "Pornography and sex crimes in the Czech Republic." *Archives of Sexual Behavior*, v. 40, p. 1037-1043, 2011.

DONALD, Brooke. "Stanford law's three strikes project works for fair implementation of new statute." *Stanford Report*, 6 jun. 2013. Disponível em: http://news.stanford.edu.

DRAKULICH, Kevin M. "Strangers, neighbors, and race: a content model of stereotypes and racial anxieties about crime."*Race and Justice*, v. 2, n. 4, p. 322-355, 2013.

EISEN, Lauren-Brooke. "Should judges consider the cost of sentences?" *Brennan Center for Justice. New York University School of Law*. 22 maio 2013. Disponível em: www.brennancenter.org.

ENG, James. "Judge rules race tainted North Carolina death penalty case; inmate Marcus Robinson spared from death row." *NBC New*, 2012. Disponível em: http://usnews.nbcnews.com.

ERIKSON, Kai T. *Wayward puritans*. Nova York: Wiley, 1966.

EUROPOL. "Frequently Asked Questions," 2011. Disponível em: www.europol.europa.eu.

FACT SHEET. "Major Federal Legislation concerned with child protection, child welfare, and adoption." *Child Welfare Information Gateway*. Abr. 2012. Disponível em: www.childwelfare.gov.

FBI (Federal Bureau of Investigation). "Crime in the United States, 2012." *Annual Uniform Crime Report*. Washington, DC: U.S. Government Printing Office, 2013.

_____. *National Incident-Based Reporting System*. abr. 2009. Disponível em: www.fbi.gov.

FTC (Federal Trade Commission). "Consumer sentinel network data book," mar. 2013. Disponível em: www.ftc.gov.

Fight Crime: Invest in Kids. About Us, 2013. Disponível em: www.fightcrime.org

FINKELHOR, David; TURNER, Heather; HAMBY, Sherry. "Questions and answers about the national survey of children's exposure to violence." *Office of Juvenile Justice and Delinquency Prevention*, out. 2011. Disponível em: www.ncjrs.gov.

FLORIDA CRIMINAL CODE. 2009. Disponível em: www.leg.state.fl.us/statutes.

FORD, Jason. "Substance use, social bond, and delinquency." *Sociological Inquiry*, v. 75, n. 1, p. 109-128, 2005.

FOX, James Alan; LEVIN, Jack. *Extreme killing: understanding serial and mass murder*. Washington, DC: Sage, 2011.

FRANK, Ted. 2011. "Refutation of Toyota Sudden Acceleration Hysteria Doesn't Stop Toyota Sudden Acceleration Litigation." *Forum 2*, maio. Disponível em: www.pointoflaw.com.

GABRIEL, Trip. "Girl's death by gunshot rejected as symbol." *The New York Times*, 5 maio 2013. Disponível em: www.nytimes.com.

GALLUP POLL. "Gallup's pulse of democracy: crime," 2007. Disponível em: www.galluppoll.com.

GAULT-SHERMAN, Martha. "It's a two-way street: the bi-directional relationship between parenting and delinquency." *Journal of Youth & Adolescence*, v. 41, n. 2, p. 121-145, 2012.

GOLDENBERG, Suzanne. "The U.S. Government Assessment of BP oil spill will not account for damage." *The Guardian*, 20 jul. 2013. Disponível em: www.guardian.co.uk.

GREENBLATT, Alan. "Second chance programs quietly gain acceptance." *Congressional Quarterly Weekly*, 15 set. 2008. Disponível em: www.cq.com.

GREENE, Richard Allen. "Norway massacre could have been avoided, report finds." *CNN News*, 13 ago. 2012. Disponível em: www.cnn.com.

HARTNEY, Christopher; VUONG, Linh. *Created equal: racial and ethnic disparities in the U.S. criminal justice system*. Oakland, CA: National Council on Crime and Delinquency, 2009.

HEIMER, Karen; WITTROCK, Stacy; UNAL, Halime. "Economic marginalization and the gender gap in crime." In: HEIMER, Karen; KRUTTSCHNITT, Candace. (eds.). *Gender and crime: patterns of victimization and offending*. New York University Press, 2005, p. 115-136.

HENRICHSON, Christian; DELANEY, Ruth. *The price of prisons: what incarceration costs taxpayers*. Vera Institute of Justice. 20 jul. 2012. Disponível em: www.vera.org.

THE HERALD SUN. "Jessica's victim impact statement." 17 jan. 2008. Disponível em: www.news .com.au/heraldsun.

HILZENRATH, David. "Goldman sachs subpoenaed." *The Washington Post*, 2 jun. 2011. Disponível em: www.washingtonpost.com.

HIRSCHI, Travis. *Causes of delinquency*. Berkeley, CA: University of California Press, 1969.

HOLTFRETER, Kristy; VAN SLYKE, Shanna; BRATTON, Jason; GERTZ, Marc. "Public perceptions of white-collar crime and punishment." *Bureau of Criminal Justice*, v. 36, p. 50-60, 2008.

HR 446. "Text of 'National Criminal Justice Commission Act of 2013,'" 2013. Disponível em: www.govtrack.us.

ICC (International Chamber of Commerce). "IMB Piracy Report." 2013. Disponível em: www.icc-ccs.org.

ICCC (Internet Crime Complaint Center). "2012 Internet crime report." 2013. Disponível em: www.ic3.gov.

ICPC (International Centre for the Prevention of Crime). "Missions and activities." 2013. Disponível em: www.crime-prevention-intl.org/.

THE INNOCENCE PROJECT. "Understand the causes," 2013. Disponível em: www.innocenceproject.org.

INFOGRAPHIC. "Just how many guns do americans own?" *The Huffington Post*, 9 ago. 2012. Disponível em: www.huffingtonpost.com.

INTERPOL. "Overview," 2013. Disponível em: www .interpol.int

_____. "Trafficking in Human Beings," 2011. Disponível em: www.interpol.int.

JACOBS, David; QIAN, Zhenchao; CARMICHAEL, Jason; KENT, Stephanie. "Who survives on death row? An individual and contextual analysis." *American Sociological Review*, v. 72, p. 610-632, 2007.

JONES, Karen. "Background checks on gun sales: how do they work?" 10 abr. 2013. Disponível em: www.cnn.com.

JONES, Jeffrey M. "Minneapolis-St. Paul area residents most likely to feel safe," 5 abr. 2013a. Disponível em: www.gallup.com.

_____. "Men, married, southerners, most likely to be gun owners." 1 fev. 2013b. Disponível em: www.gallup.com.

_____. "Party Views Diverge Most on U.S. Gun Policies," 29 jan. 2013c. Disponível em: www.gallup.com.

KATZ, Rebecca. "Environmental pollution: corporate crime and cancer mortality." *Contemporary justice review: issues in criminal, social, and restorative justice*, v. 15, n. 1, p. 97-125, 2012.

KERLEY, Kent; BENSON, Michael; LEE, Matthew; CULLEN, Francis. "Race, criminal justice contact, and adult position in the social stratification system." *Social Problems*, v. 51, n. 4, p. 549-568, 2004.

KIRKHAM, Chris. "Lake Erie prison plagued by violence and drugs after corporate takeover." *Huffington Post*, 22 mar. 2013. Disponível em: www.huffingtonpost.com.

KITAMURA, Makiko; NARAYAN, Adi. "Your pushes to keep lethal injection drugs from US prisons." *Business Week*, 7 fev. 2013. Disponível em: www.businesweek.com.

KOHM, Stephen A. et al. "The impact of media on fear of crime among university students: a cross national comparison." *Canadian Journal of Criminology and Criminal Justice*, v. 1, p. 67-100, 2012.

KUBRIN, Charis E. "Gangsters, thugs, and hustlas: identity and the code of the street in rap music." *Social Problems*, v. 52, n. 3, p. 360-378, 2005.

KUBRIN, Charis; WEITZER, Ronald. "Retaliatory homicide: concentrated disadvantage and neighborhood culture." *Social Problems*, v. 50, p. 157-180, 2003.

LANGSTON, Lynn. "Firearms stolen during household burglaries and other property crimes, 2005-2010." NCJ 239436. *Bureau of Justice Statistics*, 8 nov. 2012. Disponível em: www.bjs.gov.

LANGSTON, Lynn; BERZOFSKY, Marcus; KREBS, Christopher; SMILEY-MCDONALD, Hope. "Victimization is not reported to the police, 2006-2010". Capital NCJ 238536. ago. 2012. *US Department of Justice*. Disponível em: www.bjs.gov

LEVERENTZ, Andrea. "Narratives of crime and criminals: how places socially construct the crime problem." *Sociological Forum*, v. 27, n. 2, p. 348-371, 2012.

LICHTBLAU, Eric; JOHNSTON, David; NIXON, Ron. "F.B.I. struggles to handle financial

fraud cases." *The New York Times*, 19 out. 2008. Disponível em: www.nytimes.com.
LOTT, John R., Jr. "Guns are an effective means of self-defense." In: CONTROL, Gun; COTHRAN, Helen. (ed.). Farmington Hills, MI: Greenhaven Press, 2003. p. 86-93.
MAD DADS. "Who are mad dads?" 2013. Disponível em: www.maddads.com.
MALE SURVIVOR. "Sentencing of Sandusky is beginning of the next chapter, not end of the story." 2012. Disponível em: www.malesurvivor.org.
MARKS, Alexandria. "Prosecutions drop for US white collar crime." *The Christian Science Monitor*, 31 ago. 2006. Disponível em: www.csmonitor.com.
MAYNARD, Micheline. "Toyota cited $100 million savings after limiting recall." *The New York Times*, 21 fev. 2010. Disponível em: www.nytimes.com.
MARSH, Julia. "'Smoking' gun nets 60G fine." *New York Post*, 3 maio 2013. Disponível em: www.nypost.com.
MARTINEZ, Michael. "California to challenge court order to release 10,000 inmates by year's end." *CNN News*, 2013. Disponível em: www.cnn.com.
MCCURRY, Justin. "Yakuza gangs face fight for survival as Japan cracks down on organized crime." *The Guardian*, 5 jan. 2012. Disponível em: www.guardian.co.uk.
MERTON, Robert. *Social theory and social structure*. Glencoe, IL: Free Press, 1957.
MERTZ, Janice. "Collaboration to recover U.S. exploited youth: the FBI's innocence lost national initiative." *The Police Chief*, v. 80, p. 24-25, 2013.
MOUILSO, Emily R.; CALHOUN, Karen S. "The role of rape myth acceptance and psychopathy in sexual assault perpetration." *Journal of Aggression, Maltreatment and Trauma*, v. 22, n. 2, p. 159-174, 2013.
MYERS, Laura L. "Green river killer case: more remains tied to gary ridgway identified." *The Huffington Post*, 18 jun. 2012.
MURPHY, Paul. "Feds say they rescued five women from sex trafficking ring in quarter." *Crime News*, 31 jan. 2013. Disponível em: www.wwltv.com.
NATW (National Association of Town Watch). "About us." 2013. Disponível em: www.natw.org.
NCMEC (National Center on Missing and Exploited Children). *Child sexual exploitation*, 2013. Disponível em: www.missingkids.com.
NCPC (National Crime Prevention Council). "The impact of gang violence on business and communities." 11 abr. 2012. Disponível em: http://ncpc.typepad.com.
_____. "Preventing crime saves money," 2005. Disponível em: www.ncpc.org.
NCSL (National Conference of State Legislatures). "2013 Legislation regarding internet gambling and lotteries," 2 jul. 2013. Disponível em: www.ncsl.org.
NCVC (National Center for Victims of Crime). *New Challenges, New Solutions*. U.S. Department of Justice. Jan. 2013. Disponível em: http://ovc.ncjrs.gov.
NGC (National Gang Center). "National Youth Gang Survey Analysis," abr. 2012. Disponível em: www.nationalgangcenter.gov.

NGIC (National Gang Intelligence Center). *2011 National gang threat assessment*. 2012. Disponível em: www.fbi.gov.
NWCCC (National White Collar Crime Center). "*National public survey on white collar crime*," 2010. Disponível em: http://crimesurvey.nw3c.org.
NATIONAL RESEARCH COUNCIL. *Violence in Urban America: Mobilizing a Response*. Washington, DC: National Academy Press, 1994.
NATIONAL SECURITY COUNCIL. *Strategy to combat transnational organized crime*. 19 jul. 2011. Disponível em: www.whitehouse.gov.
NEWPORT, Frank. "Americans want BP to pay all losses, no matter the cost." *Gallup*, 15 jun. 2010. Disponível em: www.gallup.com.
OBAMA, Barack. "Statement to the press corps: remarks about Trayvon Martin." 2013. Disponível em: www.washingtonpost.com.
OJJDP (Office of Juvenile Justice and Delinquency Prevention). "Program Summary." *Internet Crimes Against Children Task Force Program*, 2012. Disponível em: www.ojjdp.gov.
O'TOOLE, James. "Smith and Wesson will record sales as gun debate raged." *CNN Money*, 13 jun. 2013. Disponível em: http://money.cnn.com.
OUIMET, Marc. 2012. "The effect of economic development, income inequality, and excess infant mortality on the homicide rate for 165 countries in 2010." *Homicide Studies*, v. 16, n. 3, p. 238-258.
PEP (Prison Entrepreneurship Program). *Prison Entrepreneurship Program, 2011 Annual Report*, 2012. Disponível em: www.pep.org.
PERTOSSI, Mayra. *Analysis: Argentine crime rate soars*. 27 set. 2000. Disponível em: http://news.excite.com.
PEW. "U.S. prison count continues to drop." *Pew Charitable Trust*, 8 mar. 2013. Disponível em: http://pewstates.org.
_____. "Time served: the high cost, low return of longer prison terms." *Pew Charitable Trust*, 6 jun. 2012. Disponível em: http://pewstates.org.
_____. "State of recidivism: the revolving door of America's prisons." *Pew Charitable Trust*, abr. 2011. Disponível em: http://pewresearch.org.
PLANTY, Michael; TRUMAN, Jennifer L. "Firearm Violence, 1993-2011". Bureau of Justice Statistics. NCJ 241730, maio 2013. Disponível em: www.bjs.gov.
POLARIS PROJECT. "Sex trafficking in the U.S.", 2013. Disponível em: www.polarisproject.org.
PRICHARD, Jeremy; SPIRANOVIC, Caroline; WATTERS, Paul; LUEG, Christopher. "Young people, child pornography, and subcultural norms on the internet." *Journal of the American Society for Information Science and Technology*, v. 65, n. 5, p. 992-1000, 2013.
PRIDEMORE, William Alex; KIM, Sang-Weon. "Socioeconomic change and homicide in a transitional society." *Sociological Quarterly*, v. 48, p. 229-251, 2007.
PROTESS, Ben; AHMED, Azam. "S.E.C. and justice department end mortgage investigations into Goldman." 9 ago. 2012. Disponível em: http://dealbook.nytimes.com.

PUP (Prison University Project). *Academics*. 2013. Disponível em: www.prisonuniversityproject.org.
RANKIN, Jennifer. "Japan carmakers recall 3 million vehicles over air bag vault." *The Guardian*, 11 abr. 2013. Disponível em: www.guardian.co.uk.
REIMAN, Jeffrey; LEIGHTON, Paul. *The rich get richer and the poor get prison*. Boston: Allyn and Bacon, 2012.
RESOURCE CENTER (Racial Profiling Data Collection Resource Center). "Legislation and Litigation." *Northeastern University*, 2013. Disponível em: http://racialprofilinganalysis.neu.edu.
ROGERS, Simon. "The gun ownership and gun homicides murder map of the world." *The Guardian*, 22 jul. 2012. Disponível em: www.thequardian.com.
RUBIN, Paul H. "The death penalty and deterrence." *Forum*, winter 2002, p. 10-12.
SAAD, Lydia. "Americans expressed mixed confidence in criminal justice system." *Gallup Poll*, 11 jul. 2011. Disponível em: www.gallup.com.
_____. "Nearly 4 in 10 americans still fear walking alone at night." *Gallup Poll*, 5 nov. 2010. Disponível em: www.gallup.com.
SALANT, Jonathan D. "Snowden seen as whistleblower by majority in poll." *Bloomberg News Service*, 10 jul. 2013. Disponível em: www.bloomberg.com.
SAMPSON, Robert J.; MORENOFF, Jeffrey D.; RAUDENBUSH, Stephen W. "Social anatomy of racial and ethnic disparities in violence." *American Journal of Public Health*, v. 95, n. 2, p. 224-232, 2005.
SANTORA, Marc. "In hours, thieves took $45 million in an ATM scheme." *The New York Times*, 10 maio 2013. Disponível em: www.nytimes.com.
SCHELZIG, Erik. "Court ruling halts Tennessee executions." 19 sept. 2007. Disponível em: www.wral.com.
SCHIESEL, Seth. "Supreme court has ruled: now games have a duty." *New York Times*, 28 jun. 2011. Disponível em: www.nytimes.com.
SCHWEINHART, Lawrence J. "Crime prevention by the high/scope perry preschool program." *Victims and Offenders*, v. 2, p. 141-160, 2007.
SEELYE, Katherine Q. "Bulger guilty of gangland crimes, including murder." *The New York Times*, 12 ago. 2013.
SEVERSON, Kim. "North Carolina repeals law allowing racial bias claim in death penalty challenges." *The New York Times*, 5 jun. 2013. Disponível em: www.nytimes.com.
SHAPLAND, Joanna; HALL, Matthew. "What do we know about the effects of crime on victims?" *University of Sheffield: Great Britain. International Review of Victimology*, v. 14, p. 175-217, 2007.
SHELLEY, Louise. "Terrorism, transnational crime and corruption center." *American University*, 2007. Disponível em: traccc.gmu.edu.
SHERMAN, Lawrence. "Reasons for emotions." *Criminology*, v. 42, p. 1-37, 2003.
SIEGEL, Larry. *Criminology*. 9. ed. Belmont, CA: Wadsworth, 2006.
STEINHAUER, Jennifer. "To cut costs, states relax prison policies." *The New York Times*, 25 mar. 2009. Disponível em: www.nytimes.com.

SURGEON GENERAL. "Cost-effectiveness." In: *Youth violence: a report of the surgeon general*. 2002. Disponível em: www.ncbi.nlm.nih.gov/books/NBK44295/#A13029.

SUTHERLAND, Edwin H. *Criminology*. Philadelphia: Lippincott, 1939.

SWEETEN, Gary; PIQUERO, Alex R.; STEINBERG, Laurence. "Age and the explanation of crime, revisited." *Journal of Youth and Adolescence*, v. 42, p. 921-938, 2013.

TAKEI, Carl. "Anonymous exposes U.S.'s biggest private prison company as a bad financial investment." 9 jul. 2013. Disponível em: www.aclu.org.

THE SENTENCING PROJECT. "Incarcerated women," 2012. Disponível em: http://sentencing project.org.

TRUMAN, Jennifer; PLANTY, Michael. *Criminal victimization, 2011*. Out. U.S. Department of Justice, Bureau of Justice Statistics, 2012. Disponível em: www.bjs.gov.

TRUMAN, Jennifer L.; SMITH, Erica L. "Prevalence of Violent Crime among Households with Children, 1993-2010," 2012. U.S. Department of Justice, Office of Justice Programs. Bureau of Justice Statistics, NCJ 238799.

TURNER, Wendy. "Experiences of offenders in prison canine program." *Federal Probation*, v. 71, n. 1, p. 38-43, 2007.

UNODC (United Nations Office on Drug and Crimes). *Global study on homicide: friends, contacts, data*. 2012. Disponível em: www.unodc.org

U.S. CENSUS BUREAU. "National crime victimization survey." Washington, DC: *U.S. Government Printing Office*, 2 maio 2013.

_____. "Statistical abstract of the United States". 132. ed. Washington, DC: U.S. Government Printing Office, 2012.

U.S. CONGRESS. "Bill summary and status", 2013-2014. Disponível em: http://thomas.loc.gov.

U.S. DEPARTMENT OF COMMERCE. "Service Annual Survey: 2009". Washington, D.C.: Government Printing Office, 2011.

U.S. DEPARTMENT OF HEALTH AND HUMAN SERVICES. "Fact sheet: child victims of human trafficking." 8 ago. 2012. Disponível em: www.acf.hhs.gov.

U.S. DEPARTMENT OF JUSTICE. "Transnational organized crime." 2012a. Disponível em: http://www.justice.gov.

_____. "Nearly 3.4 million violent crimes per year went unreported to police from 2006 to 2010." *Bureau of Justice Statistics*, 9 ago. 2012b. Disponível em: www.ojp.usdoj.gov.

_____. "The prostitution of children in the United States." *Child Exploitation and Obscenity Section*, 2012c. Disponível em: www.justice.gov.

_____. "Serial murder: multi-disciplinary perspectives for investigators." Washington, DC: Behavioral Analysis Unit, National Center for the Analysis of Violent Crime, 2008.

U.S. DEPARTMENT OF STATE. *Trafficking in persons report*, jun., 2013. Disponível em: www.state.gov.

VERIZON. *Data breach investigations report*. abr., 2013. Disponível em: www.verizonenterprise.com.

VICTIM STATEMENTS. "U.S. *v*. Bernard L. Madoff." 2009. *U.S. Department of Justice*. Disponível em: www.pbs.org.

VORP (Victim-Offender Reconciliation Program). *About victim-offender mediation and reconciliation*, 2012. Disponível em: www.vorp.com.

VU, Pauline. "Executions Halted as Doctors Balk." *Stateline*, 21 mar., 2007. Disponível em: www.stateline.org.

WALMSLEY, Roy. "World Prison Population List." 9. ed. *International Centre for Prison Studies*, 2012. Disponível em: www.prisonstudies.org

WELSH-HUGGINS, Andrew. 2013. "Hundreds of new charges filed in US kidnap case." *Associated Press*, 13 jul, 2013. Disponível em: apnews.com.

WILLIAMS, Linda. "The classic rape: when do victims report?" *Social Problems*, v. 31, p. 459-467, 1984.

WINSLOW, Robert W.; ZHANG, Sheldon. *Criminology: a global perspective*. Prentice Hall, 2008.

WRIGHT, Darlene; FITZPATRICK, Kevin. "Violence and minority youth: the effects of risk and asset among African-American children and adolescents." *Adolescence*, v. 41, n. 162, p. 251-263, 2006.

Capítulo 5

AHRONS, C. *We're still family: what grown children have to say about their parents' divorce*. Nova York: HarperCollins, 2004.

ALLENDORF, Keera. "Schemas of marital change: from arranged marriages to eloping for love." *Journal of Marriage and Family*, abr. 2013, p. 453-464.

AMATO, Paul. "Tension between institutional and individual views of marriage." *Journal of Marriage and Family*, v. 66, p. 959-965, 2004.

AMATO, Paul. "The consequences of divorce for adults and children." In: Skolnick, Arlene S.; Skolnick, Jerome H. (eds.). *Family in Transition*. 12. ed. Boston: Allyn and Bacon, 2003. p. 190-213.

_____. "The postdivorce society: how divorce is shaping the family and other forms of social organization." In: THOMPSON, R. A.; AMATO, P. R. (eds.). *The postdivorce family: children, parenting, and society*. Thousand Oaks, CA: Sage, 1999. p. 161-190.

AMATO, P. R.; CHEADLE, J. "The long reach of divorce: divorce and child well-being across three generations." *Journal of Marriage and the Family*, v. 67, p. 191-206, 2005.

AMATO, P. R.; BOOTH, A.; JOHNSON, D. R.; ROGERS, S. J. *Alone together: how marriage in America is changing*. Cambridge MA: Harvard University Press, 2007.

AMERICAN HUMANE ASSOCIATION. "Orange county animal services and harbor house create first pets and women's shelter (PAWS) program in central Florida." *News Release*, 20 abr. 2010. Disponível em: www.americanhumane.org

ANDERSON, Kristin L. "Why Do We Fail to Ask: 'Why' about Gender and Intimate Partner Violence?" Journal of Marriage and Family, v. 75, abr. 2013, p. 314-318.

_____. "Gender, status, and domestic violence: an integration of feminist and family violence approaches." *Journal of Marriage and the Family*, v. 59, p. 655-669, 1997.

APPLEWHITE, Ashton. "Covenant marriage would not benefit the family." In: OJEDA, Auriana. (ed.). *The Family: Opposing Viewpoints*, 2003, p. 189-195. Farmington Hill, MI: Greenhaven Press, 2003.

ARROYO, J.; PAYNE, K. K.; BROWN, S. L.; MANNING, W. D. "Crossover in median age at first marriage and first birth: thirty years of change." *National Center for Family & Marriage Research*, 2013. Disponível em: http://ncfmr.bgsu.edu.

ASCIONE, F. R. "Emerging research on animal abuse as a risk factor for intimate partner violence." In: KENDALL-TACKETT, K.; GIACOMONI, S. (eds.). *Intimate Partner Violence*. Kingston, NJ: Civic Research Institute, 2007. p. 3.1-3.17.

ASCIONE, F. R.; SHAPIRO, Kenneth. "People and animals, kindness and cruelty: research directions and policy implications." *Journal of Social Issues*, v. 65, n. 3, p. 569-587, 2009.

BAKER, Amy J. L. *Adult children of parental alienation syndrome: breaking the ties that bind*. Nova York: W. W. Norton & Co., 2007.

_____. "The power of stories/stories about power: why therapists and clients should read stories about parental alienation syndrome." *The American Journal of Family Therapy*, v. 34, p. 191-203, 2006.

BAKER, Amy J. L.; CHAMBERS, Jaclyn. "Adult recall of childhood exposure to parental conflict: unpacking the black box of parental alienation." *Journal of Divorce & Remarriage*, v. 52, n. 1, p. 55-76, 2011.

BERNET, William; BAKER, Amy J. L. "Parental alienation, DSM-5, and ICD-11: response to critics." *Journal of the American Academy of Psychiatric Law*, v. 41, n. 1, p. 98-104, 2013.

BERNSTEIN, Nina. "Polygamy, practiced in secrecy, follows africans to New York." *New York Times*, 23 mar. 2007, p. A1.

BONACH, Kathryn. "Empirical support for the application of the forgiveness intervention model to postdivorce coparenting." *Journal of Divorce & Remarriage*, v. 50, v. 1, p. 38-54, 2009.

BUREAU OF JUSTICE STATISTICS. "Intimate partner violence in the U.S.: victim characteristics." 2011. Disponível em: http://bjs.ofp.usdoj.gov.

_____. *Women in the labor force: A satabook*. Report 1040. 2013a. Disponível em: www.bls.gov.

_____. *Employment characteristics of families in 2012*. 2013b. Disponível em: www.bls.gov

CARR, D.; SPRINGER, K. W. "Advances in families and health research in the 21st century." *Journal of Marriage and Family*, v. 72, p. 743-761, 2010.

CARRINGTON, Victoria. *New times: new families*. Dordrecht, the Netherlands: Kluwer Academic, 2002.

CARTER, Lucy S. *Batterer intervention: doing the work and measuring the progress*. Family Violence and Prevention Fund, 2010. 2010. Disponível em: www.endabuse.org.

CATALANO, Shannon. "Intimate partner violence, 1993-2010." 2012. *Bureau of Justice Statistics*. Disponível em: www.ojp.usdoj.gov.

CENTERS FOR DISEASE CONTROL AND PREVENTION. *Understanding child maltreatment. Fact Sheet.* 2012. Disponível em: www.cdc.gov.

CHERLIN, Andrew J. *The marriage-go-round: the state of marriage and family in America today.* Nova York: Alfred A. Knopf, 2009.

CHILD TRENDS. *Attitudes towards spanking*, 2012. Disponível em: www.childtrendsdatabank.org.

COONTZ, Stephanie. *Marriage, a history.* Nova York: Penguin Books, 2005.

_____. "The world historical transformation of marriage." *Journal of Marriage and Family*, v. 66, n. 4, p. 974-979, 2004.

_____. "Marriage: then and now." *Phi Kappa Phi Journal*, v. 80, p. 10-15, 2000.

_____. *The way we really are.* Nova York: Perseus, 1997.

_____. *The way we never were: american families and the nostalgia trap.* Nova York: Basic, 1992.

CUI, M.; UENO, K.; GORDON, M.; FINCHAM, F. D. "The continuation of intimate partner violence from adolescence to young adulthood." *Journal of Marriage and Family*, v. 75, p. 300-313, abr. 2013.

DANIEL, Elycia. "Sexual abuse of males." In: REDDINGTON, Frances P.; WRIGHT KREISEL, Betsy (eds.). *Sexual assault: the victims, the perpetrators, and the criminal justice system.* Durham, N. C. Carolina Academic Press, 2005, p. 133-140.

DAVIS, Lisa Selin. 2009. "Everything but the ring." *Time*, maio 25, p. 57-58.

DECUZZI, A.; KNOX, D.; ZUSMAN, M. "The effect of parental divorce on relationships with parents and romantic partners of college students." *Roundtable Discussion, Southern Sociological Society*, Atlanta, 17 abr. 2004.

DEGUE, Sarah. "Is animal cruelty a 'red flag' for family violence? investigating co-occurring violence toward children, partners, and pets." *Journal of Interpersonal Violence*, v. 24, n. 6, p. 1033-1056, jun. 2009.

DEMARIS, Alfred; SANCHEZ, Laura A.; KRIVICKAS, Kristi. "Developmental patterns in marital satisfaction: another look at covenant marriage." *Journal of Marriage and Family*, v. 74, oct. 2012, p. 989-1004.

DEMO, David H.; FINE, Mark A.; GANONG, Lawrence H. "Divorce as a family stressor." In: MCKENRY, P. C.; PRICE, S. J. (eds.). *Families and change: coping with stressful events and transitions.* 2. ed. Thousand Oaks, CA: Sage. 2000. p. 279-302.

DENNISON, R. P.; KOERNER, S. "A look at hopes and worries about marriage: the views of adolescents following a parental divorce." *Journal of Divorce & Remarriage*, v. 48, p. 91-107, 2008.

DOYLE, Joseph. "Child protection and child outcomes: measuring the effects of foster care." *American Economic Review*, v. 97, n. 5, p. 1583-1610, 2007.

DUNCAN, S.; PHILLIPS, M.; ROSENEIL, S.; CARTER, J.; STOILOVA, M. "Living apart together: uncoupling intimacy and coresidence." *Research Briefing.* Birkbeck, University of London, 22 abr. 2013. Disponível em: www.bbk.ac.uk.

EDIN, Kathryn. "What do low-income single mothers say about marriage?" *Social Problems*, v. 47, n. 1, p. 112-133, 2000.

EMERY, Robert E. "Postdivorce family life for children: an overview of research and some implications for policy." In: THOMPSON, R. A.; AMATO, P. R. (eds.). *The postdivorce family: children, parenting, and society.* Thousand Oaks, CA: Sage, 1999. p. 3-27.

EMERY, Robert E.; SBARRA, David; GROVER, Tara. "Divorce mediation: research and reflections." *Family Court Review*, v. 43, n. 1, p. 22-37, 2005.

FEDERAL BUREAU OF INVESTIGATION. *Crime in the United States: 2011.* 2011.Disponível em: www.fbi.gov.

FINCHAM, F.; CUI, M.; GORDON, M.; UENO, K. "What comes before why: specifying the phenomenon of intimate partner violence." *Journal of Marriage and Family*, v. 75, p. 319-324, abr. 2013.

FINCHAM, F. D., HALL, J.; BEACH, S. R. H. "Forgiveness in marriage: current status and future directions." *Family Relations*, v. 55, p. 415-427, 2006.

FINKELHOR, D.; ORMROD, R.; TURNER, H. A.; HAMBY, S. L. "The victimization of children and youth: a comprehensive national survey." *Child Maltreatment*, v. 10, p. 5-25, 2005.

FOGLE, Jean M. "Domestic violence hurts dogs, too." *Dog Fancy*, abr. 2003, p. 12.

FOLLINGSTAD, D. R.; EDMUNDSON, M. "Is psychological abuse reciprocal in intimate relationships? Data from a national sample of american adults." *Journal of Family Violence*, v. 25, p. 495-508, 2010.

FOUBERT, J. D.; GODIN, E. E.; TATUM, J. L. "In their own words: sophomore college men describe attitude and behavior changes resulting from a rape prevention program 2 years after their participation." *Journal of Interpersonal Violence*, v. 25, p. 2237-2257, 2010.

FOWLER, K. A.; WESTEN, D. "Subtyping male perpetrators of intimate partner violence." *Journal of Interpersonal Violence*, v. 26, n. 4, p. 607-639, 2011.

FRANKLIN, Emily. "How to give the dog a home: using mediation to solve companion animal custody disputes." *Pepperdine Dispute Resolution Law Journal*, v. 12, n. 2, Article 5. 2013. Disponível em: http://law.pepperdine.edu.

GADALLA, Tahany M. "Impact of marital dissolution on men's and women's income: a longitudinal study." *Journal of Divorce & Remarriage*, v. 50, n. 1, p. 55-65. 2009.

GARTRELL, Nanette K.; BOS, Henny M. W.; GOLDBERG, Naomi G. "Adolescents of the U.S. National Longitudinal Lesbian Family Study: sexual orientation, sexual behavior, and sexual risk exposure." *Archives of Sexual Behavior*, online, 6 nov. 2010.

GELLES, Richard J. "Violence, abuse, and neglect in families." In: MCKENRY, P. C.; Price, S. J. (eds.). *Families and change: coping with stressful events and transitions.* 2. ed. Thousand Oaks, CA: Sage, 2000. p. 183-207.

GLOBAL INITIATIVE TO END ALL CORPORAL PUNISHMENT OF CHILDREN. *Global Report 2010: Ending Legalised Violence against Children.* 2012. Disponível em: www.endcorporalpunishment.org.

GROGAN-KAYLOR, Andrew; OTIS, Melanie. "The predictors of parental use of corporal punishment." *Family Relations*, v. 56, p. 80-91, 2007.

GROMOSKE, Andrea N.; MAGUIRE-JACK, Kathryn. "Transactional and cascading relations between early spanking and children's social-emotional development." *Journal of Marriage and Family*, v. 74, p. 1054-1068, 2012.

GRYCH, John H. "Interparental conflict as a risk factor for child maladjustment: implications for the development of prevention programs." *Family Court Review*, v. 43, n. 1, p. 97-108, 2005.

GUSTAFSSON, Hanna C.; COX, Martha J. "Relations among intimate partner violence, maternal depressive symptoms, and maternal parenting behaviors." *Journal of Marriage and Family*, v. 74, p. 1005-1020. oct. 2012.

HACKSTAFF, Karla B. "Divorce culture: a quest for relational equality in marriage." In: SKOLNICK, Arlene S.; SKOLNICK, Jerome H. (eds.). *Family in transition.* 12. ed. Boston: Allyn and Bacon, 2003. p. 178-190.

HALLIGAN, C.; KNOX, D.; BRINKLEY, J. "TRAPPED: Technology as a barrier to leaving an abusive relationship." *Poster, southeastern council on family relations*. Birmingham, Alabama, 22 fev. 2013.

HALPERN-MEEKIN, Sarah; MANNING, Wendy D.; GIORDANA, Peggy C.; LONGMORE, Monica A. *Journal of Marriage and Family*, p. 2-12, fev. 2013.

HAMILTON, Brady E.; MARTIN, Joyce A.; VENTURA, Stephanie. "Births: preliminary data for 2012." *National Vital Statistics Reports*, v. 62, n. 3, 2013. Disponível em: www.cdc.gov/nchs.

HARDESTY, J. L.; KHAW, L.; RIDGWAY, M. D.; WEBER, C.; MILES T. "Coercive control and abused women's decisions about their pets when seeking shelter." *Journal of Interpersonal Violence*, p. 1-24, 13 maio 2013.

HAWKINS, Alan J.; CARROLL, Jason S.; DOHERTY, William J.; WILLOUGHBY, Brian. "A comprehensive framework for marriage education." *Family Relations*, v. 53, n. 5, p. 547-558, 2004.

HEWLETT, Sylvia Ann; WEST, Cornel. *The war against parents: what we can do for beleaguered moms and dads.* Boston: Houghton Mifflin, 1998.

HOCHSCHILD, Arlie Russell. *The time bind: when work becomes home and home becomes work.* Nova York: Henry Holt, 1997.

_____. *The second shift: working parents and the revolution at home.* Nova York: Viking, 1989.

HYMOWITZ, Kay; CARROLL, Jason S.; BRADFORD WILCOX, W.; KAYE, Kelleen. *Knot yet: the benefits and costs of delayed marriage in America. The national marriage project, the national campaign to prevent teen and unplanned pregnancy, and the relate institute.* 2013. Disponível em: nationalmarriageproject.org

JACKSON, Shelly; FEDER, Lynette; FORDE, David R.; DAVIS, Robert C.; MAXWELL, Christopher D.; TAYLOR, Bruce G. *Batterer intervention programs: where do we go from* here? *U.S. Department of Justice.* Jun. 2003. Disponível em: www.usdoj.gov.

JALOVAARA, M. "The joint effects of marriage partners' socioeconomic positions on the risk of divorce." *Demography*, v. 40, p. 67-81, 2003.

JASINSKI, J. L.; WILLIAMS, L. M.; SIEGEL, J. "Childhood physical and sexual abuse as risk factors for heavy drinking among african-american women: a prospective study." *Child Abuse and Neglect*, v. 24, p. 1061-1071, 2000.

JEKIELEK, Susan M. "Parental conflict, marital disruption, and children's emotional well-being." *Social Forces*, v. 76, p. 905-935, 1998.

JOHNSON, Michael P. "Patriarchal terrorism and common couple violence: two forms of violence against women." In: COHEN, T. F. (ed.). *Men and masculinity: a text reader.* Belmont, CA: Wadsworth, 2001. p. 248-260.

JOHNSON, Michael P.; FERRARO, Kathleen. "Research on domestic violence in the 1990s: making distinctions." In: SKOLNICK, A. S.; SKOLNICK, J. H. (eds.). *Family in transition.* 12. ed. Boston: Allyn and Bacon, 2003. p. 493-514.

KALMIJN, Matthijs; MONDEN, Christiaan W. S. "Are the negative effects of divorce on well-being dependent on marital quality?" *Journal of Marriage and the Family*, v. 68, p. 1197-1213, 2006.

KAMP DUSH, Claire M. "Marital and cohabitation dissolution and parental depressive symptoms in fragile families." *Journal of Marriage and Family*, v. 75, p. 91-109, fev. 2013.

KAUFMAN, Joan; ZIGLER, Edward. "The prevention of child maltreatment: programming, research, and policy." In: WILLIS, Diane J.; HOLDEN, E. Wayne; ROSENBERG, Mindy. (eds.). *Prevention of child maltreatment: developmental and ecological perspectives.* Nova York: John Wiley. 1992. p. 269-295.

KITZMANN, K. M.; GAYLORD, N. K.; HOLT, A. R.; KENNY, E. D. "Child witnesses to domestic violence: a meta-analytic review." *Journal of Clinical and Consulting Psychology*, v. 71, p. 339-352, 2003.

KNOX, David; LEGGETT, Kermit. *The divorced dad's survival book: how to stay connected with your kids.* Nova York: Insight Books, 1998.

KOCH, Wendy. "Fees cut down private adoptions." *USA Today*, 1A. 27 abr. 2009.

LACEY, K. K.; SAUNDERS, D. G.; ZHANG, L. "A comparison of women of color and non-hispanic white women on factors related to leaving a violent relationship." *Journal of Interpersonal Violence*, v. 26, p. 1036-1055, 2011.

LAFRANIERE, Sharon. "Entrenched epidemic: wife-beatings in Africa." *New York Times*, 11 ago. 2005, p. A1 e A8.

LARA, Adair. "One for the price of two: some couples find their marriages thrive when they share separate quarters." *San Francisco Chronicle*, 29 jun. 2005. Disponível em: www.sfgate.com.

LAUNGANI, P. "Changing patterns of family life in India." In: ROOPNARINE, J. L.; GIELEN, U. P. (eds.). *Families in Global Perspective.* Boston: Pearson, Allyn and Bacon, 2005. p. 85-103.

LEVIN, Irene. "Living apart together: a new family form." *Current Sociology*, v. 52, n. 2, p. 223-240, 2004. p. 85-103.

LEWIN, Tamar. "Fears for children's well-being complicates a debate over marriage." *New York Times*, 4 nov. 2000. Disponível em: www.nytimes.com.

LLOYD, Sally A. "Intimate violence: paradoxes of romance, conflict, and control." *National Forum*, v. 80, n. 4, p. 19-22, 2000.

LLOYD, Sally A.; EMERY, Beth C. *The dark side of courtship: physical and sexual aggression.* Thousand Oaks, CA: Sage, 2000.

LOFQUIST, D.; LUGALIA, T.; O'CONNELL, M.; FELIZ, S. "Households and families: 2010." *Census Briefs*, 2012. Disponível em: www.census.gov.

MASON, Mary Ann; SKOLNICK, Arlene; SUGARMAN, Stephen D. "Introduction." In: MASON, Mary Ann; SKOLNICK, Arlene; SUGARMAN, Stephen D. (eds.). *All our families.* 2. ed. Nova York: Oxford University Press, 2003. p. 1-13.

MENTAL HEALTH AMERICA. *Effective discipline techniques for parents: alternatives to spanking. Strengthening families fact sheet.* 2003. Disponível em: www.nmha.org

MORIN, Rich. "The public renders a split verdict on changes in family structure." *Pew Research Center.* 16 fev. 2011. Disponível em: pewresearch.org

NATIONAL CENTER FOR INJURY PREVENTION AND CONTROL. *Understanding Intimate Partner Violence.* 2012. Disponível em: www.cdc.gov.

NATIONAL MARRIAGE PROJECT AND THE INSTITUTE FOR AMERICAN VALUES. *The state of our unions: marriage in America 2012.* 2012. Disponível em: www.stateofourunions.org

NELSON, B. S.; WAMPLER, K. S. "Systemic effects of trauma in clinic couples: an exploratory study of secondary trauma resulting from childhood abuse." *Journal of Marriage and Family Counseling*, v. 26, p. 171-184, 2000.

NEWPORT, Frank. "Americans, including catholics, say birth control is morally OK." *Gallup Organization.* 12 maio 2012. Disponível em: www.gallup.com.

NOCK, Steven L. "Commitment and dependency in marriage." *Journal of Marriage and the Family*, v. 57, p. 503-514, 1995.

OECD. *OECD Family Database*, 2012. Disponível em: www.oecd.org.

PARKER, K. "A portrait of stepfamilies." *Pew Research Center.* 2011. Disponível em: www.pewsocialtrends.org.

PARKER, K.; WANG, W. "Modern parenthood." *Pew Research Center.* 14 mar. 2013. Disponível em: www.pewsocialtrends.org.

PARKER, Marcie R.; BERGMARK, Edward; ATTRIDGE, Mark; MILLER-BURKE, Jude. "Domestic violence and its effect on children." *National Council on Family Relations Report*, v. 45, n. 4, p. F6-F7, 2000.

PASLEY, Kay; MINTON, Carmelle. "Generative fathering after divorce and remarriage: beyond the 'disappearing dad.'" In: COHEN, T. F. (ed.). *Men and masculinity: a text reader.* Belmont, CA: Wadsworth, 2001. p. 239-248.

PEW RESEARCH CENTER. "Women call the shots at home: public mixed on gender roles in jobs." 2008. Disponível em: http://pewresearch.org.

PILKAUSKAS, Natasha V. "Three-generation family households: differences by family structure at birth." *Journal of Marriage and Family*, v. 74, p. 931-943, 2012.

PLANTY, M.; LANGTON, L.; KREBS, C.; BERZOFSKY, M.; SMILEY-MCDONALD, H. "Female victims of sexual violence, 1994-2010." *U.S. Department of Justice, Bureau of Justice Statistics.* 2013. Disponível em: www.bjs.gov

POPULATION REFERENCE BUREAU. *The world's women and girls 2011 data sheet.* 2011. Disponível em: www.prb.org.

RICCI, L.; GIANTRIS, A.; MERRIAM, P.; HODGE, S.; DOYLE, T. "Abusive head trauma in maine infants: medical, child protective, and law enforcement analysis." *Child Abuse and Neglect*, v. 27, p. 271-283, 2003.

RUBIN, D. M.; CHRISTIAN, C. W.; BILANIUK, L. T.; ZAXYCZNY, K. A.; DURBIN, D. R. "Occult head injury in high-risk abused children." *Pediatrics*, v. 111, p. 1382-1386, 2003.

RUSSELL, D. E. *Rape in marriage.* Bloomington: Indiana University Press, 1990.

SCOTT, K. L.; WOLFE, D. A. "Change among batterers: examining men's success stories." *Journal of Interpersonal Violence*, v. 15, p. 827-842, 2000.

SHEPARD, Melanie F.; CAMPBELL, James A. "The abusive behavior inventory: a measure of psychological and physical abuse." *Journal of Interpersonal Violence*, v. 7, n. 3, p. 291-305, 1992.

SKINNER, Jessica A.; ROBIN M., Kowalski. "Profiles of sibling bullying." *Journal of Interpersonal Violence*, v. 28, n. 8, p. 1726-1736, 2013.

SMITH, J. "Shaken baby syndrome." *Orthopaedic Nursing*, v. 22, p. 196-205, 2003.

STEIMLE, Brynn M.; DUNCAN, Stephen F. "Formative evaluation of a family life education web site." *Family Relations*, v. 53, n. 4, p. 367-376, 2004.

STONE, R. D. *No secrets, no lies: how black families can heal from sexual abuse.* Nova York: Broadway Books, 2004.

STRAUS, Murray. "Prevalence, societal causes, and trends in corporal punishment by parents in world perspective." *Law and Contemporary Problems*, v. 73, n. 1, p. 1-30, 2010.

STRAUS, Murray. "Corporal punishment and primary prevention of physical abuse." *Child Abuse and Neglect*, v. 24, p. 1109-1114, 2000.

SULLIVAN, Erin. "Abused pasco dog taken in by victim advocate now pays it forward." *St. Petersburg Times*, 23 jan. 2010. Disponível em: www.tampabay.com.

SWAN, S. C.; GAMBONE, L. J.; CALDWELL, J. E.; SULLIVAN, T. P.; SNOW, D. L. "A review of research on women's use of violence with male intimate partners." *Violence and Victims*, v. 23, p. 301-315, 2008.

SWEENEY, M. M. "Remarriage and stepfamilies: strategic sites for family scholarship in the 21st century." *Journal of Marriage and the Family*, v. 72, p. 667-684, 2010.

SWISS, Liam; LE BOURDAIS, Celine. "Father-child contact after separation: the influence of living arrangements." *Journal of Family Issues*, v. 30, n. 5, p. 623-652, 2009.

TEASTER, Pamela B.; DUGAR, Tyler A.; MENDIONDO, Marta S.; ABNER, Erin L.; CECIL, Kara A.; OTTO, Joanne M. *The 2004 Survey of State Adult Protective Services: Abuse of Adults 60 Years of Age and Older*. National Center on Elder Abuse. Washington, DC, fev. 2006.

TRINDER, L. "Maternal gate closing and gate opening in postdivorce families." *Journal of Family Issues*, v. 29, p. 1298-1298, 2008.

ULMAN, A. "Violence by children against mothers in relation to violence between parents and corporal punishment by parents." *Journal of Comparative Family Studies*, v. 34, p. 41-56, 2003.

UMBERSON, D., ANDERSON, K. L.; WILLIAMS, K.; CHEN, M. D. 2003. "Relationship dynamics, emotion state, and domestic violence: a stress and masculine perspective." *Journal of Marriage and the Family*, v. 65, p. 233-247.

UNICEF. *Progress for children: a report card on adolescents*. 2012. Disponível em: www.childinfo.org.

_____. *Child disciplinary practices at home: evidence from a range of low- and middle-income countries*. 2010. Disponível em: www.childinfo.org

UNITED NATIONS DEVELOPMENT PROGRAMME. "Ending violence against women helps achieve development goals." 23 nov. 2009. Disponível em: www.beta.undp.org

U.S. CENSUS BUREAU. *America's families and living arrangements: 2012*. 2012. Disponível em: www.census.gov.

U.S. DEPARTMENT OF HEALTH AND HUMAN SERVICES. *Administration on Children, Youth, and Families*. 2012. *Child Maltreatment 2011*. Washington, DC: U.S. Government Printing Office.

WALBY, S. "Violence and society: introduction to an emerging field of sociology." *Current Sociology*, v. 61, p. 95-111, 2013.

WALKER, Alexis J. "Refracted knowledge: viewing families through the prism of social science." In: MILARDO, Robert M. (ed.). *Understanding families into the new millennium: a decade in review*. Minneapolis, MN: National Council on Family Relations, 2001.

WALLERSTEIN, Judith S. "Children of divorce: a society in search of policy." In: MASON, Mary Ann; SKOLNICK, Arlene; SUGARMAN, Stephen D. (eds.). *All our families*. 2. ed. Nova York: Oxford University Press, 2003. p. 66-95.

WANG, Wendy; TAYLOR, Paul. "For millennials, parenthood trumps marriage." *Pew Research Center*. 19 mar. 2011. Disponível em: www.pewsocialtrends.org

WHIFFEN, V. E.; THOMPSON, J. M.; AUBE, J. A. "Mediators of the Link between childhood sexual abuse and adult depressive symptoms." *Journal of Interpersonal Violence*, v. 15, p. 1100-1120, 2000.

WHITEHURST, Dorothy H.; O'KEEFE, Stephen; WILSON, Robert A. "Divorced and separated parents in conflict: results from a true experiment effect of a court mandated parenting education program." *Journal of Divorce & Remarriage*, v. 48, n. ¾, p. 127-144, 2008.

WILLIAMS, K.; DUNNE-BRYANT, A. "Divorce and adult psychological well-being: clarifying the role of gender and child age." *Journal of Marriage and the Family*, v. 68, p. 1178-1196, 2006.

YUN, I., BALL, D.; LIM, H. "Disentangling the relationship between child maltreatment and violent delinquency: using a nationally representative sample." *Journal of Interpersonal Violence*, v. 26, n. 1, p. 88-110, 2011.

ZEITZEN, Miriam K. *Polygamy: a cross-cultural analysis*. Oxford: Berg, 2008.

Capítulo 6

ACEMOGLU, Daron; ROBINSON, James A. "The problem with U.S. inequality." *The Huffington Post Blog. 2008*. 2012. Disponível em: www.huffingtonpost.com.

ADMINISTRATION FOR CHILDREN AND FAMILIES. 2002. *Early head start benefits children and families*. U.S. Department of Health and Human Services. 2002. Disponível em: www.acf.hhs.gov.

AGAZZI, Isoida. "Fixing the 'silent' sanitation crisis." 26 nov. 2012. *Inter Press Service*. Disponível em: www.ipsnews.net.

ALEX-ASSENSOH, Yvette. "Myths about race and the underclass." *Urban Affairs Review*, v. 31, p. 3-19, 1995.

ANDERSON, Sarah; KLINGER, Scott; ROJO, Javier. "Corporate tax dodgers: 10 companies and their tax loopholes." Washington, DC: Institute for Policy Studies, 15 abr. 2013.

BADGETT, M. V. Lee; DURSO, Laura E.; SCHNEEBAUM, Alyssa. "New patterns of poverty in the lesbian, gay, and bisexual community." *The Williams Institute*, 2013. Disponível em: williamsinstitute.law.ucla.edu

BAJAK, Frank. "Chile-haiti earthquake comparison: chile was more prepared." *Huffington Post*, 27 fev. 2010. Disponível em: www.huffingtonpost.com.

BANCO MUNDIAL. *Global Monitoring Report 2005*. 2005. Disponível em: www.worldbank.org

BICKEL, G.; NORD, M.; PRICE, C.; HAMILTON, W.; COOK, J. *United States Department of Agriculture Guide to Measuring Household Food Security*. Alexandria, VA: U.S. Department of Agriculture, Food and Nutrition Service, 2000.

BISHAW, Alemayehu. "Poverty: 2000 to 2012." *American Community Survey Briefs*. U.S. Census Bureau. Set. 2013. Disponível em: www.census.gov.

BLUMENTHAL, Susan. "Debunking myths about food stamps." *SNAP to Health*, 12 mar. 2012. Disponível em: www.snaptohealth.org

CALLAHAN, David; MIJIN Cha, J. *Stacked deck: How the dominance of politics by the affluent & business undermines economic mobility*. Demos. 2013. Disponível em: www.demos.org.

CHANDY, Laurence. "Counting the poor." *The Brookings Institution*, maio 2013. Disponível em: www.brookings.edu.

CHANDY, Laurence; LEDLIE, Natasha; PENCIAKOVA, Veronika. *The final countdown: prospects for ending extreme poverty by 2030*. Policy Brief 2013-04. Washington, DC: The Brookings Institution, abr. 2013.

COLEMAN-JENSEN, Alisha; NORD, Mark; ANDREWS, Margaret. *Household Food Security in the United States, 2011*. USDA Economic Research Service. 2012. Disponível em: www.ers.usda.gov.

COLLINS, Chuck. "The wealthy kids are all right." *The American Prospect*, 28 maio 2013. Disponível em: prospect.org.

CREDIT SUISSE RESEARCH INSTITUTE. *Global Wealth Databook 2012*. Out. 2012. Disponível em: www.usaagainstgreed.org/GlobalWealthDatabook2012.pdf.

DAVIS, Kingsley; MOORE, Wilbert. "Some principles of stratification." *American Sociological Review*, v. 10, p. 242-249, 1945.

DENAVAS-WALT, Carmen; PROCTOR, Bernadette D.; SMITH, Jessica C. "Income, poverty, and health insurance in the United States: 2012." *U.S. Census Bureau, Current Population Reports P60-245*. Washington, DC: U.S. Government Printing Office, 2013.

DVORAK, Petula. 2009. "Increase seen in attacks on homeless." *Washington Post*, 5 fev. 2009, p. DZ01.

EPSTEIN, William M. "Cleavage in american attitudes toward social welfare." *Journal of Sociology and Social Welfare*, v. 31, n. 4, p. 177-201, 2004.

FAO (Food and Agriculture Organization). *The state of food insecurity in the world*. 2012. Disponível em: www.fao.org.

FORSTER, Michael; MIRA D'ERCOLE, Marco. "Income distribution and poverty in OECD countries in the second half of the 1990s." *Organization for Economic Cooperation and Development*. 10 mar. 2005. Disponível em: www.oecd.org.

FRY, Richard; TAYLOR, Paul. "A rise in wealth for the wealthy: declines for the lower 93%." *Pew Research Social & Demographic Trends*. 2013. Disponível em: www.pewsocialtrends.org.

GANS, Herbert. "The positive functions of poverty." *American Journal of Sociology*, v. 78, p. 275-289, 1972.

GARFINKEL, Irwin. "The welfare state: myths & measurement." *Spectrum*, inverno, p. 6-7, 2013.

GIOVANNI, Thomas; PATEL, Roopal. "Gideon at 50: three reforms to revive the right to counsel. *Brennan Center for Justice*. 2013. Disponível em: www.brennancenter.org.

GOLDEN, Olivia. "Poverty in America: how we can help families." *Urban Institute*. 9 maio 2013. Disponível em: www.urban.org.

GOULD, Elise; WETHING, Hilary; SABADISH, Natalie; FINIO, Nicholas. "What families need to get by: the 2013 update of EPI's family budget calculator." *Economic Policy Institute*. 3 jul. 2013. Disponível em: www.epi.org.

GREEN, Autumn R. "Patchwork: poor women's stories of resewing the shredded safety net." *Affilia*, v. 28, p. 51-64, 2013.

GRUNWALD, Michael. "The housing crisis goes suburban." *Washington Post*, 27 ago. 2006. Disponível em: www.washingtonpost.com.

HARELL, Allison; SOROKA, Stuart; MAHON, Adam. "Is welfare a dirty word? Canadian public opinion on social assistance policies." *Options Politiques*, p. 53-56, set. 2008.

VANDEN HEUVEL, Katrina. "Putting poverty on the agenda." *The Nation*, 17 jan. 2011. Disponível em: www.thenation.com.

HOBACK, Alan; ANDERSON, Scott. "Proposed method for estimating local population of precariously housed." *National Coalition for the Homeless*. 2007. Disponível em: www.nationalhomeless.org.

INSTITUTE FOR ECONOMICS & PEACE. *Pillars of peace.* 2013. Disponível em: economicsandpeace.org.

IRVINE, Leslie. "Animals as lifechangers and lifesavers: pets in the redemption narratives of homeless people." *Journal of Contemporary Ethnography*, v. 42, n. 1, p. 3-36, 2013.

KATZ, Michael B. *The undeserving poor: America's enduring confrontation with poverty: fully updated and revised.* Nova York: Oxford University Press, 2013.

KONDO, Naoki; SEMBAJWE, Grace; KAWACHI, Ichiro; VAN DAM, Rob M.; SUBRAMANIAN, S. V.; YAMAGATA, Zentaro. "Income inequality, mortality, and self- rated health: meta-analysis of multilevel studies." *British Medical Journal*, v. 339, n. 7731, p. 1178-1181, 2009.

KRAUT, Karen; KLINGER, Scott; COLLINS, Chuck. *Choosing the high road: businesses that pay a living wage and prosper.* Boston: United for a Fair Economy, 2000.

KROLL, Luisa; DOLAN, Kerry A. "The world's billionaires." *Forbes*, 4 mar. 2013. Disponível em: www.forbes.com.

KU, Leighton; BRUEN, Brian. "The use of public assistance benefits by citizens and non-citizen immigrants in the United States." *CATO Working Paper*. Washington, DC: Cato Institute, 19 fev. 2013.

LADD, Helen F. "Education and poverty: confronting the evidence." *Journal of Policy Analysis and Management*, v. 31, n. 2, p. 203-227, 2012.

LEIGH, J. Paul. "Raising the minimum wage could improve public health." *The Economic Policy Institute Blog.* 6 mar. 2013. Disponível em: www.epi.org.

LLOBRERA, Joseph; ZAHRADNIK, Bob. "A HAND UP: how state earned income tax credits helped working families escape poverty in 2004." *Center on Budget and Policy Priorities*, 2004. Disponível em: www.cbpp.org.

LOWREY, Annie. "The rich get richer through the recovery." *New York Times.* 10 set. 2013. Disponível em: http://economix.blogs.nytimes.com.

LUKER, Kristin. *Dubious conceptions: the politics of teenage pregnancy.* Cambridge, MA: Harvard University Press, 1996.

MASSEY, D. S. "American apartheid: segregation and the making of the american underclass." *American Journal of Sociology*, v. 96, p. 329-357, 1991.

MAYER, Susan E. *What money can't buy: family income and children's life chances.* Cambridge, MA: Harvard University Press, 1997.

MCDONAGH, Thomas. "Unfair, unsustainable, and under the radar: how corporations use global investment rules to undermine a sustainable future." *The Democracy Center.* 2013. Disponível em: www.democracyctr.org

MCKERNAN, Signe-Mary; RATCLIFFE, Caroline; STEUERLE, C. Eugene; ZHANG, Sisi. "Less than equal: racial disparities in wealth." *Urban Institute*, abr. 2013. Disponível em: www.urban.org.

MCNAMEE, Stephen J.; MILLER JR., Robert K. *The meritocracy myth.* 2. ed. Lanham, MD: Rowman & Littlefield Publishing Group, 2009.

MILKMAN, Ruth; LEWIS, Penny; LUCE, Stephanie. "The genie's out of the bottle: insiders' perspectives on Occupy Wall Street." *The Sociological Quarterly*, v. 54, n. 2, p. 194-198, 2013.

MISHEL, Lawrence; FINIO, Nicholas. "Earnings of the top 1.0 percent rebound strongly in the recovery." *Economic Policy Institute*, 23 jan. 2013. Disponível em: www.epi.org.

MISHEL, Lawrence; SABADISH, Natalie. "CEO pay in 2012 was extraordinarily high relative to typical workers and other high earners." *Economic Policy Institute*, 26 jun. 2013. Disponível em: www.epi.org.

NARAYAN, Deepa. *Voices of the poor: can anyone hear us?* Nova York: Oxford University Press, 2000.

NATIONAL ALLIANCE TO END HOMELESSNESS. *The state of homelessness in America.* Washington, DC: National Alliance to End Homelessness, 2013.

NATIONAL COALITION FOR THE HOMELESS. *Hate crimes against the homeless: the brutality of violence unveiled.* 2012. Disponível em: www.nationalhomeless.org

NATIONAL RESEARCH COUNCIL AND INSTITUTE OF MEDICINE. *U.S. Health in International Perspective: Shorter Lives, Poorer Health.* Washington, DC: The National Academies Press, 2013.

ODEDE, Kennedy. "Slumdog tourism." *The New York Times*, section A, p. 25, 10 ago. 2010. Disponível em: www.nytimes.com.

OFFICE OF FAMILY ASSISTANCE. *Ninth report to congress*, 2012. Disponível em: www.acf.hhs.gov.

ORGANIZAÇÃO MUNDIAL DE SAÚDE. *The World Health Report 2002.* 2002. Disponível em: www.who.int/pub/en.

ORGANIZAÇÃO MUNDIAL DE SAÚDE E UNICEF. *Progress on sanitation and drinking-water 2013 update.* Geneva: WHO Press, 2013.

PEW RESEARCH CENTER. "Wealth gaps rise to record highs between whites, blacks, hispanics." 26 jul. 2011. Disponível em: www.pewsocialtrends.org

PLUMER, Brad. "Who receives government benefits, in six charts." *The Washington Post*, 18 set. 2012. Disponível em: www.washingtonpost.com.

PUGH, Tony. "U.S. economy leaving record numbers in severe poverty." *McClatchy Newspapers*, 22 fev. 2007. Disponível em: www.mcclatchydc.com.

RAMOS, Alcida Rita; OSORIO, Rafael Guerreiro; PIMENTA, Jose. "Indigenising Development." *Poverty in Focus. International Policy Centre for Inclusive Growth*, 17 maio 2009. p. 3-5.

RATCLIFFE, Caroline; MCKERNAN, Mary-Signe. "Childhood poverty persistence: facts and consequences." *Urban Institute*, 10 jun. 2010. Disponível em: www.urban.org.

ROHDE, David. "The hideous inequality exposed by hurricane sandy." *The Atlantic*, 12 out. 2012. Disponível em: www.theatlantic.com.

ROSELAND, Mark; SOOTS, Lena. "Strengthening local economies." In: STARKE, Linda (ed.). *2007 State of the World.* Nova York: W. W. Norton & Co., 2007. p. 152-169.

SAAD, Lydia. "Americans say family of four needs nearly $60K to 'get by.'" *Gallup Poll*, 17 maio 2013. Disponível em: www.gallup.com.

SATTERTHWAITE, David; MCGRANAHAN, Gordon. "Providing clean water and sanitation." In: STARKE, Linda (ed.). *2007 State of the World.* Nova York: W. W. Norton & Co., 2007. p. 26-45.

SECCOMBE, Karen. "Families in poverty in the 1990s: trends, causes, consequences, and lessons learned." In: MILARDO, Robert M. (ed.) *Understanding families into the new millennium: a decade in review.* p. 313-332. Minneapolis, MN: National Council on Family Relations, 2001.

SHIERHOLZ, Heidi. "Unemployed workers still far outnumber job openings in every major sector." *The Economic Policy Institute.* 11 jun. 2013. Disponível em: www.epi.org.

SOBOLEWSKI, Juliana M.; AMATO, Paul R. "Economic hardship in the family of origin and children's psychological well-being in adulthood." *Journal of Marriage and Family*, v. 67, n. 1, p. 141-156, 2005.

STIGLITZ, Joseph E. "Student debt and the crushing of the american dream." *New York Times*, 12 maio 2013. Disponível em: www.nytimes.com.

STRAUS, Rebecca. "Schooling ourselves in an unequal america." *New York Times*, 16 jun. 2013. Disponível em: www.nytimes.com.

SUSSKIND, Yifat. *Ending poverty, promoting development: MADRE criticizes the United Nations millennium development goals.* Maio 2005. Disponível em: www.madre.org.

TALBERTH, John; WYSHAM, Daphne; DOLAN, Karen. "Closing the inequality divide: a strategy for fostering genuine progress in Maryland." *Center for Sustainable Economy and Institute for Policy Studies*, 2013. Disponível em: www.sustainable-economy.org.

TURNER, Margery Austin; POPKIN, Susan J.; KINGSLEY, G. Thomas; KAYE, Deborah. *Distressed public housing: what it costs to do nothing. The urban institute.* Abr. 2005. Disponível em: www.urban.org.

UNDP (United Nations Development Programme). *Human Development Report 2013.* 2013. Disponível em: hdr.undp.org.

_____. *Human Development Report 2010.* 2010. Disponível em: hdr.undp.org.

_____. *Human Development Report 2006.* Nova York: Palgrave Macmillan, 2006.

_____. *Human Development Report 1997.* Nova York: Oxford University Press, 1997.

UN-HABITAT. *State of the World's Cities 2010/2011.* 2010. Disponível em: www.unhabitat.org

UNITED FOR A FAIR ECONOMY. *Born on third base: what the Forbes 400 really says about economic equality & opportunity in America.* 2012. Disponível em: www.faireconomy.org.

UNITED NATIONS. *Report on the world social situation 2005.* Nova York: United Nations, 2005.

U.S. CENSUS BUREAU. *Poverty thresholds for 2012.* 2013. Disponível em: www.census.gov.

_____. *2011 American Community Survey.* 2012a. Disponível em: www.census.gov.

_____. *Current Population Survey, 2012 Annual Social and Economic Supplement. Table POV26.* 2012b. Disponível em: www.census.gov.

U.S. CONFERENCE OF MAYORS. *Hunger and homelessness survey.* 2012. Disponível em: usmayors.org.

USDA FOOD AND NUTRITION SERVICE. *Program data, supplemental nutrition assistance program.* 2013. Disponível em: www.fns.usda.gov.

WIDER OPPORTUNITIES FOR WOMEN. *The basic economic security tables for the United States.* Washington DC: Wider Opportunities for Women, 2010.

WILSON, William J. *When work disappears: the world of the new urban poor.* Nova York: Knopf, 1996.

_____. *The truly disadvantaged: the inner city, the underclass, and public policy.* Chicago: University of Chicago Press, 1987.

WRIGHT, Erik Olin; ROGERS, Joel. *American society: how it really works.* Nova York: W. W. Norton & Co., 2011.

ZEDLEWSKI, Sheila R. "Work and barriers to work among welfare recipients in 2002." *Urban Institute,* 2003. Disponível em: www.urban.org.

Capítulo 7

AFL-CIO. *Death on the job: the toll of neglect.* 22. ed. 2013. Disponível em: www.aflcio.org.

AUSTIN, Colin. "The struggle for health in times of plenty." In: THOMPSON JR., C. D.; WIGGINS, M. F. (eds.) *The human cost of food: farmworkers' lives, labor, and advocacy.* Austin: University of Texas Press, 2002, p. 198-217.

BAILY, Martin Neil; ELLIOTT, Douglas J. "The U.S. Financial and Economic Crisis: Where does it stand and where do we go from here?" The Brookings Institution. 15 jun. 2009. Disponível em: www.brookings.edu

BARSAMIAN, David. "Capitalism and its discontents: Richard Wolff on what went wrong." *The Sun,* v. 434, p. 4-13, 2012.

BARSTOW, David; BERGMAN, Lowell. "Deaths on the job, slaps on the wrist." *New York Times Online,* 10 jan. 2003. Disponível em: www.nytimes.com.

BASSI, Laurie J.; LUDWIG, Jens. "Schoolto-work programs in the United States: a multi-firm case study of training, benefits, and costs." *Industrial and Labor Relations Review,* v. 53, n. 2, p. 219-239, 2000.

BENJAMIN, Medea. *What's fair about fair labor association (FLA)?* Sweatshop watch. 1998. Disponível em: www.sweatshopwatch.org.

BONIOR, David. "Undermining democracy: worker repression in the United States." *Multinational Monitor,* v. 27, n. 4, 2006. Disponível em: www.essential.org/monitor.

BRAND, Jennie E.; BURGARD, Sarah A. "Job displacement and social participation over the lifecourse: findings for a cohort of joiners." *Social Forces,* v. 87, n. 1, p. 211-242, 2008.

BUREAU OF LABOR STATISTICS. "The employment situation - jun. 2013." *Employment Situation Summary.* 2013a. Disponível em: www.bls.gov.

_____. "Census of fatal occupational injuries." 2013b. Disponível em: www.bls.gov.

_____. *Union Members 2012.* 2013c. Disponível em: www.bls.gov.

BUTTERWORTH, P.; LEACH, L. S.; STRAZDINS, L.; OLESEN, S. C.; RODGERS, B.; BROOM, D. H. "The psychosocial quality of work determines whether employment has benefits for mental health: results from a longitudinal national household survey." *Occupational and Environmental Medicine.* Advance online publication. 2011. DOI:10.1136/oem.2010.059030.

CARNEY, Eliza Newlin. "Rules of the game: workplace intimidation becomes murky in post-citizens united era." *Roll Call.* 12 out. 2012. Disponível em: www.rollcall.com.

COCKBURN, Andrew. "21st century slaves." *National Geographic,* p. 2-11, 18-24. Set. 2003.

COUNCIL OF ECONOMIC ADVISERS. ROMER, Christina. (ed.). "Work-life balance and the economics of workplace flexibility." *Executive Office of the President,* mar. 2010. Disponível em: www.whitehouse.gov.

DAVIDSON, Paul. "More U.S. Service Jobs Heading Offshore." *USA Today,* 6 dez. 2012. Disponível em: www.usatoday.com.

DORELL, Oren. "Report blames massey for W. Va. mine explosion." *USA Today,* 19 maio 2011. Disponível em: www.usatoday.com.

EBELING, Richard M. "Capitalism the solution, not cause of the current economic crisis." *American Institute for Economic Research,* 12 fev. 2009. Disponível em: www.aier.org.

THE EDITORS. "Your future will be manufactured on a 3-D Printer." *Bloomberg.* 12 maio 2013. Disponível em: http://bloomberg.com.

FAUX, Jeff. "Overhauling NAFTA." *Economic policy institute.* 29 fev. 2008. Disponível em: www.epi.org.

FLA WATCH. *FLA watch: monitoring the fair labor association.* 2007a. Disponível em: http://flawatch.usus.org/.

_____. *About FLA watch.* 2007b. Disponível em: http://flawatch.usas.org/.

FLOUNDERS, Sara. "The pentagon and slave labor in U.S. prisons." *Global Research.* 4 fev. 2013. Disponível em: www.globalresearch.ca.

FREDERICK, James; LESSIN, Nancy. "Blame the worker: the rise of behavior-based safety programs." *Multinational Monitor,* v. 21, n. 11, 2000. Disponível em: www.essential.org/monitor.

GALINSKY, Ellen; AUMANN, Kerstin; BOND, James T. *times are changing: gender and generation at work and home.* Nova York: Families and Work Institute, 2009.

GREENHOUSE, Steven. *The Big Squeeze.* Nova York: Alfred A. Knopf, 2008.

HALL, Charles A. S.; DAY JR., John W. "Revising the limits to growth after peak oil." *American Scientist,* p. 230-237, maio-jun. 2009.

HARDY, Quentin. "Global slavery, by the numbers." *Bits* (blog). *New York Times,* 6 mar. 2013. Disponível em: http://bits.blogs.nytimes.com.

HARRIS, Poll. "Few spending differences year over year." 5 dez. 2012. Disponível em: www.harrisinteractive.com.

HEYMANN, Jody; EARLE, Alison; HAYES, Jeffrey. *The work, family and equity index.* Montreal, QC: The Project on Global Working Families and The Institute for Health and Social Policy, 2007.

HUFFSTUTTER, P. J. "Struggling Cities cancel fourth of jul. Fireworks." Los angeles times, jun. 29. 2009. Disponível em: www.latimes.com.

_____. *Fields of peril: child labor in US agriculture.* 2010. Disponível em: www.hrw.org.

HUMAN RIGHTS WATCH. *The employee free choice act: a human rights imperative.* Jan. 2009. Disponível em: www.hrw.org.

_____. *Discounting rights: Wal-Mart's violation of US workers' right to freedom of association.* v. 19, n. 2 (G), maio 2007. Disponível em: www.hrw.org.

ILO (International Labour Organization). "Child labour." 2013. Disponível em: www.ilo.org.

_____. *Global Employment Trends 2011: The challenge of a jobs recovery.* Geneva: International Labour Office, 2011.

INSTITUTE FOR GLOBAL LABOUR & HUMAN RIGHTS. "Triangle returns: young women continue to die in locked sweatshops." 23 mar. 2011. Disponível em: www.globallabourrights.org

INTERNATIONAL TRADE UNION CONFEDERATION. *Countries at Risk: 2013 Report on Violations of Trade Union Rights 2011.* 2013. Disponível em: www.ituc-csi.org

JENSEN, Derrick. "The disenchanted kingdom: George Ritzer on the disappearance of authentic culture." *The Sun,* jun. 2002, p. 38-53.

KELLY, Erin L.; MOEN, Phyllis; TRANBY, Eric. "Changing workplaces to reduce work-family conflict: schedule control in a white collar organization." *American Sociological Review,* v. 76, n. 2, p. 265-290, 2011.

KLERMAN, Jacob A.; DALEY, Kelly; POZNIAK, Alyssa. *Family and medical leave in 2012: technical report.* U.S. Department of Labor. Disponível em: www.dol.gov.

LENSKI, Gerard; LENSKI, J. *Human societies: an introduction to macrosociology.* 5. ed. Nova York: McGraw-Hill, 1987.

LEONARD, Bill. "From school to work: partnerships smooth the transition." *HR Magazine (Society for Human Resource Management).* Jul. 1996. Disponível em: www.shrm.org.

LOCKARD, C. Brett; WOLF, Michael. "Education and training outlook for occupations, 2010-

2020." *Bureau of Labor Statistics*. 2012. Disponível em: www.bls.gov.

LUHBY, Tami. "Recent college grads face 36% 'mal-employment' rate." *CNNMoney*, 25 jun. 2013. Disponível em: http://money.cnn.com.

MACENULTY, Pat. "An offer they can't refuse: John Perkins on his former life as an economic hit man." *The Sun*, v. 357, p. 4-13, set. 2005.

MAHER, Kris. "Mine probe faults massey." *Wall Street Journal*, 20 maio 2011. Disponível em: http://online.wsj.com.

MARTINSON, Karin; HOLCOMB, Pamela. *Innovative employment approaches and programs for low-income families*. Washington, DC: The Urban Institute, 2007.

MATOS, Kenneth; GALINSKY, Ellen. *2012 National Study of Employers*. Families and Work Institute. 2012. Disponível em: familiesandwork.org.

MCGREGOR, Jena. "New York diners relax. Paid sick leave is now the law." *Washington Post*. 27 jun. 2013. Disponível em: www.washingtonpost.com.

MEHTA, Chirag; THEODORE, Nik. *Undermining the right to organize: employer behavior during union representation campaigns*. American Rights at Work. dec. 2005. Disponível em: www.americanrightsatwork.org.

MENDENHALL, Ruby; KALIL, Ariel; SPINDEL, Laurel J.; HART, Cassandra M. D. "Job loss at mid-life: managers and executives face the 'new-risk economy.'" *Social Forces*, v. 87, n. 1, p. 185-209, 2008.

MIERS, Suzanne. *Slavery in the twentieth century: the evolution of a global problem*. Walnut Creek, CA: AltaMira Press, 2003.

MILES, Kathleen. "'Sweatshop conditions' found in LA fashion district at contractors for urban outfitters, aldo, forever 21." *Huffington Post*. 14 dez. 2012. Disponível em: www.huffingtonpost.com.

NATIONAL CHICKEN COUNCIL. "Broiler chicken industry key facts." 2012. Disponível em: www.nationalchickencouncil.org.

NATIONAL LABOR COMMITTEE. "Senate minority leader Senator Harry Reid, congressman Bernie Sanders, AFL-CIO and others endorse anti-sweatshop bill." 2007. Disponível em: www.nlcnet.org.

NEWPORT, Frank. "Democrats, republicans, diverge on capitalism, federal gov't." *Gallup*. 29 nov. 2012. Disponível em: www.gallup.com.

_____. "Americans' top job-creation idea: stop sending work overseas." *Gallup*, 31 mar. 2011. Disponível em: www.gallup.com.

"New OSHA policy relieves employees." *Labor Relations Bulletin*, n. 687, p. 8, 1998.

PARENTI, Michael. "Mystery: how wealth creates poverty in the world." *Common Dreams NewsCenter*. 16 fev. 2007. Disponível em: www.com.mondreams.org.

PARKER, Kim; WANG, Wendy. "Modern parenthood." *Pew Research Center*, 14 mar. 2013. Disponível em: www.pewresearch.org.

PERKINS, John. *Confessions of an economic hit man*. San Francisco: Berrett-Koehler Publishers, Inc., 2004.

PEW RESEARCH CENTER FOR THE PEOPLE & THE PRESS. *Trends in American Values: 1987-2012*. 2012. Disponível em: www.people-press.org.

PEW RESEARCH CENTER GLOBAL ATTITUDES PROJECT. "Pervasive gloom about the world economy." 2012. Disponível em: www.pewglobal.org.

PUBLIC CITIZEN. "U.S. Trade Deficit with Korea Soars to Highest Point in Record Under FTA." *Eyes on trade: public citizen's blog on globalization and trade*. 8 mar. 2013. Disponível em: www.publiccitizen.org.

RAMPELL, Ed. "An interview with Richard Wolff." *Counterpunch*. 16 abr. 2013. Disponível em: www.counterpunch.org.

RITZER, George. *The McDonaldization of society: an investigation into the changing character of contemporary social life*. Thousand Oaks, CA: Pine Forge Press, 1995.

RUNYAN, Carol W.; SCHULMAN, Michael; SANTO, Janet Dal; BOWLING, Michael; AGANS, Robert; MYDUC, Ta. "Work-related hazards and workplace safety of U.S. adolescents employed in the retail and service sectors." *Pediatrics*, v. 119, n. 3, 526-534, 2007.

SAAD, Lydia. "U.S. workers least happy with their work stress and pay." *Gallup Poll*. 12 nov. 2012. Disponível em: www.gallup.com.

SCHAEFFER, Robert K. *Understanding globalization: the social consequences of political, economic, and environmental change*. 2. ed. Lanham, MD: Rowman & Littlefield, 2003.

SCHIEMAN, Scott; MILKIE, Melissa; GLAVIN, Paul. "When work interferes with life: the social distribution of work-nonwork interference and the influence of work-related demands and resources." *American Sociological Review*, v. 74, p. 966-987, 2009.

SCOTT, Robert E.; RATNER, David. *NAFTA's cautionary tale*. Economic policy institute briefing paper 214. 20 jul. 2005. Disponível em: www.epi.org.

"Sex trade enslaves millions of women, youth." *Popline*, v. 25, p. 6, 2003.

SHIERHOLZ, Heidi. "Unemployed workers still far outnumber job openings in every major sector." *The Economic Policy Institute*. 11 jun. 2013. Disponível em: www.epi.org.

_____. "Continuing dearth of job opportunities leaves many workers still sidelined." *Economic Policy Institute*. 11 maio 2011. Disponível em: www.epi.org.

SHIERHOLZ, Heidi; SABADISH, Natalie; FINIO, Nicholas. "The class of 2013: young college graduates still face Dim Job prospects." *Briefing Paper #360*. Economic Policy Institute, 2013. Disponível em: www.epi.org.

SHIPLER, David K. *The working poor*. Nova York: Vintage Books, 2005.

SKINNER, E. Benjamin. *A crime so monstrous: face-to-face with modern-day slavery*. Nova York: Free Press, 2008.

SOUTHERN POVERTY LAW CENTER AND ALABAMA APPLESEED. *Unsafe at these speeds: Alabama's poultry industry and its disposable workers*. 2013. Disponível em: www.splc.org.

STRULLY, Kate W. "Job loss and health in the U.S. labor market." *Demography*, v. 46, n. 2, p. 221-247, 2009.

STUDENTS AND SCHOLARS AGAINST CORPORATE MISBEHAVIOR. "Looking for Mickey Mouse's conscience: a survey of the working conditions of Disney factories in China." 12 ago. 2005. Disponível em: www.nlcnet.org.

SWEATFREE COMMUNITIES. "Adopted policies." n.d. Disponível em: www.sweatfree.org.

TATE, Deborah. "U.S. lawmakers seek to crack down on foreign sweatshops." *The National Labor Committee*. 14 feb. 2007. Disponível em: www.nlcnet.org.

THOMPSON, Charles D., Jr. "Introduction." In: THOMPSON JR., C. D.; WIGGINS, M. F. (eds.). *The human cost of food: farmworkers' lives, labor, and advocacy*. Austin: University of Texas Press, 2002. p. 2-19.

TURNER, Anna; IRONS, John. "Mass layoffs at highest level since at least 1995." *Economic Policy Institute*. Jul. 2009. Disponível em: www.epi.org.

UCHITELLE, Louis. *The disposable american: layoffs and their consequences*. Nova York: Knopf, 2006.

UNICEF. *Children and conflict in a changing world*. Nova York: Unicef, 2009.

UNITED NATIONS. *The millennium development goals report*. Nova York: United Nations, 2005.

WEISS, Tara. "Some new grads are glad there are no jobs." *Forbes*, 27 maio 2009. Disponível em: www.forbes.com.

WEISSMANN, Jordan. "Here's exactly how many college graduates live back at home." *The Atlantic*, 26 fev. 2013. Disponível em: www.theatlantic.com.

WHITE, D. Steven. "The top 175 global economic enterprises." 11 ago. 2012. Disponível em: http://dstevenwhite.com.

WOLFF, Richard D. "Capitalism, democracy, and elections." *Democracy at work* (blog), 13 jun. 2013a. Disponível em: www.democracyatwork.info.

WOLFF, Richard D. "Alternatives to capitalism." *Critical Sociology*, v. 39, n. 4, p. 487-490, 2013b.

WRIGHT, Erik Olin. "Transforming capitalism through real utopias." *American Sociological Review*, v. 78, n. 1, p. 1-25, 2013.

Capítulo 8

AASA (American Association of School Administrators). "AASA members detailed draconian impact of sequester cuts." 26 fev. 2012. Disponível em: www.aasa.org.

_____. "Bullying at school and online." *Education.com*, 2009. Disponível em: www.education.com.

ADAMS, Caralee. "Higher education costs and borrowing trends start to stabilize." *Education Week*, 24 out. 2012. Disponível em: http://blogs.edweek.org.

_____. "Obama calls community colleges 'key to the future.'" *Education Week*, 5 out. 2011. Disponível em: http://blogs.edweek.org.

AFE (Alliance for Excellent Education). "The high cost of high school dropouts: what the nation pays for inadequate high schools." *Issue Brief*, p. 1-6, nov. 2011.

ACSFA. (Advisory Committee on Student Financial Assistance). *The rising price of inequality*. Jun. 2010. Washington, DC. Disponível em: www.ed.gov/acsfa.

AACC (American Association of Community Colleges). *2013 community college fast facts*. 2013. Disponível em: www.aacc.nche.edu.

AFT (American Federation of Teachers). *Building minds, minding buildings: a union's roadmap to green and sustainable schools*, 2009. Disponível em: www.aft.org.

ASCE (American Society of Civil Engineers). *2013 Report Card For America's Infrastructure*. 2013. Disponível em: www.infrastructurereportcard.org.

ALLEN, I. Elaine; SEAMAN, Jeff. "Going the distance: online education in the United States, 2011." *Babson Survey Research Group*. 2011. Disponível em: www.babson.edu.

ALMOND, Kyle. "Malala's global voice stronger than ever." *CNN News*, 17 jun. 2013. Disponível em: www.cnn.com.

AMURAO, Carla. "Fact sheet: how bad is the school-to-prison pipeline?" *PBS*. 2013. Disponível em: www.pbs.org.

ASSOCIATED PRESS. "U.S. student loan bill signed into law in rare show of bipartisan compromise." *The Guardian*, 9 ago. 2013. Disponível em: www.theguardian.com.

BARTON, Paul E. "Why does the gap persist?" *Educational Leadership*, v. 62, n. 3, p. 9-13, 2004.

BAUSELL, Carole Viongrad; KLEMICK, Elizabeth. "Tracking U.S. trends." *Education Week*, v. 26, n. 30, p. 42-44, 2007.

BLACKWELL, Brandon. "State senator aims to give tax break to homeschoolers." *The Cleveland Plain Dealer*, 12 jul. 2013. Disponível em: www.cleveland.com.

BOYD, Donald; GROSSMAN, Pamela; LANKFORD, Hamilton; LOEB, Susanna; WYCKOFF, James. "Who leaves? Teacher attrition and student achievement." *Working Paper*, n. 23, 2009. National Center for the Analysis of Longitudinal Data in Education Research.

BRENNER, Apr. D.; GRAHAM, Sandra. "Latino adolescents experiences of discrimination across the first 2 years of high school: correlates and influences on educational outcomes." *Child Development*, v. 82, n. 2, p. 508-509, 2011.

BLS (Bureau of Labor Statistics). "Employment projections." *U.S. Department of Labor. Current Population Survey*. 2013. Disponível em: www.bls.gov.

BUSHAW, William J.; LOPEZ, Shane. "Which way do we go?" *The 45th Annual Phi Delta Kappa/Gallup Poll of the Public's Attitudes toward the Public Schools*. 2013. Disponível em: http://pdkintl.org.

BUSHAW, William J.; LOPEZ, Shane. "Public education in the United States: a nation divided." *The 44th Annual Phi Delta Kappa/Gallup Poll of the Public's Attitudes toward the Public Schools*. 2012. Disponível em: http://pdkintl.org.

CARNEVALE, Anthony P.; STROHL, Jeff. "Separate and unequal: how higher education reinforces the intergenerational reproduction of white racial privilege. Georgetown Public Policy Institute. Center on Education and the Workforce." *Georgetown University*, jul. 2013.

CARTER, J. Chelsea. "Grand Jury Indicts 35 in Georgia School Cheating Scandal." 29 mar. 2013. Disponível em: www.cnn.com.

CDE (Center for Digital Education). *2012 yearbook: a research report from the center for digital education and converge*. 2012. Disponível em: http://images.erepublic.com.

CDF (Children's Defense Fund). *The State of America's Children 2012 Report*. 22 jul. 2012a. Disponível em: www.childrensdefense.org.

_____. *Portrait of inequality 2012: black children in America*. Nov. 2012b. Disponível em: www.childrensdefense.org.

COLEMAN, James S. et al. *Equality of educational opportunity*. Washington, DC: U.S. Government Printing Office,1996.

CORBETT, Christianne; HILL, Catherine; ST. ROSE, Andresse. *Where the girls are*. Washington, DC: American Association of University Women, 2008.

COWEN, Joshua M.; FLEMING, David J.; WITTE, John F.; WOLF; Patrick J.; BRIAN, Kisida. "School vouchers and student attainment: evidence from a state mandated study of milwaukee's parental choice program." *Policy Studies Journal*, v. 44, n. 1, p. 147-168, 2013.

CREDO (Center for Research on Educational Outcomes). "Executive summary." *National Charter School Study 2013*. Stanford, CA: Stanford University, 2013.

DAVIS, Michele R. "Education industry players exert public policy influence." From when public mission meets private opportunity. *Education Week*, v. 32, n. 29, suppl., p. S52-S16, 2013.

DENEUI, Daniel; DODGE, Tiffany. "Asynchronous learning networks and student outcomes." *Journal of Instructional Psychology*, v. 33, n. 4, p. 256-259, 2006.

DIXON, Mark. "Public education finances: 2011." *U.S. Census Bureau*. Maio 2013. Disponível em: www2.census.gov.

DOBBS, Michael. "Youngest students most likely to be expelled." *Washington Post*, 16 maio 2005. Disponível em: www.washingtonpost.com.

DALTON, Peter; MARCENARO-GUTIERREZ, Oscar. "If you pay peanuts, do you get monkeys? A cross-country analysis teacher pay and pupil performance." *Economic Policy*, v. 26, n. 65, p. 5-55, 2011.

DYLAN Hockley Memorial web page. 2013. Disponível em: www.dylanhockley.com.

ELIOT, Lise. The myth of PINK & BLUE brains. *Educational Leadership*, v. 68, n. 3, p. 32-36, 2010.

EWERT, Stephanie. "The decline in private school enrollment." *Social, Economic, and Housing Statistics Division*. Working Paper. Number FY, p. 12-117, jan. 2013.

FLETCHER, Robert S. *History of oberlin college to the civil war*. Oberlin, OH: Oberlin College Press, 1943.

FLEXNER, Eleanor. *Century of struggle: the women's rights movement in the United States*. Nova York: Atheneum, 1972.

FERLAZZO, Larry; HULL SYPNIESKI, Katie. "What to do – and not do – for growing number of english language learners." *The Washington Post*, 24 ago. 2012. Disponível em: www.washingtonpost.com.

GARDNER, Walter. "Push back on standardized testing." *Education Week*, 14 jan. 2013. Disponível em: http://blogs.edweek.org.

GOLDENBERG, Claude. "Teaching english language learners." *American Educator*, summer, p. 8-11, 14-19, 22-23, 42-44, 2008.

GORDON COMMISSION. *To assess, to teach, to learn: a vision for the future of assessment. Final Report*. 2013. Disponível em: www.gordoncommission.org.

GUPTA, Sarita. "Sallie mae's profits soaring at the expense of our nation's students." 12 jun. 2013. Disponível em: billmoyers.com.

GREENHOUSE, Linda. "Supreme court votes to limit the use of race in integration plans." *New York Times*, 29 jun. 2007. Disponível em: www.nytimes.com.

HABERMAN, Martin. "The pedagogy of poverty versus good teaching." *Phi Delta Kappan*, 1991. Disponível em: www.det.nsw.edu.au.

HAMMER, Kate. "Global rate of adult literacy: 84 percent but 775 million people still can't read." *The Globe and Mail*, 8 set. 2012. Disponível em: www.theglobeandmail.com.

HANUSHEK, Eric A.; RIVKIN, Steven G.; KAIN, John J. "Teachers, schools and academic achievement." *Econometrics*, v. 73, n. 2, p. 417-458, 2005.

HARRIS, Philip; SMITH, Bruce M.; HARRIS, Joan. *The myths of standardized tests: why they don't tell you what you think they do*. Lanham, Maryland: The Rowman and Littlefield Publishing Group, Inc., 2011.

HECKMAN, J.; HUMPHRIES, John Eric; LAFONTAINE, Paul A.; RODRÍGUEZ, Pedro L. "Taking the easy way out: how the GED testing program induces students to drop out." *Journal of Labor Economics*, v. 30, n. 3, 495-520, 2012.

HIGHTOWER, Amy M. "States show spotty progress on education gauges." 4 jan. 2013a. Disponível em: www.edweek.org.

HIGHTOWER, Kyle. "FAMU hazing case: 12 charged with manslaughter in Robert Champions death." *The Huffington Post*, 4 mar. 2013b. Disponível em: www.huffingtonpost.com.

HOPKINSON, Natalie. "The McEducation of the negro." *The Root*, 3 jan. 2011. Disponível em: www.theroot.com.

HORACE MANN EDUCATOR SURVEY. "2013 horace mann educator advisory panel survey." *Race Mann Market Research*. Jun. 2013. Disponível em: http:// horacemann.com.

HURDLE, Jon. "Philadelphia officials to close 23 schools." *New York Times*, 7 mar. 2013. Disponível em: www.nytimes.com.

HURST, Marianne. "When it comes to bullying, there are no boundaries." *Education Week*, 8 fev. 2005. Disponível em: www.edweek.org

JOSEPHSON INSTITUTE OF ETHICS. *2012 report card on the ethics of american youth*. Josephson Institute Center for youth ethics. 2012. Disponível em: charactercounts.org.

KAHLENBERG, Richard D. "From all walks of life: New hope for school integration." *American Educator*, inverno, p. 1-40, 2013.

_____. "A New Way of School Integration." *Issue Brief*. The Century Foundation, 2006. Disponível em: www.equaleducation .org.

KALET, Hank. "Arguing the costs of tuition equality." *New Jersey Spotlight*, 18 jun. 2013. Disponível em: www.njspotlight.com.

KANTER, Rosabeth Moss. "The organization child: experience management in a nursery school." *Sociology of Education*, v. 45, p. 186-211, 1972.

KASTBERG, David; FERRARO, David; LEMANSKI, Nita; ROEY, Stephen; JENKINS, Frank. "Highlights from TIMSS 2011." *NCES 2013-009*. Revised. 2013. Disponível em: nces.ed.gov.

KOHN, Alfie. "How education reform traps poor children." *Education Week*, v. 30, n. 29, p. 32-33, 2011.

KOZOL, Jonathan. *Savage inequalities: children in America's schools*. Nova York: Crown, 1991.

KUGLER, Eileen Gale. "Understanding our diverse students by understanding ourselves first." *Learning on the Edge*, 22 jul. 2013. Disponível em: http://pdkintl.org.

LAHEY, Jessica. "The benefits of character education." *The Atlantic*, 6 maio 2013. Disponível em: www.theatlantic.com.

LEANDRO V. STATE, 488 S.E.2d 249 (N.C. 1997).

LICKONA, Thomas; DAVIDSON, Matthew. *A report to the nation: smart and good high schools*, 2005. Disponível em: www.cortland.edu.

LOSEN, Daniel J.; SKIBA, Russell. "Suspended education." *Southern Poverty Law Center*, set. 2010. Disponível em: www.spcenter.org.

LOVELESS, Tom. "The resurgence of ability grouping in persistence of tracking." *Brown Center Report On American Education*, 2013. Disponível em: www.brookings.edu.

LU, Adrienne. "Parents revolt against failing schools." *The Pew Charitable Trust*, 1 jul. 2013. Disponível em: www.pewstates.org.

LUBIENSKI, Christopher; SCOTT, Janelle T.; ROGERS, John; WELNER, Kevin G. "Missing the target? The parent trigger as a strategy for parental engagement and school reform." *National Education Policy Center*, 5 set. 2012. Escola de Educação, University of Colorado em Boulder.

LUBIENSKI, Sarah Theule; LUBIENSKI, Christopher. "School sector and academic achievement: a multi-level analysis of NAEP mathematics data." *American Educational Research Journal*, v. 43, n. 4, p. 651-698, 2006.

LUMINA FOUNDATION. *Americans Call for Higher Education Redesign*, 5 fev. 2013. Disponível em: luminafoundation.org.

LYTLE, Ryan. "Antioch university to offer online course for credit." *U.S. News*, 21 nov. 2012. Disponível em: www.usnews.com.

MANZO, Kathleen K. "College-based high schools fill growing need." *Education Week*, 25 maio 2005. Disponível em: www.edweek.org.

MARTIN, Michel. "Is teach for America failing?" *NPR*, 11 jun. 2012. Disponível em: www.npr.org.

MAXWELL, Leslie A. "Head start gains found to wash out by third grade." *Education Week*, 9 jan. 2013. Disponível em: www.edweek.org.

MCDONNELL, Sanford. "America's crisis of character – and what to do about it." 3 out. 2009. Disponível em: www.edweek.org.

MCKINSEY & COMPANY. *The economic impact of the achievement gap in America schools*. Social Sector Office: McKinsey & Company, 2009. Disponível em: www.mckinsey.com.

MEAD, Sara. "The truth about boys and girls." *Education Sector*, jun. 2006. Disponível em: www.educationsector.org.

MERTON, Robert K. *Social theory and social structure*. Nova York: Free Press, 1968.

METLIFE. *MetLife survey of the american teacher: past, present and future*, 2013. Disponível em: www.metlife.com.

_____. *MetLife survey of the american teacher: challenges for school leadership*, 2008. Disponível em: www.metlife.com.

MILKIE, Melissa A.; WARNER, Catherine H. "Classroom Learning environments and mental health of first grade children." *Journal of Health and Social Behavior*, v. 42, p. 4-22, 2011.

MIKULECKY, Marga. "Compulsory school age requirements." *Education Commission of the United States*. Abr. 2013. Disponível em: www.ecs.org.

MITCHELL, Kenneth. "Taking teacher evaluation to extremes." *Education Week*, v. 30, n. 15, p. 1, 2010.

MOLNAR, Alex; BONINGER, Faith; HARRIS, Michael D.; LIBBY, Ken; FOGARTY, Joseph. *Health threats associated with schoolhouse commercialism*. Boulder, CO: National Education Policy Center, abr. 2013.

MORSE, Jodie. "Learning While Black." *Time*, p. 50-52, 27 maio 2002.

MOXLEY, Elle. "With Georgia out, what's next for common core testing consortium PARCC." 27 jul. 2013. Disponível em: stateimpact.npr.org.

MULLER, Chandra; SCHILLER, Katherine. "Leveling the playing field?", *Sociology of Education*, v. 73, p. 196-218, 2000.

MULLIS, I. V. S.; MARTIN, M. O.; FOY, P. Arora. *The TIMSS 2011 international results in mathematics*. Chestnut Hill, MA: International Study Center, 2012.

NAEP (National Assessment of Educational Progress). *Trends in Academic Progress*. NCES 2013-456, 2013. Disponível em: http://nces.ed.gov/nationsreportcard.

NBPTS (National Board for Professional Teaching Standards). "Promoting student learning, growth achievement," 2012. Disponível em: www.nbpts .org.

NCES (National Center for Educational Statistics). "Digest of education statistics, 2012." *U.S. Department of Education*, 2013a. Disponível em: nces.ed.gov.

_____. "The condition of education" *U.S. Department of Education*, 2013b. Disponível em: http://nces.ed.gov.

_____. "Indicators of school crime and safety: 2012." *U.S. Department of Education*, 2013c. Disponível em: http://nces.ed.gov.

_____. "Postsecondary institutions and cost of attendance in 2012-13; Degrees and other awards conferred, 2011-12; e Twelve-month enrollment, 2011-12." *U.S. Department of Education*. NCES 2013-289, rev., 2013d. Disponível em: http://nces.ed.gov.

_____. "Digest of education statistics, 2011." *U.S. Department of Education*, 2012. Disponível em: http://nces.ed.gov.

_____. "Digest of Education Statistics, 2010." 2011. Disponível em: nces.ed.gov.

_____. *Effectiveness of reading and mathematics software products. Report to Congress*. 2007. Washington, DC: U.S. Department of Education, 2011. NCES 2007-4005. NCFOT (The National Center for Fair and Open Testing). "What's wrong with standardized tests?" 22 maio 2012. Disponível em: fairtest.org.

NCSL (National Conference of State Legislatures). "Parent trigger laws in the states." 2013a. Disponível em: www.ncsl.org.

_____. "School vouchers." 2013b. Disponível em: www.ncsl.org.

NPR (National Public Radio). "Why some schools want to expel suspensions." 2 jun. 2013. Disponível em: www.npr.org.

NORTH CAROLINA JUSTICE CENTER. "Leandro and the 2012 court of appeals decision on NC pre-K." *Education and Law Project*, 2012. Disponível em: www.ncjustice.org.

OECD (Organization for Economic Cooperation and Development). "Education at a glance 2012", 2013a. Disponível em: www.oecd .org.

_____. "Good learning strategies reduce the performance gap between advantaged and disadvantaged students?" *PISA in Focus*. 2013b. Disponível em: www.oecd.org.

_____. "Education at a glance 2012", 2012. Disponível em: www.oecd.org.

OFFICE OF HEAD START. *Head start program facts fiscal year 2012*. 2013. Disponível em: http://eclkc.ohs.acf.hhs.gov.

ORFIELD, Gary; KUCSERA, John; SIEGEL-HAWLEY, Genevieve. "E pluribus . . . separation: deepening double segregation for more students." *The Civil Rights Project*. University of California em Los Angeles. 19 set. 2012. Disponível em: civilrightsproject.ucla.edu.

ORFIELD, Gary; LEE, Chungmei. *Racial transformation and the changing nature of segregation*. Cambridge, MA: Harvard University, The Civil Rights Project, 2006.

PARCC (Partnership for Assessment of Readiness for College and Careers). "About PARCC." 2013. Disponível em: www.parcconline.org.

PEREZ-PENA, Richard. "College enrollment falls as economy recovers." *The New York Times*, 25 jul. 2013. Disponível em: www.nytimes.com.

PESKIN, Melissa Fleschler; TORTOLERO, Susan R.; MARKHAM, Christine M. "Bullying and victimization among and hispanic adolescents." *Adolescence*, v. 41, n. 163, p. 467-484, 2006.

PICCIANO, Anthony G.; SEAMAN, Jeff. *Class connections: high school reform in the role of online learning*. Ago. 2010. Disponível em: www.babson.edu.

POLIAKOFF, Anne Rogers. "Closing the gap: an overview." *ASCD InfoBrief*, v. 44, p. 1-10, jan. 2006. *The Association for Supervision and Curricular Development*.

PRIMARY SOURCES. 2012. *Primary Sources: 2012 America's Teachers on the Teaching Profession*. Scholastic and the Bill and Melinda Gates Foundation. Disponível em: www.scholastic.com.

RAMEY, Garey; RAMEY, Valerie A. "The rug rat race." *Brookings paper on economic activity*, abr., p. 129-176, 2010.

RAVITCH, Diane. *The death and life of the great american school system: how testing and choice are undermining education*. Nova York, NY: Basic Books, 2010.

REARDON, Sean F. "No rich child left behind." *The New York Times*, 27 abr. 2013. Disponível em: www.nytimes.com.

REARDON, Sean F.; ATTEBERRY, Allison; ARSHAN, Nicole; KURLAEND, Michal. *Effects of the California High School exit exam on student persistent, achievement and graduation*. Stanford: Institute for Research on Education Policy & Practice, 2009. Disponível em: www.stanford.edu.

RIEHL, Carolyn. "Bridges to the future: contributions of qualitative research to the sociology of education." In: BALLANTINE, Jeanne; SPADE, Joan (eds.). *Schools and society*. Belmont, CA: Thomson Wadsworth. 2004. p. 56-72.

RODRIGUEZ, Richard. "Searching for roots in a changing world." In: HENSLIN, James M. (ed.). *Social Problems Today*. Englewood Cliffs, NJ: Prentice-Hall, 1990. p. 202-213.

ROOKS, Noliwe. "Why it's time to get rid of standardized tests." *Time*, 11 out. 2012a. Disponível em: http://ideas.time.com.

_____. "Why do we care more about diversity on TV than in our schools?" *Time*, 24 maio 2012b. Disponível em: http://ideas.time.com.

ROSENTHAL, Robert; JACOBSON, Lenore. *Pygmalion in the classroom: teacher expectations and pupils' intellectual development*. Nova York: Holt, Rinehart & Winston, 1968.

ROTHSTEIN, Richard et al. "Problems with the use of student test scores to evaluate teachers." *Educational Policy Institute*. 29 ago. 2010. Disponível em: www.epi.org.

SADOVNIK, Alan. "Theories in the sociology of education." In: BALLANTINE, Jeanne; SPADE, Joan (eds.). *Schools and Society*. Belmont, CA: Thomson Wadsworth, 2004. p. 7-26.

SAVE THE CHILDREN. "An uneducated girl is a girl in darkness." 2011. Disponível em: www.savethechildren.org.

SAWCHUK, Stephen. "New teacher distribution methods hold promise." *Education Week*, v. 29, n. 35, p. 16-17, 2011.

SEIU (Service Employees International Union). *Falling further apart: decaying schools in New York City's poorest neighborhoods*. 2013. Disponível em: www.seiu32bj.org.

SBAC (Smarter Balanced Assessment Consortium). "Smarter balanced assessments." 2013. Disponível em: www.smarterbalanced.org.

SCHOTT REPORT. *The urgency of now: the 2012 schott 50 state report on public education and black males. Schott foundation for public education*. 2012. Disponível em: http://blackboysreport.org.

SEGAL, Tom. "The impact of investing in education." *Education Week*, 26 mar. 2013. Disponível em: http://blogs.edweek.org.

SEMESTER ONLINE. "Overview." 2013. Disponível em: semesteronline.org.

SHAH, Nirvi. "Discipline policy shift with views on what works." *Education Week*. jan. 2013.

SHAH, Nirvi; MCNEIL, Michele. "Suspension, expulsion data cast some in harsh light." *Education Week*, v. 32, n. 16, p. 12, 2013.

SMYTH, Julie Carr. "Longer school year: will it help or hurt US students?" *The Huffington Post*, 13 jan. 2013. Disponível em: www.huffingtonpost.com.

STANCILL, Jane. "School cuts go before judge." *News and Observer*, 22 jun. 2011. Disponível em: www.newsandobservor.com.

STOTSKY, Sandra. "The academic quality of teachers: a civil rights issue." *Education Week*, 26 jun. 2009. Disponível em: www.edweek.org.

TANNER, C. K. "Explaining relationships among student outcomes and the school's physical environment." *Journal of Advanced Academics*, v. 19, p. 444-471, 2008.

TOPPO, Greg. "Growing number of educators boycott standardized test." *USA Today*, 1 fev. 2013. Disponível em: www.usatoday.com.

TNTP. 2013. *The irreplaceables: understanding the real retention crisis in america's urban schools*. Disponível em: tntp.org.

TUCKER, Marc. "Teacher quality: who's on which side and why." *Education Week*, 2 nov. 2013. Disponível em: www.edweek.org.

TYLER, John H.; LOFSTROM, Magnus. "Finishing high school: alternative pathways and dropout recovery." *The Future of Children*, v. 19, n. 1, p. 78-102, 2009.

TYRE, Peg. *The trouble with boys: a surprising report card on our sons, their problems at school, and what parents and educators must do*. Nova York: Crown Publishing Group, 2008.

UJIFUSA, Andrew. "Tests linked to common core in critics' cross hairs." *Education Week*, v. 32, n. 37, p. 1, 20, 2013.

UNESCO (United Nations Educational Scientific and Cultural Organization). "Literacy for 2011." 2012a. Disponível em: http://www.uis.unesco.org.

UNESCO. Youth. *Skills: putting education to work. EFA global monitoring report*. 2012b. Disponível em: www.unesco.org.

U.S. DEPARTMENT OF EDUCATION. "ESEA flexibility." 2012. Disponível em: www.ed.gov.

VIADERO, Debra. "Rags to riches in U.S. largely a myth, scholars write." *Education Week*, 25 out. 2006. Disponível em: www.edweek.org.

VIADERO, Debra. "Study sees positive effects of teacher certification." *Education Week*, 27 abr. 2005. Disponível em: www.edweek.org.

VIGDOR, Jacob L.; LADD, Helen F. "Scaling the digital divide: home computer technology and student achievement." *The National Bureau of Economic Research*, Working Paper, n. 16078. Jun. 2010. Disponível em: http://papers.nber.org/.

WAGGONER, Martha. "Judge: 'academic genocide' in halifax schools." *News & Observer*, 19 mar. 2009. Disponível em: www.newsobserver.com.

WONG, Jennifer S. *No bullies allowed: understanding peer victimization, the impacts on delinquency, and the effectiveness of prevention programs*. Rand Corporation. 2009. Disponível em: www.rand.org.

WORLD LITERACY FOUNDATION. *The economic and social cost of illiteracy*. 2012. Disponível em: www.worldliteracyfoundation.org/.

XU, Zeyu; HANNAWAY, Jane; TAYLOR, Colin. *Making a difference? The effects of teach for America in high school. Working Paper N. 17*. National Center for the Analysis of Longitudinal Data in Education Research, 2007

Capítulo 9

ALEXANDER, Michelle. *The new Jim Crow: Mass incarceration in the age of colorblindness*. Nova York: The New Press, 2010.

ALLPORT, G. W. *The nature of prejudice*. Cambridge, MA: Addison-Wesley, 1954.

AMERICAN COUNCIL ON EDUCATION AND AMERICAN ASSOCIATION OF UNIVERSITY PROFESSORS. *Does Diversity Make a Difference? Three Research Studies on Diversity in College Classrooms*. Washington, DC: American Council on Education and American Association of University Professors, 2000.

APFELBAUM, Evan. "Prof. Evan Apfelbaum: a blind pursuit of racial colorblindness – research has implications for how companies manage multicultural teams." *MIT Sloan Experts. MIT Sloan Management Blog*. 2011. Disponível em: mitsloanexperts.mit.edu.

ARMARIO, Christine. "Feds: all kids, legal or not, deserve K-12 education." *Chron*, 7 maio 2011. Disponível em: www.chron.com.

ASSOCIATED PRESS. "Justice department adds sikhs to hate-crimes list." *Washington Post*, 5 ago. 2013. Disponível em: www.washingtonpost.com.

ASSOCIATED PRESS. "FBI investigate fatal rundown of black miss. Man." *NPR*, 17 ago. 2011. Disponível em: www.npr.org.

AYALA, Elaine; HUET, Ellen. *San Francisco Chronicle*, 4 fev. 2013. Disponível em: www.sfgate.com.

BALKO, Radley. "The El Paso Miracle." *Reasononline*. 6 jul. 2009. Disponível em: www.reason.com.

BAUER, Mary; REYNOLDS, Sarah. *Under siege: Life for low-income latinos in the south*. Montgomery, AL: The Southern Poverty Law Center, 2009.

BEIRICH, Heidi. "The year in nativism." *Intelligence Report* (149). Primavera 2013. Disponível em: www.splcenter.org.

_____. "Getting immigration facts straight." *Intelligence Report*. Verão 2007. Disponível em: www.splcenter.org.

BONILLA-SILVA, Eduardo. "The invisible weight of whiteness: the racial grammar of everyday life in contemporary America." *Ethnic and Racial Studies*, v. 35, n. 2, p. 173-194, 2012.

_____. *Racism without racists: Color-blind racism and the persistence of racial inequality*. Lanham, MD: Rowan and Littlefield, 2003.

BRACE, C. Loring. *"Race" is a four-letter word*. Nova York: Oxford University Press, 2005.

BROOKS, Roy. *Atonement and forgiveness: a new model for black reparations*. Berkeley: University of California Press, 2004.

BROWN UNIVERSITY Steering Committee on Slavery and Justice. *Slavery and Justice*. Providence, RI: Brown University, 2007.

CHISTI, Muzaffar; HIPSMAN, Faye. "As congress tackles immigration legislation, state lawmakers retreat from strict measures." *Migration Policy Institute*. 23 maio 2013. Disponível em: www.migrationinformation.org.

CNN. "Senate approves resolution apology for slavery." 18 jun. 2009. Disponível em: www.cnn.com.

COLFORD, Paul. "'Illegal immigrant' no more." *The Definitive Source (AP Blog)*. 2 abr. 2013. Disponível em: http://blog.ap.org.

CONLEY, Dalton. *Being black, living in the red: race, wealth, and social policy in America*. Berkeley: University of California Press, 1999.

CROLL, Paul R. "Explanations for racial disadvantage and racial advantage: beliefs about both sides of inequality in America." *Ethnic and Racial Studies*, v. 36, n. 1, p. 47-74, 2013.

"DOJ Study: Hate crimes more prevalent than previously known." *Intelligence Report*, v. 151, p. 7, outono 2013.

DUDZIAK, Mary. *Cold war civil rights: race and the image of american democracy*. Princeton, NJ: Princeton University Press, 2000.

DWYER, Devin. "Opponents of illegal immigration target birthright citizenship." *ABC News*, 5 jan. 2011. Disponível em: www.abcnews.go.com.

EEOC (Equal Employment Opportunity Commission). "A. C. Widenhouse Sued by EEOC for Racial Harassment." *Press Release*. 22 jun. 2011. Disponível em: www.eeoc.gov.

ENNIS, Sharon R.; RIOS-VARGAS, Merarys; ALBERT, Nora G. "The hispanic population: 2010." *2010 Census Briefs. U.S. Census Bureau*. Maio 2011. Disponível em: www.census.gov.

ESPOSITO, John L. "Getting it right about islam and american muslims." *Huffington Post*, 25 maio 2011. Disponível em: www.huffingtonpost.com.

FBI (Federal Bureau of Investigation). *Hate Crime Statistics 2011*. 2012. Disponível em: www.fbi.gov.

FOLLMAN, Mark. "Selling Trayvon Martin for target practice." *Mother Jones*, 11 maio 2012. Disponível em: www.motherjones.com.

FRIEDEN, Bonnie. "'I don't see race': the pitfalls of the colorblind mindset." *Washington University Political Review*. 3 abr. 2013. Disponível em: www.wupr.org.

FRY, Richard. "Sharp growth in suburban minority enrollment yields modest gains in school diversity." *Pew Hispanic Center*. 2009. Disponível em: www.pewhispanic.org.

GAERTNER, Samuel L.; DOVIDIO, John F. *Reducing intergroup bias: the common ingroup identity model*. Philadelphia: Taylor & Francis, 2000.

GALLUP ORGANIZATION. *Race Relations*. 2013. Disponível em: www.gallup.com.

GLASER, Jack; DIXIT, Jay; GREEN, Donald P. "Studying hate crime with the internet: what makes racists advocate racial violence?" *Journal of Social Issues*, v. 58, n. 1, p. 177-193, 2002.

GOLDSTEIN, Joseph. "Sunbeams." *The Sun 277*, p. 48. Jan. 1999.

GRIECO, Elizabeth M. et al. "The foreign-born population in the United States: 2010." *American Community Survey Reports. U.S. Census Bureau*. 2012. Disponível em: www.census.gov.

GURIN, Patricia. "New research on the benefits of diversity in college and beyond: an empirical analysis." *Diversity Digest*, p. 5-15, primavera 1999.

HARWOOD, Stacy A.; HUNTT, Margaret Browne; MENDENHALL, Ruby; LEWIS, Jioni A. "Racial microaggressions in the residence halls: experiences of students of color at a predominantly white university." *Journal of Diversity in Higher Education*, v. 5, n. 3, p. 159-173, 2012.

HEALEY, Joseph F. *Race, ethnicity, and gender in the United States: inequality, group conflict, and power*. Thousand Oaks, CA: Pine Forge Press. 1997.

"Hear and now." *Teaching tolerance*, outono 2000, p. 5.

HIGGINBOTHAM, Elizabeth; ANDERSEN, Margaret L. "The social construction of race and ethnicity." In: HIGGINBOTHAM, E; ANDERSON, M. L. (eds.). *Race and ethnicity in society*, 3. ed. Belmont, CA: Wadsworth, Cengage Learning, 2012. p. 3-6.

HODGKINSON, Harold L. "What should we call people? Race, class, and the census for 2000." *Phi Delta Kappa*, out. 1995, p. 173-179.

HOEFER, Michael; RYTINA, Nancy; BAKER, Bryan. "Estimates of the unauthorized immigrant population residing in the United States: Jan. 2011." *U.S. Department of Homeland Security*. Disponível em: www.dhs.gov.

HOOKS, Bell. *Where we stand: class matters*. Nova York: Routledge, 2012.

HUMES, Karen R.; JONES, Nicholas A.; RAMIREZ, Roberto R. "Overview of race and hispanic origin: 2010." *2010 Census Briefs*. Mar. 2011. Disponível em: www.census.gov.

HUMPHREYS, Debra. "Diversity and the college curriculum: how colleges and universities are preparing students for a changing world." *Diversity-Web*, 1999. Disponível em: www.inform.umd.edu.

JENSEN, Derrick. 2001. "Saving the indigenous soul: an interview with Martin Prechtel." *The Sun*, v. 304, abr. 2001, p. 4-15.

JONES, Jeffrey M. "In U.S., most reject considering race in college admissions." *Gallup Organization*, 24 jul. 2013. Disponível em: www.gallup.org.

KAHLENBERG, Richard D. "How to fight growing economic and racial segregation in higher education." *The Chronicle of Higher Education*, 7 ago. 2013. Disponível em: www.chronicle.com.

KING, Joyce E. "A moral choice." *Teaching tolerance*, v. 18, p. 14-15, outono 2000.

KNOWLES, Eric D.; MARSHBURN, Christopher K. "Understanding white identity politics will be crucial to diversity science." *Psychological Inquiry*, v. 21, p. 134-139, 2012.

KOVAC, Amy. "Transcript of Rev. Lowery's inaugural benediction." *Washington Post*, 20 jan. 2009. Disponível em: http://voices.washingtonpost.com.

KOZOL, Jonathan. *Savage inequalities: children in America's schools*. Nova York: Crown, 1991.

KWOK, Irene; WANG, Yuzhou. "Locate the hate: detecting tweets against blacks." *Proceedings of the Twenty-Seventh AAAI Conference on Artificial Intelligence*, 2013. Disponível em: www.aaai.org.

LEADERSHIP COUNCIL ON CIVIL RIGHTS EDUCATION FUND. *Confronting the new faces of hate: hate crimes in america*. 2009. Disponível em: www.civilrights.org.

LEVIN, Jack; MCDEVITT, Jack. "Landmark study reveals hate crimes vary significantly by offender motivation." *Klanwatch Intelligence Report*, ago. 1995, p. 7-9.

LY, Laura. "Oberlin Cancels Classes to Address Racial Incidents." *CNN*, 4 mar. 2013. Disponível em: www.cnn.com.

MARGER, Martin N. *Race & ethnic relations: american and global perspectives*, 9. ed. Belmont CA: Wadsworth, Cengage Learning, 2012.

MARIL, Robert Lee. *The fence: national security, public safety, and illegal immigration along the U.S. – Mexico Border*. Lubbock Texas: Texas Tech University Press, 2011.

MARIL, Robert Lee. *Patrolling chaos: The U.S. border patrol in deep south Texas*. Lubbock, TX: Texas Tech University Press, 2004.

MARTINEZ, Michael. "Florida Police Sergeant Fired for Having Trayvon Martin Shooting Targets." *CNN*, 13 Abr. 2013. Disponível em: http://edition.cnn.com.

MASSEY, Douglas S.; LUNDY, Garvey. "Use of black english and racial discrimination in urban housing markets: new methods and findings." *Urban Affairs Review*, v. 36, n. 4, p. 452-469, 2001.

MCINTOSH, Peggy. "White privilege: unpacking the invisible knapsack." *Independent School*, v. 49, n. 2, p. 31-35, winter 1990.

MORRISON, Pat. "Sept. 11: a year later – american muslims are determined not to let hostility win." *National Catholic Reporter*, v. 38, n. 38, p. 9-10, 2002.

MOSER, Bob. "The battle of 'georgiafornia.'" *Intelligence Report*, v. 116, p. 40-50, 2004.

MUKHOPADHYAY, Carol C.; HENZE, Rosemary; MOSES, Yolanda T. *How real is race?* Lanham, MD: Rowman & Littlefield Education, 2007.

NCSL (National Conference of State Legislatures). "Affirmative action: an overview." Jun. 2013. Disponível em: www.ncsl.org.

ORFIELD, Gary. *Schools more separate: consequences of a decade of resegregation*. Cambridge, MA: Harvard University, Civil Rights Project, jul. 2001.

OSSORIO, Pilar; DUSTER, Troy. 2005. "Race and genetics." *American Psychologist*, v. 60, n. 1, p. 115-128.

PAGER, Devah. "The Mark of a Criminal Record." *American Journal of Sociology*, v. 108, n. 5, p. 937-975.

PASSEL, Jeffrey S.; COHN, D'Vera. "Unauthorized Immigrant Population: National and State Trends." *Pew Hispanic Research Center*. 2011. Disponível em: www.pewhispanic.org.

_____. "A portrait of unauthorized immigrants in the United States." *Pew Hispanic Research Center*, 2009. Disponível em: www.pewhispanic.org.

PASSEL, Jeffrey S.; TAYLOR, Paul. "Who's hispanic?" *Pew Hispanic Research Center*, 2009. Disponível em: www.pewhispanic.org

PEW HISPANIC CENTER. *A Nation of Immigrants*. 29 jan. 2013. Disponível em: www.pewhispanic.org.

PEW RESEARCH CENTER. "Blacks upbeat about black progress, prospects." 12 jan. 2010. Disponível em: www.pewsocialtrends.org.

PICCA, Leslie; FEAGIN, Joe R. *Two-faced racism*. Nova York: Routledge, 2007.

POLLIN, Robert. "Economic prospects: can we stop blaming immigrants?" *New Labor Forum*, v. 20, n. 1, p. 86-89, 2011.

SAULNY, Susan. "Census data presents rise in multiracial population of youths." *New York Times*, 24 mar. 2011. Disponível em: www.nytimes.com.

SCHILLER, Bradley R. *The economics of poverty and discrimination*, 9. ed. Upper Saddle River, NJ: Pearson Education, 2004.

SCHMIDT, Peter. "New pressure put on colleges to end legacies in admissions." *Chronicle of Higher Education*, v. 50, n. 21, A1, 30 jan. 2004.

SCHUMAN, Howard; KRYSAN, Maria. "A historical note on whites' beliefs about racial inequality." *American Sociological Review*, v. 64, p. 847-855, 1999.

SHIERHOLZ, Heidi. "Immigration and wages – Methodological advancements confirm modest gains for native workers." *EPI Briefing Paper #255*. 4 fev. 2010. Disponível em: www.epi.org.

SHIERHOLZ, Heidi; SABADISH, Natalie; FINIO, Nicholas. "Young graduates still face dim job prospects." *Briefing Paper #360. Economic Policy Institute*. 2013. Disponível em: www.epi.org.

SHIPLER, David K. "Subtle vs. overt racism." *Washington Spectator*, v. 24, n. 6, p. 1-3, 1998.

SIDANIUS, Jim; LEVIN, Shana; VAN LAAR, Colette; SEARS, David O. *The diversity challenge: social identity and intergroup relations on the college campus*. Nova York: Russell Sage Foundation, 2010.

SPLC (Southern Poverty Law Center). "Active U.S. hate groups." 2013a. Disponível em: www.splcenter.org.

_____. *Close to slavery: Guestworker programs in the United States*, 2013 ed. Montgomery, AL: Southern Poverty Law Center, 2013b.

_____. "Neo-nazi label woos teens with hate-music sampler." *Intelligence Report*, v. 116, n. 5, inverno 2004.

TANNEERU, Manav. "Asian-Americans' diverse voices share similar stories." *CNN.com*, 11 maio 2007. Disponível em: www.cnn.com.

TAVERNISE, Sabrina. "In census, young americans increasingly diverse." *New York Times*, 4 fev. 2011. Disponível em: www.nytimes.com.

TEACHING TOLERANCE. "10 myths about immigration." Primavera 2011. Disponível em: www.tolerance.org.

TOLBERT, Caroline J.; GRUMMEL, John A. "Revisiting the racial threat hypothesis: white voter support for California's proposition 209." *State Politics and Policy Quarterly*, v. 3, n. 2, p. 183-202, 215-216, 2003.

TURNER, Margery Austin; ROSS, Stephen L.; GALSTER, George; YINGER, John. *Discrimination in metropolitan housing markets*. Washington, DC: Urban Institute, 2002.

TURNER, Margery Austin; FORTUNY, Karina. *Residential segregation and low-income working families*. Washington, DC: Urban Institute, 2009.

TURN IT DOWN. "Social networking: a place for hate?" 3 maio 2009. Disponível em: turnitdown.newcomm.org.

URBAN DICTIONARY. Disponível em: www.urbandictionary.com.

U.S. CENSUS BUREAU (2011; generated by C. Schacht, jul. 3). *2010 Census Data*. Disponível em: http://2010.census.gov/2010census/data/index.php.

_____. Current Population Survey. Table A-3. "Mean earnings of workers 18 years and over, by educational attainment, race, and hispanic origin: 1975-2011." 2013. Disponível em: www.census.gov.

U.S. CITIZENSHIP AND IMMIGRATION SERVICES. *A guide to naturalization*. 2011. Disponível em: www.uscis.gov.

U.S. CUSTOMS AND BORDER PROTECTION. "U.S. border patrol fiscal year 2012 statistics." 2013. Disponível em: www.cbp.gov.

U.S. DEPARTMENT OF LABOR. *Facts on executive order 11246 affirmative action*. 2002. Disponível em: www.dol.gov.

WANG, Wendy. "The rise of intermarriage." *Pew Research Center*. 2012. Disponível em: www.pewresearch.org.

WASHINGTON POST STAFF. "President Obama's remarks on Trayvon Martin (full transcript)." *The Washington Post*. 19 jul. 2013. Disponível em: www.washingtonpost.com.

WILLIAMS, Eddie N.; MORRIS, Milton D. "Racism and our future." In: HILL, Herbert; JONES Jr., James E. (eds.). *Race in America: the struggle for equality*. Madison: University of Wisconsin Press, 1993, p. 417-424.

WILLIAMS, Richard; NESIBA, Reynold; MCCONNELL, Eileen Diaz. "The changing face of inequality in home mortgage lending." *Social Problems*, v. 52, n. 2, p. 181-208, 2005.

WINFREY, Oprah. "Oprah talks to jay-Z." *O, The Oprah Magazine*, out. 2009. Disponível em: www.oprah.com.

WINTER, Greg. "Schools resegregate, study finds." *New York Times*, 21 jan. 2003. Disponível em: www.nytimes.com.

WISE, Tim. *Between Barack and a hard place: racism and white denial in the age of Obama*. San Francisco: City Light Books, 2009.

YEUNG, Jeffrey G.; SPANIERMAN, Lisa B.; LANDRUM-BROWN, Jocelyn. "'Being white in a multicultural society': critical whiteness pedagogy in a dialogue course." *Journal of Diversity in Higher Education*, v. 6, n. 1, p. 17-32, 2013.

ZINN, Howard. 1993. "Columbus and the doctrine of discovery." In: PERDUE, William D. (ed.). *Systemic crisis: problems in society, politics, and world order*. Fort Worth, TX: Harcourt Brace Jovanovich, 1993, p. 351-357.

Capítulo 10

AAUW. *Why so few?* 2011. Disponível em: www.aauw.org.

ABERNATHY, Michael. *Male bashing on TV. Tolerance in the news*. 2003. Disponível em: www.tolerance.org.

ABRAHAM, Tamara; MADISON, Jennifer. "Nailing a trend: from Gwen Stefani to Jennifer Lopez, how J Crew boss took her lead from the stars in giving son a manicure." *The Daily Mail*, 15 abr. 2011. Disponível em: www.dailymail.co.uk.

ACLU (American Civil Liberties Union). "Court approves settlement reached in challenge to west virginia single-sex school program rooted in stereotypes." 8 jul. 2013. Disponível em: www.aclu.org.

ADAMS, Jimi. "Stained glass makes the ceiling visible." *Gender and Society*, v. 21, n. 1, p. 80-105, 2007.

ALVARADO, Monsy. "Bergen county to unveil memorial to victims of WWII japanese 'comfort stations.'" *North Jersey News*, 2013. Disponível em: northjersey.com.

AMNESTY INTERNATIONAL. "The international violence against women act." jun. 2013. Disponível em: www.amnestyusa.org.

ANDERSON, Margaret L. *Thinking about women*. 4. ed. Nova York: Macmillan, 1997.

ARRINDELL, W. A.; VAN WELL, Sonja; KOLK, Annemare M.; BARELDS, Dick P. H.; OEI, Tian P. S.; LAU, Pui Yi.; The Cultural Clinical Psychology Study Group. "Higher levels of masculine gender role stress in masculine than in feminine nations: a 13-nations study." *Cross-Cultural Research*, v. 47, n. 1, p. 51-67, 2013.

ASKARI, Sabrina F.; LISS, Mirian; ERCHULL, Mindy J.; STAEBELL, Samantha E.; AXELSON, Sarah J. "Men want equality, but women don't expect it: young adults' expectations for participation in household and child care chores." *Psychology of Women Quarterly*, v. 34, n. 2, p. 243-252, 2010.

BADENHAUSEN, Kurt. "Maria Sharapova tops list of the world's highest paid female athletes." *Forbes*, 5 ago. 2013. Disponível em: www.forbes.com.

BEDI, Rahul. "Indian dowry deaths on the rise." 27 fev. 2013. Disponível em: www.telegraph.co.uk.

BEGLEY, Sharon. "The stereotype trap." *Newsweek*, 6 nov. 2000, p. 66-68.

BERTRAND, Marianne, GOLDIN, Claudia; KATZ, Lawrence F. "Dynamics of the gender gap for young professionals in the financial and corporate sectors." *Working Paper*, jan. 2009. Disponível em: www.economics.harvard.edu.

BITTMAN, Michael; WAJCMAN, Judy. "The rush hour: the character of leisure time and gender equity." *Social Forces*, v. 79, p. 165-189, 2000.

BLAU, Francine D.; KAHN, Lawrence M. "Female labor supply: why is the US falling behind?" Jan. 2013. *NBER Working Paper Nº18702. The National Bureau of Economic Research*, 2013. Disponível em: www.nber.org.

BLS (Bureau of Labor Statistics). "Characteristics of minimum wage workers: 2012." *Labor Force Statistics from the Current Population Survey*. 2013. Disponível em: www.bls.gov.

BLY, Robert. *Iron John: a book about men*. Boston: Addison-Wesley, 1990.

BOURIN, Lenny; BLAKEMORE, Bill. "More men take traditionally female jobs." *ABC World News*, 1 set. 2008. Disponível em: http://abcnews.go.com.

BRADY, David; KALL, Denise. "Nearly universal, but somewhat distinct: the feminization of poverty in affluent western democracies, 1969-2000." *Social Science Research*, v. 37, p. 976-1.007, 2008.

BRYANT, Christa. "In Israel, women of the wall hit raw nerve over religious clout in state life." *The Christian Science Monitor*, 10 maio 2013. Disponível em: www.csmonitor.com.

CAWP (Center for American Women and Politics). *Facts on women officeholders, candidates, and voters*. 2013a. Disponível em: www.cawp.rutgers.edu.

_____. *Women of Color in Elective Office 2013*. Disponível em: www.cawp.rutgers.edu.

CECI, Stephen J.; WILLIAMS, Wendy M.; BARNETT, Susan M. "Women's underrepresentation in science: sociocultural and biological considerations." *Psychological Bulletin*, v. 135, n. 2, p. 218-261, 2009.

CLERY CENTER. "VAWA reauthorization." 7 mar. 2013. Disponível em: clerycenter.org.

CNN News. "Man's book on 'getting awesome with women' hit by critics as guide for rapists." 19 jun. 2013. Disponível em: www.cnn.com.

COHEN, Theodore. *Men and masculinity*. Belmont, CA: Wadsworth, 2001.

COHN, D'vera. "India Offers Three Gender Options." *Pew Research Center*, 7 fev. 2001. Disponível em: www.pewsocialtrends.org.

COOK, Carolyn. "ERA would end women's second-class citizenship: only three more states are needed to declare gender bias unconstitutional." *The Philadelphia Inquirer*, 12 abr. 2009. Disponível em: www.philly.com.

CORBETT, Christianne; HILL, Catherine. Graduating to a pay gap: the earnings of women and men one year after college graduation. *American Association of University Women*. 24 out. 2012. Disponível em: www.aauw.org.

CORRELL, Shelly J.; BENARD, Stephen; PAIK, In. "Getting a job: is there a motherhood penalty?" *American Journal of Sociology*, v. 112, n. 5, p. 1, 297-1.338, 2007.

DAILY MAIL. "Are these the most PC parents in the world? The couple raising a 'genderless baby'... to protect his (or her) right to choice." *The Daily Mail Online*, 25 maio 2011. Disponível em: www.dailymail.co.uk.

DALLESASSE, Starla L.; KLUCK, Annette S. "Reality television and the muscular male ideal." *Body Image*, v. 10, p. 309-315, 2013.

DAVIS, James A.; SMITH, Tom W.; MARSDEN, Peter V. *General social surveys, 1972 – 2002: 2nd ICPSR version*. Chicago: National Opinion Research Center, 2002.

DEEN, Thalif. "New push for U.S. to ratify major women's treaty." 2013. Disponível em: www.ipsnews.net.

DUNN, Marianne G.; ROCHLEN, Aaron B.; O'BRIEN, Karen M. "Employee, mother, and partner: an exploratory investigation of working women with stay-at-home fathers." *Journal of Career Development*, v. 40, n. 1, p. 3-22, 2013.

DURKIN, Erin; BEEKMAN, Daniel. "NRA blasted for endorsing shooting target that looks like a woman and bleeds." 7 maio 2013. Disponível em: www.nydailynews.com.

EEOC (Equal Employment Opportunity Commission). *Charge statistics: FY 1997 through FY 2012*. 2013. Disponível em: www.eeoc.gov.

EEOC. "Facts about sexual harassment." 2012. Disponível em: www.eeoc.gov.

EISNER, Manuel; GHUNEIM, Lana. "Honor killing attitudes amongst adolescents in Amman, Jordan." *Aggressive Behavior*, v. 39, n. 5, p. 405-417, 2013.

ERA (Equal Rights Amendment). *The equal rights amendment: frequently asked questions*. 2013. Disponível em: www.equalrightsamendment.org.

FALUDI, Susan. "Think the gender war is over? Think again." *The New York Times*, 15 jun. 2008. Disponível em: www.nytimes.com.

FALUDI, Susan. *Backlash: the undeclared war against american women*. Nova York: Crown, 1991.

FISCHER, Jocelyn; HAYES, Jeff. "The importance of social security in the incomes of older americans." *Institute for Women's Policy Research*. 13 ago. 2013. Disponível em: www.iwpr.org.

FITZPATRICK, Maureen; MCPHERSON, Barbara. "Coloring within the lines: gender stereotypes in contemporary coloring books." *Sex Roles*, v. 62, n. 1/2, p. 127-137, 2010.

FOERSTEL, Karen. "Women's rights: are violence and discrimination against women declining?" *Global Researcher*, v. 2, n. 5, p. 115-147, 2008.

GALLAGHER, Sally K. "The marginalization of evangelical feminism." *Sociology of Religion*, v. 65, p. 215-237, 2004.

GOFFMAN, Erving. *Stigma*. Englewood Cliffs, NJ: Prentice Hall, 1963.

GOODSTEIN, Laurie. "U.S. nuns facing vatican scrutiny." *The New York Times*, 2 jul. 2009. Disponível em: www.nytimes.com.

_____. "Vatican reprimands a group of U.S. nuns and plans changes." *The New York Times*, 18 abr. 2012. Disponível em: www.nytimes.com.

GORNEY, Cynthia. "Too young to wed." *National Geographic*, jun. 2011. Disponível em: ngm.nationalgeographic.com.

GRANT, Jaime M.; MOTTET, Lisa A.; TANTS, Justine; HARRISON, Jack; HERMAN, Jody L.; KETSLING, Mara. *Injustice at every turn: a report of the national transgender discrimination survey*. Washington, DC: National Center for Transgender Equality and the National Gay and Lesbian Task Force, 2011.

GRAY, Melissa. "Company removes 'rape' shirt listed on Amazon." 3 mar. 2013. Disponível em: www.cnn.com.

GROGAN, Sarah. *Body image: understanding body dissatisfaction in men, women and children*. Nova York: Routledge, 2008.

GUPTA, Sanjay. "Why men die young." *Time*, 12 maio 2003, p. 84.

GUY, Mary Ellen; NEWMAN, Meredith A. "Women's jobs, men's jobs: sex segregation and emotional labor." *Public Administration Review*, v. 64, p. 289-299, 2004.

HAINES, Erin. "Father convicted in genital mutilation." 1 nov. 2006. Disponível em: www.breitbart.com.

HAMILTON, Mykol C.; ANDERSON, David; BROADDUS, Michelle; YOUNG, Kate. "Gender stereotyping and under-representation of female characters in 200 popular children's picture books: a twenty-first century update." *Sex Roles*, v. 55, p. 757-765, 2006.

HAUB, Carl. "A first for census taking: the third sex." *Population Reference Bureau: Behind the Numbers*, 21 jan. 2011. Disponível em: prbblog.org.

HAUSMANN, Ricardo; TYSON, Laura D.; ZAHIDI, Saadia. *The global gender gap report 2012*. Genebra: World Economic Forum, 2012.

HALPERN, Diane F.; ELIOT, Lise et al. "Response – single-sex education: parameters too narrow." *Science*, 13 jan. 2013, p. 166-168.

HEGEWISCH, Ariane; MATITE, Maxwell. "The gender wage gap by occupation." *Institute for Women's Policy Research*. abr. 2013. Disponível em: www.iwpr.org.

HEGEWISCH, Ariane; WILLIAMS, Claudia; EDWARDS, Angela. "The gender wage gap: 2012." *Institute for Women's Policy Research*. mar. 2012. Disponível em: www.iwpr.org.

HERSCH, Joni. "Opting out among women with elite education." *Vanderbilt Law and Economics Research Paper n. 13-05*. Nashville, TN: Vanderbilt University, 2013.

HEYZER, Noeleen. "Enlisting African women to fight Aids." *Washington Post*, 8 jul. 2003. Disponível em: www.globalpolicy.org.

HINES, Alice. "Walmart sex discrimination claims filed by 2000 women." *The Huffington Post*, 6 jun. 2012. Disponível em: www.huffingtonpost.com.

HOCHSCHILD, Arlie. *The second shift*. Londres: Penguin, 1989.

HOYE, Sarah. "Girl, 11, Scores in Fight against Philadelphia Archdiocese to Play Football." 2013. *CNN News*, 15 mar. 1989. Disponível em: www.cnn.com.

HRC (Human Rights Campaign). "Sexual orientation and gender identity: terminology and definitions." *Transgender FAQ*, 2012. Disponível em: www.hrc.org.

THE HUFFINGTON POST. "Employment non-discrimination act 2013: The 'T' in LGBT protections" (infographic). 11 jun. 2013. Disponível em: www.huffingtonpost.com.

HVISTENDAHL, Mara. *Unnatural selection: choosing boys over girls, and the consequences of a world full of men.* Philadelphia: Public Affairs, 2011.

IASC (Inter-Agency Standing Committee). "IASC policy statement gender equality in humanitarian action." 2009. Disponível em: http://www .humanitarianinfo.org.

ILO (International Labour Organization). *Global employment trends for women.* Dez. 2012a. Disponível em: www.ilo.org.

_____. "Gender dimensions of the world of work in a globalized economy." *Gender rethinking alternative paths for development.* Genebra: United Nations, 25 jun. 2012b. Disponível em: www.ilo.org.

_____. *Equality at work: The continuing challenge.* 2011. Disponível em: www.ilo.org.

I-VAWA (International Violence Against Women Act). "Issue brief: The international violence against women act." *Amnesty International.* jun. 2013. Disponível em: www.amnestyusa.org.

IPC (International Poverty Centre). *Poverty in focus: gender equality.* n. 13, 2008. Disponível em: www.undp-povertycentre.org.

ITUC (International Trade Union Commission). *Decisions for work: an examination of the factors influencing women's decisions for work.* 8 mar. 2011. Disponível em: www.ituc-csi.org.

ITALIE, Leanne. "Breastfeeding doll wins good reviews but raises concerns." *The Chronicle Herald,* 8 nov. 2013. Disponível em: thechronicleherald.ca.

IWPR (Institute for Women's Policy Research). "At current pace of progress, wage gap for women expected to close in 2057." *Quick Figures,* abr. 2013. Disponível em: www.iwpr.org.

JACKSON, Janna. "'Dangerous presumptions': how single-sex schooling reifies false notions of sex, gender, and sexuality." *Gender and Education,* v. 22, n. 2, p. 227-238, 2010.

JACKSON, Robert; NEWMAN, Meredith A. "Sexual harassment in the federal workplace revisited: influences on sexual harassment." *Public Administration Review,* v. 64, n. 6, p. 705-717, 2004.

JENKINS, Colleen. "Couple sues over adopted sons sex assignment surgery." *Reuters News Service,* 14 maio 2013. Disponível em: http://mobile.reuters.com.

JOSE, Paul; BROWN, Isobel. "When does the gender difference in rumination begin? Gender and age differences in the use of rumination by adolescents." *Journal of Youth and Adolescence,* v. 37, p. 180-192, 2009.

JOURDAN, A. "Female bishops: church of England renews pledge to ordain women." *The Huffington Post,* 19 ago. 2013. Disponível em: www.huffingtonpost.com.

KAUFMAN, David. "Introducing America's first black, female rabbi." *Time,* 6 jun. 2009. Disponível em: www.time.com.

KIMMEL, Michael. "Masculinity, mental illness and guns: a lethal equation?" *CNN News,* 19 dez. 2012. Disponível em: www.cnn.com.

_____. "Gay bashing is about masculinity." *Voice Male.* Inverno 2011. Disponível em: www.voicemalemagazine.org.

KRAVETS, David. *Court says Wal-Mart must face bias trial.* 6 fev. 2007. Disponível em: www.breitbart.com.

LAWLESS, Jennifer L.; FOX, Richard L. jan. 2012. *Men rule: the continued underrepresentation of women in US politics.* Disponível em: www.american.edu/spa.

LCCREF (Leadership Conference on Civil Rights Education Fund). "Confronting the new faces of hate: hate crimes in America." 2009. Disponível em: www.civilrights.org.

LEPKOWSKA, Dorothy. "Playing fair?" *The Guardian,* 16 dez. 2008. Disponível em: www.guardian.co.uk.

LESLIE, David W. "The reshaping of America's academic workforce." *Research Dialogue 87.* Nova York: TIAA-CREF Institute, mar. 2007. Disponível em: www.tiaa-crefinstitute.org.

LEVIN, Diane E.; KILBOURNE, Jean. *So sexy so soon: the new sexualized childhood and what parents can do to protect their kids.* Nova York: Random House, 2009.

LOPEZ-CLAROS, Augusto; ZAHIDI, Saadia. "Women's empowerment: measuring the global gender gap." *World Economic Forum,* 2005.

LUDKA, Alexandra. "Augusta national admits first women members, Condoleezza Rice and Darla Moore." 20 ago. 2012. Disponível em: http://abcnews.go.com.

LUTHERAN World Federation. "Lutheran woman bishop Jeruma-Grinberga succeeds Jagucki in Great Britain." 29 jan. 2009. Disponível em: www.lutheranworld.org.

MADERA, Juan M.; HEBL, Michelle M.; MARTIN, Randi C. "Gender and Letters of Recommendation for Academia: Agentic and Communal Differences." *Journal of Applied Psychology,* v. 94, n. 6, p. 1, 591-1, 599, 2009.

M.C. v. Medical University of South Carolina. U.S. District Court. *Filed.* 14 maio 2013.

MCGREEVY, Patrick. "California Transgender Students Given Access to Opposite- Sex Programs." 12 abr. 2013. Disponível em: www.latimes.com.

MCGILL. "Two-Spirited People." 12 jul. 2011. Disponível em: www.mcgill.ca.

MEDIA MATTERS. "61+ women rush limbaugh has labeled 'Babe.'" *Media Matters,* 17 abr. 2012. Disponível em: mediamatters.org.

_____. "Limbaugh: With Kagan nomination, 'Obama has chosen himself a different gender' – 'She is a pure academic elitist radical.'" *Media Matters TV,* 10 maio 2010. Disponível em: www.mediamatters.org.

_____. "Limbaugh asserts 'Chicks... have chickified the news'; again refers to female reporter as infobabe." 2009. Disponível em: http://mediamatters.org.

MEDIASMARTS. "Body image - Girls." 2012. Disponível em: mediasmarts.ca.

MEHMOOD, Isha. "Lilly Ledbetter fair pay act becomes law." 29 jan. 2009. Disponível em: www.civilrights.org.

MISRA, Joya; HICKES LUNDQUIST, Jennifer; HOLMES, Elissa; AGIOMAVRITIS, Stephanie. "The ivory ceiling of service work." *Academe,* v. 97, p. 22-26, 2011.

MESSNER, Michael A.; MONTEZ DE OCA, Jeffrey. "The male consumer as loser: beer and liquor ads in mega sports media events." *Signs,* v. 30, p. 1, 879-1, 909, 2005.

MKP (ManKind Project). "About MKP-USA." *The ManKind Project.* 2012. Disponível em: www.mkpusa.org.

MODELS. "Andrej Pejic, biography." 2011. Disponível em: models.com/models/andrej-pejic.

MOEN, Phyllis; YU, Yan. "Effective work/life strategies: working couples, working conditions, gender, and life quality." *Social Problems,* v. 47, p. 291-326, 2000.

MORIN, Rich; TAYLOR, Paul. *Revisiting the mommy wars: politics, gender and parenthood.* 15 set. 2008. Disponível em: www.pewsocialtrends.org.

MOSKOWITZ, Clara. "When teachers highlight gender, kids pickup stereotypes." *Live Science,* 16 nov. 2010. Disponível em: www.livescience.com.

NATIONAL ARCHIVES. "Pictures of indians in the United States." *Native American Heritage,* 2010. Disponível em: www.archives.gov.

NCFM (National Coalition for Men). "Philosophy." 2013. Disponível em: http://ncfm.org.

_____. "About us." 2011. Disponível em: www.ncfm.org.

NCWGE (National Coalition for Women and Girls in Education). "National coalition for women and girls in education recommendations for the Obama administration and the 111th Congress." 2009. Disponível em: www.ncwge.org.

NCES (National Center for Educational Statistics). "The condition of education, 2012". *U.S. Department of Education,* 2013. Disponível em: nces.ed.gov.

NOMAS (National Organization for Men Against Sexism). "Statement of principles." 2013. Disponível em: www.nomas.org.

NPR (National Public Radio). "Two spirits: a map of gender – Diverse cultures." *Public Broadcasting System,* 2011. Disponível em: www.pbs.org.

NORDBERG, Jenny. "Afghan boys are prized, so girls live the part." *The New York Times,* 20 set. 2010. Disponível em: www.nytimes.com.

NORMAN, Moss E. "Embodying the double-bind of masculinity: young men and discourses of normalcy, health, heterosexuality, and individualism." *Men and Masculinities,* v. 14, n. 4, p. 430-449, 2011.

NOSEK, B. A.; SMYTH, F. L.; SRIRAM, N. et al. "National differences in gender-science stereotypes predict national sex differences in science and math achievement." *Proceedings of the National Academy of Sciences,* v. 106, p. 10, 593-10, 597, 2009.

OBAMA, Barack. "Remarks of President Barack Obama on the Lilly Ledbetter fair pay restoration act bill signing." 29 jan. 2009. Disponível em: www.whitehouse.gov.

OFFICE OF CIVIL RIGHTS. "Title IX and sex discrimination." 18 jun. 2012. Disponível em: www.ed.gov.

ORGANIZAÇÃO MUNDIAL DE SAÚDE . "Female genital mutilation." Fev. 2013. Disponível em: www.who.int.

PADAVIC, Irene; RESKIN, Barbara. *Men and women at work*. 2. ed. Thousand Oaks, CA: Pine Forge Press, 2002.

PARK, Hyunjoon; BEHRMAN, Jere R.; CHOI, Jaesung. "Causal effects of single-sex schools on college entrance exams and college attendance: random assignment in Seoul high schools." *Demography*, v. 50, n. 2, p. 447-469, 2012.

PARKS, Janet B.; ROBERTON, Mary Ann. "Inventory of attitudes toward sexist/nonsexist language – general (IASNL-G): a correction in scoring procedures." *Erratum. Sex Roles*, v. 44, n. ¾, p. 253, 2001.

PARKS, Janet B.; ROBERTON, Mary Ann. "Development and validation of an instrument to measure attitudes toward sexist/nonsexist language." *Sex Roles*, v. 42, n. 5/6, p. 415-438, 2000.

PEW RESEARCH CENTER. "From 1997 to 2007 fewer mothers prefer full-time work." 12 jul. 2007. Disponível em: www.pewresearch.org.

POLACHEK, Soloman W. "How the life-cycle human capital model explains why the gender gap narrowed." In: BLAU, Francine D.; BRINTON, Mary C.; GRUSKY, David B. (eds.). *The declining significance of race*. Nova York: Russell Sage, 2006. p. 102-124.

POLITICAL PARITY. *Why women do/don't run*. 2013. Disponível em: www.politicalparity.org.

POLLACK, William. *Real boys' voices*. Nova York: Random House, 2000.

QUOTA PROJECT. "Global database of quotas for women." 2013. Disponível em: www.quotaproject.org.

QUIST-ARETON, Ofeibea. "Fighting prejudice and sexual harassment of girls in schools." *All Africa*, 12 jun. 2003. Disponível em: www.globalpolicy.org.

RELIGIOUS TOLERANCE. "Religious sexism: when faith groups started (and two stopped) ordaining women." 2011. Disponível em: www.religioustolerance.org.

RENZETTI, Claire; CURRAN, Daniel. *Women, men and society*. Boston: Allyn and Bacon, 2003.

RESKIN, Barbara; MCBRIER, Debra. "Why not ascription? Organizations' employment of male and female managers." *American Sociological Review*, n. 65, p. 210-233, 2000.

RIDGEWAY, Sicilia L. *Framed by gender: how gender inequality persists in the modern world*. Nova York, Nova York: Oxford University Press, 2011.

RICHEY, Warren. "U.S. Supreme Court to take up michigan affirmative action case." *Christian Science Monitor*, 25 mar. 2013. Disponível em: www.csmonitor.com.

ROSE, Stephen J.; HARTMAN, Heidi. "Still a man's labor market: the long-term earnings gap." *IWPR# C366*. Nova York: Institute for Women's Policy Research, fev. 2008.

RUDNANSKI, Ryan. "Augusta National Golf Club won't alter tradition and allow women in locker room." 10 abr. 2011. Disponível em: bleacherreport.com.

SADKER, David; ZITTLEMAN, Karen. *Still failing at fairness: how gender bias cheats boys and girls in schools*. Nova York: Simon and Schuster, 2009.

SANCHEZ, Diana T.; CROCKER, Jennifer. "How investment in gender ideals affects well-being: the role of external contingencies of self-worth." *Psychology of Women Quarterly*, v. 29, p. 63-77, 2005.

SAYMAN, Donna M. "The Elimination of Sexism and Stereotyping in Occupational Education." *Journal of Men's Studies*, v. 15, n. 1, p. 19-30, 2007.

SCHNEIDER, Daniel. "Gender deviance and household work: the role of occupation." *American Journal of Sociology*, v. 117, n. 4, p. 1029-1072, 2012.

SEE JANE. *PSA. Geena Davis Institute on gender in media*. 2013. Disponível em: seejane.org.

SHIERHOLZ, Heidi. "The wrong route to inequality – men's declining wages." *Economic Policy Institute*, 12 jun. 2013. Disponível em: www.epi.org.

SIMISTER, John. "Is men's share of house work reduced by gender deviance neutralization? Evidence from seven countries." *Journal of Comparative Family Studies*, v. 44, n. 3, p. 311-325, 2013.

SIMPSON, Ruth. "Men in non-traditional occupations: career entry, career orientation, and experience of role strain." *Gender Work and Organization*, v. 12, n. 4, p. 363-380, 2005.

SMITH, Matt; LAH, Kyung. "Hooters blackballs San Diego mayor." 16 ago. 2013. Disponível em: www.cnn.com.

SMITH, Melanie. "Is church too feminine for men?" *The Decatur Daily*, 1 jul. 2006. Disponível em: www.decaturdaily.com.

SMITH, Stacy L.; PRESCOTT, Ashley; CHOUEITI, Marc; PIEPER, Catherine. "Gender roles in occupations: a look at character attributes and job-related aspirations in film and television." *Annenberg School for Communication and Journalism. University of Southern California*. 2013. Disponível em: www.seejane.org.

SNYDER, Karrie Ann; GREEN, Adam Isaiah. "Revisiting the glass escalator: the case of gender segregation in a female dominated occupation." *Social Problems*, v. 55, n. 2, p. 271-299, 2008.

SPLC (Southern Poverty Law Center). "Groundbreaking SPLC lawsuit accuses South Carolina, doctors and hospitals of unnecessary surgery on infant.", 14 maio 2013. Disponível em: www.splcenter.org.

STANCILL, Jane. "UNC-CH women wage national campaign against sexual assault." *The News and Observer*, 1 jun. 2013. Disponível em: www.newsobserver.com.

STOHR, Greg. "Wal-Mart million-worker bias suit thrown out by high court." 20 jun. 2011. Disponível em: www.bloomberg.com.

STRAUSS, Gary. "Pope: door closed on women priests." *USA Today*, 29 jul. 2013. Disponível em: www.usatoday.com.

TENENBAUM, Harriet R. "You'd be good at that: gender patterns in parent-child talk about courses." *Social Development*, v. 18, n. 2, p. 447-463, 2009.

UGGEN, C.; BLACKSTONE, A. "Sexual harassment as a gendered expression of power." *American Sociological Review*, v. 69, p. 64-92, 2004.

UN (United Nations). *The Millennium Development Goals Report 2013*. 2013. Disponível em: www.un.org.

UNESCO (United Nations Educational, Scientific and Cultural Organization). "Adult and youth literacy." *Fact Sheet*, n. 20, set. 2012. Disponível em: www.uis.unesco.org.

_____. "EFA Global Monitoring Report." 2011. Disponível em: www.unesco.org.

UNICEF. *The state of the world's children: 2010*. United Nations: United Nations Children's Fund, 2011. Disponível em: www.unicef.org.

_____. *The state of the world's children: 2007*. United Nations: United Nations Children's Fund, 2007. Disponível em: www.unicef.org.

UNIFEM (United Nations Development Fund for Women). "Harmful traditional practices." 2007. Disponível em: www.unifem.org.

USAID. "Promoting gender equality through health." 8 mar. 2013. Disponível em: www.usaid.org.

U.S. CENSUS BUREAU. *Statistical abstract of the United States: 2012*. 130. ed. Washington, DC: U.S. Government Printing Office, 2013.

_____. *Statistical abstract of the United States: 2008*, 128. ed. Washington, DC: U.S. Government Printing Office, 2009.

U.S. DEPARTMENT OF STATE. "The U.S. response to global maternal mortality: saving mothers, giving life." 30 maio 2012. Disponível em: www.state.gov.

VANDELLO, Joseph A.; BOSSON, Jennifer K.; COHEN, Dov; BURNAFORD, Rochelle M.; WEAVER, Jonathan R. "Precarious manhood." *Journal of Personality and Social Psychology*, v. 95, n. 6, p. 1, 325-1, 339, 2008.

VAWA (Violence Against Women Act). 113th Congress of the United States of America. 2013. Disponível em: www.gpo.gov.

WANG, Wendy; PARKER, Kim; TAYLOR, Paul. *Breadwinner moms. Pew research social and demographic trends*. 29 maio 2013. Disponível em: www.pewsocialtrends.org.

WEEKS, Linton. "The end of gender?" *National Public Radio*, 23 jun. 2011. Disponível em: www.npr.org.

WHITE, Alan; WITTY, Karl. "Men's under use of health services – finding alternative approaches." *Journal of Men's Health*, v. 6, n. 2, p. 95-97, 2009.

WILLER, Robb; ROGALIN, Christabel L.; CONLON, Bridget; WOJNOWICZ, Michael T. "Overdoing gender: a test of the masculine overcompensation thesis." *American Journal of Sociology*, v. 118, n. 4, p. 980-1022, 2013.

_____. *Global sector strategy on HIV/Aids 2011-2015*. 2011. Disponível em: http://whqlibdoc.who.ints.

_____. "Gender, women and primary heal care renewal." *Discussion Paper*, 2010. Disponível em: http://wholibdoc.who.int.

_____. "Ten facts about women's health." 2009. Disponível em: www.who.int.

_____. Eliminating female genital mutilation: an interagency statement. 2008. Disponível em: http://whqlibdoc.who.int.

WILLIAMS, Christine L. "The glass escalator: hidden advantages for men in the 'female' occupations." In: KIMMEL, Michael S.; MESSNER, Michael (eds.). Men's lives, 7. ed. Boston: Allyn and Bacon, 2007. p. 242-255.

WILLIAMS, Joan. Unbending gender: why family and work conflict and what to do about it. Oxford: Oxford University Press, 2000.

WILLIAMS, Kristi; UMBERSON, Debra. "Marital status, marital transitions, and health: a gendered life course perspective." Journal of Health and Social Behavior, v. 45, p. 81-98, 2004.

WOOD, Wendy; EAGLY, Alice H. "A cross-cultural analysis of the behavior of women and men: implications for the origins of sex differences." Psychological Bulletin, v. 128, n. 5, p. 699-727, 2002.

YODER, P. Stanley; ABDERRAHIM, N.; ZHUZHUNI, A. Female genital cutting in the demographic and health surveys: a critical and comparative analysis. DHS Comparative Reports 7. Calverton, MD: ORC Macro, 2004.

ZAKRZEWSKI, Paul. "Daddy, what did you do in the men's movement?" Boston Globe, 19 jun. 2005. Disponível em: www.bostonglobe.com.

Capítulo 11

AAA (American Anthropological Association). Statement on marriage and the family, 26 fev. 2004. Disponível em: www.aaanet.org

ACKERMAN, Spencer. "Gay military couples welcome pentagon decision to extend benefits." The Guardian, 14 ago. 2013. Disponível em: www.theguardian.com.

ACLU (American Civil Liberties Union). "'Don't ask, don't tell' repeal certified by president, defense secretary and joint chiefs chairman." 22 jul. 2011. Disponível em: www.aclu.org.

ALLEN, J. L.; MESSIA, H. "Pope Francis on gays: 'who am I to judge?'" 2013. Disponível em: www.religion.blogs.cnn.com.

ALLPORT, G. W. The nature of prejudice. Cambridge, MA: Addison-Wesley, 1954.

AMATO, Paul R. "The well-being of children with gay and lesbian parents." Social Science Research, v. 41, n. 4, p. 771-774, 2013.

_____. "Tension between institutional and individual views of marriage." Journal of Marriage and Family, v. 66, p. 959-965, 2004.

AMERICAN COLLEGE HEALTH ASSOCIATION. "National college health assessment reference group executive summary." 2012. Disponível em: www.acha-ncha.org.

AMA (American Medical Association). "AMA policy regarding sexual orientation." GLBT Advisory Committee. 2011. Disponível em: www.ama-assn.org.

APA Task Force on Appropriate Therapeutic Responses to Sexual Orientation. Report of the task force on appropriate therapeutic responses to sexual orientation. Washington, DC: American Psychological Association, 2009.

APA (American Psychological Association). "Answers to your questions: for a better understanding of sexual orientation and homosexuality." Washington, DC: APA, 2008. Disponível em: www.apa.org.

AWAB (Association of Welcoming and Affirming Baptists). "Bonjour, heloo, bienvenue, welcome." 2013. Disponível em: www.awab.org.

BADGETT, M. V. Lee; MEYER, Ilan H.; GATES, Gary J.; HUNTER, Nan D.; PIZER, Jennifer C.; SEARS, Brad. "Written testimony of the Williams Institute, UCLA school of law." Hearings on s. 598, The Respect for Marriage Act: Assessing the Impact of DOMA on American Families. 20 jul. 2011. Disponível em: www.law.ucla.edu/williamsinstitute.

BASU, M. "Catholic Notre Dame Announces Services for Gay Students." 7 dez. 2012. Disponível em: www.inamerica.blogs.cnn.com.

BATTISTA, J. "Ayanbadejo. Kluwe to be honored for equality efforts." The New York Times, 20 mar. 2013. Disponível em: fifthdown.blogs.nytimes.com.

BAYER, Ronald. Homosexuality and american psychiatry: the politics of diagnosis, 2. ed. Princeton, NJ: Princeton University Press, 1987.

BELKIN, A. et al. One year out: an assessment of DADT repeal's impact on military readiness. Palm Center: The University of California, Los Angeles, 2012.

BERGMAN, K.; RUBIO, R. J.; GREEN, R. J.; PADRON, E. "Gay men who become fathers via surrogacy: the transition to parenthood." Journal of GLBT Family Studies, v. 6, p. 111-141, 2010.

BESEN, Wayne. "Ex-gay group should repent, not revel." Huffington Post, 17 jun. 2010. Disponível em: www.huffingtonpost.com.

BOBBE, Judith. "Treatment with lesbian alcoholics: healing shame and internalized homophobia for ongoing sobriety." Health and Social Work, v. 27, n. 3, p. 218-223, 2002.

BONDS-RAACKE, JENNIFER; M. CADY, Elizabeth T.; SCHLEGEL, Rebecca; HARRIS, Richard J.; FIREBAUGH, Lindsey. "Can Ellen and Will improve attitudes toward homosexuals?" Journal of Homosexuality, v. 53, p. 19-34, 2007.

BOS, H.; GARTRELL, N.; VAN GELDEREN, L. "Adolescents in lesbian families: DSM-oriented scale scores and stigmatization." Journal of Gay and Lesbian Social Services, v. 25, p. 121-140, 2013.

BROWN, Devin. "Tracy Morgan's gay rant riles up twitter and LGBT community." Huffington Post, 10 jun. 2011. Disponível em: www.huffingtonpost.com.

BROWN, Michael J.; HENRIQUEZ, Ernesto. "Socio-demographic predictors of attitudes towards gays and lesbians." Individual Differences Research, v. 6, p. 193-202, 2008.

BRUCE-JONES, Eddie; ITABORAHY, Lucas P. "State-sponsored homophobia: a world survey of laws criminalizing same-sex sexual acts between consenting adults." International Lesbian, Gay, Bisexual, Trans and Intersex Association (ILGA). 2011. Disponível em: http://old.ilga.org.

BURN, Shawn M. "Heterosexuals' use of 'fag' and 'queer' to deride one another: a contributor to heterosexism and stigma." Journal of Homosexuality, v. 40, p. 1-11, 2000.

BURN, Shawn M.; KADLEC, Kelly; REXER, Ryan. "Effects of subtle heterosexism on gays, lesbians, and bisexuals." Journal of Homosexuality, v. 49, p. 23-38, 2005.

CAHILL, Sean. "The coming GLBT senior boom." The Gay and Lesbian Review, jan.-fev. 2007, p. 19-21.

CALDWELL, Alicia A. "Same-sex couples denied immigration benefits by U.S." Huffington Post, 30 mar. 2011. Disponível em: www.huffingtonpost.com.

CALIFORNIA SUPREME COURT. 2011. "In re marriage cases." Case N. 2147999. The Supreme Court of the State of California. Judicial Council Coordination Processing N. 4365. Disponível em: http://outandequal.org/.

CARNEY, Michael P. "The employment non-discrimination act: testimony by officer Michael P. Carney." Springfield Massachusetts. 5 set. 2007. Disponível em: edlabor.house.gov.

CASEY, Bob. "Focus on the family stands up for bullying." Huffington Post, 8 set. 2011. Disponível em: www.huffingtonpost.com.

CIANCIOTTO, Jason; CAHILL, Sean. "Anatomy of a pseudo-science." The Gay and Lesbian Review, jul.-ago., p. 22-24, 2007.

CIARLANTE, Mitru; FOUNTAIN, Kim. "Why It matters: rethinking victim assistance for lesbian, gay, bisexual, transgender, and queer victims of hate violence and intimate partner violence." National Center for Victims of Crime and the New York City Anti-Violence Project. 2010. Disponível em: www.avp.org.

CNN. "Obama signs hate crimes bill into law." 28 out. 2009. Disponível em: articles.cnn.com.

COLLINS, J.; LINDZ, F. "Why NBA center Jason Collins is coming out now." Sports Illustrated, 6 maio 2013. Disponível em: www.sportsillustrated.cnn.com.

CONDON, Stephanie. "Supreme court strikes down key part of DOMA, dismisses prop 8 case." CBS News, 26 jun. 2013. Disponível em: www.cbs.com.

COOGAN, Steve. "Michael Strahan, fiancé film same-sex marriage PSA." USA Today, 12 jun. 2011. Disponível em: content.usatoday.com.

DESILVER, Drew. "How many same-sex marriages in the US? At least 71,165, probably more." Pew Research Center. 26 jun. 2013. Disponível em: www.pewresearch.org.

DOUGHERTY, Jill. "U.N. council passes gay rights resolution." CNN, 17 jun. 2011. Disponível em: http://articles.cnn.com.

DUDASH, April. "Duke LGBT center receives new name, space for fall semester." The Herald Sun, 13 jul. 2013. Disponível em: www.heraldsun.com.

DURKHEIM, Emile. "The normal and the pathological." In: PONTELL, Henry N. (ed.). Social deviance. Englewood Cliffs, NJ: Prentice-Hall, p. 33-63, 1993 [1938]. (Originalmente publicado em The Rules of Sociological Method.)

ELIASON, Mickey. "Bi-negativity: the stigma facing bisexual men." Journal of Bisexuality, v. 1, p. 136-154, 2001.

EQUALITY FORUM. "FORTUNE 500 non-discrimination project." 2013. Disponível em: www.equalityforum.com.

ESSELINK, J. A. "Respect for marriage act to repeal DOMA filed in both the house and senate." 27 jun. 2013. Disponível em: http://thenewcivilrightsmovement.com.

ESTERBERG, K. *Lesbian and bisexual identities: constructing communities, constructing selves*. Philadelphia: Temple University Press, 1997.

EXODUS INTERNATIONAL. "Fact sheet." 2011. Disponível em: exodusinternational.org.

_____. "Exodus International President to the Gay Community: 'we're sorry.'" 19 jun. 2013. Disponível em: exodusinternational.org.

"FAIR Education Act." 2013. Disponível em: www.faireducationact.com.

FALOMIR-PICHASTOR, Juan Manuel; MUGNY, Gabriel. "'I'm not gay . . . I'm a real man!': heterosexual men's gender self-esteem and sexual prejudice." *Personality and Social Psychology Bulletin*, v. 35, p. 1.233-1243, 2009.

FBI. "Hate crime statistics, 2011." *US Department of Justice*. Nov. 2012. Disponível em: www.fbi.gov.

_____. "Hate crime statistics, 2011." *US Department of Justice*. Nov. 2011. Disponível em: www.fbi.gov.

FIDAS, Deena. "At the water cooler." *Equality*, primavera 2009, p. 23, 29.

FONE, Byrne. *Homophobia: a history*. Nova York: Henry Holt, 2000.

FRANK, Barney. "Foreword." In: BUTTON, J. W.; RIENZO, B. A.; WALD, K. D. (eds.). *Private Lives, Public Conflicts: Battles over Gay Rights in American Communities*. Washington, DC: CQ Press, 1997. p. xi.

FRANK, David John; MCENEANEY, Elizabeth H. "The individualization of society and the liberalization of state policies on same-sex relations, 1984-1995." *Social Forces*, v. 77, n. 3, p. 911-944, 1999.

GALLUP ORGANIZATION. "Gay and Lesbian Rights." Nov. 2012, p. 26-29. Disponível em: www.gallup.com.

GARDNER, Lisa A.; ROEMERMAN, Ryan M. "Iowa College climate survey: the life experiences of lesbian, gay, bisexual, transgender and straight allied (LGBTA) students at Iowa's Colleges and Universities." *Iowa Pride Network*, 2011. Disponível em: www.iowapridenetwork.org.

GATES, Gary J. "How many people are lesbian, gay, bisexual, and transgender?" *Williams Institute*. 2011. Disponível em: www.law.ucla.edu.

_____. "Special Report: 3.4 percent of U.S. adults identify as LGBT." 8 out. 2012. Disponível em: www.gallup.com.

GAY AND LESBIAN VICTORY FUND. 2013. "Out officials." Disponível em: www.victoryfund.org.

GILMAN, Stephen E. et al. "Risk of psychiatric disorders among individuals reporting same-sex sexual partners in the national comorbidity survey." *American Journal of Public Health*, v. 91, n. 6, p. 933-939, 2001.

GLSEN and Harris Interactive. *Playgrounds and prejudice: elementary school climate in the United States, a survey of students and teachers*. Nova York: GLSEN, 2012.

GLSEN. "Damaging language." 2011a. Disponível em: thinkb4youspeak.com.

_____. "What we do." 2011b. Disponível em: www.glsen.org.

_____. "Gay-straight alliances: creating safer schools for LGBT students and their allies." *GLSEN Research Brief*. Nova York: Gay, Lesbian and Straight Education Network, 2007.

GONZALEZ, Ivet. "Gay parents in Cuba demand legal right to adopt." *Global Issues*, 4 jun. 2013. Disponível em: www.globalissues.org.

GOODSTEIN, Laurie. "Lutherans offer warm welcome to gay pastors." *The New York Times*, 25 jul. 2010. Disponível em: www.nytimes.com.

GOLDBACH, J. T.; TANNER-SMITH, E. E.; BAGWELL, M.; DUNLAP, S. "Minority stress and substance use in sexual minority adolescents: a meta-analysis." *Prevention Science*, 19 abr. 2013.

GUADALUPE, Krishna L.; LUM, Doman. *Multidimensional contextual practice: diversity and transcendence*. Belmont, CA: Thomson Brooks/Cole, 2005, p. 11.

GUILLORY, Sean. "Repression and gay rights in Russia." *The Nation*, 26 set. 2013. Disponível em: www.thenation.com.

HAIDER-MARKEL, Donald P.; JOSLYN, Mark R. "Beliefs about the origins of homosexuality and support for gay rights: an empirical test of attribution theory." *Public Opinion Quarterly*, v. 72, p. 291-310, 2008.

HAMILTON, Julie. "Anti-gay?! NARTH president addresses misperceptions about NARTH." 2011. Disponível em: narth.com.

HARPER, Gary W.; JERNEWALL, Nadine; ZEA, Maria C. "Giving voice to emerging science and theory for lesbian, gay, and bisexual people of color." *Cultural Diversity and Ethnic Minority Psychology*, v. 10, p. 187-199, 2004.

HATZENBUEHLER, M. L. "The social environment and suicide attempts in lesbian, gay, and bisexual youth." *Pediatrics*, v. 127, p. 896-904, 2011.

HEREK, Gregory M. "Facts about homosexuality and child molestation." 2009. Disponível em: http://psychology.ucdavis.edu.

_____. "Beyond 'homophobia': thinking about sexual prejudice and stigma in the Twenty-first century." *Sexuality Research and Social Policy: A Journal of the NSRC*, v. 1, p. 6-24, 2004.

_____. "Gender gaps in public opinion about lesbians and gay men." *Public Opinion Quarterly*, v. 66, p. 40-66, 2002.

_____. "The psychology of sexual prejudice." *Current Directions in Psychological Science*, v. 9, p. 19-22, 2000a.

_____. "Sexual prejudice and gender: do heterosexuals' attitudes toward lesbians and gay men differ?" *Journal of Social Issues*, v. 56, p. 251-266, 2000b.

HEREK, Gregory M.; GARNETS, Linda D. "Sexual orientation and mental health." *Annual Review of Clinical Psychology*, v. 3, p. 353-375, 2007.

HERMAN, Joanne. *Transgender explained for those who are not*. Bloomington: Author House, 2009.

HEWLETT, Sylvia Ann; SUMBERG, Karen. "For LGBT workers, being 'out' brings advantages." *Harvard Business Review*, v. 89, n. 7/8, 2011.

HICKS, Stephen. "Maternal men – perverts and deviants? Making sense of gay men as foster carers and adopters." *Family Studies*, v. 2, p. 93-114, 2006.

HRC (Human Rights Campaign). "The domestic partnership benefits and obligations act." 2013a. Disponível em: www.hrc.org.

_____. "Every child deserves a family act." 2013b. Disponível em: www.hrc.org.

_____. "Parenting laws: joint adoptions." 2013c. Disponível em: www.hrc.org.

_____. "Parenting laws: second parent adoptions." 2013d. Disponível em: www.hrc.org.

_____. "Safe schools improvement act." 2013e. Disponível em: www.hrc.org.

_____. "Statewide employment laws and policies." 2013f. Disponível em: www.hrc.org.

_____. "Faith positions." 2011a. Disponível em: www.hrc.org.

_____. "Professional organizations on LGBT parenting." 2011b. Disponível em: www.hrc.org.

HUFFINGTON POST. "27 Companies that aren't afraid to support the Supreme Court's gay marriage rulings." 26 jun. 2013. Disponível em: www.huffingtonpost.com.

HUMPHREY, Tom. "'Don't say gay' bill clears senate panel." 21 abr. 2011. Disponível em: www.knoxnews.com.

ILGBTIA (International Lesbian, Gay, Bisexual, Trans, and Intersex Association). "2012 ILGA state-sponsored homophobia report: 40percent of UN members still criminalize same-sex sexual acts." 17 maio 2012. Disponível em: www.ilga.org.

IT GETS BETTER PROJECT. "What is the it gets better project?" 2011. Disponível em: www.itgetsbetter.org

JOANNIDES, Paul. *The guide to getting it on*. Waldport: Goofy Foot Press, 2011.

JOHNSON, Renee M. et al. "Associations between caregiver support, bullying, and depressive symptomatology among sexual minority and heterosexual girls: results from the 2008 Boston youth survey." *Journal of School Violence*, v. 10, p. 185-200, 2011.

JONES, Jeffrey M. "Support for legal gay relations hits new high." *Gallup Organization*. 2011. Disponível em: www.gallup.com/.

_____. "More americans see gay, lesbian orientation as birth factor." 16 maio 2013. Disponível em: www.gallup.com/poll.

_____. "Most in U.S. say gay/lesbian bias is a serious problem." 6 dez. 2012. Disponível em: www.gallup.com.

KARIMI, Faith. "Alleged rape, killing of gay rights campaigner sparks call for action." *CNN*, 2011. Disponível em: www.cnn.com.

KASTANIS, Angeliki; BADGETT, M. V. Lee. "Estimating the economic boost of marriage equality in minnesota." *Williams Institute*, 6 mar. 2013. Disponível em: williamsinstitute.law.ucla.edu.

KENNEDY, K.; TEMKIN, D. "The time is now for a federal anti-bullying law." 5 mar. 2013. Disponível em: www.huffingtonpost.com.

KIMMEL, Michael. "Gay bashing is about masculinity." Inverno 2011. *Voice Male*. Disponível em: www.voicemalemagazine.org.

KINSEY, A. C., POMEROY, W. B.; MARTIN, C. E. *Sexual behavior in the human male*. Philadelphia: W. B. Saunders, 1948.

KINSEY, A. C.; POMEROY, W. B.; MARTIN, C. E.; GEBHARD, P. H. *Sexual behavior in the human female*. Philadelphia: W. B. Saunders, 1953.

KIRKPATRICK, R. C. "The evolution of human sexual behavior." *Current Anthropology*, v. 41, n. 3, p. 385-414, 2000.

KOSCIW, J. G.; GREYTAK, E. A.; BARTKIEWICZ, M. J.; BOESEN, M. J.; PALMER, N. A. *The 2011 National School Climate Survey: the experiences of lesbian, gay, bisexual and transgender youth in our nation's schools*. Nova York: GLSEN, 2012.

KOSCIW, Joseph G.; DIAZ, Elizabeth M. *The 2005 National School Climate Survey*. Nova York: GLSEN, 2005.

LAMBDA LEGAL. "Health and medical organization statements on sexual orientation, gender identity/expression and 'reparative therapy.'" 2011a. Disponível em: data.lambdalegal.org.

_____. "Preventing censorship of LGBT information in public school libraries." 2011b. Disponível em: data.lambdalegal.org.

LIEBELSON, Dana. "Why do so many states still have anti-sodomy laws?" *The Week*, 8 abr. 2013. Disponível em: theweek.com.

LOPEZ, Mark Hugo. "Personal milestones in the coming-out experience." *Pew Research Social and Demographic Trends*. 13 jun. 2013. Disponível em: www.pewsocialtrends.org.

LOUDERBACK, L. A.; WHITLEY, B. E. "Perceived erotic value of homosexuality and sexrole attitudes as mediators of sex differences in heterosexual college students' attitudes toward lesbians and gay men." *Journal of Sex Research*, v. 34, p. 175-182, 1997.

LOVIGLIO, J. "ACLU to Pa. School: allow gay-straight alliance." *York Daily Record*, 13 mar. 2013. Disponível em: www.ydr.com.

MALMSHEIMER, T. "California to introduce more gay-themed books into school curriculum: unsurprisingly, backlash ensues." 27 mar. 2013. Disponível em: www.nydailynews.com.

MCGREEVY, Patrick. "New state law requires textbooks to include gays' achievements." *The Los Angeles Times*, 15 jul. 2011. Disponível em: articles.latimes.com.

MCKINLEY, James C. "Stars align for a gay marriage anthem." *The New York Times*, 30 jun. 2013. Disponível em: www.nytimes.com.

MCKINLEY, Jesse. "Suicides put light on pressures of gay teenagers." *The New York Times*, 3 out. 2010. Disponível em: www.nytimes.com.

MEARS, Bill. "Court upholds gay judge's ruling on proposition 8." *CNN*, 14 jun. 2011. Disponível em: articles.cnn.com.

MEYER, Ilian. "Prejudice, social stress, and mental health in lesbian, gay, and bisexual populations: conceptual issues and research evidence." *Psychological Bulletin*, v. 129, p. 674-697, 2003.

MILLER, Patti; PARKER, McCrae A.; ESPEJO, Eileen; GROSSMAN-SWENSON, Sarah. *Fall colors: prime time diversity report 2001-02*. Oakland CA: Children Now and the Media Program, 2002.

MITZ, B. "Milestone for gay athletes as rogers plays for Galaxy." *The New York Times*, 27 maio 2013. Disponível em: www.nytimes.com.

MOHIPP, C.; MORRY, M. M. "Relationship of symbolic beliefs and prior contact to heterosexuals' attitudes toward gay men and lesbian women." *Canadian Journal of Behavioral Science*, v. 36, n. 1, p. 36-44, 2004.

MORALES, Lymari. "In U.S., 67percent support repealing 'don't ask, don't tell.'" *Gallup Organization*. 9 dez. 2010. Disponível em: www.gallup.com.

MORGAN, E. M.; STEINER, M. G.; THOMPSON, E. M. "Processes of sexual orientation questioning among heterosexual men." *Men and Masculinities*, v. 12, p. 425-443, 2010.

MORGAN, E. M.; THOMPSON, E. M. "Processes of sexual orientation questioning among heterosexual women." *Journal of Sex Research*, v. 48, p. 16-28, 2011.

MORGAN, G. "Brittney griner, WNBA draft pick, comes out." *The Huffington Post*, 8 abr. 2013. Disponível em: www.huffingtonpost.com.

MOULTON, B. "HRC supports 'every child deserves a family act.'" *Human Rights Campaign*, 2011. Disponível em: www.hrcbackstory.org.

MUNGIN, Lateef. "Expert: use gay slurs controversy to tackle homophobia in sports." 27 maio 2011. Disponível em: www.cnn.com.

NASH, Dannika. "An open letter to the church from my generation." 7 abr. 2013. Disponível em: dannikanash.com.

NARTH (National Association for Research and Therapy of Homosexuality). "NARTH mission statement." 2011. Disponível em: narth.com.

NCAVP (National Coalition of Anti-Violence Programs). "National report on hate violence against lesbian, gay, bisexual, transgender, queer, and HIV-affected communities." *Media Release*, 2013. Disponível em: www.avp.org.

NATIONAL GAY AND LESBIAN TASK FORCE. "State nondiscrimination laws in the U.S.", 1 jul. 2009. Disponível em: www.thetaskforce.org.

NPR (National Public Radio). "Activists Fight Uganda's Anti-Gay Bill." 4 ago. 2013. Disponível em: www.npr.org.

NEWCOMB, Michael E.; MUSTANSKI, Brian. "Internalized homophobia and internalizing mental health problems: a meta-analytic review." *Clinical Psychology Review*, v. 30, p. 1.019-1.029, 2010.

NEWPORT, F. "Americans favor rights for gays, lesbians to inherit, adopt." 17 dez. 2012a. Disponível em: www.gallup.com.

_____. "Religion big factor for americans against same-sex marriage." 5 dez. 2012b. Disponível em: www.gallup.com.

NEWPORT, F.; HIMELFARB, I. "In U.S., record-high say gay, lesbian relations morally OK." 20 maio 2013. Disponível em: www.gallup.com.

OI, M. "Is Singapore's stance on homosexuality changing?" 22 abr. 2013. Disponível em: www.bbc.co.uk.

O'KEEFE, Ed. "'Don't ask, don't tell' is repealed by senate; bill awaits Obama's signing." *The Washington Post*, 19 dez. 2010. Disponível em: www.washingtonpost.com.

OLSON, Laura R.; CADGE, Wendy; HARRISON, James T. "Religion and public opinion about same-sex marriage." *Social Science Quarterly*, v. 87, p. 340-360, 2006.

PADILLA, Yolanda C.; CRISP, Catherine; REW, Donna Lynn. "Parental acceptance and illegal drug use among gay, lesbian, and bisexual adolescents: results from a national survey." *Social Work*, v. 55, p. 265-275, 2010.

PAGE, S. "Gay candidates gain acceptance." *USA Today*, 20 jul. 2011. Disponível em: www.usatoday.com.

PATTERSON, Charlotte J. "Children of lesbian and gay parents: psychology, law, and policy." *American Psychologist*, v. 64, p. 727-736, 2009.

THE PEW FORUM. "Gay marriage around the world." 8 fev. 2013a. Disponível em: www.pewforum.org.

_____. "Same-sex marriage state-by-state." *Religion in Public Life Project*. 6 jun. 2013b. Disponível em: features.pewforum.org.

_____. "In gay marriage debate, both supporters and opponents see legal recognition as 'inevitable.'" 6 jun. 2013a. Disponível em: www.people-press.org.

_____. "Growing support for same-sex marriage: changed minds and changing demographics." 20 mar. 2013b. Disponível em: www.people-press.org.

_____. "A survey of LGBT americans: attitudes, experiences and values in changing times." 13 jun. 2013c. Disponível em: www.pewsocialtrends.org.

POLLACK, William. *Real boys' voices*. Nova York: Random House, 2000a.

_____. "The columbine syndrome." *National Forum*, v. 80, p. 39-42, 2000b.

PRICE, Jammie; DALECKI, Michael G. "The social basis of homophobia: an empirical illustration." *Sociological Spectrum*, v. 18, p. 143-159, 1998.

RAPADO, Donna; CAMPBELL, Janie. "New anti-bullying rule in effect for Miami-Dade Schools." NBC Miami, 23 jul. 2011. Disponível em: www.nbcmiami.com.

REGNERUS, Mark. "How different are the adult children of parents who have same-sex relationships? Findings from the new family structures study." *Social Science Research*, v. 41, n. 4, p. 752-770, 2012.

RÖNDAHL, Gerd; INNALA, Sune. "To hide or not to hide, that is the question!" *Journal of Homosexuality*, v. 52, p. 211-233, 2008.

ROSKY, Clifford; MALLORY, Christy; SMITH, Jenni; BADGETT, M. V. Lee. "Employment discrimination against LGBT utahns: executive summary." *The Williams Institute*, jan. 2011. Disponível em: www.law.ucla.edu.

ROTHBLUM, Esther D. "Sexual orientation and sex in women's lives: conceptual and methodological issues." *Journal of Social Issues*, v. 56, p. 193-204, 2000.

RUST, P. C. R. "Bisexuality: the state of the union." *Annual Review of Sex Research*, v. 13, p. 180-240, 2002.

RYAN, Caitlin; HUEBNER, David; DIAZ, Rafael M.; SANCHEZ, Jorge. "Family rejection as a predictor of negative health outcomes in white and latino lesbian, gay, and bisexual young adults." *Pediatrics*, v. 123, n. 1, p. 346-352, 2009.

SAAD, Lydia. "In U.S., 52% back law to legalize gay marriage in 50 states." *Gallup politics.* 16 ago. 2013. Disponível em: www.gallup.com.

SAVAGE, D. "Gay marriage ruling: supreme court finds DOMA unconstitutional." *Los Angeles Times*, 26 jun. 2013. Disponível em: www.latimes.com.

SAVAGE, Charlie; STOLBERG, Sheryl Gay. 2011. "In shift, U.S. says marriage act blocks gay rights." *The New York Times*, 23 fev. 2011. Disponível em: www.nytimes.com.

SAVIN-WILLIAMS, R. C. "Who's gay? Does it matter?" *Current Directions in Psychological Science*, v. 15, p. 40-44, 2006.

SAVIN-WILLIAMS, R.C.; VRANGALOVA, Z. "Mostly heterosexual as a distinct sexual orientation group: a systematic review of the empirical evidence." *Developmental Review*, v. 33, p. 58-88, 2013.

SCHIAPPA, E.; GREGG, P. B.; HEWES, D. E. "The parasocial contact hypothesis." *Communication Monographs*, v. 72, n. 1, p. 92-115, 2005.

SCHEMO, Diana J. "Lessons on homosexuality move into the classroom." *The New York Times*, 15 ago. 2007. Disponível em: www.nytimes.com.

SEARS, Tim; MALLORY, Christy. "Evidence of employment discrimination on the basis of sexual orientation in state and local government: complaints filed with state enforcement agencies 2003-2007." Jul. 2011.*Williams Institute*. Disponível em: www.law.ucla.edu.

SHACKELFORD, Todd K.; BESSER, Avi. "Predicting attitudes toward homosexuality: insights from personality psychology." *Individual Differences Research*, v. 5, p. 106-114, 2007.

SHAPIRO, L. "UN tackles gay 'conversion therapy' for first time." *Huffington Post*, 1 fev. 2013. Disponível em: www.huffingtonpost.com.

SHIELDS, J. P.; COHEN, R.; GLASSMAN, J. R.; WHITAKER, K.; FRANKS, H.; BERTOLINI, I. "Estimating population size and demographic characteristics of lesbian, gay, bisexual, and transgender youth in middle school." *The Journal of Adolescent Health*, v. 52, p. 248-250, 2012.

SIECZKOWSKI, C. "Gay 11-year-old's petition against homophobic politician succeeds." 5 jun. 2013. Disponível em: www.huffingtonpost.com.

SINGER, P.; BELKIN, A. "A year after DADT repeal, no harm done." 20 sept. 2012. Disponível em: www.cnn.com.

SMITH, Tom W. "Cross-national differences in attitudes towards homosexuality." *GSS Cross-National Report nº 31*. University of Chicago: National Opinion Research Center, Abr. 2011.

STANLEY, Kim. *Resilience, Minority Stress, and Same Sex Populations: Toward a Fuller Picture*. ProQuest Dissertations and Theses. 2009. Disponível em: www.proquest.com.

STONE, Andrea. "Pentagon discharged hundreds of service members under 'don't ask, don't tell' in fiscal 2010: report." *Huffington Post*, 24 mar. 2011. Disponível em: www.huffingtonpost.com.

SUE, Derald W. *Microaggressions in everyday life: race, gender, and sexual orientation*. Hoboken, NJ: John Wiley and Sons, Inc.: Hoboken, NJ, 2010.

SULLIVAN, A. "The conservative case." In: SULLIVAN, A. (ed.). *Same-sex marriage: pro and con*. Nova York: Vintage Books, 1997. p. 146-154.

SUMMERS, Bryce B. "Factor structure and validity of the lesbian, gay, and bisexual knowledge and attitude scale for heterosexuals (LGB-KASH)." *Proquest Dissertations and Theses*. (UMI Nº 3425038), 2010.

SZYMANSKI, Dawn M.; KASHUBECK-WEST, Susan; MEYER, Jill. "Internalized heterosexism: measurement, psychosocial correlates, and research directions." *The Counseling Psychologist*, v. 36, p. 525-574, 2008.

TASKER, Fiona; BARRETT, Helen; SIMONE, Frederica De. "'Coming out tales': adults sons and daughters' feeling about their gay father's identity." *Australian and New Zealand Journal of Family Therapy*, v. 31, n. 4, p. 326-337, 2010.

TOBIAS, Sarah; CAHILL, Sean. *School lunches, the wright brothers, and gay families.* national gay and lesbian task force. 2003. Disponível em: www.thetaskforce.org.

TOOMEY, Russell B.; RYAN, Caitlin; DIAZ, Rafael M.; CARD, Noel A.; RUSSELL, Stephen T. "Gender non-conforming lesbian, gay, bisexual, and transgender youth: school victimization and young adult psychosocial adjustment." *Developmental Psychology*, v. 46, p. 1580-1589, 2010.

U.S. CENSUS BUREAU. "The Census: A Snapshot." 2010. Disponível em: www.census.gov/2010census.

U.S. COURT OF APPEALS, District 3. *In re: Matter of Adoption of X.X.G. and N.R.G. the State of Florida*. N. 3D08-3044. 22 set. 2010. Disponível em: www.3dca.flcourts.org.

UNIVERSITY OF ALABAMA. "Safe zone." 2011. Disponível em: http://ua.edu.

VARJAS, Kris et al. "Bullying in schools towards sexual minority youth." *Journal of School Violence*, v. 7, p. 59-86, 2008.

VRANGALOVA, Z.; SAVIN-WILLIAMS, R. C. "Mostly heterosexual and mostly gay/lesbian: evidence for new sexual orientation identities." *Archives of Sexual Behavior*, v. 41, p. 85-101, 2012.

_____. "Correlates of same-sex sexuality in heterosexually identified young adults." *Journal of Sex Research*, v. 47, p. 92-102, 2010.

WILCOX, Clyde; WOLPERT, Robin. "Gay rights in the public sphere: public opinion on gay and lesbian equality." In: RIMMERMAN, Craig A.; WALD, Kenneth D.; WILCOX, Clyde. (eds.). *The Politics of Gay Rights*. Chicago: University of Chicago Press, 2000. p. 409-432.

WHITEHEAD, Andrew L. "Sacred rites and civil rights: religion's effect on attitudes toward same-sex unions and the perceived cause of homosexuality." *Social Science Quarterly*, v. 91, p. 63-79, 2010.

WORTHINGTON, Roger L.; DILLON, Frank R.; BECKER-SHUTTE, Ann M. "Development, reliability, and validity of the lesbian, gay, and bisexual knowledge and attitudes scale for heterosexuals (LGB-KASH)." *Journal of Counseling Psychology*, v. 52, p. 104-118, 2005.

ZWEYNERT, Astrid. "EU foreign affairs ministers adopt 'groundbreaking' global policy to protect gay rights." *Thompson Reuters Foundation*. 25 jun. 2013. Disponível em: www.trust.org.

Capítulo 12

AMERICAN HUMANE ASSOCIATION. "Pet overpopulation." 2011. Disponível em: www.americanhumane.org.

ASPCA. "Position statement on mandatory spay/neuter laws." 2011. Disponível em: www.aspca.org.

AUMANN, Kerstin; GALINSKY, Ellen; SAKAI, Kelly; BROWN, Melissa; BOND, James T. The elder care study: everyday realities and wishes for change. *Families and Work Institute*. 2010. Disponível em: www.familiesandwork.org.

BAROT, Sneha. "Unsafe abortion: the missing link in global efforts to improve maternal health." *Guttmacher Policy Review*, v. 14, n. 2, p. 24-28, primavera 2011.

BONGAARTS, John; WATKINS, Susan Cotts. "Social interactions and contemporary fertility transitions." *Population and Development Review*, v. 22, n. 4, p. 639-682 1996.

BRANIGAN, Tania. "China considers relaxing one-child policy." *The Guardian*, 8 mar. 2011. Disponível em: www.guardian.co.uk.

BRENOFF, Ann. "Foreclosures' other victims: abandoned pets." *AOL Real Estate*. 26 maio 2011. Disponível em: realestate.aol.com.

CHOU, Rita Jing-Ann. "Filial piety by contract? The emergence, implementation, and implications of the 'family support agreement' in China." *The Gerontologist*, v. 51, n. 1, p. 3-16, 2011.

CLOUTIER-FISHER, Denise; KOBAYASHI, Karen; SMITH, Andre. "The subjective dimension of social isolation: a qualitative investigation of older adults' experiences in small social support networks." *Journal of Aging Studies*, doi:10.1016/j.jaging.2011.03.012, 2011.

COATE, Stephen; KNIGHT, Brian. "Pet overpopulation: an economic analysis." *The B.E. Journal of Economic Analysis & Policy*, v. 10, n. 1. (Advances), Article 106. 2010. Disponível em: www.bepress.com.

DUNN, Mark. "Darlington will have Australia's first vertical cemetery." *Herald Sun*, 21 nov. 2008. Disponível em: www.heraldsun.com.

EDWARDS, Kathryn A.; TURNER, Anna; HERTEL-FERNANDEZ, Alexander. *A Young Person's Guide to Social Security. Economic Policy Institute*. 2012. Disponível em: www.epi.org.

ENGELMAN, Robert. "The world at 7 billion: can we stop growing now?" *Yale Environment 360*. 18 jul. 2011. Disponível em: e360.yale.edu.

FARRELL, Paul. "Peak oil? Global warming? No, it's 'boomsday'!" *MarketWatch*. 26 jan.

2009. Disponível em: www.marketwatch.com.

FILE, Thom; CRISSEY, Sarah. "Voter registration in the election of nov. 2008." Current Population Reports P20-562. U.S. Census Bureau. Maio 2010. Disponível em: www.census.gov.

FROST, Ashley E.; NII-AMOO Dodoo, F. "Men are missing from african family planning." *Contexts: Understanding People in Their Social Worlds*, v. 8, n. 1, p. 44-49, 2009.

FRYNES-CLINTON, Jane. "Problem of grave concern." *Courier Mail*, 16 jun. 2011. Disponível em: www.couriermail.com.au.

GREENFIELD, Beth. "The true costs of owning a pet." *Forbes.com*. 24 maio 2011. Disponível em: www.forbes.com.

GULLETTE, Margaret M. *Agewise: fighting the new ageism in America*. Chicago: University of Chicago Press, 2011.

HELMAN, Ruth; ADAMS, Nevin; COPELAND, Craig; VANDERHEI, Jack. Mar. 2013. "2013 Retirement confidence survey: perceived savings needs outpace reality for many." *EBRI Issue Brief*, nº 384. Disponível em: www.ebri.org.

HERE AND NOW. "Japan's high-tech graveyard in the sky." *Public Radio International*. 18 out. 2009. Disponível em: www.pri.org.

HUMANE SOCIETY. "Austin city council prohibits retail sales of dogs and cats." 16 dez. 2010. Disponível em: www.humansociety.org

_____. "HSUS pet overpopulation estimates." 23 nov. 2009. Disponível em: www.humanesociety.org.

KIDD, Andrew. "Shelters see rise in abandoned pets as college students' year ends." *Fox News*, 9 maio 2009. Disponível em: www.foxnews.com.

KOCH, Wendy. "Curb Population Growth to Fight Climate Change?" *USA Today*. 25 maio 2010. Disponível em: http://content.usatoday.com.

KORNADT, Anna E.; ROTHERMUND, Klaus. "Constructs of aging: assessing evaluative age stereotypes in different life domains." *Educational Gerontology*, v. 36, n. 6, 2010.

KORNBLAU, Melissa. "Social security systems around the world." *Today's Research on Aging nº 15: all. Population Reference Bureau*. 2009. Disponível em: www.prb.org.

LAHEY, Johanna. "Age, women, and hiring: an experimental study." *Journal of Human Resources*, v. 43, p. 30-56, 2008.

LEONARD, Matt. "The kindest cut." *Earth Island Journal*. 2009. Disponível em: www.earthislandjournal.org.

LIVERNASH, Robert; RODENBURG, Eric. "Population change, resources, and the environment." *Population Bulletin*, v. 53, n. 1, p. 1-36, 1998.

MESCE, Deborah; CLIFTON, Donna. *Abortion: facts and figures 2011*. Washington DC: Population Reference Bureau, 2011.

MORRISSEY, Monique. "Beyond 'normal': raising the retirement age is the wrong approach for social security." *EPI Briefing Paper #287*. 26 jan. 2011. Disponível em: www.epi.org.

MUNNELL, Alicia H.; WEBB, Anthony; FRAENKEL, Rebecca Cannon. "The impact of interest rates on the national retirement risk index." *Center for Retirement Research*. jun. 2013. Disponível em: crr.bc.edu.

NATIONAL COUNCIL ON PET POPULATION STUDY AND POLICY. "The top ten reasons for pet relinquishment to shelters in the United States." 2009. Disponível em: petpopulation.org.

NELSON, Todd D. "Ageism: the strange case of prejudice against the older you." In: WIENER, R. L.; WILLBORN, S. L. (eds.). *Disability and aging discrimination*. Nova York: Springer Science + Business Media, 2011, p. 37.

NOTKIN, Melanie. "The Truth about the Childless Life." *Huffington Post*. 1 ago. 2013. Disponível em: www.huffingtonpost.com.

ORGANIZAÇÃO MUNDIAL DE SAÚDE. "Family planning." *Fact Sheet Nº 351*. Maio 2013. Disponível em: www.who.int.

PALMORE, Erdman B. "Research note: ageism in Canada and the United States." *Journal of Cross-Cultural Gerontology*, v. 19, n. 1, p. 41-46, 2004.

PARKS, Kristin. "Choosing childlessness: weber's typology of action and motives of the voluntarily childless." *Sociological Inquiry*, v. 75, n. 3, p. 372-402, 2005.

POPULATION REFERENCE BUREAU. *World Population Data Sheet*. Washington, DC: Population Reference Bureau. 2010. Disponível em: prb.org.

_____. *World Population Data Sheet*. Washington, DC: Population Reference Bureau. 2007. Disponível em: www.prb.org.

_____. "Transitions in world population." *Population Bulletin*, v. 59, n. 1, 2004.

RYERSON, William N. "Family planning: looking beyond access." *Science* v. 1, n. 331, p. 265, 11 mar. 2011.

SAAD, Lydia. "Three in four U.S. workers plan to work past retirement age." *Gallup Organization*. 23 maio 2013. Disponível em: www.gallup.com.

SANDBERG, Lisa. "Inhumane: Nathan J. Winograd on reforming animal shelters." *The Sun* n. 453, p. 4-13, set. 2013.

SANTORA, Marc. "City cemeteries face gridlock." *New York Times*, 13 ago. 2010. Disponível em: www.nytimes.com.

SCHUELLER, Jane. "Boys and changing gender roles." *YouthNet. YouthLens 16*. Ago. 2005. Disponível em: www.fhi.org.

SCOTT, Laura. *Two is enough: a couple's guide to living childless by choice*. Berkeley, CA: Seal Press, 2009.

SHIKINA, Rob. "Bill mandates 'fixing' of cats, dogs before sale." *Star Advertiser*, 17 abr. 2011. Disponível em: www.staradvertiser.com.

SMITH, Gar. "Planet girth." *Earth Island Journal*, v. 24, n. 2, p. 15, 2009.

SOCIAL SECURITY ADMINISTRATION. "Monthly statistical snapshot." Jul. 2013. Disponível em: www.ssa.gov.

SOCIAL SECURITY TRUSTEES. *The 2013 annual report of the board of trustees of the federal old age and survivors insurance and federal disability insurance trust funds*. Washington DC: U.S. Government Printing Office, 2013.

SONFIELD, Adam. "The case for insurance coverage of contraceptive services and supplies without cost-sharing." *Guttmacher Policy Review*, v. 14, n. 11, p. 7-15, inverno 2011.

SUNY COLLEGE OF ENVIRONMENTAL SCIENCE AND FORESTRY. "Worst environmental problem? Overpopulation, experts say." *ScienceDaily*, 20 abr. 2009. Disponível em: www.sciencedaily.com.

SZINOVACZ, Maximiliane E. "Introduction: the aging workforce: challenges for societies, employers, and older workers." *Journal of Aging & Social Policy*, v. 23, n. 2, p. 95-100, 2011.

UNITED NATIONS. *World Population Prospects: The 2012 Revision*. 2013. Disponível em: www.un.org/esa/population/publications/publications.htm.

_____. *Population ageing and development 2012*, 2012. Disponível em: www.un.org.

UNITED NATIONS POPULATION DIVISION. "What would it take to accelerate fertility decline in the least developed countries?" *United Nations Population Division Policy Brief Nº 2009/1*. Nova York: United Nations, 2009.

WEEKS, John R. *Population: an introduction to concepts and issues*. 11. ed. Belmont, CA: Wadsworth, Cengage Learning, 2012.

WEILAND, Katherine. *Breeding insecurity: global security implications of rapid population growth*. Washington, DC: Population Institute, 2005.

WOMEN'S STUDIES PROJECT. "Women's voices, women's lives: the impact of family planning." *Family Health International*. 2003. Disponível em: www.fhi.org.

Capítulo 13

AMERICAN LUNG ASSOCIATION. *State of the air: 2013*. 2013. Disponível em: lungaction.org.

AUKEMA, J. E.; LEUNG, B.; KOVACS, K.; CHIVERS, C.; BRITTON, K. O. et al. "Economic impacts of non-native forest insects in the continental United States." *PLoS ONE*, v. 6, n. 9, p. e24587. 2011. Disponível em: www.plosone.org.

BECHTEL, Michael M.; SCHEVE, Kenneth F. "Mass support for global climate agreements depends on institutional design." *PNAS*. 25 jul. 2013. Disponível em: www.pnas.org.

BECKEL, Michael. "Congressmen maintain massive portfolio of oil and gas investments." *Open Secrets Blog*, 27 ago. 2010. Disponível em: www.opensecrets.org.

BEINECKE, Frances. "Debunking the myth of clean coal." *OnEarth*. Primavera 2009. Disponível em: www.onearth.org.

BETTS, Kellyn S. "Plastics and food sources: dietary intervention to reduce BPA and DEHP." *Environmental Health Perspectives*, v. 119, n. 7, p. A306, 2011.

BLATT, Harvey. *America's environmental report card: are we making the grade?* Cambridge, MA: MIT Press, 2005.

BLUNDEN, Jessica; ARNDT, Derek S. "State of the climate in 2012." *Bulletin of the*

American Meteorological Society, v. 94, n. 8, p. S1-S258, 2013.

BOGARD, Paul. "Bringing back the night: a fight against light pollution." *Yale Environment 360*, 19 ago. 2013. Disponível em: e360.yale.edu.

BRADSHAW, Nancy. *Fragrance-free policy management presentation*. Women's College Hospital, University of Toronto, mar. 2010.

BRECHER, Jeremy. "Climate protection strategy: beyond business as usual." *Labor Network for Sustainability*. 4 jan. 2011. Disponível em: www.labor4sustainability.org.

BP. *BP statistical review of world energy*. 2011. Disponível em: www.bp.com.

BRODER, John M. "Keystone XL protesters seized at white house." *Green* (New York Times blog). 13 fev. 2013. Disponível em: http://green.blogs.nytimes.com.

BRODY, Julia Gree; MOYSICH, Kirsten B.; HUMBLET, Olivier; ATTFIELD, Kathleen R.; BEEHLER, Gregory P.; RUDEL, Ruthann A. "Environmental pollutants and breast cancer." *Cancer*, v. 109, n. S12, p. 2667-2711, 2007.

BROWN, Lester R. "Distillery demand for grain to fuel cars vastly understated: world may be facing highest grain prices in history." *Earth Policy News*, 4 jan. 2007. Disponível em: www.earthpolicy.org.

BROWN, Lester R.; MITCHELL, Jennifer. "Building a new economy." In: BROWN, Lester R.; FLAVIN, Christopher; FRENCH, Hilary. (eds.). *State of the world 1998*. Nova York: W. W. Norton, 1998. p. 168-187.

BRULLE, Robert J. "U.S. environmental movements." In: GOULD, Kenneth A.; LEWIS, Tammy L. (eds.). *Twenty lessons in environmental sociology*. Nova York: Oxford University Press, 2009. p. 211-227.

BRUNO, Kenny; KARLINER, Joshua. *Earthsummit. biz: the corporate takeover of sustainable development*. CorpWatch and Food First Books. 2002. Disponível em: www.corpwatch.org.

BULLARD, Robert D.; MOHAI, Paul; SAHA, Robin; WRIGHT, Beverly. *Toxic wastes and race at twenty 1987-2007*. Cleveland, Ohio: United Church of Christ, mar. 2007.

CARESS, Stanley M.; STEINEMANN, Anne C. "A national population study of the prevalence of multiple chemical sensitivity." *Archives of Environmental Health*, v. 59, n. 6, p. 300-305, 2004.

CARLSON, Scott. "In search of the sustainable campus." *The Chronicle of Higher Education*, v. LIII, n. 9, p. A10-A12, A14, 2006.

CHAFE, Zoe. "Weather-related disasters affect millions." In: STARKE, L. (ed.). *Vital signs*. Nova York: W. W. Norton & Co., 2006. p. 44-45.

CHAFE, Zoe. "Bioinvasions." In: STARKE, L. (ed.). *State of the world 2005*. Nova York: W. W. Norton, 2005. p. 60-61.

CHEESEMAN, Gina-Marie. "Plastic shopping bags being banned." *The Online Journal*, 27 jun. 2007. Disponível em: www.onlinejournal.com.

CHEPESIUK, Ron. "Missing the dark: health effects of light pollution." *Environmental Health Perspectives*, v. 117, n. 1, p. A20-A27, 2009.

CINCOTTA, Richard P.; ENGELMAN, Robert. *Human population and the future of biological diversity*. Washington, DC: Population Action International, 2000.

CLARKE, Tony. "Twilight of the corporation." In: FINSTER-BUSCH, Kurt. (ed.) *Social problems, Annual Editions 02/03*, 30. ed.. Guilford, CT: McGraw-Hill/Dushkin, 2002. p. 41-45.

CLEMMITT, Marcia. "Nuclear power." *CQ Researcher*, v. 21, n. 22, all. 2011.

COOK, John et al. "Quantifying the Consensus on Anthropogenic Global Warming in the Scientific Literature." *Environmental Research Letters* v. 8, n. 2, p. 1-7, 2013.

COOPER, Arnie. "Twenty-eight words that could change the world: Robert Hinkley's plan to tame corporate power." *The Sun*, v. 345, set., p. 4-11, 2004.

COYLE, Kevin. *Environmental literacy in America*. Washington, DC: The National Environmental Education and Training Foundation, 2005.

DAHL, Richard. "Cooling concepts: alternatives to air conditioning for a warm world." *Environmental Health Perspectives*, v. 121, n. 1, p. A18-A125, 2013.

DENSON, Bryan. 2000. "Shadowy Saboteurs." *IRE Journal*, 23 maio-jun., p. 12-14.

EDWARDS, Bob; DRISCOLL, Adam. "From farms to factories: the environmental consequences of swine industrialization in North Carolina." In: GOULD, Kenneth A.; LEWIS, Tammy L. (eds.). *Twenty lessons in environmental sociology*. Nova York: Oxford University Press, 2009. p. 153-175.

EHRLICH, Paul R.; EHRLICH, Anne H. "Can a collapse of global civilization be avoided?" *Proceedings of the Royal Society* B 280: 20122845, 2013. Disponível em: http://dx.doi.org/10.1098/rspb.2012.2845.

ELK, Mike. "Which is more likely to rebuild the labor market: environmental allies or 6,000 temp jobs?" *Working in These Times*. 5 set. 2011. Disponível em: www.inthesetimes.com.

ENERGY INFORMATION ADMINISTRATION. *Monthly energy review*. Set. 2013. Disponível em: www.eia.gov.

ENVIRONMENTAL WORKING GROUP. *Body burden: the pollution in newborns*. 14 jul. 2005. Disponível em: www.ewg.org.

EPA (U.S. Environmental Protection Agency). *National Priorities List (NPL)*. 2013a. Disponível em: www.epa.gov/superfund/sites.

_____. *Municipal solid waste in the United States: 2011 facts and figures*. 2013b. Disponível em: www.epa.gov.

_____. *What you need to know about mercury in fish and shellfish*. 2004. Disponível em: www.epa.gov.

EWING, B.; MOORE, D.; GOLDFINGER, S.; OURSLER, A.; REED, A.; WACKERNAGEL, M. *The ecological footprint atlas 2010*. Oakland: Global Footprint Network, 2010.

FISHER, Brandy E. "Focus: most unwanted." *Environmental Health Perspectives*, v. 107, n. 1, 1999. Disponível em: http://ehpnet1.niehs.nih.gov/ docs/1999/107-1/focus-abs.html.

FLAVIN, Chris; AECK, Molly Hull. "Cleaner, Greener, and Richer." Tom.Paine.com. 15 set. 2005. Disponível em: www.tompaine.com/articles/2005/09/15/cleaner_greener_and_richer.php.

FOOD AND DRUG ADMINISTRATION. *Pesticide residue monitoring program results and discussion FY 2009*. 2013. Disponível em: www.fda.gov.

FOOD & WATER Watch and Network for New Energy Choices. *The rush to ethanol: not all biofuels are created equal*. 2007. Disponível em: www.newenergychoices.org.

FOSTER, Joanna. "Impact of gulf spill's underwater dispersants examined." *New York Times*, 26 ago. 2011. Disponível em: nytimes.com.

FRENCH, Hilary. *Vanishing borders: protecting the planet in the age of globalization*. Nova York: W. W., 2000.

NORTON. *Gallup Organization. Environment*. 2013. Disponível em: www.gallup.com./poll.

GARDNER, Gary. "Forest loss continues." In: STARKE, Linda. (eds.). *Vital signs 2005,*. Nova York: W. W., 2005. p. 92-93.

NORTON. Global Footprint Network. "Aug. 20th is earth overshoot day." *Press release*, 2013. Disponível em: www.footprintnetwork.org.

GLOBAL FOOTPRINT NETWORK. *2010 Annual Report*. Oakland, CA: Global Footprint Network, 2010. Disponível em: www.footprintnetwork.org.

GLOBAL HUMANITARIAN FORUM. *Human impact report: climate change – The anatomy of a silent crisis*. Genebra: Global Humanitarian Forum, 2009.

GLOBAL INVASIVE SPECIES DATABASE. "Felis catus." 2013. Disponível em: www.issg.org.

GOODSTEIN, Laurie. "Evangelical leaders swing influence behind effort to combat global warming." *New York Times*, 10 mar. 2005. Disponível em: www.nytimes.com.

GOTTLIEB, Roger S. "Saving the world: religion and politics in the environmental movement." In: GOTTLIEB, Roger S. (ed.). *Liberating faith*. Lanham, MD: Rowman & Littlefield, 2003a. p. 491-512.

_____. "This sacred earth: religion and environmentalism." In: GOTTLIEB, Roger S. (ed.). *Liberating faith*. Lanham, MD: Rowman & Littlefield, 2003b. p. 489-490.

GREENPEACE USA. *Dealing in doubt: the climate denial machine vs. climate science*. 2013. Disponível em: www.greenpeace.org.

GRISWOLD, Eliza. "How 'silent spring' ignited the environmental movement." *New York Times*, 21 set. 2012. Disponível em: www.nytimes.com.

GUNTHER, Marc. "With rooftop solar on rise, U.S. utilities are striking back." *Environment 360*. 3 set. 2013. Disponível em: e360.yale.edu.

HAGER, Nicky; BURTON, Bob. *Secrets and lies: the anatomy of an anti-environmental PR campaign*. Monroe, ME: Common Courage Press, 2000.

HEFLING, Kimberly. "Hearing planned today in lejeune water case." *Marine Corps Times*, 12 jun. 2007. Disponível em: www.marinecorpstimes.com.

HILGENKAMP, Kathryn. *Environmental health: ecological perspectives*. Sudbury, MA: Jones and Bartlett Publishers, 2005.

HORN, Steve. "ALEC climate change denial model bill passes in Tennessee." *Desmogblog.com*. 21 mar. 2012. Disponível em: www.Desmogblog.com.

HUNTER, Lori M. *The environmental implications of population dynamics*. Santa Monica, CA: Rand Corporation, 2001.

INTERGOVERNMENTAL PANEL ON CLIMATE CHANGE. *Climate change 2013: the physical science basis*. United Nations Environmental Programme and the World Meteorological Organization, 2013. Disponível em: www.climatechange2013.org.

INTERGOVERNMENTAL PANEL ON CLIMATE CHANGE. *Climate Change 2007: Impacts, Adaptation and Vulnerability*. United Nations Environmental Programme and the World Meteorological Organization, 2007. Disponível em: www.ipcc.ch.

THE INTERNATIONAL PROGRAMME ON THE STATE OF THE OCEAN. *The state of the oceans 2013: perils, prognoses and proposals*. 2013. Disponível em: www.stateoftheocean.org.

IUCN. *The IUCN red list of threatened species, 2013.1*. 2013. Disponível em: www.iucnredlist.org.

JAMAIL, Dahr. "Fukushima radiation alarms doctors." *Common Dreams*, 20 ago. 2011. Disponível em: www.com.mondreams.org.

JANOFSKY, Michael. "Pentagon is asking congress to loosen environmental laws." *New York Times*, 11 maio 2005. Disponível em: www.nytimes.com.

KAPLAN, Sheila; MORRIS, Jim. "Kids at risk." *U.S. news and world report*, 19 jun. 2000, p. 47-53.

KESSLER, Rebecca. "Sunset for leaded aviation gasoline?" *Environmental Health Perspectives*, v. 121, n. 2, p. A54-A57, 2013.

KIGER, Patrick J. "Fukushima's radioactive water leak: what you should know." *National Geographic News*. 7 ago. 2013. Disponível em: news.nationalgeographic.com.

KITASEI, Saya. "Wind power growth continues to break records despite recession." In: STARKE, Linda. (ed.). *Vital signs*. Washington DC: Worldwatch Institute, 2011. p. 26-28.

KNOELL, Carly. "Malaria: climbing in elevation as temperature rises." *Population Connection*. 9 ago. 2007. Disponível em: www.populationconnection.org.

KUMAR, Supriya. "The looming threat of water scarcity." *Vital Signs. World Watch Institute*, 13 mar. 2013. Disponível em: vitalsigns.worldwatch.org.

LAMM, Richard. "The culture of growth and the culture of limits." *Conservation Biology*, v. 20, n. 2, p. 269-271, 2006.

LEAHY, Stephen. "Alien species eroding ecosystems and livelihoods." *Interpress Service News Agency*. 21 maio 2009. Disponível em: www.ipsnews.net.

LEITZELL, Katherine. "When will the arctic lose its sea ice?" *National Snow and Ice Data Center*. 3 maio 2011. Disponível em: nsidc.org.

LITTLE, Amanda Griscom. "Maathai on the prize: an interview with nobel peace prize winner Wangari Maathai." *Grist Magazine*, 15 fev. 2005. Disponível em: www.grist.org.

LUNDEN, Jennifer. "Exposed." *Orion Magazine*, set./out., 2013. Disponível em: www.orionmagazine.com.

MALCOLM, Jay R.; LIU, Canran; NEILSON, Ronald P.; HANSEN, Lara; HANNAH, Lee. "Global warming and extinctions of endemic species from biodiversity hotspots." *Conservation Biology*, v. 20, n. 2, p. 538-548, 2006.

MALEWITZ, Jim. "Northeastern states drastically cut emissions cap." *Stateline (The Daily News Service of The Pew Charitable Trust)*. 8 fev. 2013. Disponível em: www.pewstates.org.

MCALLISTER, Lucy. "The human and environmental effects of e-waste." *Population Reference Bureau*. 2013. Disponível em: www.prb.org.

MCCARTHY, Michael. "Cleared: jury decides that threat of global warming justifies breaking the law." *The Independent*, 11 set. 2008. Disponível em: www.independent.co.uk.

McCORMICK, James. "Nuclear Illinois helped shape Obama view of energy in dealings with exelon." *Bloomberg*, 23 mar. 2011. Disponível em: www.bloomberg.com.

McDANIEL, Carl N. *Wisdom for a livable planet*. San Antonio, TX: Trinity University Press, 2005.

McGINN, Anne Platt. "Endocrine Disrupters Raise Concern." In: BROWN, Lester R.; RENNER, Michael; HALWEIL, Brian. (eds.). *Vital Signs 2000*. Nova York: W. W. Norton, 2000. p. 130-131.

McKIBBEN, Bill. "Meltdown: a global warming travelogue." *CNN.com*, 24 out. 2008. Disponível em: www.cnn.com.

McMICHAEL, Anthony J.; SMITH, Kirk R.; CORVALAN, Carlos F. "The sustainability transition: a new challenge." *Bulletin of the World Health Organization*, v. 78, n. 9, p. 1067, 2000.

MILLENNIUM ECOSYSTEM ASSESSMENT. *Ecosystems and human well-being: synthesis*. Washington, DC: Island Press, 2005.

MILLER, G. Tyler, Jr.; SPOOLMAN, Scott E. *Living in the environment*. 16. ed. Belmont, CA: Brooks/Cole, Cengage Learning, 2009.

MIRANDA, M. L.; HASTINGS, D. A.; ALDY, J. E.; SCHLESINGER, W. H. "The environmental justice dimensions of climate change." *Environmental Justice*, v. 4, n. 1, p. 17-25, 2011.

MULROW, John; OCHS, Alexander; MAKHIJANI, Shakuntala. "Glacial melt and ocean warming drive sea level upward." In: STARKE, Linda. (ed.). *Vital signs*. Washington DC: Worldwatch Institute, 2011. p. 43-46.

MURTAUGH, Paul; SCHLAX, Michael. "Reproduction and the carbon legacies of individuals." *Global Environmental Change*, v. 19, p. 14-20, 2009.

NADER, Ralph. "Why atomic energy stinks worse than you thought." *Counterpunch*. 14 out. 2013. Disponível em: www.counterpunch.org.

NATIONAL COMMISSION ON THE BP DEEPWATER HORIZON OIL SPILL AND OFFSHORE DRILLING. *Deepwater: The Gulf Oil Disaster and the Future of Offshore Drilling*. 2011. Disponível em: www.gpo.gov/fdsys/pkg/GPO-OILCOMMISSION/contentdetail.html.

NATIONAL GEOGRAPHIC. "Top ten tips to fight global warming." *Green Guide*. 5 jun. 2007. Disponível em: www.thegreenguide.com.

NRDC (Natural Resources Defense Council). *The BP oil disaster at one year: a straightforward assessment of what we know, what we don't, and what questions need to be answered*. Abr. 2011. Disponível em: www.nrdc.org.

NORMANDER, Bo. "World's forests continue to shrink." *Vital Signs. World Watch Institute*. 23 fev. 2011. Disponível em: vitalsigns.worldwatch.org.

"NUKES REBUKED." *Washington spectator*, v. 26, n. 13, p. 4, 2000.

OPENSECRETS.ORG. "Top interest groups giving to members of congress, 2012 Cycle." 2013. Disponível em: www.opensecrets.org.

ORGANIZAÇÃO MUNDIAL DE SAÚDE. "Indoor air pollution and health." *Fact Sheet nº 292*. 2012. Disponível em: www.who.int.

PEARCE, Fred. "Climate warming as Siberia melts." *New Scientist*, 11 ago. 2005. Disponível em: www.NewScientist.com.

PEW CENTER ON THE STATES. *State of the states 2009*. 2009. Disponível em: www.stateline.org.

PEW RESEARCH. "Climate change and financial instability seen as top global threats." 24 jun. 2013. Disponível em: www.pewglobal.org.

PIMENTEL, D. et al. "Ecology of increasing diseases: population growth and environmental degradation." *Human Ecology*, v. 35, n. 6, p. 653-668, 2007.

PRAH, Pamela M. "States forge ahead on immigration, global warming." *Stateline*, 30 jul. 2007. Disponível em: www.stateline.org.

PRICE, Tom. "The new environmentalism." *CQ Researcher*, v. 16, n. 42, p. 987-1007, 2006.

PUBLIC CITIZEN. "NAFTA Chapter 11 investor-to-state cases: lessons for the Central America Free Trade Agreement." *Public Citizens Global Trade Watch Publication*, p. E9014, 2005 (Fev.). Disponível em: www.citizen.org.

RENNER, Michael. "Moving toward a less consumptive economy." In: STARKE, Linda. (ed.). *State of the World 2004*. Nova York: W. W. Norton, 2004. p. 96-119.

RIDLINGTON, Elizabeth; RUMPLER, John. *Fracking by the numbers: key impacts of dirty drilling at the state and national level. Environment America Research & Policy Center*. 2013. Disponível em: www.environmentamerica.org.

RIFKIN, Jeremy. *The european dream: how europe's vision of the future is quietly eclipsing the american dream*. New York: Tarcher/Penguin, 2004.

ROGERS, Sherry A. *Detoxify or die*. Sarasota, FL: Sand Key, 2002.

SAAD, Lydia. "Americans' concerns about global warming on the rise." *Gallup, Inc*. 8 abr. 2013. Disponível em: www.gallup.com.

SAWIN, Janet. "Making better energy choices." In: STARKE, Linda. (ed.). *State of the world 2004*. Nova York: W. W. Norton, 2004. p. 24-43.

SCAVIA, Donald. "Dead zones in Gulf of Mexico and other waters require a tougher approach: Donald Scavia." *Nola.com*. 2 set. 2011. Disponível em: www.nola.com.

SCHAPIRO, Mark. *Exposed: the toxic chemistry of everyday products and what's at stake for american power*. White River Junction, Vermont: Chelsea Green Publishing, 2007.

SCHAPIRO, Mark. "New power for 'old Europe.'" *The Nation*, 27 dez. 2004. p. 11-16.

SCHULZE, Karin. "Plastic chokes oceans and trashes beaches." *ABC News*. 23 dez. 2012. Disponível em: http://abcnews.go.com.

SCHWARTZ-NOBEL, Loretta. *Poisoned nation*. Nova York: St. Martin's Press, 2007.

SHAPIRO, Isaac; IRONS, John. *Regulation, employment, and the economy. EPI Briefing Paper #305*. Washington, DC. Economic Policy Institute, 2011.

SHRANK, Samuel. "Growth of biofuel production slows." In: STARKE Linda. (ed.). *Vital signs*. Washington DC: Worldwatch Institute, 2011. p. 16-18.

SINKS, Thomas. *Statement by Thomas Sinks, PhD, deputy director, agency for toxic substances and disease registry on ATSDR's activities at U.S. Marine Corps Base Camp Lejeune before committee on energy and commerce subcommittee on oversight and investigations United States House of Representatives*. 12 jun. 2007. Disponível em: www.hhs.gov.

STAUDINGER, Michelle D. et al. *Impacts of climate change on biodiversity, ecosystems, and ecosystem services: technical input to the 2013 national climate assessment*. 2012. Disponível em: assessment. globalchange. gov.

STOLL, Michael. "A green agenda for cities." *E Magazine*, v. 16, n. 5, set.-out. 2005. Disponível em: www.emagazine.com.

SUSTAINABLE ENDOWMENTS INSTITUTE. *Greening the bottom line: the trend toward green revolving funds on campus*. Cambridge MA: Sustainable Endowments Institute, 2011.

SWIFT, Anthony; CASEY-LEFKOWITZ, Susan; SHOPE, Elizabeth. *Tar Sands Pipelines Safety Risks. Natural Resources Defense Council*. 2011. Disponível em: www.nrdc.org.

TAKADA, Dr. Hideshige. *Microplastics and the threat to our seafood. Ocean health index*. 10 maio 2013. Disponível em: www. oceanhealthindex.org.

TERRACHOICE GROUP INC. *The seven sins of greenwashing: environmental claims in consumer markets*. 2009. Disponível em: http://sinsofgreenwashing.org.

UNDP (United Nations Development Programme). *Human Development Report 2013*. 2013. Disponível em: hdr.undp.org.

UNITED NATIONS DEVELOPMENT PROGRAMME. *Human development report 2007/2008: fighting climate change: human solidarity in a divided world*. Nova York: Palgrave Macmillan, 2007.

UNEP. *UNEP yearbook 2013: emerging issues in our global environment*. 2013. Disponível em: www.unep.org.

_____. *GEO yearbook 2007: an overview of our changing environment*. 2007. Disponível em: www.unep.org.

U.S. DEPARTMENT OF HEALTH AND HUMAN SERVICES. *12th Report on Carcinogens*. Washington, DC: Public Health Service, 2011.

U.S. GEOLOGICAL SURVEY. "Future retreat of arctic ice will lower polar bear populations and limit their distribution." *USGS Newsroom*. 7 set. 2007). Disponível em: www.usgs.gov.

VEDANTAM, Shankar. "Nuclear plants not keeping track of waste." *Washington Post*, 19 abr. 2005a. Disponível em: www. washingtonpost.com.

_____. "Storage plan approved for nuclear waste." *Washington Post*, 10 set. 2005b. Disponível em: www.washingtonpost.com.

WALD, Matthew L. "Ex-regulator says reactors are flawed." *New York Times*, 8 abr. 2013. Disponível em: www.nytimes.com.

WESTERLING, A. L.; HIDALGO, H. G.; CAYAN, D. R.; SWETNAM, T. W. "Warming and earlier spring increase western U.S. forest wildfire activity." *Science*, v. 313, n. 5789, p. 940-943, 2006.

WHITE HOUSE. "Obama administration finalizes historic 54.5 MPG fuel efficiency standard." *Office of the Press Secretary*, 28 ago. 2012. Disponível em: www. whitehouse.gov.

WIRE, Thomas. "Fewer emitters, lower emissions, less cost." *Optimum Population Trust*. Ago. 2009. Disponível em: www. optimumpopulation.org.

WOODWARD, Colin. "Curbing climate change." *CQ Global Researcher*, v. 1, n. 2, p. 27-50, 2007. Disponível em: www.globalresearcher.com.

WORLD NUCLEAR ASSOCIATION. "Nuclear basics." 2013. Disponível em: world-nuclear.org.

WORLD RESOURCES INSTITUTE. *World resources 2000-2001: people and ecosystems – the fraying web of life*. Washington, DC: World Resources Institute, 2000.

WORLD WATER ASSESSMENT PROGRAM. *World water development report 3: water in a changing world*. 2009. Disponível em: www.unesco.org.

WWF (World Wildlife Federation). *Living Planet Report, 9th ed. World Wildlife Fund, Zoological Society Of London, Global Footprint Network, And The European Space Agency*. 2012. Disponível em: www.panda.org.

ZELMAN, Joanna. "50 million environmental refugees by 2020, experts predict." *Huffington Post*, 22 fev. 2011. Disponível em: www.huffingtonpost.com.

Capítulo 14

AAEM (American Academy of Environmental Medicine). "Genetically modified foods." 8 maio 2009. Disponível em: www. aaemonline.org.

ACLU (American Civil Liberties Union). "2013 supreme court invalidates breast and ovarian cancer genes." 13 jun. 2013. Disponível em: www.aclu.org.

ANDERSON, Ross et al. "Measuring the cost to cybercrime." *Workshop on the economics of information security*. Berlin, Germany. 25-26 jun. 2012.

ASSOCIATED PRESS. "Protesters across globe rally against Monsanto." *The Denver Post*, 25 maio 2013. Disponível em: www.denverpost. com.

_____. "China's internet censorship." *CBS News*, 11 jan. 2010. Disponível em: www. cbsnews.com.

ATKINSON, Robert D.; CASTRO, Daniel D. "Digital quality of life: understanding the personal and social benefits of the information technology revolution." *The Information and Technology Foundation*. Out. 2008. Disponível em: www.itif.org

ATTEWELL, Paul; SUAZO-GARCIA, Belkis; BATTLE, Juan. "Computers and young children: social benefit or social problem?" *Social Forces*, v. 82, p. 277-296, 2003.

BALL, James; BORGER, Julian; GREENWOOD, Glenn. "Revealed: how U.S. and U.K. spy agencies defeat internet privacy and security." *The Guardian*, 5 set. 2013. Disponível em: www.guardian.com.

BELL, Daniel. *The coming of post-industrial society: a venture in social forecasting*. Nova York: Basic Books, 1973.

BENIGER, James R. "The control revolution." In: *Technology and the future*. Teich, Albert H. (ed.). Nova York: St. Martin's Press, 1993. p. 40-65.

BOLLIER, David. "Deadly medical monopolies." *On the Commons*, jul. 2009. Disponível em: onthecommons.org.

BOTELHO, Greg. "Judge orders new Samsung, apple faceoff; strikes $450 million in damages." *CNN*, 2 mar. 2013. Disponível em: www.cnn.com.

BOWMAN, Lee. "Animal testing: biomedical researchers using millions of animals yearly." *Scripps Howard News Service*, 7 maio 2011.

BRYNJOLFSSON, Erik; MCAFEE, Andrew. "Race against the machine: how the digital revolution is accelerating innovation, driving productivity, and irreversibly transforming employment and the economy. *Research Brief. The MIT Center for Digital Business*. Jan. 2012. Disponível em: ebusiness.mit.edu.

BUCHANAN, Allen; BROCK, Dan; DANIELS, Norman; WIKLER, Daniel. *From chance to choice: genetics and justice*. Nova York: Cambridge University Press, 2000.

BUMILLER, Elizabeth; SHANKER, Thom. "Panetta warns of dire threat of cyberattack on U.S." *The New York Times*, 11 out. 2012. Disponível em: www.nytimes.com.

BUSH, Corlann G. "Women and the Assessment of Technology." In: TEICH, Albert H. (ed.). *Technology and the Future*. Nova York: St. Martin's Press, 1993. p. 192-214.

CARR, Nicholas. *The shallows: what the internet is doing to our brains*. Nova York: W. W. Norton and Company, Inc., 2010.

CASTRO, Daniel. "Health IT 2013: a renewed focus on efficiency and effectiveness." *Electronic Health Reporter*, 4 fev. 2013. Disponível em: electronichealthreporter. com.

CERUZZI, Paul. "An unforeseen revolution." In: TEICH, Albert H. (ed.). *Technology and the future*. New York: St. Martin's Press, 1993. p. 160-174.

CHAN, Sewell. "New scanners for tracking city workers." *Nova York Times*, 23 jan. 2007. Disponível em: www.nytimes.com.

CHEN, Shirong. "China tightens internet censorship controls." *British Broadcasting Corporation*, 2011. Disponível em: www.bbc.co.uk.

CLARKE, Adele E. "Controversy and the development of reproductive sciences." *Social Problems*, v. 37, n. 1, p. 18-37, 1990.

COHEN, S.P. "Can pets function as family members?" *Western Journal of Nursing Research*, v. 24, p. 621-638, 2002.

COLITT, Raymond; GALVAO, Amaldo. "Rousseff calls off U.S. visit over NSA surveillance." *Bloomberg News*, 17 set. 2013. Disponível em: www.bloomberg.com.

CONDON, Bernard; WISEMAN, Paul. "Millions of middle-class jobs killed by machines in great recessions wake." *The Huffington Post*, 23 jan. 2013. Disponível em: www.huffingtonpost.com.

CRICHTON, Michael. "Patenting life." *New York Times*, 13 fev. 2013. Disponível em: www.nytimes.com.

DANDEKAR, Pranav; GOEL, Ashish; LEE, David T. "Biased assimilation, homophily, and the dynamics of polarization." *Proceedings of the National Academy of Sciences of the United States of America*. 28 fev. 2013. Disponível em: www.pnas.org.

DAVID-FERDON, Corrine; HERTZ, Marci Feldman. Electronic media and youth violence: a CDC issue brief for researchers. Atlanta, GA: Centers for Disease Control, 2009.

DAVIES, Michael J. et al. "Reproductive technologies and the risk of birth defects." *New England Journal of Medicine*, v. 366, p. 1803-1813, 2012.

DELLA CAVA, Marco R. "Some ditch social networks to reclaim time, privacy." *USA Today*, 10 fev. 2010. Disponível em: www.usatoday.com.

DENOON, Daniel. *Study: computer design flaws may create dangerous hospital errors*. 8 mar. 2005. Disponível em: my.webmd.com.

DEPARTMENT OF HEALTH AND HUMAN SERVICES. "The Genetic Information Nondiscrimination Act of 2008: information for researchers and health care professionals." 6 abr. 2009. Disponível em: www.genome.gov.

DEWAN, Shaila. "To court blacks, foes of abortion make racial case." *The New York Times*, 26 fev. 2010. Disponível em: www.nytimes.com.

DIETRICH, David R. "Avatars of whiteness: racial expression in video game characters." *Sociological Inquiry*, v. 83, n. 1, p. 82-105, 2013.

DIGEST OF EDUCATION STATISTICS. *National Center for Education Statistics*. 2013. Disponível em: nces.ed.gov.

DIGNAN, Larry. "Offshoring's toll: IT departments to endure jobless recovery through 2014." *ZDNet*, 18 nov. 2010. Disponível em: www.zdnet.com.

DUGGAN, Maeve; BRENNER, Joanna. "The demographics of social media users – 2012." *Pew Research Center*. 14 fev. 2013. Disponível em: www.pewresearch.org.

DURKHEIM, Emile. *Moral education*. Nova York: Free Press, 1973/1925.

DUTTA, Soumitra; MIA, Irene. "The global information technology report 2010-2011." *World Economic Forum*. 2011. Disponível em: reports.weforum.org.

EFRATI, Amir. "Google to find, develop wireless networks in emerging markets." *The Wall Street Journal*, 24 maio 2013. Disponível em: online.wsj.com.

EIBERT, Mark D. "Clone Wars." Reason v. 30, n.2, p. 52-54, 1998.

EILPERIN, Juliet; WEISS, Rick. "House votes to prohibit all human cloning." *Washington Post*, 28 fev. 2003. Disponível em: www.washingtonpost.com.

EISENBERG, Anne. "Better vision, with a telescope inside the eye." *The New York Times*, 19 jul. 2009. Disponível em: www.nytimes.com.

ESA (Entertainment Software Association). "Essential facts about the computer and video game industry." 2013. Disponível em: www.theesa.com.

ETC Group. Contamination by genetically modified maize in Mexico much worse than feared. 2003. Disponível em: www.etcgroup.org.

ERICKSON, Jim. "Banning federal funding for human embryonic stem cell research would derail related work, U-M researcher and colleagues conclude." *U-M New Service*. University of Michigan, 9 jun. 2011. Disponível em: ns.umich.edu.

FCC (Federal Communications Commission). "Preserving the open internet: final rule." *Federal Register*, v. 76, n. 185, p. 59192-59235, 23 set. 2011.

FERDOWSIAN, Hope. "Animal research: why we need alternatives." *The Chronicle of Higher Education*. 7 nov. 2010. Disponível em: chronicle.com.

FILE, Thom. *Computer and internet use in the United States*. May. U.S. Bureau of the Census. Publication N. 20-569. Washington, DC: U.S. Government Printing Office, 2013.

FISCHER, Eric A. *Federal laws relating to cyber security: overview and discussion of proposed revisions*. Congressional Research Service. 20 jun. 2013. Disponível em: www.fas.org.

FLECKNELL, Paul A. "Do mice have a pain face?" *Nature Methods*, v. 7, p. 437-438, 2010.

FOX, Susannah. "51% of U.S. adults bank online." *Pew Internet and the American Life Project*. 7 ago. 2013. Disponível em: www.pewinternet.org.

FOX, Susannah; DUGGAN, Maeve. "Online health 2013." *Pew Internet and the American Life Project*. 15 jan. 2013. Disponível em: www.pewinternet.org.

FTC (Federal Trade Commission). "Top complaint to the FTC? ID theft, again." Washington, DC. 1 mar. 2013. Disponível em: www.consumer.ftc.gov.

GARTNER RESEARCH. "Gartner says declining worldwide PC shipments in fourth quarter of 2012 signal structural shift in PC market." *Gartner Newsroom*, 14 jan. 2013. Disponível em: www.gartner.com.

GENETICS AND PUBLIC POLICY CENTER. "Frequently asked questions." *Johns Hopkins University, Berman Institute of Bioethics*. Washington, DC. 2010.

GENOMICS LAW REPORT. "Myriad gene patent litigation." *A publication of Robinson Bradshaw and Hinson*. 2011. Disponível em: www.genomicslawreport.com.

GHAFOUR, Hamida. "Facebook mix-up forced iranian woman to flee from her life." *The Toronto Star*, 11 out. 2012. Disponível em: www.thestar.com.

GOODMAN, Paul. "Can technology be humane?" In: TEICH, Albert H. (ed.) *Technology and the future*. Nova York: St. Martin's Press, 1993. p. 239-255.

GOVERNMENT TRACKS. "Abortion." 2013. Disponível em: www.govtrack.us.

GREENHOUSE, Linda. "Justices back ban on method of abortion." *New York Times*, 19 abr. 2007. Disponível em: www.nytimes.com.

GREENWALD, Glenn. "XKeyscore: NSA tool collects 'nearly everything a user does on the internet.'" *The Guardian*, 31 jul. 2013. Disponível em: www.theguardian.com.

GROSSMAN, Lev. "Time's person of the year: you." *Time*, 13 dez. 2006. Disponível em: www.time.com.

GUTTMACHER INSTITUTE. "State policies in brief: an overview of abortion laws." 1 set. 2013. Disponível em: www.guttmacher.org.

HANSON, Lawrence A. "Animal research: groupthink in both camps." *The Chronicle of Higher Education*. 7 nov. 2010. Disponível em: chronicle.com.

HARMON, Amy. "That wild streak? Maybe it runs in the family." *New York Times*, 15 jun. 2006. Disponível em: www.nytimes.com.

HENRY, Bill; PULCINO, Roarke. "Individual differences and study-specific characteristics influencing attitudes about the use of animals in medical research." *Society and Animals*, v. 17, p. 305-324, 2009.

HINDUJA, Sameer; PATCHIN, Justin W. "State cyberbullying laws." *Cyberbullying Research Center*. Jul. 2013. Disponível em: www.cyberbullying.us.

HOLLAND, Earle. "Animal research: activists' wishful thinking, primitive reasoning." *The Chronicle of Higher Education*. 7 nov. 2010. Disponível em: chronicle.com.

HOLT, Thomas J.; KILGER, Max. "Examining willingness to attack critical infrastructure online and off-line." *Crime and Delinquency*, v. 58, n. 5, p. 798-822, 2012.

HONIGMAN, Ryan. "100 fascinating social media statistics and figures from 2012." *The Huffington Post*, 29 nov. 2013. Disponível em: www.huffingtonpost.com.

HOULAHAN, Brent. "Telepresence defined by Brent Houlahan with HSL's thoughts and analysis." *Human Productivity Lab*. 18 set. 2006. Disponível em: www.humanproductivitylab.com.

HUMAN CLONING PROHIBITION ACT OF 2007. *U.S. House of Representatives, Washington, DC*. Disponível em: www.govtrack.us.

HUMAN GENOME PROJECT. 2007. *Medicine and the New Genetics*. Disponível em: www.ornl.gov.

ITIF (Information Technology and Innovation Foundation). *The 2012 State New Economy Index*. Dez. 2012. Disponível em: www2.itif.org.

_____. "The atlantic century II." *European-American Business Council (Fev.)*. Jul. 2011. Disponível em: www.itif.org.

_____. "Benchmarking EU & U.S. innovation and competitiveness." *European-American Business Council (Fev.)*. 2009. Disponível em: http://www.itif.org.

ICCVAM (Interagency Coordinating Committee on the Validation of Alternative Methods). 2011. "Since you asked: alternatives to animal testing." Disponível em: www.niehs.nih.gov.

IFR (International Federation of Robotics). "World robotics 2012 industrial robots." 2013. Disponível em: www.ifr.org.

INTERNET STATISTICS. *Internet Usage Statistics*. 2013.Disponível em: www.internetworldstats.com.

_____. "Top 20 countries with the highest number of internet users." 2011. Disponível em: www.internetworldstats.com.

JASCHIK, Scott. "If you text in class, this prof will leave." *Inside Higher Ed*, 2 abr. 2008. Disponível em: www.insidehighered.com.

JONES, Cass. "Twitter says 250,000 accounts have been hacked in security breach." *The Guardian*, 1 fev. 2013. Disponível em: www.theguardian.com.

JORDAN, Tim; TAYLOR, Paul. "A sociology of hackers." *Sociological Review*, v. 46, n. 4, p. 757-778, 1998.

KAHN, A. "Clone mammals . . . clone man?" *Nature*, v. 386, p. 119, 20 jan. 1997.

KAISER FAMILY FOUNDATION. "Generation M2: media in the lives of 8- to 18-year olds." 2010. Disponível em: kff.org.

KAPLAN, Karen. "Corn fortified with vitamins devised by scientists." *Los Angeles Times*, 29 abr. 2009. Disponível em: www.latimes.com.

KELLY, David. "Study shows Facebook unfriending has real off-line consequences." *University Communications*. 4 fev. 2013. Disponível em: www.ucdenver.edu.

KHARFEN, Michael. "1 of 3 and 1 in 6 preteens are victims of cyberbullying." 2006. Disponível em: www.fightcrime.org.

KLOTZ, Joseph. *The politics of internet communication*. Lanham, MD: Rowman and Littlefield, 2004.

KONRAD, Alex. "After security breach exposes 2.9 million adobe users, how safe is encrypted credit card data?" *Forbes Magazine*, 9 out. 2013. Disponível em: www.forbes.com.

KUHN, Thomas. *The structure of scientific revolutions*. Chicago: University of Chicago Press, 1973.

LANGER, Gary. "Poll: skepticism of genetically modified foods." *ABC News*, 19 jun. 2013. Disponível em: abcnews.go.com.

LAWLESS, Jill. "Spread of DNA databases sparks ethical concerns." *Daily Chronicle*, 12 jul. 2013. Disponível em: www.dailychronicle.com.

LEGAY, F. "Genetics: should genetic information be treated separately?" *Virtual Mentor*, jan. 2001, p. E5. Disponível em: http://virtualmentor.ama-assn.org.

LEMONICK, Michael. "Are we losing our edge?" *Time*, 13 fev. 2006, p. 22-33.

LEMONICK, Michael; THOMPSON, Dick. "Racing to map our DNA." *Time Daily*, v. 153, p. 1-6, 1999. Disponível em: www.time.com.

LOHR, Steve. "Carrots, sticks and digital health records." *The New York Times*, 26 fev. 2011. Disponível em: www.nytimes.com.

_____. "Wal-Mart plans to market digital health records system." *The New York Times*, 11 mar. 2009. Disponível em: www.nytimes.com.

_____. "Health care that puts a computer on the team." *The New York Times*, 27 dez. 2008. Disponível em: www.nytimes.com.

LUNDEN, Ingrid. "Forrester: 760 million tablets in use by 2016, Apple 'clear leader,' frames also enter the frame." *TechCrunch*,24 abr. 2012. Disponível em: techcrunch.com.

LYNCH, John; BEVAN, Jennifer; ACHTER, Paul; HARRIS, Tim; CONDIT, Celeste M. "A preliminary study of how multiple exposures to messages about genetics impact lay attitudes towards racial and genetic discrimination." *New Genetics and Society*, v. 27, n. 1, p. 43-56, 2008.

MADDEN, Mary; LENHART, Amanda; DUGGAN, Maeve; CORTESI, Sandra; GASSER, Urs. *Teens and technology*, 13 mar. 2013. Disponível em: www.pewinternet.org.

MALAMUD, Ofer; POP-ELECHES, Cristian. "Home computer use and the development of human capital." *National Bureau of Economic Research Working Paper 15814*. 2010. Disponível em: www.nber.org.

MFA (Marketplace Fairness Act). "About." 2013. Disponível em: www.marketplacefairness.org.

MARTINEZ, Michael. "After ravages of flesh eating bacteria, aimee copeland uses new bionic hands." *CNN News*, 20 maio 2013. Disponível em: www.cnn.com.

MATEESCU, Oana. "Introduction: life in the web." *Journal of Comparative Research in Anthropology and Sociology*. v. 1, n. 2, p. 1-21, 2010.

MAYER, Sue. "Are gene patents in the public interest?" *BIO-IT World*, 12 nov. 2002. Disponível em: www.bio-itworld.com.

MAYO CLINIC. "Genetic testing: definition." 2013. Disponível em: www.mayoclinic.com.

McCOLLUM, Sean. "Getting past the 'digital divide.'" *Teaching Tolerance 39*, 2011. Disponível em: www.tolerance.org.

McCORMICK, S. J.; RICHARD, A. "Blastomere separation." *Hastings Center Report*, mar.-abr., 1994, p. 14-16.

McDERMOTT, John. "Technology: the opiate of the intellectuals." In: TEICH, Albert H. (ed.). *Technology and the future*. Nova York: St. Martin's Press, 1993. p. 89-107.

McFARLING, Usha L. "Bioethicists warn human cloning will be difficult to stop." *Raleigh News and Observer*, 18 nov. 1998, p. A5.

MERTON, Robert K. "The normative structure of science." In: MERTON, Robert K. (ed.). *The Sociology of Science*. Chicago: University of Chicago Press, 1973.

MESTHENE, Emmanuel G. "The role of technology in society." In: TEICH, Albert H. (ed.). *Technology and the Future*. Nova York: St. Martin's Press, 1993. p. 73-88.

MOONEY, Chris; Kirshenbaum, Sheril. *Unscientific America: how scientific literacy threatens our future*. Philadelphia PA: Basic Books, 2009.

MURPHIE, Andrew; POTTS, John. *Culture and technology*. Nova York: Palgrave, 2003.

MacMILLAN. "Naral (National Abortion and Reproductive Rights Action League)." *Mifepristine: The impact of abortion politics on women's health in scientific research*. 28 fev. 2013. Disponível em: www.prochoiceamerica.org.

NATIONAL SLEEP FOUNDATION. "Annual Sleep in America Poll Exploring Connections with Communications Technology Use and Sleep." 7 mar. 2011. Disponível em: www.sleepfoundation.org.

NATURE NEWS. "Animal research: battle scars." *Nature*, v. 470, n. 7335, p. 452-453. 23 fev. 2011.

NCSL (National Conference of State Legislatures). "Human Cloning Laws." 2008. Disponível em: www.ncsl.org.

NEAR, C. "Selling gender: associations of box art representation of female characters with sales for teen and mature rated video games." *Sex Roles*, v. 68, n. ¾, p. 252-269, 2013.

NEUMAN, W. e Pollack, A. "Farmers cope with roundup resistant weeds." *The New York Times*, 3 maio 2010. Disponível em: www.nytimes.com.

NIC (National Intelligence Council). "The Global Technology Revolution." Preface and Summary. *Rand Corporation*. 2003. Disponível em: www.rand.org.

NIEHS (National Institute of Environmental Health Sciences). "Countries Unite to Reduce Animal Use in Product Toxicity Testing Worldwide." Press Release. 27 abr. 2009. Disponível em: www.niehs.nih.gov.

NIH (National Institute of Health). "The promise of stem cells." *U.S. Department of Health and Human Services*. 2012. Disponível em: stemcells.nih.gov.

NSF (National Science Foundation). "Science and Engineering Indicators, 2012." 2013. Disponível em: www.nsf.gov.

NOONAN, M.C.; L.G., JENNIFER. "The hard truth about telecommuting." *Monthly Labor Review*. jun. 2012, p. 38-45.

OATES, T.P. "New media in the repackaging of NFL fandom." *Sociology of Sport Journal*, v. 26, p. 31-49, 2009.

OCCUPY MONSANTO. "Mar. against Monsanto." 2013. Disponível em: occupy-monsanto.com.

OGBURN, W.F. "Cultural lag as theory." *Sociology and Social Research*, v. 41, p. 167-174, 1957.

OLSON, P. "Rise of the telepresence robots." *Forbes*, 27 jun. 2013. Disponível em: www.forbes.com.

OLSTER, M. "GMO foods: key points in the genetically modified debate." *The Huffington Post*, 2 ago. 2013. Disponível em: www.huffingtonpost.com.

OPENNET. "OpenNet initiative: global internet filtering map." 2012. Disponível em: map.opennet.net.

OPHIR, E.; NASS, C.; WAGNER, A.D. "Cognitive control in media multitaskers." *Proceeds of the National Academy of Science*, v. 106, n. 37, p. 15583-15587, 2009.

ORGANIZAÇÃO MUNDIAL DE SAÚDE . "Safe Abortion: Technical and Policy Guidance for Health Systems," 2. ed, 2012. Disponível em: apps.who.int.

ORNL (Oak Ridge National Laboratory). "Medicine and the new genetics." *Office of Biological and Environmental Research.* 2011. Disponível em: www.ornl.gov.

PADILLA-WALKER, L.; COYNE, S.M.; FRASER, A.M. "Getting a high-speed family connection: associations between family media use and family connection." *Family Relations,* v. 61, p. 426-440, jul. 2012.

PARK, A. "Stem-cell research: the quest resumes." *Time,* 29 jan. 2009. Disponível em: www.time.com.

PCAST (Presidents Council of Advisors on Science and Technology). *Report to the president and congress on the fourth assessment of the national nanotechnology initiative.* Washington, DC, abr. 2012. Disponível em: www.whitehouse.gov.

PERLROTH, N. "Hackers in China attacked The Times for last four months." *The New York Times,* 30 jan. 2013. Disponível em: www.nytimes.com.

PETHOKOUKIS, J.M. "Meet your new co-worker." *U.S. News and World Report,* 7 mar. 2004. Disponível em: www.usnews.com.

PEW. "Roe v. Wade at 40: most oppose overturning abortion decision." *Pew Research Center.* 16 jan. 2013. Disponível em: www.pewforum.org.

_____. "Social isolation and the new technology." 4 nov. 2009. Disponível em: www.pewresearch.org.

_____. *Trends in political values and core attitudes: 1987-2007.* Washington, DC: The Pew Research Center, 2007.

PEW RESEARCH CENTER. "Public's knowledge of science and technology." 22 abr. 2013. Disponível em: www.people-press.org.

PICARD, M.; DOUG, M.T. "Linking the metabolic state and mitochondrial DNA in chronic disease, health, and aging." *Diabetes,* v. 62, p. 672-678, mar. 2013.

POLLACK, A. "U.S. approves genetically modified alfalfa." *The New York Times,* 27 jan. 2011. Disponível em: www.nytimes.com.

POSTMAN, N. *Technopoly: the surrender of culture to technology.* Nova York: Alfred A. Knopf, 1992.

POWER, E. "Furry families: making a human-dog family through home." *Social and Cultural Geography,* v. 9, n. 5, p. 535-555, 2008.

PCAT (President's Council of Advisors on Science and Technology). *Report to the president – engage to excel: producing 1 million additional college graduates with degrees in science, technology, engineering, and mathematics. Executive Office of the President,* fev. 2012.

PRESTI, K. "The top 10 security breaches of 2012." 21 dez. 2012. Disponível em: www.crn.com.

PRESTON, J. "Facebook officials keep quiet on its role in revolts." *The New York Times,* 14 fev. 2011. Disponível em: www.nytimes.com.

PRICE, T. "Science in America: are we falling behind in science and technology?" *CQ Researcher* v. 18, n. 2, p. 24-48, 2008.

RABINO, I. "The biotech future." *American Scientist,* v. 86, n. 2, p. 110-112, 1998.

RESEARCH ANIMAL RESOURCES. "Ethics and alternatives." 2003. *University of Minnesota.* Disponível em: www.ahc.umn.edu

REUTERS. "Spain readies hefty jail terms over internet piracy." *Reuters News Service,* 20 set. 2013. Disponível em: www.reuters.com.

RICHARDSON, M.; GREENE, R. "NSA legislation since the leaks began." *American Civil Liberties Union.* 2013. Disponível em: www.aclu.org.

ROBINSON-AVILA, K. "Intel launches full court press into mobile." *Albuquerque Journal of Business,* 5 ago. 2013. Disponível em: www.abqjournal.com.

ROE V. WADE. 1973. 410 U.S. 113.

ROVNER, Julie. "Cloning, stem cells long mired in legislative gridlock." *National Public Radio,* 16 maio 2013. Disponível em: www.npr.org.

SEDGH, Gilda et al. "Induced abortion: incidents and trends worldwide from 1995 to 2008." *The Lancet 379* (9816), p. 625-632, 2012.

SEMANTIC MEDIA. "Semantic media – smart media for the semantic web." 2011. Disponível em: semanticmedia.org

SHARKEY, Joe. "A meeting in New York? Can't we videoconference?" *The New York Times,* 12 maio 2009. Disponível em: www.nytimes.com.

SLADE, Giles. *The big disconnect: the story of technology and loneliness.* Amherst, Nova York: Prometheus Books, 2012.

SMITH, Aaron. "The internet and campaign 2010." 17 mar. 2011. Disponível em: www.pewinternet.org.

SPAETH, Matt. "What you need to know about GMOs." *Food Integrity Now,* 8 mar. 2011. Disponível em: www.foodintegritynow.org.

STEIN, Rob; DOUCLEFF, Michaeleen. "Scientists clone human embryos to make stem cells." *National Public Radio,* 15 maio 2013. Disponível em: www.npr.org.

STEM CELL Research Advancement Act. H.R. 2433. 2013. Disponível em: www.govtrack.us.

STERLING, Toby. "EU penalizes microsoft $733m breaking browser deal." *The Boston Globe,* 7 mar. 2013. Disponível em: www.bostonglobe.com.

STICCA, Fabio; PERREN, Sonja. "Is cyberbullying worse than traditional bullying? Examining the differential roles of media, publicity, and anonymity for the perceived severity of bullying." *Journal of Youth and Adolescence,* v. 42, n. 5, p. 739-750, 2013.

TEITELL, Beth. "Passing notes in the back of Coursera." *National Public Radio.* Marketplace Commentary, 25 set. 25 2013. Disponível em: www.marketplace.org.

THAS, Angela; RAMILO, Chat Garcia; GARCIA CINCO, Cheekay. "Gender and ICT." *United Nations Development Programme.* Bangkok, Thailand: Pacific Development Information Programme. 2007. Disponível em: www.undp.org.

THE ECONOMIST. "Pocket World in Figures." 18 dez. 2008. Disponível em: www.economist.com.

TOFFLER, Alvin. *Future shock.* Nova York: Random House, 1970.

UNITED NATIONS. "United Nations E-Government Survey 2012." 2012. Disponível em: unpan1.un.org.

UNEP (United Nations Environmental Programme). "The international treaty on damage resulting from living modified organisms receives sixteen signatures." 12 maio 2011. Disponível em: www.cbd.int.

U.S. CENSUS BUREAU. "Computer and home internet use in the United States: population characteristics." *Document P20-569.* 2013a. Disponível em: www.census.gov.

_____. *Statistical abstract of the United States,* 2012, 128 ed. Washington, DC: U.S. Government Printing Office, 2013b.

_____. "E-Stats." 26 maio 2011. Disponível em: www.census.gov.

U.S. CITIZENSHIP AND IMMIGRATION SERVICES. "H-1B Fiscal Year (FY) 2014 Season." 24 mar. 2013. Disponível em: www.uscis.gov.

U.S. DEPARTMENT OF JUSTICE. "Joint status report on Microsoft's compliance with the final judgment." Document 927. 22 abr. 2011. Disponível em: www.justice.gov.

U.S. NEWSWIRE. *Feminists Condemn House Passage of Deceptive Abortion Ban, Urge Activists to Mar. on Washington.* 2 out. 2003. Disponível em: www.usnewswire.com.

WAIT, Patience. "VA computers remain unencrypted, years after breach." *Information Week,* 19 out. 2012. Disponível em: www.informationweek.com.

WAKEFIELD, Jane. "World wakes up to digital divide." *BBC New,* 19 mar. 2010. Disponível em: news. bbc.co.uk.

WEINBERG, Alvin. "Can technology replace social engineering?" *University of Chicago Magazine,* v. 59, out., p. 6-10, 1966.

WEF (World Economic Forum). The Global Information Technology Report 2013. 2013. Disponível em: www3.weforum.org.

WELSH, Jonathan. "Late on a Car Loan? Meet the disabler." *The Wall Street Journal,* 25 mar. 2009. Disponível em: www.online.wsj.com.

WELTER, Cole H. "Technological segregation: a peek through the looking glass at the rich and poor in an information age." *Arts Education Policy Review,* v. 99, n. 2, p. 1-6, 1997.

WHITE, D. Steven; GUNASEKARAN, Angappa; SHEA, Timothy P.; ARIGUZO, Godwin C. "Mapping the global digital divide." *International Journal of Business Information Systems,* v. 7, p. 207-219. 2011.

WHITE HOUSE. President Bush signs partial Birth Abortion Ban Act of 2003. 5 nov. 2003. Disponível em: www.whitehouse.gov.

WHITLOCK. "Immersive telepresence solutions." 2013. Disponível em: www.whitlock.com.

WIKILEAKS. "Keep us strong." 2011. Disponível em: www.wikileaks.org.

WINNER, Langdon. "Artifact/ideas as political culture." In: TEICH, Albert H. (ed.). *Technology and the Future.* Nova York: St. Martin's Press, 1993. p. 283-294.

WIW (when I work). "The easiest way to schedule and communicate with your employees." 2013. Disponível em: wheniwork.com.

WHITTAKER, Zack. "CISPA suffers setback in senate citing privacy concerns." *C/Net News*. 25 abr. 2013. Disponível em: news.cnet.com.

WHO WORLD BANK. *Global economic prospects: technology diffusion in the developing world*. Washington DC: The World Bank, 2009.

WORLD HUNGER EDUCATION SERVICE. 2011 World hunger and poverty facts and statistics." Disponível em: www.worldhunger.org.

ZICKUHR, Kathryn; SMITH, Aaron. *Digital differences. Pew research center's internet and american life*. 13 abr. 2012. Disponível em: pewinternet.org

CAPÍTULO 15

ALEXANDER, Karen; HAWKESWORTH, Mary E. (eds.). *War and terror: feminist perspectives*. Chicago: University of Chicago Press, 2008.

ALVAREZ, Lizette. "Suicides of soldiers reach high of nearly 3 decades." *New York Times*, 29 jan. 2009. Disponível em: www.nytimes.com.

AMERICAN JEWISH COMMITTEE. *Annual Survey of American Jewish Opinion*. 21 set. 2011. Disponível em: www.ajc.org.

ANIMALS AT ARMS. "Animals at arms." *Army-Technology*, 22 dez. 2010. Disponível em: www.army-technology.com.

ARANGO, Tim; BERNARD, Anne. "As syrians sight, sectarian strife infects mideast." *The New York Times*, 1 jun. 2013. Disponível em: www.nytimes.com.

ARMS CONTROL ASSOCIATION. *The nuclear proliferation treaty at a glance*. Maio 2003. Disponível em: www.armscontrol.org/factsheets.

ASSOCIATED PRESS. "Pentagon tests negative for anthrax." *MSNBC*, 15 mar. 2005. Disponível em: www.msnbc.msn.com.

_____. "U.S. Officials: scientist was anthrax killer." *MSNBC*, 6 ago. 2008. Disponível em: www.msnbc.msn.com.

ATOMIC ARCHIVE. *Arms Control Treaties*. 2011. Disponível em: www.atomicarchive.com.

BAKER, Peter; COOPER, Helene; MAZZETTI, Mark. "Bin Laden is dead, Obama Says." *The New York Times*, 1 maio 2011. Disponível em: www.nytimes.com.

BALIUNAS, Sallie. "Anthrax is a serious threat." In: DUDLEY, William. (ed.). *Biological warfare*. Farmington Hills, MA: Greenhaven Press, 2004. p. 53-58.

BARKAN, Steven; SNOWDEN, Lynne. *Collective violence*. Boston: Allyn and Bacon, 2001.

BARNES, Steve. "No cameras in bombing trial." *New York Times*, 29 jan. 2004, p. 24.

BARSTOW, David. "One man's military-industrial-media complex." *New York Times*, 29 nov. 2008. Disponível em: www.nytimes.com.

BBC. "UN admits Rwanda genocide failure." *BBC News*, 15 abr. 2000. Disponível em: news.bbc.co.uk.

_____. "Hamas takes full control of Gaza." *BBC News*, 15 jun. 2007. Disponível em: news.bbc.co.uk.

BERCOVITCH, Jacob. (ed.). *Studies in international mediation: advances in foreign policy analysis*. Nova York: Palgrave Macmillan, 2003.

BERGEN, Peter. *Holy War, Inc.: inside the secret world of Osama bin Laden*. Nova York: Free Press, 2002.

BERRIGAN, Frida. "We arm the world." *In These Times*, 2 jan. 2009. Disponível em: www.inthesetimes.com.

BERRIGAN, Frida; HARTUNG, William. "U.S. weapons at war: promoting freedom or fueling conflict?" *World Policy Institute Report*. 2005. Disponível em: www.worldpolicy.org/projects/arms/reports/wawjun.2005.html.

BJORGO, Tore. *Root causes of Terrorism*. [Relatório apresentado na International Expert Meeting.]. Oslo, Norway: Norwegian Institute of International Affairs, 9-11 jun. 2003.

BONNER, Michael. *Jihad in Islamic history: doctrines and practice*. Princeton, New Jersey: Princeton University Press, 2006.

BORUM, Randy. "Radicalization into violent extremism II: a review of conceptual models and empirical research." *Journal of Strategic Security*, v. 4, n. 4, p. 37-62, 2011. Disponível em: http://scholarcommons.usf.edu/jss/vol4/iss4/3.

BOUSTANY, Nora. "Janjaweed using rape as 'integral' weapon in Darfur, aid group says." *Washington Post*, 3 jul. 2007. Disponível em: www.washingtonpost.com.

BRAUER, Jurgen. "On the economics of terrorism." *Phi Kappa Phi Forum*, primavera, p. 38-41, 2003.

BRAUN, Stephen. "U.S. defense sales to Bahrain Rose before Crackdown." *ABC News*, 11 jun. 2011. Disponível em: abcnews.go.com.

BRINKLEY, Joel; SANGER, David E. "North Koreans agree to resume nuclear talks." *New York Times*, 10 jul. 2005. Disponível em: www.nytimes.com.

BROAD, William J.; SANGER, David E. "Report says Iran has data to make a nuclear bomb." *The New York Times*, 3 out. 2009. Disponível em: www.nytimes.com.

BROOKS, David. "Huntington's clash revisited." *The New York Times*, 3 mar. 2011. Disponível em: www.nytimes.com.

BROWN, Michael E.; LYNN-JONES, Sean M.; MILLER, Steven E. (eds.). Debating the democratic peace. Cambridge, MA: MIT Press, 1996.

BUMILLER, Elisabeth. "The dogs of war: beloved Comrades in Afghanistan." *The New York Times*, 11 maio 2011. Disponível em: www.nytimes.com.

BUNCOMBE, Andrew. "End of Sri Lanka's civil war brings back tourists." *The Independent*, 16 ago. 2009. Disponível em: www.independent.co.uk.

BURNHAM, Gilbert; LAFTA, Riyadh; DOOCY, Shannon; LES ROBERTS. "Mortality after the 2003 invasion of Iraq: a cross-sectional cluster sample survey." *The Lancet*, 11 out. 2006. Disponível em: www.thelancet.com.

BURNS, Robert. "Panetta: U.S. within reach of defeating Al Qaeda." *The Washington Times*, 9 jul. 2011. Disponível em: www.washingtontimes.com.

BURRELLI, David F. "Women in combat: issues for Congress." *Congressional Research Service*, 9 maio 2013. Disponível em: www.fas.org/sgp/crs/natsec/R42075.pdf.

CARNEGIE ENDOWMENT FOR INTERNATIONAL PEACE. *World Nuclear Arsenals 2009*. 2009. Disponível em: www.carnegieendowment.org.

CARNEIRO, Robert L. "War and peace: alternating realities in human history." In: REYNA, S. P.; DOWNS, R. E. (eds.). *Studying war: anthropological perspectives*. Langhorne, PA: Gordon & Breach, 1994. p. 3-27.

CARPENTER, Dustin; FULLER, Tova; LES ROBERTS. "WikiLeaks and Iraq body count: the sum of parts may not add up to the whole – a comparison of two tallies of Iraqi civilian deaths." *Prehospital and Disaster Medicine*, v. 28, 3 jun. 2013, p. 223-229.

CENTER FOR ARMS CONTROL AND NON-PROLIFERATION. "Fact sheet: global nuclear weapons inventories in 2013." 2013. Disponível em: www.armscontrolcenter.org.

CENTER FOR DEFENSE INFORMATION. *Military Almanac*. 2003. Disponível em: www.cdi.org.

CENTCOM (U.S. Central Command). "Contractor support of U.S. operations in the USCENTCOM area of responsibility to include Iraq and Afghanistan." Jul. 2013.

CENTCOM Quarterly Contractor Census Reports. Disponível em: www.acq.osd.mil/log/PS/CENTCOM_reports.html.

CLEVER, Molly; SEGAL, David R. "After conscription: the United States and the all-volunteer force." *Sicherheit und Frieden (Security and Peace)*, v. 30, n. 1, p. 9-18, 2012.

CNN. "Charges Dismissed against Iraq contractors." 31 dez. 2009. Disponível em: www.cnn.com.

_____. "Army begins chemical weapons burn." 10 ago. 2003a. Disponível em: www.cnn.com.

_____. "Poll: muslims call U.S. ruthless, arrogant." 26 fev. 2003b. Disponível em: www.cnn.com.

_____. "Libyan bomber sentenced to life." 31 jan. 2001. Disponível em: www.europe.cnn.com.

_____. "Opinion research corporation poll." *Iraq*. 22-24 jun. 2007. Disponível em: www.pollingreport.com/iraq3.htm.

COHEN, Ronald. "War and peace proneness in pre- and post-industrial states." In: FOSTER, M. L.; RUBINSTEIN, R. A. (eds.). *Peace and war: cross-cultural perspectives*. New Brunswick, NJ: Transaction Books, 1986. p. 253-267.

CONFLICT RESEARCH CONSORTIUM. *Mediation*. 2003. Disponível em: www.colorado.edu/conflict/peace.

COWELL, Alan; SULZBERGER, A. G. "Lockerbie convict returns to jubilant welcome." *The New York Times*, 20 ago. 2009. Disponível em: www.nytimes.com.

DAHL, Frederick. "North Korea nuclear test still shrouded in mystery." *Reuters*, 18 jun. 2013. Disponível em: www.reuters.com.

DALRYMPLE, William. "A deadly triangle: Afghanistan, Pakistan, & India." *The Brookings Essay*. 25 jun. 2013. Disponível em: www.brookings.edu/series/the-brookings-essay.

DAO, James. "Deployment factors are not related to rise in military suicides, study says." *The New York Times*, 6 ago. 2013. Disponível em: www.nytimes.com.

_____. "Veterans affairs faces surge of disability claims." *New York Times*, 12 jul. 2009. Disponível em: www.nytimes.com.

DAREINI, Ali Akbar. "Iran missile test: Ahmadinejad says It's within Israel's range." *Huffington Post*, 20 maio 2009. Disponível em: www.huffingtonpost.com.

DAVENPORT, Christian. "Guard's new pitch: fighting words." *Washington Post*, 28 abr. 2005. Disponível em: www.washingtonpost.com.

DCAS (Defense Casualty Analysis System). "Conflict casualties." *U.S. Department of Defense*, 2013. Disponível em: www.dmdc.osd.mil.

DEEN, Thalif. *Inequality primary cause of wars, says Annan*. 9 set. 2000. Disponível em: www.hartford-hwp.com/archives.

DIXON, William J. "Democracy and the peaceful settlement of international conflict." *American Political Science Review*, v. 88, n. 1, p. 14-32, 1994.

DONNELLY, John. "More troops lost to suicide." 24 jan. 2011. Disponível em: www.congress.org.

ENVIRONMENTAL MEDIA SERVICES. *Environmental impacts of war*. 7 out. 2002. Disponível em: www.ems.org.

FEDER, Don. "Islamic beliefs led to the attack on America." WILLIAMS, MARY E. (ed.). In: *the terrorist attack on America*. Farmington Hills, MA: Greenhaven Press, 2003. p. 20-23.

FERRAN, Lee; ROSS, Brian; MEEK, James Gordon. "Kenya westgate mall attack: what is Al-Shabab?" *ABC News*. 23 set. 2013. Disponível em: www.abcnews.go.com.

FRANKEL, Rebecca. "War dog: there's a reason why they brought one to get Osama BIN Laden." *Foreign Policy*, 4 maio 2011a. Disponível em: www.foreignpolicy.com./articles.

FRANKEL, Rebecca. "War dogs: the legend of the Bin Laden hunter continues." *Foreign Policy*, 12 maio 2011b. Disponível em: www.foreignpolicy.com.

FREY, Josh. "Anti-swimmer dolphins ready to defend gulf." 12 ago. 2003. Disponível em: www.navy.mil.

FRIEDMAN, Brandon. "The rise (and fall) of the VA backlog." *Time*, 3 jun. 2013. Disponível em: nation.time.com.

FUNKE, Odelia. "National security and the environment." In: VIG, Norman J.; KRAFT, Michael E. (eds.). *Environmental policy in the 1990s: toward a new agenda*. 2. ed. Washington, DC: Congressional Quarterly, 1994. p. 323-345.

GALLUP POLL. "Terrorism in the United States." 25 abr. 2013. Disponível em: www.gallup.com.

GAMEL, Kim; KEATH, Lee. "Muammar Gaddafi dead: Libya dictator maddened west, captured, killed in sirte." *The Huffington Post*, 20 out. 2011. Disponível em: www.huffingtonpost.com.

GARDNER, Simon. *Sri Lanka says sinks rebel boats on truce anniversary*. 22 fev. 2007. Disponível em: www.reuters.com.

GARRETT, Laurie. "The nightmare of bioterrorism." *Foreign Affairs*, v. 80, p. 76, 2001.

GEITNER, Paul. "U.S., Europe, and Japan escalate rare-earth dispute with China." *The New York Times*, 27 jun. 2012. Disponível em: www.nytimes.com.

GERMAN, Erik. "Flipper goes to war." *The Daily*, 18 jul. 2011. Disponível em: www.thedaily.com.

GETTLEMAN, Jeffrey. "Rape victims' words help jolt Congo into change." *New York Times*, 18 out. 2008. Disponível em: www.nytimes.com.

_____. "Symbol of unhealed Congo – male rape victims." *The New York Times*, 4 ago. 2009. Disponível em: www.nytimes.com.

GENEVA GRADUATE INSTITUTE FOR INTERNATIONAL STUDIES. *Small Arms Survey, 2013*. Nova York: Oxford University Press, 2013.

GIOSEFFI, Daniela. "Introduction." In: GIOSEFFI, Daniela. (ed.). On prejudice: a global perspective. Nova York: Anchor Books, Doubleday, 1993. p. xi-l.

GOODWIN, Jeff. "A theory of categorical terrorism." *Social Forces*, v. 84, n. 4, p. 2027-2046, 2006.

GORDON, Michael R. "Iran is said to want direct talks with U.S. on nuclear program." *The New York Times*, 26 jul. 2013. Disponível em: www.nytimes.com.

GOURE, Don. "First casualties?" *NATO, the U.N. MSNBC News*, 20 mar. 2003. Disponível em: www.msnbc.com/news.

GREENBURG, Jan Crawford; VOGUE, Ariane. "Supreme Court: Guantanamo detainees have rights in Court." *ABC News*, 12 jun. 2008. Disponível em: abcnews.go.com.

GREEN, Karat. *Mining for gems*. 2007. Disponível em: www.greenkarat.com.

GREENWALD, Glenn. "The same motive for anti-US 'Terrorism' is cited over and over." *The Guardian*, 24 abr. 2013. Disponível em: theguardian.com.

HAIKEN, Melanie. "Suicide rate among vets and active duty military jumps – Now 22 a day." *Forbes*, 5 fev. 2013. Disponível em: www.forbes.com.

HEALY, Jack; RUBIN, Alissa J. "U.S. blames Pakistan-based group for attack on embassy in Kabul." *The New York Times*, 14 set. 2011. Disponível em: www.nytimes.com.

HEFLING, Kimberly. "Former Marine, advocate kills self after war tour." *The Jacksonville Daily News*, 15 abr. 2011. Disponível em: jdnews.com.

HEWITT, J. Joseph; WILKENFELD, Jonathan; GURR, Ted Robert. *Peace and conflict 2012: executive summary*. College Park, MD: Center for International Development and Conflict Management, 2012.

HICKS, Josh. "Pentagon extends benefits to same-sex military spouses." *The Washington Post*, 14 ago. 2013. Disponível em: www.washingtonpost.com.

HOOKS, Gregory; BLOOMQUIST, Leonard E. "The legacy of World War II for regional growth and decline: the effects of wartime investments on U.S. manufacturing, 1947-72." *Social Forces*, v. 71, n. 2, p. 303-337, 1992.

HORWITZ, Sari. "New charges brought against former blackwater guards in Baghdad shooting." *The Washington Post*, 17 out. 2013. Disponível em: www.washingtonpost.com.

HOWARD, Michael. "Children of war: the generation traumatised by violence in Iraq." *The Guardian*, 6 fev. 2007. Disponível em: www.guardian.co.uk.

HUNTINGTON, Samuel. *The clash of civilizations and the remaking of world order*. Nova York: Simon and Schuster, 1996.

IEP (Institute for Economics & Peace). *The economic consequences of war on the U.S. economy*. 2013. Disponível em: economicsandpeace.org.

ICBL (International Campaign to Ban Landmines). *States not party*. 2013. Disponível em: www.icbl.org.

JEON, Arthur. "German shepherd? Belgian malinois? Navy SEAL hero dog is top secret." *Global Animal*, 5 maio 2011. Disponível em: www.globalanimal.org.

JOHNSTON, David; BRODER, John. "F.B.I. says guards killed 14 Iraqis without cause." *The New York Times*, 14 nov. 2007. Disponível em: www.nytimes.com.

KAPHLE, Anup. "Timeline: unrest in Syria." *The Washington Post*, 13 jun. 2013. Disponível em: apps.washingtonpost.com.

KEMPER, Bob. "Agency wages media battle." *Chicago Tribune*, 7 abr. 2003. Disponível em: www.chicagotribune.com.

KLARE, Michael. *Resource wars: the new landscape of global conflict*. Nova York: Metropolitan Books, 2001.

KNICKERBOCKER, Brad. "Return of the military-industrial complex?" *Christian Science Monitor*, 13 fev. 2002. Disponível em: www.csmonitor.com.

LAMONT, Beth. "The new mandate for UN peacekeeping." *The Humanist*, v. 61, p. 39-41, 2001.

LANGLEY, Robert. "Chemical sniffing dogs deployed along borders." n.d. Disponível em: http://usgovinfo.about.com.

LAQUEUR, Walter. "The terrorism to come." In: FINSTERBUSCH, Kurt. (ed.). *Annual Editions*, v. 05-06, p. 169-176. Dubuque, IA: McGraw-Hill/Dushkin, 2006.

LARRABEE, F. Stephen et al. *NATO and the challenges of austerity*. Santa Monica, CA: RAND Corporation, 2012. Disponível em: www.rand.org/pubs/monographs/MG1196.

LARSEN, Kaj. "Harnessing the military power of animal intelligence." *CNN*, 31 jul. 2011. Disponível em: http://articles.cnn.com.

LEARDMANN, Cynthia A. "Risk factors associated with suicide in current and former U.S. military personnel." *Journal of the American Medical Association*, v. 310, n. 5, p. 496-506, 2013.

LEDERER, Edith. "Annan lays out sweeping changes to U.N." *Associated Press*. 20 maio 2005. Disponível em: www.apnews.com.

LEINWAND, Donna. "Sea lions called to duty in Persian gulf." *USA Today*, 16 fev. 2003. Disponível em: www.usatoday.com.

LELAND, Anne; OBOROCEANU, Mari-Jana. *American war and military operations casualties: lists and statistics*. Washington, DC: Congressional Research Service, 26 fev. 2010. Disponível em: www.fas.org.

LEVY, Clifford J.; BAKER, Peter. "U.S.-Russian nuclear agreement is first step in broad effort." *The Washington Post*, 6 jul. 2009. Disponível em: www.washingtonpost.com.

LEVY, Jack S. "Theories of interstate and intrastate war: a levels of analysis approach." In: CROCKER, Chester A.; HAMPSON, Fen Osler; AALL, Pamela. (eds.). *Turbulent peace: the challenges of managing international conflict*. Washington, DC: U.S. Institute of Peace, 2001. p. 3-27.

LI, Xigen; IZARD, Ralph. "Media in a crisis situation involving national interest: a content analysis of major U.S. Newspapers' and TV networks' coverage of the 9/11 tragedy." *Newspaper Research Journal*, v. 24, p. 1-16, 2003.

LINDNER, Andrew M. "Among the troops: seeing the Iraq war through three journalistic vantage points." *Social Problems*, v. 56, n. 1, p. 21-48, 2009.

MACASKILL, Ewen; PILKINGTON, Ed; WATTS, Jon. "Despair at UN over selection of 'faceless' BAN KI-moon as general secretary." *The Guardian*, 7 out. 2006. Disponível em: www.guardian.co.uk.

MACFARQUHAR, Neil. "Change will not come easily to the security council." *The New York Times*, 8 nov. 2010. Disponível em: www.nytimes.com.

MARSHALL, Leon. Elephants "learn" to avoid land mines in war-torn Angola. National Geographic News. 16 jul. 2007. Disponível em: www.nationalgeographic.com.

MASOOD, Salman; MEHSUD, Ihsanullah Tipu. "U.S. drone strike in Pakistan kills at least 16." *The New York Times*, 3 jul. 2013. Disponível em: www.nytimes.com/.

MATTHEWS, Dylan. "Everything you need to know about the drone debate, in one FAQ." *The Washington Post*, 8 mar. 2013. Disponível em: washingtonpost.com.

MAZZETTI, Mark; SHANE, Scott. "Interrogation memos detail harsh tactics by the C.I.A." *New York Times*, 16 abr. 2009a. Disponível em: www.nytimes.com.

MAZZETTI, Mark; SHANE, Scott. "C.I.A. abuse cases detailed in report on detainees." *The New York Times*, 24 ago. 2009b. Disponível em: www.nytimes.com.

MCGIRK, Tim. "Collateral damage or civilian massacre in Haditha?" *Time*, 19 mar. 2006. Disponível em: www.time.com.

MILITARY. *Tuition Assistance (TA) program overview*. 2007. Disponível em: education.military.com.

MILITARY PROFESSIONAL RESOURCES INC. (MPRI) 2011. *InfoCenter: brochures*. Disponível em: www.mpri.com.

MILLER, Susan. "A human horror story." *Newsweek*, 27 dez. 1993. p. 17.

MILLER, T. Christian. "Private contractors outnumber U.S. troops in Iraq." *Los Angeles Times*, 4 jul. 2007. Disponível em: www.latimes.com.

MILLMAN, Jason. "Industry applauds new dual-use rule." *Hartford Business Journal*, 29 set. 2008. Disponível em: www.hartfordbusiness.com.

MITTAL, Dinesh; DRUMMOND, K.L.; BELVINS, D.; CURRAN, G.; CORRIGAN, P.; SULLIVAN, G. "Stigma Associated with PTSD: Perceptions of Treatment Seeking Combat Veterans." *Psychiatric Rehabilitation Journal*, v. 36, n. 2, p. 86-92, jun. 2013.

MORGAN, Jenny; BEHRENDT, Alic. *Silent suffering: the psychological impact of war, HIV, and other high-risk situations on girls and boys in West and Central Africa*. Woking: Plan, 2009. Disponível em: plan-international.org.

MONTALVÁN, Luis Carlos. *Until tuesday: a wounded warrior and the golden retriever who saved him*. Nova York: Hyperion, 2011.

MORALES, Lymari. *Americans see newer threats on par with ongoing conflicts*. 6 abr. 2009. Disponível em: www.gallup.com.

MORONEY, Jennifer D. P. et al. "Building partner capacity to combat weapons of mass destruction." *Rand National Defense Research Institute*. 2009. Disponível em: www.rand.org.

MUELLER, John. *Overblown: how politicians and the terrorism industry inflate national security threats, and why we believe them*. Nova York: Free Press, 2006.

MYERS, Steven Lee. "Women at arms: living and fighting alongside men, and fitting in." *The New York Times*, 16 ago. 2009. Disponível em: www.nytimes.com.

MYERS-BROWN, Karen; WALKER, Kathleen; MYERS-WALLS, Judith A. "Children's reactions to international conflict: a cross-cultural analysis." *Relatório* apresentado no National Council of Family Relations, Minneapolis, 20 nov. 2000.

NAKAMURA, David; KENBER, Billy. "Obama administration to transfer two Guantanamo bay detainees." *The Washington Post*, 26 jul. 2013. Disponível em: www.washingtonpost.com.

NASP (National Association of School Psychologists). *Children and fear of war and terrorism*. 2003. Disponível em: www.nasponline.org.

NCPSD (National Center for Posttraumatic Stress Disorder). *What is post traumatic stress disorder?* 2007. Disponível em: www.ncptsd.va.gov.

NATIONAL COUNTERTERRORISM CENTER. *2011 Report on Terrorism*. 12 mar. 2012. Disponível em: www.nctc.gov.

NATIONAL PRIORITIES PROJECT. *Cost of war: trade-offs*. 2011. Disponível em: costofwar.com.

NCVAS (National Center for Veterans Analysis and Statistics). "Expenditures." *U.S. Department of Veterans' Affairs*. 2013. Disponível em: www.va.gov/vetdata/Expenditures.asp.

NEW YORK TIMES. "A history of the detainee population." *The New York Times*, 23 jul. 2013. Disponível em: projects.nytimes.com/Guantanamo.

NEWPORT, Frank. *Republicans and democrats disagree on muslim hearings*. 9 mar. 2011. Disponível em: www.gallup.com.

NORDLAND, Rod. "Risks of Afghan war shift from soldiers to contractors." *The New York Times*, 11 fev. 2012. Disponível em: nytimes.com.

NPR (National Public Radio). "The navy's other seals . . . dolphins." *National Public Radio*, 5 dez. 2009. Disponível em: www.npr.org.

OCHMANEK, David; SCHWARTZ, Lowell H. "The challenge of nuclear-armed regional adversaries." *Rand Project Air Force*. 2008. Disponível em: www.rand.org.

OFFICE OF THE COORDINATOR FOR COUNTERTERRORISM. "Foreign terrorist organizations." 30 jul. 2013. Disponível em: www.state.gov/s/ct.

OFFICE OF MANAGEMENT AND BUDGET. *Table S-5: proposed budget by category*. 2013a. Disponível em: www.whitehouse.gov.

OFFICE OF MANAGEMENT AND BUDGET. *Table 32-1: policy budget authority and outlays by function, category, and program*. 2013b. Disponível em: www.whitehouse.gov/sites/default/files/omb/budget/fy2012/assets/32_1.pdf.

OFFICE OF WEAPONS REMOVAL AND ABATEMENT. *To walk the earth in safety: the united states' commitment to humanitarian mine action and conventional weapons destruction*. 2013. Disponível em: www.state.gov.

OLIVER, Amy. "Mammals with a porpoise... meet the dolphins and sea lions who go to war with the U.S. Navy." *The Daily Mail*, 6 jul. 2011. Disponível em: www.dailymail.co.uk.

PAUL, Annie Murphy. "Psychology's own peace corps." *Psychology Today*, v. 31, p. 56-60, 1998.

PBS NEWSHOUR. "Bradley manning leaked classified documents to spark 'debate' on foreign policy." *PBS*, 28 fev. 2013. Disponível em: www.pbs.org.

PERMANENT COURT OF ARBITRATION. *2011 about us and cases*. Disponível em: www.pca-cpa.org.

PEW RESEARCH CENTER. *Sexual assault in the military widely seen as important issue, but no agreement on solution*. 12 jun. 2013. Disponível em: www.pewresearch.org.

_____. *A nation of flag waivers*. 3 abr. 2011a. Disponível em: www.pewresearch.org.

_____. *Obama's challenge in the muslim world: Arab spring fails to improve U.S. image. Pet global attitudes project*. 17 maio 2011b. Disponível em: www.pewresearch.org.

_____. *Public remains divided over use of torture*. 24 abr. 2009. Disponível em: http://www.people-press.org.

PEW RESEARCH CENTER FOR THE PEOPLE & THE PRESS. "Public remains conflicted over Islam." 24 ago. 2010. Disponível em: www.people-press.org.

PILKINGTON, Ed. "US government identifies men on Guantanamo 'indefinite detainee' list." *The Guardian*, 17 jun. 2013a. Disponível em: www.theguardian.com.

_____. "Bradley manning verdict: cleared of 'aiding the enemy' but guilty of other charges." *The Guardian*, 30 jul. 2013b. Disponível em: www.theguardian.com.

PLUMER, Brad. "The U.S. gives Egypt $1.5 billion a year in aid. Here's what it does." *The Washington Post*, 9 jul. 2013. Disponível em: www.washingtonpost.com.

PORTER, Bruce D. *War and the rise of the state: the military foundations of modern politics.* Nova York: Free Press, 1994.

PORTERO, Ashley. "Women in combat units could help reduce sexual assaults: U.S. joint chiefs chairman." *International Business Times*, 25 jan. 2013. Disponível em: www.ibtimes.com.

POWELL, Bill; MCGIRK, Tim. "The man who sold the bomb." *Time*, 14 fev. 2005, p. 22-31.

PRICE, Eluned. "The served and suffered for us." 1 nov. 2004. *The Telegragh*. Disponível em: www.telegraph.co.uk.

PRIEST, Dana; ARKIN, William M. "Top secret America: a hidden world, growing beyond control." *The Washington Post*, 19 jul. 2010. Disponível em: www.washingtonpost.com.

PUCKETT, Neal; FARAJ, Haytham. *Navy-Marine corps court hears appeal in Wuterich v U.S.*, 25 jun. 2009. Disponível em: www.puckettfaraj.com.

RAPOZA, Kenneth. "Syria's chemical weapons slowly being eradicated." *Forbes*, 16 out. 2013. Disponível em: www.forbes.com.

RASHID, Ahmed. *Taliban: militant islam, oil, and fundamentalism in central Asia.* New Haven, CT: Yale University Press, 2000.

RASLER, Karen; THOMPSON, William R. *Puzzles of the democratic peace: theory, geopolitics, and the transformation of world politics.* Nova York: Palgrave Macmillan, 2005.

RENNER, Michael. "Number of wars on upswing." In: STARKE, Linda. (ed.). *Vital signs: the environmental trends that are shaping our future.* Nova York: W. W. Norton, 2000. p. 110-111.

_____. "Environmental dimensions of disarmament and conversion." In: CASSADY, Karl; BISCHAK, Gregory A. (eds.). *Real security: converting the defense economy and building peace.* Albany: State University of New York Press, 1993. p. 88-132.

REUTERS. "U.S. files criminal charges against snowden over leaks: sources." *Reuters*, 21 jun. 2013. Disponível em: www.reuters.com.

_____. "Case dropped against officer accused in Iraq killings." *New York Times*, 18 jun. 2008. Disponível em: www.nytimes.com.

ROMERO, Anthony. "Civil liberties should not be restricted during wartime." In: WILLIAMS, Mary. (ed.). *The terrorist attack on America.* Farmington Hills, MA: Greenhaven Press, 2003. p. 27-34.

ROSENBERG, Tina. "The unbearable memories of a U.N. peacekeeper." *New York Times*, 8 out. 2000., p. 4, 14.

ROUGHTON, Randy. "Fallen marine's family adopts his best friend." *U.S. Air Force Official Website*, 3 fev. 2011. Disponível em: www.af.mil.

RYAN, Jason; KHAN, Huma. "In reversal, Obama orders Guantanamo military trial for 9/11 mastermind Khaled Sheikh Mohamed." *ABC News*, 4 abr. 2011. Disponível em: www.abcnews.go.com.

SAAD, Lydia. *Post-Boston, half in U.S. anticipate more terrorism soon.* 26 abr. 2013. Disponível em: poll.gallup.com.

_____. *Majority in U.S. say Bin Laden's death makes America safer.* 4 maio 2011. Disponível em: www.gallup.com.

SALEM, Paul. "Dealing with Iran's rapid rise in regional influence." *The Japan Times*, 22 fev. 2007. Disponível em: www.carnegieendowment.org.

SALLADAY, Robert. *Anti-war patriots find they need to reclaim words, symbols, even U.S. flag from conservatives.* 7 abr. 2003. Disponível em: www.comem:mondreams.org.

SANG-HUN, Choe; BUCKLEY, Chris. "North Korean leader supports resumption of nuclear talks, state media say." *The New York Times*, 26 jul. 2013. Disponível em: www.nytimes.com.

SAVAGE, Charlie. "Accused 9/11 mastermind to face civilian trial in N.Y." *New York Times*, 13 nov. 2009. Disponível em: www.nytimes.com.

SAVAGE, Charles; BUMILLER, Elisabeth. "An Iraqi massacre, a light sentence and a question of military justice." *The New York Times*, 27 jan. 2012. Disponível em: www.nytimes.com.

SAVE THE CHILDREN. *Last in line, last in school 2009.* 2009. Disponível em: www.savethechildren.org.

_____. *State of the world's mothers: saving the lives of children under five.* 2007. Disponível em: www.savethechildren.org.

SCHEFF, Thomas. *Bloody revenge.* Boulder, CO: Westview Press, 1994.

SCHMITT, Eric. "Pentagon seeks to shut down bases across nation." *New York Times*, 14 maio 2005. Disponível em: www.nytimes.com.

SCHNEIER, Bruce. "America's dilemma: close security holes, or exploit them ourselves." *Wired*, 1 maio 2008. Disponível em: www.wired.com.

SCHROEDER, Matt. "The illicit arms trade." Washington, DC: Federation of American Scientists, 2007. Disponível em: www.fas.org.

SCHULTZ, George P.; PERRY, William J.; KISSINGER, Henry A.; NUNN, Sam. "A world free of nuclear weapons." *Wall Street Journal*, 4 jan. 2007. Disponível em: www.wsj.com.

SCHWARTZ, Moshe; SWAIN, Joyprada. *Department of defense contractors in Afghanistan and Iraq: background and analysis.* Washington, DC: Congressional Research Service, 2011. Disponível em: www.fas.org.

SHANAHAN, John J. "Director's letter." *Defense Monitor*, v. 24, n. 6, p. 8, 1995.

SHANKER, Thom; SANGER, David E. "Pakistan is rapidly adding nuclear arms, U.S. says." *New York Times*, 17 maio 2009. Disponível em: www.nytimes.com.

SHERIDAN, Mary Beth; BRANIGIN, William. "Senate ratifies new U.S.-Russia nuclear weapons treaty." *Washington Post*, 22 dec. 2010. Disponível em: washingtonpost.com.

SHRADER, Katherine. "WMD commission releases scathing report." *Washington Post*, 31 mar. 2005. Disponível em: www.washingtonpost.com.

SILVERSTEIN, Ken. "Six questions for Joost Hiltermann on blowback from the Iraq-Iran war." *Harper's Magazine*, 5 jul. 2007. Disponível em: www.harpers.org.

SIMON, Scott. "Marine mammals on active duty: navy uses dolphins, sea lions to patrol waters in Persian Gulf." 29 mar. 2003. Disponível em: www.npr.org.

SKOCPOL, Theda. *Social revolutions in the modern world.* Cambridge, UK: Cambridge University Press, 1994.

_____. *Protecting soldiers and mothers: the political origins of social policy in the United States.* Cambridge: The Belknap Press of Harvard University Press, 1992.

SLEVIN, Peter. "U.S. to announce transfer of detainees to ill. Prison." *Washington Post*, 15 dez. 2009. Disponível em: www.washingtonpost.com.

SMITH, Craig. "Libya to pay more to French in '89 bombing." *New York Times*, 9 jan. 2004. p. 6.

SMITH, Lamar. "Restricting civil liberties during wartime is justifiable." In: WILLIAMS, Mary. (ed.). *The Terrorist Attack on America.* Farmington Hills, MA: Greenhaven Press, 2003. p. 23-26.

SMITH-SPARK, Laura; SCUITTO, Jim; LABBOTT, Elise. "Iran nuclear talks start in Geneva amid 'cautious optimism.'" *CNN*, 16 out. 2013. Disponível em: www.cnn.com.

STARR, J. R.; STOLL, D. C. *U.S. foreign policy on water resources in the middle east.* Washington, DC: Center for Strategic and International Studies, 1989.

STIGLITZ, Joseph E.; BILMES, Linda J. "The true cost of the Iraq war: $3 trillion and beyond." *The Washington Post*, 5 set. 2010. Disponível em: www.washingtonpost.com.

STIGLITZ, Joseph E.; BILMES, Linda J. *The three trillion dollar war: the true cost of the Iraq conflict.* Nova York, NY: W.W. Norton & Company, 2008.

STIMSON CENTER. *Reducing nuclear dangers in south Asia.* 2007. Disponível em: www.stimson.org.

SIPRI (Stockholm International Peace Research Institute). *Recent trends in military expenditure.* 2013. Disponível em: www.sipri.org.

STROBEL, Warren; KAPLAN, David; NEWMAN, Richard; WHITELAW, Kevin; GROSE, Thomas. 2001. "A war in the shadows." *U.S. News and World Report*, v. 130, n. 22.

TANIELIAN, Terri et al. "Invisible wounds of war: summary and recommendations for addressing psychological and cognitive injuries." 2008. Disponível em: www.rand.org.

TAVERNISE, Sabrina. "U.S. contractor banned by Iraq over shootings." *New York Times*, 18 set. 2007. Disponível em: www.nytimes.com.

TAYLOR, Guy. "Foot-draggers: U.S. and Russia slow to destroy own chemical weapons amid Syria Smackdown." *Washington*

Times, 16 out. 2013. Disponível em: www.washingtontimes.com.

THAROOR, Ishaan. "Terrorist attack at Nairobi mall: behind al-Shabaab's war with Kenya." *Time*, 23 set. 2013. Disponível em: www.world.time.com.

TILLY, Charles. *Coercion, capital and european states: AD 990-1992*. Cambridge, MA: Basil Blackwell, 1992.

TREMLATT, Giles. "ETA declares permanent ceasefire." *The Guardian*, 20 jan. 2011. Disponível em: www.guardian.co.uk.

TREO. "Treo the dog awarded animal VC." *The Telegraph*, 6 fev. 2010. Disponível em: www.telegraph.co.uk.

UCDP (Uppsala Conflict Data Program). *Ongoing armed conflicts*. 2013. Disponível em: www.pcr.uu.se/research/ucdp/datasets/ucdp_prio_armed_conflict_dataset/

UENUMA, Francine. "Number of children who have fled reaches one million." *Save the Children Media Release*. 23 ago. 2013. Disponível em: www.savethechildren.org.

UNMAO (United National Mine Action Office). "UNMAO regional fact sheet." Jun. 2011. *Southern Sudan*. Disponível em: http://reliefweb.int/report/sudan/unmao-regional-fact-sheet-southern-sudan-updated-jun.-201.

UNICEF (United Nations Children's Fund). *The state of the world's children 2011: adolescence – an age of opportunity*. 2011. Disponível em: www.unicef.org.

UNITED NATIONS. *United Nations peacekeeping operations*. 2013. Disponível em: www.un.org/en/peacekeeping/resources/statistics/factsheet.shtml.

_____. *Some questions and answers*. 2003. Disponível em: www.unicef.org.

_____. *Convention on the prevention and punishment of the crime of genocide*. 1948. Disponível em: www.un.org.

UNAUSA (United Nations Association of the United States of America). *Landmines Overview*. 2004. Disponível em: www.unausa.org.

UNHCR (United Nations High Commissioner for Refugees). *UNHCR country operations profile: Iraq*. 2013. Disponível em: www.unhcr.org/pages/49e486426.html.

UNITED NATIONS SECURITY COUNCIL. *Resolution 1973.S/RES/1973*. 17 mar. 2011. Disponível em: www.un.org.

U.S. ARMY MEDICAL COMMAND. *Mental health advisory team IV findings*. Maio 2007. Disponível em: www.armymedicine.army.mil.

U.S. DEPARTMENT OF DEFENSE. *Annual Report to Congress: Military and Security Developments Involving the People's Republic of China*. 2013. Disponível em: www.defense.gov/pubs/2013_China_Report_FINAL.pdf.

U.S. DEPARTMENT OF HOMELAND SECURITY. *FY 2012 Budget-in Brief*. 2013. Disponível em: www.dhs.gov.

U.S. DEPARTMENT OF STATE. "The United States' Leadership in Conventional Weapons Destruction." *Fact Sheet: Bureau of Political-Military Affairs*, fev. 2011. Disponível em: www.state.gov.

_____. *Small Arms/Light Weapons Destruction*. 2007. Disponível em: www.state.gov.

U.S. NAVY. "Navy marine mammal program excels during frontier sentinel." 2010. Disponível em: www.navy.mil/search/display.asp?story_id=53979.

VESELY, Milan. "UN peacekeepers: warriors or victims?" *African Business*, v. 261, p. 8-10, 2001.

VINER, Katharine. "Feminism as Imperialism." *The Guardian*, 21 set. 2002. Disponível em: www.guardian.co.uk.

WALI, Sarah O.; SAMI, Deena A. "Egyptian police using U.S.-made tear gas against demonstrators." *ABC News*, 28 jan. 2011. Disponível em: abcnews.go.com.

WALKER, Peter. "The bradley manning trial: what we know from the leaked wikileaks documents." *The Guardian*, 30 jul. 2013. Disponível em: www.theguardian.com.

WASHINGTON POST. *Top secret America: a Washington Post investigation*. 2010. Disponível em: www.washingtonpost.com.

WATERS, Rob. "The psychic costs of war." *Psychotherapy Networker*, mar.-abr., 2005. p. 1-3.

WATKINS, Thomas. "Haditha hearings enter fourth day." *Time*, 11 maio 2007. Disponível em: www.time.com.

WAX, Emily. "War horror: rape ruining women's health." *Miami Herald*, 3 nov. 2003. Disponível em: www.miami.com.

WEIMANN, Gabriel. *Terror on the internet: the new arena, the new challenges*. Washington, DC: U.S. Institute of Peace Press, 2006.

WEISMAN, Jonathan. "Iran talks face resistance in U.S. Congress." *The New York Times*, 12 nov. 2013. Disponível em: www.nytimes.com.

WHITE HOUSE STATEMENT. "Text of white house statement on chemical weapons in Syria." *The New York Times*, 13 jun. 2013. Disponível em: www.nytimes.com.

WILLIAMS, Mary E. (ed.). *The terrorist attack on America*. Farmington Hills, MA: Greenhaven Press, 2003.

WISE, Lindsey. "Marine who pushed suicide prevention took own life." *Houston Chronicle*, 9 abr. 2011. Disponível em: www.chron.com/news/.

WOEHRLE, Lynne M.; COY, Patrick G.; MANEY, Gregory M. *Contesting patriotism: culture, power, and strategy in the peace movement*. Lanham, Md.: Rowman & Littlefield Publishers, Inc., 2008.

WORSNIP, Patrick. "South Sudan admitted to U.N. as 193rd member." *Reuters UK*, 14 jul. 2011. Disponível em: uk.reuters.com.

ZAKARIA, Fareed. "The new twilight struggle." *Newsweek*, 12 out. 2000. Disponível em: www.msnbc.com/news.

ZAREMBA, John; PLANAS, Antonio; SWEET, Laurel J. "Dzhokhar Tsarnaev pleads not guilty to marathon blasts." *The Boston Herald*, 10 jul. 2013. Disponível em: www.bostonherald.com.

ZOROYA, Gregg. "Lifesaving knowledge, innovation emerge in war clinic." *USA Today*, 27 mar. 2006. Disponível em: www.usatoday.com.

Índice Remissivo

A

Abandono da escola, 271-272
Abandono escolar, 271-272
Abordagem da disponibilidade de tempo, 350
Abordagem de Verstehen, 12
Abordagem do desenvolvimento humano, 463
Abordagem dos recursos relativos, 350
Aborto, 30, 422-423, 489
    abortos D & E, 490
    abortos por nascimento parcial, 490
    atitudes em relação a, 12, 490
    decisões sobre, 472
    escolha do sexo, 331
    estatísticas de, 488
    inseguro, 422, 489
    "pílula abortiva" (RU-486), 476
    questões sobre fetos e concepção, 490
    seguro, acesso a, 422
Aborto baseado em gênero, 331
Abortos de nascimento parcial, 490
Abortos para seleção sexual, 331
Abuso: levantamento do comportamento abusivo, 169
    ciclo do, 170
    de animais domésticos, 173-174
    de idosos, 171
    desemprego e, 229
    dos pais, 171
    fatores que contribuem para o, 174
    infantil, 171
    irmãos, 171
    por que alguns adultos permanecem em relacionamentos abusivos, 170
    prevenção e reação a, 175-177
    tipos de abusadores, 168
    tratamento para abusadores, 177
    violência do parceiro íntimo, 158, 167-170
Abuso de álcool, 75-76
    gênero e, 77
Abuso de animais, 173-174
Abuso de drogas. Veja Uso e abuso de drogas
Abuso de idosos, 171
Abuso de substâncias, 100; Veja também Uso e abuso de drogas
Abuso emocional, 158, 167
Abuso entre irmãos, 171
Abuso infantil, 171
Abuso parental, 171
Abuso sexual, 131
Ação afirmativa, 320-321, 364
    banida pela California Proposition, 220, 306, 364
Acesso à banda larga, 482, 495-496
Acesso sem fio à Internet, 481, 483
Acidente na usina nuclear de Fukushima Daiichi, 432-435, 444-445
Acidez oceânica, 451
Acordo matrimonial, 165
Acordo Norte-Americano de Livre Comércio (NAFTA), 224, 433
Acordos de comércio e investimento, 187
Acordos de comércio e livre comércio, 187, 224
Acordos de livre comércio, 224
    danos ambientais e, 433
    NAFTA e CAFTA, 224, 433
    pelo, GATT e OMC, 224
Aculturação, 295
Acxiom, 502
Adam Walsh Child Protection and Safety Act (Lei Adam Walsh de Proteção e Segurança à Criança), 142
Adelphia, 118
Adolescentes: assédio antigay e, 389-391
    crime e violência e, 123, 198
    gravidez na adolescência, 202
    laços familiares, efeitos dos, 110
    questões de saúde, 54-57
Adolescentes hispânicos, bullying e vitimização entre, 275
Afeganistão, 521
    exposição ao trauma de militares no, 535
    gênero no, 338
    guerra no, 511, 514
    guerra no, custo da, 512, 537
    terrorismo ataques e mortes no, 525
Affordable Care Act (Lei da Atenção à Saúde Acessível), 48, 58-62
    desafios legais ao, 60
Afogamento simulado, 530
Age Discrimination in Employment Act (ADEA – Lei contra a Discriminação Etária no Trabalho), 425
Agentes nervosos, destruição dos, 539

Água: como recurso que leva a guerras, 519
　　escassez de, 440
Água potável de Camp Lejeune, 448, 450
AIDS (síndrome da imunodeficiência adquirida), 40, 359
　　pesquisa sobre, 470, 475
Aid to Families with Dependent Children (AFDC – Auxílio a Famílias com Filhos Dependentes), 204
Ajuda military a países estrangeiros, 540
Álcool, 74-77, 81
　　abuso, mortes associadas ao, 68-69, 90
　　abuso, pelo parceiro íntimo abuso associado ao, 87, 174
　　alto preço do, 89
　　bebendo em casa, 88
　　bebida e direção, 12, 68, 89, 95
　　consumo abusivo de álcool, 75-76
　　entendendo o uso de, 100
　　estratégias para controlar o uso de, 94-95, 97
　　excesso de bebida, 75-76
　　filhos de alcoólatras, 87
　　gênero e, 77
　　início precoce, 74
　　Lei Seca e, 75, 95
　　menores de idade e bebida, 75-77
　　mortes relacionadas ao, 69, 89
　　prevalência de uso, 71
　　raça e, 46
　　síndrome alcoólica fetal, 90
　　síndrome da abstinência neonatal, 90
　　subsídios governamentais para, 72
　　teorias sociológicas sobre, 71-73
　　uso, ao longo do tempo, 70
　　uso, em todo o mundo, 69
Alcoólicos Anônimos (AA), 93
Alfabetização. Veja Educação
　　Analfabetismo
Alienação, 10-11, 240
　　no local de trabalho, 241
　　parental, 162-164
Alienação parental, 162-164
Alienação política, 200
Alimentos: biotecnologia e, 487-488
　　fins lucrativos, 41
　　marketing, obesidade e, 54
Alimentos geneticamente modificados, 188, 487
　　Protocolo de Biossegurança, 488
Al Qaeda, 523, 530
Alucinógenos, 41, 81, 86
　　uso nos últimos meses entre crianças estudantes, 78
Alunos de inglês, 264-266
Ambientalismo religioso, 454
Ambiente, 431-467
　　custo do uso de drogas sobre o, 90-92
　　globalização e, 432
　　greenwashing e, 435-436
　　guerras e conflitos, efeitos sobre, 537-540
　　permeabilidade das fronteiras internacionais, 432-433
Ameaça do estereótipo, 270

American Anthropological Association (Associação Norte-americana de Antropologia), 387
American Clean Energy and Security Act (Lei Norte-ameriana de Energia Limpa e Segurança), 460
American Coalition for Fathers and Children (Coalizão Norte-americana para Pais e Filhos), 362
Americanos nativos: índices de alcoolismo, 46, 77
　　desculpas aos, 323
　　índices de pobreza, 192
　　reparações aos, 323
　　três gêneros nos, 332; Veja também Indígenas americanos.
American Psychiatric Association (APA – Associação Norte-americana de Psiquiatria), 377
American Recovery and Reinvestment Act (2009 – Lei da Recuperação e Reinvestimento Norte-americanos), 277
Amostra, 17
Analfabetismo, 256, 339
Androginia, 331, 365
Anfetaminas, 71, 81-84
Angola, efeitos da guerra em, 538
Animais: animais de companhia, 206-209, 413
　　como heróis militares, 528
　　superpopulação de animais domésticos, 413-414
　　TEPT em, 508
　　uso de na pesquisa científica, 500-501
Animais de companhia, 206-209
Animais de estimação. Veja Animais
Animal Liberation Front (ALF – Frente de Libertação dos Animais), 454
Anistia Internacional, 392
Anomia, 9
　　teoria criminal na, 8, 109
　　uso de drogas e, 72
Antibióticos, 40-41
Antrax, terrorismo, 530
"Apartheid da informação", 496
Aposentadoria: preocupações dos americanos idosos, 418-420
　　estrutura para, 418
　　idade de aposentadoria, para a Previdência Social, 410, 419
　　obrigatória, 425
　　Previdência Social, papel na, 418-419
　　tipos de planos, 418
Apple, 378, 475
Aquecimento global, 441-446
　　causas do, 441-442
　　efeitos do, 442-443
　　o que cada um pode fazer, 459
Arbitragem, 542
Archer Daniels Midland, 435
Áreas urbanas, crime em, 127
Areias betuminosas, 432
Armas: nucleares, 543-546
　　pequenas, 546
Armas de destruição em massa, 521, 531-532
Armas, feitas em impressoras 3-D, 470

Armas nucleares/tratados de testes, 543-545
Armas nucleares, controle e desarmamento de, 543-546
Armas pequenas, problema das, 546
Armas químicas, 522, 531-532
    destruição de, 539
Arson, 115
Asiático-americanos: renda dos, 314
    conquistas educacionais de, 307
    estereótipos dos, 307
Assassinato, 113-114
Assassinatos em Dowry, 361
Assassinatos em massa, 113-114
Assassinato serial, 113
Assassinatos por honra, 360
Assédio: sexual, 364
    orientação sexual e, 383, 389-391, 394, 396
Assimilação, 295
Assimilação primária, 295
Assimilação secundária, 295
Assistência à moradia, 204-206
Assistência à saúde mental: acesso a, melhoria da, 59-60
    desinstitucionalização, 52
    inadequada, 52-53
    melhoria, 57-62
    para militares e veteranos, 58
Assistência médica a crianças, 207
Assistente Digital Pessoa (PDAs), 478
Ataque agravado, 114
Ataques sexuais: na faculdade, 364
    no Exército, 516
Atenção à saúde, 27-66
    acesso à, 46
    coberturas e preços, 47
    custo da, 28, 35, 46, 51-52
    falta de acesso a, 38
    fins lucrativos em, 41
    França oferece a melhor em geral, 46
    legislação sobre, 49, 58-62
    Medicare, Medicaid e atenção à saúde dos militares, 47
    melhorando a, 53-62
    "Obamacare", 60
    primária abrangente, 53
    primária seletiva, 53
    problemas de, 46-53, 62-64
    prontuários médicos, 483, 493
    sistemas de um só pagador, 62
    software médico, 478
    teorias sociológicas, 40-43
    universal, 50
    uso do pronto-socorro, 50-52
    visão geral dos EUA, 46-52
Atenção à saúde de único pagante, 62
Atenção à saúde dos militares, 47
Atenção à saúde universal, 50
Atenção primária à saúde abrangente, 53
Aterro sanitário, 447
Atividade física, 54-56
iniciativa Let's Move!, 56
Atividades online. Veja Internet
Ativismo ambiental, 453-456
Ativismo, estudantil, 22
Ativismo gay, 376
    consequências não intencionais do, 377
Atraso cultural, 474
Atribuição de gênero, 330, 337, 370
Augusta National Golf Club, 348
Aumento do nível do mar, 442
Aurora, Colorado, assassinatos no teatro de, 113
Autoconceito, 227, 378
Autoconsciência, 21
Autoestima, 357, 383
Autoestranhamento, 240
Automação, 229, 470, 479
Automóveis, 474
    eficiência de combustíveis em, 461
    incapacitado para, 479
    indústria de, 229

B

Baby boomers, 408
Backlash: A Guerra não Declarada contra Mulheres Americanas, 362
Banco Mundial, 188, 226
Banheiros voadores, 198-199
Basic Economic Security Tables Index (BEST – Índice das Tabelas de Segurança Econômica Básica), 185
Bater, alternativas a, 176
Bebida. Veja Álcool
Bebida e direção, 12, 46, 68, 89
    esforços para reduzir, 94
Beijing Declaration and Platform for Action (Declaração e Plataforma de Ação de Pequim), 364
Bem-estar, 205-211
    bem-estar corporativo, 187
    como "palavrão", 189
    mitos e realidades, 209-211, 216
    programas de bem-estar (EUA), 205-209
    programa testado pelos meios, 205, 209
    wealthfare, 187
Bem-estar corporativo, 187
Bifobia, 379
Bigamia, 148
Biocombustíveis, 434, 457
Biodiversidade, 451
Bioinvasão, 433, 451
Biomassa, 438
    combustível, 440
Biometria, 478
Biotecnologia, 487-492
    alimentos e organismos geneticamente modificados, 487-488
    tecnologias reprodutivas, 489-491
Bissexualidade, 370
    discriminação contra, 383-393
    visão geral demográfica da, 372-376

BitTorrent, 501
Blogar, 485
Bomba na Maratona de Boston, 318, 524-525
Border Security, Economic Opportunity, and Immigration Modernization Act (Lei da Segurança de Fronteira, Oportunidade Econômica e Modernização da Imigração), 303
Bowers v. Hardwick, 383
Boys and Girls Club, 132
Boy Scouts of America, 382
Brown University Steering Committee on Slavery and Justice (Comitê de Escravidão e Justiça da Universidade Brown), 323-325
Brown v. Board of Education, 266
Buffy, a Caça-vampiros, 393
Bully Boys (músicos), 312
Bullying, 172, 274
    entre adolescentes negros e hispânicos, 275
    ódio e assédio antigay, 389, 396
    programa antibullying, 397
Bum bashing, 196
Burguesia, 187
Burnout no trabalho, 238

C

"Cadinho de culturas", 295
Cafeína, 71
CAFTA (Central American Free Trade Agreement – Acordo de Livre Comércio da América Central), 224
Califórnia: educação para grupos com sub-representação, 396
    FAIR Education Act, 396
    padrões de combustível na, 461
    política do "three times you're out", 134
    Proposition 8 na, 377, 398
Camada de ozônio, destruição da, 441
Campanha de Direitos Humanos, 392
Campus Sexual Violence Elimination Act of 2013 (Lei da Eliminação da Violência Sexual no Campus de 2013), 364
Canabinoides, 81
Câncer, 448
    câncer de mama, *pinkwashing* e, 437
Câncer de mama, *pinkwashing* e, 437
Cannabis. Veja Maconha
Capitalismo, 5, 221-222, 226
    alternativas ao, 244
    comparado ao socialismo, 221
    fins lucrativos, 10, 250
    Guerra Fria e, 520
    lucro pelo excedente da força de trabalho, 307
    teoria do conflito e, 307, 520
    visão clássica do, 251
Carcinógenos, 448-451
Carros. Veja Automóveis
Casais do mesmo sexo, 150, 394-395
    na Holanda, 372
    nos EUA, 373-374
    parcerias domésticas, 151, 372, 394
    parcerias registradas, 372
    pobreza e, 203; Veja também Casamento do mesmo sexo
Casamento, 178
    arranjado v. por escolha, 149
    casamento infantil, 53, 348
    coabitação e, 152
    contrato matrimonial, 165
    Defense of Marriage Act (Lei de Defesa do Casamento), 150, 370, 377, 384, 514
    divisão do poder no, 149
    divisão do trabalho no, 159, 331, 336-337, 350-351
    divórcio, 153-154, 158-164
    do mesmo sexo, 150, 394-395
    fortalecimento, 164, 178
    igualitário, 150, 160
    inter-racial, 299
    local de trabalho e sustento econômico, 164
    "movimento do casamento", 164
    mudança na função do, 159
    Respect for Marriage Act (Lei do Respeito ao Casamento), 395
Casamento do mesmo sexo, 373, 384-387, 394-395
    apoio público ao, 380
    argumentos contra, 385
    argumentos em favor do, 386-387
    diferenças geracionais nas atitudes em relação a, 380
    estados dos EUA reconhecendo/permitindo, 390
    filhos e direitos parentais, 388, 395
    Lei de Defesa do Casamento, 150, 372, 377, 384, 514
    na Califórnia, Proposição 8 rescinde o direito a, 377, 398
    países que reconhecem o, 372
    religião e, 386
    Respect for Marriage Act (Lei de Respeito ao Casamento – RMA), 395
    tipos de união, 394-396
    uniões civis, 372, 394
Casamentos interraciais/interétnicos, 299
CEDAW, 364
Celulares, 480
    uso ao dirigir, 3
Células tronco, 491
Census Bureau. Veja U.S. Census Bureau
Central American Free Trade Agreement (CAFTA – Acordo de Livre Comércio da América Central), 224
Certificado GED (General Educational Development – Desenvolvimento Geral Educacional), 271
CHAMPUS, 47
Chik-fil-A, 392
Children's Act for Responsible Employment (CARE Act – Lei do Emprego Responsável para Crianças), 234
China: acusada de ciberataques, 510
    atenção ao idoso na, 415-417
    censura à Internet, 476
    crescimento da Internet na, 476
    estatísticas demográficas na, 405, 407

Family Support Agreement (Acordo de Apoio à Família) na, 416
gases do efeito estufa na, 336
gastos com pesquisa e desenvolvimento na, 472
minerais terrosos raros, restrição à exportação na, 519
pena de morte na, 140
política de um filho na, 422
pós-graduação em ciência e engenharia, 472
protesto da Praça da Paz Celestial, 22
trabalho em *sweatshop* na, 232
Chinese Exclusion Act (Lei Chinesa da Exclusão), 300, 306
Chip de silício, 480
Choque de civilizações, 547
Choque futuro, 498
Chuva ácida, 441
Ciberataques, 120, 502, 510
Ciberbullying, 497-498
Cibernação, 470
Ciclo de abuso, 170
Ciclo do feedback positivo, 442
Cidadania (EUA), 304-305
Cidadãos dos EUA, tornando-se por meio da naturalização, 303-305
Cidadãos naturalizados, 304
Ciência, 470
ética e lei, 499-501
experimentos para pesquisa militar, 533
falta de conhecimento público dos EUA sobre, 472
fugitivos, e política governamental, 501-503
gênero e, 352
níveis de pós-graduação, 340, 470
STEM (science, technology, engineering, and mathematics – ciência, tecnologia, engenharia e matemática), 270, 339, 472
Ciência e tecnologia, 469-505
biotecnologia, 487-492
comitês e iniciativas dos EUA sobre, 502
compreensão da, 502-504
consequências sociais da, 492
contexto global, a revolução tecnológica, 471-475
controle, 498-502
custos e benefícios da, 492
dualismo tecnológico, 470, 503
estratégias de ação, 499-502
ética e lei, 499-501
fontes de informação sobre, 472
posição dos EUA sobre, 470-472
pós-modernismo e solução tecnológica, 474
princípios orientativos para, 504
teorias sociológicas da, 474-476
transformação da sociedade pela, 478-492
Cigarros, consumo de, 69-70
Cigarros eletrônicos, 95
Cingapura: criminalização do sexo gay, 371
Maintenance of Parents Act (Lei da Manutenção dos Pais), 416
Círculos de conversa, 144
Circuncisão feminina, 331-335

Cirurgia de redesignação sexual, 330
Citizens United v. Federal Election Commission, 187, 200, 214, 226
Civilian Health and Medical Program for Uniformed Services (CHAMPUS – Saúde Civil e Programa Médico para Serviços Uniformizados), 47
Civil Rights Act, Title VII of (Lei dos Direitos Civis, Título VII), 320, 348, 363-364
Clean Air Act (Lei do Ar Limpo), 464
Clearance rate (Índice de Solução), 107
Clima extremo, 443
Clonagem, 491-492
ética da, 501
humana, 491, 501-502
terapêutica, 491
Clonagem humana, 491, 501-502
Clonagem terapêutica, 491
Clorofluorcarbonetos (CFC), 441
Coabitação, 152
Cobertura do seguro saúde, 41, 51-52
custo da, 51-52
custos dos medicamentos, 51-52
efeitos sobre a saúde da, 46
inadequada, 50-52, 63
SCHIP, 47
sem, 50-52
Coberturas de cabeça das mulheres muçulmanas, 5-6, 331, 337
Coca-Cola, 71, 83, 246
Cocaína, 79-83
crack, 72, 83
epidemia de, 83
na Coca-Cola, 71, 83
uso de heroína com ("speedball"), 84
uso no mês anterior por crianças na escola, 78
Code for Corporate Citizenship (Código para Cidadania Corporativa), 456
Código dos meninos, 358
Coiote, 302
Colar, 282
Colbert Report, The (TV), 310
Coleta de dados, métodos de, 17-20
Cole, USS, ataque ao, 523, 531
Combatentes inimigos, prisão de, 528
Combat Methamphetamine Epidemic Act (Lei de Combate à Metanfetamina Epidêmica), 83
Combustíveis: biocombustíveis, 434, 457-459
combustíveis fósseis, 438, 442
Combustíveis fósseis, 438, 442
Combustível etanol, 457
Comércio eletrônico, 483-484
Comércio mundial, queda do, 221
Complexo industrial militar, 515
Comportamento do consumidor, modificações no, 458
Comprehensive Methamphetamine Control Act (Lei Ampla de Controle à Metanfetamina), 83
Computadores, 479-481
barreira digital e, 495-496

demografia do uso de, 480
estatísticas de uso, 470, 480
hackeamento, 477, 492
uso na educação, 484-486
Comunidades-membro, 485
Comunidades terapêuticas, 93
Comunismo, 520
Confessions of an Economic Hit Man (Perkins), 226
Conflito, 507-549
ataques hostis, defesa contra, 521
causas da guerra e, 519-523
compreensão, 546-548
contexto global, 508-511
custos sociopsicológicos, 534-536
em relação à terra e aos recursos naturais, 464, 519-522
em relação a valores e ideologia, 520
estratégias de ação, 540-547
hostilidades raciais e étnicas, 520-521
problemas sociais associados a, 532-540; Veja também Terrorismo
Conflitos de valor, 11
Conformidade, 109
Congo, violência contra a mulher no, 534
Congresso dos EUA, mulheres no, 346
Consequências indesejadas, 8, 377
Constituição dos EUA. Veja Emendas à Constituição dos EUA
Construção social: de papéis de gênero, 349-356
de orientação sexual, 378
de raça/etnia, 292-296
Construcionismo social, 13
Construções verdes, 459
Consumer Sentinel Network (CSN – Rede Sentinela do Consumidor), 119
Consumismo, 453, 458
Contexto global: crime e controle social, 104-106
crescimento e envelhecimento da população, 404-408
desigualdade de gênero, 331-336
desigualdade econômica, 182-186
doença e atenção à saúde, 28-36
educação, 256-259
guerra e conflito, 508-513
orientação sexual, 371-373
problemas ambientais, 432-433
raça/etnia, 292-296
tecnologia, 470-475
trabalho e desemprego, 220-225
uso e abuso de drogas, 68-71
Contracepção, 409, 421, 476
Contraviolência extremista, 526
Contribuições à campanha, 187, 197, 214, 226
Controle de armas, 141-142
Controle de armas, 543-546
checagem de antecedentes, 142
número de armas em determinados países, 141
período de espera, 142
Controle de fertilidade, 398, 420-425
acesso ao aborto seguro, 422

desenvolvimento econômico e, 420-421
esforços para aumentar a população, 424-425
esforços para reduzir a população, 420-424
opção por não ter filhos, 423-424
planejamento familiar e contracepção, 421
política de um filho da China, 422
redução da fertilidade, 420-425
status da mulher, educação e emprego, 421
Controle de natalidade, 331, 409, 420, 476; Veja também Controle de fertilidade
Controle social, 103-145
compreensão do, 143-144
contexto global, 104-106
custos do, 128-131
estratégias de ação, 132-144
Convenções de Genebra, 530
Convention on the Elimination of All Forms of Discrimination Against Women (CEDAW – Convenção para a Eliminação de Todas as Formas de Discriminação Contra a Mulher), 364
Convention on the Rights of the Child (CRC – Convenção sobre os Direitos da Criança), 245
Convention on the Right to Organise and Collective Bargaining (Convenção sobre o Direito de se Organizar e Barganhar Coletivamente), 242
Cooperativas de trabalhadores, 245
Coreia do Norte, armas nucleares e, 526
Corporações: rendimentos do presidente, 189
Code for Corporate Citizenship (Código para a Cidadania Corporativa), 456
danos ambientais por, 433
esforços ambientais de, 436, 456
fins lucrativos, 250, 514-516
influência política de, 226, 434
lucro de guerras, 515
propaganda ambiental por, 435-437, 456
transnacional, 224-225, 433
Corporações transnacionais, 224-225
danos ambientais e, 433
Corporatocracia, 226, 251
Corrida nuclear, 543-546
Cosméticos, 437
Cotas eleitorais, 346
Crack, 72, 83
CRE, 40
Crenças, 4
Crescimento populacional, 403-429
contexto global, 404-408
em países em desenvolvimento, 406
entendendo os problemas do, 427
esforços para aumentar, 424-425
esforços para conter, 420-424, 459
estratégias de ação, 420-425
índice de fertilidade e, 406
pobreza e, 409, 411
população mundial, 404-407
população mundial, envelhecimento da, 407-408
problemas ambientais com o, 410, 439, 452, 459

problemas sociais relacionados a, 410-420
tempo de duplicação, 405
teorias sociológicas de, 408
Criação dos filhos: fora do casamento, 150, 154, 202
normas sociais relacionadas a, 150
Criação e manutenção do emprego, 243
Crime, 103-146
ação legislativa, 140-144
assalto agravado, 113
assassinato, 113-114
colarinho branco, 118-119, 128
como algo funcional na sociedade, 8, 109
computador, 119
contexto global, 104-106
crime de rua, 113-116
crimes de ódio, 317-319
"criminologistas verdes", 128
custos do, 128-131
custos sociais do, 128-131
definição de, 106
delinquência juvenil e gangue, 121-123
em escolas, 272
entendimento, 143-144
esforços internacionais na luta contra, 143
estatísticas, 106-108
estratégias de ação, 132-144
estupro, 111, 113, 127
gênero e, 122
homicídios, 113-114
idade e, 123-124, 127
índice de punitividade, 134
índices, 104, 107
índices de redução, 107
iniciativas locais, 132
leis "stand your ground", 140
lesões físicas/perda da vida pelo, 128-129
medo do, 130
não denunciado, 107, 113
organizado, 116-117
padrões demográficos de, 121-128
pesquisas com criminosos autorrespondidas, 108
prevenção, 129, 144
propriedade, 105, 113, 115-116, 129
raça, classe social e, 123-126
reabilitação vs. incapacitação, 134-135
região e, 126
reincidência, 133-135
sem vítima, 115
teorias sociológicas do, 109-112
tipos de, 113-124
tráfico humano, 105-106
transgressões indexadas, 112
transnacional, 105, 117
uso de drogas e, 88-89
vício, 115-117
violento, 104-105
vitimização e, 107, 127-128

Crime contra a propriedade, 104-105, 113, 115-116, 130
Crime de colarinho-branco, 118-119, 128
Crime de delinquência, 121
Crime de Estado, 121
Crime de rua: propriedade, 115-116
crimes violentos, 113-115
Crime organizado, 116-118
Crimes cibernéticos, 119-120
Crimes corporativos, 119-120
Crimes de ódio, 317-319
contra imigrantes, 319
contra LGBTs, 388-390, 396
estatísticas do FBI sobre, 317
leis sobre, 396
motivações para, 318, 388-390
no campus, 318
por categoria de preconceito, 317
prevenção dos, 395
religião e, 318
Crimes sem vítima, 115
Crimes violentos e contra a propriedade, 113-115
Crime transnacional, 105, 117-118
Crime violento, 104-105, 112-115
Criminal Damage Act (Lei do Dano Criminal), 455
Criminologia feminista, 122
Crise financeira global, 220-221
Cuidados preventivos, função da educação de prover, 259
"Culto à magreza", 358
Cultura, elementos da, 4-7
Custos da execução da lei, 135
Custos das drogas, 51
Custos de saúde, 28, 35, 51-52
drogas com receita médica, 51
managed care, 47
reduzindo os, 51
Cyber Intelligence Sharing and Protection Act (CISPA – Lei do Compartilhamento e Proteção da Inteligência Cibernética), 502

D

Dads Against Discrimination (Pais contra a Discriminação), 363
Dalkon Shield, 475
Darfur, guerra e genocídio em, 295, 534-535
Décima nona Emenda, 345
Décima Quarta Emenda, direitos da, 305
Declaração Universal dos Direitos Humanos, 250
Defense of Marriage Act (DOMA – Lei de Defesa do Casamento), 150, 370, 377, 384, 514
Déficit comercial, 224
Definições operacionais, 16
Delinquência juvenil, 121-123
Departamento de Defesa dos EUA, 510
campanha de saúde mental, 58
desenvolvimento da Internet, 513
Ground Combat Exclusion Policy (Política Básica de Combate à Exclusão), 516

padrões de gênero neutros, 383, 517
Departamentos do governo dos EUA. Veja Entradas específicas dos EUA
Dependência química, 71
Depressão, 36-38
　　divórcio e, 161
Derramamento de óleo da British Petroleum (BP), 10, 119, 444-445, 465
Derramamento de óleo da Deepwater Horizon, 10, 119, 444-445, 464
Derramamento de óleo no Golfo (BP), 10, 119, 444-445, 465
Desarmamento, 543-546
Desastres naturais, 200-201
Descriminalização: das drogas, 70, 100
　　da homossexualidade, 371-373, 381-382
Desempenho educacional: desigualdade de, 261-270
　　por raça, 314
Desempoderamento, 240
Desemprego, 228-230
　　ciclo do, 228-231
　　compreensão do, 250-252
　　crescimento populacional e, 411
　　de longo prazo, 228, 230
　　discriminação e, 314
　　efeitos do, 226, 229-230
　　estratégias de ação, 243-250
　　gap de gênero e, 340
　　nível educacional e, 243
　　problemas do, 227-243
　　redução do, 243-244
　　tecnologia e, 494
　　terceirização e migração e, 229, 494
Desemprego de longo prazo, 228, 230
Desenvolvimento econômico, 203
　　crescimento populacional e, 427
　　problemas ambientais associados ao, 452-453
　　redução da fertilidade e, 420-421
Desenvolvimento humano, 203
Desenvolvimento sustentável, 462-463
Desertificação, 440
Desigualdade: econômica, 181-219
　　de gênero, 174, 329-368
　　educacional, 260-270
　　guerra e, 200, 519, 540
　　renda, nos EUA, 344; Veja também Desigualdade econômica
Desigualdade de gênero, 174, 329-367
　　contexto global, 331-336
　　diferença salarial, 341-342, 344-345
　　divisão do trabalho, 331, 336-337
　　entendimento da, 365
　　estratégias de ação, 361-366
　　estratificação de gênero, 338-349
　　na educação, 268, 331
　　na saúde e na assistência médica, 44, 359-361
　　nos Estados Unidos, 334
　　orientação sexual, 382
　　papéis da família, 331
　　papéis tradicionais, 174
　　renda e, 344
　　sexismo estrutural, 339-349
　　socialização de gênero, 356-362
　　status de mulheres e homens, 331-336
　　teorias sociológicas de, 338; Veja também Sexismo
Desigualdade de renda, 344
　　contexto global, 182-183
　　crime e, 110
　　nos Estados Unidos, 185, 189-193; Veja também Desigualdade econômica
　　Pobreza
Desigualdade econômica, 181-219
　　assistência pública e programas de bem-estar nos EUA, 205-209
　　Basic Economic Security Tables Index (BEST – Índice das Tabelas de Segurança Econômica Básica), 185
　　consequências, 193-203
　　contexto global, 182-186
　　desastres naturais e, 200-201
　　desigualdade legal, 197
　　entendimento, 215-216
　　estratégias de ação, 202-214
　　exemplos de, 182-183
　　guerra e, 200, 519, 540
　　nos Estados Unidos, 186, 189-193
　　por raça, 190
　　reduzindo a, 214
　　tabelas e índices de, 185-186
　　tecnologia e, 494
　　teorias sociológicas de, 186-189; Veja também Pobreza
Desigualdade política, 187, 197-200, 214
Desinstitucionalização, 52
Deslocamento, 249, 478
Desmatamento, 440
Desorganização social, 9
Desregulamentação das drogas, 99
Dessegregação escolar, 265-267, 316
Destruição mutuamente garantida (MAD), 543
Desvio primário, 111
Desvio secundário, 111
Dextrometrofano, 81
Diamantes, "conflito" ou "sangue", 538
Dilema da segurança, 521
Dióxido de carbono, 441, 451
　　emissões per capita por região, 442
Direção distraída, 3
Direito a voto: discriminação institucional na, 313
　　para mulheres, 345
Direitos civis e sexismo estrutural, 348
Direitos dos gays, 398-400
　　direitos parentais, 388, 395
Direitos parentais, para gays e lésbicas, 388, 395
Dirigir alcoolizado. Veja Bebida e direção
Discriminação, 312-318, 378
　　adaptativa, 313
　　contra minorias raciais e étnicas, 312-319

individual, 313
leis e políticas antidiscriminação, 377, 394, 425, 493
na educação, 266, 268, 316
na moradia, 314-316
no local de trabalho, 314-315
no local de trabalho, 314, 383
orientação sexual baseada, 378-392
por idade, 415, 425
pública, 313
Racismo
reação a, 320-325
segregação e, 314-316
teorias sociológicas sobre, 305-307, 325
tipos de, 312-318; Veja também Preconceito
Discriminação adaptativa, 313
Discriminação de, 415, 425
Discriminação etária, 412-415, 427
estratégias de ação, 425
Discriminação etária por invisibilidade, 412
Discriminação explícita, 266, 312
Discriminação individual, 313
Discriminação institucional, 313
  no direito ao voto, 313
  no sistema de justiça criminal, 313
Discriminação no emprego, 313-314, 348
  discriminação por idade, 415
  redução da, 425
Discriminação no local de trabalho, 314, 383, 394
Dissuasão, 133
Diversidade, no mundo todo, 292-296
Dívida nacional, 250
Dividendo da educação, 339
Divisão da sociedade ("ter" e "não ter"), 10
Divisão de trabalho, 331, 336-337, 350-351
Divisão do trabalho doméstico, 160, 331, 336-337, 350-351
Divórcio, 153-154, 158-164
  alienação parental e, 162-164
  amigável, 160
  causas sociais do, 158-161
  consequências do, 161-163
  consequências econômicas do, 161
  efeito sobre crianças e jovens adultos, 162
  efeitos sobre relacionamentos pai-e-filho, 162
  fatores que reduzem o risco das mulheres, 159
  fortalecer famílias durante e depois, 166
  índice de divórcio refinado, 153
  individualismo e, 160
  mediação, 166
  perdão e, 166
  problemas do, 158-164
  programas educacionais, 166
  reforma da lei, 164-165
Divórcio amigável, 160
DNA (ácido desoxirribonucleico), evidência, 140
Doença, 27-66
  Atenção à saúde
    comportamentos sociais e estilo de vida, 42-46

doença mental, 36-39
fatores sociais em, 43-46
impacto da socialização de gênero sobre a, 359-361
obesidade, 31
teorias sociológicas de, 8, 40-43; Veja também Saúde
Doença mental, 36-39
  causas da, 37
  classificação APA, 36
  em estudantes universitários, 38-39
  estigma da, 37
  estigma da, eliminação do, 57-59
  extensão e impacto da, 37
  legislação paritária para, 60
  tiroteios e atos violentos, 37
Doença, mudança climática e disseminação de, 443
Dolly, primeira ovelha clonada, 491
Dominância masculina, 149, 157, 337
"Don't Say Gay" Bill, 396
Dow Chemical, 129
DREAM Act, 303
Drogas, 68
  álcool, 68-69, 74-77, 81
  alucinógenas, 41, 81, 86
  anfetaminas, 71, 81-84
  canabinoides, 81
  cocaína, 72, 79-83
  com receita médica, 83-86
  crack, 72, 83
  criminalização das, 70, 73
  de entrada, 80
  descarte apropriado de, 85
  descriminalização das, 70, 102
  desregulamentação das, 99
  dissociativas, 82
  drogas de balada, 81
  drogas do estupro, 113
  Ecstasy, 85-86
  haxixe, 81
  heroína, 81, 84
  ilegais, estratégias de ação, 96-100
  ilegais, usadas com frequência, 79-86
  inalantes, 82, 85
  K2, 84
  legais, frequentemente usadas, 75-79
  legalização das, 99-100
  LSD, 82, 85-86
  maconha, 70, 73, 79, 81, 85
  MDMA, 81, 85
  metanfetamina, 81, 83-84
  "Molly", 87
  ópio, 71, 73, 81
  opioides, 81
  produtos do tabaco, 78-79, 81
  psicoterapêuticas, 84
  Rohypnol, 81
  "sais de banho", 85-86
  sintéticas, 85-86

Spice, 85
   usadas com abuso, 81-82
Drogas com receita médica: abuso das, 83-85
   custos das, 51-52
Drogas da balada, 81
Drogas de estupro, 81, 113
Drogas dissociativas, 82
Drogas psicoterapêuticas, 84
Drogas sintéticas, 85-86
Drones, 510
Dualismo tecnológico, 470, 503

E

Earned income tax credit (EITC – Créditos do Imposto de Renda), 210
Earnings premium, 257
Earth Liberation Front (ELF – Frente de Liberação da Terra), 454
Earth Overshoot Day, 439
Ecologia profunda, 454
Economia: excesso econômico, 225
   gastos militares e, 510-513
   global, 220-224
   hábitos de consumo em tempos difíceis, 230
   teorias sociológicas de, 225-227
Economia global, 220-226
   crise na, 220-221, 244
   tecnologia e, 494
Ecossistema, 434
Ecoterrorismo, 455
Ecstasy (MDMA), 81, 85-86
Edifícios LEED, 459
Educação, 255-289
   abandono escolar, 271-272
   acesso a, melhoria da, 320-322
   ambiental, 456
   analfabetismo, 256, 339
   ansiedade nas provas, 265, 270, 282
   avaliação padronizada, 263, 265-267, 281
   baixos níveis de resultados acadêmicos, 270
   bilíngue, 266
   classe social e origem familiar e, 262-265
   common core state standards (parâmetros curriculares comuns) (EUA), 280
   computador, 480
   contexto global, 256-258
   crime e violência e, 272
   defesa e movimentos da sociedade civil, 281
   desemprego e, 243
   desigualdade para se manter na, 261-270
   desigualdades na, 260, 287
   dessegregação escolar e, 265-267, 316
   educação do caráter, 282-284
   educação sexual, 396-398
   e-learning, 284
   entendendo os problemas da, 286-287
   e pobreza, relações entre, 192, 202
   equidade na, 214
   Educação, discriminação, 266, 316
   estratégias de ação, 280-286
   estratégias para o sucesso de minorias em, 321-324
   funções da, 258-260
   gastos com, 257
   gênero e, 267-268, 331, 339-340
   graduação, custo médio da (2012), 201
   instalações inadequadas, 274-276
   investimento em, 24, 259, 263-265, 268-270
   legislação sobre, 281
   multicultural, 259, 321
   níveis mais altos de, 262
   online, 284, 484
   padrões nacionais, 280-282
   para combater o trabalho infantil, 245
   parent trigger laws, 282
   PISA, 258
   políticas disciplinares, 272-273
   preferência dos alunos, 316
   primeira infância, 287
   problemas no sistema norte-americano de, 268-280
   programas de assistência, 206
   programas pré-escolares, 263
   questões de escolha da escola, 285
   raça e etnia e, 264-267
   recrutamento e retenção de professores, 276-278
   reformas na, 280
   relatório da OCDE, 256-258, 271
   renda e, 257, 259
   responsabilidade pela, 280
   salário segundo o nível educacional, 314
   saúde da mulher e, 54
   segregação e, 316
   sexismo estrutural e, 339-340
   sexismo na, 351-353
   tecnologia e, 283-284
   tendências e inovação nos EUA na, 280-285
   teorias sociológicas de, 258-262
   TIMSS, 258, 270
   único sexo, 352
   virtual, 283; Veja também Educação superior
Educação ambiental, 456
Educação bilíngue, 266
Educação de único sexo, 352
Educação do caráter, 282-284
Educação em casa, 286
Educação multicultural, 259, 321
Educação online, 284
Educação para a informática, 283
Educação para o casamento, 164
Educação sexual, 396
Educação superior, 278-279
   ação afirmativa na, 320
   acesso de minorias a, 279
   custo da, 279
   esforços ambientais da, 463
   faculdades comunitárias, 279

ganhos salariais da, 259, 314
gênero e, 339-340
níveis avançados ganhos por mulheres, 339; Veja também Faculdade
Educational Amendments Act, Title IX of (Lei de Emendas Educacionais, Título IX), 351, 363
Educational Research Center (ERC – Centro de Pesquisa Educacional), 269
EEOC. Veja Equal Employment Opportunity Commission (Comissão de Oportunidade do Emprego Igualitário)
Efeito elevador de vidro, 343
Efeitos funcionais e disfuncionais dos elementos sociais, 8
Egito, ajuda dos EUA ao, 540
E-Government Development Index (EDGI – Índice de Desenvolvimento do Governo Eletrônico), 485-486
E-learning, 284
"Electronic redlining", 496
Elefantes, efeitos da guerra sobre os, 538
Elementary and Secondary Education Act (ESEA – Lei da Educação Elementar e Secundária), 280
Elemento objetivo, de um problema social, 2-3
Embargos, 220, 229
Emendas à Constituição dos EUA: Primeira Emenda (liberdade de expressão, religião), 149
Décima Nona Emenda (direito ao voto da mulher), 345
Oitava Emenda (Lei Seca), 75
Quarta Emenda (proteção igualitária), 305
Employee Free Choice Act (Lei da Livre Escolha do Emprego), 250
Employment Nondiscrimination Act (ENDA – Lei da Não Discriminação no Trabalho), 394
Empreendimentos gerenciados pelos trabalhadores, 245
Emprego: preocupações de recém-graduados, 231
aumento pela guerra, 513
educação e, 256
vulnerável, 340; Veja também Trabalho
Empregos de colarinho rosa, 343
Empréstimo subprime, 316
Energia: "limpa", 457
de usina nuclear, 435, 438
energia verde, 457-458
fontes renováveis, 438, 457, 463
políticas e regulamentações, 460
Energia do hidrogênio, 458
Energia eólica, 457
Energia nuclear, 435, 438
Energia renovável, 438, 457, 463
Energia solar, 457
Energia verde, 457-459
Engenharia genética, 487
Engenharia social, versus solução tecnológica, 474
Enriquecimento nuclear/programas de armas: na Índia, 544-545
na Coreia do Norte, 544
no Irã, 543
no Paquistão, 544-545
Enron, 118
Envelhecimento, 1, 403-428
aumento da longevidade, 413

baby boomers, 408
causas do, 407
compreendendo os problemas de, 427
contexto global, 407-408
cuidadores familiares, 416-417
discriminação profissional, 415
discriminação profissional, combatendo a, 425
espaço para sepulturas, falta de, 404
estereótipos, 412
estratégias de ação, 425-429
índice de apoio aos idosos, 408
nos EUA, 407
população mundial, envelhecimento da, 407-408
por países, 407
preconceito e discriminação, 412-415, 427
preocupações com aposentadoria e Seguridade Social, 418-420, 425-427
problemas sociais relativos a, 411-420
realizações de indivíduos famosos idosos, 414
teorias sociológicas do, 408; Veja também Expectativa de vida
Environmental Literacy Improvement Act (Lei da Melhoria da Educação Ambiental), 456
Environmental Protection Agency (EPA – Agência de Proteção Ambiental), 447, 453
Equal Employment Opportunity Commission (EEOC – Comissão de Oportunidade do Emprego Igualitário), 320
número de queixas registradas (2012), 348
reclamações de assédio sexual, 364
reclamações de discriminação de idade, 425
Equality of Educational Opportunity (Oportunidade de Igualdade Educacional), 265-268
Equal Pay Act (Lei do Pagamento Igualitário), 348, 363
Equal rights amendment (ERA – Emenda dos Direitos Iguais), 361-363
E-RACE (Eradicating Racism And Colorism from Employment – Erradicando o Racismo e o Preconceito de Cor no Trabalho), 320
Escoamento de fertilizante, 448
Escolas: ódio e assédio antigay nas, 389
avaliações das, 270
bullying nas, 274, 396-397
charter, 285
crime e violência nas, 272
disciplina nas, 272
ensino em casa, 285
escolha nas, 285
financiamento inadequado, 269-270
infraestrutura inadequada, 274-276
integração racial nas, 266-267
presença da polícia nas, 272
privatização das, 286
programas de tolerância nas, 396-397
Safe Schools Improvement Act (SSIA – Lei de Melhoria das Escolas Seguras), 397
segregadas, 316
sexismo nas, 351-353
Escolas charter, 285

Escolha estruturada, 344
Escravidão, 231, 296
    bens móveis, 231
    criando reparações à, 323
    esforços para acabar com, 245
    regra onedrop, 296
    sexo, 232
Escravidão de bens móveis, 231
Escravidão por dívida, 232
Escravidão sexual, 231
Espécies invasivas, 433
Espionagem, atividades da NSA, 493, 502, 527
Estado, 509
    conflito interestadual, 508-509
Estados Unidos (EUA): envelhecimento da população nos, 407
    ajuda militar ao Egito e Síria, 511, 540
    armas químicas armazenadas nos, 531-532
    assistência pública e programas de bem-estar, 205-209
    atenção à saúde nos, 46-53, 60-62
    capitalismo e, 221-222
    causas de morte em, 29, 40
    cerca de fronteira, 302-304
    conhecimento do público sobre ciência nos, 472
    descriminalização da homossexualidade nos, 381-382
    desigualdade de gênero e esforços para acabar com, 334, 363-365
    desigualdade de renda nos, 344
    desigualdade econômica nos, 183, 189-193
    diversidade racial e ética nos, 296-300
    educação nos, 256, 268-282
    expectativa de vida nos, 35, 44
    falta de moradias nos, 196
    gastos com educação nos, 257
    gastos com pesquisa e desenvolvimento, 471-472, 501
    gastos militares nos, 510-512
    imigrantes/imigração nos, 300-306
    indivíduos e casais LGBT nos, 373-374
    iniciativas de justiça retrospectiva nos, 323-325
    leis trabalhistas nos, 241-242
    locais de usinas nucleares nos, 439
    meritocracia nos, 186
    mortes relacionadas a armas de fogo nos, 64
    número de usuários de Internet nos (2013), 471
    pena de morte nos, 140
    pobreza nos, 184-186, 190-193
    políticas de trabalho nos, 248-249
    processo de cidadania nos, 304-305
    programas de assistência alimentar nos, 205
    programas de trabalhadores convidados, 301
    ranking de ciência e tecnologia, 470-472
    ranking do gap de gênero, 334
    ranking educacional (OCDE), 271
    relações de grupo de raça e etnia nos, 298-300
    saúde no local de trabalho e questões de saúde, 236-239, 247-248
    saúde nos, 32-36, 60-62
    terrorismo, resposta ao, 527-532
    trabalho infantil nos, 234, 236
    trabalho sweatshop nos, 232
    uso e abuso de drogas nos, 70-71, 75, 78, 80, 83; Veja também Entradas dos EUA
Estatísticas de criminalidade, fontes de, 106-108
Estée Lauder, 437
Estereótipos, 307-309, 352
    de gênero, 352, 366
    dos idosos, 412
Estereótipos de gênero, 352, 366
Esteroides anabolizantes, 82
Estigma: de HIV/AIDS, 42
    de problemas mentais, 37
    problemas mentais, da eliminação dos, 57-59
Estímulo econômico, 2
    de guerras, 511
Estratificação de gênero, 338-349
Estresse, efeitos sobre a saúde do, 46
Estresse profissional, 238
Estrutura, de uma sociedade, 4
Estrutura social, elementos da, 4
Estudantes: ativismo estudantil, 22, 246-247
    auxílio estudantil, 206
    dívida estudantil, 206, 279
    interações aluno-professor, 261, 351; Veja também Faculdade
Estupro, 23, 113
    clássico, 113
    como arma de limpeza étnica, 534
    conjugal, 174, 348
    consequências ocultas do, 115
    "cultura do", 518
    drogas, 81, 113
    em tempos de guerra e conflitos, 533-535
    mitos, 111
    na Índia, 127
    por conhecido, 113
Estupro conjugal, 174, 348
Estupro por conhecido, 113
Etnia, 291-328
    construção social da, 294
    definição de, 294
    diversidade nos EUA, 296-300
    educação e, 264-268, 279
    entendimento de, 325
    padrões de interação em grupo, 294-296
    pobreza e, 192
    questões migratórias, 300-306
    relações de grupo, guerra e, 515, 520-522
    relações de grupo nos EUA, 298-300
    saúde e, 45-46
    teorias sociológicas de, 305-310, 325; Veja também Raça
Every Child Deserves a Family Act (ECDFA – Lei Toda Criança Merece uma Família), 395
Exclusão digital, 495-496
Execução da lei, aplicação diferenciada da, 110
Exército: não podem ser processados pela EPA, 453
    ataques sexuais no, 516

gastos com o, 510-512, 537, 539
mulheres no, papéis e, 515-517
política "Don't ask
don't tell" (Não pergunte, não conte), 383, 513-515
poluição ambiental do, 453
suicídios na Guerra do Iraque, 534-535
vendas para outros países, 511
Exodus International, 375
Expectativa de vida, 29, 407, 427
    divórcio e, 160
    sexo, raça e, 45
Experiências, 17
Explicações construtivistas, 520
Explicações primordiais, 520
Exportação de trabalho, 229
Expressão de gênero, 383
Expulsão, 294
Extinção de espécies, 443, 451

F

Facebook, 395, 470, 485, 493, 497
Faculdade: crimes de ódio contra gays na, 389
    ataque sexual na, 363
    conciliando trabalho e, 240
    crimes de ódio na, 318
    custo médio da (2012), 201
    diversidade da população de alunos, 323
    estatísticas de orientação sexual, 374
    políticas e programas de orientação sexual, 397
    programas de Zonas Seguras na, 398
    questões de saúde mental na, 37-39, 59-60; Veja também Educação Superior
Faculdades comunitárias, 279
FAIR Education Act (Lei da Educação FAIR), 396
Fair Labor Association (FLA – Associação do Trabalho Justo), 246
Fair Minimum Wage Act (2013 – Lei do Salário Mínimo Justo), 211
Faixa de Gaza, 519
Falta de significado, 240
Família, 147-180, 337
    atitudes públicas em relação a mudanças na, 153-155
    casas com três gerações, 153
    como prevenção ao crime, 110
    conflitos da vida profissional, 238-241
    contexto global da, 148-150
    cuidados para idosos, 416-417
    custo do abuso de drogas para a, 87
    declínio matrimonial vs. resiliência, 154-155
    definição do Censo dos EUA, 296-297
    divisão de poder na, 149
    divisão de trabalho na, 159, 331, 336-337, 350-351
    emprego para mães, 153
    estresses, pobreza e, 201-203
    formas e normas, 148-150
    importância de deter o uso de drogas, 72
    mudança de padrões nos EUA, 151-157
    parceria doméstica, 151
    pobreza e, 192-193, 201-202
    trabalho e, 344
Famílias mistas, 152-154
Family and Medical Leave Act (FMLA – Lei da Licença Familiar e Médica), 158, 248-250
Family Smoking Prevention and Tobacco Control Act (Lei da Prevenção ao Fumo e Controle do Tabaco na Família), 77, 95
Family Support Agreement (China – Acordo de Apoio à Família), 416
Favelas, 195
"Fazendas de energia", 457-458
FBI. Veja Federal Bureau of Investigation
Federal Bureau of Investigation (FBI), 317-318, 388-389
Federal Case Registry (Registro de Casos Federais), 208
Federal Express (FedEx), 479
Feminine Mystique (Friedan), 362
Feminismo, 361-362
Feminização da pobreza, 191, 357
Férias, 238
Fertilidade em nível de substituição, 406
Fertilidade, nível de substituição, 406
Fertilização in vitro (FIV), 475
Filhos: efeitos do divórcio sobre os, 162
    brinquedos, papéis de gênero e, 349-350
    efeitos da guerra em crianças, 510, 534
    tráfico de crianças, 116
    vitimização violenta de, 127
    vulnerabilidade a produtos químicos, 448
Fins lucrativos, 10, 250
    de contratantes militares, 515
    na indústria de atenção à saúde, 41
Fisher v. University of Texas, 321
Florestas, 440
Flunitrazepam, 81
Fluxo escola-prisão, 274
Fogos de artifício, cancelados por razões econômicas, 225
Força de trabalho, imigrantes ilegais na, 302-303
Fórum Econômico Mundial, 331, 472
Fracking, 448
Fragrâncias, 449
Free Trade Area of the Americas (FTAA – Área de Livre Comércio das Américas), 224
Freiras católicas, como feministas radicais, 355
Fronteiras, internacionais, permeabilidade das, 432-433
Funções latentes, 8, 377
Funções manifestas, 8
Funções, manifestas e latentes, 8
Fundo Monetário Internacional (FMI), 226
Furacão Sandy, 438

G

Gap de participação, 496
Gás mostarda, destruição do, 540
Gastos ilegais, 129
GATT. Veja General Agreement on Tariffs and Trade (Acordo Geral sobre Tarifas e Comércio)

Gay and Lesbian Alliance Against Defamation (GLAAD – Aliança de Gays e Lésbicas contra a Difamação), 391
Gay, Lesbian, and Straight Education Network (GLSEN – Rede de Educação de Gays, Lésbicas e Héteros), 397
Gays, 370
   crimes de ódio contra gays, 388-390
   discriminação contra, 383-393
   na mídia, 392-394
   políticas de trabalho gay-friendly, 377
   preconceito antigay, 381
   "sair do armário", 392
   "Um dia sem um Gay", 376; Veja também Homossexualidade LGBT
   Origentação sexual
Gay-straight alliances (GSAs – Alianças Gays-Héteros), 397
General Agreement on Tariffs and Trade (GATT – Acordo Geral sobre Tarifas e Comércio), 224
Gênero, 330
   continuum de, 332, 356
   crime e, 122, 127
   expectativa de vida e, 44
   falsas dicotomias em, 330
   guerra e, 516-517
   ocupações e, 343
   pobreza e, 191, 357
   posse de arma de fogo e, 141
   saúde e, 43-45
   saúde mental e, 44
   tecnologia e, 476, 496
   teoria feminista sobre, 338
   tese da supercompensação masculina, 336
   uso de álcool, 77
   uso de drogas e, 78, 97
   videogames e, 475
   vs. sexo, 330; Veja também Orientação sexual
Gênero masculino. Veja Homens
Genética, 487-488
   bancos de dados genéticos, 501
   mapas genéticos, 487
   Projeto Genoma Humano, 487
Genetic Information Nondiscrimination Act de 2008 (Lei da Não discriminação da Informação Genética), 493
Genocídio, 294
   em Ruanda, 294, 541
   na região do Sudão de Darfur, 295
Geração perdida, 295
Geração Roubada (filme), 295
Geração sanduíche, 416
GHB (ácido gama-butírico), 81
Gideon v. Wainwright, 197
gImpressão 3D, 228-230, 470
Global Footprint Network, 464
Globalização, 19, 31
   da tecnologia, 471-475
   do comércio e tratados de livre comércio, 187, 224
   do trabalho, 224, 241
   efeitos sobre a saúde, 31-32
   e meio ambiente, 433
Globesidade, 31, 33-34
Goldman Sachs, 118
Golfinhos, uso pela Marinha, 528
Goodridge v. Department of Public Health, 384
Google, 378, 394, 471, 476, 484
Governo eletrônico, 485-486
Graduação, preocupações profissionais ligadas à, 230-231
Gramática racial, 309
Grameen Bank, 204
Granada, invasão dos EUA a, 523
Gravidez na adolescência, 202, 411
Greenpeace, 437, 455
Green Revolving Funds (GRFs), 463
Greenwashing, 435-437
Ground Combat Exclusion Policy (Política Básica de Combate à Exclusão), 516
Grupo Carlyle, 515
Grupos de ajuda mútua, 93
Grupos de supremacia branca, 318
Grupo separatista basco (ETA), 525
Grupos extremistas nativistas, 302
Grupos minoritários, 292
   acesso à educação superior, 320-322
   ciclo de pobreza, 325
   como alvo da propaganda de tabaco, 79
   contexto global, 292-296
   crime e, 123, 125, 127
   direito ao voto, discriminação no, 313
   discriminação contra, 312-318
   estratégias educacionais, 321-323
   gap de participação tecnológica, 496
   maioria projetada nos EUA, 298
Grupos neonazistas, 318
Grupos primários, 4
Grupos raciais, hostilidades e conflitos entre, 294-296
Grupos secundários, 4
Grupos sociais, 4
Grupo terrorista somali, 524
Guantânamo, Cuba, 530
Guerra, 507-549
   causas da, 519-523
   compreensão da, 546-548
   contexto global da, 508-511
   contratantes privados e, 515
   Convenções de Genebra sobre, 530
   crescimento econômico e, 511
   custos ambientais, 537-540
   custos da, 512, 534-540
   custos sociopsicológicos, 534-536
   definição de, 508
   desigualdade econômica e, 200
   e mudança social, 509-510
   estratégias de ação, 540-547
   estupro e, 533-535
   eufemismo sobre, 518
   gastos militares, 510-513

guerrilhas, 531, 535
lucro corporativo da, 515
mortes de não combatentes, 515, 533
mortes e deficiências, 512, 532-533
números de mortes, 512
participação das mulheres em, 516
problemas sociais associados a, 532-540
protestos contra, 514
recursos econômicos desviados pela, 537
refugiados e, 512, 533-534
soldados crianças, 534
tecnologia e, 509
teorias sociológicas de, 513-520
termonuclear, 538; Veja também Exército
Guerra contra as Drogas, 70, 97-98, 313
custo, 97
Guerra da Coreia, 513, 532
Guerra do Golfo, 511, 514, 518
poluição do ar gerada por, 537-538
Guerra do Iraque, 511, 516
armas de destruição em massa na, 521
"coalizão militar" e, 521
custo da, 512, 537
evidências de trauma nos militares na, 535
índice de suicídio de soldados dos EUA, 534, 536
manifestações contra a, 514
número de vítimas na, 513
Guerra do Vietnã, 514, 532
Guerra Fria, 306, 472, 511, 520, 543
Guerra nuclear: ambiente e, 539
medo da, 539
Guerra Revolucionária, 516, 521
Guerras civis, 521-523
Guerras por Recursos (Klare), 519
Guerra termonuclear, 538-540
Guerrilha, 531, 535

H

Habitação pública, 205
Hábitos de consumo em tempos difíceis, 230
Hábitos sociais, 6
Hackeamento, 477, 492
Harrison Narcotics Act (Lei Harrison de Narcóticos), 83
Hart-Celler Act (Lei Hart-Celler), 300
Hate Crimes Prevention Act (HCPA – Lei da Prevenção dos Crimes de Ódio), 396
Havaianos nativos, desculpas aos, 323
Haxixe, 81
Head Start, 206, 263
Healthy Families Act (Lei das Famílias Saudáveis), 249
Healthy Marriage Initiative (Lei da Iniciativa do Casamento), 164
Heartland Institute, 456
Heroína, 81, 84
marketing em relação aos jovens, 84
uso de cocaína com ("speedball"), 84
uso no mês anterior por crianças estudantes, 78
Heterossexismo, 378

Heterossexismo internalizado, 378
Heterossexualidade, 370
Hipotecas, subprime, 118, 197
Hipotecas subprime, 197
Hipótese, 16-17
Hipótese da "Ameaça racial", 306
Hipótese da desvalorização, 345
Hipótese da integração, 267
Hipótese do capital humano, 344
Hipótese do ciclo de vida do capital humano, 344
Hipótese do contato, 393
Hipótese do desvio de gênero, 351
Hipótese do habitat, 135
Hiring Incentives to Restore Employment (HIRE – Incentivos à Contratação para Recuperar o Emprego), 243
Hispano-americanos: uso de álcool por, 76
composição racial dos EUA, 297
conquistas educacionais dos, 265, 270
crime e, 127
definição do U.S. Census Bureau de, 294, 296-298
desigualdade de renda e, 189
discriminação profissional dos, 314
distribuição percentual nos EUA, por tipo, 298
expectativa de vida, 44
gangues e, 121
identificação racial de, 298
índices de pobreza, 192
rendimentos dos, 315
sentenças de prisão por uso de drogas, 97
vantagem na saúde, 45-46
HIV/AIDS, 40
estigma associado a, 42
fatores de gênero no, 359
uso de preservativo para evitar, 53
Holanda: políticas de drogas na, 69-70
legalidade da prostituição na, 111, 116
legalidade do casamento do mesmo sexo na, 372
Hollingsworth v. Perry, 377
Holocausto, 294
reparações pelo, 323
Homeland Security, Department of (Departamento de Segurança Doméstica), 302-304, 527
Homens: imagem corporal, 358
código do menino, 358
como vítimas da desigualdade de gênero, 335
dominância masculina, 149, 157, 337
envolvimento no planejamento familiar, 420-421
masculinidade, 335-336
papéis profissionais não tradicionais, 340-343, 363
socialização de gênero e saúde dos, 359-361
status do, 331-336
"sucesso" sendo importante para os, 335, 360
Homicídio, 113-114
Homofobia, 379
internalizada, 378
mitos e estereótipos, 381-382
papéis rígidos de gênero e, 381

Homofobia internalizada, 378
Homossexualidade, 370
   "causas" da, crenças sobre, 374-375
   criminalização da, 149, 371, 376, 398
   descriminalização da, 371, 379, 382
   homofobia e, 379
   imagens na mídia, 392-394
   mitos e estereótipos negativos, 381-382
   não classificado como problema mental, 375, 377
   pena de morte para, 150, 377
   política "Don't ask don't tell", 384, 513-515
   reação da família à, 378
   "sair do armário", 392
   significados e termos negativos associados a, 378-381
   teorias sociológicas de, 376-378
   visão demográfica geral da, 372-376
Horário flexível, 249
Hotel Ruanda (filme), 295
Huffing, 84, 86

I

Idade: crime e, 123-124, 127
   pobreza e, 190
Identidade de gênero, 330
Identity Church Movement, 318
Ideologia do papel de gênero, 350
Ideologias: conflito sobre, 519
   desenvolvimento de, 526
   papel de gênero, 350
Igreja Fundamentalista de Jesus Cristo dos Santos dos Últimos Dias, 148
Igreja Mórmon, 148
Igualdade de gênero, 361-366, 376
   esforços internacionais, 365
   movimentos populares, 361-363
   nos salários, 341
   política nacional dos EUA, 363-365
Igualdade no casamento, 23, 394-395
Imaginação sociológica, 7, 19
ImClone, 118
Imigração, 300-306
   desemprego e, 304
   entendimento da, 325
   ilegal, 302-304
   leis sobre, nos EUA, 300, 303-304
   mitos sobre, 304-305
   perspectiva histórica (EUA), 300-302
   programa de trabalhadores convidados, 84
   raça, etnia e, 299-306
   reforma da, 303
Imigração chinesa para os Estados Unidos, 300, 306
Imigração ilegal, 302-304
   cerca de fronteira, 302-304
   grupos extremistas nativistas, 302
   travessia de fronteira, 302-303
Imigrantes: atitudes em relação a, 307
   crimes de ódio contra, 318
   mitos sobre, 305
   prisão de, 530
Imigrantes ilegais, 302-304
Imigrantes sem documentos, 302-303
Immigration Act (1917, 1924 – Lei da Imigração), 300
Immigration Reform and Control Act (1986 – Lei da Reforma e Controle da Imigração), 302
Imperialismo cultural, 260
Implantes mamários, 475
Impostos, ambientais, 460
Impostos progressivos, 214
Impressão 3D, 229
Inalantes, 82, 85
   huffing, 84, 86
   uso entre crianças estudantes no mês passado, 78
Inalantes, à base de anfetaminas, 71
Inalantes à base de anfetaminas, 71
Incapacitação, 134
   reabilitação versus, 134-137
Incêndios florestais, 443
Índia: programa de armas nucleares, 544-545
   estatísticas populacionais na, 406
   terceiro sexo na, 332
Indian Removal Act (1830 – Lei da Remoção dos Índios), 295
Índice de apoio ao idoso, 408
Índice de divórcio refinado, 153
Índice de mortalidade abaixo dos 5 anos, 30
Índice de mortalidade infantil, 30, 409
Índice de mortalidade materna, 30
   serviços de planejamento familiar e, 53
Índice de penetração, 471
Índice de Prontidão em Rede (NRI), 472
Índice Multidimensional de Pobreza, 184
Índices de criminalidade, 104, 107
Índices de fertilidade, 406, 411, 427
   declínio dos, 407, 421
   por região, 420
   total, 406
Indígenas americanos: crime e, 127
   composição racial nos EUA, 296
   drogas ilícitas/álcool e, 71, 76
   Indian Removal Act (Lei da Remoção de Indígenas de 1830), 295
   índices de pobreza, 192
   uso de tabaco por, 77 (ALEC – Conselho de Intercâmbio Legislativo Norte-americanos de Indígenas), 456
Individualismo, 160
   divórcio e, 160
   problemas ambientais e, 453
Indivíduos, 13
Indivíduos sem seguro, 50-51
Indivíduos transgêneros, 330, 357, 370
Indústria/mineração do carvão, 220, 437
Indústria de processamento de aves, 238-239
Indústria de roupas, condições de trabalho, 232

Indústria do combustível fóssil, máquina da negação do clima da, 442
Indústria farmacêutica, 41
Industrialização, 222, 337
    e divisão do trabalho, 337
    guerra e, 509
    mecanização, 470
    problemas ambientais associados à, 439, 452-453
    tecnologia e, 470
Informação, uso da Internet para, 484
Informações privilegiadas, 118
Inglês como segunda língua, 305
Iniciativas de justiça retrospectiva, 323-325
Injustiça ambiental, 435
Innocence Lost National Initiative (Iniciativa Nacional da Inocência Perdida), 115-117
Innocence Project, 140
Inovação, 109
Insegurança da Criação, 411
Insegurança global, 411
Instituição econômica, 220
Instituição(ões), 4
    econômica, 220
Integração racial, 266-267
Integração socioeconômica, 267
International Labour Office (Escritório Internacional do Trabalho), 245
International Labour Organization (ILO – Organização Internacional do Trabalho), 237, 340
International Lesbian and Gay Association (ILGA – Associação Internacional de Gays e Lésbicas), 392
International Planned Parenthood Federation (Federação Internacional da Paternidade Planejada), 421
International Violence Against Women Act (Lei Internacional da Violência contra a Mulher), 365
Internet, 1, 480-486
    acesso em banda larga, 482, 495-496
    acesso sem fio à, 481, 483
    banco, uso no, 482-484
    busca por conhecimento e informação, 484
    censura, 476
    comércio eletrônico, 483-484
    "cookies", 502
    crimes na, 117, 120-121
    custo do cibercrime, 120
    demografia do uso da, 482
    desenvolvimento pelo Departamento de Defesa, 513
    games e entretenimento na, 485
    grátis e aberta, 496
    índice de penetração, 471
    informações sobre saúde e registros na, 483
    jogos de azar, 117
    neutralidade da rede, 496
    número de usuários, 471, 495
    política e e-governo, 485
    preconceito e, 312
    preocupações com privacidade, 502
    redes sociais e blogs, 486
    terrorismo e, 531
    uso malicioso da, 497-498
    vendas online, 482-484
    Web 2.0, 481
    Web Semântica, 484
Internet Crime Complaint Center (ICCC – Centro de Reclamações contra o Crime de Internet), 119, 129
Interpol, 143
Intersexed, 370
Inverno nuclear, 539
IPhone, 475
Irã: programa nuclear no, 543
    reféns dos EUA no, 522
Iraque: Haditha, mortes em, 533
    ataques terroristas e mortes no, 525
    convulsão no Kuwait, 519
    raízes do terrorismo no, 526
Iron John, 362
Islamofobia, 318, 546
Israel, 519
It Gets Better, Projeto, 394

J

Japão: incentivos à fertilidade no, 425
    usina nuclear de Fukushima Daiichi, 432-435, 444-445
Jihad islâmica, 520-521
Jim Crow Laws (Leis Jim Crow), 295
Jogos de azar, 116
Jovens. Veja Adolescentes
Judeus, desigualdade de gênero e, 355
Justiça restaurativa, 144, 323-325

K

K2, 84
Ketamina, 82
Kingsnorth Six, 455
Ku Klux Klan, 7, 318

L

Lacuna de gênero, 268, 331
    no desemprego, 340
    nos salários, 341-345
    rankings, por país, 334
Lambda Legal Defense and Education Fund (Fundo Lambda de Defesa Legal e Educação), 396
Latinos, Veja também Hispano-americanos
Lawrence v. Texas, 383
L-3 Communications, 515
Leadership in Energy and Environmental Design (LEED – Liderança em Energia e Design Ambiental), 459
Leandro v. State, 264
Ledbetter Fair Pay Act (Lei Ledbetter do Pagamento Justo), 341, 363
Legalização das drogas, 70, 99-100
Legislação dos direitos civis, 306
Legislação, estratégia contra as *sweatshops*, 245-247

Leis, 6-7
Leis antimiscigenação, 299
Leis de exceção genética, 499-501
Leis do Aborto, 489-490, 501
  desafios e restrições ao, 348, 422, 490
Leis do Arizona sobre imigração ilegal, 292, 303
Leis do salário para viver, 211
Lei Seca, 75
Leis e políticas de não discriminação, 377, 394, 425, 493
Lei, sexismo e, 348-349
Leis trabalhistas, nos EUA, 247
Leões-marinhos, 528
Lésbicas, 370
  discriminação contra, 383-393
  na mídia, 392-394; Veja também Homossexualidade
  Orientação sexual
Lesões físicas, custos das, 128-129
Lesões ocupacionais, 236-237
Let's Move!, Iniciativa, 56
Levantes no Oriente Médio, 485; Veja também Primavera Árabe
Levi Strauss and Co., 378
LGBT, 370
  bullying, 389, 396
  crimes de ódio anti-LGBT, 388-390
  direitos, avanços nos, 398-400
  discriminação contra, 383-393
  discriminação no local de trabalho, fim da, 394
  e LGBTQ, LGBTQI, 370
  indivíduos e casais nos EUA, 373-374
  iniciativa de tolerância e educação, 396-397
  maus-tratos pela polícia, 390
  mídia e, 392-394
  mídia social e, 394
  modelos exemplares, 392-394
  preconceito contra, 371
  "sair do armário", papel de, 392; Veja também
    Homossexualidade
Liberdade condicional, 135
Líbia, intervenção militar na, 542
Lilly Ledbetter Fair Pay Restoration Act (Lei Lilly Ledbetter da
  Restauração do Pagamento Justo), 341, 363
Liminar, 177
Limpeza étnica, estupro e, 534
Linguagem, sexismo cultural e, 353-355
Lista de crimes, 112
Lixo. Veja Lixo eletrônico
  Lixo nuclear
  Lixo sólido
Lixo eletrônico, 435, 447
Lixo nuclear, 446-447
Lixo plástico, 447
Lixo, problema ambiental do, 447
Lixo sólido, 446
  banheiros flutuantes, 198-199
Local de trabalho: saúde e segurança nos EUA, 236-239, 247-248
  McDonaldização do, 223, 240
  políticas de não discriminação no, 377, 394, 425

programas de bem-estar, 55
tecnologia e, 223, 478-480
tóxico, 237
Local de trabalho tóxico, 237
Lockerbie, Escócia, acidente aéreo sobre, 523
Loving v. Virginia, 299
LSD, 82, 85-86
Luta contra o Crime: Investir nas Crianças, 132

M

M.C. v. Medical University of South Carolina et al., 330
Maconha, 70, 73, 79, 81
  como droga de entrada, 80
  legalização em certos estados, 70
  maconha medicinal, 48-49, 79
  prevalência de uso, 79, 84
  sintética, 85
  uso por crianças estudantes no mês anterior, 78
Maconha medicinal, 48-49, 79
Macro-sociologia, 11
MAD DADS (Men Against Destruction-Defending Against Drugs
  and Social Disorder), 133
Magreza, "culto à", 358
Malware, 498
Managed care, 47
ManKind Project (MKP), 362
Máquina da negação do clima, 442, 456
Máquinas e mecanização, 470
Marijuana Tax Act (Lei do Imposto sobre a Maconha), 80
Masculinidade, padrões de, 335
Massive open online course (MOOC – Cursos online abertos e
  massivos), 284, 484
Masters Golf Tournament, 348
Matemática. Veja STEM (ciência, tecnologia, engenharia e
  matemática)
Materiais perigosos, 435
Matthew Shepard e James Byrd, Jr., Hate Crimes Prevention Act
  (HCPA – Lei Matthew Shepard e James Byrd, Jr. da Prevenção
  dos Crimes de Ódio), 396
McDonaldização, 223, 240
McDonald's, 436
McJob, 223
MDMA, 81, 85
Mecanização, 470
Mediação, na guerra e conflito, 542
Medicaid, 47, 206
Medicalização, 42
Medicare, 47, 207
Medicina alopática, 48
Medicina complementar e alternativa, 48
Medicina digital, 478
Mercado de livre comércio, 187
Meritocracia, 186
Mescalina, 82
Meta-análise, 77
Metanfetamina, 81, 83-84
  fabricação de, 83

Metas de Desenvolvimento do Milênio, 202-203, 365
Methamphetamine Control Act (Lei do Controle à Metanfetamina), 83
Microsoft, 479
    processo antitruste contra a, 480
Microssociologia, 11
Mídia: contribuição ao preconceito, 310-312
    e sexismo cultural, 353-355
    gays e lésbicas na, 393-394
    guerra e, 516, 518
Mídia social, 394, 470
Military Crime Victim's Rights Act of 2013 (Lei dos Direitos das Vítimas de Crimes Militares), 142
Military Professional Resources Inc. (MPRI), 515
Minerais terrosos raros, 519
Mine Safety and Health Administration (MSHA – Departamento de Segurança e Saúde nas Minas), 247
Minorias étnicas, discriminação contra, 312-319
Minorias raciais, discriminação contra, 312-318
Miscigenação, 298
Míssil Tridente, custo de, 537
MMT (Tricarbonil metilciclopentadienil manganês), 433
Mobilização para ação, 12
Momentum populacional, 406
Mondragon, 245
Monitorando o Futuro, 79
Monogamia, 148, 157
Monogamia serial, 148
Monopólios genéticos, 501
Moradia: acessível, 196
    abaixo do padrão, 198
    "crise", 197
    discriminação e segregação na, 314-316
    programa público de moradia, 205
    Section, 8, 205
Moradia Section, 8, 205
Mores, 6
Mortalidade, 29-31
    causas da, 29, 40
    materna, 30
Morte: eufemismos para a, 415
    em guerras, 512, 515, 533; Veja também Mortalidade
Morte materna, causas da, 30, 361
Mothers Against Drunk Driving (MADD – Mães contra bebida e direção), 6, 12, 95
Movimento ambiental, 453-456
    ambientalismo radical, 454-455
    ambientalismo religioso, 454
    corporações, papel em, 456
    envolvimento em, 454
Movimento ambiental radical, 454-455
Movimento das mulheres, 361-363
Movimento dos Direitos Civis (EUA), 266-268
Movimento dos homens, 362-363
Movimento Occupy Wall Street, 189, 214-215, 251
Movimento social, 21
Movimentos populares, 281, 361-363

Muçulmanos: conflitos entre seitas, 521
    Jihad islâmica e, 520-521
    medos dos, 546
    mulheres, cobertura de cabeça e corpo, 5-6, 331, 337
    opiniões em relação aos EUA, no mundo todo, 546
Mudança climática, 441-446
    educação sobre, 456
    efeitos da, 442-443
    efeitos irreversíveis da, 464
    o que você pode fazer, 459-460
    Protocolos de Montreal e Quioto, 462
Mulheres: acesso ao planejamento familiar, 54
    abuso da esposa, 149-150
    abuso do álcool associado ao abuso da esposa, 87
    assassinatos por dote, 361
    assassinatos por honra, 360
    ataque/abuso sexual, 127
    autonomia econômica das, 159
    como alvo das propagandas de cigarro, 79
    consequências econômicas do divórcio, 161
    crime e vitimização, 122
    diferença salarial e, 341-342, 344-345
    direitos eleitorais nos EUA, 345
    educação e, 267-269, 272, 331, 339-340, 421
    emenda dos direitos iguais, 362-363
    "gravidez/castigo da maternidade", 340, 343
    Ground Combat Exclusion Policy (Política Básica de Combate à Exclusão), 516
    HIV/AIDS e, 45
    igualdade de gênero e, 331-336
    imagem corporal e, 358
    marginalização econômica das, 122
    mutilação/corte genital feminino, 331-335
    na Suprema Corte dos EUA, 346
    participação militar/na guerra das, 516
    pobreza e, 192, 212-213, 357
    questões de saúde, 44, 54
    renda e, 344
    socialização de gênero e saúde das, 359-361
    status das, 331-336, 421
    sub-representadas na política, 344-347
    trabalho e, 238-240, 340-344
    violência contra as, 44, 157, 360-363, 365
    violência do parceiro íntimo e, 44, 167-175
    vitimização e abuso das, 127-128; Veja também Desigualdade de gênero
Multitarefas, 497
Mutilação/corte genital feminina, 331-335

N

Nacionalismo, 522
NAFTA (North American Free Trade Agreement – Acordo de Livre Comércio da América do Norte), 224, 433
Nairóbi, Quênia, terrorismo no shopping, 524
Nanotecnologias, 498, 502
Não conformidade de gênero, 370
Narcóticos Anônimos (NA), 93

National Alliance on Mental Health (NAMI – Aliança Nacional sobre Doença Mental), 57-59
National Alliance to End Homelessness, 195
National Assessment of Educational Progress (NAEP – Avaliação Nacional do Progresso Educacional), 268, 270, 285
National Association for Research and Therapy of Homosexuality (NARTH – Associação Nacional para a Pesquisa e Terapia da Homossexualidade), 375
National Association of Evangelicals (Associação Nacional de Evangélicos), 454
National Association of Town Watch (Associação Nacional de Vigilância das Cidades), 133
National Coalition for the Homeless (Coalizão Nacional para as Pessoas em Situação de Rua), 196
National Coalition of Anti-Violence Programs (Programas da Coalizão Nacional Antiviolência), 389
National Coalition of Free Men (NCFM – Coalizão Nacional dos Homens Livres), 362-364
National Coming Out Day, 392
National Counterterrorism Center (Centro Nacional de Contraterrorismo), 524
National Crime Victimization Survey (Pesquisa Nacional da Vitimização do Crime), 107, 115, 119, 127, 134, 316
National Criminal Justice Commission Act of 2013 (Lei da Comissão Nacional de Justiça Criminal de 2013), 144
National Day of Silence (Dia Nacional do Silêncio), 397
National Directory of New Hires (Departamento Nacional de Novas Contratações), 208
National Domestic Violence Hotline (Linha Direta Nacional da Violência Doméstica), 176
National Export Initiative (Iniciativa Nacional da Exportação), 244
National Gay and Lesbian Task Force (NGLTF – Força-tarefa Nacional de Gays e Lésbicas), 392
National Labor Relations Act (NLRA – Lei Nacional das Relações de Trabalho), 242
National Labor Relations Board (NLRB – Comitê Nacional das Relações de Trabalho), 241-243
National Night Out, 133
National Organization for Men Against Sexism (NOMAS – Organização Nacional dos Homens contra o Sexismo), 363
National Organization for Women (NOW – Organização Nacional das Mulheres), 362-363, 489
National Rifle Association (NRA – Associação Nacional do Rifle), 142
National School Lunch Program (Programa Nacional do Almoço na Escola), 304
National Science and Technology Council (Conselho Nacional de Ciência e Tecnologia), 503
National Security Agency (NSA – Agência Nacional de Segurança), 493, 502, 527
National Survey on Drug Use and Health (Pesquisa Nacional do Uso de Drogas e Saúde), 71
National White Collar Crime Center (NWCCC – Centro Nacional do Crime de Colarinho Branco), 118
Nativos do Alasca: uso de drogas ilícitas e álcool pelos, 71, 76

índices de pobreza, 192
Nazistas, 294
    Grupos neonazistas, 318
Negligência, 171
Negligência infantil, 171
Neutralidade da rede, 496
Neutralidade de gênero, 330
New Strategic Arms Reduction Treaty (new START – Novo Tratado Estratégico de Redução de Armas), 543
Newtown, Connecticut, assassinatos na escola em, 4, 40, 57, 63, 113, 142, 271, 273
Nicotina, 81
Nipo-americanos, Campos de confinamento na Segunda Guerra Mundial, 295
    apologia e reparações para, 323
No Child Left Behind (NCLB – Nenhuma Criança Esquecida), 280
Noivas crianças, 348
Normas, 5-7, 71
    anomia, 9, 240
Norte-americanos negros: adolescentes, bullying e vitimização de, 275
    como soldados na Segunda Guerra Mundial II, 513
    conquistas educacionais dos, 265, 270, 316
    criminalidade, 125-126
    desigualdade de renda e, 189
    discriminação profissional, 314
    estereótipos e termos negativos, 308-309
    gangues e, 121
    índice de pobreza entre os, 192
    marketing de tabaco para, 78
    mulheres, desigualdade de renda para, 344
    obesidade entre os, 46
    palavra com N e, 308-309, 314
    renda dos, 314
    sentenças de prisão por uso de droga, 97
    vítimas de violência com armas, 141
NOW. Veja National Organization for Women (Organização Nacional de Mulheres)
NRA. Veja National Rifle Association (Associação Nacional do Rifle)
Nuclear Nonproliferation Treaty (Tratado de Não Proliferação Nuclear), 543-545

O

Oberlin College, 268, 319
Obesidade, 7, 54-56
    global (globesidade), 31, 34
    índice nos EUA, 51
    infância, 53-55
    nível de renda e, 193
    políticas locais e estatais, 55
    programas de bem-estar no ambiente de trabalho, 55
Obesidade na infância, 54-55
Obrigatoriedade da atenção à criança, 207-209
Obsolescência, 434
Obsolescência percebida, 434
Obsolescência programada, 434

Occupational Safety and Health Administration (OSHA – Administração da Segurança e Saúde Ocupacionais), 237, 241
OCDE (Organização para Cooperação e Desenvolvimento Econômico), 256-258, 271
Ódio e assédio antigay, 388-389, 399
Office of Global Communications (Escritório de Comunicações Globais), 518
Office of Science and Technology Policy (Escritório de Política de Ciência e Tecnologia), 503
Officer Sean Collier Campus Police Recognition Act of, 143, 2013
Oitava Emenda, à Constituição dos EUA, 139
Oklahoma, ataque a bomba ao prédio federal em, 524
Óleo de areias betuminosas, 432
Oleoduto de Keystone XL, 432
OMC. Veja Organização Mundial do Comércio
Ondas de calor, 443
One-drop rule, 295
Ônibus, dessegregação escolar e, 316
11 de setembro, 2001, ataques terroristas, 519, 524, 547
Opção por não ter filhos, 423-424
OpenNet, Iniciativa, 476
Opiáceos, 81
Ópio, 71, 73, 81
Opressão, 379
Orfanato, 176
Organismos geneticamente modificados, 487-488
Organização das Nações Unidas, 541-542
    Conferência Mundial para as Mulheres, 365
    Conselho de Segurança, 541
    críticas à, 541
    forças de manutenção da paz e operações, 541
    Metas de Desenvolvimento do Milênio, 202-203, 365
Organização Mundial de Saúde (OMS), 360
Organização Mundial do Comércio (WTO), 224, 433
Organização para a Cooperação e o Desenvolvimento Econômico. Veja OCDE
Organizações terroristas, 524
Organization child, 260
Orgulho gay, 398
Orientação sexual, 369-401
    "causas" da, crenças sobre, 374-375
    compreensão da, 398-400
    contexto global, 371
    continuum da, 373
    crimes de ódio e, 388-390
    criminalização das relações de mesmo sexo, 150, 371, 377
    definição de, 370
    desigualdade conjugal, 384-388
    discriminação baseada em, 378-390
    discriminação e assédio no local de trabalho, 383, 394
    estatísticas nos EUA sobre, 373-374
    estratégias de ação, 391-398
    estratégias educacionais, 396-398
    filhos e direitos parentais, 388, 395
    heterossexismo, homofobia, e bifobia, 379
    hipótese do contato, 393
    lei e política pública, 394-396
    maus-tratos pela política e, 390
    mídia e, 392-394
    mitos e estereótipos, 382
    mudanças em, são possíveis?, 375
    origens da, 374-375
    políticas de trabalho e, 377
    preconceito e discriminação baseada em, 379-383
    problemas de classificação, 372-373
    proteções legais para, 371
    "sair do armário", 392
    status master, 378
    teorias sociológicas de, 376-378
    violência e crimes de ódio, 388-390
    visão geral demográfica de, 372-376
    visão geral e terminologia, 371; Veja também Homossexualidade
OSHA (Administração da Segurança e Saúde Ocupacionais), 237, 239
OTAN (Organização do Tratado do Atlântico Norte), 510
OxyContin, 85

P

Pacto Global do Trabalho, 244
Padrões de eficiência dos combustíveis, 461
Padronização de gênero, 365
Pais adotivos, 153
Países de baixa renda, 30
    atenção à saúde nos, 53-54
Países de renda média, atenção à saúde nos, 53-54
Países desenvolvidos, 28
    pegada ambiental dos, 439, 452
Países em desenvolvimento, 28
    gases do efeito estufa e, 336
    pobreza nos, 194
    população dos, 406
Países menos desenvolvidos, 28
Países menos desenvolvidos, crescimento populacional nos, 405-406
Panzerfaust Records, 312
Papéis, 4
Papéis de gênero, 156-157, 331, 349-356, 421
    aprendizado pela socialização, 337
    construção social dos, 349-356
    divisão do trabalho doméstico, 160, 331, 336-337, 350-351
    expressivos, 338
    igualdade de gênero e, 377
    instrumental, 338
    rígidos e homofobia, 381
    tradicionais, 156, 347, 356-361
Papéis de gênero masculinos. Veja Papéis de gênero
Papéis expressivos, 338
Papéis instrumentais, 338
Papel no trabalho, 226
Paquistão: armas nucleares e, 544-545
    grupos terroristas e mortes no, 524-525
Parceiros domésticos, 394

Parceria doméstica, 151, 372
Parcerias registradas, 372
Parent trigger laws, 282
Paridade, 59
Patologia social, 9
Patriarcado, 156, 476
PATRIOT ACT, 529-530
Patriotismo, na sociedade norte-americana, 518
Patrulha de Fronteira, 302
Patrulha de Fronteira dos EUA, 302
Paz: teoria da paz democrática, 520
    busca global pela, 540-547
    patriótica, 518
PCBs (bifenilos policlorados), 432
PCP (fenciclidina), 82
Pedido de desculpas, como justiça retrospectiva, 323-325
Pegada ambiental, 411, 439, 452
Peixe, recomendações de saúde sobre, 448
Pell Grant, programa, 206
Pena de morte, 140
    atos homossexuais sujeitos a, 150, 376
    legal nos EUA, 139
Pennsylvania State University, 131
Pentágono, ataques terroristas de 11 de setembro e, 519, 523, 547
Pequisa e Desenvolvimento (P & D), 470
    gastos da China com, 472
    gastos dos EUA com, 470, 472, 501
Perdão, 166
Perfis criminais raciais, 123-124, 135
Período de experiência (ou liberdade condicional), 135
Permafrost, derretimento do, 442
Permeabilidade das fronteiras internacionais, 432-433
Perry et al. v. Schwarzenegger, 377
Perry Preschool Project, 132
Personal Responsibility and Work Opportunity Reconciliation Act (Lei da Responsabilidade Pessoal e Reconciliação da Oportunidade de Trabalho – PRWORA), 204, 207
Perspectiva da resiliência matrimonial, 154
Perspectiva do conflito, 10, 13
    críticas da, 13
    da educação, 260-261, 287
    da guerra, 514-517
    de trabalho e economia, 225-226, 250
    dos problemas sociais, 10-11
    sobre abuso de drogas, 72-74
    sobre ciência e tecnologia, 475-476
    sobre crescimento populacional e envelhecimento, 409
    sobre crime, 110-112, 129
    sobre desigualdade de gênero, 337
    sobre desigualdade econômica e pobreza, 186-187
    sobre doença e atenção à saúde, 40-42
    sobre orientação sexual, 378
    sobre problemas ambientais, 434-435
    sobre problemas familiares, 156-158
    sobre raça e relações étnicas, 306-307, 325
Perspectiva do declínio matrimonial, 154

Perspectiva do interacionismo simbólico, 11-13
    críticas da, 13
    da educação, 261
    da guerra, 518
    do trabalho e economia, 226
    do uso e abuso de drogas, 100
    sobre ciência e tecnologia, 476
    sobre crescimento populacional e envelhecimento, 409-411
    sobre desigualdade de gênero, 338, 351
    sobre desigualdade econômica e pobreza, 189
    sobre doença e atenção à saúde, 42
    sobre o crime, 111-112
    sobre orientação sexual, 378
    sobre problemas familiares, 158
    sobre problemas sociais, 12-14
    sobre raça e relações étnicas, 307-308
Perspectiva Estrutural-funcionalista, 8-9, 13
    críticas da, 13
    da desigualdade de gênero, 336-337
    da doença e atenção à saúde, 40
    da educação, 258-260, 281
    do crescimento populacional e envelhecimento, 408-410
    do crime, 109-111
    dos problemas ambientais, 434
    dos problemas familiares, 156
    sobre abuso das drogas, 71-73
    sobre ciência e tecnologia, 474
    sobre desigualdade econômica e pobreza, 186
    sobre guerra, 513-515
    sobre orientação sexual, 376-378
    sobre relações raciais e étnicas, 305-306, 325
    sobre trabalho e economia, 225
    teorias dos problemas sociais, 8-10
Perspectivas feministas, sobre problemas familiares, 156-158
Perspectivas teóricas, 8-14
    comparação das, 13
Pesquisa, 14-20, 471
    análise, 17-18
    de campo, 18
    estágios da, 15-18
    métodos de coleta de dados, 17-20
    questões, formulação de, 15-16
    uso de animais em, 500-501
Pesquisa com células tronco, 491, 502
Pesquisa com entrevista, 17-18
Pesquisa de campo, 18
Pesquisa militar, experimentos para, 533
Pesquisas baseadas em Internet, 18
Pesquisas de vitimização, 107, 127
Pesquisa survey, 17-18
Pesticidas, 447
Petróleo: conflitos e guerras em relação ao, 519
    areia betuminosa, 432
    fracking, 448
    impostos sobre, 460

indústria, 435
    uso continuado de, 222; Veja também Combustíveis fósseis
Pinkwashing, 437
Pirataria na Internet, 497
Piratas, 106
Piratas somalis, 106
Pixar, 394
Planejamento familiar, 30, 420
    acesso ao, 53, 421-422
Planned Parenthood of Southeastern Pennsylvania v. Casey, 489
Plessy v. Ferguson, 295
Pluralismo, 295
Pobres. Veja Pobreza
Pobres trabalhadores, 193
Pobreza, 183-185, 190-193
    absoluta, 183
    ciclo da, 325
    crescimento populacional e, 409, 411
    crianças na, 190
    definições de, 185, 189
    desastres naturais e, 200-201
    educação e, 191
    entendendo a, 215
    estratégias de ação, 202-214
    estresse familiar e problemas parentais e, 201-203
    estrutura familiar e, 192
    extrema, 183-184
    feminização da, 191, 212-213, 357
    funções positivas da, 186
    Guerra contra a, 188
    idade e, 191
    Índice de Pobreza Multidimensional, 184
    intergeneracional, 202
    limites (2012), 185
    mensurações da, 183-186
    nos EUA, 184-186, 190-193
    participação da força de trabalho e, 203
    pobres trabalhadores, 193
    problemas de saúde e, 43, 62, 194
    problemas domésticos e, 194-196
    problemas educacionais e, 201
    programas de seleção por renda, 204, 210
    raça/etnia e, 192
    regiões dos EUA e, 193
    relativa, 183
    respostas internacionais à, 202-203
    sexo (gênero) e, 191
    teorias sociológicas sobre, 186-189
Pobreza absoluta, 183
Pobreza extrema, 183-184
Pobreza intergeracional, 202
Pobreza na infância, 191
Pobreza relativa, 183
Poliandria, 148
Poligamia, 148-149
Poliginia, 148

Política: contribuições à campanha, 187, 197
    Internet e governo eletrônico, 485-486
    riqueza e, 187
    sexismo estrutural e, 344-346
Política criminal de justiça, 132-140
Política de um filho, na China, 422
Política "Don't ask don't tell", 384, 513-515
Political action committees (Comitês políticos de ação – PACs), 187, 226
Políticas de tolerância zero, 97, 273
Políticas trabalho-vida pessoal baseadas no empregador, 249
Poluição: do ar, 440-441
    da água, 448, 450
    da terra, 446
    luminosa, 451
    química, 448-451
    substâncias tóxicas, 448
Poluição da água, 448, 450
    pobreza e, 199
Poluição da terra, 446-448
Poluição do ar, 440-441
    da Guerra do Golfo, 537-539
    dentro de casa, 441
Poluição do ar dentro de casa, 441
Poluição luminosa, 451-453
Poluição química, 448-451
    cruzando fronteiras internacionais, 432
Pony Express, 475
População idosa: cuidado por membros da família, 240
    crescimento da, 408-409
    índice de apoio aos idosos, 408
    preconceito contra, 412-415; Veja também Envelhecimento
População mundial, 404-407, 427
    envelhecimento da, 407-408
População prisional, 136
    discriminação institucional e, 313
    trabalho e salários, 231
Pornografia, 116
    infantil, 120
    na Internet, 117
Pornografia infantil, 120
Pornografia na Internet, 117, 120
Pornografia online, 116, 120
Porta de entrada para drogas, 80
Pós-industrialização, 222, 470
Pós-modernismo, 474
Povos aborígenes australianos, 295
    pedido de desculpas aos, 323
Praça da Paz Celestial, protestos da, 22
Preconceito, 309-313, 379
    mídia e, 310-312
    orientação sexual e, 378-383
    pela socialização, 310-312
    reagindo ao, 320-325
Preconceito implícito, 352
Prêmio Nobel da Paz, pelo trabalho ambiental, 465

President's Council of Advisors on Science and Technology (Conselho Presidencial de Conselheiros em Ciência e Tecnologia), 502
Primavera Árabe, 485, 511, 520, 547
Primeira Emenda, à Constituição dos EUA, 149
Primeira Guerra Mundial, 522, 532
"Princípio preventivo", 462
Prisão, 134-137
Privacidade: preocupações, 502
    perda de, 493-494
Privilégios, 379
Problemas ambientais, 431-467
    aquecimento global e mudança climática, 441-446
    biodiversidade, 451
    causas sociais dos, 452-454
    contexto global dos, 432-433
    cooperação internacional e assistência em, 462
    crescimento populacional e, 410, 440, 452, 459
    custos e benefícios das regulamentações, 465
    entendimento dos, 463-465
    esgotamento dos recursos naturais, 439
    estratégias de ação, 453-462
    exército como poluidor número um dos EUA, 453
    guerra e, 537-540
    novo nível de ameaça dos, 464
    poluição do ar, 440-441
    poluição do solo, 446-448
    poluição luminosa, 451-453
    produtos químicos e carcinógenos, 449-451
    reação aos, 453-464
    solução tecnológica para, 464
    teorias sociológicas de, 433-438
    uso de energia, 438
    visão geral dos, 437-453
Problemas familiares, 147-181
    abuso, 167-176
    contexto global, 148-150
    divórcio, 158-166
    entendimento sobre, 178
    estratégias de ação, 164-166, 175-176
    teorias sociológicas de, 156-157
    violência e abuso, 167-176
Problemas sociais: estágios de Blumer dos, 12
    causas dos, 13
    compreensão dos, 21
    construção social dos, 13
    de conflito, guerra e terrorismo, 532-540
    definições de, 2-3
    do crescimento populacional, 410-420
    elemento objetivo dos, 2-3
    elemento subjetivo dos, 3
    introdução a, 1-26
    mudança ao longo do tempo, 3
    pensando em, 19-21
    perspectiva do conflito dos, 10-11
    perspectiva estrutural-funcionalista dos, 8-10
    perspectiva interacionista simbólica dos, 12-13
    perspectivas teóricas dos, 8-14
    pesquisa sobre, 14-19
    socialização do papel de gênero e, 355-362
    soluções tecnológicas dos, 474
    teorias marxistas de, 10-11
    visão da patologia social dos, 9
Produto Interno Bruto (PIB), 189, 512
Profecia autorrealizável, 261, 352
Professores: programa de certificação alternativa para, 278
    efetividade e avaliação, 277
    interações aluno-professor, 261, 351
    medida de valor agregado (VAM), 277
    recrutamento e retenção de, 276-277
    rotatividade de, 276
    salários dos, 257, 276
    vítimas de violência, 272
Programa de certificação alternativo, 278
Programa de trabalhador visitante, 301
Programa de vistos para trabalho estrangeiro, 301
Programa dos Doze Passos, 93
Programas com seleção por renda, 204
Programas comunitários, 133
Programas de assistência alimentar (EUA), 205
Programas de capacitação, 209
Programas de microcrédito, 203
Programas de redução de poluentes, 460
Programas de Região Segura, 397-398
Programas de segurança baseados em comportamento, 248
Programas de vigilância da vizinhança, 133
Programas e políticas de trabalho e bem-estar, 248-249
Programas para a juventude, 132-133
Programas prisionais que funcionam, 138-139
Program for International Assessment (PISA – Programa de Avaliação Internacional), 258
Projeto Genoma Humano, 487
Proletariado, 187
Proliferação nuclear, 543
Promoting Education for All (Promovendo a Educação para Todos), 245
Pronatalismo, 409
Prontuários médicos, 483, 493
Prontuários médicos online, 484, 493
Proposição 209, na Califórnia, 306
Proposição 8, na Califórnia, 377, 398
Prostituição, 111, 116
    forçada, devido a, 359, 533
Protecting America's Workers Act (PAWA – Lei de Proteção dos Trabalhadores Americanos), 247
Protecting Victims on Campus Act (2013) (Lei de Proteção às Vítimas no Campus), 143
Protocolo de Biossegurança, 488
Protocolo de Montreal, 462
Protocolo de Quioto, 462
PRWORA, 204, 207
Psilocibina, 82
Punição cruel e incomum, 139
"Punição da gravidez", 340, 343

Punição da maternidade, 343
Punições, 135-140
Punições corporais, 175-176
   aceitação de, 175
   alternativas às, 176
Purple Heart, medalha do (Coração Púrpura), 58

Q

Quatro de Julho, fogos de artifício cancelados por motivos econômicos, 225
Queer Eye for the Straight Guy, 393
Questionários, 18

R

Raça, 291-328
   casamento inter-racial, 299
   categorias, U.S. Census Bureau, 296-298
   como conceito biológico, 293
   como conceito social, 293-294
   construção social da, 292-295
   contexto global, 292-307
   crime e, 121, 123-127
   crimes de ódio e, 317-319
   definição de, 292
   desigualdade de renda e, 189
   dessegregação escolar, 265-267, 316
   discriminação e, 306, 312-318
   diversidade nos EUA, 296-300
   educação e, 264-267, 279, 314
   e guerra contra as drogas, 97
   entendendo a, 325
   estatísticas de orientação sexual, 373-374
   estudos whiteness, 322
   gap salarial e, 345
   identidade mista de raça, 298
   identificação racial, 298
   padrões de interação de grupo, 294-296
   perigos ambientais e, 435
   pobreza e, 192
   população dos EUA, proporções por categoria racial, 298
   questões de imigração, 300-306
   racismo explícito, 266
   relações de grupo nos EUA, 298-300
   saúde e, 45-46
   segregação, 295
   teorias sociológicas de, 305-310, 325
Raça e relações étnicas, 299-300, 306-308
   guerras e, 520-522
   perspectiva do conflito sobre, 306-307, 325
   perspectiva estrutural-funcionalista sobre, 306, 325
   perspectiva interacionista simbólica sobre, 307-308
Racial Justice Act (Lei da Justiça Racial), 140
Racismo, 309-314
   ambiental, 435
   aprendizado por meio da socialização, 312
   aversivo, 309
   daltônico, 309-310
   de duas caras, 311
   explícito, 265
   formas de, 309-310
   institucional, 309
   moderno, 309
   palavra com N, 308-309, 314
   protestos "sit-in", 23
   reagindo ao, estratégias de ação, 320-325
Racismo ambiental, 435
Racismo aversivo, 309
Racismo daltônico, 309-310
Racismo institucional, 309
Racismo moderno, 309
Radical violent extremists (RVE – Extremistas radicais violentos), 526
Rap, 125
Reabilitação, 134-135
REACH (Registration, Evaluation, and Authorization of Chemicals – Registro, Avaliação e Autorização de Químicos), 462
Rebeldes chechenos, 525
Rebelião, 109
Recessão, definida, 228
Reconhecimento social, 12
Recursos econômicos, redistribuição de, 540
Recursos naturais: conflito em relação aos, 519-522
   esgotamento dos, 435, 439
Rede Haqqani, 524
Redes sociais, 22, 485
"Redlining", 496
Redução da demanda, 98-99
Redução de carbono, para mudanças de comportamento em vários estilos de vida, 460
Reforma do sistema de saúde, 50, 58-62
   abordagem abrangente da, 63
Reforma social, guerra encorajando a, 514
Reformas tributárias, 214
Refugiados, 512, 533-534
   ambiental, 434
Refugiados ambientais, 434
Regional Greenhouse Gas Initiative (Iniciativa Regional dos Gases de Efeito Estufa), 460
Registration, Evaluation, and Authorization of Chemicals (Registro, Avaliação e Autorização de Químicos – REACH), 462
Registros criminais, 313
Relacionamento pai-e-filho, efeitos do divórcio sobre, 162
Relações familiares, e sexismo cultural, 349
Relações sociais, e interação social, 492
Religião: atitudes em relação à homossexualidade e, 381
   conflito e guerras devido à, 519-522
   crimes de ódio e, 317-318
   e casamento entre o mesmo sexo, 386
   liberdade de (Primeira Emenda), 149
   mulheres no clero, 355
   sexismo e, 355
Relógio, invenção do, 478
Remuneração dos trabalhadores, 48
Renda: educação e, 257, 259

sexismo estrutural e, 344-345
Respect for Marriage Act (RMA – Lei do Respeito ao Casamento), 395
"Retribalização", 520
Revisão de literatura, 16
Revistas sociológicas, 14
Revolução Americana, 521
Revolução industrial, 222
    crescimento da população depois da, 404
Revolução Russa, 521-522
Revolução tecnológica, 471-475
Revoluções, 521-522
Reynolds v. Estados Unidos, 149
Ricina, 531
Riqueza, 181-218
    compreensão da, 215-216
    herança e, 190
    influência política, 187
    medidas de, 188
    "rags to riches", 189-190
    "rico fica mais rico", 189
    um por cento, americanos mais ricos, 189-191
Ritalina, 84
Ritualismo, 109
Robôs, 475, 479
Roe v. Wade, 349, 489-490, 501
Rohypnol, 81, 114
Roubo, 115
Roubo, 113-115
Roubo, 114-116
Roubo de identidade, 119, 143, 493
Roubo de veículos, 115
Ruanda, genocídio em, 541
RU-486 (contraceptivo oral), 476
Rússia: Violência chechena rebelde e, 525
    acordo de redução das armas nucleares, 546
    armas químicas armazenadas na, 532
    corrida armamentista nuclear, 543
    políticas sobre "relações sexuais não convencionais", 371

S

Sacolas de compras plásticas, 447
Safe Schools Improvement Act (SSIA – Lei da Melhoria da Segurança nas Escolas), 397
"Sair do armário", 392
"Sais de banho", 85-86
Salário do presidente da empresa, 187
    limites sobre, 245
    versus média do salário do funcionário, 189
Salário mínimo, 211, 357
Salários: discriminação em, 348
    desigualdade em, gênero e, 341
    diferença salarial, 341-342, 344-345
    justos/legislação de pagamentos iguais, 341, 347, 363
    salário mínimo, 211, 357
SALT (Strategic Arms Limitation Treaties - Tratados de Limitação das Armas Estratégicas), 543

Salvia divinorum, 82
Sanções, 6
Sandy Hook Elementary School (Newtown, Connecticut), 4, 40, 46, 63, 113, 142, 272-273
Saúde, 27-66
    animais e, 60-61
    contexto global, 28-36
    crescimento populacional e, 411
    definição de, 28
    entendendo os sistemas de saúde, 483
    escolhas individuais e, 62-63
    fatores sociais e de estilo de vida, 43-46
    gênero e, 43-45, 359-361
    globalização e, 31-32
    informação na Internet, 483
    materna, 30, 53, 411
    medicina complementar e alternativa, 48
    melhoria da, 52-62
    mortalidade, 29-31
    paridade entre física e mental, 59
    pobreza e, 63, 194
    produtos químicos e carcinógenos, 448-451
    raça, etnia e, 45-46
    remuneração aos trabalhadores, 48
    status socioeconômico, 43-44
    tecnologia e, 496-497
Saúde mental, 36-39, 57-60
    Aliança Nacional para a (NAMI), 57-60
    divórcio e, 161
    fatores sociais relacionados a, 43-46
    gênero e, 44
    paridade na, 59
    problemas dos graduandos com, 37-39, 59-62
    tecnologia e, 496-498
SCHIP (State Children's Health Insurance Program – Programa Estatal de Segurança à Saúde das Crianças), 46
SEC. Veja Securities and Trade Commission (Comissão de Segurança e Comércio)
Secure Fence Act (2006 - Lei da Cerca Segura), 303
Securities and Trade Commission (SEC – Comissão de Segurança e Comércio), 118
Segregação, 295, 314-316
    de jure versus de facto, 295
    dessegregação escolar, 265-267, 316
    discriminação de moradia e, 314-316
    Leis Jim Crow, 306
    nas escolas, 316-317
Segregação de facto, 295
Segregação de jure, 295
Segregação ocupacional sexual, 340, 343
Segregação sexual, em ocupações, 340, 343
Segunda Guerra Mundial, 513, 521, 532
    prostituição forçada e, 359, 533
Segundo turno, 160, 350
Segurança/insegurança alimentar, 194-195
Segurança, perda de privacidade e, 493
Segurança química, políticas de, 462

Seguridade Social, 204, 208, 418-420, 427
    benefícios para casais do mesmo sexo, 386-387
    financiamento da, 420, 426
    idade de aposentadoria para, 410, 419
    parcela de renda da, 419
    reforma da, 425-427
Self-espelho, 11-12
Semana de trabalho reduzida, 249
Sensibilidade múltipla a químicos (MCS), 450-451
Sensibilidade química, 450-451
Sentimento antichinês, 300, 306
Sequestro de navios, 106
Sequestro e armazenamento de carbono, 458
Serviços para a comunidade, inacessíveis ou indisponíveis, 175
Sexismo, 330
    cultural, 349-355
    direitos civis, lei e, 348
    educação e, 339-340
    estrutural, 339-349
    Internet, produtos à venda na, 359
    nas escolas, 351-353
    política e, 344-346
    religião e, 355
    renda e, 344
    trabalho e, 340-344
Sexismo cultural, 349-355
    experiência escolar e, 351
    linguagem e, 353-356
    mídia e, 353
    relações familiares e, 349
    religião e, 355
Sexismo estrutural, 339-349
    direitos civis e, 348
    educação e, 339-340
    renda e, 344
    trabalho e, 340-344
Sexismo institucional, 339-348
Sexo, 330; Veja também Gênero
Sexual orientation change efforts (SOCE – Esforços para mudar a orientação sexual), 375
Sierra Club, 432
Silent Spring (Carson), 453
Símbolos, 7
Sindicatos, 237, 241-243
    atividades corporativas antissindicais, 241
    benefícios e desvantagens para os trabalhadores, 241
    densidade sindical, redução da, 241
    fortalecimento, 250
    legislação antissindical, 242
    leis trabalhistas fracas nos EUA e, 241-242
    lutas em todo o mundo, 242
Síndrome alcoólica fetal, 90
Síndrome da abstinência neonatal, 90
Síndrome da imunodeficiência adquirida. Veja AIDS
Síndrome do bebê sacudido, 171
Síria: guerra civil na, 514, 521-522, 531
    ajuda militar dos EUA aos rebeldes na, 511

Sistema criminal de justiça, discriminação institucional no, 313
Sistema E-Verify, 303
Sistemas de saúde que aprendem, 483
Situação de rua, 36, 194-196
    aliviando a, 205
    animais de companhia e, 206-209
    baixa renda e, 194-200
    desemprego e, 229
    prevalência nos EUA, 196
    violência e, 196, 201
Skinheads, 318
Small Business Jobs Act (Lei do Emprego em Pequenos Negócios), 244
SNAP. Veja Supplemental Nutrition Assistance Program (Programa de Assistência Suplementar Nutricional)
Socialismo, 221
Socialização: função da educação, 258, 260
    aprendendo papéis de gênero por meio da, 337-338, 355-362
    aprendendo preconceito por meio da, 312
Socialização de gênero, 174, 347, 356-362
Socialização do papel de gênero: resultados para a saúde e, 359-361
    custos sociopsicológicos da, 357-358
    problemas sociais e, 356-361
    tradicional, 347, 355-361
Sociedade: estrutura da, 4, 13
    transformação tecnológica da, 478-492
Sodexo, 247
Sodomia, 383
Software médico, 478
Softwares, 478, 480
Soldados crianças, 534
Solução tecnológica, 464, 474
Southern Poverty Law Center: sobre discriminação educacional, 316
    programa de Tolerância no Ensino, 321-322
    sobre grupos étnicos, 318
Special Supplemental Food Program for Women, Infants, and Children (WIC – Programa Especial de Alimentação Suplementar para Mulheres e Crianças), 205, 304
Spice (maconha sintética), 85
Sri Lanka, guerra civil no, 522
"Stand your ground" leis, 140
State Children's Health Insurance Program (SCHIP – Programa Estatal de Seguro Saúde Infantil), 46
Status, 4
    adquirido, 4
    atribuído, 4
    de homens e mulheres, 331-336
    principal, 378
    status socioeconômico, 43-44
Status adquirido, 4
Status atribuído, 4
Status dropout rates, 271
Status principal, 378
Status socioeconômico, 43-44

conquista educacional e, 261-263, 265
    saúde e, 43-44
STEM (science, technology, engineering, and mathematics – ciência, tecnologia, engenharia e matemática), 270, 339, 472
Strategic Arms Limitation Treaty (SALT I e II – Tratado Estratégico da Limitação das Armas), 543
Strategic Arms Reduction Treaties (START I e II – Tratados Estratégicos da Redução de Armas), 543
Strategic Offensive Reduction Treaty (SORT – Tratado Estratégico da Redução Ofensiva), 543
Strauss v. Horton, 377
Student Loan Certainty Act, 279
Subemprego, 228-231
Substâncias tóxicas, 432-433, 448
Sudão, conflito no, 522, 532, 542
Suicídios, 37-38
    de LGBTs, 389, 392
    de soldados dos EUA, 534-535
    de veteranos dos EUA, 38
Super PACs, 187, 226
Supplemental Nutrition Assistance Program (SNAP – Programa de Assistência Nutricional Suplementar), 205, 211
Supplemental Security Income (SSI – Renda de Seguridade Suplementar), 204
Suprema Corte dos EUA: sobre aborto, 490
    descriminalização da sodomia/homossexualidade, 382
    leis femininas sobre, 344
    sobre ação afirmativa, 321
    sobre casamento do mesmo sexo, 377
    sobre dessegregação na escola, 316
Swann v. Charlotte-Mecklenberg, 316

T

Tabaco, produtos de, 71, 78-79, 81
    ações legais e, 96
    atitudes de crianças e jovens adultos em relação a, 73-75
    campanhas de prevenção, 96
    cigarrilhas e charutos, 79
    cinco maiores empresas produtoras, 69
    custo social do uso de, 89
    depressão e, 37
    "doença do tabaco verde", 90, 235
    e-cigarros, 95
    estratégias de ação sobre, 94-96
    impostos e preços, 95
    marketing jovens, 78-79
    marketing para minorias, 78
    mortalidade/mortes associadas ao uso de, 29
    morte devido a, 90
    nicotina nos, 81, 90
    prevalência do uso de, 69, 73-75, 77
    publicidade de, 73, 77-79
    subsídios do governo para, 72
    uso global dos, 61, 69
Talibã, 524
Tamil Tigers, 522

Tax Crimes and Identity Theft Prevention Act (Lei dos Crimes Tributários e Prevenção de Roubo de Identidade), 143
Teach for America, 278
Teaching Tolerance, programa, 322
Tea Party, 62
"Técnicas de interrogatório aprimoradas", 530
Tecnologia, 469-505
    biotecnologia, 487-492
    ciência e, 487-492
    compreensão da, 502-504
    consequências sociais da, 492
    de controle, 498-502
    desafio aos valores e crenças tradicionais, 498
    desemprego e, 494
    "elite virtual", 495
    e transformação da sociedade, 478-492
    gap de participação, 496
    globalização da, 471-475
    guerra e, 509-510, 513
    na educação, 283-284
    nanotecnologias, 498
    no local de trabalho, 223, 478-479
    separação digital, 495-496
    teorias sociológicas da, 474-476
    uso dual, 513
Tecnologia da Informação e da Comunicação (TIC), 481-485
    disparidades na, 496; Veja também Internet
Tecnologia de duplo uso, 513
Tecnologias reprodutivas, 489-491
Telepresença, 479
Tempo de duplicação da pobreza, 405
Tempo de duplicação da população, 405
Temporary Assistance to Needy Families (TANF – Assistência Temporária a Famílias Necessitadas), 204
Tendência antigay, 379-383
Teorema de Thomas, 307
Teoria, 8
    rotulagem, 12-13
    tensão, 109-110; Veja também Teorias sociológicas
Teoria da paz democrática, 520
Teoria da rotulação, 12-13
    comportamentos saudáveis, 42
    orientação sexual e, 378
    sobre capitalismo e livre iniciativa, 226
    sobre crime e desvios de comportamento, 111
    sobre desigualdade econômica e pobreza, 189
    sobre guerra, 518
    sobre o uso de drogas, 99
    sobre problemas familiares, 158
    sobre raça e etnia, 307
Teoria da tensão, 109-110
Teoria da transição demográfica, 408
Teoria feminista: sobre gênero, 338
    sobre estupro durante a guerra, 533-535
    sobre guerra, 516
    sobre tecnologia, 476
Teorias do conflito, 10-11

Marxista, 10-11
   não Marxista, 11
Teorias marxistas do conflito, 10-11
   Veja também Perspectiva do conflito
Teorias sociológicas: do crime, 109-112
   da ciência e tecnologia, 474-478
   da desigualdade de gênero, 336-338
   da desigualdade econômica, riqueza e pobreza, 186-189
   da doença e dos cuidados com a saúde, 39-42
   da educação, 258-262
   da guerra, 513-519
   da orientação sexual, 376-378
   de raça e relações étnicas, 306-308
   do crescimento populacional e envelhecimento, 406-408
   dos problemas ambientais, 433-438
   dos problemas familiares, 156-158
   do trabalho e economia, 225-227
   do uso e abuso de drogas, 71-74
TEPT. Veja Transtorno do Estresse Pós-Traumático
Terapia de conversão, 375
Terapia de reorientação, 375
Terapia genética, 487
Terapia reparativa, 375
Terceirização, 229, 494
Terceirização no exterior (offshoring), 225, 229
Terra e recursos naturais, conflito em relação a, 519-522
Terrorismo, 523-532
   ataques de 11 de setembro de, 519, 524, 547, 2001
   bombas na Maratona de Boston, 318, 524-525
   compreensão do, 546-548
   custos sociopsicológicos do, 534-536
   doméstico, 524
   em escolas, 4
   guerra, conflito e, 507-549
   nível de preocupação com o, 524
   padrões globais do, 525
   problemas sociais associados ao, 532-540
   raízes do, 526
   resposta dos EUA ao, 527-534
   táticas, variedade de, 523
   tipos de, 523-524
   transnacional, 523
   vazamentos de informações secretas e, 527-529
Terrorismo doméstico, 524
Terrorismo transnacional, 523
Tese da super-compensação masculina, 336
Testagem genética, 487, 499-502
Testes padronizados, 263, 265-267, 280-282
Teto de vidro, 343
"Teto de vitral", 355
"Three strikes and you're out", política, 135
TIC. Veja Tecnologia da Informação e da Comunicação
Tiroteios na escola, 4, 40, 46, 63, 112, 143, 271, 273
Title IX of the Educational Amendments Act, 352, 363
Title VII of the Civil Rights Act, 320, 348, 363-364
Tocadores de apito, 120
Tolerância, programas promocionais/educacionais, 396-397

Tortura, e "técnicas melhoradas de interrogação", 530-531
Trabalhadores imigrantes, 233
   nos EUA, sem documentos, 262, 302-303
Trabalhadores migrantes, 301
Trabalhadores rurais, 232, 235
Trabalhadores sindicalizados. Veja Sindicatos
Trabalho, 219-253
   alienação e, 240
   autoconceito e, 227
   automatização e, 228
   burnout no trabalho, 238
   conflito vida-trabalho, 240
   contexto global, 220-224
   criação e manutenção do emprego, 243
   desemprego e subemprego, 227-230
   diferença salarial, 341-342, 344-345
   empregos no exterior, 225, 228
   entendimento do, 250-252
   estratégias de ação, 243-250
   estresse no trabalho, 237-238
   globalização do, 224, 241
   graduados, preocupação com o, 231
   horário flexível, semana de trabalho reduzida e trabalho à distância, 249
   industrialização e pós-industrialização, 222
   licença e políticas de férias, 158, 248-249
   mudança da natureza do, 222-224
   orientação sexual, 378, 383
   OSHA e, 237, 241
   perda de emprego, 227
   por presidiários, 232
   problemas do, 227-243
   programas de segurança baseados em comportamento, 248
   questões de saúde e segurança, 236-238, 247-248
   Results-Only Work Environment (ROWE), 249
   salário mínimo/para viver, 211
   sexismo estrutural e, 340-344
   sindicatos e, 237, 241-243, 250
   sweatshops, 232
   tecnologia e, 223
   teorias sociológicas do, 225-227
   terceirização, 229, 494
   trabalho infantil, 234, 236, 245-246
   trabalhos forçados (escravidão), 231; Veja também Emprego
Trabalho doméstico, divisão do, 160, 331, 336-337, 350-351
Trabalho emocional, 345
Trabalho infantil, 234, 236
   esforços para acabar com o, 245
   nos Estados Unidos, 234, 236
Trabalhos forçados, 231
Trabalho sweatshop, 232, 246-247
Traficantes de escravos, 232, 245
Tráfico de pessoas, 105-106, 116, 231
   esforços para acabar com o, 143, 245
Tráfico sexual, 105, 116-117
Tranquilizante para animais (ketamina), 82
Transferência de propriedade, 129

Transsexuais, 330
Transtorno de déficit de atenção com hiperatividade (TDHD), 268
Transtorno do estresse pós-traumático (TEPT), 508, 535, 538
Transtornos mentais. Veja Doenças mentais
Tratado do Banimento de Minas, 533
Travessia de fronteira, 302-303
Tricloroetileno (TCE), 448
Trilha de lágrimas, 295
Tuition Equality Act (Lei da Igualdade de Ensino), 262
Turismo médico, 32
Twitter, 485

U

U.S. Census Bureau, categorias de classificação e definições do, 294, 296-298
U.S. Department of Homeland Security (DHS – Departamento de Segurança Doméstica dos EUA), 302-304, 527
U.S. Department of Veterans Affairs (Departamento de Questões dos Veteranos dos EUA), 535
Uganda, Lei Anti-homossexualidade, 377
União Europeia (UE), gestão ambiental da, 460, 462
Uniões civis, 372, 394
UNITA, 538
United Food and Commercial Workers (UFCW – Trabalhadores de Alimentação e Comércio Unidos), 240
United Students Against Sweatshops (Estudantes Unidos contra os Sweatshops), 246-247
University of California Board of Regents v. Bakke, 321
Unoccupied aerial vehicles (UAVs – Veículos aéreos não ocupados), 509-511
Urban Environmental Accords (Acordos Ambientais Urbanos), 460
Ursos polares, 443
USA PATRIOT ACT, 529
Usinas nucleares: acidentes em, 432-435, 438, 444-446
    localizações nos EUA, 439
    preocupações com segurança, 446
Uso de energia, 438
Uso e abuso de drogas, 67-102
    abordagem da "tolerância zero", 97
    abuso e dependência, 71
    alternativas de tratamento, 92-95
    alto custo do, 89-92
    cartéis da droga, 97
    comunidades terapêuticas, 94
    consequências sociais do, 87-92
    contexto global, 68-72
    crianças e escolas "infestadas pela droga", 87
    crime e, 88-89
    custos das, 87, 89-92
    demografia do, 71-72, 76, 84
    desregulamentação e legalização, 71
    droga de entrada, 80
    drogas de consumo mais abusivo, 81-82
    drogas ilegais usadas com frequência, 79-87
    drogas legais usadas com frequência, 75-79
    entendimento, 99-100
    estratégia da redução da demanda, 98
    estratégia da redução de danos, 97
    estratégias de ação, 94-98
    gastos federais no controle da, 99
    grupos de apoio, 92-93
    guerra contra as drogas, 70, 97, 313
    iniciativas estatais do, 70
    legislação antidrogas, 83-84
    "modelo médico" do, 70
    no mundo, 69
    nos Estados Unidos, 70-71, 78, 80, 83
    prevalência do uso, 69, 71, 73-75
    programa D.A.R.E., 74
    programas antidrogas, 74
    reforma política, 97-99
    "risco químico" do feto pelo consumo materno, 89
    teorias biológicas e psicológicas do, 74
    teorias sociológicas do, 71-74
    tratamento com ou sem internação, 92
    tribunais da droga, 94
    variação ao longo do tempo, 69, 71
    variação de políticas em relação a, 69-70
USS Cole, 523, 531

V

Vale-alimentação, 184, 204
Valores, 5-6
    conflitos em relação a, 520
    pessoais, avaliação, 6
    problemas sociais e, 453
Value-added measurement (VAM – Medição de Valor Agregado), 277
Variáveis, 16-17
Variável dependente, 16-17
Variável independente, 16-17
Vendas online, 482-484
Vício em drogas, 68-70
Vicodin, 85
Victims of Trafficking and Violence Protection Act (Lei de Proteção às Vítimas de Tráfico e Violência), 245, 363
Videogames, 112, 114, 485
Violence against Women Reauthorization Act (Lei da Reautorização da Violência contra a Mulher), 363
Violência: como preocupação de saúde, 129
    baseadas em gênero, 44, 360-363
    contra LGBTs, 388-390
    contra mulheres, 44, 157, 360-361, 363, 365
    contra pessoas sem-teto, 196-197
    corporativa, 10-11, 119
    criminal, 104-106, 129
    em escolas, 4, 40, 57, 63, 112, 143, 272
    em relações de família, 163-175
    saúde mental e, 37, 57
    videogames e, 112, 114
    violência do parceiro íntimo (IPV), 158, 167-170; Veja também Abuso
Violência com armas

Crimes de ódio
Violência baseada em gênero, 44, 360-362
Violência corporal, 10-11, 119
Violência de gangue, 118, 121-122
Violência doméstica, 157-158
    estratégias para prevenção e reação, 175-177
    perspectivas feminista e do conflito sobre, 157
    reagindo à, 176
Violência do parceiro íntimo, 158, 167-170
    ciclo de abuso, 170
    efeitos da, 168-171
    fatores que contribuem para a, 174
    para com LGBTs, 390
    por que alguns adultos permanecem, 170
    prevalência e padrões de, 45, 170
    tipos de, 167
    tipos de agressores do sexo masculino, 168
Violência por armas, 64, 141-142
    armas de brinquedo, 112
    em Newtown, Connecticut, 4, 40, 57, 63, 113, 142, 273
    Gabby Giffords, 114
    munição de alta capacidade, 114
Violência sexual, 363, 516
Violent Crime Control and Law Enforcement Act (Lei de Controle do Crime Violento e Aplicação da Lei), 142
Vistos H-1B, 301, 494
Vistos H-2B, 301
Vistos, tipos de, 301, 494
Vitimização e abuso, 127-128, 316, 390
Viver junto morando separado, relacionamentos, 152
Vivissecção, 500
Vouchers escolares, 284-285

W

Wal-Mart, lojas, 214, 236
Walt Disney Company, 54
Wealthfare, 187
Weapons Removal and Abatement, Office of (Escritório de Remoção e Redução das Armas), 546
Web 2.0, 481; Veja também Internet
Web Semântica, 484
Whiteness Studies, 322
"White power music", 310-313
Wikileaks, 493, 512
Wikipedia, 482
Worker Rights Consortium (WRC), 246
Workforce Investment Act (WIA), 243
Working Poor, The (Shipler), 243
WorldCom, 118
World Trade Center, 11 de setembro, ataques ao, 519, 523, 547

X

Xe (empresa), 515

Y

Yakuza japonesa, 117
Youth bulge (excesso de jovens na pirâmide etária), 411
YouTube, 482, 485
Yucca Mountain, 446

Z

Zonas mortas em lagos e outros cursos d'água, 447

Este livro foi impresso na
LIS GRÁFICA E EDITORA LTDA.
Rua Felício Antônio Alves, 370 – Bonsucesso
CEP 07175-450 – Guarulhos – SP
Fone: (11) 3382-0777 – Fax: (11) 3382-0778
lisgrafica@lisgrafica.com.br – www.lisgrafica.com.br